TABLES

BIOGRAPHIQUES ET BIBLIOGRAPHIQUES

DES SCIENCES

DES LETTRES ET DES ARTS

INDIQUANT LES ŒUVRES PRINCIPALES

DES HOMMES LES PLUS CONNUS EN TOUS PAYS

ET A TOUTES LES ÉPOQUES

AVEC MENTION DES ÉDITIONS LES PLUS ESTIMÉES

PAR A. DANTÈS

―――≡●●●≡―――

PARIS
DELAROQUE FRÈRES, LIBRAIRES
DU MINISTÈRE DES AFFAIRES ÉTRANGÈRES
QUAI VOLTAIRE, 21
―
1866
Reproduction et traduction interdites.

AVERTISSEMENT.

Il n'est pas possible à l'homme, quelle que soit sa position, de rester indifférent à l'impulsion intellectuelle et progressive qui s'étend à toutes les classes de la société; sinon il est à la merci de celui qui parle le plus ou le mieux, et son esprit s'égare dans les rêves de l'imagination.

L'instruction, seul moyen aujourd'hui de distinction et de succès, prévient ce danger. Pour cela tout lui vient en aide : cours littéraires et scientifiques, sociétés savantes, publications périodiques, amélioration et gratuité de l'enseignement, bibliothèques populaires.

Le mouvement est général; il faut se rendre à l'évidence, suivre le courant ou être emporté par lui.

Au sortir de nos premières études, les exigences de la vie moderne nous obligent à nous spécialiser; il importe, pour que le jugement reste sain, l'âme élevée, que nous retrempions de temps en temps notre intelligence et nos forces au contact des grandes productions de l'esprit humain.

Mais le temps, la possibilité de faire un choix au milieu de cet amas d'ouvrages produits et que chaque jour voit éclore! Sans prétendre combler aucune lacune, nous avons pensé qu'une œuvre qui atteindrait sûrement et promptement ce but pourrait encore avoir sa place.

Jusqu'ici tous les renseignements sont épars dans des ouvrages remarquables à tous les titres, mais qui, par leur nature ou leur étendue, restent le domaine d'hommes spéciaux.

Après avoir envisagé toutes ces œuvres sous leurs divers aspects, nous en avons pour ainsi dire, extrait la substance; nous la livrons à l'homme instruit comme à celui qui veut le devenir.

Sans vouloir dire notre livre utile au bibliophile, précieux pour le lettré, nécessaire à l'homme du monde, nous avancerons cependant que nulle part on ne trouvera en un plus petit nombre de pages et à un prix aussi réduit, les renseignements élémentaires, généraux, qu'il n'est permis à personne d'ignorer.

Afin de réunir dans le plus petit nombre de pages le plus de faits et de documents possible, nous nous sommes servi de moyens d'abréviation dont voici l'explication.

Auteurs.

La nationalité d'un auteur étranger est toujours nominativement désignée. L'absence de cette mention annonce un auteur français. La première date après le nom indique l'année de la naissance, la seconde l'année de la mort ; l'une et l'autre sont suivies des désignations de lieux d'origine et de décès.

Œuvres.

Nous avons adopté des caractères différents pour distinguer les divers degrés d'importance des œuvres mentionnées dans nos tables : les œuvres principales sont en texte courant ; les œuvres remarquables et les chefs-d'œuvre sont en petites capitales ; les œuvres en langue étrangère non traduites sont indiquées en leur langue propre.

Éditions.

Les noms d'éditeurs sont en lettres italiques ; il en est de même des lieux d'éditions. L'absence de cette dernière indication signifie que l'ouvrage a été édité à Paris. La date après la mention d'un ouvrage annonce l'époque de sa première publication ou apparition.

PRÉFACE.

En dehors des hommes spéciaux, il en est, et c'est le plus grand nombre, à qui la nature de leur profession ou l'état de leur fortune ne permettent pas de consulter, encore moins de posséder des ouvrages de biographie et de bibliographie, œuvres vastes et laborieuses, fruits de grandes dépenses d'érudition et d'argent.

Nos tables n'ont d'autre prétention que de s'adresser à ces derniers et de leur faciliter des recherches toujours longues et pénibles. Il ne nous appartient pas de dire que nous avons réussi, que la bonté de notre œuvre est au-dessus de la modicité de son prix; cependant nous n'avons rien épargné pour atteindre ce but et pour introduire dans le plus petit nombre de pages le plus de faits et de documents possible.

La tâche n'était pas sans difficulté; il a fallu nous restreindre aux auteurs principaux, passer sous silence leurs travaux secondaires et mettre de côté les éditions qui ne répondaient pas à ce vœu général de notre siècle : qualité, bon marché.

Les œuvres principales d'un homme n'ont pas toutes la même valeur; il en est de fort remarquables et parmi celles-ci l'on trouve des chefs-d'œuvre. Rien de si facile que d'établir ces nuances dans une biographie ordinaire ; il suffit d'un paragraphe de plus ou de moins. Cette latitude nous était interdite ; il fallait ou sortir de notre programme, ou nous contenter de renseignements succincts, précieux même pour celui qui les connaît et se les rappelle, plus encore pour celui qui les ignore ou les a momentanément oubliés.

Aussi avons-nous eu l'idée, ancienne ou nouvelle, bonne ou mauvaise, le lecteur jugera, de signaler par le texte courant les ouvrages principaux et de mettre en petites capitales les œuvres les plus remarquables et ce que l'on est convenu de considérer comme des chefs-d'œuvre : les travaux en langue étrangère non traduits ont été indiqués en leur langue propre.

Dans un livre ordinaire, ce mode pourrait avoir des inconvénients, mais dans un ouvrage qu'on ne lit pas couramment, que l'on ne fait que consulter, nous ne voyons pas très-bien par où pèche le procédé. Nous n'avions d'ailleurs pas la liberté du choix, il fallait l'adopter ou s'abstenir. Nous l'avons adopté.

Nous avons cru, en outre, qu'il suffisait des indications de date et de lieu de naissance et de mort, de publications d'ouvrages, pour rappeler des faits que le cours ordinaire des événements ne permet pas toujours de conserver dans l'esprit, mais que le moindre indice suffit pour replacer dans la mémoire.

Quant aux éditions rares, précieuses et par cela même d'un prix élevé, nous avons cru devoir les éliminer ; ce ne pouvait être notre affaire : nous nous contentons de citer pour chaque ouvrage les divers formats présentant les meilleures conditions de texte et d'impression.

Les noms d'éditeur et de lieux d'édition sont en lettres italiques, afin de les distinguer de ceux des traducteurs et des commentateurs. Nous avons supprimé l'indication de lieu pour les éditions parisiennes, de beaucoup les plus nombreuses, pour ne pas répéter constamment le mot Paris; la même observation s'applique à la nationalité, lorsqu'elle est française.

On nous saura gré sans doute d'avoir adopté pour l'ensemble des tables le caractère qu'en typographie on nomme du *huit;* les textes imperceptibles ne sont plus en faveur, et l'usage en est pénible surtout pour celui qui n'en a pas l'habitude. La même pensée nous a fait rejeter la page à deux colonnes, comme présentant moins de facilité et de netteté pour la lecture et les recherches.

Reste à parler de l'esprit qui a présidé à la partie scientifique des tables, et des documents qu ont servi à les établir. Après avoir eu entre les mains à peu près tous les ouvrages biographiques et bibliographiques connus, nous avons spécialement concentré notre attention sur les dernières éditions des œuvres suivantes : Biographie générale de MM. Didot, Biographie universelle de Michaud, Dictionnaires d'histoire et de géographie de Bouillet et des contemporains de M. Vapereau, Manuel du libraire de M. Brunet, France littéraire de M. Quérard et Littérature française qui en est la suite.

C'est principalement en comparant ensemble ces œuvres remarquables, qui en résument tant d'autres, que nous avons cherché à établir avec le plus de certitude et de sobriété possible les nuances diverses que le lecteur trouvera exprimées en caractères différents dans notre livre. Lorsqu'un point quelconque ne nous paraissait pas suffisamment établi, nous avions recours aux sources que la richesse des dépôts parisiens et la complaisance des personnes qui les gardent nous rendaient facilement accessibles.

Voulant jeter sur l'ensemble des hommes et des choses un regard impartial, nous avons accompli seul notre tâche ; elle y gagnera en unité et en harmonie. Aujourd'hui terminées, nos tables, qui ne sont d'ailleurs qu'une introduction à une œuvre de plus longue haleine et dont nous parlerons plus tard, seront soumises dans tous leurs détails et au fur et mesure de leur impresssion au plus loyal comme au plus scrupuleux examen.

Nous n'avons pas à nous expliquer sur l'ordre alphabétique adopté par nous, il est le seul possible pour la facilité ou la célérité des recherches. Mais pour obvier à l'anachronisme qui nous fait placer Abailard auprès de M. About, Aristote près du vicomte d'Arlincourt ou saint Augustin à côté d'Émile Augier, nous mettrons à la fin de notre livre, faisant suite à des considérations que nous nous réservons de développer, un résumé chronologique, par nation et par science, des chefs-d'œuvre de tous les siècles.

La pensée se reposera avec plus d'ensemble sur un tableau qui lui permettra de suivre la marche des idées à travers les âges, tableau prouvant sans conteste que la Société se perfectionne, que le monde marche et que l'instruction et la civilisation progressent avec lui.

A. D.

Paris, 15 mars 1865.

TABLES

BIOGRAPHIQUES ET BIBLIOGRAPHIQUES

DES SCIENCES, DES LETTRES ET DES ARTS.

A

ABAILARD (P.), théologien, 1079, Palais, près Nantes ; 1142, St-Marcel, près Châlons-s.-Saône. Élève de Roscelin et de Guill. de Champeaux. Ouvrit une école célèbre, 1101. Ses opinions philos. et ses amours avec Héloïse lui attirèrent toutes sortes de persécutions.—Historia calamitatum. Introductio ad theologiam. Theologia christiana. Scito te ipsum. Dialectica. Sic et non. LETTRES A HÉLOÏSE. — OEuv. inéd. Ed. lat. par Cousin, *Impr. roy.*, 1836, in-4, 12 fr. OEuv. Ed. lat. par Cousin. *Durand*, 1849-59, 2 vol. in-4, 60 fr. Éd. *Migne*, gr. in-8. Lettres, par Oddoul et Guizot, *Houdaille*, 1839, 2 vol. gr. in-8, fig., 12 fr. *Didier*, in-8, 6 fr., et in-18, 3 fr. 50.

ABBADIE (Jacq.), théologien, 1658, Nay (Béarn); 1727, Ste-Mary-le-Bone, près Londres. Quitta Berlin, où il était ministre de la religion réformée, et se retira en Angleterre. — Traité de la relig. chrétienne, 1684. Traité de la divinité de J.-C., 1689. Art de se connaître soi-même, 1692. Éd. par Lacoste, *Dijon, Lagier*, 1826, 4 vol. in-12. Vérité de la relig. chrét. réformée, 1717, *Rotterdam, Boom*, in-8.

ABEL DE PUJOL (Alex.-Denis), peintre, 1785, Valenciennes ; 1861, Paris. Élève de David. Grand prix de peinture, 1811. Membre de l'Acad. des beaux-arts, 1835. — Jacob bénissant les enfants de Joseph, 1810. Lycurgue présentant l'héritier' du trône, 1811. Mort de Britannicus, 1814. Saint Étienne prêchant l'Évangile, 1817. Vierge au tombeau, 1819. Clémence de César (brûlé en 1848), 1819. Joseph expliquant les songes, 1822. Prise du Trocadéro, 1824. Germanicus, 1827. Achille de Harlay, 1843. La ville de Valenciennes et les arts, 1855. Renaissance des arts, au Louvre, détruite en 1856, refaite en 1857. Fresques à Saint-Roch, Saint-Sulpice, la Bourse, le Louvre, Fontainebleau.

ABOUT (Edm.-F.-Valentin), littérateur, 1828, Dieuze (Meurthe). Prix d'honneur de philos., 1850. Élève de l'École normale et de l'École d'Athènes, 1851. — L'Ile d'Égine, 1854, in-8. La Grèce contemporaine, 1855, in-18. Tolla, 1855, in-18. Voy. à l'exposition des Beaux-Arts, 1855, in-18. Mariages de Paris, 1856, in-18. Le Roi des montagnes, 1856, in-18. Germaine, 1857, in-18. Le Progrès, 1863, in-18.

ACHARD (L.-Amédée-Eug.), romancier, 1814, Marseille. D'abord agriculteur en Algérie, puis secrétaire de préfecture à Montpellier. — Belle-Rose, 1847, 5 vol. in-8. La Chasse royale, 1849-50, 7 vol. in-8; 1858, 2 vol. in-12. Une Saison à Aix-les-Bains, 1850. Les Châteaux en Espagne, 1854, in-18. Les Séductions, 1860, in-18.

ADAM (Ad.-Ch.), musicien compositeur, 1803, Paris; 1856, id. Élève du Conservatoire, 1817. 2e grand prix de l'Institut, 1825. Membre de l'Acad. des beaux-arts, 1844. — Pierre et Catherine, 1829. Danilowa, 1830. Le Proscrit, 1833. Le Chalet, 1834. Le Postillon de Longjumeau, 1836. Le Brasseur de Preston, 1838. Giselle, 1841. Le Toréador, 1849. Giralda, 1850. Le Bijou perdu, 1853. Le Corsaire, 1855. Messes à Saint-Eustache, 1847 et 1850. Souvenirs d'un musicien, 1858, 2 vol. in-12.

ADANSON (Michel), botaniste, 1727, Aix; 1806, Paris. Partit pour le Sénégal à 21 ans. Membre de l'Acad. des Sciences, 1749. — Hist. du Sénégal, 1757, *Buache,* in-4, avec pl. Famille des plantes, 1763, *Vincent,* 2 vol. in-8.

ADDISON (Jos.), poëte anglais, 1672, Milston (Wiltshire); 1719..... Secrétaire d'État, 1717. Le premier, fit ressortir le génie de Milton. — Le Spectateur, 1697, éd. franç. par Maët, 1754-55, 9 vol. in-12. Guardian, 1697, 2 vol. in-8. The Campaign, 1704.

Caton, 1713.—OEuv. Éd. angl. *Birmingham, Baskerville,* 1761, 4 vol. gr. in-4, 60 à 72 fr. *Londres,* 1811, 6 vol. in-8 et 4 vol. in-12.

ADELUNG (J.-Christ), grammairien allemand, 1743, Spantchow (Poméranie); 1806, Dresde. Professeur à Erfurt, 1759. Bibliothécaire de l'électeur de Dresde, 1787. — GRAMMATISCH-KRITISCHES WŒRTERBUCH (Dict. gramm. et crit. du haut allemand), 1774-86. *Leipsick,* 2e éd., 1793-1801, 4 vol. in-4, 100 fr. Abrégé de ce dictionnaire, 1793-1802, 4 vol. in-8. MITHRIDATES (science des langues), 1806-17, *Berlin,* 5 vol. in-8, 60 fr.

AGASSIZ (L.), naturaliste suisse, 1807, Orbe (Vaud). Professeur d'hist. naturelle à Neufchâtel, 1838 ; à New-Cambridge, près Boston, 1846. — Rech. sur les poissons fossiles, 1833-43, *Neufchâtel,* 5 vol. in-4 avec pl. ÉTUDE SUR LES GLACIERS, 1840. *Neufchâtel,* in-8, avec atlas, 42 fr. Nomenclator zoologicus, 1842-47, gr. in-4, 80 fr.

AGUESSEAU (H. F. d'), célèbre jurisconsulte et orateur, 1668, Limoges ; 1751, Paris. Procureur général, 1696. Chancelier, 1717. Tour à tour éloigné par le pouvoir et rappelé par lui. — OEuv. 1759-89, 13 vol. in-4, 40 à 50 fr. 1819-20, 16 vol. in-8, 48 à 60 fr. Lettres, *impr. royale,* 1823, in-4 ou 2 vol. in-8. OEuv. de Jurispr.; *Ledoux,* 1819, 6 vol. in-8, 18 à 20 fr. OEuv. philos. *Didot,* in-18, 3 fr.

AINSWORTH (William-Harrison), romancier anglais, 1805, Manchester. Préféra la carrière des lettres à celle de son père qui était avoué. — Sir John Chiverton, 1825. Rookwood, 1834. JACK SHEPPART, 1839, 3 vol. La Tour de Londres, 1846. December tales (Contes de Décembre).

AIRY (George-Biddell), astronome anglais, 1801, Alnwick (Northumberland). Astronome royal à Greenwich, 1835. S'est occupé de magnétisme, de météorologie, de philos. expérimentale. — ASTRONOMICAL OBSERVATIONS, 1829-38, *Cambridge,* 9 vol. in-4.

ALARCON Y MENDOZA (Don Juan Ruiz de), poëte espagnol, fin du 16e siècle, Tasco (Mexique).— Théâtre. *Madrid, Rivadeneyra,* 1852, gr. in-8, 15 fr. Trad. franç., par Royer. *Lévy,* 1865, in-18, 3 fr.

ALAUX (J.), peintre, 1786, Bordeaux ; 1864, Paris. G^d prix de peinture, 1815. Membre de l'Institut, 1851.—Briséis retrouvant le corps de Patrocle, 1815. Combat des centaures, 1824. Pandore, 1824. Lecture du testament de Louis XIV. Peintures de la salle des états généraux et de la galerie d'Henri II, à Fontainebleau.

ALBANE (F. Albani, dit L'), peintre italien, 1578, Bologne; 1660..... Élève de Calvart. Rival du Dominiquin et du Guide. — VÉNUS ENDORMIE. DIANE AU BAIN. DANAÉ. GALATÉE. EUROPE.

ALBERT (dit le Grand), théologien et philosophe allemand, 1193, Lauingen (Souabe); 1280, Cologne. Se fit dominicain, 1221. Évêque de Ratisbonne, 1260. Commenta les ouvrages d'Aristote. — Summa theologiæ. De alchimia. De rebus metallicis. Compositium de compositis. De Mirabilibus mundi. — OEuv. compl. éd. lat. *Lyon, Prost*, 1651, 21 vol. in-fol. 300 fr.

ALBERTI (Léon-Bapt.), architecte et littérateur italien, 1404, Florence; 1484..... — Achèvement du palais Pitti, à Florence, façade de Santa-Maria Novella. Églises de Saint-Sébastien et de Saint-André, à Mantoue; de SAN-FRANCESCO, à Rimini. DE RE ÆDIFICATORIA, 1485, in-fol.

ALBERTI (Salomon), anatomiste allemand, 1540, Nuremberg; 1600, Dresde. L'un des créateurs de l'art anatomique.—Historia plerarumque partium corporis humani, 1585, in-12.

ALBINUS (Bernard-Sigfried), anatomiste allemand, 1696, Francfort-s.-l'Oder; 1770, Leyde. — De ossibus corporis humani, 1726, *Leyde*, in-8. Historia musculorum hominis, 1734, in-8. Explicatio Tabularum anatomicarum, 1744, *Leyde*, gr. in-fol. avec pl., 30 à 50 fr. TABULÆ SCELETI ET MUSCULORUM, 1747, *Leyde*, gr. in-fol. avec pl. 30 à 36 fr. Tabulæ ossium humanorum, 1753, *Leyde*, gr. in-fol. avec pl.

ALCUIN (Albinus Flaccus), théologien anglais, 735, York (Angleterre); 804, Tours (France). Élève de Bède. Fonda des écoles à Paris, à Tours, à Aix-la-Chapelle. Réunissait toutes les connaissances de son temps. — Quæstiunculæ in Genesin. Commentaria in sancti Joannis evangelium. De fide sanctæ et individuæ trinitatis. Lettres à Charlemagne. — OEuv. éd. lat. : *Ratisbonne*, 1777, 2 vol. in-fol. 36 à 45 fr. *Migne*, 2 vol. gr. in-8.

ALDROVANDE (Ulysse), naturaliste italien, 1522, Bologne; 1607..... Passa sa vie et dépensa sa fortune à recueillir des matériaux pour ses œuvres.— Antidotarii bononiensis epitome, 1574,

Bologne, in-8. Historia naturalis, 1599 et suiv. — OEuv. compl. éd. lat. *Bologne*, 1599-1668, 13 vol. in-fol.

ALEMBERT (J. Le Rond d'), littérateur et philosophe, 1717, Paris ; 1783, id. Fondateur, avec Diderot, de la Grande Encyclopédie, 1750. Membre, 1754, et secrétaire perpétuel, 1772, de l'Acad. franç.—Traité de dynamique, 1743. Éd. 1758, pet. in-4. 6 à 8 fr. Cause générale des vents, 1744, pet. in-4, 10 à 12 fr. Discours préliminaire de l'encyclopédie, 1754. Essai sur les gens de lettres. — Opuscules mathém., 1762-80, 8 vol. in-4, 50 fr. OEuv. philos. histor. et littéraires, *Bastien*, 1805, 18 vol. in-8, 40 à 60 fr. *Belin*, 1820-21, 5 vol. in-8, 20 fr. OEuv. philos. et discours prélim. *Didier*, 1853, in-12, 3 fr. 50.

ALFIERI (Victor Cte), poëte italien, 1749, Asti (Piémont) ; 1803, Florence. Son amour pour la comtesse Albany lui inspira le goût de la poésie et des lettres. — Traité de la tyrannie. Le Prince et les lettres. L'Étrurie vengée. Trad. de Salluste. Tragédies, odes.—Ed. ital.: OEuv. compl. *Pise, Rosini*, 1828-29, 4 vol. in-8, 24 fr. Ed. ital. franc. : OEuv., par Duplessis, *Didot*, 1853, 5 vol. gr. in-8. Ed. franc.: OEuv. dramatiques, par Petitot, 1802, 4 vol. in-8.

ALGARDI (Alex.), sculpteur et architecte italien, 1598, Bologne ; 1654, Rome. Aussi bon sculpteur qu'Albane, son ami, était bon peintre. — Innocent X, statue en bronze. Saint-Léon et Attila, bas-relief, à Rome. Décollation de saint Paul, à Bologne. Saint Philippe de Néri, à Rome.

ALGAROTTI (F. Cte), littérateur italien, 1712, Venise ; 1764, Pise. Fort apprécié par Voltaire, Frédéric le Gr. et Auguste III, roi de Pologne. — Poésies. Newtonianisme des dames, 1733. Congrès de Cythère. Essais sur l'opéra, sur la peinture. Ed. ital. OEuv., *Milan*, 1823, 3 vol. in-8, 15 fr. Ed. franc. *Berlin*, 1772, 8 vol. pet. in-8.

ALIBERT (J.-L. baron), médecin, 1766, Villefranche (Aveyron); 1837, Paris. Médecin en chef de l'hôpital St-Louis. Baron de l'empire. Premier médecin de Louis XVIII. — Traité des maladies de la peau, 1806-26. Nouv. éd. *Cormon et Blanc*, 1833, gr. in-fol. avec pl. Monographie des dermatoses (résumé de l'ouvrage précédent), 1832. 2e éd. *Baillière*, 1835, 2 vol. gr. in-8, avec pl. 20 fr.

ALLEGRI (Grég.), musicien compositeur italien, vers 1580, Rome; 1640..... Son chef-d'œuvre était réservé pour la chapelle Sixtine, le jour du vendredi saint. — Miserere. Concerts, 1618-19. Motets, 1620-21.

ALLIONI (Ch.), botaniste italien, 1725, Turin; 1804..... — Flora Pedemontana, 1785, 3 vol. in-fol. 24 à 36 fr.

ALPINUS (Prosper), botaniste et médecin italien, 1553, Marostica (État de Venise); 1617, Padoue. Professeur de botanique à Padoue. Passa plusieurs années en Égypte.—Historia Ægypti naturalis, 1592. Éd. Leyde, 1735, 2 vol. in-4, 15 à 18 fr. De præsagienda vita et morte, 1601. Éd. par Boerhaave, Leyde, 1733, pet. in-4. 12 à 15 fr.

AMADIS de Gaule, roman célèbre du xvie siècle. Ed. par Mlle de Lubert, Joly, 1750, 4 vol. in-12; par Tressan, 1779, 2 vol. in-12. Consulter à ce sujet l'ouvrage de Baret, Durand, 1853, in-8, et le Manuel du libraire de M. Brunet.

AMAURY-DUVAL (Eug.-Emm. Amaury, dit), peintre, 1808, Montrouge. Élève de M. Ingres. — Pâtre grec, 1834. Un ange, 1840. Mlle Rachel, 1855. Sommeil de l'enfant Jésus, 1857. Tête de jeune fille, 1859. Fresques à Saint-Germain-l'Auxerrois, 1840; à Saint-Germain-en-Laye, 1848-53. Naissance de Vénus, 1863.

AMBROISE (St), théologien, Père de l'église latine, 340, Trèves; 397, Milan. Prêtre à Milan, 374. Huit jours après, évêque. Résista aux Ariens. Fit faire pénitence à Théodose pour le massacre de Thessalonique. — Traités de la virginité, de l'éducation des vierges, des devoirs. Discours. Lettres. On lui attribue le Te Deum. — OEuv. éd. lat.: 1686-90, 2 vol. in-fol. 60 à 90 fr. Éd. par Guillon, 1836, 9 vol. in-8. Éd. Migne, Montrouge, 1843, 4 vol. gr. in-8, 28 fr.

AMOUR (Guill. de St-), théologien, commencement du 13e siècle, Saint-Amour (Jura); 1272..... S'opposa à l'institution des Frères mendiants. — De periculis novissimorum temporum 1256. — OEuv. éd. lat., Constance, 1632, in-4.

AMPERE (André-Marie), physicien, 1775, Lyon; 1836, Marseille. Membre de l'Institut, 1814. Professeur de phys. au Collège de France. Inspecteur général de l'Université. Développa la découverte d'OErsted sur l'électro-magnétisme. — Théorie du jeu, 1802, Lyon, in-4. Recueil d'observations, 1822, Crochard, in-8.

Théorie des phénomènes, 1826, *Méquignon*, in-4. Philosophie des sciences, 1838-44, *Bachelier*, 2 vol. in-8, 10 fr.

AMPÈRE (J.-Jacq. Ant.), littérateur, 1800, Lyon ; 1864, Paris. Professeur de litt. franç. au Collége de France, 1833. Membre de l'Acad. des inscriptions, 1842; de l'Acad. franç., 1847. Ami de Ballanche, de Chateaubriand et de Mme Récamier. Voyagea en Allemagne, en Italie, en Égypte, en Amérique. — La Grèce, Rome et Dante, 1848. 3e éd., *Didier*, in-8, 7 fr. in-12, 3 fr. 50. L'Hist. romaine à Rome, 1856. Éd. 1862-64, 4 vol. in-8. Littérature et voyages, *Didier*, 2 vol. in-12, 7 fr. César, 1859. Articles nombreux dans la revue des Deux-Mondes.

AMYOT (Jacq.), littérateur, 1513, Melun; 1593, Auxerre. Professeur de grec à Bourges, pendant dix ans. Précepteur, puis grand aumônier de Charles IX et de Henri III. Évêque d'Auxerre. —Trad. du roman de Théagène et Chariclée, 1547. TRAD. DES ŒUV. DE PLUTARQUE : les Vies, 1559, 2 vol. in-fol. Œuv. morales, 1565, 3 vol. in-fol. Trad. des Amours de Daphnis et Chloé, 1559. Éd. 1718, pet. in-8.

ANACRÉON, poëte grec, vers 560, av. J.-C. Téos (Ionie) ; 475, probablement aussi à Téos. Appelé à la cour de Polycrate, à Samos, il y passait son temps entre le vin, la poésie et l'amour. — ODES. Ed. polyglotte (grec, latin, franç., anglais, allem., ital., espag. : en vers), *Crozet*, 1835, tr. gr. in-8, 12 fr. et *Bossange*, 1833, in-4, 12 fr. Trad. en vers, avec texte grec, par Fauche, *Belin*, 1831, in-8. Trad. en prose, avec texte grec, par Mme Vien, *Ponthieu*, 1825, in-18. Éd. in-16, trad. par M. Ambroise Firmin Didot, 1864, 40 francs.

ANCELOT (Jacq.-Arsène-F.-Polycarpe), auteur dramatique, 1794, Le Havre; 1854..... Bibliothécaire à Meudon. Membre de l'Acad. franç., 1841. — Louis IX, 1819. Fiesque, 1824. Six mois en Russie, 1826. L'homme du monde, 1827. Olga, 1828. Maria Padilla, 1838. Épîtres familières.—Œuv. *Delloye*, 1831, gr. in-8.

ANCELOT (Marguerite-Louise-Virginie CHARDON, D^e), femme de lettres, 1792, Dijon. S'occupa aussi de peinture.—Mariage raisonnable, 1835. Marie, 1836. Le Château de ma nièce, 1837. Isabelle, 1838. Marguerite, 1840. — Œuv. 1848, 4 vol. in-8.

ANCILLON (J.-P.-Fréd.), historien et philosophe allemand, 1766, Berlin; 1837..... Professeur d'histoire, 1791. Membre de l'Acad. de Berlin. Conseiller de l'instruction publique, 1815. Secrétaire d'État des affaires étrangères, 1831. — Mélanges de litt. et de philosophie, 1801. *Schœll*, 1809, 2 vol. in-8. Tableau des révol. du syst. polit. en Europe, 1807, 7 vol. in-12. 1823, 3 vol. in-8. Nouv. Mélanges, 1817, 2 vol. in-8. Essais philosophiques, 1824, 2 vol. in-8. Denken auf dem Mann (Pensées sur l'homme), 1829. *Berlin, Duncker*, 2 vol. in-12.

ANDERSEN (Hans-Christian), poëte et romancier danois, 1805, Odensée (île de Fionie). Passa la plus grande partie de sa vie à visiter la France, la Suisse, l'Italie, l'Orient. — Esquisses de voyages. L'Improvisateur, 1834, trad. par Mme Lebrun, 1847, 2 vol. in-8 ou in-18. Bazar du poëte, 1842. Contes, 1842, trad. en 1855, in-16.

ANDRAL (Gabriel), médecin, 1797, Paris. Gendre de Royer-Collard. Membre de l'Acad. de médecine, 1824. Succéda à Broussais dans la chaire de pathologie, 1839. Membre de l'Acad. des Sciences, 1843. — Clinique médicale, 1824-27. 4e éd. *Crochard*, 1840, 5 vol. in-8, 40 fr. Précis d'anat. pathologique, 1829, *Gabon*, 3 vol. in-8. Cours de pathologie interne, 1836. 2e éd. 1848, *Baillière*, 3 vol. in-8, 18 fr.

ANDRÉ DEL SARTE (VANUCCHI, dit), peintre italien, 1488, Florence; 1530, id. D'abord orfévre, vint à la cour de François Ier, dissipa l'argent de ce prince, et mourut de la peste. — LA CHARITÉ, au Louvre. FRESQUES de Jules César, à Caïano, DE LA CÈNE, à San Salvi, près Florence. SACRIFICE D'ABRAHAM. CHRIST MORT.

ANDRÉA (Pisano), sculpteur et architecte italien, 1270, Pise; 1345, Florence. Partisan déclaré et habile de l'art antique. — Sculptures, aujourd'hui dispersées, de la façade de Santa Maria del Fiore. SCULPTURES des portes du baptistère de Florence, 1331-39. Embellissements de cette ville.

ANDRÈS (J.), littérateur espagnol, 1740, Planès (Valence); 1817, Rome. — Hist. des sciences et de la littérature, 1782, Parme. Trad. par Ortolani, 1805, in-8.

ANDRIEUX (F.-Guill.-J.-Stanislas), littérateur, 1759, Strasbourg; 1833, Paris. Membre de l'Institut, 1797; du conseil des Cinq-Cents, 1798; du Tribunat, 1800. Professeur de littér. au Collége de France, 1814. Secrétaire perpétuel de l'Acad. franç.,

1829. — Comédies : Anaximandre, 1782. Les Étourdis, 1788 ; 2ᵉ éd. 1819, *Barba*, in-8. Le Meunier de Sans-Souci, 1797. Helvétius, 1802. Suite du Menteur, 1803. Le Trésor, 1804. La Soirée d'Auteuil, 1804. Le Vieux Fat, 1810. La Comédienne, 1816. Le Manteau, 1826. Contes. Cours de grammaire. — OEuv. éd. *Nepveu*, 1818-23, 4 vol. in-8, 20 fr. ou 6 vol. in 18.

ANDROUET DU CERCEAU (Jacq.), architecte, fin du xvıᵉ siècle, Orléans. Étudia son art en Italie. — Commencement du Pont-Neuf, 1578. Construction des hôtels Carnavallet, Sully, etc. Continuation de la galerie du Louvre, 1596. Livres d'architecture, 1559-61-82, 3 vol. in-fol. fig. Les plus excellents bastiments de France, 1576-79, gr. in-fol. 3ᵉ éd. 1648, gr. in-fol., 20 fr.

ANGELIO (P.), littérateur italien, 1517, Barga (Toscane); 1596, Pise. Professeur à Reggio, 1546, et à Pise, 1549. — Cynegeticon (la chasse). Syrias. — OEuv. éd. lat. : *Florence, Juntes*, 1568, pet. in-8, 8 fr. 50. *Rome, Zannetti*, 1585, in-4. 6 à 9 fr.

ANGUIER (F.), sculpteur, 1604, Eu (Normandie); 1669, Paris. Élève de Carron d'Abbeville, puis de Simon Guillain. — Mausolée du duc de Montmorency, 1658.

ANGUIER (Michel), sculpteur, 1612, Eu ; 1686..... Passa dix ans à Rome. Membre de l'Acad., 1668. — Sculptures de la porte St-Denis, 1674. La Nativité, au Val-de-Grâce.

ANICET-BOURGEOIS (Aug. Anicet Bourgeois, dit), auteur dramatique, 1806, Paris. Préféra le théâtre à l'étude de son avoué. — Périnet Leclerc, 1832. La Vénitienne, 1834. Latude, 1834. La Nonne sanglante, 1835. Héloïse et Abailard, 1836. Les Pilules du diable (avec Ferd. Laloue), 1839. La Mendiante, 1852. Le Pendu, 1854. Le Bossu (avec P. Féval), 1862.

ANQUETIL (L.-P.), historien, 1723, Paris; 1806..... Directeur du séminaire à Reims. Curé à Paris. Membre de l'Institut.—Esprit de la Ligue, 1767. Éd. 1818, 2 vol. in-8 ou 1771, 3 vol. in-12. Intrigue de cabinet, 1780, 4 vol. in-12. *Janet et Cotelle*, 1819, 2 vol. in-8. Louis XIV, sa cour et le régent, 1789, 4 vol. in-12, *Janet et Cotelle*, 1819, 2 vol. in-8. Précis de l'hist. universelle, 1797. *Janet et Cotelle*, 1818, 8 vol. in-8. 24 à 32 fr. Hist. de France, 1805. 3ᵉ éd. *Janet et Cotelle*, 1826-28, 13 vol. in-8, 36 à 40 fr.

ANQUETIL-DUPERRON (Abrah.-Hyac.), orientaliste, 1731, Paris; 1805, id. Frère de l'historien. Simple soldat dans les Indes, 1754. En rapporta 180 manuscrits, 1762. Membre de l'Acad. des inscriptions, 1763. — Trad. du Zend-Avesta, 1771, 3 vol. in-4. Rech. histor. et géogr. sur l'Inde, 1786, *Berlin*, in-4. 12 à 15 fr. Oupnek'Hat, 1802, 2 vol. in-4.

ANSELME (St), théologien et philosophe anglais, 1033, Aoste (Piémont); 1109..... Abbé en Normandie, puis archevêque de Cantorbéry. Chercha à concilier la foi avec la raison. — Monologium, sive exemplum meditandi de ratione fidei. Proslogium, seu fides quærens intellectum. — OEuv. compl. éd. lat.; 1721, in-fol. 36 à 40 fr. — Consulter : Rationalisme chrétien, par M. Bouchitté, *Amyot*, 1842, in-8, et St-Anselme de Cantorbéry, par M. de Rémusat, *Didier*, 1853, in-8.

ANSELME (DE LAON), théologien..... mort en 1117..... — Glossa interlinearis, 1502-08, *Bâle*, in-fol.

ANVILLE (J.-B. BOURGUIGNON d'), géographe, 1697, Paris; 1782..... Premier géographe du roi à 22 ans. Membre de l'Acad. des inscriptions. Fit faire de grands progrès à la science. — ATLAS GÉNÉRAL, 1737-80, gr. in-fol. Atlas de la Chine, 1737, *La Haye*, gr. in-fol. Dissertation sur l'étendue de Jérusalem et de son temple, 1747, in-8. Géographie ancienne, 1768, 3 vol. in-12, avec cartes, 9 fr. Traité des États après l'empire d'Occident, 1771, *impr. roy.*, in-4, 10 à 12 fr. OEuv., *impr. roy.* 1834, 2 vol. gr. in-4, avec cartes, 50 fr.

APELLES, peintre grec, vers 360 av. J.-C. à Cos, Colophon ou Éphèse;..... probablement à Cos. Vécut à la cour d'Alexandre, puis à celle de Ptolémée. — ALEXANDRE TONNANT. VÉNUS ENDORMIE. VÉNUS ANADYOMÈNE.

APPIEN, historien grec, iie siècle de J.-C. Alexandrie..... Vivait sous Trajan, Adrien et Antonin. — Hist. romaine. — Éd. grecq.-lat., *Didot*, gr. in-8, 15 fr. Trad. franç. par Combes-Dounous, 1808, 3 vol. in-8, 15 fr.

APULÉE, littérateur et philosophe latin, vers 128, Madaure (Afrique); vers 190..... Exerça la profession d'avocat à Rome. — LES MÉTAMORPHOSES OU L'ANE D'OR. Éd. lat.-franç. *Bastien*, 1822, 2 vol. in-8. *Didier*, 1834, 2 vol. in-18, 7 fr. Les Amours de Psyché. Éd. lat.-franç. *Didot*, 1802, gr. in-4, fig. 12 fr. Éd.

at. *Renouard*, 1792, in-18, 3 fr. Œuv. compl. éd. lat., *Leyde*, 1786-1823, 3 vol. in-4. Éd. lat.-franç. *Didot*, gr. in-8, 12 fr. *Panckoucke*, 1835-36, 4 vol. in-8, 28 fr.

ARAGO (Dominique-F.), célèbre physicien et savant, 1786, Estagel (Pyrénées-Orient.); 1853, Paris. Membre, 1809, et secrétaire perpétuel de l'Acad. des sciences, 1830. Directeur de l'Observatoire et du Bureau des longitudes. Député, 1831. Membre du gouvernement provisoire, 1848. Ministre de la guerre et de la marine. — Travaux et mémoires nombreux : Ondulation. Polarisation colorée. Magnétisme par rotation. Astronomie populaire, 4 vol. in-8, faisant partie de ses œuv. compl. publiées par M. Barral, *Gide et Baudry*, 1854-59, 17 vol. in-8. 7 fr. 50 le vol.

ARAGO (Etienne), littérateur et homme politique, 1803, Estagel. Représentant à la Constituante. Mêlé aux événements de 1848. Finit par être déporté. —La vie de Molière, 1832. Casanova, 1836. Les Mémoires du Diable, 1842. Les Aristocraties, 1847.

ARAGO (Jacq.-Et.-Victor), littérateur, 1790, Estagel; 1855..... (Brésil). — Promenade autour du monde, de 1817 à 1820, Éd. *Leblanc*, 1823, 2 vol. in-8, avec atlas, 20 fr. Souvenirs d'un aveugle, 1840, éd. *Gayet*, 5 vol. gr. in-8, 28 fr. *Lebrun*, 1843, 2 vol. gr. in-8.

ARCHIAC (Et.-Jules-Ad. vicomte d'), géologue, 1802, Reims. D'abord officier de cavalerie. Se retira du service après 1830. — Histoire de la géologie de 1834 à 1863, éd. *Gide et Baudry*, 1847 et suiv. 9 vol. in-8.

ARCHIMÈDE, célèbre géomètre grec, vers 287 av. J.-C., Syracuse; 212, id. Élève d'Euclide, à Alexandrie. Desséche les marais de l'Égypte. Défendit sa patrie contre les Romains pendant trois ans, et fut tué par un soldat ennemi. — Traités de la sphère et du cylindre, des sphéroïdes et des conoïdes, de la mesure du cercle, des spirales. Moufles. Vis sans fin. Vis creuse. — Œuv. éd. grecq. lat. : *Oxford*, 1792, in-fol. Trad. franç. par Peyrard, *Buisson*, 1807, gr. in-4, 18 à 24 fr. 1808, 2 vol. in-8.

ARÉTIN (P. l'), littérateur italien, 1492, Arezzo; 1556, Venise. Chassé de toute part, sa vie fut aussi agitée que ses poésies furent licencieuses. — Dialogues. Sonnets. Stances. Comédies. Paraphrase des sept psaumes de la pénitence, 1534, *Venise*, in-4. Trad. franç. par Rosset, 1605, in-12 De l'humanité du fils de Dieu,

1535, *Venise*. Trad. franç. par Vauzelles, *Lyon*, 1842. OEuv. choisies par Lacroix, *Gosselin*, 1845, gr. in-18, 3 fr. 50.

ARIOSTE (Ludovico ARIOSTO, dit l'), célèbre poëte italien, 1475, Reggio (Modène); 1533..... Admis à la cour des ducs de Ferrare. S'occupait alternativement de politique et de poésie. Mit plus de dix ans pour faire son chef-d'œuvre.—Satires. Comédies. ROLAND FURIEUX, 1516. Éd. ital. *Florence, Molini,* 1821-22, 5 vol. in-8, 30 fr. *Pise, Nistri,* 1815, 6 vol. in-18, 10 fr. Éd. ital.-franç. par Panckoucke et Framery, 1787, 10 vol. gr. in-18, 20 à 25 fr. Éd. franç. par Mazuy, *Krabe,* 1839, 3 vol. in-8, 28 fr. par Philippon, 1844, gr. in-8, fig. Éd. *Charpentier,* 2 v. gr. in-18.

ARISTOPHANE, célèbre poëte comique grec vers 450, av. J.-C., Athènes. Attaquait dans ses œuvres les vices de son temps, mais aussi les hommes les plus sages, comme Socrate, Euripide. — LES NUÉES, 423. Les Chevaliers. Les Acharniens. Plutus, 409. Lysistrate. Les Grenouilles. LES GUÊPES. Les Oiseaux. La Paix. Les Harangueuses. Les Femmes, 393.—Éd.-grecq. lat. par Dindorf, *Didot,* 1839, gr. in-8. 15 fr. *Treuttel,* 1781-83, 4 vol. in 8. 25 à 30 fr. Éd. franç. par Artaud, *Charpentier,* 1845, 2 vol. gr. in-18, 7 fr. par Poyard, *Hachette,* 1860, gr. in-18, 3 fr. 50.

ARISTOTE, célèbre philosophe grec, savant universel, 384 av. J.-C., Stagyre (Macédoine); 322, Chalcis (Eubée). Disciple de Platon et précepteur d'Alexandre le Gr. Fonda l'école péripatéticienne. Génie le plus vaste de l'antiquité. Ne se contenta pas d'embrasser toutes les sciences, mais en créa plusieurs. Établissant sa doctrine sur l'expérience, pendant que Platon réservait la sienne pour l'idéal, il fut pendant dix siècles le directeur de la pensée et le maître de l'esprit humain. — Sciences métaphysiques et morales : Trad. par Barthélemy Saint-Hilaire; LOGIQUE, *Ladrange,* 1839 et suiv. 4 vol. gr. in-8, 30 fr. MORALE, *Durand,* 1856, 3 vol. gr. in-8, 24 fr. POLITIQUE, *Treuttel et Würtz,* 1848, gr. in-8, 8 fr. POÉTIQUE, *Ladrange,* 1858, gr. in-8. 5 fr. MÉTAPHYSIQUE, par Pierron et Zévort, *Ebrard,* 1840, 2 vol. in-8, 14 fr. RHÉTORIQUE, par Gros, *Bobée,* 1822, in-8, 6 à 8 fr. — Sciences physiques et naturelles : HISTOIRE DES ANIMAUX, par Camus, 1783, 2 vol. in-4. 15 à 18 fr. PHYSIQUE. MÉTÉOROLOGIE. GÉNÉRATION ET CORRUPTION. DES PLANTES. DE L'AME. DU MONDE. DU CIEL. — Ed. compl. grecque,

Oxford, 1837, 11 vol. in-8. 75 fr. grecq.-lat. *Didot*, 1848, 4 vol. gr. in-8, 60 fr. Politique et Économique, *Lefèvre*, gr. in-18, 3 fr. 50.

ARKWRIGHT (sir Richard), industriel anglais, 1732, Preston (Lancastre); 1792..... Simple barbier jusqu'à l'âge de 36 ans. Fit plus tard une fortune considérable. — Invent. de la machine à filer le coton, 1771.

ARLINCOURT (Ch.-Victor Prévost, vicomte d'), littérateur et romancier, 1789, Mérantres, près Versailles; 1856..... Auditeur au conseil d'État, puis intendant militaire en Espagne. — Matinée de Charlemagne, 1810. La Caroléide, 1818. Le Renégat, 1822. Ipsiboé, 1823. Le Solitaire, 1825. L'Étrangère, 1825. Dieu le veut, 1848.

ARNAULD (Ant.), théologien et philosophe, 1612, Paris; 1694, Bruxelles. Ami de Pascal et de Nicole. Partisan de Jansénius, ennemi des jésuites. Vécut douze ans à Port-Royal, puis se retira à Bruxelles. — De la fréquente communion, 1643, in-4. Apologies de Jansénius, 1644-45. Gramm. générale, 1660, in-12. Art de penser, 1662. Morale des Jésuites. — OEuv. compl., *Lausanne*, 1775-83, 45 vol. in-4, 120 à 150 fr. OEuv. philos. *Charpentier*, 1843, gr. in-18, 3 fr. 50.

ARNDT (Ernest-Maurice), poëte et publiciste allemand, 1769, Schoritz (Rügen); 1860..... Professeur d'hist. à Bonn, 1818. Député à Francfort, 1848. Ne cessa de plaider pour l'indépendance de l'Allemagne. — Germanien und Europa (Germanie et Europe), 1803. Geist der Zeit (Esprit du temps),1806. Des Deutschen Vaterland (Patrie de l'Allemand). Der Rhein (le Rhin), 1812. Deutschland's' Gegenwart und Zukunft (Présent et avenir de l'Allemagne).

ARNIM (Elisabeth, comtesse d'), femme de lettres allemande, 1785, Francfort-s.-le-Mein; 1859, Berlin. Amie de Gœthe et de Beethoven.—Correspondance de Gœthe, 1835, *Berlin*, 3 vol. in-8. Trad. franç. par Séb. Albin, 1843, 2 vol. in-8, 8 fr. Bettina's Gedichte (Poëmes de Bettina), 1837. La Günderode, 1840, *Berlin*, 2 vol. in-8. Dies Buch Gehœrt dem Kœnige (ce livre appartient au roi), 1843, *Berlin*, 2 vol. in-8. Ilius Pamphilius und die Ambrosia, 1848. *Berlin*, 2 vol. in-8.

ARRIEN (Flavius), historien grec, 2ᵉ siècle de J.-C., Nicomédie (Bithynie). Disciple d'Épictète et gouverneur de la Cappadoce. —

Expéditions d'Alexandre. Trad. par Chaussard, 1802, 3 vol. in-8, avec atlas, 15 à 20 fr. Traités de tactique. Manuel d'Épictète. — Éd. grecq. lat. *Didot*, gr. in-8, 15 fr.

ARTAUD (Nicolas-L.), littérateur, 1794, Paris. Inspecteur gén. des lettres, puis vice-recteur de l'acad. de Paris, 1858. — Des Grecs et de leur situation actuelle, 1825. Génie poétique du xixe siècle, 1825. Trad. de Sophocle, 1827; d'Aristophane, 1830; d'Euripide, 1832.

ARTAUD DE MONTOR (Alexis-F.), littérateur, 1772, Paris; 1849, id· Émigra en 1790, et, après sa rentrée en 1798, fut envoyé comme chargé d'affaires à Rome et à Florence. — Consid. sur la peinture, 1808, 2e éd. *Schœll*, 1811, in-8. Machiavel, son génie et ses erreurs, 1833, *Didot*, 2 vol. gr. in-8. Hist. de Pie VII, 1836, 2 vol. in-8. Hist. des souverains pontifes, 8 vol. in-8 ou in-12.

ASSOLLANT (J.-Baptiste-Alf.), littérateur, 1827, Aubusson (Creuse). Quitta l'école normale en 1850, et quelque temps après, l'Université.—Acacia. Les Butterfly, fantaisie américaine. Deux Amis, 1859. Claude et Juliette, 1859. Mort de Roland, 1860. Vérité, vérité, Éd. *Lacroix*, 1864, in-18, 3 fr. 50.

ASTRUC (J.) médecin, 1684, Sauves, près Alais (Languedoc); 1766, Paris. Professeur au Collége de France et à la Faculté de médecine de Paris.—De Morbis venereis, 1736, in-4. Trad. franç. 1740, 3 vol. in-8. 4e éd. 4 vol. in-12.

ATHANASE (St), théologien, Père de l'Église grecque, vers 296, de J.-C.; 373..... S'opposa aux innovations d'Arius, fut déposé par de conciliabule de Tyr, 335, mais rétabli par les conciles de Rome et de Sardique, 347. — Commentaires sur la Bible. Apologie a l'Empereur Constance. — OEuv. : Éd. grecq.-lat. par Montfaucon, *Anisson*, 1698, 3 vol. in-fol. Ed. *Migne, Montrouge*, 1857, 4 vol. gr. in-8, 45 fr.

ATHÉNÉE, grammairien grec, commencement du iiie siècle, Naucratis (Égypte). Vivait sous Marc-Aurèle et Alexandre Sévère. — Banquet des savants, Ed. 1801-7, 14 vol. in-8. Extraits par Hubert, grec.-franç. *Hachette*, 1828, in-8. 5 fr. Trad. par Lefèvre de Villebrune, *Didot*, 1789-91, 5 vol. in-4. 35 à 40 fr.

AUBER (Daniel-F.-Esprit), musicien compositeur, 1782, Caen. Membre de l'Institut, 1829. Directeur du Conservatoire, 1842, et de la musique de la chapelle impériale. — La Bergère châtelaine, 1820. Leicester, 1823. Le Maçon, 1825. La Muette de Portici, 1828. La Fiancée, 1829. Fra-Diavolo, 1830. Le Dieu et la Bayadère, 1830. Le Philtre, 1831. Le Cheval de bronze, 1835. L'Ambassadrice, 1836. Le Domino noir, 1837. Le Lac des Fées, 1839. Les Diamants de la couronne, 1841. Haydée, 1847.

AUBIGNÉ (Théod.-Agrippa d'), littérateur et historien, 1550, Saint-Maury (Saintonge); 1630, Genève. Zélé calviniste, vice-amiral de Guyenne et de Bretagne, ami d'Henri IV. — Hist. universelle de 1550 à 1601. Éd. 1616-20, 3 vol. in-fol., 24 à 36 fr., et *Amsterdam*, 2 vol. in-fol. Aventures du baron de Fœneste, 1617. Éd. 1630, pet. in-8. Éd. nouv. par M. Mérimée, *Jannet*, 1855, in-16. Mémoires par M. L. Lalanne, *Charpentier*, 1854, gr. in-18, 3 fr. 50.

AUDIFFRET (Ch.-L.-Gaston, marquis d'), économiste financier, 1787, Paris. Président de la cour des Comptes, 1829. Pair, 1837. Sénateur, 1852. Membre de l'Institut, 1855. — Syst. financier de la France, 1850. Éd. nouv., *Guillaumin*, 5 vol. gr. in-8, 37 fr. 50.

AUDOUIN (J.-Victor), naturaliste, 1797, Paris; 1841, id. Membre de l'acad. des sciences, 1838. Un des fondateurs de la société entomologique. — Hist. nat. du littoral de la France (avec Milne Edwards), 1830, 2 vol. in-8. Hist. des insectes nuisibles à la vigne, 1842, *Masson*, in-4, avec pl. 72 fr.

AUDOUIN (P.), graveur, 1768, Paris; 1822, id. Élève de Beauvarlet. — Jupiter et Antiope, du Corrége. La Belle Jardinière, de Raphaël. Le Christ au tombeau, de Caravage. La Charité, d'André del Sarte.

AUDRAN (Gérard), graveur, 1640, Lyon; 1703, Paris. Élève et ami de Lebrun. Membre de l'acad. de peinture. — Batailles d'Alexandre, de Lebrun. Enlèvement de la Vérité, du Poussin. Martyre de St Laurent, de Lesueur. Mort de St François, de Carrache.

AUDUBON (J.-Jacq.), naturaliste américain, 1780 à 1782, (Louisiane); 1851..... Voyagea en France, en Angleterre et dans son pays. — The Birds of America (les Oiseaux de l'Amérique), 1826-40, *Londres*, 4 vol. in-fol. Ornithological Biography (Biographie ornithologique), 1831-39, *Boston, Black,*

5 vol. gr. in-8, avec pl., 5 liv. THE QUADRUPEDS OF NORTH AMERICA (les Quadrupèdes du nord de l'Amérique), 1854, New-York, 3 vol. gr. in-8, avec l., 10 liv.

AUGIER (Guill.-Victor-Émile), poëte et auteur dramatique, 1820, Valence (Drôme). Abandonna le barreau pour la poésie. Membre de l'Acad. franç., 1858. — LA CIGUE, 1844. Un Homme de bien, 1845. L'Aventurière, 1848. GABRIELLE, 1849. Philiberte, 1853. LE GENDRE DE M. POIRIER (avec J. Sandeau), 1855. La Jeunesse, 1858. Les Lionnes pauvres, 1858. Les Effrontés, 1861. Le Fils de Giboyer, 1862. Maître Guérin, 1863.

AUGUSTIN (St), Aurélius-Augustinus, théologien célèbre Père de l'Église latine, 354, Tagaste (Numidie); 430, Hippone (Numidie). Fut très-dissipé dans sa jeunesse. Professeur de rhétorique à Carthage, puis à Milan. Prêtre, 391. Évêque d'Hippone, 395. — CITÉ DE DIEU, éd. lat.-franç., par Moreau, *Lecoffre*, 1846, 3 vol. in-8, et 1854, 3 vol. in-18. Éd. franç., par Saisset, *Charpentier*, 1855, 4 vol. gr. in-18, 14 f. CONFESSIONS, éd. lat.-franç., par Martin, 1741, 2 vol. in-8, 8 à 12 fr. par Moreau, 1854, in-8. Trad. franç. par Janet, *Charpentier*, gr. in-18, 3 fr. 50. De la Trinité. De la Grâce. Du libre Arbitre.— OEuv. éd. lat., *Gaume*, 1836-39, 11 vol. très-gr. in-8, 306 fr. [Éd. *Migne, Montrouge*, 1841. 10 vol. gr. in-8, 85 f.

AULU-GELLE (Aulus-Gellius), grammairien et critique latin, 2ᵉ siècle de J.-C., Rome. Vivait sous le règne d'Adrien. — NUITS ATTIQUES. — Éd. lat., *Leyde*, 1706, in-4, 10 à 15 fr. *Gœttingue*, 1824, in-8, 8 à 10 fr. Éd. lat.-franç. par Verger, *Brunot-Labbe*, 1830, 3 vol. in-8, 12 fr. *Panckoucke*, 1845-47, 3 vol. in-8 et par Verteuil, 1776-77, 3 vol. in-12.

AUSONE (Décius), poëte latin, vers 309, Bordeaux ; vers 394..... Professeur de rhétorique. Gouverneur de l'Italie, de l'Afrique et des Gaules. Consul et proconsul d'Asie. — Épigrammes, Idylles, Églogues. — OEuv. éd. lat., 1730, in-4, 12 à 15 fr. 1823, 3 vol. in-8. Éd. lat.-franç., *Panckoucke*, 1843, 2 vol. in-8, 10 fr. *Barrois*, 4 vol. pet. in-12, 6 à 8 fr.

AUTRAN (Jos.), poëte, 1813, Marseille.— Départ pour l'Orient, 1832, in-8. La Mer, 1835, in-8. Ludibria Ventis, 1838, in-8. LA FILLE D'ESCHYLE, 1848. Laboureurs et Soldats, 1854. La Vie rurale, 1856. — Éd. *Léry*, 4 vol. in-18, 12 fr.

AVERROES (Ibn-Rochd, dit), médecin et philosophe arabe, 1120, Cordoue; 1198, Maroc. Premier traducteur et commentateur arabe des œuv. d'Aristote. — Commentaires sur Aristote. Colligat. — OEuv. : éd. lat. *Venise, Juntes,* 1552, 11 vol. in-fol.

AVICENNE (Ibn-Sina), médecin arabe, 980, près Chiraz (Perse); 1037, Hamadan. Composa, d'après Aristote, des œuvres de logique et de métaphysique. — De re medica, *Venise, Juntes,* 1608, 2 vol. in-fol. 20 à 25 fr.

B

BABINET (Jacq.), physicien, 1794, Lusignan. Membre de l'Acad. des sciences, 1840. Astronome adjoint du bureau des longitudes. Perfectionna divers appareils de physique. — Géométrie descriptive, *Hachette,* 1850, in-8, avec pl., 7 fr. Sciences d'observation, *Bachelier,* 1855-63, 7 vol. in-12, 17 fr. 50.

BACCIARELLI (Marcellin), peintre italien, 1731, Rome; 1818, Varsovie. Directeur des beaux-arts en Pologne. Membre des acad. de peinture de Rome, Dresde, Berlin, Venise, Bologne. — Apollon et les Muses, à Vienne. Casimir le Gr. Fondation de l'université de Cracovie. Albert de Prusse et Sigismond. Union de la Pologne et de la Lithuanie. Paix de Chotrim. Délivrance de Vienne. Vierge et enfant Jésus, à Varsovie. St Isidore, laboureur. Stanislas-Auguste. Napoléon constituant la Pologne.

BACCIO DELLA PORTA (IL FRATE), peintre italien, 1469, Savignano, près Florence ; 1517, Florence. Prit l'habit de St-Dominique en 1500. — FRESQUES du jugement dernier, de St Benoît, du Christ et de St Jean, de la Vierge, de Ste Catherine de Sienne, de Job et Isaïe, de St Marc; Christ au Tombeau, Sainte Famille, à Florence. St Pierre et St Paul, à Rome. ASSOMPTION, à Naples. SAINTE FAMILLE, à Munich. Présentation au temple, à Vienne. Salutation angélique. La Vierge avec Ste Catherine, à Paris.

BACH (J.-Séb.), musicien compositeur allemand, 1685, Eisenach; 1750, Leipzig. Maître de chapelle du roi de Pologne. — PRÉLUDES ET FUGUES pour piano. Oratorio de la Nativité de J.-C. PASSION d'après S. Mathieu. Messes.

BACH (J.-Aug.), jurisconsulte allemand, 1721, Hohendorf

(Misnie); 1759, Leispick. — Historia jurisprudentiæ romanæ, 1756. Ed. *Leipsick, Linke*, 1807, in-8.

BACHAUMONT (L. Petit de), littérateur, fin du xviie siècle, Paris; 1771..... — Mémoires secrets, 1767-88, 36 vol. Choix de ces mémoires, 1788, 2 vol. in-12.

BACICCIO (J.-Bapt.), peintre italien, 1639, Gênes; 1709..... Élève de Bernin. — Fresques, à l'église de Jésus, et à celle des SS. Apôtres, à Rome.

BACON (Roger), physicien et savant anglais, 1214, Ilchester (Sommerset); vers 1294, Oxford. Tellement savant pour son siècle qu'on le considérait comme sorcier. Fut enfermé pendant dix ans, à Paris, dans le couvent des Franciscains. Grand promoteur de la méthode expérimentale. — Opus majus. *Londres*, 1733, in-fol., 36 à 48 fr. *Venise*, 1750, gr. in-4. Opus minus. Opus tertium. Miroir d'alchimie, *Lyon*, 1557, pet. in-8. Admirables pouvoir et puissance de l'art et de la nature, *Hulpeau*, 1629, pet. in-8.

BACON (F.), célèbre philosophe anglais, 1560, Londres; 1626, id. Membre de la chambre des communes, 1592, du conseil privé, 1616. Garde des sceaux, 1617. Grand chancelier, 1618. Mais, accusé de concussion, il fut privé de toutes ses dignités et enfermé dans la tour de Londres, 1621. Ses dernières années furent consacrées à l'étude. — Dignité et accroissement des sciences, 1605. Nouvel Organon, 1620. Hist. de la vie et de la mort, 1622. Essais de morale et de politique. Lettres. — OEuv. éd. angl., *Londres, Millar*, 1765, 5 vol., gr. in-4. 3 à 4 liv., Ed. lat. angl. *Londres*, 1825-34, 17 vol. in-8, 6 à 7 liv. Trad. franç. parLasalle, *Dijon*, 1800, 15 vol. in-8. 30 à 40 fr. OEuv. philos. par Bouillet, *Hachette*, 1835, 3 vol. in-8. par Buchon, *Desrez*, 1838, gr. in-8. 10 fr. OEuv. par Riaux. *Charpentier*, 1859, 2 vol. gr. in-18, 7 fr.

BAEHR (J. Christian-Félix), littérateur et philologue allemand, 1798, Darmstadt. Conservateur de la bibliothèque, 1833; inspecteur du lycée, 1839, et directeur, en 1845, du séminaire philologique d'Heidelberg. — Geschichte der rœmischen Literatur (Hist. de la littérature romaine), 1728, in-8. 3e éd. *Carlsruhe*, 1844-45, 2 vol. in-8. Abrégé de cet ouvrage, 1833. Trad. par Roulez, *Louvain*, 1838.

BAGLIVI (George), médecin italien, 1669, Raguse; 1707..... Professeur d'anatomie à Rome. — De praxi medica, 1696, *Rome*, in-8. OEuv. compl. éd. lat., 1788, 2 vol. in-8, et *Leipsick*, 1827, in-8.

BAILLIE (Mathieu), médecin et anatomiste anglais, 1761, comté de Lanark (Écosse); 1823.....Fort apprécié par Georges III, roi d'Angleterre. — Anat. pathol. du corps humain, 1795, *Londres*, in-8. Trad. par Guerbois, 1815, in-8.

BAILLY (J.-Silvain), astronome, savant et homme politique, 1736, Paris; 1793, id. Membre de l'Acad. des sciences, 1763; de l'acad. franç., 1784; de celle des inscriptions, 1785. Député et président aux États généraux. Maire de Paris, 1789. Condamné à mort et exécuté, 1793. — Hist. de l'astronomie anc., mod., indienne et orientale : 2ᵉ éd. 1781-85-87, 5 vol. in-4. 40 à 50 fr. Abrégé de cette histoire par Comeiras, 1805, 2 vol. in-8. Mémoires, 3 vol. in-8.

BAKHUYSEN (Ludolphe), peintre hollandais, 1631, Embden; 1709, Amsterdam. S'embarquait au moment d'une tempête et observait avec calme l'état quelquefois effrayant de la mer. — Embarquement du grand pensionnaire de Witt. Port d'Amsterdam. Scène de mer, à Amsterdam. Guillaume III, à Maasluis. Marine, à la Haye. MARINES, vue d'Amsterdam, Mer houleuse, à Paris.

BALBI (Adrien), géographe italien, 1782, Venise; 1848, Vienne. Professeur de phys. et de géogr. à Venise. — Atlas ethnographique du globe, 1826, *Rey et Gravier*, in-fol., avec introd. in-8, 25 fr. Abrégé de géographie, 1833, *Renouard*, in-8.

BALDUCCI (Giovanni, dit Cosci), peintre italien.....; 1600, Naples. Élève de Naldini. Protégé par Léon XI. — FRESQUES, à Florence. Sauveur ressuscité. Christ dans une gloire. Vocation des fils de Zébédée, Les douze Apôtres. Ascension, dans l'église de Gesù Pellegrino. INVENTION DE LA CROIX, dans l'église de la Crocetta. Fresques à Volterra, à Pistoia, à Rome, à Naples.

BALLANCHE (P.-Simon), philosophe et littérateur, 1776, Lyon; 1847, Paris. D'abord imprimeur, comme son père. Membre de l'Ac. franç., 1844. — Antigone, 1814, in-8. Essai sur les institutions sociales, 1818, *Renouard*, in-8. L'Homme sans nom, 1820,

Didot, in-8. Essais de Palingénésie sociale, 1827-28, 2 vol. in-8. Vision d'Hébal, 1831, in-8, 5 fr. — OEuv. éd. *Barbezat*, 1830, 4 vol. in-8, 20 fr. 1833, 6 vol. in-18.

BALMÈS (Jacq.-Lucien), philosophe et publiciste espagnol, 1810, Vich (Catalogne); 1848..... — Art d'arriver au vrai, 1845, in-8. Trad. par Manec, *Vaton*, 1855, in-18, 3 fr. 50. Philosophie fondamentale, 1846, 3 vol. in-8 ou in-18. Trad. par Manec, *Vaton*, 1855, 3 vol. in-18. Protestantisme et catholicisme. 5ᵉ éd. franç. *Vaton*, 1857, 3 vol. in-8 ou gr. in-18.

BALTARD (L.-P.), architecte et graveur, 1765, Paris; 1846, id. Professeur d'architecture aux écoles polytechnique et des beaux-arts. — Construction du Palais de Justice de Lyon, 1834. Paris et ses monuments, 1803 et suiv., gr. in-fol. fig. Description de la colonne Vendôme, 1810, très-gr. in-fol.

BALTARD (Victor), architecte, 1805, Paris. 1ᵉʳ grand prix d'architecture, 1833. Architecte du gouvernement et de la ville de Paris. — Restauration de Saint-Germain des Prés, de Saint-Séverin et de Saint-Eustache. Constructions de l'hôtel du Timbre, des Halles Centrales. Villa médicis, 1847-48, in-fol. fig. 50 f.

BALZAC (J.-L.-Guez de), littérateur, 1594, Angoulême; 1655, id. Membre de l'Académ. franç. — Le Prince. Le Socrate chrétien. Aristippe. Lettres. — OEuv. 1665, 2 vol. in-fol., 50 à 60 fr. Lettres choisies, *Courbé*, 1647, 2 vol. in-8. OEuv. choisies, *Trouvé*, 1822, 2 vol. in-8, 8 fr., et 1854, 2 vol. in-18, 7 fr.

BALZAC (Honoré de), romancier, 1799, Tours; 1850, Paris. Imprimeur à Paris, 1826-29. Entreprit sous le nom de Comédie humaine des études de mœurs originales et variées. — Scènes de la vie privée, 1829-30, 2 vol. in-8 ou in-12. Physiologie du mariage, 1830, 2 vol. in-8 ou 1 vol. in-12. Scènes de la vie de province, 1834-37, 4 vol. in-8 ou 2 vol. in-12. Scènes de la vie parisienne, 1834, 4 vol. in-8 ou 2 vol. in-12. Le Père Goriot, 1835, 2 vol. in-8 ou 1 vol. in-12. Le Lys dans la Vallée, 1836, 2 vol. in-8 ou 1 vol. in-12. César Birotteau, 1838, 2 vol. in-8 ou in-12. Eugénie Grandet, 1839, in-12. Le Curé de Village, 1850, 2 v. in-8 ou 1 vol. in-12 — OEuv. compl. *Houssiaux*, 1853-55, 20 vol. in-8, fig. 100 fr. *Léry*, 1862, 45 vol. in-18, à 1.25.56 fr. 25.

BANKS (Sir Jos.), naturaliste anglais, 1740, Londres; 1820, id. Exécuta de nombreux voyages notamment avec Cook. Président de la société royale de Londres, 1778. — Catalogus bibliothecæ historico-naturalis, par Dryander, *Londres, Bulmer,* 1796-1800, 5 vol. gr. in-8, 50 à 70 fr.

BAOUR-LORMIAN (P.-Marie F.-L.), poëte, 1770, Toulouse; 1854, Paris. Membre de l'Acad. franç., 1815. — Trad. en vers de la Jérusalem délivrée, 1795, revue en 1819, 3 vol. in-8, 9 fr. Légendes, ballades et fabliaux, 1829, *Delangle*, 2 vol. in-16.

BARANTE (Amable-Guill.-Prosper BRUGIÈRE, baron de), historien et publiciste, 1782, Riom (Puy-de-Dôme). Auditeur au conseil d'État, 1806. Préfet, 1813. Conseiller d'État et député, 1815. Pair, 1819. Membre de l'acad. franç., 1828, et sous Louis-Philippe, ambassadeur à Turin et à St-Pétersbourg. — Tableau de la litt. franç. au xvIII^e siècle, 1808; nouv. éd. *Ladvocat,* in-8 et in-18. Des communes et de l'aristocratie, 1821. 3e éd. 1829, in-8. HISTOIRE DES DUCS DE BOURGOGNE, 1824, *Ladvocat*, 13 vol. in-8. Dufey, 1837, 12 vol. in-8, 60 fr. Nouv. éd. *Furne*, 1842, 8 vol. in-8, 50 fr. *Didier*, 1858, 8 vol. in-18, 24 fr. Mélanges histor. et littéraires, 1835, *Ladvocat,* 3 vol. in-8. Hist. de la Convention nationale, 1851-53, 6 vol, in-8. Hist. du Directoire, 1855, 3 vol. in-8. Le Parlement et la Fronde, 1859, in-8.

BARBEYRAC (J.), jurisconsulte, 1674, Béziers; 1744..... Après la révocation de l'Édit de Nantes, professa la litt. à Berlin, et le droit à Lausanne et à Groningue. — Traité du jeu, 2 vol. in-8. 2e éd., 1737, 3 vol. in 12. Trad. des devoirs de l'homme, *Amsterdam,* 1756, in-8; 1822, 2 vol. in-12, et du Droit de la nature, de Puffendorf, 1712, 2 vol. in-4, *Amsterdam*, 1720-34, 2 vol. in-4, 12 à 18 fr. Trad. du Droit de la guerre et de la paix de Grotius, 1724, *Amsterdam,* 2 vol. in-4, 15 à 18 fr. Trad. des Lois naturelles, de Cumberland, 1744, *Amsterdam*, in-4, 5 à 6 fr.

BARBIER (Ant.-Alex.), bibliographe, 1765, Coulommiers (Seine-et-Marne); 1825, Paris. Bibliothécaire du Directoire, du Conseil d'État et de Napoléon. — Dict. des ouvrages anonymes et pseudonymes, 1806-8, 4 vol. in-8. 2e éd. *Barrois*, 1822-27, 4 vol. in-8, 50 à 60 fr. Bibliothèque d'un homme de goût, 1808-10, *Bertrand*, 5 vol. in-8.

BARLOW (P.), mathématicien, physicien et mécanicien anglais, 1776, Norwich; 1862..... Professeur à l'Acad. de Woolwich, 1806-47; Membre de la Société royale, 1823 ; de la Société d'astronomie, 1829. — New mathematical Tables (nouv. Tables mathématiques), 1814, *Londres,* in-8. Magnetic attractions (Attractions magnétiques), 1820, 2ᵉ éd. *Londres,* 1824, in-8. Résistance des bois de construction. trad. par Fourier, *Bachelier,* 1828, in-8. Propriétés du fer, trad. par Quilhet, *Bachelier,* 1838, in-8, 3 fr. 50.

BARRAL (J.-Augustin), chimiste, 1819, Metz. Fit avec Bixio, en 1850, deux ascensions aérostatiques à 6,000 et 7,000 mètres.— Drainage des terres arables, 1856, 3 vol. in-12. 2ᵉ éd. *libr. agricole,* 1860, 2 vol. gr. in-18, 7 fr. Astronomie populaire de Fréd. Arago, *Gide,* 1854-57, 4 vol. in-8. OEuv. compl. du même savant, 1853 et suiv., *Gide,* 17 vol., 135 fr. Journal d'agriculture pratique.

BARRIÈRE (Théod.), auteur dramatique, 1823, Paris. — Rosière et Nourrice, 1843. Les Filles de marbre (avec Thiboust), 1853. Les Faux Bonshommes (avec Capendu), 1856.

BARROS (J. de), historien portugais, 1496, Viseu; 1571, Alitem, près Villa de Pombal. Fut gouverneur et agent général des colonies. — DECADAS DA ASIA (hist. asiatiques, en douze décades), 1552-73, *Lisbonne,* 12 vol. in-fol. 2ᵉ éd. *Lisbonne,* 1778-88, 24 vol. pet. in-8, avec cartes.

BARTHÉLEMY (J.-Jacq.), littérateur et archéologue, 1716, Cassis (Provence); 1795, Paris. Garde du cabinet des médailles, 1753. Membre de l'Acad. des inscriptions, 1747 ; de l'Acad. franç., 1789. — VOYAGE D'ANACHARSIS, 1788, 5 vol. in-4 ou 7 vol. in-8, avec atlas. Nouv. éd. *Janet et Cotelle,* 1824, 7 vol. gr. in-8 avec atlas, 25 fr. *Didot,* gr. in-8, 10 fr., et 2 vol. in-18, 7 fr. OEuv. *Belin,* 1821, 4 vol. in-8, avec atlas, 24 fr.

BARTHÉLEMY (Aug.-Marseille), poëte, 1796, Marseille. Une grande partie de ses œuvres a été faite en collaboration avec Méry. — La Villéliade, 1826, in-8. La Corbiéréide, 1827, in-8. NAPOLÉON EN ÉGYPTE, 1828, in-8. Le Fils de l'Homme, 1829, in-8. Némésis, 1830-32, in-4. Douze Journées de la révolution, 1832, in-8. Trad. de l'Énéide, 1835-38, 4 vol. in-8.

BARTHÉLEMY SAINT-HILAIRE (Jules), philosophe, 1805, Paris. Professeur de philos. grecq. au Collége de France, 1838. Membre de l'Acad. des Sciences morales, 1839. Représentant à la Constituante, 1848. — Trad. des œuvres d'Aristote, 1837 et suiv., 13 vol. gr. in-8. Des Védas, 1854, in-8. Du Bouddhisme, 1855, in-8. Le Bouddha et sa religion, 1859, *Didier*, in-8, 7 fr.

BARTHEZ (Paul-Jos.), médecin, 1734, Montpellier; 1806, Paris. Professeur à Montpellier, 1759. Médecin consultant du roi, 1780, et du premier consul, 1801. — Nouv. éléments de la science de l'homme, 1778, in-8. 2ᵉ éd. *Brunot-Labbe*, 1806, 2 vol. in-8, 12 fr. Nouvelle mécanique des mouvements de l'homme, 1798, in-4. Discours sur le génie d'Hippocrate, 1801, in-4. Traitement des maladies goutteuses, 1802. 2ᵉ éd. 1819, 2 vol. in-8.

BARTHOLE, jurisconsulte italien, 1313, Sasso-Ferrato (Ombrie); 1356, Pérouse. Professeur de droit à Pise et à Pérouse.— Lecturæ in tres libros codicis, 1471-73, in-fol. Œuv. éd. lat. : *Venise*, 1615, 11 vol. in-fol.

BARYE (Ant.-L.), statuaire, 1795, Paris. Professeur de dessin au Muséum, 1854. — Tigre et Crocodile, 1831. Lion étouffant un boa, 1833. Jeunes ours. Centaure et Lapithe, 1850. Jaguar dévorant un lièvre, 1852. Les trois Grâces. Angélique et Roger. Thésée combattant le Minotaure. La Paix, la Guerre, la Force et l'Ordre, au nouveau Louvre.

BASILE (St), théologien, Père de l'Église grecque, 329, Césarée (Cappadoce); 379..... Avocat. Professeur de rhétorique, puis moine, 357. Évêque de Césarée, 370. — Discours sur les six jours de la création. Homélies. Traités. Lettres. Trad. par Auger, 1788, in-8.— Œuv. éd. lat. : *Coignard*, 1721-30, 3 vol. in-fol., 100 à 120 fr. *Gaume*, 1838-41, 3 vol. très-gr. in-8, 72 fr. *Migne*, 1857, 4 vol. gr. in-8, 48 fr. Œuv. Trad. franç. par Roustan, *Périsse*, 1847, 3 vol. in-8.

BASSAN (Jacq. dit le Vieux), 1510, Bassano (État de Venise); 1592, Venise. Peignit avec Le Tintoret et Véronèse. — Joseph d'Arimathie et le Christ au tombeau, au Louvre. Noé et sa famille. Les vendeurs chassés du temple. Repas chez Marthe. Retour de Jacob. Repas chez le Pharisien. La reine de Saba. Naissance de Jésus-Christ.

BASTIAT (Fréd.), économiste, 1801, Bayonne; 1850, Rome. Quitta le commerce après la lecture des écrits de Smith et de

Say. Représentant à la Constituante, 1848, puis à l'Assemblée législative, 1849. — Cobden et la ligue, 1845, in-8. Sophismes économiques, 1846, in-8. HARMONIES ÉCONOMIQUES, 1850, in-8. 3ᵉ éd. gr. in-18, 3 fr. 50. — OEuv. compl. *Guillaumin*, 1855 et suiv., 7 vol. in-8, 35 fr. ou 7 vol. gr. in-18, 24 fr. 50.

BATBIE (Anselme), jurisconsulte et économiste, 1827, Seissan (Gers). Auditeur au Conseil d'État, 1849. Professeur d'économie polit. à l'École de Droit, 1864. — Turgot, 1861. *Cotillon*, in-8, 9 fr. Traité de droit public administratif, 1862-63, *Cotillon*, 7 vol. in-8, 56 fr. Crédit populaire, 1863, *Cotillon*, in-18, 5 fr.

BATTEUX (Ch.), littérateur, 1713, Alland'huy, près Vouziers ; 1780, Paris. Professeur de philosophie au Collége de France. Membre de l'Acad. des Inscriptions, 1754; de l'Acad. franç., 1761. — Morale d'Épicure, 1750, pet. in-8. Cours de belles-lettres, 1765, 5 vol. in-8 ou in-12. Nouv. éd. *Bellavoine*, 1824, 6 vol. in-12. Les quatre Poétiques, 1771, 2 vol. in-8. Éd. *Delalain*, 1825, 2 vol. in-12.

BAUDEAU (Nic.), économiste, 1730, Amboise ; vers 1792..... Prieur de Saint-Lô. — Idées sur l'administration des finances, 1763; 3 vol. in-8. Éphémérides du citoyen, 1765 et suiv., 63 vol. in-12.

BAUDELOCQUE (J.-L.), chirurgien, 1746, Heilly (Somme); 1810, Paris. Chirurgien en chef de la Maternité. Professeur à l'École de médecine. — Principes des accouchements, 1775, 5ᵉ éd. *Méquignon*, 1821, in-12. Art des accouchements, 1781. 6ᵉ éd. *Méquignon*, 1822, 2 vol. in-8, avec pl.

BAUDIER (Michel), historien, vers 1589, ... (Languedoc); 1645, ... Vécut dans la retraite et l'étude. — Hist. du cardinal d'Amboise, 1634, in-4.

BAUDRILLART (Jacq.-Jos.), agronome, 1774, Givron (Ardennes); 1832, Paris. — TRAITÉ GÉN. DES EAUX ET FORÊTS, 1821-34, 10 vol. in-4, avec atlas.

BAUDRILLART (H.-Jos.-Léon), économiste, 1821, Paris. Prix Montyon, 1853 et 1857. Membre de l'Acad. des sciences morales. — Jean Bodin et son temps, 1853, *Guillaumin*, in-8, 7 fr. 50. Manuel d'économie politique, 1857, *Guillaumin*, gr. in-18, 3 fr. 50. Études de philos. morale et d'économie politique,

1858, *Guillaumin*, 2 vol. gr. in-18, 7 fr. Rapports de la morale et de l'économie politique, 1860, *Guillaumin* in-8, 7 fr. 50.

BAUDRY (Paul-Jacq.Aimé), peintre, 1828, Bourbon-Vendée. Grand prix de Rome, 1850. — Zénobie trouvée sur les bords de l'Araxe, 1850. Saint-Jean Baptiste. Léda. Supplice d'une vestale. La Fortune et le jeune enfant. Madeleine pénitente. Toilette de Vénus. La Perle et la Vague, 1863.

BAUER (Bruno), philosophe allemand, 1809, Eisenberg (Saxe Altenbourg). Chercha d'abord à concilier ensemble la philos. et la théologie, puis s'éleva contre la tradition et les livres saints. — Kritik der evangelischen synoptiker (Critique de la concordance des évangiles), 1841, *Leipsick*. Das entdeckte Christenthum (Christianisme dévoilé), 1843, *Zurich*. Die Judenfrage (la Question juive), 1843, *Brunswick*.

BAUHIN (J.), médecin et naturaliste suisse, 1541, Bâle; 1613..... Professeur de rhétorique à Bâle. Médecin du duc de Wurtemberg, 1570. — Historiæ plantarum Prodromus, 1619, *Yverdun*, in-4. HISTORIA UNIVERSALIS PLANTARUM, 1650, 3 vol. in-fol.

BAUHIN (Gaspard), anatomiste et botaniste suisse, 1560, Bâle; 1624, id. Professeur de langue grecq., de botanique et d'anatomie à Bâle. — Enumeratio plantarum, 1596, *Bâle*, in-4. PINAX THEATRI BOTANICI, 1596. 3ᵉ éd. *Bâle*, 1671, in-4. Prodromus theatri botanici, 1620. 2ᵉ éd. *Bâle*, 1671, in-4.

BAUMÉ (Ant.), chimiste et pharmacien, 1728, Senlis: 1804, Paris. Membre de l'Acad. des sciences. — Éléments de pharmacie, 1762, in-8. 9ᵉ éd. *Crochard*, 1818, 2 vol. in-8, Manuel de chimie, 1763. 2ᵉ éd. 1766, in-12. Chimie expérimentale et raisonnée, 1773, 3 vol. in-8.

BAUSSET (L.-F. de), théologien et cardinal, 1748, Pondichéry; 1824, Paris. Évêque d'Alais, 1785. Député à l'Assemblée des notables, 1787. Président du Conseil de l'Université, 1815. Membre de l'Acad. franç., 1819. Cardinal, 1817. — HIST. DE FÉNELON, 1808. 3ᵉ et 4ᵉ éd., 1821-33, 4 vol. in-8 ou in-12. Hist. de Bossuet, 1814. 2ᵉ éd. 1819, 4 vol. in-8 ou in-12.

BAUTAIN (L.-Eug.-Marie), théologien et philosophe, 1796, Paris. Élève de Cousin. Condisciple de Jouffroy. Prêtre, 1828. Doyen de la Faculté de Strasbourg, 1838. Professeur de théologie à la Faculté, 1853. — Morale de l'Évangile, 1827, in-8, 6 fr.

Philos. du christianisme, 1835, 2 vol. in-8. Psychologie expérimentale, 1839, 2 vol. in-8, 15 fr. Philos. morale, 1842, 2 vol. in-8, 15 fr. Trad. de l'Imitation de J.-C., 1852, gr. in-8. La belle saison à la campagne, 1858, *Hachette*, in-18, 3 fr. 50. La Chrétienne de nos jours, 1859, *Hachette*, 2 vol. in-18, 7 fr.

BAYARD (J.-F.), auteur dramatique, 1796, Charolles (Saône-et-Loire); 1853..... Ami et collaborateur de Scribe. — Roman à vendre, 1825. La Belle-Mère (avec Scribe), 1826. La Reine de seize ans, 1828. Le Gamin de Paris, 1836. Les Premières Armes de Richelieu, 1839. Les Enfants de troupe, 1840. La Fille du régiment, 1840. Ménage Parisien. Château de cartes. Mariage à la campagne. Le Fils de famille. — OEuv. choisies : *Hachette*, 1855-58, 12 vol. in-12, 42 fr.

BAYLE (P.), philosophe et critique, 1647, Carlat (comté de Foix); 1706..... Professeur de philos. à Sedan, 1675-81, et à Rotterdam, où il s'était réfugié pour cause de religion. — Pensées sur la comète, 1683. 5e éd. *Rotterdam*, 1721, 4 vol. in-12. Dict. histor. et critique, 1699, 1720 et 1740, 4 vol. in-fol. 40 à 50 fr. 11e éd. par Beuchot, *Desoer*, 1820-24. 16 vol. in-8. Réponses aux questions d'un provincial, 1704-06, *Rotterdam*, 5 vol. in-12. OEuv. diverses, *la Haye*, 1727-31, 4 vol. in-fol., 30 à 36 fr.

BEATTIE (James), philosophe et poëte écossais, 1735, Lawrencekirk (Kincardine); 1803, Aberdeen. Professeur de philos. à Aberdeen, 1760. — Essay on the nature and immutability of truth (Essai sur la nature et l'immutabilité de la vérité), 1770, in-8. The Minstrel (Le Ménestrel), 1774. Essais sur la poésie et la musique, 1779, in-8. Trad. 1798, in-8. Éléments de science morale, 1793, 2 vol. in-8. Trad. par Mallet, 1840, 2 vol. in-8, **14 fr.**

BEAUCHAMP (Alph.), historien, 1767, Monaco; 1832, Paris. Militaire au service du roi de Sardaigne, il rentra en France à la révolution. — Hist. de la Vendée, 1800. Nouv. éd. *Michaud*, 1820, 4 vol. in-8. Hist. des campagnes de 1814 et 1815. Éd. 1817. 4 vol. in-8, 15 fr.

BEAUMANOIR (Philippe de), jurisconsulte, commencement du xiiie siècle..... (Picardie); 1296..... Bailli de Clermont, 1280 ; de Tours, 1292 ; de Senlis, 1295. — Coutumes de Beauvoisis,

1283. Nouv. éd. par Beugnot, *Renouard*, 1842, 2 vol. gr. in-8, 18 fr.

BEAUMARCHAIS (P.-Augustin CARON de), littérateur, 1732, Paris; 1799, id. Des opérations commerciales l'enrichirent d'abord et le ruinèrent ensuite.— Les Deux Amis, 1770. Le Barbier de Séville, 1776. Le MARIAGE DE FIGARO, 1784. Tarare, 1787. La Mère coupable, 1792. — OEuv. Éd. *Furne*, 1826, 6 vol. in-8. *Didot*, gr. in-8, 10 fr. OEuv. choisies, 1825, 2 vol. in-18. *Didot*, in-18, 3 fr.

BEAUMELLE (Laurent-Angliviel de La), littérateur, 1726, Vallerauge (Gard); 1773, Paris. Eut de violentes querelles avec Voltaire. Obtint une place à la Bibliothèque royale, 1770. — Mes Pensées, 1751, in-12. Mémoires pour l'hist. de mad. de Maintenon, 1755-56, 6 vol. in-12; avec les lettres, 15 vol. in-12.

BEAUMONT (Gust.-Aug. de), littérateur français, 1802, Beaumont-la-Chartre (Sarthe). Député de la Sarthe, 1839. Membre de l'Académie des sciences morales, 1841. Vice-président de la Constituante. Ambassadeur à Londres, 1848. — Traité du syst. pénitentiaire, 1833, in-8. 3ᵉ éd. 1845, in-18. Marie, 1835, 2 vol. in-8. 4ᵉ éd. 1840, 1 vol. in-18. L'Irlande sociale, 1839, 2 vol. in-8. 5ᵉ éd. 1842, in-12.

BEAUSOBRE (Isaac de), théologien, 1659, Niort; 1738, Berlin. Pasteur à Berlin, 1694. Chapelain du roi de Prusse. — Hist. du manichéisme, 1734-39, *Amsterdam*, 2 vol. in-4. 40 à 50 fr.

BEAUZÉE (Nic.), grammairien, 1717, Verdun; 1789, Paris. Membre de l'Acad. franç. — Grammaire générale, 1767, *Barbou*, 2 vol. in-8, et 1819, *Delalain*, 2 vol. in-8.

BECCARIA (César-BONESANA, marquis de), célèbre philosophe et économiste italien, 1738, Milan; 1794, id. Professeur d'économie polit. à Milan, 1768. Son traité est le plus magnifique appel de la science et de la raison contre l'ignorance et la barbarie. — TRAITÉ DES DÉLITS ET DES PEINES, 1764. — Ed. ital. : *Milan, Mussi*, 1812, in-fol. *Brescia, Bettoni*, 1807, in-4. 1780, gr. in-8. *Milan*, 1823, in-8 et in-18. Trad. franç. *Dalibon*, 1821, in-8. *Brière*, 1822, in-8, 6 fr. Plancy, 1823, gr. in-18. 3 fr. *Guillaumin*, gr. in-18. 3 fr.

BECHER (J.-Jos.), chimiste allemand, 1625, Spire; 1682.....

Professeur de médecine à Mayence. Conseiller aulique de l'empereur. — Physica subterranea, 1669, *Francfort*, in-8.

BECKMANN (J.), physicien et économiste allemand, 1739, Hoye (Hanovre); 1811..... Professeur de physique à Saint-Pétersbourg et à Gœttingue. — Beiträge zur Geschichte der Erfindungen (Notice sur les arts et métiers), 1786-1805, *Leipsick*, 5 vol. pet. in-8. Ed. de Mirabilibus auscultationibus d'Aristote, 1786, *Gœttingue*, in-4.

BÉCLARD (P.-Augustin), médecin et anatomiste, 1785, Angers; 1825, Paris. Professeur d'anat. à la Faculté de Paris. — Additions à l'anat. générale de Bichat, 1821, in-8. ÉLÉMENTS D'ANAT. GÉNÉRALE, 1823, *Béchet*, in-8. 4e éd. *Asselin*, 1864, in-8, 10 fr.

BÉCLARD (Jules), médecin, 1818, Paris. Agrégé pour la chaire d'anat., 1845. — Traité élém. de physiologie, 1855. 4e éd. *Asselin*, 1862, fort in-8, 14 fr.

BECQUEREL (Ant.-César), physicien, 1788, Chatillon-s.-Loing (Loiret). Prit part à la guerre d'Espagne. Inspecteur de l'École polytechnique, 1803. Membre de l'Acad. des sciences, 1829. Professeur de physique au Muséum, 1837. — Traité de l'électricité et du magnétisme, 1834-40. *Didot*, 7 vol. in-8, avec atlas, 72 fr. 50. Traité d'électro-chimie, in-8. Traité de physique dans ses rapports avec la chimie, 1842, *Didot*, 2 vol. in-8, avec atlas, 15 fr. Des climats. 1853, *Didot* in-8, 7 fr.

BECQUEREL (L.-Alf.), médecin, 1814, Paris; 1862, id. — Traité des applications de l'électricité à la thérapeutique, 1857. 2e éd. *Baillière*, 1860, 7 fr. Traité des maladies de l'utérus, 1859; *Baillière*, 2 vol. in-8, avec atlas, 20 fr. Traité élém. d'hygiène, 1851. 3e éd. *Asselin*, 1863, in-18, 7 fr.

BECQUEREL (Alex.-Edm.), physicien, 1820, Paris. Professeur de phys. au Conservatoire, 1853. — Éléments de physique et de météorologie, 1847, *Didot*, in-8 avec pl. 12 fr. 50. Traité d'électricité et de magnétisme, 1855, *Didot*, 3 vol. in-8, 24 fr.

BÈDE, historien anglais, vers 675, Wertmouth (Durham); 735..... Fut un des hommes les plus savants de son siècle. — HISTORIA ECCLESIASTICA GENTIS ANGLORUM.—Ed. latine, 1722, in-fol. 48 à 60 fr. 1838, in-8. Ed. angl. 1847, in-8. OEuv. compl. éd. lat. *Migne, Montrouge*, 6 vol. gr. in-8, 42 fr.

BEECHER-STOWE (Mad. Harriet), femme de lettres américaine, 1814, Litchfield (Connecticut). — Fleur de mai, 1855. La Case de l'oncle Tom, 1852. *Perrotin*, in-8, 4 fr. *Hachette*, in-18, 1 fr. Souvenirs heureux, 1854. Trad. par Forcade, 3 vol. in-12. Dred, 1856, 2 vol. in-12. La Fiancée du ministre, 1860, in-12.

BEER (Michel), poëte allemand, 1800, Berlin; 1833, Munich. — Clytemnestre, 1818. Le Paria, 1826. Struensée, 1827. Trad. franç. par Saint-Aulaire, in-8.

BEETHOVEN (L.-Van), célèbre musicien compositeur allemand, 1770, Bonn; 1827, Vienne. Élève, puis rival de Haydn. — Sonates. Symphonies avec chœur, en ut mineur, pastorale, héroïque. Messes. Oratorio du Christ au mont des Oliviers. Cantates : Armide, Adélaïde. Opéras : Fidelio, Egmont. Ouvertures : Coriolan, Ruines d'Athènes, Dédicace du temple.

BELL (Ch.), physiologiste anglais, 1774.....; 1842..... Professeur d'anat., de physiologie et de chirurgie. D'une grande simplicité de goûts et de caractère. — The anatomy and the philosophy of expression (Anat. et Philos. expressives), 1806, in-4. 3ᵉ éd. *Londres*, 1844, in-8.

BELLARMIN (Robert), théologien italien, 1542, Montepulciano (Toscane); 1621, Rome. Cardinal, 1576. Archevêque de Capoue, 1601. Bibliothécaire du Vatican, 1605. — Disputationes de controversiis fidei, 1581-92, 3 vol. in-fol. Nouv. éd. *Rome*, 1832-40, 5 vol. in-4, 120 fr. Doctrine chrétienne, vers 1610. Trad. par Baudouin, in-12.

BELLIN (J.), peintre italien, 1426, Venise; 1516..... Maître de Giorgion et du Titien. — La Vierge et l'enfant Jésus. Son portrait et celui de son frère, au Louvre. Vierge sur son trône, à Venise. Bacchanale, 1514, à Rome.

BELLINI (Laurent), médecin italien, 1643, Florence; 1704..... Professeur d'anat. à Pise. — De urinis, pulsibus, etc., 1683, *Bologne*, in-4. OEuv. compl. Éd. lat. : *Venise*, 1708 et 1732, 2 vol. in-4.

BELLINI (Vincent), musicien compositeur italien, 1802, Catane; 1835, Paris. Quitta l'Italie, vint en Angleterre, puis se fixa définitivement à Paris. — Bianca e Gernando, 1826, Naples. Il Pirata, 1827, Milan. La Straniera, 1829, Milan. La Sonnambula,

1831, Milan. La Norma, 1831, Milan. Beatrice di Tenda, 1833, Venise. I Puritani, 1834, Paris.

BELON (P.), naturaliste, vers 1517, Oizé (Sarthe); 1564, Paris. Voyagea en Europe, en Égypte, en Palestine, et fut assassiné par des voleurs dans le bois de Boulogne. — Hist. nat. des étranges poissons, 1551, in-4. Singularités et choses mémorables, 1553, pet. in-4.

BENDEMANN (Ed.), peintre allemand, 1811, Berlin. Professeur à l'Acad. de Dresde, directeur de celle de Düsseldorf, 1860. — Douleur des Juifs, 1831, à Cologne. Jeunes filles à la fontaine, 1833. Jérémie sur les ruines de Jérusalem, 1837, à Berlin. La Moisson. Fresques au château royal de Prusse. La Poésie et les Arts. Portrait de sa femme.

BENSERADE (Isaac de), poëte, 1612, Lyons-la Forêt (Normandie); 1691, Paris. Membre de l'Acad. franç., 1674. — Tragédies : Cléopâtre, 1635. Mort d'Achille, 1636. Iphis et Zanto, 1636. Gustave, 1637. Méléagre, 1640. Rondeaux, Sonnets, Chansons. — OEuv. 1636-42, in-4. 1697, 2 vol. in-12.

BENTHAM (Jérémie), jurisconsulte et moraliste anglais, 1747, Londres; 1832, id. La Convention lui conféra le titre de citoyen français. Il voulut que son corps fût disséqué après sa mort. — Principles of morals and legislation (Principes de morale et de législation), 1789. Traité de législation civile et pénale, 1802. 3 éd. 3 vol. in-8, 16 fr. Théorie des peines et des récompenses, 1812, trad. par Dumont, *Bossange*, 1826, 2 vol. in-8. Science de la morale, 1834. 3e éd. 2 vol. in-8, 16 fr. — OEuv. éd. angl. Bowring, *Edimbourg*, 1838-43, 11 vol. gr. in-8. 100 fr. Ed. franç. *Hauman, Bruxelles*, 1840, 3 vol. gr. in-8.

BENTLEY (Richard), philologue anglais, 1662, Oulton près Wakefield; 1742..... Maître de collége à Cambridge, 1700. — Ed. d'Horace, 1711; de Térence et de Phèdre, 1726; de Milton. — OEuv. éd. angl. *Dyce, Londres*, 1836, 3 vol. in-8, 24 fr.

BÉRANGER (P.-J. de), célèbre poëte chansonnier, 1780, Paris; 1857, id. Modeste employé jusqu'en 1821. Deux fois emprisonné pour avoir chansonné le gouvernement de la Restauration. Aussi simple dans ses goûts qu'indépendant par caractère, il laissa ses amis occuper des places dont il ne voulut à aucun prix. — Chansons anciennes, 1815-33, *Perrotin*, 1856-57, 2 vol. gr. in-8,

12 fr. fig. 28 fr. Musique, in-8, 10 fr. Éd. en 2 vol. gr. in-18, 7 fr., ou 1 vol. in-32, 3 fr. 50. — OEuv. posthumes, 1834-57. Éd. en deux parties : *Perrotin*, 1857. Chansons, gr. in-8, 6 fr., gr. in-18, 3 fr. 50, et Ma Biographie, gr. in-8, 6 fr., gr. in-18, 3 fr. 50. Les deux parties en un seul vol. in-32, 3 fr. 50.

BÉRARD (Fréd.), médecin, 1789, Montpellier ; 1828..... Professeur d'hygiène à Montpellier. — Doctrine du rapport du physique et du moral, 1823, 2 vol. in-8.

BÉRARD (P.-Honoré), chirurgien et physiologiste, 1797, Lichtenberg (Bas-Rhin) ; 1858, Charenton-St-Maurice. Doyen de la Faculté, 1848. Membre de l'Acad. de médecine, 1849.— Cours de physiologie, 1848 et suiv. *Asselin*, 5 vol. in-8, 17 fr. 50.

BERARD (Aug.), chirurgien, 1802, Varrains, près Saumur; 1846, Paris. Professeur de clinique chirurg. à la Faculté, 1842. Membre de l'Acad. de médecine. — Diagnostic chirurgical, 1836. Structure du poumon, 1836.

BERCHOUX (Jos.), poëte, 1761, Saint-Symphorien, près Lyon ; 1839..... Juge de paix, militaire, puis homme de lettres. — La Gastronomie, 1801. 5ᵉ éd. 1818, gr. in-18, fig. — OEuv., 4 vol. in-18, 8 fr.

BÉRENGER (Alph.-Marie-Marcellin-Thomas), jurisconsulte, 1785, Valence (Drôme). Membre de la Cour de cassation, 1831; de l'Acad. des sciences morales, 1832. Député, 1827. Pair, 1839. — De la justice criminelle en France, 1818, *Lhuillier*, in-8.

BERGHAUS (H.), géographe allemand, 1797, Clèves (Prusse). Membre de l'Acad. d'architecture de Berlin, 1821. Professeur de mathématiques. — PHYSIKALISCHER ATLAS (Atlas physique), 1838-48. 2ᵉ éd. *Gotha*, 1849-52, 2 vol. in-fol. 34 thl. Grundlinien der physikalischen, etc. (Description physique de la terre), 1847. Grundlinien der Ethnographie (Principes de l'Ethnographie), 1850.

BERGHEM (Nic.), peintre hollandais, 1624, Harlem ; 1683, id. Elève de son père, puis de Van Goyen. — Côtes de Nice, paysages, abreuvoir, passage du lac, animaux au pâturage, au Louvre. Paysages à Amsterdam. Paysages, chasse au sanglier, dévalisement d'équipages, à la Haye.

BERGIER (Nic.), historien, 1567, Reims; 1623, Grignan. Peiresc, dont il fut l'ami, l'aida de ses conseils. — Hist. des grands chemins de l'empire romain, 1622, in-4. Nouv. éd. *Bruxelles*, 1736, 2 vol. in-4, fig. 30 à 36 fr.

BERGIER (Nic.-Sylv.), théologien, 1718, Darnay (Lorraine); 1790, Paris. Professeur de théologie à Besançon. Chanoine de Notre-Dame, à Paris. — Certitude des preuves du christianisme, 1767, 2 vol. in-12. Traité de la vraie religion, 1780, 12 vol. in-12. Éd. *Besançon*, 1820, 10 vol. in-8. DICT. THÉOLOGIQUE, 1789, 3 vol. in-4. Éd. *Besançon*, 1827, 8 vol. in-8.

BERGMANN (Torbern), chimiste suédois, 1735, Catherineberg (Suède); 1784..... Professeur de chimie à Upsal, 1766. Découvrit les acides carbonique et oxalique; l'hydrogène sulfuré. — Description physique de la terre, 1770-74, 2 vol. in-8. Traité des affinités, trad. en 1778, in-8. Analyse du fer, trad. franç. *Méquignon*, 1783, in-8. Manuel du minéralogiste, 1792, 2 vol. in-8.

BERKELEY (George), philosophe et théologien irlandais, 1684, Kilkrin (Irlande); 1753, Oxford. Évêque de Cloyne. Soutenait que l'illusion seule nous faisait croire que les corps extérieurs existaient. — Théorie de la vision, 1708; trad. avec celle d'Alciphron. The Principles of human knowledge (Principes des connaissances humaines), 1710. Dialogues entre Hilas et Philonoüs, 1713, trad. en 1785, in-12. Alciphron ou le Petit Philosophe, 1732, trad. en 1734, 2 vol. in-12.

BERLIOZ (L.-Hector), musicien compositeur, 1803, Côte-St-André (Isère). Quitta l'école de médecine pour le Conservatoire, 1826, où il obtint un 2e, puis un 1er prix, 1828-30. Membre de l'Institut, 1856. — REQUIEM, 1837. Benvenuto Cellini, 1838. ROMÉO ET JULIETTE, 1839. SYMPHONIE FUNÈBRE, 1840. Hymne à la France, 1844. Damnation de Faust, 1846. Enfance du Christ, 1854. Les Troyens, 1863. Traité d'instrumentation et d'orchestration, 1844. Voyage musical, 1845, 2 vol. in-8.

BERNARD (St), théologien, 1091, Fontaine, près Dijon; 1153..... — 1er abbé de Clairvaux, 1115. Devint, par sa sagesse et son érudition, l'arbitre de la chrétienté. Prêcha la croisade de 1145. Fonda 72 monastères. Combattit avec succès les erreurs d'Abailard, 1150. — Sermons. Traités, Lettres. — OEuv. Éd. lat. par Mabillon, 1719, 2 vol. in-fol. 45 à 50 fr. *Gaume*, 1839, 2 vol. très-gr. in-8. *Migne*, 4 vol. gr. in-8. Trad. franç. par

Gabriel, 13 vol. in-8. Sermons choisis par Villefore, 1738, in-8. Lettres, par Le Roy, 1702, 2 vol. in-8.

BERNARD (Claude), médecin et physiologiste, 1813, St-Julien (Rhône). Professeur de physiologie à la Faculté, 1854, et au Collége de France, 1855, après Magendie. Membre de l'Institut. — Rech. sur les usages du pancréas, 1856, in-4, avec pl. 12 fr. Leçons de physiologie, 1855-56, *Baillière*, 2 vol. in-8, fig. 14 fr.

BERNIER (F.), voyageur, 1625, Angers ; 1688, Paris. Médecin du grand-mogol Aureng-Zeyb, 1656-68. — Voyages, 1699. 3ᵉ éd. 1724, 2 vol. in-12, fig., et 1830, 2 vol. in-8.

BERNIER (J.), médecin, 1622, Blois ; 1698, Paris. Professa la médecine pendant plus de 20 ans à Blois, puis vint habiter Paris. — Hist. de la médecine, 1689. 2ᵉ éd. 1695, in-4.

BERNINI (J.-Laurent, dit le cavalier Bernin), architecte, statuaire et peintre italien, 1598, Naples ; 1680...., Vint en France pour restaurer le Louvre, 1665, et n'y fit que le buste de Louis XIV. — COLONNADE, BALDAQUIN et chaire de Saint-Pierre. Fontaine de la place Navone. Projet de restauration du Louvre. Tombeau d'Alexandre VIII. Christ.

BERNOUILLI (Jacq.), mathématicien suisse, 1654, Bâle ; 1705, id. Comprit et appliqua un des premiers le calcul différentiel de Leibnitz. — Art de conjecturer, 1713, in-4, 6 à 10 fr. Ed. franç. 1802, in-4. OEuv. Éd. lat., *Genève*, 1744, 2 vol. in-4.

BERNOUILLI (J.), mathématicien suisse, 1667, Bâle ; 1748, id. Comme son frère, professeur de mathématiques à Bâle, 1705. — Dissertation sur la nutrition. Traité sur l'effervescence et la fermentation. — OEuv. compl. Éd. lat. *Lausanne*, 1742-45, 4 vol. in-4.

BERNOUILLI (Daniel, médecin et mathématicien suisse, 1700, Groningue ; 1782, Bâle. Professeur de mathématiques à St-Pétersbourg, puis d'anat., de botanique et de phys. à Bâle, 1733. — Rech. sur l'inclinaison des planètes, in-4. Rech. sur l'action des vents sur les vaisseaux, 1810, in-4.

BERQUIN (Arnaud), littérateur, 1749, Bordeaux ; 1791, Paris. — L'Ami des enfants, 1784 ; éd. 1822, 4 vol. in-12, et 1825, 6 vol. in-32. OEuv. compl. *Renouard*, 1803, 20 vol. in-18.

BERSOT (P.-Ernest), philosophe français, 1816, Surgères (Charente-Inférieure). Secrétaire de M. Cousin, 1840. Professeur de philos. à Bordeaux, 1841. — La Liberté et la Providence, d'après St. Augustin, 1843, in-8, 4 fr. Du spiritualisme et de la nature, 1846, in-8, 5 fr. Essai sur la Providence, 1853, in-18. Essais de Philos. et de Morale, 1864. *Didier*, 2 vol. in-8, 14 fr.

BERTHOLLET (C.-L., comte), chimiste, 1748, Talloire, près Annecy (Savoie); 1822, Arcueil, près Paris. Membre de l'Institut. Accompagna Bonaparte en Égypte. Sénateur, 1805. Pair sous la Restauration. — Éléments de l'art de la teinture, 1791. 2ᵉ éd. *Didot*, 1804, 2 vol. in-8, 12 fr. Rech. sur les lois de l'affinité, 1801, *Crochard*, 1806, in-8. — Essai de statique chimique, 1803, *Didot*, 2 vol. in-8.

BERTHOUD (Ferd.), mécanicien suisse, 1725, Neufchâtel (Suisse) ; 1807, Grosley, près Montmorency. Horloger mécanicien de la marine franç. Membre de l'Institut. Construisit les premières horloges marines. — Essai sur l'horlogerie, 1763. 2ᵉ éd. 1786, 2 vol. in-4. fig. 40 à 50 fr.

BERTON (H.-Montan), musicien compositeur, 1766, Paris ; 1844, id. Professeur au Conservatoire, 1796. Directeur de l'Opéra italien, 1806. Membre de l'Institut, 1815. — Promesse de mariage, 1787. Rigueur du Cloître, 1790. Ponce de Léon, 1794. Montano et Stéphani, 1799. Le Délire, 1799. Aline, 1803.

BERZÉLIUS(Jacq.,baron),célèbre chimiste suédois,1779,Westerlösa (Ostrogothie) ; 1848, Stockholm. Professeur à l'école de médecine, 1804 ; membre, 1808, et secrét. perpétuel de l'Acad., 1818, à Stockholm. Grand analyste. Créateur, pour ainsi dire, de la chimie organique.—Traité de Chimie, 1808-18, *Stockholm*, 3 vol. in-8. Trad. franç. *Didot*, 1845-50, 6 vol. in-8, fig. 53 fr. Traité des proportions chimiques. *Didot*, in-8, 7 fr.

BESCHERELLE (L.-Nic.), grammairien, 1802, Paris. Bibliothécaire du Louvre, 1828. — Grammaire nationale, 1834-38, gr. in-8. 5ᵉ éd. *Garnier*, gr. in-8. Dictionnaire national, 1844 et suiv. 8ᵉ éd. *Garnier*, 1850, 2 vol. gr. in-4. 50 fr. Éd. gr. in-8, 9 fr. et in-32, 2 fr. 50.

BEUCHOT (Adrien-J.-Quentin), bibliographe, 1773, Paris ; 1851, id. Laissa le notariat pour la littérature. Bibliothécaire de la chambre des députés, 1834. — Ed. du dict. de Bayle, 1820-21, 16 vol. in-8. Ed. des OEuvres de Voltaire,1827-33, 72 vol. in-8.

BEUDANT (F.-Sulpice), minéralogiste et physic'en, 1787, Paris ; 1852, id. Professeur de minéralogie à la Faculté des sciences, 1822. Membre de l'Institut, 1824. Inspecteur général de l'Université, 1840. — Traité élém. de minéralogie, 1824, 2 vol. in-8. Traité élém. de physique, 1824, in-8. Cours élém. de minéralogie et de géologie, 1841. 10ᵉ éd. *Masson*, 1863, in-18, fig. 6 fr.

BEUGNOT (Arthur-Aug., comte), archéologue et publiciste, 1797, Bar-s.-Aube; 1865, Paris. Membre de l'Acad. des inscriptions, 1832. Pair, 1841, représentant à l'assemblée législative, 1849. — Institutions de saint Louis, 1821, in 8. Les Juifs d'Occident, 1823, in-8. Destruction du paganisme en Occident, 1835. *Didot*, 2 vol. in-8. Assises de Jérusalem, 1848-49, 2 vol. in-fol.

BEULÉ (Ch.-Ern.), archéologue, 1826, Saumur. Professeur d'archéologie à la Bibliothèque impériale, 1854. Membre de l'Acad. des inscriptions, 1860. — L'Acropole d'Athènes, 1854, 2 vol. in-8. Nouv. éd. *Didot*, gr. in-8, 7 fr. Études sur le Péloponèse, 1855, *Didot*, in-8, 10 fr.

BEWICK (Thomas), graveur anglais, 1753, Cherryburn (Northumberland) ; 1828, Windmill-Hills. Gravait sur bois avec une grande habileté. Forma de nombreux et excellents élèves. — Illustration du traité de navigation de Hutton. HIST. DES QUADRUPÈDES, 1787-90. Chien. Taureau sauvage.

BEYLE (Marie-H., dit Stendhal), littérateur, 1783, Grenoble ; 1842, Paris. Fut tour à tour peintre, militaire, commerçant. Voyagea dans toute l'Europe et devint consul à Civita-Vecchia. — Hist. de la peinture en Italie, 1817, 2 vol. in-8. De l'Amour, 1822, 2 vol. in-12. Vie de Rossini, 1824, 2 vol. in-8. Promenade dans Rome, 1829, 2 vol. in-8. La Chartreuse de Parme, 1839, 2 vol. in-8. OEuv. 1855-56, 18 vol. gr. in-18.

BÈZE (Théod. de), théologien, littérateur et controversiste, 1519, Vézelay (Bourgogne) ; 1605..... Professeur de grec à Lausanne pendant dix ans; de théologie à Genève. Succéda à Calvin, 1564. Présida le synode de la Rochelle, 1570. — Tragédie du sacrifice d'Abraham, 1550. Éd. *Rouen*, 1670, in-12. Hist. des églises réformées, 1580, *Anvers*, 3 vol. in-8; nouv. éd. 1839-40, 3 vol. in-8,10 fr.

BEZOUT (Ét.), mathématicien, 1730, Nemours; 1783, Paris. Directeur de l'instruction de la marine. 1763, et de celle du corps de l'artillerie, 1768. — Cours de mathématiques, 1780. Nouv. éd. 1835, 6 vol. in-8. Théorie des équations algébriques, 1779, in-4.

BIARD (Aug.-F.), peintre, 1800, Lyon. Vint en 1835 se fixer à Paris après avoir parcouru toute l'Europe, l'Égypte et la Syrie. — Enfants perdus dans une forêt, 1828. Famille de mendiants, 1832. Comédiens ambulants, 1833. Hôpital de fous, 1833. Attaque de voleurs espagnols, 1833. Le bon Gendarme, 1834. Harem, 1837. Sortie du bal masqué, 1839. Embarcation attaquée par des ours, 1839. Aurore boréale. Voy. au Brésil, *Hachette*, gr. in-8 10 fr.

BIBLE. Livre des saintes Écritures, divisé en deux parties: l'Ancien Testament, écrit en hébreu et renfermant l'histoire du monde jusqu'à l'avénement de J.-C.; le Nouveau Testament, écrit en grec, renfermant les évangiles, premières et véritables assises du christianisme. — Les Septante traduisirent en grec l'Ancien Testament (IIIe siècle av. J.-C.). Saint Jérôme traduisit en latin la Bible tout entière (IVe siècle). — Ed. polyglotte: (hébreu sans points, et avec points, syriaque, grec, latin, espag. franç., ital., allem., angl.), *Londres, Roycroft*, 1657, 6 vol. gr. in-fol. et *Bagster*, 1831, pet. in-fol. — Ed. hébraïque, *Leipsick*, 1793, in-4, 24 fr. in-8, 12 fr. — Ed. grecq., Ancien Testament, *Francfort*, 1709, in-4, 12 à 15 fr. Anc. et Nouv. Testament, *Rome*, 1857, 5 vol. in-4. — Ed. latine: *Rome*, 1816, 3 vol. gr. in-8. *Didot*, 1828, in-8. — Ed. lat.-franç. Le Maistre de Sacy, *Lefèvre*, 1828-34, 13 vol. gr. in-8, 60 à 72 fr. De Vence, 5e éd. *Méquignon*, 1829, 27 vol. in-8 avec atlas. — Ed. franç. *Didot*, 1789-1804, 12 vol. gr. in-8. *Furne*, gr. in-8, fig. 25 fr. Legros, *Desoer*, 1819, gr. in-8, 12 fr., et 7 vol. in-18, 15 à 20 fr. Genoude, *Sapia*, 1841, in-18, 12 fr. — Éd. franç., protestante, par Osterwald, in-fol., in-4 ou in-8. — Ed. ital.: *Milan et Florence*, 1852, 4 vol. gr. in-8. *Rome*, 1784, in-8. — Ed. espag.: *Madrid*, 1832-35, 6 vol. in-4, 60 fr. — Ed. allem. *Berlin*, 1847-48, 7 vol. pet. in-8. — Ed. angl.: *Londres*, 1826, 3 vol. in-4.

BICHAT (Marie-F.-Xavier), célèbre médecin et anatomiste, 1771, Thoirette (Ain); 1802, Paris. Élève et ami de Desault. Professeur d'anat. et de chirurgie, 1797; de physiologie, 1798. Médecin de l'Hôtel-Dieu, 1800. D'une immense activité, Bichat faisait marcher de pair et la publication de ses ouvrages et de profondes études anatomiques, tout en remplissant avec zèle les devoirs de sa noble profession. — Traité des membranes, 1800, in-8. *Gabon*, 1816, in-8. RECH. PHYSIOL. SUR LA VIE ET LA MORT, 1800, in-8. 4ᵉ éd. 1822, in-8 et gr. in-18, 3 fr. Anatomie générale, appliquée à la physiologie et à la médecine, 1801, 2 vol. in-8. 1821, 4 vol. in-8. Anatomie descriptive, 1801 et suiv. 1831, 5 vol. in-8.

BIGNON (L.-P.-Ed.), littérateur et homme politique, 1771, La Meilleraye (Seine-Inférieure); 1841, Paris. Secrétaire de légation, 1798. Plénipotentiaire à Dresde, 1813. Député, 1817. Ministre, 1830. Membre de l'Acad. des sciences morales, 1832. Pair, 1837. — Hist. de France sous Napoléon, 1827-38, *Didot*, 14 vol. in-8, 96 fr.

BIOT (J.-Bapt.), physicien et chimiste, 1774, Paris ; 1862, id. Professeur de physique au Collége de France, 1800. Membre de l'Institut, 1803 et 1856. Ascension aérostatique à 4,000 mètres, avec Gay-Lussac, 1804. Professeur d'astronomie physique à la faculté des sciences, 1809. — Traité analytique des courbes, 1802, in-8. 8ᵉ éd. *Bachelier*, 1834, in-8. Traité élém. d'astronomie, 1805, 3 vol. in 8. 3ᵉ éd. *Bachelier*, 1841-57, 5 vol. in-8, avec pl. 65 fr. Traité de physique, 1816, 4 vol. in-8. Précis élém. de physique, 1817. 3ᵉ éd. 1823-24, 2 vol. in-8.

BLACKSTONE (Sir William), célèbre jurisconsulte anglais, 1723, Londres ; 1780..... Professeur de droit à Oxford, 1753. Député à la chambre des communes, 1761. — Commentaires sur les lois anglaises, 1765-68. 15ᵉ éd. angl. *Londres, Cadell*, 1809, 4 vol. in-8, et 18ᵉ éd. avec notes, *Londres, Sweet*, 1829, 4 vol. in-8, 50 fr. Ed. franç. par Chompré, *Bossange*, 1822, 6 vol. in-8, 30 fr.

BLAINVILLE (H.-Marie Ducrotay de), zoologiste, 1777, Arques, près Dieppe ; 1850, Paris. Professeur à la faculté des sciences, 1812, et au muséum, après Cuvier, 1832. Membre de l'Acad. des sciences, 1825. — Nouv. distribution du règne animal, 1816. Manuel de Malacologie, 1825-27, *Levrault*, 2 vol. in-8, 45 fr. Ostéographie, 1839-63. *Bertrand*, gr. in-4 avec pl.

BLAIR (Hugues), littérateur et orateur écossais, 1718, Édimbourg ; 1800..... Professeur de belles-lettres à St-André, puis à Édimbourg. — Cours de rhétorique, 1783. Ed. franç. *Delalain*, 1821, 2 vol. in-8, 12 fr. Sermons. Ed. franç. par Frossard, 1807-25, 5 vol. in-8. — OEuv. Ed. angl. *Londres, Cadell*, 1823, 5 vol. in-8, 26 fr.

BLANC (J.-Jos.-L.), publiciste et homme politique, 1813, Madrid. Membre du gouvernement provisoire, 1848. Représentant du peuple à l'Assemblée constituante. Exilé quelque temps après. — Organisation du travail, 1840. 2ᵉ éd. 1841, in-12. Hist. de dix ans (1830-40). 1841 et suiv. 9ᵉ éd. *Pagnerre*, 1855, 5 vol. in-8, fig. 20 fr. Hist. de la révolution française, 1847 et suiv. *Pagnerre*, 12 vol. in-8, 60 fr.

BLANC (Ch.), littérateur, 1813, Castres (Tarn). Directeur des beaux-arts, 1848-52. — Hist. des peintres, en cours de publication depuis 1849. 433 livr. à 1 fr.

BLANQUI (Jérôme-Ad.), économiste, 1798, Nice ; 1854, Paris. Professeur d'économie politique au Conservatoire des arts et métiers, après J.-B. Say, 1833. Membre de l'Acad. des sciences morales, 1838. Député, 1846. — Précis élém. d'économie politique, 1826. 3ᵉ éd. in-18. 2 fr. 50. Hist. de l'économie politique, 1837-38. 2ᵉ éd. *Guillaumin*, 1842, 2 vol. in-8, 8 fr. 4ᵉ éd. 1860, 2 vol. gr. in-18, 6 fr.

BLONDEAU (J.-Bapt.-Ant.-Hyac.), jurisconsulte, 1784, Namur. — Droit privé des Romains, 1830-33, in-8. Nouv. éd. 1843, in-8.

BLONDEL (F.), architecte et mathématicien, 1617, Ribemont (Somme) ; 1686, Paris. Directeur de l'acad. d'architecture. — Plan de la porte St-Denis. Cours d'architecture, 1675 et suiv. 2ᵉ éd. 1698, 2 vol. in-fol. fig. 30 à 40 fr.

BLONDEL (Jacq.-F.), architecte, 1705, Rouen ; 1744, Paris. Membre de l'acad. d'architecture. — De la distribution des maisons de plaisance, 1737, 2 vol. gr. in-4, fig. 50 à 60 fr. Architecture française, 1752, 4 vol. gr. in-fol. fig. Cours d'architecture, 1771-77, 9 vol. in-8, 100 fr.

BLONDEL (Marie-Jos.), peintre, 1781, Paris ; 1853..... Grand prix de Rome, 1803. Membre de l'Institut et professeur à l'école des beaux-arts, 1832. — Évanouissement d'Hécube. Sapho. Élisabeth de Hongrie. Reddition de Ptolémaïs. Philippe-Auguste à Bouvines. Philippe le Long couronné. Louis XII. Fresques au Louvre, à la Bourse, à Versailles, à Fontainebleau, à Notre-Dame de Lorette, à St-Thomas d'Aquin.

BLUMENBACH (J.-Fréd.), physiologiste allemand, 1752, Gotha ; 1840, Gœttingue. — Professeur des sciences naturelles à

Gœttingue. — De l'unité de l'espèce humaine, 1775, in-4. 3ᵉ éd. allem. *Groningue*, in-8. Trad. franç. par Chardel, 1804, in-8. MANUEL D'HIST. NATURELLE, 1780. *Gœttingue*, in-8. Trad. franç. par Artaud, *Metz*, 1803, 2 vol. in-8.

BOCCACE (J.), célèbre littérateur italien, 1313, Paris ou Florence ; 1375, Florence. Ami de Pétrarque, admirateur du Dante et d'Homère, conteur unique, mais obscène.— DÉCAMÉRON. Ed. ital. *Milan*, 1803, 4 vol. in-8. *Pise*, 1815, 5 vol, in-12. *Florence*, 1820, pet. in-12. Trad. franç. *Barbier*, 1846, gr. in-8. fig. 15 fr. Le Maçon, 1757, 5 vol. in-8, 30 à 40 fr. 1744, 2 vol. pet. in-12. — OEuv. compl. Ed. ital. *Florence, Moutier*. 1827-34, 17 vol. in-8, 80 fr.

BOCHART (Samuel), philologue et théologien, 1599, Rouen ; 1667, Caen. Parlait presque toutes les langues orientales. — Geographia sacra, 1646, in-fol. De animalibus Scripturæ sanctæ, 1663, 2 vol. in-fol. — OEuv. compl. Éd. lat. *Leyde*, 1712, 3 vol. in-fol. 35 à 40 fr.

BODE (J.-Elert), astronome allemand, 1747, Hambourg ; 1826, Berlin. Membre de l'acad., 1783, et directeur, pendant 50 ans, de l'Observatoire de Berlin. — Anleitung zur Kenntniss ess gestirnten Himmels (Traité élém. d'astronomie), 1768. *Hambourg*, in-8. 19ᵉ éd. *Berlin*, 1822. Astronomische Jahrbücher (Ephémérides astronomiques), 1744 et suiv. *Berlin*, Uranographia (Atlas céleste), 1801, *Berlin*, in-fol.

BODIN (J.), jurisconsulte et publiciste, vers 1530, Angers ; 1596, Laon. Député aux Etats de Blois, 1576. Mort de la peste. — De la république, 1576, in-fol. Ed. par Du Puys, 1583, in-8, 6 à 9 fr.— Consulter : Jean Bodin et son temps par M. Baudrillart, *Guillaumin*, 1853, in-8.

BOECE (Anicius M. Torq. Severinus), philosophe et politique italien, 470 à 475, Rome ; 524 à 526, Paris. Composa le livre suivant dans les prisons de Pavie où Théodoric le fit jeter et décapiter. — Consolation de la philosophie. Ed lat. *Iéna*, 1843, in 8, 4 fr. 1783, in-18, 5 à 6 fr. Trad. franç. *La Haye*, 1744, 2 vol. pet. in-8, 5 à 6 fr. nouv. éd. *Hachette*, in-8, 7 fr. 50. OEuv. compl. Éd. lat. *Bâle*, 1570, in-fol.

BŒCKH (Aug.), célèbre philologue allemand, 1785, Carlsruhe. Professeur à Heidelberg, 1809. Directeur de l'école normale et recteur de l'Université, à Berlin. — Ed. de Pindare, 1811-21, *Leipsick*, 3 vol. in-4. Économie polit. des Athéniens, 1817. Ed. allem. *Berlin*, 2 vol. in-8. Trad. franç. par Laligant, *Sautelet*, 1828, 2 vol. in-8. Corpus inscriptionum græcarum (Recueil d'inscriptions grecques), 1824-50, *Berlin*, 3 vol. in-fol. Metrologische Untersuchungen über Gewichte (Rech. métrologiques), 1838, Berlin. Urkunden über das Seewesen des attischen Staates (Documents sur l'état de la marine attique), 1840, Berlin.

BŒHMER (Just.-Henning), jurisconsulte et publiciste allemand, 1674, Hanovre ; 1749, Halle. — Exercitationes, 1745-64, 6 vol. in-4. Jus ecclesiasticum, 1701 et suiv. Ed. *Halle*, 1756-63, 6 vol. in-4.

BOERHAAVE (Hermann), célèbre médecin, chimiste et érudit hollandais, 1668, Woorhout, près Leyde; 1738, Leyde. Professeur de médecine, de botanique et de chimie, puis recteur, à Leyde. — Institutions de la médecine, 1708. Ed. allem. *Leyde*, 1746, in-8, et 1742, in-12. Aphorismes sur la connaissance et la cure des maladies, 1709. Ed. allem. *Leyde*, 1742, in-12. Trad. franç. de ces deux ouvrages par La Mettrie, 1743, 8 vol. in-12. Eléments de chimie, 1732, *Leyde*, in-4. Trad. franç. par Janin, 1754. 6 vol. in-12.

BOETIE (Et. de La), philosophe et littérateur, 1530, Sarlat (Périgord) ; 1563, Germinian, près Bordeaux. Conseiller au parlement de Bordeaux, 1550. Ami de Montaigne. — Discours sur la servitude volontaire, 1576. Éd. par Lamennais, *Daubrée*, 1835, in-8 et in-18. OEuv. compl. *Delalain*, 1846, in-12. — Consulter : Étude sur la vie et les ouvrages de La Boëtie par Léon Feugère, *Labitte*, 1845, in-8.

BOIELDIEU (F.-Adrien), célèbre musicien compositeur, 1775, Rouen ; 1834, Jarcy (Brie). Professeur au Conservatoire, 1799. Quitta Paris pour la Russie, 1803, et y rentra en 1812. Membre de l'Institut, 1817. — Le Calife de Bagdad, 1799. Ma Tante Aurore, 1802. Jean de Paris, 1812. Le nouveau Seigneur de village, 1813. Le Chaperon rouge, 1818. La Dame blanche, 1825.

BOILEAU-DESPRÉAUX (Nic.), célèbre poëte, 1636, Paris ; 1711, id. Ami de Molière et de Racine ; jaloux peut-être de La Fontaine. Membre de l'Acad. française, 1684. Une des gloires de la France, dénigrée quelquefois, mais citée toujours. — Satires. Épitres. Art poétique, 1674. Lutrin, 1674. Traité du sublime. Poésies diverses. — OEuv. *Amsterdam*, 1729, 2 vol. in-fol. 15 à 20 fr. 1718, 2 vol. in-4, 8 à 12 fr. *Garnier*, 1860, gr. in-8, 12 fr. 50. St-Marc, *David*, 1747, 5 vol. pet. in-8, 25 fr. Berriat-St-Prix, *Langlois*, 1830 et suiv. 4 vol. in-8, 30 à 36 fr. *La Haye*, 1722, 4 vol. in-12, 20 à 25 fr. *Charpentier*, gr. in-18, 3 fr. 50.

BOISSONADE (J.-F.), helléniste, 1774, Paris; 1857, Passy. Membre de l'Institut, 1813. Professeur de litt. grecque à la Faculté, 1809, puis au Collége de France, 1828. — Anecdota græca, 1829-33, *Lerrault*, 5 vol. gr. in-8, 40 fr. Anecdota nova, 1844, *Didot*, in-8, 10 fr. Ed. des Fables de Babrius, 1844, *Didot*, in-8.

BOITARD (P.), naturaliste, 1789, Mâcon; 1859, Montrouge. — Manuel du naturaliste préparateur, 1821. 3ᵉ éd. *Roret*, 1834, in-18. Manuel d'hist. naturelle, 1826, *Roret*, 2 vol. in-18. Manuel de botanique, 1826. 3ᵉ éd. *Roret*, 1835, in-18.

BOLOGNE (J.), sculpteur et architecte, 1524, Douai; 1608, Florence. Passa presque toute sa vie en Italie. — Jupiter pluvieux. Enlèvement des Sabines, Mercure, Come 1ᵉʳ, Centaure vaincu par Hercule, à Florence. Fontaine de Neptune, à Bologne. L'Amour et Psyché, à Versailles. Esculape, à Meudon.

BONALD (L.-Gabriel-Ambroise, vicomte de), philosophe, 1754, Monna (Rouergue); 1840, id. S'exila en 1790. Conseiller de l'Université, 1810. Député, 1815. Pair, 1823. — Théorie du pouvoir polit. et religieux, 1796, *Constance*, 3 vol. pet. in-8. 3ᵉ éd. *Leclerc*, 1854, 2 vol. in-8, 14 fr. — OEuv. compl. *Migne*, Montrouge, 1859, 3 vol. gr. in-8, 24 fr. *Leclère*, 7 vol. in-8.

BONHEUR (Rosalie, dite Rosa), peintre, 1822, Bordeaux. — Le Labourage nivernais, 1849. Marché aux chevaux, 1858. Fenaison en Auvergne, 1855.

BONJOUR (Casimir), littérateur, 1795, Clermont (Meuse); 1856, Paris. Inspecteur des études à la Flèche, 1830. Bibliothécaire à Ste-Geneviève. — Comédies : la Mère rivale, 1821. Les Deux Cousines, 1823. Le Mari à bonnes fortunes, 1824.

BONNECHOSE (F.-Paul-Emile Boisnormand de), littérateur, 1801, Leyerdorp (Hollande). Bibliothécaire du palais de St-Cloud, 1830-48. — Hist. de France, 1834, *Didot*, 2 vol. in-12. 13ᵉ éd.

1864, 2 vol. in-8. Réformateurs avant la réforme, 1844, *Renouard*, 2 vol. in-8. Hist. d'Angleterre, 1858-59, *Didier*, 4 vol. in-8, 28 fr.

BONNET (Ch.), philosophe et naturaliste suisse, 1720, Genève; 1793, id. Sur la fin de sa vie, l'affaiblissement de sa vue le porta vers les sciences philosophiques. — Traité d'insectologie, 1745. De l'usage des feuilles, 1754. Essai de psychologie, 1754. Essais sur les facultés de l'âme, 1760. Consid. sur les corps organisés, 1762-68. CONTEMPLATION DE LA NATURE, 1764-65. Ed. *Hambourg*, 1783, 3 vol. in-8, et *Neuchâtel*, 1782, 3 vol. in-12. Palingénésie philosophique, 1770. Rech. sur les preuves du christianisme, 1773. — OEuv. éd. *Neuchâtel*, 1779-83. 10 vol. in-4 ou 18 vol. in-8, fig. 30 à 40 fr.

BONPLAND (Aimé), naturaliste, 1773, la Rochelle; 1858, Santa Anna (Amérique). Accompagna Humboldt en Amérique, 1799-1804; y retourna en 1816. Emprisonné pendant dix ans, 1821-31, par le dictateur du Paraguay. — VOY. AUX RÉGIONS ÉQUINOXIALES (avec M. de Humboldt); 1807 et suiv. 25 vol. in-fol. et in-4 ou 13 vol. in-8. DESCRIPTION DES PLANTES RARES DE LA MALMAISON, 1813, *Schœll*, gr. in-fol. avec pl. 100 fr.

BONSTETTEN (Ch.-Victor de), naturaliste et philosophe suisse, 1745, Berne; 1835, Genève. Ami de Bonnet. — Rech. sur la nature et les lois de l'imagination, 1807, *Genève*, 2 vol. in-8. Rech. sur les facultés de sentir et de penser, 1821, 3 vol. in-8.

BOPP (Franz), philologue allemand, 1791, Mayence. Professeur de sanscrit, à Berlin. — Vergleichende Grammatik des Sanskrit, etc. (Grammaire comparée des langues sanscrites, etc.), 1833-49, *Berlin*, in-4. 2ᵉ éd. 1857, in-4, 78 fr. Glossarium sanscritum, 1828-30. 3ᵉ éd. *Berlin*, 1847, in-4, 27 fr.

BORDA (J.-Ch.), mathématicien, 1733, Dax; 1799, Paris. Membre de l'Acad. des sciences. — Cercle de réflexions, 1777, in-4. Tables trigonométriques décimales, 1804, *Delambre*, in-4, 25 fr.

BORDEU (Théophile), médecin, 1722, Iseste (Béarn); 1776, Paris. En opposition avec Boerhaave et souvent avec ses confrères. — Rech. sur le pouls, 1772, 4 vol. in-12. Traité des maladies chroniques, 1776, in-8. — OEuv. 1818, 2 vol. in-8.

BORELLI (J.-Alph.), médecin et physicien italien, 1608, Naples ; 1679, Rome. Professeur à Pise et à Florence. — Euclides restitutus, 1658, *Pise*, in-4. De motu animalium, 1680, *Rome*, 2 vol. in-4. Dernière éd. *Gosse*, 1743, in-4.

BOSIO (J.-F.-Jos.), sculpteur, 1769, Monaco ; 1845, Paris. Élève de Pajou et membre de l'Institut. — Bas-reliefs de la colonne Vendôme. L'Amour lançant des traits, 1812. L'Amour séduisant l'Innocence. Hercule, au jardin des Tuileries. Louis XIV, statue équestre de la place des Victoires, 1822. Henri IV, enfant. La France et la Fidélité, au Palais-de-Justice.

BOSSUET (Jacq.-Bénigne), célèbre théologien, philosophe, orateur, 1627, Dijon ; 1704, Paris. Élevé au collége de Navarre. Prêtre en 1652. Évêque de Condom, 1669. Précepteur du Dauphin, 1670. Membre de l'Acad. française, 1671. Évêque de Meaux, 1681. Célèbre par sa conduite à l'assemblée du clergé, 1682 ; par ses tentatives, avec Leibnitz pour la réunion des églises catholique et luthérienne, 1688, et par ses démêlés avec Fénélon et Mad. Guyon. — ORAISONS FUNÈBRES, 1669-87 (Henriette de France, 1669. Henriette d'Angleterre, 1670. Marie-Thérèse d'Autriche, 1683. Princesse Palatine, 1685. Le Tellier, 1686. Princesse de Condé, 1687). Éd. *Lefèvre*, 1825, in-8, 12 fr. Exposition de la doctrine de l'Église, 1671, in-12. DISCOURS SUR L'HIST. UNIVERSELLE, 1681, in-4. Éd. *Lefèvre*, 1825, 2 vol. in-8, 25 fr. *Charpentier*, 1844, gr. in-18, 3 fr. 50. Catéchisme de Meaux, 1687, in-12. HIST. DES VARIATIONS DE L'ÉGLISE PROTESTANTE, 1688, 2 vol. in-4, et 1689, 4 vol. in-12. Éd. *Charpentier*, 1845, 3 vol. in-12. Élévations sur les mystères, 1727, 2 vol. in-12. Méditations sur l'Évangile, 1731, 4 vol. in-12. Éd. *Charpentier*, gr. in-18, 3 fr. 50. Traité de la connaissance de Dieu et de soi-même. Éd. *Techener*, 1864, in-12, 6 fr. — OEuv. compl. *Versailles, Lebel*, 1815-19, 43 vol. in-8, 300 fr. *Vivès*, 1856, 30 vol. in-8, 80 fr. *Migne, Montrouge*, 11 vol. gr. in-8, 60 fr. OEuv. choisies : *Versailles, Lebel*, 1821-23, 26 vol. in-12. *Didot*, 1821-23, 21 vol. in-8, 60 fr. OEuv. philos. *Hachette*, 1843, in-12, 3 fr. 50.

BOSWORTH (Jos.), philologue anglais, 1788..... (Derby). Membre de la société royale de Londres, 1829. Docteur en philosophie, 1839, et en théologie, 1847.— Éléments of anglo-saxon grammar (Éléments de grammaire anglo-saxonne), 1823, *Lon-*

dres, in-8. A Dictionary of the anglo-saxon language (Dict. anglo-saxon), 1838, gr. in-8.

BOUCHARDAT (Apollinaire), chimiste et pharmacien, vers 1810, Isle-s.-le-Serein (Yonne). Pharmacien en chef de l'Hôtel-Dieu, 1834-55. Membre de l'Acad. de médecine, 1850. Professeur d'hygiène, 1852. — Cours de chimie élémentaire, 1834-35, *Baillière*, 2 vol. in-8. Éléments de matière médicale, 1838, in-8. Nouv. formulaire magistral, 1840. 11e éd. *Baillière*, 1862, in-18, 3 fr. 50. Annuaire de thérapeutique depuis 1841. Cours des sciences physiques, 1841-44, *Baillière*, 3 vol. gr. in-18, avec atlas, 16 fr. 50.

BOUCHARDON (Edme), sculpteur, 1698, Chaumont-en-Bassigny (Haute-Marne); 1762, Paris. Élève de Coustou le jeune. Membre de l'académie. — Fontaine de la rue de Grenelle. Le Christ, la Vierge et six apôtres, à St-Sulpice. Fontaine de Neptune, à Versailles. Statue de Louis XV, brisée en 1790. Buste de Clément XII, à Rome. L'Amour et Psyché, au Louvre.

BOUCHER (F.), peintre et graveur, 1703, Paris; 1770, id. Élève de Lemoine. Premier peintre de Louis XV. — Vénus commandant des armes pour Énée, 1732. Bain de Diane, 1742. Portrait de Mad. de Pompadour. Renaud et Armide. Pastorales.

BOUCHERIE (Aug.), chimiste, 1801, Bordeaux. Grande médaille d'honneur, 1855. — Mémoire sur la conservation des bois, 1840, in-8.

BOUCHET (J.), littérateur, 1476, Poitiers; vers 1550..... Annales d'Aquitaine, 1525. *Poitiers*, 1644, in-fol. 15 à 20 fr.

BOUCHITTÉ (L.-Firmin-Hervé), littérateur et philosophe, 1795, Paris. Inspecteur de l'acad., 1845. Recteur, 1850. — Rationalisme chrétien, 1842, in-8. Le Poussin, sa vie et son œuvre, 1858, in-8, 7 fr. et in-12, 3 fr. 50.

BOUGAINVILLE (L.-Ant. de), navigateur et géographe, 1729, Paris; 1814..... Colonel, 1759. Chef d'escadre, 1779. Membre de l'Institut, 1796. Comte et sénateur. — Voy. autour du monde de 1766 à 1769. Éd. 1771, in-4, 6 à 8 fr. ou 3 vol. in-8.

BOUGUEREAU (Ad.-Williams), peintre, 1825, La Rochelle. Élève de Picot. Grand prix de Rome, 1850. — Zénobie trouvée sur les bords de l'Araxe, 1850. Triomphe du martyre. L'amour fraternel. Retour de Tobie. Triomphe de Vénus, 1856. Bacchantes, 1861-63. Baigneuse ; Le Sommeil, 1864.

BOUHIER (J.), jurisconsulte et littérateur, 1673, Dijon ; 1746..... Membre de l'Acad. française. — Coutume de Bourgogne, 1742-46, 2 vol. in-fol. — OEuv. *Dijon, Frantin*, 1787-88, 2 vol. in-fol.

BOUHOURS (Dominique), littérateur, 1628, Paris ; 1702..... Entretiens d'Ariste et d'Eugène, 1671. *Amsterdam, Elsevier*, pet. in-12, 6 à 9 fr.

BOUILLAUD (J.-Bapt.), médecin, 1796, Angoulême. Membre de l'Acad. de médecine. Professeur de clinique médicale, 1831. Député, 1842-46. Doyen de la Faculté, 1848.— Traité des maladies du cœur, 1835. 2ᵉ éd. *Baillière*, 1841, 2 vol. in-8, fig.,16 fr. Philosophie médicale, 1836, *Baillière*, in-8, 6 fr. Clinique médicale, 1837. *Baillière*, 3 vol. in-8, 21 fr. TRAITÉ DE NOSOGRAPHIE MÉDICALE, 1846. *Baillière*, 5 vol. in-8, 35 fr.

BOUILLET (Marie-Nic.), lexicographe et philosophe, 1798, Paris ; 1865, id. Professeur de philosophie. Proviseur du collége Bourbon, 1840. Inspecteur de l'acad., 1851. — DICT. UNIVERSEL D'HIST. ET DE GÉOGRAPHIE, 1842. 20ᵉ éd. *Hachette*, 1864, gr. in-8, 21 fr. Dict. des sciences, des lettres et des arts, 1854. 7ᵉ éd. *Hachette*, 1864, gr. in-8, 21 fr.

BOULAINVILLIERS (H. de), historien, 1658, St-Saire (Normandie) ; 1722, Paris. Apologiste de la féodalité. — Hist. de l'ancien gouvernement de la France, 1727, *La Haye*, 3 vol. in-8. État de la France, 1727, *Londres*, 3 vol. in-fol. Autre éd. 6 vol. in-12.

BOULANGER (L.), peintre, 1806, Verceil (Piémont). Directeur de l'École des beaux-arts de Dijon, 1860. — Mazeppa, Le Départ, 1828. Triomphe de Pétrarque, 1836. St-Jérôme, 1855. Roméo achetant du poison, 1857. Othello, Macbeth, 1859. Velléda, ronde du sabat, 1861. Les Géorgiques, 1863.

BOULANGER (Gust.-Rodolphe-Clarence), peintre, 1824, Paris. Élève de Paul Delaroche et de M. Jollivet. Gr. prix de Rome, 1849. — Jules César au Rubicon. La Maison du poëte, à Pompéi. Maestro Palestrino, 1857. Lucrèce ; Lesbie, 1859. Hercule aux pieds d'Omphale ; Le Joueur de flûte et la Femme de Diomède, chez le prince Napoléon, 1861. César en tête de la 10ᵉ légion ; La Déroute, 1863. Cella Frigidaria, 1864.

BOURDALOUE (L.), célèbre prédicateur et théologien, 1632, Bourges; 1704..... Membre de la Société de Jésus. Prêcha dix fois l'avent et le carême devant Louis XIV. — SERMONS. — OEuv. compl. *Méquignon*, 1822-26, 16 vol. in-8, 60 à 72 fr., ou 20 vol, in-12, 40 fr. OEuv. *Lefèvre*, 1834, 3 vol. gr. in-8, 24 fr., et 1838. 5 vol. gr. in-12.

BOURDON (Sébastien), peintre, 1616, Montpellier; 1671, Paris. Premier peintre de Christine de Suède, 1652. — Martyre de St Pierre, 1643. Ste Famille. Descente de croix. Hist. de Moïse. Jules César. Bohémiens. Sacrifice de Noé.

BOURDON (J.-Bapt.-Isidore), médecin, 1796, Merry (Orne). Membre de l'Acad. de médecine, 1825. — Physiologie médicale, 1828, 2 vol. in-8. Lettres sur la physiologie, 1829, in-18. PHYSIOLOGIE COMPARÉE, 1830, *Baillière*, in-8, avec pl.

BOURSAULT (Edme), poëte dramatique, 1638, Mucit-l'Évêque (Bourgogne); 1701, Montluçon. Rédacteur d'une gazette en vers très-courue. — Comédies : le Mercure galant. Ésope à la ville. Ésope à la cour. — Théâtre, 1746, 3 vol. in-12. OEuv. choisies, *Ladrange*, 1824, in-18.

BOUSSINGAULT (J.-Bapt.-Jos.-Dieudonné), chimiste, 1802, Paris. Membre de l'Acad. des sciences, 1839. Représentant à la Constituante, 1848. — Traité d'économie rurale, 1844, 2 vol. in-8. Mémoires de chimie agricole et de physiologie, 1854, in-8.

BOUTERWECK (Fréd.), philosophe et littérateur allemand, 1766, Oker (Harz); 1828, Gœttingue. Professeur de philosophie, 1797. Partisan, puis ennemi des doctrines de Kant. — Hist. de la poésie et de l'éloquence, 1801-19. Éd. allem. *Gœttingue*, 1850, 12 vol. in-8, 80 fr. Partie espagnole de cette histoire : éd. allem. *Gœttingue*, 1850, in-8. Éd. espagnole, *Madrid*, 1829, pet. in-4. Trad. franç. par madame Streck, 1812, 2 vol. in-8. Partie franç. résumée par Loève-Veimars, *Janet*, 1826, in-18.

BOYER (Alexis), chirurgien, 1757, Uzerches; 1833, Paris, Élève de Desault. Professeur de clinique. Chirurgien en chef à la Charité, Membre de l'Acad. des sciences. — Traité d'anatomie, 1797-99. 4e éd., 1815, 4 vol. in-8. TRAITÉ DES MALADIES CHIRURGICALES, 1814-26. 5e éd., *Asselin*, 1843-53, 7 vol. in-8, 30 fr.

BOYLE (Robert), physicien, chimiste et philosophe anglais,

1626, Lismore (Irlande); 1691, Londres. Perfectionna la machine pneumatique. Devina l'absorption de l'oxygène de l'air dans la combustion. — The Sceptical Chymist (le Chimiste sceptique), 1661. Physiological Essays (Essais physiologiques), 1661. The Reconcileableness of reason and religion. (Conciliation de la raison et de la foi). — OEuv. Éd. angl., *Londres*, 1772, 6 vol. gr. in-4, 30 à 50 fr.

BRADLEY (Jacq.), astronome anglais, 1692, Sherborn (Glocestershire); 1742, Chalford. Directeur de l'observatoire de Greenwich, 1741. Découvrit l'aberration de la lumière, 1727, et la nutation de la terre, 1747. — Astronomical Observations (Observations astronomiques), de 1750 à 1762. Éd. 1798-1805, 2 vol. in-fol.

BRAMANTE (Donato-Lazzari), architecte et peintre italien, 1444, Monte-Astrualdo, près Urbin; 1514, Rome. — Maître et ami de Raphaël. PLAN ET COMMENCEMENT DE ST-PIERRE, 1513-14. Temple du cloître St-Pierre. Fontaine du Transtevère, à Rome.

BRANTOME (P. de BOURDEILLES, seigneur de), historien, vers 1540..... (Périgord); 1614..... Soldat. Gentilhomme à la cour, puis retiré dans ses terres où il écrivit ses œuvres. — Vie des hommes illustres, 1666. *Leyde*, 4 vol. Vie des dames galantes, 1666, *Leyde*, 3 vol. Éd. *Garnier*, 1841, in-12. — OEuv. compl. Éd. *Foucault*, 1822-24, 8 vol. in-8, 50 fr. Éd. par M. Buchon, *Desrez*, 1838, 2 vol. gr. in-8, 20 fr. Éd. par MM. Mérimée et Lacour, *Janet et Pagnerre*, 1858-60, 3 vol. in-16, 15 fr.

BRASCASSAT (Jacq.-Raymond), peintre, 1805, Bordeaux. 2e prix de paysage historique. Membre de l'Institut. — Mercure et Argus, 1827. Temple de Vénus à Bayes. Étude de chien, 1831. Campagne de Rome, 1833. Le Pâturage, 1837. Lutte de taureaux, 1837. Vache attaquée, 1845. Paysages. Animaux.

BRÉGUET (Abrah.-L.), mécanicien, 1747, Neufchâtel (Suisse); 1823, Paris. Fixé en France vers 1762. Membre de l'Institut. — Ressorts-timbres. Cadratures de répétition. Échappements divers. Chronomètres.

BRÉGUET (L.), mécanicien, 1804, Paris. Membre du bureau des longitudes. — Manuel de télégraphie électrique, 1845. 4e éd. 1858, in-12, 3 fr. 50.

BREMER (Frederica), romancière suédoise, 1802, Abo (Finlande). Très-applaudie lorsqu'elle alla en Amérique, 1849. — La Famille H, 1846. in-8 et in-12. Les Filles du président, 1847, in-8 et in-12. Guerre et Paix, 1847, in-8. Le Foyer domestique, 1853. in-8 et in-12. Hertha, 1855, in-8. Les Voisins, in-8 et in-12.

BRÉQUIGNY (L.-Georges OUDARD-FEUDRIX de), historien, 1716, Grandville ; 1795, Paris. Membre de l'Acad. française. — Tables chronologiques, 1769-83-1837-46-50, 6 vol. in-fol. Diplomata, chartæ, 1791, 3 vol. in-fol. Nouv. éd., 1843-49, 2 vol. in-fol. 72 fr.

BREUGHEL (P.) peintre, flamand, vers 1530, Breughel, près Bréda ; vers 1590, Bruxelles. — Dispute entre le carême et le carnaval. Noces. Fêtes. Vue d'un village. Danse de paysans, au Louvre.

BREUGHEL (J. dit de Velours), peintre flamand, vers 1589, Bruxelles ; vers 1642..... BATAILLE D'ARBELLES, LE PARADIS TERRESTRE, L'Air, Vertumne et Pomone, Rivoli, Paysages, au Louvre. Les Quatre Éléments, à Milan. La Foire de Boom, à Vienne.

BREWSTER (David), célèbre physicien anglais, 1781, Jedburg (Écosse). Membre de toutes les Acad. scientifiques. — A Treatise on new philosophical instruments (Traité sur les nouv. instruments scientifiques), 1813, *Édimbourg*, in-8. Travaux considérables sur la polarisation de la lumière. Invent. du kaléidoscope, 1817. A Treatise of optics (Traité d'optique), 1831, in-8. Memoirs of the life of sir Isaac Newton (Mémoires sur la vie de Newton), 1855, 2 vol. in-8.

BRIGGS (H.), mathématicien anglais, vers 1556, Warley-Wood (York) ; 1630..... Professeur de géométrie à Londres, puis à Oxford. — Arithmetica logarithmica, 1624, Londres.

BRILLAT-SAVARIN (Anthelme), littérateur et magistrat, 1755, Belley ; 1826, Paris. Député à la Constituante. Membre du tribunal de cassation. — PHYSIOLOGIE DU GOUT, 1825, 2 vol. in-8. Éd. illustrée par Bertall, *Gonet*, 1840, gr. in-8, 15 fr. Éd. *Charpentier*, 1840, gr. in-18, 3 fr. 50.

BROGLIE (Albert, prince de), 1821, Paris. Membre de l'Académie française, 1862. — Études morales et littéraires, 1853, *Lévy*, in-18, 3 fr. L'Église et l'empire romain au IVe siècle, 1856, *Didier*, 4 vol. in-8, 28 fr. Questions de religion et d'histoire, 2 vol. in-8, 15 fr. ou 2 vol. in-18, 6 fr.

BRONGNIART (Alex.-Théod.), architecte, 1739, Paris; 1815, id. — Théâtre Louvois, aujourd'hui détruit. Hôtels d'Osmond, Frascati. PLAN DE LA BOURSE et du cimetière de l'est.

BRONGNIART (Alex.), célèbre chimiste et géologue, 1770, Paris; 1847, id. Professeur de minéralogie au Muséum. Directeur de la manufacture de Sèvres, 1800. Membre de l'Institut, 1815. — Traité élém. de minéralogie, 1807, 2 vol. in-8, 12 fr. DESCRIPTION GÉOLOG. DES ENVIRONS DE PARIS (avec Cuvier), 1810. 3e éd., 1835, 2 vol. in-4, 15 fr., et in-8 avec. pl. in-4, 12 fr. TRAITÉ DES ARTS CÉRAMIQUES, 1844. 2e éd. 1855, 2 vol. in-8, avec atlas in-4, 28 fr.

BROUSSAIS (F.-Jos.-Victor), célèbre médecin, 1772, Saint-Malo; 1838, Vitry-s.-Seine. Élève de Bichat et de Pinel. Fit toutes les campagnes de la République et de l'Empire, en qualité de chirurgien. Médecin au Val-de-Grâce, 1814. Professeur de pathologie à la Faculté, 1830. Membre de l'Institut. — HIST. DES PHLEGMASIES CHRONIQUES, 1808. 5e éd. *Méquignon*, 1838, 3 vol. in-8, 22 fr. 50. EXAMEN DES DOCTRINES MÉDICALES, 1817. 3e éd., 1829-30, 4 vol. in-8, 28 fr. Traité de physiologie, 1822-24. 2e éd., 1834, 2 vol. in-8. De l'Irritation et de la Folie, 1828-29. 2e éd., 1839, 2 vol. in-8, 10 fr.

BROWN (John), médecin anglais, 1735, Lintlaws ou Preston (Berwickshire); 1788, Londres. Président de la Société médicale d'Édimbourg, 1780. — Éléments de médecine, 1780, *Édimbourg*, in-8. Trad. franç. par Bertin, 1805, in-8. OEuv. compl., éd. angl., *Londres*, 1804, 3 vol. in-8.

BROWN (Thomas), philosophe et médecin écossais, 1778, Kirkmabreck, près d'Édimbourg; 1820, Brompton, près de Londres. Professeur de philosophie à Édimbourg, 1810. — Physiology of the mind (Physiologie de l'esprit humain), 1820, in-8. Lectures on the philosophy of the human mind (Leçons sur la philosophie de l'esprit humain), 1822, 4 vol. in-8.

BROWN (Robert), botaniste anglais, 1781....; 1858, Londres. Membre de la Société royale de Londres. Président de la Société linnéenne. — Prodromus floræ novæ Hollandiæ, 1810, *Londres, Johnson*, in-8.

BRUCKER (J.-J.), philosophe et historien allemand, 1696, Augsbourg; 1770, id. — Historia critica philosophiæ, 1742-67,

Leipsick, 6 vol. in-4., 36 à 40 fr. Institutiones historiæ philosophiæ, 1756, *Leipsick*, in-8, 6 à 8 fr.

BRUNEL (Marc-Isambart), célèbre ingénieur, 1769, Hacqueville (Eure); 1844, Londres. Se fixa en Angleterre, 1799. Vice-président de la Société royale de Londres, 1833. — CONSTRUCTION DU TUNNEL SOUS LA TAMISE, 1824-42.

BRUNEL (Isambart-Kingdom), ingénieur anglais, 1806, Portsmouth; 1859..... Membre de la Société royale de Londres, 1830. Construction du chemin de fer de Great-Western, 1833 et suiv., des ponts de Hungerford, de Conway, de Britannia; des steamers Le Great-Western et le GREAT-EASTERN.

BRUNELLESCHI (Philippe), architecte italien, 1377, Florence; 1444..... Avait été apprenti orfévre. — Coupole de Santa Maria del Fiore, à Florence. Citadelle de Milan. Digues du Pô, à Mantoue. Église du Saint-Esprit et palais Pitti, à Florence.

BRUNET (Jacq.-Ch.), 1780, Paris. L'un de nos meilleurs bibliographes. — MANUEL DU LIBRAIRE, 1re éd., 1810. 5e, *Didot*, 1860 et suiv., 6 forts vol. gr. in-8, 120 fr.

BUCH (Léopold de), géologue allemand, 1774, Stolpe (Uckermarck); 1853, Berlin. Partisan des doctrines vulcaniennes, après l'avoir été de celles neptuniennes. — Voy. en Norwége, 1810, *Berlin*, 2 vol. in-8. Trad. franç. par Eyriès, *Gide*, 1816, 2 vol. in-8, avec cartes. Description physique des îles Canaries, 1825, *Berlin*, in-4, avec atlas. Trad. franç. par Boulanger, *Levrault*, 1836, in-8, avec atlas, 25 fr.

BUCHANAN (George), poëte et historien écossais, 1506, Kilkern (Lennox); 1582..... Précepteur à Bordeaux, à Paris, en Portugal, après l'avoir été de Murray, fils de Charles V. — Paraphrasis psalmorum, 1566. Éd. *Leyde*, 1621, in-16, 6 à 9 fr. Tragédie de Jephté. Trad. franç. par Vesel, *Estienne*, 1566, pet. in-8. — OEuv. compl., éd. lat. : *Leyde*, 1725, 2 vol. in-4.

BUCHEZ (Philippe-Jos.-Benj.), publiciste et médecin, 1796, Matagne-la-Petite (pays Wallon). Président de l'Assemblée constituante, 1848. — Introd. à la science de l'histoire, 1833, in-8. 2e éd., *Guillaumin*, 1842, 2 vol. in-8. Hist. parlementaire de la révolution (avec Roux), 1833-38, *Paulin*, 40 vol. in-8, 100 fr. Traité de philosophie, 1839 et suiv., 3 vol. in-8, 24 fr.

BUCHON (J.-Alex.), historien, 1791, Meneton-Salon (Cher); 1846, Paris. Inspecteur des archives et bibliothèques, 1828. — Collection des chroniques nationales, 1824-29, *Verdière et Carez*, 47 vol. in-8. Choix de chroniques, 1836-38 ou 1842, 17 vol. gr. in-8 (du Panthéon littéraire). Chroniques étrangères, 1840, *Desrez*, gr. in-8.

BUCKLAND (rév. William), célèbre géologue anglais, 1782, Eastminster (Devonshire); 1856, Clapham. Professeur de minéralogie, 1813, et de géologie, 1816, à Oxford. Membre de la société royale de Londres, 1818. Doyen de Westminster, 1845. — Reliquiæ diluvianæ, 1823. 2e éd., *Londres, Murray*, 1824, in-4. TRAITÉ DE GÉOLOGIE ET DE MINÉRALOGIE, 1836. 2e éd., *Londres*, 1837, 2 vol. in-8 avec pl. Trad. franç. par Doyère, *Crochard*, 1838, 2 vol. in-8, 20 fr.

BUDÉ (Guill.), helléniste et littérateur, 1467, Paris; 1540..... Détermina François Ier à fonder le Collége de France. — De Asse, 1514. Ed. *Venise*, 1522, pet. in-4. Commentarii linguæ latinæ, 1529. Ed. 1548, in-fol., 10 à 12 fr. — OEuv. Éd. *Bâle*, 1557, 4 vol. in-fol.

BUFFON (J.-L. LECLERC, Cte de), célèbre naturaliste et littérateur, 1707, Montbar (Côte-d'Or); 1788, Paris. Membre de l'Acad. des sciences, 1739; de l'Acad. française, 1753. Intendant du jardin du roi. Ses écrits, modèles de style, tout en n'étant pas sans erreurs, ont donné aux sciences naturelles une impulsion considérable. — HISTOIRE NATURELLE, 1749-88, comprenant : Théorie de la terre; Idées gén. sur les animaux; Hist. de l'homme; Animaux domestiques, 1753-56; Animaux carnassiers, 1758-69; Oiseaux, 1770-81; Minéraux, 1783-85. ÉPOQUES DE LA NATURE, 1788; aidé par Daubenton pour les animaux; continué par Lacépède pour les ovipares, les serpents, les poissons et les cétacés, 1788-1804. — 1re éd., *Impr. roy.*, 1749-1804, 44 vol. in-4, 150 fr. OEuv. compl. Ed. *Verdière* et *Ladrange*, 1824-32, 40 vol. in-8; avec Lacépède, 51 vol., fig., 100 à 150 fr. Ed. *Rapet*, 1817-19, 12 vol.; avec Lacépède, 17 vol. in-8, avec pl. Ed. *Furne*, 8 vol. gr. in-8, avec pl., 100 fr. OEuv. choisies, *Didot*, 1850, 2 vol. gr. in-18, 6 fr. Consulter : Hist. des travaux de Buffon par M. Flourens, 2e éd. *Garnier*, gr. in-18, 3 r. 50.

BULLANT (J.), architecte et sculpteur.....; 1578, Ecouen. Apprit son art en Italie. — Château d'Ecouen, vers 1540. Hôtel de Soissons, vers 1572. Construction d'un pavillon des Tuileries.

BULWER-LYTTON (Sir Ed.-Georges EARLE), auteur dramatique et romancier anglais, 1805, Heydon-Hall (Norfolk). Membre de la Chambre des communes, 1831. Baronnet, 1838. — Pelham, 1827, in-8. 3e éd. franç., 1836, 4 vol. in-12. Paul Clifford, 1831. in-8 et in-12. Trad. franç., in-8, ou 4 vol. in-12. Dernier Jour de Pompéi, 1835. in-8 et in-12. Trad. franc. 1835, 2 vol. in-8. Duchesse de la Vallière, 1836, in-8. Trad. franc., 1837 in-8.

BURKE (Edm.), orateur et publiciste anglais, 1730, Dublin; 1797..... Ennemi acharné de la Révolution française. — Essai philosophique sur le beau et le sublime, 1757. Trad. franç., 1765, in-12 et 1802, in-8. Réflex. sur la Révolution française, 1790. — OEuv. Ed. angl., *Londres*, 1802-27, 8 vol. in-4.

BURNOUF (J.-L.), philologue, 1755, Urville (Manche); 1844, Paris. Professeur d'éloquence latine au Collége de France, 1817. Inspecteur de l'Université, 1830. Membre de l'Acad. des inscriptions, 1836. — Méthode pour étudier la langue grecque, 1814. Nouv. éd., 1863, in-8. Méthode pour étudier la langue latine, 1840, in-8. Ed. des OEuv. de Tacite, *Hachette*, 1828-33, 6 vol. in-8.

BURNOUF (Eug.), orientaliste, 1801, Paris; 1852, id. Professeur de sanscrit au Collége de France, 1832. Inspecteur général de l'enseignement. Secrétaire perpétuel de l'Acad. des inscriptions. — Introd. à l'hist. du Bouddhisme, 1844, *Impr. roy.*, tome Ier, in-4, 30 fr.

BUSSY-RABUTIN (Roger, Cte de), littérateur, 1618, Epiry (Nivernais); 1693..... Prit parti pour la Fronde et fut exilé pour avoir chansonné Louis XIV et Mlle de la Vallière. — Hist. amoureuse des Gaules, 1665, *Liége*, pet. in-12. Ed. par M. Poitevin, *Delahays*, 1858, 2 vol. gr. in-18, 5 fr. Mémoires : éd. par L. Lalanne, *Charpentier*, 1857, 2 vol. gr. in-18, 7 fr. Correspondance : éd. par L. Lalanne, *Charpentier*, 1858 et suiv. 6 vol. gr. in-18.

BUTLER (Samuel), poëte anglais, vers 1600-12, Strensham (Worcester); 1680..... Intendant du château de Ludlow, 1660. Mort dans la misère. — Poëme d'Hudibras, 1663-64. — Ed.

angl., 1744, 2 vol. in-8. Trad. franç. en vers par Townelay, *Jombert*, 1819, 3 vol. in-12, 10 à 12 fr.

BUTLER (Alban), théologien anglais, 1710, Appletre (Northampton); 1773, Saint-Omer. Professeur de philosophie et de théologie à Douai et à Saint-Omer. — Vies des Pères, martyrs, etc., 1745. — Ed. angl., *Londres*, 1812-13, 12 vol. in-8, avec pl. Trad. franç. par Godescard et Marie, *André*, 1818-21, 13 vol. in-8. 65 fr.

BUTLER (Ch.), littérateur anglais, 1750, Londres; 1832..... — Études sur la Bible, 1797 et suiv. — Ed. angl., *Londres*, 1807, 2 vol. in-8, 12 à 15 fr. Trad. franç. par Boulard, 1810, in-8. Horæ juridicæ, 1807, *Londres*, in-8.

BYRON (Georges-Noël GORDON, Lord), célèbre poëte anglais, 1788, Douvres; 1824, Missolonghi (Grèce). Membre de la Chambre haute. Voyagea en Portugal, en Espagne, en Grèce et en Turquie, 1809-11. Marié en 1815, il quitta de nouveau l'Angleterre en 1816 pour visiter la Belgique, la Suisse, l'Italie et enfin la Grèce. — Poëmes : CHILDE-HAROLD, DON JUAN, le Corsaire, Lara, le Giaour, la Fiancée d'Abydos. Drames : Marino-Faliero, Foscari, Manfred, Caïn, le Ciel et la Terre, la Prophétie du Dante. — OEuv. Ed. angl., *Londres, Murray*, 1839, 17 vol. gr. in-18; 1856, 6 vol. in-8, et 1853, 8 vol. in-24. Trad. franç., par Amédée Pichot. *Ladvocat*, 1822-25, 8 vol. in-8, 30 à 40 fr., et 20 vol. gr. in-18. Ed. *Furne*, 1830, gr. in-8; ou 6 vol. in-8, fig., 15 fr. Trad. par Benj. Laroche, *Charpentier*, 1836-37, 4 vol. gr. in-18, 14 fr.

C

CABANEL (Alex.), peintre, 1823, Montpellier. Élève de Picot. 2ᵉ prix de Rome, 1845. Membre de l'Institut, 1863.—Jésus dans le prétoire. Agonie du Christ, 1844. Saint Jean, 1850. Mort de Moïse, 1852 Velléda. Soir d'automne, 1855. Othello, Michel-Ange, Aglaé, 1857. La Veuve du maître de chapelle, 1859. Nymphe enlevée par un faune, 1861. Naissance de Vénus, 1863.

CABANIS (P.-J.-Georges), médecin et philosophe, 1757, Cosnac (Charente-Infér.); 1808, Rueil. Ami de Mirabeau. Membre du Conseil des Cinq Cents et de l'Institut, lors de sa création. Sénateur. — Certitude en médecine, 1797. 3ᵉ éd., 1819, in-8.

Rapport du phys. et du moral de l'homme, 1802. Éd. *Béchet*, 1824, 2 vol. in-8, et *Charpentier*, 2 vol. gr. in-18, 7 fr. Révol. et réforme en médecine, 1804, in-8. — OEuv. compl. par Thurot, *Bossange*, 1823-25, 5 vol. in-8, 25 fr.

CAILLÉ (René), voyageur, 1799, Mauzé (Deux-Sèvres); 1838.... Le premier Français revenu de Tombouctou, 1828. — Voy. à Tombouctou, 1824-28. Éd. 1830, *Bertrand,* 3 vol. in-8 et atlas.

CAILLIAUD (Fréd.), voyageur, 1797, Nantes. Passa une partie de sa vie à faire des recherches scientifiques en Égypte. — Voy. à l'oasis de Thèbes, 1815-18. Éd. 1821, *de Bure*, in-fol. 25 fr. Voy. à Méroé, 1819-22. Éd. 1826, *de Bure*, 4 vol. in-8, avec atlas et pl. 60 à 70 fr. Rech. sur les arts et métiers, 1831, *de Bure*, in-4, 15 fr.

CALDERON DE LA BARCA (Dom Pedro), poëte espagnol, 1601, Madrid; 1687..... Simple soldat à 25 ans. Prêtre à 50. — Pièces de théâtre : Héraclius. L'Alcade. Le Prince Constant. La Vie est un songe. Les Armes de la beauté. Le Médecin de son honneur. — Éd. espag. *Madrid*, 1760-63, 10 vol. pet. in-4, 80 fr. et *Rivadeneyra,* 1848-50, 4 vol. gr. in-8, 40 fr. Trad. franç. par M. Esménard, 2 vol. de la Collection des théâtres étrangers, et par M. Damas-Hinard, 1841, 3 vol. in-12.

CALLOT (Jacq.), graveur, peintre et dessinateur, 1592, Nancy; 1635, id. Passa une partie de sa vie à Rome et à Florence. — Foires. Supplices. Misères de la guerre. Passions. Tentation de Saint-Antoine. Gueux contrefaits. Siéges de Bréda, de la Rochelle.

CALMET (Dom Augustin), théologien et historien, 1672, Mesnil-la-Horgne, près Commercy; 1757, Paris. Abbé de Saint-Léopold de Nancy, 1718. — Dict. hist. et critique de la Bible, 1722. 2ᵉ éd. *Émery*, 1830, 4 vol. in-fol. 80 à 100 fr. Hist. ecclésiastique et civile de la Lorraine, 1728. Éd. *Nancy, Leseurre*, 1745-57, 7 vol. in-fol. 120 à 150 fr. — Comment. sur l'Écriture sainte, 26 vol. in-4.

CALVIN (J.), théologien, 1509, Noyon, près Paris; 1564, Genève. Professeur de théologie à Genève, 1536, puis à Strasbourg, 1539. Accueillit avec ardeur les doctrines de Luther et, plus radical que lui, proscrivit tout culte extérieur. — Institutions de la relig. chrétienne, 1536. Éd. par Icard, *Genève*, 1818, 3 vol. in-8. De la Cène, 1541, pet. in-12. Catéchisme, 1553, in-16. Commentaires sur l'Écriture Sainte. Sermons. OEuv. complètes, éd. lat. *Amsterdam*, 1671, 9 vol. in-fol. OEuv. franç. par M. Lacroix, *Gosselin*, 1842, gr, in-18.

CAMOENS (Luiz), poëte portugais, vers 1524, Lisbonne; 1579..... Fit la guerre en Afrique ; y perdit un œil. Partit pour les Indes et revint mourir de misère dans sa patrie. — Les Lusiades, 1572. Éd. portug. par Souza, *Didot*, 1819, in-8, 10 fr. et *Barrois*, 1820, 2 vol. in-18. Trad. franç. par Millié, *Didot*, 1825, 2 vol. in-8, 10 fr. et *Charpentier*, 1841, gr. in-18, 3 fr. 50.

CAMPAN (Jeanne-Louise-Henriette Genest, D^e), institutrice, 1752, Paris; 1822, Mantes. Attachée à la reine Marie-Antoinette. Directrice de la maison d'Écouen. — Mémoires sur Marie-Antoinette, 1823, *Baudouin*, 3 vol. in-8, 12 fr. et 4 vol. in-12. 10 fr. De l'Éducation. Éd. par Barrière. *Baudouin*, 1826, 2 vol. in-8, 7 fr. et 3 vol. in-12, 6 fr.

CAMPANELLA (Thomas), philosophe italien, 1568, Stilo (Calabre); 1639, Paris. Dominicain à 14 ans. Combattit les doctrines d'Aristote. Passa 27 années de sa vie en prison. — De Sensu rerum, 1620, *Francfort*, in-4. Realis Philosophia et civitas solis, 1623, *Francfort*, in-4. OEuv. choisies. Trad. franç. 1840, gr. in-18.

CAMPENON (Vincent), poëte, 1772, à la Guadeloupe; 1843, Villeneuve-sur-Corbeil. Ami de Ducis et de Bernardin de Saint-Pierre. Membre de l'Institut, 1813. — Voy. de Grenoble à Chambéry, 1795. La Maison des champs, 1809. L'Enfant prodigue, 1811. Requête de Rosière. — Poëmes et Opuscules, éd. *Ladvocat*, 1823, 2 vol. in-18, 4 fr.

CAMPER (P.), médecin, anatomiste hollandais, 1722, Leyde; 1789, La Haye. Disciple de Boerhaave. Professeur de chirurgie et d'anatomie à Franeker, à Amsterdam, puis à Groningue. — Démonstrations anat. et pathologiques, 1760-62, éd. lat. *Amsterdam*, gr. in-fol. Trad. franç. par Jansen, 1803, 3 vol. in-8, avec atlas, in-fol., 30 fr.

CAMPISTRON (J. Galbert de), auteur dramatique, 1656, Toulouse; 1713, id. Membre de l'Acad. franç., 1701. Reçut des conseils de Racine. — Virginie, 1683. Arminius, 1684. Andronic, 1685. Alcibiade, 1685. Acis et Galatée, 1686. Le Jaloux désabusé, 1709. — OEuv. Éd. des *Libraires associés*, 1750, 3 vol. in-12.

CAMUS (Armand-Gaston), jurisconsulte, 1740, Paris; 1804, id. Député aux États généraux. Conservateur des archives, 1792. Membre du Conseil des Cinq Cents, 1796. Ministre des finances. Membre de l'Institut. — Lettre sur la profession d'avocat, 1772. 5e éd. par M. Dupin, *Gobelet*, 1832, 2 vol. in-8, 16 fr. Mémoires, 1802, in-4, 8 à 12 fr.

CANDOLLE (Augustin-Pyrame de), botaniste suisse, 1778, Genève; 1841, id. Élève de Desfontaines. Lié avec tous les savants de l'Europe. Suppléant de la chaire de Cuvier au Collége de France, 1802. Professeur de botanique à Montpellier, 1808 ; à Genève, 1817. — Flore française, 1778 et suiv. 3e éd. *Desray*, 1803-15, 6 vol. in-8. Théorie élémen. de la botanique, 1813; 2e éd. *Deterville*, 1819, in-8. Regni vegetabilis, Systema naturale, 1818-21, 2 vol. in-8, 15 fr. Prodromus systematis naturalis regni vegetabilis, 1824 et suiv., 16 vol. in-8, 120 fr.

CANO (Alonzo), peintre, sculpteur et architecte espagnol, 1601, Grenade; 1665..... Peintre du roi, 1638. Prêtre, 1653. — RETABLE de l'église de Lebrija. *Conception*, à Grenade. Miracle de St-Isidore; Christ sur le Calvaire, à Madrid. Maître-Autel, à Séville.

CANOVA (Ant.), célèbre sculpteur italien, 1757, Possagno (Trévise); 1822, Venise. Peu d'hommes ont joui d'une si grande réputation, de leur vivant. Ses œuvres sont très-recherchées. Il fut chargé de ramener en Italie les chefs-d'œuvre amassés à Paris par Napoléon. — THÉSÉE VAINQUEUR DU MINOTAURE, à Vienne. Psyché. PERSÉE. Vénus. Madeleine pénitente. Napoléon. Whasington. Hercule précipitant Lycas. Mausolées de Christine, de Clément XIII, de Clément XIV, Pie VII, Alfieri. Temple grec à Possagno. Consulter OEuv. de Canova par Reveil, *Audot*, 1823, gr. in-8.

CANTU (César), historien italien, 1805, Brivio (Milanais). Professeur de littérature à 18 ans. — HISTOIRE UNIVERSELLE, 1837-42. Éd. ital., 35 vol. in-8. Trad. franç., *Didot*, 1854-60, 19 vol. in-8. 114 fr. Histoire de cent ans, 1750-1850. Éd. ital., 1851, *Florence*. Trad. franç. par M. A. Renée, *Didot*, 1852, 4 vol. gr. in-18, 14 fr. Hist. des Italiens. Trad. franç. par M. Lacombe. *Didot*, 1859 et suiv., 12 vol. in-8. 72 fr.

CAPEFIGUE (J.-Bapt.-Honoré-Raymond), historien et publiciste, 1802, Marseille. Élève de l'École des chartes, journaliste, puis auteur.—Hist. de Philippe-Auguste, 1829, 4 vol. in-8. 3e éd. *Charpentier*, 1842, 2 vol. gr. in-18, 7 fr. Hist. philos. des Juifs, 1833, in-8. Richelieu, Mazarin, la Fronde, 1835-36, 8 vol. in-8. 2e éd. *Belin*, 1844, 2 vol. in-12. Hugues-Capet, 1839, 4 vol. in-8, et *Charpentier*, 2 vol. gr. in-18, 7 fr. Hist. de la Restauration, 1831-33, 3e éd., *Charpentier*, 1842, 4 vol. gr. in-8, 14 fr., etc.

CARAFA DE COLOBRANO (Michel-H.), musicien compositeur, 1787, Naples. Officier d'ordonnance de Murat, 1806-14. Naturalisé Français, 1834. Membre de l'Institut, 1837. Professeur au Conservatoire. — Jeanne d'Arc, 1821. Le Solitaire, 1822. Masaniello, 1828.

CARAVAGE (Michel-Ange AMERIGHI), peintre italien, 1569, Caravaggio (Milanais); 1609..... Ce grand artiste vécut en mauvaise intelligence avec le Joseppin. Son caractère difficile rendit sa vie très-agitée.—CHRIST AU TOMBEAU, à Rome. Mort de la Vierge, la Bohémienne, UN CONCERT, GRAND-MAITRE DE MALTE, au Louvre. Distribution du rosaire, à Vienne. Cupidon, à Berlin. Le Joueur d'échecs, à Venise. Diane et Endymion, à Amsterdam.

CARDAN (Jérôme), médecin et philosophe italien, 1501, Pavie; 1576, Rome. Recteur de l'université de Padoue, 1526. Professa les mathématiques et la médecine à Milan et à Bologne. Voyagea en France, en Angleterre. — De Subtilitate, 1550, in-fol. Trad. franç. par Le Blanc, *L'Angelier*, 1556, in-4, 5 à 6 fr., et *Micard*, 1566, in-8. De rerum Varietate, 1557, *Bâle*, in-fol. — OEuvres complètes, éd. lat., *Leyde*, 1663, 10 vol. in-fol.

CAREY (William), orientaliste anglais, 1761, Paulerspury (Northampton); 1834, Sérampour (Inde). Cordonnier jusqu'à 24 ans. Imprimeur et professeur de sanscrit à Sérampour, 1789. — Grammar of the sanscrit language (Gramm. de la langue sanscrite), 1806, gr. in-4.

CAREY (H.-C.), économiste américain, 1793, Philadelphie. D'abord libraire, 1821. Quitta cette profession en 1838 et se donna aux études économiques.—Principes de la science sociale, 1837-40, *Philadelphie*, 3 vol. in-8. Trad. franç. par Leduc et Planche, *Guillaumin*, 3 vol. in-8, 22 fr. 50. The past, the present and the future (Le présent, le passé et l'avenir), 1848, *Philadelphie*, gr. in-8, 15 fr.

CARLYLE (Thomas), historien et publiciste anglais, 1795, Ecclefecham (Dumfries). Préféra la littérature aux fonctions ecclésiastiques auxquelles il était destiné par sa famille. — Hist. de la Révolution franç., 1837. Trad. franç. *Baillière*, 1865, 3 vol. in-12. Hero-Worship and the heroic in history (Du Culte des héros et du sentiment héroïque dans l'hist.), 1840. Essays (Essais), 1841, 5 vol.

CARNÉ (L. Marcelin Cte de), publiciste et historien, 1804, Quimper. Secrétaire d'ambassade jusqu'en 1831. Député, 1839. —Vues sur l'hist. contemporaine, 1833, 2 vol. in-8. Du Gouvernement représentatif, 1841, in-8. Fondateurs de l'unité franç., 1848-57, 2 vol. in-8. Membre de l'Académie française, 1863.

CARNOT (Lazare-Nic.-Marguerite), homme politique, écrivain et mathématicien, 1753, Nolay (Bourgogne); 1823, Magdebourg. Capitaine de génie. Député à l'Assemblée législative, 1791; à la Convention, 1792. Excellent général en chef. Deux fois ministre, après le 18 brumaire et pendant les Cent jours. L'une des belles figures de la Révolution.—Éloge de Vauban, 1784, in-8. Géométrie de position, 1803, in-4. Défense des places fortes, 1812, in-4.

CARO (Edme-Marie), philosophe, 1826, Poitiers. Deux fois lauréat au concours général, 1845. Maître de conférences à l'Ecole normale, 1848. — Du Mysticisme au xviiie siècle, 1852-54, in-8. Études morales, 1855, in-18. L'Idée de Dieu. 1863, *Hachette*, in-8, 7 fr. 50 et in-18, 3 fr. 50.

CARRACHE (L.), peintre italien, 1555, Bologne; 1619, id. Élève du Tintoret et maître de ses deux cousins, Augustin et Annibal, avec qui il forma une acad. de peinture.—St. François. Transfiguration. Naissance de St. Jean-Baptiste. Vocation de St. Matthieu. Translation du corps de la Vierge. Prédication de St. Jean-Baptiste. Annonciation, Nativité, Vierge et enfant Jésus, Apparition de la Vierge a saint Hyacinthe, au Louvre.

CARRACHE (Augustin), peintre et graveur italien, vers 1557, Bologne; vers 1601, Parme. S'adonna d'abord à la gravure, mais les succès de Louis, et surtout ceux d'Annibal, le firent peintre. — Communion de S. Jérôme, au Louvre. Assomption de la Vierge, à Bologne. Fuite en Égypte, à Venise. Armide et Renaud, à Naples.

CARRACHE (Annibal), célèbre peintre italien, 1560, Bologne; 1609, Rome. Ami du Tintoret et du Corrége. Son œuvre est immense et d'un superbe style. — Peintures de la galerie Farnèse. Nativité, Vierge aux Cerises, Sacrifice d'Abraham, Mort d'Absalon, Christ mort, Résurrection, Le Silence, Apparition de la Vierge a S. Luc., etc., au Louvre. Martyre de St Étienne, Sainte-Famille, Repos en Égypte, à Florence. Charité, à Rome. Vénus, Apollon, Hercule, à Naples. Le Christ en jardinier, à St.-Pétersbourg. Le Christ et la Samaritaine, Christ mort, à Vienne. La Charité à Londres. Assomption, à Dresde.

CARREL (Armand), écrivain politique, 1800, Rouen; 1836, St-Mandé. D'abord militaire. Faillit être condamné à mort, 1824. Devint journaliste et périt dans un duel politique. — Hist. de la contre-révolution, en Angleterre, 1827, in-8. OEuv. polit. et littéraires, 1858, 5 vol. in-8. OEuv. litt. et économiques, 1854, in-12.

CARTELLIER (P.), sculpteur, 1757, Paris; 1831..... Élève de Bridan. Membre de l'Acad. des beaux-arts, 1810. — La Victoire, au Luxembourg. La Pudeur, 1808. Napoléon. La Gloire distribuant des couronnes, bas-relief, au Louvre. Louis XIV, aux Invalides. Minerve, à Versailles.

CASA (J. Della), poëte italien, 1503, Mugello, près Florence; 1556, Rome. Prêtre, 1538. Archevêque de Bénévent, 1544. Secrétaire d'État sous Paul IV. — Galatée, 1558. Ed. ital. *Padoue*, 1728, in-8, 6 à 8 fr. Trad. franç., *Bruxelles*, pet. in-12. — OEuv. Ed. ital. *Venise*, 1728-29, 5 vol. in-4. 20 à 30 fr.

CASAUBON (Isaac), helléniste et érudit, 1559, Genève; 1614, Londres. Professeur de grec à Genève, 1582, à Montpellier, puis à Paris où il devint bibliothécaire d'Henri IV. — Ed. de Polybe, de Strabon, Polyen, Théophraste, Suétone.

CASSINI (J.-Dominique), célèbre astronome, 1625, Périnaldo, près Nice; 1712, Paris. Professa l'astronomie à Bologne. Vint à Paris en 1669, appelé par Louis XIV. Naturalisé Français, 1673. Premier directeur de l'Observatoire que Colbert venait de fonder, 1672. Membre de l'Acad. des sciences. Comme Galilée, devint aveugle sur la fin de ses jours. — Éphémérides de Jupiter, 1668-93. Travaux considérables et mémoires nombreux. Ed. des *Libr. associés*, 1729, in-4, et Journal des savants, 1666-1711.

CASSINI (Jacq.), astronome, 1677, Paris; 1756, Thury. Membre de l'Acad. des sciences, 1694. Directeur de l'Observatoire. — Traité de la grandeur de la terre, 1718, *Impr. roy.*, in-4. Éléments d'astronomie, 1740, *Impr. roy.*, in-4. Tables astronomiques, 1740, *Impr. roy.*, in-4.

CASSINI DE THURY (César-F.), astronome, 1714, Paris; 1784..... Membre de l'Acad. des sciences à 22 ans. Directeur de l'Observatoire. Corrigea la méridienne de Paris. — Additions aux tables astronomiques, 1756, in-4. CARTE DE LA FRANCE, 1744-87. Voy. en Allemagne, 1763, in-4.

CASSINI (Jacq.-Dominique, Cte), astronome et géographe, 1747, Paris; 1845, Thury. Directeur de l'Observatoire. Membre de l'Acad. des sciences.—Termina, en 1793, la carte de France. Travaux et mémoires.

CASTILLE (Ch.-Hippolyte), littérateur et romancier, 1820, Montreuil-sur-mer. — Hist. de la seconde république franç., 1854-55, 4 vol. in-8. Portraits politiques, 1856-59-60. 70 vol. in-32.

CATON (Marcus-Porcius, dit l'ancien), 232 av. J.-C., Tusculum (Latium); 147..... Soldat, puis préteur en Sardaigne. Consul en Espagne et en Grèce, 195. Reçut les honneurs du triomphe. — De Re rustica. Ed. lat.-franç. par M. Nisard, *Didot*, gr. in-8.

CATULLE (Caïus-Valerius-Catullus), poëte latin, 86 av. J.-C., Vérone ou Sirmium; vers 40 av. J.-C. Ami de Cicéron, de Plancus, de Cinna. Il n'a pas su respecter la décence dans ses vers. — Noces de Thétis et de Pélée. Trad. franç. par Ginguené, *Michaud*, 1812, in-18, et par Dottin, *Gosselin*, 1839, in-8. Odes. Élégies. — OEuv. Ed. lat.-franç. *Didot*, gr. in-8, et *Panckoucke*, 1837, in-8, 6 fr.

CAUCHY (Augustin-L.), mathématicien, 1789, Paris; 1857, Sceaux. Membre de l'Institut, 1816. Professeur à l'École polytechnique, à la Faculté des sciences et au Collège de France. — Calcul infinitésimal, 1826-28, *de Bure*, 2 vol. in-4. Exercices de mathématiques, 1827-35-39. Mémoires nombreux.

CAUS (Salomon de), ingénieur et architecte..... (Normandie); vers 1535..... Le premier qui appliqua la vapeur à l'action des machines. — Raisons des forces mouvantes, 1615, *Francfort*, in-fol. Ed. 1624, in-fol.

CAVALIERI (Bonaventure), géomètre italien, 1598, Milan; 1647..... Professeur de mathématiques à Bologne. Ami de Galilée.

— Geometria indivisibilium, 1635, in-4. 20 fr. Exercitationes geometriæ, 1647, 20 à 30 fr.

CAVANILLES (Ant.-Jos.), botaniste espagnol, 1745, Valence; 1804, Madrid. Prêtre. Professeur de philos. à Murcie, puis précepteur à Paris. Ami de Jussieu. — Monadelphiæ classis dissertationes, 1785, *Didot*, in-4. Icones et descriptiones plantarum, 1791-1801, 6 vol. in-fol., fig. Observaciones sobre la historia natural (Observ. sur l'Hist. naturelle) 1795-97, *Madrid*, 2 vol. in-fol.

CAVELIER (P.-Jules), sculpteur, 1814, Paris. Élève de David d'Angers et de Paul Delaroche. Grand prix de sculpture, 1842. — Coureur grec, 1838. Diomède enlevant le Palladium, 1842. Pénélope endormie, 1849. La Vérité, 1853. Cornélie, 1855. Statues de St. Matthieu, de Mgr Affre, de Pascal.

CAVENDISH (H.), physicien et chimiste anglais, 1731, Nice; 1810, Londres. Pauvre d'abord, puis riche jusqu'à 30 millions. Membre de la Société royale. Découvrit le gaz hydrogène, l'acide nitrique, la composition de l'eau. Ses travaux sont consignés dans les Transactions philos. de Londres.

CAXTON (William), typographe anglais, vers 1412, comté de Kent; 1491..... Éditeur des deux premiers livres imprimés en Angleterre et traduits par lui de deux ouvrages français : Recueil des hist. de Troyes, 1471, et Jeu d'échecs moralisé, 1474.

CAYLUS (Anne-Claude-Philippe, Cte de), archéologue, 1692, Paris; 1765..... Après avoir voyagé en Orient, 1717, fut nommé membre de l'Acad. de peinture, 1731, et de celle des Inscriptions, 1742. Ami de l'abbé Barthélemy. — Recueil d'antiquités, 1752, 7 vol. in-4. Sujets de peinture et de sculpture, 1755. OEuv. badines, 1787, 12 vol. in-8.

CAZES (P.-Jacq.), peintre, 1676, Paris; 1754..... Grand prix de peinture, 1699. Membre, 1704, et directeur, 1746, de l'Acad.— L'Hémorrhoisse, à Notre-Dame, St. Pierre guérissant un boiteux. St Pierre ressuscitant un Tabithe, à Saint-Germain-des-Prés. Enlèvement d'Europe, Bacchus et Ariane, Toilette et Naissance de Vénus, la Cène, en Prusse.

CELLINI (Benvenuto), sculpteur, graveur et orfévre italien, 1500, Florence; 1570, id. Était soldat lorsque le connétable de Bourbon assiégeait Rome. François Ier l'attira en France et l'installa dans la tour de Nesle. — Persée, et Christ à Florence. Traité sur la sculpture et le travail de l'or, 1568. Mémoires. Trad. par Farjasse, 1833, 2 vol. in-8. — OEuv. compl. Trad. franç., *Paulin*, 1847, 2 vol. gr. in-18.

CELSE (Aurélius-Cornélius-Celsus), médecin latin, 1er siècle, Rome ou Vérone. Paraît aussi avoir été militaire, agriculteur, etc. — De re medica. Éd. lat.-franç., *Delalain*, 1821, 2 vol. in-12, 10 fr. Trad. franç. par Des Étangs, *Didot*, 1860, 2e éd., gr. in-8, 5 fr., ou *Baillière*, 1824, in-18, 4 fr. 50.

CERVANTES SAAVEDRA (Michel de), célèbre poète et romancier espagnol, 1547, Alcala de Hénarès (Nouv. Castille) ; 1616, Madrid. Blessé à la bataille de Lépante, 1571. Pris par des corsaires et retenu en esclavage pendant six ans, à Alger. Rentra dans sa patrie, s'y maria, 1584, mais, pauvre et méconnu de tous, mourut de misère et d'infirmités. — Galatée, 1584. Les Nouvelles, 1613. Éd. espag. *Madrid*, 1822, 2 vol. pet. in-8. Trad. franç. 1838, 2 vol. in-8 ou in-12. DON QUICHOTTE, 1605-15. Éd. espag., *Madrid*, 1819, 5 vol. in-8, fig., 40 fr. *Bossange et Masson*, 1814, 7 vol. in-18, fig. Trad. franç. par Viardot, *Dubochet*, 1836-37, 2 vol. gr. in-8, fig. 30 fr. Éd. *Furne*, 1858, 2 vol. in-8. Éd. par L'Aulnaye, *Desoer*, 1821, 4 vol. in-18, fig. 12 fr., par M. Damas Hinard, *Charpentier*, 2 vol. gr. in-18, 7 fr.

CESALPIN (André), naturaliste et philosophe italien, 1519, Arezzo (Toscane) ; 1603, Rome. Professeur de botanique et de médecine à Pise, puis à Rome. Profond observateur. Eut, le premier, idée de la circulation du sang, et établit la première classification botanique.—De plantis, 1583, *Florence*, in-4, 15 à 20 fr.

CÉSAR (Caïus-Julius), célèbre politique, homme de guerre et historien, 100, av. J.-C., Rome ; 44, av. J.-C., id. Exilé par Sylla. Préteur, 61. Consul, 59. Gouvernait la Gaule depuis l'an 58, lorsque, vainqueur de Pompée, il se fit nommer dictateur, 49. Victorieux encore à Pharsale, en Égypte, en Asie, en Afrique, en Espagne, il se fit donner la dictature perpétuelle, 45. Après tous ces triomphes et au milieu d'honneurs de toute espèce, il mourut assassiné. — COMMENTAIRES. Éd. lat. *Lemaire*, 1819-22, 4 vol. in-8, 25 à 30 fr. Éd. lat.-franç. par Turpin de Crissé, *Montargis*, 1785, 3 vol. gr. in-4, 24 à 36 fr., et *Amsterdam*, 1787, 3 vol. gr. in-8, 12 à 15 fr. Éd. par M. Artaud, *Panckoucke*, 1828,

3 vol. in-8, 21 fr., par Toulongeon, *Verdière*, 1826, 4 vol. in-12, 12 fr., par Ch. Louandre, *Charpentier*, gr. in-18, 3 fr. 50.

CHALGRIN (J.-F.-Thérèse), architecte, 1739, Paris ; 1811, id. Élève de Servandoni. Grand prix d'architecture, 1758. Membre de l'Acad. des beaux-arts.—Achèvement de Saint-Sulpice, 1777. Saint-Philippe-du-Roule, 1769-84. Restauration du Luxembourg. Commencement de l'arc de l'Étoile, 1809.

CHALMERS (Georges), littérateur anglais, 1742, comté de Moray (Écosse); 1825, Londres. Avocat en Amérique, puis membre du bureau du commerce. — Caledonia or Topographical and historical account of north Britain (La Calédonie, ou étude histor. et topogr. de l'Écosse), 1707-24, *Édimbourg*, 3 vol. gr. in-4.

CHAMFORT (Sébastien-Roch-Nic.), littérateur, 1741, près Clermont (Auvergne); 1794..... Membre de l'Acad. franç. 1781. Conservateur de la Bibliothèque nationale, 1792. Ami de Mirabeau. — La jeune Indienne, 1764. Éloge de Molière, 1769. Le Marchand de Smyrne, 1770. Éloge de La Fontaine, 1774. Mustapha et Zéangir, 1776. — OEuv. Éd. par Auguis, *Chaumerot*, 1824-25, 5 vol. in-8, 15 à 18 fr. OEuvres choisies, 1812, 2 vol. in-8, et *Delahays*, 1857, gr. in-18.

CHAMPAGNE (Philippe de), peintre belge, 1602, Bruxelles; 1674, Paris. Élève de Poussin et de Lebrun. Membre, 1648, puis directeur de l'Acad. de peinture. — Vœu de Louis XIII. Chevaliers du St-Esprit. St Gervais et St Protais. Peintures à la Sorbonne et au Val-de-Grâce. DESCENTE DE CROIX. La Cène. CHRIST MORT. PORTRAITS NOMBREUX.

CHAMPFLEURY (Jules FLEURY dit), littérateur et romancier, 1821, Laon. — Confessions de Sylvius. Les Oies de Noël, 1849. Contes d'hiver, de printemps, d'été, d'automne, 1848-54. Les Excentriques, 1852. Les Aventures de Mariette, 1853. Les Bourgeois de Molinchart, 1854. Éd. *Lévy*, gr. in-18, 1 fr. le vol.

CHAMPOLLION (J.-Fr.), célèbre orientaliste, 1790, Figeac (Lot); 1832, Paris. Fondateur et directeur du Musée égyptien, 1826. Membre de l'Institut, 1830. Le premier, expliqua les hiéroglyphes jusque-là indéchiffrables. — L'Égypte sous les Pharaons, 1814, *De Bure*, 2 vol. gr. in-8 avec cartes, 15 fr. De l'Écriture hiératique, 1821, *Grenoble*, in-fol. Panthéon égyptien, 1823, *De Bure*, in-4. PRÉCIS DU SYSTÈME HIÉROGLYPHIQUE,

1824. 2e éd., *Treuttel et Würtz*, 1828, 2 vol. gr. in-8, 27 fr. Monuments de l'Égypte et de la Nubie, 1835-45, *Didot*, 4 vol. gr. in-fol. 600 fr. Grammaire égyptienne, 1836-41, *Didot*, pet. in-fol., 75 fr. Dict. égyptien, 1842-44, *Didot*, pet. in-fol., 60 fr. Lettres écrites d'Égypte et de Nubie, *Didot*, 1833, in-8, 25 fr.

CHAMPOLLION-FIGEAC (J.-Jacq.), archéologue, 1778, Figeac (Lot). Conservateur à la Bibliothèque de Grenoble, à la Bibliothèque royale, puis à celle de Fontainebleau, 1849. — Annales des Lagides, 1819, *Fantin*, 2 vol. in-8, 15 fr. Paléographie universelle, 1839-41, *Didot*, 4 vol. gr. in-fol. Traité élém. d'archéologie. 2e éd., 1843, 2 vol. in-32.

CHANDLER (Richard), archéologue et helléniste anglais, 1738.....; 1810, Tilehurst (Berkshire). Parcourut la Grèce, 1764-66, et y recueillit d'amples matériaux pour ses œuvres.— Ionian antiquities (Antiquités ioniennes), 1769-97, *Londres*, 2 vol. gr. in-fol., fig. Inscriptiones antiquæ, *Oxford*, 1774, in-fol. Voy. en Asie Mineure et en Grèce, 1775, *Oxford*, gr. in-4, 10 à 12 fr. Trad. franç., 1806, 3 vol. in-8.

CHAPELAIN (J.), littérateur et poëte, 1595, Paris; 1674..... Membre de l'Académie, lors de sa création. Il est vrai qu'il n'avait pas encore publié son poëme. — La Pucelle, 1656, *Courbé*, gr. in-fol., 18 à 30 fr., et 1657, 3e éd. in-12, 10 à 15 fr.

CHAPELLE (Cl.-Emm. L'Huillier), 1626, Chapelle Saint-Denis; 1686, Paris. Une belle fortune lui permit de se livrer à son goût pour le plaisir et l'indépendance.—Voyage (avec Bachaumont). — OEuv. Éd. *Quillau*, 1755, pet. in-12, 3 fr. *Letellier*, 1826, in-8, 4 fr. *Jannet*, 1854, in-16.

CHAPSAL (Ch.-P.), grammairien, 1787, Paris; 1858..... D'abord simple employé. Se livra ensuite à la composition d'ouvrages classiques. — Exercices français. Grammaire française (avec Noël). 1823. 40 éd., 1858, in-12.

CHAPTAL (J.-Ant., comte) chimiste, 1756, Nogaret (Lozère); 1832, Chanteloup. Directeur de la fabrique de poudre de Grenelle, 1793. Professeur de chimie à l'École polytechnique. Membre de l'Institut, 1798. Ministre de l'intérieur, 1800. Sénateur, 1805. Pair, 1819. — Éléments de chimie, 1790, 3 vol. in-8. Art de faire le vin 1801. 2e éd. *Déterville*, 1819, in-8. Chimie appliquée aux arts, 1806, 4 vol. in-8. Chimie appliquée à l'agriculture, 1823, 2 vol. in-8.

CHARDIN (F.), voyageur, 1643, Paris ; 1713, Londres. Fit plusieurs voyages en Perse. Retiré en Angleterre, Charles II le nomma son plénipotentiaire en Hollande.—Voyages, 1711, *Amsterdam*, 3 vol. in-4 ou 10 vol. in-12, 25 à 30 fr. Éd. par Langlès, *Lenormant*, 1811, 10 vol. in-8, avec atlas, 30 fr.

CHARDIN (J.-B.-Simon), peintre, 1699, Paris ; 1779, id. Fils d'un menuisier, il apprit seul la peinture. Membre de l'Acad., 1728. — Nature morte. Animaux. Fruits. Intérieurs de cuisine. La Mère laborieuse. Le Benedicite. Le Singe antiquaire.

CHARLET (Nicolas-Toussaint), dessinateur, peintre et lithographe, 1792, Paris ; 1845, id. Élève de Gros. Ami de Géricault. — LA GARDE MEURT ET NE SE REND PAS. L'Aumône du soldat. Vous ne savez donc pas mourir ? La Résignation. CAMPAGNE DE RUSSIE. Passage du Rhin. L'Empereur et la garde impériale.

CHARPENTIER (J.-P.), littérateur, 1797, Saint-Priest (Eure-et-Loir). Agrégé à la Faculté, 1833-44. Inspecteur de l'Acad., 1843-53. — Études sur la littér. romaine, 1829, *Hachette*, in-8 ou in-18. Littérature franç. au xve et xvie siècle, 1835, *Maire-Nyon*, in-8. Tertullien et Apulée, 1839, in-8. Pères de l'Église, 1853, 2 vol. in-8.

CHARRON (P.), philosophe et moraliste, 1541, Paris ; 1603, id. Avocat. Prêtre. Ami de Montaigne, qui mourut dans ses bras. Député et secrétaire à l'assemblée du clergé, 1595. — Les Trois vérités, 1593. TRAITÉ DE LA SAGESSE, 1594. Éd. *Dijon, Frantin*, 1801, 4 vol. in-12, 6 à 9 fr. Éd. par Amaury-Duval, 1821 et 1826, 3 vol. in-8, 10 fr. Éd. *Lefèvre*, 1836, gr. in-12. Discours chrétiens, 1600. — OEuv. 1635, in-4, 6 à 9 fr.

CHARTIER (Alain), poëte et littérateur, vers 1385, Bayeux ; vers 1449..... Secrétaire de Charles VI et de Charles VII. Chanoine de Paris. Ambassadeur en Écosse. — Le Curial. le Quadriloque invectif. Le Débat du Réveil-matin. La Belle Dame sans mary. Le Bréviaire des Nobles. Le Livre des Quatre Dames. — OEuv. par Duchesne, *Thiboust*, 1617, pet. in-4, 18 à 24 fr.

CHARTON (Éd.-Thomas), littérateur et publiciste, 1807, Sens. Secrétaire gén. au minist. de l'Instr. publique, et représentant à la Constituante, 1848. Membre du Conseil d'État, 1849. — Guide pour le choix d'un état (en collaboration), 1842, *Lenormant*, in-8. Magasin pittoresque, 1833-65, gr. in-8. Voyageurs anc. et modernes, 1855-57, 4 vol. gr. in-8. Le Tour du Monde, 1860-65, in-4.

CHASLES (Michel), mathématicien, 1793, Épernon (Eure-et-Loir). Professeur à l'École polytechnique, 1841; à la Faculté des Sciences, 1846. Membre de l'Acad. des sciences, 1851. — Aperçu sur les méthodes en géométrie, 1837, *Bruxelles*, in-4, 40 à 60 fr. Traité de géométrie supérieure, 1852, gr. in-8.

CHASLES (Victor-Euphémion-Philarète), littérateur et publiciste, 1798, Mainvilliers, près de Chartres. D'abord imprimeur à Paris et à Londres. Secrétaire de M. de Jouy. Conservateur à la Bibliothèque Mazarine, 1837. Professeur de littér. au collège de France, 1841. — Langue et littérature franç. depuis le XVIe siècle, 1828, in-8. Études de littér. comparée, 1847 et suiv., *Amyot*, 13 vol. in-12 à 3 fr. 50.

CHASSÉRIAU (Théodore), peintre, 1819, Samana (Amérique espag.); 1856, Paris. Élève de M. Ingres. — Vénus Anadyomène, Andromède attachée au rocher, 1841. Descente de croix, Troyennes pleurant, 1842. Jésus au jardin des Oliviers, 1844. Le Jour du sabbat, 1848. Cavaliers arabes, 1850. Le Tépidarium, 1853. Suzanne au Bain, 1855. Peintures à Saint-Merry et à Saint-Roch.

CHASTELLUX (F.-J. Marquis de), littérateur et voyageur, 1734, Paris; 1788, id. Colonel, 1756-63. Maréchal de camp, 1769. Major général, 1780. Membre de l'Acad. franç., 1775. — De la félicité publique, 1772. Nouv. éd., *Renouard*, 1822, 2 vol. in-8. Voy. dans l'Amérique septentrionale, 2e éd., 1788, 2 vol. in-8.

CHATEAUBRIAND (F.-Aug., Vte de), célèbre littérateur et homme d'État, 1768, Saint-Malo; 1848, Paris. S'exila en Amérique en 1789. Professeur de français à Londres, 1792-97. Secrétaire d'ambassade à Rome, 1803. Voyagea en Grèce, en Asie Mineure, en Égypte, 1806. Membre de l'Institut, 1811. Ministre d'État et Pair, 1815. Ambassadeur à Berlin et à Londres, 1822; à Rome, 1828. Ami de Fontanes, de Mme Récamier. — Essai sur les révolutions, 1797. ATALA, 1801. RENÉ, 1802. GÉNIE DU CHRISTIANISME, 1802. LES MARTYRS, 1809. ITINÉR. DE PARIS A JÉRUSALEM, 1811. Les Natchez, 1825. De la Restauration et de la monarchie élective, 1831. Études sur la chute de l'Empire, 1831. Mémoires, 1849-50. — OEuv. compl. *Krabbe*, 1851, 16 vol. gr. in-8, fig., 120 fr., et les mémoires, 8 vol. gr. in-8, fig., 80 fr.

OEuv. *Didot,* 1839, 5 vol. gr. in-8. 45 fr. *Ladvocat,* 1826-31, 31 vol. in-8. *Lefèvre,* 1829-31, 20 vol. in-8. *Furne,* 25 vol. in-8, 90 fr. et 12 vol. in-8, 60 fr. *Garnier,* 12 forts vol. in-8. 60 fr. OEuv. choisies : *Didot,* 10 vol. in-18, 30 fr. *Ladvocat,* 1827, 2 vol. gr. in-18. Mémoires : *Dufour,* 6 vol. in-8, 30 fr.

CHATTERTON (Thomas), littérateur et poëte anglais, 1752, Bristol ; 1770..... D'une grande précocité, mais pauvre et dénué de tout, s'empoisonna n'ayant que 17 ans. — Poëmes. Élégies. Tragédies. — OEuv. Ed. angl. *Londres,* 1803, 3 vol. in-8. *Cambridge,* 1842. 2 vol. pet. in-8. Trad. franç. par Pagnon, *Desessart,* 1839, 2 vol. in-8.

CHAUCER (Geoffroy), poëte anglais, 1328, Londres ; 1400, Dunington. Ambassadeur à Gênes, puis en France. Protégé par Édouard III et Henri IV, et persécuté par Richard II. — Contes de Canterbury. Poésies diverses. — Ed. angl., *Londres, Pickering,* 1830, 5 vol. pet. in-8, et *Parker,* 1855, 8 vol. in-12. Trad. franç. en vers par Chatelain, *Londres, Pickering,* 1857, 2 vol. gr. in-8.

CHAUDET (Ant.-Denis), sculpteur et peintre, 1763, Paris ; 1810, id. Grand prix à 21 ans, 1784. Se perfectionna à Rome, au milieu des chefs-d'œuvre de Michel-Ange et de Raphaël. Professeur de peinture et de sculpture. Membre de l'Institut. — Joseph vendu par ses frères, 1784. Émulation de la Gloire, 1789. OEdipe. Minerve. Paul et Virginie. Bélisaire. La Surprise. La Paix. Napoléon. Le Papillon et la Rose. Tableau d'Énée et Anchise.

CHAUSSIER (F.), médecin, 1746, Dijon ; 1828, Paris. Professeur à la Faculté de médecine et à l'École polytechnique. Membre de l'Institut. — Tables synoptiques, 1799-1826. Mémoires.

CHÉNIER (Marie-André de), poëte, 1762, Constantinople ; 1794, Paris. Sentit de bonne heure son génie poétique. Ses sentiments antirévolutionnaires, manifestés trop ouvertement, le conduisirent à l'échafaud. — Élégies. Idylles. — OEuv. poét. par Robert, *Nepveu,* 1826, 2 vol. in-8, ou *Charpentier,* 1840, gr. in-18, et 1862, gr. in-8, 10 fr. OEuv. en prose : *Gosselin,* 1840, gr. in-18.

CHÉNIER (Marie-Jos. de), poëte, 1764, Constantinople ; 1811, Paris. Frère d'André. Abandonna la carrière militaire pour celle des lettres. Membre des assemblées politiques, 1792-1802, et de l'Acad. franç. Inspecteur gén. des études. — CHARLES IX, 1789. Henri VIII, 1791. Gracchus, 1792. FÉNELON, 1793. Timoléon, 1794. Odes. Épîtres. TABLEAU DE LA LITTÉR. FRANC., 1815, in-8 ou in-18. — OEuv. Ed. *Guillaume*, 1824-26, 5 vol. in-8, et œuv. posthumes, 3 vol. in-8. Poésies, 1818, in-8 ou 1822, 2 vol. in-18. Théâtre, 1818, 3 vol. in-8 ou in-18. OEuv. choisies, *Charpentier*, 1844, gr. in-18, 3 fr. 50.

CHERBULIEZ (Ant.-Elisée), économiste suisse, 1797, Genève. Professeur de droit, après Rossi, 1833; d'économie polit. et de droit public, à Genève, 1837. Membre des assemblées polit. de la Suisse, 1831-48. — Richesse ou pauvreté, 1840. 2ᵉ éd. 1841, in-18. Notions de l'ordre social, 1848, *Guillaumin*, gr. in-18. Etude sur les causes de la misère, 1853, *Guillaumin*, in-18, 2 fr. 50. Précis de la science économique, *Guillaumin*, 2 vol. in-8, 15 fr.

CHERUBINI (Salvatore Maria), célèbre musicien compositeur italien, 1760, Florence; 1842, Paris. Elève de Sarti. Membre de l'Acad. des beaux-arts, 1816. Surintendant de la musique de Louis XVIII, 1816. Professeur, puis Directeur du Conservatoire, 1822. — Ifigenia in Aulide, 1788. LODOÏSKA, 1791. Elisa, 1795. Médée, 1797. Les deux Journées, 1800. FANISKA, 1806. Pigmalione, 1809. ALI-BABA, 1833. MESSE en fa. Requiem. Méthode de contre-point et de fugue, 1835.

CHÉRUEL (P.-Ad.), historien, 1809, Rouen. Professeur à Rouen. Maître de conférences à l'Ecole normale, 1849. — Hist. de Rouen, 1840-44, *Rouen*, 1 et 2 vol. in-8. Hist. de l'administration depuis Philippe-Auguste à Louis XIV, 1855, 2 vol. in-8. Dict. des institutions de la France, 1855, *Hachette*, 2 vol. in-18, 12 fr. Mémoires de Saint-Simon, 1856-58, *Hachette*, 20 vol. in-8, 120 fr. ou 13 vol. in-12, 13 fr.

CHÉRY (Philippe), peintre, 1759, Paris; 1838..... 2ᵉ prix de peinture, 1794. Ses opinions avancées rendirent son existence et surtout sa vieillesse difficiles. — Annonciation. Décollation de St Jean. Martyre de St. Etienne. Mort d'Alcibiade, 1791. Soldat s'élançant devant un coup de sabre, 1794. Charondas mourant. Mercure amoureux d'Hersé, 1802. David jouant de la harpe, 1802. Naissance et toilette de Vénus, 1812. Thrasybule, 1831.

CHESTERFIELD (Philippe DORMER STANHOPE, Cᵗᵉ de), 1694,

Londres; 1773..... Membre de la Chambre des communes et de celle des lords, 1826. Ambassadeur en Hollande. Vice-roi d'Irlande. Secrétaire d'Etat. Ami de Voltaire et de Montesquieu. — Lettres à son fils, 1774. Ed. angl. *Londres, Bentley*, 1845-53, 5 vol. in-8. Trad. franç., *Labitte*, 2 vol. gr. in-18.

CHEVALIER (Michel), célèbre économiste, 1806, Limoges. Les doctrines saint-simoniennes ne séduisirent pas longtemps un esprit aussi éminent. Elles firent place à de profondes études économiques, faites en Amérique et en Angleterre, 1833-37. Conseiller d'Etat, 1838. Professeur d'économie polit. au Collège de France, après Rossi, 1840. Ingénieur en chef des mines, 1841. Député, 1845-46. Membre de l'Institut, 1851. Sénateur, 1860. Grand promoteur de nos réformes économiques. — LETTRES SUR L'AMÉRIQUE DU NORD, 1836, 3ᵉ éd., *Gosselin*, 2 vol. in-8, 12 fr. DES INTÉRÊTS MATÉRIELS EN FRANCE, 1838, in-8. 4ᵉ éd. *Gosselin*, 1839, in-18, 3 fr. 50. Voies de communication des Etats-Unis, 1840, *Gosselin*, 2 vol. in-4, 25 fr. Cours d'économie polit., 1842-50. *Capelle*, 3 vol. in-8, 30 fr. Lettres sur l'organisation du travail, 1848, *Capelle*, gr. in-18, 3 fr. 50.

CHEVREUL (Michel-Eug.), chimiste, 1786, Angers. Professeur de chimie aux Gobelins, 1824. Membre de l'Acad. des sciences, 1826. Professeur de chimie au Muséum, après Vauquelin, 1830. Président de la Société impériale d'agriculture. — RECH. CHIMIQUES SUR LES CORPS GRAS, 1823, *Levrault*, in-8, 30 fr. Leçons de chimie appliquée à la teinture, 1831, *Levrault*, 2 vol. in-8, 30 fr. Loi du contraste des couleurs, 1839, *Levrault*, in-8, avec atlas, in-4. 60 fr.

CHÉZY (Ant.-Léonard de), orientaliste, 1773, Neuilly; 1832, Paris. Professeur de sanscrit et de chinois au Collège de France, 1815. Membre de l'Institut, 1816. Connaissait toutes les langues orientales. — Medjouin et Leïla, 1805, *Treuttel*, 2 vol. in-18. Mort d'Yadjanadatta, texte sanscrit et trad. franç., 1814, 2ᵉ éd., *Dondey-Dupré*, 1827, in-4. Reconnaissance de Sacountala, texte et trad., 1830, *Dondey-Dupré*, in-4, 12 fr.

CHIRAC (P.), médecin, 1650, Conques (Aveyron); 1732, Marly. Professeur à Montpellier, 1687. Médecin du duc d'Orléans, 1707. Membre de l'Acad. des sciences, et premier médecin de Louis XV. Traité des fièvres, 1742, in-12.

CHOMEL (Aug.-F.), médecin, 1788, Paris; 1858, id. Elève de Pinel, Corvisart, Boyer. Membre de l'Acad. de médecine, 1823. Professeur à la Faculté, après Laënnec, 1827. — Eléments de pathologie, 1817. 5e éd., *Masson*, 1863, in-8, 9 fr. Des fièvres et des maladies pestilentielles, 1821, *Crochard*, in-8.

CICÉRON (Marcus-Tullius CICERO), célèbre orateur romain, philosophe et homme politique, 106, av. J.-C., Arpinum ; 43, av. J.-C., Formies. Questeur en Sicile, après Verrès dont il poursuivit les dilapidations. Consul à Rome, 63-58. Déjoua les intrigues de Catilina, et fut nommé Père de la Patrie. Banni en 58. Rappelé en 57. Proconsul en Cilicie, 52. Ayant attaqué Antoine dans ses Philippiques, ce dernier le fit assassiner. Après Démosthène, Cicéron est le premier orateur de l'antiquité. — Discours : VERRINES. CATILINAIRES. MILONIENNE. PHILIPPIQUES. Rhétorique : L'ORATEUR. OEuv. philos. : DE L'AMITIÉ. DES DEVOIRS. DES BIENS ET DES MAUX. DE LA NATURE DES DIEUX. TUSCULANES. RÉPUBLIQUE. LETTRES. — OEuv. compl. Éd. lat. par d'Olivet, 1740-42, 9 vol. gr. in-4 ; par d'Orelli, *Zurich*, 1826-37, 8 vol. in-8. *Lemaire*, 1827-32, 19 vol. in-8 ; par Lallemand, *Barbou*, 1768, 14 vol. in-12. Éd. lat.-franç. par M. Nisard, *Dubochet*, 1840-41, 5 vol. gr. in-8, 60 fr.; par divers, *Panckoucke*, 1830-37, 36 vol. in-8, 3 fr. 50 le vol.; par M. Le Clerc, *Lefèvre*, 1821-25, 30 vol. in-8, 150 fr. 2e éd. *Lequien*, 1823-27, 36 vol. gr. in-18, 48 à 72 fr.

CICOGNARA (Léopold, comte de), archéologue italien, 1767, Ferrare ; 1834, Venise. Ministre plénipotentiaire à Turin, 1799. Conseiller d'État. Président de l'Acad. des beaux-arts, à Venise, 1812. — Storia della scultura (Hist. de la sculpture), 1813-18, *Venise*, 3 vol. in-fol. avec pl. 100 à 120 fr. 2e éd., 1824, 7 vol. in-8, 100 fr. Les Constructions les plus remarquables de Venise, 1815-20, *Venise*, 2 vol. in-fol. 200 fr. 2e éd. avec trad. franç., *Venise*, 1838 et suiv., 2 vol. in-fol. 300 fr.

CIGNANI (Ch.), peintre italien, 1628, Bologne ; 1719, Forli. Élève et ami de l'Albane. Directeur de l'Acad. de Bologne. — FRESQUES DE L'ASSOMPTION DE LA VIERGE, à Forli. Entrée de Paul III à Bologne. François Ier guérissant les écrouelles. Puissance de l'amour.

CIGOLI (L.), peintre et architecte italien, 1559, Cigoli (Toscane); 1613..... Élève d'Allori et rival de Caravage. — Sainte Famille. St François, au Louvre. Ecce Homo. Martyre de St Etienne, Christ aux Limbes, Sacrifice d'Abraham, Vénus et Satyre, St Laurent sur le gril, St Pierre marchant sur les eaux, à Florence. Apôtre guérissant un boiteux, Conversion de St Paul, Hist. de Psyché, à Rome. Repas chez le Pharisien. Miracle du Saint-Sacrement, à Forli. Fresques de Sainte-Marie-Majeure. Madeleine, à Madrid.

CIMABUE (Giovanni GUALTIERI), célèbre peintre italien, 1240, Florence ; 1300..... Restaurateur, ou plutôt créateur de la peinture en Italie. Comblé de tous les honneurs, dès son vivant. Giotto fut son élève. — VIES DE ST FRANÇOIS, DE JÉSUS-CHRIST, DE LA VIERGE ; ÉVANGÉLISTES, DOCTEURS, à St-François d'Assise. MADONE, à Sainte-Marie-Nouvelle, à Florence. Fresques nombreuses, aujourd'hui détruites. LA VIERGE AUX ANGES, au Louvre.

CIMAROSA (Domenico), musicien compositeur italien, 1749, Aversa près Naples ; 1801, Venise. Par son assiduité au travail, s'éleva de très-bonne heure au rang de grand artiste. — Il Fanatico, 1775, à Naples. Convito di Pietra, 1782, à Venise. Il Valdomiro, 1787, à Turin. IL MATRIMONIO SEGRETO, 1792, à Vienne.

CIRILLO (Dominique), médecin et botaniste italien, 1734, Grugno, près de Naples ; 1799, Naples. Professeur de médecine. Ayant pris part au mouvement populaire de cette ville, en 1799, il fut pris et pendu aussitôt après la rentrée du roi Ferdinand. — Fundamenta botanicæ, 2 vol. in-8. Plantarum rariorum regni napolitani, 1788-92, in-fol.

CIVIALE (J.), médecin, 1792, Thiézac (Cantal). Membre de l'Acad. de médecine, 1833 ; de l'Acad. des sciences, 1847. Le premier qui ait eu l'idée d'éviter l'opération de la taille en brisant la pierre dans la vessie.—Traité de la lithotritie, 1826. Nouv. éd. *Baillière,* 1847, in-8, 8 fr. Maladies des organes génito-urinaires, 1836-41. 3e éd. *Baillière,* 1859-60, 3 vol. in-8, 24 fr.

CLAIRAUT (Alexis-Cl.), mathématicien, 1713, Paris ; 1765..... Membre de l'Acad. des sciences, à 18 ans. Mesura un degré du méridien, en Laponie, avec Maupertuis. Fit faire de grands progrès à la science. Eut Bailly pour élève. — Rech. sur les courbes, 1731, in-4. Éléments de géométrie, 1741, in-8. Nouv. éd. *Bachelier*, 1830, in-8, 2 fr. Théorie de la figure de la terre, 1743, in-8. 2ᵉ éd. *Bachelier*, 1808, in-8, 6 fr. Éléments d'algèbre, 1746, in-8. 6ᵉ éd. *Bachelier*, 1801, 2 vol. in-8, 10 fr. Théorie de la lune, 1752, in-4. Nouv. éd. 1808, in-8. Théorie des Comètes, 1760, in-8.

CLAIRVILLE (L.-F. николаié, dit), auteur dramatique, 1811, Lyon. D'une fécondité extraordinaire, M. Clairville a fait plus de 300 pièces de théâtre.—Margot, 1837. L'Abbé galant, 1840. Petites Misères de la vie humaine, 1843. Satan; Les Sept châteaux du Diable; Les Trois Loges, 1844. Les Pommes de terre malades; Gentil-Bernard, 1845. Roger Bontemps; La Propriété c'est le vol, 1848. Le Bourgeois de Paris, 1850. Chansons et Poésies, 1853, in-12. Les quatre âges du Louvre, 1858. La Corde sensible; La Fille du Diable, 1860. Rhotomago, 1863. La Liberté des Théâtres, 1864.

CLAPEYRON (Benoît-Paul-Emile), ingénieur, 1799, Paris; 1864, id. Ingénieur en chef. Professeur à l'École des ponts et chaussées. Membre de l'Acad. des sciences, 1858. — Invent. de la détente des machines à vapeur. Vues sur les travaux publics (en collaboration), 1832, in-8. Plan d'écoles, 1833, in-8.

CLAPISSON (Ant.-L.), musicien compositeur, 1808, Naples. Membre de l'Acad. des beaux-arts, 1854.—La Figurante, 1838. Le Pendu, 1841. Gibby, 1846. Jeanne la Folle, 1848. La Statue équestre, 1850. Les Mystères d'Udolphe, 1852. La Promise, 1854. Le Sylphe, 1856. Margot, 1857. Les Trois Nicolas, 1858.

CLARAC (comte de), archéologue, 1777, Paris; 1847, id. Son goût pour les arts lui fit abandonner l'état militaire. Membre de l'Acad. des beaux-arts, 1838. — Musée de sculpture, 1826-53, *Texier*, 6 vol. gr. in-8, avec 6 vol. de pl. in-4, 200 fr. Manuel de l'hist. de l'art, 3 vol. in-12, 20 fr.

CLARENDON (Ed. Hyde, comte de), homme politique et historien anglais, 1608, Dinton (Wiltshire); 1674, Rouen. Chancelier de l'Échiquier. Membre du conseil privé. Grand chancelier d'Angleterre, 1660, puis ensuite disgracié et exilé. — Hist. de la rébellion d'Angleterre, 1702. Éd. angl. *Oxford*, 1826, 8 vol. in-8. Trad. franç. *La Haye*, 1704-9, 6 vol. in-12, 12 à 15 fr.

CLARKE (Samuel), philosophe anglais, 1675, Norwich; 1729..... Elève et ami de Newton. Chapelain de la reine Anne, 1706.

Recteur de Saint-James, 1709. — Traité de l'existence de Dieu, 1705, in-8. Trad. franç. par Ricottier, *Amsterdam*, 1727, 3 vol. pet. in-8, 8 à 10 fr. OEuv. philos., *Charpentier*, gr. in-18, 3 fr. 50.

CLARKE (Ed.-Daniel), minéralogiste et voyageur anglais, 1767, Chichester; 1822..... Après avoir voyagé en Europe et en Orient, fut nommé professeur de minéralogie, 1807, et Conservateur de la Bibliothèque, 1817, à Cambridge. — Voyages, 1810-23. Ed. angl. *Londres, Cadell*, 6 vol. gr. in-4, ou 11 vol. in-8. Trad. franç., *Laurent*, 1813, 3 vol. in-8.

CLAUDE (J.) controversiste protestant, 1619, La Sauvetat (Agénois); 1687, La Haye. D'une grande érudition, il essaya de tenir tête à Arnauld, Nicole et Bossuet. La révocation de l'édit de Nantes lui fit quitter la France, 1685. — Réfutation du traité de la perpétuité de la foi, 1665, *Charenton*, in-8. 2ᵉ éd., *Saumur*, 1666, in-12.

CLAUDIEN (Claudius-Claudianus), poète latin, vers 365, Alexandrie (Egypte);.... Ayant abandonné son pays natal pour l'Italie, il s'attacha à Stilicon, et le suivit dans sa disgrâce, 408. — Le Vieillard de Vérone. Enlèvement de Proserpine. Éloge de Stilicon. — OEuv. compl., éd. latine, par M. Artaud, *Lemaire*, 1824, 2 vol. in-8, 8 à 10 fr. Ed. lat.-franç., *Panckoucke*, 1830-32, 2 vol. in-8. 8 fr. et *Delalain* (en vers), 1832, in-8. 4 fr.

CLAUSEN (H.-Nicolas), théologien et homme politique danois, 1793, Maribo (île de Laland). Professeur de théologie à Copenhague, 1825. Recteur de l'université, 1836. Fut à la tête du mouvement libéral de 1848. Conseiller d'Etat. Ministre du culte. — Apologetæ Ecclesiæ Christianæ, 1817. Catholicismens og protestantismens kirkeforfatning (Doctrine du catholicisme et du protestantisme), 1825. Foredrog over reformationen (Discours populaires sur la réformation), 1836.

CLÉMENT (St), théologien et docteur de l'Église, vers 250 de J.-C., Alexandrie; vers 317..... Persécuté par Septime-Sévère, il fut obligé de quitter Alexandrie, mais y rentra quelques années après. — Exhortations aux Gentils. Le Pédagogue. Stromates. — OEuv. Ed. grecq.-lat. *Oxford*, 1715, 2 vol. in-fol. 120 à 130 fr. Ed. *Migne, Montrouge*, 1856-57, 2 vol. gr. in-8, 20 fr. Trad. franç. par Fontaine, 1696, in-8, et par Genoude, 1838, 3 vol. in-8.

CLÉMENT (Dom F.), historien, 1714, Dijon; 1793, Paris. Employa treize années à améliorer l'ouvrage de Clémencet. — L'ART DE VÉRIFIER LES DATES, 1783-92, 3 vol. in-fol. avec tables, 200 fr. Ed. par Saint-Allais, 1818-19, 18 vol. in-8, 100 à 150 fr. et 1820, 5 vol. in-8, 30 fr., continuée par Courcelles, 1821-44, 19 vol. in-8.

CLÉMENT (J.-P.), historien, 1809, Draguignan (Var). Membre de l'Acad. des sciences morales, 1855. Plusieurs de ses ouvrages ont été couronnés par l'Institut. — Hist. de Colbert, 1846, in-8. Gouvernement de Louis XIV, 1848, *Guillaumin*, in-8, 7 fr. 50. Jacques Cœur et Charles VII, 1853, *Guillaumin*, 2 vol. in-8. 12 fr. Hist. du système protecteur, 1854, *Guillaumin*, in-8, 6 fr. Portraits historiques, 1854, *Didier*, in-8 et in-12. Etudes financières, 1859, in-8. Lettres, mémoires et instructions de Colbert, 1863 et suiv. 2 vol. gr. in-8. 28 fr.

CLÉSINGER (J.-Bapt.-Aug.), sculpteur, 1820, Besançon. Exécuta une partie de ses œuvres à Rome. — Faune, 1846. La Mélancolie, 1846. Femme piquée par un serpent, 1847. Bacchante, 1847. La Fraternité, 1848. Rachel, 1852. François Ier, 1856. Sapho. Charlotte Corday. Taureau romain, 1859. Combat de taureaux; César, 1864.

CLOQUET (Germain-Jules), médecin, 1790, Paris. Professeur à la Faculté, 1831. Membre de l'Acad. de médecine, 1851; de l'Acad. des sciences, 1855. — Anatomie de l'homme, 1821-32, gr. in-fol. 2e éd., *Bruxelles*, 1824 et suiv., in-fol. Manuel d'anat. descriptive, 1825-31, *Béchet*, in-4.

COFFINIÈRES (Ant.-Siméon-Gabriel), avocat et publiciste, 1786, Castelnaudary. — Analyse des Novelles de Justinien, 1805, in-12. Jurisprudence des cours souveraines, 1812, 5 vol. in-8. Traité de la liberté individuelle, 1828, 2 vol. in-8. Eléments de notre organisation gouvernementale, 1850, in-12.

COGHETTI (F.), peintre italien, 1804, Bergame (Lombardie). Elève de Diotti. — Exploits d'Alexandre. Les Quatre Eléments. Triomphe de Bacchus. Bataille des Amazones. L'Amour et Psyché. LE PARNASSE DES HOMMES ILLUSTRES. Apollon et les Heures. Fable de Prométhée. FRESQUES A L'ÉGLISE DE SAVONE.

COGNIET (Léon), peintre, 1794, Paris. Elève de Guérin. 2e, 1815, et 1er prix de Rome, 1817. Membre de l'Acad. des beaux-arts, 1849. — Marius à Carthage. Massacre des Innocents, 1824. Numa. Saint Étienne. Enlèvement de Rébecca. La Garde nationale partant pour l'armée. Bataille de Rivoli. Campagne d'Égypte. LE TINTORET PEIGNANT SA FILLE MORTE. Peintures au Louvre, à la Madeleine. Portraits.

COKE (Ed.), jurisconsulte anglais, 1549, Milchan (Norfolk); 1634..... Avocat général, 1593. Grand juge et membre du conseil privé, 1604-13, puis disgracié.—INSTITUTES DU DROIT ANGLAIS, 1628-29. 19e éd. angl. *Londres*, 1832, 2 vol. gr. in-8, 50 fr. Trad. franç. 1616-77.

COLEBROOKE (H.-Thomas), orientaliste anglais, 1765, Londres; 1837, id. Grand juge dans les Indes anglaises, 1805. Fut un des premiers Européens qui fit connaître la langue sanscrite et en propagea l'étude. — Digest of Hindu law (Digeste des lois indiennes), 1800, *Calcutta*, 3 vol. in-4, et *Londres*, 1801, 3 vol. in-8, 24 fr. Grammar of the sanscrit language (Gramm. de la langue sanscrite), 1805, *Calcutta*, pet. in-fol. Essai sur la philos. des Indous. Éd. angl. *Londres*, 1858, in-8. Trad. franç. par Pauthier, *Didot*, 1833-37, in-8.

COLERIDGE (Samuel TAYLOR), poëte et publiciste anglais, 1772, Ottery-Mary (Devonshire); 1834, Londres. Ouvrit une école sur l'hist. de la Révolution franç., 1795. Essaya sans succès de fonder une république qu'il appelait pantisocratie. — The fall of Robespierre (La Chute de Robespierre). Lyrical Ballads (Ballades lyriques). Poems (Poëmes). — OEuv. Éd. angl. *Londres*, *Pickering*, 1853, 23 vol. pet. in-8, 8 liv.

COLET (Louise REVOIL Mme), femme de lettres, 1810, Aix. Ses poésies ont été quatre fois couronnées par l'Institut. — OEuvres poétiques : Le Musée de Versailles, 1839. Le Monument de Molière, 1843. La Colonie de Mettray, 1852. Poëme de la femme, 1853-56. L'Acropole d'Athènes, 1855. OEuv. en prose : La Jeunesse de Mirabeau, 1841, in-8. Deux femmes célèbres, 1846, 2 vol. in-8.

COLLÉ (Ch.), chansonnier et auteur dramatique, 1709 Paris; 1783..... Ami de Piron et de Crébillon fils. Secrétaire du duc d'Orléans, 1730. — Dupuis et Desronais, 1763. Partie de chasse de Henri IV, 1774. La Vérité dans le vin, 1768, 2 vol. in-8, et nouv. éd. *Gueffier*, 1777, 3 vol. in-12.

COLLETET (Guill.), poëte, 1598, Paris; 1659, id. Membre de l'Acad. française. — Art poétique, 1658, in-12. Divertissements poétiques, 1631, pet. in-8. Désespoirs amoureux, 1622, in-12.

COLLIER (John Payne), littérateur et critique anglais, 1789, Londres. Fut secrétaire de la commission de réorganisation du Musée britannique, 1847. — The Poetical Decameron (Le Décaméron poétique), 1820. History of english dramatic poetry (Hist. du théâtre anglais), 1831.

COLLIN D'HARLEVILLE (J.-F.), auteur dramatique, 1755, Maintenon (Eure-et-Loir); 1806, Paris. Membre de l'Institut. Lié avec Picard et Andrieux. — L'Inconstant, 1786. L'Optimiste, 1788. Les Châteaux en Espagne, 1789. Le Vieux Célibataire, 1782. — OEuv. compl. nouv. éd. par Andrieux, *Janet et Cotelle*, 1821, 4 vol. in-8, 16 fr.

COLUMELLE (Lucius-Junius-Moderatus), agronome romain, 1er siècle, Cadix. C'est en administrant ses vastes propriétés qu'il écrivit son livre célèbre.— ÉCONOMIE RURALE. Éd. lat. *Leipsick*, 1773, in-4, et 1794-97, in-8. Trad. franç. (avec Caton, Varron et Palladius), *Didot*, gr. in-8, 12 fr., et par Dubois, *Panckoucke*, 1845-46, 3 vol. in-8, 15 fr.

COMENIUS (J. ANNES), grammairien allemand, 1592, Comna (Moravie); 1671, Amsterdam. Persécuté pour sa religion, il fut alternativement professeur de langues en Moravie, en Bohême, en Pologne, en Angleterre, en Suède et en Hollande.—Porte des langues, 1631, Lesna, in-8, Éd. lat. franç. ital. espag. allem. *Amsterdam, Elzevier*, 1661, in-8, 4 à 5 fr.

COMINES (Philippe de), historien et homme politique, 1445, Comines, près Lille; 1509, id. Conseiller de Louis XI. Disgracié un moment par Charles VIII, il profita de l'abandon où le laissait Louis XII, pour écrire son livre. — MÉMOIRES, 1524. Ed. *Rollier*, 1747, 4 vol. in-4, fig. 30 à 40 fr. Nouv. éd. par Mlle Dupont, *Renouard*, 1840-47, 3 vol. gr. in-8, 27 fr.

COMTE (F.-Ch.-L.), publiciste, 1782, Sainte-Éminie (Lozère); 1837, Paris. Député de la Sarthe. Membre et secrétaire perpétuel de l'Acad. des sciences morales, 1832. — Traité de la législation criminelle, 1826-27. Éd. 1836, 4 vol. in-8. Traité de la propriété, 1834, 2 vol. in-8.

COMTE (Auguste), philosophe, mathématicien, 1798, Montpellier; 1857, Paris. D'abord partisan des doctrines de Saint-Simon, il s'en sépara en 1824, et voulut fonder une école dont lui-même ne sut pas parfaitement formuler la marche. — Syst. de politique positive, 1851-54, 4 vol. in-8, 30 fr. Cours de philos. positive, 1839-42, *Bachelier*, 6 vol. in-8, 35 fr. Nouv. éd. *Baillière*, 1864, 6 vol. in-8., 45 fr. Traité de géométrie analytique, 1843, in-8. Discours sur l'esprit positif, 1844, in-8. Astronomie populaire, 1844, in-8. Consulter : De la philosophie positive de M. Littré, 1845, in-8, 9 fr.

CONDILLAC (Ét. Bonnot, abbé de), philosophe, 1715, Grenoble; 1780, Flux, près Beaugency. Précepteur du duc de Parme, 1757. Membre de l'Acad. française, 1768. Disciple de Locke, ami de Diderot, de J.-J. Rousseau et de Duclos. Il est considéré comme le chef de l'école sensualiste française. — Essai sur l'origine des connaissances humaines, 1746, *Amsterdam*, 2 vol. in-12. Traité des systèmes, 1749, *Amsterdam*, 2 vol. in-12. Traité des sensations, 1754, *Londres*, 2 vol. in-12. Traité des animaux, 1755. Cours d'études, 1755, 16 vol. in-8. Logique, 1789, in-8 ou in-12. — OEuv. Éd. *Houel*, 1798, 23 vol. in-8, 30 à 40 fr. Éd. *Baudouin*, 1827, 16 vol. in-8, 40 fr.

CONDORCET (J.-Marie de Caritat, marquis de), philosophe et publiciste, 1743, Ribemont (Aisne); 1794, Paris. Membre, puis secrétaire perpétuel de l'Acad. des sciences, 1769 ; de l'Assemblée législative et de la Convention, 1791. Lié avec d'Alembert, Voltaire, Turgot. Après la chute des Girondins, il s'empoisonna. — Essai d'analyse, 1768. Éloge des académiciens, 1773. Vie de Turgot, 1786, in-8. Vie de Voltaire, 1787, 2 vol. in-12. Esquisse des progrès de l'esprit humain, 1795. Éd. 1822, in-8, et 1823, in-18.—OEuv. Éd. *Didot*, 1847-49, 12 vol. gr. in-8, 40 fr.

CONFUCIUS (Koung-fou-tseu), célèbre philosophe chinois, 551 av. J.-C., Tséou-i, roy. de Lou (Chine); 479 av. J.-C. .. D'abord inspecteur de l'agriculture, puis premier magistrat du roy. de Lou. Éloigné de la cour, il parcourut les provinces, prêchant la morale et formant de nombreux disciples. — Chou-King (morale et politique). Tchun-sieou (Le Printemps et l'Automne). Hiao-king (P. été filiale). Ta-hio (Grande étude). Tchong-yong (Le Juste Milieu). — Éd. chinoise, lat. franç. du Ta-hio, par M. Pauthier, 1837, in-8. Trad. franç. du Chou-king, par Gaubil,

1770, in-4, 14 à 16 fr. Confucius et Mencius. Trad. par M. Pauthier, *Charpentier*, 1841, gr. in-18, 3 fr. 50.

CONGRÈVE (William), poëte anglais, 1670, Bardsay-Grange (Yorkshire); 1729..... La protection généreuse de lord Halifax lui permit de bonne heure l'accès des lettres. — Le Vieux Garçon, 1693. Le Fourbe, 1694. AMOUR POUR AMOUR, 1695. L'Épouse en deuil, 1695. Le Train du monde, 1700. — OEuv. Éd. angl. *Birmingham, Baskerville,* 1761, 3 vol. gr. in-8, fig., 24 à 30 fr. Trad. franç. dans les chefs-d'œuvre des théâtres étrangers.

CONRING (Herman), médecin et publiciste allemand, 1606, Nörden (Ost-Frise); 1681..... Professeur de médecine à Hehnstaedt. Conseiller du duc de Brunswick. — De Origine Juris germanici, 1643. De Imperio Germanorum romano, 1644. Introductio in universam artem medicam, 1654. 2ᵉ éd. in-4. — OEuv. compl. par Gœbel, *Brunswick*, 1730, 7 vol. in-fol.

CONSCIENCE (H.), romancier flamand, 1812, Anvers. Abandonné à lui-même par sa famille, il eut de bonne heure à compter avec les difficultés de sa profession.—Le Lion de Flandre, 1838. Scènes de la vie flamande, 1849, 4 vol. in-18. Le Bonheur d'être riche, 1858, in-12. Les Heures du soir, 1839, in-12. La Fille de l'épicier, in-12. Aurélien, 1859, 2 vol. in-12. Batavia, in-12. Le Démon de l'argent, in-12. — OEuv. Trad. franç. par M. Léon Wocquier, 1854 et suiv., 25 vol. in-18, 25 fr.

CONSIDERANT (Victor-Prosper), économiste, 1808, Salins (Jura). Représentant à la Constituante, 1848. Après de grands mais infructueux efforts pour établir la doctrine de Fourier en France, il alla au Texas, où il ne devait guère mieux réussir. — Destinée sociale, 1834-44, 3 vol. in-8, Théorie de l'éducation naturelle, 1835. Bases de la politique positive, 1841. Principes du socialisme, 1847.

CONSTANT de REBECQUE (H.-Benj.), célèbre publiciste, 1767, Lausanne; 1830, Paris. Membre du Tribunat après le 18 brumaire. Éloigné de France pendant l'empire. Député sous la restauration. Président du conseil d'État, en 1830.—De l'Esprit de conquête, 1814, in-8. Réflexions sur les constitutions, 1814, in-8. Principes de politique, 1815, in-8. Adolphe, 1816. Nouv. éd. *Charpentier*, 1845, gr. in-18, 3 fr. 50. COURS DE POLIT. CONSTI-

TUTIONNELLE, 1817-20, 4 vol. in-8. Nouv. éd. *Didier*, 1836, 2 vol. in-8, et *Guillaumin*, 1863, 2 vol. in-8, 15 fr. De la religion, 1824-30, 5 vol. in-8. Du Polythéisme romain, 2 vol. in-8. Discours, 2 vol. in-8. — OEuv. *Didier*, 1836, 12 vol. in-8.

COOK (Jacq.), célèbre navigateur anglais, 1728, Marton (York); 1779, île Owhihée (Sandwich). Exécuta trois voyages autour du monde, en 1768, à Otaïti ; en 1772-73, aux Terres australes ; en 1776, au nord et au sud de l'Amérique. — Voyages. Éd. angl. *Londres*, 1773-77-84, 8 vol. gr. in-4, avec pl., et 1821, 7 vol. in-8, avec pl., 50 à 60 fr. Trad. franç. par Suard et Demeunier, 1774-78-85, 13 vol. in-4, 60 fr. ou 18 vol. in-8, avec pl., 45 fr.

COOPER (Sir Astley PASTON), chirurgien anglais, 1768, Brooke (Norfolk) ; 1841, Londres. Élève de Cline. Professeur de chirurgie à Londres, 1792. Chirurgien de George IV, 1824. — Traité des hernies, 1804-7. Nouv. éd. angl. *Londres*, 1844, gr. in-8, fig., 1 liv. Traité des luxations, 1822. Nouv. éd. angl. *Londres*, 1849, gr. in-8, 1 liv. OEuv. Trad. franç. Éd. *Seignot*, 1823, 2 vol. in-8, 14 fr., autre éd. 1837, in-8, 12 fr.

COOPER (James-Fenimore), célèbre romancier américain, 1789, Burlington (New-Jersey) ; 1851, Cooper's Town, près New-York. Entra dans la marine. Ayant quitté le service, et déjà connu, il visita l'Angleterre, l'Italie, l'Allemagne, la Suisse, la France. — L'Espion, 1821. LES PIONNIERS, 1822. LE PILOTE, 1823. Lionel Lincoln, 1824. La Prairie, 1825. LE DERNIER DES MOHICANS, 1826, Les Puritains, 1828. Le Corsaire rouge, 1828. L'Écumeur des mers, 1828. Le Bravo, 1831. Le Bourreau de Berne, 1833. Les Lions de mer, 1849. — OEuv. Ed. angl. *Baudry*, 1835-49, 33 vol. in-8, 83 fr. Trad. franç. par Defauconpret, *Furne*, 1838-45, 30 vol. in-8, 120 fr. Chefs-d'œuvre, par Benj. Laroche, *Didot*, 6 vol. in-8, 10 fr. 50.

COPERNIC (Nic.), célèbre astronome polonais, 1473, Thorn ; 1543, Frauenburg. Après avoir étudié attentivement tous les systèmes, il adopta celui qui fait tourner toutes les planètes autour du soleil, et qui imprime à la terre deux mouvements de rotation. Philolaüs avait déjà émis ce principe. — DE REVOLUTIONIBUS ORBIUM CŒLESTIUM, 1543, *Nuremberg*, petit in-fol. 3ᵉ éd. par Muller, *Amsterdam*, 1617, in-4.

COQUEREL (Athanase-Laurent-Ch.), pasteur protestant, 1795,

Paris. Son talent comme orateur et ses opinions libérales l'amenèrent, en 1848, à la Constituante et à l'Assemblée législative. — Biographie sacrée, 1825, 4 vol. in-8. 2ᵉ éd. 1837, gr. in-8. Hist. sainte, 1839. 2ᵉ éd. 1842, in-12. Réponse à la Vie de Jésus de Strauss, 1841, in-8. Orthodoxie moderne, 1842, in-12. Christianisme expérimental, 1847, in-12. Christologie, 1858, 2 vol. in-12. Méditations sur la Bible, 1859, in-12.

COQUILLE (Gui), jurisconsulte, 1523, Decize (Nivernais); 1603..... Procureur général du Nivernais, 1571. Trois fois député : du tiers-état d'Orléans, 1560 ; de Blois, 1576 et 1588. — Institutes coutumières. Coutumes du Nivernais. Causes des misères de la France. Libertés de l'Eglise gallicane. — OEuv. Éd. *Guignard*, 1665, 2 vol. in-fol. Éd. de *Bordeaux*, 1703, 2 vol. in-fol.

CORAY (Diamant), helléniste, 1748, Smyrne ; 1833, Paris. Après avoir étudié le commerce et la médecine, il consacra ses travaux à l'étude de la langue grecque.— Caractères de Théophraste, 1799. Des airs, des eaux et des lieux, d'Hippocrate, 1800. Des Délits et des peines, de Beccaria, 1802. Éthiopiques d'Héliodore, 1804. Géographie de Strabon, 1805. Bibliothèque hellénique, 1807-26, 17 vol. in-8.

CORMENIN (L.-Marie de la HAYE, vicomte de), publiciste et jurisconsulte, 1788, Paris. Député, 1828-32-34-48. Membre du conseil d'État, 1849 ; de l'Acad. des sciences morales, 1855. — Droit administratif, 1822. 5ᵉ éd. *Pagnerre*, 1840, 2 vol. in-8. Trois Philippiques, 1831 et suiv. Études sur les orateurs parlementaires, 1838. 15ᵉ éd. 1847, 2 vol. in-32, 3 fr. Entretiens de village, 1846, in-18 et in-32. Livre des orateurs, 14ᵉ éd. *Pagnerre*, 1843-44, gr. in-8, ou 2 vol. in-12. Pamphlets politiques.

CORNEILLE (P.), célèbre poëte dramatique, 1606, Rouen; 1684, Paris. Créateur de l'art dramatique en France. Membre de l'Acad. française, 1647. Aussi simple dans ses goûts que sublime dans son langage.—Médée, 1635. LE CID, 1636. HORACE, 1639. CINNA, 1639. POLYEUCTE, 1640. POMPÉE, 1641. LE MENTEUR, 1642. RODOGUNE, 1646. Pertharite, 1653. OEdipe, 1659. Sertorius, 1662. Othon, 1664. TRAD. EN VERS DE L'IMITATION DE JÉSUS-CHRIST, 1656.—OEuv. Éd. *Renouard*, 1817, 12 vol. in-8, 50 à 60 fr., et *Janet et Cotelle*, 1821-23, 12 vol. in-8, 30 francs.

OEuv. compl. par L. Parelle, *Lefèvre*, 1824, 12 vol. gr. in-8, 72 à 90 fr. Ed. *Lefèvre et Didot*, 1854-55, 12 vol. in-8, 84 fr. Ed. par M. Taschereau, *Jannet*, 1857 et suiv. I-IV, in-16. Éd. *Didot* (avec Thomas Corneille), 2 vol. gr. in-8, 22 fr. Éd. *Lefèvre*, 1838, 4 vol. gr. in-12. OEuv. (avec Thomas Corneille), par Charles Louandre, *Charpentier*, 1853, 2 vol. gr. in-18, 7 fr. OEuv. choisies : Ed. *Lheureux*, 1822, 5 vol. in-8, 15 fr., et *de Bure*, 1824-25, 5 vol. gr. in-32, 15 fr.

CORNEILLE (Thomas), poëte dramatique, 1625, Rouen ; 1709, Andelys. Membre de l'Acad. franç., 1685, et de l'Acad. des inscriptions. — Timocrate, 1656. Stilicon, 1660. Camma, 1661. Ariane, 1672. Le Festin de Pierre, 1677. Le Cte d'Essex, 1678. Trad. en vers des Métamorphoses d'Ovide, 1697. Dictionnaires universel et des arts. — Les éditions de ses œuvres sont comprises avec celles de son frère.

CORNÉLIUS (P. de), célèbre peintre allemand, 1787, Dusseldorf. Lié avec Overbeck et Schadow, il professa son art à Rome, puis à Munich. Devint directeur de l'Acad. de Dusseldorf, et de celle de Berlin. — ILLUSTRATION DE FAUST. LE CYCLE DES NIEBELUNGEN. FRESQUES DE L'HIST. DE JOSEPH. DESSINS DE LA DIVINE COMÉDIE ET DE LA JÉRUSALEM DÉLIVRÉE. FRESQUES DE LA SALLE DES HÉROS, DE CELLE DES DIEUX, ET HIST. DE LA PEINTURE, au musée de Munich. FRESQUES DE DIEU LE PÈRE, DE LA NAISSANCE DU CHRIST, DU CRUCIFIEMENT ET DU JUGEMENT DERNIER, à l'église St-Louis, de Munich. PEINTURES du musée royal à Berlin.

CORNÉLIUS-NÉPOS, historien latin, Ier siècle av. J.-C. Il était l'ami de Catulle et de Cicéron. — Vies des grands capitaines de l'antiquité. — OEuv. Éd. lat. *Lemaire*, 1821, in-8, 6 fr. Trad. franç., éd. *Panckoucke*, 1827, in-8, 6 fr.

CORRÈGE (Antonio ALLEGRI, dit le), célèbre peintre italien, 1494, Correggio (Modénais) ; 1534..... Il passe pour le fondateur de l'école lombarde. C'est lui qui s'écria, dit-on, à la vue d'un tableau de Raphaël : « Et moi aussi je suis peintre ! » — MARIAGE DE STE CATHERINE ; SOMMEIL D'ANTIOPE ; Christ, au Louvre. FRESQUES à SAINT-JEAN, 1520-24 ; A LA CATHÉDRALE, 1530, et aux Bénédictines de Parme. ST JÉROME, CHRIST, martyre de Ste Placide et de Ste Flavie, au musée de Parme. LA NUIT, à

Dresde. MADELEINE COUCHÉE ; JUPITER ET IO, à Vienne. Ste Famille; Éducation de l'Amour, à Londres. Vierges, à Florence. Rédempteur ; Danaé, à Rome. Vierges ; Agar dans le désert, à Naples. Ste Famille ; Madeleine, à Madrid.

CORTONE (P. de), peintre et architecte italien, 1597, Cortone ; 1669, Rome. S'éleva par son travail en créant un genre tout à fait à part. — Jacob et Ésaü, Nativité, Vierges, au Louvre. FRESQUES, aux palais Barberini, à Rome ; Pitti, à Florence. St Ives. Conversion de St Paul, à Rome. St Charles, au Catinari. Prédiction de St Jacques, aux Dominicains d'Imola. Daniel dans la fosse aux lions, à Venise. Projets d'achèvement du Louvre et des Tuileries. Restauration de Santa Maria della Pace. Portail de Ste-Marie.

CORTOT (J.-P.), sculpteur, 1787, Paris ; 1843, ibid. 1er grand prix, 1809. Professeur à l'École des beaux-arts. Membre de l'Institut, 1825. — Pandore, à Angers. Narcisse, à Lyon. P. Corneille, à Rouen. La Vierge et l'enfant Jésus, à Arras. Le maréchal Lannes, à Lectoure. Ste Catherine, à l'église Saint-Gervais. SOLDAT DE MARATHON, 1824, aux Tuileries. DAPHNIS ET CHLOÉ, 1827. Louis XIII, pour la place Royale. Casimir Périer, au Père La Chaise. La Piété, à Notre-Dame de Lorette. MARIE-ANTOINETTE SOUTENUE PAR LA RELIGION. SCULPTURES A L'ARC-DE-L'ÉTOILE. FRONTON DU CORPS LÉGISLATIF.

CORVISART DESMARETS (J.-Nic., baron), médecin, 1755, Vouziers (Champagne) ; 1821, Courbevoie. Professeur de clinique à l'École de médecine, 1795. Médecin de Napoléon 1er. Membre de l'Institut. — Essai sur les maladies du cœur, 1808, in-8. 3e éd. *Méquignon*, 1818, in-8. Nouv. méthode pour connaître les maladies de poitrine, trad. du latin, 1808, in-8.

COSTE (J.-Jacq.-Marie-Cyprien-Victor), naturaliste, 1807, Castries (Hérault). Professeur d'embryogénie au Muséum et au Collège de France. Membre de l'Acad. des sciences, 1851. — Rech. sur la génération des mammifères (avec M. Delpech), 1834, in-4. Embryogénie comparée, 1837, in-8, avec pl. in-4. Hist. du développement des corps organisés, 1847, 2 vol. in-4. avec atlas in-fol. Voy. sur le littoral, 1855. 2e éd. *Impr. imp.*, 1861, in-4, 20 fr. Instructions pratiques sur la pisciculture, 1856, *Masson*, in-12, 4 fr.

COTTA (Bernhard), géologue allemand, 1808, Kleinenzillach (Thuringe). Professeur à l'École des mines de Freiberg. — Carte géologique de la Saxe (avec Nauman), 1832-42. Carte géognostique de la Thuringe, 1843-48. Briefe über Kosmos (Lettres sur le Cosmos), 1848-51. *Leipsick*, Geologische Briefe (Lettres sur la géologie).

COTTE (L.), météorologiste, 1740, Laon; 1815, Montrouge. Curé de Montmorency, 1773. Conservateur à la bibliothèque du Panthéon, 1796-1802. — Traité de météorologie, 1774, *Impr. roy.*, in-4. Mémoires sur la météorologie, 1788, *Impr. roy.*, 2 vol. in-4. Leçons élém. de phys., d'astronomie et de météorologie, 1788, in-12. 4ᵉ éd. *Delalain*, 1828, in-12, 3 fr.

COTTE (Robert de), architecte, 1657, Paris; 1735..... Beau-frère et élève de Mansart. Directeur de la Monnaie et de l'Acad. d'architecture. 1ᵉʳ architecte du roi, 1708. — Achèvement de la chapelle de Versailles. Colonnade du Gr. Trianon. Hôtel de la Vrillière, aujourd'hui de la Banque. Plan du portail de Saint-Roch; de la place Bellecour, à Lyon.

COTTIN (Sophie Ristaud, madᵉ), romancière, 1773, Tonneins (Lot-et-Garonne); 1807, Paris. Veuve à 20 ans, elle n'écrivit ses romans que pour satisfaire son goût pour les lettres. — Claire d'Albe, 1798. Malvina, 1800. Amélie Mansfield, 1802. Élisabeth, 1806. Mathilde. — OEuv. compl. Éd. *Foucault*, 1817, 5 vol. in-8, 20 fr. et *Ladrange*, 1823, 9 vol. in-18, 12 fr.

COUDER (L.-Ch.-Aug.), peintre, vers 1790, Paris. Élève de Regnault, puis de David. Membre de l'Acad. des beaux-arts, 1839. — Lévite d'Éphraim, 1817. Hercule et Antée. Achille englouti par le Xanthe et le Simoïs. Vénus et Vulcain. Soldat de Marathon. Adam et Ève, 1822. Léonidas, 1822. Tannegui du Châtel sauvant le Dauphin. Mort de Virgile. Adoration des Mages, 1831. Bataille de Laufeld, 1836. Prise de York-Town, 1837, et de Lérida, 1838. États généraux, 1840. Fédération, 1844. Serment du Jeu de Paume, 1848. Fresques à St-Germain-l'Auxerrois.

COULOMB (Ch.-Aug. de), physicien, 1736, Angoulême; 1806, Paris. Intendant des eaux de France, 1784. Membre de l'Acad. des sciences, 1786. Inspecteur gén. de l'instruction publique. Inventeur de la balance de torsion. — Moyens d'exécuter sous l'eau des travaux hydrauliques, 1779. 4ᵉ éd. *Bachelier*, 1846, in-8, 2 fr. Théorie des machines simples, 1799. Nouv. éd. *Bachelier*, 1820, in-4, 15 fr.

COURBET (Gustave), peintre, 1819, Ornans (Doubs). Son goût pour la peinture l'éloigna du barreau auquel le destinait sa famille.— L'après-dînée à Ornans, 1849. Les Bords de la Loue, 1850. Les Casseurs de pierre, 1850. Les Demoiselles de village, 1852. Les Lutteurs; la Fileuse; les Baigneuses, 1853. Chasse au chevreuil; Biche forcée à la neige, 1857. Combat de Cerfs; Chasse au cerf, 1861. Chasse au renard, 1863. Proud'hon, 1865.

COURCELLE-SENEUIL (J.-Gustave), économiste, 1813, Seneuil (Dordogne). D'abord commerçant, puis professeur d'économie politique à Santiago (Chili). — Le Crédit et la Banque, 1840, *Pagnerre*, in-8, 2 fr. Traité des opérations de banque, 1852. 4ᵉ éd. *Guillaumin*, 1863, in-8, 7 fr. 50. Traité des entreprises industr. comm. et agricoles, 1854. 2ᵉ éd. *Guillaumin*, in-8, 7 fr. 50. Traité d'économie polit. 1858, 2 vol. in-8, 15 fr.

COURIER DE MÉRÉ (Paul-L.), helléniste et pamphlétaire, 1772, Paris; 1825, La Chavonnière. Abandonna la carrière militaire pour les lettres. Excellait dans le pamphlet. Périt assassiné par un garde-chasse.— Ed. des Pastorales de Longus, 1810. Trad. de la Luciade, 1818; de Daphnis et Chloé, 1829. Lettres. Discours. Pamphlets. — OEuv. compl., éd. *Sautelet*, 1830, 4 vol. in-8. 2ᵉ éd. *Paulin*, 1834, 4 vol. in-8, 18 fr. Éd. par A. Carrel, *Didot*, 1837, gr. in-8, 9 fr. et in-18, 3 fr. Pamphlets par A. Carrel, *Pagnerre*, 1838, 2 vol. in-32.

COURT (Jos.-Désiré), peintre, 1797, Rouen. Élève de Gros. Gr. prix de peinture, 1821. Directeur du musée de Rouen. — Scène du déluge. Faune au bain. MORT DE CÉSAR, 1827. BOISSY D'ANGLAS, 1833. St Pierre au pouvoir des Romains, 1835. Le duc d'Orléans, lieutenant du royaume, 1836. Louis-Philippe distribuant des drapeaux, 1836. Mariage du roi des Belges, 1837. Fuite de Ben Aïssa, 1839. St Louis de retour des croisades, 1841. Portraits.

COURTOIS (Jacq., dit le Bourguignon), peintre, 1621, St-Hippolyte (Doubs); 1676, Rome. Se forma en Italie auprès du Guide et d'Albane. Se fit jésuite à 37 ans. — MOÏSE EN PRIÈRE;

Josué arrêtant le Soleil; Bataille d'Arbelles, choc de cavalerie, au Louvre. Bataille à Amsterdam.

cousin (J.), peintre et sculpteur, vers 1501, Soucy, près de Sens; vers 1590..... Fondateur de l'École française. D'une infatigable activité, ce qu'il a produit est considérable. — Légende de St Eutrope; la Sibylle consultée par Auguste, à Sens. Jugement universel; Tombeau de Philippe de Chabot, au Louvre. Bustes de François Ier; de Charles-Quint. Vitraux de diverses églises. Livre de perspective, 1560, in-fol., 15 à 20 fr. Livre de Pourtraicture, 1571, in-4. Nouv. éd. *Lyon*, 1663, in-4 et *Chereau*, 1778, in-4.

cousin (Victor), célèbre philosophe et littérateur, 1792, Paris. Élève de Laromiguière, de Maine de Biran et de Royer-Collard. Suppléant ce dernier, à la Sorbonne, 1815. Après 1830, conseiller d'État, professeur titulaire à la Sorbonne, membre de l'Acad. franç.; de l'Acad. des sciences morales, 1832. Directeur de l'École normale. Pair de France. Ministre de l'instruction publique, 1840. — Éd. de Proclus, 1820-27, *Levrault*, 6 vol. in-8, 36 fr. Trad. des Œuv. compl. de Platon, 1825-40, 13 vol. in-8, 70 fr. Œuv. compl. de Descartes, 1826, 11 vol. in-8, 60 fr. Fragments philos., 1826-28. 2e éd. *Ladrange*, 1840, 4 vol. in-8, 20 fr. ou *Didier*, 1855. 5 vol. in-12, 17 fr. 50. Cours de Philosophie au xviiie siècle, 1841, *Ladrange*, 3 vol. in-8, 18 fr. 4e éd. *Didier*, 1861, 3 vol. in-8, 18 fr. et 3 vol. in-12, 10 fr. 50. Des Pensées de Pascal, 1842. 3e éd. *Ladrange*, 1847, in-8, 6 fr. Cours de Philosophie moderne (leçons de 1815-20), 1846, *Ladrange*, 5 vol. in-8, 30 fr. Du Vrai, du Beau et du Bien (Cours de 1815-20), 1853. Dernière éd. *Didier*, 1863, in-8, 7 fr. et in-12, 3 fr. 50. Philosophie de Locke (Cours de 1830). Dernière éd. *Didier*, 1863, in-8, 6 fr. et in-12, 3 fr. 50. Études sur les femmes du xviie siècle (Jacqueline Pascal, mesdames de Hautefort, Chevreuse, Longueville, Sablé, Scudéry), 1853-58, *Didier*, 8 vol. in-8, 56 fr.

coustou (Nic.), sculpteur, 1658, Lyon; 1733, Paris. Élève de Coysevox. Gr. prix de sculpture à 23 ans. Membre de l'Acad. 1693. — Jonction de la Seine et de la Marne; le Berger chasseur, aux Tuileries. Descente de croix, pour Notre-Dame de Paris. Commode en Hercule, à Versailles. Vœu de Louis XIII.

Louis XV. Marie Leckzinska. BUSTES DE GLUCK ET DE LA MÈRE DE RIGAUD.

COUSTOU (Guill.), sculpteur, 1678, Lyon; 1746, Paris. Frère du précédent. Gr. prix de sculpture. Membre de l'Acad. Son caractère indépendant lui rendit les commencements de l'art difficiles. — L'Océan et la Méditerranée. La Seine. Le Rhône, à Lyon. Bacchus. Minerve. Hercule. Pallas. CHEVAUX DE MARLY, aux Champs-Élysées.

COUSTOU (Guill.), sculpteur, 1716, Paris; 1777, ibid. Fils du précédent. Gr. prix de sculpture. Membre de l'Acad. 1742.— Statue d'Apollon. Vénus et Vulcain. Fronton de Ste-Geneviève (avec Dupré).

COUTURE (Guill.), architecte, 1732, Rouen, 1799, Paris. Se forma en Italie. Membre de l'Acad. d'architecture, 1773. — Colonnade de l'église de la Madeleine, 1777 et suiv.

COUTURE (Thomas), peintre, 1815, Senlis. Élève de Gros et de Paul Delaroche. — Jeune Vénitien, 1840. Enfant prodigue; Retour des champs, 1841. Trouvère, 1843. Joconde; Amour de l'or, 1844. LES ROMAINS DE LA DÉCADENCE, 1847. La Bohémienne, 1852. Le Fauconnier, 1855. Enrôlements volontaires. Peintures à Saint-Eustache.

COWLEY (Abraham), poëte anglais, 1618, Londres; 1667..... S'attacha au parti de Charles Ier et devint secrétaire de la reine, sa femme. — Poëme épique, le Davideis. The Mistress (la Maîtresse). Anacreontic odes (Odes anacréontiques). Pindaric odes (Odes pindariques). — OEuv. Éd. angl. *Londres,* 1772-77 ou 1802, 3 vol. pet. in-8, 12 à 18 fr.

COWPER (William), poëte anglais, 1731, Berkhamstead (Hertford); 1800, Dercham (Norfolk). Ne commença à faire des vers qu'à 40 ans. — The Task (la Tâche), 1782. John Gilpin. Trad. d'Homère. The four Ages (Les Quatre Ages). Satires. Poëmes. — Éd. angl. OEuv. *Londres,* 1833-37, 15 vol. in-12, 50 fr. OEuv. poétiques, *Pickering,* 1853, 2 vol. in-8, 20 fr.

COYPEL (Noël), peintre, 1628, Paris; 1707..... Membre de l'Acad., 1663. Directeur de l'Acad. franç., à Rome, 1672. — Mort d'Abel, 1663. Solon défendant ses lois contre les Athéniens; Ptolémée Philadelphe donnant la liberté aux Juifs; Trajan rendant la justice; Prévoyance d'Alex. Sévère, au Louvre.

COYPEL (Ant.), peintre, 1661.....; 1722..... Fils et élève de Noël. Membre, 1681, et directeur de l'Acad., 1714. 1er peintre du roi. — Louis XIV au sein de la gloire. Plafond de la chapelle de Versailles. Bacchus et Ariane. Démocrite. Ecce Homo. Galatée. Galerie d'Énée (aujourd'hui détruite), au Palais-Royal. Judith et Holopherne. Athalie ; Suzanne ; Esther et Assuérus ; Rebecca et Éliézer, au Louvre.

COYSEVOX (Ant.), sculpteur, 1640, Lyon ; 1720, Paris. Membre, 1676, puis directeur de l'Acad. — Décoration du palais de Saverne. Groupes à Versailles et à Marly. Statue de Louis XIV, 1689, à l'Hôtel-de-Ville. Chevaux ailés, 1702. JOUEUR DE FLUTE ; Hamadryade ; Flore, aux Tuileries. Mausolées de Mazarin, COLBERT, Lebrun, Cte d'Harcourt. Bustes de Louis XIV, Bossuet, Fénelon, Racine, Colbert, Louvois, Turenne, Vauban, RICHELIEU, PHILIPPE DE CHAMPAGNE et RIGAUD ; duchesse de Bourgogne, en Diane, au Louvre.

CRABBE (George), poëte anglais, 1754, Aldurough (Suffolk) ; 1832..... La protection de Burke lui permit de sortir de l'obscurité. — The candidate (le Candidat). The library (la bibliothèque), 1781. The village (le village), 1783. Tales of the Hall (Contes du Château), 1819.— OEuv. Éd. angl. *Londres, Murray*, 1834, 8 vol. pet. in-8, et 1847, gr. in-8, 20 fr.

CRANACH (Lucas de), peintre et graveur allemand, 1472, Cranach ; 1553, Weimar. Contemporain d'Albert Dürer et de Holbein.— Portrait de Fréd. de Saxe, de Luther, de Mélanchthon. Adam et Ève. Pénitence de St Jean Chrysostome. Tentation de J.-C. Loth et ses filles, à Venise. Le Sauveur dans les nues. Trois tournois. Parc aux cerfs. Passion de J.-C. Martyre des douze Apôtres.

CRAYER (Gaspard de), peintre flamand, 1582, Anvers ; 1669, Gand. Émule de Rubens et de Van Dyck. — Adoration du Christ, au Louvre. St Dominique, à Anvers. Ste Catherine. Conversion de St Julien, Apparition de la Vierge, Martyres, à Bruxelles. Descente de croix, Adoration des bergers, à Amsterdam. La Vierge et l'enfant Jésus, à Munich.

CRÉBILLON (Prosper JOLYOT de), poëte tragique, 1674, Dijon; 1762, Paris. Membre de l'Acad. franç., 1731. D'un caractère fier et d'habitudes peu engageantes, il ne se trouvait pas au-dessus du besoin. Mad^e de Pompadour lui fit accorder une pension, avec une place à la Bibliothèque. — Idoménée, 1705. Atrée, 1707. Électre, 1709. RHADAMISTE, 1711. Xerxès, 1714. Sémiramis, 1717. Pyrrhus, 1726. CATILINA, 1749. Le Triumvirat, 1755. — OEuv. Éd. *Didot*, 1818, 2 vol. in-8, 6 fr. *Renouard*, 1818, 2 vol. in-8, 10 fr. Éd. par M. Parelle, *Lefèvre*, 1828, 2 vol. in-8, 9 fr.

CREUZER (Fréd.), littérateur et archéologue allemand, 1771, Marbourg ; 1858, Heidelberg. Professeur à Marbourg, 1802, et à Heidelberg pendant 44 ans, 1804-48. Conseiller privé du duc de Bade, depuis 1818. — RELIGIONS DE L'ANTIQUITÉ, 1810-12. 3e éd. allem. *Darmstadt*, 1837-44, 6 vol. in-8, 12 thl. Trad. franç. par M. Guigniaut, *Treuttel*, 1825-51, 4 vol. in-8, 200 fr. ÉD. COMPL. DES OEUV. DE PLOTIN, 1835, *Oxford*, 3 vol. Études pour servir à l'histoire romaine, 1836 ; trad. franç. dans les annales de l'Institut, 1840.

CREVIER (J.-Bapt.-L.), historien, 1693, Paris ; 1765, ibid. Élève de Rollin. Professeur de rhétorique à Beauvais pendant 20 ans. — Histoire des empereurs romains, 1750-56, 6 vol. in-4 avec cartes, 24 à 30 fr. Éd. *Ledoux*, 1819, 6 vol. in-8, 15 fr. Nouv. éd. *Didot*, 1824-28, 9 vol. in-8, avec atlas, 36 fr. Histoire de l'Université de Paris, 1761, 7 vol. in-12. Rhétorique française.

CRUVEILHIER (J.), médecin, 1791, Limoges. Professeur à Montpellier, puis à Paris, 1835. Membre de l'Acad. de médecine, 1836. — ANAT. PATHOL. DU CORPS HUMAIN, 1829-40, *Baillière*, 2 vol. in-fol. avec pl. Traité d'anat. pathol. générale, 1849-53, *Baillière*, 5 vol. in-8, 64 fr.

CUDWORTH (Raoul), philosophe anglais, 1617, Aller (Sommerset) ; 1688, Cambridge. Recteur d'une petite paroisse, puis professeur d'hébreu, 1645, et principal de collége, 1654, à Cambridge.—True intellectual system of the universe (Véritable système intellectuel de l'univers), 1678, *Londres*, in-fol. Dernière éd. angl., *Londres*, 1845, 3 vol. in-8, 25 fr. Eternal and immutable morality (Immutabilité des idées morales), 1731, *Londres*, in-8.

CUJAS (Jacq.), célèbre jurisconsulte, 1522, Toulouse ; 1590, Bourges. Professa le droit à Cahors, à Bourges, à Valence. Passa quelque temps auprès d'Emmanuel-Philibert, duc de Savoie.

C'est à Bourges que Cujas acquit une renommée aussi grande que méritée. — Notes sur les Institutes de Justinien, et sur les Sentences de Paul. De Usurpationibus. Observationes. — OEuv. compl., 1658, 10 vol. in-fol. 100 à 150 fr. Ed. de *Naples*, 1758-83, 11 vol. in-fol. 150 à 200 fr.

CULLEN (Guill.), médecin écossais, 1712, Lanark ; 1790..... Professeur de médecine et de chimie à Glasgow, 1746-51, puis à Cambridge, 1760.—Physiologie, 1785, *Édimbourg*, in-8. Trad. franç. par Bosquillon, 1785, in-8. Physique, 1777, *Londres*, in-8. Trad. franç. par Pinel, 1787, 2 vol. in-8.

CUMBERLAND (Richard), théologien anglais, 1632, Londres ; 1718.....Recteur pendant 30 ans, puis évêque à Peterborough.— Des Lois naturelles, 1672, in-4. Trad. par Barbeyrac, *Amsterdam*, 1744, ou *Leyde*, 1557, in-4, 5 à 6 fr.

CUVIER (Georges-Chrétien-Léopold-Fréd.-Dagobert, baron), célèbre naturaliste, 1769, Montbéliard ; 1832, Paris. Attiré à Paris par Geoffroy Saint-Hilaire, 1795. Professeur au Muséum et au Collége de France, après Daubenton, 1799. Membre de l'Institut et secrétaire de l'Acad. des sciences. Chancelier, 1808, puis grand-maître de l'Université. Conseiller d'État, 1814. Pair de France, 1831. Faible politique, mais savant illustre, Cuvier a pu, avec quelques débris, établir les lois de la science naturelle sur des bases aussi neuves qu'indestructibles. — Leçons d'anatomie comparée, 1800-5, 5 vol. in-8. Discours sur les révolutions du globe (Didot, 1851, in-8, 7 fr. et in-18, 3 fr.), et Rech. sur les ossements fossiles, 1812-54. Éd. *Dufour*, 1821-24, 5 vol. in-4, 70 à 80 fr., et 1834, 10 vol. in-8 avec 2 vol. in-4 de planches, 80 fr. Le Règne animal, 1817. Éd. *Masson*, 1836-49, 22 vol.gr. in-8, dont 11 de pl. 800 fr. Éd. *Déterville*, 1829-30, 5 vol. in-8, 36 fr. Hist. nat. des poissons (continuée par Valenciennes), 1828-49, *Levrault*, 22 vol. in-4 ou in-8, fig. Progrès des sciences naturelles, 5 vol. in-8. Éloges historiques, 3 vol. in-8.

CUVILLIER-FLEURY (Alf.-Aug.), littérateur, 1802..... Précepteur, 1827, puis secrétaire du duc d'Aumale. — Portraits politiques, 1851. 2ᵉ éd. *Lévy*, 1852, 2 vol. in-18, 6 fr. Études historiques et littéraires, 1854-55-59, *Lévy*, 5 vol. in-18, 15 fr. Voyages et voyageurs, 1854. 2ᵉ éd. *Lévy*, 1856, in-18, 3 fr.

CYPRIEN (St), théologien, Père de l'Église latine, commencement du iiie siècle, Carthage; 258, id. Evêque de Carthage, 248. Persécuté depuis, il mourut martyr. — Vanité des idoles. Livre contre Démétrius. Du bien de la patience. De la jalousie. De l'unité de l'Église. Des Tombés. De la Mortalité. De l'Aumône. De la conduite des vierges. Explication de l'Oraison dominicale. Lettres. — OEuv. Ed. lat. 1726, in-fol. 36 à 40 fr. Éd. *Besançon, Gauthier*, 1837, in-8 ou in-12, Trad. franç. par M. Guillon, *Angé*,1837, 2 vol. in-8, 12 fr.

CYRILLE (St), Père de l'Église grecque, 315, Jérusalem ; 385 ou 386..... Patriarche de Jérusalem, 350. Déposé en 357, puis replacé sur son siége en 378. — Catéchèses. Homélies. Lettres.— Ed. lat. *Montrouge, Migne*, 1857, gr. in-8, 12 fr. Trad. franç. par M. Faivre, *Poussielgue*, 1844, 2 vol. in-8, 12 fr.

CYRILLE (St), patriarche d'Alexandrie, vers 376.....; 444..... Défenseur zélé de l'Église. Fit condamner Nestorius en 430. — De l'Adoration. Commentaires sur l'Ecriture sainte. De la Pâque. Le Trésor. Traités.—Ed. lat. *Montrouge, Migne*, 1859-60, 10 vol. gr. in-8, 100 fr.

D

DACIER (André), philologue et traducteur, 1651, Castres; 1722, Paris. Travailla, avec Mme Dacier, aux classiques ad usum Delphini. Garde des livres au cabinet du Louvre. Membre de l'Acad. des inscriptions, 1695, et de l'Acad. franç. dont il devint, en 1713, le secrétaire perpétuel. — Ed. de Publius Festus et de Valérius Flaccus, 1681, in-8. Trad. d'Horace, 1681-89, 10 vol. in-12; de Platon, 1699, 2 vol. in-12; du Manuel d'Épictète, 1715, 2 vol. in-12; des Hommes illustres de Plutarque, 1721, 8 vol. in-4, ou 10 vol. in-12. — OEuv. réunies en 1771, 9 vol. in-12.

DACIER (Anne Lefèvre, Mme), littérateur et érudite, 1654, Saumur; 1720, Paris. Femme du précédent. Professait pour les anciens, et surtout pour Homère, une vénération profonde. — Trad. de Callimaque, 1674, in-4; d'Anacréon et de Sapho, 1681, in-12; de Plaute, 1683, in-12; d'Aristophane, 1684, in-12; de Térence, 1688, in-12; de l'Iliade, 1699 et 1711, 4 vol. in-12; de l'Odyssée, 1708. Causes de la corruption du goût, 1714, in-12.

DACIER (Jos. Bon, baron), littérateur, 1742, Valognes (Manche); 1833, Paris. Membre, 1772, puis secrétaire perpétuel de l'Acad. des inscriptions, 1783. Conservateur à la bibliothèque nationale, 1800. Membre du Tribunat, 1802, et de l'Acad. franç. 1823. — Trad. d'Elien et de la Cyropédie de Xénophon, 1777, 2 vol. in-12. Progrès de l'hist. et de la littérature, 1810, *Impr. imp.*, in-4 et in-8.

DAGUERRE (L.-Jacq. MANDÉ), peintre et physicien, 1789, Cormeille (Seine-et-Oise), 1851, Petit-Brie s. Marne. Inventa le diorama, 1822, puis, avec les efforts de Niepce, le daguerréotype, 1822-39. — Histor. et description du daguerréotype, 1839, *Delloye*, in-8. Nouv. moyen de préparer les plaques, 1844, *Bachelier*, in-8.

DAHL (J. Chrétien, Cl.), peintre allemand, 1788, Berghen; 1857, Dresde. Après avoir travaillé à Rome, se lia avec Thorwaldsen et s'établit à Dresde. — Vue de Berghen. NAUFRAGE. Mausolées. Éruption du Vésuve, Forêt de sapins. Sites du Tyrol. RADE DE COPENHAGUE. PONT DE DRESDE. Le Bastion. Vues de Viétri et de Capri. LA MER PRÈS DU MONT PAUSILIPPE.

DAHLMAN (Fréd.-Christ.), historien et publiciste allemand, 1785, Wismar. Professeur à Kiel, 1813; à Gœttingue, 1829; à Bonn, 1842. — Quellenkunde der Deutschen Geschichte (Sources de l'hist. d'Allemagne), 1830. in-8. Die Politik auf den Boden der Thatsachen zurückgeführt (Politique ramenée sur le terrain des faits), 1835; 3ᵉ éd. allem. *Gœttingue*, 1847. Geschichte von Dänemark (Hist. du Danemark), 1840-43, *Hambourg*, 3 vol. gr. in-8, 25 fr. Geschichte der französischen Revolution (Hist. de la révolution franç.), 1845, in-16, 8 fr. Geschichte der englischen Revolution (Hist. de la révolution angl.), 1845.

DAILLÉ (J.), théologien, 1594, Châtellerault; 1670, Paris. Professeur à Saumur, 1625, puis curé à Charenton pendant 43 ans. — Traité de l'emploi des Sts Pères, 1632, *Genève*, in-8. Apologie des églises réformées, 1633, *Charenton*, in-8.

DALAYRAC (Nic.), musicien compositeur, 1753, Muret (Languedoc); 1809, Paris. Malgré les efforts de sa famille il préféra la musique au barreau. Ami de Grétry. — L'Éclipse totale, 1782. Le Corsaire, 1783. NINA, 1786. Les Deux Savoyards, 1789. Camille, 1791. Ambroise, 1793. Léon, 1798. Adolphe et Clara, 1799. Maison à vendre, 1801. Gulistan, 1805. Le Poëte et le Musicien, 1811.

DALBERG (Ch.-Théod.-Ant-Marie, P^ce), prélat et littérateur allemand, 1744, Hernsheim, près Worms; 1817..... Conseiller intime. Gouverneur d'Erfurt, 1772. Electeur et archevêque de Mayence, 1802. Prince primat de la conféd. du Rhin. Ami de Herder, de Gœthe et de Schiller. — De l'influence des beaux-arts sur le bonheur public, 1805, in-fol., et 1806, in-12.

DALECHAMPS (Jacq.), médecin et botaniste; 1513, Caen; 1587-89, Lyon. Pratiqua la médecine dans cette dernière ville.— Hist. gén. des plantes, 1586. *Lyon*, 2 vol. in-fol. 3e éd. *Lyon*, 1653, 2 vol. in-fol., 10 à 15 fr.

DALLOZ (Vict.-Alexis-Désiré), jurisconsulte, 1795, Septmoncel (Jura). Avocat à Paris depuis 1816. Député, 1838.— Répert. de Jurisprudence générale (avec M. Armand Dalloz),1824-30. Nouv. éd. 1845 et suiv. 44 vol. in-4, 528 fr. Traité de la péremption (avec M. Reynaud), 1837, in-8.

DALTON (J.), physicien et chimiste anglais, 1766, Eaglesfield (Cumberland); 1844, Manchester. Professeur, 1793, puis président, 1817, de la Société littér. et philos. de Manchester. Perfectionna la théorie des atomes et des équivalents. — Meteorological Observations (Observations météorologiques), 1793. *Manchester*, in-8. Chemical Philosophy (Philosophie chimique), 1808-10, *Manchester*, in-8. Mémoires nombreux.

DAMIRON (J.-Philibert), philosophe, 1794, Belleville (Rhône); 1862, Paris. Élève de MM. Burnouf, Villemain et Cousin. Maître de conférences à l'École normale. Professeur de philos. à la Faculté. Membre de l'Acad. des sciences morales, 1836. — Hist. de la philos. au XIXe siècle, 1828. 3e éd. *Hachette*, 1834, 2 vol. in-8, 10 fr. Cours de philosophie, 1831. 2e éd. *Ladrange*, 1842, 4 vol. in-8, 24 fr. Hist. de la philos. au XVIIe siècle, 1846, 2 vol. in-8, 12 fr. Hist. de la philos. au XVIIIe siècle, 1857. 2e éd. 1858, 2 vol. in-8, 10 fr.

DAMPIER (Guill.), voyageur anglais, 1652, East-Coker (Sommerset); vers 1711..... Intrépide navigateur, il exécuta trois voyages autour du monde, en 1673-91; 1699-1701; 1704-11. — Voyages. Ed. angl. *Londres*, 1697, et 1729, 4 vol. in-8, 30 à 40 fr. Trad. franç. *Amsterdam*, 1711-12, 5 vol. in-12, 15 à 20 fr.

DANBY (Francis), peintre anglais, 1793, près Wexford (Irlande). Elève de la Société des beaux-arts de Dublin. S'établit en 1820, à Bristol. Abandonna l'Angleterre après des chagrins domestiques.—L'Amour désappointé, 1821. Rayon de soleil, 1824. Israël quittant l'Égypte, 1825. Christ marchant sur les eaux, 1826. Cléopatre sur le Cydnus, 1827. Ile des Fées, 1828. Passage de la mer Rouge. Déluge. L'Age d'or, 1831. La Lyre et le Chalumeau. Ste Famille, 1842. Cabane du pêcheur, 1846. Marius à Carthage, 1848. Le Calme, 1855. Le Canon du soir.

DANCOURT (Florent Carton), auteur dramatique, 1661, Fontainebleau ; 1725, Courcelles-le-Roi (Berry). Après avoir joué pendant quelque temps les pièces des autres, se mit lui-même à en faire. — Le Notaire obligeant, 1685. Désolation des joueuses ; Chevaliers à la mode, 1686. La Maison de campagne, 1688. Le Mari retrouvé, 1698.

DANDOLO (Vincent, comte), physicien et économiste italien, 1758, Venise ; 1819, ibid. Après la paix de Campo-Formio, se retira à Milan, puis à Paris. Vice-roi de la Dalmatie. Sénateur à Venise, 1809. — Fondamenti della fisico-chimica (Fondements de physique et de chimie), 1796. Enologia (OEnologie), 1812, 4 vol. in-8. Art d'élever les vers à soie, 1818-19, *Milan*, 3 vol. in-8. Trad. franç. par Fontaneille ; 2e éd. *Lyon*, 1825, in-8.

DANGEAU (Philippe de Courcillon, marquis de), historien, 1638, Chartres ; 1720, Paris. Colonel. 1665, et aide-de-camp de Louis XIV dont il sut conserver la confiance. Membre de l'Acad. franç., 1668 ; de l'Acad. des sciences, 1708. Ami de Boileau. — Journal de la cour. de 1684 à 1720. — Ed. compl. *Didot*, 1853-60, 19 vol. in-8, 114 fr. Extraits, par Mme de Genlis, 1817, 4 vol. in-8, et par Mme de Sartory, 2 vol. in-12.

DANIEL (le Père Gabriel), historien, 1649, Rouen ; 1728, Paris. Membre de la Société de Jésus. — Hist. de France, 1713, 3 vol. in-fol. Nouv. éd. 1755, 17 vol. in-4, 60 à 70 fr. Hist. de la milice française, 1721, 2 vol. in-4, 25 fr.

DANNECKER (J.-H. de), sculpteur allemand, 1758, Stuttgard ; 1836, ibid. Ami de Gœthe, de Herder, de Canova. Professeur des arts plastiques à Stuttgard. — Cérès. Bacchus. Jeune Fille pleurant. Sapho, 1796. L'Amitié. Buste de Schiller. Ariane, 1809. L'Amour et Psyché. Le Christ, 1824.

DANTAN (Ant.-Laurent), sculpteur, 1798, St-Cloud. Élève de Bosio. 2e, 1826, et 1er prix de sculpture, 1828. — L'Asie, 1824. Mort d'Hercule, 1828. L'Amour, de Praxitèle. Jeune Baigneur, 1835. Ivresse de Silène, 1836. Jeune Fille jouant du tambourin, 1838. Statues et bustes nombreux.

DANTAN (J.-P.), sculpteur, 1800, Paris. Frère du précédent. Elève de Bosio.—Statues et bustes de Boïeldieu, Chérubini, Spontini, Thalberg, 1844; Rose Chéri, 1848; Canrobert, Rossini, Velpeau, 1848. Figurines de Victor Hugo, Alex. Dumas, Paganini, Rossini, Musard, Wellington, O'Donnell, Rothschild, Talleyrand, Ligier, Vernet, Arnal, Fréd. Lemaître.

DANTE ALIGHIERI, célèbre poëte italien, 1265, Florence; 1321, Ravenne. Commença par se mêler aux événements politiques de son pays. Contribua à la victoire de Campaldino, 1289, et à la prise de Caprona, 1290. Fut même nommé magistrat suprême à Florence, 1300. Exilé en 1302. Pauvre et errant de ville en ville; c'est alors qu'il composa son poëme immortel. — LA DIVINE COMÉDIE, 1472. OEuv. éd. ital. *Florence*, 1817-19, 4 vol. gr. in-fol. 75 fr. *Rome*, 1815-17, 4 vol. in-4, 50 fr. *Padoue*, 1822-23, 5 vol. gr. in-8, 36 fr. *Udine*, 1823-27, 3 vol. in-8, 24 fr. *Florence*, 1830-41, 6 vol. in-8, 50 fr. et 1837, 3 vol. in-18, 10 fr. Ed. lat., ital., *Naples*, 1728, 3 vol. gr. in-8, 15 à 18 fr. Ed. ital.-franç. par M. Mesnard, *Amyot*, 1854-57, 3 vol. gr. in-8, 22 fr. 50. Ed. franç. par Séb. Rhéal, *Bry*, 1854, gr. in-8, fig. par St-Mauris, *Amyot*, 1853, 2 vol. in-8, 12 fr.; par M. de Mongis (en vers), *Hachette*, 1857, in-8 ; par Fiorentino, *Gosselin*, 1840, gr. in-8, 3 fr. 50 et par Brizeux, *Charpentier*, 1841, gr. in-18, 3 fr. 50.

DARCET (J.), chimiste, 1727, Douazit (Landes); 1801, Paris. Précepteur des enfants de Montesquieu. Professeur au collège de France, 1774. Directeur de la manufacture de Sèvres. Membre de l'Acad. des sciences, 1784-93, et du Sénat, lors de sa création. — De l'action du feu sur un grand nombre de terres, 1766, in-8. Mémoires. Discours.

DARU (P.-Ant.-Noël, Bruno, comte), homme politique et littétérateur, 1767, Montpellier; 1829, Becheville (Seine-et-Oise). Commissaire des guerres, 1783-89. Membre du Tribunat, 1801. Ministre plénipotentiaire à Berlin et membre de l'Institut, 1806. Secrétaire d'État, 1811. Pair sous la Restauration. — Trad.

en vers, d'Horace, 1804. Hist. de Venise, 1819. 4ᵉ éd. *Didot*, 1852, 9 vol. in-8, avec cartes, 54 fr. Hist. de Bretagne, 1826, *Didot*, 3 vol. in-8, 18 fr.

DARWIN (Érasme), médecin et poëte anglais, 1731, Elton (Nottingham); 1802..... Pratiqua avec succès la médecine à Cambridge. — Botanical Garden (Jardin botanique), 1791, *Londres*, in-4 avec pl. ou 1800, 2 vol. in-8, 15 à 18 fr. Trad. partielle par Deleuze, *de Bure*, 1800, in-12. Zoonomie, 1801. Trad. franç. *Gand*, 1810-13, 4 vol. in-8.

DAUBENTON (L.-J.-Marie), naturaliste, 1716, Montbard; 1800, Paris. D'abord médecin. puis garde du cabinet d'hist. naturelle, 1745. Professeur au collége de France, 1778. Membre de l'Acad. des sciences et professeur à l'école d'Alfort, 1783. — PARTIE ANATOMIQUE des 15 premiers vol. de l'hist. nat. de Buffon. Instructions pour les bergers, 1782. 5ᵉ éd. *Huzard*, 1822, in-12. Tableau méthodique des minéraux, 1784. 7ᵉ éd. 1801, in-8. Mémoires nombreux dans l'Encyclopédie et dans le recueil de l'Acad. des sciences.

DAUMER (Georges-Fréd.), philosophe et poëte allemand, 1800, Nuremberg (Bavière). Professeur dans cette ville. — Poésies : Bettina, 1837, *Nuremberg*. Hafiz, 1846-51, *Nuremberg*, 2 vol. in-8. OEuv. philos. et litt. : Urgeschichte des Menschengeistes (Hist. primordiale de l'esprit humain), 1827, *Berlin*. Andeutungen eines Systems speculativer Philosophie (Système de philosophie spéculative),1831, *Nuremberg*. Philosophie, Religion und Alterthum (Philosophie, religion et antiquité), 1835, *Nuremberg*.

DAUNOU (P. Cl.-F.), homme politique et historien, 1761, Boulogne-s.-mer; 1840, Paris. Député à la Convention, 1792. Membre du conseil des Cinq-Cents, du Tribunat. Garde de la bibliothèque du Panthéon, 1801. Archiviste de l'empire, 1804. Député et professeur d'hist. au collége de France, 1819. Pair, 1840. — Mémoire sur l'autorité paternelle, 1788, *Berlin*, in-4. Origine de l'imprimerie, 1802, in-8. ÉD. DES OEUV. DE BOILEAU, 1809, 3 vol. in-8 ou in-12. ESSAI SUR LA PUISSANCE DES PAPES,1810, in-8. 2ᵉ éd. 1818, 2 vol. in-8, 12 fr. Essai sur les garanties individuelles, 1819, in-8. Cours d'études historiques, 1844-49, *Didot*, 20 vol. in-8, 160 fr.

DAVID (J.-Anne), graveur, 1741, Paris; 1824, ibid.—Élève de Lebas. Graveur du cabinet du roi. — Antiquités d'Herculanum, 1780-1803, 12 vol. in-4 et in-8. Antiquités étrusques, etc., 1785-88, 5 vol. in-4, et in-8. Hist. de France, 1787-96, 5 vol. in-4; d'Angleterre, 1784-1800, 3 vol. in-4; de Russie, 1799-1805, 3 vol. in-4. Le texte de ces ouvrages appartient à divers auteurs.

DAVID (Jacq.-L.), célèbre peintre, 1748, Paris; 1825, Bruxelles. Élève de Vien et maître de Gérard, Girodet, Gros, Ingres. Étudia quelque temps à Rome, puis ouvrit une école à Paris, 1780. Membre de l'Acad. des beaux-arts. Mêlé aux événements de la révolution, il fit partie de la Convention, puis fut emprisonné. Comblé de faveurs par Napoléon, il fut exilé sous la restauration. — Peste de St-Roch, Bélisaire, 1780. Mort d'Hector, LES HORACES, MORT DE SOCRATE, 1787. AMOURS DE PARIS ET D'HÉLÈNE, BRUTUS, SERMENT DU JEU DE PAUME, 1790. MORT DE LE PELLETIER, DE MARAT, DE BARRA. ENLÈVEMENT DES SABINES, COURONNEMENT DE L'EMPEREUR, DISTRIBUTION DES AIGLES, Intronisation à Notre-Dame, Entrée à l'Hôtel-de-Ville. PORTRAITS DE NAPOLÉON, DE PIE VII. LÉONIDAS AUX THERMOPYLES, 1814. L'AMOUR ET PSYCHÉ, Adieux de Télémaque et d'Eucharis, Colère d'Achille, Mars désarmé par Vénus.

DAVID, D'ANGERS (P.-J.), célèbre sculpteur, 1789, Angers; 1856, Paris. Élève de Roland. Gr. prix de sculpture, 1809. Membre de l'Acad. des beaux-arts et professeur à l'école de peinture et de sculpture, 1826. Représentant du peuple, 1848. — Bas-relief d'Épaminondas, à Angers. Bustes de La Fayette, de Washington, Chateaubriand, Lamartine, Victor Hugo, Béranger, Lacépède, l'abbé Grégoire, Rossini, Gœthe, Bentham, Fenimore Cooper, Jussieu, Daunou, Sieyès, Chénier, Lamennais, Humboldt, Volney, Paganini, Berzélius. Statues de Corneille, à Rouen; Cuvier, à Montbéliard; Gutemberg, à Strasbourg; A. Carrel, à St-Mandé; Bichat, à Bourg; Racine, à la Ferté-Milon; Delavigne et Bernardin de St-Pierre, au Havre; Talma, au Théâtre-Français; Dombasle, à Nancy. Philopémen blessé, aux Tuileries. Mausolées des généraux Foy, Gouvion-St-Cyr, Suchet, Gobert, au Père Lachaise; de MARCO BOTZARIS, à Missolonghi. FRONTON DU PANTHÉON

DAVID (Félicien-César), musicien compositeur, 1810, Cadenet (Vaucluse). Voyagea en Orient, sous l'impression des doctrines saint-simoniennes. Rentré à Paris, 1835, il se fit bientôt un nom. — Le Désert, 1844. Oratorio de Moïse au Sinaï, 1846. Ode de Christophe Colomb, 1847. L'Éden, 1848. La Perle du Brésil, 1851. Herculanum, 1859. Mélodies. Romances. Symphonies.

DAVILA (H. Catherin), historien italien, 1576, Sacco, près de Padoue; 1631, près de Vérone. Après avoir guerroyé en France et en Italie, il périt assassiné. — Hist. des guerres civiles de France, 1630. Éd. ital. *impr. roy.* 1644, 2 vol. gr. in-fol. *Venise*, 1733, 2 vol. in fol. et *Florence*, 1823, 6 vol. in-8. Trad. franç. par l'abbé Mallet, 1757, 3 vol. in-4.

DAVY (Sir Humphry), chimiste anglais, 1778, Penzance (Cornouailles); 1829, Genève. Professeur de chimie à Londres. Membre, 1803, puis président de la Société royale, 1820. Trouva le protoxyde d'azote, la nature du chlore, le potassium, le magnésium et la lampe de sureté qui porte son nom. — Philosophie chimique, 1812. Trad. franç. 1813-16, 2 vol. in-8. Éléments de chimie agricole, 1813. Trad. franç. 1819, 2 vol. in-8, et 1820 ou 25, in-12. Éd. compl. angl. *Londres*, 1839-41, 10 vol. in-8, 50 fr.

DEBROSSES (Ch.), historien et archéologue, 1709, Dijon; 1777, Paris. 1er président de l'Acad. de Dijon. Membre de l'Académie des inscriptions, 1746. — Lettres sur Herculanum, 1750. Hist. des navigations aux terres australes, 1756, 2 vol. in-4, Traité de la formation des langues, 1765, 2 vol. in-12. Hist. du viie siècle de la république romaine, 1777, *Dijon*, 3 vol. in-4. Lettres sur l'Italie, 1798. nouv. éd. 1836, 2 vol. in-8.

DECAISNE (Jos.), botaniste et horticulteur, 1807, Bruxelles. Membre de l'Acad. des sciences, 1847. Professeur au collége de France, 1848, et au Jardin des Plantes, 1851. — Flore élém. des jardins, 1855, 2 vol. in-12. Ouvrages sur la betterave, 1839, in-8. La Pomme de terre, 1845, in-8. La Garance. 1847.

DECAMPS (Alex.-Gabriel), peintre, 1803, Paris; 1860, Fontainebleau. Élève d'Abel de Pujol. Mourut d'une chute de cheval. — Souvenirs de Turquie. Paysages d'Anatolie. Les Anes d'Orient. Café et Bazar turc. Halte de cavaliers arabes. Ronde de Smyrne. Chevaux de halage. Ane et chien savants, les Singes experts. Moïse sauvé des eaux. Joseph vendu par ses frères. Vie de Samson. Siége de Clermont. Défaite des Cimbres.

DEFAUCONPRET (Aug.-J.-Bapt.), traducteur, 1767, Lille; 1843, Fontainebleau. Obligé de quitter le notariat, se retira à Londres et se mit à faire des traductions estimées de W. Scott, de F. Cooper, d'Irving, de Maria Edgeworth.

DELACROIX (Ferd.-Victor-Eug.), célèbre peintre, 1798, Charenton-St-Maurice, près Paris; 1863, Paris. Élève de P. Guérin. Chef de l'école romantique. Membre de l'Acad. des beaux-arts, 1857. — DANTE ET VIRGILE, 1822. MASSACRE DE CHIO, 1824. Mort de Marino Faliero ; la Grèce, 1826. Le Christ aux Oliviers. Apparition de Méphistophélès, Milton dictant, MORT DE SARDANAPALE, Le Tasse, 1827. LA LIBERTÉ GUIDANT LE PEUPLE, 1830. Boissy d'Anglas, 1831. Charles-Quint au monastère de St-Just, Georges Sand, 1833. Mort de Charles le Téméraire, Scènes mauresques, LES FEMMES D'ALGER, 1834. Le Christ au Calvaire, 1835. Martyre de St Sébastien, 1806. Bataille de Taillebourg, 1837. MÉDÉE, 1838. Cléopâtre, Hamlet, 1839. Justice de Trajan, 1840. Prise de Constantinople, NAUFRAGE, 1841. Noce juive, Mort de Marc-Aurèle, 1845. Adieux de Roméo et de Juliette, 1846. Odalisque, 1847. LIONS, 1848. Résurrection de Lazare, 1850. Le Bon Samaritain, 1853. PEINTURES au Corps législatif, au palais du Sénat, à l'Hôtel de ville, au Louvre et à diverses églises de Paris.

DELAFOSSE (Gabriel), minéralogiste, vers 1795..... Membre de l'Académie des sciences, 1857. — Précis élém. d'hist. naturelle, in-12. Notions d'hist. naturelle, 3 vol. in-18 avec pl.

DELAMARCHE (Ch.-F.). géographe, 1740, Paris; 1817, ibid.— De la Sphère, 1790. 5ᵉ éd. 1825, in-8. Atlas portatif de géographie ancienne, 1809, gr. in-4. Description des peuples de l'Europe, 1809, in-4.

DELAMBRE (J.-Bapt.-Jos.), astronome, 1749, Amiens; 1822, Paris. Élève de Lalande. Membre de l'Acad. des sciences, 1792. Mesura, avec Méchain, le méridien de la France, 1792-98. Membre du bureau des longitudes, 1795. Inspecteur gén. des études, 1802. Professeur au collège de France, après Lalande, 1807. Membre du conseil de l'instruction publique, 1814. — Bases du syst. métrique, 1806-10, 3 vol. in-4. 100 fr. Abrégé d'astronomie, 1813, in-8. 10 fr. Traité d'astronomie théorique et pratique, 1814, 3 vol. in-4. 60 fr. Hist. de l'astronomie anc., du moyen âge et moderne, 1817-24, 6 vol. in-4, 150 fr.

DELANDINE (Ant.-F.), littérateur, 1756, Lyon; 1820, ibid. Membre de l'Acad. des inscriptions. Député aux états généraux. Bibliothécaire à Lyon. — L'Enfer des peuples anciens, 1784. 2 vol. in-12. Histoire des assemblées nationales, 1788, in-8. Ed. du dict. de Chaudon, 1804-5 et 1811-12, *Lyon*, 13 vol. in-8.

DELAROCHE (Paul), célèbre peintre, 1797, Paris; 1857, ibid. Élève de Gros, 1819. Membre de l'Institut, 1832. Professeur à l'École des beaux-arts. — Nephtali, 1819. Joas dérobé aux bourreaux, Descente de croix, 1822. St Vincent de Paul, Jeanne d'Arc, St Sébastien, 1824. MORT D'ÉLISABETH, Scène de la St-Barthélemy, 1826. Prise du Trocadéro, 1827. LES ENFANTS D'ÉDOUARD, RICHELIEU SUR LE RHÔNE, MAZARIN MOURANT, 1831. CROMWELL DEVANT LE CADAVRE DE CHARLES Ier, 1832. SUPPLICE DE JANE GRAY, 1834. ASSASSINAT DU DUC DE GUISE, 1835. Charles Ier insulté par des soldats, Strafford marchant au supplice, 1837. Portrait de M. Guizot, de Napoléon. HÉMICYCLE DE L'ÉCOLE DES BEAUX-ARTS, 1837-41. Bonaparte au St-Bernard, 1850. Marie-Antoinette, 1851.

DELAUNAY (Ch.-Eug.), mathématicien, 1816, Lusigny (Aube). Professeur à l'École polytechnique et à la Faculté des sciences. Membre de l'Acad. des sciences, 1855. — Cours élém. de mécanique, 1854. 5e éd. *Masson*, 1862, in-18, 8 fr. Cours élém. d'astronomie, 1855. 3e éd. *Masson*, 1860, in-18, 7 fr. 50. Traité de mécanique rationnelle, 1856. 3e éd. *Masson*, 1862, in-8, 8 fr.

DELAVIGNE (Casimir), célèbre poëte, 1793, le Havre; 1843, Lyon. Commis dans les droits réunis, puis bibliothécaire du duc d'Orléans. Membre de l'Acad. française, 1825. Tout entier à la poésie, il vivait comme retiré du monde, qui n'avait que rarement l'occasion d'apprécier sa modestie et l'aménité de son caractère. — MESSÉNIENNES, 1815 et suiv. LES VÊPRES SICILIENNES, 1819. LES COMÉDIENS, 1820. LE PARIA, 1821. L'ÉCOLE DES VIEILLARDS, 1823. NOUV. MESSÉNIENNES, 1827. La Princesse Aurélie, 1828. Marino Faliero, 1829. La Parisienne, 1830.

Louis XI, 1832. Les Enfants d'Édouard, 1833. Don Juan, 1835. La Popularité, 1838. — OEuv. Éd. *Furne*, 1834 et suiv. 8 vol. in-8, 30 fr. *Delloye*, 1836, gr. in-8. 7 fr. *Didier*, 1845, 6 vol. in-8 30 fr. et 1851, 4 vol. in-12, ou in-18, 14 fr.

DELÉCLUZE (Ét.-J.), littérateur et critique, 1781, Paris; 1863, ibid. Exposa, en 1808, un tableau d'Andromaque, puis abandonna, en 1816, la peinture pour les lettres. — Précis d'un traité de peinture, 1828, gr. in-32. Justine de Liron, 1832, in-8. Florence et ses vicissitudes, 1837, 2 vol. in 8, et *Bruxelles*, 3 vol. in-18. Dona Olympia, 1842, 2 vol. in-8. Romans, 1843, in-18. Grégoire VII, 1844, 2 vol. in-8. Roland, 1845, 2 vol. in-8. Louis David, 1854, *Didier*, in-8, 6 fr. et in-12. 3 fr. 50.

DELILLE (Jacq. abbé), poëte, 1738, Aigueperse (Auvergne); 1813, Paris. Professeur à Amiens, puis à Paris. Membre de l'Acad. franç. 1774. Pendant la révolution, voyagea en Suisse, en Allemagne, en Angleterre. Mourut aveugle. Très-apprécié de son vivant, il est peu lu aujourd'hui. — Trad. des Géorgiques, 1769. Les Jardins, 1782. L'Homme des Champs, 1800. L'Immortalité de l'Ame, 1802. La Pitié, 1803. Trad. de l'Énéide, 1804. Trad. du Paradis perdu, 1805. L'Imagination, 1806. Les Trois Règnes, 1809. La Conversation, 1812. Trad. de l'Essai sur l'homme, 1821. — OEuv. Éd. *Michaud*, 1824, 16 vol. gr. in-8, fig. 40 fr. *Furne*, 1832, 10 vol. in-8, 30 fr. *Lefèvre*, 1833, gr. in-8, et 1844, 2 vol. in-18. *Didot*, in-18, 3 fr.

DELORD (Taxile), littérateur et journaliste, 1815, Avignon. Fit ses études à Marseille; vint à Paris, 1837. Rédacteur en chef du Charivari, 1842-58. — Physiologie de la Parisienne, 1851. La Fin de la comédie, 1854. Matinées littéraires, 1860, *Charpentier*, gr. in-18, 3 fr. 50.

DELORME (Philibert), architecte, vers 1518, Lyon; 1577, Paris. Alla étudier son art en Italie. Vint à Paris, 1537. Fit faire un grand pas à l'architecture par les soins qu'il donna à la coupe des pierres et à la construction des voûtes. — Cour en fer à cheval, à Fontainebleau. Châteaux de Meudon, d'Anet, de Saint-Maur, des Tuileries. OEuv. d'architecture, 1561-67. Éd. 1616, in-fol. fig. 40 à 50 fr.

DELORME (P.-Cl.-F.), peintre, 1783, Paris; 1859, ibid. Élève de Girodet. Passa plusieurs années en Italie. —Mort d'Abel, 1810.

Héro et Léandre, 1814. Résurrection de la fille de Jaïre, 1817, à St-Roch. Jésus dans les limbes, 1819, à Notre-Dame. Céphale enlevé par l'Aurore, 1822. Ève, 1834. Madeleine, 1835. Repos en Égypte, 1850. Peintures à Versailles, Fontainebleau, Compiègne ; à St-Gervais, St-Eustache, Notre-Dame de Lorette.

DELPECH (Jacq.-Matthieu), chirurgien, 1777, Toulouse; 1832, Montpellier. Professeur de chirurgie à Montpellier, 1812-32. Périt assassiné. — Précis des maladies chirurgicales, 1816, 3 vol. in-8. Chirurgie clinique, 1823-28, 2 vol. in-4. Orthomorphie, 1829, 2 vol. in-8 avec atlas. Études sur le choléra-morbus, 1832, in-8.

DELUC (J.-André), physicien suisse, 1727, Genève; 1817, Windsor. Parcourut toute l'Europe, puis se fixa en Angleterre. Devint lecteur de la reine, 1773. — LETTRES PHYS. ET MORALES, 1779-80, *la Haye*, 6 vol. in-8, 25 fr. Théorie des baromètres et des thermomètres; météorologie, 1786. Lettres sur l'hist. phys. de la terre, 1798, in-8. Précis de la philos. de Bacon, 1802, *Bachelier*, 2 vol. in-8. Physique terrestre, 1803, in-8. Geological Travels (Voy. géologiques), 1810-11-13, *Londres*, 5 vol. in-8, 3 liv. Abrégé de géologie, 1816, *Méquignon*, in-8.

DÉMOSTHÈNES, célèbre orateur grec, 385 av. J.-C , Pæania (Attique); 322 av. J.-C., île de Calaurie. Dépouillé de son bien par ses tuteurs. Se retira du monde pour corriger un vice de prononciation qui nuisait à ses qualités d'orateur. Lutta toute sa vie contre Philippe et Alexandre, qui voulaient asservir sa patrie. Après bien des alternatives de succès et de revers, il s'empoisonna. Démosthènes est le plus grand orateur de l'antiquité. — 61 Discours, 65 Exordes, 6 Lettres au peuple d'Athènes. PHILIPPIQUES. OLYNTHIENNES. SUR LA COURONNE. SUR L'AMBASSADE D'ESCHINE. — OEuv. Éd. grecque, *Londres,* 1827, 10 vol. in-8, 60 à 70 fr. Ed. grecq.-lat. *Didot*, 1843-46, 2 vol. gr. in-8, 21 fr. Ed. grecq.-franç. par l'abbé Auger, nouv. éd. *Verdière*, 1819-21, 10 vol. in-8, 40 fr. Ed. franç. par M. Stiévenart, *Didot*, 1842, gr. in-8, 12 fr., et *Charpentier*, 4ᵉ éd. gr. in-18, 3 fr. 50.

DÉMOUSTIER (Ch.-Albert), poëte, littérateur, 1760, Villers-Cotterets; 1801, ibid. Estimé de tous ceux qui le connaissaient pour son bon caractère et la simplicité de ses goûts. — Lettres sur la Mythologie, 1790. Ed. *Renouard,* 1806, 3 vol. in-8, fig.,

15 fr., et 1809, 3 vol. in-18, 9 fr. OEuv. diverses, *Renouard*, 1804, 2 vol. in-8, ou 5 vol. in-18.

DEMPSTER (Thomas), littérateur et théologien écossais, 1579, comté d'Angus ; 1625, Bologne. Professeur à Toulouse, Montpellier, Paris, Bologne. — Scotorum scriptorum nomenclatura, 1619, *Bologne*, in-4. Historia ecclesiastica, 1627, *Bologne*, in-4.

DENINA (Giacom-Maria-Carlo), historien piémontais, 1731, Revel ; 1813, Paris. Professeur de rhétorique à Turin, 1769. Bibliothécaire de Napoléon, 1804. — Hist. des Révolutions d'Italie, 1769-70, *Turin*, 3 vol. in-4, 15 à 18 fr. ; *Milan*, 1820, 3 vol. in-8. Trad. franç. par l'abbé Jardin, 1771-75, 8 vol. in-12.

DENIS (J.-Ferd.), littérateur et voyageur, 1798, Paris. Bibliothécaire au ministère de l'instruction publique, 1838, et à la bibliothèque Sainte-Geneviève, 1841, après avoir parcouru l'Amérique, l'Espagne, le Portugal. — Buénos-Ayres, 1823, 2 vol. in-18. La Guyane, 1823, 2 vol. in-18. Les Navigateurs, 1833, in-8. Chroniques chevaleresques, 1837, 2 vol. in-8. Romans : André le voyageur, 1827, in-18. Ismaël Ben-Kaïsar, 1829, 3 vol. in-12. Le Brahme voyageur, 1833, 5e éd., 1854, in-18. Luiz de Souza, 1835, 2 vol. in-8. Bibliographie universelle (avec MM. de Martonne et Pinçon), 1857, gr in-8. ou 3 vol. in-18.

DENNERY (Adolphe-PHILIPPE), auteur dramatique, 1811, Paris. Clerc d'avoué, peintre, journaliste. — L'Honneur de ma fille, 1835. Dolorès, 1836. Le Marché de Londres, 1845. La Case de l'oncle Tom, 1853. Fou par amour, 1857. En collaboration : P. d'Arezzo, 1835. Jeanne Hachette, 1837. La Grâce de Dieu, 1841. Les Bohémiens de Paris, 1842. Don César de Bazan, 1844. Les Sept Péchés capitaux, 1845. Marie-Jeanne, 1845. Gastibelza, 1847. Si j'étais roi ! 1852. La Bergère des Alpes, 1852. Les Sept Merveilles du monde, 1853. La Bonne Aventure, 1855. Les Fiancés d'Albano, 1858. Le Naufrage de la Pérouse, 1859.

DENON (Dominique VIVANT, baron), archéologue, littérateur, politique, 1747, Châlon-sur-Saône ; 1825, Paris. Gentilhomme à la cour de Louis XV. Chargé d'affaires à Naples, 1782. Membre de l'Académie de peinture, 1787. Accompagna Bonaparte en Égypte. Directeur des musées, 1804-15. — Point de lendemain, 1780. 2e éd. *Didot*, 1812, in-18. Voy. en Sicile, 1788, gr. in-8. Voyage dans la basse et la haute Égypte, 1802, *Didot*, 2 vol. gr.

in-fol. ou in-4. Éd. 1829, 2 vol. in-8 ou 3 vol. in-12. MONUMENTS DES ARTS DU DESSIN, 1829, *Didot*, 4 vol. in-fol. 150 fr.

DENYS D'HALICARNASSE, historien et rhéteur grec, vers 54 av. J.-C., en Carie. Séjourna à Rome, où il fit son principal ouvrage.—ANTIQUITÉS ROMAINES. Éd. grecq.-lat., *Oxford*, 1704, 2 vol. in-fol., 40 à 50 fr., et par Reiske, *Leipsick*, 1774-77, 6 vol. in-8, 36 à 45 fr. Trad. franç. par Bellanger, *Lottin*, 1723, 2 vol. in-4, avec cartes, 25 fr. Examen des plus célèbres écrivains. Éd. grecq.-franç. par Gros, *Brunot-Labbe*, 1826, 3 vol. in-8, 15 fr. De l'arrangement des mots, trad. par Batteux, 1788, in-8 ou in-12.

DEPPING (Georges-Bernard), historien et littérateur, 1784, Munster; 1853, Paris. Un voyage à Paris l'engagea à se faire naturaliser Français.—Les Soirées d'hiver, 1807-10. 3ᵉ éd. 1832, 2 vol. in-12. Merveilles de la nature, 1811. 9ᵉ éd. 1845, in-8. Expéditions maritimes des Normands, 1826. Nouv. éd. *Didier*, 1843, in-8 ou in-12. Hist. du commerce entre le Levant et l'Europe, 1830, 2 vol. in-8. Voy. pittoresque de la Russie, 1832, *Bance*, in-fol., avec pl., 25 fr. Les Juifs au moyen âge, 1834, in-8. Règlements des arts et métiers, 1837, in-4.

DERHAM (Guill.), théologien et philosophe anglais, 1657, Stoughton, près de Worcester; 1735, Upminster (Essex). Recteur d'Upminster, 1689. Chapelain du prince de Galles, 1716.— Treatise of watch and clock (Traité élém. d'horlogerie). 4ᵉ éd. angl., *Londres*, 1734, in-8. Trad. franç. 1731, in-12. Physico-Theology (Théologie physique), 1713, *Londres*, in-8. Trad. franç. par Bertrand, 1760, in-8. Astro-Theology (Théologie astronomique), 1714, *Londres*, in-8. Trad. franç., *Rotterdam*, 1726, 2 vol. in-8.

DÉSARGUES (Gaspard), mathématicien, 1593, Lyon; 1662..... Ami de Descartes, de Fermat, de Pascal. — Méthode de perspective, 1636, in-fol. Coupe des pierres, 1640. Des Cadrans. ouvrages développés par Bosse, 1643-48, 3 vol. in-8, avec pl.

DESAUGIERS (Marc-Ant.), musicien compositeur, 1752, Fréjus; 1793, Paris. Guidé par Glück et Sacchini, il obtint quelques succès. — Le Petit OEdipe, 1779. Florine, 1780. Les deux Sylphides, 1781. Les Jumeaux de Bergame, 1782. L'Amant travesti, 1790. Le Rendez-vous, 1790. Requiem.

DESAUGIERS (Marc-Ant.-Madeleine), chansonnier et auteur dramatique, 1772, Fréjus; 1827, Paris. Faillit être massacré à Saint-Domingue, où il était allé pour fuir la révolution française. Rentra en France, 1797. Directeur du Vaudeville, 1815. Excellait dans son art. — Chansons : La Treille de sincérité. Les Tableaux de Paris. M' et M"" Denis. Pierre et Pierrette. Les Bons Amis. Le Carnaval. Le Jour de l'an. Ma philosophie. Ma fortune est faite Cadet Buteux, L'Épicurien. Parodie de la Vestale. Théâtre : Le Mari intrigué, 1806. Le Diable en vacance, 1810. L'Heureuse Gageure ; M' Vautour, 1811. Le Dîner de Madelon, 1813. Les deux Voisines, 1815. Les Petites Danaïdes, 1817. L'Homme aux précautions, 1820. Chansons et Poésies, *Ladvocat*, 1827, 4 vol. in-18. 12 fr. *Charpentier*, 1845, in-18. 3 fr. 50.

DESAULT (P.-Jos.), chirurgien, 1744, Magny-Vernais (Haute-Saône) ; 1795, Paris. Vint à Paris en 1764. Ouvrit un cours, 1766. Membre de l'Acad., 1776. Chirurgien en chef de la Charité, 1782 ; de l'Hôtel-Dieu, 1788. Ses travaux exercèrent une grande influence sur la science chirurgicale. — Traité des maladies chirurgicales (avec Chopart), 1789, 2 vol. in-8. Journal de chirurgie, 1791 et suiv., 4 vol. in-8. OEuv. chirurgicales, par Bichat, 1798-99. 3º éd. *Méquignon*, 1813, 3 vol. in-8.

DESCARTES (René), célèbre philosophe et mathématicien, 1596, la Haye, entre Tours et Poitiers ; 1650, Stockholm. Soldat, 1617-20. Parcourut l'Europe , 1621-28. Se retira en Hollande, 1629. Ses premiers écrits, résultats de profondes méditations, lui attirèrent une réputation universelle, comme aussi quelques persécutions. Arrivé en Suède, auprès de Christine, 1649, il y mourut. Créateur de la philos. moderne, il acheva la philos. scolastique par son Discours de la méthode, que ne doit jamais oublier l'homme qui veut penser par lui-même.—Discours sur la méthode : Dioptrique; Météores; Géométrie, 1637. Méditations ; Objections, 1641. Principes de Philos., 1644. Passions de l'ame, 1649. Traite de l'Homme ; de la Lumière, 1664. Mecanique, 1668. — OEuv. compl. Éd. par M. Cousin, *Levrault*, 1824-26, 11 vol. in-8, 60 fr. OEuv. philos. , par M. Garnier, *Hachette*, 1835, 4 vol. in-8, 12 fr., et par Aimé Martin, *Desrez*, 1839, gr. in-8, 10 fr. OEuv. par J. Simon, *Charpentier*, 1857, gr. in-18, 3 fr. 50.

DESCHAMPS (Émile), poëte et littérateur, 1791, Bourges. Donna aux lettres tout le temps que pouvaient lui laisser ses fonctions d'employé des Domaines. — Selmours; le Tour de faveur, 1818. Le Jeune Moraliste, 1826. Études françaises et étrangères, 1828-35, in-8. Poésies, 1840, in-8. Causeries litt., 1843, in-12. Contes physiologiques, 1854, in-8.

DESFONTAINES (René Louiche), botaniste, vers 1751, Trembley (Ille-et-Vilaine); 1833, Paris. Membre de l'Acad. des sciences, 1782. Voyages en Barbarie, 1783-85. Professeur au Jardin des plantes, 1786. — Flora Atlantica, 1798, *Desgranges*, 2 vol. gr. in-4. Histoire des arbres, 1809, 2 vol. in-8. 8 fr.

DESGENETTES (Nic.-René Dufriche, baron), médecin, 1762, Alençon; 1837, Paris. Médecin en chef de l'armée d'Italie, 1793-96; de celle d'Égypte, 1798. Fit toutes les campagnes de l'Empire. Médecin en chef des Invalides, 1830. — Hist. médicale de l'armée d'Orient, 1802. 2ᵉ éd. 1830, in-8. 5 fr. Biographie et Bibliographie médicale, 1825, *Panckoucke*, in-8.

DESGOFFE (Alex.), peintre, 1805, Paris. Voyagea en Italie. — Argus gardant Io. Hercule et le lion de Némée. Campagne de Rome. Vallée de la nymphe Égérie. Lac d'Albano. Les Baigneuses. Prairie. Méditation. Le Soir. Oreste. Les Joueurs de palet, 1849. Le Christ aux Oliviers. Environs de Naples, 1859. Vase en cristal de roche; Buste en ivoire, 1863. Fruits et Bijoux, 1864. Statuette, vase, étoffes ; verre, fruits, 1865.

DESHAYS (J.-Bapt.), peintre, 1729, Rouen; 1765, Paris. Élève de Vanloo. Gendre de Boucher. Se perfectionna à Rome. Membre de l'Acad., 1758. — La Femme de Putiphar. Loth et ses filles. Psyché évanouie. Céphale enlevé par l'Aurore. Annonciation. Visitation. Vénus devant le corps d'Hector. L'Étude. Jupiter et Antiope. Martyre de St André. St Benoit mourant. La Charité romaine.

DESHOULIÈRES (Antoinette du Ligier de La Garde), femme de lettres, vers 1634, Paris; 1694..... Une bonne éducation développa ses heureuses dispositions pour l'étude. — Églogues. Idylles. Odes. Élégies. Épîtres. Chansons. — OEuv. Éd. *Crapelet*, 1799, 2 vol. in-8, et 1809, 2 vol. in-12. OEuv. choisies, *Didot*, 1795, in-18. 3 fr.

DESJARDINS (Martin van Den), sculpteur hollandais, 1640,

Éd. *Lefèvre*, 1811, 6 vol. in-8, 12 à 15 fr. *Crapelet*, 1822, 6 vol. Breda; 1694..... Vint demeurer à Paris. Membre de l'Acad. — OEuv. aujourd'hui détruites : Statues équestres de Louis XIV, sur la place des Victoires et à Lyon. Évangélistes. Pères de l'Église. Le Soir.

DESNOYERS (Aug.-Gaspard.-L. baron), célèbre graveur, dessinateur et peintre, 1779, Paris; 1857, ibid. Élève de Tardieu. Membre de l'Acad. des beaux-arts, 1816. 1er graveur du roi, 1825. — Jeune Bacchante. VÉNUS DÉSARMANT L'AMOUR, 1799. L'ESPÉRANCE SOUTENANT L'HOMME, 1801. Les Pénibles Adieux; Bonaparte, 1802. LA BELLE JARDINIÈRE, de Raphaël; Psyché et l'Amour; Moïse sauvé des eaux; PTOLÉMÉE, 1804. Bélisaire; Humboldt, 1806. NAPOLÉON, 1808. Marie-Louise. Talleyrand, 1814. François Ier, 1817. Reproduction des chefs-d'œuvre de Raphaël, de Léonard de Vinci, du Poussin.

DESNOYERS (Jules-P.-F.-Stanislas), historien et géologue, 1800, Nogent-le-Rotrou (Eure-et-Loir). Bibliothécaire du Muséum, 1833. Secrétaire des Sociétés de l'hist. de France, d'histoire naturelle et géologique.—Bibliographie histor. de la France, 1834. Principaux ouvrages pour l'hist. de France, 1836, in-8.

DESPORTES (F.), peintre, 1661, Champigneule (Champagne), 1743, Paris. Membre de l'Acad., 1699. Très-estimé comme peintre d'animaux. — Son portrait. Chasses au loup, au sanglier, au cerf, aux renards. Chiens. Nature morte. Gibiers. Fleurs. Fruits.

DESPREZ (L.), sculpteur, 1799, Paris. Élève de Bosio. 2e, 1822, et 1er prix de sculpture, 1826. — Les Bergers d'Arcadie. L'INNOCENCE, 1831, brisée en 1848. La Force, 1834. Le général Foy, 1837. St Mathieu. Matturice de Sully. Frochot. DIANE AU BAIN, 1845. Fléchier, 1846. Jacq. Desbrosses, 1852. L'Ingénuité, 1855.

DESTOUCHES (Philippe NÉRICAULT), poëte comique, 1680, Tours; 1754, Paris. Membre de l'Acad. franç., 1723. Suivait en même temps la diplomatie et les lettres. — Le Curieux impertinent, 1709. L'Ingrat, 1712. L'Irrésolu, 1713. Le Médisant, 1715. Le Triple Mariage, 1716. L'Obstacle imprévu, 1718. LE PHILOSOPHE MARIÉ, 1727. LE GLORIEUX, 1732. Le Dissipateur, 1736. La Fausse Agnès, 1759. Le Tambour nocturne, 1762. — OEuv.

in-8, 12 à 15 fr. OEuv. choisies, par Auger, *Didot*, 1810, 2 vol. in-18.

DEVÉRIA (Jacq -J.-Marie-Achille), peintre et dessinateur, 1800, Paris; 1857, ibid. Élève de Girodet. Conservateur des estampes à la Bibliothèque impériale, 1848. — Philippe le Bon, 1827. Assomption; St Sébastien; Le Tasse; Christ en croix, 1838. Visitation. Repos en Égypte. Mariage de la Vierge. Périclès chez Aspasie, 1850. Aquarelles : l'Après-dînée. Scène du Malade imaginaire. Le Tasse. La Confession.

DIAZ DE LA PENA (Narcisse-Virgile), peintre, 1809, Bordeaux. Fit, après 1855, un grand voy. en Orient. — Environs de Saragosse, 1834. Adoration des bergers, 1836. Les Nymphes de Calypso, 1840. Le Rêve, 1841. Vue du Bas-Bréau; l'Orientale; le Maléfice; Les Bohémiens, 1844. BAIGNEUSE; L'AMOUR DÉSARMÉ, 1851. Nymphes, 1855. Galatée; Vénus et Adonis; N'entrez pas, 1857.

DIBDIN (Thomas-Frognall), bibliographe anglais, 1770, Kensington; 1847..... Grand amateur de livres rares et précieux. Bibliothécaire de lord Spencer. — Bibliomania (Bibliomanie), 1811, *Londres*, in-8. Bibliotheca Spenceriana (Bibliothèque de Spencer), 1814-15, *Londres*, 4 vol. in-8. Bibliographical Decameron (Décaméron bibliographique), 1817, *Londres*, 3 vol. gr. in-8. Voy. bibliographique, 1822, *Londres*, 3 vol. in-8. Trad. franç., *Crapelet*, 1825, 4 vol. in-8, fig., 20 à 30 fr.

DICKENS (Ch.), célèbre romancier anglais, 1812, Portsmouth. Abandonna l'étude de son avoué pour les lettres, qui le conduisirent rapidement à la célébrité et à la fortune. Voyagea beaucoup en France, en Italie, en Amérique. — Olivier Twist, 1838, 2 vol. in-8. Nicolas Nickleby, 1839, 3 vol. in-8. L'Horloge de maître Humphrey, 1840, 3 vol. in-8. Barnabé Rudge, 1841, 2 vol. in-8. Martin Chuzzlewit, 1843-44, 3 vol. in-8. Les Carillons, 1844. Le Grillon du foyer, 1845. Bataille de la vie, 1846. DOMBEY PÈRE ET FILS, 1847-48, 4 vol. in-8. DAVID COPPERFIELD, 1850, 4 vol. in-8. BLEAK-HOUSE, 1852, 6 vol. in-8.—Éd. angl. Tauchnitz, *Leipsick*, 1842 et suiv. Trad. franc. par M. P. Lorain (Collect. des romans étrangers), 1856 et suiv., in-18.

DIDEROT (Denis), célèbre philosophe, 1713, Langres; 1784, Paris. Son goût pour la science le détourna de l'état ecclésiastique, auquel on le destinait. Conçut le plan de l'Encyclopédie, et l'exécuta à travers mille obstacles, 1751-72. Lié avec Voltaire, d'Alembert, d'Holbach, Grimm, Naigeon, puis avec Rousseau, avec lequel il se brouilla. D'une érudition peu commune, mais d'un matérialisme révoltant. — Essai sur le mérite et la vertu, 1745. Pensées philosophiques, 1746. Lettres sur les aveugles, 1749. Interprétation de la nature, 1754. Le Fils naturel, 1757. Le Père de famille, 1758. Jacques le Fataliste. La Religieuse. Salons, 1765-67. Essais sur les règnes de Claude et de Néron, 1779. — OEuv. Éd. *Belin*, 1818-19, 7 vol. in-8, 30 à 40 fr. *Brière*, 1821, 22 vol. in-8, 120 fr. Mémoires et correspondance, éd. *Paulin*, 1830-31, 4 vol. in-8, et *Garnier*, 1841, 2 vol. in-12. OEuv. choisies, *Didot*, 2 vol. gr. in-18, 6 fr. ENCYCLOPÉDIE, 1751-72, 28 vol. in-fol., avec 7 vol. supplément. et tables, 100 fr. Éd. in-4 *Genève*, 1777, 39 vol. Éd. gr. in-8 *Lausanne*, 1778, 45 vol. 50 fr.

DIDIER (Ch.), littérateur, 1805, Genève; 1863, Paris. Étudia le droit et les mathématiques. Voyagea en Allemagne, 1848. — Harpe et mélodies helvétiques, 1825-30. Rome souterraine, 1833, 2 vol. in-8. Une année en Espagne, 1337, 2 vol. in-8. Le Chevalier Robert, 1838, 2 vol. in-8. Thécla, 1839, 2 vol. in-8. Campagne de Rome, 1842, in-8. Caroline en Sicile, 1844, 4 vol. in-8.

DIDOT. Célèbre famille d'imprimeurs. Commencement du siècle dernier. Donna, avec des caractères perfectionnés, de remarquables éditions, notamment de la Bible, de l'Imitation, de la collection d'Artois, des classiques franç. de Louis XVI in-4, in 8 et in-12. DIDOT (Firmin), 1764, Paris; 1836, ibid. 1res éd. stéréotypes, 1797. Député, 1827. DIDOT (Ambroise-Firmin), son fils, 1790, Paris. Voyagea en Orient, 1815-18. DIDOT (Hyacinthe), son frère, 1794. Donnèrent à la maison une extension considérable. BIBLIOTH. GRECQ. ET LAT. CLASSIQ. FRANÇ. THESAURUS GRÆCÆ LINGUÆ, 1835 et suiv. NOUV. BIOGRAPHIE GÉNÉRALE, 1857 et suiv., etc.

DIETRICH (Christian-Guill.-Ern st), peintre et graveur allemand, 1712, Weimar; 1774, Dresde. Se perfectionna en Italie. Professeur à l'Acad. des arts de Dresde. — Adoration des mages. Crucifiement. Jupiter et Antiope. Néron. Les Crieurs. Le Christ. Les Rémouleurs. Résurrection de Lazare. Musiciens ambulauts. Loth et ses filles. Sacrifice d'Abraham. Fuite en Égypte, St Jérôme. Le Vieillard. Le Peintre.

DILLEN (J.-Jacq.), botaniste allemand, 1687, Darmstadt; 1747, Oxford. Attiré par les frères Sherard, il quitta son pays pour l'Angleterre, 1721. Professeur de botanique à Oxford, 1728. — Hortus eltamensis, 1732, *Londres,* in-fol. HISTORIA MUSCORUM, 1741, *Oxford,* in-4, fig., 40 à 50 fr.

DINDORF (Guill.), philologue allemand, 1804, Leipsick. Abandonna le professorat pour s'adonner aux recherches d'érudition. — Éd. de Démosthène, d'Aristophane, d'Eschyle, d'Euripide, de Sophocle, d'Hérodote. Coopéra aux classiques grecs et à la refonte du Thesaurus Græcæ linguæ d'Estienne, par MM. Didot.

DIODORE DE SICILE, historien grec, vers 50 av. J.-C., Agyre (Sicile). S'établit à Rome, où il publia son livre. — Bibliothèque historique. — Éd. grecq. par Wesseling, *Amsterdam,* 1793-1806, 11 vol. in-8, 60 à 70 fr.; par M. Dindorf, *Leipsick,* 1828-32, 5 vol. in-8. Éd. grecq.-lat. par le même, *Didot,* 2 vol. gr. in-8, 30 fr. Trad. franç. par M. Miot, *Didot,* 1835-38, 7 vol. in-8, 21 fr.; par M. Hœfer, *Charpentier,* 1846, 4 vol. gr. in-18.

DIOGÈNE DE LAERCE, historien grec, 3ᵉ siècle de J.-C., Laërce (Cilicie). Partageait les doctrines d'Épicure. — Vie des philosophes. — Éd. grecq., *Leipsick,* 1828-31, 2 vol. in-8, 30 fr. Éd. grecq.-lat. *Didot,* 1850, gr. in-8, 15 fr. Trad. franç. par M Zévort, *Charpentier,* 1847, 2 vol. gr. in-18, 7 fr.

DION CHRYSOSTOME, rhéteur grec, vers 30 de J.-C., Pruse (Bithynie); vers 117..... Mêlé à la politique sous Vespasien, Domitien et Nerva, dont il facilita l'accès au trône. — Discours. — Éd. grecq.-lat. par Morel, 1604, in-fol., 20 à 30 fr. Éd. grecq. par Reiske, *Leipsick,* 1784, 2 vol. in-8, 12 à 15 fr.; par M. Dindorf, *Leipsick,* 1857, in-8, 6 fr.

DION CASSIUS, historien grec, vers 155 de J.-C., Nicée (Bithynie); vers 240..... Sénateur, consul, 229. Gouverneur en Asie-Mineure et en Afrique. — Hist. romaine. — Éd. grecq.-lat. par Reimar, *Hambourg,* 1750-52, 2 vol. in-fol., 40 à 50 fr.; par Sturz, *Leipsick,* 1824-43, 9 vol. in-8, 70 à 80 fr. Trad. franç. par Gros et Boissée, *Didot,* 1845 et suiv., 7 vol. in-8, 70 fr.

DIONIS (P.), chirurgien,..... Paris; 1718, ibid. Professeur au Jardin des plantes, 1672-80. Chirurgien à la cour de Louis XIV.

— Anat. de l'homme, 1690. Nouv. éd. 1728, in-8. Cours de chirurgie, 1707, 7ᵉ éd. 1782, 2 vol. in-8. Traité des accouchements, 1718, in-8.

DIOSCORIDE (Pedacius), médecin et botaniste grec, vers 40 de J.-C., Anazarbe (Cilicie). Voyagea en Asie-Mineure, en Grèce, en Italie. — Traité de matière médicale. — Éd. grecq. par Sprengel, *Leipsick*, 1828-30, 2 vol. in-8, 5 thl. Trad. franç. par Mathée, *Lyon*, 1559.

DITTERS DE DITTERSDORF (Ch.), musicien compositeur allemand, 1739, Vienne; 1799..... (Bohême). Maître de chapelle en Hongrie. Lié avec Glück et Haydn. — Symphonies : les Métamorphoses d'Ovide, 1785. Oratorios : Isaac, David, Job, Esther. Opéra comique : le Docteur et l'Apothicaire, 1786. Cantates. Concertos.

DODOENS (Rembert), médecin et botaniste hollandais, 1518, Malines; 1585, Leyde. Médecin de l'empereur Maximilien II, d'Allemagne, 1572. Professeur de médecine à Leyde, 1580. — Hist. des plantes, 1583. Éd. lat., *Anvers*, 1616, in-fol.

DOLCE (Ch.), peintre, 1616, Florence; 1686, id. Élève de Vignoli. Excellait dans le portrait. — J.-C. au jardin des Oliviers. Hérodiade portant la tête de St Jean-Baptiste. Ste Cécile. J.-C. bénissant le pain. La Vierge et l'Enfant Jésus. Madeleine. Le Christ.

DOLOMIEU (Déodat-Guy-Silvain-Tancrède GRATET de), géologue, 1750, Dolomieu (Dauphiné); 1801, Châteauneuf (Saône-et-Loire). Membre de l'Institut. Professeur à l'École des mines et au Muséum. Parcourut toute l'Europe. Fit la campagne d'Égypte, et subit une longue captivité dans l'île de Malte. — Voy. aux îles de Lipari, 1783, in-8. Sur les îles Ponces, 1788, in-8. Philosophie minérale, 1802. *Viller*, in-8.

DOMAT (J.), jurisconsulte, 1625, Clermont (Auvergne); 1696, Paris. Avocat du roi au présidial de Clermont; ami de Pascal. S'efforça de mettre de la clarté dans le droit, jusqu'alors peu intelligible. — LOIS CIVILES DANS LEUR ORDRE NATUREL, 1694. Éd. 1777, in-fol., 15 à 20 fr. — Œuv. compl., nouv. éd. par J. Remy, *Didot*, 1828-30, 4 vol. in-8, 16 fr.

DOMBASLE (Christ.-Jos.-Alex.-MATTHIEU de), agronome, 1777, Nancy, 1843, ibid. Soldat. Pendant une maladie, il prit goût à la science. Se fit agriculteur et industriel. Dirigea la ferme de Roville, 1822 et suiv. L'agriculture lui doit de grands progrès. —Manuel de l'agriculteur, 1821, 2 vol. in-8. 8ᵉ éd. *Nancy*, 1846, in-12. Agriculture pratique, 1824, in-8. Annales agr. de Roville, 1824-37, 9 vol. in-8, 61 fr. 50. Avenir industriel de la France, 1834, in-8. Le Calendrier du bon cultivateur. 10ᵉ éd. in-12, 4 fr. 75. Traité d'agriculture, 5 vol. in-8, 25 fr.

DOMINIQUIN (Domenico Zampieri, dit le), célèbre peintre italien, 1581, Bologne; 1641, Naples. Élève de Calvart, puis de Carrache; ami d'Albane. Exécuta à Rome ses meilleurs tableaux. Envié et persécuté, il mourut empoisonné. — Adam et Ève, David jouant, Sainte-Famille, Apparition de la Vierge, Ravissement de St Paul, Triomphe de l'Amour, Renaud et Armide, Ste Cécile, au Louvre. Vierge, St Jean, à Milan. Martyre de St Agnès, de St Pierre, à Bologne. Communion de St Jérome, St Grégoire flagellé, Chasse de Diane, Sibylle de Cumes, Paysages, à Rome. Miracles de St Janvier, à Naples. Martyre de St Étienne, à Londres.

DONATELLO (Donato), 1383, Florence; 1466..... La protection de Côme de Médicis lui facilita l'accès de son art. — Annonciation, Crucifix, St Jean-Bapt., Madeleine pénitente, à Florence. St Pierre, St Marc et St Georges. Le Chauve. Mausolée du pape Jean XXIII. Judith et Holopherne. Érasme. Gattamelata, à Padoue. Bas-reliefs.

DONIZETTI (Gaëtan), célèbre musicien compositeur italien, 1798, Bergame; 1848, ibid. Élève de Mayer et de Mattei. Soldat. Professeur de musique à Naples, 1836. Maître de chapelle à Vienne, 1842. — Zoraïde, 1822, Rome. Anna Bolena, 1830. Elisire d'amore, Milan. Parisina, 1833, Florence. Torquato Tasso, Rome. Lucrezia Borgia, Milan. Marino Faliero, 1835, Paris. Lucie de Lamermoor, 1835, Naples. Poliuto, Naples. La Fille du régiment, la Favorite, 1840, Paris. Maria Padilla, Milan. Linda di Chamounix, 1842, Vienne. Don Pasquale, 1843; Don Sébastien, 1844, Paris.

DORÉ (Paul-Gustave), peintre et dessinateur, 1832, Strasbourg. Peu d'œuvres illustrées de notre époque ont pu se passer de son talent. — Peinture : les Pins sauvages; Lendemain d'orage; les deux Mères; la Prairie; le Soir; Bataille de l'Alma, 1855; d'Inkermann, 1857; Dante et Virgile, 1861; Françoise de Rimini, 1863. Gravure : OEuv. de Rabelais, 1854; le Juif errant; OEuv. de Balzac, 1856; Contes de Perrault; Essais de Montaigne, 1857; Voy. aux Pyrénées de M. Taine, 1859; Atala. L'Enfer. Don Quichotte.

DORIGNY (Michel), graveur et peintre, 1617, Saint-Quentin; 1663, Paris. Élève de Vouet. Professeur à l'Acad. de peinture. — Adoration des mages. Vénus à sa toilette. Vénus, l'Espoir et l'Amour. Mercure et les Grâces. Enlèvement d'Europe. Iris coupant les cheveux de Didon.

DORIGNY (Nic.), graveur et peintre, 1657, Paris; 1746, ibid. Fils de Michel. Passa une partie de sa vie en Italie. Membre de l'Académie de peinture, 1725. — Transfiguration, de Raphaël. Descente de croix, de Daniel Volterre. St Pierre guérissant les boiteux, de Civoli. Martyre de St Sébastien, du Dominiquin. Mort de Ste Pétronille, du Guerchin. St Pierre marchant sur les eaux, de Lanfranc.

DOUCET (Ch.-Camille), auteur dramatique, 1812, Paris. Avocat. Employé à la liste civile, 1837. Directeur des théâtres, 1853. Membre de l'Acad. franç., 1865. — Un Jeune Homme, 1841. L'Avocat de sa cause, le Baron Lafleur, 1842. — La Chasse aux fripons, 1846. Le Dernier Banquet, 1847. Les Ennemis de la maison, 1850. Le Fruit défendu, 1857. — Comédies, *Lévy*, 1858, 2 vol. in-8, 15 fr.

DOVE (Heinrich-William), physicien allemand, 1803, Liegnitz (Silésie). Professeur, 1829, et membre de l'Acad. des sciences, à Kœnigsberg. Directeur des observatoires de Prusse. — Ueber Mass und Messen (Des Mesures et du Mesurage). 2e éd., 1835. Meteorologische Untersuchungen (Rech. météorologiques), 1837. Ueber die nicht periodischen Aenderungen der Temperaturvertheilung (Variations périodiques de la chaleur sur la terre), 1840-47, 4 vol.

DOW (Gérard), peintre hollandais, 1613, Leyde; 1680, ibid. Élève de Rembrandt. Travaillait longtemps ses tableaux et avec un art infini. — LA FEMME HYDROPIQUE; l'Épicière de village; la Cuisinière hollandaise; Intérieur de ménage, l'Arracheur de dents; Portrait de Gérard Dow; Femme occupée à lire; le Peseur d'or, au Louvre. Le Charlatan, à Munich. Femmes, à la Haye. L'École du soir; Jeune Seigneur; Jeune Fille, à Amsterdam.

DOYEN (Gabriel-F.), peintre, 1726, Paris; 1806, Saint-Pétersbourg. Élève de Vanloo. Prix de Rome, 1746. Étudia dix ans en Italie. Professeur à l'Acad. de peinture, 1776. Ami de Diderot, de d'Alembert, de Chardin, de Vernet. Se retira en Russie, 1791. — MORT DE VIRGINIE, 1756. STE GENEVIÈVE, 1773, à Saint-Roch. Combat de Diomède et d'Énée. Adoration des mages. Triomphe de Thétis. Priam aux pieds d'Achille. Mort de St Louis, à l'École militaire. Chapelle Saint-Grégoire, aux Invalides.

DRAKE (Fréd.), sculpteur allemand, 1805, Pyrmont. Élève de Rauch. Professeur de sculpture à Berlin. — Madone. Soldat mourant. Vendangeuse. LES HUIT PROVINCES DE PRUSSE, 1844. Guerrier. Humboldt. Rauch. Justus Mœser. Oken. FRÉD.-GUILLAUME III, 1845.

DROUAIS (J.-Germain), peintre, 1763, Paris; 1788, Rome. Élève de David. Gr. prix de peinture, 1784. — Retour de l'Enfant prodigue, 1782. La Veuve de Naïm, 1783. LA CANANÉENNE, 1784. Soldat blessé, à Rouen. MARIUS A MINTURNE. Philoctète.

DROZ (F.-Xavier-Jos.), littérateur et moraliste, 1773, Besançon; 1850, Paris. Soldat, 1792-95. Professeur de littér. à Besançon, 1799. Vint habiter Paris, 1805. Membre de l'Acad. franç., 1825; de l'Acad. des sciences morales, 1832. — ESSAI SUR L'ART D'ÊTRE HEUREUX, 1806. 3ᵉ éd. *Renouard*, 1815, in-8. 7ᵉ éd., 1853, in-18, 3 fr. 50. Études sur le beau dans les arts, 1815; 2ᵉ éd. *Renouard*, 1826, in-8. Économie politique. 3ᵉ éd., *Renouard*, 1854, in-18, 3 fr. 50. Philos. morale, 1824, in-8. 5ᵉ éd., *Renouard*, 1843, in-18. HIST. DU RÈGNE DE LOUIS XVI, 1838-42, 3 vol. in-8 ou 3 vol. in-12. — OEuv. Éd. *Renouard*, 1826, 2 vol. in-8, 10 fr.

DRYDEN (J.), poëte et critique anglais, 1631, Aldwinkle (Northampton); 1701..... Loua tour à tour Cromwell et Charles II. Poëte lauréat, 1668. La quantité de ses œuvres nuisit un peu à leur qualité. — The Indian emperor (l'Empereur indien), 1667. Essay on dramatic Poetry (Essai sur l'art dramatique), 1668. An evening's Love (un Amour d'un soir), 1671. AURENG-ZEB, 1676. THE CONQUEST OF GRANADA (Conquête de Grenade), 1678. All for love (Tout pour amour), 1678. ABSALON AND ACHITOPHEL, 1681. DON SÉBASTIEN. 1690. — OEuv. Éd. angl. par Walter Scott, *Edimbourg*, 1821, 18 vol. in-8, 100 fr. *Londres*,

1811, 4 vol. in-8, 25 fr., 1851, in-8, et 1832, 5 vol. in-12.

DUBAN (Jacq.-Félix), architecte, 1797, Paris. Gr. prix d'architecture, 1823. Étudia à Rome, 1824-29. Architecte du Louvre, 1848. Inspecteur gén. des bâtiments civils, membre de l'Institut, 1854. — Achèvement de l'École des beaux-arts, 1834 et suiv. Restauration du château de Blois, 1845; du château de Dampierre, 1846; de la galerie d'Apollon, de la façade extérieure et des abords du Louvre.

DUBOIS (Ant. baron), chirurgien, 1756, Gramat (Lot); 1837, Paris. Élève de Desault. Professeur de chirurgie, 1790; de clinique chirurgicale et d'accouchement. Chirurgien en chef de la Maison de santé, 1802. Fit la campagne d'Égypte. Possédait un talent extraordinaire de diagnostic et de pronostic. — Articles remarquables dans le Dict. des sciences médicales, 1812 et suiv.

DUBOIS (F.), médecin, 1795, Paris. Fils du précédent. Professeur de clinique d'accouchement à la Faculté, 1834. Membre de l'Acad. de médecine. — Thèse sur le rétrécissement du bassin, 1834. Traité sur l'art des accouchements, 1849 et suiv., 2 vol. in-8. Mémoires et articles divers.

DUBOIS d'Amiens (Fréd.), médecin, 1797, Amiens. Membre, 1836, et secrétaire, 1847, de l'Acad. de médecine. — Examen des expériences magnétiques, 1833, in-8. Hist. de l'hypocondrie et de l'hystérie, 1833, in-8. Traité de pathologie médicale, 1834, 2 vol. in-8. Traité des études médicales, 1837, in-8. Pathologie expérimentale, 1841, in-8. Philosophie médicale, 1846, in-8. Articles, Mémoires et Rapports nombreux.

DUBOS (J.-Bapt.), historien et littérateur, 1670, Beauvais; 1742, Paris. Abbé. Diplomate. Membre, 1720, et secrétaire, 1722, de l'Acad. franç. — Réflexions sur la poésie et la peinture, 1719. Éd. 1755, 3 vol. pet. in-4, 15 fr., ou 3 vol. in-12. Hist. de la monarchie dans les Gaules, 1734. Nouv. éd., 1742, 2 vol. in-4, ou 4 vol. in-12.

DUBREUIL (Alph.), horticulteur, 1811, Rouen; 1858, ibid. Professeur d'arboriculture au Conservatoire des arts et métiers. — Cours d'arboriculture 1846. 5e éd. *Masson*, 1862, 2 vol. gr. in-18, fig., 12 fr. Manuel d'arboriculture des ingénieurs, in-18, 3 fr. 50. Culture perfectionnée, 1863, in-18, 3 fr. 50.

DUBRUNFAUT (Augustin-P.), chimiste, 1797. Lille. Professeur de chimie à l'École de commerce. — De la fabrication du sucre de betterave, 1822, in-8, 20 fr. De l'art de la distillation, 1824, in-8, 30 fr.

DUBUFE (Cl.-Marie), peintre, vers 1793, Paris. Élève de David. — Romain se laissant mourir de faim, 1810. Achille et Iphigénie, 1812. Jésus-Christ apaisant une tempête, 1819. Psyché. Apollon et Cyparisse, 1822. Jésus-Christ marchant sur les eaux. Délivrance de St Pierre. Souvenirs et regrets, 1827. Le Nid et la Mésange, 1831. Jeune villageoise, 1852. Portraits nombreux.

DU CAMP (Maxime), littérateur et artiste, 1822, Paris. Voyagea en Asie Mineure, en Turquie, en Grèce, en Italie, en Algérie, en Égypte. — Souvenirs et Paysages d'Orient, 1848, in-8. Égypte, Nubie, Palestine, Syrie, 1852, in-fol. Mémoires d'un suicidé, 1853, in-8 et in-18. 2ᵉ éd., 1855, in-16. Le Nil, 1854, in-12. Chants modernes, 1855, in-8. Salons de 1855-57-59.

DU CANGE (Ch. Du Fresne), historien et philologue, 1610, Amiens; 1688, Paris. Quitta le barreau pour se livrer aux recherches d'érudition. — Glossarium mediæ et infimæ latinitatis, 1678. 4ᵉ éd., 1733, 6 vol. in-fol., avec supplément par Carpentier, 1766, 4 vol. in-fol. Nouv. éd., *Didot*, 1840-50, 7 vol. in-4, avec pl., 264 fr. Glossarium mediæ et infimæ græcitatis, 1688, 2 vol. in-fol. 70 fr.

DUCANGE (Victor-H.-Joseph Brahain), romancier et auteur dramatique, 1783, la Haye (Hollande); 1833, Paris. Ses œuvres lui attirèrent les persécutions de la Restauration. — Romans : Agathe, 1819; Valentine, 1821; Léonide, 1823; la Luthérienne; le Médecin confesseur, 1825; les Trois Filles de la veuve, 1826. Théâtre : le Colonel et le Soldat, 1820; Élodie, 1822; les Diamants, 1824; Trente ans ou la vie d'un joueur, 1827; Le Testament de la pauvre femme, 1832.

DUCHESNE (André), historien, 1584, Ile-Bouchard (Touraine); 1640..... Historiographe et biographe du roi. Périt écrasé par une charrette. — Antiquités et rech. de la grandeur des rois, 1609, in-8, et 1621, in-fol. Antiquités et rech. des villes, 1610, in-8, et 1668, 2 vol. in-12. Historiæ Normannorum scriptores antiqui, 1619, in-fol. Historiæ Francorum scriptores, 1636-49, 5 vol. in-fol.

DUCIS (J.-F.), poëte, 1733, Versailles; 1816, ibid. Ne pouvant se faire à la carrière administrative, il l'abandonna, quoique pauvre, pour celle des lettres. Membre de l'Acad. franç. après Voltaire, 1778; du conseil des Anciens, 1798. Sénateur. — Hamlet, 1769. Roméo et Juliette, 1772. OEdipe chez Admète, 1778. Le roi Lear, 1783. Macbeth, 1784. Othello, 1792. ABUFAR, 1795. — OEuv. Éd. *Nepveu*, 1826, 4 vol. in-8, 15 fr., et 1827, gr. in-8. *Ladvocat*, 1827, 6 vol. in-18, 8 fr.

DUCLOS (Ch. PINEAU), littérateur, 1704, Dinan (Bretagne); 1772, Paris. Membre de l'Acad. des inscriptions, 1739. Membre et secrétaire de l'Acad. franç., 1747-55. Historiographe de France, 1750. — Hist. de Louis XI, 1745. Considérations sur les mœurs, 1750. Mémoire pour servir à l'hist. du XVIIIe siècle, 1751. Mémoires secrets sur les règnes de Louis XIV, la régence et Louis XV, 1791. — OEuv. compl., par M. Auger, *Janet et Cotelle*, 1820, 9 vol. in-8, 15 fr. *Belin*, 1821, 3 vol. in-8, 6 fr.

DUCORNET (L.-César-Jos.), 1806, Lille; 1856, Paris. Privé de bras, il se servait de ses pieds pour peindre ses tableaux. — — Adieux d'Hector et d'Andromaque, 1828. St Louis rendant la justice, 1831. Esclaves, 1833. Marguerite consultant une fleur, 1834. Le Christ et Madeleine, 1835. Odalisque, 1837. Sainte Famille. Christ. Portraits.

DUCRAY-DUMINIL (F.-Guill.), littérateur et auteur dramatique, 1761, Paris; 1819, Ville-d'Avray. Ses œuvres se ressentent de l'aménité de son caractère. — Lolotte et Fanfan, 1787. Alexis, 1788. Petit Jacques et Georgette, 1789. Les Soirées de la Chaumière, 1794. Cœlina, 1798. Les Veillées de ma grand'mère, 1799. Contes de ma grand'tante; les Petits Orphelins, Paul, 1800. La Journée au village, 1804. Emilio, 1811. Les Fêtes des Enfants, 1817.

DUFRESNOY (Adélaïde-Gillette BILLET Mme), femme de lettres, 1765, Nantes; 1825, Paris. Ruinée par la Révolution, elle puisa des ressources dans sa plume. — Élégies, 1807. 2e éd., *Eymery*, 1821, in-12. Derniers moments de Bayard, 1815, in-8. Vies des femmes célèbres, 1816. 2e éd., *Eymery*, 1820, 4 vol. in-12.— OEuv. poétiques, *Moutardier*, 1826, in-8 ou 2 vol. gr. in-18.

DUFRÉNOY (P.-Armand), géologue et minéralogiste, 1792, Seuran (Seine-et-Oise); 1857, Paris. Fit, avec M. Élie de Beaumont, un gr. voy. géologique, 1823-26. Inspecteur général, puis directeur de l'École des mines. Membre de l'Acad. des sciences, 1840. — CARTE GÉOLOGIQUE DE LA FRANCE (avec M. Élie de Beaumont), 1826-41, *Bertrand*, avec texte, 2 vol. in-4. VOY. MÉTALLURGIQUE (avec le même), 1827. 2ᵉ éd., 1837-39, 2 vol. in-8, avec atlas. MÉMOIRES POUR UNE DESCRIPTION GÉOL. DE LA FRANCE (avec le même), 1820-38, 4 vol. in-8, avec pl. TRAITÉ DE MINÉRALOGIE, 1847. 2ᵉ éd., *Dalmont*, 1856-59, 4 vol in-8, 60 fr. Mémoires nombreux.

DUGAS-MONTBEL (J.-Bapt.), helléniste, 1776, St-Chamond (Forez); 1834, Paris. Soldat. Commerçant, puis homme de lettres. Membre de l'Institut. Député, 1830. — TRADUCTION EN PROSE DE L'ILIADE ET DE L'ODYSSÉE, 1815-18. 2ᵉ éd., *Didot:* l'Iliade, 1828-29, 5 vol. in-8; l'Odyssée, 1833-34, 4 vol. in-8.

DUGÈS (Ant.-L.), médecin et naturaliste, 1797, Mézières; 1838, Montpellier. Professeur de médecine à Montpellier. Membre des Acad. des sciences et de médecine. — Essai physiologico-pathologique, 1833, *Baillière*, 2 vol. in-8. Pratique des accouchements, de Mᵐᵉ Lachapelle, 1825. *Baillière*, 1840, in-8. Manuel d'obstétrique 1826. 3ᵉ id. *Baillière* 1840, in-8. Rech. sur les batraciens, 1834, *Baillière*, in-4, 10 fr. Traité de physiologie comparée, 1838, 3 vol. in-8, fig., 10 fr.

DUGUET (Jacq.-Jos.), théologien et moraliste, 1649, Montbrison; 1733, Paris. Oratorien. Prêtre, 1677. Professeur de philos. et de théologie. — Traité sur les devoirs d'un évêque, 1710. Lettres sur divers sujets de morale, 1718, 3 vol. in-12. Explication de la Genèse, 1732, 6 vol. in-12. Traité de la Croix, 1733, 14 vol. in-12. Institution d'un prince, 1739. Conférences ecclésiastiques, 1742, 2 vol. in-4.

DUHAMEL (J.-Bapt.), astronome et physicien, 1624, Vire (Normandie); 1706..... Oratorien. Curé à Neuilly, 1654. Aumônier de Louis XIV, 1656. Secrétaire de l'Acad. des sciences, 1666-97. — Astronomia physica, 1659, in-4. De consensu veteris et novæ philosophiæ, 1663, in-4. Philosophia vetus et nova, 1678. 2ᵉ éd., 1700, 6 vol. in-12. Regiæ scientiarum Academiæ historia, 1698. 2ᵉ éd., 1701, in-4.

DUHAMEL DU MONCEAU (H.-L.), agronome et botaniste, 1700; Paris; 1782, ibid. Membre de l'Acad. des sciences, 1728. Inspecteur de la marine. — Traité des arbres et arbustes, 1755. Nouv.

éd., 1800-19, 7 vol. pet. in-fol. Physique des arbres, 1758, 2 vol. in-4. Des semis et plantations, 1760, in-4. Traité des arbres fruitiers, 1768. Nouv. éd., 1807-35, 6 vol. gr. in-fol. Traité des pêches maritimes, 1769-82, 3 vol. gr. in-fol.

DUHAMEL (J.-P.-F. GUILLOT), métallurgiste, 1730, Nicorps (Manche); 1816..... Professeur à l'École des mines, 1775. Membre de l'Acad. des sciences, 1796. — Géométrie souterraine, 1787, in-4. Voy. métallurgique, 1774-81, 3 vol. in-8.

DUHAMEL (J.-Marie-Constant), mathématicien, 1797, St-Malo. Membre de l'Acad. des sciences, 1840. Professeur à la Faculté, 1851. — Cours d'analyse, 1840-41. 2e éd., 1847, 2 vol. in-8. Cours de mécanique, 1845-46. 2e éd., *Bachelier*, 1854, 2 vol. in-8, avec pl., 12 fr.

DUJARDIN (Félix), naturaliste, 1801, Tours. Professeur de botanique et de géologie. — Hist. nat. des Infusoires, 1841, *Roret*, in-8, avec pl. Manuel de l'observateur au microscope, 1843, *Roret*, in-18, avec atlas. Hist. nat. des Helminthes, 1844, *Roret*, in-8, avec atlas.

DULAURE (Jacq.-Ant.), historien et archéologue. 1755, Clermont (Auvergne); 1835, Paris. Membre de la Convention, 1792; du conseil des Cinq-Cents, 1794; du Corps législatif, 1795. — HIST. DE PARIS, 1821. 6e éd., *Furne*, 1837, 8 vol. in-8, avec atlas, 20 fr.; 7e éd., *Dufour*, 1856, 8 vol. gr. in-8, 72 fr. Éd. par Batissier, *Furne*, 1845, gr. in-8, 20 fr. Hist. des environs de Paris, 1825-27, 6 vol. in-8, 18 fr. Principaux événements de la Révol. franç., 1823-25. 2e éd., *Baudouin*, 1825-26. 6 vol. in-8, avec pl.

DULAURENS (H.-Jos.), littérateur et romancier, 1719, Douai; 1797, Francfort. Sa haine contre les jésuites et la religion lui inspira ses œuvres, qui lui firent passer en prison les trente dernières années de sa vie. — Jésuitiques, 1761, in-12. La Chandelle d'Arras, 1765, in-8. Le Compère Matthieu, 1766. 3e éd., *Patris*, 1796, 3 vol. in-8 ou 4 vol. in-18.

DULAURIER (J.-Paul-L.-F.-Ed.), orientaliste, 1807, Toulouse. Professeur de malais et de javanais. — Institutions de l'archipel d'Asie, 1845, in-8. Chroniques malayes, 1849, *Impr. nat.*, in-8. Chronologie arménienne, 1859, *Durand*, in-4.

DULONG (P.-L.), chimiste et physicien, 1785, Rouen; 1838,

Paris. Professeur à Alfort, aux Écoles normale et polytechnique, à la Faculté. Membre de l'Acad. des sciences, 1823. — Mémoires sur la décomposition des sels, 1811; sur l'acide nitreux, 1815; sur les combinaisons du phosphore et de l'oxygène. Découvrit le chlorure d'azote.

DUMANOIR (Philippe-F. PINEL), auteur dramatique, 1806, Guadeloupe. Abandonna le droit pour le théâtre. Directeur des Variétés, 1836-39.—Avec collaboration : les Vieux Péchés, 1833. Être aimé ou mourir, 1835. La Savonnette impériale, 1836. La Maîtresse de langues, 1838. Les Premières armes de Richelieu, 1839. Indiana et Charlemagne, 1840. Le Vicomte de Létorières, 1842. L'École des agneaux, 1855. Les Toilettes tapageuses, 1856. Les Femmes terribles, 1858. C'est l'amour, 1859.

DUMARSAIS (César CHESNEAU), grammairien et philosophe, 1676, Marseille; 1756, Paris. Fut, pendant toute sa vie, en lutte avec le besoin, et mourut dans la misère. — TRAITÉ DES TROPES, 1730, in-8. Nouv. éd., 1818, 2 vol. in-12. Principes de grammaire, 1769. Logique, 1769. Nouv. éd., *Delalain*, 1826, in-12. — OEuv., 1797, 7 vol. in-8.

DUMAS (Ch.-L.), médecin, 1765, Lyon; 1813, Montpellier. Médecin à l'hôtel-Dieu de Lyon, 1793; à l'armée d'Italie, 1794. Professeur de physiologie à Montpellier, 1795. — Essais sur la vie, 1785, *Montpellier*, in-8. Principes de physiologie, 1800-03. 2ᵉ éd., 1807, 4 vol. in-8. Maladies chroniques, 1812. 2ᵉ éd., 1824, 2 vol. in-8.

DUMAS (J.-Bapt.), célèbre chimiste, 1800, Alais (Gard). Professeur à l'École polytechnique et à la Faculté. Membre de l'Acad. des sciences, 1832; de l'Académie de médecine, 1834; de l'Assemblée législative, 1849. Ministre de l'agriculture, 1850-51. Sénateur. La science lui doit de notables progrès. — TRAITÉ DE CHIMIE APPLIQUÉE AUX ARTS, 1828-46, *Béchet*, 8 vol. in-8, avec atlas, 96 fr. Philosophie chimique, 1837, *Ébrard*, in-8. De l'action du calorique, 1838, *Béchet*, in-4. Mémoires de chimie, 1843, *Masson*, in-8. Rapports. Comptes rendus, etc.

DUMAS (Alex.), célèbre romancier et auteur dramatique, 1803, Villers-Cotterets. Surnuméraire dans les bureaux du duc d'Orléans, 1823. Aussitôt dans les lettres, se mit à la tête des romantiques. Dirigea un moment le Théâtre-Historique. Écrivit seul ou en collaboration une immense quantité de romans et de pièces de théâtre, dont les revenus considérables n'alimentèrent pas toujours ses besoins, plus considérables encore. — Romans : Souvenirs d'Antony, 1835, 2 vol. in-8; le Capitaine Paul, 1838, 2 vol. in-8 ; Impressions de voyage, 1833-41, 5 vol. in-8 ; le Chevalier d'Harmental, 1843, 4 vol. in-8 ; Une Fille du Régent, 1845, 5 vol. in-8 ; le Bâtard de Mauléon, 1846, 4 vol. in-8; le Chevalier de Maison-Rouge, 1846, 4 vol. in-8; la Dame de Montsoreau, 1846, 4 vol. in-8; LE COLLIER DE LA REINE, 1848, 2 vol. in-8; LES MOUSQUETAIRES, 1844, 8 vol. in-8; VINGT ANS APRÈS, 1845, 10 vol. in-8; LE Vte DE BRAGELONE, 1847, 12 vol. in-8 ; LE COMTE DE MONTE-CRISTO, 1844-45, 12 vol. in-8; LA REINE MARGOT, 1845, 6 vol. in-8. Théâtre : HENRI III, 1829 ; Christine, 1830 ; ANTONY, Charles VII, 1831; Térésa, le Mari de la veuve, LA TOUR DE NESLE, 1832 ; Angèle, 1833 ; Catherine Howard, 1834 ; Kean, 1836 ; Caligula, 1837 ; Mademoiselle de Belle-Isle, 1839 ; Mariage sous Louis XV, 1841 ; les Demoiselles de St-Cyr, Louise Bernard, 1843 ; la Guerre des femmes, Urbain Grandier, 1849. — Théâtre. Éd. *Gosselin*, 1841-42, 3 vol. in-12, et *Passard*, 1846, 4 vol. in-8. Théâtre complet, *Lévy*, 12 vol. in-18, 36 fr. OEuv., *Lévy*, 180 vol. in-18, à 1 fr.

DUMAS (Alex.), romancier et auteur dramatique, 1824, Paris. Fils du précédent, et, en quelque sorte, héritier de son talent. — Romans : Quatre Femmes et un Perroquet, 1846-47, 6 vol. in-8 et 1858, 6 vol. in-12; la Dame aux camélias, 1848, 2 vol. in-8; le Roman d'une femme, 1849, 4 vol. in-8; Diane de Lys, 1851, 3 vol. in-8; la Dame aux perles, 1854, 3 vol. in-8; La Vie à vingt ans, 1856, in-8. Théâtre : la Dame aux camélias, 1852; Diane de Lys, 1853 ; le Demi-monde, 1855; la Question d'argent, 1857 ; le Fils naturel, 1858; le Père prodigue, 1859. — OEuv. Éd. *Lévy*, 10 vol. in-18 à 1 fr.

DUMÉRIL (André-Marie-Constant), zoologiste, 1774, Amiens; 1860, Paris. Disciple et ami de Cuvier. Professeur d'anatomie, 1801 ; de pathologie, 1818 ; de physiologie, 1823. Membre de l'Acad. des sciences, 1816 ; de l'Acad. de médecine, 1820. Professeur au Muséum, après Lacépède, 1825. — Traité élém. des sciences naturelles, 1801. 4e éd., 1830, 2 vol. in-8. 5e éd., 1846, 2 vol. in-18. Zoologie analytique, 1806, in-8. Consid. gén. sur les insectes, 1823, *Levrault*, in-8, avec pl. Entomologie analytique, 1860, *Didot*, 2 vol. in-4, 25 fr.

DUMONT (Jacq.-Edme), sculpteur, 1761, Paris; 1844, ibid. Élève de Pajou. 1er gr. prix, 1788. — Mort de Tarquin, 1788. La Liberté, 1796. Le Général Marceau, 1804. Sapeur, 1807. Colbert, 1808. La Justice, 1814. Malesherbes; Pichegru, 1829. Bas-reliefs à la colonne Vendôme, à l'arc du Carrousel.

DUMONT (Augustin-Alex.), sculpteur, 1801, Paris. Élève de Cartellier. 1er gr. prix, 1823. Membre de l'Institut, 1838. Professeur à l'École des beaux-arts, 1852. — Évandre et Pallas, 1823. Jeune Faune. L'Amour et l'Ame. Alexandre étudiant. Leucothée et Bacchus. P. Guérin. La Justice. Le Poussin. Génie de la Liberté, sur la colonne de Juillet. La Vierge. Ste Cécile. Jeune femme. Les maréchaux Bugeaud et Suchet. Buffon. La Gloire et l'Immortalité; la Guerre et la Paix, au nouveau Louvre.

DUMONT D'URVILLE (Jules-Sébastien-César), navigateur, 1790, Condé-s.-Noireau (Normandie); 1842, Bellevue. Apporta en France la Vénus de Milo. Capitaine de frégate, 1826. Contre-amiral, 1840. Exécuta trois voy. autour du monde, et vint mourir dans la terrible catastrophe du chemin de fer de Versailles. — Voy. de l'Astrolabe, 1826-29. Éd. 1830 et suiv. *Tastu*, 2 vol. gr. in-8, avec atlas, ou 1832-33, *Roret*, 5 vol. in-8, 40 fr. Voy. au Pôle Sud et dans l'Océanie, de 1837 à 1840. Éd. 1841-54, *Gide*, 23 vol. in-8, avec atlas. Relation de ce voy., 10 vol. in-8, 25 fr. Résumé des voy. 1834-35. 2e éd., *Furne*, 1844, 2 vol. gr. in-8, 30 fr.

DUMOULIN (Ch.), célèbre jurisconsulte, 1500, Paris; 1566, ibid. Avait sur le droit français des connaissances aussi étendues que Cujas sur le droit romain. Refusa toutes fonctions. Se consacra à ses œuvres, dont le mérite lui valut l'estime générale et quelques persécutions. — Observations sur l'édit de Henri II, 1551. Conseils sur le concile de Trente, 1564. Révision sur la coutume de Paris, 1773, in-4. — OEuv. compl. Éd. lat.-franç., 1681, 5 vol. in-fol., 60 à 70 fr.

DUNOYER (Barth.-Ch.-P.-Jos.), économiste, 1786, Carennac (Lot); 1863, Paris. Préfet, 1830. Membre de l'Acad. des sciences morales, 1832. Administrateur à la Bibliothèque royale, 1839.

Conseiller d'État, 1838-51. — L'Industrie et la Morale, 1825, *Sautelet*, in-8, 4 fr. Traité d'économie sociale, 1830, *Sautelet*, 2 vol. in-8, 12 fr. Travaux publics en Angleterre et en France, 1840, in-8, 2 fr. LIBERTÉ DU TRAVAIL, 1845, *Guillaumin*, 3 vol. in-8, 22 fr. 50.

DUPANLOUP (Félix-Ant.-Philibert), prélat et théologien, 1802, St-Félix (Savoie). Professeur à la Faculté de théologie, 1841. Évêque d'Orléans, 1849. Membre de l'Acad. franç., 1854. — DE L'ÉDUCATION, 1850. 4ᵉ éd., *Lecoffre*, 1858, 3 vol. in-8, 18 fr., ou in-12, 10 fr. 50. Le Christianisme, 1844, 6 vol. in-8, 6ᵉ éd., *Devarenne*, 1855, 6 vol. in-18, 12 fr. — OEuv. choisies, *Perisse*, 1862, 4 vol. in-8, 30 fr.

DUPATY (L.-Marie-Ch.-H. MERCIER), sculpteur, 1771, Bordeaux ; 1825..... Avocat. Soldat. Gr. prix de sculpture, 1799. Membre de l'Acad. des beaux-arts, 1816. — Périclès et Anaxagore, 1799. L'Amour. Philoctète. Venus genitrix. Cadmus. Biblis mourante. Vénus et Pâris. Pomone. AJAX FUYANT. JEUNE BERGER. Louis XVIII.

DUPATY (Emmanuel), auteur dramatique, 1775. Bordeaux ; 1851, Paris. Frère du précédent. Soldat, puis homme de lettres. Membre de l'Acad. franç., 1835. Administrateur de la bibliothèque de l'Arsenal. — Picaros et Diégo. Le Chapitre second. La Jeune Mère. La Jeune Prude. La Leçon de botanique. Ninon chez Mᵐᵉ de Sévigné. L'Intrigue aux fenêtres. Le Poëte et le Musicien. Les Voitures versées. LA PRISON MILITAIRE, 1803. LES DÉLATEURS, 1816. ISABELLE DE PALESTINE.

DUPERREY (L.-Isid.), marin et géographe, 1786, Paris. Membre de l'Acad. des sciences, 1842. Exécuta autour du monde un voy. de plus de vingt mille lieues. — Voy. autour du monde, 1822-25. Éd. *Bertrand*, 1828-32, 6 vol. in-4, avec atlas in-fol.

DUPETIT-THOUARS (Abel AUBERT), marin et voyageur, 1793..... Capitaine de vaisseau, 1834. Contre-amiral, 1841. Représentant à l'Assemblée législative, 1849. Membre de l'Acad. des sciences, 1855. — Voy. autour du monde, 1838-39. Éd. 1841-49, *Gide*, 10 vol. in-8, avec pl.

DUPIN (L.-Ellies), historien et théologien, 1657, Paris ; 1719, ibid. L'indépendance de ses opinions et son opposition à la bulle

Unigenitus lui attirèrent des persécutions. — Bibliothèque des auteurs ecclésiastiques, 1686 et suiv. 9ᵉ éd., 1698 et suiv., 61 vol. in-8.

DUPIN (André-Marie-J.-Jacq.), jurisconsulte, 1783, Varzy (Nièvre). Avocat, 1800. Député, 1815. Procureur général, 1830. Président de la Chambre, 1832-40. Membre de l'Acad. franç. et de celle des sciences morales, 1831 ; des Assemblées constituante et législative, 1848-51. Sénateur. — Manuel des étudiants en droit, 1824. Nouv. éd., 1851, in-18. Libertés de l'Église gallicane, 1824, in-8, et 1826, in-18. Nouv. éd. *Plon*, 1860, gr. in-18, 5 fr. Traité des apanages, 1827. 3ᵉ éd., *Joubert*, 1835, in-18. Jésus devant Caïphe et Pilate, 1828. 4ᵉ éd., *Didot*, 1855, in-8; 1863, in-18, 2 fr. Profession d'avocat, 1830, *Warée*, 2 vol. in-8, 12 fr. Manuel du droit ecclésiastique. 4ᵉ éd., *Videcoq*, 1845, in-8. Le Morvan, 1853, in-12.

DUPIN (F.-P.-Ch. baron), statisticien et mathématicien, 1784, Varzy (Nièvre). Frère du précédent. Entré le premier à l'École polytechnique, il en sortit le premier, 1801-03. Membre de l'Acad. des sciences, 1818. Professeur de mécanique au Conservatoire, 1819. Député, 1828. Conseiller d'État, 1831. Membre de l'Acad. des sciences morales, 1832. Pair de France, 1837. Représentant aux Assemblées constituante et législative, 1848-51. Sénateur, 1852.—Voy. dans la Grande-Bretagne, 1816-21. Éd. 1820-24, *Bachelier*, 6 vol. in-4, avec atlas. Géométrie et Mécanique des arts, 1825-26. 2ᵉ éd., *Bachelier*, 1829, 3 vol. in-8, 12 fr. Forces prod. et comm. de la France, 1827, *Bachelier*, 2 vol. in-4, 15 fr. Forces prod. des nations, 1858 et suiv., *Impr. imp.*, 6 vol. in-8.

DUPIN (J.-H.), auteur dramatique, 1791, Paris. Cousin des précédents. Abandonna la banque pour le théâtre. — En collaboration : la Mort et le Bûcheron. Le Fou de Péronne. Les Noces de Gamache, 1825. Michel et Christine, 1826. Cartouche et Mandrin, les Petits Appartements, 1827. La Mansarde des artistes, un Jour de réception, 1828. L'Ange gardien, la Fête de famille, 1831. Le Délit politique, L'amour vient après, le Fils d'un agent de change, la Figurante, 1838. Ma Bête noire, 1839. La Fille invisible, 1854.

DUPONT de Nemours (P.-Samuel), économiste, 1739, Paris ;

1817, Delaware (Amérique). Membre de l'Assemblée des Notables, de la Constituante, du Conseil des Anciens, de l'Institut. Se retira en Amérique. Conseiller d'État, 1814. Ami de Turgot. — Physiocratie, 1768, 2 vol. in-8. Mémoires sur Turgot, 1787, 2 vol. in-8. Lettres et Mémoires. — OEuv. dans la Collection des Économistes.

DUPONT (A.-P.), poëte et chansonnier, 1821, Lyon. Lauréat de l'Acad. franç., 1842. — Les Bœufs, le Braconnier, les Louis d'or, le Chien du berger, le Chant des nations, le Chant des Soldats, le Dahlia bleu, la Vache blanche, le Peseur d'or, 1846-56. Fin de la Pologne, 1847. Jean Guêtré, 1856. Études littéraires, 1859, in-12.

DUPUIS (Ch.-F.), philosophe, 1742, Tric-le-Château (Oise); 1809, Is-s.-Til (Côte-d'Or). Avocat. Membre de l'Acad. des inscriptions, 1788; de la Convention, du Conseil des Cinq-Cents et du Corps législatif. — Origine de tous les cultes, 1795, 3 vol. in-4, avec atlas. Nouv. éd., *Babeuf*, 1822, 7 vol. in-8, avec atlas, ou *Rozier*, 1835, 10 vol. in-8, avec atlas, 35 fr. Abrégé du même ouvrage, 1798. Nouv. éd., 1820, in-8 et in-18.

DUPUYNODE (Michel-Gust. Partounau), 1817, Forges-de-Verrières (Vienne). Avocat. Employé au ministère de la justice, 1845-48. — Études d'économie politique, 1843, *Guillaumin*, in-8, 4 fr. Les Lois du travail, 1845, *Guillaumin*, 2 vol. in-8, 12 fr. De la monnaie, du crédit et de l'impôt, 1853, 2e éd., *Guillaumin*, 2 vol. in-8, 12 fr.

DUPUYTREN (Guill. baron), célèbre chirurgien, 1777, Pierre-Buffière (Haute-Vienne); 1835, Paris. Chef des travaux anatomiques à la Faculté, 1829. Chirurgien en chef de l'Hôtel-Dieu. 1er chirurgien du roi. Membre de l'Institut. — Clinique chirurgicale, 1831-33, 2e éd., *Baillière*, 1839, 6 vol. in-8, 14 fr. Opération de la pierre, 1836, *Baillière*, gr. in-fol., avec pl., 10 fr.

DUQUESNOY (F.), sculpteur belge, 1594, Bruxelles; 1646, Livourne. Demeura longtemps à Rome. Fut empoisonné par son frère au moment où il se rendait à Paris. — La Vérité et la Justice. Silène endormi. L'Amour divin et l'Amour profane. Apollon et Hercule. L'Amour taillant son arc. Le Manneken-Pis, à Bruxelles. Ste Suzanne, St André, Groupes d'enfants, à Rome.

DURAND-BRAGER (J.-Bapt.-H.), peintre, 1814, St-Malo.

Élève de MM. Gudin et Isabey. A suivi nos armées dans diverses campagnes reproduites par son pinceau. — Combat de la frégate le Niémen, 1844. Panorama de Rio-Janeiro. St-Jean-d'Ulloa. Tanger. Bombardement et prise de Mogador, 1845. Panoramas de la guerre d'Orient, 1857. Port de Marseille, 1859. Marines, 1861-63-65. — Ste-Hélène, 1843-44. *Gide,* in-fol., avec pl.

DUREAU DE LA MALLE (Ad.-Jules-César-Aug.), archéologue, géographe et poëte, 1777, Paris; 1857..... Professait un goût prononcé pour les lettres et les arts, uni à une érudition peu commune. Membre de l'Acad. des inscriptions, 1818. — Poliorcétique des anciens, 1819, *Didot,* in-8, avec pl. Rech. sur Alger, 1835, *Didot,* in-8. Province de Constantine, 1837, *Gide,* in-8, avec cartes. ÉCONOMIE POLIT. DES ROMAINS. 1840, *Hachette,* 2 vol. in-8, 25 fr.

DURER (Albert), célèbre peintre et graveur allemand, 1741, Nuremberg; 1528, ibid. Voyagea en Italie. Fut protégé par Maximilien Ier, Charles-Quint et Ferdinand. Apporta de notables perfectionnements dans la gravure. — Peinture : Passion, à Paris; saint Eustache, à Milan; Vierges; Frère Jean, 1500; Marius à Carthage, 1504; MARTYRE DE SAINT SÉBASTIEN, 1506; UN JEUNE HOMME; MARTYRE DES DIX MILLE SAINTS; Dieu le Père et J.-C., 1512, à Vienne; ADORATION DES MAGES, 1509, à Florence; ASCENSION DE LA VIERGE (incendié à Munich). Gravure : Juda; les Quatre Femmes nues, 1497; la Fortune; la Mélancolie; Adam et Ève; LE CHEVALIER DE LA MORT; Joueur de cornemuse; Passion, 1510; Martyre de J.-C.; Jugement de Pâris; Arc de triomphe et char de Maximilien, 1522. Portraits : ÉRASME; Mélanchthon; Albert; Pirckeimer; Maximilien; JEAN ET PIERRE; MARC ET PAUL, 1826; VIE DE MARIE (sur cuivre). Consulter : OEuv. d'Albert Durer, *Clément,* 1854-61, in-fol.

DURET (Francisque), sculpteur, 1804, Paris. Élève de Bosio. 1er gr. prix, 1823. Membre de l'Académie des beaux-arts, après Cortot, 1843. Grande médaille d'honneur, 1855. — Évandre, 1823. Mercure, 1831. PÊCHEUR, 1833. Molière, 1834. Le Christ, 1835. L'Ange Gabriel, 1838, à la Madeleine. Chactas, 1836. DANSEUR NAPOLITAIN, 1838. VENDANGEUR, 1839. Vénus au bain, Champs-Élysées. La Tragédie et la Comédie, 1852. FRONTON DU NOUVEAU LOUVRE, sur la place du Palais-Royal.

La Victoire, au Sénat. Vieillards, au tombeau de l'Empereur. Fontaine Saint-Michel, 1860.

DURUY (Victor), historien et homme d'État, 1811, Paris. Professeur d'histoire à Reims, puis à Paris. Chercha constamment par son enseignement et ses ouvrages à faire progresser la science. Ministre de l'instruction publique, 1864. — Géographie politique romaine, 1838, in-12; du moyen âge, 1839, in-12; de la France, 1840. Atlas de géographie, 1841, in-8. Hist. des Romains, 1840-44, 2 vol. in-8, 18 fr. État du monde romain, 1853, in-8, 4 fr. Hist. universelle, *Hachette*, 20 vol. in-18, 81 fr. 50.

DUSEIGNEUR (Bernard-J.), sculpteur, 1808, Paris. Élève de Bosio, Dupaty et Cortot. — Roland furieux, 1831. La Camaraderie; Une Larme, 1833. Saint Michel, 1834. Conversion de saint Augustin, 1835. La Vierge et l'enfant Jésus, 1839. Statues nombreuses.

DUSOMMERARD (Alex.), archéologue, 1779, Bar-sur-Aube; 1842, Saint-Cloud. Soldat. Conseiller à la Cour des Comptes, 1807. Parcourut la France et réunit dans l'Hôtel de Cluny une collection d'objets d'art, aujourd'hui à l'État. — Notice sur l'hôtel de Cluny, 1834, *Ducollet*, in-8, 2 fr. Les arts au moyen age, 1838-49, *Techener*, 5 vol. gr. in-8, avec atlas, 700 fr.

DUTENS (L.), philologue et antiquaire, 1730, Tours; 1812, Londres. Se retira de bonne heure en Angleterre. Voyagea en Italie, en Allemagne. — Le Tocsin. 1769, 3e éd., *Molini*, 1793, in-12. La Logique, 1773, *Molini*, in-12. Des Pierres précieuses, 1776, *Didot*, in-8, 9 à 12 fr. — OEuv. compl., *Londres*, 1797, 3 vol. in-4.

DUTENS (Jos.-Michel), économiste, 1765, Tours; 1848..... Inspecteur divisionnaire des ponts et chaussées. Membre de l'Acad. des sciences morales, 1842. — Hist. de la navigation intérieure de la France, 1829, *Sautelet*, 2 vol. in-4. avec cartes, 40 fr. Philos. de l'économie politique, 1835, *Aillaud*, 2 vol. in-8, 5 fr. Essai sur le revenu de la France en 1815 et 1835. éd. 1842, *Guillaumin*, in-8, 3 fr.

DUTROCHET (René-Joachim-H.), physiologiste et physicien, 1776, Néol (Indre); 1847, Paris. Suivit nos armées en qualité de médecin. Membre de l'Acad. des sciences, 1831. — Mémoires pour servir à l'hist. des végétaux et des animaux, 1837, *Baillière*, 2 vol. in-8, avec atlas, 12 fr.

DUVAL (Amaury PINEU), littérateur, 1760, Rennes; 1839..... Avocat. Secrétaire d'ambassade, 1785. Membre de l'Acad. des inscriptions, 1311. Inspecteur des beaux-arts, 1812-15. — Des sépultures, 1801, *Panckoucke*, in-8. Paris et ses monuments, 1803 et suiv., in-fol. Les Fontaines de Paris, 1813, *Didot*, in-fol. Monuments des arts du dessin, du baron Denon, 1829, *Didot*, 4 vol. in-fol.

DUVAL (Alex.-Vincent PINEU), auteur dramatique, 1767, Rennes; 1842, Paris. Frère du précédent. Soldat. Ingénieur. Architecte. Directeur du théâtre Louvois, 1808. Membre de l'Institut, 1812. Bibliothécaire à l'Arsenal, 1831. — Le Voy. à Paris, 1795. La Jeunesse de Richelieu, 1796. Le Prisonnier, 1798. Maison à vendre, 1800. La Nuit d'un proscrit, 1802. Guill. le Conquérant, 1803. Le Tyran domestique; le Menuisier de Livonie, 1805. Joseph, 1807. Le Chevalier d'industrie, 1809. Le Faux Stanislas; le Retour du Croisé, 1810. Le Dépit d'amour, 1811. La Jeunesse de Henri V, 1812. La Manie des grandeurs, 1817. LA FILLE D'HONNEUR, 1818. Le Faux Bonhomme, 1821. — OEuv. compl., *Barba*, 1822-25, 9 vol. in-8.

DUVERGIER DE HAURANNE (Prosper), historien, 1798, Rouen. Député, 1831. Membre de l'Assemblée constituante, 1848; de l'Assemblée législative, 1850. Mêlé, pendant 25 ans, 1825-50, à tous les événements polit. de la France. — Principes du gouvernement représentatif, 1838, *Tessier*, in-8, 3 fr. De la polit. intérieure, 1841, *Paulin*, in-8, 3 fr. HIST. DU GOUVERNEMENT PARLEMENTAIRE, 1857-64, *Lévy*, 7 vol. in-8. 52 fr. 50.

DUVERGIER (J.-Bapt.-Marie), jurisconsulte, 1792. Avocat à la Cour royale, 1821. Conseiller d'État, 1855. — Collection compl. des lois, de 1788 à 1830. 1824-30, 30 vol. in-8; depuis, un vol. par an. Table gén. et analyt. des lois de 1788 à 1830. 1834-38, *Guyot*, 2 vol. in-8. Droit civil français (continuation de Toullier), 1830-39, *Cotillon*, 6 vol. in-8, 60 fr.

DUVERNEY (Jos.-Guichard), anatomiste, 1648, Feurs (Forez); 1730..... Membre de l'Acad. des sciences, 1674. Professeur d'anat. au Jardin des plantes, 1679. — Traité de l'ouïe, 1683. 2e éd.,

1718, in-12. Traité des maladies des os, 1751, 2 vol. in-12. OEuv. anatomiques, 1761, *Jombert*, 2 vol. in-4, fig.

DUVERNOY (Georges.-L.), anatomiste et zoologiste, 1777, Montbéliard; 1855, Paris. Professeur à la Faculté de Strasbourg, 1827. Membre de l'Acad. des sciences, 1847. Professeur d'hist. nat. au Collége de France, 1837, après Cuvier, son compatriote et son ami, et d'anat. comparée, 1850. — Dissertation sur l'hystérie, 1801, *Gabon*, in-8. Leçons d'hist. naturelle, 1839-42, in-8. Mémoires nombreux.

DUVERT (Félix-Aug.), auteur dramatique, 1795, Paris. Soldat, employé dans diverses administrations, puis auteur. — Heur et Malheur, 1831. Mad^{lle} Marguerite, 1832. Prosper et Vincent, 1833. La Laitière, 1837. La Famille du Fumiste; les Intimes, 1840. L'Omelette fantastique, 1842. Riche d'Amour, 1845. Ce que Femme veut, 1847. Le Supplice de Tantale, 1850.

DYCK (Ant. VAN), célèbre peintre flamand, 1599, Anvers; 1641, Londres. Élève de Rubens. Passa cinq années en Italie, 1821-26. Se retira en Angleterre auprès de Charles Ier. Le plus grand peintre de portrait après Le Titien. Sa fécondité et ses goûts de dépense nuisirent à la qualité de ses œuvres. — VIERGES. CHRIST. ST SÉBASTIEN. Vénus et Vulcain. Renaud et Armide. CHARLES Ier; 12 PORTRAITS, au Louvre. PORTRAITS, à la Haye. Madeleine. PORTRAITS, à Amsterdam. St Ant. de Padoue, à Milan. Vierge et enfant Jésus, à Parme. DESCENTE DE CROIX; ASCENSION ET ADORATION, à Rome. ST MARTIN PARTAGEANT SON MANTEAU. CHRIST MORT; St François mourant, à Madrid. St Ambroise; chevaux d'Achille; PORTRAITS, à Londres. Christ; PORTRAITS; ST AUGUSTIN, à Anvers. Christ; Silène; martyre de St Pierre; PORTRAITS, à Bruxelles. ÉRECTION DE CROIX, à Courtray.

E

EASTLAKE (Sir Ch.-Lock), peintre anglais, 1793, Plymouth. Membre de l'Acad. 1830. Conservateur, 1843, puis Directeur, 1855, de la National Gallery. — Fille de Zaïre, 1814. Femme de Brigand; Jeune fille d'Albano, 1825. Le Spartiate Isadas, 1827. PÈLERINS A JÉRUSALEM, 1828. Famille de paysans. Héloïse.

Gaston de Foix. Arabe. Grecque. Grecs fugitifs. Le Rêve. L'Enfer. Allégorie. Christs. Agar et Ismaël. — Materials for a history of oil painting (matériaux pour l'hist. de la peinture à l'huile), 1847. Contributions towards the literature of the fine arts (De la littérature des beaux-arts), 1848.

EBELMEN (Jacq.-Joseph), chimiste, 1814, Baume-les-Dames (Doubs). Administrateur de la manufacture de Sèvres, 1845. Ingénieur en chef des mines, 1852. — Recueil des travaux scientifiques, 1855-61, par M. Salvétat, *Bachelier*, 2 vol. in-8, 15 fr. Mémoires nombreux.

EBERHARD (J.-Aug.), philosophe et littérateur allemand, 1739, Halberstadt; 1809..... Professeur de théologie à Halle, 1778. Membre de l'Acad. des sciences de Berlin. Conseiller privé. Neue Apologie des Sokrates (Nouv. apologie de Socrate), 1772-73. 3e éd., *Berlin*, 1788, 2 vol. in-8. Allgemeine Theorie des Denkens und Empfindens (Théorie de la pensée et de la sensibilité), 1776, *Berlin*, in-8. Allgemeine Geschichte der Philosophie (Hist. gén. de la philosophie), 1788, *Halle*, in-8. Synonymisches Handwœrterbuch der deutschen Sprache (Manuel des synonymes de la langue allemande), 1802. 2e éd., *Berlin*, 1837, in-8.

EBRARD (J.-H.-Aug.), théologien allemand, 1818, Erlangen. Professeur de théologie à Zurich, puis à Erlangen. — Kritik der evangelischen Geschichte (Critique de l'hist. évangelique), 1842. 2e éd., *Francfort*, 1850. Versuch einer Liturgik (Essai d'une liturgie), 1843. Die Gottmenschlichkeit des Christenthums (Essence divine-humaine du Christianisme), 1844, *Zurich*. Christliche Dogmatik (Dogmatique chrétienne), 1851-52, *Kœnigsberg*, 2 vol. Vorlesungen über praktische Theologie (Leçons de théologie pratique), 1852, *Kœnigsberg*.

ECKHEL (Jos.-Hilaire), numismate allemand, 1737, Enzersfeld (Autriche); 1798..... Jésuite, 1770. Directeur du cabinet des médailles de Vienne, 1774. — Numi veteres anecdoti, 1775, *Vienne*, 2 vol. in-4. Choix des pierres du cabinet de Vienne, 1788, *Vienne*, pet. in-fol., 24 à 36 fr. Doctrina numorum veterum, 1792-98, *Vienne*, 8 vol. in-4. fig. 120 fr. à 140 fr.

EDELINCK (Gérard), célèbre graveur belge, 1649, Anvers; 1707, Paris. Le premier qui mit en usage la taille en losange. Louis XIV et Lebrun s'empressèrent de l'attirer en France. Graveur du roi. Membre de l'Acad. — SAINTE FAMILLE, de Raphaël. FAMILLE DE DARIUS; MADELEINE; CHRIST AUX ANGES; ST CHARLES BORROMÉE, de Lebrun. MOÏSE, de Philippe de Champagne. COMBAT DE CAVALIERS, de Léonard de Vinci. VIERGE, du Guide. Famille de Darius, de Mignard. Portraits : Louis XIV, Colbert, Lebrun, Rigaud, PHILIPPE DE CHAMPAGNE, la Fontaine, Mignard, Descartes.

EDGEWORTH (Richard Lowell), mécanicien anglais, 1744, Bath; 1817..... Eut, le premier, l'idée des communications télégraphiques, 1763. Imagina une voiture marchant seule, 1767. Habita Lyon, 1771-82. Député à la Chambre des communes, 1798. — Essai sur la construction des routes, 1813. Trad. franç. par Ballyet, *Dumaine*, 1828, in-8.

EDGEWORTH (Marie), romancière anglaise, 1767, Edgeworthtown (Oxford); 1849, ibid. Fille du précédent. Ne quitta pas son père, qui l'aida dans ses travaux. Ses œuvres, respirant une saine morale, sont devenues populaires.—Éducation pratique, familière. Contes moraux, populaires, fashionables. Guide des parents. Jeunes industriels. — OEuv. Éd. angl. *Baudry*, 1834-44, 10 vol. in-18, 23 fr. Trad. franc. *Renouard*, 20 vol. in-18, 30 fr.

EDWARDS (Georges), naturaliste anglais, 1693, Westham (Essex); 1773..... Parcourut à diverses reprises l'Europe entière. Membre de la société roy. de Londres, 1757. — Hist. nat. des oiseaux, 1743-51, *Londres*, 4 vol. gr. in-4, avec pl. Glanures d'hist. naturelle, 1758-64, *Londres* 3 vol. in-4.

EGGER (Émile), helléniste, 1813, Paris. Maître de conférences à l'École normale, 1839. Professeur de litt. grecque à la Faculté, 1844. Membre de l'Acad. des inscriptions, 1854. — Examen des historiens du règne d'Auguste, 1844. *Dezobry*, in-8. Rech. sur les augustales, 1844, in-8. Origines de la litt. grecque, 1846, in-8. Histoire de la critique chez les Grecs, 1850, in-8. NOTIONS ÉLÉM. DE GRAMM. COMPARÉE, 1852. 5ᵉ éd. 1854. in-12.

EGINHARD (Eginhardus), historien, vers 771, pays du Mein; vers 844, Seligenstadt. Élève d'Alcuin. Secrétaire de Charlemagne. Précepteur de Lothaire. Entra dans un monastère en 816. — VIE DE CHARLEMAGNE. ANNALES. Lettres. — OEuv. compl. Éd. lat.-franç. par M. Teulet, *Renouard*, 1840, 2 vol. gr. in-8. 18 fr. OEuv. choisies, Didot, in-18, 4 fr.

EHRENBERG (Chistian Gottfried), naturaliste allemand, 1795, Delitzsch (Saxe pruss.). Exécuta un grand voy. scientifique en Égypte, 1820-26 et un second, en Asie, avec Humboldt. Ses travaux sur les infusoires sont considérables et précieux. — Naturgeschichtliche Reise durch Nordafrica (Voy. scient. dans l'Afrique septentrionale), 1828, *Berlin*, gr. in-4. Symbolæ physicæ, 1829, *Berlin*, in-fol. DAS INFUSIONSTHIERCHEN ALS VOLLKOMMENER ORGANISM. (De l'organisation compl. des infusoires), 1838, *Leipsick*, in-fol. avec pl. Die Bildung des Europæischen (Formation des roches crétacées de l'Europe), 1839, *Berlin*.

EHRET (Georges-Denis), peintre allemand, 1710, pays de Bade; 1770, Londres. Membre de la société roy. de Londres. Consacra son talent à la représentation des plantes. Jussieu et Linné guidèrent ses efforts. — Gravures de l'Hortus Cliffortianus, 1737; des Plantæ selectæ, de Trew, 1750; de l'Hist. de la Jamaïque de Brown, 1765, *Londres*, in-fol.; de l'Hist. des corallines de J. Ellis, 1775, *Londres*, in-8.

EICHENS (Fréd. Ed.), graveur prussien, 1804, Berlin. Voyagea en Allemagne, en France, en Italie, 1827. Membre de l'Acad. des beaux-arts de Berlin, 1832. — Vision d'Ezéchiel. Fille de Titien. Macbeth. Ornements. Adoration des mages, de Raphaël. Ste Madeleine, du Dominiquin. Portraits.

EICHHOFF (Fréd.-Gust.), philologue, 1799, Le Havre. Bibliothécaire de la reine, 1830. Professeur de la Faculté de Lyon, 1842. Inspecteur gén. des langues, 1855. — Études sur Virgile, 1825, 3 vol. in-8. PARALLÈLE DES LANGUES, 1836, *Impr. roy.*, in-4. 30 fr. Dict. étymol. des racines allemandes (avec M. de Suckau), 1840, *Thiériot*, in-12. Légende indienne, 1852. Études sur Ninive. 1855, in-8. Poésie héroïque des Indiens, 1860, in-8.

EICHHORN (J. Gottfried), orientaliste, théologien et historien allemand, 1752, Dörenzimmern (Hohenlohe-OEhringen); 1827. Gœttingue. Professeur de litt. orientale à Iéna, 1775. Conseiller d'État, 1783. Professeur de philos. à Gœttingue, 1788. Direct. de la Société roy. des sciences, 1813. Conseiller privé, 1819. — Monumenta antiquissimæ historiæ Arabum, 1775, *Gotha*, in-8. 6 fr. Einleitung in das alte und neue Testament (Introd. à l'Ancien et au Nouv. Testament), *Leipsick-Gœttingue*, 1780 à 1810, 5 vol. in-8. Literaturgeschichte (Histoire de la littérature), 1799,

Gœttingue, 2 vol. in-8. Weltgeschichte (Histoire universelle), 1799, *Gœttingue*, 5 vol in-8.

EICHWALD (Édouard), naturaliste russe, 1795, Mitau (Lithuanie). Voyagea en Europe et en Orient, 1817-27. Professeur de zoologie et d'anat. à Wilna, 1827 ; à St-Pétersbourg, 1838. Recommença de longs et fructueux voyages. Conseiller d'État, 1851. — Zoologia specialis, 1830-32, *Wilna*, 3 vol. in-8. Plantarum novarum, 1831-32, *Wilna*, in-fol. Reise auf dem Caspischen Meere (Voy. sur la mer Caspienne) 1834-37, Stuttgard, 2 vol. Fauna caspico-caucasica, 1841, *St-Pétersbourg*, in-fol. avec pl.

ELGIN (Thomas Bruce Cte d'), archéologue anglais, 1769..... 1842..... ambassadeur à Constantinople. Célèbre pour avoir rapporté en Angleterre des restes inestimables des monuments de la Grèce, notamment du Parthénon. — Antiquités grecques, 1811, *Londres*. Trad. franç. par Barère, *Bruxelles*, 1820, in-8. Elgin Marbles (Marbres d'Elgin), 1816, *Londres*, gr. in-4. avec pl.

ÉLIE DE BEAUMONT (J.-Bapt.-Armand-L.-Léonce), célèbre géologue, 1798, Canon (Calvados). Sorti le premier de l'École polytechnique, 1819. Professeur de géologie à l'École des mines, 1829 ; au Collége de France, 1832. Ingénieur en chef des mines, 1833. Membre, 1835, puis secrétaire, après Arago, 1853, de l'Acad. des sciences. Sénateur, 1852. Exécuta avec Dufrénoy de gr. voy. géologiques en Angleterre et en France, 1821-30. Auteur de la théorie des soulèvements des montagnes. — Coup d'œil sur les mines, 1824, *Levrault*, in-8. avec pl. VOY. MÉTALLURG. EN ANGLETERRE (avec Dufrénoy), 1827. 2e éd. 1837-39, 2 vol. in-8. avec atlas. CARTE GÉOLOGIQUE DE LA FRANCE (avec Dufrénoy) 1826-41, *Bertrand*, avec texte, 2 vol. in-4. RECH. SUR LES RÉVOLUT. DE LA SURFACE DU GLOBE, 1829. 2e édit. *Levrault*, 1835, in-8. LEÇONS DE GÉOLOGIE, 1845 et suiv. *Bertrand*, 3 vol. in-8.

ELLIOTSON (J.), médecin anglais..... Londres. Professeur de l'université, 1831. Président de la Société roy. de médecine. Partisan convaincu du magnétisme animal. — Lumleyan lectures on the recent (Leçons sur les nouv. perfectionnements), 1830, *Londres*. Practice of medicine (Pratique de la médecine), in-8. Surgical cases in mesmerim (Opérations chirurg. rendues insensibles par le mesmérisme), in-8. Blumenbach's Physiology (Physiol. de Blumenbach).

ELLIS (J.), naturaliste anglais,..... ; 1776, Londres. Ses travaux portent en grande partie sur les zoophytes. — Essai sur l'hist. nat. des corallines, 1755, *Londres,* in-4. avec pl. trad. franç. *La Haye,* 1756, in-4. Exposition des genres de polypiers, 1786, *Londres,* gr. in-4. avec pl. 40 fr. trad. franç. par Lamouroux, *Agasse,* 1820, in-4. avec pl. 40 fr.

ELSEVIER, célèbre famille d'imprimeurs hollandais. ELSEVIER (L.), 1540-1617, 1er du nom. S'établit à Leyde, 1580. ELSEVIER (Bonaventure), 1583-1652. ELSEVIER (Abraham), 1592-1652. Éd. des classiques lat. Ex officina Elseviriana. ELSEVIER (L.), 1604-70, s'établit à Amsterdam. Classiques lat. cum notis variorum. Etymologicon linguæ latinæ. Corpus juris. Elsevier (Daniel), 1626-80, fils de Bonaventure. Nouv. Testament, 1658.

ELSHOËCT (Karl), sculpteur, 1791, Bergues (nord) ; 1856, Paris. Élève de Bosio. — L'Innocence, 1825. La Vierge, 1827. Éloa, 1828. Faust et Marguerite, 1834. Triton ; naïade; le Rhône et la Saône, sur la place de la Concorde. La Charité et l'Indigence, à Lyon. L'Hist. et la Justice, à Laon. Génie de l'Asie, au nouveau Louvre. Adam et Ève. ANGES ET SÉRAPHINS, à Notre-Dame de Lorette. LA PAIX ; LA VICTOIRE ; L'ABONDANCE ; LA RENOMMÉE, au Sénat.

ÉMERIC-DAVID (Toussaint-Bernard), archéologue, 1755, Aix ; 1839, Paris. Avocat. Membre du Corps législatif, 1809 ; de l'Acad. des inscriptions, 1816. — Rech. sur l'art statuaire, 1800, in-8. et 1863, *Renouard,* in-12, 3 fr. 50 Jupiter, 1833, 2 vol. in-8. Vulcain. 1837, in-8. Neptune, 1839, in-8. Hist. de la peinture au moyen âge, 1842, *Gosselin,* in-12, 3 fr. 50.

EMERSON (Ralph-Waldo), philosophe et littérateur américain, vers 1803, Boston. Refusa toute fonction pour être tout entier à ses œuvres. — Man thinking (l'Homme pensant), 1837, *Boston.* Ethics (Ethique), 1838, *Boston.* Nature (la Nature), 1839. *Boston,* in-12. Essais de philosophie, 1841-44, *Boston,* 2 vol. in-12. Trad. franç. par Ém. Montégut, 1851, in-12, 3 fr. 50. English traits (Esquisses anglaises), 1856, in-12.

ÉMERY (Jacq. André), théologien, 1732, Gex ; 1811, Paris. Conseiller de l'université, 1808. Supérieur de St-Sulpice. — Esprit de Leibnitz, 1772. Nouv. éd. 1804, 2 vol. in-8. Esprit de

Ste-Thérèse, 1775. Nouv. éd. *Gaume,* 1836, 2 vol. in-12. Christianisme de Bacon, 1779. Pensées de Descartes, 1811.

EMPIS (Adolphe-Dominique-Florent-Jos. Simonis), littérateur et auteur dramatique, 1795, Paris. Secrétaire des bibliothèques, puis chef de division, 1824-30, de la maison de Charles X. Membre de l'Acad. franç. 1847. Directeur de la Comédie franç. 1856-59. Inspecteur général des bibliothèques. — En collaboration : Sapho, 1819. Hercule, 1820. Jeanne d'Arc, 1822. Vendôme, 1823. Bothwell, 1824. Lambert Symnet, 1827. La Mère et la Fille, 1830. La Dame et la Demoiselle ; Une Liaison,1834. Julie, 1837. Un jeune Ménage; l'Agiotage, 1838. L'Héritière, 1844.Les six Femmes de Henri VIII, 1854, *Bertrand,* 2 vol. in-8. 10 fr. Théâtre, 1840, 2 vol. in-8.

EMPOLI (Jacobo Chimenti), peintre italien, 1554, Empoli, entre Florence et Pise; 1640..... Élève de Thomasso. Remplit Florence de ses œuvres.— St Yves ; Sacrifice d'Abraham ; vierges et saints ; annonciation; Création d'Adam, à Florence. Mariage d'Henri IV, à Pise. Vierges, à Cortone. St Charles Borromée, à Pistoia. Christ aux oliviers, à Madrid. Vierges, avec saints, au Louvre.

ÉNAULT (L.), littérateur, 1824, Isigny (Calvados). Voyagea dans toute l'Europe et l'Orient. — Promenade en Belgique, 1852. Salon, 1852-53. La Terre sainte, 1854. Constantinople et la Turquie, 1855. Voy. en Laponie ; Christine, 1857. La Vierge du Liban, 1848. Alba; Nadèje, 1859. — OEuv. Éd. *Hachette,* 16 vol. à 2 et 3 fr. 50.

ENCKE (J.-F.), astronome et géomètre allemand, 1791, Hambourg. Élève de Gauss. Directeur-adjoint à Seeberg, 1825; puis à Gotha. Directeur de l'observatoire, et secrétaire perpétuel de l'Acad. des sciences de Berlin. Célèbre par ses travaux et ses découvertes, notamment par la rectification de la période de révolution de la comète de Pons, aujourd'hui comète d'Encke. — Astronomisches Jahrbuch (Annuaire astronomique), 1830 et suiv. Astronomische Beobachtungen auf der Sternwarte zu Berlin (Observations astronomiques faites à Berlin), 1835 et suiv.

ENCONTRE (Daniel), mathématicien, 1762, Nîmes; 1818, Montpellier. Professeur à la Faculté de Montpellier, 1808. Membre des Acad. de Montpellier, Nîmes et Montauban. — Mémoire sur l'inscription de l'Ennéagone, 1801, *Montpellier*, in-8. Dissertation sur le vrai syst. du monde, 1807, *Montpellier*, in-8. Lettres à M. Combes-Dounous, 1811, *Montpellier*, in-8.

ENGEL (J.-Jacq.), auteur dramatique allemand, 1741, Parchim (Mecklembourg); 1802, ibid. Membre de l'Acad. des sciences de Berlin, 1787. — Der Dankbare Sohn (Le Fils reconnaissant), 1769. Der Philosophe für die Welt (Le Philos. du monde). Méthode die Vernunftlehre (Méthode de développer la logique), 1780-83. Ideen zu einer Mimik (Idées sur la mimique), 1793.

ENGELMAN (Godefroi), lithographe, 1788, Mulhouse; 1839..... Développa en France la lithographie inventée en 1815 par Senefelder, de Munich. Inventa la chromolithographie. — Manuel du dessinateur lithographe, 1823. 3e éd. 1830, in-8, avec pl. Traité de lithographie, 1839-40, in-4. avec pl.

ENNIUS (Quintus), poëte latin, 240, av. J.-C. Rudies (Calabre); 170, av. J.-C...... Bon poëte après avoir été brave soldat. Ami de Caton l'Ancien et de Scipion l'Africain. Il ne reste que quelques fragments de ses œuvres qui, dit-on, étaient fort nombreuses. — Annales, Tragédies. Éd. lat. *Leipsick*, 1825 et 1854, in-8.

ÉPICTÈTE, philosophe stoïcien grec, 1er siècle de J.-C., Hiéropolis (Phrygie). Esclave d'Épaphrodite, à Rome. Exilé par Domitien, puis protégé par Marc-Aurèle et Adrien. — Manuel de sa doctrine, par son disciple, Arrien. — Éd. grecq.-franç. par Thurot, *Didot*, 1826, in-8. 6 fr. par M. Chédieu, *Hachette*, 1847, in-8. Discours. Éd. grecq-franç. par Thurot, *Hachette*, 1838, in-8. 6 fr..

ÉPICURE, philosophe grec, 337 av. J.-C. Athènes; 270, ibid. Ouvrit une école à Lampsaque, puis à Athènes. Sa doctrine, antithèse du stoïcisme, enseignait que le plaisir, dans une certaine mesure cependant, devait être notre unique préoccupation. Il ne nous est parvenu que quelques-unes de ses œuvres. — Fragments. Éd. grecq. *Leipsick*, 1813 et 1818, in-8.

ÉPINAY (L.-Florence-Pétronille de La Live, mad. d'), femme de lettres, vers 1725, Valenciennes; 1783, Paris. Célèbre par sa liaison avec Grimm, d'Holbach, Diderot, et ses démêlés avec Rousseau. — Mes Moments heureux, 1752. Lettres à mon fils, 1759, *Genève*, pet. in-8. Conversation d'Émilie, 1774. Nouv. éd. *Gueffier*, 1822, 2 vol. in-18. Mémoires, par M. Brunet, 1818, 3 vol. in-8. 15 fr. nouv. éd. *Charpentier*, 1863, 2 vol. in-8. 14 fr. ou in-18, 7 fr.

ÉPIPHANE (St), père de l'Église grecque, vers 310, Bezanduca (Palestine); 403..... Prêtre à 55 ans. Évêque de Constance. Mit tout en œuvre pour détruire les doctrines des Ariens. — Discours. Épîtres. — OEuv. Éd. grec.-lat., 1622, 2 vol. in-fol. et *Leipsick*, 1682, 2 vol. in-fol. nouv. éd. *Migne*, 1858, 3 vol. gr. in-8. 25 fr.

ÉRASME (Didier), célèbre philosophe et érudit hollandais, 1467, Rotterdam; 1536, Bâle. Quitta l'état monastique. Après avoir voyagé dans toute l'Europe et refusé les offres brillantes de Léon X, d'Henri VIII d'Angleterre, de François Ier, se retira à Bâle, 1521. Homme sage, écrivain correct et élégant, Érasme fut l'homme le plus savant de son époque. — ÉLOGE DE LA FOLIE, 1508. Trad. franç. par Barret, 1789, in-12. Autre éd. *Roret*, 1826, in-8. Nouv. éd. par M. Nisard, *Gosselin*, 1842, gr. in-18, 3 fr. 50. ADAGIA, 1508. Institutio principis christiani, 1516. COLLOQUIA, 1518. De ratione conscribendi epistolas, 1552. De contemtu mundi, 1523. COPIA VERBORUM AC RERUM. Oratio de virtute amplectenda. Paraboles. Apophthegmes. Lettres. Éd. de la géographie de Ptolémée et trad. lat. du Nouv. Testament. — Éd. compl. *Leyde*, 1703-6, 11 vol. in-fol. 150 fr.

ERNESTI (J.-Aug.), philologue et théologien allemand, 1707, Tennstædt (Thuringe); 1781, Leipsick. Professeur de littérature, 1742; de théologie, 1758. Ses travaux philologiques furent la cause de la voie actuelle dans laquelle est entrée la théologie allemande. — Éd. des œuv. de Cicéron, 1837-39. Nouv. éd. *Halle*, 1776-77, 8 vol. in-8. Clavis Ciceroniana, 1739. Nouv. éd. avec l'éd. des œuv. de Cicéron. Institutio interpretis novi Testamenti, 1761, *Leipsick*, in-8. Archæologia litteraria, 1790, *Leipsick*, in-8.

ERSCH (J.-Samuel), bibliographe allemand, 1766, Grand-Glogau (Basse-Silésie); 1828, Iéna. Bibliothécaire et professeur de philos. à Iéna, 1802. Professeur, 1803, et bibliothécaire à Halle, 1808. — France littéraire, 1797-1806, *Hambourg*, 5 vol. in-8. 12 fr. Handbuch der deutschen Literatur (Manuel de la litt. allemande), 1812-14. 2e éd. *Leipsick*, 1822-40, 4 vol. in-8. 70 fr.

ERSKINE (Thomas), jurisconsulte écossais, 1750, Édimbourg;

1823, Almondale, près d'Édimbourg. Soldat, 1770-74. Avocat, 1778. Membre de la chambre des communes, 1783. Chancelier, 1806. Pair et membre du conseil privé. — Consid. sur les causes de la guerre avec la France, 1797. Trad. franç. par Duviquet, 1797, in-8.

ERWIN de Steinbach, architecte allemand,..... Steinbach, près Buhl; 1318, Strasbourg. Célèbre pour avoir élevé LA FAÇADE ET LA FLÈCHE de la cathédrale de Strasbourg, 1276-1318.

ESCHINE, orateur grec, 389 av. J.-C., Cothocides; 314, Samos. Gagné par Philippe, il essaya de lutter avec Démosthène, qui défendait l'indépendance de sa patrie, mais fut vaincu par lui et exilé. — Discours. Lettres. — Éd. grecq. (avec Démosthène) *Londres*, 1822, in-8. Trad. franç. par M. Stiévenart, *Didot*, 1842, gr. in-8. 12 fr.

ESCHYLE, célèbre poëte tragique grec, 525 av. J.-C., Éleusis; 456..... Soldat, puis adonné aux lettres. Créateur de l'art dramatique grec. — PROMÉTHÉE. LES PERSES. LES SEPT CHEFS CONTRE THÈBES. Agamemnon. Les Choéphores. Les Euménides. Les Suppliantes. — Éd. grecq. par Schütz, *Halle*, 1782-1821, 5 vol. in-8. 40 fr. Éd. grecq.-lat. (avec Sophocle) *Didot*, 1842, gr. in-8, 19 fr. Éd. grecq.-franç. par Dutheil, 1794, 2 vol. in-8. 10 fr. Trad. franç. par Pierron, *Charpentier*, 1841 ou 45, gr. in-18, 3 fr. 50; par M. Artaud, *Didot*, in-18, 3 fr. 50. Trad. allem. par Voss. *Heidelberg*, 1827, in-8. 2 thl.

ÉSOPE, célèbre fabuliste et moraliste grec, vers 620 av. J.-C..... vers 560..... Esclave, puis affranchi. Créateur de l'apologue. Envoyé à Delphes par Crésus, les habitants de cette ville le précipitèrent en bas d'un rocher. Son existence a été contestée. — FABLES.—Éd. grecq. *Eberhart*, 1810, in-8. 6 à 10 fr. Éd. gr.-lat., *Didot*, gr. in-8. 15 fr. Éd. grecq.-lat.-franç. (avec Phèdre et la Fontaine), par Chamfort, 1796, 4 vol. in-8. 10 fr. Trad. franc., 1703, 2 vol. in-12. 8 fr.

ESTIENNE. Célèbre famille d'imprimeurs. ESTIENNE (H.), premier du nom, 1460-1520. Établit son imprimerie près de l'École de droit. ESTIENNE (Ch.), 1504-64. Mourut en prison pour dettes. Maison rustique, 1554. OEuv. de Cicéron, 1555. ESTIENNE (Robert), 1503, Paris; 1559, Genève. Les persécutions de la Sorbonne l'obligèrent à se retirer dans cette dernière ville.

Éd. nombreuses de la Bible. Hist. d'Eusèbe, 1544. THESAURUS LINGUÆ LATINÆ, 1532. ESTIENNE (H.), 1528, Paris; 1598, Lyon. Digne élève de son père Robert, et, avec lui, le plus célèbre des Estienne. Éd. nombreuses et remarquables à la tête desquelles il faut placer le THESAURUS GRÆCÆ LINGUÆ, 1572 et l'éd. d'Anacréon. ESTIENNE (Ant.), 1594, Genève; 1674, Paris. Le dernier des Estienne, mort à l'Hôtel-Dieu. Consulter l'article Estienne, de M. A.-F. Didot, dans la Biographie générale.

ÉTEX (Ant.), sculpteur, peintre et architecte, 1808, Paris. Élève de Dupaty et de Pradier. 2e prix de Rome, 1828. Compléta ses études en Italie, en Allemagne, en Angleterre.—Sculpture:Caïn, 1833. Groupes de l'ARC DE L'ÉTOILE. TOMBEAU DE GÉRICAULT, 1841. Léda. Olympia. Rossini. Héro et Léandre. Charlemagne, au Luxembourg. St Augustin, à la Madeleine. Lecourbe, à Lons-le-Saulnier. Bustes : le duc d'Orléans, M. Thiers, Dupont de l'Eure, Chateaubriand, Alfred de Vigny, Cavaignac, Peinture : Joseph, Eurydice, Sapho, Christ, Roméo et Juliette, Faust et Marguerite, Dante et Béatrix, Architecture : Projets de tombeau de Napoléon; des monuments, de la Liberté et de l'archevêque de Paris. OEuv. litt. Essai sur le Beau, 1851, in-8 avec pl. Cours élém. de dessin. Études sur Pradier ; Ary Scheffer.

ÉTIENNE (Ch.-Guill.), poëte et littérateur, 1778, Chamouilley (Haute-Marne); 1845, Paris. Censeur des journaux, 1810. Membre de l'Acad. franç. 1811. Député, 1820. Pair, 1829. — Comédies : Les Maris en bonne fortune, 1803. Brueys et Palaprat, 1807. LES DEUX GENDRES, 1810. L'INTRIGANTE, 1813. Opérascomiques : Gulistan, 1805. Cendrillon, 1810. Joconde; Jeannot et Colin, 1814. Le Rossignol, 1817. Aladin, 1822. — Hist. du Théâtre-Français, 1802, 4 vol. in-12. OEuv. *Didot*, 1851-55, 5 vol. in-8. 27 fr.

EUCLIDE, célèbre géomètre grec, vers 300 av. J.-C. Enseignait les mathématiques à Alexandrie sous Ptolémée, fils de Lagus. Les principes de son enseignement servent encore de base aux études. — ÉLÉMENTS. Data. Introductio harmonica. —Éd. grecq.-lat. *Oxford*, 1703, in-fol. fig. 25 fr. Éd. grec.-lat.-franç., par Peyrard, 1814-18, 3 vol. in-4, fig. 25 fr. Trad. franç. par Peyrard, *Louis*, 1804, in-8, 6 fr. Trad. angl. par Lardner, *Londres*, 1855, in-8. Trad. ital., *Florence*, 1674, in-4, 6 fr.

EUDES DE MONTREUIL, architecte, vers 1220;..... 1289..... De retour de Palestine où il était allé avec St Louis, il fit construire l'hospice et l'église des Quinze-vingt, 1254. Les églises des Chartreux, 1257; de Sainte-Croix de la Bretonnerie, 1268; de l'Hôtel-Dieu; des Blancs-Manteaux; des Mathurins.

EULER (Léonard), célèbre mathématicien allemand, 1707, Bâle; 1783, Saint-Pétersbourg. Élève de Bernouilli. Professeur à Saint-Pétersbourg, où il était allé avec lui, 1727. Ses grands travaux, qui lui firent perdre la vue à 59 ans, ont donné aux sciences mathématiques une impulsion considérable. — Introduction à l'analyse infinitésimale, 1744, *Lausanne*, in-4. Trad. franç. par Labey, *Barrois*, 1796, 2 vol. in-4, fig. 10 à 15 fr. INSTITUTIONES CALCULI DIFFERENTIALIS, 1755, *Saint-Pétersbourg* et *Berlin*, in-4. 10 fr. INSTITUTIONES CALCULI INTEGRALIS, 1768-70, *Saint-Pétersbourg*, 3 vol. in-4. 30 fr. LETTRES A UNE PRINCESSE D'ALLEMAGNE, 1768-72, *Saint-Pétersbourg*, 3 vol. in-8. Nouv. éd. par M. Cournot, *Hachette*, 1842, 2 vol. in-8. 10 fr., et par M. Ém. Saisset, *Charpentier*, 1859, 2 vol. gr. in-18, 7 fr. Éléments d'algèbre, 1770. Trad. franç. par Bernouilli, 1807, 2 vol. in-8. 10 fr.

EURIPIDE, célèbre poëte tragique grec, 480 av. J.-C. Salamine; 406 av. J.-C., Macédoine. Disciple d'Anaxagore, puis rival de Sophocle. Obligé de quitter Athènes, il se retira auprès du roi Archélaüs. — HÉCUBE. LES PHÉNICIENNES. LES TROYENNES. MÉDÉE. ALCESTE. HIPPOLYTE. IPHIGÉNIE. ANDROMAQUE. ORESTE. — Éd. grecq. par Matthiæ, *Leipsick*, 1813-37, 10 vol. in-8. 25 thl. Éd. grecq.-lat. par Duncan, *Glascow*, 1821, 9 vol. gr. in-8. 90 fr., et par Th. Fix, *Didot*, 1843, gr. in-8. 15 fr. Trad. franç. par M. Artaud, *Lefèvre*, 1842, et *Didot*, 1857, 2 vol. gr. in-18. 7 fr. Trad. angl. *Oxford*, 1814, 2 vol. in-8. Trad. allemande, *Heidelberg*, 1841-52, 3 vol. in-8. Trad. ital. *Milan*, 1829, in-8.

EUSÈBE (Pamphile), théologien grec, historien érudit, vers 270, Palestine; vers 338..... Évêque de Césarée, 315. Fut suspecté d'arianisme. — HIST. ECCLÉSIASTIQUE. Trad. franç. par Cousin, 1675, 4 vol. in-4. ou 6 vol. in-12. CHRONIQUE. Trad. franç. par Aucher, *Venise*, 1818. Préparation évangélique. Trad. franç. par M. Séguier, *Gaume*, 1846, 2 vol. in-8. 10 fr. —

OEuv. compl. Éd. grec.-lat. *Migne, Montrouge,* 1856-57, 6 vol. gr. in-8. 60 fr.

EUSTACHI (Barthélemy), anatomiste italien, commencement du xvie siècle.....; 1574..... Professeur de médecine, à Rome.— Opuscula anatomica. De auditus organo. Ossium examen. De motu capitis. De vena quæ azygos dicitur. De Dentibus, 1563, ou 1774, *Venise,* in-4. Tabulæ anatomicæ, 1552. Éd. *Rome,* 1714, in-fol., fig. 10 à 12 fr.

EUTROPE, historien latin, ive siècle..... Ses œuvres ont longtemps servi de guide dans les écoles.—Abrégé de l'hist. romaine. Éd. lat. *Leipsick,* 1804, in-8, et *Renouard,* 1796, in-18. Trad. franç., *Panckoucke,* 1844, in-8, et *Barbou,* 1804, pet. in-12.

EVELYN (J.), littérateur et archéologue anglais, 1620, Wotton ; 1705..... Voyagea en France et en Italie. Membre de la société royale, 1662. Chancelier. — Sculptura, 1662, *Londres,* pet. in-8. Sylva, 1776, *York,* gr. in-4, fig. — OEuvres. Éd. angl. *Londres,* 1825, in-4. 12 à 15 fr.

EVERETT (Edward), littérateur et politique, 1794, Dorchester (Massachussets). Parcourut toute l'Europe, 1816-18. Dirigea la Revue de l'Amérique du nord, 1819 et suiv. Importa dans son pays l'usage des conférences publiques. Devint gouverneur du Massachussets, puis ambassadeur à Londres. — Defence of christianity (Défense du christianisme), 1814. Orations and speeches (Harangues et Discours), 1826-56, 3 vol. Importance of practical education (Importance de l'éducation pratique), *New-York,* in-12. Nouv. idées sur la population. Trad. franç. par Ferry, 1826, in-8.

EWALD (H.-Georges-Aug. d'), orientaliste allemand, 1803, Gœttingue. Professeur dans cette ville, 1831, puis à Tubingue. 1838-48, où l'avait conduit une protestation contre Ernest-Auguste, roi de Hanovre. — Kritische Grammatik der hebræischen Sprache (Grammaire critique de la langue hébraïque), 1827. *Leipsick,* in-8. Lehrbuch der Hebræischen Sprache (Traité de la langue hébraïque), 1835. *Leipsick.* 6e éd., 1855. Geschichte des Volkes Israel (Histoire du peuple d'Israël), 1843-50. 2e édit.. 1851-59, 7 vol. in-8. 80 fr.

EXPILLY (J.-Jos.), géographe et statisticien, 1719, Saint-Remy (Provence), 1793..... Abbé, secrétaire d'ambassade, auditeur général à Sagona (Corse), chanoine à Tarascon. Voyagea dans toute l'Europe. — Cosmographie, 1749, in-8. Topographie de l'univers, 1757, 2 vol. in-8. Le Géographe manuel, 1757, in-18, et 1803, in-8. Description de l'Angleterre, 1759, in-12. De la population de la France, 1765, in-fol. Dictionnaire géographique des Gaules, 1762-70, 6 vol. in-fol. 80 fr.

EYCK (J. Van), peintre flamand, vers 1390, Eick (Limbourg); 1440, Bruges. Élève de son frère Hubert. Perfectionna les procédés de peinture à l'huile. — Vierge. Noces de Cana. Portrait, au Louvre. Adoration des mages, à Bruxelles. Adoration de l'Agneau, 1420-32, à Gand. Christ; Vierges; Ste Catherine, à Vienne. Vierges, à Dresde. Christ, à Berlin. Vierge et Jésus; Temple; Adoration des mages, à Amsterdam. Christs, Vierges et Portraits, à Anvers et à Bruges.

EYRIÈS (J.-Bapt.-Benoît), littérateur et géographe, 1767, Marseille; 1846, Graville. Membre de l'Acad. des inscriptions. Un des fondateurs de la Société de géographie.—Hist. des Naufrages, 1816, 3 vol. in-8 ou in-12. Abrégé de géographie moderne (avec Pinkerton et Walckenaër), 1827, 2 vol. in-8. Abrégé des voyages, 1830, 2 vol. in-8.

F

FABRE (F.-Xavier-Pascal), peintre, 1766, Montpellier; 1837, ibid. Élève de David. Gr. prix de peinture, 1787. Se perfectionna en Italie, puis rentra dans sa ville natale. — Mort de Milon de Crotone. Philoctète. Suzanne. Saül livré aux remords. Madeleine pénitente. Jugement de Pâris. OEdipe à Colone. Ste Famille. La Mort de Narcisse. St Jean dans le désert. Mort de Philopœmen.

FABRE (Marie-Jos.-Victorin), poëte et littérateur, 1785, Jaujac (Ardèche); 1831, Paris. Se signala dès l'âge de vingt ans par son goût pour les lettres.—Poésies : Mort de Henri IV. De l'influence des lumières. Embellissements de Paris. Ode sur le Tasse. Littérature : Éloge de Boileau, 1805; de Corneille, 1808; de La Bruyère, 1810; de Montaigne, 1812. — OEuv. par Sabbatier, *Paulin*, 1844-45, 2 vol. in-8.

FABRETTI (Raphaël), archéologue italien, 1618, Urbin (États de l'Église); 1700, Rome. La protection d'Innocent VIII et d'Innocent XII facilita ses savantes recherches. Il devint conservateur des archives de Rome. — De aquæductibus veteris Romæ, 1680. 2ᵉ éd. 1788, *Rome*, in-4. De columna Trajani syntagma, 1683 ou 1690, *Rome*, in-fol. fig. 6 à 9 fr. INSCRIPTIONUM ANTIQUARUM, 1699 et 1702, *Rome*, in-fol. 15 fr.

FABRICE (Jérôme), anatomiste et chirurgien italien, 1537, Aquapendente (États romains) ; 1619, ibid. Professeur d'anat. à Padoue, après Fallope, 1562. Parvint promptement à la considération, aux honneurs et à la fortune. — De venarum ostiolis, 1603. De brutorum loquela, 1604. Opera chirurgica, *Leyde*, 1723, in-fol. Opera anatomica et physiologica, *Leyde*, 1737, in-fol.

FABRICIUS (J.-Albert), littérateur et érudit allemand, 1668, Leipsick; 1736, Hambourg. Professeur d'éloquence et de philos. à Hambourg, 1699. Refusa toute autre fonction afin de pouvoir se livrer à de vastes recherches d'érudition. — Bibliotheca latina, 1697. Nouv. éd. *Leipsick*, 1773-74, 3 vol. in-8. 15 à 18 fr. BIBLIOTHECA GRÆCA, 1705-28. 4ᵉ éd. *Hambourg*, 1790-1811, 12 vol. in-4, 120 à 150 fr. Bibliographia antiquaria, 1713, 3ᵉ éd. *Hambourg et Leipsick*, 1760, pet. in-4. 10 à 12 fr. Bibliotheca ecclesiastica, 1718, *Hambourg*, in-fol. BIBLIOTHECA LATINA MEDIÆ ET INFIMÆ ÆTATIS, 1734-36. Nouv. éd. *Padoue*, 1754, 6 vol. in-4, 60 à 70 fr.

FABRICIUS (J.-Chrétien), entomologiste danois, 1743, Tondern (Schleswig) ; 1807, Copenhague. Élève et ami de Linné. Professeur d'histoire naturelle à Kiel, 1770, puis d'économie rurale. Conseiller du roi. — PHILOSOPHIA ENTOMOLOGICA, 1778, *Hambourg*, in-8. Entomologia systematica. 1792-99, 9 vol. in-8. 66 fr.

FABRONI (Angelo), biographe italien, 1732, Marradi (Toscane); 1803, Pise. Prieur de San-Lorenzo, à Florence, 1767. Habita Rome pendant fort longtemps. — Vitæ Italorum doctrina excellentium, 1778-1805, 20 vol. in-8. 60 fr.

FALCONET (Ét.-Maurice), sculpteur, 1716, Paris ; 1791..... Élève de Lemoine. Membre de l'Acad. des beaux-arts, 1746. — Milon de Crotone, 1746. Pygmalion. Baigneuse. Christ; Annonciation, à Saint-Roch. Moïse; David; S. Ambroise, aux Invalides. STATUE ÉQUESTRE DE PIERRE LE GRAND, 1776-78, à Saint-Pétersbourg.—Réflexions sur la sculpture, 1761, in-8. OEuv. choisies, 1787, 3 vol. in-8. OEuv. compl. 3ᵉ éd. 1808, 6 vol. in-8. 12 fr.

FALCONETTO (Giovani-Maria), architecte et peintre italien, 1458, Vérone ; 1534, Padoue. Étudia les monuments de Rome durant l'espace de douze années. Aussi laborieux qu'instruit, il contribua puissamment au développement du goût en architecture. — Portes de Saint-Jean et de Savonarole, 1530 ; DU PALAIS DEL CAPITANIO, 1532 ; Chapelle de Saint-Antoine, 1533 ; PALAIS GIUSTINIANI, à Padoue. Peinture : Annonciation, à Saint-Pierre, de Florence. Madone entre St Augustin et St Joseph, 1523 ; Christ ; Annonciation ; Adoration ; Fresques, à Vérone.

FALLOPE (Gabriel), anatomiste italien, vers 1523, Modène ; 1562..... Créateur de l'anat. au XVIe siècle. Professeur d'anat. et de chirurgie, à Padoue, après Vésale. Observateur habile, il décrivit avec succès l'organe de l'ouïe, les appareils sécréteurs de la bile, de l'urine et les annexes de l'utérus. — Observationes anatomicæ, 1561, *Venise*, in-8.

FALLOUX (Alf.-Fréd.-P. vicomte de), littérateur et homme politique, 1811, Angers. Député, 1846. Ministre de l'instruction publique, 1850. Membre de l'Acad. franç., 1856. Retiré aujourd'hui dans ses terres. — Hist. de Louis XVI, 1840, in-8. 6 fr. 2e éd., 1843, in-18. 3 fr. 50. Hist. de St Pie V, 1844, 2 vol. in-8. 8 fr. 3e éd. 1859, 2 vol. in-12. 7 fr. Souvenirs de charité, 1857, in-12. Madame Swetchine, 1859, 2 vol. in-8. 15 fr.

FAMIN (Stanislas-Marie-César), littérateur, 1799, Marseille ; 1853..... Chancelier du consulat, à Palerme, 1823 ; à Lisbonne, 1838 ; à Londres ; à St-Pétersbourg. Consul à Yassy et à Saint-Sébastien. — Peintures, Bronzes et Statues, 1832, *Ledoux*, gr. in-4 avec pl. 25 à 30 fr. Hist. des invasions des Sarrasins en Italie, 1843, *Didot*, in-8. RIVALITÉ ET PROTECTORAT DES ÉGLISES CHRÉTIENNES, 1853, *Didot*, in-8, 7 fr. 50.

FARADAY (Michel), physicien anglais, 1794..... Élève, collaborateur et ami de Davy. Lui succéda dans sa chaire. A spécialement étudié les rapports de l'électricité avec le magnétisme, la chaleur et la lumière. Ses travaux ont permis de se rendre compte des courants électriques et d'induction. — EXPERIMENTAL RESEARCHES IN ELECTRICITY (Rech. expérimentales sur l'électricité), 1839-55, *Londres*, 3 vol. in-8. Manipulations chimiques. 3e éd. angl. *Londres*, 1843, in-8. Trad. franç. 1827, 2 vol. in-8. 10 fr.

FARCY (F.-Ch.), littérateur, 1792, Paris. Directeur du Journal des Artistes, 1827-35. Un des fondateurs de la Société des beaux-arts. — Essai sur le dessin et la peinture, 1819, in-8. Principes élém. de la perspective, 1822, in-4. Cours de perspective, 1822, in-8. Aperçu philos. des connaissances humaines, 1827, in-8, Administration des arts, 1830, in-8. De l'aristocratie anglaise, 1842, in-8.

FARIA Y SOUZA (Manuel), historien et poëte portugais, 1590, Pombeiro ; 1649, Madrid. Séjourna pendant quatre ans à Rome, 1630-34. Puis s'adonna à d'immenses travaux litt. qui finirent par altérer sa santé, sans augmenter sa fortune. — Historia del regno de Portugal (Hist. du roy. de Portugal), 1628. Nouv. éd. *Bruxelles*, 1730, in-fol. fig. 24 à 30 fr. Europia, Asia, Africa Portugueza (Europe, Asie et Afrique Portugaises), 1678-81, *Lisbonne*, 7 vol. in-fol.

FAUCHER (Léon), économiste, 1803, Limoges; 1854, Marseille. Rédacteur de divers journaux politiques. Député, 1846. Ministre de l'intérieur, et membre de l'Acad. des sciences morales, 1849. — Rech. sur l'or et l'argent, 1843, *Paulin*, in-8. Études sur l'Angleterre, 1845. 2ᵉ éd. *Guillaumin*, 1856, 2 vol. in-8, 12 fr. ou 2 vol. in-18, 7 fr. Mélanges d'économie polit. et de finances, 1856, *Guillaumin*, 2 vol. in-8, 12 fr.; ou 2 vol. in-18, 7 fr.

FAUCHET (Cl.), historien, 1530, Paris ; vers 1601, ibid. Les guerres civiles l'éloignèrent un moment de Paris. Il y rentra et devint président de la cour des monnaies et historiographe de France. — Recueil de l'origine de la langue, 1581, in-4, 30 fr. OEuv. Éd. Le Clerc, 1610, in-4. 15 à 20 fr.

FAUGÈRE (Armand-Prosper), littérateur, 1810, Bergerac (Dordogne). Secrétaire au ministère de l'instruction publique, 1839. Rédacteur et sous-directeur au Ministère des affaires étrangères. — Du courage civil, 1836. Éloges de Gerson, 1838 ; de Pascal, 1842. Éd. de Pascal, 1844, 2 vol. in-8.

FAUJAS de SAINT-FOND (Barth.), géologue et voyageur, 1741, Montélimart; 1819, Saint-Fond (Dauphiné). Après avoir parcouru toute l'Europe, devint adjoint naturaliste et professeur au Muséum. On le considère comme l'un des créateurs de la géologie. — Rech. sur les volcans, 1778, *Grenoble*, gr. in-fol. avec pl. Expériences de la machine aérostatique de MM. Montgolfier,

1783-84, 2 vol. in-8, avec pl. Histoire naturelle des roches de Trapps, 1788. 2e éd. *Dufour*, 1813, in-8, fig. Voy. en Angleterre, 1797, *Jansen*, 2 vol. in-4 ou in-8. fig. Essai de géologie, 1803-09, *Dufour*, 2 vol. in-8, avec pl.

FAURIEL (Cl.-Ch.), historien et littérateur, 1772, Saint-Étienne; 1844, Paris. Soldat. Se livra ensuite à de profondes études. Secrétaire de Fouché, 1799-1802. Professeur de litt. à la Faculté, 1830. Membre de l'Académie des inscriptions, 1836. Conservateur à la Bibliothèque royale. — Chants populaires de la Grèce moderne, 1824-25, *Didot*, 2 vol. in-8., 30 fr. Histoire de la Gaule méridionale, 1836, *Paulin*, 4 vol. in-8. 35 fr. Hist. de la croisade contre les Albigeois, 1837, *Impr. roy.* in-4., 12 fr. HIST. DE LA POÉSIE PROVENÇALE, 1846, 3 vol. in-8., 30 fr.

FAVART (Ch. Simon), auteur dramatique, 1710, Paris; 1792, Belleville. D'abord pâtissier, comme son père. Arriva directeur de l'Opéra-Comique. Ce théâtre étant supprimé, 1745, Favart suivit un moment les armées de Flandre, puis vint, avec sa femme, faire la fortune du théâtre Italien. — LA CHERCHEUSE D'ESPRIT, 1741. Le Coq du Village, 1743. Bastien et Bastienne, 1753. Ninette à la cour, 1755. Les Trois Sultanes, 1761. Annette et Lubin, 1762. L'Anglais à Bordeaux, 1763. La Fée Urgèle, 1765. — OEuv. Éd. *Duchesne*, 1763-72, 10 vol. in-8, fig. 20 à 30 fr. OEuv. choisies, *Didot*, 1813, 3 vol. in-18. Mémoires et correspondance, 1808, 3 vol. in-8.

FÉE (Ant.-Laurent-Apollinaire), naturaliste, 1789, Ardentes (Indre). Fit la campagne d'Espagne, 1809. Pharmacien à Paris, 1815. Membre de l'Acad. de médecine, 1824. Professeur d'hist. nat. médicale à Strasbourg. — Flore de Virgile, 1822, *Didot*, gr. in-8. Essai sur les cryptogames, 1826-37, *Didot*, 2 vol. in-4 avec pl. 60 fr. Cours d'hist. nat. pharmaceutique, 1828, 2 vol. in-8. Commentaires sur Pline, 1829-33, 3 vol. in-8. Flore de Théocrite, 1833. *Didot*, gr. in-8, 4 fr. Études sur l'instinct et l'intelligence des animaux, 1853, in-12.

FÉLIBIEN (André), littérateur et architecte, 1619, Chartres; 1695, Paris. Acheva ses études à Rome, où il était secrétaire d'ambassade, 1647. Historiographe des bâtiments, 1666. Contrôleur gén. des ponts et chaussées. Secrétaire de l'acad. d'architecture, 1671. Garde du cabinet des antiques, 1673. — Origine de la peinture, 1660, in-4. Entretien sur les peintres, 1666, in-4. Principes d'architecture, 1676-90, in-4.

FÉLIX (le Père), orateur et théologien, 1810, Neuville-s.-l'Escaut, près de Valenciennes. Membre de la société de Jésus, 1837. Se prépara à la chaire par de longues études. Prêcha à Saint-Thomas-d'Aquin, 1851 ; à Saint-Germain-des-Prés, 1852; à Notre-Dame, 1853 et suiv. — LE PROGRÈS PAR LE CHRISTIANISME (Reproduction de ses conférences), 1856-64, *Leclère*, 9 vol. in-8, à 3 fr. 50.

FELLER (F.-Xavier de), théologien et littérateur belge, 1735, Bruxelles; 1802, Ratisbonne. Membre de la société de Jésus, 1771. Doué d'une heureuse mémoire, possédant une grande érudition, il put se donner tout entier à ses œuvres, lors de la suppression de son ordre en Belgique, 1773. — Catéchisme philosophique, 1773, in-8, ou 1825, 3 vol. in-12. DICTIONNAIRE HISTORIQUE, 1782, *Liège*, 6 vol. in-8 ; dernière éd. 1847-50, 8 vol. gr. in-8, 60 fr.

FÉNELON (F. de SALIGNAC de LA MOTHE), célèbre prélat et théologien, 1651, Fénelon (Périgord); 1715, Cambrai. Au sortir de Saint-Sulpice il eut bientôt gagné l'estime de tous par sa douceur et son éloquence. Ayant réussi dans une mission dans le Poitou, Louis XIV lui confia l'éducation du duc de Bourgogne. Archevêque de Cambrai, 1694. Les doctrines de mad. Guyon lui attirèrent des attaques de Bossuet, une condamnation du Saint-Siége, 1699, et les idées émises dans le Télémaque lui ôtèrent la faveur de Louis XIV. Si Bossuet n'a point d'égal dans le sublime et l'élévation du langage, Fénelon n'en a point non plus dans la grâce et la simplicité. — ÉDUCATION DES FILLES, 1687. Éd. *Renouard*, 1807, in-12. Du ministère des pasteurs, 1688, *Aubouin*, in-12. MAXIMES DES SAINTS, 1697, *Aubouin*, in-12. AVENTURES DE TÉLÉMAQUE, 1699. Éd. polyglotte. (franç.-angl. allem.-ital.-esp.-portug.), *Baudry*, 1837, in-4, 12 fr. Éd. grecq. *Bude*, 1801, 2 vol. in-8, 20 à 24 fr. Éd. lat. *Delalain*, 1814, in-12, 5 fr. Éd. franc. *Lefèvre*, 1824, 2 vol. in-8, 12 fr. Éd. illustrée par T. Johannot, 1842, gr. in-8, 10 fr. Éd. *Furne*, 1854, gr. in-8, 6 fr. Éd. *Didot*, in-18, 3 fr. Éd. angl. *Barrois*, 1819, in-12. Éd. allem. *Nuremberg*, 1806, in-8. Éd. ital. *Dupont* 1825, in-12. Éd. esp. *Bordeaux, Lavaille*, 1825 in-12. Dialogues des morts, 1712. Éd. *Didot*, in-8, et in-18. Fables, 1712. Éd. *Didot*, in-18.

Démonstration de l'existence de Dieu, 1713. Éd. *Didot*, in-18, 3 fr. Dialogues sur l'éloquence, 1718. Éd. *Didot*, in-18. Examen de la conscience d'un roi, 1734. Éd. *Renouard*, 1825, in-18, 3 fr. Lettres spirituelles, 1738. Éd. *Techener*, 1856, 3 vol. in-16, ou gr. in-32, 18 fr. — OEuv. compl. Éd. *Lebel*, 1820-24, 22 vol. in-8, 90 à 100 fr. Correspondance, 11 vol. in-8, 40 fr., et vie par Bausset, 4 vol. in-8, 12 fr. Éd. *Gaume*, 1852, 10 vol. gr. in-8, à 2 col. 80 fr. OEuv. Éd. *Lefèvre*, 1835, ou *Didot* 1838, 3 vol. gr. in-8, 30 fr. OEuv. diverses, *Lefèvre*, 1824, gr. in-8, 5 fr. et *Didot*, 3 vol. in-18, 9 fr.

FERGUSON (Adam), philosophe écossais, 1724, Logierait (Perth); 1816..... aumônier d'un régiment, 1757. Professeur des sciences nat. 1759, et de philosophie morale, 1764, à Édimbourg. — ESSAI SUR L'HIST. DE LA SOCIÉTÉ CIVILE, 1767, *Édimbourg*, in-4, 8 à 10 fr. et *Londres*, 1814, in-8. Trad. franc. par Bergier, 1783, 2 vol. in-12. HIST. DE LA RÉPUBLIQUE ROMAINE. 1783, *Londres*, 3 vol. gr. in-4., avec cartes, 30 à 36 fr. et 1825, in-8. Trad. franç. 1791, 7 vol. in-8 ou in-12.

FERGUSON (James), archéologue écossais, 1808, Ayr (Écosse). Enrichi par le commerce et l'industrie, il consacra sa fortune à faire des recherches archéologiques et à voyager. — Illustrations of the rockent temples of India (Temples de l'Inde illustrés), 1845-47, 2 vol. in-fol. The ancient topography of Jerusalem (De l'emplacement de l'ancienne Jérusalem), 1847, *Londres*, gr. in-8. TRUE PRINCIPLES OF BEAUTY IN ART (Véritable essence du Beau dans les arts), 1849, *Londres*, gr. in-8. An illustrated handbook of architecture (Manuel illustré d'architecture), 1855, 2 vol. in-8.

FERISHTA (Mohammed), historien musulman, 1550-70, Asterabad (Mazanderan, Inde);..... conseiller intime puis capitaine des gardes du souverain d'Ahmednagar, 1587. Faillit être, à diverses reprises, victime des guerres civiles de son pays. Consacra une partie de sa vie à écrire une hist. fort estimée des Indes. TARIKHI-FERISHTA (Hist. de Ferishta), *Bombay*, 1831, 2 vol. in-fol. Trad. angl. intitulée : The history of the rise of the mohammedan power in India (Hist. de l'origine de la puissance mahométane dans l'Inde). *Londres*, 1829, 4 vol. in-8, 30 à 40 fr.

FERMAT (P. de), célèbre géomètre, helléniste, jurisconsulte, 1601, Beaumont de Lomagne, près de Montauban ; 1665..... Conseiller au parlement de Toulouse. Appliqua, en même temps que Descartes, l'algèbre à la géométrie. Fut un des inventeurs du calcul différentiel et créa, simultanément avec Pascal, le calcul des probabilités. — DE MAXIMIS ET MINIMIS. DIOPHANTI ALEXANDRINI QUÆSTIONES. VARIA OPERA MATHEMATICA, Toulouse, 1679, in-fol. 24 à 36 fr.

FERNEL (J.), médecin, 1497, Clermont (Oise) ; 1558, Paris. S'adonna aussi à l'étude des mathématiques et de l'astronomie. 1er médecin de Henri II. — UNIVERSA MEDICINA, 1554. Éd. ultérieures, 1567, in-fol. 1656, in-4. 1645, 2 vol. in-8. Thérapeutique, 1571, in-8. Trad. franç. par Duteil, 1648-68, in-8. Physiologie, 1577, in-8. Trad. franç. par Saint-Germain, 1655, in-8. Pathologie. Trad. franç. 1655, in-8. OEuv. chirurgicales. Trad. franc. par Provenchières, 1579, in-12.

FÉRON (Firmin-Éloi), peintre, 1802, Paris. Élève de Gros. 2e, 1823, et 1er prix de peinture, 1825. — Annibal aux Alpes. Victor Pisani. Promenade de L.-Philippe, à Pierrefonds. Résurrection de Lazare, 1835. Funérailles de Kléber. Port d'Alger. Le Christ arrêté par Judas. Souvenir de Tunis, 1855. Prise de Rhodes. Entrée de Charles VIII à Naples. Bataille de Fornoue. Arrivée du duc d'Orléans à l'Hôtel de ville.

FERRAND (Ant.-F.-Cl. Cte), littérateur, historien et homme politique, 1751, Paris ; 1825, ibid. Conseiller au parlement, 1769. Contribua par ses efforts à la réunion des États généraux, 1789. Émigra en 1790. Ministre d'État, 1814. Directeur des postes. Pair de France. Membre de l'Acad. franç. — L'Esprit de l'histoire, 1802. 6e éd. Tenon, 1826, 4 vol. in-8, ou 5 vol. in-12. Théorie des révolutions, 1817, 4 vol. in-8. Démembrements de la Pologne, 1820, 3 vol. in-8, et Didot, 1865, 3 vol. in-18.

FERRARI (Gaudenzio), peintre et sculpteur italien, 1484, Valdugia (Novare) ; 1550, Milan. Élève de Léonard de Vinci. Se perfectionna avec Jules Romain et avec Raphaël. — Fresques, à Varallo, 1513 ; à Verceil, 1531 ; à Notre-Dame de Saronno, 1535 ; à Milan, 1542. ST PAUL EN MÉDITATION, 1543, au Louvre. Martyre de Ste Catherine ; Baptême de J.-C. ; ST JÉRÔME ; Vierge ; Christ ; LA CRÈCHE ; la Cène, à Milan. Fuite en Égypte ; Mariage de la Vierge, à Côme. Vision ; Madone ; Femme adultère, à Rome. Nativité, à Venise et à Berlin. Madone, à Bruxelles.

FERRARI (Jos.), philosophe italien, vers 1811, Milan. Professeur de philosophie à Rochefort, 1840 ; à Strasbourg, 1841. Député au parlement italien, 1859. — Éd. de Vico, 1834-35, 6 vol. in-8. Vico et l'Italie, 1839, *Éveillard*, in-8. Idées sur la polit. de Platon et d'Aristote, 1842, *Capelle*, in-8. Principe et limites de la philosophie de l'histoire, 1843, *Joubert*, in-8. Hist. des révolutions d'Italie, 1856-58, 4 vol. in-8, 24 fr.

FERRATA (Ercole), sculpteur italien, vers 1610, Pelsotto (Côme); 1685, Rome. Élève de l'Algarde. Sa fécondité nuisit à la bonté de ses œuvres. — A Rome : la Force ; Clément X, à Saint-Pierre ; St Joseph ; St Nicolas de Tolentino ; la Charité, à Sainte-Marie-Majeure. Sculptures, à Sainte-Agnès ; Ange colossal du pont Saint-Ange ; le Père éternel et deux Anges, à Saint-Augustin ; Éléphant de marbre, sur la place de la Minerva. Hercule enfant, à Venise.

FERREIRA (Antonio), poëte portugais, 1528, Lisbonne ; 1569..... Professeur à Coimbre. Juge à la cour suprême. — Poemas Lusitanos, 1598, *Lisbonne*, in-4, et, 1771, 2 vol. pct. in-8.

FERRERAS (J. de), historien espagnol, 1652, Labaneza (Astorga); 1735, Madrid. Prêtre. Bibliothécaire de Philippe V. Membre de l'Acad. de Madrid, l'année de sa fondation, 1713. — Hist. de l'Espagne, 1700-27, *Madrid*, 16 vol. pet. in-4, 40 à 50 fr. Trad. franç. par d'Hermilly, 1751, 10 vol. in-4, 25 à 30 fr.

FERRETI (Giovani-Domenico), peintre italien, 1692, Florence; 1750..... Élève de Gian-Giuseppe del Sole, de Bologne. Rentra en Toscane, et ne quitta plus son pays natal. — Martyre de St Barthélemy ; Fresques, à Pise. Conception de la Vierge ; Descente de croix ; Adoration des mages; Mort de St Joseph ; Fresques, à Florence. Fresques à Pistoja et au palais Sansedoni, à Sienne.

FERRI (Ciro), peintre, architecte et graveur italien, 1634, Rome ; 1689..... Élève et ami de P. de Cortone, mais inférieur à lui sous bien des rapports. — Acheva la coupole Saint-Nicolas de Tolentino, à Rome, et le plafond d'Apollon, au palais Pitti, à Florence. St Ambroise ; St Martin ; Madone ; Annonciation ; Hist. de Cyrus, à Rome. Annonciation ; Christ sur la croix ; Alexandre lisant ; Sainte Famille ; St Jean Gualberti, à Florence. Conception de la Vierge, à Pérouse. St Augustin, à Milan. Didon et Énée, à Dresde. Repos en Égypte, à Munich. Triomphe de

Bacchus, à Londres. Christ et Madeleine, à Vienne. Fresques à Florence, à Bergame, à Rome.

FERRUS (Guill.-Marie-André), médecin, 1784, Briançon. Fit une partie des campagnes de l'Empire en qualité de chirurgien-major. Médecin en chef à Bicêtre, 1826. Médecin du roi, 1830. Membre de l'Acad. de médecine. — Des Aliénés, 1834, in-8, avec pl. Des Prisonniers, 1849, in-8. De l'Expatriation pénitentiaire, 1855, in-8. Articles nombreux dans le Dict. de médecine.

FÉRUSSAC (André-Ét.-Jos.-F. d'AUDEBART, baron de), naturaliste, 1786, Chartron (Tarn-et-Garonne); 1836, Paris. Soldat. Sous-préfet d'Oléron. Professeur de géographie et de statistique. Député, 1830-32. — HIST. NAT. DES MOLLUSQUES (avec son père), 1820-51, *Bertrand*, 4 vol. gr. in-4. Hist. nat. des Céphalopodes (avec M. d'Orbigny), 1838-48, *Bertrand*, 2 vol. in-fol. ou gr. in-4.

FETI (Domenico), peintre italien, 1589, Rome; 1624, Venise. Élève de Cigoli; l'aurait été avec plus de raison de Jules Romain, dont il imita la manière, mais qu'il ne sut pas égaler. — Multiplication réelle, à Mantoue. Madeleine, à Rome. Artémise; Paraboles; Passion, à Florence. Bénédiction de Jacob; la Mélancolie; Paraboles, à Venise. Le Christ, à Corregio. St Paul; Tancrède; Herminie, à Munich. L'Enfant prodigue; David; Ste Agnès; St Sébastien, à Dresde. Nativité, à Saint-Pétersbourg. Fuite en Égypte; mariage de Ste Catherine; Triomphe de Galatée, à Vienne. Néron; la Vie champêtre; l'Ange gardien; la Mélancolie, au Louvre.

FÉTIS (F.-Jos.), musicien compositeur belge, 1784, Mons. Élève de Rey et de Boïeldieu. Voyagea en Allemagne et en Italie. Professeur de chant et organiste à Douai. Professeur, 1821, puis bibliothécaire, 1826, au Conservatoire. Maître de chapelle du roi des Belges et directeur du Conservatoire à Bruxelles, 1832. — Opéras: l'Amant et le Mari, 1820. Les Sœurs jumelles; Marie Stuart, 1823. Le Bourgeois de Reims, 1824. La Vieille, 1826. Le Mannequin de Bergame, 1842. — Miserere. Requiem. Messes. Sonates. Symphonies. Traités et Méthodes. — BIOGRAPHIE UNIVERSELLE DES MUSICIENS, 1835 et suiv. 8 vol. in-8, 30 fr. Nouv. éd. *Didot*, 1860 et suiv. 10 vol. in-8, 80 fr.

FEUERBACH (Paul-Jos.-Anselme), jurisconsulte et criminaliste allemand, 1775, Iéna; 1833, Francfort-s.-le-Mein. Ouvrit des cours à Iéna, 1799. Professeur de droit à Feuerbach, 1801 ; à Kiel, 1802. Référendaire, 1805, et conseiller privé à Munich, 1808. — Untersuchung ueber das Verbrechen des Hochverrathes (Rech. sur le crime de haute trahison), 1798, *Erfurt*. Betrachtungen ueber das Geschwornengericht (Observations sur l'institution du jury), 1812. Strafgesetzbuch fuer das Kœnigreich Baiern (Code pénal pour le roy. de Bavière), 1813. LEHRBUCH DES GEMEINEN (Manuel de droit pénal), 1801.

FEUERBACH (L.-Marie), philosophe allemand, 1804, Anspach (Bavière). Fils du précédent. Élève d'Hégel. Fut pendant peu de temps professeur à Erlangen. — Gedanken über tod und Unsterblichkeit (Pensées sur la mort et l'immortalité), 1830, *Nuremberg*. Geschichte der neuern Philosophie (Hist. de la philos. moderne), 1833. Leibnitz' schen Philosophie (Philosophie de Leibnitz), 1833. Pierre Bayle, 1838. Ueber Philosophie und Christenthum (la Philosophie et le Christianisme), 1839, *Manheim*.

FEUGÈRE (Léon-Jacq.), littérateur, 1810, Villeneuve-s.-Yonne (Yonne) ; 1858, Paris. Maître d'études, 1828, et professeur de rhétorique au collége Henri IV, 1844, au collége Louis-le-Grand, 1847. Censeur des études au lycée Bonaparte, 1854. — Eloge de Montyon, 1844. Étienne de La Boëtie, 1845, in-8 ; ses œuvres, 1846, in-12. Vie et œuvres de Du Cange, 1852, *Dupont*, in-8. Caract. et portraits du xvie siècle, 1859, *Didier*, 2 vol. in-8, 14 fr. ou 2 vol. in-12, 7 fr. Les Femmes poëtes du xvie siècle, *Didier*, in-8, 7 fr. ou in-12, 3 fr. 50.

FEUILLET (L.), astronome, botaniste et voyageur, 1660, Mane (Provence) ; 1732, Marseille. Membre de l'ordre des Minimes, 1680. Mathématicien du roi. Voyagea dans les Antilles, 1703-06 ; dans l'Amérique Orientale, 1707-11, et aux Canaries, 1724. — Journal des observations phys., mathém. et botaniques, 1714-25, 3 vol. in-4, fig. 18 à 24 fr.

FEUILLET (Octave), littérateur et romancier, 1822, Saint-Lô (Manche). Membre de l'Acad. franç., 1862. — Romans : Le Grand Vieillard, 1845. Le Diable à Paris, 1846. Sous les Tilleuls. Onesta. Alix, 1848. Rédemption, 1849. Bellah, 1850. La Partie de Dame, 1851. L'Urne, 1852. Le Cheveu blanc, 1853. La Petite Comtesse, 1856. Le Roman d'un jeune homme pauvre, 1858. Éd. *Lévy*, 6 vol. in-18 à 3 fr. le vol. Théâtre : La Nuit terrible. Le Bourgeois de Rome, 1846. La Crise, 1848-54. Pour et Contre, 1849-54. Péril en la demeure, 1855. Le Village. La Fée; le Cheveu blanc, 1856. Dalila, 1857. Le Roman d'un jeune homme pauvre, 1858. La Tentation; la Rédemption, 1860. Éd. *Lévy*. 10 broch. in-18 à 1 fr. et 1 fr. 50.

FÉVAL (Paul-H.-Corentin), romancier,1817, Rennes. Le barreau ou la banque ne purent le retenir. La littérature contemporaine devait compter en lui un de ses plus fervents disciples. — Le Club des phoques, 1841. Les Chevaliers du firmament. Le Loup blanc, 1843. LES MYSTÈRES DE LONDRES, 1844, 11 vol. in-8. La Forêt de Rennes, 1844, 3 vol. in-8. Les Amours de Paris, 1845, 6 vol. in-8. Le Fils du Diable, 1847. Les Belles de nuit. Les Parvenus. Le Paradis des Femmes. L'Homme de fer. Les Compagnons du Silence. Hist. des Tribunaux, 1851, 8 vol. Madame Gil Blas, 1856-57. Le Bossu. Éd. *Lévy*. 20 vol. in-18, à 1 fr.

FEYDEAU (Ernest), littérateur, 1821, Paris. Laissa de côté les affaires financières pour aborder les lettres. — Les Nationales, 1844. Hist. des usages funèbres et des sépultures, 1858, 3 vol. in-4 avec pl. FANNY, 1858, in-12. Daniel, 1859, 2 vol. in-12. Catherine d'Overmeire, 1860.

FICHTE (J.-Théophile), célèbre philosophe allemand, 1762, Ramenau (Haute-Lusace); 1814, Berlin. Élève de Kant et maître de Schelling. Précepteur à Kœnigsberg. Professeur de philosophie à Iéna, 1793-99; à Erlangen, 1805. Recteur de l'université, à Berlin. Le nom d'idéalisme transcendental donné à sa philosophie en indique suffisamment le caractère.—VERSUCHE EINER KRITIK ALLER OFFENBARUNG (Essai d'une critique de toute révélation), 1792. Beitræge über die franzœsische Revolution (Documents sur la révolut. franç.), 1793, 2 vol. in-12. Zurückforderung der Denkfreiheit (Revendication de la liberté de penser), 1793. DOCTRINE DE LA SCIENCE, 1794. Trad. franç. par M. Grimblot, *Ladrange*, 1843, in-8. 7 fr. 50. GRUNDLAGE DES NATURRECHTS (Fondements du droit naturel), 1796-97). System der Sittenlehre (Syst. de morale), 1798. DE LA DESTINATION DE L'HOMME, 1800. Trad. franç. par M. de Penhoen. *Ladrange*, 2ᵉ éd. 1836, in-8, 6 fr. 50. Die Religionslehre (Science de la Religion), 1806. Staatslehere (Leçons sur la politique), 1813.—Œuvres compl. Éd. allem. *Berlin*, 1845-46, 8 vol. in-8. OEuv. posth. éd. allem. *Bonn*, 1846, 3 vol. in-8, 21 fr.

FICHTE (Emmanuel-Hermann), philosophe allemand, 1797, Iéna. Fils du précédent. Professeur de philosophie à Saarbrücken, 1822 ; à Dusseldorf, 1836; à Bonn, 1839; à Tubingue, 1842. Opposé à la doctrine panthéiste d'Hégel, ses efforts ont tendu à la conciliation de la foi et de la raison. — CHARAKTERISTIK DER NEUERN PHILOSOPHIE (Caractère de la philos. moderne), 1829, *Sulzbach*. Religion und Philosophie (Religion et Philosophie), 1834, *Heidelberg*. Die speculative Theologie (Théologie spéculative), 1846-47, *Heidelberg*, 3 vol. Ueber die Philosophie der Zukunft (la Philosophie de l'avenir), 1847, *Stuttgart*. ANTHROPOLOGIE, 1856, *Leipsick*.

FICIN (Marsile), philosophe et philologue italien, 1433, Florence; 1499, Careggi. Professeur de philosophie. Prêtre à 42 ans. Ne voyait rien au-dessus des doctrines de Platon. — Theologia platonica, 1482, *Florence*, in-fol. Platonis opera, 1483-84, *Florence*, in-fol. De la Religion chrétienne, 1510, in-4, trad. franç. 1578, pet. in-8.—OEuv. compl. Éd. lat. 1641, 2 vol. in-fol.

FIELDING (H.). romancier et auteur dramatique anglais, 1707, Sharpham-Park ; 1754, Lisbonne. Obligé à chercher son existence dans sa plume, il y trouva la célébrité. Des revers de fortune ne firent qu'alimenter son talent. — TOM JONES, 1749, 6 vol. in-12, et *Didot*, 1780, 4 vol. in-8. Trad. franç. par le comte de La Bédoyère, *Didot*, 1833, 4 vol. in-8, 30 fr.; par Defauconpret, *Furne*, 1836, 2 vol. in-8, 6 fr.; par de Vailly, *Charpentier*, 1841, 2 vol. in-18, 7 fr. JOSEPH ANDREW. Jonathan Wild. Chiswick. Amelia. Roderick Randon. David Simple. Julien l'Apostat. — OEuv. Éd. angl. *Londres*, 1762, 4 vol. gr. in-4, et 1821, 10 vol. in-8 ou in-12. Trad. franç. par divers, *Perlet*, 1797, 23 vol. in-18.

FIÉVÉE (Jos.), littérateur et publiciste, 1767, Paris; 1839, ibid. Compositeur d'imprimerie. Quitta Paris au moment de la révolution. Fut emprisonné pendant dix mois. Préfet de la Nièvre, 1813.—Rigueurs du Cloître, 1792. Nécessité d'une religion. 1795, in-8. La Dot de Suzette, 1798. Nouv. éd. 1842, in-12, Frédéric, 1799. Lettres sur l'Angleterre, 1802, in-8. Correspondance politique, 1815. Nouv. éd. *Sautelet*, 1828, in-8. Ce que tout le monde pense, ce que personne ne dit, 1821, in-8.

FIGUIER (Guill.-L.), littérateur et chimiste, 1819, Montpellier. Professeur à l'École de Pharmacie de Montpellier, 1846. Agrégé à l'école de pharmacie de Paris, 1853. S'est adonné, en ces derniers temps, aux sciences naturelles. — Principales découvertes scientifiques, 1851 et suiv. 6e éd. 1862, 4 vol. gr. in-18. L'Alchimie et les Alchimistes, 1855. 3e éd. *Hachette*, 1860, gr. in-18, 3 fr. 50. Hist. du Merveilleux, 1859-60. 2e éd. *Hachette*, 1862, 4 vol. gr. in-18, 14 fr. L'Année scientifique, 1855-64, *Hachette*, 9 vol. in-18 à 3 fr. 50. Les grandes Inventions ; le Savant du foyer ; la Terre avant le déluge ; la Terre et les mers ; Hist. des plantes, 1861-65. *Hachette*, 5 vol. gr. in-8, à 10 fr. le volume.

FILANGIERI (Gaetano), publiciste italien, 1752, Naples ; 1788, Vico-Equense. Soldat. Avocat. Gentilhomme du roi, 1777, mais, avant tout, observateur consciencieux et penseur profond. — SCIENCE DE LA LÉGISLATION, 1780. Nouv. édit. ital. *Milan*, 1822, 6 vol. in-8., 30 fr. Trad. franç. *Aillaud*, 1840-41, 3 vol. in-8., 6 fr.

FILICAJA (Vincenzo da), poëte et jurisconsulte italien, 1642, Florence ; 1707..... Avocat. Sénateur, 1673. Christine de Suède le protégeait particulièrement. — La Providenza. L'Italia. — OEuv. Édit. ital. *Florence*, 1707, in-4., 10 à 12 fr. *Prato*, 1793, 2 vol. in-8, et *Livourne*, 1781, 2 vol. in-12, 5 à 6 fr.

FILON (Ch.-Aug.-Désiré), historien, 1800, Paris. Maître de conférences à l'École normale, 1840. Professeur d'hist. à Douai, 1853. Inspecteur de l'Acad. à Paris. — Histoire comparée de France et d'Angleterre, 1832, *Hachette*, in-8., et 1845, in-18. Hist. de l'Europe au XVIe siècle, 1838. 2e éd. *Hachette*, 1845, 2 vol. in-8., 6 fr. De la diplomatie sous Louis XV, 1843, *Comon*, in-8. Du pouvoir spirituel, 1844, *Hachette*, in-8. Hist. de l'Italie, du sénat romain, de la démocratie athénienne, 1849-53, 3 vol.

FINIGUERRA (Maso), graveur et orfévre italien, vers 1410, Florence ; vers 1475..... Élève de Lorenzo Ghioberti. Inventeur présumé de la gravure sur métal. — Paix, à Florence. COURONNEMENT DE LA VIERGE ; Adoration des Mages ; Vierge entourée d'anges, au Louvre. Vierge et St. Sébastien. Baptême de J.-C. Allégorie de l'Amour.

FIORENTINO (P.-Ange), littérateur et critique, 1806, Naples; 1864, Paris. Se fixa à Paris. Écrivit, dans le Constitutionnel et dans le Moniteur, des revues musicales et dramatiques fort goûtées. — Le Sere d'autunno (Soirées d'automne), 1836. La Fornarina, Le Médecin de Parme, 1841. Nisida. Trad. du Dante, *Hachette*, in-18, 3 fr. 50.

FIRDOUSI, poëte persan, 940, Schadab; 1020, Thous. Fut chargé par le roi de Perse Mahmoud-le-Chaznewide, d'écrire un poëme sur les anciens rois du pays. — SHAH-NAMEH. — Éd. *Calcutta*, 1811, pet. in-fol. Trad. angl. *Londres*, 1829, 4 vol. gr. in-8. Trad. franç. sous ce titre : Livre des rois, par M. Jules Mohl, *Impr. roy.*, 1838-55, 4 vol in-fol.

FIX (Théodore), économiste et publiciste suisse, 1800, Soleure; 1846, Paris. S'occupa d'abord de mathématiques qu'il ne tarda pas à abandonner pour l'économie politique. — Revue d'économie polit., 1831-36, 5 vol. in-8., 20 fr. Contrefaçons des livres français, 1836, in-8. Association des douanes allemandes, 1840. Observations sur les classes ouvrières, 1846, in-8., 3 fr.

FLACH-FRANCOWITZ, FLACIUS ILLYRICUS (Matthias), théologien allemand, 1520, Albona (Istrie); 1575, Francfort-sur-le-Mein. Professeur d'hébreu à Wittemberg, 1544; de théologie à Iéna, 1557. Les discussions religieuses de l'époque, auxquelles il se mêla avec ardeur, rendirent sa vie très-agitée. — Catalogus testium veritatis, 1556. Éd. *Francfort sur-le-Mein*, 1674, in-4. Missa latina, 1557, *Strasbourg*, in-8. CENTURIATORES MAGDEBURGICI, 1559-74, *Bâle*, 8 vol. in-fol. Clavis Scripturæ sacræ, 1567. Éd. *Iéna*, 1675, in-fol. Glossa compendiaria, 1570. Éd. *Francfort-sur-le-Mein*, 1659, in-fol.

FLACHAT (Eugène), ingénieur, 1802..... habita quelque temps l'Angleterre. Dirigea ensuite, avec Clapeyron, l'établissement des chemins de fer de St Germain, du Pecq, du Midi. — Guide du mécanicien conducteur de locomotive (avec M. Pétiet), 1840, *Mathias*, in-12. Traité de la fabrication du fer (avec MM. Barrault et Pétiet), 1842-46, *Mathias*, 3 vol. in-4, avec atlas. De la traversée des Alpes par un chemin de fer, 1860, in-8.

FLAMSTEED (J.), astronome anglais, 1646, Derby; 1719..... Se dévoua à la science astronomique. Perfectionna les méthodes d'observation. Occupa, le premier, l'observatoire de Greenwich,

1676. — Historia cœlestis britannica, 1712. 2ᵉ éd. *Londres*, 1725, 3 vol. in-fol. Atlas céleste, 1729, *Londres*, gr. in-fol. Éd. franc. 1795, in-4, 6 à 9 fr.

FLANDIN (Eug.-Napoléon), peintre et archéologue, 1809, Naples. Voyagea en Algérie, en Perse, 1839-42. Demeura près d'un an à étudier sur place les restes de l'ancienne Ninive, 1844. — Peinture: Vue de Venise; Pont des Soupirs, 1836. Mairie d'Alger, 1837. Assaut et Brèche de Constantine, 1838-39. Vues de Stamboul; de Constantinople; mosquée d'Ispahan; entrée du Bosphore, 1855. Église St Marc. Vue de Tripoli. Bazars, à Téhéran. Le Cheik-el-Islam, 1861. — OEuv. litt. Voy. en Perse (avec M. Pascal Coste) 1843-54, *Gide*, 6 vol. in-fol. Monuments de Ninive (avec M. Botta), 1846 et suiv. *Gide*, 5 vol. gr. in-fol. Relation d'un voy. en Perse, 1851, *Gide*, 2 vol. gr. in-8. L'Orient, 1856 et suiv. *Gide*, 3 vol. gr. in-fol. avec pl.

FLANDRIN (J.-Hippolyte), célèbre peintre, 1809, Lyon; 1864, Paris. Élève de M. Ingres. Gr. prix de peinture, 1832. Directeur de l'acad. à Rome. Membre de l'Acad. des beaux-arts, 1853, après Blondel. — Thésée reconnu par son père, 1832. Euripide écrivant ses tragédies. Le Dante et Virgile. Jeune Berger, 1836. St Clair guérissant les aveugles, 1837. J.-C et les petits enfants, 1839. St Louis dictant ses commandements, 1842. Mater Dolorosa, 1845. Napoléon législateur, 1847. Napoléon III, 1863. Portraits nombreux. Peintures murales à St Séverin, 1840; a St Vincent de Paul, a St Germain-des-Prés; à St Paul, de Nîmes; au château de Dampierre.

FLANDRIN (J.-Paul), peintre, 1811, Lyon. Frère du précédent et comme lui élève de M. Ingres. — Adieux d'un proscrit, 1839. Nymphe; Campagne de Rome; Pénitents de la mort, 1840. Une Vallée, 1841. Bords du Tibre, 1843. Paysages. Portraits, 1843-46. Lutte de Bergers; Lionne en chasse, 1847. Chemin creux, 1850. Montagne de la Sabine, 1852. La Rêverie, 1853. Nymphée; Gorges de l'Atlas; les Tireurs de l'arc; Vallée de Montmorency, 1855. Jésus et la Cananéenne, 1857. Souvenir de Provence; le Ruisseau, 1859. Fuite en Égypte, 1861. Portraits, 1863. Souvenirs de l'Yères et du Midi, 1865.

FLAVIO (Flavius Blondus), historien et archéologue italien, 1388, Forli; 1463, Rome. Secrétaire des papes, Eugène IV,

Nicolas V, Calixte III et Pie V. — Roma triumphans. Roma instaurata. Historiarum romanarum. Italiæ illustratæ. — OEuv. compl. *Bâle*, 1559, in-fol.

FLAXMAN (J.), célèbre sculpteur anglais, 1755, York; 1826..... Puisa ses premières inspirations dans la vie de famille et en Italie où il passa 7 ans, 1787-93. Membre de l'Acad. roy. 1797. Professeur de sculpture, 1810. — Mausolées du poëte Collins, DE LORD MANSFELD, DE LA FAMILLE BARING, de mistress Morley. Scènes, au trait, de l'Iliade et de l'Odyssée, 1793-94. ATHAMAS. CÉPHALE ET AURORE. COMPOSITIONS POUR LA DIVINE COMÉDIE, 1793-94. L'ARCHANGE MICHEL COMBATTANT SATAN. BOUCLIER D'ACHILLE. — Lectures on sculpture (Leçons sur la sculpture), 1829-38, *Londres*, gr. in-8. avec pl. 50 fr. Consulter : OEuv. de Flaxman, par Reveil, 1832 et suiv. gr. in-8.

FLÉCHIER (Esprit), orateur et théologien, 1632, Pernes, près Carpentras; 1710, Montpellier. Lecteur du Dauphin. Membre de l'Acad. franç., 1675. Évêque de Lavaur, 1685 ; de Nîmes, 1687.—ORAISONS FUNÈBRES DE LA DUCHESSE DE MONTAUSIER, 1672; DE LA DUCHESSE D'AIGUILLON, 1675; DE TURENNE, 1676. Éd. *Dezallière*, 1691, 2 vol. in-12. 10 à 15 fr. *Lefèvre*, 1826, gr. in-8, 5 fr. *Werdet*, 1827, in-8. *De Bure*, 1826, in-32. Hist. de Théodose le Gr. 1679, in-4., et 1681, in-12. Mémoires. Éd. *Porquet*, 1844, gr. in-8 et par M. Chéruel, *Hachette*, 1856, in-8. 7 fr. 50. — OEuv. par Ducreux, 1782, 10 vol. in-8. 30 fr. par M. de Narbonne, 1825-28, 10 vol. in-8. 25 fr. et *Migne, Montrouge*, 1856-57, 2 vol. gr. in-8. 14 fr.

FLEURY (Cl.), théologien et historien, 1640, Paris; 1723, ibid. Avocat, 1658-67. Prêtre, vers 1670. Précepteur des princes de Conti, 1672-80. Sous-précepteur des petits-fils de Louis XIV, 1689. Membre de l'Acad. franç. après La Bruyère, 1696. Prieur d'Argenteuil, 1706. Confesseur de Louis XV, 1716. — Hist. du droit français, 1674. Éd. par M. Dupin, *Ledoux*, 1826, in-18. Mœurs des Israélites et des Chrétiens, 1681-82. Éd. *Lyon, Ballanche*, 1810, in-8. 6 fr. et *Delalain*, 1822, in-12. Catéchisme historique, 1683. Éd. *Maire-Nyon*, 1825, in-12. Traité du choix des études, 1686. Éd. *Janet*, 1822, in-8. 5 fr. et *Blaise*, 1829, in-18. HIST. ECCLÉSIASTIQUE, 1691 et suiv. nouv. éd. 1722-37, 37 vol. in-4. 80 fr. *Nîmes*, 1778-80, 25 vol. in-8, 50 fr. et 1740-58,

40 vol. in-12, 40 fr. Discours. Éd. *Hérissant*, 1763, in-12 et *Eymery*, 1807, in-12.

FLOQUET (P.-Amable), historien et archéologue, 1797, Rouen. Élève de l'École des chartes, 1821. Avocat, 1829. Correspondant de l'Acad. des inscriptions, 1839.—Hist. du privilége de St Romain, 1833, *Rouen*, 2 vol. in-8. Anecdotes normandes, 1838, *Rouen*, in-8. Histoire du parlement de Normandie, 1840-43, 7 vol. in-8. Études sur Bossuet, 1855, *Didot*, 3 vol. in-8, 20 fr.

FLORIAN (J.-P. Claris de), littérateur, 1755, Florian (Gard); 1794, Sceaux. Soldat. Se retira chez le duc de Penthièvre. Membre de l'Acad. franç. 1788. Les excès de la Révolution hâtèrent sa mort. — Estelle; Galatée, 1783. Numa Pompilius, 1786. Gonzalve de Cordoue, 1791. Fables, Éd. *Ponthieu*, 1825, in-8, 4 fr. *Houdaille*, 1843, in-8. fig. 10 fr. et *Didot*, in-18, 3 fr. — OEuv. Éd. *Briand*, 1824, 13 vol. in-8. 25 fr. *Renouard*, 1820-24, 20 vol. in-18, 20 fr. *Ladrange* et *Furne*, 1829, 16 vol. gr. in-18, fig. 40 fr. Théâtre : Éd. *Didot*, 1789, 3 vol. in-18.

FLOURENS (Marie-J.-P.), célèbre physiologiste, 1794, Maureilhan (Hérault). Membre, 1828, et secrétaire perpétuel de l'Acad. des sciences, 1833. Professeur au Muséum, 1833. Député, 1837. Membre de l'Acad. franç. 1840. Pair de France, 1846. Professeur au Collége de France, 1855. Était l'ami de Chaptal, de Cuvier, de Geoffroy Saint-Hilaire. — Rech. sur le système nerveux, 1824. 2e éd. *Baillière*, 1842, in-8, 3 fr. De l'Instinct et de l'intelligence des animaux, 1841. 4e éd. *Garnier*, 1851, gr. in-18. 3 fr. 50. Analyse des travaux de Cuvier, 1841, 3e éd. *Garnier*, 1858, gr. in-18, 3 fr. 50. Examen de la phrénologie, 1842. 3e éd. *Garnier*, 1850, gr. in-18, 3 fr. 50. Rech. sur le développement des os et des dents, 1842, *Gide*, in-8. Anat. et physiol. comparées, 1843, *Baillière*, gr. in-4, avec pl. 9 fr. Anat gén. de la peau, 1843, *Gide*, in-4. avec pl. Hist. des travaux de Buffon, 1844. 2e éd. *Garnier*, gr. in-18, 3 fr. 50. Théorie de la formation des os. 1847, *Baillière*, in-8, avec pl. 3 fr. Fontenelle, 1847, *Paulin*, in-12. Décou. de la circulation du sang, 1854. 2e éd. *Garnier*, 1857, gr. in-18, 3 fr. 30. De la Longévité humaine, 1854. 3e éd. *Garnier*, 1855, gr. in-18, 3 fr. 50. Ontologie, 1855, *Garnier*, in-12. De la Vie et de l'intelligence, 1857. 2e éd. *Garnier*, 1859, gr. in-18, 3 fr. 50. De la

Raison, du Génie et de la Folie, 1861, *Garnier*, gr. in-18, 3 fr. 50. Éloges historiques, 1856 et suiv. *Garnier*, 3 vol. in-18. 10 fr. 50.

FODÉRÉ (F.-Emm.), médecin, 1764, St-Jean de Maurienne ; 1835, Strasbourg. Rendit des services à l'armée franç. 1792 et à l'Hôtel-Dieu de Marseille. Professeur à Strasbourg, 1814. — Traité du Goître, 1789 et 1800, in-8. TRAITÉ DE MÉDECINE LÉGALE, 1798. 2ᵉ éd. *Méquignon*, 1813, 6 vol. in-8. Traité du Délire, 1817, 2 vol. in-8. Voy. aux Alpes maritimes, 1821, 2 vol. in-8.

FOÉ (Daniel de), romancier et publiciste anglais, vers 1663, Londres; 1731..... Abandonna le commerce pour la politique, qui, à son tour, ne lui fut pas aussi favorable que les lettres. — ROBINSON CRUSOË, 1719. Éd. angl. avec fig. *Londres*, 1790, 2 vol. gr. in-8, 20 à 30 fr. 1820, 2 vol. in-8, 50 fr. 1844, gr. in-8., 15 fr. et 1818, in-24, 5 à 6 fr. Trad. franç. avec fig. *Panckoucke*, 1800, 3 vol. in-8, 18 fr. *Crévot*, 1825, 2 vol. gr. in-8, 12 fr., et 2 vol. in-12. *Didier*, 1837, 2 vol. in-8 ; et *Fournier*, gr. in-8. 15 fr. Hist. du Diable. Éd. angl. 1726, in-8. Trad. franç. *Amsterdam*, 1730, 2 vol. in-12. The Life of captain Singleton (Vie du capitaine Singleton). — Éd. angl. OEuv. diverses, Mémoires, *Londres*, 1819-21, 20 vol. pet. in-8. 100 fr. OEuv. choisies, *Édimbourg*, 1810, 12 vol. pet. in-8.

FŒRSTER (Fréd.), historien allemand, 1792, Munchengosserstaedt. Étudia la théologie, l'archéologie. Professeur à l'École d'artillerie et de génie. — Grundzüge der Geschichte des Preussstaates (Éléments de l'hist. de Prusse), 1818, *Berlin*, 2 vol. Handbuch der Geschichte (Manuel historique), 1820-22, *Berlin*, 3 vol. Preussen's neuere und neuste Geschichte (Hist. mod. de la Prusse), 1850 et suiv., *Berlin*.

FŒRSTER (Ernest-Joachim), archéologue et peintre allemand, 1800, Munchengosserstaedt. Frère du précédent. Étudia comme lui la théologie et la philosophie, puis entra dans l'atelier de Cornélius. — München, ein Handbuch für Fremde (Munich, Manuel pour les étrangers), 1838. 6ᵉ éd. *Munich*, 1852. Geschichte der deutschen Kunst (Hist. de l'Art allemand), 1855-56, *Leipsick*, 3 vol. Denkmale deutscher Baukunst (Monuments de l'architecture allemande), 1855, *Leipsick*.

FONTAINE (Alexis), géomètre, vers 1705, Claveison (Dauphiné); 1771, Cuiseaux (Saône-et-Loire). Vendit son patrimoine pour se livrer aux sciences mathématiques. Ami de Clairaut et de Maupertuis. Membre de l'Acad. des sciences, 1733. — Mémoires, 1764, in-4.

FONTAINE (P.-F.-Léonard), architecte, 1762, Pontoise; 1853, Paris. Élève, puis collaborateur et ami de Percier. 2e, puis 1er gr. prix d'architecture, 1810. Membre de l'Acad. des beaux-arts, 1812. Architecte du gouvernement depuis Napoléon Ier à Louis-Philippe. — Rue de Rivoli, 1802 et suiv. Travaux du Louvre et des Tuileries. Arc de triomphe du Carrousel, 1807. Salle de spectacle des Tuileries, 1808. Galerie d'Orléans, 1832-34. RESTAURATION DU CHATEAU DE VERSAILLES. — Palais, maisons et édifices (avec Percier), 1798, in-fol. Fêtes et cérémonies du mariage de Napoléon, 1810, in-fol. Recueil de décorations intérieures, 1812, in-fol.

FONTANA (Prosper), peintre italien, 1512, Bologne; 1597, ibid. Élève de Vasari. Peintre de Jules III. La nécessité de produire beaucoup pour satisfaire à ses goûts de dépenses nuisit à son talent. — Adoration des mages; Dispute de Ste Catherine; St Alexis; Baptême de J.-C.; Enfant jouant avec un lion, à Bologne. Annonciation à Milan. Adoration des mages, à Berlin. La Vierge et l'Enfant Jésus, à Dresde. Fresques.

FONTANA (Lavinia), peintre italienne, 1552, Bologne; 1614, Rome. Fille et élève du précédent. Peintre de Grégoire XIII. Devint très-habile dans le portrait. — Vierge; Madone; Nativité; Multiplication des pains; Christ; St François de Paule, à Bologne. ST DOMINIQUE; LAPIDATION DE ST ÉTIENNE (brûlé en 1823), à Rome. Son portrait. Celui de Fra Panigarola; Le Christ et Madeleine; Portrait d'une femme, à Florence. La Samaritaine, à Naples. Religieux assis, à Modène. Portraits, à Milan. Stes Familles, à Dresde et à l'Escurial. Vénus et l'Amour, à Berlin.

FONTANA (Domenico), célèbre architecte et ingénieur italien, 1543, Mili (Lac de Côme); 1607, Naples. S'attira la confiance du cardinal Montalto, qui, devenu Sixte-Quint, s'empressa de le nommer son architecte et de le combler de richesses et d'honneurs. Accusé de concussion, il se retira à Naples.— Achèvement de la coupole de St-Pierre, de la bibliothèque du Vatican et du palais de Monte Cavallo. Érection de l'obélisque de la place St-Pierre, 10 septembre 1586. Fontaine d'Acqua felice et de Medina. Palais royal à Naples. — Della Transportatione dell' obelisco Vaticano (du Transport de l'obélisque du Vatican), 1590, *Rome*, in-fol. fig., et *Naples*, 1603, in-fol.

FONTANA (Carlo), architecte italien, 1634, Bruciato (Côme); 1714, Rome. Élève de Bernin. Passa toute son existence à Rome où il fut architecte de sept papes, depuis Alexandre VII jusqu'à Clément XI.—Façade et maître-autel de Santa-Maria de' Miracoli. Fontaine de gauche de la place St-Pierre, et Fonts baptismaux de cette basilique. Chapelle Cibo. Mausolée de Christine de Suède. Portique de Santa-Maria in Trastevere. Palais Torlonia et Grimani. Bibliothèque de la Minerva.— Il tempio Vaticano (Le Temple du Vatican), 1694, *Rome*, gr. in-fol. avec pl. Anfiteatro Flavio (Amphitéâtre de Flavien), 1725, in-fol.

FONTANINI (Juste), archéologue italien, 1666, St-Daniel (Frioul); 1736, Rome. Professeur d'éloquence à Rome. Archevêque d'Ancyre.— De Antiquitatibus Hortæ coloniæ Etruscorum, 1723, *Rome*, in-4. fig. 5 à 6 fr. Bibliotheca dell' eloquenza italiana (Bibliothèque de l'éloquence italienne), 1754, *Venise*, 2 vol. in-4. 10 à 12 fr. Nouv. éd., *Parme*, 1803-04, 2 vol. in-4.

FONTENELLE (Bernard Le Bovier de), célèbre littérateur et érudit, 1657, Rouen; 1757, Paris. Neveu de Corneille. Débuta par des poésies. Prit part à la querelle des anciens et des modernes en se déclarant pour les derniers. Membre de l'Acad. franç., 1691. Membre, 1697, et secrétaire perpétuel de l'Académie des sciences, 1699-1737. Spirituel dans la conversation, simple dans ses goûts, modéré dans ses opinions, il sut se faire aimer de tous. — Dialogues des morts, 1683, in-12. Entretiens sur la pluralité des mondes, 1686. Éd. *Janet et Cotelle*, 1820, in-8. 4 fr. *Doyen*, 1829, in-18, et *Rion*, 1835, in-32. Hist. de l'Acad. et Éloges des académiciens, 1699-1708. Éd. *Brunet*, 1744, 2 vol. in-12. — OEuv. compl. Éd. *Bastien*, 1790, 8 vol. in-8. 25 à 30 fr. Éd. 1818, 3 vol. in-8, et 1758-66, 11 vol. in-12.

FORBIN (L.-Nic.-Phil.-Aug. Cte de), peintre et archéologue, 1777, La Roque d'Antheron (Bouches-du-Rhône); 1841, Paris. Soldat. Élève de David, avec Granet son ami. Alla se perfectionner en Italie. Membre de l'Académie des beaux-arts, 1816. Directeur des musées de France à la Restauration ; créateur de celui du Luxembourg. — Vision d'Ossian, 1806. Éruption du Vésuve, 1806. Inès de Castro, 1819. Conversion d'un corsaire, 1822. Ruines d'Égypte, 1824. Vue de Jérusalem, 1826. Campo Santo, 1827. Bazar au Caire, 1833. Peste de Marseille, 1834. Chapelle dans le Colysée, 1835. Prière du matin, 1839. — Un mois à Venise, 1825, *Engelmann,* gr. in-fol. Voy. dans le Levant, 1819, *Impr. roy.*, in-fol. et in-8. Son Portefeuille, 1843, in-4.

FORBONNAIS (F. VERON de), économiste financier, 1722, Le Mans; 1800, Paris. Inspecteur gén. des monnaies, 1756. Membre de l'Institut. — Consid. sur les finances d'Espagne, 1753, in-12. Éléments du commerce, 1754, 2 vol. in-12. RECH. ET CONSID. SUR LES FINANCES DE LA FRANCE, 1758, *Bâle,* 2 vol. in-4. 2ᵉ éd. *Liége,* 1758, 6 vol. in-12.

FORCELLINI (Egidio), philologue italien, 1688, Trener (Trévise); 1768..... Prêtre. Élève de Facciolati. Professeur de rhétorique et directeur du séminaire de Ceneda. — TOTIUS LATINIS LEXICON, 1771. Éd. *Padoue,* 1827-31, 4 vol. gr. in-4, et *Prato,* 1858, 6 vol. in-4.

FORESTIER (H.-Jos.), peintre, 1787, St-Domingue. Élève de Vincent et de David. 2ᵉ, 1812, et 1ᵉʳ prix de peinture, 1813. — Mort de Jacob, 1812. Ecce homo, 1819. J.-C. guérissant un possédé ; St Pierre, délivré par un ange, 1827. Vocation de St Front, 1831. Le Samaritain, 1835. Funérailles de Guill. le Conquérant, 1855.

FORKEL (J.-Nic.), musicien compositeur allemand, 1749, Meeder, près de Cobourg ; 1818, Gœttingue. Organiste et directeur de musique à Gœttingue.—Ueber die Theorie der Musik (de la Théorie de la musique), 1774, *Gœttingue,* in-4. Allgemeine Geschichte der Musik (Hist. gén. de la musique), 1788-1801, *Leipsick,* 2 vol. in-4.

FORMALEONI (Vincent), historien et voyageur italien, 1752, Venise; 1797, Mantoue. Voyagea surtout en Égypte et sur les bords de la mer Noire. Mourut emprisonné.— Essai sur la marine des Vénitiens, 1783, *Venise,* in-8. Trad. franç. *Venise,* 1788, in-8. Hist. du comm. et de la navigation des anciens dans la mer Noire, 1788, *Venise,* 2 vol. in-12. Trad. franç. par d'Henin. *Venise,* 1789, 2 vol. pet. in-8.

FORSTER (F.), graveur, 1790, Locle (Suisse). Élève de Langlois. 2e, 1809, et 1er gr. prix de gravure, 1814. Membre de l'Acad. des beaux-arts, 1844. — Les Trois Grâces ; la Vierge à la légende; Portraits, d'après Raphaël. Vierge au bas-relief, d'après Léonard de Vinci. Énée et Didon ; Aurore et Céphale, d'après Guérin. François Ier et Charles-Quint, d'après Gros. Ste Cécile, d'après Paul Delaroche. Wellington ; le Roi de Prusse, d'après Gérard. Humboldt, d'après Steuben. La reine Victoria, d'après Winterhalter. Christ, d'après Sébastien del Piombo.

FORTIA D'URBAN (F. marquis de), historien, 1756, Avignon ; 1843, Paris. Abandonna l'état militaire pour se livrer aux travaux d'érudition. Membre de l'Acad. des inscriptions, 1830. — HIST. GÉN. DE PORTUGAL, 1828-30, *Gauthier*, 10 vol. in-8, fig. Mémoires pour l'hist. du globe terrestre, 1805-09, 10 vol. in-12. Antiquités de Vaucluse, 1808, in-12. Essai sur l'origine de l'écriture, 1832, in-8.

FORTOUL (Hipp.-Nic.-Honoré), littérateur et homme d'État, 1811, Digne; 1856, Ems. Professeur de litt. à Toulouse, 1840. Recteur à Aix, 1846. Député, 1849. Ministre de l'instruction publique, 1851. Sénateur, 1853. Membre de l'Acad. des inscriptions, 1854. Promoteur du syst. de bifurcation des études. — Grandeur de la vie privée, 1838, 2 vol. in-8. Les Fastes de Versailles, 1838. Nouv. éd. *Didier*, 1844, gr. in-8. fig. 8 fr. DE L'ART EN ALLEMAGNE, 1841, 2 vol. in-8. 12 fr. La Danse des morts, 1842, in-16. Essai sur l'hist. de la peinture, 1845, in-8. ÉTUDES D'ARCHÉOLOGIE ET D'HISTOIRE, 1854, *Didot*, 2 vol. in-8. 12 fr.

FOUCAULT (J.-Bernard-Léon), physicien, 1819, Paris. Inventa un appareil illuminateur pour l'emploi de la lumière électrique, 1844 ; un régulateur électro-magnétique, 1846. Apporta de nombreuses améliorations dans les procédés de photographie. Physicien à l'Observatoire, 1855, à la suite de travaux considérables sur la lumière. Membre de l'Acad. des sciences, 1865. — Mémoires divers. Traités scientifiques.

FOUCHER (Victor-Adrien), jurisconsulte, 1802, Paris. Procureur gén. à Rennes, 1829. Conseiller à la Cour royale de Paris, 1847, et à la Cour de cassation, 1850. — De l'Administration de la justice militaire, 1825, in-8. De la Législation en matière d'interprétation, 1834. 2e éd. 1835, in-8. Éd. des Assises du roy. de

Jérusalem, 1839, 2 vol. in-8. Collect. des lois civiles et criminelles, 1833 et suiv. Comment. sur le code de justice milit. *Didot*, in-8, 15 fr.

FOUCHER (Paul-H.), littérateur et auteur dramatique, 1810, Paris. Abandonna un emploi dans un ministère pour entrer dans la littérature qu'illustrait alors son beau-frère, Victor Hugo. — Saynètes, 1831, in-8. Les Passions dans le monde, 1833, in-8. En collaboration : Caravage, 1834. Jeanne de Naples, 1837. Le Pacte de famille, 1839. La Voisin, 1842. La Justice de Dieu, 1845. Notre-Dᵉ de Paris, 1850. La Bonne Aventure, 1854. La Joconde, 1855.

FOURCROY (Ant.-F. Cte de), chimiste, 1755, Paris; 1809, ibid. Professeur au jardin des Plantes, 1784. Député à la Convention, 1792. Membre du Conseil des cinq-cents. Conseiller d'État, 1799. Directeur gén. de l'instruction publique, 1801. — PHILOS. CHIMIQUE, 1792. 3ᵉ éd. *Dufour*, 1806, in-8 ou in-12. SYST. DES CONNAISSANCES CHIMIQUES, 1801, 6 vol. in-4 ou 11 vol. gr. in-8. Tableaux de chimie, 1806, in-4.

FOURIER (J.-Bapt.-Jos. baron), géomètre et physicien, 1768, Auxerre ; 1830, Paris. Secrétaire de l'Institut d'Égypte. Préfet de l'Isère, 1802. Membre, 1817, et secrétaire perpétuel de l'Acad. des sciences, après Delambre, 1822. Membre de l'Acad. franç. — THÉORIE ANALYTIQUE DE LA CHALEUR, 1822, *Didot*, in-4 avec pl.

FOURIER (F.-Marie-Ch.), économiste, 1772, Besançon; 1837, Paris. Commerçant jusqu'à 50 ans. Eut alors l'idée d'une réforme sociale qui amènerait avec elle un bien-être universel. Sa doctrine eut le succès qu'elle devait avoir. — Théorie des quatre mouvements, 1808, *Leipsick (Lyon)*, in-8. Traité de l'Association domestique agricole, 1822, *Bossange*, 2 vol. in-8. — Œuv. compl. 1840-45, 6 vol. in-8. Consulter : Destinée sociale, par M. Considérant, 1834-44, 3 vol. in-8.

FOURMONT (Ét.), orientaliste, 1683, Herblay, près de Saint-Denis ; 1745, Paris. Professeur d'arabe au Collége de France et membre de l'Acad. des inscriptions, 1715. — Meditationes sinicæ, 1737, in-fol. 8 à 10 fr. Linguæ Sinarum Grammatica, 1742, in-fol. 10 à 15 fr. Réflexions sur les anciens peuples, 1747, 2 vol. in-4. 10 à 12 fr.

FOURNEYRON (Benoît), ingénieur, 1802, St-Étienne (Loire);

1864, Paris. Se signala de bonne heure par son aptitude pour les mathématiques. Inventa un genre de turbine qui porte son nom, 1834. Membre de l'Assemblée constituante, 1848. — Mémoires sur les turbines hydrauliques, 1841, *Liége*, in-8. Table de calculs pour les eaux, 1844, *Bachelier*, in-8. 3 fr.

FOURNIER (P.-Simon), graveur et typographe, 1712, Paris; 1768, ibid. Possédait une fonderie de caractères dans laquelle il apporta de grandes améliorations. — Traité sur l'origine de l'imprimerie, 1763, *Barbou*, in-8. Manuel typographique, 1764-66, 2 vol. pet. in-8, fig.

FOURNIER (Marc-J.-L.), auteur dramatique, 1818, Genève. S'occupa beaucoup de journalisme. Directeur de la Porte St-Martin, 1851. — En collaboration : Le Pardon de Bretagne, 1849. Les Nuits de la Seine, 1852. Les Chercheurs d'or. Paillasse. Manon Lescaut. La Bête du bon Dieu. La Danse des écus. Madame de Tencin. OEuv. litt. : Russie, Allemagne et France, 1844, in-8. Madame de Tencin, 1847, 2 vol. in-8.

FOURNIER (Éd.), littérateur et auteur dramatique, 1819, Orléans. La plupart de ses œuvres ont été faites en collaboration. — OEuv. litt. : La Musique chez le peuple, 1847, in-12. Essai sur l'art lyrique au théâtre, 1849, in-12. Hist. des hôtelleries, 1850, 2 vol. gr. in-8. Hist. de l'imprimerie, 1854, in-8. L'Esprit des autres, 1855. 3ᵉ éd. 1857, in-18. Théâtre : Christian et Marguerite, 1851. Le Roman de village, 1853. Les Deux Épagneuls, 1854. Le Chapeau du roi, 1856. La Charmeuse, 1858.

FOYATIER (Denis), sculpteur, 1793, Bussières (Loire); 1864, Paris. Prix de sculpture, à Lyon, 1816. S'éleva par le travail, de la position la plus humble, à une des meilleures places dans l'art. — Jeune Faune, 1819. Le Soldat laboureur, 1820: Jeune Grec jetant des fleurs. Bacchantes. Amour, 1824. Amaryllis. St-Jacques, 1827. Jeune fille au chevreau. Le Régent; la Prudence, 1830. SPARTACUS, 1831, aux Tuileries. Astydamas et Lucretia, 1833. La Siesta, 1834. La Dormeuse, 1855. Germanicus. Jeanne d'Arc, à Orléans.

FRACASTOR (Jérôme), médecin et poète italien, 1483, Vérone; 1553..... Médecin du pape Paul III. Exerça sa profession par amour pour la science et sans en faire une source de profit. — Syphilis, 1530, Vérone, pet. in-4. Trad. franç. *Baillière*, 1847, in-8. — OEuv. éd. lat. *Venise*, 1584, in-4. 6 à 10 fr. *Padoue*, 1739, 2 vol. in-4. 15 à 20 fr. et 1718, in-8, 3 à 5 fr.

FRAGONARD (J.-Honoré), peintre, 1732, Grasse; 1806, Paris. Élève de Chardin, de Vanloo, de Boucher. Gr. prix de peinture, 1752. Membre de l'Acad. des beaux-arts, 1765. Conservateur du Musée, 1789. — Corésus et Callirhoé, 1765. Fontaine et Serment d'amour. Sacrifice de la rose. Baiser à la dérobée. Le Verrou. Le Contrat.

FRAGONARD (Alex.-Évariste), peintre et sculpteur, 1783, Grasse; 1850, Paris. Fils et élève du précédent. Se perfectionna dans l'atelier de David. — Peinture : François Ier armé chevalier. François Ier recevant le Primatice. Les Bourgeois de Calais. Jeanne d'Arc. Le Tasse lisant. Sculpture : Ancien fronton de la chambre des députés. Pichegru.

FRANÇAIS (F.-L.), peintre, 1811, Plombières (Vosges). Garçon de librairie. Lithographe, puis élève de MM. Gigoux et Corot. — Chanson sous les saules, 1837. Jardin antique. Parc de St-Cloud. Soleil couchant. Paysan rebattant sa faux. Fin de l'hiver. Ravin de Népi. Environs de Rome. Sentier dans les blés, 1855. Ruisseau; un Buisson, 1857. Bords du Gapeau; Hêtres, 1859. Environs de Paris, 1861. Orphée, 1863. Environs de Rome, 1864. Fouilles de Pompéi, 1865.

FRANCESCHINI, le Volterrano (Baldassare), peintre italien, 1611, Volterre; 1689..... Aussi laborieux qu'excellent artiste, il a produit une quantité considérable de fresques et de tableaux. — Fresques : l'Aveuglement humain et la Vérité; l'Amour vénal et l'Amour endormi; Élie enlevé au ciel; Ascension; les Vertus théologales; la Ste-Trinité; Couronnement de la Vierge, à Florence. Élie nourri par l'ange, à Volterre. Tableaux : St Pierre, Ste Catherine; Ecce homo; St J.-Bapt.; St Laurent; Élie; St François; Christ, à Florence. Copie du Massacre des Innocents, de Daniel de Volterre; Purification; St Joseph; Descente de croix; Nativité de J.-C., à Volterre. St Bruno et la Vierge, à Pise.

FRANCESCHINI (Marcantonio), peintre italien, 1648, Bologne; 1728..... Élève de Cignani qu'il ne tarda pas à dépasser. — Fresques : Gloire de Ste Catherine et de Ste Claire; la Foi, l'Espérance, la Tempérance et la Charité; Christ; Annonciation;

Mort de St Joseph ; Ste Famille ; Martyre et miracles de St Barthélemy, à Bologne. Couronnement de Bradamante, à Modène. Saints, à Reggio. Circoncision ; Adoration des Mages ; St Joseph ; la Charité ; la Vérité ; la Pudeur, à Plaisance. — Tableaux : Saints, à Finale. St Charles Borromée, à Modène. St Georges, à Parme. St Joseph, à Bologne. Naissance d'Adonis ; Ste Madeleine, à Dresde.

FRANCHEVILLE (P. de), sculpteur, peintre et architecte, 1554, Cambrai ; 1615, Paris. Passa une partie de sa vie en Italie qu'il remplit de ses œuvres. Vint à Paris sous les règnes de Henri IV et de Louis XIII qui le nommèrent leur 1er sculpteur. — Janus et Jupiter, 1585 ; St Ambroise ; St Étienne ; les Quatre Évangélistes, à Gênes. St Dominique ; St J.-Bapt. ; St Thomas d'Aquin ; St Antoine ; St Philippe ; St Édouard ; le Printemps, à Florence. Côme Ier ; Ferdinand Ier ; Fontaine, à Pise. Le Temps enlevant la Vérité ; Saturne enlevant Cybèle, aux Tuileries. Débris de la statue de Henri IV, au Louvre.

FRANCIA (F. Raibolini, dit le), peintre italien, 1450, Bologne ; 1533..... Orfévre jusqu'à l'âge de 40 ans. Devint ensuite un peintre renommé. — Vierge et Saints, 1490 ; Christ mort ; Madone ; Ecce homo ; St Jean ; St Sébastien ; St François et St Jérôme ; Nativité ; Apparition de J.-C. Chœur d'Anges, à Bologne. Descente de croix ; Madone, à Parme. Annonciation ; Portraits ; Madone ; Martyre de St Étienne, à Florence. Nativité, à Forli. Adoration des Mages ; Baptême de J.-C. Vierge, à Dresde. Vierges à Rome, Munich, Vienne, Berlin, Londres. Joseph d'Arimathie, Portrait, au Louvre.

FRANCIA (J.), peintre italien, fin du 15e siècle ; 1557..... Fils et élève du précédent. Hérita de son talent et de sa réputation. — St Michel et Ste Marguerite, 1518 ; St Jérôme ; la Madeleine ; St François, 1520 ; Christ. St Jean ; Vierges ; St Georges, à Bologne. Portraits, à Florence. Nativité, à Parme. Madones, à Berlin.

FRANCIABIGIO (Marcantonio), peintre italien, 1483..... 1524..... Élève d'André del Sarte, qu'il ne parvint pas cependant à égaler. — Fresques : St J.-Bapt. Ste Famille ; Mariage de la Vierge (portant encore les coups de hache donnés par l'auteur) ; Retour de Cicéron ; Madone avec Saints ; St Thomas d'Aquin, à Florence. Tableaux : Petits Anges; Cène; Ste Famille; Portrait, 1517; Temple d'Hercule, à Florence. Madone, à Pérouse; David et Bethsabé, à Dresde. Mariage de la Vierge; Portrait, à Berlin.

FRANCK (Adolphe), philosophe, 1809, Liocourt (Meurthe). Professeur de philosophie à la Faculté, 1840. Membre de l'Acad. des sciences morales, 1844. Conservateur à la Bibliothèque impériale, 1852. Professeur au Collége de France, 1854-56. — Esquisse d'une hist. de la logique, 1838, *Ladrange*, in-8, 5 fr. Philosophie des Hébreux, 1843, *Ladrange*, in-8, 7 fr. 50. De la Certitude, 1847, *Ladrange*, in-8, 6 fr. Le Communisme jugé par l'histoire, 1849, in-18. Dict. des sciences philosophiques, 1844-52, *Hachette*, 6 forts vol. in-8, 60 fr. Études orientales, 1861, *Lévy*, in-8, 7 fr. 50.

FRANCO (Bapt. Semolei), peintre et graveur italien, 1498, Venise; 1561..... Ne commença à peindre qu'à 38 ans. Aussi était-il plus estimé comme graveur que comme peintre. — Fresques : Crèche ; Ascension, à Rome. Couronnement de la Vierge, à Urbin. L'Agriculture, la Chasse, les Fruits du travail, à Venise. Tableaux : Bataille de Montemurlo, à Florence. Portrait, à Berlin. Dessins : St. J.-Bapt. Philosophe; Triomphateur; St Antoine ; Vieillards, au Louvre. Gravure : Fable de Psyché ; Bacchanales; Animaux : la Donation ; le Déluge universel.

FRANCŒUR (L.-Benj.), mathématicien, 1773, Paris; 1849, ibid. Soldat. Professeur à la Faculté, 1809. Membre de l'Acad. des sciences, 1842. — Traité élém. de mécanique, 1800, 5e édit. 1825, in-8. Cours de mathématiques, 1809, 4e édit. *Bachelier*, 1837, in-8, 12 fr. Uranographie, 1812. 6e édition, *Bachelier*, 1853, in-8. 10 fr. Dessin linéaire et arpentage, 1819. 2e éd. *Bachelier*, 1839, in-8. 6 fr. Astronomie pratique, 1830. 2e éd. *Bachelier*, 1840, in-8. Traité de Géodésie, 1835. 3e éd. *Bachelier*, 1853, in-8. 10 fr.

FRANÇOIS DE SALES (St), célèbre prélat et théologien, 1567, Sales, près d'Annecy ; 1622, Lyon. Prêtre, 1593. Évêque de Genève, 1602. S'attira l'estime et la considération de Henri IV et de Louis XIII. Fonda, avec Mad. de Chantal, divers ordres religieux. — Introduction à la vie dévote, 1608. Éd. *Blaise*, 1823, in-8. 1828, in-18 et *Techener*, 1855, 2 vol. in-16, 12 fr. Traité

DE L'AMOUR DE DIEU. 1616. Éd. *Périsse,* 1823, 2 vol. in-12, 3 fr, et 2 vol. in-32, 2 fr. — OEuv. compl. *Blaise,* 1821, 16 vol. in-8. *Périsse,* 1860, 5 vol. gr. in-8, à 2 col. 24 fr. et *Migne,* 1861-62, 8 vol. gr. in-8, à 2 col. 55 fr.

FRANÇOIS DE NEUFCHATEAU (Nic.-L. Cte), littérateur, agronome, homme d'État, 1750, Saffais (Meurthe) ; 1828, Paris. Procureur général, 1783. Député aux États généraux, 1789. Membre et président de l'Assemblée législative, 1790-91. Ministre de l'intérieur, 1797-98. Membre de l'Acad. franç. Sénateur. — Discours sur l'art de lire les vers, 1775. Paméla, 1793. Les Tropes. Fables. Contes. Voy. Agronomique, 1800. Art de multiplier les grains, 1818, etc.

FRANCUCCI, DA IMOLA (Innocenzo), peintre italien, 1480, Imola ; 1550, Bologne. Élève de Francia. Maître du Primatice. La simplicité de ses goûts et la douceur de son caractère s'accommodaient peu de l'existence bruyante de ses confrères. — Tableaux : Annonciation ; MARIAGE DE Ste CATHERINE ; Vierge et Saints ; Madone, à Bologne. VIERGE ET SAINTS, à Imola. Ste Famille, à Rome. Madone et Saints, à Munich. Vierge glorieuse, à Berlin. Mariage de Ste Catherine, à St-Pétersbourg. Fresques : Funérailles de la Vierge ; Assomption, Annonciation ; Résurrection de J.-C. St Michel ; les Quatre Évangélistes, à Bologne.

FRANK (J.-P.), médecin allemand, 1745, Rotalben ; 1821, Vienne. Conseiller de l'évêque de Spire, 1772. Professeur d'anat., de physiol. et de clinique, à Bruchsal, Gœttingue, Pavie, Wilna, Vienne. Conseiller aulique et directeur gén. de l'hospice de Vienne, 1795. 1er médecin de l'empereur de Russie, 1804-08. — System einer vollstændigen medizinischen Polizey (Syst. d'une police médicale complète), 1779-1819, 8 vol. in-8. Delectus opusculorum medicorum, 1785-91, *Pavie,* 12 vol. in-8. Des Maladies des hommes, 1792-1807. Éd. allem. *Vienne,* 1811, 10 vol. in-8. 60 fr. Trad. franç. (Traité de médecine pratique), *Baillière,* 1842, 2 vol. gr. in-8. 24 fr.

FRANKLIN (Benj.), célèbre physicien et homme d'État américain, 1706, Boston ; 1790, Philadelphie. Ouvrier, puis chef d'imprimerie, 1729. Secrétaire, 1736, puis membre de l'assemblée de Pensylvanie, 1747. Invente le paratonnerre, 1752. Maître gén. des postes, 1753. Député en Angleterre, 1757 ; en France, 1777.

Président de la Pensylvanie, 1785-88. Prit une grande part à l'indépendance de sa patrie. — La Science du bonhomme Richard, 1732 et suiv. Éd. franc.-angl. *Dijon*, 1796, pet. in-8. Trad. franç. *Boulé*, 1845, in-32. — OEuv. Éd. angl. *Boston*, 1850, 10 vol. gr. in-8. 75 fr. et *Philadelphie*, 1852, 2 vol. gr. in-8, à 2 col. Trad. franç. OEuv. phys. et polit. 1773, 2 vol. in-4. Vie et œuvres morales, 1798, 2 vol. in-8. Correspondance, 1817, 2 vol. in-8. OEuv. posthumes, 1817, in-8. Mélanges, *Renouard*, 1825, 2 vol. in-18, 5 fr. Mémoires, œuv. morales et litt. *Anzin*, 1842, in-8, ou *Gosselin*, 1841, in-12.

FRAYSSINOUS (Denis de), célèbre orateur et théologien, 1765, Curières (Aveyron); 1841, St-Géniez. 1er aumônier de Louis XVIII, 1821. Évêque d'Hermopolis, 1822. Membre de l'Acad. franç.; grand maître de l'Université, 1825. Ministre des affaires ecclésiastiques, 1824-28. — Vrais Principes de l'Église gallicane, 1818-26, *Leclère*, in-8. Oraisons funèbres du prince de Condé, 1818 ; du cardinal de Talleyrand, 1821 ; de Louis XVIII, 1824. Défense du christianisme, 1825. *Leclère*, 1846, 16e éd., 3 vol. in-12 ; 17e éd., 3 vol. in-8. Consid. philos. sur le syst. de Lamennais. 1834.

FRÉDÉRIC II, le Grand, roi de Prusse, philosophe, littérateur, 1712, Berlin ; 1786, Potsdam. Habile capitaine, administrateur consommé, sa grande préoccupation fut d'agrandir la Prusse et d'y faire fleurir l'industrie et le commerce, les lettres et les arts. Après avoir tenu tête à toute l'Europe, la victoire de Rosbach, 1757, et le traité de paix de 1763, facilitèrent sa tâche. Il eut quelque temps à sa cour Diderot et d'Alembert et surtout Voltaire pour lequel il professait une grande admiration. — Mémoires pour l'hist. de la maison de Brandebourg. Hist. de mon temps, 1740-45. Hist. de la guerre de Sept ans, etc. — OEuv. *Potsdam*, 1805, 24 vol. in-8. OEuv. compl. *Berlin*, 1846 et suiv., 31 vol. in-4, fig.

FREILIGRATH (Ferd.), poète allemand, 1810, Detmold. La part prise par lui aux événements politiques de son pays l'obligea à se retirer en Suisse, 1845, puis à Londres, 1849. — Gedichte (Poésies), 1838, 12e éd. *Stuttgart*, 1851. Glaubensbekentniss (Profession de foi), 1844, *Mayence*. Die Todten an die Lebenden (les Morts aux Vivants), 1848. Zwischen den Garben (les Gerbes),

1849, *Stuttgart*. Neuere politische und sociale Gedichte (Nouv. poésies polit. et sociales), 1849, *Cologne*.

FREIND (J.), médecin anglais, 1675, Croton (Northampton); 1728..... Professeur de chimie à Oxford. Membre de la société royale et de la chambre des communes, 1723. Médecin de la reine. — Hist. de la médecine, 1725. Éd. angl. *Londres*, 1758, 2 vol. in-8. 10 à 15 fr. Trad. franç. 1728, in-4, et *Leyde*, 1727, 3 vol. in-12. — OEuv. compl. Éd. lat. *Londres*, 1733, in-fol.

FRÉMIET (Emm.), sculpteur, 1824, Paris. Élève de Rude. — Gazelle, 1843. Dromadaire, 1847. Chien blessé, 1850. Le Cheval à Montfaucon, 1853. Le centaure Térée, 1861. Cavalier gaulois; Centaure, 1863. Pan et Ours; Chef gaulois, 1864.

FRÉMINET (Martin de), peintre, 1567, Paris; 1619, Fontainebleau. Élève de J. Cousin. Se perfectionna en Italie. 1er peintre de Henri IV, 1603. — Peintures à Fontainebleau représentant des scènes de la vie de J.-C. et de l'histoire des Hébreux.

FRÉMY (Edmond), chimiste, 1814, Versailles. Professeur à l'École polytechnique, au Collège de France et au Muséum, 1843-50. Membre de l'Acad. des sciences, après Thenard, 1857. — TRAITÉ DE CHIMIE GÉNÉRALE (avec M. Pelouze), 1844-57. 3e éd. *Masson*, 1860 et suiv. 6 vol. gr. in-8, avec atlas et pl. Abrégé de chimie (avec M. Pelouze), 1848. 4e éd. *Masson*, 1859, 3 vol. in-18, 5 fr. Notions gén. de chimie (avec M. Pelouze), 1853, *Masson*, in-18, 5 fr.

FRÉRET (Nic.), historien, érudit, 1688, Paris; 1749, ibid. Membre puis secrétaire perpétuel de l'Acad. des inscriptions. Connaissait toutes les langues. Ses travaux ont porté sur toutes les branches des sciences humaines. — MÉMOIRE SUR L'ORIGINE DES FRANÇAIS, 1714. De l'origine des Grecs. Défense de la chronologie, 1758, *Durand*, in-4. Réflexions sur l'étude de l'histoire. — OEuv. 1796-99, *Moutardier*, 20 vol. pet. in-12, et *Didot*, 1825, in-8.

FRESNEL (Aug.-J.), physicien, 1788, Broglie (Eure); 1827, Ville-d'Avray. Ingénieur en chef des ponts et chaussées, 1815. Examinateur à l'école polytechnique, 1821. Membre de l'Acad. des sciences. — MÉMOIRES sur la diffraction, la polarisation, la double réfraction de la lumière, dans les Annales de phys. et de chimie, 1816-25. Mémoire sur l'éclairage des phares, 1822.

FREYCINET (L.-Cl. Desaulces de), navigateur et géographe, 1779, Montélimart ; 1842, Freycinet (Drôme). Accompagna Baudin dans son voy. à la Nouv.-Hollande, 1800-04. Exécuta un 2ᵉ voy. scientifique autour du monde, 1817-20. Membre de l'Acad. des sciences.— Voy. de découvertes aux Terres australes, 1815, *Impr. roy.* gr. in-4, avec atlas, 40 à 50 fr. Voy. AUTOUR DU MONDE, 1824-44, *Pillet*, 9 vol. in-4, avec atlas.

FRÉZIER (Amédée-F.). ingénieur et navigateur, 1682, Chambéry; 1773, Brest. Ingénieur en chef à St-Domingue, 1719-25. Directeur des fortifications de Bretagne, 1739. — Traité de stéréotomie, 1738-54, 3 vol. in-4, fig., 20 à 25 fr. Abrégé de cet ouvrage, 1759, 2 vol. in-8, fig.

FRIEDERICH (André), sculpteur, 1798, Ribeauvillé (Haut-Rhin). Élève de Schadow, de Bosio, de Thorwaldsen. — Monuments, de Turenne, 1828, à Saltzbach; d'Erwin, 1842, à Steinbach. Statue de Werner de Hapsbourg, 1840. Une Mère et son Enfant, 1842. Le Fossoyeur; Mausolée de Léopold, à Bade.

FRIÈS (Élias), botaniste suédois, 1794, Femsjo (Wescio). Professeur, de botanique, à Lund, 1828; d'économie pratique, à Upsal, 1834. Directeur du musée, 1851. Recteur, 1853. Membre de l'Acad. de Stockholm.—Flora hollandica, 1817, *Lund*. Novitiæ floræ succicæ, 1817. 2ᵉ éd. 1828, *Lund*. SYSTEMA MYCOLOGICUM, 1821-29, *Greifswald*, 3 vol. Systema orbis vegetabilis, 1825, *Lund*. Lichenographia Europæa reformata, 1831.

FRISCH (J.-Léonard), théologien, naturaliste allemand, 1666, Sulzbach; 1743, Berlin. Voyages dans toute l'Europe. Membre de l'Acad. des sciences de Berlin, 1706. Eut de vives contestations avec ses confrères sur diverses questions scientifiques. — Beschreibung von allerley Insecten (Description de toutes sortes d'insectes), 1721-38, *Berlin*. De origine characteris slavonici, 1727, *Berlin*, in-4. Vorstellung der Vögel (Représentation des oiseaux), 1734-63, 3 vol. in-fol.

FRITH (William Powel), peintre anglais, 1820, Harrogate (York). Membre de l'Acad. de Londres, 1853. — Malvolio et Olivia, 1840. Adieux de Leicester, 1841. LE PASTEUR DE VILLAGE, 1845. M. JOURDAIN SALUANT LA MARQUISE; Fête anglaise, 1847. Paysanne ensorcelée, 1848. Une aventure en diligence, 1849.

Pope et lady Montague. L'homme d'un bon naturel. Sancho à table, 1850.

FROISSART (J.), chroniqueur, 1337, Valenciennes; vers 1410, Chimay. Voyagea en Flandre, en Angleterre, en Écosse. Fort bien accueilli partout, il s'empressait de consigner par écrit les faits et gestes dont il était témoin. — CHRONIQUES, de 1326 à 1400. 1495. Éd. par Buchon, *Verdière* et *Carez*, 1824-26, 15 vol. in-8. 75 fr. Dernière éd. par le même, *Desrez*, 1835, 3 vol. gr. in-8. 30 fr.

FRONTIN (Sextus Julius Frontinus), littérateur et administrateur romain, vers 40 de J.-C.....; vers 106..... Préteur urbain sous Vespasien, 70. Gouverneur de la Bretagne, 75. Intendant des eaux, 97. Consul. — Stratagèmes de guerre. Éd. *Leyde*, 1779, in-8. 6 à 9 fr. Trad. franç., 1772, in-8. DE AQUÆDUCTIBUS URBIS ROMÆ. Éd. *Padoue*, 1722, in-4. 6 à 9 fr. Trad. franç. de ces deux ouvrages, par Ch. Bailly, *Panckoucke*, 1849, in-8. — Consulter : Commentaires de Frontin sur les aqueducs de Rome, par J. Rondelet, 1820-21, in-4. 30 fr.

FRYXELL (André), historien suédois, 1795..... (Dalécarlie). Directeur de gymnases à Stockholm. Professeur, 1833. Pasteur, 1836. — Svœnsk Spraklæra (Traité d'éducation), 1824 et suiv. *Stockholm*. BERATTELSER UR SVENSKA HISTORIEN (Hist. nationale de Suède), 1832 et suiv.

FUCHS (Léonard), botaniste et médecin allemand, 1501, Wembdingen (Bavière); 1566, Tubingue. Professeur de médecine à Ingolstadt, 1526. Médecin du margrave d'Anspach, 1528. Professeur en cette dernière ville, 1535.—HIST. DES PLANTES, 1542, *Bâle*, in-fol. *Lyon*, 1551, in-8, et *Bayard*, 1547, in-12. Trad. franç., *Lyon*, 1575, in-fol. Trésor de médecine, 1531, *Haguenau*, in-8, et *Bâle*, 1618, in-8. Trad. franç., *Lyon*, 1578, in-24.

FUGA (Ferd.), architecte italien ; 1699, Florence; 1780..... Architecte de Clément XII, de Benoît XIV, puis du roi de Naples, Ch. de Bourbon.—Palais de la Consulta et Corsini; Églises della Morte ; de Gesù Bambino ; de Ste-Marie-Majeure, à Rome. HOPITAL ROYAL, à Naples, 1751.

FULTON (Robert), célèbre mécanicien américain, 1765, Little-Britain (Pensylvanie); 1815, New-York. Inventa un moulin à scier le marbre; une machine à faire des cordes; un bateau pour naviguer sous l'eau. Perfectionna le BATEAU A VAPEUR inventé par Jouffroy, et fit des expériences à ce sujet sur la Seine, 1802; puis sur la rivière d'Hudson en Amérique.

FURETIÈRE (Ant.), littérateur et grammairien, 1620, Paris; 1688..... Procureur fiscal à St-Germain-des-Prés, abbé de Chalivoy. Membre de l'Académie franç., 1662. Son caractère difficile et ses écrits satiriques l'en firent exclure, 1685. — Le Roman bourgeois, 1666, in-8. Nouv. éd., par P. Janet, *Pagnerre*, 1855, in-18. 5 fr. DICT. UNIVERSEL, 1690. Éd. *Trévoux*, 1704, 3 vol. in-fol., et 1771, 8 vol. in-fol.

G

GABBIANI (Antonio Domenico), peintre italien, 1652, Florence; 1726..... Élève de Ciro Ferri. Fonda une académie à Florence où se formèrent de nombreux élèves. — Ganymède enlevé par Jupiter; Danse de Génies; St Philippe de Néri; Descente du St-Esprit; fresques, à Florence. Ste Cécile, à Pise. Présentation au temple, à Pistoja. Le Christ chez Simon, à Dresde. St François; Pierre d'Alcantara secouru par le Christ, à Munich.

GABRIEL (Jacq.-Ange), architecte, vers 1710, Paris; vers 1782..... Son père a construit le Pont-Royal actuellement existant. Quant à lui, il fut, sans conteste, le meilleur architecte de son époque. — Restauration du Louvre presque abandonné par Louis XIV et Louis XV de 1700 à 1750. Constructions de l'École militaire et des deux MONUMENTS DE LA PLACE DE LA CONCORDE.

GADDI (Taddeo), peintre et architecte italien, 1309..... 1352..... Élève et ami de Giotto. — Fresques de la Vierge; du Rédempteur; de St Thomas terrassant l'hérésie, à Florence. FRESQUES A PISE et à Arezzo. Tableaux: Vierge et saints, à Florence. Couronnement de la Vierge à Berlin. Martyre de St J.-Bapt. Crucifiement; Judas livré aux démons, au Louvre. Architecture: le Ponte Vecchio; le Campanile de la cathédrale, à Florence.

GAERTNER (Jos.), botaniste allemand, 1739, Calw (Wurtemberg); 1791, Londres. Professeur d'anat. à Tubingue, 1760; de botanique, à St-Pétersbourg, 1768, où il était aussi directeur du jardin des plantes et du muséum. — De Fructibus et Seminibus plantarum, 1788, *Stuttgard* et *Tubingue*, 1791, 3 vol. in-4. 150 fr.

GAIL (J.-Bapt.), helléniste, 1755, Paris ; 1829, ibid. Professeur de grec au Collége de France, 1792. Membre de l'Acad. des inscriptions, 1809. Conservateur à la Biblioth. royale, 1815. — Éd. et trad. de Théocrite, 1792, in-8 ; d'Anacréon, 1793, in-8 ; de Xénophon, 1797-1815, 10 vol. in-4 ; de Thucydide, 1807, 10 vol. in-8. Gramm. grecque, 1798, in-8. Le Philologue, 1814-28, 22 vol. in-8, avec atlas in-4.

GAILLARD (Gabriel-H.), historien et littérateur, 1726, Ostel, près de Soissons ; 1806, St-Firmin, près de Chantilly. Avocat, puis homme de lettres. Ami de Malesherbes. Membre de l'Acad. des inscriptions, 1760 ; de l'Acad. franç. 1771. — Hist. de François Ier, 1766-69, 7 vol. in-12 ; nouv. éd. *Blaise*, 1819, 4 vol. in-8. Hist. de la rivalité de la France et de l'Angleterre, 1771-77, 7 vol. in-12. Hist. de la querelle de Philippe de Valois et d'Édouard III, 1774, 4 vol. in-12 ; nouvelle éd. de ces deux ouvrages, *Blaise*, 1818, 6 vol. in-8. 18 à 21 fr. Histoire de Charlemagne, 1782, 4 vol. in-12 ; nouv. éd. *Blaise*, 1819, 2 vol. in-8. 6 fr. Hist. de la rivalité de France et d'Espagne, 1801. 2e éd. *Duverger*, 1807, 8 vol. in-12.

GAINSBOROUGH (Thomas), peintre anglais, 1727, Sudbury ; 1788, Londres. Élève de Gravelot. Laissa le commerce qui enrichissait sa famille pour cultiver la peinture ou il trouva la célébrité. — Rabbin, d'après Rembrandt. Portraits. Paysages.

GALIANI (Ferd.), littérateur et économiste italien, 1728, Chieti (Abruzze citérieure) ; 1787, Naples. Prêtre. Appela un des premiers l'attention sur les ruines d'Herculanum. Secrétaire d'ambassade à Paris, 1759. Ami de Diderot. Conseiller ; secrétaire du commerce, et administrateur des domaines royaux à Naples, 1777. — Traité sur les monnaies, 1750. Art de conserver les grains, 1753. Trad. franç. 1770, in-8. Dialogues sur le commerce des blés, 1770, *Londres*, in-8, ou *Berlin*, 1795 2 vol. in-18. Correspondance, 1818, *Dentu*, 2 vol. in-8, ou *Treuttel*, 2 vol. in-8. 7 fr.

GALIEN (Cl.), célèbre médecin grec, 131, Pergame (Asie Mineure) ; 200 à 210, probablement ibid. Après avoir étudié la philosophie se rendit à Alexandrie où il se livra à des travaux anatomiques, puis à Rome où il devint médecin des empereurs Marc-Aurèle, Vérus et Commode. 1er médecin de l'antiquité, après Hippocrate qui le domine par la simplicité, la concision et la profondeur de sa doctrine. — DE ANATOMICIS ADMINISTRATIONIBUS. DE USU PARTIUM CORPORIS HUMANI. DE SANITATE TUENDA. DE CONSTITUTIONE ARTIS MEDICÆ. DIAGNOSTICA. De locis affectis. De curandi ratione. — OEuv. compl. Éd. grecq.-lat. *Leipsick, Cnobloch*, 1821-33. 20 vol. in-8, 50 thl. Éd. lat. *Juntès*, 1625, 5 vol. in-fol. OEuv. Trad. franç. par Ch. Daremberg, *Baillière*, 1854-57, 2 vol. gr. in-8. 20 fr.

GALILÉE (Galileo-Galilei), célèbre astronome et mathématicien italien, 1564, Pise ; 1642, Arcetri. Professeur de mathématiques, à Pise, 1588-92, puis à Padoue, 1592-1612, où il exécuta les travaux qui l'ont immortalisé. Le gr.-duc de Toscane le couvrit de sa protection. Promoteur du syst. de Copernic sur le mouvement de la terre. Se vit, à l'âge de 70 ans, persécuté par la cour de Rome qui le priva un moment de sa liberté et l'obligea à se rétracter. Il mourut aveugle. — Inventa le pendule ; la balance hydrostatique ; le compas de proportion. Perfectionna le thermomètre ; le télescope. Découvrit les lois de la pesanteur. — SIDEREUS NUNTIUS, 1610. DIALOGO SISTEMI DEL MONDO, 1632. OEuv. compl. Éd. ital. par Albéric, *Florence*, 1842-56, 16 vol. in-4, 240 fr. ou in-8. 150 fr.

GALIMARD (Nic.-Aug.), peintre, 1813, Paris. Élève de MM. Ingres et Foyatier. — Châtelaine ; saintes femmes, 1835. La Liberté et le Christ ; la Reine des anges, 1836. La Vierge en prière, 1839. Nausicaa, 1841. L'Ange aux parfums, 1845. L'Ode, 1846. Vierge et Christ ; Moineau de Lesbie ; Junon jalouse, 1849. Nuit de Noël ; Évangélistes, 1850. Pèlerins d'Emmaüs, à St-Germain l'Auxerrois. Visitation, aux Tuileries. Séduction de Léda, 1855. Vitraux de St-Laurent, de Ste-Clotilde et à St-Philippe du Roule.

GALL (F.-Jos.), célèbre médecin et philosophe, 1758, Tiefenbrun (Gr.-duché de Bade) ; 1828, Montrouge, près Paris. Médecin à Vienne, 1785. Voyagea en Allemagne, en Suède. Ouvrit un cours à Paris, 1807. Ses doctrines sur la structure et les fonctions du cerveau rencontrèrent d'ardents contradicteurs, mais firent mieux connaître l'anat. et la physiol. de cet organe. — Anat. et Physiologie du syst. nerveux (avec Spurzheim), 1809-19, *Schœll*, 4 vol. in-fol. avec atlas, 150 fr., ou 4 vol. in-4 avec atlas in-fol. 120 fr. Sur les fonctions du cerveau, 1822-25, *Baillière*, 6 vol. in-8. 42 fr.

GALLAND (Ant.), orientaliste, 1646, Rollot (Picardie); 1715, Paris. Un long séjour dans le Levant lui permit de connaître les mœurs et la littérature de ce pays. Antiquaire du roi. Membre de l'Acad. des inscriptions, 1701. Professeur d'arabe au Collége de France, 1709. — Paroles remarquables des Orientaux, 1694, in-12. De l'origine du café, 1699, *Cavelier*, pet. in-12. Les mille et une nuits, trad. de l'arabe, 1704-17, 12 vol. in-12; nouv. éd. par Ed. Gauthier, *Rapilly*, 7 vol. in-8, 20 à 25 fr.; par Aimé Martin, *Desrez*, 1838, in-8; par M. de Sacy, *Bourdin*, 1840, 3 vol. gr. in-8, fig. 30 fr. Éd. *Lavigne*, 1841, 2 vol. in-12.

GALLOIS (Ch.-André-Gust.-Léonard), historien et littérateur, 1789, Monaco; 1851, Paris. Quitta le commerce pour les lettres et le journalisme. — Hist. de l'inquisition d'Espagne, 1823. 6ᵉ éd. 1828, in-18 et 1829, in-8. Biographie des contemporains par Napoléon, 1824, *Ponthieu*, in-8. Hist. de Napoléon, 1825. 5ᵉ éd. *Béchet*, 1829, in-8. Hist. de la Convention nationale, 1834-35, *Mie*, 6 vol. in-8. Hist. des journaux de 1789 à 1796. Éd. 1845-46, *Schneider*, 2 vol. gr. in-8.

GALVANI (Aloisio), physicien et médecin italien, 1737, Bologne; 1798, ibid. Professeur d'anat. et de physiologie à Bologne, 1762. Célèbre pour avoir découvert les phénomènes électriques connus sous le nom de Galvanisme, si bien décrits et développés par Volta. — De Renibus atque Ureteribus volatilium. De volatilium Aure. De Viribus Electricitatis, 1791, *Bologne*, in-4.

GANILH (Ch.), économiste et politique, 1758, Allanches (Cantal); 1836,..... près Paris. Avocat. Membre du Tribunat. Député du Cantal, 1815-23. — Essai sur le revenu des peuples, 1806. 2ᵉ éd. *Treuttel* et *Wurtz*, 1823, 2 vol. in-8. Des syst. d'Économie polit., 1809. 2ᵉ éd. *Treuttel* et *Wurtz*, 1821, 2 vol. in-8. Théorie de l'Économie polit., 1815. 2ᵉ éd. *Treuttel* et *Wurtz*, 1822, 2 vol. in-8. Principes d'Économie polit., 1835, *Levrault*, in-8.

GANNAL (J.-Nic.), chimiste et industriel, 1791, Sarrelouis; 1852, Paris. Fit les campagnes de l'Empire en qualité de pharmacien. Préparateur du cours de Thenard. Après un certain nombre de découvertes utiles, parvint à utiliser l'acétate d'alumine pour la conservation des corps en l'injectant par l'aorte carotide. — Hist. des Embaumements, 1837. 2e éd. 1841, *Desloges*, in-8.

GANS (Ed.), jurisconsulte et publiciste allemand, 1798, Berlin; 1839, ibid. Voyagea en Angleterre et en France. Professeur à l'université de Berlin, 1826. — Das Erbrecht (Du droit de succession), 1824-35, *Berlin*, 4 vol. in-8. Ueber die Grundlage des Besitzes (Du Fondement de la Possession), 1839, *Berlin*.

GARAT (Dom.-Jos.), littérateur et politique, 1749, Ustaritz (Basses-Pyrénées); 1833, Urdains, près Ustaritz. Député aux États généraux, 1789. Ministre de la justice, 1792; de l'intérieur, 1793. Professeur de philos. à l'École normale, 1794. Membre de l'Acad. des sciences morales, 1795. Ambassadeur à Naples, 1797. Président du conseil des Cinq-Cents, 1798. Sénateur, 1800. Membre de l'Acad. franç. 1806. — Éloges de Suger, 1779; de Montausier, 1781; de Fontenelle, 1784. Consid. 1792, et mémoires sur la révolution, 1795.

GARCIA (Manuel), musicien compositeur et comédien espagnol, 1775, Séville; 1832, Paris. Après avoir résidé à Rome et à Naples, se fixa à Paris et à Londres qu'il habitait alternativement, 1816-24. Exécuta un voy. à New-York et à Mexico. — El Preso por amor, 1801, à Malaga. Il califo di Bagdad, 1812, à Naples. Le Prince d'occasion, 1817, à Paris. La Meunière, 1821, au Gymnase. Florestan, 1822, à l'Opéra. Les Deux Contrats de mariage, 1824, à l'Opéra-Comique.

GARCIN DE TASSY (Jos.-Héliodore), orientaliste, 1794, Marseille. Membre de la Société asiatique, et de l'Acad. des inscriptions, 1838. Professeur d'indoustani à l'École des langues orientales. — Rudiments de la langue indoustani, 1829, *de Bure*, in-4. 15 fr. Hist. de la litt. hindoue, 1839-47, *Imp. roy.* 2 vol. gr. in-8. 30 fr. Gramm. persanne, 1845, *Duprat*, in-12. Rudiments de la langue hindoue, 1847, *Duprat*, gr. in-8.

GARNAUD (Ant.-Martin), architecte, 1796, Paris; 1861, ibid. Élève de Vaudoyer. Gr. prix d'architecture, 1817. Fondateur de la Société des architectes, 1841. Membre du jury d'architecture à l'École des beaux-arts.— Un Conservatoire de musique, 1817. L'Aqua Julia; Trophées de Marius, 1821. Fontaine à Clémence

Isaure, 1823. Salle d'opéra, 1838. Projet d'achèvement du Louvre, 1840. Étude de prison cellulaire, 1845. Plan du centre de Paris, 1849. Études d'architecture chrétienne, 1858 et suiv. in-fol.

GARNERAY (J.-F.), peintre, 1755, Paris; 1837, Auteuil. Ses œuvres ont figuré aux diverses expositions de 1800 à 1835. — Portraits, du baron de Trenck; de J. Jacob; de Charlotte Corday; de Catherine de Médicis; de L.-Philippe. Cour et escalier de la Ste Chapelle. Fonts baptismaux de l'église d'Auteuil. Galerie du château de Fontainebleau. LOUIS XVI SUR LA TERRASSE DU TEMPLE.

GARNERAY (Ambroise-L.), peintre, 1783, Paris; 1857, ibid. Neveu du précédent. Exécuta de longs voy. maritimes, 1796-1806. Pris par les Anglais et emprisonné pendant 8 ans, à Portsmouth, 1806-14. Conservateur du musée de Rouen, 1833, et attaché pendant dix ans à la manufacture de Sèvres. — Vue du port de Londres, 1816, et des principaux ports de France. Épisode du combat de Navarin, à Nantes. Prise du Kent, à la Rochelle. Canal de Furmes, à Marseille. Attaque d'une division anglaise, à Rochefort. Combat de Duquesne, à Versailles. Pêche de la morue, à Rouen.

GARNIER (Germain, Cte), économiste, 1754, Auxerre; 1821, Paris. Procureur au Châtelet. Secrétaire de Mad. Adélaïde. Préfet, 1800. Sénateur, 1804. Président du Sénat, 1809-11. Pair, 1815. — De la propriété dans ses rapports avec le droit polit. 1792, *Clavelin,* in-18. Trad. de la RICHESSE DES NATIONS de Smith, 1805, 5 vol. in-8. 3e éd. dans la collect. des économistes, 2 vol. gr. in-8. nouv. éd. *Guillaumin,* 3 vol. gr. in-18. 10 fr. 50. Hist. de la monnaie, 1819, *Agasse,* 2 vol. in-8.

GARNIER (Et.-Barth.), peintre, 1759, Paris; 1849, ibid. Élève de Doyen et de Vien. 1er gr. prix de Rome, 1788. Séjourna 5 ans dans cette ville, 1789-93. Membre de l'Acad. des beaux-arts, 1816. — Tatius assassiné, 1788. L'Empereur Maurice détrôné, 1790. Ajax. Diogène demandant l'aumône. Hippolyte et Phèdre. Socrate et Alcibiade. Ulysse et Nausicaa, 1795. DÉSOLATION DE LA FAMILLE DE PRIAM, 1800. La charité romaine, 1801. Diane et Hercule, au Louvre. Napoléon, 1803 et 1808. Mort d'Eurydice; Eponine et Sabinus, 1814. Enterrement de Dagobert, 1814. St Louis arbitre; le duc d'Angoulême à Chartres, 1827. Procession de S^t Ch. Borromée, 1828. Miracle du sourd-muet, 1831. Mariage de Napoléon et de Marie-Louise, 1847.

GARNIER (J.-Guill.), mathématicien, 1766, Wasigny, près de Guise (Picardie); 1840, Ixelles, près de Bruxelles. Examinateur à l'École polytechnique, 1795-1800. Professeur à St Cyr, 1814; à Gand, 1817-30. Membre de l'acad. des sciences de Bruxelles, 1818. — Élém. d'algèbre, 1803. 4e éd. *Bruxelles,* 1820, 2 vol. in-8. Traité d'arithmétique, 1803. 4e éd. *Gand,* 1818, in-8. Calcul différentiel. 3e éd. 1811, in-8. Calcul intégral. 3e éd. 1812, in-8. Élém. de géométrie, 1812. 2e éd. *Gand,* 1818, in-8. Traité de météorologie, 1837. 2e éd. 1840, 2 vol. in-8.

GARNIER (F.-Xavier-Paul), jurisconsulte, 1793, Brest. Marin. Avocat à la cour impériale, 1813; au conseil d'État et à la cour de cassation, 1820. — Régime des eaux, 1822. 4e éd. *Pillet,* 1839-51, 5 vol. in-8. Traité des chemins, 1828. 4e éd. *Pillet,* 1834, in-8. Traité de la possession, 1833. 3e éd. 1847, in-8. Législation sur les chemins, 1855, in-8.

GARNIER (Adolphe), philosophe, 1801, Paris; 1864, ibid. Élève de Jouffroy. Professeur de philos. à Versailles, 1830, et à la Sorbonne, 1838. Membre de l'Acad. des sciences morales, 1860. — Précis de Psychologie, 1831, *Hachette,* in-8. Psychologie et Phrénologie comparées, 1839, *Hachette,* in-8, 2 fr. 50. Traité de morale sociale, 1850, *Hachette,* in-8. 5 fr. Traité des facultés de l'ame, 1852, *Hachette,* 3 vol. in-8. 15 fr. ou 1865, 3 vol. in-12, 10 fr. 50. Ed. des œuv. philos. de Descartes, *Hachette,* 4 vol. in-8. 12 fr.

GARNIER (Jos.-Clément), économiste, 1813, Breuil (C^{té} de Nice). Directeur de l'École de Commerce, 1838. Un des fondateurs de la Société d'économie polit., 1842. Professeur d'économie polit. à l'École des Ponts et Chaussées, 1846. Rédacteur en chef du Journal des économistes, 1845-55. — Traité d'Économie polit. 1846. 5e éd. *Garnier,* 1863, gr. in-18, 7 fr. Traité de finances, 1857. 2e éd. *Garnier,* 1860, gr. in-18, 3 fr. 50. Principe de population, 1857, *Garnier,* gr. in-18, 3 fr. 50.

GARNIER (J.-L.-Ch.), architecte, 1825, Paris. Élève de l'École des beaux-arts sous MM. Léveil et Lebas. Gr. prix d'architecture, 1848. Se perfectionna en Grèce. — Projet de Conservatoire des arts et métiers, 1848. Restauration du temple d'Égine, 1852. CONSTRUCTION DU NOUVEL OPÉRA, 1862 et suiv.

GARZI (Luigi), peintre italien, 1638, Pistoja ; 1721..... Se forma à Rome avec Carlo Maratta, dans l'atelier d'Andrea Sacchi. — Assomption, à Pescia. La Vierge et St Joseph, à Munich. Conception ; Piété, à Naples. Fresques : LE PROPHÈTE JOEL ; GLOIRE DE ST FRANCOIS ; le Père éternel ; St Joseph ; Évangélistes ; Prophètes ; Jésus au milieu des docteurs ; Adoration des Bergers ; Apparition de l'ange, à Rome.

GASPARIN (Adrien-Ét.-P. Cte de), célèbre agronome et homme d'État, 1783, Orange ; 1862, ibid. Soldat. Agriculteur. Préfet, 1830. Pair de France, 1834. Sous-Secrétaire d'État, 1835. Ministre de l'Intérieur, 1836 ; de l'Agriculture, 1839. Membre de l'Acad. des sciences, 1840. — Manuel de l'art vétérinaire, 1817, in-8. Des maladies des bêtes à laine, 1821, in-8. Éducation des mérinos, 1823, in-8. Guide des propriétaires, 1829, in-8. COURS D'AGRICULTURE, 1843-47. Nouv. éd. *librairie agricole*, 1857-60, 6 vol. in-8. 39 fr. 50. Principes de l'agronomie, 1854, in-8.

GASSENDI (P.), philosophe, mathématicien, historien, 1592, Champtercier, près Digne ; 1655, Paris. Prêtre. Professeur de mathématiques au Collége de France, 1645. Ami de Galilée, Képler, Hobbes, Pascal. Adversaire des doctrines d'Aristote et de Descartes. Réunit tous ses efforts pour réhabiliter celles d'Épicure. — Exercitationes paradoxicæ adversus Aristotelem, 1624, *Grenoble*, in-8. Epistolica exercitatio, 1630, in-8. De vita Epicuri, 1649, *Lyon*, in-fol. Syntagma philosophicum, 1658, *Lyon*, in-fol. — OEuv. compl. Éd lat. *Lyon, Anisson*, 1658, 6 vol. in-fol. 36 à 48 fr. consulter : Abrégé de la philos. de Gassendi, par Bernier, *Lyon*, 1684, 6 vol. in-12.

GASSIES (J.-Bapt.), peintre, 1786, Bordeaux ; 1832, Paris. Marin. Prisonnier en Angleterre, puis élève de Vincent et de David. — Homère abandonné, 1810. Virgile lisant l'Énéide, 1814. Horace, 1817. Jésus et St Pierre ; Communion de St Louis ; Homère chantant, 1819. Martyre de St Appien, 1822. Transfiguration ; Ste Marguerite ; Clémence de Louis XII, 1824. Naufrage d'un pêcheur, 1827. BIVOUAC DE LA GARDE NATIONALE, 1831. LE PRÉSIDENT BRISSON.

GATTEAUX (Nic.-Marie), graveur, 1751, Paris ; 1832, ibid.

Produisit un nombre considérable de médailles, sceaux, jetons. Graveur de Louis XVI, 1781. — Louis XV, 1773. Érection de l'École de Médecine, 1774. Sacre de Louis XVI, 1775. Prise de Stoney-Point, 1779. Naissance du Dauphin, 1781; Invention des aérostats, 1785. Voy. de La Pérouse, 1786. Abandon des Priviléges, 1789. La Fédération, 1790. PRIX DE L'ÉCOLE DE MÉDECINE, 1798.

GATTEAUX (Jacq.-Éd.), sculpteur et graveur, 1788, Paris. Fils et élève du précédent. 1er gr. prix de gravure, 1809. Membre de l'Acad. des beaux-arts, 1845. — Sculpture : Bustes de Napoléon et de Marie-Louise, 1813; Rabelais, 1822; MICHEL-ANGE et Sébastien del Piombo, 1824. Statues : le Chevalier d'Assas, 1826; Triptolème, aux Tuileries; Hipp. Bisson, 1833, à Lorient. MINERVE, 1836. Médailles : Philibert Delorme, 1813; Edelinck, Puget, Malherbe, Montaigne, Corneille, Buffon, Cassini, Masséna. Paix de 1814. Pont de Bordeaux. Rétablissement de la statue de Louis XVIII. Sacre de Charles X. L'École des Beaux-Arts. Prise d'Anvers.

GATTERER (J.-Christ.), historien allemand, 1727, Lichtenau ; 1799..... Professeur d'histoire à Altdorf, 1752 ; à Nuremberg, 1753 ; à Gœttingue, 1759-99. — Synopsis historiæ universalis, 1766, *Gœttingue*, in-fol. WELTGESCHICHTE IN IHRE GANZEN UMFANGE. (Histoire universelle dans son ensemble), 1785-87, *Goettingue*. Stammtafeln zur Weltgeschichte (Tables généalogiques), 1790, gr. in-4. Versuch einer allgemeinen Weltgeschichte (Essai d'une hist. universelle), 1792, in-8. Elementa artis diplomaticæ, 1773, *Gœttingue*, in-8.

GATTI (Bernardin), peintre italien, vers 1500, Crémone; 1575..... Élève du Corrége et ami de Pordenone.—Fresques : VIE DE LA VIERGE, à Plaisance ; COUPOLE DE LA STECCATA, à Parme ; Groupes d'enfants, à St-Sigismond; Multiplication des pains, à Crémone. Tableaux : le Christ sur la croix, à Parme. Ascension, Annonciation, à St-Sigismond ; Crèche, Assomption, à Crémone.

GAU (F.-Chrétien), architecte, 1790, Cologne; 1853, Paris. Élève de Debret et de Lebas. Exécuta un gr. et remarquable voy. en Égypte, 1817 et suiv. — Antiquités de la Nubie, Éd. *de Bure,* 1823-27, gr. in-fol. avec pl. 40 fr. Ruines de Pompéi (avec Mazois), 1812-38, 4 vol. gr. in-fol. 200 fr. Construction de la prison de la Roquette ; DE L'ÉGLISE STE-CLOTILDE, 1846 et suiv.

GAUBIL (Ant.), orientaliste, astronome, 1689, Gaillac (Languedoc); 1759, Péking. Se rendit en Chine, 1723. Fit une longue étude de la langue du pays. Interprète à la cour de Péking pendant 30 ans. — Hist de Gentchiscan, 1739, in-4. 10 à 15 fr. Trad. du Chou-King, 1771, in-4. Traité de l'astronomie chinoise. Traité de chronologie chinoise, publié par M. de Sacy, 1814, *Treuttel*, in-4, 15 fr.

GAUSS (Ch.-Fréd.), célèbre mathématicien et astronome allemand, 1777, Brunswick ; 1855, Gœttingue. Montra de bonne heure des dispositions étonnantes. Résolut le problème de la division du cercle, 1795. Professeur d'astronomie et directeur de l'Observatoire, à Gœttingue, 1807-55. Inventa un instrument d'optique nommé l'Héliotrope. Trouva de nouveaux calculs pour la révolution des planètes. — Mathém. DISQUISITIONES ARITHMETICÆ, 1801, *Leipsick. Flescher*, gr. in-8, 20 fr. Trad. franç. par Poullet-Delisle, *Courcier*, 1807, in-4, 40 fr. Astronomie: THEORIA MOTUS CORPORUM CŒLESTIUM, 1809, *Hambourg, Perthes*, in-4, fig. 18 fr. ATLAS DES ERDMAGNETISMUS (Atlas du magnétisme terrestre), 1840, *Leipsick*. Mémoires nombreux et importants. — OEuv. compl. Éd. allem. *Gœttingue*, 1862 et suivantes.

GAUTHEY (Émiland - Marie), ingénieur, 1732, Chalon-sur-Saône ; 1806..... Professeur de mathématiques. Ingénieur en chef de la Bourgogne, 1782. Inspecteur gén. des Ponts et Chaussées. — Construction, DU CANAL DU CENTRE, 1783-91, et d'une partie des canaux de la Saône à l'Yonne et du Doubs à la Saône. Mémoire sur la construction des voûtes, 1772, *Dijon*, in-4. Projet de dérivation de l'Ourq, 1803, in-4. Traité de la construction des ponts et canaux, 1809-16, *Didot*, 3 vol. gr. in-4. avec pl. 40 fr.

GAUTHIER (Martin-P.), architecte, 1790, Troyes ; 1855, Paris. Élève de Percier. 1er gr. prix d'architecture, 1810. Architecte des hospices, 1829. Membre de l'Acad. des beaux-arts, 1841. — Projet de restauration du temple de la Paix, à Rome. Projet d'une basilique, 1819. Agrandissement de Bicêtre. Restauration de la chapelle de Vincennes et des hospices de la Charité et de l'Hôtel-Dieu. CONSTRUCTION DE L'HÔPITAL DE LARIBOISIÈRE, 1840-56. — Les plus beaux édifices de Gênes (avec F. Callet). 1818-31, *Didot*, gr. in-fol. fig.

GAUTIER (Théophile), poëte et littérateur, 1808, Tarbes. Essaya d'abord de la peinture, mais l'abandonna pour la poésie et la littérature où il devait trouver succès et célébrité. Écrivit successivement à la Revue de Paris, à l'Artiste, à la Presse pendant 20 ans, 1836-56 ; au Moniteur, depuis 1856; à la Revue des Deux-Mondes, au Musée des Familles. — Poésies, 1830, in-18. Les Grotesques, 1844, 2 vol. in-8. Mad^{lle} de Maupin, 1835, 2 vol. in-8. La Comédie de la mort, 1838, in-8. Fortunio, 1838, in-8. Une larme du Diable, 1839, in-8. Ballets de Gisèle, 1841 ; de la Péri, 1843 ; de Gemma, 1854; de Sacountala, 1858. Trésors d'art de la Russie (avec M. Richebourg), 1860, in-fol.

GAVARNI (Sulpice-Paul CHEVALIER, dit), dessinateur, 1801, Paris. Puisa dans les premières difficultés de l'existence l'énergie et l'étendue de son talent. Dirigea le Journal des gens du monde. Fit, à Londres, des études de mœurs qui donnèrent un côté plus sérieux à son crayon. — Les Actrices. Les Lorettes. Les Fashionables. Les Artistes. Les Étudiants. Les Plaisirs champêtres. Le Carnaval. — Les Parents et les Enfants terribles. Politique et Fourberies des Femmes. Les Maris vengés. Petits jeux de société. Impressions de Ménage. — Illustrations du Juif errant et des Mystères de Paris, d'Eug. Sue ; des contes d'Hoffmann. OEuv. choisies, *Hetzel*, 1845-50, 4 vol. in-8.

GAY (John), poëte anglais, 1688, Barnstaple (Devonshire) ; 1732..... Commerçant, puis secrétaire de la duchesse de Monmouth, 1712 ; du Cte de Clarendon, 1714. Ami de Pope. — FABLES. Églogues. Tragédies. Comédies. — Éd. angl. OEuv. *Londres*, 1772-75, 6 vol. in-12. Fables, *Renouard*, 1802, 2 vol. in-18. Trad. franç. par made de Keralio, 1759, in-12, ou par Joly, 1811, in-18.

GAY (Sophie de LA VALETTE, Mme), femme de lettres, 1776, Paris ; 1852, ibid. Mariée à un agent de change, elle divorça en 1799, pour épouser M. Gay. Son salon réunissait les célébrités littér. de l'époque.—LÉONIE DE MONTBREUSE, 1813. 2e éd. 1823, 2 vol. in-12. ANATOLE, 1815. 2e éd. 1822, 2 vol. in-12. Une aventure du chevalier de Grammont, 1822, in-8. Les Malheurs d'un amant heureux, 1823, 3 vol. in-8. Marie, 1824, in-8. Souvenirs d'une vieille femme, 1834, in-8. Les Salons célèbres, 1837, 2 vol. in-8.

GAY (Cl.), botaniste, 1800, Draguignan. Voyagea en Grèce,

en Orient, en Asie Mineure, et surtout dans le Chili et l'Amérique méridionale, 1828-42. Membre de l'Acad. des sciences, 1856.
— Historia física y política de Chile (Hist. phys. et polit. du Chili). Éd. esp. 1844-54, *Bossange*, 24 vol. in-8 avec atlas, 2 vol. in-4. 150 fr.

gay-lussac (Nic.-F.), célèbre chimiste et physicien, 1778, St-Léonard (Haute-Vienne); 1850, Paris. Exécuta seul, et avec M. Biot, deux ascensions aérostatiques à 7000 mètres. Voyagea en Italie et en Allemagne avec Humboldt et Buch, 1804-05. Membre de l'Acad. des sciences, 1806. Professeur à la Sorbonne, 1809, et au Muséum, 1832. Député, 1831. Pair, 1839. Découvrit le cyanogène. Construisit un baromètre portatif. Inventa l'alcoomètre qui porte son nom.—Mémoires sur l'analyse de l'air (avec Humboldt), 1804, in-4. Rech. physico-chimiques (avec Thenard), 1811, *Déterville*, 2 vol. in-8. Mémoire sur l'iode, 1816, *Didot*, in-4. Cours de physique, 1827, in-8. Cours de chimie, 1828, 2 vol. in-8. Mémoires nombreux.

gayrard (Raymond), sculpteur et graveur, 1777, Rodez; 1858, Paris. Fit, en qualité de soldat, les campagnes de la république, puis reçut les leçons de Boizot, de Taunay et de Geoffroy. — Napoléon législateur. Psyché. L'Amour. Samson. Lucrèce. Diane au bain. Ève. Le Génie des beaux-arts. L'Enfant. Le Christ à la colonne. Le Moineau de Lesbie. L'Hiver. La Peinture. Bustes : Louis XVIII ; L.-Philippe ; Berthollet ; Richelieu ; Raynal ; l'abbé Frayssinous ; Chaptal ; Mgr Affre.

geefs (Guill.), sculpteur belge, 1806, Anvers ; 1860..... D'abord boulanger, comme son père. Soldat, puis élève de Ramey. 1er statuaire du roi et membre de l'Acad. roy. de Belgique. — Mausolées du comte de Mérode, à Bruxelles ; de Mme Van Havre, à Anvers ; des comtes Cornet, dans le Luxembourg. Bustes : le roi Léopold ; Françoise de Rimini. Statues : Rubens, à Anvers ; Grétry, à Liége ; le Général Belliard, à Bruxelles. Le Lion amoureux. Chaire de la cathédrale de Liége.

geel (Jacq.), philologue hollandais, 1789, Amsterdam. Bibliothécaire en chef et professeur à Leyde. — Historia critica sophistarum græcorum, 1823, *Utrecht*. Bibliotheca critica nova, 1825 et suiv., *Leyde*. Anecdota Hemsterhusiana, 1826, *Leyde*. Catalogus codicum manuscriptorum Lugduni, 1852 et s., *Leyde*.

GEER (Ch., baron de), célèbre naturaliste suédois, 1720.....; 1778, Stockholm. Préféra les sciences naturelles aux fonctions politiques, dont sa grande fortune lui facilitait l'accès. Membre de l'Acad. des sciences de Stockholm. — MÉM. POUR SERVIR A L'HIST. DES INSECTES, 1752-78, *Stockholm*, 8 vol. in-4. 100 à 150 fr. Trad. allem., *Nuremberg*, 1776-82, 7 vol. in-4.

GELÉE, LE LORRAIN (Cl.), peintre, 1600, Chamagne (Vosges); 1678, Rome. Domestique, puis élève d'Agostino Tassi, à Rome. Devint lui-même un peintre renommé de paysages. Dirigea pendant 20 ans une école de peinture, à Rome.—Le Moulin; Sacre de David; Débarquement de Cléopâtre; Ulysse et Chryséis; PORTS DE MER AU SOLEIL COUCHANT; CAMPO VACCINO; FÊTE VILLAGEOISE; MARINES; LE GUÉ, au Louvre.

GELÉE (F.-Ant.), graveur et dessinateur, 1796, Paris. Élève de Girodet et de Pauquet. 2ᵉ, 1820 et 1ᵉʳ grand prix de gravure, 1824. — Le Berger de Virgile, d'après Boisselier. Daphnis et Chloé, d'après Hersent. Marée d'équinoxe, d'après Roqueplan. Stratagème de Vénus, d'après Carpentier. Chute des Anges, d'après Flatters. L'Idylle et l'Élégie, d'après Landelle. Descente de Croix, d'après Ribeira. LA JUSTICE ET LA VENGEANCE POURSUIVANT LE CRIME, d'après Prudhon.

GELL (sir William), archéologue anglais, 1777, Hopton (Derby); 1836, Naples. Professeur d'archéologie. Passa presque toute sa vie en Grèce et en Italie.—The Itinerary of Greece (Itinéraire de Grèce), 1801-06. 2ᵉ éd. *Londres*, 1810, in-4 avec pl. 12 à 15 fr. The Topography of Troy, 1804. 2ᵉ éd. *Londres*, 1807, gr. in-fol. avec pl. Itinéraire de Morée, 1816, *Londres*, pet. in-8. Trad. franç. par le comte de Tromelin, *Anselin*, 1828, in-8. Ruines de Pompéi, 1817-31, *Londres*, 2 vol. gr. in-8. Trad. franç. *Didot*, 1828-32, in-4.

GELLERT (Chrislieb-Ehregott), métallurgiste allemand, 1713, Haynichen; 1795..... Professeur de chimie métallurgique et administrateur des forges, à Freyberg.—Anfangsgründe der metallurgischen Chemie (Principes de chimie métallurgique), 1750, *Leipsick*, in-8. Anfangsgründe der Probierkunst (Principes élém. de l'art d'essayer), 1755, *Leipsick*, in-8. Trad. franç. par le baron d'Holbach, 1758, 2 vol. in-8.

GELLERT (Chrétien-Fürchtegott), poëte et littérateur allemand, 1715, Haynichen (Saxe); 1769, Leipsick. Frère du précédent. Professeur de philosophie morale à Leipsick.—La Dévote. Trad. franç. par Poizeaux, *Berlin*, 1756, in-8. FABLES, 1746-48. Éd. allem. 1804, 2 vol. in-8. Trad. franç. par Boulenger, *Duchesne*, 1754, in-12. La Comtesse suédoise, 1746. Trad. franç. par M. de B.... *Mérigot*, 1784, 2 vol. in-12. — OEuv. Éd. allem. *Berlin*, 1854, 6 vol. in-12.

GENCE (J.-Bapt.-Modeste), théologien et littérateur, 1755, Amiens; 1840, Paris. Archiviste au dépôt des chartes. Ses principaux travaux portent sur l'Imitation dont l'auteur, selon lui, serait Gerson.—Consid. sur l'auteur de l'Imitation, 1812, in-8 ou in-12 et 1832, *Treuttel* et *Würtz*, in-8. Trad. de l'Imitation de Jésus-Christ, 1820, in-12 et in-18. Méditations religieuses (avec Monnard), 1830 et suiv. *Treuttel* et *Würtz*, 16 vol. in-8. La Vraie Phrénologie, 1836, *Leleux*, in-8.

GENDRIN (Aug.-Nic.), médecin, 1796, Châteaudun (Eure-et-Loir). Prix Montyon, 1826. Médecin à l'Hôtel-Dieu, 1831 ; à l'hospice Cochin, 1832 ; à la Pitié, 1836-60. — HIST. ANAT. DES INFLAMMATIONS, 1826-27, *Béchet*, 2 vol. in-8. 10 fr. Rech. sur les causes des fièvres, 1832-37, *Béchet*, in-8. Traité philos. de médecine pratique, 1838-42, *Baillière*, 3 vol. in-8. 21 fr. Leçons sur les maladies du cœur, 1841-42, *Baillière*, 2 vol. in-8. De l'influence des âges sur les maladies, 1840, *Baillière*, in-8. 2 fr.

GÉNIN (F.), littérateur, 1803, Amiens; 1856, Paris. Professeur à Strasbourg, puis chef de division au ministère de l'instruction publique. — Les Jésuites et l'université, 1844, *Paulin*, in-12. Des variations du langage français, 1845, *Didot*, in-8. LEXIQUE DE LA LANGUE DE MOLIÈRE, 1846, *Didot*, in-8. 10 fr. OEuv. choisies de Diderot, 1847, *Didot*, 2 vol. in-12. Récréations philologiques, 1854, *Chamerot*, 2 vol. in-8 ou in-12.

GENLIS (Félicité Ducrest, Ctesse de), femme de lettres, 1746, Champtcéry, près d'Autun ; 1830, Paris. Gouvernante des enfants d'Orléans, 1770. Émigra à la révolution, 1793-1800. Mieux accueillie par le gouvernement de l'Empire que par celui de la Restauration. Sa vie et ses écrits ont donné lieu à des appréciations diverses. — Théâtre, 1779-85, 7 vol. in-8 ou in-12. ADÈLE ET THÉODORE, 1782, *Lambert*, 3 vol. in-8 ou in-12. Nouv. éd. 1827, 4 vol. in-12. Les Petits Émigrés, 1798. 8e éd. 1829, 2 vol.

in-12. Mad^{lle} de Clermont, 1802. Nouv. éd. 1843, in-12. La Duchesse de la Vallière, 1804, in-8. Nouv. éd. 1843, in-12. Alphonsine, 1806, 2 vol. in-8 ou 3 vol. in-12. Mad. de Maintenon, 1806, in-8, et 1826, 2 vol. in-12. Mémoires, 1825, *Ladvocat*, 10 vol. in-8. — Consulter l'article de mad. de Genlis dans la France litt. de M. Quérard.

GENOUDE (Ant.-Eugène de), littérateur et publiciste, 1792, Montélimart ; 1849, Hyères. Professeur. Séminariste. Aide de camp du prince de Polignac, 1815. Maître des requêtes. Prêtre, 1835. Député, 1846. Dirigea la Gazette de France, depuis 1823, avec talent et succès. — TRAD. DE LA BIBLE, 1821-24. Nouv. éd. *Pourrat*, 1834, 3 vol. in-8. Éd. lat.-franç. *Sapia*, 1838-40, 5 vol. gr. in-8, et 1841, in-32, ou *Gaume*, 1846, in-18. Trad. de l'Imitation de J.-C. 1835, in-8, ou 1845, in-12. Vie de J.-C. et des Apôtres, 1836, *Pourrat*, 2 vol. in-8 et *Didot*, 1842, in-12. Trad. des Pères de l'Église, 1837-43, *Gaume*, 9 vol. in-8. Raison du christianisme. 1834-35, *Sapia*, 12 vol. in-8. 2e éd. 1836, 3 vol. gr. in-8. 3e éd. 1841, 4 vol. in-8. Hist. de France, 1844 et suiv. 23 vol. in-8.

GENTZ (Fréd. de), littérateur et publiciste allemand, 1764, Breslau; 1832..... Secrétaire des finances, 1786. Conseiller aulique à Vienne, 1803. Fut mêlé à tous les événements polit. de l'Allemagne dont il soutenait avec force l'indépendance. — Ueber den Ursprung des Krieges gegen die französische Revolution (Sur l'origine de la guerre contre la révolution franc.), 1801, *Berlin*, in-8. Geschichte des politischen Gleichgewichts in Europa (Hist. de l'équilibre polit. de l'Europe), 1805, *Leipsick*. Hist. de Marie Stuart. Trad. franç. *Ladvocat*, 1820, in-12.

GEOFFROY (Et.-F.), médecin, 1672, Paris ; 1731, ibid. Professeur de chimie au Jardin du roi, 1707, et au Collége de France, après Tournefort. Membre de l'Acad. des sciences. Doyen de la Faculté de médecine, 1726. — Tractatus de materia medica, 1741, 3 vol. in-8.

GEOFFROY (Et.-L.), médecin, 1725, Paris ; 1810, Chartreuve (Aisne). Membre correspondant de l'Institut. — Hist. des insectes des environs de Paris, 1762. Nouv. éd. *Delalain*, 1799, 2 vol. in-4 avec pl. Traité des coquilles des environs de Paris, 1767, in-12. Dissertations sur l'organe de l'ouïe, 1778, in-8.

GEOFFROY (Julien-L.), littérateur, 1743, Rennes ; 1814, Paris. Professeur de rhétorique, 1776. Rédacteur de l'Année littéraire, 1776-92, et du journal des Débats, 1799 et suiv. Proscrit pendant la révolution. — Cours de litt. dramatique, 1819-20, 5 vol. in-8. 2ᵉ éd. 1825, *Blanchard*, 6 vol. in-8. Éd. de Théocrite.

GEOFFROY SAINT-HILAIRE (Ét.), célèbre naturaliste, 1772, Étampes ; 1844, Paris. Élève et ami de Daubenton et d'Haüy. Dirigea les débuts de Cuvier. Professeur de zoologie au Muséum, 1793. Fit partie de l'expédition d'Égypte. Membre de l'Institut du Caire ; de l'Acad. des sciences, 1807 ; de la chambre des cent jours, 1815. Professeur à la Faculté des sciences, depuis 1809. — Philos. anatomique, 1818-22, *Méquignon*, 2 vol. in-8 avec atlas. Études progressives d'un naturaliste, 1835, *Roret*, in-4 avec pl. HIST. NAT. DES MAMMIFÈRES (avec Cuvier), 1819-42, *Belin*, 7 vol. gr. in-fol. avec pl.

GEOFFROY SAINT-HILAIRE (Isidore), naturaliste, 1805, Paris ; 1861, ibid. Membre de l'Acad. des sciences, 1833. Professeur au Muséum, 1841, et à la Faculté des sciences, 1850. Inspecteur gén. des études, 1844. Fondateur de la Société d'acclimatation, 1854. — Traité de tératologie, 1832-36, *Baillière*, 3 vol. in-8 avec atlas et pl. 27 fr. Essais de géologie générale, 1840, *Roret*, in-8. Acclimatation des animaux utiles, 1849. 4ᵉ éd., *Libr. agricole*, 1861, in-8. 9 fr. HIST. NAT. DES RÈGNES ORGANIQUES, 1854-62, *Masson*, 3 vol. in-8. 24 fr.

GÉRANDO (Jos.-Marie, baron de), philosophe, 1772, Lyon ; 1842, Paris. Soldat. Secrétaire gén. du ministère de l'intérieur et membre de l'Acad. des sciences morales, 1804. Administrateur en Toscane, 1808 ; dans les États romains, 1809 ; en Catalogne, 1812. Conseiller d'État, 1811. Professeur de droit administratif, 1819. Pair, 1837. — Des Signes et de l'Art de penser, 1800, 4 vol. in-8. 20 fr. De la Génération des connaissances humaines, 1802, *Berlin*, in-8. HIST. COMPARÉE DES SYST. DE PHILOSOPHIE, 1804. 2ᵉ éd. *Eymery*, 1822-23, 4 vol. in-8. 2ᵉ partie, *Ladrange*, 1847-48, 4 vol. in-8. 26 fr. Du Perfectionnement moral, 1824. 3ᵉ éd. *Renouard*, 1833, 2 vol. in-8. De la Bienfaisance publique, 1839, 4 vol. in-8.

GÉRARD (Phil.-L.), littérateur, 1737, Paris ; 1813, ibid. Prêtre. Vicaire de St-Merry. Chanoine de S.-Louis au Louvre. —

Le Comte de Valmont, 1774. Nouv. éd. *Bossange*, 1823, 5 vol. in-12; réuni à la Théorie du bonheur, 1801. Nouv. éd. *Bossange*, 1807, 6 vol. in-8, et *Dureuil*, 1829, 6 vol. in-12. Leçons d'histoire, 1787-1806, *Leclère*, 11 vol. in-12.

GÉRARD (F.-Pascal-Simon, baron), célèbre peintre, 1770, Rome ; 1836, Paris. Élève de Pajou, de Brenet, puis de David, 1786. 2e prix de Rome, 1789. Membre de l'Acad. des beaux-arts. Professeur à l'École royale, 1er peintre du roi.—Joseph reconnu par ses frères, 1789, à Angers. Bélisaire, 1795, à Munich. L'Amour et Psyché, 1796. Les Trois Ages, 1806. Bataille d'Austerlitz ; Ossian, 1810. Homère, 1814. Entrée d'Henri IV a Paris, 1817. Corinne, 1819. Louis XIV déclarant son petit-fils roi d'Espagne, 1824. Daphnis et Chloé, 1825. Hylas et les Nymphes, 1826. Thétis, 1827. Sacre de Charles X, 1829. Peste de Marseille ; Le duc d'Orléans acceptant la lieutenance, 1835. Portraits : Madame, mère de Napoléon ; Isabey et sa fille ; Mad. Tallien ; Mad. Récamier ; Napoléon ; Marie-Louise ; Le roi de Rome ; Jérôme ; Le prince Eugène ; Murat ; Le maréchal Lannes ; Alexandre ; Le roi de Prusse ; Wellington ; Talleyrand ; L.-Philippe ; Le général Hoche.

GÉRARD DE NERVAL (Gérard Labrunie), littérateur, 1808, Paris ; 1855, ibid. D'une grande simplicité de style, et cependant d'une imagination qui allait jusqu'à la folie et qui le conduisit au suicide. — Trad. de Faust, 1828. Nouv. éd. *Gosselin*, 1840, in-18. Piquillo (avec Alex. Dumas), 1837. L'Alchimiste (avec le même), 1839. Tartufe chez Molière. Les Nuits du Ramadan, 1850. Les Illuminés, 1852, in-18. Aurélie, 1855. Voy. en Orient, 1856, *Charpentier*, 2 vol. gr. in-18. 7 fr.

GÉRAUD (P.-Hercule-Jos.-F.), archéologue, 1812, Caylar (Hérault) ; 1844..... Clerc d'avoué, puis élève de l'École des chartes, 1837.—Paris sous Philippe le Bel, 1837, *Crapelet*, in-4. Essai sur les livres de l'antiquité, 1848, *Techener*, in-8. Chronique de Guill. de Nangis. Nouv. éd. *Renouard*, 1843 et suiv. 2 vol. gr. in-8.

GERBER (Ernest-L.), littérateur et organiste allemand, 1746, Sondershausen ; 1819, ibid. Abandonna l'étude du droit pour celle de la musique. Organiste de la cour, 1775. — Lexicon der Tonkünstler (Lexique des musiciens), 1790-92. Nouv. éd. *Leipsick*, 1810-14, 4 vol. gr. in-8.

GERBERT (Martin), théologien et prélat allemand, 1720, Horb (Wurtemberg); 1793, Saint-Blaise (Forêt-Noire). Prêtre, 1744. Voyagea en Allemagne et en Italie. Prieur de l'abbaye de Saint-Blaise, 1764. — DE CANTU ET MUSICA SACRA, 1774, *St-Blaise,* 2 vol. in-4. 30 à 36 fr. SCRIPTORES ECCLESIASTICI DE MUSICA SACRA POTISSIMUM, 1784, *St-Blaise,* 3 vol. in-4. 36 à 45 fr.

GERDIL (Hyac.-Sigismond), théologien et prélat savoisien, 1718, Samoëns de Faucigny (Savoie); 1802, Rome. Professeur de philos. à Macerata, 1737; à Casal, puis à Turin, 1749. Précepteur de Ch.-Emmanuel IV, roi de Savoie. — Immatérialité de l'âme, 1747-48, *Turin,* 2 vol. in-4. Dissertations sur quelques principes de philos. et de religion, 1760, in-12. Anti-Émile, 1763, *Turin,* in-8. Discours philos. sur l'homme, 1779, *Turin,* in-8. Cours d'instruction sur l'autorité souveraine, 1799, *Turin,* in-8. — OEuv. Éd. lat.-franç.-ital. *Rome,* 1806-21, 20 vol. in-4. 200 fr. OEuv. choisies, *Milan,* 1836, 2 vol. in-8.

GERDY (F.-Nic.), médecin, 1797, Loches (Aube); 1856, Paris. Aide au Muséum, 1820. Chirurgien des hôpitaux, 1825. Professeur de pathologie externe, 1833. Membre de l'Acad. de médecine, 1837. Député à la Constituante, 1848. — Traité de l'anat. des formes, 1826. 2ᵉ éd. *Baillière,* 1830, in-8. Traité des bandages, 1826. 2ᵉ éd. *Baillière,* 1837-40, 2 vol. in-8, avec atlas. 6 fr. Physiologie médicale, 1832, 4 vol. in-8. Physiologie des sensations, 1846, *Labé,* in-8. Chirurgie pratique complète, 1850-55, 3 vol. in-8.

GERHARD (Ed.), archéologue allemand, 1795, Posen. Élève de Heindorf, de Schneider et de Boeckh. Passa 15 ans à Rome. Archéologue au musée, professeur à l'université et membre de l'Acad. des sciences, à Berlin. — Antike Bildwerke (Antiques), 1827-44, *Stuttgart, Cotta,* in-fol. fig. Auserlesene Griechische Vasenbilder (Choix de peintures sur des vases grecs), 1839-47, *Berlin,* 3 vol. in-fol. fig. Etruskische Spiegel (Miroirs étrusques), 1839-45, 2 vol. in-fol. fig. Trinkschaalen und Gefaesse (Coupes et Vases), 1843-50, *Berlin,* 4 vol. in-fol. fig. Neapels antike Bildwerke (Les antiques de Naples), 1828, *Stuttgart,* in-fol.

GERHARDT (Ch.-Fréd.), chimiste, 1816, Strasbourg; 1856, ibid. Professeur à l'université de Montpellier, 1841-48. Fonda ensuite, à Paris, un laboratoire de chimie pratique. — Précis de chimie organique, 1844-45, *Baillière*, 2 vol. in-8. 7 fr. Traité de chimie organique, 1854-56, 4 vol. gr. in-8.

GÉRICAULT (J.-L.-Théodore-André), célèbre peintre, 1790, Rouen ; 1824, Paris. Élève de Carle Vernet et de Guérin. Passa trois ans à Rome, 1816-19. — Guide de la garde impériale, 1812. Cuirassier blessé, 1814. Radeau de la Méduse, 1819. Hussard chargeant. Forge de village. Postillon faisant boire. Suite d'une tempête. Traite des nègres. Peste de Barcelone. Descente de croix.

GERLACHE (Ét.-Constantin, baron de), historien et homme d'État belge, 1785, Biourge (Luxembourg). Avocat. Député, 1824. Président de la chambre 1831. 1er président de la Cour de cassation, 1833. Membre de l'Acad. royale et président de la commission d'histoire, à Bruxelles. — Hist. des Pays-Bas, de 1814 à 1830, 1839. Nouv. éd. *Bruxelles*, 1842, 3 vol. gr. in-8. Hist. de Liége, 1843, *Bruxelles*, in-8.

GÉROME (J.-Léon), peintre, 1824, Vesoul. Élève de Paul Delaroche, 1841-44. Voyagea en Italie, 1845 ; en Turquie, 1853 ; en Égypte, 1856. — Jeunes Grecs faisant combattre des coqs, 1847. Anacréon ; Bacchus et l'Amour ; Vierge, Enfant Jésus et St Jean, 1848. Intérieur grec ; Souvenir d'Italie, 1850. Pæstum, 1851. Idylle ; Étude de chien, 1853. Le Siècle d'Auguste, 1855. Sortie du bal masqué ; Recrues égyptiennes ; Memnon et Sésostris, 1857. César ; Le Roi Candaule, 1859 ; Phryné ; Socrate et Alcibiade chez Aspasie; Les Deux augures, 1861. Louis XIV et Molière, 1863. L'Almée, 1864. Réception des ambassadeurs siamois ; La Prière, 1865.

GERSON (J. Charlier de), théologien, 1363, Gerson, près Rhéthel (diocèse de Reims); 1429, Lyon. Chancelier de l'université, 1395. Fit preuve de fermeté et de sagesse, lors de l'assassinat du duc d'Orléans par le duc de Bourgogne, 1408, puis aux conciles de Pise, 1409, et de Constance, 1414-18. Termina sa vie dans un couvent. Il est un des auteurs à qui on attribue l'Imitation de J.-C.—De Unitate ecclesiastica. De Consolatione theologiæ. De Auferibilitate papæ. — OEuv. compl. éd. lat. *Anvers, Despin*, 1706, 5 vol. in-fol. 60 à 80 fr.

GÉRUZEZ (Nic.-Eug.), littérateur, 1799, Reims ; 1865, Paris. Élève de l'École normale, 1819. Professeur d'éloquence, 1833-51, et secrétaire de la Faculté, 1852. — Hist. de l'éloquence aux xive, xve et xvie siècles. 1837-38, 2 vol. in-8. Essais d'hist. littéraire, 1839-45, 2 vol. in-8, et 1853, 2 vol. in-12. HIST. DE LA LITTÉRATURE FRANÇAISE, 1852. 3e éd. *Didier*, 2 vol. in-8. 14 fr. ou 2 vol. in-12, 7 fr. HIST. DE LA LITT. FRANÇ. PENDANT LA RÉVOLUTION. 4e éd. *Charpentier*, 1859, gr. in-18, 3 fr. 50.

GERVAISE (Nic.), historien et prélat, 1662, Paris ; 1729, bords de l'Aquira (Guyane esp.). Habita pendant 4 ans le roy. de Siam. Curé à Vannes. Prévôt de Suèvre (Blaisois). Périt assassiné par les Caraïbes. — Hist. nat. et polit. de Siam, 1688, *Barbin,* in-4. avec cartes. Description du roy. de Macaçar, 1688, *Foucault,* in-12.

GERVINUS (Georges-Godefroy), historien et homme d'État allemand, 1805, Darmstadt. Laissa le commerce pour les travaux d'érudition. Passa plusieurs années en Italie. Professeur à Gœttingue, 1836; à Heidelberg, 1844. Député à la Diète et membre de l'assemblée nationale, 1848. — Geschichte der Angelsachen in Ueberblick (Coup d'œil sur l'histoire des Anglo-Saxons), 1830, *Francfort.* Historische Schriften (Écrits historiques), 1833, *Francfort.* GESCHICHTE DER POETISCHEN NATIONALLITERATUR (Hist. de la litt. poétique nationale), 1835-38. 3e éd. *Leipsick* 1852, 2 vol. in-8. GRUNDZÜGE DER HISTORIK (Principes de l'histoire), 1837, *Leipsick.* Hist. du xixe siècle. Trad. franç. par Minssen, *libr. internat.* tomes 1 à VI, in-8. 5 fr. le vol.

GESENIUS (Fréd.-H.-Guill.), orientaliste allemand, 1786, Nordhausen; 1842, Halle. Professeur à Helmstædt; à Gœttingue, 1806; à Heiligenstadt, 1809, puis à Halle. — AUSFÜHRLICHES GRAMMATISCHES-KRIT. LEHRGEBAEUDE DER HEBR. SPRACHE (Syst. compl. gramm. et crit. de la langue hébraïque), 1819, *Leipsick, Vogel,* in-8. 4 thl. THESAURUS LINGUÆ HEBRÆÆ ET CHALDÆÆ, 1829-35, *Leipsick, Vogel,* 3 vol. in-4. 18 thl. SCRIPTURÆ LINGUÆQUE PHŒNICIÆ MONUMENTA, 1837, *Leipsick, Vogel,* in-4. 5 thl.

GESNER (Conrad), naturaliste, médecin et philosophe suisse, 1516, Zurich; 1565, ibid. Voyagea beaucoup en Italie, en Allemagne, en France. Exerça la médecine à Bâle, puis à Zurich où il professa la philos. pendant 24 ans. Auteur de la première classification botanique. Mourut de la peste. — BIBLIOTHECA UNIVERsalis, 1845-49, *Zurich*, in-fol. Historiæ animalium, 1851-58, *Zurich*, 5 vol. gr. in-fol. 90 à 100 fr.

GESNER (J.-Matthias), philologue et érudit allemand, 1691, Roth, près d'Anspach; 1761..... co-recteur du gymnase et directeur de la bibliothèque, à Weimar. Recteur à Iéna, 1728, puis à Leipsick, 1830. Professeur d'éloquence à Gœttingue. Membre, 1751, et directeur de la Société royale, 1761. Conseiller aulique, 1756. — Novus linguæ et eruditionis romanæ Thesaurus, 1749, *Leipsick*, 2 vol. in-fol. Primæ lineæ isagoges in eruditionem universalem, 1757. 3ᵉ éd. *Gœttingue*, 1786, in-8. 8 à 10 fr.

GESNER (Salomon), poëte et peintre suisse, 1730, Zurich; 1788, ibid. Préféra l'étude des lettres à la profession de libraire qui était celle de son père. — Daphnis, 1754. Mort d'Abel, 1758. Idylles. Contes. — OEuv. éd. allem. *Zurich*, 1810, 3 vol. in-8. fig. 20 fr. Trad. franç. *Renouard*, 1799, 4 vol. in-8. fig. 24 à 30 fr. et 2 vol. gr. in-8 ou 3 vol. in-18.

GESSI (Giovani-Francesco), peintre italien, 1588, Bologne; 1625..... Un des meilleurs élèves du Guide qu'il ne parvint cependant pas à égaler. Ouvrit une école à Bologne. — Sᵗ François; Sᵗ Jacques et Sᵗ Jean; Descente du Sᵗ Esprit; martyre de Sᵗᵉ Catherine; couronnement de la Vierge; le Christ portant sa croix; Sᵗᵉ Famille; Sᵗ Bonaventure; le Christ aux oliviers, à Bologne. Sᵗ Jérôme, à Naples. Adoration des Mages, à Lucques. Christ, à Pérouse. Repos en Égypte; Sᵗ François, à Modène. Conception à Carpi. Sᵗᵉ Madeleine, à Dresde. Morphée, à Vienne.

GEYER (Eric-Gustave), historien et poëte suédois, 1783, Ransaetter (Wermeland); 1847, Upsal. Après une jeunesse dissipée, se livra avec ardeur au travail. Professeur d'hist. à Upsal, 1815-46. Historiographe royal, 1822. Membre de toutes les sociétés savantes de Suède. — Svenska Folkvisor (Chants populaires suédois), 1814 et suiv. *Stockholm*, 6 vol. in-8. Svea rikes Haefder (annales de Suède), 1825, *Upsal*, in-8. Hist. de la Suède, 1832 et suiv. Trad. franç. par Lundblad, 1840, gr. in-8. — OEuv. compl. Éd. suédoise, *Stockholm*, 1849-55, 13 vol. gr. in-8.

GHIBERTI (Lorenzo), célèbre sculpteur, peintre et architecte italien, 1378, Florence; vers 1455, ibid. Dès l'âge de 22 ans, obtint la 1ʳᵉ place dans un concours pour la sculpture des portes du baptistère de Florence qu'il mit 40 ans à exécuter. — Sacrifice d'Abraham, 1400; PORTES DU BAPTISTÈRE, 1405-45; St J.-Bapt. St MATTHIEU; St Étienne; CHASSE DE St ZANOBI, à Florence. Baptême de J.-C. St Jean traîné devant Hérode, à Sienne.

GHISI, LE MANTOUAN (Georgio), graveur et peintre italien, 1524, Mantoue; vers 1590, Rome. Élève de Jules Romain et de Raimondi. — Les Prophètes et les Sibylles, de Michel-Ange. Incendie d'un quartier de Rome. Céphale et Procris. Nymphe accourant vers un naufragé. Jugement de Pâris. CIMETIÈRE. Vénus et Adonis. Adoration des Bergers. La Cène. Le pape Jules II, de Raphaël. Hercule. Ste Famille, de Raphaël. Les Forges de Vulcain. Vénus et Vulcain. L'Amour et Psyché. Nativité. Supplice de Régulus. Endymion. L'Automne.

GIANNONE (P.), historien italien, 1676, Ischitella (États de Naples); 1748, Turin. S'étant attiré par ses écrits l'inimitié du clergé, il alla successivement habiter Vienne, Venise, Modène et enfin Genève. Mourut emprisonné. — Hist. civile du roy. de Naples, 1723, *Naples*, 4 vol. in-4. Trad. franç. par Desmonceaux, *la Haye*, 1742, 4 vol. in-4. 15 à 18 fr.

GIBBON (Ed.) historien anglais, 1737, Putney (Surrey); 1794, Londres. Se fit catholique et peu de temps après redevint protestant. Membre du parlement, 1770-78. — Essai sur l'étude de la littérature, 1761, *Londres*, pet. in-8. 4 à 5 fr. HIST. DE LA DÉCADENCE ET DE LA CHUTE DE L'EMPIRE ROMAIN, 1776-87, *Londres*, 6 vol. gr. in-4. 60 à 90 fr. Nouv. éd. *Baudry*, 1840, 8 vol. in-8. 40 fr. Trad. franç. par M. Guizot, *Maradan*, 1829, 13 vol. in-8. 45 à 54 fr. et par Buchon, *Desrez*, 1835, 2 vol. gr. in-8. OEuvres diverses, éd. angl. *Londres*, 1796, 2 vol. gr. in-4. 20 à 24 fr.

GIBERT (J.-P.), théologien et jurisconsulte, 1660, Aix; 1730, Paris. Professa la rhétorique à Toulon et à Aix. Ne vint à Paris que pour se livrer à de profondes études. — INSTRUCTIONS ECCLÉSIASTIQUES, 1720, 2 vol. in-4. Tradition de l'Église sur le mariage, 1725, 3 vol. in-4. Corpus Juris canonici, 1737, *Lyon*, 3 vol. in-fol.

GIBSON (J.), sculpteur anglais, 1790, Gyffyn (Galles). La protection et la générosité de Roscoe lui permirent de se rendre à Rome où les conseils de Canova et de Thorwaldsen développèrent son talent. Membre de l'Acad. roy. de Londres, 1836. — MARS ET

Vénus. Héro et Léandre. Psyché enlevée par les Zéphyrs. L'Ange gardien. Cupidon. Hébé. Berger dormant. Sapho. Proserpine. L'Aurore. Chasseur. Amazone blessée. Hylas emporté par les Nymphes. La reine Victoria. Robert Peel. Huskisson.

GIESELER (J.-Ch.-L.), théologien allemand, 1791, Petershagen; 1854, Gœttingue. Directeur du gymnase de Clèves, 1818. Prit un moment les armes pour l'indépendance de son pays, 1813-15. — Versuch über die Entstehung der schriftlichen Evangelien (Essai sur l'Origine des Évangiles écrits), 1818, *Leipsick*, in-8. Lehrbuch der Kirchengeschichte (Manuel de l'hist. ecclésiastique), 1844-57, *Bonn*, 12 vol. in-8.

GIGOUX (J.-F.), peintre, 1806, Besançon. Élève de l'École des beaux-arts, 1828. — Henri IV écrivant des vers. Toilette de mad. Dubarry. La Bonne Aventure. Mort de Léonard de Vinci. Antoine et Cléopâtre. Héloïse recevant les restes d'Abeilard. Madeleine. Ste Geneviève. St Philippe. Baptême de Clovis. Nativité. Mort de Manon Lescaut. Mort de Cléopatre. Galatée; les Vendanges, 1853. La Moisson, 1855. Le Bon Samaritain; la Veille d'Austerlitz, 1857. Une arrestation sous la Terreur, 1859. Portraits.

GILBERT (Nic.-Jos.-Laurent), poëte, 1751, Fontenay-le-Château (Vosges); 1780, Paris. Découragé au début de sa carrière, son caractère s'aigrit, son existence devint pénible et se termina par une chute de cheval. — Le Génie aux prises avec la fortune, 1772. Le Dix-huitième siècle, 1775. Ode sur le Jubilé, 1776. Ode sur la guerre présente, 1778. Mon Apologie. — OEuv. compl. *Dalibon*, 1823, in-8. 6 à 7 fr. OEuv. *Garnier*, 1840, gr. in-18, 2 fr.

GILBERT (Jacq.-Émile), architecte, 1793, Paris. 2e, 1820, et 1er gr. prix d'architecture, 1822. Memb. de l'Acad. des beaux-arts, 1853. Membre du jury d'architecture et secrétaire archiviste à l'École des beaux-arts. — École d'Alfort. Édifice sanitaire de Charenton. Prison Mazas (avec M. Lecointe). Préfecture de police (avec M. Diet).

GILLIES (J.), historien et philologue anglais, 1747, Brechim (Forbar, Écosse); 1837, Clapham, près de Londres. Historiographe du roi. Membre de la société royale de Londres et de celle des antiquaires. — Histoire de l'ancienne Grèce, 1786,

Londres, 2 vol. gr. in-4. 20 à 24 fr. et 1825, in-8. Trad. franç. par Carra, 1787, 6 vol. in-8. The history of the World (Histoire du monde), 1807, *Londres*, 2 volumes in-4. 24 à 30 fr. et 1820, 4 volumes in-8.

GINGUENÉ (P.-L.), littérateur, 1748, Rennes ; 1816, Paris. Directeur gén. de l'instruction publique, 1795. Ambassadeur à Turin. Membre de l'Institut. — Confession de Zulmé, 1779. Nouv. éd. *Ledoyen*, 1837, in-32. Satires. Fables. Hist. littéraire d'Italie, 1811-19. 2ᵉ éd. *Michaud*, 1824-35, 9 vol. in-8. 40 fr.

GIOBERTI (Vincent), philosophe et homme d'État italien, 1801, Turin ; 1851, Paris. Prêtre. Professeur de théologie à Turin, 1825. Un moment éloigné de son pays, par suite d'opinions poliques. Membre, puis président de la chambre des députés de Turin. Ministre de l'instruction publique, 1848. Ambassadeur à Paris. — Introd. à l'étude de la philosophie, 1839. Trad. franç. par Alary, *Moulins*, 1845, 4 vol. in-8, et *Lecoffre*, 1847, 3 vol. in-8. Essai sur le beau, 1841. Trad. franç. par Bertinatti, *Bruxelles*, *Meline*, 1842, gr. in-18. IL PRIMATO CIVILE E MORALE DEGLI ITALIANI (Suprématie civile et morale des Italiens), 1843, 3 vol. in-8.

GIOCONDO (Frà Giovanni), architecte et littérateur italien, 1450, Vérone ; vers 1520..... Habita successivement Vérone, Paris, Venise, Rome. Architecte de St-Pierre, après Bramante, 1514. — Palais du conseil, à Vérone. Pont Notre-Dame et Petit-Pont (aujourd'hui détruits), à Paris, 1500-07.

GIOJA (Melchior), économiste italien, 1767, Plaisance ; 1829..... Prêtre. Historiographe de l'État, 1797-1803. Directeur du bureau de statistique, 1804-11. Son caractère agressif le fit exiler, puis mettre en prison où il mourut. — Filosofia della statistica, (Philosophie de la statistique), 1816. 2ᵉ éd. *Milan*, 1829, 4 vol. in-8. 20 fr. Nuovo prospetto delle scienze economiche (Nouv. prospectus des sciences économiques), 1817 *Milan*, 6 vol. in-4. 48 fr. Del Merito et delle Recompenze (Du Mérite et des Récompenses), 1818. 2ᵉ éd. *Lugano*, 1830, 2 vol. in-4. 18 fr. OEuv. compl. Éd. ital. *Lugano*, 1832-40, 33 vol. in-8. 140 fr.

GIORDANO (Luca), peintre italien, 1632, Naples ; 1705, ibid. Élève de Ribeira et de P. de Cortone. Produisait avec une facilité étonnante mais nuisible à son talent. Attiré en Espagne par Charles II, 1692, qui le combla de richesses et d'honneurs. —

St-Nicolas, 1655; nativité; St-François-Xavier; les Marchands chassés du temple; Exaltation du Serpent d'airain, à Naples. Mort de la Vierge; jugement dernier; Ste Famille; Songe de Joseph; Baiser de Judas; Allégorie de la Paix; Passage de la mer Rouge; nativité du Christ, à Madrid. Présentation au Temple; Jésus se soumettant à la mort; Mars et Vénus, au Louvre. Abraham congédiant Agar; Noces de Persée et d'Andromède; Loth et ses filles, à Dresde. St Michel Archange, à Vienne.

GIORGIONE (Giorgio Barbarelli, dit le), célèbre peintre italien, 1478, Castelfranco (Trévise); 1511, Venise. Un des fondateurs de l'École vénitienne. Élève de Bellini, avec Le Titien. Mourut dans toute la force de l'âge et du talent.—Concert champêtre; Ste Famille, au Louvre. Tempête apaisée par St Marc, St Nicolas et St Georges; Une Dame avec une guitare; Portraits, à Venise. La Vierge et l'Enfant Jésus, à Castelfranco. Christ mort, à Trévise. Concert; Jugement de Salomon; Nymphe et Satyre; Moïse sauvé des eaux, à Florence. Hommes et femme évanouie, à la Haye. David vainqueur de Goliath; Vierge, à Madrid. David; St Jean; Homme armé, à Vienne. La Vanité, à Munich. Jacob et Rachel; Adoration des pasteurs, à Dresde. St Antoine, à St-Pétersbourg. Mort de St Pierre, à Londres. Portraits nombreux.

GIOTTINO (Tommaso di Stefano, dit le), peintre et sculpteur italien, 1324, Florence; 1356..... Le nom de Giottino est un diminutif du nom du peintre Giotto dont il essayait d'imiter la manière. — Fresques; descente de croix, à Florence. Vierge glorieuse; St Grégoire, à Naples. Vierge avec saints, à Munich.

GIOTTO (Angiolotto Bondone, dit), célèbre peintre, sculpteur et architecte italien, 1276, près de Vespignano; 1336, Florence. Élève de Cimabué. Fondateur de l'École florentine. Ami du Dante. Perfectionna son talent à Ravenne, à Padoue, à Florence, à Pise. Habita Rome sous le pontificat de Boniface VIII, et Avignon, sous celui de Clément V. — Annonciation, à Florence. Vie de St François, à Assise. Vies de St Pierre et St Paul; de J.-C. et de St François, au Vatican. Hist. de Job, à Pise. St Pierre marchant sur les eaux, à Rome. St François recevant les stigmates, au Louvre. Architecture : Église Santa Maria del Fiore et le Campanile, à Florence.

GIOVANNI DA FIESOLE (Guido, Frà), peintre italien, 1387, près de Vicchio (Toscane); 1455, Rome. Entra dans l'ordre de St-Dominique. Résida 18 ans à Fiesole, 1418-36; neuf ans à Florence, 1436-44, puis se rendit à Rome, 1445, auprès du pape Eugène IV. — Fresques au couvent de St-Marc, à Florence, représentant le Christ, St Benoît, la Passion, Annonciation, Couronnement de la Vierge, etc. Naissance de St J.-Baptiste; Adoration des mages; descente de croix: Résurrection, Vierges, madones et saints, à Florence. Fresques de la chapelle de Nicolas V, au Vatican. Couronnement de la Vierge et miracles de St Dominique, au Louvre. Gloire céleste; le Christ; Saints, à Munich. Vierge glorieuse; St François; St Dominique; Jugement dernier, à Berlin. L'Empereur devant le Pape, à Anvers.

GIRARD (Gabriel), grammairien, vers 1677, Montferrand (Puy-de Dôme); 1748..... Aumônier de la duchesse de Berri, fille du régent. Secrétaire interprète du roi. Memb. de l'Acad. franç, 1744. — Synonymes français, 1718. Nouv. éd. par Beauzée, *Lyon, Leroy*, 1801, 2 vol. in-12. Vrais principes de la langue française. 1747, *Lebreton*, 2 vol. in-12.

GIRARD (P.-Simon), ingénieur, 1765, Caen; 1836, Paris. Accompagna notre armée en Égypte. Membre de l'Institut du Caire et de l'Acad. des sciences. Directeur du canal de l'Ourcq. — Traité de la résistance des solides, 1798, *Didot*, in-4. Exposé de l'etat actuel des eaux de Paris, 1831, *Carilian*, in-8. Mémoires sur le canal de l'Ourcq, 1831-43, *Carilian*, 2 vol. gr. in-4 avec atlas, 50 fr.

GIRARD (Grégoire), instituteur suisse, 1765, Fribourg; 1850, ibid. Curé à Berne. Dirigea ensuite l'École primaire de Fribourg avec autant d'intelligence que de succès, 1805-23. Professa la philosophie, à Lucerne, 1825-35. — De l'enseignement de la langue maternelle, 1844, *Dezobry*, in-8, ou in-12. Cours de la langue maternelle, 1845-46, *Dezobry*, 6 vol. in-12.

GIRARD (J.), vétérinaire, 1770, Fohet, près de Clermont (Auvergne); 1832, Alfort. Directeur de l'École d'Alfort. Membre de l'Acad. de médecine et de la Société roy. d'agriculture. — Traité du pied, 1814. 3ᵉ éd. *Huzard*, 1836, in-8. 6 fr. Traité d'anat. vétérinaire, 1819. 4ᵉ éd. *Huzard*, 1841, 2 vol. in-18. 12 fr.

GIRARD (Phil.-H. de), ingénieur, 1775, Lourmarin (Vaucluse); 1845, Paris. Inventeur de la filature mécanique du lin, 1813. Ingénieur en chef des mines de Pologne, 1826-44, où il s'était retiré pauvre et mécontent de voir son invention accueillie avec indifférence et ses titres à la bienveillance du gouvernement méconnus.

GIRARDET (Karl), peintre, 1810, Locle, près de Neufchatel. Élève de Léon Cogniet. Alla puiser des inspirations en Allemagne, en Italie, en Orient. Membre de l'Acad. d'Amsterdam, 1853. — L'École buissonnière ; Déjeuner des lapins, 1836. Les PROTESTANTS AU PRÊCHE, 1842, à Neufchatel. Le Mont Rhigi. Marchés. Paysans suisses. La Fille de Cromwell. Les Bords du Nil. Marché au Caire. Mariage, 1848. Laboureurs égyptiens. Odalisque. Retour du soldat, 1850. ILLUSTRATIONS DE L'OUVRAGE LA TOURAINE, de Mame. Bataille de Morat, 1857. Prairie de l'Aar ; Bords de l'Eure, 1859. Paysages dans le Valais, 1861-63. Embouchure de la Toccia ; Landes de Gascogne, 1864. Cascade, 1865.

GIRARDIN (Émile de), publiciste et économiste, 1802, Paris. Inspecteur des beaux-arts, 1828. Fonda le Journal des connaissances utiles, 1831 ; celui des instituteurs primaires ; le Musée des Familles, 1833 ; le Panthéon littéraire, 1835 ; la Presse, 1836. Député, 1834. — Études politiques, 1838, in-8. Questions administratives, 1848, in-18. Question de mon temps, 1858, *Serrière*, 12 vol. in-8. La Fille du millionnaire, 1858. Le Supplice d'une femme, 1865.

GIRARDIN (Delphine GAY, Mᵐᵉ Émile de), femme de lettres, 1804, Aix-la-Chapelle ; 1855, Paris. Réunissait l'esprit le plus fin aux sentiments les plus délicats. Son salon fut le rendez-vous des illustrations litt. de l'époque. — Théâtre : l'École des journalistes, 1840. Judith, 1843. Cléopâtre, 1847. C'est la faute du mari, 1851. Lady Tartufe, 1853. LA JOIE FAIT PEUR, 1854. Une femme qui déteste son mari, 1856. — Romans : Le Lorgnon, Contes d'une vieille fille, 1833. La Croix de Berny (avec MM. Méry, Gautier, Sandeau), 1846. — Poésies, *Charpentier*, 1842, in-12. LETTRES PARISIENNES, *Charpentier*, 1843, in-12. Œuv. compl.

Plon, 1860, 6 vol. in-8, et dans la *Bibliothèque nouvelle*, 1856, 8 vol. in-18.

GIRARDIN (J.-P.-L.), chimiste, 1803, Paris. Élève de Thenard, 1825. Professeur de chimie à Rouen, 1828. Directeur de l'École préparatoire, 1855. Doyen de la Faculté de Lille, 1858. Correspondant des Académies des sciences, 1842 ; de médecine, 1846. — Éléments de minéralogie, 1826, 2 vol. in-8 avec pl. Nouv. Manuel de botanique, 1827, in-18, avec pl. Leçons de chimie élémentaire. 4ᵉ éd. *Masson*, 2 vol. gr. in-8, fig. 30 fr.

GIRARDON (F.), célèbre sculpteur, 1628, Troyes ; 1715, Paris. Protégé par le chancelier Séguier, il put aller à Rome pour se perfectionner. Professeur, 1659 ; recteur, 1674; chancelier de l'Acad. de peinture et de sculpture, 1695. — BAINS D'APOLLON ; Enlèvement de Proserpine ; Sculptures du bassin de Neptune et de la fontaine des Pyramides, à Versailles. Statue équestre de Louis XIV, détruite pendant la révolution. Mausolée de Louvois et du CARDINAL DE RICHELIEU, à la Sorbonne.

GIRAUD (Ch.-Jos.-Barth.), jurisconsulte, 1802, Pernes (Vaucluse). Membre de l'Acad. des sciences morales, 1842, et du conseil de l'instruction publique, 1845. Vice-recteur de l'Acad. Ministre de l'instruction publique, 1851. Professeur de droit romain à la Faculté, — Étude du droit romain, 1835, in-8. Droit de propriété chez les Romains, 1838, in-8. Hist. du droit français, 1845, 2 vol. in-8. Traité d'Utrecht, 1847, in-8. Des Libertés de l'Église gallicane, 1847, in-8. Ancien droit coutumier français, 1852, in-8. Tables de Salpenza et de Malaga, 1856, in-8.

GIRAUD (P.-F.-Eug.), peintre et graveur, 1806, Paris. Élève de Richomme et de Hersent. Gr. prix de gravure, 1826.— Peinture : Enrôlements de volontaires, 1835. Marcel sauvant le Dauphin, 1836. Permission de dix heures, 1839. Promenade en corricolo, 1840. Les Crêpes, 1843. Le Fiévreux, 1846. Coup de vent ; Incendie à Constantinople, 1853. Portraits. Henri IV, 1861. Débordement du Nil, 1863. Procession au Caire, 1864. Gravure : La Vierge au coussin vert, 1830. Jean Richardot, d'après Rubens, 1833.

GIRAULT-DUVIVIER (Ch.-P.), grammairien, 1765, Paris ; 1832, ibid. Avocat, puis associé à une maison de banque. — GRAMMAIRE DES GRAMMAIRES, 1811. Nouv. éd. *Cotelle*, 1864,

2 vol. in-8. Traité sur les participes, 1814. Nouv. éd. *Cotelle*, 1827, 2 vol. in-8. Encyclopédie élém. de l'antiquité, 1830, *Cotelle*, 4 vol. in-8.

GIRODET-TRIOSON (Anne-L.) célèbre peintre, 1767, Montargis; 1824, Paris. Élève de David. Gr. prix de peinture, 1789. Séjourna pendant 5 ans à Rome. — Joseph reconnu par ses frères, 1789, à Rome. SOMMEIL D'ENDYMION, 1791. Hippocrate refusant les présents des Perses, 1793. Danaé 1795. Les Saisons, 1799. Fingal, Ossian et leurs descendants. SCÈNE DU DÉLUGE, 1806. Funérailles d'Atala ; Napoléon recevant les clefs de Vienne, 1808. RÉVOLTE DU CAIRE, 1810. PYGMALION ET GALATÉE, 1816. Larrey. Cabanis. L. Bonaparte.

GISORS (H.-Alph. de), architecte, 1796, Paris. Élève de Percier, 1819-23. 2ᵉ prix d'architecture, 1823. Membre de l'Acad. des beaux-arts, 1854; du conseil des bâtiments civils et du jury d'architecture. — Clinique de la Faculté, 1833-38. Amphithéâtre de l'Observatoire, 1838-40. École normale, 1841-47. AGRANDISSEMENT DU PALAIS DU LUXEMBOURG, 1834 et suiv. — Le Palais du Luxembourg, 1847, *Plon*, gr. in-4.

GLASS (Salomon), théologien allemand, 1593, Sondershausen; 1656, Gotha. Professeur de langues orientales et de théologie à Iéna, 1637. Superintendant gén. des écoles de Saxe-Gotha. — PHILOLOGIA SACRA, 1623, *Iéna*, in-4. Nouv. éd. *Leipsick*, 1795-97, 2 vol. gr. in-8. fig.

GLAIZE (Aug.-Barth.), peintre, 1812, Montpellier. Élève de Devéria. — Luca Signorelli, 1836. Faust et Marguerite; Psyché; Fuite en Égypte, 1842. Baigneuses, 1844. Suzanne au bain ; Dante écrivant son poëme, 1848. Les Femmes gauloises, 1852. LE PILORI, 1855. Les Amours à l'encan, 1857, La Pourvoyeuse de la misère ; Autour de la gamelle, 1861 Les Écueils, 1864. Un esclavage, 1865.

GLEIG (George-Robert), littérateur et théologien anglais, 1796, Stirling. Soldat. Chapelain à Chelsea, 1834. Aumônier en chef de l'armée anglaise, 1844. Inspecteur gén. des écoles régimentaires. — The Subaltern (Le Subalterne), 1825. History of the Bible (Histoire de la Bible). The campaign at Washington (La guerre d'Amérique). History of the British India (Hist. de l'Inde anglaise), 4 vol. Family history of England. (Hist. familière d'Angleterre).

GLEYRE (Gabriel-Ch.), peintre, 1807, Chevilly (Suisse). Élève de M. Hersent. Se perfectionna en Italie, puis exécuta un grand voy. en Orient. — St Jean, 1840. Le Soir, 1843. Séparation des Apôtres; la Nymphe Écho, 1845. Les Bacchantes, 1849. Exécution du major Davell, 1852.

GLUCK (Christophe), célèbre musicien compositeur allemand, 1714, Weissenwangen (h^t Palatinat); 1787, Vienne. Élève de San-Martini. Enseigna la musique à Marie-Antoinette. Son séjour à Paris, avec Piccini, donna lieu à la fameuse querelle des Piccinistes et des Gluckistes.—Artaxerce, 1741, à Milan. Hypermnestre; Demetrio, 1742, à Venise. Demofonte, 1742, à Milan. Alessandro, 1744, à Turin. Fedra, 1744, à Milan. Clemenza di Tito; Antigone, à Rome. Clelia, à Bologne. Telemacco, à Florence. Baucis e Filemone. Alceste, 1761; Paris et Hélène, 1762; Orphée, 1764; Iphigénie en Aulide, 1774; Armide, 1777; Iphigénie en Tauride, 1779, à Paris.

GODDE (Et.-Hipp.), architecte, 1781, Breteuil (Oise). 2e gr. prix d'architecture, 1800. Architecte en chef de la ville, 1813-48. — Restauration de St-Germain-des-Prés. Constructions de St-Pierre, au Gros-Caillou, 1822; de Notre-D. de Bonne-Nouvelle, 1828, du Séminaire de St-Sulpice. Agrandissement de l'Hôtel de ville (avec M. Lesueur), 1840 et suiv.

GODWIN (William), économiste et romancier anglais. 1756, Wisbeach (Cambridge); 1836, Londres. Un moment prédicateur et ministre de congrégation, mais bientôt écrivain. Ses écrits le rendirent célèbre sans l'enrichir. Etait libraire lorsqu'il mourut. — Inquiry concerning political justice (Rech. touchant la justice sociale), 1793, *Londres*, 2 vol. in-fol. Les aventures de Caleb Willams, 1794, *Londres*, 3 vol. in-12 et *Baudry*, 1832, in-8. Trad. franç. par Germain Garnier, *Agasse*, 1794, 2 vol. in-8. et par Amédée Pichot, *Paulin*, 1846, 3 vol. in-16, Rech. sur la population, 1820, *Londres*, in-8. Trad. franç. par Constancio, *Aillaud*, 1821, 2 vol. in-8. History of common wealth of England (Histoire de la richesse publique d'Angleterre), 1824-28. *Londres*, 4 vol. in-8.

GŒRRES (J.-Jos. de), historien et publiciste allemand, 1776,

Coblentz ; 1848, Munich. Professeur d'hist. nat. et de physique à Coblentz et à Heidelberg ; d'hist. à Munich, 1827. Passa toute sa vie à combattre les abus inhérents aux rouages politiques et administratifs. — L'Allemagne et la révolution, 1819, *Coblentz*. Trad. franç. par Scheffer, *Brissot*, 1819, in-8. LA MYSTIQUE DIVINE, 1836-42, *Ratisbonne*, 4 vol. in-8. Trad. franç. par Sainte-Foy, *Poussielgue*, 1855, 5 vol. in-8, ou 1863, in-12. ATHANASE, 1837, *Ratisbonne*. Trad. franç. *Debécourt*, 1838, in-8.

GŒS (Hugo VAN DER), peintre flamand, fin du 15e siècle. Élève de Van Eyck. Entra dans les ordres quelque temps avant sa mort. — Crucifiement, à Bruges. Triptyque, à Munich et à Pistoie. St-J.-Bapt., à Munich. Annonciation, à Berlin. Vierge et enfant Jésus, à Bologne. Vierges, à Florence, à Vienne, à Munich, à Berlin.

GŒSCHEL (Karl-Friedrich), philosophe et théologien allemand, 1784, Langensalza (Thuringe). Avocat. Conseiller supérieur à Naumbourg, 1818-34. Ministre et conseiller supérieur de justice, 1837-45. Président du consistoire de Saxe. — Ueber Gœthe's Faust (Du Faust de Gœthe et de sa suite), 1824. Aphorismen über Nichtwissen und absolutes Wissen (Aphorismes sur le non-savoir et le savoir absolu), 1829, *Berlin*.

GŒTHE (J.-Wolfgang), célèbre poëte allemand, 1749, Francfort-s.-le-Mein; 1832, Weimar. L'un des plus grands écrivains de l'Allemagne. Fut en même temps littérateur, romancier, naturaliste, physicien. Jouit pendant toute sa vie de la protection du duc de Weimar. Voyagea avec lui, en Suisse, 1779; en Italie, 1786. Membre du conseil privé. Sembla indifférent aux événements politiques qui assaillirent son pays. Ministre d'État, 1815-28. — GOETZ DE BERLICHINGEN, 1773. WERTHER, 1774, *Leipsick*, in-8. Trad. franç. *Charpentier*, 1859, gr. in-18, 3 fr. 50. CLAVIJO, 1774. STELLA, 1775. IPHIGÉNIE EN TAURIDE, 1787. LE TASSE; EGMONT, 1790. HERMANN ET DOROTHEE, 1797. LA FILLE NATURELLE, 1804. AFFINITÉS ÉLECTIVES, 1809. FAUST, 1790-1807. Éd. allem. *Stuttgart, Cotta*, 1852-57, 2 vol. in-fol. fig. Trad. franç. par M. Blaze, *Charpentier*, 1841 gr. in-18, 3 fr. 50. POÉSIES. MÉMOIRES. — OEuv. compl. Éd. Allem. *Stuttgart, Cotta*, 1828-30, 40 vol. in-8, ou 1857, 30 vol. in-8, 36 fr. 1860-61, 6 vol. gr. in-8, 48 fr. et 1841, 40 vol. in-16,

60 fr. Trad. franç. par Jacq. Porchat, *Hachette*, 1860, 10 vol. in-8, 60 fr. et par divers, *Charpentier*, 14 vol. gr. in-18. à 3 fr. 50. le vol.

GOGOL (Nic.), littérateur russe, 1810.....; 1851, Moscou. Professeur d'hist. à Saint-Pétersbourg. Épuisé par un travail excessif, voyagea en Europe et résida longtemps à Rome. — Les Ames mortes, 1842. Trad. franç. par E. Charrière, *Hachette*, in-18, 2 fr. 50. Tarass Boulba. Trad. franç. par L. Viardot, *Hachette*, in-16. 1 fr. — OEuv. Éd. russe, *St-Pétersbourg, Jacobson*, 1857, 6 vol. in-8. Nouvelles choisies. Trad. franç. par L. Viardot, *Hachette*, in-16. 1 fr.

GOLBÉRY (Marie-Phil.-Aimé de), littérateur et homme d'État, 1786, Colmar ; 1854, Kientzheim. Avocat, 1808. Conseiller à la cour de Colmar, 1820. Député, 1834. Procureur gén. à Besançon, 1841. Correspondant de l'Acad. des inscriptions. — Antiquités de l'Alsace, 1825-28, *Engelmann*, gr. in-fol. Antiquités romaines de Mandeure, 1828, *Engelmann*, in-fol. Lettres sur la Suisse, 1827-32, 2 vol. in-fol.

GOLDONI (Ch.), auteur comique italien, 1707, Venise; 1793, Paris. Étudia le droit, la médecine, la théologie, mais se sentait comme malgré lui porté vers le théâtre. Vint à Paris en 1760. La révolution lui ayant enlevé une pension que lui faisait la famille royale, il mourut de misère. — Bélisaire, 1734. Molière. L'Épouse persane. Le Bourru bienfaisant, 1771. Le Flatteur. Le Joueur. La Femme changeante. L'Aimable Vieillard. L'Auberge de la Poste. La Veuve rusée. La Suivante généreuse. Le Père de famille. Paméla. Les Mécontents. — OEuv. Éd. ital. *Venise*, 1761, 18 vol. gr. in-8 ou 1794-95, 44 vol. in-8, et *Turin*, 1778, 34 vol. in-12. Éd. ital.-franç. par Amar-Durivier, 1801, 3 vol. in-8. OEuv. choisies, trad. franç. *Ladvocat*, 1822, in-8.

GOLDSCHMIDT (Hermann), peintre et astronome, 1802, Francfort-s.-le-Mein. D'abord commerçant, puis élève de MM. Schnorr et Cornélius. Vint à Paris en 1836. Tout en s'occupant de peinture découvrit dix astéroïdes. Gr. prix d'astronomie par l'Acad. des sciences. — Peinture: Femme algérienne, 1836. Florentin suppliant une jeune fille, 1837. La Poésie, 1839. La Sibylle de Cumes, 1844. Offrande à Vénus, 1845. Cléopâtre ; vue de Rome, 1849. Mort de Roméo et de Juliette, 1857. Portraits.

GOLDSMIDTH (Olivier), poëte et romancier anglais, 1728, Pallas (Irlande); 1774, Londres. Des habitudes de dépenses l'obligèrent à quitter l'Angleterre. Parcourut l'Allemagne et la France. D'une activité incessante, fit un grand nombre d'ouvrages, et cependant vécut malheureux et mourut dans le besoin. — Le Citoyen du monde, 1762. Le Voyageur, 1765. Trad. franç. *Bertrand*, 1823, in-8. Le Vicaire de Wakefield, 1766. Éd. angl. *Londres, Ackermann*, gr. in-8. fig. 10 à 12 fr. et 1800, pet. in-8. fig. 6 à 9 fr. Trad. franç. par Ch. Nodier, *Bougueleret*, 1837, gr. in-8. 15 fr. et par mad. Belloc, *Charpentier*, 1844, gr. in-18, 3 fr. 50. Le Village déserté, 1770. Trad. franç. *Didot*, 1824, in-12. Hist. d'Angleterre, 1763; romaine, 1769; de la terre et de la Grèce, 1774.

GOLIUS (Jacq.), orientaliste hollandais, 1596, La Haye; 1667, Leyde. Habita longtemps l'Orient d'où il rapporta à Leyde de précieux manuscrits. Professeur d'arabe dans cette dernière ville. — Lexicon arabico-latinum, 1653, *Leyde*, in-fol. 50 fr.

GONDOUIN (Jacq.), architecte, 1737, St-Ouen; 1818..... Élève de Blondel. Puisa en Italie un goût plus pur que celui qui régnait généralement à l'époque de Louis XV. — École de médecine, 1769 et suiv. Description des Écoles de chirurgie, 1780, in-fol. fig.

GORE (Catherine-Grace Francis, Mistress), femme de lettres anglaise, 1799..... (Nottingham); 1861..... Exécuta quelques voyages, puis écrivit un nombre considérable de romans. — Mothers and daughters (Mères et filles), 1831. Mistress Armytage, 1836, 3 vol. The Woman of the world (la Femme du monde), 1838. Cecil, 1841. The ambassador's wife (l'Ambassadrice), 1842. The Castles in the air (les Châteaux en Espagne), 1847. Sketches of english character (Types anglais), 1856, 2 vol. Mammon, 1855.

GORI (Ant.-F.), archéologue italien, 1691, Florence; 1757..... Prêtre, 1717. Professeur d'hist. à Florence. Avait une si grande activité qu'il exécutait toujours plusieurs œuvres importantes à la fois. — Museum florentinum, 1731-36, *Florence*, 12 vol. in-fol. fig. Museum etruscum, 1737-43, *Florence*, 3 vol. in-fol. fig. 48 à 72 fr. Symbolæ litterariæ, 1748-53, *Florence*, 10 vol. in-8. fig. Thesaurus Diptychorum, 1759, *Florence*, 3 vol. gr. in-fol.

GOSSE (L.-F.-Nic.), peintre, 1787, Paris. Élève d'André Vincent et de l'École des beaux-arts. — St Vincent de Paul, 1824. Adoration des Mages, 1827. Sapho, 1831. Cour de ferme, 1834. Louis XI et St François de Paule, 1843. Clémence de Napoléon, 1846. La Création, 1852. Le Christ au prétoire, 1855. Peintures à St-Étienne-du-Mont, à la Sorbonne, à Versailles.

GOSSEC (F.-Jos.), musicien compositeur, 1733, Vergnies (Hainaut); 1829, Paris. Fondateur du Concert des amateurs, 1770 ; de l'École roy. de chant, 1784. Membre de l'Acad. des beauxarts. Professeur au Conservatoire, — Toinon et Toinette, 1767. Sabinus, 1773. Alexis et Daphné, 1775. La Fête de village, 1778. Chœurs d'Athalie, 1785-86. Rosine, 1786. Le Camp de Grandpré, 1793. La Reprise de Toulon, 1794. MESSE DES MORTS. Oratorios. Symphonies.

GOSSELIN (Pascal-F.-Jos.), géographe, 1751, Lille ; 1830, Paris. Compléta ses études par des voy. en Italie, en Espagne, en France. Membre de l'Acad. des sciences, 1789. Conservateur des médailles à la Bibliothèque nationale, 1799. — Géographie des Grecs, 1790, *Impr. roy.*, gr. in-4. 10 à 12 fr. RECH. SUR LA GÉOGRAPHIE DES ANCIENS, 1797. Nouv. éd. *Impr. imp.* 1813, 4 vol. gr. in-4. 30 à 40 fr.

GOTTSCHED (J.-Christ.), littérateur allemand, 1700, Juditenkirch, près Kœnisberg ; 1766, Leipsick. Président de la Société littéraire. Professeur de philos. et de poésie, 1730 ; de logique, 1734 ; doyen de la faculté à Leipsick. — GRAMMAIRE ALLEMANDE, 1748, *Leipsick*. Trad. franç. par Quant, 1753, in-8 ou in-12. Gedichte (Poésies).

GOUGH (Richard), archéologue anglais, 1735, Londres ; 1809..... Directeur de la Société des antiquaires, 1774. Membre de la Société royale, 1775. — ANECDOTES OF BRITISH TOPOGRAPHY (Anecdotes de topographie anglaise), 1768. 2e éd. *Londres*, 1780, 2 vol. in-4. SEPULCHRAL MONUMENTS OF GREAT BRITAIN (Mausolées de l'Angleterre), 1786-96, *Londres*, 5 volumes in-fol. fig. Coins of the Seleucidæ (Monnaies des Séleucides), 1803, *Londres*, in-4.

GOUJET (Cl.-P.), historien et littérateur, 1697, Paris ; 1767, ibid. Oratorien. Chanoine de St-Jacques de l'Hôpital. Avait adopté les doctrines des jansénistes.—BIBLIOTHÈQUE FRANÇAISE, 1740-

56, 18 vol. in-12. 30 à 40 fr. Mémoires sur le Collége de France, 1758, in-4 ou 3 vol. in-12, 12 à 15 fr.

GOUJON (J.), célèbre sculpteur et architecte, vers 1515, Paris ; 1572, ibid. Restaurateur de la sculpture en France. Ami de Germain Pilon, de P. Lescot et de Bullant. Fut tué en qualité de calviniste, le jour même de la St-Barthélemy, pendant qu'il travaillait aux sculptures du Louvre. — CHATEAUX D'ANET ET D'ÉCOUEN, aujourd'hui détruits. DIANE ; LA SEINE ; LA MARNE ; L'OISE ; VÉNUS AU BAIN ; JÉSUS AU TOMBEAU ; MORT ET RÉSURRECTION ; CARIATIDES et SCULPTURES, près du pavillon de l'Horloge, au Louvre. LES DOUZE MOIS DE L'ANNÉE, à l'Hôtel de ville. FONTAINE DES INNOCENTS, 1550. Hôtel Carnavalet. — Consulter : OEuv. de J. Goujon, par Réveil, *Audot*, 1829-33, grand in-8, avec figures.

GOULD (J.), ornithologiste anglais, 1804, Lyme (Dorset). Employé au jardin royal de Windsor. Exécuta un grand voy. scientifique en Australie. — The Birds of Europe (les Oiseaux de l'Europe), 1832-37, *Londres*, 5 vol. gr. in-fol. fig. The Birds of Australia (les Oiseaux de l'Australie), 1842-51, *Londres*, 7 vol. in-fol. fig. The Birds of Asia (les Oiseaux de l'Asie), 1850 et suiv. *Londres*, gr. in-fol. fig.

GOUNOD (Ch.-F.), musicien compositeur, 1818, Paris. Élève de Lesueur et d'Halévy. 2e, 1837, et 1er gr. prix de composition musicale, 1839. Passa quatre ans à la villa Médicis. Fut, pendant six ans, maître de chapelle aux Missions étrangères. Directeur de l'Orphéon. — Messe solennelle, 1849, à Saint-Eustache. Sapho, 1850. Les Chœurs d'Ulysse, de M. Ponsard, 1852. La Nonne sanglante, 1854. Le Médecin malgré lui ; FAUST, 1859. La Colombe, 1860. Messes. Symphonies. Cantates.

GOUSSET (Thomas-Marie-Jos.), prélat et théologien, 1792, Montigny-les-Cherlieux (Hte-Saône). Prêtre, 1817. Professeur de théologie morale à Besançon, 1818-35. Évêque de Périgueux, 1835. Archevêque de Reims, 1840. Cardinal et sénateur, 1850. — Éd. des conférences d'Angers, 1823, *Besançon*, 26 vol. in-8, et du Dict. théologique de Bergier, 1843, *Gaume*, 6 vol. in-8. Le Code civil dans ses rapports avec la théologie morale, 1829, in-8. 5e éd. *Belin*, 1844, in-18. THÉOLOGIE MORALE, 1836. 10e éd. *Lecoffre*, 1855, 2 vol. in-8. THÉOLOGIE DOGMATIQUE, 1848. Nouv.

éd. *Lecoffre*, 1853, 2 vol. in-8. Exposition des principes de droit canonique, 1859, in-8.

GOYA Y LUCIENTES (Francisco), peintre espagnol, 1746, Fuente-Todos (Aragon); 1828, Bordeaux. Élève de José Lugan. Peintre du roi Charles III, 1780. Se livrait au travail avec une telle fougue qu'il peignait plusieurs mètres de toile en un jour. —Femmes de Madrid; Forgerons; Enterrement; Dernière prière d'un condamné; Portraits, au Louvre. Course de taureaux; Maison de fous; Auto-da-fé; Portraits, à Madrid. St François, à Valence. Arrestation de J.-C., à Tolède.

GOZLAN (Léon), romancier et auteur dramatique, 1806, Marseille. Commença par faire du commerce au Sénégal, 1824, et par être commis libraire à Paris, 1828.—Romans : les Mémoires d'un apothicaire, 1828. Le Notaire de Chantilly, 1836. Le Médecin du Pecq, 1839. Rêve d'un millionnaire, 1840. Les Châteaux de France, 1844, 4 vol. in-8. Les Nuits du Père-Lachaise. La Comédie et les Comédiens. Théâtre : Ève, 1843. Les Cinq minutes du commandeur, 1845. La Goutte de lait, 1848. Le Lion empaillé. Une tempête dans un verre d'eau. Louise de Nanteuil. La Famille Lambert.

GOZZOLI (Benozzo), peintre italien, 1408, Florence ; 1478, ibid. Élève de Fra Angelico. Produisit un nombre considérable d'ouvrages. — Fresques à Orvieto et au palais Riccardi, à Florence ; à MONTEFALCO (Ombrie), 1452-65 ; au CAMPO SANTO, à Pise, 1468 (Hist. de Noé, d'Abraham, de Jacob, de Joseph, de Moïse, de David). Vierge et Saints, à Florence. Prodige de St Hyacinthe ; Annonciation, à Rome ; Triomphe de St Thomas d'Aquin, au Louvre. Israélites ramassant la manne, à Dresde.

GRAESSE (J.-Georges-Théod.), archéologue allemand, 1814, Grimma (Saxe). Professeur ; conservateur de la bibliothèque du roi, 1843, et inspecteur du cabinet numismatique, 1848, à Dresde. — LEHRBUCH EINER ALLGEMEINEN LITERATURGESCHICHTE (Traité d'hist. litt. universelle), 1837-43-59, *Dresde, Arnold*, 4 forts vol. in-8. Handbuch der allgemeinen Literaturgeschichte (Manuel d'hist. litt. universelle), 1844-50, *Dresde, Arnold,* 4 vol. in-8. 50 fr. Geschichte der Poesie Europa's (Hist. de la poésie de l'Europe), 1848, *Dresde*. Dict. bibliographique, 1858 et suiv. *Dresde, Kuntze*, gr. in-4.

GRAEVEL (Maximilien-Ch.-Fréd.-Guill.),littérateur et homme politique allemand, 1781, Belgard (Poméranie). Soldat. Agriculteur. Procureur gén. à Mersebourg. Conseiller titulaire, 1834. Député, 1848. Ministre, 1849. — Der Mensch (L'Homme), 1820, *Berlin*. 4º éd. 1839. Der Staatsbeamte als Schriftsteller (le Fonctionnaire prussien écrivain), 1820, *Stuttgart*, 2 vol. Die Geschichte meines Austritts aus dem Staatsdienste (Hist. de ma sortie des affaires), 1837, *Iéna*, 2 vol.

GRÆVIUS (J.-Georges), philologue allemand, 1622, Naumbourg(Saxe); 1703, Utrecht. Professeur à Druisbourg; à Deventer, après Gronovius, 1658 ; à Utrecht, 1661. Historiographe du roi Guillaume et précepteur de son fils le prince de Frise. — THESAURUS ANTIQUITATUM GRÆCARUM ET ROMANARUM, 1697 et suiv., *Utrecht*, 39 vol. in-fol. THESAURUS ANTIQUITATUM ET HISTORIARUM ITALIÆ, 1704-23, *Leyde*, 30 vol. in-fol. SICILIÆ, 1723-25, *Leyde*, 15 vol. in-fol.

GRAHAM (Georges), médecin et horloger anglais, 1675, Horsgills (Cumberland) ; 1751, Londres. Élève de Tampion. Membre de la Société royale de Londres. — Inventa le pendule compensateur, le secteur, les échappements à repos, à cylindre, dont l'idée lui vint de l'échappement à ancre de Hooke.

GRANDVILLE (J.-Ignace-Isidore GÉRARD), dessinateur, 1803, Nancy ; 1847, Paris. Ses œuvres se font remarquer par la profondeur de l'observation et par la connaissance exacte de l'homme et de sa pensée la plus intime.—MÉTAMORPHOSES DU JOUR, 1828. Animaux parlants. Petites misères de la vie humaine. Fleurs animées, 1845. Les Étoiles. L'autre monde. — Illustrations de Robinson Crusoë, LA FONTAINE, Florian, Gulliver, Don Quichotte, Jérôme Paturot ; des journaux la Caricature, l'Artiste, le Charivari, le Figaro, l'Illustration, LE MAGASIN PITTORESQUE.

GRANET (F.-Marius), peintre, 1775, Aix ; 1849, Malvallat, près Aix. Se lia, dans sa ville natale, avec le comte de Forbin. Assista au siége de Toulon. Élève de David. Se rendit à Rome, où il résida longtemps. Membre de l'Acad. des beaux-arts, 1830. Conservateur des tableaux du Louvre et de Versailles.—CLOÎTRE DES FEUILLANTS, 1800. STELLA, 1810, à Munich. CHOEUR DES CAPUCINS, 1812. Couvent San-Benedetto, 1819. Le Mariage forcé, 1826. Mort du Poussin, 1834. Communion dans les catacombes, 1837. Cérémonie funèbre des Invalides, 1839. Religieux à l'étude, 1846.

GRANIER DE CASSAGNAC (Adolphe de), littérateur et publiciste, 1808, Averon-Bergelle (Gers). Débuta aux Débats, à la Revue de Paris, puis à la Presse. Directeur de l'Époque, 1845-46; du Pouvoir, 1850, et du Pays. Rédacteur au Constitutionnel. Député du Gers, 1852. — Hist. des classes ouvrières, 1837, in-8. Hist. des classes nobles, 1840, in-8. Danaé, 1840. Nouv. édit. 1859, in-12. Voy. aux Antilles, 1842-44, 2 vol. in-8. Hist. des causes de la révolution, 1850, 4 vol. in-8. Hist. du Directoire, 1851-56, 3 vol. in-8. Hist. de la chute de Louis-Philippe, 1857. 2 vol. in-8. La Reine des Prairies, 1859, in-12.

GRATIOLET (L.-P.), naturaliste, 1815, Ste-Foix (Gironde); 1865, Paris. Professeur suppléant d'anat. comparée, 1844-50 et d'hist. naturelle, au Collége de France, 1852. Aide naturaliste au Muséum, 1854. Prof. de zool. à la Fac. des Sc., 1863. — Mémoire sur les plis cérébraux, 1854. Notes sur la disposition des plans fibreux. Anatomie comparée du système nerveux (avec Leuret), 1839-57, *Baillière,* 2 vol. in-8. avec atlas et pl. 48 fr.

GRATRY (Aug.-Jos.-Alph.), théologien, 1805, Lille. Élève de l'École polytechnique, 1825. Prêtre. Directeur du collége Stanislas, 1841. Aumônier à l'École normale, 1846-52. — Lettres et répliques à M. Vacherot, 1851, in-8. De la connaissance de Dieu, 1855, *Douniol,* 2 vol. in-8 ou in-12. De la connaissance de l'âme, 1856, *Douniol,* 2 vol. in-8 ou in-12. Logique, 1857, *Douniol,* 2 vol. in-8 ou in-12. Les Sources, 1864, *Douniol,* 2 vol. in-18, 3 fr. 50.

GRATTAN (Thomas-Colley), romancier irlandais, 1796, Dublin. Soldat, puis homme de lettres. Habita successivement Bordeaux, Paris, Londres, Bruxelles, Boston. — Highways and byways (Sentiers et grands chemins), 1827, *Londres,* 8 vol. in-8. The Heiress of Bruges (l'Héritière de Bruges), 1828, 3 vol. in-8. Legends of the Rhine (Légendes du Rhin), 1835. Agnès de Mansfeld, 1836. Traits of travel (Aventures de voyage), 3 vol. in-8. History of the Netherlands (Hist. des Pays-Bas).

GRAVINA (J.-Vincent), jurisconsulte et littérateur italien, 1664, Roggiano (Calabre); 1718, Rome. Fondateur de l'Acad. des Arcades, à Rome, 1695. Professeur de droit civil, 1699; de droit canonique, 1703. Maître et ami de Métastase.— Origines du droit civil, 1701-13. Nouv. éd. *Leipsick*, 1737, in-4. 10 à 12 fr. Trad. franç. par Requier, 1766, 3 vol. in-12 et *Bavoux*, 1822, in-8. Du jugement en poésie, 1708, *Rome*. Trad. franç. par Requier, 1755, 2 vol. in-12. De romano imperio. —Éd. ital. OEuv. *Naples*, 1756-58, 4 vol. in-4. 18 à 24 fr. OEuv. choisies, *Milan*, 1819, in-8. 6 fr.

GRAY (Thomas), poëte anglais, 1716, Londres ; 1771, Cambridge. Étudia le droit. Professeur d'hist. à Cambridge, 1768. Ami d'Horace Walpole. — Élégie : le Cimetière de campagne. Odes : le Printemps ; le Collége d'Eton. Hymne : l'Adversité. — OEuv. Éd. angl. *Londres*, 1814, 2 vol. in-4, fig. et *Pickering*, 1836, 5 vol. pet. in-8. Trad. franç. par Lemierre, 1798, in-8.

GRÉGOIRE de Nazianze (St), célèbre théologien. Père de l'Église grecque, vers 329, Arianze, près de Nazianze (Cappadoce); vers 389, ibid. Évêque de Sasima. Coadjuteur à Nazianze. Archevêque de Constantinople sous Théodose. En butte aux attaques des évêques d'Égypte et abandonné par Théodose, il se retira dans la solitude. — Sermons. Oraisons funèbres. Panégyriques. Poésies. Lettres.— OEuv. Éd. grecq.-lat. 1837-40, *Parent-Desbarres*, 2 vol. in-fol. 40 fr. et *Migne, Montrouge*, 1857, 4 vol. gr. in-8. 44 fr.

GRÉGOIRE de Nysse (St), théologien, Père de l'Église grecque, vers 331, Sébaste ; vers 398..... Promu à l'évêché de Nysse, il dut le quitter devant les poursuites des Ariens. Assista au concile d'Antioche, 379, et au 2e concile de Constantinople, 381. — Traités. Sermons. Oraisons funèbres. Panégyriques. Lettres. — OEuv. Éd. grecq.-lat. *Morellus*. 1638, 3 vol. in-fol. 40 à 50 fr. et *Migne, Montrouge*, 1858, 3 vol. gr. in-8. 33 fr.

GRÉGOIRE le Grand (St), théologien et pape, vers 540, Rome; 604, ibid. Préteur à Rome. Pape, 590. Pendant son pontificat les peuples du Nord envahirent ses États. Fondateur du rite grégorien et de monastères nombreux. — Commentaire sur Job. Homélies. Pastoral. Dialogues. Lettres. — OEuv. Éd. lat. *Venise*, 1768-76, 17 vol. in-4. 70 fr. et *Migne, Montrouge*, 5 vol. grand in-8. 35 fr.

GRÉGOIRE de Tours, célèbre historien, vers 544..... (Auvergne) ; 595, Tours. Évêque dans cette dernière ville, 573. Son caractère conciliant, mais énergique, était au niveau de ses lumières. Défendit l'évêque de Rouen Prétextat contre les violences de Chilpéric. — HIST. DES FRANCS, de 417 à 591. Éd. lat. par dom Ruinart, *Muguet*, 1699, in-fol. Éd. lat.-franç. par Guadet et Taranne, *Renouard*, 1836-41, 4 vol. gr. in-8. 36 fr. Trad. franç. par M. Bordier, *Renouard*, 1857-60, 2 vol. in-8. 18 fr. et *Didot*, 2 vol. in-18. 6 fr.; par M. Guizot, *Didier*, 1861, 2 vol. in-8 avec carte, 14 fr.

GRÉGOIRE (H.), théologien et homme politique, 1750, Vého, près de Lunéville; 1831, Paris. Député aux États généraux, 1789. Promoteur de la réunion des trois ordres, de l'abolition de tous les priviléges, de la constitution civile du clergé. Évêque de Blois. Vota pour l'abolition de la royauté et de l'esclavage des noirs et pour la création de la république. Membre du conseil des Cinq Cents, 1795; de l'Institut; du Corps législatif; du Sénat, 1801. —Régénération des Juifs, 1789, *Metz*, in-8. Essai sur les arbres de la liberté, 1794, *Didot*, in-24. HIST. DES SECTES RELIGIEUSES, 1810. 3ᵉ éd. *Baudouin*, 1828-45, 6 vol. in-8. 36 fr. Libertés de l'Église gallicane, 1818. 2ᵉ éd. *Béchet*, 1826, in-8. Influence du Christianisme sur la condition des femmes, 1821. 3ᵉ éd. *Baudouin*, 1829, in-18.

GRÉGORY (Jacq.), mathématicien anglais, 1638, Aberdeen (Écosse); 1675..... Inventa le télescope réflecteur, 1662. Voyagea en Italie. Membre de la Société royale de Londres, 1668. Professeur de mathématiques à Édimbourg, 1674. — Optica promota, 1663, *Londres*, in-4. Geometriæ pars universalis, 1667, *Venise*, in-4. Exercitationes geometriæ, 1668, *Londres*, in-4.

GRÉGORY (J.), médecin anglais, 1724, Aberdeen; 1773, Édimbourg. Membre de la Société royale, 1755. Professeur de philos. et de médecine à Édimbourg, 1756. 1ᵉʳ médecin du roi, 1766. — Moyens de rendre les facultés plus utiles au bonheur. Trad. franç. 1775, in-12. Devoirs du médecin, 1771, *Londres*, in-8. Trad. franç. 1787, in-12. LEGS D'UN PÈRE A SES FILLES, 1774. Trad. franç. par Bernard, *Leyde*, 1781, in-8. et par Morellet, *Londres*, 1793, in-12. — OEuv. Éd. angl. *Édimbourg*, 1782, 4 vol. pet. in-8.

GRENADE (L. de), prédicateur et théologien espagnol, 1505, Grenade; 1588, Lisbonne. Dominicain, 1524. Provincial du

Portugal, 1557. Conseiller de la reine Catherine. — Guide des pécheurs. 2ᵉ éd. esp. *Salamanque*, 1570, in-8. Trad. franç. par Girard, 1824, 2 vol. in-12. Mémorial de la vie chrétienne. 2ᵉ éd. esp. *Salamanque*, 1566, in-fol. Trad. franç. 1701, 2 vol. in-8. Sermons. Trad. franç. 1698, 3 vol. in-8. Traité de l'oraison, 1567, *Salamanque*, in-8. Trad. franç. *Delaunay*, 1702, 2 vol. in-8.

GRESSET (J.-Bapt.-L.), poëte, 1709, Amiens; 1777, ibid. Passa dix ans chez les jésuites, 1725-35. Membre de l'Acad. franç. 1748. Historiographe de France. — Ver-vert. 1731. La Chartreuse. Le Carême impromptu. Le Lutrin vivant. Les Ombres. A ma muse. Édouard III. Le Méchant, 1747. — OEuv. compl. *Renouard*, 1811, 3 vol. in-8. fig. 15 fr. *Furne*, 1830, 2 vol. in-8, et *Didot*, 1803, 3 vol. in-18. OEuv. choisies, *Janet et Cotelle*, 1823, in-8, et *Didot*, 1794, in-18.

GRÉTRY (André-Ernest-Modeste), célèbre musicien compositeur, 1741, Liége; 1813, Montmorency. Séjourna pendant huit ans à Rome, 1759-66. Inspecteur de l'enseignement au Conservatoire, 1795. Membre de l'Acad. des beaux-arts, 1796. — Le Huron; Lucile; le Tableau parlant, 1769. Zémire et Azor, 1771. La Fausse Magie, 1774. L'Amant jaloux, 1778. La Caravane, 1783. Panurge; Richard Cœur de Lion, 1785. Anacréon, 1797. Messes. Symphonies. Quatuors. Sonates. — Mémoires, 1796. Nouv. éd. par J.-H. Mees, *Bruxelles*, 1829, 3 vol. in-8.

GRETSH (Nic.), littérateur et publiciste russe, 1787, St-Pétersbourg. Professeur de litt. dans cette ville, 1813. Bibliothécaire de l'Empereur. Voyagea en Allemagne, en France, en Angleterre. Conseiller des études, 1824. Conseiller d'État, 1830. — Gramm. raisonnée de la langue russe, 1805. Trad. franç. par Ch. Reiff, *St-Pétersbourg*, 1828, 2 vol. in-8. La Femme noire, 1834. Trad. franç. par mad. Conrard, *Dufour*, 1838, 2 vol. in-8.

GREUZE (J.-Bapt.), célèbre peintre, 1726, Tournus (Saône-et-Loire); 1805, Paris. Élève de Grandon, et plutôt de lui-même. Il règne dans ses œuvres une grâce, une naïveté qui leur donnent un charme inexprimable. — Le Père de famille. Le Paralytique. La Petite Fille au chien. La Malédiction paternelle. La Bonne Mère. Le Père dénaturé. Ste Marie égyptienne.

Le Retour du chasseur. L'Accordée de village. La Cruche cassée. Jeune Fille pleurant son oiseau. Ste Madeleine. La Prière.

GRIESBACH (J.-Jacq.), théologien allemand, 1745, Buzbach (Hesse-Darmstadt); 1812, Iéna. Professeur de théologie à Halle, 1773-76, puis à Iéna, 1777 et suiv.— Éd. grecq. du Nouv.-Testament, 1771-75, *Halle*, 2 vol. in-8. Popul. Dogmatik (Dogmatique populaire), 1785, *Iéna*, in-8. Symbolæ, 1785-93, *Halle*, 2 vol. pet. in-8. Commentarius, 1798-1811, *Iéna*, 2 vol. pet. in-8.

GRIMM (Fréd.-Melchior, baron), littérateur et critique, 1723, Ratisbonne; 1807, Gotha. Aussitôt à Paris, se lia avec Diderot et J.-J. Rousseau. Secrétaire du duc d'Orléans. Ministre plénipotentiaire du duc de Saxe-Gotha, 1776. Quitta la France en 1790. — Le Petit Prophète, 1753, in-12. Correspondance de Grimm et de Diderot, de 1753 à 1790. Nouv. éd. par M. Taschereau, *Furne* et *Ladrange*, 1829, 16 vol. in-8. 80 fr. Correspondance inédite, *Fournier*, 1829, in-8.

GRIMM (Jacq.-L.), philologue allemand, 1785, Hanau. Secrétaire royal, 1806. Auditeur au conseil d'État, 1808. Représenta le prince de Hesse aux conférences de Paris et de Vienne, 1814-15. Bibliothécaire à Cassel, 1816-29; à Gœttingue, 1830. Professeur et membre de l'Acad. des sciences, à Berlin, 1840. Représentant à l'Assemblée nationale, 1848.—Deutsche Grammatik (Grammaire allemande), 1819-37, *Gœttingue, Dieterich*, 4 vol. in-8. 12 thl. Deutsche Rechtsalterthümer (Antiquités du droit allemand), 1828. 2ᵉ éd. *Gœttingue Dietrich*, 1854, in-8. 15 fr. Deutsche Mythologie (Mythologie allemande), 1835. 2ᵉ éd. *Gœttingue*, 1844. Geschichte der deutschen Sprache (Hist. de la langue allemande), 1848. 2ᵉ éd. *Gœttingue, Hirzel*, 1853, 2 vol. in-8. 16 fr. Deutsches Wörterbuch (Dict. allemand), 1852 et suiv. *Leipsick*, in-4.

GRIMOD de la Reynière (Alex.-Balthazar-Laurent), littérateur et gastronome, 1758, Paris; 1838, ibid. Avocat. Était homme de lettres et d'esprit, mais, avant tout, grand amateur de bonne chère. — Almanach des gourmands, 1803-12, *Maradan*, 8 vol. in-18, fig. Manuel des amphitryons, 1808, *Capelle*, in-8, avec pl.

GRONOVIUS (J.-Fréd.), philologue allemand, 1611, Hambourg; 1671, Leyde. Après de longs voy. fut nommé recteur à Deventer, 1643. Professeur de belles-lettres à Leyde, 1653. — De sestertiis, 1643, *Deventer,* in-8. Nouv. éd. *Leyde,* 1691, in-4. Lectiones plautinæ. Éd. *Amsterdam,* 1740, in-8. Observationum, 1662. Éd. *Leipsick,* 1831, in-8.

GRONOVIUS (Jacq.), philologue allemand, 1645, Deventer; 1716, Leyde. Fils du précédent. Compléta comme lui son éducation par des voyages. Professeur de belles-lettres à Leyde, 1679. Géographe de l'Acad. 1702. — THESAURUS ANTIQUITATUM GRÆCARUM, 1697-1702. Éd. *Venise,* 1732-37, 13 vol. in-fol. Travaux remarquables sur Polybe, Hérodote, Arrien, Cicéron, etc.

GROS (Ant.-J. baron), célèbre peintre, 1771, Paris; 1835, Meudon. Élève de David. Attaché à l'état-major de l'armée d'Italie, 1800. Prix de peinture, 1802. Membre de l'Acad. des beaux-arts, 1816. Termina par le suicide une existence de labeurs et de gloire, rendue pénible par l'âpreté de la critique. — BONAPARTE, 1796. SAPHO, 1802. COMBAT DE NAZARETH, 1802. PESTE DE JAFFA, 1804. BATAILLES D'ABOUKIR, 1806; D'EYLAU, 1808; DES PYRAMIDES; FRANÇOIS 1er ET CHARLES-QUINT; PRISE DE MADRID, 1810. COUPOLE DU PANTHÉON, 1812-24. Duroc. Masséna. Lasalle. Jérôme Bonaparte. Joséphine. Murat. Louis XVIII. Le Cte Roy. Bacchus et Ariane, 1821. L'Amour piqué par une abeille; Acis et Galatée, 1833. Hercule et Diomède, 1835.

GROSE (F.), archéologue anglais, 1731, Geenford (Middlesex); 1791, Dublin. Dépensa en peu de temps la fortune considérable que lui avait laissée son père. — A Classical Dictionary of the vulgar tongue (Dict. classique de la langue vulgaire), 1785. 5e éd. *Londres,* 1823, in-8. Antiquities of England and Wales (Antiquités d'Angleterre et de Galles), 1773-77, 6 vol. gr. in-4, fig. Antiquities of Ireland, of Scotland, etc. (Antiquités d'Irlande, d'Écosse, etc.), 1773-91, 10 vol. in-4.

GROTE (George), historien anglais, 1794, Clayhill (Kent). Chef d'une maison de banque. Membre du parlement, 1832-41. Correspondant de l'Institut, 1858. — HISTORY OF GREECE (Hist. de la Grèce), 1846. Nouv. éd. *Londres,* 1851-56, 12 vol. in-8. Trad. franç. en cours de publication, *Lacroix,* 1864, I-IV in-8.

GROTIUS (Hugo), célèbre philosophe, jurisconsulte, érudit hollandais, 1583, Delft; 1645, Rostock. Historien des États de Hollande, 1601. Avocat fiscal, 1607. Conseiller pensionnaire de

Rotterdam, 1613. Membre des États-généraux. Disgracié et emprisonné, 1619-20. Se réfugia à Paris où il habita pendant dix ans, 1635-45. — Mare liberum, 1609, *Leyde*, in-8. Droit de la guerre et de la paix, 1625, in-4. Trad. franç. par Barbeyrac, *Amsterdam*, 1724, 2 vol. in-4. 15 à 18 fr. De la vérité de la religion chrétienne, 1627, *Leyde*, in-12. Trad. franç. par Gouget, 1754, 2 vol. in-12. Annales, 1657, *Amsterdam*, in-fol. Trad. franç. par l'Héritier, 1672, in-fol.

GROVE (William-Robert), physicien anglais, 1811, Swansea. Vice-président de la Société royale de Londres. Conseiller de la reine, 1852. — Traité de la corrélation des forces physiques, 1842. 4ᵉ éd. angl. *Londres*, 1862, in-8. Trad. franç. par l'abbé Moigno, *Bachelier*, 1856, in-8. 7 fr. 50. Travaux considérables sur l'électricité.

GRUNER (Guill.-H.-L.), graveur allemand, 1801, Dresde. La protection généreuse du financier M. Campe lui permit d'étendre son talent en parcourant l'Italie, l'Espagne, la France, l'Angleterre. — Le Berger espagnol, de Velasquez. Portrait de Mengt. Madones; Moïse sauvé des eaux; le Cavalier endormi; le Christ aux Oliviers; St Laurent, d'après Raphaël.

GRUTER (J.), philologue allemand, 1560, Anvers; 1627, Heidelberg. Parcourut l'Angleterre et l'Allemagne. Professeur d'hist. à Heidelberg, 1592. Directeur de la bibliothèque, 1602. — Inscriptiones antiquæ, 1602. Nouv. éd. *Amsterdam*, 1707, 4 vol. in-fol. Lampas, 1602-34. Nouv. éd. *Florence*, 1751, 4 vol. in-fol. 40 à 50 fr. Historiæ Augustæ scriptores, 1609, *Francfort*, in-fol.

GRUYÈRE (Théod.-Ch.), sculpteur, 1813, Paris. Élève de Ramey. S'éleva de la position la plus humble. 2ᵉ, 1837 et 1ᵉʳ gr. prix de sculpture, 1839. — Jeune fille avec son gardien, 1836. David devant Saül, 1838. Les Sept Chefs devant Thèbes, 1839. Faune du Capitole, 1841. Pandore, 1842. Chactas, 1845. Mutius Scévola, 1846. Bustes d'Hérodote, 1849; de Greuze, 1850; de Richomme, 1852. Psyché, 1855. La Tendresse maternelle, 1859.

GUARINI (J.-Bapt.), poëte italien, 1537, Ferrare; 1612, Venise. Professeur de belles-lettres à Ferrare. Ami du Tasse. Passa une partie de sa vie à la cour des ducs de Ferrare, de Savoie, de

Mantoue, de Florence. — Le Berger fidèle, 1590. Éd. ital. *Milan*, 1807, in-8. *Pise*, 1819, in-18. *Florence*, 1826, in-32. Éd. ital.-franç. par Pecquet, 1759, 2 vol. in-12. — OEuv. compl. Éd. ital. *Vérone*, 1737-38, 4 vol. in-4. 15 à 20 fr.

GUDIN (J.-Ant.-Théod.), peintre, 1802, Paris. Élève de Girodet-Trioson. Accepta de bonne heure les principes de l'école romantique. — Embouchure de la Seine, 1822. Navire naufragé, 1824. Retour de pêche ; Incendie du Kent, 1827. Attaque d'Alger, 1831. Venise, 1834. Clair de lune, 1836. Explosion du fort l'Empereur, 1838. Bombardement de Gênes, 1840. Batailles navales, 1846. Le Vésuve, 1850. Rochers de Girdleness, 1863. Solitude ; Tempête, 1864. Arrivée de l'Empereur a Gênes, 1865. Marines nombreuses, à Versailles.

GUÉNÉE (Ant.), théologien et controversiste, 1717, Étampes; 1803, Fontainebleau. Prêtre. Voyaga en Italie, en Allemagne, en Angleterre. Membre de l'Acad. des inscriptions, 1778. — Lettres de quelques juifs, 1769. Éd. 1781, 3 vol in-8 ou in-12. Nouv. éd. 1821, 4 vol. in-12.

GUÉPIN (Ange), médecin et publiciste, 1805, Pontivy (Morbihan). Professeur de chimie et de médecine, à Nantes, 1830-32. Fonda une clinique des maladies oculaires, 1835. Commissaire de la république, 1848. — Philosophie du xixe siècle, 1850. Nouv. éd. 1854, in-12.

GUÉRARD (Benj.-Edme-Ch.), archéologue, 1797, Montbar; 1854, ibid. Employé à la Bibliothèque royale, 1821. Professeur à l'École des chartes; membre de l'Acad. des inscriptions, 1830. — Syst. des divisions territoriales de la Gaule, 1832, in-8. Collect. des cartulaires de France, 1840-57, *Didot*, 9 vol. in-4. 108 fr. Polyptyque de l'abbaye de St-Germain des Prés, 1836-44, *Impr. roy.*, 3 vol. in-4. 45 fr.

GUERCHIN (Francesco Barbieri, le), célèbre peintre italien, 1590, Cento; 1666, Bologne. Ouvrit de bonne heure une école à Bologne, 1616. Détourna l'animosité de ses confrères par l'ampleur de son talent et la beauté de ses œuvres. — Résurrection de Lazare; Vision de St Jérôme; Loth et ses filles; Vierges et saints; Salomé; Hersilie; Circé; Portrait, au Louvre. St Jérôme, à Parme. St Bruno; St Guillaume; St Pierre, à Bologne. St Sébastien; St Joseph; Apollon et Marsyas;

St Pierre, à Florence. St Thomas; Martyre de Ste Agnès; l'Enfant prodigue; Endymion; Tancrède et Herminie; Ste Pétronille, à Rome. Madeleine, à Naples. St Pierre; Madeleine; Suzanne au bain, à Madrid. Christ mort, à Londres. Coupole du Dôme, à Plaisance.

GUERICKE (Otto de), physicien allemand, 1602, Magdebourg; 1686, Hambourg. Visita la France et l'Angleterre. Sénateur. Bourgmestre de Magdebourg, 1646-81. — Découvrit LA MACHINE PNEUMATIQUE, 1650; la balance pour peser l'air; les hémisphères de Magdebourg; le baromètre; la périodicité des comètes. — Experimenta nova, 1672, *Amsterdam*, in-fol.

GUÉRIN (Gilles), sculpteur, 1606, Paris; 1678, ibid. Membre de l'Acad. de peinture et de sculpture, 1648. — Cariatides et Renommée, au Louvre. Mausolée du prince de Condé, 1646. Sculptures du chateau de Maisons, 1650. Vierge. Atlas. Statue de Louis XIV, enlevée de l'hôtel de ville en 1689. Chevaux de marbre, à Versailles. Médaillon de Descartes, à St-Étienne-du-Mont.

GUÉRIN (P.-Narcisse, baron), célèbre peintre, 1774, Paris; 1833, Rome. Élève de Regnault. 2e, 1796, et 1er gr. prix de peinture, 1797. Ouvrit une école, 1810. Professeur à l'École des beaux-arts, 1814. Membre de l'Institut, 1815. Directeur de l'École de Rome, 1822-29. — La Brouille. Le Raccommodement. Marcus Sextus, 1800; Phèdre et Hippolyte; Offrande à Esculape, 1802, au Louvre. Les Bergers au tombeau d'Amyntas; l'Aurore enlevant Céphale; Orphée au tombeau d'Eurydice, 1802. Les Révoltés du Caire, 1810, à Versailles. Andromaque, 1810; Didon et Énée; Agamemnon et Clytemnestre, 1817, au Louvre.

GUÉRIN (J.-Bapt.-Paulin), peintre, 1783, Toulon; 1855, Paris. Sa grande pauvreté mit quelque obstacle à ses premiers essais Directeur des études de peinture à la maison de St-Denis. — Caïn après la mort d'Abel, 1812. Jésus, sa mère et les apôtres, 1817. Anchise et Vénus, 1822. Ulysse, 1824. Adam et Ève, 1827. Ste Famille, 1829. Jésus sur la croix, 1834. Ste Catherine, 1838. Conversion de St Augustin, 1844. Portraits.

GUÉRIN (Jules), médecin, 1801, Boussu (Belgique). Élève de Chaussier. Directeur de la Gazette médicale, 1828. Gr. prix de chirurgie, 1837. Fondateur de l'établissement orthopédique de la Muette, 1839. Membre de l'Acad. de médecine. — Mémoire sur l'éclectisme en médecine, 1831, in-8. Principes de l'orthopédie, 1837. Méthode sous-cutanée, 1841, in-8. Essai de physiologie générale. 2ᵉ éd. 1848, in-8.

GUÉRIN MÉNEVILLE (Félix-Éd.), zoologiste, 1799, Toulon. S'est attaché principalement à l'étude des vers à soie. — Iconographie du règne animal de Cuvier, 1829. Éd. *Baillière*, 1844, 2 vol. gr. in-8. Magasin de zoologie, 1831-44, 26 vol. in-8. Genera des insectes (avec M. Percheron), 1835, *Baillière*, in-8, avec planches.

GUÉROULT (Adolphe), publiciste et littérateur, 1810, Radepont (Eure). Voyagea en Espagne, en Italie. Consul au Mexique, 1842, puis à Jassy, 1847. Sous-chef au Crédit foncier, 1852. Fonda l'Opinion nationale, 1859. Député, 1863. — Lettres sur l'Espagne, 1838, *Desessart*, in-8. De la question coloniale, 1842, *Gosselin*, in-8. Études de politique, 1862, *Lévy*, in-18, 3 francs.

GUETTARD (J.-Et.), naturaliste, 1715, Étampes; 1786, Paris. Conservateur du cabinet d'hist. nat. du duc d'Orléans. Membre de l'Acad. des sciences, 1743. — Atlas et observations sur les plantes, 1747, *Durand*, 2 vol. in-12. Mémoire sur les différentes parties des sciences et des arts, 1768-83, *Prault*, 5 vol. in-4. Description minéralogique de la France, 1778-80, in-fol.

GUGLIELMI (P.), musicien compositeur italien, 1727, Massa-Carrara; 1804, Rome. Élève de Durante. Résida à Vienne, à Brunswick, à Londres. Maître de chapelle de Pie VI, 1793. — Opéras: Sesostri, 1767. Ruggiero, 1769. Orfeo, 1770. Artaserce, 1776. La Bella Piscatrice, 1779. Enea e Lavinia; Didone; Clemenza di Tito, 1785. La Pastorella nobile, 1788. Rinaldo, 1789. Oratorios : DEBORA E SISARRA. La Morte d'Abele.

GUGLIELMINI (Domenico), mathématicien et médecin italien, 1655, Bologne; 1710, Padoue. Professeur de mathématiques, 1685; d'hydrométrie, 1694, à Bologne; de médecine à Padoue. — DELLA NATURA DE' FIUMI, 1697, *Bologne*, in-4. Éd. ital.-lat. *Bologne*, 1739, in-4, avec pl. 10 à 12 fr.

GUIBERT (Jacq.-Ant.-Hipp. Cᵗᵉ de), littérateur, tacticien, général, 1743, Montauban; 1790, Paris. Se signala en Corse, lors de l'annexion de cette île à la France, 1769. Membre de l'Acad. franç. 1786. Rapporteur du conseil d'administration de la guerre, 1787. — Essai de tactique, 1772, Liége, in-4. ou 2 vol. in-8. Défense du syst. de guerre moderne, 1779. — OEuv. militaires, Éd. *Magimel*, 1803, 5 vol. in-8.

GUICHARDIN (Francesco Giucciardini), historien italien, 1482, Florence; 1540..... Professeur de jurisprudence, 1505. Gouverneur de Modène et de Reggio. Lieutenant gén. du St.-Siége. Mérita ensuite la confiance des Médicis. — Hist. d'Italie, de 1494 à 1532; 1561, in-fol. Éd. ital. *Pise*, 1819-20, 10 vol. in-8. 40 fr. et 1822-24, 8 vol. in-4, ou *Baudry*, 1832, 6 vol. in-8. 30 fr. Trad. franç. par Favre, *Londres*, 1783, 3 vol. in-4, et par Buchon, *Desrez*, 1838, gr. in-8. 10 fr.

GUIDE (Reni Guido, le), célèbre peintre italien, 1574-75, Calvenzano, près Bologne; 1642..... Élève de Denis Calvart et des Carrache. Ami de l'Albane. Rivalisa avec les plus grands peintres de son époque. Mourut pauvre et oublié, victime de sa passion pour le jeu. — David vainqueur de Goliath; Annonciation; Purification; Stes Familles; Jésus et la Samaritaine; Jésus et S. Pierre; le Christ aux Oliviers; Vie d'Hercule; Enlèvement de Déjanire et d'Hélène; Madeleine; Saints, au Louvre. Martyre de St Pierre; St André; Ste Famille; Saints, à Rome. Meurtre d'Abel, à La Haye. Persée; Vénus et les Grâces, à Londres. Fuite en Égypte, à Bruxelles. Christ, à Milan. Vierge; Saints; Massacre des Innocents, à Bologne. Rébecca; la Charité; Cléopâtre; St Pierre; Bacchus, à Florence. Atalante; St Jean; les Saisons, à Naples. St Michel; Assomption, à Gênes. Christ, à Dresde. Vierge; Madeleine; Saints, à Madrid.

GUIDI (Thomasso Masaccio), peintre italien, 1402, San-Giovanni, près Florence; 1443..... Tout entier à son art, négligeait tout le reste. Marchait à grands pas vers la célébrité, lorsqu'il fut empoisonné. — Fresques de St-Clément, à Rome; del Carmine : la Vierge, l'Enfant Jésus et Ste Anne, à Florence. Tête de moine; St Antoine de Padoue, à Munich.

GUIGNES (Jos. de), orientaliste, 1721, Pontoise; 1800, Paris. Membre de la Société royale de Londres, 1752; de l'Acad. des inscriptions, 1754. Professeur de syriaque au Collége de France,

1757. Garde des antiques, au Louvre. — Hist. gén. des Huns, 1756-58, *Desaint* et *Saillans*, 5 vol. in-4. 90 à 100 fr. Mémoires sur les Chinois, 1759, in-12.

GUIGNES (Ch.-L.-Jos. de), orientaliste, 1759, Paris; 1845, ibid. Fils du précédent. Habita la Chine pendant 17 ans. Correspondant de l'Acad. des sciences et de celle des belles-lettres.—Voy. à Péking, 1808, *Impr. roy.* 3 vol. in-8 avec atlas. Dict. chinois-franç.-lat., 1813, *Impr. imp.* gr. in-fol.

GUIGNIAUT (Jos.-Daniel), archéologue, érudit, 1794, Paray-le-Monial (Saône-et-Loire). Maître de conférences, 1818-22, et Directeur de l'École normale, 1830-35. Professeur de géographie à la Faculté, 1835. Membre, 1837, et secrétaire perpétuel de l'Acad. des inscriptions, 1860. Secrétaire gén. du conseil de l'Université, 1846-50. Professeur d'hist. au Collége de France, 1857. — La Vénus de Paphos, 1827, in-8. Le Dieu Sérapis, 1828, in-8. De l'Étude de la géographie, 1836, in-8. Religions de l'antiquité, de Fr. Creuzer, 1825-51, *Treuttel* et *Würtz*, 4 tomes ou 11 vol. in-8. 200 fr.

GUILBERT de Pixerécourt (René-Ch.), auteur dramatique, 1773, Nancy; 1844, ibid. Émigra avec son père, 1789-93. Écrivit un grand nombre de pièces de théâtre. Directeur de l'Opéra Comique, 1827-28 et de la Gaieté dont l'incendie le ruina, 1835. — Victor, 1798. Cœlina, 1801. Robinson Crusoé, 1805. La Rose blanche et la Rose rouge, 1809. Marguerite d'Anjou. Les Ruines de Babylone, 1810. Le Chien de Montargis, 1814. Le Monastère abandonné, 1816. Valentine, 1820. L'Évasion de Marie Stuart, 1822. Guillaume Tell, 1828. La Tête de mort, 1827. Latude, 1834. — OEuvres choisies, *Nancy*, 1841-42, 4 volumes in-8, 4 francs.

GUIZOT (Élisabeth-Charlotte-Pauline de Meulan, Mad^e), femme de lettres, 1773, Paris; 1827, ibid. La révolution, en la privant de sa fortune, l'obligea à chercher des ressources dans sa plume. Ses œuvres respirent la morale la plus pure. Se maria en 1812 avec M. Guizot dont il va être parlé. — Les Contradictions, 1799. La Chapelle d'Ayton, 1800, 5 vol. in-12. Les Enfants, 1812. 10e éd. *Didier*, 2 vol. in-12, 5 fr. L'Écolier, 1821. Nouv. éd. *Didier*, gr. in-8. 9 fr. ou 2 vol. in-12, 5 fr. Nouv. Contes, 1823. 9e éd. *Didier*, 2 vol. in-12. 5 fr. Une Famille (avec Mad⁰ Tastu). 7ᵉ éd. *Didier*, 2 vol. in-12. 5 fr. Éducation domestique, 1826. 5ᵉ éd. *Didier*, 2 vol. in-12. 6 fr.

guizot (F.-P.-Guill.), célèbre littérateur, historien et homme d'État, 1787, Nîmes. Professeur d'hist. à la Sorbonne, 1812 et suiv. Secrétaire gén. des ministères de l'intérieur, 1814 ; de la justice, 1815. Maître des requêtes, 1816. Conseiller d'État, 1817. Député, 1828. Ministre, 1830-32-36-41-47. Membre des Acad. des sciences morales, 1832 ; des inscriptions, 1833 ; française, 1836. Ambassadeur à Londres, 1840. Retiré aujourd'hui, M. Guizot est un des hommes qui ont joué le plus grand rôle sous le règne précédent. — Dict. des synonymes, 1809 ; 6ᵉ éd. *Didier*, gr. in-8. 13 fr. De l'État des beaux-arts en France, 1811. 3ᵉ éd. *Didier*, in-8, 6 fr. ou in-12, 3 fr. 50. Hist. du gouvernement représentatif, 1816-21-22. Nouv. éd. *Didier*, 2 vol. in-8, 10 fr. ou 2 vol. in-12, 7 fr. De la peine de mort, 1822, in-8. Essais sur l'hist. de France, 1823. 10ᵉ éd. *Didier*, in-8, 6 fr. ou in-12, 3 fr. 50. Collect. des mémoires de la révolution d'Angleterre, 1823 et suiv. 26 vol. in-8, et de l'hist. de France, 31 vol. in-8. Hist. de la révolution d'Angleterre, 1827-28. Nouv. éd. *Didier*, 6 vol. in-8, 42 fr. ou 6 vol. in-12. 21 fr. Cours d'hist. moderne, 1828-30, 6 vol. in-8. Histoire gén. de la civilisation en Europe et en France, 1828-30. Nouv. éd. *Didier*, 5 vol. in-8, 30 fr. ou 5 vol. in-12, 17 fr. 50. De la démocratie en France, 1849, *Didier*, in-8, 2 fr. 50. Méditations, 1851. Nouv. éd. *Didier*, in-8, 6 fr. ou in-12, 3 fr. 50. L'amour dans le mariage, 1855, in-16. Mémoires, 1858 et suiv. *Lévy*, 7 vol. in-8 à 7 fr. 50 le vol. Méditations sur l'essence de la relig. chrétienne, 1864, *Lévy*, in-8. 6 fr.

gutenberg (J. Gensfleisch), célèbre imprimeur allemand, vers 1400, Mayence ; 1468, ibid. Fit à Strasbourg, vers 1438, les premiers essais d'imprimerie, qu'il continua à Mayence, avec Fust, en produisant la Biblia latina, 1450. Vers 1455, ces deux imprimeurs se séparèrent et s'établirent chacun de leur côté ; mais la plus grande des conquêtes de l'homme était accomplie, et la gloire leur en revient, surtout à Gutenberg.

gutzkow (Ch.-Ferd.), littérateur et poëte dramatique allemand, 1811, Berlin. Entra dans le journalisme dès l'âge de 20 ans et avec l'aide de Menzel. Ses doctrines avancées lui attirèrent des poursuites suivies d'emprisonnement. — Littérature : Zur Philosophie der Geschichte (Essai sur la philos. de l'histoire), 1836, *Manheim*. Beitraege zur Gesch. der neusten Literatur (Essais sur l'hist. de la litt. mod.), 1836, *Stuttgart*, 2 vol. Romans : Novellen (Nouvelles), 1834, *Hambourg*, 2 vol. Soireen (Soirées), 1835, 2 vol. Charaktere (Caractères), 1835. Die Ritter vom Geist (Les Chevaliers de l'esprit), 1850-52. Théâtre : Néron, 1835. Le Roi Saül, 1839. Werner ; l'École des riches ; QUEUE ET GLAIVE ; URIEL ACOSTA, 1856.

GUYOT (Jules), médecin, 1807, Gié-sur-Seine.—Détermination du sens du goût chez l'homme, 1829, in-8. Élém. de phys. générale (identité du mouvement, de l'attraction, de l'électricité, de la chaleur, de la lumière et du son), 1832, in-8. Mouvements de l'air (attraction par la vibration), 1835, in-8. Traité de la chaleur d'incubation appliquée à la guérison des maladies, 1840, in-8. Traité de télégraphie, 1842, in-8. Institutions démocratiques, 1848, in-8. Vitalisme physique, 1855, in-8. Culture de la vigne et vinification, 1861, 2ᵉ éd. *Libr. agricole*, 3 fr. 50. RAPPORTS SUR LA VITICULTURE ET LA VINIFICATION DE TOUS LES VIGNOBLES DE FRANCE, 1862 et suiv. *Impr. imp.* in-4.

H

HACHETTE (J.-Nic.-P.), géomètre, 1769, Mézières ; 1834, Paris. Professeur à Mézières ; à l'École polytechnique, 1794 ; à la Faculté, 1810. Fit la campagne d'Égypte. Membre de l'Acad. des sciences, 1823. Ami de Monge. — Traité élém. des machines, 1811. 4ᵉ éd. *Corby*, 1828, in-4 avec pl. 30 fr. Traité de géométrie descriptive, 1821-28, *Corby*, in-4. fig. 25 fr.

HACKLAENDER (Fréd.-Guill.), littérateur allemand, 1816, Borcette, près Aix-la-Chapelle. Commerçant. Soldat. Secrétaire du prince royal de Wurtemberg, 1843. — Bilder aus dem Soldatenleben im Frieden (La Vie militaire pendant la paix), 1841. 4ᵉ éd. *Stuttgart*, 1850. Soldatenleben im Kriege (Vie militaire pendant la guerre), 1849-50, 2 vol. Handel und Wandel (le Commerce et la Vie), 1850, *Berlin*, 2 vol.

HADJI-KHALFA, historien et bibliographe turc, vers 1600, Constantinople ; 1658, ibid. Employé à la Chancellerie, 1622. Soldat.

Voyagea en Orient. Se livra ensuite aux travaux d'érudition. — Tuhfat Al-Kibâr, ou Historia bellorum maritimorum, 1728-29, *Constantinople*, petit in-fol. Trad. angl. par Mitchell, *Londres*, 1831, in-4. Lexicon Bibliographicum et Encyclopædicum. Éd. *Leipsick*, 1835-59, 7 vol. in-4, 300 fr.

HÆNDEL (George-Fréd.), musicien compositeur allemand, 1684, Halle (Saxe); 1759, Londres. Maître de chapelle de l'Électeur de Hanovre, 1710. Se fixa en Angleterre. Directeur de l'Acad. royale de musique, 1720-28. Opéras : Almira, 1704; Rodrigo, 1708. Agrippina, 1709. Rinaldo. Radamista, 1720. Caius Fabricius, 1733. Oratorios : Athalie, 1738. Le Messie, 1741. Samson, 1742. Judas Macchabée, 1746. Jephté, 1751. Symphonies. Cantates. Motifs.

HAERING (Wilhelm), romancier allemand, 1798, Breslau. Soldat. Industriel, puis homme de lettres. — Walladmor, 1823. Trad. franç. par Defauconpret, 1825, 3 vol. in-12. Schloss Avallon (le Château d'Avallon), 1827, 3 vol. Cabanis, 1832. Trad. franç. par mad. Léo, 1834, 2 vol. in-8. Die zwœlf Naechte (les Douze Nuits), 1838, 3 vol. Urbain Grandier, 1843, 2 vol.

HAFITZ (Mohammed Schems Ed-din), poëte persan, commencement du xive siècle, Schiraz ; 1388-94..... Chanta le plaisir, le vin et l'amour, — Divâni Khoadjai Hâfizh (Poésies d'Hafitz), *Calcutta*, 1826, in-8. Éd. allem. Die Lieder des Hafis (Poésies d'Hafitz), *Leipsick*, 1854-60, 3 vol. in-4.

HAGEN (Fréd.-H.-von der), philologue allemand, 1780, Schmiedeberg (Prusse); 1856, Berlin. Employé à la Chambre de justice, 1802-6. Professeur à l'Université, 1810. Membre de l Acad. des sciences, à Berlin. — Altdeutsche Gedichte des Mittelalters (Poésies allem. du moyen âge), 1808, *Berlin*. Geschichte der deutschen Poesie (Hist. de la poésie allemande), 1812, *Berlin*.

HAGENBACH (Ch.-Rodolphe), théologien allemand, 1801, Bâle. Professeur de théologie dans cette ville, 1828. — Vorlesungen über Wesen und Geschichte der Reformation (Leçons sur l'essence et l'hist. de la réformation), 1834-43, *Leipsick*, 6 vol. 2e éd. 1851 et suiv. Die Kirchengeschichte (Hist. ecclésiastique), 3e éd. *Leipsick*, 1856, 2 vol. Lehrbuch der Dogmengeschichte (Traité d'hist. dogmatique), 1840-41. 3e éd. 1852-53, 2 vol.

HAHNEMANN (Samuel-Chrétien-Fréd.), médecin allemand, 1755, Meissen (Saxe); 1843, Paris. Fondateur de la médecine homœopathique, 1794. Attaqué de toute part, se retira à Gœthen, 1820-34, puis à Paris, 1835. — ORGANON DE L'ART DE GUÉRIR, 1810 et suiv. *Dresde*, in-8. Trad. franç: par Léon Simon, *Baillière*, 1856, in-8. 8 fr. Traité de matière médicale, 1811-21 et suiv. *Dresde*, 6 vol. in-8. Trad. franç. par Jourdan, *Baillière*, 1843, 3 vol. in-8. Doctrine des maladies chroniques, 1828-30 et suiv. *Dresde*, 4 vol. in-8. Trad. franç. par Jourdan, *Baillière*, 1846, 3 vol. in-8. 23 fr.

HAKLUYT (Richard), géographe anglais, vers 1533...... (Hereford); 1616..... Chapelain d'ambassade à Paris, 1584, puis à Westminster. — THE PRINCIPAL NAVIGATIONS (Principales navigations), 1598-1800, *Londres*, 3 vol. pet. in-fol. 2ᵉ édit. 1809-12, 5 vol. gr. in-4.

HALES (Ét.), physicien et naturaliste anglais, 1677, Beckebourn (Kent); 1761, Teddington. Chapelain du prince de Galles. Membre de la Société royale de Londres. Inventa un ventilateur destiné à renouveler l'air dans les hôpitaux. — Essais de statique, 1731-33, *Londres*, 2 vol. in-8. fig. 6 à 8 fr. Trad. franç. par Buffon et Sauvages, 1735-44, 2 vol. in-4. fig. et 1779-80, 2 vol. in-8.

HALÉVY (Jacq.-F.-Élie-Fromental), célèbre musicien compositeur, 1799, Paris; 1862, ibid. Élève de Berton et de Cherubini. Gr. prix du Conservatoire, 1819. Professeur au Conservatoire, 1833. Membre, 1836, et secrétaire perpétuel de l'Acad. des beaux-arts, 1854. — LA JUIVE, 1835. L'ÉCLAIR, 1836. Guido et Ginevra, 1838. Les Treize, 1839. Le Drapier; LA REINE DE CHYPRE, 1840. Le Guitarero, 1841. CHARLES VI, 1842. LES MOUSQUETAIRES, 1846. LE VAL D'ANDORRE, 1848. La Fée aux roses, 1849. Le Nabab, 1853. LA TEMPÊTE. Le Juif-Errant. La Dame de pique. JAGUARITA, 1855. Valentine d'Aubigny, 1856. LA MAGICIENNE, 1858.

HALÉVY (Léon), littérateur, 1802, Paris. Professeur de litt. à l'École polytechnique, 1831-34. Chef de bureau au ministère de l'instruction publique, 1837-53. — Opinions littéraires, 1825, in-8. Résumé de l'hist. des Juifs, 1827-28, 4 vol. in-12. OEuvres d'Horace, 1831. 2ᵉ éd. 1856, in-8. La Grèce tragique, 1846-60, 3 vol. in-8. Macbeth, 1853, in-18. Théâtre: Le Duel, 1826.

L'Espion, 1828. Indiana, 1833. La Rose jaune, 1839. Ce que fille veut, 1858. Poésies diverses.

HALL (Basil), navigateur anglais, 1788, Édimbourg; 1844, Portsmouth. Capitaine de marine, 1817. Exécuta plusieurs voy. maritimes importants. — A VOYAGE OF DISCOVERY (Voy. de découvertes), 1818, *Londres, Murray,* in-4, 18 à 24 fr. Voy. au Chili, 1825, *Édimbourg,* 2 vol. pet. in-8 avec cartes, 9 à 12 fr. Trad. franç. par Leroy, *Bertrand,* 1825, 2 vol. in-8.

HALL (James), littérateur et publiciste américain, 1793, Philadelphie. Soldat, 1812-17. Avocat, 1818-19. Journaliste, 1820-33. Industriel, 1836.—Letters from the West (Lettres de l'Ouest), 1820, *New-York.* The West (l'Ouest), *Cincinnati,* in-12. Legends of the West (Légendes de l'Ouest). Nouv. éd. *New-York,* 1853, in-12. HISTORY AND BIOGRAPHY OF THE INDIANS OF NORTH AMERICA (Hist. et Biographie des Indiens de l'Amérique du nord), avec le colonel Mac-Kenney.

HALL (Anne-Marie FIELDING, mistress), femme de lettres irlandaise, 1805..... (Wexford). Son mariage avec M. Carter HALL, publiciste, décida de sa vocation. — Sketches of irish Character (Esquisses sur l'Irlande), 1829, 3 vol. The Buccaneer (le Boucanier), 1832, 2 vol. Tales of woman's trials (Tribulations des femmes), 1832. The Outlaw (le Proscrit), 1838, 3 vol. Uncle Horatio (l'Oncle Horace), 1837, 3 vol. Marianne, 1839.

HALLAM (H.), historien anglais, 1777, Windsor ; 1859, Londres. Directeur du timbre, 1806-26. Membre de la Société royale. Conservateur du Muséum. Membre associé de l'Acad. des sciences morales, 1838. — L'EUROPE AU MOYEN AGE, 1818, *Londres, Murray,* 2 vol. in-4, et 10ª éd. 1853, 3 vol. in-8. 25 à 30 fr. Trad. franç. par Borghers, *Ladrange,* 1837, 4 vol. in-8. 20 fr. HIST. CONSTITUT. D'ANGLETERRE, 1827, *Londres, Murray,* 2 vol. in-4. 50 fr. et 7ᵉ éd. 1854, 3 vol. in-8. Trad. franç. par Guibert, 1828, 5 vol. in-8. 25 fr. Littérature de l'Europe, 1837-39. 4ᵉ éd. *Londres,* 1848, 3 vol. in-8. 25 fr. Trad. franç. par Borghers, *Ladrange,* 1839-40, 4 vol. in-8. — OEuv. Éd. angl. *Londres, Murray,* 1855-57, 10 vol. pet. in-8. 75 fr.

HALLENBERG (Jonas), historien et archéologue suédois, 1748, Hallaryd (Smaland) ; 1834, Stockholm. Historiographe du roi, 1784. Membre de l'Académie, 1786. Garde des médailles, 1803.

Conseiller de chancellerie, 1812. — Svearikes historia (Hist. du royaume de Suède), 1790-96, *Stockholm*, 5 vol. in-8.

HALLER (Albert de), célèbre physiologiste, botaniste et poëte suisse, 1708, Berne; 1777, ibid. Élève de Boërhaave. Parcourut la France et l'Angleterre. Bibliothécaire à Berne. Professeur d'anatomie et de botanique, 1736-53 et président de la Société royale à Gœttingue.—Poésies, 1762 ou 1777, *Berne*, in-8. Trad. franç. par Tscharner, *Berne*, 1775, in-8. Iconum anatomicarum, 1743-56, *Gœttingue*, gr. in-fol. Primæ lineæ physiologiæ, 1748. Éd. *Gœttingue*, 1780, in-8, 6 fr. Historia stirpium indigenarum Helvetiæ, 1768, *Berne*, 2 vol. in-fol. avec table, 30 à 40 fr. Elementa physiologiæ, 1757-66, *Lausanne* et *Berne*, 8 vol. in-4. 72 à 80 fr. Opera minora, 1762-68, *Lausanne*, 3 vol. in-4, fig. 18 à 27 fr. Artis medicæ princeps, 1769-74, *Lausanne*, 11 vol. in-8. 40 à 50 fr.

HALLEY (Edmond), astronome anglais, 1656, Haggerston, près de Londres; 1742, Londres. Entreprit de nombreux voyages. Découvrit la périodicité des comètes. Membre, 1678, et secrétaire perpétuel de la Société royale, 1713. Professeur de géométrie à Oxford, 1703. Astronome à Greenwich, après Flamsteed.— Tables astronomiques, 1725-42, dans les Transactions philos. Trad. franc. *Durand*, 1754-59, 2 vol. in-8.

HAMILTON (Ant.), littérateur, vers 1646..... (Irlande); 1720, St-Germain-en-Laye. Soldat. Suivit la fortune de Charles II et se retira avec lui en France. — Mémoires du chevalier de Grammont, 1713. Éd. *Londres*, 1812, in-4 ou 2 vol. in-8. 25 à 30 fr. et *Charpentier*, 1859, gr. in-18. 3 fr. 50. Contes. — OEuvres complètes, *Renouard*, 1812, 3 vol. in-8, 20 francs, ou 5 vol. in-18.

HAMMER-PURGSTALL (Jos., baron de), orientaliste allemand, 1774, Grætz (Styrie); 1856..... Secrétaire de légation à Constantinople, 1802. Agent consulaire en Moldavie, 1806. Conseiller à la chancellerie, 1811. Conseiller aulique, 1817. — Histoire de l'empire ottoman, 1827-35, *Pesth*, 10 vol. in-8 avec cartes. Trad. franç. par Hellert, *Barthés*, 1835-44, 18 vol. in-8 et atlas in-fol. et par Dochez, *Parent-Desbarres*, 1840-41, 3 vol. gr. in-8. 30 fr. Geschichte der Osmanischen Dichtkunst (Hist. de la poésie ottomane), 1836-38, *Pesth*, 4 vol. in-8. 30 fr. Literaturgeschichte der Araber (Hist. litt. des Arabes), 1850-56, *Vienne*, 7 vol. in-4. 200 francs.

HAMON (J.-L.), peintre, 1821, Plouha (Côtes-du-Nord). Élève de Paul Delaroche et de M. Gleyre. — Daphnis et Chloé, 1847. Tombeau du Christ, 1848. L'Hiver ; Avant déjeuner; Affiche romaine ; Égalité au sérail ; Perroquet jasant, 1849. Rondes d'enfants, 1850. Comédie humaine, 1852. MA SOEUR N'Y EST PAS, 1853. L'Amour et son troupeau ; Ce n'est pas moi ; les Orphelins ; Gardeuse d'enfants, 1855. Boutique à 4 sous ; le Papillon enchaîné ; la Cantharide esclave ; Dévideuses, 1857 ; l'Amour en visite, 1859. Vierges de Lesbos ; l'Escamoteur ; Tutelle ; la Volière ; la Sœur aînée, 1861. L'Aurore ; l'Imitateur un jour de fiançailles, 1864.

HANCARVILLE (P.-F. HUGUES, d'), archéologue, 1719, Nancy; 1805, Padoue. Parcourut l'Allemagne, la France, l'Espagne, l'Italie où il se fixa et écrivit ses œuvres. — ANTIQUITÉS ÉTRUSQUES, GRECQUES, ROMAINES, 1766-67, *Naples*, 4 vol. in-fol. Rech. sur l'origine des arts, 1785, *Londres*, 3 vol. in-4.

HARIRI (Cassem al), littérateur et poëte arabe, 1054-55, Bassora, 1122..... Fonctionnaire public dans sa ville natale. — LES SÉANCES. Éd. par M. de Sacy, *Impr. roy.*, 1853, 2 vol. pet. in-4. Éd. angl. *Calcutta*, 1809-12, 2 vol. gr. in-4.

HARRIS (James), philosophe et philologue anglais, 1709, Close (Salisbury) ; 1780..... Membre de la chambre des communes, 1761. Lord de l'Amirauté, 1763, et de la Trésorerie, 1764. Secrétaire de la reine, 1774. — Hermès ou Rech. philos. sur la grammaire universelle, 1752. Nouv. éd. *Londres*, 1786, in-8, 6 à 8 fr. Trad. franç. par Thurot, *Impr. de la rép.*, 1796, in-8. — Œuv. Éd. angl. *Londres*, 1801, 2 vol. gr. in-4, 24 à 36 fr.

HARRISON (J.), mécanicien et horloger anglais, 1693, Foulby (York) ; 1776, Londres. Exécutait ses ouvrages avec une grande perfection. La Société royale lui décerna un prix de 20 mille liv. —Inventeur du pendule compensateur, 1726, et de l'HORLOGE MARINE TIME KEEPER (Garde-temps), 1726-67.

HARRISON (Thomas), architecte et ingénieur anglais, 1744, Wakefield (York); 1829, Chester. Compléta ses études en Italie. Architecte de la ville de Chester. — Pont de Lancastre, 1770.

Palais de Justice de Chester. Pont sur la Dee, près de Chester. Théâtre et Bourse de Manchester.

HART (Salomon-Alex.), peintre anglais, 1806, Plymouth. Membre de l'Acad. 1840. Professeur de peinture, 1855. — Isaac d'York, 1830. Communion des nobles, 1831. Wolsey et Buckingham, 1834. Richard et Saladin, 1835. Thomas More béni par son père, 1836. Henri Ier, 1839. Synagogue polonaise, 1840. Milton visitant Galilée, 1847. Les inventeurs de l'imprimerie, 1852. Christophe Colomb et l'Enfant, 1854.

HARTLEY (David), médecin et physicien anglais, 1705, Armley (York); 1757, Bath. Professa la médecine à Newark, à Bury-St-Edmond et à Bath. — Observations sur l'homme, 1749. Nouv. éd. *Londres*, 1791, 3 vol. in-8. Trad. franç. par Sicard, *Decauroy*, 1802, 2 vol. in-8.

HARTMANN (Maurice), poëte allemand, 1821, Duschnik (Bohême). Parcourut l'Allemagne et l'Italie. Membre du parlement de Francfort, 1848. Éloigné de son pays par les événements politiques, il voyagea en Angleterre et en France. — La Coupe et l'Épée, 1845, *Leipsick*. Trad. franç. dans la Revue des Deux-Mondes. Reimchronick des Pfaffen Mauritius (Chronique rimée du moine Mauritius), 1849, *Francfort*. Der Krieg um den Wald (la Guerre pour la Forêt), 1850, *Francfort*. Die Schatten (les Ombres), 1852, *Darmstadt*.

BARTSOEKER (Nic.), physicien hollandais, 1656, Gouda (Hollande); 1725, Utrecht. Élève de Huyghens. Ami de Cassini et de Mallebranche, dont il avait fait la connaissance à Paris, où il habita douze ans. Professeur de mathématiques à Amsterdam, 1796, et à Dusseldorf, 1704. Étudia le premier les animalcules spermatiques. — Essai de dioptrique, 1694, in-4. Principes de physique, 1696, in-4. Conjectures physiques, 1707, *Amsterdam*, in-8.

HARTZHEIM (Jos.), historien et biographe allemand, 1694, Cologne; 1763, ibid. Jésuite, 1677. Professeur de philosophie et de théologie. — Bibliotheca coloniensis, 1747. 2e éd. *Cologne*, 1750, in-fol.

HARVEY (William), célèbre physiologiste anglais, 1578, Folkstone; 1657, Lambeth. Visita la France, l'Italie, l'Allemagne. Professeur d'anat. et de chirurgie à Londres, 1613. Médecin de

Jacques Ier et de Charles Ier. Découvrit les lois de la CIRCULATION DU SANG, 1619. — EXERCITATIO ANATOMICA DE MOTU CORDIS, 1628, *Francfort*, in-4. Éd. *Leyde*, 1737, in-4. 6 à 9 fr. Exercitationes de generatione, 1651, *Amsterdam*, in-12. — Œuv. compl. Éd. lat. *Londres*, 1766, in-4.

HARVEY (Georges), peintre anglais, 1806, Saint-Ninian, près de Stirling (Écosse). Membre de l'Acad. écossaise, 1829. — Le Prêche, 1830. Le Baptême, 1841. La Communion. L'École congédiée, 1840. Le Dimanche soir, 1841. Le Duc d'Argyle, 1842. Visite du pasteur, 1843. Enterrement, 1844. Le Val d'Enterkin, 1846. Lecture de la Bible, 1847. Le Passé et le Présent, 1848. Les Sages et les Fous, 1849. Joueurs de boules, 1850. Le Pic Burn, 1854. Montagnes, 1856.

HASE (Ch.-Benoît), philologue, 1780, Sulza (Saxe); 1864, Paris. Conservateur des manuscrits à la Bibliothèque impériale. Professeur de grec et président à l'École des langues orientales. Membre de l'Acad. des inscriptions, 1824. Professeur d'allemand à l'École polytechnique, 1830, et de gramm. comparée à la Sorbonne, 1852. — Éd. de Lydus, 1812-23; de Léon Diacre, 1819. Nouv. éd. du Thesaurus græcæ linguæ, avec MM. Guillaume et Dindorf. Notices et mémoires nombreux.

HASSE (J.-Adolphe), musicien compositeur allemand, 1699, Bergedorf, près Hambourg; 1783, Venise. Élève de Scarbatti. Compléta ses études en Italie. Maître de chapelle du roi de Pologne, 1731. — Antigone, 1723. Il Sesostrate, 1726. MISERERE, 1727. Dalila; Artaserce, 1730. Alessandro, 1731. Arminio, 1745. PIRAMO E TISBE, 1763. Ruggiero, 1770. Te Deum. Requiem.

HAURÉAU (J.-Barth.), littérateur, 1812, Paris. Conservateur des manuscrits à la Bibliothèque impériale, 1848-52. Député de la Sarthe, 1848. Membre de l'Acad. des inscriptions, 1862. — Hist. litt. du Maine, 1843-52, *Le Mans*, 4 vol. in-8. De la philos. scolastique, 1850, *Pagnerre*, 2 vol. in-8. GALLIA CHRISTIANA (14e vol. de l'œuv. de Ste Marthe), 1859, *Didot*, in-fol.

HAUSMANN (J.-Fréd.-L.), minéralogiste et géologue allemand, 1782, Hanovre. Professeur à Gœttingue, 1811. Membre de l'Acad. des sciences de Hanovre et conseiller intime de la cour. — Handbuch der Mineralogie (Manuel de minéralogie), 1813. Nouv.

éd. *Gœttingue*, 1847, 3 vol. Krystallogr. Beitraege (Rech. sur la cristallographie), 1803, *Brunswick*.

HAUY (René-Just), minéralogiste, 1743, St-Just (Oise); 1822, Paris. Créateur de la cristallographie. Prêtre. Professeur de botanique au Jardin des Plantes, et de minéralogie au Muséum, 1802. Conservateur du Cabinet des Mines, 1794. Membre de l'Acad. des sciences. — Traité de minéralogie, 1801. 2e éd. *Bachelier*, 1822, 4 vol. in-8, avec atlas, 25 fr. Traité de physique, 1804. 3e éd. *Bachelier*, 1821, 2 vol. in-8, avec pl. 6 fr. Traité de cristallographie, 1822, *Bachelier*, 2 volumes in-8, avec atlas, 10 fr.

HAYDN (J.-Jos.), musicien compositeur allemand, 1732, Rohrau, près de Vienne; 1809, Vienne. Son humble position rendit ses premiers pas difficiles, mais doubla son énergie pour le travail. Maître de chapelle du prince Nicolas, à Vienne. — Le Diable boiteux, 1752. Didon, 1778. Armida, 1782. Oratorio : la Création. Symphonies. Messes. Sonates. Concertos. Quatuors.

HAYDON (Benj.-Robert), peintre anglais, 1786, Plymouth; 1846, Londres. Son caractère difficile et des dépenses exagérées lui suscitèrent une foule d'ennuis et le conduisirent au suicide. — Repos de la Ste Famille. Dentatus. Jugement de Salomon. Alexandre. Vénus et Anchise. L'Élection pour rire, 1827. Napoléon à Ste-Hélène.

HEBER (Reginald), littérateur et prélat anglais, 1783, Malpas (Cheshire); 1826, Trichinopoli (Inde). Parcourut toute l'Europe. Entra dans les ordres, 1807. Évêque de Calcutta, 1823. — Voy. à Calcutta, 1823-30, *Londres, Murray*, 2 vol. in-4. ou 3 vol. in-8. 30 à 40 fr. et 1844, 2 vol. in-16. Trad. franç. par La-Comble, *Dondey-Dupré*, 1830, 2 vol. in-8. 13 fr.

HÉBERT (Ant.-Aug.-Ernest), peintre, 1817, Grenoble. Élève de David d'Angers et de Paul Delaroche. 1er prix de Rome, 1839. — Le Tasse en prison; la Coupe de Joseph, 1839. Esclave qui brise sa chaîne, 1840. Paysanne battant le beurre; la Sieste; Pâtre italien; l'Almée, 1848-49. La Mal'aria, 1850. Baiser de Judas; le prince Napoléon, 1853. La Crescenza; les Fienaroles; les Filles d'Alvito, 1855. Les Fienaroles de San Angelo, 1857. Rosa Nera à la Fontaine; les Cervarolles, 1859. Une Rue de

Cervara, 1861. Jeune fille au puits; Pasqua Maria, 1863. Portraits, 1864. Perle noire; le Banc de pierre, 1865.

HECQUET (Philippe), médecin, 1661, Abbeville; 1737, Paris. Exerça sa profession à Reims; à Port-Royal des Champs, 1688. Doyen de la Faculté, 1712.— Traité de la saignée, 1707, *Chambéry*, in-12. De la digestion, 1712. Nouv. éd. 1747, 2 vol. in-12. Médecine des pauvres, 1740. Nouv. édition, *Durand*, 1749, 4 vol. in-12.

HEDLINGER (J.-Ch.), graveur suisse, 1690, Schwytz (Suisse); 1771, ibid. Directeur des Monnaies et membre de l'Acad. des sciences, à Stockholm. — Impératrices Anne et Élisabeth de Russie. Naissance du Dauphin de France, 1729. — Son OEuvre, par Michel, 1776-78, *Bâle*, pet. in-fol. 20 à 30 fr.

HEDWIG (J.), botaniste allemand, 1730, Cronstadt (Transylvanie); 1799, Leipsick. Professeur de médecine et de botanique; inspecteur du jardin des plantes, 1789, à Leipsick. — Fundamentum historiæ naturalis muscorum, 1782, *Leipsick*, in-4. Theoria generationis, 1784-98, *St-Pétersbourg* et *Leipsick*, in-4. Abbildungen neuer und zweifelhafter Cryptogamischen Gewæchse (Dessins de plantes cryptogames nouvelles et douteuses), 1785-95, Leipsick, 4 vol. in-fol.

HEEMSKERK (Martin, VAN), peintre hollandais, 1498, Heemskerk; 1574..... Abandonna l'atelier de son père, qui était maçon, pour celui de J. Schorel. Habita quelque temps l'Italie. Une partie de ses œuvres fut détruite lors de l'incendie de Harlem, 1572. — Christ guérissant les malades. Jonas dans la baleine. La Mort et le jugement dernier. Portement de croix. Calvaire. St Luc, la Vierge et l'Enfant Jésus. Mars et Vénus.

HEEREN (Arnold-Hermann-L.), historien allemand, 1760, Albergen près de Brême; 1842, Gœttingue. Professeur de philos. 1787; d'histoire, 1801. Conseiller du roi de Hanovre. — Manuel de l'hist. ancienne, 1821. Trad. franç. par Thurot, *Didot*, 1827, in-8. 7 fr. 50. Manuel du syst. polit. de l'Europe, 1821-26. Trad. franç. par M. Guizot, *Barrois*, 1841, 2 vol. in-8. 10 fr. POLITIQUE ET COMMERCE DES PEUPLES DE L'ANTIQUITÉ, 1830. Trad. franç. par Suckau, *Didot*, 1830-42, 7 vol. in-8. 48 fr. — OEuv. Éd. allem. *Gœttingue*, 1821 et suivantes, 15 vol. in-8, fig. 30 thl.

HEGEL (Georges-Guill.-Fréd.), célèbre philosophe allemand, 1770, Stuttgart; 1831, Berlin. Professeur de philos. à Iéna, après Schelling, 1806. Directeur du gymnase de Nuremberg, 1808-16. Professeur de philos. à Heidelberg, 1816, et à Berlin, après Fichte, 1818. Adopta les doctrines de Fichte, ensuite celles de Schelling, puis arriva aux siennes qu'il a eu bien de la peine à définir dans ses œuvres. — Logique, 1812, *Nuremberg.* Trad. franç. par A. Véra, *Ladrange,* 1859, 2 vol. in-8. 12 fr. Philos. de l'art. Trad. franç. par Ch. Bénard, *Ladrange,* 1852, in-8. 4 fr. Cours d'esthétique. Trad. franç. par le même, *Ladrange,* 1848-51, 5 vol. in-8. 37 fr. 50. Poétique. Trad. franç. par le même, *Ladrange,* 1854, 2 vol. in-8. 15 fr. — OEuv. compl. éd. allem. *Berlin, Duncker,* 1832-41, 18 vol. in-8. 40 thl.

HEIDELOFF (Ch.-Alex.), architecte allemand, 1788, Stuttgart. Professeur, 1818, architecte et conservateur des monuments à Nuremberg. — Restaurations des églises St-Jacques et St-Laurent, à Nuremberg; du château de Lichenstein, et de la cathédrale de Bamberg. Église catholique de Leipsick. — Der kleine Vignola (le Petit Vignole), 1832. 3e éd. *Nuremberg,* 1852. Les Ornements du moyen âge, 1838-52. Éd. allem. franç. 1847-50, in-4, avec pl.

HEIM (F.-Jos.), peintre, 1787, Belfort (Haut-Rhin). 2e, 1806, et 1er gr. prix de peinture, 1807. Membre de l'Acad. des beaux-arts, 1829. Professeur à l'École des beaux-arts, 1831. Gr. médaille d'honneur, 1855. — Thésée vainqueur du Minotaure, 1807. Jacob en Mésopotamie, 1812. St Jean, 1814. Résurrection de Lazare, 1815. Martyres de St Cyr et de sa mère, 1819; de St Hippolyte, 1822. Prise de Jérusalem; Massacre des Juifs, 1824. Le roi distribuant des récompenses; St Hyacinthe, 1827. Peintures au Louvre et à la Chambre des députés. L.-Philippe recevant les députés, 1834. Champ de mai; Lecture par Andrieux, 1847. Défaite des Cimbres, 1853. Portraits.

HEINE (H.), littérateur et poëte allemand, 1799, Dusseldorf; 1856, Paris. Abandonna l'Allemagne où ses écrits mordants lui avaient attiré des ennemis et vint se fixer à Paris, 1830. — Reisebilder (Tableaux de voyage), 1820-27. Nouv. éd. *Lévy,* 2 vol. in-18, 6 fr. Lieder (Chants), 1827. Nouv. éd. *Lévy,* in-18, 3 fr. De la France, 1833. Nouv. éd. *Lévy,* in-18, 3 fr. De l'Allemagne, 1835. Nouv. éd. *Lévy*, 2 vol. in-18, 6 fr. Lutèce, 1854. 5e édit. *Lévy*, in-18, 3 fr.— OEuv. *Renduel*, 1834-35, 6 vol. in-8.

HEINECCIUS (J.-Gottlieb), jurisconsulte allemand, 1681, Eisenberg (Altenbourg); 1741..... Professeur de philosophie, 1713, et de droit, à Halle, 1720 ; à Franeker, 1723 ; à Francfort, 1727, et enfin à Halle, 1733. — SYNTAGMA ANTIQUITATUM ROMANARUM, 1718. Nouv. éd. *Francfort*, 1841, in-8. 4 thl. Éléments de droit civil, 1725. Trad. franç. par Berthelot, 1805-12, 3 vol. in-12. Historia juris civilis romani ac germanici, 1733. Nouv. éd. *Strasbourg*, 1765, in-8. 6 à 8 fr. Jurisprudentia romana et attica, 1738-41, *Leyde*, 3 vol. in-fol. 45 à 54 fr. — OEuv. édit. lat. *Genève*, 1765-71, 9 vol. in-4. 100 à 120 fr.

HEINECKEN (Ch.-H. de), littérateur allemand, 1706, Lubeck ; 1791, Alt-Doebern (Basse-Lusace). Secrétaire du Cte de Brühl. — IDÉE GÉN. D'UNE COLLECT. COMPLÈTE D'ESTAMPES, 1771, *Leipsick* et *Vienne*, gr. in-8. avec pl. 30 à 40 fr. Dict. des artistes, 1788-90, *Leipsick*, 4 vol. in-8. 4 thl.

HEINSIUS (Daniel), philologue et poëte hollandais, 1580-81, Gand ; 1655..... Professeur d'hist. et de polit. à Leyde, 1606. Bibliothécaire et secrétaire de l'université de cette ville. Historiographe de Suède, 1613. Ami de Scaliger et de Grotius. — DE CONTEMPTU MORTIS, 1621, *Leyde*, pet. in-4. Aristarchus Sacer, 1627, *Leyde*, in-8. 3 à 5 fr. Éd. d'auteurs grecs et latins.

HEINSIUS (Nic.), philologue et homme d'État hollandais, 1620, Leyde ; 1681, La Haye. Parcourut toute l'Europe afin de recueillir des matériaux pour ses œuvres. Résident, 1654, puis ambassadeur des États gén. auprès du roi de Suède, 1657. Secrétaire de la ville d'Amsterdam, 1656. — Poemata, 1653, *Leyde*, pet. in-12, 5 à 6 fr. Éd. de Claudien, 1650 ; d'Ovide, 1652 ; de Virgile, 1664.

HEISTER (Laurent), chirurgien allemand, 1683, Francfort-s.-le-Mein ; 1758, Helmstædt. Professeur d'anat. et de chirurgie à Amsterdam, 1708 ; à Altorf, 1810 ; à Helmstædt, 1719-58, où il professa aussi la botanique, 1730, et la médecine, 1740. — Compendium anatomicum, 1717, *Altdorf*. Trad. franç. par Goulin, 1753, 3 vol. in-12. Traité abrégé d'anat. 1747, *Nuremberg*. Éd. lat. *Amsterdam*, 1743, et franç. par Devaux, 1724-39, in-12. Institutiones chirurgicæ, 1750, *Amsterdam*,

2 vol. in-4. Trad. franç. par Paul, 1771-73, 2 vol. in-4, ou 5 vol. in-8.

HÉLIADE (J.), poëte roumain, vers 1801, Turgowiste. Professeur à Bucharest, 1821. Inspecteur gén. des écoles et chef des archives. Mêlé aux événements polit. de son pays, il fut proscrit, 1848-50. — Les Ruines de Turgowiste. Le Chérubin et le Séraphin. Mircia, 1844. MIKAÏDA (Michel le Brave), 1846-50.

HÉLIE (Faustin), jurisconsulte, 1799, Caen. Élève de Toullier. Chef de bureau, 1837, puis directeur au ministère de la justice, 1848. Professeur de droit criminel au Collége de France et conseiller à la Cour de cassation, 1849. Membre de l'Acad. des sciences morales, 1855.—THÉORIE DU CODE PÉNAL (avec M. Chauveau), 1834-42. 3ᵉ éd. 1853, 6 vol. in-8. TRAITÉ DE L'INSTRUCTION CRIMINELLE, 1845-62, *Hingray*, 9 vol. in-8. Éd. du Droit pénal, de Rossi, et des Délits et Peines, de Beccaria, 1856.

HÉLIODORE, romancier grec, 4ᵉ siècle, Émèse (Syrie). Évêque de Tricca en Thessalie. — AMOURS DE THÉAGÈNE ET DE CHARICLÉE. Éd. grecq. par Coray, 1804, 2 vol. in-8. 15 à 20 fr. Éd. grecq.-lat. par Mitscherlich, *Strasbourg*, 1798, 2 vol. in-8. 8 à 12 fr. Trad. franç. par Amyot, 1559, in-fol. Revue par Trognon, *Corréard*, 1822, 2 vol. in-8, et par Courier, *Didot*, 1822-25, 4 vol. in-16. Éd. angl. *Londres*, 1789, 2 vol. in-12. Éd. ital. *Venise*, 1560, in-8.

HELL (Maxim.), astronome hongrois, 1720, Schemnitz (Hongrie) ; 1792, Vienne. Jésuite. Conservateur de l'observatoire de Vienne pendant 46 ans. Observa en Laponie le passage de Vénus sur le disque du Soleil, 1758-59. — Éphémérides astronomiques, 1757-86, in-8.

HELLER (Jos.), littérateur allemand, 1798, Bamberg ; 1849, ibid. Voyagea en Allemagne, en Italie, en Suisse. — Geschichte der Holzschneidekunst (Hist. de l'art de graver sur bois), 1823, *Bamberg*, in-8, 5 thl. Handbuch für Kupferstichsammler (Manuel de l'amat. d'estampes), 1823-26, 2ᵉ éd. 1848-50, in-8, 5 thl.

HELMAN (Isid.-Stan.), graveur, 1743, Lille; vers 1806..... Élève de Lebas.— Joseph et Putiphar, Mort de Cléopâtre, Suzanne au bain, de Lagrenée, 1780. Faits mémorables, 24 pl., et victoires des empereurs de la Chine, 16 pl. 1785. Vie de Confucius, 24 pl. Le Jardinier galant, la Leçon inutile, le Médecin clairvoyant, le

Marchand de lunettes, de Baudouin. Le Roman dangereux, de Lawrence. L'Accord parfait, de Moreau.

HELMBREEKER (Théod.), peintre hollandais, 1624, Harlem; 1694, Rome. Élève de Grebber. Se fixa en Italie. — Tentation du Christ, Mater Dolorosa, St Julien, à Rome. Christs, à Naples. Les Quatre Saisons, la Nativité, l'Adoration, Musiciens, Bohémiens, à Florence. Marché, Charlatans, au Louvre. Paysans et Paysannes, à Dusseldorf. Franciscains distribuant des vivres, à Amsterdam. Marché, à Gand.

HELMONT (J.-Bapt. Van), chimiste belge, 1577, Bruxelles; 1644....., près de Vilvorde. Exerça la médecine et professa la chirurgie à Louvain, puis s'adonna à la chimie expérimentale. — Ortus medicinæ, 1648, *Amsterdam*, in-4, 6 à 10 fr. — OEuv. compl. Éd. lat. *Francfort*, 1682, in-fol. ou 1707, in-4.

HELMONT (Segres-Jacq. Van), peintre hollandais, 1683, Anvers; 1726, Bruxelles. Élève de son père, peintre de genre. — Profanation du St-Sacrement; Martyre de Ste Barbe; la Cananéenne; Sacrifice d'Élie; Israël se dépouillant de ses richesses; Vies de Joseph, de Jacob, de Moïse; Triomphe de David, à Bruxelles. La Cène, à Anvers. Jésus expirant, à Gand.

HELVÉTIUS (Cl.-Adrien), philosophe et littérateur, 1715, Paris; 1771, ibid. Fermier général, 1738. Abandonna la finance pour les lettres, 1750. Son principal ouvrage, condamné par la Sorbonne, le Parlement et le pape, fut brûlé en 1759.—De l'Esprit, 1758. Nouv. éd. *Lavigne*, 1843, in-12. 3 fr. 50. De l'Homme et de ses facultés intellectuelles, 1772. Éd. 1786, 2 vol. in-8. Le Bonheur, 1772, *Londres*, in-8.— OEuv. compl. *Lepetit*, 1818, 3 vol. in-8. *Didot*, 1795, 14 vol. in-18. 15 fr.

HEMMELINCK (Hans), peintre flamand, 1425-50, Damme, près de Bruges, ou à Constance;..... Élève de Roger de Bruges. —Adoration des mages; les Sept Joies et les Sept Douleurs; la Manne; Christs; Abraham devant Melchisédech; St J.-Baptiste, à Munich. Annonciation; Marie au temple, à Gand. Sacrifice d'Abraham, à Vienne. Vierges et Jésus, à Berlin, Londres, Vienne, Anvers, Florence, Milan, Madrid. St J.-Bapt., Ste Marie Madeleine, St Christophe, au Louvre. Mariage de Ste Catherine; Déposition de la croix; Baptême du Christ, à Bruges.

HEMSTERHUYS (Tibère), philologue hollandais, 1685, Groningue; 1746, Leyde. Professeur de philos. et de mathém. à Amsterdam; de grec à Leyde, 1740.— Éd. de Lucien, du Plutus d'Aristophane. Anecdota Hemsterhusiana, *Leyde*, 1825, in-8. 10 francs.

HEMSTERHUYS (F.), philosophe et archéologue hollandais, 1720 Groningue; 1790, La Haye. Secrétaire du conseil d'État des Pays-Bas. — Lettres sur la sculpture, 1769, *Amsterdam*, in-4; sur les désirs, 1770, in-4; sur l'homme et ses rapports, 1772, in-12. Sophyle. Simon. Alexis. — OEuv. Éd. *Jansen*, 1809, 2 vol. in-8, ou *Louvain*, 1827, 2 vol. in-18.

HÉNAULT (Ch.-J.-F.), historien et poëte, 1685, Paris; 1770, ibid. Conseiller, 1706, et Président au parlement, 1710. Surintendant de la maison de la reine. Membre de l'Acad. française, 1723, et de celle des inscriptions. — Cornélie, 1713. Éd. 1769, in-8. ABRÉGÉ CHRONOL. DE L'HIST. DE FRANCE, 1774. Éd. *de Prault*, 1768, 2 vol. gr. in-4; *Costes*, 1821-22, 6 vol. in-8, et *Garnier*, 1855, gr. in-8.

HENLE (Fréd.-Gust.-Ch.), physiologiste et anatomiste allemand, 1809, Fürth (Franconie). Professeur à la Faculté de Berlin, à l'université de Zurich, 1840, puis à Heidelberg, 1844. Membre de l'Institut de cette ville, 1849-52 et de celui de Gœttingue. — Pathologische Untersuchungen (Rech. pathologiques), 1840, *Berlin*. Anatomie générale, 1841, *Berlin*. Trad. franç. par Jourdan, 1843, 2 vol. in-8 avec pl. HANDBUCH DER RATIONELLEN PATHOLOGIE (Manuel de Pathologie rationnelle), 1846-52. 2ᵉ éd. *Brunswick*, 1855, 2 vol.

HENNEQUIN (P.-Ant.), peintre, 1763, Lyon; 1833, Tournay. Élève de David. La politique ne lui fut pas aussi favorable que l'art, puisqu'elle l'obligea à quitter son pays.—Oreste poursuivi par les Furies, au Louvre. Dévouement des citoyens de Franchemont, à Liége. Socrate avec ses disciples. Catherine de Lalain. Paysage historique.

HENNEQUIN (Ant.-L.-Marie), jurisconsulte, 1786, Monceaux, près Paris; 1840, ibid. Soldat. Avocat. Défendit le ministre Peyronnet, 1830, et la duchesse de Berri, 1832. Député de Lille, 1834. — Du divorce, 1831, in-8. TRAITÉ DE LÉGISL. ET DE JURISPRUDENCE, 1831-41, *Durand*, 2 vol. in-8.

HENRION DE PANSEY (P.-Paul-Nic.), jurisconsulte, 1742,

Treveray (Meuse); 1829, Paris. Administrateur de la Haute-Marne, 1796. Membre, 1800, et président à la cour de cassation, 1809. Membre du Conseil d'État. Ministre de la justice, 1814. — Du Traité des fiefs de Dumoulin, 1773, *Barrois,* in-4. Dissertations féodales, 1789, *Barrois,* 2 vol. in-4. De la compétence des juges de paix, 1809. 11ᵉ éd. *Duprat,* 1838-39, in-8. De l'autorité judiciaire, 1810. 3ᵉ éd. 1827, 2 vol. in-8. — OEuv. judic. *Dussillion,* 1843, gr. in-8.

HENRIQUEL-DUPONT (L.-P.), graveur, 1797, Paris. Élève de P. Guérin et de Bervic. Ouvrit un atelier, 1818. Membre de l'Acad. des beaux-arts, 1849. — Jeune femme et son enfant, de Van Dyck, 1822. Ensevelissement du Christ, de Paul Delaroche. ABDICATION DE GUSTAVE WASA, de Hersent, 1832. Portrait de Louis-Philippe, de Gérard, 1838 ; de Bertin, de M. Ingres. Le Christ consolateur, d'Ary Scheffer, 1842. HÉMICYCLE DE L'ÉCOLE DES BEAUX-ARTS, de Paul Delaroche, 1853.

HENSEL (Guill.), peintre allemand, 1794, Trebbin (Prusse). Professeur et membre de l'Acad. royale de Berlin. Peintre du roi. — Jésus devant Pilate. Le Duc de Brunswick au bal de Bruxelles, 1842. Jésus et la Samaritaine, 1855. Portraits.

HERBART (J.-Fréd.), philosophe allemand, 1776, Oldenbourg ; 1841, Gœttingue. Élève de Fichte. Précepteur à Berne. Professeur de philos. à Kœnigsberg, 1809, et à Gœttingue, 1833. — Allgemeine Pædagogik (Pédagogique générale), 1806, *Gœttingue.* Allgemeine praktische Philosophie (Philos. prat. générale), 1808, *Gœttingue.* Psychologie, 1824-25, *Kœnigsberg.* Allgemeine Metaphysick (Métaphysique générale), 1828-29, *Kœnigsberg.* 2 vol. — OEuv. compl. Éd. allem. *Leipsick,* 1850-52, 12 vol.

HERBELIN (Jeanne-Mathilde HABERT, madᵉ), peintre, 1820, Brunoy (Seine-et-Oise). Quitta la peinture à l'huile pour la miniature. — L'Infante Marguerite, de Velasquez. La Vierge, de Rembrandt. Van Dyck. Paysanne. Bergère bourguignonne. La Prière. Un Souvenir. Enfant tenant une rose. Petite fille jouant. Portraits.

HERBERT (John-Rogers), peintre anglais, 1810, Maldon (Essex). Associé, 1842, et membre de l'Acad. royale, 1846. — Le Rendez-vous. Haydée, 1834. La Prière, 1835. Les Prisonniers, 1836. Desdemona, 1837. La Constance ; la Procession, 1839. Chasseurs ;

le Signal, 1840. Enlèvement des fiancées, 1841. INTROD. DU CHRISTIANISME EN BRETAGNE, 1842. Le Christ et la Samaritaine, 1843. Thomas Moore et sa fille; Procès des sept évêques, 1844. St Grégoire, 1845. Jésus enfant, 1847. St Jean devant Herode, 1848. PEINTURES AU PALAIS DE WESTMINSTER.

HERDER (J.-Gottfried), célèbre philosophe, historien et poëte allemand, 1744, Mohrungen (Prusse); 1803, Weimar. Professeur et prédicateur à Riga, 1765. Le bruit causé par son premier ouvrage l'engagea à voyager. Il rencontra d'Alembert, Diderot, Gœthe, et, laissant de côté Kant et Lessing, devint un des penseurs les plus profonds de l'Allemagne. Prédicateur de la cour et directeur du consistoire, à Weimar, 1775-1803. — Alteste Urkunde des menschlichen Geschlechts (Origines du genre humain), 1774. Stimmen der Voelker (Voix des peuples), 1778. Geist der hebr.Poesie (Esprit de la poésie hébraïque), 1782. Die Briefe über Persepolis (Lettres sur Persépolis), 1783. IDÉES SUR LA PHILOS. DE L'HIST. DE L'HUMANITÉ, 1784. Trad. franç. par M. Quinet, *Levrault,* 1834, 3 vol. in-8. 21 fr. — OEuv. compl. Éd. allem. *Tubingue, Cotta,* 1805-20, 45 vol. in-8. 50 thl. et *Stuttgart, Cotta,* 1852-57, 40 vol. in-16, 56 fr.

HERMANN (J.-Godefroi-Jacq. de), philologue allemand, 1772, Leipsick; 1848, ibid. Professeur de philos. 1798, puis d'éloquence et de poésie, à Leipsick. Fondateur de la société grecque, 1819. Associé de l'Acad. des inscriptions de France, 1835. — De metris græcorum et romanorum Poetarum, 1796, *Leipsick,* in-8, 8 à 10 fr. Elementa doctrinæ metricæ, 1816, *Leipsick,* in-8, 12 fr.

HERMANN (Ch.-Fréd.), philosophe et archéologue allemand, 1804, Francfort-sur-le-Mein; 1855, Gœttingue. Élève de Eichhoff, G. Hermann, Creuzer et Spohr. Professeur, 1832; conservateur de la bibliothèque et directeur du séminaire philologique, à Marbourg. Professeur d'éloquence, 1842; directeur du séminaire pédagogique, et membre de l'Acad. des sciences à Gœttingue. — LEHRBUCH DER GRIECHISCHEN ANTIQUITAETEN (Traité d'archéologie grecque), 1841-52. 4ᵉ éd. *Heidelberg,* 1851-55. Geschichte und System der platonischen Philosophie (Hist. et syst. de la philosophie platonicienne), 1839, *Heidelberg.* Ueber Grundsaetze und Anvendung des Strafrechts im griechischen

Alterthum (Sur les princ. et l'applic. du droit pénal dans l'antiquité grecq.), 1855, *Gœttingue*.

HERMBSTÆDT (Sigismond-Fréd.), chimiste allemand, 1760, Erfurt; 1833, Berlin. Professeur à Berlin, 1791 et suiv. Conseiller intime du roi de Prusse, 1820. — Systematischer Grundriss der allgemeinen experimental Chemie (Précis syst. de la Chimie expérimentale), 1791-93, *Berlin*, 4 vol. 3ᵉ éd. 1823. Grundsætze der experimentellen agronomischen Chemie (Principes de Chimie agricole expérimentale), 1808, *Berlin*. 3ᵉ éd. 1833. Grundsætze der Technologie (Principes de Technologie), 1816-25, *Berlin*, 3 volumes.

HERMÈS (Georges), théologien allemand, 1775, Dreyerwalde, près de Munster; 1831, Bonn. Professeur au collége de Munster, 1798, et à l'université de Bonn. — Einleitung in die Christ-Catholische Théologie (Introd. à la Théologie catholique), 1819-31, *Munster*. Christ-Katholische Dogmatik (Dogmatique chrétienne catholique), 1834-35, *Munster*, 3 vol.

HÉRODIEN, historien grec, IIᵉ siècle, Alexandrie. Habita Rome pendant plusieurs années. — Hist. romaine de Marc-Aurèle à Gordien III. — Éd. grecq. *Berlin*, 1826, in-8. Éd. grecq.-lat. *Leipsick*, 1791, in-8. 3 fr. Trad. franç. par Léon Halévy, *Didot*, 1860, in-18, 3 fr.

HÉRODOTE, célèbre historien grec, 484, av. J.-C. Halicarnasse; 406, Thurium. Parcourut la Grèce, l'Égypte, l'Asie. Contribua à renverser le tyran Lygdamis qui opprimait sa patrie. Trouvant peu de reconnaissance chez ses compatriotes, il s'exila. — Hist. des guerres médiques. — Éd. grecq. par J.-B. Gail, *Delalain*, 1821, 2 vol. in-8. 12 fr. et *Londres*, 1823, 2 vol. in-18, 6 fr. Éd. grecq.-lat. *Amsterdam*, 1763, in-fol. et *Didot*, 1844, gr. in-8. 15 fr. Trad. franç. par Miot, *Didot*, 1822, 3 vol. in-8. 21 fr. et par Giguet, *Hachette*, 1859, gr. in-18, 3 fr. 50. Éd. angl. *Londres*, *Murray*, 1858-60, 4 vol. in-8. Éd. allem. *Berlin*, 1810-13, 2 vol. in-8. Éd. italienne. *Milan*, 1822-32, in-8, avec figures.

HÉROLD (L.-Jos.-Ferd.), célèbre musicien compositeur, 1791, Paris; 1833, les Ternes, près Paris. Élève d'Adam et de Méhul. 1ᵉʳ prix de piano, 1810. 1ᵉʳ gr. prix de composition, 1812. Chef des chœurs au Théâtre-Italien. — La Clochette, 1817. Le Premier venu, 1818. Le Muletier, 1823. Marie, 1826. L'Illusion, 1829. Zampa, 1831. Le Pré aux Clercs, 1832.

HERRERA y Tordesillas (Ant. de), historien espagnol, 1559, Cuellar, près de Ségovie; 1625, Madrid. Secrétaire de Vespasien de Gonzague, frère du duc de Mantoue. Historiographe de Philippe II. — Hist. gén. des voy. des Castillans, 1601-15, *Madrid*, 4 vol. in-fol. Trad. franç. par Lacoste, 1659, 3 vol. in-4. 17 fr. Éd. angl. *Londres*, 1743, 6 vol. in-8.

HERRERA le vieux (Francisco), peintre espagnol, 1576, Séville; 1656, Madrid. Élève de L. Fernandy et maître de Vélasquez. Peignait avec une activité sans exemple, mais avait un caractère intraitable. — Jugement universel. St-Herménégilde. Peintures à Séville, 1647. Fresques de St-Bonaventure à Madrid, et du couvent de la Merced.

HERRERA le Jeune (Francisco), peintre et architecte espagnol, 1622, Séville; 1685, Madrid. Fils du précédent. Vice-président de l'Acad. de Séville, 1660. Peintre de la cour. Gr. maître des ouvrages royaux. — St-François, à Séville. St-Herménégilde. Fresques de St-Philippe le royal, à Madrid. Ascension de la Vierge, à Notre-D^e-d'Atocha.

HERSCHEL (William), célèbre astronome et physicien anglais, 1738, Hanovre; 1822. Slough, Vint à Londres en 1757. Organiste à Halifax, 1766. Mais toutes ses préoccupations le portant vers l'astronomie, il construisit un gr. télescope, 1774, et découvrit Uranus, 1781, ses satellites, 1787, et deux satellites de Saturne, 1789. Membre de la société royale et président de la société astronomique de Londres. Associé de l'Acad. des sciences de Paris. — Mémoires nombreux, dans les Transactions philos. de la Société royale.

HERSCHEL (J.-Fréd.-William), célèbre astronome et mathématicien anglais, 1792, Slough, près Windsor. Fils et héritier de la science du précédent. Exécuta au Cap de gr. observations astronomiques, 1834-38. Docteur de l'université d'Oxford, 1839. Président de la Société royale de Londres, 1848. Administrateur de l'hôtel des Monnaies, 1850-55. Associé de l'Acad. des sciences de Paris, 1855. — Traité de la lumière, 1831. Trad. franç. par A. Quételet, *Malher*, 1830-34, 2 vol. in-8. Discours sur la philos. naturelle, 1832. Trad. franç. *Paulin*, 1834, in-8 ou in-18. Traité d'astronomie, 1833. Trad. franç. par Cournot, 1836, in-18. Results of astronomical observations (Résultats d'observations astronomiques), 1834-38. Éd. *Londres*, 1847, in-4, avec pl. 4 liv. Outlines of astronomy (Abrégé d'astronomie), 1849, *Londres*, gr. in-8. A Manual of scientific enquiry (Manuel de recherches astronomiques), 1849, *Londres*.

HERSENT (L.), peintre, 1777, Paris; 1860, ibid. Élève de Regnault. 2e gr. prix de peinture, 1797. Membre de l'Acad. des beaux-arts. — Narcisse changé en fleur, 1802. Achille livrant Briséis, 1804. Atala s'empoisonnant, 1806. Passage du pont de Landshut, 1810. Las Cases malade, 1814. Mort de Bichat; Daphnis et Chloé; Louis XVI distribuant des secours, 1817. Abdication de Gust. Wasa, 1819 (disparu en 1848). Ruth et Booz, 1822. Religieux du St-Gothard, 1824. Delphine Gay. Casimir Périer.

HERTZ (H.), poëte danois, 1798, Copenhague. Voyagea en Allemagne, en Italie, en France. — Théâtre : Burckhard, 1825. Flyttedagen (Jour de déménagement), 1828. Emma, 1829. Koenig Rene's Tochter (la Fille du roi René), 1847. Ninon, 1848. Tonietta, 1850. Poésies : Gjengangerbrevene (Lettres d'un revenant), 1830. Naturen of Kunsten (la Nature et l'Art), 1833. Svend Dyrings Huus (la Maison de Svend Dyring), 1837. — OEuv. Éd. danoise, *Copenhague*, 1854-56, 13 vol. in-8.

HÉSIODE, célèbre poëte grec, IXe siècle av. J.-C. Asira, (Béotie). Contemporain d'Homère. Avait composé un grand nombre d'ouvrages. — Les OEuvres et les Jours. Trad. franç. par Chenu, *Panckoucke,* 1844, pet. in-12. 5 fr. Théogonie, Bouclier d'Hercule. — OEuv. compl. Éd. grecq. *Leipsick, Vogel,* 1840, in-8. 9 fr. Éd. grecq.-lat. par E. Lehrs, *Didot*, gr. in-8. 15 fr. Éd. grecq.-franç. par Fresse-Montval, *Langlois*, 1842, in-12. 6 fr. 50.

HESSE (Nic.-Aug.), peintre, 1795, Paris. Élève de Gros. Gr. prix de peinture, 1818. — Philémon et Baucis, 1818. Mirabeau, 1838. Clytie mourante, 1853. Girardon, 1856. Descente de croix, 1857. Peintures à Notre-De-de-Lorette, à St-Pierre de Chaillot, à l'Hôtel de ville, au Luxembourg.

HEURTELOUP (Ch.-L.-Stanislas, baron), médecin, 1793, Paris;

1864, ibid. Ses travaux ont porté sur l'écrasement de la pierre dans la vessie.—De la Lithotripsie sans fragments, 1846, *Asselin*, in-8. 6 fr. Rétrécissement de l'urètre, 1855. 2e éd. *Asselin*, 1859, in-8. 4 fr. Art de broyer les pierres dans la vessie, 1858, *Asselin*, gr. in-8. 2 fr.

HEURTIER (J.-F.), architecte, 1739, Paris; 1823, ibid. 1er prix d'architecture, 1774. Membre du conseil des bâtiments civils et de l'Acad. des beaux-arts. — Restauration du château de Versailles. Théâtre de l'Opéra-Comique, 1781-83.

HEUZÉ (L.-Gust.), agronome, 1815, Paris. Élève de Grignon, Directeur de Grand-Jouan, 1840, et de Nozay, 1847. Professeur d'agricult. à Nantes, 1846; à Grignon, 1849. — Assolements, *Libr. agr.* in-8, fig. 9 fr. Plantes fourragères. 3e éd. *Libr. agr.* in-8, fig. 10 fr. Matières fertilisantes. 4e éd. *Libr. agr.* in-8, 9 fr. Plantes industrielles, *Libr. agr.* 2 vol. in-8, fig. 18 fr.

HEYDEN (J. VAN DER), peintre hollandais, 1637, Gorcum; 1712, Amsterdam. S'occupa aussi de travaux hydrauliques. — Rue de Clèves; Canal; Village; rue de Delft; Entrée de Cologne; Bourse de Londres; Calvaire, à Paris. Rue de Rome à Dusseldorf. Le Marché neuf; la Bourse; l'Église; l'Hôtel de Ville, à Amsterdam; Église; Porte d'Amsterdam, à Rotterdam.

HEYNE (Christian-Gottlieb), philologue allemand, 1729, Chemnitz (Saxe); 1812, Gœttingue. Professeur d'éloquence, bibliothécaire et président du séminaire philologique, à Gœttingue. — ÉD. DE VIRGILE, 1667-76, *Leipsick*, 4 vol. in-8; d'Apollodore, 1787; d'Homère, 1802; de Pindare; de Diodore. — Opuscula academica, 1785-1811, *Gœttingue*, 6 vol. in-8. 30 à 36 francs.

HILAIRE (St), théologien, Commencement du ive siècle, Poitiers; 367, ibid. Évêque de Poitiers, 350. Un des plus zélés défenseurs de la foi aux conciles de Milan, 355; Béziers, 356; Séleucie, 359. — Sur la Trinité. Traité des synodes. Commentaires sur St Matthieu et sur les Psaumes. — OEuv. Éd. lat. par Dom Constant, 1693, in-fol. 30 à 36 fr. et *Vérone*, 1730, 2 vol. in-fol.

HILDEBRANDT (Georges-Fréd.), médecin et naturaliste allemand, 1764, Hanovre; 1816..... Professeur à l'université d'Erlangen. — Lehrbuch der Anatomie des Menschen (Manuel d'anat. de l'homme), 1789-92, *Brunswick,* 4 vol. in-8. 4ᵉ éd. *Leipsick*, 1830-31.

HILDEBRANDT (Ferd.-Théod.), peintre allemand, 1804, Sttetin. Élève de Schadow. Professeur à l'Acad. de Dusseldorf. — Faust, 1825. Cordélia et le roi Léar, 1826. Tancrède et Clorinde, 1828. Judith et Holopherne. Roméo et Juliette. Le Brigand. Le Guerrier et son fils, 1832. Les Enfants d'Édouard, 1835. Le Conseiller et sa fille. Promenade de Wolsey. Le Doge, 1840. Othello, 1848. Mort de St François, 1850. Les Enfants en bateau. La Conteuse. Les Enfants de chœur. Les Enfants de Noël.

HILDRETH (Richard), littérateur et économiste américain, 1807, Deerfield (Massachusets). Avocat. Écrivit avec succès dans divers journaux dont il eut la direction. — L'Esclave blanc, 1837. Nouv. éd. *Boston*, 1852, in-12. Trad. franç. dans la Biblioth. des romans étrangers. The Despotism in America (le Despotisme américain), 1840. 2ᵉ éd. *Boston,* 1854. Theory of morals (Théorie de la morale), 1844, *New-York,* in-12. History of united states (Hist. des États-Unis), 1849-52, *New-York,* 6 vol. in-8. Theory of politics (Théorie de la politique), 1853, *New-York,* in-12.

HIND (John-Russell), célèbre astronome anglais, 1823, Nottingham. Membre, 1844, et secrétaire adjoint de la Société royale astronomique de Londres, 1846. Correspondant de l'Institut, 1851. Découvrit seize étoiles mobiles, trois nébuleuses, trois comètes et onze petites planètes, 1846-54. — The solar System (le Syst. solaire), 1852, *Londres,* in-8. An astronomical Vocabulary (Vocabulaire astronomique), 1852, *Londres,* in-16. Illustrated London Astronomy (Astronomie illustrée de Londres), 1853, *Londres,* in-8.

HINRICHS (Hermann-Fréd.-Guill.), philosophe allemand, 1794, Karlseck (Oldenbourg). Professeur à Breslau, 1822, puis à l'université de Halle, 1824. — Grundlinien der Philosophie der Logik (Principes de la philosophie de la logique). 1826, *Halle.* Genesis des Wissens (Genèse de la science), 1835, *Heidelberg.* Politische Vorlesungen (Leçons politiques), 1844, *Halle,* 2 vol. Das Leben in der Natur (la Vie dans la nature), 1854, *Halle.*

HIPPOCRATE, célèbre médecin grec. 468 av. J.-C., Cos; vers 360 av. J.-C., Larisse. Parcourut la Grèce et l'Asie tout en exerçant et en enseignant la médecine. Créateur et véritable père de cette science, qu'il éleva sur l'observation et fixa sur des bases qui en font la plus noble des professions après celle du sacerdoce. — Des Airs, des Eaux et des Lieux. Nature de l'homme. Des Fractures. Des Épidémies. Des Pronostics. Des Articulations. Des Maladies aigües. Aphorismes, éd. grecq.-franç. par M. Littré, *Baillière,* 1844, in-18. 3 fr.— OEuv. compl. Éd. grecq. *Bâle,* 1538, in-fol. Éd. grecq.-lat. *Francfort,* 1595, in-fol. *Leyde,* 1665, 2 vol. in-8. 25 à 30 fr. Éd. grecq.-franç. par M. Littré, *Baillière,* 1839-61, 10 vol. in-8. 100 fr. OEuv. trad. par Dacier, 1697, 2 vol. in-12. 4 à 5 fr. OEuv. choisies, trad. par Daremberg, *Labé,* 1855, in-8. Éd. angl. *Londres,* 1849, 2 vol. in-8. Éd. allem. *Berlin,* 1847, 3 vol. in-8. Éd. esp. *Madrid,* 1757-70, 3 vol. in-4.

HITA (Ginès-Perez de), littérateur espagnol, milieu du 16ᵉ siècle, Murcie. Ses œuvres, tout en renfermant des faits imaginaires, sont précieuses pour l'étude des mœurs et des coutumes de l'époque. — Hist. des guerres civiles de Grenade, 1595 et suiv. — Éd. esp. *Madrid,* 1833, 2 vol. in-12. 12 fr. Trad. franç. 1608, pet. in-8, et *Sané,* 1809, 2 vol. in-8.

HITTORF (Jacq.-Ignace), architecte, 1793, Cologne. Élève de Percier et de Bellangé. Inspecteur des bâtiments royaux, 1814. Architecte du roi. Membre de l'Acad. des beaux-arts, 1853. — St-Vincent de Paul, 1832-42. Fontaines et candélabres de la place de la Concorde. Fontaines, ancien Panorama, 1838-39, et Cirque des Champs-Élysées, 1840. Cirque du Boulevard, 1851. Mairie du Panthéon. Plan de la place de l'Étoile. Embellissements du Bois de Boulogne. Mairie et presbytère de St-Germain-l'Auxerrois. — Architecture antique et moderne de la Sicile (avec L. Zanth), 1826-30, *Renouard,* gr. in-fol. Architecture polychrome des Grecs, 1831, *Didot,* in-4, avec atlas.

HOARE (Richard Colt), archéologue anglais, 1758, Stourhead; 1838..... Parcourut l'Angleterre et l'Europe.—Journal of a tour in Ireland (Journal d'un voy. en Irlande), 1807, *Londres,* in-8. History of ancient and modern Wiltshire (Hist. de l'ancien et du nouveau comté de Wiltshire), 1812-52, *Londres,* 8 vol. in-fol.

A classical Tour through Italy and Sicily (Voy. classique à travers l'Italie et la Sicile), 1819, *Londres*, gr. in-4, fig. 1 liv. et 2 vol. in-8.

HOBBES (Thomas), philosophe anglais, 1588, Malmesbury; 1679..... Mêlé aux événements polit. de son pays, il fut obligé de se retirer en France, 1640-53. Rentré à Londres, il ne put y rester à cause de ses doctrines étroites et paradoxales et de son caractère intolérant. — Du Citoyen, 1642-47. Trad. franç. par Sorbière, *Amsterdam*, 1649, pet. in-8. 10 à 12 fr. Traité de la nature humaine, 1650. Trad. franç. par d'Holbach, *Londres*, 1772, pet. in-8. Du Corps politique, 1650. Trad. franç. par Sorbière, *Leyde*, 1653, pet. in-12. Leviathan, 1651. — OEuv. compl. Éd. angl.-lat. par Molesworth, *Londres, Bohn*, 1839-45, 16 vol. in-8. 3 liv. Trad. franç. du Citoyen, du Corps polit. et de la Nature humaine, *Neufchâtel*, 1787, 2 vol. in-8.

HODY (Humphred), philologue anglais, 1659, Oldcomb; 1706, Oxford. Professeur de grec en cette ville, 1698. — De Bibliorum textibus originalibus, 1705, *Oxford*, in-fol.

HOEFER (J.-Chrétien-Ferd.), médecin, philosophe et littérateur, 1811, Dœschnitz (Thuringe). Parcourut l'Allemagne, la Belgique et la Hollande, mais, à bout de ressources, se fit soldat, 1830-31. Professeur, 1832. Secrétaire de M. Cousin, 1833-36. Docteur, 1840. Directeur de la Biographie gén. de MM. Didot depuis 1851. — Élém. de chimie minérale, 1841, *Dezobry*, in-8. Hist. de la chimie, 1842-43, *Hachette*, 2 vol. in-8. Dict. de phys. et de chimie, 1846, *Didot*, in-12. 4 fr. Dict. de botanique, 1850, *Didot*, in-12. 5 fr. Articles remarquables dans la Biographie générale.

HOEVEN (J. van der), naturaliste hollandais, 1801, Rotterdam. Professeur de zoologie, 1826, et directeur du musée royal à Leyde, 1858. Membre de l'Acad. royale d'Amsterdam. — Handbœk der Dierkunde (Manuel de zoologie), 1827-33. 2e éd. *Leyde*, 1846, 2 vol.

HOFFMANN (Fréd.), médecin allemand, 1660, Halle; 1742, Berlin. Élève de Gaspard Cramer. Professeur à l'université de Halle. Inventeur de la potion nommée Gouttes d'Hoffmann. — Médecine raisonnée, 1718-40, *Halle*, 9 vol. in-4. Trad. franç. par Bruhier, 1739-43, 9 vol. in-12. La Politique du médecin,

1733, *Leyde,* in-4. Trad. franç. par le même, 1751, in-12. — Œuv. compl. Éd. lat. *Genève,* 1740-65, 6 vol. in-fol.

HOFFMANN (Chrétien-Godefroy), jurisconsulte allemand, 1692, Laubau (Lusace); 1735..... Professeur de droit à Leipsick, 1718; à Francfort-s.-l'Oder, 1723. Conseiller intime du roi de Prusse. Membre de l'Acad. de Berlin. — Historia juris romano-Justinianei, 1718. 2ᵉ édit. 1734. *Leipsick,* 2 vol. in-4. Novum volumen scriptorum rerum Germanicarum, 1719, *Leipsick,* 4 vol. in-fol.

HOFFMANN (F.-Benoît), auteur dramatique et critique, 1760, Nancy; 1828, Paris. Soldat, puis homme de lettres. Son indépendance et son désintéressement l'éloignèrent de toutes fonctions administratives. Rédacteur du Journal des Débats, 1807 et suiv. — Phèdre, 1786. Nephté, 1789. Adrien; Stratonice, 1792. Articles de littérat. et de critique. — OEuv. par L. Castel, 1828-29, 10 vol. in-8. 30 fr.

HOFFMANN (Ern.-Théod.-Guill.), célèbre romancier allemand, 1776, Kœnigsberg; 1822, Berlin. Assesseur à Posen, 1800; à Plotsk, 1802; à Varsovie, 1804. Chef d'orchestre et directeur de théâtre à Bamberg, 1808; à Leipsick et à Dresde, 1813. Conseiller à Berlin, 1816.—CONTES, 1814-22. Trad. franç. par Christian, *Morizot,* 1860, in-8, fig.; par X. Marmier, *Charpentier,* 1852, gr. in-18. 3 fr. 50. et par M. Champfleury, *Lévy,* 1856, in-18. 3 fr. — OEuv. Éd. allem. *Berlin,* 1827-28, 10 vol. in-8. *Stuttgart,* 1839, 15 vol. in-12 et *Baudry,* 1840, gr. in-8. 15 fr. Trad. franç. par Loève-Weimars, 1829-33, 20 vol. in-12, et Toussenel, 1830, 12 vol. in-12.

HOFFMANN DE FALLERSLEBEN (Aug.-H.), poëte et philologue allemand, 1798, Fallersleben (Mecklenbourg). Professeur de litt. et conservateur de la bibliothèque, à Breslau, 1823. Destitué en 1842, il voyagea tout en recueillant des matériaux pour ses œuvres. — Poésies : Unpolitische Lieder (Chansons non politiques), 1842. Allemannische Lieder (Chansons allémaniques),1826. 5ᵉ éd. *Manheim,* 1843. Gedichte (Poésies), 1834. 4ᵉ éd. *Hanovre,* 1853. Littérature : Horæ belgicæ, 1830-52, *Leipsick* et *Berlin,* 8 vol. Altdeutsche Blaetter (Antiquités allemandes), 1835-40, *Leipsick,* 2 volumes.

HOGARTH (William), peintre et graveur anglais, 1697, Londres; 1764, ibid. S'attachait à reproduire des scènes populaires et les rendait avec une originalité grotesque et un fond de moralité inimitable. — Vie d'une courtisane, 1733-34. Vie d'un libertin. LE MARIAGE A LA MODE, 1745. Comédiennes ambulantes. Industrie et Paresse. Conversations modernes. Les Quatre Parties du jour. Les Élections. Les Buveurs de punch. Scène de cruauté. Le Temps couché sur ses ruines, 1764. — Analyse de la beauté, 1753, *Londres*, in-8, fig. 12 à 15 fr. et 1772, in-4. Trad. franç. par Jansen, 1805, 2 vol. in-8, fig. 15 fr. Son OEuvre ; éd. angl. *Londres, Griffin,* 1860, in-4.

HOGG (James), poëte écossais, 1772, Ettrick (Selkirk); 1835, Altrive. Garda les troupeaux jusqu'à 18 ans, âge où il commença à lire et à écrire. A l'instigation de Walter Scott il aborda les lettres qui lui donnèrent la célébrité, mais non le bonheur et la richesse. — The Queen's woke (la Veillée de la reine), 1813. Les Périls de l'homme, 1814. Trad. franç. par Dubergier, *Masson*, 1824, 5 vol. in-12. Les Trois Écueils de la femme. Trad. franç. par le même, 1825, 4 vol. in-12. — OEuv. Éd. angl. *Édimbourg*, 1852, 6 vol. in-18. 24 à 30 fr.

HOLBACH (Paul-H. THIRY, baron d'), philosophe, 1723, Heidelsheim (Bade); 1789, Paris. Ami de Diderot, de Grimm. Sa maison devint le rendez-vous des libres penseurs et des esprits forts de l'époque. Il y avait chez lui absence de toute croyance religieuse. — Le Christianisme dévoilé, 1767, *Londres*, in-12. Théologie portative, 1768, *Londres,* in-12. Système de la nature, 1770. Éd. *Ladrange*, 1821, 2 vol. in-8. 12 fr. Morale universelle, 1776. Éd. *Ladrange*, 1820, 3 vol. in-8. 12 fr. Éléments de la morale universelle, 1790.

HOLBEIN (Hans), célèbre peintre suisse, 1498, Bâle ; 1554, Londres. Ami d'Érasme. Se fixa à Londres où il trouva dans Henri VIII un protecteur aussi zélé que généreux. Son œuvre est immense et le nombre de ses portraits considérable. — Danse villageoise; la Passion; DANSE MACABRE, à Bâle. Portraits: HENRI VIII, Marie, Élisabeth, Érasme, THOMAS MORUS, François Ier, Holbein et sa famille, Surrey, à Londres ; ÉRASME, Thomas Morus, Nicolas Kratzer, l'archevêque de Cantorbéry, au Louvre ; LUTHER, à Florence ; Holbein et sa femme, à Rome. Bacchantes, Paysage, à Dusseldorf. Triomphe de la richesse et de la pauvreté ; Bataille de Pavie ; Madeleine au tombeau du Christ, à Londres. — Son œuvre, par Méchel, *Bâle*, 1780-92, pet. in-fol.

HOLBERG (L.), poëte et historien danois, 1684, Bergen (Norwége) ; 1754, Copenhague. Soldat. Professeur d'éloquence à Copenhague, 1720. — Peder Paars, 1720. Éd. dan. *Copenhague*, 1855, gr. in-8. Le Potier politique ; Ulysses. Trad. franç. par Fursman, *Copenhague*, 1746, pet. in-8. Voy. dans le monde souterrain, 1741. Trad. franç. par de Mauvillon, *Copenhague*, 1753, pet. in-8. Pensées morales, 1744. Trad. franç. par Desroches, *Copenhague*, 1749-54, 2 vol. in-12. Lettres. Trad. franç. par le même, *Copenhague*, 1753, 2 vol. in-12.—OEuv. Éd. dan. *Copenhague*, 1806-14, 21 vol. in-8. 1822-27, 12 vol. in-12 et 1847-54, gr. in-4.

HOLLOWAY (Thomas), graveur anglais, 1748, Londres; 1827, Coltishal, près Norwich. Élève de l'Acad. royale. Maître de Slane, Webb et Thomson. — Illustrations de la Physiognomonie de Lavater. REPRODUCTIONS DES CARTONS DE RAPHAEL, de Hampton-Court. Portrait de Van Dyck.

HOMBERG (Guill.), chimiste hollandais, 1652, Batavia (Java) ; 1715, Paris. Avocat. Voyagea en Angleterre, en Italie. Se fixa en France, 1682. Membre de l'Acad. des sciences, 1685. Médecin du duc d'Orléans, 1702. Perfectionna la fabrication du phosphore. —Mémoires nombreux dans le recueil de l'Acad. des sciences de Paris, 1692 et suiv.

HOME (H.), lord Kames, jurisconsulte et philosophe écossais, 1696, Kames (Berwick); 1782..... Avocat, 1724. Juge, 1752. Justicier, 1763. — Essays on the Principles of morality and natural religion (Essais sur les principes de moralité et de religion naturelle), 1751, *Édimbourg*, in-8. Elements of criticism (Élém. de critique), 1762. 6e édit. *Édimbourg*, 1785, 2 vol. in-8, ou 1817, 2 vol. in-12. Sketches of the history of man (Esquisses de l'hist. de l'homme), 1774, *Édimbourg*, 2 vol. in-4, ou 1813, 3 vol. in-8. 20 à 24 fr.

HOMÈRE, célèbre poëte grec, né probablement au Xe siècle av. J.-C. à Smyrne ou à Chios; mort dans l'île d'Ios. Les documents sur la vie d'Homère nous sont parvenus contradictoires ou incomplets. Il est cependant accrédité qu'il ouvrit une école à Chios et que, pauvre et aveugle, il erra de ville en ville en récitant ses vers. Peut-être Homère, comme Hippocrate, Aristote et bien d'autres, ne fait-il que résumer un grand mouvement de la pensée humaine à une époque, lequel mouvement s'est concentré sur un personnage qui par ses vertus ou sa science a le plus attiré les regards. — ILIADE. ODYSSÉE. Hymnes. Batrachomyomachie. — OEuv. Éd. grecq. par M. Wolf, *Leipsick*, 1801-07, 4 vol. in-8. 18 fr. et 1817, 4 vol. gr. in-12 et par Boissonade, *Lefèvre*, 1823-24, 4 vol. in-32, 12 fr. Éd. grecq.-lat. par Barnes, *Cambridge*, 1711, 2 vol. in-4, 25 à 40 fr. et par M. Dindorf, *Didot*, 1837, gr. in-8. 12 fr. 50. Éd. grecq.-franç. par Dugas-Montbel, *Didot*, 1828-34, 9 vol. gr. in-8, 80 à 90 fr. Trad. franç. par Bareste, *Lavigne*, 1842-43, 2 vol. gr. in-8, fig. 30 fr.; par M. Pessonneaux, *Charpentier*, 2 vol. in-18, 7 fr. et par Giguet, *Hachette*, 1857. 6ᵉ éd. 1861, gr. in 18, 3 fr. 50. Éd. angl. par Pope, *Londres*, 1802, 5 vol. gr. in-8. 40 à 50 fr. Éd. allem. par Voss, *Stuttgart*, 1822, 4 vol. in-8, 5 thl., Éd. ital. par Salvini, *Florence*, 1723, 2 vol. in-8, 8 à 10 fr. Éd. esp. par Garcia Malo, *Madrid*, 1827, 3 vol. petit in-8, 12 fr.

HOMMEL (Ch.-Ferd.), jurisconsulte allemand, 1722, *Leipsick*; 1781..... Professeur de droit à l'université de Leipsick. — Rhapsodia quæstionum, 1764-81, *Leipsick*, in-4. Palingenesia librorum juris veterum, 1767-68, *Leipsick*, 3 vol. in-8, 15 à 18 fr.

HONTHEIM (J.-Nic. de) JUSTINUS FEBRONIUS, théologien et jurisconsulte allemand, 1701, Trèves; 1790, Monquenten (Luxembourg). Professeur de droit à Trèves, 1732. Conseiller intime de l'électeur archevêque de cette ville, 1741. Évêque de Myriophyte, 1748. — Historia Trevirensis, 1750-57, *Augsbourg*, 5 vol. in-fol. 50 à 60 fr. De l'État de l'Église, 1763, *Francfort*, 5 vol. in-8. Trad. franç. 1766, in-4 ou 3 vol. in-12.

HOOFT (P.), poëte et littérateur hollandais, 1581, Amsterdam; 1647, La Haye. Voyagea en Italie. Gr. bailli de Muiden et juge à Gooiland, 1609 et suiv. Ami de Grotius. — Tragédies : Bato; Gérard. Littérature : Nederlansche Historien (Hist. de Hollande), 1640. Nouv. éd. *Amsterdam*, 1821 et suiv. 18 vol. in-8, 6 flor. Trad. de Tacite et œuv. Ed. holl. *Amsterdam*, 1704, 2 volumes in-fol.

HOOKE (Robert), mathématicien, astronome et mécanicien anglais, 1638, Freshwater (île de Wight); 1703..... Membre et secrétaire perpétuel de la Société royale, 1662. Professeur de géométrie au collége de Gresham, 1665. — Inventeur de l'échappement à ancre, 1680 ; du baromètre à cadran. Perfectionna le microscrope. — Micrographia (Micrographie), 1665, *Londres*, in-fol. 12 à 15 fr.

HOPE (Thomas), archéologue anglais, 1774.... 1835.... Étudia pendant huit ans, en Asie et en Afrique, tous les monuments qu'il put visiter. — Household Furniture (Meubles de la maison Hope), 1807, *Londres*, gr. in-fol. 30 fr. Costumes des anciens, 1809. Éd. *Londres*, 1841, 2 vol. gr. in-8. 30 fr. Hist. de l'architecture, 1838. 2ᵉ éd. angl. *Londres*, 1840, gr. in-8 avec pl. Trad. franç. par A. Baron, *Paulin*, 1839, 2 vol. gr. in-8. 24 fr.

HORACE (Q. Horatius Flaccus), célèbre poëte latin, 65 av. J.-C., Venusium (Apulie); 8 av. J.-C., Rome. Fils d'un affranchi. Abandonna la carrière des armes, et, protégé par Mécène et par Auguste, s'adonna aux lettres. Ami des champs et de l'indépendance comme sans ambition, il faisait consister le bonheur dans l'usage modéré des biens de la vie. Ses poésies sont des modèles de délicatesse et de bon goût. — ODES, ÉPODES, SATIRES, ÉPÎTRES, ART POÉTIQUE. —OEuv. Éd. lat.-franç.-allem.-angl.-ital.-esp., *Lyon*, 1834, gr. in-8. Éd. lat. *Leipsick, Hahn*, 1829, 2 vol. in-8. *Didot*, 1855, in-16. Éd. lat.-franç. par Campenon et Desprez, *Boucher*, 1821, 2 vol. in-8. 10 fr.; par divers, *Panckoucke*. 3ᵉ éd. 1853, 2 vol. in-8. 10 fr. et *Garnier*, 1860, gr. in-18, 3 fr. 50 c.; par M. Patin, *Charpentier*, 1860, 2 vol. gr. in-18, 7 fr. et par J. Janin, *Hachette*, 2ᵉ éd. 1861, pet. in-12. 3 fr. 50. Édit. angl. par Watson, *Londres*, 1760, 2 vol. in-8. 12 à 15 fr. Édit. allem. par Woss, *Brunswick*, 1821, 2 vol. in-8. 3 thl. Éd. ital. par Gargallo, *Naples*, 1820, 4 vol. gr. in-8. 24 fr. Éd. esp. par Xaverio, *Madrid*, 1820-24, 4 vol. in-8. 30 fr. ou *Salva*, 1841, 4 vol. in-12.

HORSBURG (Jacq.), hydrographe anglais, 1762, Elin (Fife); 1836..... Agriculteur. Marin. Membre de le Société royale, 1836. — Instructions nautiques, 1809. 6ᵉ éd. angl., 1852, 2 vol. in-4 avec atlas in-fol. 4 liv. Trad. franç. par M. Leprédour, *Impr. roy*. 1839, 5 vol. in-8.

HORSLEY (J.-Callcott), peintre anglais, 1817, Londres. Fort jeune encore, se fit bientôt connaître par de remarquables travaux. Membre de l'Acad. royale, 1845. — Payement des loyers, 1835. Les Joueurs d'échecs. Les Musiciens rivaux. Le Coq du village, 1839. Enfance et Vieillesse, 1840. Sortie de bal, 1841. Le Colporteur, 1842. La Tombe d'un père, 1843. Peintures au palais de Wetminster : St Augustin, 1843 ; la Religion, 1845 ; Couronnement de Henri V, 1847 ; Ève tentée par Satan. Malvolio, 1849. L'Hospitalité, 1850. Le Madrigal, 1852. Le Dépit, 1854. Jane Grey. Roger Ascham. Le Fidèle Ami. Réunion musicale. L'Allegro et il Penseroso.

HOTMAN (F.), jurisconsulte, 1524, Paris ; 1590, Bâle. Professa le droit à Lausanne, à Valence, à Bourges. Quitta la France après la St-Barthélemy, 1572. — La Gaule française, 1573. Éd. lat. *Francfort*, 1665, in-8. Trad. franç. par Simon Goulard, *Cologne*, 1574, in-8.

HOTTINGER (J.-H.), orientaliste et théologien suisse, 1620, Zurich ; 1667, près Zurich. Élève de Golius. Professeur d'hist. et de langues orientales à Zurich, 1643 ; à Heidelberg, 1655-61. Se noya avec ses enfants en traversant une rivière. — Etymologicum orientale, 1661, *Francfort*, in-4. 5 à 8 fr. Historia ecclesiastica, 1651-67, *Zürich*, 9 vol. pet. in-8.

HOTTINGER (J.-Jacq.), historien suisse, 1783, Zurich ; 1860, ibid. Professeur, 1824 ; membre du conseil de l'instruction publique et du grand conseil à Zurich. — Geschichte der Schweizer Kirchentrennung (Hist. du schisme en Suisse), 1825-27, *Zurich*, 2 vol. Zwingli und seine Zeit (Zwingle et son temps), 1841, *Zurich*.

HOUBIGANT (Ch.-F.), orientaliste, 1686, Paris ; 1783, ibid. L'excès du travail l'avait rendu sourd. — Racines hébraïques, 1732, in-8. Prolegomena in Scripturam sacram, 1746, 2 vol. in-4. Biblia hebraïca cum notis criticis, 1753, 4 vol. in-fol.

HOUDON (J.-Ant.), célèbre sculpteur, 1740, Versailles ; 1828, Paris. Élève de Pigale. Gr. prix de sculpture, 1759. Passa dix ans à Rome. Membre de l'Acad. de peinture, 1771, et de celle des beaux-arts, 1775. — St-Jean de Latran ; St-Bruno, à Rome. Morphée, 1775. Vestale. Minerve. L'Écorché. Washington. Diane. Voltaire, 1785 (au Théâtre-Français). Fileuse. Oiseau mort. Bustes : Catherine II, Diderot, Turenne,

Gluck, Tourville, Molière, Buffon, J.-J. Rousseau, Suffren, La Fayette, Franklin, d'Alembert, Mirabeau.

HOUSSAYE (Arsène), littérateur, 1815, Bruyères (Aisne). Agriculteur, soldat, poëte, romancier, historien. Directeur du Théâtre-Français, 1849-56. Inspecteur gén. des beaux-arts, 1856 et suiv. Rédacteur en chef de l'Artiste. — Hist. et critique : Galerie de portraits du xviiie siècle, 1844 et suiv. 6e éd. *Hachette*, 1847, 5 vol. in-18. 5 fr. Hist. de la peinture flam. et hollandaise, 1846, *Hetzel*, in-fol. *Sartorius*, 1847, 2 vol. in-8. Hist. du 41e fauteuil, 1855. 4e éd. *Hachette*, 1857, in-18. 3 fr. 50. Le roi Voltaire, 1858, *Lévy*, in-8. Hist. de l'art français, 1860, in-8. Romans : Les Filles d'Ève, 1852. Le Violon de Franjolé, 1856. Mad^{lle} Mariani, 1859. Mad^{lle} Cléopâtre, 1864. Le roman de la Duchesse, etc. — OEuv. poétiques, *Hachette*, 1857, in-18. 3 fr. 50. OEuv. *Plon*, 1860 et suiv. 10 vol. in-8. 60 fr.

HOVEL (Hevelius), astronome allemand, 1611, Dantzik ; 1687..... Parcourut l'Angleterre et la France. Fabriquait lui-même ses instruments. — Selenographia, 1647, *Dantzik*, in-fol. Machina coelestis, 1673-79, *Dantzik*, 2 vol. in-fol. fig.

HOWITT (William), poëte et littérateur anglais, 1795, Heanor (Derby). Des études soutenues étendirent ses connaissances, qu'il agrandit encore par des voy. en Allemagne et en Australie. — The Forest minstrel (le Chantre de la forêt), 1823, in-8. The Book of the seasons (le Livre des saisons), 1831, in-8. History of the priest craft (Hist. des ruses sacerdotales), 1833. 8e éd. 1852. Tales of the Pantika (Contes du Pantika), 1835. The rural life of England (la Vie de campagne en Angleterre), 1837, 2 vol. Visits to remarkable places (Visites aux endroits remarquables), 1840, 2 vol. The Aristocracy of England (l'Aristocratie de l'Angleterre), 1846, in-8. Land, labour and gold (Terre, travail et fortune), 1855, 2 vol.

HOWIT (Marie Botham, mistress), femme de lettres anglaise, vers 1804, Uttoxeter (Strafford). Son mariage avec M. William Howit, 1822, développa son goût pour les travaux littéraires. — The Seven Temptations (les Sept Épreuves), 1830. The Heir of West Weyland (l'Héritier de West Weyland), 1835. The Dial of love (le Cadran d'amour).

HOZIER (L.-P. d'), généalogiste, 1685, Paris ; 1767, ibid. Juge d'armes. Conseiller du roi. — Armorial généalogique de France, 1736-68, 10 vol. in-fol.

HUBER (F.), naturaliste suisse, 1750, Genève ; 1830, Lausanne. Sa santé l'ayant obligé à habiter la campagne, il en profita pour faire sur les abeilles des travaux qui l'ont rendu célèbre. — Observations sur les abeilles, 1796, in-12. Nouv. éd., 1814, 2 vol. in-8.

HUBER (P.), naturaliste suisse, 1777, Genève; 1841..... Membre de la Société de phys. et d'hist. nat. de Genève. — Rech. sur les mœurs des fourmis, 1810, in-8.

HUET (P.-Daniel), théologien, philosophe et littérateur, 1630, Caen; 1721, Paris. Fondateur de l'Acad. de Caen, 1662. Adjoint à Bossuet pour l'éducation du Dauphin, 1670. Dirigea la collection des classiques ad usum Delphini. Membre de l'Acad. franç. 1674. Évêque d'Avranches, 1689. — Demonstratio evangelica, 1679. Éd. 1690, in-fol. 8 à 12 fr. Situation du Paradis terrestre, 1691, in-12, 3 à 4 fr. Origines de la ville de Caen, 1702. Éd. *Rouen, Macerry*, 1706, in-8, 10 à 12 fr.

HUFELAND (Christ.-Guill.), médecin allemand, 1762, Langensalza (Thuringe); 1836, Berlin. Professeur à Iéna, 1793, et à Berlin, 1798. Médecin du roi de Prusse, 1801. Conseiller d'État, 1810. Directeur de l'Acad., 1819. — L'Art de prolonger la vie humaine, 1796, *Iéna*. Trad. franç. par Jourdan, *Baillière*, 1838, in-8. Manuel de médecine pratique, 1800-03, *Leipsick*. Trad. franç. par le même, *Baillière*, 1848, in-8, 8 fr.

HUGO (Gust.), jurisconsulte allemand, 1764, Lœrrach (Bade); 1844, Gœttingue. S'est principalement occupé du droit romain, qu'il professait à Gœttingue depuis 1788. — Hist. du droit romain, 1790. 11ᵉ éd., *Berlin*, 1832. Trad. franç., par Jourdan, *Corby*, 1821-22, 2 vol. in-8.

HUGO (Victor-Marie, Cte), célèbre poëte, 1802, Besançon. Créateur de l'École romantique. Dès l'âge de 15 ans, se faisait remarquer par la beauté et l'originalité de ses poésies. Après de longues et émouvantes luttes, surtout à l'apparition d'Hernani (février 1830), l'École nouvelle prenait droit de cité en France, et ne donnait plus à son chef que popularité et succès. Membre de l'Acad. franç. 1841. Pair de France, 1845. Membre des Assemblées constituante et législative, 1848-51. Retiré depuis le 2 décembre dans l'île de Jersey. — Odes et Ballades, 1822-26. Han d'Islande, 1823. Bug-Jargal, 1826. Cromwell, 1827. Les Orientales, 1828. Dernier jour d'un condamné, 1829. Hernani, 1830. Marion Delorme ; Notre-Dame de Paris; les Feuilles d'automne, 1831. Chants du Crépuscule, 1835. Voix intérieures, 1837. Les Rayons et les Ombres, 1840. Le Rhin, 1842. Contemplations, 1856. Légende des siècles, 1859. Les Misérables, 1862. — OEuv. Éd. *Renduel*, 1819-38, 22 vol. in-8. *Furne*, 1840-41, 16 vol. in-8, fig. 40 fr. *Houssiaux*, 1858, 18 vol. gr. in-8, fig. 90 fr. *Charpentier*, 1841-45. 15 vol. gr. in-18, 30 fr., et *Hachette*, 1858, 23 vol. in-18, 30 fr. 50.

HUMBOLDT (Ch.-Guill.), philologue, critique et homme d'État allemand, 1767, Potsdam ; 1835, Tegel, près du lac Spandau. Voyagea en Espagne et en France, 1799-1801. Ministre de l'instruction publique, 1809. Fondateur de l'Université de Berlin. 1809-10. Ambassadeur à Vienne et Membre de l'Acad. des sciences, 1810 ; des congrès de Prague, 1813 ; Paris, 1814; Vienne, 1815. Ambassadeur à Londres. — Æsthetisch Versuch (Essais d'esthétique), 1799, *Brunswick*, in-8. Rech. sur les habitants de l'Espagne, 1821, *Berlin*, in-4. Ueber die Kawi Sprache auf der insel Java (De la langue Kawi dans l'île de Java), 1836-40, *Berlin*, 3 vol. gr. in-4, 18 thl.

HUMBOLDT (Fréd.-H.-Alex. baron de), célèbre naturaliste allemand, 1769, Berlin ; 1859, ibid. Après d'excellentes études auprès des meilleurs professeurs de l'Allemagne, vint à Paris, 1797, puis entreprit, avec Bonpland, un gr. voy. scientifique dans l'Amérique méridionale, 1799-1804. De retour en Europe, résida à Paris, pendant 20 ans, pour l'impression de son grand ouvrage. Exécuta un nouv. voy. en Russie et en Asie. Conseiller privé du roi de Prusse. Membre de toutes les Sociétés savantes. — Flora subterranea, 1793, *Berlin*. Expériences sur l'irritation, 1797-99, *Berlin*. Trad. franç., 1799. Voy. aux régions équinoxiales (avec Bonpland, etc.), 1807 et suiv. in-fol. et in-4. Relation de ce voy. en 13 vol. in-8 (1re partie, Voy. 2e, Observ. zoolog. et anat. 3e, Essai polit. 4e, Observ. astronom. 5e, Phys. gén. et géologie. 6e, Botanique). Tableaux de la nature, 1808. Trad. franç. par Eyriès, *Gide*, 1828, 2 vol. in-8, 12 fr. ou 1851, 2 vol. gr. in-18, 8 fr. Essai polit. sur l'île de Cuba, 1827, *Gide*,

2 vol. in-8, 17 fr. Hist. et géogr. du nouv. continent, 1836-38, *Gide*, 5 vol. in-8, 35 fr. Asie centrale, 1843, *Gide*, 3 vol. in-8. Cosmos, 1845-58. *Stuttgart*, 4 vol., in-8. Trad. franç. par Faye et Galuski, *Gide*, 1846-59, 4 vol. in-8, 40 fr. Lettres, éd. allem. *Leipsick*, 1860, in-8. Trad. franç. par M. Giraud, *Hachette*, 1860, in-8, 8 fr.

HUME (David), célèbre philosophe et historien anglais, 1711, Édimbourg; 1776, ibid. Habita la France pendant plusieurs années. Secrétaire d'ambassade à Vienne et à Turin. Bibliothécaire à Édimbourg, 1752. Vint à Paris, avec lord Hertford, 1761, et s'y lia avec J.-J. Rousseau. Sous-secrétaire d'État, 1767. Créateur du Nihilisme en philos. — OEuv. phil. Traité sur la Nat. humaine, 1739. Essais de morale et de polit. 1740. Essais philos. 1741. Principes de morale, 1751. Discours polit. 1752. Hist. nat. de la religion, 1755. Éd. angl. *Londres*, 1854-56, 6 vol. in-8, 50 fr. Trad. franç. 1788, 7 vol. in-12. — Hist. d'Angleterre, 1754-62. Éd. angl. *Londres*, 1770, 8 vol. gr. in-4, 50 à 60 fr. 1855, gr. in-8, 25 fr. et 1811, 15 vol. in-24, 50 fr. Trad. franç. par M. Campenon, *Janet* et *Cotelle*, 1819-22, 22 vol. in-8, 40 fr. et *Furne*, 1840, 13 vol. in-8, 30 fr.

HUNT (James-H.-Leigh), poëte et littérateur anglais, 1784 Londres. Préféra à la carrière administrative celle des lettres, qui lui attira quelques ennuis, mais dans laquelle il prit un rang éminent. — Poésie : Story of Rimini (Légende de Rimini), 1816. Stories in verse (Contes en vers), 1833. A Legend of Florence (une Légende florentine), 1840. The Palfrey (le Palefroi), 1842. Littérature : Sir Ralph Esher. Lord Byron, 1828, 3 vol. The Religion of the heart (Religion du cœur).

HUNT (William-Holman), peintre anglais, 1827, Londres. Élève de l'Académie. — Le Docteur Rochecliffe, 1847. Fuite de Madeline et Porphyro, 1848. Rienzi, 1849. Famille bretonne. 1850. Valentine et Sylvia, 1851. L'Apôtre chrétien; le Berger mercenaire, 1852. Côtes d'Angleterre, 1853. Réveil de conscience, 1854. Lumière du Monde; Claudio et Isabella; les Moutons égarés, 1855.

HUNTER (William), médecin anglais, 1718, Kilbridge, près de Glascow; 1783, Londres. Ouvrit un cours d'anat. à Londres, 1746. Accoucheur à la Maternité. Médecin de la reine, 1764.

Membre de la Société royale. 1767, Président du Collége des médecins, 1781. — Anatomica uteri gravidi humani, 1774, *Birmingham*, in-fol.

HUNTER (John), chirurgien et anatomiste anglais, 1728, Kilbridge; 1794, Londres. Frère et collaborateur des travaux du précédent. — Hist. nat. des dents, 1771. Digestion après la mort, 1772. Observ. anat. sur la torpille, 1773. Respiration des oiseaux. Traité sur les maladies vénériennes, 1786. — OEuv. Éd. angl. *Londres*, 1835, 4 vol. in-8, avec atlas. 50 fr. Trad. franç. par Richelot, *Béchet*, 1839-43, 4 vol. in-8, avec atlas. 40 fr.

HUS (J.), théologien réformateur allemand, 1373, Hus (Bohême); 1415, Constance. Recteur de l'université de Prague, 1409. Aumônier de la reine de Bohême. Adopta les doctrines de J. Wicleff. Fut excommunié par Alexandre V, et brûlé par le concile de Constance, 1415. — De Ecclesia, 1413. Sermones. Lettres, traduites par Bonnechose, *Delay*, 1846, in-12, 3 fr. — OEuv. Éd. lat. *Strasbourg*, 1525, in-4, et *Nuremberg*, 1558, 2 vol. in-fol.

HUTCHESON (Francis), philosophe anglais, 1694..... (Irlande); 1747, Glascow. Professeur de philos. morale à Glascow, 1729-47. — Idées de la beauté, 1725. Trad. franç. par Eidous, *Amsterdam*, 1749, 2 vol. in-8. Syst. de philos. morale, 1755, *Londres*, 2 vol. in-4. Trad. franç. par le même, *Lyon*, 1770, 2 vol. in-12. — OEuv. Éd. angl. *Glascow*, 1772, 5 vol. in-12.

HUTTON (James), géologue anglais, 1726, Édimbourg; 1797, ibid. Médecin, 1749. Cultiva avec succès l'agriculture, puis avec passion la géologie. — An Investigation of the principles of knowledge (Rech. des principes de la connaissance), 1794, 3 vol. in-4. Theory of the Earth (Théorie de la Terre), 1795-96, *Édimbourg*, 2 vol.

HUTTON (Ch.), mathématicien anglais, 1737, Newcastle-sur-Tyne; 1823, Londres. Professeur à Woolwich, 1773. Secrétaire de la Société royale, 1774. — MATHEMATICAL TABLES (Tables mathématiques), 1785. 12e éd. *Londres*, 1855, in-8. Tracts mathematical and philosophical (Traités de mathém. et de philos.), 1786, *Londres*, in-4. Elements of conic sections (Élém. des sections coniques), 1787, *Londres*, in-8. 6 à 7 fr.

HUYGHENS (Christian), célèbre physicien, mathématicien et astronome hollandais, 1629, La Haye; 1695, ibid. Découvrit un satellite de Saturne (Titan), 1656, puis l'anneau qui entoure cette planète, 1659. Appliqua le pendule aux horloges, 1657, et le ressort spiral aux montres, 1675. Membre de l'Acad. des sciences de Paris, 1665. — Traité de la lumière, 1690, *Leyde*, in-4. Opera varia, *Leyde*, 1724, 2 vol. in-4. Opera reliqua, *Amsterdam*, 1728, 2 vol. in-4.

HUYOT (J.-Nic.), architecte, 1780, Paris; 1840, ibid. Élève de Peyre et de David. Gr. prix d'architecture, 1807. Passa six ans à Rome, 1807-13, puis exécuta un gr. et fructueux voy. en Asie Mineure, en Égypte et en Grèce, 1814-22. Professeur à l'École des beaux-arts. Membre de l'Institut, 1823. — Restauration du temple de la Fortune, à Préneste. ACHÈVEMENT DE L'ARC DE L'ÉTOILE, 1828-30. Plan du Palais de Justice, 1836.

HUYSUM (J. VAN), peintre hollandais, 1682, Amsterdam; 1749, ibid. Excellait dans la reproduction des fleurs et des fruits. — Paysages, fleurs et fruits, au Louvre, à Amsterdam, à La Haye.

HUZARD (J.-Bapt.), vétérinaire, 1793, Paris. Membre du conseil de salubrité, de la Société centrale d'agricult. et de l'Acad. de médecine, 1841. — Nosographie vétérinaire, 1818, in-8. De la Garantie et des vices rédhibitoires, 1825, in-12. Des Haras domestiques, 1829, in-8.

HYDE (Thomas), orientaliste anglais, 1636, Billingsley (York); 1703, Oxford. Professeur d'hébreu, 1658; d'arabe, 1660. Conservateur de la Bibliothèque bodléienne. — Historia religionis veterum Persarum, Parthorum et Medorum, 1700, *Oxford*, in-4, fig. 12 à 15 fr. Nouv. éd. *Londres*, gr. in-4. 30 à 36 fr. — OEuv. Sous ce titre : Syntagma Dissertationum, 1767, *Oxford*, 2 vol. in-4, fig.

HYRTL (Jos.), anatomiste allemand, 1811, Eisenstadt. Professeur à Prague, 1837; à Vienne, 1845. Membre de l'Acad. des sciences de cette dernière ville, 1847, où il a fondé un Musée d'anatomie. — Lerhbuch der Anatomie des Menschen (Manuel d'Anat. de l'homme), 1847. 4ᵉ éd. *Vienne*, 1855, 2 vol. Handbuch der topographischen Anatomie (Manuel de l'Anat. topographique), 1847. 2ᵉ éd. *Vienne*, 1852.

I

IBN-KHALDOUN, historien arabe, 1332, Tunis; 1406, Caire. Voyagea en Espagne. Fit le pèlerinage de la Mecque. Chef des cadis de l'Égypte. — Hist. des Berbères et des dynasties musulmanes. Éd. arabe, *Duprat*, 1847-51, 2 vol. gr. in-4. 54 fr. Trad. franç. par M. de Slane, *Alger*, 1852-56, 4 vol. in-8.

IDELER (Chrétien-L.), chronologiste allemand, 1766..... près de Perleberg (Brandebourg); 1846..... Précepteur dans la famille royale, 1816; professeur à l'université, 1821, et membre de l'Acad. à Berlin. Associé à l'Institut de France. — Lehrbuch der Chronologie (Manuel de chronologie), 1825-26. Nouv. éd. *Berlin*, 1831, 2 vol. in-8. Handbuch der englischen Sprache und Literatur (Manuel de la langue et de la litt. anglaises), *Berlin*, 3 vol. in-8.

IGNACE DE LOYOLA (St), théologien espagnol, 1491, Loyola, près Guipuscoa (Espagne); 1556, Rome. Soldat. Fit le voy. de Jérusalem, 1524. Fondateur de l'ordre des Jésuites, 1534. — Exercices spirituels, 1548. Éd. lat. 1644, in-fol. Trad. franç. par Clément, 1772, in-12.

IMITATION de J.-C. Attribuée par les uns à Thomas A-Kempis, par les autres à J. Gerson, et peut-être l'œuvre collective d'une époque, résumant sa pensée intime et ses traits les plus caractérisés. — 1re éd. 1471, *Augsbourg*. Éd. polyglotte (grecq.-lat.-franç.-angl.-allem.-ital.-esp.-portug.), *Lyon*, 1841, gr. in-8. Éd. lat. *Didot*, 1789, in-fol. ou in-4. 10 à 15 fr. par Gence, *Treuttel* et *Würtz*, 1826, in-8. 7 fr. 50. *Leyde, Elsevier*, 1658, pet. in-12, 6 à 9 fr. par Beauzée, *Barbou*, 1789, in-12, 4 à 5 fr. et *Londres, Pickering*, 1851, pet. in-12. Éd. lat.-franç. impr. imp. 1855, in-fol. 4,000 fr. par Rochette, *Lefèvre*, 1830, gr. in-8, 7 fr. 50. Éd. franç. par Gonnelieu (Cusson), *Janet*, 1818, in-8, 5 à 6 fr. e 1821, in-12. Par La Mennais, *Didot*, 1825, in-4, in-8 ou in-18, fig. 8 à 10 fr. par l'abbé Dassance, *Curmer*, 1836, gr. in-8, fig. 20 fr. par l'abbé Bautain, *Furne*, 1852, gr. in-8, fig. 12 fr. 50, et in-18, 3 fr. 50. par Marillac, *Curmer*, 1858, gr. in-8. par l'abbé Darboy, *Morizot*, 1855, in-18. Éd. angl. *Londres, Pickering*, 1828, in-8. Éd. allem. par Sailer, *Stras-*

bourg, 1822, in-18. Éd. ital. *Rome*, 1754-55, 3 vol. in-8. Éd. esp. *Valence*, 1491, in-4. Éd. danoise, *Copenhague*, 1730, in-12. Éd. suédoise, *Stockholm*, 1798, in-8. Éd. arabe, *Rome*, 1732, in-8. — Consulter les art. Gerson et Kempis dans la Biogr. gén. de MM. Didot, le Manuel de M. Brunet et les œuvres de MM. Gence, Grégory, Malou, Smith.

INGEMANN (Bernard-Séverin), poëte danois, 1789..... (Ile de Falster). Voyagea dans toute l'Europe. Professeur d'esthétique à Soroe, près de Copenhague. — Digte (Poésies), 1811. Procné, 1813. Den sorte Ridder (le Chevalier noir) 1814. Masaniello. La reine Blanche. Waldemar.

INGHIRAMI (F.), archéologue italien, 1772. Volterra; 1846, Florence. Prit le goût des beaux-arts à Naples, où son père l'avait placé pour apprendre le métier des armes. Élève de Lanzi. Conservateur de la bibliothèque de Volterra.—MONUMENTI ETRUSCHI (Monuments étrusques), 1821-26, *Florence*, 10 vol. in-4, 200 fr. Galleria omerica (Galerie homérique), 1829-51, *Florence*, 3 vol. in-8, 150 fr. Museo etrusco Chiusino (Musée étrusque secret), 1833, *Florence*, 2 vol, in-4 avec pl., 100 fr. Pitture di vasi fittili (Peintures des vases d'argile), 1837, *Florence*, 4 vol. gr. in-4 avec pl. 200 fr.

INGRES (J.-Domin.-Aug.), célèbre peintre, 1781, Montauban. Élève de David. 2e, 1800, et 1er gr. prix de peinture, 1801. Partit pour Rome où l'âpreté de la critique le fit demeurer de longues années. Membre de l'Acad. des beaux-arts, après Denon, 1824. Directeur de la villa Médicis, 1835. Gr. médaille d'honneur, 1855. — Achille et les ambassadeurs d'Agamemnon, 1801. Portraits de femme, 1802; du 1er Consul, 1804; de l'Empereur, 1806. OEdipe et le Sphinx, 1808. Odalisques, Jupiter et Thétis, Raphaël et la Fornarina, Triomphe de Romulus, Sommeil d'Ossian, Chapelle Sixtine, Virgile lisant, F^{oise} de Rimini, Philippe V, roi d'Espagne, l'Arétin, 1810-18, à Rome, Jésus et St Pierre. Vœu de Louis XIII, 1824. Roger et Angélique. Apothéose d'Homère; Martyre de St Symphorien, 1827, au Luxembourg. Bertin ; Molé, 1833-34. Stratonice. Vierge a l'hostie. Chérubini; le duc d'Orléans, 1843. Naissance de Vénus. Jésus au milieu des docteurs. Jeanne d'Arc. Lesueur chez les Chartreux. Molière et Louis XIV. Racine.

La Fontaine. La Source. Apothéose de Napoléon, à l'Hôtel de ville.— Son OEuvre, par A. Réveil, *Didot*, 1850-51, in-4 avec pl., 35 fr.

IRÉNÉE (St), théologien grec, 135-45, Smyrne; vers 202..... Disciple de St Polycarpe. Évêque de Lyon après St Pothin. Martyr sous Septime Sévère. — Traité contre les hérésies. Éd. lat. par Massuet, *Coignard*, 1810, in-fol. 36 à 40 fr.— OEuv. compl. Éd. grecq.-lat. *Venise*, 1734, 2 vol. in-fol., 40 à 48 fr. *Leipsick, Weigel*, 1849-53, 2 vol. in-8, 12 thl. et *Migne, Montrouge*, 1857, gr. in-8, 12 fr. Trad. franç. par Genoude, 1837-43.

IRIARTE (Ignacio), peintre espagnol, 1620, Azcoitia (Guipuscoa); 1669, Séville. Élève de Herrera le Vieux, 1642. Ami de Murillo. Secrétaire de l'Acad. de Séville, 1660, dont il fut l'un des fondateurs. — Paysages, Fleurs, Fruits, à Madrid et à Londres.

IRVING (Washington), littérateur américain, 1783, New-York; 1859..... Parcourut l'Europe, 1802-6. Avocat, 1807. Soldat, 1814. Secrétaire d'ambassade à Londres, 1329-31. Ambassadeur à Londres, 1842-46. — Hist. de New-York; Trad. franç., *Sautelet*, 1827. 2 vol. in-8. Esquisses morales et litt., 1820, *New-York*, 2 vol. Trad. franç. *Ponthieu*, 1827, 2 vol. in-8. Contes d'un voyageur, 1824, *New-York*, 2 vol. Trad. franç. par mad. Beauregard, 1825, 4 vol. in-12. Hist. de Christ. Colomb, 1828-30, *New-York*. Trad. franç. 1828-44, 3 vol. in-8, ou in-12. Contes de l'Alhambra, 1832, *New-York*. Trad. franç. par Mlle Sobry, 1833. 2 vol. in-8, et 1843, in-12. Astoria, 1835. Trad. franç. par Grollier, 1843, 2 vol. in-8.— OEuv. compl. Éd. angl. *Londres, Bohn*, 1854, 10 vol. pet. in-8, et *Baudry*, 1843, gr. in-8, 18 fr.

ISABELLE (Ch.-Éd.), architecte, 1800, Le Havre. Élève de l'École des beaux-arts, 1818-22. Passa quatre ans en Italie, 1824-28. Inspecteur des travaux de la Madeleine. —Parallèle des salles rondes de l'Italie, 1831, gr. in-fol. avec pl. Les Édifices circulaires et les Dômes, 1843-55, in-fol.

ISABEY (J.-Bapt.), peintre, 1767, Nancy ; 1855, Paris. Élève de Dumont et de David. Peintre de Napoléon Ier et de Louis XVIII. — Barque, 1798. Le 1er Consul. Revue du 1er Consul. Visite de Bonaparte à Rouen et à Jouy. Conférence du congrès de Vienne (au crayon noir); l'Escalier du Musée (aquarelle), 1817. Table des Maréchaux.

ISABEY (Eug.-L.-Gabriel), peintre, 1804, Paris. Fils et élève du précédent. — Plage de Honfleur; Ouragan à Dieppe, 1827. Dunkerque, 1831. Vieilles Barques, 1836. Combat du Texel, 1839. Boulogne, 1844. L'Alchimiste, 1845. Mariage de Henri IV, 1848. Embarquement de Ruyter, 1851. Départ de chasse, 1855. Incendie de l'Austria, 1859. Naufrage; Alchimiste, 1865.

ISAMBERT (F.-André), jurisconsulte et homme politique, 1792, Aunay (Eure-et-Loir); 1857, Paris. Avocat à la Cour de cassation. 1818. Député, Conseiller à la Cour de cassation, Directeur du Bulletin des lois, 1830. Membre du comité des cultes. S'est surtout fait remarquer par son insistance en faveur de la liberté religieuse et de l'affranchissement des noirs. — Manuel du publiciste et de l'homme d'État, 1823, *Desirat*, 5 vol. in-8. Recueil des lois et ordonnances depuis 1814. 1820-30, *Eymery*, 17 vol. in-8. Recueil gén. des lois franç. de 420 à 1789. 1821-33, 29 vol. in-8, à 7 fr. Traité de la voirie urbaine, 1825-29, 3 vol. in-12. Pandectes franç., 1834, *Mame*, 2 vol. in-4. Hist. de Justinien, 1857, 2 vol. in-8.

ISIDORE de Séville (St), théologien et prélat espagnol, vers 570, Carthagène; 636, Séville. Évêque de cette dernière ville, 601. Il y présida le 2e concile qui eut lieu en 612 et celui de Tolède, en 633. — Etymologiarum. De Proprietate verborum. Chronicon. De natura rerum. — OEuv. Éd. lat. *Madrid*, 1778, 2 vol. in-fol., 60 fr., et *Rome*, 1797-1803, 7 vol. gr. in-4, 70 francs.

ISOCRATE, orateur et rhéteur grec, 436 av. J.-C., Athènes; 338, ibid. Élève de Gorgias et de Prodicus. Ouvrit une école. Fut si affecté de la défaite de Chéronée, 338 av. J.-C. qu'il se laissa mourir de faim. — Discours. Lettres. — Éd. grecq., par Coray, *Didot*, 1807, 2 vol. in-8, 12 à 15 fr. Éd. grecq.-franç., par Auger, *Didot*, 1782, 3 vol. in 8, 12 à 15 fr., et par le duc de Clermont-Tonnerre, *Didot*, 3 vol. in-8, 22 fr. 50. Éd. allem., par Christian, *Stuttgart*, 1833-36, 8 vol. pet. in-8. Éd. ital. *Parme*, 1842.

ISRAELI (Isaac d'), littérateur anglais, 1766, Enfield, près Londres; 1848, Bradenham-House (Buckingham). Ne put se décider à adopter le commerce, auquel le destinait sa famille. — Curiosités de littérature, 1791-1823. Nouv. éd., *Londres, Moxon*, 1849, 3 vol. in-8, 25 fr. On 1845, 6 vol. in-12. Trad. franç. par Bertin, 1810, 2 vol. in-8.

J

JABLONSKI (Paul-Ernest), théologien et philologue allemand, 1693, Berlin; 1767, Francfort-s.-l'Oder. Voyagea dans toute l'Europe. Professeur de philos. et de théologie à Francfort, 1721-22. Membre de l'Acad. roy. de Berlin. — PANTHEON ÆGYPTIORUM, 1750-52, *Berlin,* 3 vol. in-8, 12 à 18 fr. De Memnone Græcorum et Ægyptiorum, 1753, in-4. Institutiones Historiæ christianæ, 1766-67. Nouv. éd. *Francfort-s.-l'Oder*, 1783, 2 vol. in-8.

JACOBI (Fréd.-H.), philosophe allemand, 1743, Dusseldorf; 1819..... Conseiller du roi de Bavière, 1804. Président de l'Acad. des sciences de Munich, 1807. — Briefe ueber die Lehre des Spinoza (Lettres sur la philos. de Spinoza), 1785, *Leipsick*. Idealismus und Realismus (Idéalisme et Réalisme), 1787. *Leipsick*. WOLDEMAR, 1792. Trad. franç. par Vanderbourg, 1796, 2 vol. in-12. — OEuvr. Éd. allem. *Leipsick, Fleischer*, 1812-25, 6 vol. in-8, 12 thl.

JACOBI (Ch.-Gust.-Jacob), mathématicien allemand, 1804, Potsdam; 1851, Berlin. Professeur de mathématiques à Kœnigsberg, puis à Berlin. Gr. prix de l'Institut de France. — Fundamenta nova theoricæ functionum ellipticarum, 1829, *Kœnigsberg*. Canon arithmeticus, 1837, *Berlin,* gr. in-4. — OEuv. Éd. lat. *Berlin*, 1846-51, 2 vol. in-4.

JACOBS (Chrétien-Fréd.-Guill.), philosophe et littérateur allemand, 1764, Gotha; 1847, ibid. Professeur à Gotha, 1785, et à Munich, 1807. Conservateur à la bibliothèque et directeur du gymnase de Gotha, 1810 et suiv. Associé de l'Institut de France, 1835. — Animadversiones in Euripidis tragœdias, 1790, *Gotha*, in-8. 6 fr. Charactere der Dichter aller Nationen (Caractères des principaux poëtes de toutes les nations), 1793-1803, *Leipsick*, 7 vol. ANTHOLOGIA GRÆCA, 1794-1814, *Leipsick*

13 vol. in-8. Chrestomathie grecq. Chrestomathie latine, 1808-21, *Iéna*, 6 vol.

JACOBS (Paul-Émile), peintre allemand, 1800, Leipsick. Fils du précédent. Peintre de la cour de Gotha. Membre de l'Acad. des beaux-arts de Berlin. Gr. prix à Philadelphie, 1850. — Mercure et Argus. La Fuite au désert. Adam et Ève. Résurrection de Lazare. Enlèvement de Proserpine. Le Marché aux esclaves. Jeune Grecque. Femme turque. LA SULTANE SCHEERAZADE. Samson et Dalila. JUDITH ET HOLOPHERNE. Luther à Worms.

JACOTOT (Joseph), philosophe et instituteur, 1770, Dijon; 1840, Paris. Capitaine d'artillerie, 1792. Secrétaire du ministère de la guerre. Sous-directeur à l'École polytechnique. Député, 1815. Professeur de litt. à Louvain, 1818. Directeur de l'École militaire de Belgique. Auteur d'une méthode d'enseignement nommée Émancipation intellectuelle, basée sur l'observation des faits et laissant à l'élève toute liberté d'esprit. — Langue maternelle, 1823. 4ᵉ éd. *Mansut*, 1836, in-8. 3 fr. Langue étrangère, 1824. 6ᵉ édit. *Mansut*, 1836, in-8. 3 fr. Musique, Dessin, Peinture, 1824. 4ᵉ édit. *Mansut*, 1839, in-8. 3 fr. Mathématiques, 1828. 4ᵉ édit. *Mansut*, 1835, in-8. 3 fr. Droit et philos. panécastique, 1835. 2ᵉ éd. *Mansut*, 1837, in-8. 3 fr.

JACQUAND (Claudius), peintre, 1805, Lyon. Élève de Fleury Richard. — Le Maire de Boulogne refusant de capituler. Thomas Morus. Les Quatre Ages d'une fleur. Les Enfants du peintre. Laurence et Jocelyn. Sacre de Charlemagne. Henri de Bourgogne. Prise de Jérusalem. Les Redevances d'automne. Les Orphelins. Baptême de Clovis. Entrevue de Charles Iᵉʳ et de ses enfants. L'Amende honorable. Clémence de Pierre le Gr. Le Repas interrompu. Pérugin peignant chez des moines. La Croûte de pâté, Convalescence du père abbé, 1861. Présentation au temple; Vierge au travail, 1863. Dante à Rome, 1864. Le jour de Pâques; Avares surpris, 1865.

JACQUART (Jos.-Marie), mécanicien, 1752, Lyon; 1834, Oullins. Inventeur de la MACHINE A TISSER, 1790-1800. Ses essais furent peu encouragés; ses premiers métiers furent brisés par le peuple, et dix années furent nécessaires pour apprécier le mérite de son invention.

JACQUEMONT (Victor), voyageur et naturaliste, 1801, Paris; 1832, Bombay. Entreprit en 1826 un gr. voy. dans les Indes, qui ne fut interrompu que par sa mort. — Correspondance, 1833. Nouv. éd. *Gosselin*, 1841, 2 vol. in-18. 7 fr. Voy. dans l'Inde, 1841-44, *Didot*, 4 vol. gr. in-4, fig. et atlas. 400 fr.

JACQUIN (Nic.-Jos. baron), botaniste hollandais, 1727, Leyde; 1817, Vienne. Élève de Jussieu. Ami de Gronovius. Voyagea en Amérique, 1755-59. Professeur de botanique et de chimie, à Vienne. — Selectarum stirpium Americanarum Historia, 1763. Nouv. éd. *Vienne*, 1780, in-fol. Floræ Austriacæ, 1773-78, *Vienne*, in-fol. Icones plantarum rariorum, 1781-95, *Vienne*, 3 vol. in-fol. Fragmenta botanica, 1809, *Vienne*, in-fol. atlas et pl.

JACQUOT (Georges), sculpteur, 1794, Nancy. Élève de Ramey, de Gros et de Bosio. 2e, 1817, et 1er gr. prix de Rome, 1820. — Caïn maudit, 1820. Daphné se mirant; Pâris et Hélène; Amours; Mercure, 1831. Jeune Fille au bain; Hercule et Alceste; l'Amour; la Surprise, 1842. Hercule et Déjanire; les Saisons; Jésus confondant St Thomas; Dernier Soupir du Christ. Faune et Bacchante, 1855. Hercule, 1859.

JADIN (L.-Godefroy), peintre, 1805, Paris. Élève d'Hersent et d'Abel de Pujol. Peintre de la vénerie impériale. — L'Assemblée de la vénerie. La Retraite prise. L'Ébat des chiens; Têtes de chiens, 1855. Les Sept Péchés capitaux, 1857. Vision de S. Hubert, 1859. Chiens, 1861-64.

JAEGER (Gustave), peintre allemand, 1808, Leipsick. Élève de l'Acad. de Dresde et de Julius Schnorr. Directeur de l'Acad. des beaux-arts, à Leipsick, 1847. — Fresques au palais royal de Munich, au château du gr.-duc de Weimar et à la salle des Niebelungen, à Munich. Mort de Moïse. Ensevelissement du Christ.

JAHN (J.), orientaliste et théologien allemand, 1750, Taswitz (Moravie); 1816, Vienne. Professeur à l'université de cette ville, 1789-1806. — Grammatica linguæ hebraicæ, 1792. 3e éd. *Vienne*, 1809, in-8. 12 fr. Biblische Archäologie, 1797-1805, *Vienne*, 5 vol. in-8, fig. 38 fr. Abrégé de cet ouvrage, *Vienne*, 1814, in-8. Lexicon arabico-latinum, 1802, *Vienne*, in-8. 15 fr.

JAKOB (L.-H. de), philosophe et économiste allemand, 1759,

Wettin (Magdebourg); 1827, Lauchstädt. Professeur à Halle, 1791, et à Kharlow (Russie) 1807. Employé au ministère des finances, à St-Pétersbourg. 1810-16. — Prüfung das Daseyn Gottes (Examen de l'existence de Dieu), 1786, *Leipsick*. Grundriss der algemeinen Logik (Élém. d'une logique gén.), 1788. 4e éd. *Halle*, 1800, in-8. Grundriss der Erfahrungsseelenlehre (Élém. de Psychologie empirique). 1791. 4e éd. *Halle*, 1810. Grundsætze der national OEkonomie (Principes d'Économie sociale), 1805. 3e éd. *Halle*, 1825, 2 vol. in-8.

JALEY (Léon-L.-Nic.), sculpteur, 1802, Paris. Élève de l'École des beaux-arts, sous Cartelier, 1820. 2e, et 1er gr. prix de sculpture, 1827. Membre de l'Acad. des beaux-arts, après David d'Angers, 1856. — LA PRIERE, 1833. LA PUDEUR, 1834. Le Paria. Groupe d'anges, 1839. Louis XI, 1841. Le Duc d'Orléans, 1844. L'Amour enfant, 1847. Bacchante ; la Rêverie, 1852. Révélation ; Danaïde, 1863.

JAMES (George-Payne RAINSFORD), romancier et historien anglais, 1801, *Londres*, 1860..... Habita Paris pendant plusieurs années. Historiographe d'Angleterre, 1830. Consul aux États-Unis. — Romans : One in a thousand (Un sur mille), 1835. Morley Ernstein. 1842. Arrah Neil, 1845. Russell, 1847. The Woodman (l'Homme des bois), 1849. Tales (Contes, 1849. Histoire : History of chevalry (Hist. de la chevalerie), 1830. Memoirs of celebrated women (Mémoires des femmes célèbres), 1837. The Life and times of Louis XIV (Louis XIV et son siècle). 1838, 4 vol. in-8.

JAMESON (Anna MURPHY, mistress), femme de lettres anglaise, 1797, Dublin ; 1860, Londres. Voyagea en Allemagne et en Autriche et a écrit un gr. nombre d'ouvrages. — DIARY OF AN ENNUYE (Journal d'une ennuyée), 1826, *Londres*. The Loves of the poets (les Amours des poëtes), 1829, *Londres*, 2 vol. Vie des reines célèbres, 1831, Trad. franç. par mad⁰ de Montanclos. Characteristics of Women (Héroïnes de Shakespeare), 1832. Nouv. éd. *Londres*, 1846, 2 vol. petit. in-8 et 1858, in-8. Beauties of the court of Charles II (Beautés de la cour de Charles II), 1833, *Londres*. gr. in-4. 2 liv. 1838, 2 vol gr. in-8, et 1850, gr. in-8, 1 liv. The public Galleries of London (Musées de Londres), 1842. The most celebrated private Galleries (Les plus célèbres musées privés), 1844. Sacred and legendary art (Art sacré et légendaire), 1850-52, *Londres,* 3 vol. gr. in-8, fig. 4 livres.

JAMIESON (J.), philologue écossais, 1758, Forfar; 1838, Édimbourg. Pasteur dans cette ville. — Etymological Dictionary of the scottish Language (Dict. étymolog. de la langue écossaise), 1808-9. Nouv. éd. *Édimbourg,* 1841, 2 vol. gr. in-4. Abrégé de ce dict. *Édimbourg,* 1844, in-8.

JANET (F. Clouet), peintre, vers 1510..... vers 1580..... peintre et valet de chambre de Charles IX. — Henri II; Charles IX; Élisabeth d'Autriche; François Ier, au Louvre; Catherine de Médicis; Marie-Stuart; François II, à Londres. Le Duc d'Anjou, à Berlin.

JANET (Paul), philosophe, 1823, Paris. Élève de l'École normale, 1841. Professeur de philosophie à Bourges, 1845-48; à Strasbourg, 1848-57; de logique au Lycée Louis-le-Grand. Membre de l'Acad. des sciences morales, 1864. — La Famille, 1855. 4e éd. *Lévy,* in-12, 3 fr. Trad. des Confessions de St Augustin, 1857, in-8. Philosophie morale et polit. 1858, 2 vol. in-8. Philosophie du bonheur, 1863, *Lévy,* in-8, 7 fr. 50.

JANET-LANGE (Ange-L. Janet, dit), peintre et dessinateur, 1818, Paris. Élève de Colin et de Vernet. — Haras, 1836. Christ aux oliviers, 1839. Isaac bénissant Jacob, 1843. Abdication de Fontainebleau, 1844. Le Bon Pasteur, 1845. Baiser pris et rendu. Pèlerins d'Emmaüs, 1849. Néron, 1855. Napoléon III distribuant des secours, 1857. Combat de Khougil, 1859. L'Empereur à Solferino, 1861. Charge du 2e hussards, 1863. Combat d'Altesco, 1864. Chasse à tir, 1865. Dessins de l'hist. de Napoléon (avec H. Vernet), 1843, et de l'Illustration.

JANIN (Jules-Gabriel), littérateur et critique, 1804, Condrieu (Loire). Débuta avec succès dans le journalisme, 1828, surtout dans le Journal des Débats dont il rédige les feuilletons litt. depuis 1831, et, tout en remplissant avec fécondité et talent son rôle de critique, a écrit un gr. nombre d'ouvrages, de notices, de préfaces. — L'Ane mort, 1829. Nouv. éd. *Delloye,* 1841, in-18, ou *Bourdin,* 1842, gr. in-8, fig. 12 fr. La Confession, 1830, 2 vol. in-12. Barnave, 1831, 4 vol. in-12. Contes, 1832-33, *Mesnier,* 8 vol.

in-12. CHEMIN DE TRAVERSE, 1836. 3e éd. *Chapelle*, 1841, in-8. Hist. de France, 1837-43, *Gavard*, in-fol. in-4, et in-8. La Normandie, 1842-43, *Bourdin*, gr. in-8, fig. 15 fr. ou 1844, in-8. La Bretagne, 1845, *Bourdin*, gr. in-8, fig. 15 fr. HIST. DE LA LITT. DRAMAT. 1853-58, *Lévy*, 6 vol. in-18, 18 fr. Rachel, 1859, *Amyot*, gr. in-8, 30 fr. Trad. d'Horace, 1860, petit in-32, 3 fr. 50 ou 1865, in-12. La Poésie et l'Éloquence à Rome, 1864, *Didier*, in-8 ou in-12.

JANSÉNIUS (Cornélius JANSEN), théologien flamand, 1585, Acquoi, près Leerdam ; 1638..... Ami de Saint-Cyran. Professeur d'Écriture sainte à Louvain, 1630. Évêque d'Ypres, 1635. Son ouvrage, dans lequel il combattait le Jésuite Molina, donna lieu aux fameuses divisions des Jansénistes et des Molinistes. — AUGUSTINUS, 1640, *Louvain*, in-fol.

JANVIER (Antide), mécanicien horloger, 1751, St-Claude (Jura) ; 1835, Paris. Construisit de remarquables machines astronomiques. Horloger du roi. Mourut à l'Hôtel-Dieu. — Sphère, 1768. Planétaire, 1771. PENDULE PLANÉTAIRE, 1789. DEUX SPHÈRES MOUVANTES, 1800. — Manuel chronométrique, 1810. Nouv. éd. *Didot*, 1821, in-12. Des révolut. des corps célestes, 1812, *Didot*, in-4. Manuel de l'horloger (avec Lenormand). Nouv. éd. *Roret*, 1850, in-18. Recueil de machines, 1827-28, in-4.

JACQUOTOT (Marie-Victoire, madᵉ), peintre sur porcelaine, 1778, Paris ; 1855, Florence. Attachée à la manufacture de Sèvres. Peintre de Louis XVIII, de Charles X, de L.-Philippe. — Portraits et Camées, 1808. La Belle Féronnière, de Léonard de Vinci, 1812. La Vierge et l'Enfant Jésus ; la Madone de Foligno, 1812 ; Vierges à la chaise, 1814 ; aux poissons, 1817 ; aux œillets, 1819 ; au voile, 1836 ; LA BELLE JARDINIÈRE, 1817 ; Ste Famille, 1819, d'après Raphaël. La Joconde, du Titien, 1822. Corvisart ; Psyché et l'Amour ; Corinne ; NAPOLÉON, de Gérard. Anne de Boleyn, de Holbein, 1824. ANNE DE CLÈVES, de Van Dyck. Danaë ; ATALA ET CHACTAS, de Girodet.

JASMIN (Jacq.), poëte, 1798, Agen ; 1864, ibid. Malgré ses succès en poésie, conserva l'état de perruquier qu'il avait embrassé de bonne heure. — Lou Chalibari (le Charivari), 1825. Lou Tres de mai (le Trois Mai), 1830. LES PAPILLOTES, 1835-43, *Agen, Noubel,* 2 vol. in-8. Trad. franç. avec texte. *Agen, Chairou,*

1858-63, 4 vol. in-8, et 1860, in-12. L'Abuglo del Castel-Cuillé (l'Aveugle de Castel-Cuillé), 1836, *Agen, Noubel*, in-8. Lous Dus Frays bessous (les Deux Jumeaux), 1847.

JAY (Ant.), littérateur, 1770, Guitres (Gironde); 1854, Chambreville (ibid.). Voyagea en Amérique, 1796-1802. Fondateur et directeur de divers journaux, 1812-15-18. Député, 1827. Membre de l'Acad. franç. 1832. — Tableau de la litt. franç. au XVIIIe siècle, 1806, in-8. Éloges de Corneille, 1808, in-8; de Montaigne, 1812, in-8. Hist. de Richelieu, 1815, 2 vol. in-8. — OEuv. litt. *Moutardier*, 1831, 4 vol. in-8.

JAZET (J.-P.-Marie), graveur, 1788, Paris. Appliqua avec succès, pour les tableaux d'histoire, les procédés employés pour la reproduction des paysages. — Serment du Jeu de paume. Iéna. Wagram. La Barrière de Clichy. Retour de l'île d'Elbe. Le Pont d'Arcole. Atelier d'Horace Vernet. Entrée de Charles X à Paris. Chasses au sanglier, au lion. Prise de la porte de Constantine. Louis XV à Fontenoy. Retour de chasse. Trappiste en prière.

JEAN CHRYSOSTOME (S^t), célèbre théologien, père de l'Église grecque, 347, Antioche; 407, près Comana (Anatolie). Passa sept ans dans la solitude, 374-81, à étudier l'Écriture sainte et à vivre d'austérités. Prêtre, 382. Évêque de Constantinople, 398. Donna l'exemple de toutes les vertus et cependant fut déposé de son siége et mourut en exil. — Homélies. Traités du Sacerdoce; de la Virginité; de la Providence. Comment. sur l'Écriture sainte. Lettres. — OEuv. compl. Éd. grecq. par H. Savile, 1612, 8 vol. in-fol. Éd. grecq.-lat. par Montfaucon, *Guérin*, 1718-38, 13 vol. in-fol., *Gaume*, 1834-40, 13 vol. gr. in-8, et *Migne, Montrouge*, 1859-60, 13 vol. gr. in-8. OEuv. choisies. Éd. grecq.-lat. *Leyde*, 1830, 2 vol. in-8, 20 fr. et par M. Dubner, *Didot*, 1861, 2 vol. gr. in-8, 30 fr. Trad. franç. par Ath. Auger, *De Bure*, 1785, 4 vol. in-8. 20 à 24 fr.

JEANRON (Phil.-Aug.), peintre, 1809, Boulogne-s.-Mer. Président de la Société libre de peinture, 1831. Collaborateur de diverses publications. Conservateur du Musée, 1848. — Les Petits Patriotes, 1831. Halte de Contrebandiers, 1833. Les Forgerons, 1836. Les Criminels, 1840. Bohémiens, 1846. La Fuite et le Repos en Égypte, 1850. Suzanne au bain, 1852. Berger breton, 1855. Raphaël et la Fornarina; Tintoret et sa fille, 1857.

Le Phénicien et l'Esclave, 1859. Retour de pêche ; Soldats, 1861.
Vues d'Hyères, 1863. Le Phare, 1864. Notre-Dame-de-la-Garde,
1865.

JENNER (Éd.), médecin anglais, 1749, Berkeley (Glocester) ;
1823, ibid. Célèbre pour avoir découvert la vaccine, 1776, qu'il
livra généreusement à la publicité après vingt années d'observations. — Rech. sur les causes de la variole-vaccine, 1798, *Londres*, in-4. 3e éd. 1801. Trad. franç. par de Laroque, *Lyon*,
1800, in-8.

JÉROME (St), célèbre théologien, Père de l'Église latine, 330-
46, Stridon (Dalmatie); 420, Bethléem. Parcourut l'Europe et
l'Asie Mineure. Secrétaire du pape Damase, 378, puis retourna
en Palestine s'enfermer dans un monastère. — TRAD. LAT.
(VULGATE) des textes hébreu et syriaque de la Bible, 392 à 404.
COMMENT. SUR L'ÉCRITURE SAINTE. Écrivains ecclésiastiques.
Lettres, trad. franç. avec texte lat. *Perisse*, 1838-40, 5 vol. in-8,
27 fr. 50. — OEuv. Éd. lat. par Wallarsi, *Vérone*, 1834-42, 11
vol. in-fol. *Migne*, Montrouge, 9 vol. gr. in-8, 60 fr. Éd. franç.
Desrez, 1839, gr. in-8, 10 fr.

JERROLD (Douglas), littérateur anglais, 1805, Sheerness
(Kent); 1857..... Marin. Imprimeur, 1822, puis homme de lettres.
Dirigea et fonda diverses publications périodiques.—BLACKEYED-
SUSAN (Suzanne aux yeux noirs), 1826, *Londres*. THE RENT
DAY (Jour de la rente), 1830, *Londres*. Les Anglais peints par
eux-mêmes. Trad. franç. 1839. — CHRONICLES OF CLAVERNOOK
(Chroniques de Clavernook), 1843, *Londres*. THE BUBBLES OF
THE DAY (Les Joujoux à la mode). Retired from business (Retiré
des affaires), 1851.

JOANÈS (Vincente), peintre espagnol, 1523, Fuente de la Higuera ; 1579, Bocairente. Ouvrit une Acad. qui compta de nombreux élèves. — Christ ; Dieu le père ; Tête de moine ; Résurrection ; St Jérôme et St François, au Louvre. Cène ; Christ ; Visitation de Ste Élisabeth ; Portement de croix ; Martyre de Ste
Agnès ; Vie de St Étienne, à Madrid.

JOANNE (Adolphe-Laurent), littérateur, 1813, Dijon. Avocat,
1836-39. Journaliste. Parcourut la Suisse, l'Allemagne, et créa
les Guides qui portent son nom. — Itinéraires pour tous les lieux
remarquables de la France et de l'étranger, *Hachette*, environ

120 vol. de 1 à 10 fr. Dict. des communes de la France, 1864, *Hachette*, gr. in-8, 20 fr.

JOBARD (J.-Bapt.), économiste et littérateur belge, 1792, Baissey (Hte-Marne); 1861, Bruxelles. Ingénieur du cadastre à Groningue, à Maestricht, 1811 et suiv. Directeur du Musée de l'industrie belge. Membre de l'Acad. de Bruxelles. — Monotaupole industriel, 1844, *Bruxelles*, in-8. Code complém. d'Économie sociale, 1845, *Bruxelles*, in-8. Propriété intellectuelle, 1857, *Bruxelles*, 2 vol. in-8.

JOBERT de Lamballe (Ant.-Jos.), médecin, 1799, Lamballe (Côtes-du-Nord). Interne, 1821. Aide d'anatomie, 1827. Prosecteur, 1828. Chirurgien, 1829. Agrégé à la Faculté; médecin consultant du roi; Professeur de Clinique, 1830. Membre de l'Acad. de médecine, 1840; de l'Acad. des sciences, après Magendie, 1856. Chirurgien ordinaire de l'Empereur. — Traité des maladies du canal intestinal, 1829, *Méquignon*, 2 vol. in-8, 6 fr. Plaies d'armes à feu, 1833, *Béchet*, in-8. Études sur le Syst. nerveux, 1838, *Baillière*, 2 vol. in-8, 7 fr. Traité de chirurgie plastique, 1849, *Baillière*, 2 vol. in-8, avec atlas, 50 fr.

JODE le vieux (Peter de), graveur flamand, 1570, Anvers; 1634, ibid. Élève de Goltzius. Passa plusieurs années en Italie. — La Vierge et l'enfant Jésus; Portrait du Titien. Vie de Ste Catherine, de F. Vanni. J.-C. et St Pierre, de Rubens. Jugement dernier, de J. Cousin. Métamorphoses d'Ovide, de Tempesti.

JODE le jeune (Peter de), graveur flamand, 1602, Anvers;..... Fils et élève du précédent. — Ste Famille, du Titien. Nativité; Miracle de St Martin, de Jordaens. St François, du Barroche. Visitation; les Trois Grâces; Vénus, de Rubens. St Augustin; Renaud et Armide, de Van-Dyck.

JOHANNOT (Ch.-H.-Alfred), peintre et graveur, 1800, Offenbach-s.-le-Mein (Hesse); 1837, Paris. Commença par reproduire des étiquettes, des images à un sou, et, à force de travail et de persévérance, devint un artiste estimé. — Gravure : Ourika, de Gérard. Les Orphelins, de Scheffer, 1824. Illustr. des œuv. de W. Scott, Cooper, Byron, 1827. Peinture : Don Juan naufragé, 1831. Annonce de la victoire de Hastenbeck, 1833. Entrée de Mlle de Montpensier a Orléans; François Ier et Charles

Quint, 1834. Henri II ; Catherine de Médicis, 1835. Marie Stuart, 1836. Anne d'Este; St Martin partageant son manteau ; Bataille de Brattelen ; Embarquement d'Élisabeth, 1837.

JOHANNOT (Tony), dessinateur et peintre, 1803, Offenbach ; 1852, Paris. Frère du précédent. Illustrations de W. Scott, Cooper, La Fontaine, Paul et Virginie, Don Quichotte, le Vicaire de Wakefield, l'Ane mort, WERTHER, Jérôme Paturot. Peinture : Scène domestique, 1833. Bataille de Rosebecque, 1839. La Sieste, 1841. L.-Philippe et la reine Victoria. Petits Braconniers, Jeune fille, le Soir, le Matin, la Prière, 1848. Mort de St Paul, Tircis et Amarante, le Fleuve Scamandre, 1850. Les Plaisirs de l'Automne.

JOHNSON (Samuel), littérateur, moraliste et critique anglais, 1709, Lichfield (Stafford) ; 1784, Londres. Instituteur. Traducteur. Fonda deux journaux litt. estimés et eut pendant longtemps à lutter avec la misère qu'il finit par vaincre. — Le Rôdeur, 1750-52. Trad. franç. par Lambert, 1827, 6 vol. in-8. ENGLISH DICTIONARY (Dict. anglais), 1755. Autres éd. *Londres*, 1773, 2 vol. in-fol. 30 à 40 fr.; 1805, 4 vol. gr. in-8 ; 1816, 2 vol. in-4, 20 à 24 fr. 1827, 3 vol. gr. in-4, 90 à 100 fr., et 1854, gr. in-8, 30 à 36 fr. Abrégé de ce dict. 1827, *Londres*, in-8. HIST. DE RASSELAS, 1759. Éd. angl. *Londres*, 1805, in-4, 12 fr. et 1828, in-12. Éd. angl.-franc. *Baudry*, 1832, in-8. Trad. franç. *Louis*, 1815, in-12. VIE DES POÈTES ANGLAIS, 1779-81. Éd. angl. *Londres, Chalmers,* 1810, 21 vol. gr. in-8, et 1822, 100 vol. gr. in-18. Trad. franç. 1er vol. *Didot*, 1823, in-8. — OEuv. Éd. angl. *Oxford, Parker*, 1825, 13 vol. gr. in-8, 90 à 100 fr. ou *Londres*, 1823, 12 vol. in-8.

JOHNSTON (James), chimiste anglais, 1796, Paisley ; 1855, Durham. Élève de Berzélius. Professeur à Durham, 1833. Pensionnaire de la Société royale de Londres, 1837. Chimiste de la Société d'agricult. d'Écosse, 1843. — Élém. de Chimie agricole et de géologie. Traduction française par M. Exschaw. *Huzard*, 1845, in-12.

JOIGNEAUX (P.), agronome et publiciste, 1815, Varennes (Côte-d'Or). S'occupa d'agriculture après avoir créé ou rédigé divers journaux. Membre de la Constituante, 1848. Exilé en 1852. — Traité de Chimie agricole, 1845, *Beaune*, in-12. Traité des amendements et des engrais, 1848, *Huzard*, in-16. Chimie du cultivateur, 1849, *Masson*, in-18, 1 fr. Conseils à la jeune fermière, *Masson*, 1861, in-18, 1 fr. Le Livre de la ferme, *Masson*, in-8.

JOINVILLE (Jean, sire de), historien, 1224, Joinville (Diocèse de Châlons-s.-M.) ; 1319..... Sénéchal de Thibaut, comte de Champagne. Conseiller de Louis IX qu'il suivit en terre sainte et qui avait pour lui une grande amitié. — HIST. DE ST LOUIS, 1re éd. 1547. Autres éd. par Du Cange, 1668, in-fol. 30 à 36 fr. par Capperonnier, *Impr. roy.* 1761, in-fol. 24 à 30 fr. et par M. Michel, *Didot*, 1859, in-18, 5 fr.

JOLLIVET (F.-Jules), peintre, 1803, Paris. Élève de Gros, de Dejuine et de l'École des beaux-arts, 1822-25. — La Maison de l'Alcade, 1831. Les Brigands de Valence ; Halte de Gitanos, 1833. Guérilla ; Soirée castillane, 1834. Procès de Jeanne d'Arc ; Lara, 1835. Jésus et la Samaritaine, 1839. Couronnement d'épines, 1840. Massacre des Innocents, 1845. Vue de Jumièges, 1847. La Vierge aux douleurs, 1850. INSTALLATION DE LA MAGISTRATURE, 1855. Portraits, 1861. Jésus au milieu des docteurs, 1865.

JOMARD (Edme-F.) géographe, archéologue, 777, Versailles ; 1862, Paris. Fit la campagne d'Égypte, en qualité d'ingénieur-géographe. Consacra dix-huit années, 1803-21, au gr. ouvrage : la Description de l'Égypte. Membre de l'Acad. des inscriptions, 1818. Un des fondateurs de la société de Géographie, 1821. Conservateur à la Bibliothèque, 1828. — RECUEIL D'OBSERV. SUR L'ÉGYPTE, 1830, *Panckoke*, 4 vol. in-8. Étude sur l'Arabie, 1839, *Didot*, in-8, 9 fr. LES MONUMENTS DE LA GÉOGRAPHIE, 1854 et suiv. *Duprat*, in-fol.

JOMELLI (Nic.), musicien-compositeur italien, 1714, Aversa (Naples) ; 1774, Naples. Maître de chapelle du duc de Wurtemberg, 1754-70. — Odoardo, 1738, à Naples. Didone, 1745, à Vienne. Merope, 1747, à Vienne. Ezio, 1748 ; Eumene, 1750 ; Armida, 1771 ; Demofoonte, 1772 ; Ifigenia, 1773, à Naples. LAUDATE. MISERERE. Cantates. Oratorios.

JOMINI (H., baron), général et historien, 1779, Payerne (Vaud, Suisse). Commerçant. Soldat, Historiographe de France. Aide de camp de l'empereur de Russie. — Traité des grandes opérations militaires, 1803. 4e éd. *Dumaine*, 1851, 4 vol. in-8, atlas. HIST. DES GUERRES DE LA RÉVOLUTION, de 1792 à 1803. 1re éd., 1806. 3e éd. *Ancelin,* 1819-24, 15 vol. in-8, avec atlas, 171 fr. et *Bruxelles,* 1840, 4 vol. gr. in-8, avec atlas. Vie de Napoléon, 1827, 4 vol. in-8, avec atlas, et *Bruxelles,* 1840, 2 vol. gr. in-8. Précis de l'art de la guerre, 1838. 2e éd. 1855, 2 vol. in-8.

JONES (Inigo), architecte anglais, 1572, Londres; 1652, ibid. Des voy. en France, en Allemagne, en Italie, développèrent son talent. Architecte de Jacques Ier et de Charles Ier. — PORTIQUE DE ST-PAUL, 1620. Construction du palais de Whitehall, de l'église et de la place de Covent-Garden, de la Bourse, de l'hôpital de Greenwich.

JONES (Williams), orientaliste anglais, 1746, Londres; 1794, Calcutta. Précepteur du comte Spencer. Avocat, 1770. Juge à la cour suprême de Calcutta. Avait appris vingt-huit langues et en connaissait très-bien une quinzaine. — Hist. de Thamas-Kouli-Kan, 1770, *Londres,* gr. in-4, 12 à 15 fr. Gramm. persane, 1771. 9e éd. *Londres,* 1828, in-4, 25 fr. Poeseos asiaticæ commentariorum, 1774, *Londres,* gr. in-8, 6 à 9 fr. INSTITUTES OF HINDU-LAW (Institutes des lois indiennes), 1794. Nouv. éd., *Londres,* 1796, in-8. — OEuv. compl. éd. angl. *Londres,* 1799, 6 vol. gr. in-4, 75 à 90 fr.

JONSON (Benjamin, dit BEN), poëte anglais, 1574, Westminster; 1637, Londres. D'abord maçon, comme son père, puis soldat, acteur et auteur dramatique, 1598. Ami de Shakespeare. Poëte lauréat, 1616, Mourut dans la misère. — Chaque homme a son humeur, 1599; trad. franç. dans la coll. des théâtres étrangers. The Fox (le Renard), 1605. The silent Woman (la Femme silencieuse), 1609. The Alchymist (l'Alchimiste), 1610. Catilina, 1611; trad. franç. par Dalban, 1827, in-8. Poésies diverses. — OEuv. éd. angl. *Londres,* 1756, 7 vol. in-8, fig. 48 à 60 fr. 1816, 9 vol. in-8, 90 à 120 fr., et 1855, in-8.

JORDAENS (Jacob), célèbre peintre flamand, 1594, Anvers; 1678, ibid. Élève d'Adam Van Oort, son beau-père. Ami de Rubens. Sa facilité et son assiduité au travail lui permirent de peindre un gr. nombre de tableaux. — LE ROI BOIT; LE CONCERT; LES QUATRE ÉVANGÉLISTES; ENFANCE DE JUPITER; Jugement dernier; Jésus chassant les vendeurs du temple; Portraits, au Louvre; Hommes et femmes a table; Fuite en Égypte; le Satyre et le Passant; Pan et Syrinx, à Cassel. Vierge et Saints; Christ; Martyre de Ste Apolline; Diane et Neptune, à Anvers. Stes Familles; St Pierre et St Paul, à Malines. Christ en croix, à Lière. Nativité, à Dixmude. Christ au milieu des docteurs, à Furnes. Christ; St Martin, à Tournay.

JOSÈPHE (Flavius), historien et général juif, 37 de J.-C., Jérusalem; vers 100..... Jeune encore possédait une grande instruction. Gouverneur de la Galilée. Vaincu par les Romains plus nombreux, et emmené à Rome. — Antiquités judaïques. Hist. des Juifs; éd. grecq. *Oxford*, 1832, 2 vol. in-8, 12 à 18 fr. Trad. franç. par Arnauld d'Andilly, *Bruxelles*, 1701-3, 5 vol. pet. in-8, 30 à 40 fr., ou 1738, 15 à 18 fr. — OEuv. Éd. grecq. lat. par Havercamp, *Amsterdam*, 1726, 2 vol. in-fol. 50 à 60 fr., par M. Dindorf, *Didot*, 1845-49, 2 vol. gr. in-8, 30 fr. et *Leipsick*, 1825-27, 6 vol. pet. in-12, 15 à 18 fr.

JOSÉPIN (Giuseppe-Cesari, le), peintre italien, 1560-68, Arpino (Naples); 1640, Rome. Élève de Roncalli. Se fit remarquer de bonne heure par sa fécondité qui nuisit à la qualité de ses œuvres. — La Charité; Ecce Homo; Conversion de St Paul; Enlèvement d'Europe; Ste Brigitte; Mariage de la Vierge; Prophètes; Purification; St Jean l'Évangéliste; Ascension; Gloire de la Vierge; Fresques du Capitole, à Rome. St Michel; la Samaritaine; la Madeleine; Christ aux Oliviers; Anges, à Naples; Thétis et Neptune; Portraits, à Florence. Diane et Actéon; Adam et Ève, au Louvre. Persée et Andromède, à Vienne. Triton, à Londres. Bataille, à Dresde. Vierge, à Munich.

JOSIKA (Nicolas, baron), romancier et politique hongrois, 1796, Torda (Transylvanie). Soldat. Agriculteur. Député à la diète, 1834-47. Membre du comité de défense nationale, 1848. Retiré à Bruxelles. — Abafi. 3e éd. *Pesth*. Zrinyi a Kœltoe (le poëte Zrinyi), 1843, 4 vol. Az utolso Batory (le dernier Bathory), 1840, 3 vol. A Eslek Magyarorszagban (les Bohémiens en Hongrie), 1845, 4 vol. Josika Istvan (Ét. Josika), 1847, 5 vol. Familie Mailly (la Famille Mailly), 1850, *Leipsick*, 2 vol.

JOUFFROY d'Abbans (Cl.-F.-Dorothée, marquis de), mécanicien, vers 1751..... (Franche-Comté), 1832, Paris. Soldat. Appliqua le premier la vapeur à la navigation, sur le Doubs, 1776 ; sur la Saône, 1783. Émigra à la révolution. Mourut aux Invalides. Ses droits à l'invention du bateau à vapeur ont été reconnus par l'Acad. des sciences, 1840.

JOUFFROY (Théod.-Simon), philosophe, 1796, Pontets (Doubs) ; 1842, Paris. Élève de Royer-Collard. Maître de conférences à l'École normale, 1817-22. Professeur de philosophie à la Faculté, 1828 ; au Collège de France, 1832. Député, 1831. Membre de l'Acad. des sciences morales, 1833 ; du Conseil de l'instruction publique, 1840. — Trad. des Esquisses de philos. de Dugald-Stewart, 1826, in-8, et des œuv. de Reid, 1828-35, 6 vol. in-8. Mélanges philos. 1833. 2e éd. 1838, in-8 et 3e éd. *Hachette*, 1860, in-12. 3 fr. 50. COURS DE DROIT NATUREL, 1833-42. 2e éd. *Hachette*, 1843, 2 vol. in-8. 3e éd. 1859, 2 vol. in-12. 7 fr. Nouv. Mélanges, 1842, in-8. 2e éd. *Hachette*, 1860, in-12. 3 fr. 50. Cours d'Esthétique, 1843, *Hachette*, in-8, ou in-12. 3 fr. 50.

JOUFFROY (F.), sculpteur, 1806, Dijon. Élève de Ramey. 2e, 1826, et 1er gr. prix de Rome, 1832. Membre de l'Acad. des beaux-arts, 1857. — Pâtre napolitain, 1834. Caïn maudit, 1838. L'INGÉNUITÉ, 1839. La Désillusion, 1840. Le Printemps et l'Automne, 1845. La Rêverie, 1848. L'Abandon, 1853. Bustes : Monge, le Cte Merlin, Mad^e Arsène Houssaye, le maréchal Dode, Jos. Couturier, la veuve de Talma.

JOUVENET (J.), peintre, 1647, Rouen ; 1717, Paris. Membre, 1674, et recteur de l'Acad. de peinture, 1707. Paralysé sur la fin de sa vie, peignit de la main gauche. — Jésus chez Marthe et Marie, Jésus guérissant les malades, PÊCHE MIRACULEUSE, RÉSURRECTION DE LAZARE, DESCENTE DE CROIX, les Vendeurs chassés du temple, Repas chez Simon, Maître-Autel de Notre-D^e, Pèlerins d'Emmaüs, Ascension de J.-C., au Louvre. Jésus et le Paralytique, 1673, à Notre-D^e. Esther et Assuérus, 1674. Fresques à la chapelle de Versailles, aux Invalides. Plafond du Parlement de Rouen (aujourd'hui détruit).

JOUY (Vict.-Jos. ÉTIENNE de), littérateur et auteur dramatique, 1764, Jouy (Seine-et-Oise) ; 1846, St-Germain-en-Laye. Abandonna l'état militaire pour celui des lettres. Écrivit dans plusieurs journaux. Membre de l'Acad. franç. 1815. Bibliothécaire du Louvre, 1830. — Théâtre : La Vestale, 1807; Fernand Cortez; 1809; les Bayadères, 1810; les Amazones, 1812; Tippo Saëb; les Abencerrages, 1813. Sylla, 1822; Moïse, 1827; Guillaume Tell, 1829. Littérature : les Ermites de la Chaussée d'Antin, 1812-14; de la Guyane, 1816; en Province, 1818; en Prison, 1823; en Liberté, 1824. — OEuv. compl. *Didot,* 1823-28, 27 vol. in-8.

Jubinal (Michel-L.-Achille), littérateur, 1810, Paris. Proesseur de litt. à Montpellier, 1839. Député, 1852. Collaborateur de divers journaux. — Jongleurs et Trouvères, 1835, *Merklein,* in-8. 5 fr. Mystères du xve siècle, 1836-37, 2 vol. in-8. Tapisseries historiques, 1838-39, gr. in-fol. avec pl. Fabliaux, 1839-42, 2 vol. in-8.

Jules Romain (Giulio Pippi), célèbre peintre et architecte italien, 1492, Rome; 1546, ibid. Élève et ami de Raphaël. S'étant attiré le ressentiment du Pape Clément VII, se retira à Mantoue, où il devint ingénieur-architecte du duc. — Danse des Muses; Triomphe de Titus; Circoncision; Nativité; Ste-Famille; Vénus et Vulcain; Portrait, au Louvre. La Vierge; St Joseph; St Jacques; St Jean; St Marc; Ste Anne; Déluge; Martyre de St Étienne, à Rome. La Vierge au bassin; Samson; Pan et le Berger, à Dresde. Jupiter et Léda, à St-Pétersbourg. Transfiguration, à Madrid. Ariane, à Munich. Diane et Endymion, à Vienne. Fresques et Palais du Té; Cathédrale, à Mantoue.

Julien (Flavius Claudius Julianus), empereur romain, 331, Constantinople; 363, Samera (Assyrie). Gouverneur des Gaules, 355. Fixa sa résidence à Paris. Vainquit les Germains à Strasbourg, 357. Empereur, 361. Mourut dans une guerre contre les Perses. — Traités. Panégyriques. Lettres. Misopogon. Les Césars, éd. grecq. *Gotha,* 1741, in-8, fig. 5 à 6 fr. Trad. franç. par Spanheim, *Amsterdam,* 1728, in-4. 10 à 15 fr. — OEuv. Éd. grec.-lat. *Leipsick,* 1696, in-fol. Trad. franç. par Tourlet, 1821, 3 vol. in-8. 12 à 18 fr. et par Talbot, *Plon,* 1863, in-8, 8 fr.

Julien (P.), sculpteur, 1731, St-Paulien, près Le Puy; 1804, Paris. Élève de Guill. Coustou. Gr. prix de sculpture, 1765. Membre de l'Acad. 1779. — Sabinus offrant son char aux Vestales, 1765. Copies de l'Apollon du Belvédère et du Gladiateur combattant. GUERRIER MOURANT, 1778. LA BAIGNEUSE. La Fontaine. Le Poussin.

JULIEN (Stanislas-Aignan), célèbre orientaliste, 1799, Orléans. Bibliothécaire adjoint de l'Institut, 1827. Professeur, 1832, et administrateur au Collége de France, 1859. Membre de l'Acad. des inscriptions, 1833. Conservateur adjoint à la Bibliothèque, 1839. — L'Enlèvement d'Hélène, de Coluthus ; éd. grecq.-lat.-franç.-angl.-allem.-ital.-esp., 1823, *De Bure*, in-8. MENG-TSEU VEL MENCIUM, 1824, 2 vol. in-8. Hist. du Cercle de craie, trad. du chinois, 1832, *Londres*, in-8. L'Orphelin de la Chine, trad. du chinois, 1834, *Moutardier*, in-8. Le Livre des récompenses et des peines; éd. chinoise-franç. 1835, *Barrois*, in-8. Traités chinois sur la culture des mûriers, 1837, *Huzard*, in-8. VOY. DES PÈLERINS BOUDDHISTES, 1853-59, *impr. imp.* 3 vol. gr. in-8. Hist. de la porcelaine chinoise, 1856, in-8. Trad. franç. du Chou-king, du Li-ki, du Tchun-sieou.

JULLIEN (André), œnologue, 1766, Châlon-s.-Saône; 1832, Paris. Négociant en vins. Membre de la Société d'encouragement. — Topogr. de tous les vignobles connus, 1822. 4ᵉ éd. *Lacroix*. in-8. 7 fr. 50. Manuel du Sommelier, 1826, 6ᵉ édit. *Roret*, 1845, in-18. 3 fr.

JUNGHUHN (F-Guill.), naturaliste et voyageur allemand, 1812, Mansfeld (Prusse). Médecin dans l'armée prussienne, en Algérie, à Batavia, 1835, où il s'occupa de sciences naturelles jusqu'en 1848. —Topographische und naturwissenschaftliche Reisen (Voy. topogr. et scientifique), 1847, *Magdebourg*. JAVA, SEINE GESTALT PFLANZENDECKE UND INNERE BAUART (Java, au point de vue topogr. botan. et géolog.), 1852, *Leipsick*, 3 vol. 2ᵉ éd. 1854.

JURIEU (P.), théologien, 1637, Mer (Orléanais) ; 1713, Rotterdam. Professeur à Sédan, 1674-80, puis à Rotterdam. Eut de vives discussions avec presque tous les hommes remarquables de l'époque. — Pratique de la dévotion, 1674. 22ᵉ éd. 1726, 2 vol. in-12. Politique du clergé de France, 1681, *Amsterdam*, in-12. Hist. des dogmes, 1704-5, *Amsterdam*, 2 vol. in-4.

JUSSIEU (Ant. de), botaniste et médecin, 1686, Lyon ; 1758, Paris. Professeur au Jardin du roi, après Tournefort. Membre de l'Acad. des sciences. Parcourut la France et l'Espagne pour ses rech. botaniques. — Notices et mémoires dans le recueil de l'Acad. des sciences, 1712-45.

JUSSIEU (Bernard de), célèbre botaniste, 1699, Lyon ; 1777, Paris. Frère du précédent. Membre de l'Acad. des sciences, 1725. Directeur du jardin botan. de Trianon, 1758. Augmenta considérablement les richesses du Muséum. — Éd. de l'hist. des plantes de Tournefort, 1725, 2 vol. in-12. MÉMOIRES dans le recueil de l'Acad. des sciences, 1730-40.

JUSSIEU (Ant.-Laurent de), célèbre botaniste, 1748, Lyon ; 1836, Paris. Neveu du précédent. Membre de l'Acad. des sciences, 1773. Démonstrateur de botanique au Jardin du roi, 1777. Membre de la municipalité de Paris, 1790-92. Professeur à la Faculté de médecine, 1804-22. — GENERA PLANTARUM, 1789, *Hérissant*, in-8. 10 fr. Notices et Mémoires nombreux dans le recueil de l'Acad. des sciences, 1800-20.

JUSSIEU (Adrien de), botaniste, 1797, Paris ; 1853, ibid. Fils du précédent. Professeur de botanique au Muséum, après son père, 1826. Menbre de l'Acad. des sciences, 1831. — Cours de botanique, 1842. 9e éd. *Masson*, 1863, in-18, 6 fr. Monographie des Malpighiacées, 1844, *Gide*, in-4 et in-8.

JUSSIEU (Laurent-P. de), littérateur, 1792, Villeurbanne (Isère). Neveu du célèbre Laurent. Secrétaire gén. de la préfecture de la Seine, 1831. Maître des requêtes au conseil d'État. Député, 1839-42. — SIMON DE NANTUA, 1818. Nouv. éd. *Colas*, 1847, in-12. Antoine et Maurice, 1821, in-12. Les Petits livres du père Lami, 1830-42, 6 vol. in-12. Nouv. éd. 1853. Fables et Contes, 1844, *Colas*, in-18.

JUSTIN (St), philosophe et théologien grec, vers 103, Sichem (Samarie) ; vers 167, Rome. Ouvrit une école de philosophie chrétienne à Rome. Mourut martyr après avoir parcouru l'Égypte et l'Asie Mineure.—Apologies pour les Chrétiens. Dialogue avec Tryphon. Lettres. — Éd. grecq. par Otto, *Iéna*, 1847-50, 5 vol. in-8. 6 thl. Éd. grecq.-lat. par de Maran, 1742, in-fol. 36 à 48 fr. Trad. franç. par de Maumont, *Vascosan*, 1558, in-fol.

JUSTIN, historien latin, 2e siècle. Son œuvre est extraite d'un ouvrage de Trogue Pompée qui n'est pas parvenu jusqu'à nous.— Hist. universelle. Éd. lat. par Gronovius, *Leyde*, 1760, in-8. 9 à 12 fr. *Lemaire*, 1823, in-8. 6 fr. et *Barbou*, 1770, in-12. 3 à 4 fr.

Éd. lat.-franç. par Pierrot et Boitard, *Panckoucke*, 1827-29, 2 vol. in-8. 14 fr. par l'abbé Paul, *Barbou*, 1774, ou *Delalain*, 1817, 2 vol. in-12. 5 fr.

JUSTINIEN Ier **LE GRAND**, empereur d'Orient, vers 483, Tauresium (Dardanie) ; 565..... S'est rendu célèbre par sa fermeté à conduire la guerre et les affaires intérieures et extérieures de son règne, et surtout par la révision des lois et ordonnances de ses prédécesseurs. — INSTITUTES. Éd. lat. *Berlin*, 1832, in-4, et *Amsterdam, Elzevier*, 1669, in-12, 5 à 6 fr. Trad. franç. par du Caurroy, 1851, 2 vol. in-8. PANDECTES. Éd. lat. *Belin*, 1820-22, 3 vol. in-fol. et *Fournier*, 1818-20, 5 vol. in-4. 30 à 40 fr. Trad. franç. *Borée*, 1818-24, 24 vol. in-8. Novelles. Édit. lat. *Leipsick*, 1840-51, 2 vol. in-8. 27 fr. Code. — OEuv. complètes sous le titre de Corpus juris civilis ; éd. lat. *Bâle*, 1789 in-4. 21 à 24 fr. et *Janet* et *Cotelle*, 1855, in-4. 24 fr. *Leipsick*, 1827-43, gr. in-8. 15 fr. Éd. lat.-franç. *Metz*, 1803-10, 14 vol. in-4, ou 68 vol. in-12.

JUVÉNAL (Decimus Junius Juvenalis), célèbre poëte satirique latin, fin du 1er siècle de J.-C., probablement à Arpinum ; vers 130, en Égypte ou à Rome. Avocat. Publia ses satires sous Trajan et Adrien. La vivacité et la hardiesse de ses expressions le firent reléguer en Égypte, avec le titre de préfet de légion. — SATIRES (sur la noblesse, les vœux, les femmes, le turbot, etc.). — Ed. lat. par Ruperti, *Leipsick*, 1801, 2 vol. in-8. 15 à 20 fr. et *Panckoucke*, 1826, in-8. 4 fr. Éd. lat.-franç. par Dusaulx, *Didot*, 1796, 2 vol. gr. in-4. 18 à 24 fr. *Panckoucke*, 1839, 2 vol. in-8 ; par Baillot, *Courtière*, 1823, in-8, 5 fr. par J. Lacroix (en vers), *Didot*, 1846, in-8. 6 fr. par Creuzé (en vers, sans texte lat.), *Didot*, 1796, in-18. *Garnier*, 1845, in-18 et par Courtaud-Diverneresse, *Maire-Nyon*, 1831, 2 vol. gr. in-32. Ed. angl. par Madan, *Londres*, 1789 et suiv. 2 vol. in-8. 20 fr. Éd. allem. par Siebold, *Leipsick*, 1858, in-8. Éd. ital. *Turin*, 1804, 2 vol. in-8.

K

KAEMPFER (Engelbergt), médecin et voyageur allemand, 1651, Lemgo (Westphalie) ; 1716, ibid. Parcourut le nord de l'Europe, les Indes, le Japon, 1683-93. — Amœnitates exoticæ,

1712, *Lemgo*, in-4. Hist. du Japon, 1727, *Londres*, 2 vol. in-fol. fig. 36 à 48 fr. Trad. franç. *La Haye*, 1729, 2 vol. in-4. 18 à 24 fr. et *Amsterdam*, 1732, 3 vol. in-12. Icones selectæ plantarum, 1791, *Londres*, in-fol. fig.

KÆSTNER (Abraham-Gotthelf), mathématicien et littérateur allemand, 1719, Leipsick; 1800, Gœttingue. Professeur de mathématiques à Leipsick, 1746; à Gœttingue, 1756. Directeur de l'observatoire de cette ville, 1752-1800. — Anfangsgründe der Arithmetik (Élém. d'arithmétique), 1758, *Gœttingue*, in-8. 9ᵉ édit., 1800. Geschichte der Mathematik (Hist. des mathématiques) 1796-1800, *Gœttingue*, 4 vol. in-8.

KANT (Emm.), célèbre philosophe et mathématicien allemand, 1724, Kœnigsberg; 1804, ibid. Professeur de logique et de métaphysique, 1770; puis recteur à l'université de Kœnigsberg, 1786. Membre de l'Acad. de Berlin, 1787. Auteur d'un syst. philos. prenant sa source dans le doute et reconstituant l'ensemble de nos connaissances par la raison pratique. — Critique de la raison pure, 1781. Trad. franç. par Tissot, *Ladrange*, 2ᵉ éd. 1845, 2 vol. in-8, 15 fr. Critique de la raison pratique, 1787. Trad. franç. par Barni, *Ladrange*, 1848, in-8, 6 fr. Critique du jugement, 1790. Trad. franç. par Barni. *Ladrange*, 1846, 2 vol. in-8, 12 fr. La Religion, 1793. Trad. franç. par Trullard, *Ladrange*, 1841, in-8, 6 fr. 50. Principes métaph. du droit, 1796. Trad. franç. par Tissot, *Ladrange*, 2ᵉ éd. 1853, in-8, 6 fr. Principes métaph. de la morale, 1797, Trad. franç. par Tissot, *Ladrange*, 3ᵉ éd. 1854, in-8, 6 fr. — OEuv. compl. Éd. allem. *Leipsick*, *Voss*, 1838-41, 12 vol. in-8, 13 thl. Trad. franç. *Ladrange*, 11 vol. in-8, 65 fr.

KARAMSIN (Nic.), historien russe, 1765,..... (Orenbourg); 1826, St-Pétersbourg. Soldat. Parcourut l'Allemagne, la France, l'Angleterre. Fonda plusieurs journaux, 1792 et suiv. Conseiller d'État, 1815. — Hist. de la Russie, 1803-15. 2ᵉ éd. russe, *St-Pétersbourg, Sleline*, 1818-29, 12 vol. in-8, 15 roubles. Trad. franç. par divers, *Belin*, 1810-26, 11 vol. in-8, 66 fr.

KARR (J.-Alph.), romancier, 1808, Paris. Professeur de cinquième au collège Bourbon. Rédacteur en chef du Figaro; fonda le journal les Guêpes, 1839. S'est retiré à Nice où il cumule et la culture des lettres et celle des fleurs. — Sous les Tilleuls,

1832, *Gosselin*, 2 vol. in-8. *Lévy*, in-18, 1 fr. Le Chemin le plus court, 1836, *Gosselin*, 2 vol. in-8. *Lévy*, in-18, 1 fr. Geneviève, 1838, *Gosselin*, 2 vol. in-8. *Lévy*, in-18, 1 fr. Clotilde, 1839, *Lévy*, in-18, 1 fr. Hortense, 1842, *Lévy*, in-18, 1 fr. Voy. autour de mon jardin, 1845, *Lévy*, in-18, 1 fr. Fort en thème, *Lévy*, in-18, 1 fr. Les Guêpes, *Lévy*, 6 vol. in-18, 6 fr. — OEuv. compl. *Lévy*, 27 vol. in-18 à 1 fr.

KARSTEN (Ch.-Jos.-Bernard), minéralogiste allemand, 1782, Butzow ; 1853..... Conseiller, 1810, et directeur des mines de la Silésie, 1811. Conseiller supérieur des mines, à Berlin, 1819. — Manuel de métallurgie, 1830-32, ou 1841, *Berlin, Reimer*, 5 vol. in-8, avec atlas, 30 thl. Trad. franç. par Culmann, 1830, 3 vol. in-8, 21 fr. Lehrbuch der Salinenkunde (Manuel de l'exploitation des salines), 1846-47, *Berlin, Reimer*, 2 volumes in-8, 30 francs.

KASTNER (J.-Georges), musicien compositeur, vers 1812, Strasbourg. Membre des Acad. de Berlin et des beaux-arts, de Paris, 1859. — Prise de Missolonghi, 1829. Gustave Wasa. La Reine des Sarmates. La Mort d'Oscar. Le Sarrazin, 1834. Béatrice, 1839. La Maschera, 1841. Le Dernier roi de Juda, 1844. — Traité d'instrumentation, 1836-37. Manuel de musique militaire, 1848, in-4. Danse des morts, 1852, *Brandus*, in-4. Les Voix de Paris, 1857, *Brandus*, gr. in-4.

KAUFFMAN (Marie-Anne-Angélique-Cath.), peintre suisse, 1741, Coire (Grisons); 1807, Rome. Se rendit en Angleterre, 1766, puis à Rome, 1781, où elle se fixa et acquit une renommée aussi grande que méritée. — Léonard de Vinci. Retour d'Arminius. Pompe funèbre de Pallas.

KAULBACH (Guill.), célèbre peintre allemand, 1805, Arolsen (Waldeck). Élève de Cornélius. Membre d'un gr. nombre d'acad. Correspondant de l'Institut, 1842, Un des plus gr. peintres d'hist. de l'Allemagne. — Apollon et les Muses, 1828-29. Psyché et l'Amour. Maison de fous. Bataille des Huns ; Combat des esprits, 1837. Le Roman du renard. Groupe de bédouins. Destruction de Jérusalem, 1846. Fresques, au musée de Berlin (la Tradition, Moïse, Solon, la Tour de Babel, la Réformation, etc.) Bataille de Salamine. Mariage d'Alexandre. Tombeau de Charlemagne.

KEATE (Georges), poëte anglais, vers 1729..... 1779..... Abandonna le barreau pour les lettres. Voyagea en France, en Allemagne, en Suisse. — THE ALPS (les Alpes), 1763, in-4. Esquisses de la nature, 1779, 2 vol. in-12. Trad. franç. *Dentu,* 1799, in-8, fig. Relation des îles Pelew, 1788, *Londres,* gr. in-4. fig. 10 à 12 fr. ou 1789, in-8. Trad. franç. *Le Jay,* 1788-93, in-4, ou 2 vol. in-8.

KEISER (Reinhard), musicien compositeur allemand, 1673, près de Leipsick; 1739, Hambourg. Célèbre dès l'âge de 20 ans. Fondateur des concerts de Hambourg, 1800-2. Directeur de l'Opéra, 1803. Maître de chapelle du roi de Danemark, 1722. Directeur de la musique de Ste Catherine, 1728. — Ismène, 1692. Basilius, 1693. Psyché, 1701. Lucrèce, 1705. Masaniello furioso; Almira, 1706. Le Carnaval de Venise, 1707. Hélène, 1709. Arsinoë, 1710. Héraclius, 1712. Caton, 1715. Ariane; l'Arménien, 1722.

KELLER (J.-Balthazar), fondeur, 1638, Zurich; 1702, Paris. Inspecteur de la fonderie de l'arsenal du roi. — Statues dans le jardin de Versailles. STATUE ÉQUESTRE DE LOUIS XIV, 1699, sur la place Vendôme, coulée d'un seul jet et brisée en 1789. Statue du même prince, 1715, à Lyon; Vénus accroupie; LE RÉMOULEUR, aux Tuileries.

KEMPIS (Thomas A-), théologien ascétique allemand, 1379-80, Kempen (diocèse de Cologne); 1471..... Entra dans le monastère de Ste-Agnès, près de Zwoll, 1406, et en devint sous-prieur, 1425. Prêtre, 1412. Considéré, principalement avec Gerson, comme l'un des auteurs de l'Imitation. — Chronicon montis sanctæ Agnetis. Sermons, trad. franç. *Douai,* 1628, in-12. — OEuv. Éd. lat. par Sommalius, *Cologne,* 1728-59, in-4. 10 à 12 fr. Éd. allem. par Silbert, *Vienne,* 1834, 4 vol. in-8.

KENNICOTT (Benj.), théologien anglais, 1718, Totness (Devonshire); 1783, Oxford. Professeur au collége d'Exeter. Conservateur de la bibliothèque de Radcliffe, 1767. Chanoine à Oxford. Membre de la Société royale de Londres. Entreprit la révision des textes de l'Ancien Testament. — Vetus Testamentum hebraicum, 1776-80, *Oxford,* 2 vol. in-fol.

KENT (James), jurisconsulte américain, 1763, Fredericksbourg (New-York); 1847..... Député, 1790-94. Professeur de droit,

1795. Juge à la cour suprême, 1798. Chancelier, 1814-23. — Commentaries on American Law (Comment. sur les lois américaines), 1826. 8e éd. *New-York*, 1854, 4 vol, in-8.

KEPLER (J.), célèbre astronome allemand, 1571, Magstatt, près de Weill (Wurtemberg); 1630, Ratisbonne. Professeur de mathématiques à Gratz, 1594. Ami et compagnon d'études de Tycho-Brahé, 1600. Mathématicien de l'empereur Rodolphe II, roi de Bohême. Continuateur de Copernic, dont il fixa irrévocablement le système. Auteur de découvertes nombreuses et des lois des révolutions planétaires qui portent son nom. — Mysterium cosmographicum, 1596. *Francfort*, 1621, in-fol. 26 fr. Astronomia nova, 1609, *Prague*, in-fol. 20 à 30 fr. Nova stereometria, 1615, *Linz*, in-fol. 40 à 50 fr. Harmonices mundi, 1619, *Linz*, in-fol. 10 à 15 fr. Tabulæ rudolphinæ (avec Tycho-Brahé), 1627, *Ulm*, in-fol. 12 à 15 fr. Astronomia lunaris, 1634. OEuv. compl. par M. Frisch, *Francfort*, 1857 et suiv. i-iii vol. in-8, 52 fr.

KERALIO (L.-Félix Guinement de), littérateur, 1731, Rennes; 1793, Grosley (Seine-et-Oise). Soldat. Gouverneur, avec Condillac, de l'infant Dom Ferdinand, à Parme, 1756. Professeur à l'École militaire, 1769. Membre de l'Acad. des inscriptions, 1780. — Hist. de la guerre des Russes et des Turcs, 1773, *Saint-Pétersbourg (Amsterdam)*, in-4 ou in-8, avec pl. Hist. de la guerre des Russes et des Impériaux contre les Turcs, 1777-80, 2 vol. in-8 ou in-12.

KÉRATRY (Auguste-Hilarion de), littérateur et politique, 1769, Rennes; 1859, Paris. Adopta les principes de la révolution. Député, 1818-27. Membre, 1830, puis vice-président du conseil d'État. Membre et président d'âge, à l'Assemblée législative, 1849. — Contes et Idylles, 1791, in-12. De l'Existence de Dieu et de l'immortalité de l'âme, 1815. Inductions morales et physiol., 1817, in-8. 3e éd., 1843, in-12. Du Beau dans les arts d'imitation, 1822, 2 vol. in-12, fig. Philos. de Kant, 1823, in-8.

KERKHOVE (Jos. van der), peintre flamand, 1669, Bruges; 1724, ibid. Résida longtemps à Paris. Un des fondateurs et directeur de l'acad. de Bruges. — Vie de J.-C. en 15 tableaux; OEuvre de Miséricorde; Résurrection du Christ; Circoncision de Jésus; Conseil des dieux; Martyre de St Laurent, à Bruges.

KERNER (André-Justin), poëte et médecin allemand, 1786, Loudwigsbourg (Wurtemberg). Étudia la médecine à Tubingue, 1804-8; l'exerça à Gaildorf. Médecin supérieur officiel à Edinsberg, 1818-50. — Poésie : Deutscher Dichterwald (Poésies allemandes), 1813, *Tubingue.* Romantische Dichtungen (Poésies romantiques), 1817, *Carlsbad.* Der letzte Blüthenstrauss (les Dernières Fleurs), 1853, *Stuttgart.* Littérature : DIE SEHERINN VON PREVORST (la Visionnaire de Prevorst), 1829. 4e édition, 1846, *Stuttgart.*

KESSELS (Matthieu), sculpteur hollandais, 1781, Maestricht; 1836, Rome. Étudia à Paris avec Girodet; à Saint-Pétersbourg, 1806-14; à Rome, avec Thorwaldsen. Membre de l'Acad. de St-Luc. — LE JOUR. LA NUIT. ST SÉBASTIEN, 1819. DISCOBOLE couché et debout. Paris au repos. Femme pleurant. Christ à la colonne. L'Amour aiguisant ses flèches. Vénus. Scène du déluge.

KETEL (Corneille), peintre hollandais, 1548, Gouda; 1602 .... Résida en France, 1567; en Angleterre, 1578-81. Eut l'idée de peindre avec les doigts, 1599, et réussit parfaitement. — Démocrite. Héraclius. La Force domptée par la Sagesse. Compagnie d'arquebusiers, à Amsterdam. Compagnie des archers. J.-C. et les douze Apôtres.

KINKEL (J.-Godefroy), poëte et politique allemand, 1815, Obercassel. Prédicateur à Cologne. Député, 1848. Détenu pour affaires polit. S'échappa, passa en Angleterre, puis en Amérique, 1851. — Gedichte (Poésies), 1843, *Stuttgart.* 3e éd. 1850. Otto der Schütz (Otton le tireur), 1846, *Stuttgart.* 9e éd. 1852.

KIRBY (William), naturaliste anglais, 1759, Witnesham; 1850, Ipswich. Membre des Sociétés géologique, 1807, entomologique, et de la Société royale de Londres. — Monographia apum Angliæ, 1802, *Ipswich*, 2 vol. in-8, avec pl., 25 fr. An Introduction to Entomology (Introd. à l'Entomologie), 1816. 5e éd., *Londres, Longman,* 1826, 4 vol. in-8, fig. 50 fr.

KIRCHER (Athanase), archéologue et polygraphe allemand, 1602, Geyssen, près Fulda; 1680, Rome. Professeur à Wurtzbourg, 1631; à Rome, 1635-43. Avait embrassé toutes les sciences et voulait tout expliquer par le magnétisme. — ŒDIPUS ÆGYPTIACUS, 1652-54, *Rome,* 4 vol. in-fol. fig. Polygraphia,

1663, *Rome,* in-fol. Arca Noe, 1675, *Amsterdam, Jansson,* in-fol. fig. 8 à 12 fr.

KLAPROTH (Martin-H.), chimiste allemand, 1743, Wernigerode; 1817, Berlin. Professeur de chimie à l'université et membre de l'acad. des sciences de Berlin, 1788. Associé de l'Institut de France. — Mémoires de chimie. 1795-1810, *Berlin.* Traduction française par Tassaert, *Buisson,* 1807, 2 vol. in-8. Dict. de chimie, 1807-10, *Berlin,* 5 vol. in-8. Trad. franç. 1811, 4 vol. in-8 avec pl.

KLAPROTH (H.-Jules), orientaliste allemand, 1783, Berlin; 1835, Paris. Fils du précédent. Exécuta un voy. en Chine, 1805-7, et en Géorgie. Professeur de langues asiatiques à Berlin, 1812. Vint se fixer à Paris, 1815. — Voy. au Caucase, 1812, *Halle,* 2 vol. in-8. Trad. franç. *Gosselin,* 1823, 2 vol. in-8. ASIA POLYGLOTTA, 1823, *Oberhart,* in-4, avec atlas, 24 à 30 fr. Tableaux histor. de l'Asie, 1824, *Schubart,* in-8, avec cartes, 20 fr. Mémoires relatifs à l'Asie, 1824-28, *Dondey-Dupré,* 3 vol. in-8, fig. Chrestomathie mandchoue, 1828, *Impr. roy.* gr. in-8, 20 fr.

KLEIN (J.-Adam), peintre et graveur allemand, 1792, Nuremberg. Élève d'Ambroise Galler. Se fixa dans son pays natal après avoir visité l'Allemagne, l'Autriche, l'Italie. — Charbonniers autrichiens. Maréchaux ferrants. Vieille femme lisant. Vaches à l'étable et au repos. Mendiante hongroise, 1817. Paysanne et son enfant, 1820. Singes dans une ménagerie, 1829. Chiens, 1831. Muletiers, 1832. Porte de Nuremberg. Paysan endormi. Pèlerin espagnol.

KLEMM (Fréd.-Gust.), historien allemand, 1802, Chemnitz (Saxe). Bibliothécaire à Dresde, 1834. Secrétaire de la Société archéologique. Conseiller à la cour, 1852. — Geschichte von Baiern (Hist. de Bavière), 1828, *Dresde,* 3 vol. in-8. ALLGEMEINE CULTURGESCHICHTE DER MENSCHEIT (Hist. universelle de la civilisation humaine), 1843-52, *Leipsick,* I-X, in-8. Freundschaftliche Briefe (Lettres amicales), 1847, *Leipsick.* 2e éd., 1850. Allgemeine Culturwissenschaft (Science de la civilisation en général), 1855, *Leipsick.*

KLENGEL (J.-Christian), peintre et graveur allemand, 1751, Kesselsdorf (Saxe); 1824..... Élève de Dietrich. Se perfectionna en Italie. Membre et professeur à l'acad. des beaux-arts, à

Dresde. — Apollon berger d'Admète. École de village. Récolte du froment. Paysage italien. Cascade. Entrée du bois. Jeune baigneuse. La Tempête. Clair de lune. Le Sarcophage.

KLENZE (Léon de), célèbre architecte allemand, 1784, Hildesheim. Élève de Gil. Architecte de la cour, 1815. Inspecteur des bâtiments royaux, 1819. Président du comité des monuments, 1830. Conseiller intime, 1831. Associé de l'Institut de France. — CONSTRUCTION DE LA GLYPTOTHÈQUE de Munich, 1820-30. Maison de chasse, 1822. Ministère de la guerre, 1824. PINACOTHÈQUE; Odéon, 1826. La Résidence, 1827. Palais Maximilien, 1828. TEMPLE DU WALHALLA, 1830-39. MUSÉE DE ST-PÉTERSBOURG. — Aphoristische Bemerkungen (Aphorismes artistiques), 1838, *Munich.* Sammlung architectonischer Entwürfe (Recueil d'essais d'architecture), *Munich,* in-4.

KLOPSTOCK (Fréd.-Gottlieb), célèbre poëte allemand, 1724, Quedlimbourg (Saxe prussienne); 1803, Hambourg. N'avait que 24 ans lorsque furent publiés les premiers chants de son poëme. Vint en Suisse, 1750, puis à Copenhague, où il demeura vingt ans, 1751-71. Résida ensuite à Hambourg le reste de sa vie, qui se passa tout entière à l'édification de son œuvre. — LA MESSIADE, 1748-51-55-73. Éd. allem. 1780, *Altona, Eckhardt,* in-8, 10 fr. et *Leipsick,* 1839, 3 vol. pet. in-8, 12 fr. Trad. franç. par Mme de Kurzrock, *Henrichs,* 1801, 3 vol. in 8. *Aix-la-Chapelle,* 1803, 3 vol. in-12. Trad. nouv. par d'Horrer, *Egron,* 1825-26, 3 vol. in-8, 12 fr. *Belin-Mandar,* 1828, 2 vol. in-18, 6 fr. et *Charpentier,* 1840, gr. in-18. ODES. Élégies. Tragédies. — OEuv. compl. Éd. allem. *Leipsick, Gœschen,* 1798-1800, 7 vol. in-4, fig. 1798-1817, 12 vol. in-8, 50 fr. 1823, 12 vol. in-16, et 1839-40, gr. in-8.

KNOWLES (James-Sheridan), auteur dramatique anglais, 1784, Cork (Irlande). Ses premières années furent difficiles; mais, à force de persistance et de travail, il devint un des restaurateurs du théâtre anglais. — Tragédies : CAÏUS GRACCHUS, 1815. VIRGINIUS, 1820. WILLIAM TELL, 1834. The Wrecker's daughter (la Fille du naufragé), 1837. The Rose of Aragon (la Rose d'Aragon), 1842. Comédies : The Beggar of Bethnal Green (le Mendiant de Bethnal Grenn), 1830. LE BOSSU, 1832. Trad. franç. *Lance,* 1833, in-18. THE LOVE CHASE (La Chasse d'amour),

1836. The Woman's wit (la Malice d'une femme), 1838. The Old Maid (la Vieille Fille), 1841. — OEuv. Éd. angl. *Londres, Moxon,* 1841-43, 3 vol. pet. in-8.

KNOX (J.), théologien écossais, 1505, Gifford (Lothian oriental); 1572, Edimbourg. Chapelain d'Édouard VI, 1552. Se prononça avec force contre le clergé catholique, et se vit, à diverses reprises, éloigné de son pays. — Trad. de la Bible, en anglais, 1558. The History of the reformation (Hist. de la réforme), 1584. 4e éd. *Edimbourg,* 1732, in-fol. — OEuv. Éd. angl. *Edimbourg,* 1846-56, 6 vol. in-8, 50 fr.

KNOX (Robert), voyageur anglais, 1638. ...; vers 1700..... Passa neuf ans dans l'île de Ceylan, 1660-69, où les naturels du pays le retenaient prisonnier. — Relation de l'île de Ceylan, 1681, *Londres,* in-fol. fig. Trad. franç. *Amsterdam,* 1693, in-12, 3 à 5 fr.

KOCH (Christian-Guill.), historien et publiciste, 1737, Bouxviller (Bas-Rhin); 1813, Strasbourg. Bibliothécaire, 1766, et professeur de droit à Strasbourg, 1780. Député à la Législative, 1791. Administrateur du Bas-Rhin, 1795. Membre du Tribunat, 1802. Recteur honoraire, à Strasbourg, 1810. Correspondant de l'Institut. — Tables généalogiques des maisons souveraines, 1782, *Strasbourg,* in-4. HIST. DES TRAITÉS DE PAIX, 1796. Nouv. éd. par Schœll, *Gide,* 1817-18, 15 vol. in-8, 70 à 80 fr. Tableau des révolutions de l'Europe, 1811. Nouv. éd. *Gide,* 1823, 3 vol. in-8, avec cartes, 25 fr.

KOCK (Ch.-Paul de), romancier et auteur dramatique, 1794, Passy, près Paris. Refusa d'apprendre le commerce, auquel le destinait sa famille, et se jeta dans la litt. légère, qui lui doit un gr. nombre de productions.—Vaudevilles : M. Mouton, 1818. Les Époux de 15 ans; Une bonne fortune, 1825. Samson et Dalila, 1836. Les Jeux innocents, 1842. L'Atelier de demoiselles. 1848. Le Vieux Loup de mer, 1854. Le Duel d'éléphants, 1857. M. Gogo, 1859, etc. Opéras-comiques : Une Nuit au château, 1818. Ile de Babilari, 1819. Le Philosophe en voyage, 1821. Les Infidèles; le Muletier, 1823, etc. Romans : Georgette, 1820, 4 vol. Frère Jacques, 1822, 4 vol. M. Dupont, 1824, 4 vol. Le Barbier de Paris, 1826, 4 vol. Jean, 1828, 4 vol. Mœurs Parisiennes, 1837, 4 vol. L'Amoureux transi, 1843, 4 vol. Cerisette,

1850, 6 vol. Le Millionnaire, 1857, 5 vol. etc. — OEuv. *Barba*, 1834-35, 30 vol. in-8; 1844-45, 56 vol. in-8, et 1841-43, 26 vol. gr. in-18.

KŒPPEN (P. de), statisticien russe, 1793, Charkow. Soldat. Avocat. Parcourut la Russie, la Suède, l'Allemagne, 1822-25. Chef de division au ministère des domaines, 1826. Membre de l'Acad. de St-Pétersbourg. — Uebersicht der Quellen einer Literatur-Geschichte Russlands (Sources de l'hist. litt. de la Russie), 1818, *St-Pétersbourg*. Ueber die nicht russen Apanagegüter (sur les Apanages non russes). Ueber die Nationalität (Sur la Nationalité). Ueber die Deutschen (Sur les Allemands).

KOLBE (P.), naturaliste et voyageur allemand, 1675, Dorflas (Bavière); 1726..... Profita d'un séjour de 7 ans au Cap, 1704-11, pour écrire son ouvrage. — Description du cap de Bonne-Espérance, 1727. Extrait de cette descript. *Amsterdam*, 1741, 3 vol. pet. in-8. 9 à 12 fr.

KOLBE (Ch.-Guill.), graveur et grammairien allemand, 1757, Berlin; 1835, Dessau. Professeur de littérature et précepteur du prince de Dessau. Membre de l'Acad. des beaux-arts de Berlin, 1795. — Aquarelles de Salomon Gessner, 1806-11, *Zurich*, in-fol. Eaux-fortes. Ueber den Wortreichthum der deutschen und französischen Sprache (Sur la Richesse des langues allem. et franç.), 1806-9, *Leipsick*, 2 vol. in-8, ou *Berlin*, 1818-20, 3 vol. in-8.

KOTZEBUE (Aug.-Fréd.-Ferd. de), célèbre littérateur et auteur dramatique allemand, 1761, Weimar; 1819, Manheim. Gouverneur de Révèl (Esthonie). Directeur du théâtre de Vienne. Exilé en Sibérie, 1800. Voyagea ensuite en France, en Italie. Consul de Russie à Kœnigsberg, 1813. Sa conduite polit. et son caractère sans dignité ayant irrité ses compatriotes, il mourut poignardé. — Théâtre : LES DEUX FRÈRES. MISANTHROPIE ET REPENTIR. Les Hussites. Grotius. La Mort de Rolla. Les Croisés. Jeanne de Montfaucon. Trad. franç. 1799, 2 vol. in-8, et dans la collect. des théâtres étrangers. Littérature : Voy. et Souvenirs, 1805, *Berlin*, 2 vol. Trad. franç. par Pixérécourt, 1806, 6 vol. Preussens aeltere Geschichte (Hist. ancienne de la Prusse), 1808-9, *Riga*, 4 vol. Mélanges, *Leipsick*, 1808-9, 6 vol. Trad. franç. 1809, 4 vol. in-12. — OEuv. compl. Éd. allem. *Leipsick*,

1798-1819, 23 vol. in-8. 1828-32, 44 vol. in-16 ou 1840-41, 40 vol. in-16. 60 fr.

KOTZEBUE (Otton de), navigateur russe, vers 1787, Révél (Russie); 1846, ibid. Fils du précédent. Exécuta de gr. voy. maritimes, 1803-23. — Poutechestvïe v ïoujenoï okéan (Voy. dans l'océan du sud et au détroit de Berhing), éd. russe, *St-Pétersbourg, Gretsch*, 1821-23, 3 vol. in-4, avec atlas. Éd. allem. *Weimar, Hoffmann*, 1821, 3 vol. gr. in-8, fig. Éd. angl. *Londres, Longman*, 1821, 3 vol. gr. in-8, fig. Poutechestvïe vokroug sveta (Voy. autour du monde), 1828, *St-Pétersbourg*, in-8. Éd. allem. *Weimar*, 1830, 2 vol. in-8, fig.

KRAFFT (J.-Ch.), architecte et dessinateur, 1764, Brunnerfeld (Autriche); 1833, Paris. Se fit naturaliser Français. — Plan des plus belles maisons de Paris, éd.-allem.-angl.-franç. 1801-2, in-fol. avec pl. Recueil d'architecture civile, 1806-7, gr. in-fol. fig. Plans des plus beaux jardins, 1809-10, pet. in-fol. fig. 50 à 60 fr. Traité sur l'art de la charpente, éd. allem.-angl.-franç. 1819-22, in-fol. fig. 160 fr. 3e éd. franç. *Bance*, 1844, 2 vol. in-fol. 90 fr.

KRASICKI (Ignace), littérateur polonais, 1735, Dubiecko; 1801, Berlin. Curé de Przemysl. Évêque de Warmie, 1767. Archevêque de Gnezne, 1795. — La Souriade, 1775, *Varsovie*, in-8. Trad. franç. par Lavoisier, *Vilna*, 1817, in-8. FABLES, 1780, *Varsovie*, in-8. Trad. franç. par de Vienne, *Didot*, 1828, in-18. 4 fr. — OEuv. Éd. polonaise, *Barbezat*, 1830, gr. in-8. 40 fr.

KREUTZER (Rodolphe), musicien compositeur, 1766, Versailles; 1831, Genève. Parcourut l'Allemagne et l'Italie. Professeur au Conservatoire, 1801. Membre de l'Acad. royale de musique, 1816. — Paul et Virginie; LODOÏSKA, 1791. Astyanax, 1801. Le Carnaval de Venise, 1806. Aristippe, Antoine et Cléopâtre, 1808. La mort d'Abel, 1810. Ipsiboé, 1824. Pharamond, 1825. Concertos. Symphonies. Sonates.

KRILOF (Ivan-Andriéwitsch), fabuliste russe, 1768, Moscou; 1844, St-Pétersbourg. Secrétaire du prince Serge Galitzin. Conservateur à la bibliothèque de St-Pétersbourg, 1807-41. Conseiller à la cour. Membre de l'Acad. russe.— FABLES. Nouv. éd. russe, *St-Pétersboug*, 1847, 3 vol. in-8. Éd. russe-franç.-ital.

(en vers), par le Cte Orlof, *Bossange*, 1825, 2 vol. in-8. 12 fr. Éd. franç. par Masclet, *Moscou*, 1828, in-8.

KRUDENER (Julie de Wietinghoff, baronne de), romancière et mystique russe, 1764, Riga; 1824, Kara-son-Bazar (Crimée). Quitta le monde, 1807, et parcourut l'Europe, se croyant la mission de régénérer le christianisme. Se trouvait à Paris en 1814 et engagea les princes à conclure la Ste Alliance. — Valérie, 1803, 2 vol. in-12. 4e éd. *Ollivier*, 1837, 2 vol. in-8. Nouv. éd. *Charpentier*, 1840, gr. in-18. 3 fr. 50.

KRUG (Guill.-Traugott), philosophe et littérateur allemand, 1770, Radis (Prusse); 1842, Leipsick. Professeur de philos., à Francfort-s.-l'Oder, 1801 ; à Kœnigsberg, après Kant ; à Leipsick, 1809-31. — Systematische Encyklopädie der Wissenschaften und der schönen Künste (Encyclopédie systém. des sciences et des beaux-arts), 1796-1802, *Leipsick*, 4 vol. Neues Organon der Philosophie (Nouv. Organon de la Philosophie), *Meissen*, 1801. Fundamental philosophie (Philosophie fondamentale), 1803. 3e éd. *Leipsick*, 1827.

KRUSENSTERN (Adam-J. de), navigateur et hydrographe russe, 1780..... (Esthonie); 1846, Rével. Exécuta des voy. maritimes en Chine, au Japon, 1803-5; au Kamtschatka, 1815. Contre-amiral, 1826; Directeur de l'École navale et membre de l'Acad. des sciences, à St-Pétersbourg. Associé de l'Institut. — Voy. autour du monde, 1809-12, *St-Pétersbourg*, 3 vol. in-8, avec atlas. Éd. franç. par Eyriès, *Gide*, 1821, 2 vol. in-8, atlas, 15 fr. Éd. allem. *St-Pétersbourg*, 1810-12, 3 vol. gr. in-4, atlas. Éd. angl. *Londres*, 1813, 2 vol. in-4.

KUGLER (F.-Théod.), archéologue et littérateur allemand, 1808, Stettin; 1858, Berlin. Professeur, 1833, et membre de l'Acad. des beaux-arts de Berlin, 1842. Visita l'Italie, la France, la Belgique, 1835-43. Conseiller référendaire, 1849. Conseiller intime, 1856. — Handbuch der Geschichte der Malerei (Manuel de l'hist. de la peinture), 1837, *Berlin*, 2 vol. in-8. Nouv. éd. 1847. Handbuch der Kunstgeschichte (Manuel de l'hist. de l'art), 1841. 3e éd., *Stuttgart*, 1856-59, 2 vol. in-8, fig. 35 fr. Handbook of painting (Manuel de peinture), 1860, *Londres*, *Murray*, in-8. 30 fr.

L

LABARRE (Éloi), architecte, 1764, Ourscamp (Oise); 1833..... Élève de Raymond. Membre de l'Acad. des beaux-arts, 1827. — Restauration du Luxembourg, sous Chalgrin. Colonne et Théâtre de Boulogne. ACHÈVEMENT DE LA BOURSE DE PARIS (commencée par Brongniart), 1813-26.

LABBE (Phil.), théologien, historien, 1607, Bourges; 1667, Paris. Jésuite. Abandonna le professorat pour les travaux d'érudition. Commença la collect. des historiens byzantins. — Nova Bibliotheca manuscript. librorum, 1657, 2 vol. in-fol. Sacrosancta concilia ad reg. edit. exacta, 1671-72, 18 vol. in-fol., et *Venise*, 1728, 25 vol. pet. in-8.

LA BÉDOLLIÈRE (Émile GIGAULT de), littérateur et journaliste, 1812, Amiens. Avocat, 1833. A écrit dans divers journaux et principalement dans le Siècle, depuis 1850. — Beautés des victoires des Français, 1841. Nouv. éd. 1847, 2 vol. in-8. Hist. des mœurs et de la vie privée des Français, 1847 et suiv. *Lecou*, 3 vol. in-8. Hist. de la garde nationale, 1848, in-18. Trad. des OEuv. de Fenimore Cooper, 1849-55; de W. Scott, 1855 et suiv. Sébastopol, 1855, in-4. Hist. de la mode en France, 1858, in-18.

LA BERGE (Ch.-Aug. de), peintre, 1805, Paris; 1842..... Élève de Bertin et de Picot. Passa 4 ans en Italie, 1832-36, — DILIGENCE TRAVERSANT UN VILLAGE, 1831. LE MÉDECIN DE CAMPAGNE, 1832. La Vieille au mouton, 1836. La Forêt de Virière. Soleil couchant. La Laitière et le pot au lait. Le Pêcheur et les poissons. Le Chien et son Maître. Intérieur de château.

LA BILLARDIÈRE (Jacq.-Julien de), botaniste et voyageur, 1755, Alençon; 1834, Paris. Exécuta un 1er voy. en Asie Mineure, 1786, et un 2e au Cap et à Java, 1791-95, avec l'expédition qui allait à la recherche de La Pérouse. Membre de l'Acad. des sciences, 1800. — Icones plantarum Syriæ rariorum, 1791-1809, *Huzard*, in-4, avec pl. 45 fr. Relation du Voy. à la rech. de La Pérouse, 1800, *Jansen*, 2 vol. in-4. Avec atlas, 12 à 15 fr. Novæ Hollandiæ plantarum specimen, 1804-6, *Huzard*, 2 vol. gr. in-4, avec pl.

LA BORDE (Alex.-L.-Jos.Cte de), littérateur et homme politique, 1774, Paris; 1842, ibid. Auditeur au conseil d'État, 1808. Maître des requêtes, 1809. Administrateur des ponts et chaussées, 1811. Membre des Acad. des inscriptions, 1813, et des sciences morales, 1832. Député, 1822. Préfet de la Seine, 1830.— Description des jardins et des châteaux de France, éd. franc.-angl.-allem., 1808-15, gr. in-fol. avec pl. Voy. PITTOR. ET HISTOR. EN ESPAGNE, 1807-20, *Giard*, 4 vol. in-fol. Itinéraire descriptif de l'Espagne, 1808. 3ᵉ éd. *Didot*, 1827-31, 6 vol. in-8, atlas. 24 fr. Voy. pitt. en Autriche, 1821-22, *Giard*, 3 vol. in-fol. Monuments de la France, 1826-36, *Giard*, 2 vol. gr. in-fol. Collect. des vases grecs, 1824-28, *Giard*, 2 vol. gr. in-fol. VERSAILLES ANC. ET MOD. 1839-40, *Gavard*, in-8.

LA BORDE (Léon-Emm.-Simon-Jos. Cᵗᵉ de), archéologue et voyageur, 1807, Paris. Fils du précédent. Parcourut l'Asie Mineure et l'Égypte. Secrétaire d'ambassade à Rome, 1828-29; à Londres, 1830; à Hesse-Cassel, 1836. Député, 1840. Membre de l'Acad. des inscriptions, 1842. Conservateur des antiques au Louvre, 1845. Directeur gén. des archives, 1857. — VOY. DE L'ARABIE PÉTRÉE (avec M. Linant), 1830 et suiv. *Giard*, gr. in-fol. VOY. EN ORIENT, 1838 et suiv. *Didot*, 2 vol. gr. in-fol. Hist. de la gravure en manière noire, 1839, *Techener*, in-8. Comment. sur l'Exode, 1842, in-fol. Les Ducs de Bourgogne, 1849-51, *Plon*, 3 vol. gr. in-8. De l'Union des Arts et de l'Industrie, 1856, *Impr. imp.* 2 vol. gr. in-8.

LABOULAYE (Éd.-René LEFEBVRE), jurisconsulte, 1811, Paris. Avocat à la cour royale, 1842. Membre de l'Acad. des inscriptions, 1845. Professeur de législat. comparée au Collége de France, 1849. — Rech. sur la condition civ. et polit. des femmes, 1843, *Durand*, in-8. Lois criminelles des Romains, 1844, *Durand*, in-8. Hist. des États-Unis, 1854, in-8. Études sur l'Allemagne, 1854, in-12. Souvenirs d'un Voyageur, 1857, in-16. Liberté religieuse, 1858, in-12. Paris en Amérique, 1863, in-12.

LABROUSTE (P.-F.-H.), architecte, 1801, Paris. Élève de Vaudoyer et Lebas. 2ᵉ, 1821, et 1ᵉʳ gr. prix d'architecture, 1824. Vice-président de la société centrale des architectes. Membre du conseil des bâtiments civils, 1855. — Bibliothèque de Ste-Geneviève, 1843-49. Reconstruction de la Bibliothèque impériale, après Visconti, 1855 et suiv.

LA BRUYÈRE (J. de), célèbre moraliste, 1646, Dourdan (Seine-et-Oise); 1696, Versailles. Trésorier de France à Caen. Précepteur du fils du prince de Condé. Membre de l'Acad. franç., 1693. Commença par traduire Théophraste, puis s'éleva bien au-dessus de son modèle et devint un de nos plus grands peintres de mœurs. — CARACTÈRES. 1re éd. 1688, *Michallet*, in-12. Éd. *Lefèvre*, 1824-29, 2 vol. in-8, 8 à 12 fr., par Walckenaër, *Didot*, 1845, in-8, 9 fr. ou 2 vol. in-12, 6 fr., par M. Destailleur, *Janet*, 1854, 2 vol. in-16, 10 fr., à la *Libr. nouv.* 1861, 2 vol. gr. in-18, 6 fr. et *de Bure*, 1824, 3 vol. gr. in-32.

LACAILLE (Nic.-L. de), astronome, 1713, Rumigny (Ardennes); 1762, Paris. Professeur de mathématiques au collège Mazarin, 1738. Ami de Cassini et de Maraldi. Vérifia la méridienne de Paris; 1739. Membre de l'Acad. des sciences, 1741. Alla faire de gr. observations au Cap, 1750-54.— Leçons élém. de mathém. 1741. Nouv. éd. *Courcier*, 1811, in-8; de mécaniq. 1743. Nouv. éd. 1778, in-8; d'astronomie, 1746, 4e éd. 1780, in-8 ; d'optique, 1750. Nouv. éd. 1810, in-8. Astronomiæ fundamenta, 1757, in-4. Tables de logarithmes, 1760. Nouv. éd. 1804, in-8. Mémoires dans le Recueil de l'Acad. des sciences, 1741-61.

LACÉPÈDE (Bernard-Germain-Ét. de LA VILLE Cte de), célèbre naturaliste, 1756, Agen ; 1825, Épinay (Seine-et-Oise). Les conseils de Buffon lui firent abandonner la musique pour la science. Membre de l'Assemblée constituante; de la législative, 1792 ; du conseil des Cinq Cents ; de l'Acad. des sciences, et professeur au Muséum, 1794. Sénateur. Gr. chancelier de la Légion d'honneur, 1803. Pair de France.—Essai sur l'électricité, 1781, 2 vol. in-8. HIST. DES OVIPARES, 1788-89, 2 vol. in-4, ou 4 vol. in-12; DES REPTILES, 1789, in-4 ou 2 vol. in-12 ; DES POISSONS, 1798-1803, 6 vol. in-4 ou 11 vol. in-12; DES CÉTACÉS, 1804, in-4, ou 2 vol. in-12. Progrès des sciences nat., 1819-22, in-8. Hist. de l'Europe, 1826, 18 vol. in-8. Hist. nat. de l'homme, 1827. Nouv. éd. *Levrault*, 1840, in-8. Les Ages de la nature, 1830, *Levrault*, 2 vol. in-8.— OEuv. *Pillot*, 1831-33, 13 vol. in-8. *Ladrange*, 1832-33, 11 vol. in-8. *Furne*, 1840, 2 vol. gr. in-8, et *Ledoux*, 1845, 3 vol. in-8.

LA CHAUSSÉE (P.-Cl. NIVELLE de), auteur dramatique, 1692, Paris; 1754, ibid. Commença à écrire pour le théâtre à 40 ans. Membre de l'Acad. franç., 1736. — La Fausse Antipathie, 1734.

Le Préjugé à la mode, 1735. L'École des amis, 1737. Amour pour amour, 1742. L'École des mères, 1745. La Gouvernante, 1747. Contes. — OEuv. *Prault*, 1775, 5 vol. pet. in-12. OEuv. choisies, *Didot*, 1813, 2 vol. in-18.

LA CONDAMINE (Ch.-Marie de), mathématicien et voyageur, 1701, Paris; 1774, ibid. Soldat. Entreprit un gr. voy. scientifique dans l'Amérique du sud, 1736-46. Membre de l'Acad. des sciences ; de l'Acad. franç., 1760. — Voy. DANS L'INTÉRIEUR DE L'AMÉRIQUE MÉRIDIONALE, 1745, in-8, fig. 6 à 9 fr. Figure de la terre, 1749, in-4. Journal du voy. à l'équateur, 1751, *Impr. roy.*, in-4. 15 à 20 fr. Mémoires dans le recueil de l'Acad. des sciences.

LACORDAIRE (J.-Bapt.-H.), célèbre prédicateur, 1802, Receys.-Ource (Côte-d'Or) ; 1861, Sorèze. Avocat. Prêtre, 1827. Fonda le journal l'Avenir, avec Lamennais et M. de Montalembert, 1830. Ouvrit des conférences à Notre-D^e, 1835. Se fit dominicain, 1840. Membre de la Constituante, 1848. Membre de l'Acad. franç., 1860.—Consid. sur le syst. de Lamennais, 1834, in-8. Vie de St Dominique, 1840. 3e éd. *Debécourt*, 1844, in-8. CONFÉRENCES DE NOTRE-D^e, 1835-50, *Bray*, 4 vol. in-8. Conférences à Lyon et à Grenoble, 1845, *Lyon*, in-8. — OEuv. compl. 1858, 6 vol. in-8 ou gr. in-18.

LACRETELLE (P.-L.), jurisconsulte, 1751, Metz ; 1824, Paris. Avocat, 1778. Député aux États gén., à la Législative, puis au Corps législatif, 1801. Membre de l'Acad. franç., après La Harpe, 1803. — Discours sur le préjugé des peines infamantes, 1784, *Cuchet*, in-8. Nécessité et avantage de l'instruction,1800, *Crèvecœur*, in-8. — OEuv. 1802-7, 3 vol. in-8, *Bossange*, 1823-24, 6 vol. in-8.

LACRETELLE (Ch.-J.-Dominique de), historien, 1766, Metz ; 1855, Mâcon. Membre du bureau de la presse, 1800. Censeur, 1810. Professeur d'hist. à la Faculté, 1809-53. Membre de l'Acad. franç., 1813. — PRÉCIS HISTOR. DE LA RÉVOLUTION FRANÇ., 1801-6, 5 vol. in-18, fig. 10 fr. ou *Treuttel et Würtz*, 1821-28, 8 vol. in-8. HIST. DE FRANCE AU XVIIIe SIÈCLE, 1808. 5e éd. *Delaunay*, 1830, 6 vol. in-8. Hist. de France pendant les guerres de religion, 1814. 3e éd. *Delaunay*, 1822, 4 vol. in-8. Hist. de la Révolution franç., 1821-28, *Treuttel et Würtz*, 8 vol. in-8. Hist. de France depuis la Restauration, 1829-35, *Delaunay*, 4 vol. in-8. Hist. du Consulat et de l'Empire, 1845-46, *Amyot*, 6 vol. in-8.

LACROIX (Silvestre-F.), mathématicien, 1765, Paris; 1843, ibid. Membre de l'Acad. des sciences, 1799. Professeur aux Écoles militaires, 1787; normale; des quatre nations; polytechnique, 1799; à la Faculté des sciences et au Collége de France, 1815. — Cours de mathématiques, 1797 et suiv. Nouv. éd. *Bachelier*, 1838 et suiv., 9 vol. in-8. TRAITÉ DE CALCUL DIFFÉRENTIEL ET INTÉGRAL, 1797. 2e éd. *Courcier*, 1810-19, 3 vol. in-4. Essai sur l'enseignement, 1805. 4e éd. *Bachelier*, 1838, in-8. 5 fr.

LACROIX (Paul), littérateur, 1806, Paris. Aborda de bonne heure et avec succès la carrière des lettres. Membre des comités historiques. Conservateur de la bibliothèque de l'Arsenal.—Hist. du xvie siècle, 1834-35, *Mame*, 4 vol. in-8. Pignerol, 1836, *Renduel*, 2 vol. in-8 ou 4 vol. in-12. L'Homme au masque de fer, 1836, in-8. 2e éd. *Delloye*, 1840, in-12. Hist. de Soissons (avec H. Martin), 1837-38, 2 vol. in-8. La Maréchale d'Ancre, 1840, *Gosselin*, in-18. Lettres d'Abailard et d'Héloïse, 1840, *Gosselin*, in-18. BIBLIOTHÈQUE DE M. DE SOLEINNE, 1843-45, 6 vol. in-18. 30 à 36 fr. LE MOYEN AGE ET LA RENAISSANCE (avec M. Seré), 1848-51, 5 vol. grand in-4, fig. Costumes historiques, 1852, 10 vol. in-8, fig. Hist. de Napoléon III, 1853-54, 4 vol. in-8.

LACTANCE (Firmianus Lactantius), célèbre littérateur, vers 250.....; vers 325, Trèves. Professa les lettres à Nicomédie, vers 290, sous Dioclétien. Se fit chrétien vers 300. Précepteur du fils de Constantin, 318. — INSTITUTIONS DIVINES, éd. *Cambridge*, 1718, pet. in-8. 4 à 5 fr. Trad. franç. par Famé, 1542, in-fol. MORT DES PERSÉCUTEURS. Éd. 1693, in-8. 6 à 8 fr. Trad. franç. par Maucroix, 1680, in-12. De Ira Dei. Lettres.—OEuv. Éd. lat. *De Bure*, 1748, 2 vol. in-4. 24 à 30 fr., et par F. Xavier, *Rome*, 1754-59, 14 vol. in-8. 40 à 50 fr.

LAENNEC (René-Théod.-Hyac.), médecin, 1781, Quimper; 1826, Kerlouanec (Finistère). Médecin de l'hôpital Necker, 1816; de la duchesse de Berri, 1822. Professeur au Collége de France et à l'Acad. de médecine. — Traité de l'Auscultation médiate, 1819. 4e éd. *Chaudé*, 1836, 3 vol. in-8.

LA FARINA (Jos.), littérateur et politique italien, 1815, Messine. Docteur en droit civil et ecclésiastique, 1834. Fonda plusieurs journaux. Prit part aux événements politiques de son pays. Ministre, 1848. Directeur de l'intérieur, 1860. — L'Italia coi suoi monumenti (l'Italie avec ses monuments), 1842, *Florence*, in-4. Revoluzione di Sicilia (Révolution de Sicile), 1851, in-8. Storia d'Italia (Hist. d'Italie), 1852-58, *Florence*, 4 vol. in-8.

LA FAYETTE (Marie-Madeleine PIOCHE DE LA VERGNE, Ctesse de), femme de lettres, 1634, Paris; 1693, ibid. Liée avec La Fontaine, Segrais, et surtout avec La Rochefoucault. — La Princesse de Montpensier, 1662. Éd. *Renouard*, 1804, in-12. Zaïde, 1670-71. Éd. *Elsevier*, 1671, pet. in-8. La Princesse de Clèves, 1678, *Barbin*, 2 vol. pet. in-12. Hist. d'Henriette d'Angleterre, 1720. Éd. *Techener*, 1853, in-18. — OEuv. (avec mesd[es] de Tencin et de Fontaines), *Moutardier*, 1825, 5 vol. in-8.

LAFERRIÈRE (L.-Firmin-Julien), jurisconsulte, 1798, Jonzac (Charente-Inférieure). Inspecteur gén. des Facultés de droit, 1846. Conseiller d'État, 1849. Recteur de l'acad. de Seine-et-Oise. Membre de l'Acad. des sciences morales, 1855. — HIST. DU DROIT FRANÇAIS, 1845-58, 6 vol. in-8. Droit public et administratif, 1839. 4e éd. 1854-60, 2 vol. in-8.

LA FONTAINE (J. de), célèbre poëte, 1621, Château-Thierry; 1695, Paris. Ayant comme un pressentiment de ce qu'il devait être, abandonna sa famille et son pays et vint à Paris. La duchesse de Bouillon et Fouquet, puis Racine et Molière, mesd[es] de La Fayette et de La Sablière devinrent ses protecteurs et ses amis. Sans soucis aucuns des choses de la vie, cette dernière le conserva chez elle pendant vingt ans. Membre de l'Acad. franç. 1664. La Fontaine, pour lequel Boileau eut une indifférence inexplicable et duquel Molière disait : « Le bonhomme ira plus loin que nous, » est incontestablement un des plus grands poëtes dont la France puisse s'honorer. — Contes, 1664-71. Éd. *Amsterdam* (*Barbou*), 1762, 2 vol. in-8, fig. et *Didot*, 1795, 2 vol. in-18, 6 à 8 fr. Les Amours de Psyché et de Cupidon, 1669. Éd. *Castel de Courval*, 1825, pet. in-fol. Poésies diverses. FABLES, 1re éd. 1668. Éd. *Desaint* et *Saillant*, 1755-59, 4 vol. in-fol. fig. d'Oudry, 80 à 120 fr. *Didot*, 1782, 2 vol. in-18, 6 à 8 fr. ou 1787, 6 vol. in-18, fig. 36 à 48 fr. *de Bure*, 1823, 2 vol. gr. in-32, 5 fr. par Walckenaer, *Lefèvre*, 1823, 2 vol. in-8, fig. 10 à 12 fr. ou 1826, in-8 et 1830, 2 vol. in-32, 7 fr. Éd. illustrées par Grandville, *Fournier*, 1838, 2 vol. gr. in-8, 20 fr. par Johannot, *Belin*, 1846, gr. in-8, 10 fr. Éd. angl. par Thomson, 1819, 4 vol. in-8. Éd. allem. par Catel, *Berlin*, 1791-94, 4 vol. in-8. Éd. ital. par Petroni, 1812, 4 vol. in-18. Éd. esp. par Calyada, *Madrid*, 1788, in-4. — OEuv. par Walckenaer, *Lefèvre*, 1822-23, 6 vol. in-8, fig. 36 à 48 fr., ou 1826-27, 6 vol. gr. in-8, 48 fr, et *Sautelet*, 1826, gr. in-18, 6 à 8 fr. ou 1826, in-18. Éd. *Jannet*, 1856-60, 4 vol. in-16, 20 fr.

LAFONTAINE (Aug.-H.-Jules), romancier allemand, 1759, Brunswick; 1831, Halle. Étudia la théologie. Aumônier de régiment, 1792. Professeur à l'université de Halle. — Blanche et Mina. Trad. franç. *Dentu*, 1813, 4 vol. in-12. Raphaël. Trad. franç. *Chaumerot*, 1810, 2 vol. in-12. Amélie. Trad. franç. *Dentu*, 1812, 2 vol. in-12. La Famille. Trad. franç. *Maradan*, 1805, 4 vol. in-12. Henriette Bellmann. Trad. franç. *Pigoreau*, 1824, 3 vol. in-12. Marie Menzikoff. Trad. franç. *Lerouge*, 2 vol. in-12. Le Presbytère. Trad. franç. *Bertrand*, 1830, 4 vol. in-12. Tableaux de famille. Trad. franç. *Bertrand*, 1841, 3 vol. in-12.

LAFOSSE (Ch. de), peintre, 1640, Paris; 1716, ibid. Élève de Lebrun. Résida à Rome et à Venise. Membre de l'Acad. 1683. — Moïse sauvé des eaux, Annonciation, Mariage de la Vierge, Enlèvement de Proserpine, Triomphe de Bacchus, Sacrifice d'Iphigénie, au Louvre. Acis et Galatée, à Madrid. Peintures du dôme des Invalides et de la chapelle de Versailles.

LAGRANGE-CHANCEL (F.-Jos. de Chancel, dit de), poëte dramatique, 1677, Antoniat, près de Périgueux; 1758, ibid. S'adonna à la poésie dès l'âge de dix ans. Reçu à la cour de Louis XIV, il réussit par ses vers à s'aliéner le régent et fut emprisonné aux Iles Marguerite. — Jugurtha, 1694. Oreste et Pylade, 1697. Amasis, 1701. Philippiques, 1723. Éd. *Dentu*, 1831, in-8, et par M. de Lescure, 1858, in-12. — OEuv. 1758, 5 vol. pet. in-12.

LAGRANGE (Jos.-L. Cte de), célèbre mathématicien, 1736, Turin; 1813, Paris. Professeur de mathématiques à 19 ans, à Turin, 1755. Découvre la méthode des variations, 1761. Gr. prix à l'Acad. des sciences de Paris, 1764. Président de l'Acad. des sciences de Berlin où il résida 20 ans, 1766-87. Vint habiter Paris en 1787. Professeur à l'École polytechnique. Membre de l'Institut. Sénateur. C'est par l'analyse pure que Lagrange a obtenu les découvertes qui l'ont immortalisé. — Mécanique analytique, 1788. 3ᵉ éd. *Bachelier*, 1853-55, 2 vol. in-4, 40 fr. Théorie des fonctions analytiques, 1797. 3ᵉ éd. *Bachelier*, 1847, in-4. 18 fr. Résolution des équations numériques, 1798. 3ᵉ éd. *Bachelier*, 1826, in-4, 15 fr. Cours d'Analyse, 1805-6, *Courcier*, in-8.

LAGRENÉE (L.-J.-F.), peintre, 1724, Paris; 1805, ibid. Élève de Van Loo. Gr. prix de peinture. Membre, 1755, et professeur de l'Acad. de Paris, 1781. Directeur de celle de Rome. Conservateur du Musée, 1804. — Enlèvement de Déjanire, 1755. La Veuve d'un Indien. Les Grâces lutinées par les Amours. Alexandre consolant la famille de Darius. Sacrifice de Polyxène. Mort du Dauphin. Suzanne. Désespoir d'Armide. Sarah et Agar.

LA GUÉRONNIÈRE (L.-Et.-Arthur, Vᵗᵉ de), littérateur et politique, 1816, Poitiers. Journaliste. Député du Cantal, 1852. Conseiller d'État, 1853. Directeur de la librairie et de la presse. Sénateur, 1862. — Études et portraits polit. 1856, in-8. Napoléon III, *Amyot*, in-12, 3 fr. 50.

LA HARPE (J.-F. de), célèbre littérateur, critique et poëte, 1739, Paris; 1803, ibid. A peine sorti du collége d'Harcourt, donna des pièces de théâtre, écrivit dans les journaux et acquit bientôt une grande popularité tout en se créant beaucoup d'ennemis. Membre de l'Acad. franç. 1776. — Warwick, 1763. Mélanie, 1770. Les Barmécides, 1778. Coriolan, 1781. Philoctète, 1783. Virginie, 1786. Éloges de Fénelon, 1777 ; de Racine, 1772 ; de Catinat, 1775. Abrégé des Voy. 1780-1801. Cours de Littérature, 1799-1805. Éd. *Verdière*, 1821, 16 vol. in-8, 48 fr. *Didot*, 1840, 3 vol. gr. in-8, 30 fr. et *Agasse*, 1813, 8 vol. in-12. — OEuv. *Verdière*, 1820, 16 vol. in-8, 20 à 30 fr.

LA HIRE (Laurent de), peintre et graveur, 1606, Paris; 1656, ibid. Élève de Lallemand. Peintre du roi. L'un des douze fondateurs de l'Acad. de peinture, 1648. — Martyre de St Barthélemy. Nativité. Assomption. Ste Anne et la Vierge. Le pape Nicolas V. Descente de croix. Les Arts libéraux. St Pierre guérissant des malades. Conversion de St Paul. Laban cherchant ses idoles. Peintures au Palais-Royal.

LA HIRE (Phil. de), géomètre, 1640, Paris; 1718, ibid. Fils du précédent. Professeur au Collége de France et à l'Acad. d'architecture. Membre de l'Acad. des sciences, 1678. — Méthode des sections coniques, 1673, pet. in-4. Traité de mécanique, 1695, in-12. Tables astronomiques, éd. lat. 1702, in-4. Éd. franç *Montalant*, 1735, in-4.

LAIRESSE (Gérard de), peintre belge, 1640, Liége; 1711..... Elève de Flemael. Travaillait avec une grande facilité. — L'Eucharistie, Bacchante, Hercule entre le Vice et la Vertu, Débarquement de Cléopâtre, au Louvre. Mars, Vénus, Cupidon, Diane et Endymion, Antiochus et Stratonice, à Amsterdam. Achille reconnu par Ulysse, à La Haye. — Principes du dessin. 1719, *Amsterdam*, in-fol. avec pl. 15 à 20 fr. Tableaux, à La Haye, 1737, *Amsterdam*, in-fol. 18 à 24 fr. Le Gr. Livre des peintres, 1787, 2 vol. in-4, 24 à 30 fr.

LAJARD (J.-Bapt.-Félix), archéologue, 1783, Lyon; 1858, Tours. Secrétaire d'ambassade en Perse, 1807; à Dresde, à Varsovie. Receveur des finances à St-Denis (Seine), 1825. Membre de l'Acad. des inscriptions, 1830.—Rech. sur le culte de Vénus, 1837-47, *Gide*, in-4, avec atlas. Rech. sur le culte de Mithra, 1847-48, *Gide*, pet. in-fol.

LALANDE (Jos.-Jérôme LE FRANÇAIS de), célèbre astronome, 1732, Bourg (Ain); 1807, Paris. Fit des observations astronom. à Berlin, 1751. Membre de l'Acad. des sciences, 1753. Professeur d'astronomie au Collége de France, 1762-1807. Directeur de l'Observatoire. — ASTRONOMIE, 1764. 3ᵉ éd. *Desaint*, 1792, 3 vol. in-4, 40 à 48 fr. Abrégé de cet ouvrage, 1795, in-8, 6 fr. Voy. en Italie, 1769. Ed. 1786, 9 vol. in-12, avec atlas. Hist. céleste française, 1801, *Impr. de la républ.*, in-4. Bibliographie astronomique, 1803, *Impr. de la républ.*, in-4. 12 à 15 fr.

LA LANDELLE (Guill.-Jos.-Gabriel de), littérateur, 1812, Montpellier. Marin, 1828-39. Abandonna cette profession pour celle des lettres; a écrit dans divers journaux. — La Gorgone, 1844, 6 vol. in-8. La Couronne navale, 1848, 9 vol. in-8. Les Princes d'Ébène, 1852, 10 vol. in-8. Le Dernier des flibustiers, 1857, 5 vol. in-8.

LALANNE (J.-Phil.-Aug.-Barberin), littérateur, 1795, Bordeaux. Prêtre, 1827. Chanoine de Beauvais, 1849. Docteur ès lettres, 1852. — Manuel entomologique, 1828, *Lyon*, *Perisse*, in-8. De la Liberté d'enseignement, 1842, *Debécourt*, in-8. Influence des Pères de l'Église sur l'éducation publique, 1850, *Sagnier et Bray*, in-8. Passion du Christ (trad. d'un poëme de St Grégoire de Nazianze), 1852, *Belin*, in-12. Notice histor. sur le couvent des Carmes, 1853, *Parent-Desbarres*, in-8. Traité de rhétorique, 1857, *Belin*, in-12. Des chapitres gén., 1858, *Parent-Desbarres*, in-8.

LALANNE (Léon-L.-Chrétien), ingénieur, 1811, Paris. Ingénieur en chef. Un des constructeurs du chemin de fer de Sceaux, 1846. Directeur des ateliers nationaux, 1848, et de travaux publics en Valachie, 1852. — Tables pour abréger divers calculs, 1840, *Impr. roy.*, in-8. Tables graphiques, 1843, *Carilian*. Instruction pour l'usage de l'abaque, 1846. 2e éd. 1855, in-12. Instruction sur les règles de calcul, 1851, in-12.

LALANNE (Marie-Ludovic Chrétien), littérateur, 1815, Paris. Frère du précédent. Élève de l'École des chartes, 1839. Attaché à la commission des travaux histor. 1846. Directeur de l'Athenæum français, 1852-56, et de la Correspondance litt. — Rech. sur le feu grégeois, 1841. 2e éd. *Corréard*, 1845, in-4. Curiosités litt., bibliogr., biogr., des traditions, des mœurs et des légendes, milit., etc. (Bibliothèque de poche), 1845-53, 10 vol. in-16. Dict. de pièces autogr. volées (avec M. Bordier), 1851-53, in-8. Mémoires et Correspond. de Bussy-Rabutin, 1858, 8 vol. in-18.

LA LUZERNE (César-Guill.), célèbre théologien et prélat, 1738, Paris; 1821, ibid. Évêque de Langres, 1770. Membre de l'assemblée des Notables, 1787; des États gén. 1789. Émigra en 1791. Pair de France, 1814. Cardinal, 1817. — Oraisons funèbres du roi de Sardaigne, 1773; de Louis XV, 1774. Consid. sur la morale chrétienne, 1795. Nouv. éd. 1842, 2 vol. in-12, et *Besançon*, 1838, 2 vol. in-8. Dissert. sur la vérité de la religion, 1802. Nouv. éd. *Besançon*, 1838, in-8, et *Méquignon*, 1844, in-12; sur la spiritualité de l'âme, 1806. Nouv. éd. *Besançon*, 1835, in-8, et *Méquignon*, 1843, in-12; Sur l'Existence et les Attributs de Dieu, 1808. Nouv. éd. 1833, in-12 et *Besançon*, 1838, in-8. Explication des Évangiles, 1807. Nouv. éd. *Méquignon*, 1848, 4 vol. in-12, et *Besançon*, 1838, 2 vol. in-8. Dissertations sur les Églises catholique et protestante, 1808. Nouv. éd. *Méquignon*, 1844, in-12. Consid. sur l'état ecclésiastique, 1810. Nouv. éd. *Méquignon*, 1835, in-12 et *Besançon*, 1838, in-8. — OEuv. éd. *Perisse*, 1842, 10 vol. in-8, et *Migne*, 1856, 6 vol. gr. in-8.

LAMARCK (J.-Bapt.-P.-Ant. de Monet de), naturaliste, 1744, Bazantin (Somme); 1829, Paris. Soldat. Abandonna cette carrière pour celle des sciences. Ami de Buffon. Parcourut l'Allemagne. Membre de l'Institut, 1779. Professeur de zoologie au Muséum, 1793-1829. — Flore française, 1778. 3ᵉ éd. *Desray*, 1803-15, 6 vol. in-8, fig. 60 à 72 fr. Hydrogéologie, 1802, *Agasse*, in-8. Philosophie zoologique, 1809, 2ᵉ éd. 2 vol. in-8. Hist. nat. des animaux sans vertèbres, 1815-22. 2ᵉ éd. *Baillière*, 1836-45, 11 vol. in-8. 88 fr.

LAMARTINE (Alphonse de), célèbre poëte et homme d'État, 1792, Mâcon. Acheva son éducation à Belley. Secrétaire de légation à Naples, 1820, puis à Florence, 1825-29. Membre de l'Acad. franç. 1830. Voyagea en Orient, 1832-33. Député, 1833. La poésie et la politique l'occupèrent pendant toute la durée du régime parlementaire. 1848 l'éleva à l'apogée du pouvoir et de la popularité. Dix départements le portèrent à la Constituante. Mais cette popularité même, par son étendue, touchait à la réaction. Elle ne se fit pas attendre et a suivi le gr. poëte jusque dans sa retraite.—Méditations poétiques, 1820, in-8; 1845, in-18. Nouv. Méditations, 1823, in-8; 1845, in-18. Harmonies poét. et relig. 1830, 2 vol. in-8; 1845, in-18. Jocelyn, 1836, 2 vol. in-8; 1845, in-18. Chute d'un Ange, 1838, 2 vol. in-8; 1845, in-18. Recueillements poét. 1839, in-8; 1845, in-18. Hist. des Girondins, 1847, 8 vol. in-8; 1847-48, 4 vol. gr. in-8, et 1848, 8 vol. in-18. Raphaël, 1849, in-8. Nouv. éd. in-18. Les Confidences, 1849-51, 2 vol. in-8. Nouv. éd. in-18. Le Tailleur de Saint-Point, 1851, in-8. Histoire de la Restauration, 1851-52, 8 vol. in-8; des Constituants, 1854, 4 vol. in-8; de la Turquie, 1855, 8 vol. in-8. De la Russie, 1856, 2 vol. in-8. Cours familier de litt. 1856 et suiv. — OEuv. 1860-64. 40 vol. gr. in-8. OEuv. poét. Éd. *Gosselin*, 1836-40, 13 vol. gr. in-8; 1842, 8 vol. in-8; 1845-49, 8 vol. in-18, et 1839, 10 vol. in-32.

LAMBERT (Anne-Thérèse de Marguenat de Courcelles, Marqˢᵉ de), femme de lettres, 1647, Paris; 1733, ibid. Ses œuv. ont été écrites par elle pour l'éducation de ses enfants. — Avis d'une mère à sa fille, 1734; à son fils, 1804. Nouv. éd. *Blaise,* 1829, in-18. — OEuv. morales, *Gosselin,* 1843, in-12.

LAMBERT (J.-H.), mathématicien et philosophe allemand, 1728, Mulhouse; 1777, Berlin. Étudia, sans maîtres, presque toutes les sciences humaines. Précepteur à Coire, 1748-58. Professeur à Munich, membre de l'Acad. de Berlin, 1764. — La Route de la lumière, 1759, *La Haye,* in-8. La Perspective libre, 1759. *Zurich,* in-8. Photometria, 1760, *Augsbourg,* in-8. Syst. du monde, 1761. Trad. franç. par Mérian, 1784, in-8. Insigniores orbitæ cometarum Proprietates, 1761, *Augsbourg,* pet. in-8, 5 à 6 fr. Neues Organon (Nouvel Organon), 1763, *Leipsick,* 2 volumes, in-8.

LA MENNAIS (Hugues-Félicité ROBERT de), théologien, philosophe, littérateur, 1782, Saint-Malo; 1854, Paris. S'instruisit seul. Prêtre, 1816. Dirigea ou fonda plusieurs journaux, notamment l'Avenir, 1830. Ses écrits soulevèrent contre lui le clergé catholique avec lequel il rompit complétement. Membre des Assemblées constituante et législative. — ESSAI SUR L'INDIFFÉRENCE EN RELIGION, 1817-23. Nouv. éd. *Daubrée,* 1835, 4 vol. in-8, et *Pagnerre,* 1843-44, 4 vol. in-12. Défense de l'Essai sur l'indifférence, 1821. Nouv. éd. 1827-35, in-8 ou in-12. Trad. de l'Imitation de J.-C. 1824, in-18. Paroles d'un Croyant,1834,in-8. Affaires de Rome, 1836, in-8. Le Livre du peuple, 1837, in-8. Esquisse d'une philos. 1841-46, *Pagnerre,* 4 vol. in-8. — OEuv. *Daubrée,* 1836-37,12 vol. in-8. *Pagnerre,* 1844 et suiv. 10 vol. gr. in-18. OEuv. choisies, *Pagnerre,* 1837-41, 10 vol. in-32.

LA MÉTHERIE (J.-Cl. de), médecin et naturaliste, 1743, Clayette (Mâconnais); 1817, Paris. Exerça la médecine dans sa ville natale. Vint à Paris, 1780. Professeur adjoint des sciences nat. au collége de France, 1812. — Essai sur l'air pur, 1785. 2ᵉ éd. *Cuchet,* 1788, 2 vol. in-8. Principes de la philos. nat. 1787, *Genève,* 2 vol. in-8. Théorie de la terre, 1795. Nouv. éd. *Maradan,* 1797, 5 vol. in-8. Consid. sur les êtres organisés, 1805, *Courcier,* 2 vol. in-8.

LA METTRIE (Julien OFFRAY de), médecin et philosophe, 1709, Saint-Malo; 1751, Berlin. Élève de Boerhaave. Médecin des gardes françaises, 1742. Ses écrits l'obligèrent à s'expatrier, 1746. — Histoire nat. de l'âme, 1745, *La Haye,* in-8. Nouv. éd.

Oxford, 1747, in-12. L'Homme-machine, 1748, *Leyde*, in-12. L'Homme-plante, 1748, *Potsdam*. — OEuv. philos. *Londres (Berlin)*, 1751, in-4. 5 à 6 fr. *Berlin* 1774, 2 vol. in-8, et *Amsterdam*, 1774, 3 vol. pet. in-12.

LAMI (J.), littérateur et archéologue, 1697, Santa-Croce, près de Florence ; 1770, Florence. Avocat. Vint à Paris, 1729. Professeur d'hist. ecclésiast. à Florence, 1732. — Deliciæ eruditorum, 1736-69, *Florence*, 18 vol. in-8. 60 à 72 fr. Sanctæ ecclesiæ Florentinæ monumenta, 1758, *Florence*, 3 vol. in-fol. fig. 40 à 50.

LAMI (L.-Eug.), peintre, 1800, Paris. Élève de Gros et d'Horace Vernet. Professeur des princes d'Orléans. Exécuta plusieurs voy. en Europe.—Études de chevaux ; Combat de Puerto de Miravente, 1824. Charles Ier recevant une rose. Attelage rustique. Course au clocher. Voiture de masques. Bataille de l'Alma. Aquarelles : Bal aux Tuileries. Course à Chantilly. Revue de chasseurs. Bal de l'Opéra. Le Lever de la reine. L'Orgie, 1853. Aquarelles, 1861.

LA MONNOYE (Bern. de), littérateur et poëte, 1641, Dijon ; 1728, Paris. Avocat, 1662. Conseiller à la cour des comptes, 1672. Membre de l'Acad. franç. 1713. — NOELS (en patois bourguignon), 1701. Nouv. éd. avec trad. franç. *Lavigne*, 1842, gr. in-18, et *Locard-Davy*, 1857, gr. in-18. 3 fr. 50. — OEuv. choisies, 1770, 2 vol. in-4 ou 3 vol. in-8.

LA MOTHE LE VAYER (F. de), littérateur, 1588, Paris ; 1672, ibid. Substitut du procureur gén. 1625. Membre de l'Acad. franç. 1639. Précepteur du duc d'Anjou, 1649. — Discours de la contrariété d'humeur, 1636. Nouv. éd. 1809, in-8. Dialogues, 1606. 2e éd. *Francfort*, 2 vol. in-12. — OEuv. *Dresde*, 1756-59, 14 vol. in-8, 24 à 30 fr.

LA MOTTE (Ant. HOUDART de), poëte, 1672, Paris ; 1731, ibid. Membre de l'Acad. franç. 1710. Aveugle à l'âge de 40 ans. — Théâtre : Le Magnifique ; l'Amant difficile ; Inès de Castro, 1723. Fables, éd. *Dupuis*, 1719, in-4, fig. 12 à 18 fr. et *Amsterdam*, 1727, in-12. 8 à 12 fr. — OEuv. *Prault*, 1754, 11 vol. in-12. 8 à 12 fr. OEuv. choisies, *Didot*, 1811, 2 vol. in-18.

LANCRET (Nic.), peintre, 1690, Paris ; 1743..... Élève et ami de Watteau qu'il ne réussit pas à égaler. Peintre du roi. Membre de l'Acad. de peinture. Le Printemps, l'Été, l'Automne, l'Hiver, les Tourterelles, le Nid, au Louvre.

LANDON (Ch.-Paul), peintre et littérateur, 1760, Nonant (Orne) ; 1826, Paris. Élève de Regnault. Gr. prix de peinture. Correspondant de l'Acad. des beaux-arts. Conservateur du musée du Louvre. — La Leçon maternelle. Le Bain de Paul et Virginie. Dédale et Icare. — ANNALES DU MUSÉE, 1re section, 1801-10, 17 vol. in-8. 2e section, 1810 et suiv. 10 vol. in-8. 2e éd. *Pillet*, 1829 et suiv. 25 vol. pet. in-8. VIE ET OEUVRES DES PEINTRES LES PLUS CÉLÈBRES, 1803-24, *Treuttel* et *Würtz*, 12 vol. in-4. Galerie des hommes les plus célèbres, 1805-9, 13 vol. in-12. Description de Paris, 1806-9, 2 vol. in-8.

LANDSEER (Sir Edwin), peintre anglais, 1803, Londres. Ne voulut être élève que de lui-même et de la nature. Membre de l'Acad. roy. 1830. Fut de bonne heure considéré comme un des meilleurs peintres de l'Angleterre. — Combat de Chiens, 1819. CHIENS DU MONT ST-GOTHARD, 1821. Highlanders ; le Singe qui a vu le monde, 1827. L'Attachement, 1830. Braconniers, 1831. Chasse au Faucon, 1832. W. Scott et ses chiens, 1833. Abbaye de Bolton, 1834. Départ du Bouvier, 1835. Retour de la Chasse, 1837. Terre-Neuve, 1838. Maison du Berger, 1842. Chasse à la loutre, 1844. Scène pastorale, 1845. LA PAIX et LA GUERRE, 1846. Van Amburgh et ses animaux, 1847. La Famille du Forestier, 1849. Un Dialogue à Waterloo, 1850. Rêve d'une Nuit d'été, 1851. La Nuit et le Matin, 1853. LES ANIMAUX A LA FORGE ; JACK EN FACTION ; LES CHIENS AU COIN DU FEU ; LE DÉJEUNER, 1855. SAUVÉ, 1856.

LANFRANC (J.), peintre italien, 1581, Parme ; 1647, Rome. Élève des Carrache. Acquit une gr. renommée et exécuta une gr. quantité de travaux dans les principales villes de l'Italie. — Herminie ; la Cène ; Gloire de Ste Marie Égyptienne ; LA VIERGE DÉLIVRANT UNE AME ; Coupole du Giesù Nuovo, à Naples. Madeleine ; St Pierre ; St Paul ; Assomption, à Florence. RÉSURRECTION, à Pistoie. Martyre de St Octave ; Saints, à Parme. Christ mort, à Bologne. Présentation au temple, à Pérouse. Agar dans le désert ; St Pierre ; Couronnement de la Vierge ; St Pierre et St Paul ; Pan et Diane, au Louvre. St Conrad, à Lyon. Mars et Vénus, à Rouen. St J.-Bapt. à Amsterdam.

Vieillards, à Dresde. Peintures, à St-Pierre; à San-Andrea-della-Valle; aux palais Borghèse, Doria, Colonna, à Rome.

LANGLÈS (L.-Mathieu), orientaliste, 1763, Perennes (Oise); 1824..... Abandonna la carrière militaire pour l'étude des lettres. Administrateur et professeur à l'École des langues orientales, 1795. Membre de l'Institut lors de sa fondation. — Dict. tartare-mantchou, 1789-90, *Nyon*, 3 vol. in-4. Voy. pittor. de la Syrie, 1799, in-8. Monuments anc. et mod. de l'Hindoustan, 1812-21, *Didot*, 2 vol. g. in-4, fig.

LANGLOIS (Eust.-Hyac.), graveur et archéologue, 1777, Pont-de-l'Arche (Normandie); 1837, Rouen. Élève de David. Soldat. Professeur à l'École de dessin de Rouen, 1828. — Notice sur l'incendie de la cathédrale de Rouen, 1823, *Rouen*, in-8. Essai sur l'abbaye de Fontenelle, 1827, in-8. 10 fr. Essai sur la peinture sur verre, 1832, *Rouen*, in-4 ou in-8.

LANGLOIS (J.-Ch.), peintre, 1789, Beaumont-en-Auge (Calvados). Soldat, 1807-49. Élève de Girodet, Gros et Horace Vernet. Surtout connu comme créateur du Panorama. — Peinture : Bataille de Sédiman, 1822. Prise de la grande redoute de la Moscowa, 1824. Passage de la Bérézina, 1827. Combat de Navarin; Bataille de Montereau, 1834; de la Moskowa, 1838; de Smolensk, 1839; de Toulouse, 1841. Combat de Polotsk, 1843. Passage de la Linth, 1850. Ruines de Karnac; Incendie de Smolensk; Bataille de la Moskowa, 1855. Panoramas : Bataille de la Moskowa, 1835; Incendie de Moscou, 1839; Batailles d'Eylau, 1843; des Pyramides, 1849; Prise de Sébastopol, 1860; Bataille de Solférino, 1865.

LANOUE (Félix-Hipp.), peintre, 1812, Versailles. Élève de Bertin et d'H. Vernet. 1er grand prix de peinture, 1841. — Vue de la Seine, 1833. Aqueducs de Buc, 1835. Vue à Sassenage, 1839; à Terracine, 1844. Tombeaux étrusques, 1847. Vue dans l'île de Capri, 1848; à la Haye, 1852. St Benoît, 1854. Vue des bords de la Newa, 1855; des environs de Rome, 1861-63-64. Le Pont du Gard, 1865.

LANZI (L.), archéologue, 1732, Monte del Olmo; 1810, Florence. Sous-directeur de la galerie de Florence, 1773. Archéologue du gr. duc, 1790. — Saggio di lingua etrusca (Essai sur la langue étrusque), 1789, *Rome*, 3 vol. in-8, 20 fr. 2e éd. *Florence*,

1824, 3 vol. in-8, 30 fr. Hist. de la peinture en Italie, 1792. Éd. ital. *Milan*, 1824, 4 vol. in-8 et *Florence*, 1845. 6 vol. gr. in-8. Trad. franç. abrégée par Francillon, 1822, in-8, fig. 21 fr. par madame Dieudé, 1824, 5 vol. in-8, 25 fr .Éd. angl. par Roscoe, *Londres*, 1828, 6 vol. in-8, 3 liv.

LAPIE (P.), géographe, 1779, Mézières; 1850, Paris. Fit plusieurs campagnes en qualité d'ingénieur-géographe. Directeur du cabinet topogr. du roi, 1814, et de la nouv. carte de France, 1818. — Atlas classique de géographie, 1817. Nouv. éd. *Ancelin*, 1830, in-fol. Atlas universel de géographie, 1828. Nouv. éd. 1842, in-fol.

LAPLACE (P.-Simon, marquis de), célèbre astronome et mathématicien, 1749, Beaumont-en-Auge (Calvados); 1827, Paris. Professeur à l'École militaire. Membre de l'Acad. des sciences, 1785; franç. 1816. Professeur à l'École normale, 1794. Ministre de l'intérieur. Président du Bureau des Longitudes. Sénateur, 1799. Pair de France. Eut la gloire de continuer Newton et de fixer les lois qui régissent notre syst. planétaire. — Théorie des planètes, 1784, in-4. Exposition du syst. du monde, 1796. 6ᵉ éd. *Bachelier*, 1835, in-4, 15 fr. ou 2 vol. in-8. Mécanique céleste, 1799-1825. 2ᵉ éd. 1829-30, 5 vol. in-4, fig. 150 fr. Éd. angl. *Boston*, 1839, 4 vol. gr. in-4. Théorie anal. des probabilités, 1812. 3ᵉ éd. 1820, in-4. 30 fr. Essai philos. sur les probabilités, 1814. 6ᵉ éd. *Bachelier*, 1840, in-8, 5 fr. Précis de l'hist. de l'astronomie, 1821, in-8, 3 fr. — OEuv. *Impr. roy.*, 1843-48, 7 vol. in-4.

LAPRADE (P.-Marin-Victor Richard de), poëte, 1812, Montbrison. Professeur de litt. à la Faculté de Lyon. Membre de l'Acad. franç. 1858. — Les Parfums de Madeleine, 1839. La Colère de Jésus, 1840. Psyché, 1841. Odes et Poëmes, 1844, *Labitte*, in-18. Génie litt. de la France; l'Age nouveau, 1847. Poëmes évangéliques, 1852. Les Symphonies, 1855. Idylles héroïques, 1858. — OEuv. *Léry*, 3 vol. in-18, 9 fr.

LA QUINTINIE (J. de), agronome, 1626, Chabanais (Angoumois); 1688, Versailles. Avocat. Parcourut l'Italie. Intendant des jardins fruitiers de Louis XIV, 1673. Créateur du potager de Versailles. — Instruction pour les jardins fruitiers et potagers, 1690. Nouv. éd. 1756, 2 vol. in-4.

LARDNER (Denis), mathématicien anglais, 1793, Dublin; 1859, Paris. Professeur à Dublin, 1817-27; à Londres, 1828-40. Résida en Amérique où il ouvrit des cours, 1840-45, puis vint habiter Paris. — Cabinet cyclopædia (Collection encyclopédique), 1829-46, *Londres*, 132 vol. in-12. Treatise on heat (Traité de la chaleur). Handbook of optics (Manuel d'optique). Railway economy (Économie des chemins de fer), 1850. Handbook of natural philosophy and Astronomy (Manuel de philos. nat. et d'astronomie), 1852. 2ᵉ éd. 1855, 6 vol. On animal physics (de la Physique animale), 1854. Museum of science and art (Musée des sciences et des arts), 1856 et suiv. 12 volumes in-12.

LARGILLIÈRE (Nic.), peintre, 1656, Paris; 1746, ibid. Élève de Gœbauw. Résida en Angleterre. Se fixa à Paris, 1678. Membre, 1686, professeur et directeur de l'Acad. de peinture. — Repas donné à Louis XIV, Mariage du duc de Bourgogne (détruits en 1789). Ex-voto, à St-Ét.-du-Mont. Érection de croix. Assomption de la Vierge. Fuite en Égypte. Portraits: Louis XIV, Lebrun, Mˡˡᵉ Duclos, Bertin, le Cardinal de Noailles, le Roi et la Reine d'Angleterre, le Pᶜᵉ de Galles, Van der Meulen.

LARIVIÈRE (Ch.-Phil.), peintre, 1798. Paris. Élève de Girodet et de Gros. 2ᵉ, 1819, et 1ᵉʳ gr. prix de peinture, 1824.—Un Prisonnier, 1827. La Peste à Rome; le Tasse malade; Religieux en méditation, 1831. Le Duc d'Orléans arrivant à l'Hôtel-de-Ville, 1836. Bataille des Dunes, 1837. Bayard blessé, 1838. Batailles, 1839-44. Portraits.

LA ROCHEFOUCAULD (F. duc de), célèbre moraliste, 1613, Paris; 1680, ibid. Embrassa l'état militaire de bonne heure. Se mêla à la guerre de la Fronde et aux intrigues de la cour. Son livre, qui place le mobile de toutes nos actions dans l'amour-propre et l'intérêt, doit être l'image du caractère de son auteur. — Mémoires sur les brigues à la mort de Louis XIII, 1662. Nouv. éd. *Renouard*, 1804-17, 2 vol. in-18. Maximes, 1ʳᵉ éd. 1665. Nouv. éd. *Didot*, 1796, gr. in-4. 8 à 10 fr. par Aimé-Martin, *Lefèvre*, 1822, in-8, 4 fr. et 1827, gr. in-8, 5 fr. *Blaise*, 1813, in-12. 2 fr. *Jannet*, 1853, in-16. *De Bure*, 1824, gr. in-32, 2 fr. et *Lefèvre*, 1827, in-64. Éd. angl. *New-York*, 1851, in-12. — Œuv. *Ponthieu*, 1825, in-8, 5 fr.

LAROMIGUIÈRE (P.), philosophe, 1756, Lévignac-le-Haut (Aveyron); 1837, Paris. Frère de la Doctrine chrétienne. Ami de Garat. Professeur à la Faculté, 1811-12. Bibliothécaire de l'université, 1813. Membre de l'Acad. des sciences morales, 1833. Un des représentants de l'École spiritualiste. — Paradoxes de Condillac, 1805, in-8, et 1825, in-18. Leçons de philosophie, 1815-18. 5ᵉ éd. 1833, 2 vol. in-8. 6ᵉ éd. *Fournier*, 1844, 2 volumes in-12.

LARREY (Dominique-J. baron), célèbre chirurgien, 1766, Baudéan (Htes Pyrénées); 1842, Lyon. Aide-major à l'armée du Rhin, 1792. Créateur des ambulances volantes, 1793. Professeur au Val-de-Grâce, 1796. Fit toutes les campagnes de l'Empire en qualité de chirurgien en chef. Membre des Acad. de médecine et des sciences, 1829. — Relation de l'expédition d'Orient, 1803, *Demonville*, in-8. Mémoires de médecine et de chirurgie, 1812-18 *Smith*, 4 vol. in-8. Clinique chirurgicale, 1829-36, 5 volumes in-8 avec atlas.

LA SAUSSAYE (J.-F. de Paule-L. de), archéologue, 1801, Blois. Membre de l'Acad. des inscriptions, 1845. Recteur de l'Acad. de Poitiers, 1855, puis de celle de Lyon. — Histoire de Chambord, 1837, *Blois*, in-4. 8ᵉ éd. *Dumoulin*, 1859, pet. in-8. Hist. du château de Blois, 1840, *Blois*, gr. in-4. 3ᵉ éd. 1850, in-18. Numismatique de la Gaule narbonnaise, 1842, *Blois*, gr. in-4. Antiquités de la Sologne, 1844, *Blois*, in-4. Hist. de la ville de Blois, 1846, *Dumoulin*, in-12. 2ᵉ éd. *Aubry*, 1860, gr. in-18.

LAS CASES (Emm.-Augustin-Dieudonné-Marin-Jos., marquis de), littérateur et politique, 1766, Las Cases (Haute-Garonne); 1842, Passy, près Paris. Lieutenant de vaisseau, 1789. Émigra pendant la révolution. Chambellan de l'empereur, 1810, qu'il accompagna à Ste-Hélène, 1815-16. Député, 1830. — Atlas historique, 1803-04. Dern. éd. *Leclère*, 1826, gr. in-fol. 30 fr. Éd. popul. *Delloye*, 1835, in-fol. Mémorial de Ste-Hélène, 1822-23. Nouv. éd. *Bourdin*, 1842, 2 vol. gr. in-8, fig. 40 fr. *Comon*, 2 vol. in-8, et *Garnier*, 9 vol. in-18.

LASSUS (J.-Bapt.-Ant.), architecte, 1807, Paris; 1857, Vichy. Élève de l'École des beaux-arts, 1828-30. Après des études archéologiques s'attacha de préférence aux édifices de style gothique.—Restauration de la Ste-Chapelle, 1840-56, et de Notre-Dᵉ,

1845 et suiv., avec M. Viollet-le-Duc ; de St-Germain l'Auxerrois. Église de Belleville, 1854. — Monographie de la cathédrale de Chartres, 1843 et suiv., *Didot*, gr. in-fol.

LASTEYRIE (Ferd.-Ch.-Léon, Cte de), archéologue et politique, 1810, Paris. Employé aux Ponts et chaussées et aux ministères de l'instruction publ. et de l'intérieur. Député, 1842. Membre des Assemblées constituante et législative, 1848, et de l'Acad. des inscriptions, 1860.— Hist. de la peinture sur verre, 1837-58, *Didot*, in-fol. Théorie de la peinture sur verre, 1853, in-8. La Cathédrale d'Aoste, 1854, in-8.

LATHAM (Robert-Gordon), philologue anglais, 1812, Billingshorough (Lincoln). Professeur de litt. à l'université de Londres, 1840. Un des fondateurs de la Société philologique. Membre de la Société royale. — On the english Language (De la Langue anglaise), 1841. 4e éd. 1850. Elementary grammar (Gramm. élémentaire), 1843. Nouv. éd. 1852. History and Etymology of the english Language (Hist. et orig. de la Langue angl.), 1845. Natural history of the variety of men (Variété des races humaines), 1850. Men and its migrations (L'homme et ses migrations), 1851. HANDBOOK OF THE ENGLISH LANGUAGE (Manuel de la langue angl.), 1851.

LATOUR (Maurice-Quentin de), peintre, 1704, Saint-Quentin ; 1788..... Adopta la peinture au pastel ou il s'acquit une gr. célébrité comme portraitiste. Membre, 1744, puis directeur de l'Acad. de peinture, 1746. Peintre du roi, 1750. — Voltaire, J.-J. Rousseau, Crébillon, d'Alembert, Diderot, Rameau, Duclos, LOUIS XV, Marie Lecszinska, le Dauphin, la Princesse de Saxe, MAD^e DE POMPADOUR.

LATREILLE (P.-André), naturaliste, 1762, Brives ; 1833, Paris. Prêtre, 1786. Membre de l'Acad. des sciences, 1814. Professeur au Muséum. — Hist. nat. des fourmis, 1802, in-8. Genera crustaceorum et insectorum, 1806-9, *Kœnig*, 4 vol. in-8, fig. 48 fr. Familles nat. du règne animal, 1825, *Baillière*, in-8. 9 fr. Cours d'entomologie, 1831, *Roret*, in-8.

LAUGÉE (Désiré-F.), peintre, 1823, Maromme (Seine-Inf.). Élève de M. Picot, 1840 et de l'École des beaux-arts. —Van Dick. Meurtre de Rizzio. Mort de Zurbaran, 1850 ; de Guillaume le Conquérant, 1853. Lesueur chez les Chartreux, 1855. Déjeuner du Moissonneur, 1857. Leçon d'équitation ; Maraudeurs, 1859. Sortie de l'école ; Récolte des œillettes, 1861. St Louis, 1863 ; S$_{TE}$ Élisabeth, 1865, lavant les pieds aux pauvres. Guerre de Pologne : le Repos, 1864.

LAUGIER (J.-Nic.), graveur, 1785, Toulon. Élève de Girodet. Habita longtemps l'Italie.—Héro et Léandre, 1817, de Delorme. Les Pestiférés de Jaffa, 1831, de Gros. Léonidas aux Thermopyles ; Napoléon, de David. Zéphyre, de Prud'hon. Pygmalion et Galatée ; Chateaubriand, de Girodet. Washington, de Léon Coignet. Mad^e de Staël, de Gérard. Daphnis et Chloé, de Hersent. La Vierge et Ste Anne, de Léonard de Vinci. Ravissement de St Paul, du Poussin. La Belle Jardinière, de Raphaël. La Vierge au lapin blanc, du Titien.

LAURENT de l'Ardèche (Paul-Mathieu), littérateur, 1793, Bourg-St-Andéol (Ardèche). Avocat, puis juge à Privas, 1840. Membre de la Constituante et de la Législative, 1848. Conservateur à la bibliothèque de l'Arsenal. — Hist. de Napoléon, 1826. 2e éd. *Dubochet*, 1838-42, gr. in-8, fig. Réfutation de l'hist. de France de l'abbé Montgaillard. 3e éd. *Pagnerre*, 1843, in-8.

LAURENTIE (P.-Sébastien), littérateur, 1793, Houga (Gers). Professeur à l'École polytechnique, 1818. Inspecteur gén. des études, 1822. Fonda et dirigea plusieurs journaux. — De l'Éloquence polit., 1819, in-8. 2e éd. 1821. Études sur les historiens latins, 1822, 2 vol. in-8. Introd. à la philos., 1826. 2e éd., *Méquignon*, 1829, in-8. Lettres sur l'Éducation, 1835. Nouv. éd., 1836, in-18. Hist. de France, 1841-43, 8 vol. in-8. 2e éd. 1858, 8 vol. in-18. De la démocratie, 1849, in-16.

LAURIÈRE (Eusèbe-Jacob de), jurisconsulte, 1659, Paris ; 1728, ibid. Avocat, 1679. Refusa d'exercer pour mieux se livrer à l'étude des lois. — Institutes coutumières, 1710. 5e éd. 1846, 2 vol. in-12. Traité des institutions, 1715, 2 vol. in-12. Tables chronol. des ordonn. des rois de France (avec divers), 1723-49, *Impr. roy.*, 21 vol. in-fol.

LAVALLÉE (Théophile-Sébastien), historien, 1804, Paris. Professeur de géographie, d'hist. et de litt. à l'École St-Cyr. — Jean Sans Peur, 1829-30, 2 vol. in-8. Géographie phys., histor. et milit. de la France, 1836. 6e éd. 1857, in-12. Hist. des Français, 1838-39. Nouv. éd. 1854 et suiv., 2 vol. gr. in-8, 6 vol. in-8, ou 4 vol. in-12. Hist. de Paris, 1851, in-8, et 1857, 2 vol. in-18. Hist. de St-Cyr, 1853, *Furne*, gr. in-8. Hist. de la Turquie, 1854, in-8 et 1859, 2 vol. in-12. Éd. de la Géographie universelle de Malte-Brun, 1854-59, 6 vol. gr. in-8, et des œuvres de Mad^e de Maintenon, 1854 et suiv., 6 vol. in-18.

LAVATER (J.-Gaspard), célèbre littérateur suisse, 1741, Zurich ; 1801, ibid. Pasteur à l'église de St-Pierre de Zurich, 1778. Créateur de la physiognomonie, qu'il établit sur les rapports qu'il suppose exister entre l'âme et les traits du visage.— Essais sur la Physiognomonie, 1re éd. allem. 1775-78, *Leipsick*, 4 vol. pet. in-fol. Éd. franç. *La Haye*, 1803, 4 vol. gr. in-4 fig. *Nicolle*, 1806-9, 10 vol. gr. in-8. 60 à 70 fr. *Huet*, 1841, pet. in-4, et *Havard*, 1845, gr. in-8. Édition angl. *Londres*, 1801, 4 volumes gr. in-8.

LAVERGNE (L.-Gabriel-Léonce GUILHAUD de), littérateur et économiste, 1809, Bergerac. Professeur de litt. à Montpellier, 1838. Maître des requêtes, 1842. Sous-directeur au ministère des affaires étrangères, 1844. Député, 1846-48. Membre de l'Acad. des sciences morales, 1855. — Dict. encyclopéd. usuel, 1841, gr. in-8. Économie rurale de l'Angleterre, 1854, in-8, et 1857, in-18, 3 fr. 50 ; de la France, 1857, in-8 ou in-18. 3 fr. 50. L'Agriculture et la Population, 1858, in-18. 3 fr. 50. Articles nombreux dans la Revue des Deux-Mondes et le Journal des Économistes.

LAVOISIER (Ant.-Laurent), célèbre chimiste, 1743, Paris ; 1794, ibid. Membre de l'Acad. des sciences, 1768. Fermier général, 1769. Directeur des poudres, 1776. Périt sur l'échafaud, mais s'immortalisa par ses découvertes de la combustion des corps par l'oxygène, 1775, et de la composition de l'eau, 1784. Créa une nouvelle nomenclature chimique et appliqua à l'agriculture et à l'industrie l'ensemble de ses travaux. — TRAITÉ ÉLÉM. DE CHIMIE, 1789. 3e éd. *Déterville*, 1801, 2 vol. in-8. MÉMOIRES DE CHIMIE, 1805, 2 vol. in-8. — OEuv. compl. *Impr. imp.*, 1860-64, 1-11 vol. in-4.

LAWRENCE (William), chirurgien anglais, vers 1785..... Membre de la Société royale, 1813. Professeur au collège des chirurgiens, 1815-19. Attaché aux hôpitaux St-Barthélemy et ophthalmique. — Lectures on the Physiology (Leçons de Physiologie), *Londres*, 6e éd. 1834. Traité des hernies, 1838, *Lon-*

dres, in-8. Trad. franç. 1818, in-8, Traité des maladies de l'œil, 1841, *Londres*, in-8. Trad. franç. par Billard, 1830, in-8.

LAZERGES (J.-Raymond-Hipp.), peintre, 1817, Narbonne. Élève de David d'Angers et de Bouchot. — Descente de Croix. Jésus aux Oliviers. Mort de la Vierge. Le Génie éteint par la Volupté. Suzanne au bain, 1851. L'Albane dans son atelier, 1853. Ecce Homo; St-Sébastien au tombeau, 1855. Reniement de St Pierre; Larmes de la Vierge, 1859. Kabyles moissonnant; Danse des Aïssaouas, 1861. JÉSUS EN PRIÈRE, 1864-65.

LE BAS (L.-Hipp.), architecte, 1782, Paris. Élève de Percier et de Fontaine. 2ᵉ gr. prix, 1806. Membre de l'Acad. des beaux-arts, 1825, et du conseil des bâtiments civils. — Prison de la Roquette; Église de Notre-Dᵉ de Lorette, 1824 et suiv. Nouveaux bâtiments de l'Institut.

LE BAS (Philippe), archéologue et helléniste, 1794, Paris; 1860, ibid. Marin. Soldat. Précepteur du prince L.-Napoléon, 1820-27. Maître de conférences à l'École normale, 1830. Membre de l'Acad. des inscriptions, 1838. Exécuta un voy. en Grèce, 1842. Bibliothécaire de la Sorbonne. — Antiquités grecques et romaines, 1836. *Bailly*, in-12. Voy. archéolog. en Grèce et en Asie Mineure, 1847-53, *Didot,* gr. in-fol. et gr. in-4.

LEBEAU (Ch.), historien, 1701, Paris; 1778, ibid. Membre, 1748, et secrétaire de l'Acad. des inscriptions, 1755. Professeur d'éloquence au Collège de France, 1752. — Hist. du Bas-Empire (continuée par Ameilhon), 1857-1811, 27 vol. in-12; Table, 1817, 2 vol. in-12, 30 à 40 fr. Nouv. éd. par Saint-Martin, *Didot*, 1825 et suiv. 21 vol. in-8, 80 fr.

LEBERT (Herman), médecin allemand, 1813, Breslau. Habita Paris où il exerça la médecine. Professeur à Zurich, 1853; à Breslau, 1859. Médecin en chef de l'hôpital de cette dernière ville. — Physiol. pathologique, 1845, *Baillière*, 2 vol. in 8, 23 fr. Traités des maladies scrofuleuses et cancéreuses, 1849-51, *Baillière*, 2 vol. in-8, 18 fr. TRAITÉ D'ANAT. PATHOLOGIQUE, 1855-61, *Baillière*, 2 vol. in-fol. avec 2 vol. pl.

LEBEUF (J.), historien, 1687, Auxerre; 1760..... Prêtre. Membre de l'Acad. des inscriptions, 1741. — De l'État des sciences sous Charlemagne, 1734, *Guérin*, in-12. Dissert. sur l'hist. de Paris, 1739-43, 3 vol. in-12. Mémoires concernant l'hist.

d'Auxerre, 1743, *Durand*, 2 vol. in-4, 30 à 36 fr. 2ᶜ éd. *Auxerre*, 1848-51, 4 vol. in-8. Hist. de la ville et du diocèse de Paris, 1754-58, *Prault*, 15 vol. in-12. Nouv. éd. par M. Cocheris, 1861 et suiv. 1-11 vol. in-8.

LEBRUN (Ch.), célèbre peintre, 1619, Paris; 1690, ibid. Élève de Vouet et du Poussin. Se perfectionna à Rome. Membre, 1648, chancelier et directeur de l'Acad. de peinture; 1ᵉʳ peintre du roi, 1662. Créateur de l'École franç. à Rome, 1666. Directeur des Gobelins. Exerça une influence considérable sur l'ensemble des arts dont il avait la haute direction. Mourut de chagrin lors de l'introd. de Mignard à la cour. — Adoration des Bergers, Sommeil de l'enfant Jésus, CHRIST SERVI PAR LES ANGES, Entrée à Jérusalem, CHRIST MORT, Jésus crucifié, Descente du St-Esprit, MARTYRE DE ST ÉTIENNE, STE MADELEINE, CHUTE DES ANGES, Mutius Scévola, Mort de Caton, BATAILLES D'ALEXANDRE, DÉFAITE DE MAXENCE, TRIOMPHE DE CONSTANTIN, Chasse du Sanglier de Calydon, Mort de Méléagre, les Quatre Saisons, Massacre des Innocents, Mort de Sénèque, le Christ aux Oliviers. TRAVAUX D'HERCULE, LE BENEDICITE, Louis XIV; Colbert; Séguin; Lamoignon; Fouquet; Perrault. PEINTURES DU CHATEAU DE VERSAILLES, et à la galerie d'Apollon, au Louvre. — Conférences sur l'expression des passions, 1698. Traité de la physionomie, éd. 1806, gr. in-fol. Consulter : La gr. galerie de Versailles, par Massé, 1752, *Impr. roy.*

LEBRUN (Ponce-Denis-Écouchard), poëte lyrique, 1729, Paris; 1807, ibid. Secrétaire du prince de Conti. Membre de l'Institut. Son caractère difficile lui attira des désagréments, surtout de la part de sa famille. ODES. Élégies, Épîtres. Fables. Épigrammes. — OEuv. par Ginguené, *Warée*, 1811, 4 vol. in-8. OEuv. choisies, *Janet et Cotelle*, 1829, in-8. 6 fr. et *Renduel*, 1828, 2 vol. in-18.

LEBRUN (Marie-Louise-Élisabeth VIGÉE, Mᵐᵉ), peintre, 1755, Paris; 1842, ibid. Membre de l'Acad. de peinture, 1783. Eut une vogue sans exemple et peignit plus de 600 portraits. — MARIE-ANTOINETTE ET SES ENFANTS, 1787. SON PORTRAIT. LA PAIX RAMENANT L'ABONDANCE. Mesdames Adélaïde et Victoire. Lady Hamilton. L'Empereur Alexandre. Amphion jouant de la lyre. La Sibylle. — Souvenirs, 1835-37, *Fournier*, 3 vol. in-8.

LEBRUN (P.-Ant.), poëte, 1785, Paris. Membre de l'Acad. franç., 1828. Directeur de l'imprimerie roy., 1831-48. Maître des requêtes, 1832. Conseiller d'État, 1838. Pair de France, 1839. Sénateur, 1853. — Ode a la gr. armée, 1805. Bonheur que procure l'étude, 1817. Poëmes sur la mort de l'Empereur, 1822 ; sur un voy. en Grèce, 1828. Théâtre : Pallas, 1806. Ulysse, 1814. Marie Stuart, 1820. Le Cid d'Andalousie, 1825. — OEuv. *Perrotin,* 1844-61, 5 vol. in-8.

LECLERC (Sébastien), graveur, 1637, Metz; 1714, Paris. Ingénieur-géographe, 1660. Membre et professeur à l'Acad. de peinture, 1672. Graveur du Roi et professeur aux Gobelins. — Batailles d'Alexandre. Conquêtes de Louis XIV. Le Mai des Gobelins. Apothéose d'Isis. La Passion. Principes de dessins. Médailles de France. Costumes des Grecs et des Romains. — Traité de Géométrie, 1669. Nouv. éd. *Jombert,* 1774, in-8. Traité d'Architecture, 1714, in-4, 12 à 15 fr. OEuv. choisies, *Lamy,* 1784, in-4, 8 à 12 fr.

LECLERC (J.), théologien, philosophe, littérateur, 1657, Genève; 1736, Amsterdam. Pasteur. Professeur à Amsterdam, 1684-1728. — Ars critica, 1696. 4ᵉ éd. *Amsterdam,* 1730, 3 vol. in-8. Bibliothèque universelle, 1687-1718, *Amsterdam,* 26 vol. pet. in-12; choisie, 1703-13, 28 vol. pet. in-12 ; ancienne et moderne, 1714-30, 29 vol. in-8.

LE CLERC (Jos.-Victor), littérateur et philologue, 1789, Paris. Deux fois lauréat au concours gén., 1806-7. Professeur de rhétorique, 1815. Maître de conférences à l'École normale, 1821. Professeur d'éloquence, 1824, et doyen à la Faculté, 1832. Membre de l'Acad. des inscriptions, 1834, et du conseil de l'instruction publique, 1843. — Chrestomathie grecque, 1812. Nouv. éd. *Delalain,* 1827, in-8. Lysis, 1814, in-8. Pensées de Platon, 1818, in-8. Rhétorique franç., 1822. Nouv. éd. *Delalain,* in-18. OEuv. de Cicéron, lat.-franç., 1821-25, 30 vol. in-8, 1823-27, 35 vol. in-18. Des Journaux chez les Romains, 1838. *Didot,* in-8, 8 fr. Sur l'état des lettres en France au XIVᵉ siècle, 1865, 2 vol.

LECOMTE (Hipp.), peintre, 1781, Puyseaux (Loiret). Élève de Regnault et de P. Mongin, se perfectionna en Allemagne et en Italie. — Départ des Croisés, 1804. Jeanne d'Arc, 1808. Humanité de Napoléon, 1810. Louis XIII forçant le Pas-de-Suze,

1819. Marie Stuart s'évadant; Combat de la Porte Saint-Denis, 1831. Prise de Villefranche, 1841.

LECOMTE (Jules), littérateur, 1814, Boulogne-s.-mer; 1864, Paris. Lieutenant de vaisseau. Abandonna la marine pour la littérature, 1832. Écrivit avec succès dans divers journaux.—Chroniques de la marine franç. 1836-37, 5 vol. in-8. L'Ile de la Tortue, 1837, 2 vol. in-8, et 1844, in-12. Lettres sur les Écrivains franç. 1837, *Bruxelles*, in-18. Le Capitaine Sabord, 1839, 2 vol. in-8, et 1844, 4 vol. in-12. Venise, 1844, in-8. Hist. de la révolution de Février, 1850, in-8. Les Pontons anglais, 1850-52, 5 vol. in-8. Théâtre : Le Paratonnerre, 1846. Les Eaux de Spa, 1850. Le Collier, 1857. Le Luxe, 1858.

LECOQ (H.), naturaliste, 1802, Avesnes (Nord). Professeur d'hist. nat. et directeur du jardin botanique à Clermont-Ferrand. Correspondant de l'Acad. des sciences.— Éléments de minéralogie (avec M. de Girardin), 1826, 2 vol. in-8; de botanique, 1828, in-8. Formation géolog. du Puy-de-Dôme (avec M. Bouillet), 1828, in-8, avec atlas. Formation géolog. des monts Dore (avec M. Bouillet), 1831, in-8. Itinéraire du Puy-de-Dôme (avec le même), 1831, in-8. Des Glaciers et des Climats, 1847, in-8. GÉOGRAPHIE BOTANIQUE DE L'EUROPE, 1854-58, *Baillière*, 9 vol. gr. in-8, avec pl. 72 fr.

LEEMANS (Conrad), archéologue hollandais, 1809, Zalt-Bœmel (Gueldre). Soldat, 1830-31. Conservateur, 1835, puis directeur du Musée de Leyde, 1839. Voyagea en France et en Angleterre. — Monuments égyptiens portant des légendes royales, 1838, *Leyde*, in-8. Monuments égyptiens du Musée de Leyde, 1842-52, 3 vol. in-fol.

LEFEBVRE (Tanneguy), philologue, 1615, Caen; 1672, Saumur. Père de Mad^e Dacier. Inspecteur à l'imprimerie du Louvre. Professeur à l'Acad. de Saumur, 1651. — Vie des poëtes, 1665. Nouv. éd. Bâle, 1766, in-12. Éd. de Longin, Phèdre, Térence, Lucrèce, Anacréon, Sapho, Aristophane.

LEFEBVRE (Ch.), peintre, 1798, Paris. Élève de Gros et d'Abel de Pujol.—Le Prisonnier, 1827. Madeleine, 1831. Louis XI refusant la grâce de Nemours, 1833. Vierge miraculeuse, 1838. Souvenirs de Normandie, 1841. Le Christ aux limbes, 1845. Guill. le Conquérant; Jeune Bacchante, 1850. Ecce Homo; la

Femme de Candaule, 1855. Triomphe d'Amphitrite; St Louis à Damiette, 1859. Fête à Bacchus, 1861. Mort de Guill. le Conquérant; Jacob et Joseph, 1863. Moïse sur la Montagne, 1864. Portraits, 1865.

LEFUEL (Martin-Hector), architecte, 1810, Versailles. Élève de Huyot. 2e, 1833, et 1er gr. prix d'architecture, 1839. Ouvrit une école à son retour de Rome. Architecte de l'Empereur; Membre de l'Acad. des beaux-arts, 1855. — Chargé, après Visconti, de l'ACHÈVEMENT DU LOUVRE, 1854-57. Palais des Beaux-Arts pour l'Exposition universelle de 1855. Reconstruction du pavillon de Flore et de la galerie du bord de l'eau, 1863 et suiv.

LEGENDRE (Adrien-Marie), mathématicien, 1752, Toulouse; 1833, Paris. Professeur à l'École militaire. Membre du Bureau des longitudes et de l'Acad. des sciences, 1783. Conseiller de l'université, 1808. Ses travaux ont donné une grande impulsion aux sciences mathématiques. — ÉLÉMENTS DE GÉOMÉTRIE, 1794. 15e éd. *Didot*, 1864, in-8. 6 fr. THÉORIE DES NOMBRES, 1798. 3e éd. *Didot*, 1830, 2 vol. in-4. 36 fr. Exercices de calcul intégral, 1811-19, *Courcier*, 3 vol. in-4, fig. 80 fr. Traité des Fonctions elliptiques, 1826-29, *Treuttel* et *Würtz*, 3 vol. in-4. 60 francs.

LEGOUVÉ (Gabriel-Marie-J.-Bapt.), poëte, 1764, Paris; 1812, Montmartre. Membre de l'Institut, 1798. Professeur suppléant Delille au Collége de France. Mourut dans une maison de santé. — Théâtre : la Mort d'Abel, 1792; Épicharis et Néron, 1793; Étéocle, 1799; la Mort de Henri IV, 1806. Poésies : la Sépulture; les Souvenirs; la Mélancolie, 1798; LE MÉRITE DES FEMMES, 1801; nouv. éd. 1837, in-8, 1838, in-18, et 1851, in-32. — OEuv. compl. *Janet*, 1826-27, 3 vol. in-8. 15 fr.

LEGOUVÉ (Gabriel-J.-Bapt.-Ernest-Wilfrid), littérateur, 1807, Paris. Fils du précédent. Lauréat, 1829, et membre de l'Académie française, 1856. Ouvrit, au Collége de France, 1848, un cours sur l'Histoire morale des femmes. — Poésies : la Découverte de l'imprimerie, 1827; les Vieillards, 1834; ÉDITH DE FALSEN, 1840. Histoire morale des femmes, 1848. 3e éd. 1854, in-8, et 4e éd. *Didier*, 1864, in-12, 3 francs 50. Théâtre : Louise de Lignerolles (avec Prosper Dinaux), 1838; avec Scribe, ADRIENNE LECOUVREUR, 1849; BATAILLE DE DAMES; CONTES DE LA reine de Navarre, 1851 ; Médée; Par droit de conquête, 1855; les Doigts de Fée, 1858.

LEGOYT (Alfred), économiste et statisticien, 1815, Clermont (Puy-de-Dôme). Secrétaire de M. Tissot, de l'Acad. franç. 1836-39. Directeur de la statistique gén. et secrétaire de la commission des Archives, au ministère de l'intérieur. — La France statistique, 1843, *Curmer*, in-8. Essai statist. sur les Chemins de fer, 1845, *Ledoyen*, in-12. Rech. sur la Charité à Londres, 1847, in-8. La France et l'Étranger (Statist. comp.), 1865, *Levrault*, gr. in-8.

LE GROS (P.), sculpteur, 1656, Paris ; 1719, Rome. Il se fixa à Rome, où Louvois l'avait envoyé pour se perfectionner. — Triomphe de la religion, St Stanislas Kostka, Saint expirant, St Dominique, St Thomas, St Barthélemy, St F. Xavier, Mausolée de Grégoire V, à Rome. Ste Thérèse, Ste Christine, à Turin. Vestale, aux Tuileries.

LEHMANN (Ch.-Ern.-Rodolphe-H.), peintre, 1814, Kiel (Holstein). Élève de M. Ingres. — Tobie, 1835. La Fille de Jephté; Le Cid, 1836. Le Pêcheur, 1837. Ste Catherine ; la Vierge et l'Enfant Jésus, 1840. Les Femmes à la Fontaine ; Mariuccia, 1842. Les Créanciers; Hamlet et Ophélia, 1846. Léonide, 1849. Consolation des Affligés; Prométhée, 1851. Adoration, Vénus Anadyomène, Ondine, Rêve d'Érigone, 1855. Assomption. Ste Agnès. Éducation de Tobie, 1859. Le Repos, 1864. Portraits. Peintures à St-Merry, à Ste-Clotilde, à l'Hôtel de ville, au Sénat.

LEIBNIZ (Godefroi-Guill.), célèbre philosophe, mathématicien et savant universel, 1646, Leipsick ; 1716, Hanovre. Docteur en droit, 1666. Conseiller de l'électeur de Mayence. Passa quatre ans à Paris, 1672-76. Parcourut l'Angleterre, la Hollande, l'Allemagne, l'Italie, et se fixa à Hanovre. Fondateur et président de l'Acad. des sciences de Berlin, 1701. Entreprit, avec Bossuet, la fusion des Églises catholique et réformée. Voulut créer une langue universelle. Découvrit, avec Newton, les bases du calcul différentiel, 1675. Faisait marcher de front l'étude de toutes les sciences et en atteignit le sommet. Il avait imaginé les Monades, syst. d'après lequel il existe entre l'âme et le corps une entente qu'il nomme harmonie préétablie. — Nouv. Méthode pour l'étude du droit, 1668. Théorie des Mouvements concret et abstrait, 1670. Acta eruditorum, 1679 et suiv. *Leipsick.* Codex juris gentium diplomaticus, 1693, *Hanovre,* 2 vol. in-fol. Préceptes pour l'avancement des sciences, 1703. Nouv. Essais sur l'entendement humain, 1704. Scriptores rerum Brunswicensium, 1707-11, *Hanovre,* 3 vol. in-fol. Historia ecclesiæ Gandershemensis diplomatica, 1734, *Hanovre,* in-fol. Théodicée, 1710, *Amsterdam,* pet. in-8. Nouv. éd. *Berlin,* 1840, 2 vol. in-18. — OEuv. par Duteus, *Genève,* 1768 et suiv. 6 vol. in-4. 90 à 100 fr. OEuv. philos. par Erdmann, *Berlin,* 1839-46, 5 vol. in-8. 64 fr. OEuv. histor. par Pertz, *Hanovre,* 1843, in-fol. OEuv. mathémat. par Gerhardt, *Berlin,* 1849-60, I-IV vol. in-8, 96 fr. OEuv. par M. Foucher de Careil, *Didot,* 1859-64, I-VI vol. in-8 à 7 fr. 50 ; par M. Jacques, *Charpentier,* 1842 et suiv. 2 vol. gr. in-18. 7 fr.

LELEUX (Adolphe), peintre, 1812, Paris. Se forma lui-même et sans maître. — Chasseur de Picardie, 1836. Mendiant, 1838. Jeunes filles bretonnes, 1840. Danse bretonne, 1842. Chanteur espagnol, 1843. Départ pour le marché, 1846. Pâtres bretons, 1847. Improvisateur arabe, 1848. Danse des Djinns ; Promenade publique, 1849. La Forge et l'Étable ; Bédouins ; Place du Marché, à Dieppe. Dépiquage des blés ; Arrivée au Champ de foire, 1853. Pâtres avec leurs animaux, 1855-57. La Petite Provence, 1858. Jeunes Tricoteuses, 1859. Noce ; Joueurs de boule ; Maréchal ferrant, 1861. Lutteurs ; Halte de Chasseurs, 1864. Jour de fête ; le Meunier, son Fils et l'Ane, 1865.

LELEUX (Armand), peintre, 1818, Paris. Frère du précédent. Élève de M. Ingres, 1832. — Retour de chasse, 1840. Intérieur d'Étable, 1841, et d'Atelier, 1842. Scènes de la Forêt-Noire, 1843. Laveuses, 1844. Baigneuses, 1845. Danse suisse, 1846. Mendiants, 1847. Fenaison, 1848. Lavandières, 1849. Forgerons, 1850. Tricoteuse, 1853. Scènes d'intérieur, 1855. La Rencontre, 1857. Jeune Fille endormie ; le Message, 1859. Atelier ; les Marguerites, 1861. Chanteurs ; Capucin mort, 1863. Partie d'échecs, 1864. Leçon de dessin, 1865.

LELEWEL (Joachim), historien et politique polonais, 1786, Varsovie ; 1861, Paris. Professeur à Vilna, 1814 ; à Varsovie, 1816. Député, 1828. Membre du gouvernement national ; Ministre de l'instruction publique, 1831. Quitta sa patrie après le triomphe des Russes et se retira à Paris. — Hist. de Pologne, 1829, *Varsovie.* Trad. franç. *Lille,* 1844, 2 vol. in-8, avec atlas. Numismatique du moyen âge, 1835, *libr. polon.* 2 vol. in-8, avec atlas. 40 fr. Études numismatiques, 1840, *Bruxelles,* in-8. Géographie du moyen âge, 1852, *Bruxelles,* 3 vol. in-8, avec atlas. 50 fr.

LELONG (Jacq.), bibliographe et historien, 1665, Paris; 1721, ibid. Bibliothécaire de l'Oratoire pendant plus de vingt ans. — Bibliotheca sacra, 1709. 2ᵉ éd. *Coustelier,* 1723, in-fol. 12 à 15 fr. 3ᵉ éd. *Leipsik,* 1778-90, 5 vol. in-4. BIBLIOTH. HISTOR. DE LA FRANCE, 1719. Nouv. éd. *Hérissant,* 1768-78, 5 vol. in-fol., 150 à 180 fr.

LÉLUT (L.-F.), médecin et philosophe, 1804, Gy (Hte-Saône). Médecin à la Salpêtrière, 1840. Membre de l'Acad. des sciences morales, 1844, et de la Constituante, 1848 ; de la Législative, 1849-52 ; du conseil de l'instruction publique, 1852 ; du Corps législatif, 1857. — Du Démon de Socrate, 1836, *Trinquart,* in-8. De la Phrénologie, 1843. 2ᵉ éd., 1858, in-8. PHYSIOLOGIE DE LA PENSÉE, 1862, *Didier,* 2 vol. in-8, 14 fr. 2ᵉ éd. même année, 2 vol. in-12, 7 francs.

LEMAIRE (Phil.-H.), sculpteur, 1798, Valenciennes. Élève de Cartellier. 2ᵉ, 1819, et 1ᵉʳ gr. prix de sculpture, 1821. Membre de l'Acad. des beaux-arts, 1845, après Bosio. Député, 1852. — Jeune fille tenant un papillon ; Laboureur, 1827. Jeune fille effrayée par une vipère, 1831. FRONTON DE LA MADELEINE, 1836; du palais de justice de Lille, et de Saint-Isaac, de Saint-Pétersbourg. Louis XIV. Kléber. Hoche. Distribution des croix, à Boulogne, 1843. Archidamas prêt à lancer le disque, 1847. Napoléon, 1854, à Lille. Froissart, 1856, à Valenciennes.

LEMERCIER (Jacq.), architecte, vers 1590, Pontoise; 1660, Paris. Résida longtemps à Rome. Architecte du roi. — Pavillon Sully, au Louvre, 1624. Palais-Royal; LA SORBONNE, 1629-35. Continuation du Val-de-Grâce, après Mansart, et de l'église de l'Oratoire, après Metézeau. ÉGLISE SAINT-ROCH, 1653. ESCALIER EN FER A CHEVAL, à Fontainebleau.

LEMERCIER (L.-J-Népomucène), littérateur, 1771, Paris; 1840, ibid. Membre de l'Acad. franç., 1810 Remarquable par l'originalité de ses œuvres et l'indépendance de son caractère. — Théâtre : Le Tartufe révolutionnaire, 1793; le Lévite d'Éphraïm, 1794 ; Agamemnon, 1797; Ophis, 1798 ; Pinto, 1800; la Journée des Dupes, 1804 ; Christ. Colomb, 1809 ; la Panhypocrisiade, 1819; Démence de Charles VI, 1820; Jeanne Shore, 1823. Poëmes : l'Atlantiade, 1812; la Mérovéide, 1818. Cours de litt., 1817, *Nepveu*, 4 vol. in-8.

LEMOINE (F.), peintre, 1688, Paris; 1737, ibid. Gr. prix de peinture, 1711. Membre, 1718, et professeur à l'Acad. de peinture. 1er peintre de Louis XV. — Hercule et Cacus. Persée et Andromède. Femme au bain. Plafond de la chapelle de la Vierge, à St-Sulpice. Apothéose d'Hercule, à Versailles.

LEMONNIER (Anciuet-Ch.-Gabriel), peintre, 1743, Rouen; 1824, Paris. Élève de Vien. Gr. prix de peinture, 1770. Membre de l'Acad., 1789. Peintre de l'École de médecine, 1794. Administrateur des Gobelins, 1810-15. — St Charles Borromée, 1785. Cléombrote, 1787. Visite de Louis XVI à Cherbourg, 1789. Mort d'Antoine, 1790. Adieux d'Ulysse et de Pénélope, 1811. Peste de Milan. Mission des Apôtres. Jésus à la Synagogue. Soirée chez mad. Geoffrin. François Ier, à Fontainebleau. Louis XIV, à Versailles.

LEMONTEY (P.-Ed.), historien et littérateur, 1762. Lyon; 1826, Paris. Député à la Législative, 1791. Chef de la censure théâtrale, 1804. Membre de l'Acad. franç., 1819. — Essai sur l'établissement monarchique de Louis XIV, 1818, *Déterville*, in-8. Hist. de la régence, 1832, *Paulin*, 2 vol. in-8. — Œuv. compl. *Sautelet* et *Paulin*, 1829-31, 7 vol. in-8, 30 à 40 fr.

LEMOT (F.-Fréd.), sculpteur, 1773, Lyon; 1827, Paris. Élève de Dejoux. 1er gr. prix de sculpture, 1790. Membre, 1805, et professeur à l'Acad. de peinture. — Numa Pompilius. Cicéron. Léonidas. Brutus. Bacchante, 1801. J. Bart, 1804. Bas-relief d'un fronton du Louvre, 1808. Murat, 1810. La Rêverie ; Hébé, 1812. Henri IV, sur le pont Neuf, 1817. Louis XIV, à Lyon, 1826.

LENNEP (Jacob. van), romancier hollandais, 1802, Amsterdam. Tout en exerçant la profession d'avocat, s'est placé parmi les meilleurs littérateurs de son pays. — Vanderlandsche Legenden (Légendes nationales), 1830, *Amsterdam*, in-8. Het dorp aan die Grenzen (le Village frontière); Het dorp over die Grenzen (le Village hors frontière), 1830. Onze voorouders (Nos Aïeux); la Rose de Dekama; trad. franç. 1840, 2 vol. in-8. De Pleegzoon (le Fils adoptif).

LENOIR (Marie-Alex.), archéologue, 1761, Paris; 1839, ibid. Élève de Doyen. Conservateur du Musée des Petits-Augustins, 1790-1816. On lui doit la conservation d'une gr. quantité d'objets d'art compromis par la révolution.—Musée des Monuments français, 1800-22, 8 vol. gr. in-8, 80 fr. Nouv. éd. 1856. Nouv. explication des hiéroglyphes, 1809-22, 4 vol. gr. in-8. Hist. des arts en France, 1810, *Panckoucke*, in-4. Monuments des arts, 1828. 2ᵉ éd. *Techener*, 1840, in-fol.

LENOIR (Alex.-Albert), architecte et archéologue, 1801, Paris. Fils du précédent. Élève de Debret. Parcourut une partie de l'Europe. Membre du comité des monuments historiques. — Restauration du palais et établissement du Musée de Cluny, 1836 et suiv. Statistique monumentale de Paris, 1846 et suiv. *Didot*, gr. in-fol. Instruction sur l'architecture monastique, 1852, *Didot*, 2 vol. in-4, 48 fr.

LENORMANT (Ch.), archéologue et historien, 1802, Paris; 1859, Athènes. Inspecteur des beaux-arts, 1827. Bibliothécaire à l'Arsenal, 1830; à la Biblioth. roy. 1832. Professeur d'hist. à la Sorbonne, 1834-46; d'archéologie au Collège de France, 1848. Membre de l'Acad. des inscriptions, 1839. Parcourut à diverses reprises, la Grèce, l'Égypte. — Trésor de numismatique, 1836-50, 13 vol. in-fol. Introd. à l'hist. de l'Asie, 1837, in-8. Musée des antiquités égyptiennes, 1836-40, *Leleux*, in-fol., 100 fr. Élite des monuments céramographiques, 1837-61, 4 volumes in-4.

LE NOTRE (André), célèbre dessinateur de jardins, 1613, Paris; 1700, ibid. Créateur et directeur de tous les jardins de Louis XIV. Ami de Lebrun, de Mansart, du Bernin. — Jardins de Versailles, Trianon, St-Cloud, Chantilly, Meudon, Sceaux, des Tuileries, de Clagny, de St-Germain, de Fontainebleau; de Greenwich et de St-James, en Angleterre.

LÉO (Léonard), musicien compositeur, 1694, Naples; 1742-56..... Maître de chapelle, 1717, et professeur à Naples. Un des fondateurs de l'École napolitaine. — Musique d'église : Miserere ; Motets ; Messes ; Oratorios ; Cantates. Musique de théâtre : Sofonisbe, 1718; Cajo Gracco, 1720; Tamerlano, 1722. Olimpiade, Demofoonte, Catone in Utica, 1726. La Clemenza di Tito, 1735. Achille in Sciro, 1740. Vologesso, 1744.

LÉO (H.), historien allemand, 1799, Rudolstadt. Bibliothécaire et professeur à Berlin, 1826. Professeur d'hist. à Iéna, 1828; à Hale, 1830. — Entwickelung der Verfassung der lombardischen Staedte (Développement de la Constitution des cités lombardes), 1824, Hambourg. Hist. des États italiens, 1829-30, Hambourg, 5 vol. in-8. Trad. franç. par M. Dochez, Parent-Desbarres, 1838-40, 3 vol. gr. in-8. Handbuch der Geschichte des Mittelalters (Manuel de l'hist. du moyen âge), 1830, Halle, in-8. Lehrbuch der Universal-Geschichte (Manuel d'hist. universelle), 1835-44. Nouv. éd. Halle, 1839-45, 6 vol. in-8.

LEONHARD (Ch.-César de), géologue et minéralogiste allemand, 1779, Rumpolheim (Hesse électorale). Élève de Blumenbach. Membre de l'Acad. des sciences de Bavière, 1816. Professeur à Heidelberg, 1818.—Topographische Mineralogie (Minéralogie topogr.), 1805-9, Francfort, 3 vol. Characteristik der Felsarten (Caractères des espèces rocheuses), 1824, Heidelberg, 3 vol. in-8. Lehrbuch der Geognosie und Geologie (Traité de géognosie et de géologie). 2ᵉ éd. Stuttgart, 1849. Géologie, 1836-45, Stuttgart, 8 vol. in-8. Trad. franç. 1839 et suiv. I-II vol. in-8. Naturgeschichte des Steinreichs (Hist. nat. du règne minéral). Nouv. éd. Stuttgart, 1853.

LÉPAULE (Guill.-F.-Gabriel), peintre, 1804, Versailles. Élève de Regnault, H. Vernet et Bertin. Parcourut l'Europe, l'Algérie. — Invention de la lyre, 1824. Intérieur d'appartement, 1831. La Coquette, 1835. Frascatane; Vue de Paris, 1839. Ariane abandonnée, 1840. La Rêveuse, 1841. Bal de l'Opéra, 1842. Chacun chez soi, 1845. Odalisques; Harem, 1846. L'Esclave, 1847. L'Indécision, 1852. Napoléon III, 1853. Rêve d'amour, 1857. Portraits, 1861-63-64-65.

LEPAUTE (J.-André), mécanicien horloger, 1709, Montmédy; 1789, St-Cloud. S'est rendu célèbre par de gr. perfectionnements à l'horlogerie et par un Traité sur cette matière, 1755, gr. in-4. fig. 15 à 20 fr. Travaillait avec sa femme, 1723-88, son frère J.-

Bapt. 1727-1802, et ses neveux. — Horloges du Luxembourg; DE L'HÔTEL-DE-VILLE, 1780-81 ; des Invalides, 1784; de l'Observatoire, 1812; de Compiègne, 1813; DE LA BOURSE ; de la Poste, etc.

LEPAUTRE (Ant.), architecte, 1614, Paris; 1691,..... Membre de l'Acad. de sculpture, 1671. Architecte du roi. — Deux ailes du château et plan des cascades de St-Cloud. Église de Port-Royal, 1625. — OEuv. d'architecture, 1652, in-fol. Nouv. éd. *Jombert,* 1751, 3 vol. in-fol.

LEPAUTRE (P.), sculpteur, 1659, Paris; 1744, ibid. Fils du précédent. Gr. prix de sculpture. Résida à Rome pendant 15 ans. — Énée et Anchise, 1716; Aria et Pétus; Atalante; Faune à la biche, aux Tuileries.

LE PÈRE (J.-Bapt.), architecte, 1761, Paris; 1844, ibid. Résida à St-Domingue, 1787-90 ; à Constantinople, 1796-97. Fit la campagne d'Égypte. Architecte de l'empereur, de Louis XVIII et de Charles X. — Études sur le canal de Suez. COLONNE VENDÔME (avec Gondouin), 1805. Plan et église St-Vincent de Paul (avec M. Hittorf), 1824 et suiv.

LE PLAY (P.-Guill.-Fréd.), ingénieur et statisticien, 1806, Honfleur. Élève de l'École polytechnique, 1825-27. Ingénieur en chef. Professeur, puis directeur à l'École des mines. Conseiller d'État et comm. gén. des expositions univ. de 1855 et 1867. — Observ. sur l'hist. nat. et la richesse minéral. de l'Espagne, 1834, in-8. Vues gén. sur la statistique, 1840, in-8. Procédés pour la fabrication du cuivre, 1848, in-8. LES OUVRIERS EUROPÉENS, 1855, *Impr. imp.*, gr. in-fol. La Réforme sociale, 1864, *Plon*, 2 v. in-8.

LE POITTEVIN (Edm.-Mod.-Eug.), peintre, 1806, Paris. Élève de M. Hersent, 1826. 1re méd. de paysage histor. 1828. Parcourut l'Angleterre, la Hollande, l'Italie. — Moulins anglais ; Bords de la Tamise, 1831. Marée basse, 1833. Pêcheurs normands, 1836. Le Chaperon rouge, 1838. Les Naufragés, 1839. Les Gueux de mer, 1840. Golfe de Naples, 1841. Villa d'Este, 1842, Le Fossoyeur, 1843. Coup de l'étrier, 1845. Le Mur mitoyen, 1849. Le Berger et la mer, 1850. Les Amis de la ferme, 1852. L'Hiver de Hollande, 1855. L'École buissonnière, 1857. Pilotes hollandais, 1859. Pêcheurs, 1861. Sarcleuses, 1863. Les Sonneurs, 1864. Bains de mer; Religieux du Cap, 1865.

LEPSIUS (Karl-Richard), orientaliste allemand, 1813, Naumbourg. Élève de Bopp. Vint à Paris, 1833. Lauréat de l'Institut, 1834. Parcourut l'Italie, l'Angleterre. Exécuta un gr. voy. scientifique en Égypte, 1842-46. Professeur d'archéol. égyptienne, 1846, et membre de l'Acad. des sciences, 1850, à Berlin. Correspondant de l'Institut, 1858. — Inscriptiones umbricæ et oscæ, 1841, *Leipsick*, in-8, avec atlas, 45 fr. Das Todtenbuch der Ægypter (Livre des morts des Égyptiens), 1842, *Leipsick*, gr. in-4. Auswahl der wichtigsten Urkunden des ægyptischen Alterthums (Choix des principaux documents de l'antiquité égypt.), 1842, *Leipsick*, in-fol. 30 fr. Die Chronologie der Ægypter (Chronologie des Égyptiens), 1849, *Berlin*, gr. in-4. 36 fr. DENKMALER AUS ÆGYPTEN UND ÆTHIOPIEN (Monuments d'Égypte et d'Éthiopie), 1849-56, 12 vol. in-fol. Briefe aus Ægypten (Lettres sur l'Égypte), 1852, *Berlin*, in-8, 12 fr.

LEQUESNE (Eug.-L.), sculpteur, 1815, Paris. Avocat, 1839. Élève de Pradier, 1841. Gr. prix de sculpture, 1844. — Jeune fille jouant, 1843. FAUNE DANSANT, 1850. Victoires du tombeau de Napoléon, 1853. Sculptures du pavillon Mollien, au Louvre, 1855. Lesbie; Baigneuse; Soldat mourant, 1857. Jeune fille pesant des Amours, 1859. La Sagesse, 1861. Esclave romain, 1863. L'Été, 1864. Portrait, 1865.

LERMINIER (J.-L.-Eug.), littérateur, 1803, Paris; 1857, ibid. Avocat à la cour royale. Ouvrit un cours libre, 1828-30. Professeur de législation comp. au Collège de France, 1831-39. Maître des requêtes, 1839. Ses tendances polit. l'obligèrent à quitter sa chaire. — Introd. gén. à l'hist. du droit, 1829. 2º éd. *Chamerot*, 1834, in-8. Philos. du droit, 1831, *Paulin*, 2 vol. in-8. Influence de la philos. du XVIIIº siècle, 1833, *Didier*, in-8. Lettres philos. 1833, *Paulin*, in-8. Études d'hist. et de philos. 1836, *Charpentier*, 2 vol. in-8. Cours d'hist. des législ. comp. 1837, *Augé*, in-8. Législateurs et constitutions de la Grèce, 1852, *Amyot*, 2 vol. in-8.

LEROUX (P.), philosophe, économiste, 1798, Paris. Typographe. Publiciste. Membre de la Constituante et de la Législative, 1848-49. Agriculteur. Ses théories philos., d'une application difficile, ne purent rallier de partisans. — Réfutation de l'éclectisme 1839, *Gosselin*, in-18. DE L'HUMANITÉ, 1840, 2º éd. *Per-*

rotin, 1845, 2 vol. in-8. Du Christianisme, 1848, *Sandré,* in-8. De l'Égalité, 1848, in-8.

LEROY D'ÉTIOLLES (J.-Jacq.-Jos.), chirurgien, 1798, Étiolles, près Corbeil; 1860, Paris. L'un des inventeurs de la Lithotritie, avec M. Civiale. — De la Lithotripsie, 1836, *Baillière,* in-8. Hist. de la Lithotritie, 1839, *Baillière,* in-8, 3 fr. Urologie, 1845, *Baillière,* in-8.

LESAGE (Alain-René), célèbre littérateur, 1668, Sarzeau, près Vannes; 1747, Boulogne. Élève des Jésuites. Avocat. Une grande partie de son existence s'écoula dans la gêne. La nécessité d'écrire pour vivre ne le fit bien apprécier qu'après sa mort. Son principal ouvrage est le modèle du genre. — Crispin, 1707. Le DIABLE BOITEUX, 1707. Nouv. éd. *Treuttel* et *Würtz,* 1834, in-8. *Bourdin,* 1839-40, gr. in-8, fig. 10 fr. *Ledentu,* 1842, 2 vol. in-18. TURCARET, 1709. GIL BLAS, 1715-24-35. Nouv. éd. *Lefèvre,* 1820, 3 vol. in-8, 15 à 18 fr. *Dubochet,* 1836, gr. in-8. fig. 20 fr. *Charpentier,* 1843, gr. in-18, 3 fr. 50. *Lesourd,* 1825, 2 vol. in-32. Éd. esp. *Baudry,* 1850, in-8; *Hingray,* 1843, in-12. Éd. angl. *Londres,* 1802, 3 vol. in-8; 1768, 4 vol. in-12. — OEuv. choisies, 1783, 15 vol. in-8, 20 à 25 fr. *Genets,* 1818-21, 14 vol. in-12, et *Renouard,* 1828, 12 vol. in-8.

LESCOT (P.), célèbre architecte, 1510, Paris; 1571..... Se perfectionna en Italie. Ami et compagnon de travail de J. Goujon. Un des restaurateurs de l'architect. franç. — AILE DU PAVILLON DE L'HORLOGE, au Louvre, 1540-48. Salle des Cent-Suisses. Fontaine des Innocents.

LESLIE (Ch.-Robert), peintre anglais, 1794, Londres. Membre, 1825, et professeur à l'Acad. roy., 1848-51. S'est attaché à interpréter Shakespeare, Cervantes, Molière, Walter Scott, et l'a fait avec beaucoup de succès. — SANCHO ET LA DUCHESSE, 1824. SLENDER ET ANNE PAGE. Don Quichotte dans la Sierra Morena, 1826. COVERLEY ET LES BOHÉMIENNES, 1829. Le Dîner; L'ONCLE TOBY ET LA VEUVE WADMAN,1831. La Méchante Femme, 1832. Tristram Shandy, 1833. Joyeuses Commères, 1838. La Reine Catherine, 1842. Scène du Malade imaginaire, 1843. Trissotin lisant, 1845. LECTURE DU TESTAMENT, 1846. Wolsey découvrant le roi, 1849. Catherine écrivant, 1850. Juliette, 1852. Sancho et le Docteur, 1855.—Life of Constable (Vie de Constable),

1845. Handbook for young painters (Manuel des jeunes peintres), 1853.

LESSING (Gotthold-Éphraïm), littérateur allemand, 1729, Kamenz (Hte-Lusace); 1781, Brunswick. Abandonna l'étude de la théologie pour celle des lettres, 1750. Se retira à Berlin où il commença à écrire pour vivre, 1753. Membre de l'Acad. de cette ville, 1760. Bibliothécaire à Wolfenbüttel, 1769. Ses écrits le rendirent populaire tout en lui faisant des ennemis. — FABLES, 1753. Éd. allem. *Berlin*, 1801, in-8. Édit. allem.-franç. 1837, in-12. Lettres sur la littérature, 1760. LAOCOON, 1765. Trad. franç., *Renouard*, 1802, in-8. Minna Barnhelm, 1767. Dramaturgie, 1767-68, *Hambourg,* 2 vol. in-8. Tr. franç. par Junker, *Durand,* 1785, 2 vol. in-8. EMILIA GALOTTI, 1772. NATHAN LE SAGE, 1779. Fragments d'un inconnu, 1774. L'Éducation du genre humain. Trad. franç., *Mesnier*, 1829, in-8. — OEuv. Éd. allem. *Leipsick*, 1853-57, 13 vol. in-8. 57 fr., et 1841, 10 vol. gr. in-16, 16 fr.

LESSING (Ch.-Fréd.), peintre allemand, 1808, Wartenberg (Silésie). Neveu du précédent. Élève de Rösel et de Döhling. Lauréat, 1825, puis membre de l'Acad. de Berlin. — CIMETIÈRE EN RUINES, 1825. Bataille d'Iconium, 1829. Le Couple royal, 1830. Le Brigand et son fils, 1831. SERMON DES HUSSITES, 1836. Jean Huss au concile de Constance. JEAN HUSS MARCHANT AU BUCHER. Le Tyran Ezzelin. Bataille des Mongols. Les Pèlerins. Le Pape Pascal II, prisonnier. LUTHER BRULANT LA BULLE. Cloître dans la neige. CHÊNES DE MILLE ANS.

LESSON (René-Primevère), naturaliste et voyageur, 1794, Rochefort; 1849..... Pharmacien de marine, 1820. Directeur du jardin botanique de Rochefort. Exécuta un voyage scientifique, 1821-24. Pharmacien en chef et professeur de chimie à Rochefort, 1830. — Hist. nat. des oiseaux-mouches, 1829; des colibris, 1831; des oiseaux de Paradis, 1835, *Bertrand,* 3 vol. gr. in-8. Traité d'ornithologie, 1831, *Levrault,* 2 vol. in-8.

LE SUEUR (Eustache), célèbre peintre, 1617, Paris; 1655, ibid. Élève de Vouet, du Poussin, et rival de Le Brun. Ne quitta jamais la France, dont il est une des gloires. Termina son existence aux Chartreux du Luxembourg. — St Paul guérissant les malades. Salutation angélique. Enlèvement de Ganymède. St Gervais et St Protais. Messe de St-Martin. Vision de St Benoît. Phébé traversant les airs. Diane et Actéon. Jésus chez Marthe et Marie. Martyre de St Laurent. Résurrection de Tabithe. Descente de croix. Apparition du Christ. Phaéton. Hist. de l'Amour. Tobie et son fils. Vie de St Bruno (22 tableaux), au Louvre. Les Muses, à l'hôtel Lambert.—Son œuvre, par Landon, 1811, in-4. Sa vie et ses œuvres, par M. Vitet, 1843, in-4. 60 fr.

LE SUEUR (J.-F.), célèbre musicien compositeur, 1760, Drucat-Plessiel, près d'Abbeville ; 1837, Paris. De la famille du précédent. Maître de musique à Notre-D^e, 1786-88. Inspecteur au Conservatoire, 1795. Maître de chapelle de Napoléon, 1804. Surintendant de la musique du roi, 1814. Membre de l'Institut, 1815.— Opéras : La Caverne, 1793 ; Paul et Virginie, 1794 ; Télémaque, 1796 ; les Bardes, 1804 ; Triomphe de Trajan, 1807 ; Mort d'Adam. Messes. Oratorios. Te Deum.

LE SUEUR (J.-Bapt.-Cicéron), architecte, 1794, Clairefontaine, près de Rambouillet. Élève de Percier et de Famin. 2e, 1816, et 1er gr. prix d'architecture, 1819. Membre de l'Institut, 1846. Professeur à l'École des beaux-arts, 1852, et membre du jury d'architecture. Architecte de la Ville. — Église de Vincennes, 1828-30. Agrandissement de l'hôtel de ville (avec M. Godde), 1840 et suiv. Conservatoire de musique à Genève, 1854-57.

LETHIÈRE (Guill. Guillon), peintre, 1760, Ste-Anne (Guadeloupe); 1832, Paris. Élève de Doyen. Gr. prix de peinture, 1786. Directeur de l'Acad. de Rome, 1811, où il résida longtemps. Membre de l'Institut, 1815. Professeur à l'École des beaux-arts, 1819. — Mort des fils de Brutus, 1801. Traité de Léoben, 1806. Villa Médicis, 1817. Énée et Didon ; Vénus, 1819. Fondation du Collége de France, 1824. Virginius poignardant sa fille. Philoctète a Lemnos. Madeleine. Homère chantant. Jugement de Paris. Herminie chez les bergers. Messe dans les Catacombes. Adonis. Passage du pont de Vienne, 1830. Mort de César. Défaite de Maxime.

LETRONNE (J.-Ant.), archéologue, 1787, Paris ; 1848, ibid. Étudia la peinture, la géographie et le grec, avec David, Mentelle et Gail. Parcourut l'Italie, l'Allemagne. Membre de l'Acad. des inscriptions, 1816. Directeur de l'École des chartes, 1817. Inspecteur gén. de l'Université, 1819. Professeur d'hist., 1831, et administrateur au Collége de France, 1838. Conservateur à la Bibliothèque roy., 1832. Garde gén. des archives, après Daunou, 1840. — Rech. sur l'hist. de l'Égypte, 1823, in-8. Statue vocale de Memnon, 1833, *Impr. roy.*, in-4. 15 fr. Inscription grecque de Rosette, 1840, in-8. RECUEIL DES INSCRIPTIONS GRECQ. ET LAT. DE L'ÉGYPTE, 1842-48, *Didot*, 2 vol. in-4 avec atlas, 90 fr. Chartes et diplômes de l'époque mérovingienne, 1844, *Kœppelin*, gr. in-fol.

LEUPOLDT (J.-Michel), médecin et littérateur allemand, 1794, Weissenstadt (Bavière). Professeur à l'université d'Erlangen, 1821. — Grundriss der Physiologie und Pathologie (Élém. de Physiol. et de Pathol.), 1822-23, *Berlin*. Allgemeine Geschichte der Heilkunde (Hist. univers. de la médecine), 1825, *Erlangen*. Popular Philosophie der Heilkunde (Philos. popul. de la médecine), 1826, *Erlangen*. Gesammte Anthropologie (Anthropologie gén.), 1834, *Erlangen*, 2 vol.

LEUTZE (Emm.), peintre allemand, 1816..... (Allemagne). Alla résider fort jeune à Philadelphie, puis à Washington. Revint en Europe, 1841, et se fixa à Dusseldorf. — Agar et Ismaël dans le désert. Indien devant le coucher du soleil. Christ. Colomb au concile de Salamaque ; dans les fers ; devant la reine ; à Barcelone. Débarquement des Normands. Cromwell. Fuite des Puritains. Henri VIII et Anne de Boleyn. Washington passant la Delaware.

LE VAILLANT (F.), naturaliste et voyageur, 1753, Paramaribo (Guyane); 1824..... près de Sézanne. Vint habiter Paris, 1777-80. Exécuta un gr. voy. en Afrique, 1780-84. — Voyage dans l'intérieur de l'Afrique, 1790-95, 3 vol. in-4. Nouv. éd. 1819, 5 vol. in-8. 20 fr. Hist. nat. des oiseaux d'Afrique, 1796-1812, 6 vol. gr. in-4 ; des perroquets, 1801-5, 2 vol. gr. in-4 ; des oiseaux de Paradis, 1803-16, 3 vol. gr. in-fol.; des oiseaux d'Amérique, 1804, gr. in-fol.

LEVAU (L.), architecte, 1612, Paris ; 1670..... Directeur des bâtiments de Louis XIV. Éleva et reconstruisit un gr. nombre de monuments. — Châteaux de Vaux-Fouquet,1653 et de Livry. ÉGLISE ST-SULPICE. 1655-70. Hôtel Lambert. Deux ailes du château de Vincennes, 1660. Pavillon Marsan et dôme du pavillon central des Tuileries.

LÉVÈQUE (P.), hydrographe, 1746, Nantes; 1814, Le Havre. Examinateur à l'École polytechnique et de la marine, 1786. Représentant de la Loire-Inf., 1797. Membre de l'Institut, 1801. — Tables gén. de la hauteur et de la longitude du Nonagésime, 1776, *Avignon*, 2 vol. in-8. Le Guide du navigateur, 1779, *Nantes*, in-8. Mémoire sur les observations à faire sur les marées, 1803, *Baudouin*, in-4.

LE VERRIER (Urbain-J.-Jos.), célèbre astronome et mathématicien, 1811, Saint-Lô. Entré un des premiers à l'École polytechnique, en sortit avec le même rang et se livra tout entier aux mathématiques. Membre de l'Acad. des sciences, après Cassini, 1846. Découvrit la même année la planète de Neptune. Professeur d'astronomie à la faculté. Adjoint au bureau des longitudes. Député, 1849. Sénateur, 1852. Directeur de l'observatoire, après Arago, 1853. Inspecteur gén. de l'enseignement supérieur. Fondateur et président de l'association scientifique de France, 1864. — Mémoires sur les inégalités des planètes, 1840, *Bachelier*, gr. in-8. 4 fr.; sur les variations des orbites des sept planètes principales, 1843, *Bachelier*, gr. in-8, avec pl. 3 fr. 50. Théories des mouvements de Mercure, 1845, *Bachelier*, gr. in-8, 5 fr.; de Vénus, du Soleil, de Mars. Rech. sur la planète Herschel, 1846, gr. in-8. 5 fr. ANNALES DE L'OBSERVATOIRE, 1855 et suiv. in-4, avec pl.

LÉVESQUE (P.-Ch.), historien, 1736, Paris; 1812..... Professeur de litt. à St-Pétersbourg, 1773, où l'avait appelé Catherine II. Membre de l'Acad. des inscriptions, 1789. Professeur au Collège de France. — HIST. DE RUSSIE, 1782-86. 4ᵉ éd. *Fournier*, 1812, 8 volumes in-8. LA FRANCE SOUS LES CINQ PREMIERS VALOIS, 1788, *De Bure*, 4 volumes in-12. Histoire de la République romaine, 1807, *Dentu*, 3 volumes in-8. Études d'histoire ancienne et de la Grèce, 1811, *Fournier*, 5 volumes in-8.

LEWIS (Georges, CORNEWALL), historien et politique anglais, 1806..... Commissaire de la taxe des pauvres, 1839. Membre du parlement, 1847. Sous-secrétaire de l'intérieur, 1848. Secrétaire de la trésorerie, 1850-52. — On the Government of dependencies (du Gouvernement des Colonies), 1841, *Londres*, in-8. Enquiry into the credibility of early roman History (Rech.

sur la croyance à accorder aux premiers âges de l'hist. romaine), 1856, *Londres*, 2 vol. in-8.

LEYS (J.-Aug.-H.), peintre belge, 1815, Anvers. Élève de son beau-frère Braekeleer, 1830. Membre de l'Acad. roy. de Belgique, 1845. Gr. méd. d'honneur à l'expos. univ. 1855. — Furie espagnole. Chaperons blancs. Famille de gueux. Bohémienne et Brigand. Massacre des magistrats de Louvain. Mendiants. Intérieur d'atelier. Fête de famille. Noce. Faust et Wagner. Un Prêche. Faust et Marguerite. LES TRENTAINES DE BERTAL DE HASE. PROMENADE HORS DES MURS. LE NOUVEL AN EN FLANDRE.

LÉZARDIÈRE (Marie-Pauline de), femme de lettres, 1754, La Véric, près Challons (Vendée); 1835, La Pronotière. Fit d'excellentes études et porta surtout son attention sur les origines de l'hist. de France. — Théorie des lois polit. de la monarchie franç. 1791-92, *Nyon*, 8 vol. in-8. Nouv. éd. *Crapelet*, 1843, 4 vol. in-8.

LEZAY-MARNESIA (A.-F.-Adrien, marquis de), littérateur, 1735, Metz; 1800, Besançon. Soldat. Agriculteur. Député aux états gén. 1789. Émigra en Amérique, en Angleterre, en Suisse. — Le Bonheur dans les campagnes, 1784. Nouv. éd. 1788, in-8. Plan de lecture pour une jeune dame. 1784. 2e éd. *Louis*, 1800, in-8. Essais sur la nature champêtre, 1787. Nouv. éd. *Louis*, 1800, in-8.

LHOMOND (Ch.-F.), grammairien, 1727, Chaulnes; 1794, Paris. Prêtre. Professeur au collége du cardinal Lemoine pendant 20 ans. Ses ouvrages ont eu un très-gr. nombre d'éditions. — GRAMMAIRE LATINE, 1779, in-12; FRANÇAISE, in-12. Doctrine chrétienne, 1783, in-12. Hist. de l'Église, 1787, in-12. Hist. de la religion, 1791, in-12.

L'HOSPITAL (Guill.-F.-Ant. marquis de), mathématicien, 1661, Paris; 1704..... Abandonna l'état militaire pour l'étude des mathématiques auxquelles il fit faire de gr. progrès. Membre de l'Acad. des sciences, 1693. — ANALYSE DES INFINIMENT PETITS, 1696. Nouv. éd. *Jombert*, 1781, in-4. Traité des sections coniques, 1707. Nouv. éd. *Moutard*, 1776, in-4.

LIADIÈRES (P.-Ch.), littérateur et politique, 1792, Pau; 1858, Paris. Soldat, 1810-30. Officier d'ordonnance de L.-Philippe,

1831. Député, 1833. Conseiller d'État, 1846. — Conradin et Frédéric, 1820. Jean sans Peur, 1821. Jane Shore, 1824. Walstein, 1829. Les Bâtons flottants, 1851. Souvenirs historiques et parlementaires, 1855, in-18. — OEuvres, 1843-51, 2 volumes in-8.

LIBERI (P.), peintre italien, 1605, Padoue; 1687, Venise. Élève de Varotari. Jouissait de son vivant d'une gr. renommée. — Sacrifice de Noé; Mariage de Ste Catherine, à Vicence. Déluge universel, à Bergame. Bataille des Dardanelles ; Plaie des Serpents; la Trinité; Invention de la Croix, à Venise. Gloire de St Antoine; St François recevant les stigmates ; Groupe d'anges, à Padoue. Psyché et l'Amour; Loth et ses Filles; Jugement de Pâris, à Dresde. Angélique et Médor, à Munich. Portrait, à Florence.

LIBRI-CARRUCI (Guill.-Brutus-Icilius-Timoléon, Cte), mathématicien italien, 1803, Florence. Professeur à Pise, 1823. Membre de l'Acad. des sciences de Paris, 1833. Professeur à la Faculté et au Collége de France. Se retira à Londres, 1848, à la suite d'un procès en détournement de livres, suivi de condamnation. — Hist. des mathématiques en Italie, 1838-41, *Renouard*, i-iv vol. in-8. 40 fr. Manuscrits de quelques bibliothèques des départements, 1842, *Impr. roy.* in-4. Souvenirs de la jeunesse de Napoléon, 1842, *Techener*, gr. in-8.

LIEBER (F.), philosophe et littérateur américain, 1800, Berlin. Soldat. Mêlé aux événements polit. de l'Allemagne, il fut emprisonné, puis obligé de s'expatrier, 1825. Professeur à Colombie (Caroline du Sud), 1835. Correspondant de l'Institut. — Political Ethics (Morale polit.), 1838-39, *Boston*. On institutional selfgovernment (Du Gouv. constitut.), 1853.

LIEBIG (Justus, baron von), chimiste allemand, 1803, Darmstadt. Professeur à Giessen, 1824-49; à Heidelberg, 1850; à Munich, 1852. Un des créateurs de la chimie organique. — Wœrterbuch der Chemie (Dict. de Chimie), avec M. Poggendorf, 1837-51, *Brunswick*, 5 vol. in-8. Chimie organique appl. à la physiol. animale, 1839, *Heidelberg*, 2 vol. in-8. Trad. franç. par Gerhardt, *Masson*, 1842, in-8. Chimie organ. appl. a la physiolog. végétale, 1840, *Brunswick*, gr. in-8. Trad. franç. par Gerhardt, 2e éd. *Masson*, 1844, in-8. Traité de chimie

ORGANIQUE, trad. franç. par Gerhardt, *Masson*, 1841-44, 3 vol. in-8, 25 fr.

LIGOZZI (Jacq.), peintre italien, 1543, Vérone ; 1627, Florence. Peintre de Ferdinand Ier, de Toscane. — Entrevue de St Dominique et de St François; Martyre de St Laurent; Piété; Réception des ambassadeurs; Sacrifice d'Abraham; Adoration des mages; St Raimond ressuscitant un enfant, à Florence; Madeleine, à Pise. Visitation ; Circoncision, à Lucques. Assomption ; MARTYRE DE STE DOROTHÉE, à Sienne.

LINDLEY (J.), botaniste anglais, 1799, Catton, près Norwich. Professeur à l'université de Londres, 1829. Secrétaire perpétuel de la Société d'horticulture. — Introduction to the natural system of Botany (Introd. au syst. nat. de Botanique), 1830. 4e éd. *Londres*, 1848, 2 vol. in-8, 50 fr. Elements of Botany (Élém. de botanique), 1832. 5e éd. *Londres*, 1847, in-8. THE VEGETABLE KINGDOM (Royaumé végétal), 1846. 3e éd. *Londres*, 1853, in-8.

LINDPAINTNER (P.-Jos.), musicien, compositeur allemand, 1791, Coblentz; 1856, Nonnenhorn, près du lac de Constance. Chef d'orchestre au théâtre de la cour, à Munich, 1812. Maître de chapelle du roi, à Stuttgard, 1819-56. — Opéras : Démophon, le Jardinier aveugle, Alexandre à Éphèse, Sacrifice d'Abraham, le Roi de la Montagne, LE VAMPIRE , JOKO, les Corses. Oratorios: LE JEUNE HOMME DE NAÏM, Abraham, JUDAS MACHABÉE. Messes. Te Deum.

LINGARD (J.), historien anglais, 1771, Winchester; 1851, Hornby, près Lancastre. Prêtre, 1800. Se rendit à Rome auprès du pape Léon XII; ses OEuv. écrites au point de vue catholique sont estimées, même par les protestants.—Antiquités de l'Église anglo-saxonne, 1806. 3e éd. angl. *Newcastle*, 1845, 2 vol. in-8, 15 sh. Trad. franç. par Cumberworth, 1828, in-8. HIST. D'ANGLETERRE, 1819-31, *Londres*, 8 vol. gr. in-4, 3 liv. 1849, 10 vol. in-8, 3 liv., et 1855, 10 vol. in-12, 21 sh. Trad. franç. 1835, 21 vol. in-8; par M. Baxton, *Parent-Desbarres*, 1841-44, 5 vol. gr. in-8, 30 fr. et par M. de Wailly, *Charpentier*, 1843-44, 6 vol. in-8.

LINGELBACK (J.), peintre flamand, 1625, Francfort; 1687, Amsterdam. Passa six années en Italie, 1645-50. — Marché aux herbes; Port de mer, au Louvre. Départ de Charles II; Chariot à foin; Port de mer, à La Haye. Place du Peuple de Rome, à Bruxelles. Ports de mer, à Amsterdam. L'Hiver, à Saint-Pétersbourg.

LINGUET (Simon-Nic.-H.), littérateur et politique, 1736, Reims; 1794, Paris. Avocat. Ses attaques contre tout le monde le firent rayer du tableau, 1774; exiler, emprisonner, 1782; puis enfin guillotiner. — Hist. du siècle d'Alexandre, 1762. 2ᵉ éd. 1769, in-12. Hist. des Révolut. de l'empire romain, 1766-68, 2 vol. in-12. Nouv. éd. *Londres,* 1784, in-8. Théorie des lois civiles, 1767. Nouv. éd. 1774, 3 vol. in-12. Hist. des Jésuites, 1768, in-8. Nouv. éd. 1824, in-18.

LINK (H.-Fréd.), naturaliste allemand, 1769, Hildesheim; 1851, Berlin. Professeur de botanique à Rostock et à Breslau, 1792-1815, puis à Berlin, 1815-51. Membre de l'Acad. des sciences de cette dernière ville. — Elementa philosophiæ botanicæ, 1824. Nouv. éd. lat.-allem. *Berlin,* 1837, 2 vol. in-8. Icones plantarum selectarum, 1820-28, *Berlin, Reimer,* gr. in-4. 20 thl. Icones anatomico-botanicæ, 1837-42, *Berlin,* in-fol. Icones plantarum rariorum, 1841-44, *Berlin,* 2 vol. in-4.

LINNÉ, (Ch.), célèbre naturaliste suédois, 1707, Rashult (Smaland); 1778, Upsal. Surmonta victorieusement les obstacles créés par une humble extraction. Eut, dès 1717, l'idée de classer les plantes selon leurs organes sexuels. Parcourut la Laponie, la Hollande, l'Angleterre, la France, 1732-38. Se lia avec Gronovius, Boerhaave, Bernard de Jussieu. Professeur à l'université d'Upsal, 1741-78. Créateur du langage botanique. Jeta les fondements de la méthode nat. que Laurent de Jussieu devait avoir la gloire d'édifier. — SYSTÈME DE LA NATURE, 1735. 12ᵉ éd. lat. *Leyde,* 1766-68, 4 vol. in-8. Éd. franç. *Bruxelles,* 1793, 4 vol. in-8. Éd. angl. *Londres,* 1802-4, 7 vol. in-8. Fundamenta botanica, 1736. 8ᵉ éd. 1774, in-8. Bibliotheca botanica. 1736. Nouv. éd. *Amsterdam,* 1751, in-8. Genera Plantarum, 1737. 6ᵉ éd. *Leyde,* 1764, in-8. Classes Plantarum, 1738, *Leyde,* in-8. Philos. botanique, 1751. Nouv. éd. *Berlin,* 1790, in-8. 5 à 6 fr. Trad. fr. par Quesné, 1788, in-8. Species Plantarum, 1753. Nouv. éd. *Berlin,* 1790, 13 vol. in-8.

LINNELL (J.), peintre anglais, 1792, Londres. Élève de J. Varley. — Le Moulin. Vues dans le pays de Galles. La Nuit de Windsor. Commencement du Déluge. Passage du Ruisseau. Le

Prophète désobéissant. Retour d'Ulysse. Le Christ et la Samaritaine. Avant l'Orage. Chemin dans la montagne. Route dans la forêt. Récolte de l'orge.

LIOUVILLE (Jos.), mathématicien, 1806, St-Omer. Élève, 1825-27, et professeur à l'École polytechnique, 1831. Membre de l'Acad. des sciences, 1839. Professeur au Collége de France et à la Faculté. Représentant à la Constituante, 1848. — Éd. de la Géométrie de Monge. Mémoires nombreux. Journal des mathématiques.

LIPPI (Phil.), peintre italien, 1412, Florence; 1469, Spolette. Entra de bonne heure dans un couvent pour en sortir presque aussitôt. Sa vie ne fut qu'une suite d'aventures fort singulières. — St J.-Bapt.; St Martial; Madones; ST ZANOBI; St Roch; St Augustin; St Jérôme; Ste Monique, à Florence. HIST. DE ST ÉTIENNE; Nativité; Prédication de St J.-Bapt.; Baptême de J.-C.; Repas d'Hérode; Décollation de St Jean, à Prato. Annonciation; Mort et Couronnement de la Vierge; Nativité de J.-C. à Spolette. Le Christ, à Rome. Annonciation, à Pistoja et à Munich. Madones; Jésus enfant; St François, à Berlin. Nativité; Abbés adorant Jésus, au Louvre.

LIPPI (Phil.), peintre italien, 1460, Prato; 1505..... Fils du précédent. Élève de Botticello. — St Pierre et St Paul; St Jean; Ste Famille; Mort de Lucrèce; Adoration des mages; Descente de croix, à Florence. Vierge; Christ; St Thomas, à Rome. Christ, à Munich. Madones; Christ; Portrait, à Berlin.

LIPSE (Juste), littérateur et philologue belge, 1547, Isque (Brabant); 1606, Louvain. Secrétaire du cardinal de Granvelle, 1567-69. Professeur à Iéna, 1572-73; à Leyde, 1579-91; à Louvain, 1592-1606. Ses cours furent très-suivis. Ses connaissances universelles, et l'idée qu'il eut de changer plusieurs fois de religion, lui attirèrent la jalousie et les critiques de ses contemporains. — Satyra Menippæa, 1581. Politicorum, 1589. De Militia romana, 1595. Poliorceticum, 1596. Manuductio ad stoicam philosophiam, 1604. — OEuv. Éd. lat. *Anvers*, 1637, 4 vol. in-fol. 24 à 30 fr. et *Wesel* 1675, 4 vol. in-8. 20 à 24 fr.

LISFRANC (Jacq.), chirurgien, 1790, St-Paul-en-Jarret (Loire); 1847, Paris. Membre de l'Acad. de médecine, 1821. Chirurgien en chef de la Pitié, 1825. — Clinique chirurgicale, 1842-43,

Béchet, 3 vol. in-8. Précis de médecine opératoire, 1845, *Béchet,* in-8.

LITTRÉ (Maximilien-Paul-Émile), philologue et philosophe, 1801, Paris. Après d'excellentes études, fit son cours de médecine, devint un moment publiciste, puis se renferma dans les travaux d'érudition. Membre de l'Acad. des inscriptions, 1839. — OEuv. d'Hippocrate (grec-franç.), 1839-61, *Baillière*, 10 vol. in-8. 100 fr. Vie de Jésus, de Strauss, 1839 40, 2 vol. in-8. De la Philos. positive, 1845, *Ladrange*, in-8. Hist. nat. de Pline, 1848, 2 vol. in-8. Application de la philos. positive, 1849, *Ladrange*, in-8. Dict. étymolog. de la langue franç.

LIVINGSTONE (David), voyageur anglais, vers 1815, Blantyre (Écosse). Entreprit, dès 1840, de gr. voy. dans l'intérieur de l'Afrique. Consul à Quilimane. — Voy. et rech. dans l'Afrique méridionale, 1857. *Londres*, in-8. Trad. franç. par mad. Loreau, 1859, gr. in-8.

LLORENTE (J.-Ant.), littérateur espagnol, 1756, Rincon-del-Soto (Aragon); 1823, Madrid. Prêtre, 1779. Vicaire gén. de Calahora, 1782. Secrétaire gén. de l'Inquisition, 1789-91. Disgracié, 1801. Chanoine de Tolède, 1806. Passa plusieurs années à Paris, après la guerre d'Espagne. — Mémoires sur la révolution d'Espagne. Éd. esp. 1814-16, *Blaise*, 3 vol. in-8. Trad. franç. *Delaunay*, 1815-19, 3 vol. in-8. Hist. de l'Inquisition d'Espagne, 1818-20, *Treuttel* et *Würtz*, 4 vol. in-8. Éd. esp. *Bossange*, 1822, 10 vol. in-18. Abrégé de cette hist. par Léon Gallois, 1823. 4e éd. 1824, in-8. Éd. esp. 1823, 2 vol. in-18.

LOCKE (J.), célèbre philosophe anglais, 1632, Wrington (Bristol); 1704, Oates (Essex). Précepteur du fils d'Ashley Cooper, 1666. Rédacteur des constitutions de la Caroline, 1669. Secrétaire des présentations aux bénéfices, 1672-73. Exilé en Hollande, 1682-88. Commissaire du commerce et des colonies, 1695. Locke rejette les idées innées et place la source de nos connaissances dans l'expérience aidée de la sensation et de la réflexion. — Lettre sur la Tolérance, 1681. Essai sur l'Entendement humain, 1690. Essai sur le Gouvernement civil, 1690. De l'Éducation des enfants, 1693. Le Christianisme raisonnable, 1695. Conduite de l'Esprit, 1706. — OEuv. Éd. angl. *Londres*, 1768, 4 vol. gr. in-4. 50 à 60 fr. 1801, 10 vol. gr. in-8. 50 à 70 fr. 1823. 10 vol. in-8.

OEuv. philos. Éd. angl. *Londres*, 1843, gr. in-8 ou 1854, 2 vol. pet. in-8. Trad. franç. par Thurot, *Bossange*, 1822-25, 7 vol. in-8. 24 fr. et *Didot* (avec Leibniz), 1839, gr. in-8. 10 fr.

LŒNNROT (Élias), philologue finlandais, 1802, Sammati (Helsingfors). Médecin du cercle de Cajana (Carélie), 1832-53. Professeur de langues et de litt. à Helsingfors, 1853. — Kalevala, 1835. 2ᵉ éd. *Helsingfors*, 2 vol. in-8. Trad. franç. par M. Léouzon Le Duc, 1845, 2 vol. in-8. Kanteletar (Chants de la harpe), 1841, *Helsingfors*, 3 vol. Suomen Kansan Sanalaskiya (Collect. de proverbes finnois), 1842. Suomen Kansan Arvoituksia (Collect. d'énigmes finnoises), 1845.

LOMBARD (P.), théologien italien, vers 1100, Lumello (Novare); vers 1160..... Professeur de théologie. Évêque à Paris, 1159-60. — Sententiarum. Nouv. éd. *Montrouge*, *Migne*, 1841, 2 vol. gr. in-8. Glossa Psalterii, 1478, *Nuremberg*, gr. in-fol.

LOMÉNIE (L.-Léonard de), littérateur, 1818, St-Yrieix (Hᵗᵉ-Vienne). Professeur de litt. suppléant M. Ampère au Collége de France, 1845. Répétiteur à l'École polytechnique, 1849. — Galerie des contemporains, 1840-47, *René*, 10 vol. in-18. Beaumarchais et son temps, 1855, 2 vol. in-8. 2ᵉ éd. 1858.

LONGET (F.-Achille), médecin, 1811, Sᵗ-Germain-en-Laye. Deux fois lauréat à l'Acad. des sciences. Membre de l'Institut et de l'Acad. de médecine. Médecin de l'Empereur et des maisons de Sᵗ-Denis et Écouen. — Anat. et physiol. du syst. nerveux, 1843-46, *Masson*, 2 vol. in-8. Traité de physiologie, 1850-59. 2ᵉ éd., *Masson*, 1859-61, 2 vol. gr. in-8, pl. et fig. 30 fr.

LONGFELLOW (H.-Wadsworth), poëte américain, 1807, Portland (Maine). Compléta son instruction en parcourant l'Europe à diverses reprises. Professeur de langues à Brunswick, 1829, et à Cambridge, 1835-54. — Voices of the night (Voix de la nuit), 1840, *Cambridge*. Ballads and other poems (Ballades et autres poëmes), 1841. The spanish Student (l'Étudiant espagnol), 1842. The Belfry of Bruges (le Beffroi de Bruges), 1847. The Golden Legend (la Légende dorée), 1851. SONG OF HIAWATHA (Le Chant d'Hiawatha), 1855. OEuv. éd. angl. *Londres*, *Bohn*, 1851, 2 vol. in-8.

LONGHI (Jos.), graveur italien; 1766, Monza; 1831, Milan. Professeur à Milan, après son maître Vangelisti, 1797. Membre de la consulte cisalpine, à Lyon, 1801. — Vision d'Ézéchiel; Vierges, de Raphaël. Bonaparte à Arcole, de Gros. Le Bon Samaritain ; le Philosophe, de Rembrandt. St Joseph, du Guide. Décollation de St J.-Bapt., de Gérard Dow. Triomphe de Napoléon, d'Appiani. Madeleine, du Corrége. Galatée, de l'Albane. La Vierge du Lac, de Léonard de Vinci.

LONGIN (Cassius Longinus), rhéteur et philosophe grec, vers 210 ..... 273, Palmyre. Professeur de philos. à Athènes. Secrétaire de Zénobie, reine de Palmyre. Mis à mort par Aurélien, après la prise de cette ville. — TRAITÉ DU SUBLIME. — Éd. grecq. par Morus, *Leipsick*, 1768, in-8, 4 fr. ; par Egger, 1837, in-16. Éd. grecq.-lat., par Toup, *Oxford*, 1778, gr. in-4.; par Weiske, *Leipsick*, 1809, in-8. Trad. franç., par Boileau, 1674, in-4 ; par Pujol, 1853, in-8, et par Vaucher, *Genève*, 1854, in-8, 20 fr.

LONGPÉRIER (H.-Adrien PRÉVOST de), archéologue, 1816, Paris. Attaché au cabinet des méd. de la Biblioth. roy. 1835. Conservateur du Musée Égyptien, 1848. Membre de la Société des Antiquaires, 1837, et de l'Acad. des inscriptions, 1854. — Essai sur les médailles des rois sassanides, 1840, *Potelet*, gr. in-4 ; des rois arsacides, 1854, in-4.

LONGUS, romancier grec, 4ᵉ ou 5ᵉ siècle..... On ne possède aucuns renseignements sur sa vie. — Daphnis et Chloé. — Éd. grecq. par Coray, *Didot*, 1802, in-4, 20 fr.; par Dutens, *Didot*, 1776, in-12, 2 fr. ; par Courier, *Didot*, 1810-29, in-8, 10 fr. Éd. grecq.-lat. par Bernard, *Amsterdam*, 1754, pet. in-4, fig. 8 à 10 fr.; par Schœfer, *Leipsick*, 1803, in-16, 5 fr. Trad. franç. par Amyot, 1559. Nouv. éd. *Didot*, 1800, gr. in-4, fig., 24 à 30 fr.; par Courier, *Didot*, 1813, in-8, 5 fr. ou in-12, 3 fr. Éd. allem. *Leipsick*, 1811, in-12. Éd. ital. *Florence*, 1811, in-8.

LOPE DE VEGA (Félix), poëte espagnol, 1562, Madrid ; 1635, ibid. Après une vie très-agitée, avoir fait la guerre, s'être marié plusieurs fois, avoir vu périr ses enfants, éloigner ses amis, se fit prêtre, 1609. Produisit alors un nombre consid. d'œuv. poétiques estimées qui procurèrent à son auteur célébrité et fortune. — Poëmes : l'Arcadie, 1585; la Beauté d'Angélique, 1602; la Jérusalem conquise, 1609 ; la Bataille des chats, 1634. Théâtre : l'Argent fait l'homme ; Pruderies de Bélise ; l'Acier de Madrid ; la Nuit de St-Jean ; Rome incendiée ; le Prince parfait ; la Punition sans vengeance. L'ÉTOILE DE SÉVILLE, etc. Satires. Odes. Églogues. Épîtres. — Éd. esp. OEuv. *Madrid*, 1776-79, 21 vol. pet. in-4, 80 à 120 fr. Théâtre : *Madrid*, 1853-60, 4 vol. gr. in-8, 48 fr. Éd. franç. Chefs-d'œuv. par Damas-Hinard, *Gosselin*, 1842, 2 vol. in-12.

LORIQUET (J.-Nic.), théologien et historien, 1760, Épernay; 1845, Paris. Prêtre. Membre de la congrégation des Pères de la Foi, 1801, puis de l'ordre des Jésuites. Dirigea avec succès la maison d'éducation de St-Acheul, près d'Amiens, 1814-28. Auteur d'un gr. nombre d'ouvrages destinés à l'instruction des enfants. — Souvenirs de St-Acheul, 1829. 2e éd. 1830, in-12. Élém. de gramm. latine, in-12. Élém. de gramm. franç. in-12. Hist. ancienne, in-12. Hist. de France, 2 vol. in-12. Hist. ecclésiastique, in-12. Hist. romaine, in-12. Hist. sainte, in-12.

LOS HERREROS (Manuel BRETON de), poëte espagnol, 1800, Quel (Logrono). Soldat. Employé au département des finances, 1822. Conservateur de la Bibliothèque nationale, 1834-44. Membre de l'Acad. roy., 1837. — Poesias (Poésies), 1834, *Madrid*, Desvergüenza (le Dévergondage), 1858, *Madrid*, in-8. Drames. — OEuv. compl. Éd. esp. *Madrid*, 1850, 5 vol.

LOTH (J.-Ch.), peintre italien, 1632, Munich; 1698, Venise. Élève de P. Liberi. 1er peintre de Léopold Ier, à Vienne.—Mort d'Abel, à Florence. Nativité; Mort de St Joseph; Martyre de St Eugène, à Venise. Martyre de St Gérard, à Padoue. Tobie endormi; Invention de la Croix, à Vicence. Ivresse de Loth, à Milan. Loth et ses filles; Job et ses amis, à Dresde. Sara présentant Agar; Isaac et Jacob; St Dominique, à Munich. Jupiter et Mercure chez Philémon et Baucis ; Jacob bénissant les enfants de Joseph, à Vienne.

LOTTO (Laurent), peintre italien, fin du XVe siècle, Venise ; 1554, Lorette. Élève de Bellini. Passa plusieurs années à Bergame. — St Nicolas; St Paul ; St Antonin, à Venise. Mariage de Ste Catherine, à Munich. Vierge glorieuse, à Vienne. St Sébastien et St Christophe; Jésus et sa Mère; St Maurice et St Étienne, à Berlin. Un Mariage, à Madrid. La Femme adultère, au Louvre.

LOUANDRE (Ch.-Léopold), littérateur, 1813, Abbeville. Licencié ès lettres. Membre du comité des travaux historiques. Rédacteur en chef du Journal de l'instruction publique. — Littérature franç. (avec M. Bourquelot), lettres B à G. Éd. de Tacite, Pascal, La Fontaine, Molière, Corneille, Racine, le Siècle de Louis XIV, de Voltaire. Les Arts somptuaires, 1852 et suiv., *Techener*, 2 vol. gr. in-4.

LOUDON (J.-Claudius), agronome, 1783, Cambuslang (Lanark); 1843..... Après avoir dirigé une ferme qu'il sut faire prospérer, 1808-12, entreprit un gr. voy. en Europe, 1813-19, puis écrivit ses œuvres. — Encyclopædia of gardening (Encyclop. du jardinage), 1822. Nouv. éd. *Londres*, 1850, gr. in-8. Encyclopædia of agriculture (Encyclop. d'agricult.), 1825. Nouv. éd. *Londres*, 1857, gr. in-8. Encyclop. of plants (Encyclop. des plantes), 1829. 2e éd. *Londres*, 1855, gr. in-8. Encyclop. of cottage (Encyclop. de la chaumière); 1832. Nouv. éd. *Londres*, 1858, in-8. Arboretum et Fruticetum, 1838. Nouv. éd. *Londres*, 1844, 8 volumes in-8.

LOUDON (Jane WEBB, mistress), femme de lettres, 1802, près de Birmingham. Son mariage avec le précédent la détourna de la littérature romantique; elle s'associa à ses travaux, en surveilla l'impression, et en produisit elle-même d'un genre analogue. — The Mummy (la Momie), 1827, *Londres*. Ladies flower garden (le Parterre des Dames), 1841. Nouv. éd. *Londres*, 1855, gr. in-4,

LOUGH (J.-Graham), sculpteur anglais, vers 1804, Greenhead (Northumberland). Quitta l'agriculture pour les beaux-arts. L'étude des chefs-d'œuvre de l'antiquité et un séjour en Italie, 1834-38, développèrent son talent. — MILO, 1827. Chevaux de Duncan, 1833. L'Enfant et le Dauphin, 1838. La Vendeuse de fruits, 1840. Ophelia; Bacchanales, 1843. Hébé; LES PLEUREURS; Iago, 1844. La reine Victoria, 1846. Le prince Albert, 1847. Lord Hastings; Mausolée de Southey, 1848. Satan vaincu.

LOUIS (Ant.), chirurgien, 1723, Metz; 1792, Paris. Membre, 1749, et secrétaire de l'Acad. de médecine. Chirurgien en chef de la Charité, 1757. Chirurgien major à l'armée du Haut-Rhin, 1761-63. Professeur pendant plus de 40 ans aux écoles de chirurgie. — Chirurgie prat. sur les plaies d'armes à feu, 1746, in-4. De vulneribus capitis, 1749, in-4. Lettres sur la certitude des signes de la mort, 1753, in-12. Articles dans l'Encyclopédie et dans les Mémoires de l'Acad. de chirurgie.

LOUIS (Victor), célèbre architecte, 1735, Paris ;...... 1ᵉʳ gr. prix d'architecture. Exécuta et proposa l'exécution d'un gr. nombre de monuments, mais fut méconnu, en butte à maints procès et mourut peut-être de misère. — Galerie du Palais-Royal. Théâtre-Français. Église St-Pierre, à Besançon. Embellissements de Nancy et de Bordeaux. THÉATRE de cette dernière ville.

LOUIS (P.-Ch.-Alex.), médecin, 1787, Aï (Marne). Voyagea en Europe. Membre de l'Acad. de médecine, 1826. Médecin à la Pitié et à l'Hôtel-Dieu. — Rech. sur la phthisie, 1825. 2ᵉ éd. *Baillière*, 1843, in-8. Mémoire sur la membrane muqueuse de l'estomac, 1826, in-8. Rech. sur la fièvre typhoïde, 1828. 2ᵉ éd. *Baillière*, 1840, 2 vol. in-8. Examen de Broussais, 1834, *Baillière*, in-8. Rech. sur la saignée, 1834, in-8.

LOURDOUEIX (Jacq.-Honoré LELARGE, baron de), littérateur et publiciste, 1787, Beaufort (Creuse); 1860, Paris. Directeur des beaux-arts, sciences et lettres, à l'intérieur, 1821 ; du bureau de censure, 1827. Rédacteur, 1828, puis Directeur de la Gazette de France, 1849. — Les Folies du siècle, 1817. 3ᵉ éd. 1818, *Pillet*, in-8. Les Séductions politiques, 1822, *Pillet*, in-8. De la Restauration de la Société franç., 1833, in-8. De la Vérité universelle, 1838, *Sapia*, in-8.

LUCAIN (Marcus Annæus), poète latin, 39 de J.-C., Cordoue (Espagne); 65, Rome. Neveu de Sénèque le Philosophe. Admis de bonne heure à la cour de Néron, il s'attira la jalousie de ce dernier. Impliqué dans la conjuration de Pison, il fut obligé de s'ouvrir les veines. — Pharsale. — Éd. lat. par Oudendorp, *Leyde*, 1728, in-4, 15 à 18 fr., par Grotius et Bentley, *Strawberry-Hill*, 1760, gr. in-4, 15 à 20 fr. *Londres*, 1818, in-8, 6 à 8 fr., et 1820, in-18, 4 à 5 fr. *Lefèvre*, 1822, 2 vol. in-32, 4 fr. Éd. lat. franç, *Panckoucke*, 1835-36, 2 vol. in-8, 14 fr. et par Amar, *Delalain*, 1821, 2 vol. in-12. Éd. angl. *Londres*, 1718, in-fol. 2 vol. in-8 ou in-12. Éd. allem. *Manheim*, 1792. Éd. ital. *Pise*, 1804, 2 vol. in-4.

LUCAS DE LEYDE, peintre et graveur hollandais, 1494, Leyde; 1533, ibid. Était déjà célèbre dès l'âge de 12 ans. Après un voy. il mourut, dit-on, des suites du poison administré par des confrères jaloux. — Peinture : Hist. de St Hubert, 1506; Guérison de l'Aveugle de Jéricho ; Ecce Homo ; Retour de l'Enfant prodigue ; Adoration des Mages ; la Danse de la Madeleine ; Jugement dernier. Gravure : Mahomet ; la Passion ; Tentation de St Antoine ; Conversion de St Paul ; Paysans et vaches ; Adam et Ève ; Femme avec chien.

LUCAS (Paul), voyageur et archéologue, 1664, Rouen ; 1737, Madrid. Antiquaire de Louis XIV, 1704. Exécuta à diverses reprises, 1688-99-1705-14-36, des voy. en Grèce, en Asie Mineure, en Égypte et en Espagne. — Voy. au Levant, 1714, in-12, 3 fr. 2e voy. éd. 1712, 2 vol. in-12, 5 à 6 fr. 3e voy. éd. *Amsterdam*, 1720, 2 vol. in-12, 6 à 7 fr.

LUCAS (Ch.-J.-Marie), économiste, 1803, St-Brieuc. Avocat à la cour roy., 1825. Inspecteur gén. des prisons, 1833. Membre de l'Acad. des sciences morales, 1836. — Du Syst. pénitentiaire, 1826-30, *Béchet*, 3 vol. in-8. Du Syst. pénal, 1827, *Béchet*, in-8. De la réforme des prisons, 1836-38, *Legrand*, 3 vol. in-8.

LUCAS (Hipp.-Julien-Jos.), littérateur, 1807, Rennes. Avocat, 1826. Publiciste. Un des fondateurs de la Société des gens de lettres.— Littérature : le Cœur et le Monde, 1834, in-12 et 1842, 2 vol. in-8 ; Caractères et portraits de femmes, 1836, 2 vol. in-8 ; Histoire du Théâtre-Français, 1843, in-8 ; Curiosités dramat. et litt., 1855, in-12 ; le Portefeuille d'un journaliste, 1856. Théâtre : l'Hameçon de Phénice, 1843 ; le Médecin de son honneur ; le Tisserand de Ségovie ; les Nuées, 1844. Alceste, 1847. Médée ; Curiosités dramat. et litt., 1855.

LUCHET (Aug.), littérateur, 1806, Paris. Laissa la carrière commerciale pour les lettres. Habita pendant 5 ans l'île de Jersey. Fut un moment gouverneur des châteaux de Fontainebleau et de Compiègne, 1848-52. — Thadéus le ressuscité (avec Michel Masson), 1831. 4e éd. 1835, 2 vol. in-8. Le Brigand et le Philosophe (avec Félix Pyat), 1832. Ango (avec le même), 1835. Frère et Sœur, 1838, 2 vol. in-8. Le Nom de famille, 1841, 2 vol. in-8. Souvenirs de Fontainebleau, 1842, avec le Confessionnal de sœur Marie, 1847, 2 vol. in-8. Le Passe-Partout, 1846, 2 vol. in-8. L'Éventail d'ivoire, 1847, 2 vol. in-8. Les Mœurs d'aujourd'hui, 1854, in-18. La Côte-d'Or à vol d'oiseau, 1858.

LUCIANO (Sébastien DEL PIOMBO), célèbre peintre italien, 1485, Venise ; 1547, Rome. Élève de Bellini et du Giorgione. Parvint au plus haut degré de l'art. Clément VII le nomma chancelier des bulles, 1531. Cette place trop lucrative étouffa son talent qui périclita jusqu'à sa mort.—Visitation, Apôtres, St Bernard, à Rome. Guerrier, Madeleine, MARTYRE DE STE AGATHE, à Florence. Circoncision, à Venise. Nativité de la Vierge, à Pérouse. FLAGELLATION, à Viterbe. Anne de Boleyn, Paul III, un Jeune homme, STE FAMILLE, à Naples. Résurrection de Lazare, Cardinal de Médicis, Julie de Gonzague, à Londres. Saints, à Munich. Les Trois Géomètres, Portrait, à Vienne. L'ARÉTIN, Portrait, Jésus crucifié, à Berlin. Jésus portant sa croix, à Saint-Pétersbourg. Visitation, au Louvre.

LUCIEN, littérateur et philosophe grec, vers 130, Samosate (Assyrie); vers 200..... Parcourut l'Europe et l'Asie en récitant des discours. Philosophe à 40 ans, il chercha à combattre les vices de son époque. Administrateur d'une partie de l'Égypte, vers 180. — DIALOGUES DES MORTS et des dieux. Le Songe. Timon. L'Ane. Pérégrinus. Les Sectes à l'encan. — Édit. grecq. par Schmieder, *Halle*, 1800-1, 2 vol. in-8, 20 fr. *Leipsick*, 1819, 4 vol. in-18, 8 fr., et par Jacobitz, 1836-41, 4 vol. in-8, 6 thl. Éd. grecq.-lat. par Reitz, *Amsterdam*, 1743-46, 4 vol. in-4, ou *Deux-Ponts*, 1789-91, 10 vol. in-8, 30 à 40 fr.; par Dindorf, *Didot*, 1840, gr. in-8, 15 fr. Éd. franç. par d'Ablancourt, *Amsterdam*, 1709, 2 vol. pet. in-8, fig. 10 à 12 fr., par Belin de Ballu, *Bastien*, 1788, 6 vol. in-8, 24 à 30 fr., par M. Talbot, *Hachette*, 1837, 2 vol. gr. in-18. Éd. angl. par Franklin, *Londres*, 1780-1, 2 vol. in-4 ou in-8, 20 à 24 fr. Éd. allem. par Wieland, *Leipsick*, 1788-89, 6 vol. in-8, 24 à 30 fr., ou *Stuttgart*, 1828-31, 15 vol. in-16. Éd. ital. par Manzi, *Venise*, 1819-20, 3 vol. in-8, 15 francs.

LUCRÈCE (Titus Lucrétius Carus), célèbre poëte latin, 95 avant J.-C., Rome; 51, ibid. On manque de renseignements sur sa vie. Était l'ami de Cicéron, de Memmius, de Catulle. Se donna la mort. Adopta les doctrines matérialistes, et s'en fit l'apôtre dans un livre demeuré célèbre, — DE LA NATURE DES CHOSES.— Éd. lat. par Havercamp, *Leyde*, 1725, 2 vol. in-4, 40 à 50 fr. *Londres*, 1813, 3 vol. gr. in-8. *Lemaire*, 1838, 2 vol. in-8, 12 fr.; par Lachmann, *Berlin*, 1855, in-8, 9 fr. *Londres*, 1821, in-18, 3 à 4 fr., et *Lefèvre*, 1822, gr. in-32, 2 fr. Éd. lat.-franç. par La

Grange, 1768, 2 vol. gr. in-8, 10 à 12 fr., in-8 ou in-12 ; par de Pongerville (en vers), *Dondey-Dupré*, 1828, 2 vol. gr. in-8, 12 fr. Éd. (en prose), *Panckoucke*, 1829-32, 2 vol. in-8, 14 fr., ou *Lefèvre*, 1845, in-18, et par M. Nisard, *Dubochet*, 1843, gr. in-8. Éd. angl. par Greech, *Londres*, 1714, 2 vol. in-8, 10 à 12 fr. Éd. allem. par Knebel, *Leipsick*, 1831, in-8. Éd. ital. *Milan*, 1813, in-8 et *Florence*, 1820, in-12.

LUDEWIG (J.-P. de), historien et jurisconsulte allemand, 1668, Mohenhard (Souabe); 1743..... Professeur de philos. 1695 ; d'hist. 1703 ; historiographe du roi de Prusse, 1704, et chancelier de l'université, 1708, à Halle.— Reliquiæ manuscriptorum medii ævi, 1720-40, *Francfort*, 12 vol. pet. in-8, 60 fr.

LUDOLF (Job), orientaliste allemand, 1624, Erfurth ; 1704, Francfort. Précepteur des fils du duc de Gotha, 1651, puis conseiller aulique, 1658-78. — Hist. de l'Éthiopie, 1681-94, *Francfort*, in-fol. Trad. franç. abrégée, 1693, in-12. 3 à 4 fr. Grammatica linguæ Æthiopicæ, 1698, *Francfort*, in-fol. Lexicon æthiopico-latinum, 1699, in-fol.

LUINI (Bernardin), peintre italien, vers 1460, Luino, sur le lac Majeur ; vers 1540..... Élève de Léonard de Vinci. — La Vierge et St Jean ; Piété ; Descente de croix ; Annonciation ; Ivresse de Noé; Madone ; Flagellation ; Couronnement d'épines, à Milan. Fresques, à Saronno. St Jean ; la Vierge, à Naples. Madone et St Jean ; Hérodiade recevant la tête de St Jean, à Florence. St Martin, à Pavie. Nativité ; Adoration des mages ; Vierge ; Saints, à Côme. Jésus et les Docteurs, à Londres. Ste Catherine, à Munich. Vierge, à Berlin. Salomé recevant la tête de St Jean ; Ste Famille ; Sommeil de Jésus, au Louvre.

LULLI (J.-Bapt. de), célèbre musicien compositeur, 1633, Florence ; 1687, Paris. Vint en France à 13 ans. Louis XIV, ayant apprécié son talent sur le violon, le nomma surintendant de sa musique, 1661. Véritable fondateur de l'Acad. roy. de musique, 1672. — Alceste, 1674. Thésée, 1675. Atys, 1676. Bellérophon, 1679. Proserpine, 1680, Persée, 1682. Armide, 1686. Musique de la Princesse d'Élide, de l'Amour médecin, du Bourgeois gentilhomme, du Malade imaginaire, de Molière. Symphonies.

LURINE (L.), littérateur, 1816, Burgos; 1860, Paris. Journaliste. Directeur du Vaudeville, 1859. Vice-président du comité des gens de lettres. — En collaboration : les Rues de Paris, 1843, gr. in-8. Les Environs de Paris, 1844, gr. in-8. Hist. de Napoléon, 1844, in-12. Les Couvents, 1845, in-8. Les Prisons de Paris, 1845, in-8. La Police de Paris, 1847, in-8. Hist. de M. de Lamartine, 1848, in-8. Le 13ᵉ Arrondissement, 1849, in-18. Le Train de Bordeaux, 1854, in-12. Étude sur Balzac, 1856.

LUTHER (Martin), célèbre théologien réformateur, 1483, Eisleben (Saxe); 1546, ibid. Entra chez les Augustins d'Erfurth, 1505. Après un voyage à Rome, 1510, se posa en adversaire de la vente des indulgences, puis ensuite des dogmes de la religion catholique, dont il ne conserva que le Baptême et l'Eucharistie, 1517. Soutenu par les princes de l'Allemagne, notamment par l'électeur de Saxe, il brûla la bulle d'excommunication de Léon X, et leva l'étendard de la réforme, 1520. La diète de Worms, 1522, ne put réussir à le faire rétracter; celles de Nuremberg, 1523-24, et de Spire, 1526-29, admirent la liberté de conscience, que la paix de Nuremberg, 1532, vint consacrer, et que le dernier concile œcuménique, celui de Trente, 1545-63, ne parvint pas à détruire. — Catéchisme, 1531. Trad. franç. *Leclère*, 1835, in-8. Trad. allem. de la Bible, 1534. Commentaires bibliques. Sermons. De servo arbitrio. Lettres. Les Propos de table, 1566. Trad. franç. par G. Brunet, *Garnier*, 1844, in-12. — Éd. allem. OEuv. *Halle*, 1740-53, 24 vol. in-4. 120 à 150 fr. ou *Erlangen*, 1826-57, 67 vol. in-8. 134 fr. OEuv. choisies, *Francfort*, 1840, gr. in-8.

LUYNES (Honoré-Théodoric-Paul-Jos. D'ALBERT, duc de), archéologue, 1802, Paris. Directeur adjoint du Musée grec et égyptien, 1825. Membre de l'Acad. des inscriptions, 1830. Député à la Constituante, 1848, et à la Législative, 1849. Son château de Dampierre renferme une belle collect. de peintures et d'objets d'art. — Métaponte, 1833, in-fol. Études numismatiques, 1835, *Didot*, in-4. Comment. sur les éphémérides de Mattéo, 1838, *Didot*, in-4. Choix de méd. grecques, 1840, *Didot*, in-fol. Descript. de quelques vases peints, 1840, *Didot*, in-fol. Numismatique des satrapies, 1846, *Didot*, in-4.

LYELL (Sir Ch.), célèbre géologue anglais, 1797, Kinnordy (Forfar). Élève de Buckland. Laissa le barreau pour les sciences nat. Parcourut la France, l'Allemagne, l'Italie, l'Amérique, 1824-41-45. Professa au collége du roi, à Londres, 1832. Membre et président de la Société géolog. 1836-50. — Principes de géologie, 1830-33. Nouv. éd. angl. *Londres, Murray*, 1855, in-8, 18 sh. Trad. franç. par Mad^e Tullia Meulien, 1843-48, 4 vol. in-12. Élém. de Géologie, 1838, *Londres*, in-12. Trad. franç. 1840, in-12. Travels in north. America (Voy. dans l'Amériq. du nord), 1841, *Londres*, 2 vol. in-8. A second Visit to the United-States (2e Visite aux États-Unis), 1845, *Londres*, in-8.

LYSIAS, orateur grec, vers 458, av. J.-C. Athènes; vers 378, ibid. Exerça la profession d'avocat, à Athènes, et usa de tout son talent pour détruire le gouvernement des 30 tyrans. — Discours. — Éd. grecq. *Leipsick*, 1829, in-8. 6 à 7 fr. Éd. grec.-lat. par Taylor, *Cambridge*, 1740, in-8. 8 à 10 fr. et *Didot*, 1783, 2 vol. in-8. 10 à 12 fr. Éd. franç. par Auger, 1783, in-8. 4 à 5 fr. Éd. angl. par Gillies, *Londres*, 1778, gr. in-4. 12 à 18 fr.

LYSIPPE, sculpteur grec, vers 320 av. J.-C., Sicyone. Vivait à l'époque d'Alexandre, dont il reproduisit les traits. Élève d'Eupompe, qui lui recommanda sans cesse l'étude de la nature. Exécuta un nombre considérable d'œuvres aujourd'hui détruites. — Colosse de Tarente. L'Occasion. Baigneur. Joueuse de flûte. Plusieurs statues d'Hercule. Socrate. Alexandre. Satyre. Ésope.

LYTTELTON (Georges), littérateur anglais, 1709, Hagley (Worcester); 1773..... Parcourut la France et l'Italie. Membre de la chambre des communes, 1730. Secrétaire du prince de Galles, 1737. Lord de la trésorerie, 1744. Conseiller privé. Chancelier de l'Échiquier. Pair, 1757.— Lettres persanes, 1737. Trad. franç. 1770, in-12. Conversion de St Paul, 1747. Trad. franç. 1829, in-12. Dialogues des morts, 1760. Trad. franç. *Amsterdam*, 1767, in-8. History of the King Henri the second (Hist. de Henri II), 1767-71, *Londres*, 4 vol. in-4. 20 à 30 fr. ou 1777, 6 vol. in-8. — Œuv. diverses, éd. angl. *Londres*, 1776, 3 vol. in-8. 15 à 18 fr.

M

MABILLON (J.), historien et érudit, 1632, St-Pierre-Mont (Champagne); 1707, Paris. Acheva ses études à Reims, où il se fit bénédictin, 1653. Parcourut la France, l'Allemagne, l'Italie, et recueillit d'immenses matériaux pour ses œuv. qu'il vint édifier à l'abbaye de St-Germain des Prés.— Acta sanctorum S. Benedicti, 1668-1701, 9 vol. in-fol. Vetera analecta, 1675-85, 4 vol. in-8 et 1723, in-fol. DE RE DIPLOMATICA, 1681-1704, 2 vol. in-fol. 40 à 50 fr. De liturgia gallicana, 1685, 2ᵉ éd. 1729, in-4, 12 à 15 fr. Musæum italicum, 1687-89. 2ᵉ éd. 1724, 2 vol. in-4, 15 à 20 fr. Traité des études monastiques, 1691, in-4, ou 1692, 2 vol. in-12. Annales S. Benedicti, 1703-39, 6 vol. in-fol.

MABLY (Gabriel BONNOT de), littérateur, 1709, Grenoble; 1785, Paris. Frère de Condillac. Secrétaire du cardinal de Tencin qu'il quitta, 1746, pour s'adonner aux études de cabinet. — Parallèle des Romains et des Français, 1740, 2 vol. in-12. Droit public de l'Europe, 1748, 2 vol. in-12. Observations sur les Grecs, 1749 et 1766, in-12; sur les Romains, 1751, in-12. Principes des négociations, 1757, *La Haye*, in-12. ENTRETIENS DE PHOCION, 1763. Nouv. éd. *Renouard*, 1804, in-12. Observ. sur l'hist. de France, 1765. Nouv. éd. *Brière*, 1823, 3 vol. in-8. — OEuv. par Arnoux, 1797, 12 vol. in-8 ou 24 vol. in-18.

MACAREL (L.-Ant.), jurisconsulte, 1790, Orléans; 1851, Paris. Avocat à la cour de cassation, 1819. Professeur à l'École de droit, 1828. Maître des requêtes et conseiller d'État, 1830. Directeur de l'administration départementale, 1837. — Élém. de jurispr. administrative, 1818, *Dondey-Dupré*, 2 vol. in-8. Arrêts du Conseil, 1821-65, un vol. in-8 par an. De la Fortune publique en France (avec M. Boulatignier), 1838 et suiv., I-III vol. in-8. Cours de droit administratif, 1844-46; 3ᵉ éd. *Plon*, 1859, 4 vol. in-8.

MACAULAY (Thomas BABINGTON, lord), célèbre historien anglais, 1800, Rothley-Temple (Leicester); 1859, Londres. Avocat, 1826. Membre de la chambre des communes, 1830. Membre du conseil des Indes, à Calcutta, 1834. Secrétaire de la guerre, 1839-41, et membre du conseil privé. Recteur de l'université de Glascow, 1849. Professeur d'hist. à l'Acad. roy., 1850. Pair, 1857.

Correspondant de l'Institut. — Essais histor. et biograph. Éd. angl. *Londres*, 1860, in-8 ou 3 vol. pet. in-12. Trad. franç. par M. Guill. Guizot, *Lévy*, 1860, 2 vol. in-8. 12 fr. ou *Didot*, in-18 et *Hachette*, 2 vol. in-18, 7 fr. Hist. d'Angleterre, 1849-55 et 1861, 4 vol. gr. in-8, 3 liv. ou 9 vol. in-8, 2 liv. 14 sh. Trad. franç. *Perrotin*, 1857-61, 7 vol. in-8. 35 fr. ou *Charpentier*, 6 vol. in-18, 21 fr. 50.

MACCHIETTI (Jérôme), peintre italien, 1535-41, Florence; vers 1568..... Élève de Michele del Ghirlandajo et de Vasari. — Un Bain; Médée voulant rajeunir Éson; la Vierge et St Thomas; Adoration des Mages; Martyre de St Laurent, à Florence. Le Christ sur sa croix, à Pise. Baptême de J.-C., à Messine. La Samaritaine; St Thomas; St Michel, à Naples

MAC-CULLOCH (J.-Ramsay), économiste anglais, 1789, Wigton (Écosse). Publiciste. Professeur d'économie polit. à l'université de Londres, 1828-32. Contrôleur à la papeterie roy. 1838. Associé de l'Institut, 1843. — Principes d'Économie polit., 1825. 4ᵉ éd. angl. *Londres*, 1849, in-8. Trad. franç. par Planche. 4ᵉ éd. *Guillaumin*, 1864, 2 vol. in-8. 12 fr. Dictionary of commerce (dict. de commerce), 4ᵉ éd. *Londres*, 1855, in-8. Geographical Dictionary (Dict. de géographie), 1842. 3ᵉ éd. *Londres*, 1854, 2 vol. in-8. Literature of political Economy (litt. d'économie polit.), 1845, *Londres*, in-8. Statistical Account of the British Empire (Compte rendu statistique de l'Angleterre), 1847, *Londres*, 2 vol. in-8.

MAC-DOWELL (Patrick), sculpteur anglais, 1799, Belfast (Irlande). D'abord ouvrier carrossier. Membre de l'Acad. roy. 1846. — Vénus au miroir, de Donatelli. Groupe d'anges. Céphale et Procris. Bacchus et le Satyre. Jeune fille lisant, 1838. Jeune fille allant au bain, 1840. La Prière, 1842. L'Amour triomphant, 1844. Cupidon, 1845. L'amiral Exmouth, 1846. Le premier chagrin, 1847. L'Amour et Psyché; Ève, 1849. Lord Warren, 1850. L'Amour oisif, 1852. Lord Belfast, 1856.

MACHIAVEL (Nic.), célèbre littérateur, historien et politique italien, 1469, Florence; 1527, ibid. Secrétaire de la républ. florentine, 1499-1512. Fut chargé, en cette qualité, de missions à Paris, 1500-4-10; à Rome, 1503-6, et auprès de Maximilien, 1507. Disgracié à la rentrée des Médicis, 1512. Historiographe de Florence, 1521. Ses principes polit. sont assez bien expliqués par ces quelques mots : « Le succès justifie tout. » — Le Prince, 1514. Éd. ital. *Livourne*, 1792, in-8. Trad. franç. *Lecou*, 1847, in-12. Discours sur Tite-Live, 1516. La Mandragore, 1524. Hist. de Florence, de 1052 à 1424, 1re éd. 1532. Trad. franç. *Charpentier*, 1842, in-12. Legazioni (Ambassades). L'Art de la guerre. — Œuv. Éd. ital. *Milan*, 1810-11, 11 vol. gr. in-4, ou 1821-22, 9 vol. gr. in-16; *Florence*, 1826, 10 vol. in-8, 50 fr. Trad. franç. par Périès, *Michaud*, 1823-26, 12 vol. in-8, 48 fr., et Buchon, *Desrez*, 1837, 2 vol. gr. in-8, 20 fr. Œuv. polit. et litt. *Charpentier*, 1825, 2 vol. in-18. Consulter : Machiavel, son génie et ses erreurs, par Artaud, *Didot*, 1833, 2 vol. in-8, 20 fr.

MACKENSIE (H.), littérateur anglais, 1745, Édimbourg; 1831, ibid. Avocat gén. à la cour de l'Échiquier et contrôleur des taxes a Édimbourg. — L'Homme sentimental, 1771. L'Homme du monde, 1773. Julia de Roubigné, 1777. Hist. de La Roche. — Œuv. Éd. angl. *Édimbourg*, 1808, 8 vol. pet. in-8, 40 à 48 fr. Trad. franç. par Bonnet, *Warée*, 1825, 5 vol. in-12.

MACKINTOSH (sir John), littérateur et historien anglais, 1765, Aldourie (Écosse) ; 1832, Londres. Avocat, 1795. Professeur de droit naturel à Londres, 1799. Juge à Bombay, 1804-11. Membre du parlement, 1811. Recteur de l'université de Glascow. Commissaire des affaires des Indes, 1830. — Apologie de la révolution franç., 1791. 4e éd. angl. 1792, *Londres*, in-8. Trad. franç. *Buisson*, 1792, in-8. Hist. d'Angleterre. Nouv. éd. angl. *Londres*, 1853, 2 vol. in-8. Trad. franç. par Defauconpret, *Gosselin*, 1832, in-8. History of the english revolution (Hist. de la révol. angl.). Nouv. éd. *Londres, Longman*, 1834, gr. in-4, 1 liv. Mélanges philos. Nouv. éd. *Londres*, 1855, 3 vol. pet. in-8. Trad. franç. par Léon Simon, 1829, in-8. Hist. de la philos. morale. Trad. franç. par Poret, *Levrault*, 1834, in-8.

MACLISE (Daniel), peintre anglais, 1811, Cork (Irlande). Lauréat, 1828, puis membre de l'Acad. royale, 1840. — Le Choix d'Hercule, 1831. Puck, 1832. François Ier et Diane de Poitiers, 1833. Le Vœu des Dames, 1835. Noël au château, 1838. Banquet de Macbeth, 1840. Scène d'Hamlet, 1843. Sacrifice de Noé, 1847. L'Esprit de justice, 1850. Le roi Alfred au camp des Danois, 1852. Peintures au palais du parlement.

MACPHERSON (James), littérateur écossais, 1738, Ruthven (Inverness); 1796, Betz (ibid.). Secrétaire du gouverneur, 1764, puis inspecteur gén. des Florides. Membre de la chambre des communes, 1780. S'est rendu célèbre par la publication des poésies d'Ossian, dont il paraît être l'auteur. — Poésies d'Ossian, 1760-63. Éd. angl. par Mac-Arthur, *Londres*, 1807, 3 vol. gr. in-8, 30 fr. Éd. franç. par Le Tourneur, 1799, 2 vol. in-8, 6 à 8 fr.; par Baour-Lormian (en vers), 1818-27, in-8 ou in-18, et par Lacaussade, *Lavigne*, 1842, gr. in-18. Éd. allem. par Rhode, *Berlin*, 1808, 3 vol. in-8. Éd. ital. par Cesarotti, *Pise*, 1805, in-12. Éd. esp. par Montégnon, *Madrid*, 1801, in-8. History of Great-Britain (Hist. de l'Angleterre), 1775, *Londres*, 2 vol. in-4.

MACROBE (Aurelius Theodosius), grammairien et philosophe latin, 5ᵉ siècle..... Grand-maître de la garde robe de Théodose le Jeune, 422. — Commentaire sur le Songe de Scipion. Saturnales. Différence et relation des mots grecs et latins. — Éd. lat. par Meursius et Gronovius, *Leyde*, 1670, in-8, 8 à 12 fr., et *Padoue*, 1736, in-8, 5 à 6 fr. Éd. lat.-franç. par divers, *Panckoucke*, 1845-47, 3 vol. in-8.

MAFFEI (Scipion, marquis de), littérateur et archéologue italien, 1675, Vérone; 1755..... Soldat, 1703-9. Visita la France, 1732; l'Angleterre, 1736; la Hollande, l'Allemagne, et se fixa à Vérone.— Mérope, 1713. Éd. ital. *Vérone*, 1796, in-4, Éd. ital.-franç.-angl. *Venise*, 1747, in-4. Éd. franç. (en vers), *Valenciennes*, 1846, in-8. Verona illustrata (Vérone illustrée), 1731-32, in-fol. Nouv. éd. *Milan*, 1825-27, 5 vol. in-8. Museum veronense, 1749, *Vérone*, in-fol. — OEuv. édit. ital. *Venise*, 1790, 21 vol. in-8, 40 à 50 fr.

MAGALOTTI (Laurent, Cᵗᵉ), littérateur italien, 1637, Rome; 1712, Florence. Voyagea en France, en Angleterre et en Allemagne. Conseiller d'État, 1689.— Lettere contro l'Ateismo (Lettres contre l'athéisme), 1701. Nouv. éd. *Milan*, 1825, 2 vol. gr. in-16, 6 fr. — OEuv. éd. ital. *Milan*, 1806, 2 vol. in-8, 10 fr.

MAGENDIE (F.), physiologiste, 1783, Bordeaux; 1855, Paris. Élève de Boyer. Professeur à la Faculté, 1804. Membre des Acad. de médecine et des sciences, 1821. Professeur au Collége de France, médecin à la Salpêtrière et à l'Hôtel-Dieu, 1830. Président du comité d'hygiène, 1848. Adversaire de Broussais, toute théorie était par lui subordonnée à l'expérience. — Précis élém. de physiologie, 1816. 4ᵉ éd. *Méquignon*, 1836. 2 vol. in-8. Journal de physiol. expériment., 1821-31, 11 vol. in-8. Leçons sur les phénomènes de la vie, 1836-42, *Ébrard*, 4 vol. in-8. Leçons sur le syst. nerveux, 1839, *Ébrard*, 2 vol. in-8. Rech. sur le liquide céphalo-rachidien, 1842, *Méquignon*, in-4.

MAGNE (J.-Fleury), vétérinaire, 1804, Sauveterre (Aveyron). Sorti le 1ᵉʳ de l'École vétérin. de Lyon, où il devint chef de service, 1829 ; professeur de phys. et de matière médicale, 1832 ; d'agricult., d'hygiène et de botanique à la même école, 1838, puis à Alfort, 1843. — Principes d'hygiène vétérinaire, 1842. 2ᵉ éd. *Labbé*, 1844, in-8. Traité d'agricult. et d'hygiène, 1843. 3ᵉ éd. 1853, 3 vol. in-8. Choix des vaches laitières, 1850. 3ᵉ éd. 1859, in-12. Choix du cheval, 1854, in-12.

MAGNIN (Ch.), littérateur et critique, 1793, Paris ; 1862, ibid. Conservateur à la Bibliothèque roy. 1832. Professeur à la Sorbonne, 1834-35. Membre de l'Acad. des inscriptions, 1838. — Origines du Théâtre moderne, 1838, *Hachette*, in-8. Causeries et Méditations, 1843, *Duprat*, 2 vol. in-8. Hist. des Marionnettes, 1852, *Lévy*, in-8.

MAHOMET (Mohammed), fondateur de la religion musulmane, vers 571, La Mecque ; 632, Médine. Se maria à 25 ans, et vécut dans la retraite et l'étude jusqu'à 40. Il s'annonça alors comme prophète et publia les dogmes d'une religion, tenant de l'idolâtrie, du sabéisme, du judaïsme, accommodée aux mœurs et tendances de l'Orient. Après bien des vicissitudes et des alternatives de revers et de succès, la nouv. religion se répandit en Orient, où elle compte aujourd'hui environ 200 millions de sectateurs. — LE CORAN. — Éd. arabe, *Padoue*, 1698, 2 vol. in-fol. *Leipsick*, 1837, gr. in-8, 10 à 12 fr. Éd. franç. par Savary, 1821, 2 vol. in-8, et 1829, 3 vol. in-18 ; par Kazimirski, *Charpentier*, 1847, gr. in-18. Éd. angl. par Sale, *Londres*, 1734, in-4, 12 à 15 fr. Éd. allem. par Wahl, *Halle*, 1828, in-8.

MAÏ (Angelo), philologue italien, 1782, Schilpario (Bergame) ; 1854, Castel-Gandolfo. Jésuite, 1797. Professeur d'humanités à Naples, 1804. Bibliothécaire à Milan, puis à Rome, 1819. Cardinal, 1838. Correspondant de l'Institut, 1842. Célèbre par la découverte de précieux manuscrits, et par celle du De Republica de Cicéron. — Scriptorum veterum nova Collectio, 1825-38, *Rome*, 10 vol. gr. in-4. Classici Scriptores, 1828-38, *Rome*, 10 vol. in-8. Spicilegium romanum, 1839-44, *Rome*, 10 vol. in-8. Nova Patrum Sanctorum Bibliotheca, 1844-54, *Rome*, 7 volumes in-4.

MAIMONIDE (Moïse), philosophe, théologien et médecin juif, 1135, Cordoue; 1204.... Élève d'Averroès. Obligé de fuir l'Espagne, il se rendit en Égypte où il fut médecin du sultan Saladin. Les Juifs le regardent comme leur premier écrivain.— MISCHNÉ-THORA (la Seconde Loi), *Venise*, 1576, 4 vol. pet. in-4. et *Amsterdam*, 1702, 4 vol. in-fol. Porta Mosis, *Oxford*, 1655, in-4. 6 à 9 fr. LE GUIDE DES ÉGARÉS. Éd. en hébreu, *Berlin*, 1791, in-4. Trad. franç. par Munck, *Franck*, 1856, 2 vol. in-8.

MAINDRON (Ét.-Hipp.), sculpteur, 1801, Champtoceaux (Maine-et-Loire). Professeur à l'École des arts et métiers d'Angers. Élève de David d'Angers. — Thésée vainqueur du Minotaure. Pâtre mordu par un serpent, 1834. Baigneurs, 1837. Les Chrétiens livrés aux bêtes, 1838. Velléda, 1839. Christ expirant, 1840. Vierge, 1842. Ste Geneviève et Attila, 1848. Ste Cécile, 1850. Geneviève de Brabant, 1859. Aloys Senefelder, 1863. Boileau, 1865. Le général Travot. D'Aguesseau. Christ. Cassini. Baptême de Clovis.

MAINE DE BIRAN (F.-P.-Gonthier), philosophe et politique, 1766, Bergerac (Dordogne); 1824, Paris. Garde du corps, 1784-89. Membre du conseil des Cinq-Cents, 1797. Sous-préfet de Bergerac, 1809. Membre du Corps législatif, 1812. Député, 1815. Conseiller d'État, 1816. D'abord partisan de Condillac et de Cabanis, il s'en éloigna insensiblement pour se rapprocher de l'École spiritualiste. — De l'Influence de l'habitude sur la faculté de penser, 1803, *Heinrichs*, in-8. Consid. sur les rapports du phys. et du moral, 1834, *Ladrange*, in-8. 8 fr. — OEuv. philos. *Ladrange*, 1841, 4 vol. in-8. 24 fr.

MAISTRE (Jos. Cte de), philosophe et publiciste, 1754, Chambéry; 1821, Turin. Sénateur de Savoie, 1788, qu'il quitta lors de sa réunion à la France, 1792. Ministre de Charles-Emmanuel à St-Pétersbourg, 1803-17. Ministre d'État à Turin, 1818. Défenseur de la théocratie et de la puissance temporelle des Papes;

ennemi déclaré de la philos. du XVIIIe siècle. — Consid. sur la France, 1796. Nouv. éd. 1857; in-8. Du Pape, 1819. Nouv. éd. 1849, in-8 ou in-12. De l'Église gallicane, 1821. Nouv. éd. 1853, in-8. Soirées de St-Pétersbourg, 1821. Nouv. éd. 1860, 2 vol. in-8. Examen de la philos. de Bacon, 1836. Nouv. éd. 1860, 2 vol. in-8. Mémoires. Lettres. Correspondance.

MAISTRE (Xavier de), littérateur, 1763, Chambéry; 1852, St-Pétersbourg. Frère du précédent. Soldat au service de la Sardaigne, puis de la Russie. Directeur de la bibliothèque et du musée de l'amirauté à St-Pétersbourg, 1805. — Voy. autour de ma chambre, 1794. Nouv. éd. 1839, in-18 et 1842, in-32. Le Lépreux de la cité d'Aoste, 1812. Expéd. nocturne autour de ma chambre. Le Prisonnier du Caucase. La Jeune Sibérienne. — OEuv. *Dondey-Dupré*, 1828, 2 vol. in-8, ou 1825, 3 vol. gr. in-18, et *Charpentier*, 1844, in-12. 3 fr. 50.

MAITTAIRE (Michel), philologue et bibliographe anglais, 1668.....; 1747, Londres. Professeur à l'école de Westminster. — Græcæ linguæ dialecti, 1706. Nouv. éd. *Leipsick*, 1807, in-8, 12 fr. Opera et Fragmenta veterum poetarum latinum, 1713, *Londres*, 2 vol. in-fol, 24 à 36 fr. Annales typographici, 1719-41, *La Haye*, etc., 9 vol. in-4, 60 à 75 fr.

MAKRIZI (Ahmed al), historien arabe, vers 1360, Caire; 1444, ibid. Employé à la chancellerie au Caire. Professeur, à Damas. — Description du Caire. Trad. franç. par M. de Sacy, dans sa Chrestomathie arabe. Hist. des sultans mamlouks. Trad. franç. par M. Quatremère, *Duprat*, 1837-45, 2 vol. in-4.

MALCOLM (sir J.), historien et général anglais, 1769, Burnfoot (Perth); 1833, Londres. Se rendit dans les Indes, 1783, où il devint gouverneur de Bombay, 1827. Ambassadeur à la cour de Perse, 1808. Membre de la Chambre des communes, 1831. — Hist. de la Perse, 1815, *Londres, Murray*, 2 vol. in-4, ou 1829, 2 vol. in-8, 24 à 30 fr. Trad. franç. par Benoist, *Pillet*, 1821, 4 vol. in-8 25 fr.

MALEBRANCHE (Nic. de), célèbre philosophe et théologien, 1638, Paris; 1715, ibid. Prêtre. Oratorien, 1660. Le Traité de l'Homme, de Descartes, décida sa vocation. Membre de l'Acad. des sciences, 1699. Sa vie s'écoula entre la méditation et l'étude. Sa philosophie, aujourd'hui un peu oubliée, lui attira de son temps une grande célébrité et aussi de longues discussions avec Lami, Régis, Arnauld. — Rech. de la vérité, 1674-75. 6ᵉ éd. *David,* 1712, in-4, 6 à 9 fr. ou 4 vol. in-12, 10 à 12 fr. Conversations chrétiennes, 1676, in-12. Traité de la nature et de la grâce, 1680. Nouv. éd. 1712, in-12. Méditat. chrétiennes, 1683, *Cologne,* pet. in-12, 5 à 6 fr. Traité de morale, 1684. *Rotterdam,* in-12. Entretiens sur la métaphysique, 1688. Nouv. éd. 1711,|2 vol. in-12. — OEuv. par Genoude et Lourdoueix, *Sapia,* 1837, 2 vol. gr. in-4, et *Charpentier,* 1847, 2 vol. in-12, 7 fr.

MALFILATRE (Jacq.-Ch.-L.), poëte, 1732, Caen; 1767, Paris. Son manque d'ordre et de conduite rendit son existence pénible et en accéléra la fin. — Narcisse dans l'île de Vénus, 1769. Génie de Virgile, 1810, 4 vol. in-8. — Poésies, *Caen, Mancel,* 1823, in-8. *Collin de Plancy,* 1822, in-12, et *Lemoine,* 1829, in-32.

MALGAIGNE (Jos.-F.), médecin, 1806, Charmes-s.-Moselle (Vosges). Chirurgien du bureau central des hôpitaux, 1835; de l'hospice St-Louis et de la Charité. Membre de l'Acad. de médecine, 1846. Député, 1847. Professeur à la Faculté, 1850. — Manuel de médecine opératoire, 1833. 7ᵉ éd. *Baillière,* 1861. gr. in-18, 7 fr. Traité d'anat. et de chirurgie, 1837. 2ᵉ éd. *Baillière,* 1859, 2 vol. in-8, 12 fr. Leçons sur les hernies, 1839-40, *Baillière,* in-8. OEuv. compl. d'Ambr. Paré, 1840, 3 vol. in-8. Traité des Fractures et des Luxations, 1847-55, *Baillière,* 2 vol. in-8, 33 fr.

MALHERBE (F.), poëte, 1555, Caen; 1628, Paris. Attaché à Henri d'Angoulême, commandant en Provence, 1576-86. Ami de Racan. Passa une partie de sa vie à la cour de Henri IV, Marie de Médicis et Louis XIII. Apporta dans ses poésies une harmonie et une pureté de style qui en rachètent le manque d'invention. — Odes. Stances. Épigrammes. — OEuv. par L. Parelle, *Lefèvre,* 1825, 2 vol. gr. in-8, 10 à 12 fr.; par Léon Thiessé, *Baudouin,* 1828, in-8. 2 fr. 50; par M. de Latour, *Charpentier,* 1842, gr. in-18, 3 fr. 50; par L. Lalanne, *Hachette,* 1862 et suiv., 4 vol. in-8, 38 fr. et *de Bure,* 1825, gr. in-32, 2 fr. 50.

MALLET (Paul-H.), historien suisse, 1730, Genève; 1807, ibid. Professeur de litt. à Copenhague, 1752; d'hist., à Genève, 1760. Membre du conseil, 1764. Résident de Hesse-Cassel. Correspondant de l'Acad. des inscriptions. — Introd. à l'hist. de Danemark,

1755, *Genève*, in-4, 10 à 15 fr. et 1787, in-12. Hist. de Danemark, 1758-77, *Copenhague*, 2 vol. in-4, 30 à 36 fr. et *Genève*, 1788, 9 vol. in-12.

MALPIGHI (Marcel), anatomiste italien, 1628, Crevalcuore (Bolonais); 1694, Rome. Professeur à Bologne et à Pise, 1656; à Messine, 1662-66. Médecin d'Innocent XII, 1691. Auteur de plusieurs découvertes, notamment sur la structure de la peau. — De Pulmonibus, 1661. De Viscerum, 1666. Anatome plantarum, 1675-79, *Londres*, in-fol., 8 à 10 fr. — OEuv. Éd. lat. *Londres*, 1687-97, 3 vol. in-fol. avec pl.

MALTE-BRUN (Conrad), géographe, 1775, Thisted (Danemark); 1826, Paris. Ses premiers écrits, comme publiciste, l'obligèrent à quitter le Danemark, 1796, et à se réfugier en Suède, 1797, puis en France, 1800, où il s'adonna à des travaux qui l'ont rendu célèbre. — Géographie de toutes les parties du monde (avec Mentelle et Herbin), 1803-07, 16 vol. in-8, avec atlas. Tableau de la Pologne, 1807, in-8. Nouv. éd. *Bruxelles*, 1831, gr. in-8. Annales des voyages, 1808-15, 25 vol, in-8, continuées par Eyriès. Précis de géographie universelle, 1810. 5ᵉ éd. par M. Huot, 1840-42, 6 vol. in-8. Nouv. éd. par La Vallée, *Furne*, 1855-57, 6 vol. gr. in-8, 60 fr. et par E. Cortambert, *Dufour*, 1857-60, 8 vol. gr. in-8, 80 fr.

MALTHUS (Thomas-Robert), célèbre économiste anglais, 1766, Rookery (Surrey); 1834, Bath. Entra dans les ordres à 22 ans. Parcourut une gr. partie de l'Europe. Professeur d'hist. et d'économie polit. à Haileybury (Hertford), 1805-34. — Principe de population, 1798, *Londres*, 2 vol. in-4. 6ᵉ éd. *Londres, Murray*, 1825, 2 vol. in-8, 12 à 15 fr. Trad. franç. par Prevost, *Guillaumin*, 1845, gr. in-8. Principes d'économie polit., 1820. 2ᵉ éd. *Londres, Pickering*, 1836, in-8, 6 à 9 fr. Trad. franç. par Fonteyraud, *Guillaumin*, 1846, gr. in-8.

MALUS (Ét.-L.), physicien, 1775, Paris; 1812, ibid. Capitaine de génie à l'armée de Sambre-et-Meuse, 1797, et en Égypte, 1798-1801. Membre de l'Acad. des sciences, 1810. Examinateur à l'École polytechnique. — Découverte de la polarisation de la lumière, 1808. Mémoires dans le Recueil des savants étrangers de l'Institut, 1809-11.

MAMIANI (Terenzio Della Rovere Cᵗᵉ), philosophe, poëte

et politique italien, vers 1802, Pesaro (États de l'Église). Se retira à Paris après les événements polit. dont son pays fut témoin en 1831. Ministre de l'intérieur à Rome, 1848. Exilé, 1849. Député, 1856, et ministre de l'instruction publique à Turin, 1860. — Poesie (Poésies), 1843, *Baudry*, in-12. Dialoghi di Scienza prima (Dialogues de science première), 1846, *Baudry*, in-8. Del Papato (De la Papauté), 1851, *Baudry*, in-8. Scritti politici (Écrits polit.), 1853, *Florence*.

MANSART (F.), architecte, 1598, Paris; 1666, ibid. Élève de Germain Gautier. La plupart de ses œuv. n'existent plus. Donna son nom au dernier étage établi dans les combles des maisons. — Églises de Ste-Marie de Chaillot, de la Visitation, et des Minimes. Commencement du Val-de Grâce. Restauration de l'hôtel Carnavalet. Châteaux de Choisy, de Berny, de Gèvres, de Fresnes et DE MAISONS.

MANSART (Jules HARDOUIN), célèbre architecte, 1645, Paris; 1708, Marly. Neveu et élève du précédent. Surintendant des bâtiments, et 1er architecte de Louis XIV. Membre de l'Acad. roy. de peint. et de sculpture. La faveur du roi ne le quitta point et lui procura une fortune et des honneurs considérables. — Châteaux de Clagny, de Dampierre, de Marly, de Lunéville, de Trianon et de VERSAILLES. DÔME DES INVALIDES. Maison de St-Cyr. Places Vendôme et des Victoires.

MANTEGNA (André), célèbre peintre et graveur italien, 1430, Padoue; 1506, Mantoue. Élève de Squarcione, puis de Jacq. Bellini, dont il épousa la fille. Fondateur de l'École de Mantoue. — Fresques: Hist. de St Jacques, vie de St Christophe, St Bernardin, St Antoine, à Padoue; Jésus enfant, à Vérone; Famille de Gonzague, St André et St Longin, Ste Famille, à Mantoue. Tableaux: Madone, Saints, à Vérone; MADONE, à Mantoue; PIÉTÉ, St Antoine, le Christ, Portrait, à Rome; Ste Euphémie, à Velletri; Martyre de St Laurent, STE EUPHÉMIE, à Naples; Madone, Circoncision, Épiphanie, Résurrection, Élisabeth, à Florence; Saints, Christ, à Milan; Christ, à Modène; Jésus entre les larrons; LE PARNASSE, la Sagesse victorieuse, LA VIERGE DE LA VICTOIRE, au Louvre; Mort de la Vierge, à Madrid; Christ, Madone, Saints, le Printemps, à Berlin; St Sébastien, à Vienne; Vierge, Mort de Lucrèce, Jésus, à Munich; Triomphe de César, à Hampton-Court. Gravure : Madone, Hercule, Énée, Christ, Femmes dansant, Judith, Bacchus, Monstres combattant.

MANUCES (ALDES), célèbre famille d'imprimeurs italiens. MANUCE (Alde), premier du nom, 1449, Bassiano ; 1515, Venise. Professa la litt. et fonda une imprimerie à Venise, 1490. Premières éd. d'Aristote, Platon, Hérodote, Thucydide, Eschyle, Sophocle, Euripide, Aristophane, etc. MANUCE (Paul), son fils, 1511-74, Venise. Se fixa à Rome, 1561. Éd. d'auteurs latins, principalement de Cicéron. MANUCE (Alde), Fils de Paul, 1547, Venise; 1597, Rome. Professa l'éloquence à Bologne, à Pise, à Rome, 1589. — Consulter l'art. Manuces de M. A. F. Didot, dans la Biographie générale.

MANZONI (Alex.), célèbre poëte et romancier italien, 1784, Milan. Vint à Paris, 1805-7, avec sa mère, fille du célèbre Beccaria. S'est retiré du monde après avoir produit ses œuvres et perdu sa première femme, 1833, et ses cinq enfants. Sénateur, 1860. — Tragédies : Le Comte de Carmagnola, 1820; Adelghi, 1823; trad. franç. par Fauriel, *Bossange*, 1823, in-8. LA MORT DE NAPOLÉON, 1821. Éd. ital.-franç. 1830-31, in-8 ou in-18. LES FIANCÉS, 1827. Éd. ital. *Baudry*, 1842, 2 vol. in-12, 6 fr. Trad. franç. *Charpentier*, 1840, in-12, 3 fr. 50. — OEuv. Éd. ital. *Baudry*, 1843, in-8, 12 fr. Théâtre et poésies, éd. ital. *Baudry*, 1830, in-12, 5 fr. Trad. franç. *Charpentier*, 1841, in-12, 3 francs 50.

MAQUET (Aug.), littérateur, 1813, Paris. Professeur au collége Charlemagne, 1831. Abandonna l'enseignement pour les lettres. Sa participation reconnue aux principaux romans et drames d'Alex. Dumas a donné à son nom une certaine notoriété. — Romans : le Beau d'Angennes, 1843, 2 vol. in-8; Deux Trahisons, 1844, 2 vol. in-8; la Belle Gabrielle, 1853-54, 5 vol. in-8; le Comte de Lavernie, 1855, in-8; la Maison du Baigneur, 1856, 2 vol. in-8; l'Envers et l'Endroit, 1858, 4 vol. in-8; Rose Blanche, 1859, 3 vol. in-8. Théâtre : le Comte de Lavernie, 1855; la Belle Gabrielle, 1857; Dettes de Cœur, 1859.

MARATTA (Carlo), peintre italien, 1625, Camerino (Marche d'Ancône); 1713, Rome. Élève d'Andréa Sacchi. Peintre et directeur des travaux d'Alexandre VII et de Clément XI. Mourut aveugle. — VIERGES, Saints, Adoration des Mages, Christs, Conception, Crucifiement, Visitation, Nativité, à Rome. Assomption, à Castel-Gandolfo. Christs, Madones, Annonciation, Saints, à Florence. St Fr. de Sales, à Forli. Vierges, à Volterra, à Sienne, à Ancône, à Naples, à Turin, à Carlsruhe, à Dresde, à Berlin, à Lyon, à Angers. Diane et Actéon, Portrait, Vierge, à Pérouse. Apollon et Daphné, à Bruxelles. Enfant endormi, St Jean, la Vanité, à Munich. Christs, Vierges, à Vienne. Cardinal, à Londres. Nativité, Sommeil de Jésus, Prédication de saint J.-Bapt. Mariage de Ste Catherine, Portraits, au Louvre.

MARCA (P. de), théologien, historien et prélat, 1594, Pau (Béarn); 1662, Paris. Président du parlement à Pau, 1621. Prêtre, 1632. Conseiller d'État, 1639. Évêque de Couserans, 1642. Intendant de la Catalogne, 1644. Archevêque de Toulouse, 1652, et de Paris, 1662.—Hist. de Béarn, 1640, in-fol. De concordia sacerdotii et imperii, 1641. Édit. par Baluze, *Muguet,* 1704, in-fol., et par Bohmer, *Leipsick,* 1708, in-fol. Marca Hispanica, 1688, *Muguet,* in-fol. 20 à 30 fr.

MARC-AURÈLE (M. Aurelius Antoninus), philosophe et empereur romain, 121, Rome; 180, Sirmium. Adopté par Antonin il lui succéda au trône, 161. Obligé de tenir tête aux peuples du nord qui envahissaient l'empire de tous côtés, il le fit avec succès et reçut les honneurs du triomphe, 177. Il venait de les vaincre une dernière fois lorsqu'il mourut. S'est rendu célèbre par son habileté, sa sagesse, sa modération et par son goût pour les lettres et la philosophie.— Pensées.— Éd. grecq. par Coray, 1816, in-8, 6 à 8 fr. Éd. grecq.-lat. *Didot,* 1842, in-8. Trad. franç. par Dacier, *Didot,* 1800, gr. in-4; par de Joly, 1770, in-8 ; par Pierron, *Charpentier,* 1843, gr. in-18, 3 fr. 50.

MARCEL (Guill.), historien, 1647, Toulouse; 1708. Arles. Avocat. Sous-bibliothécaire à St-Victor. Chargé d'une mission auprès du dey d'Alger, 1677, et commissaire de la marine à Arles. — Tablettes chronolog. pour l'hist. de l'Église, 1682, in-8, et 1729, in-12; pour l'hist. de France, 1682. Nouv. éd. *Amsterdam,* 1705. Orig. et progrès de la monarchie franç. 1686 *Thierry,* 4 vol. in-12, 12 à 20 fr.

MARCEL (J.-Jos.), orientaliste, 1776, Paris ; 1854, ibid. Fit partie de l'expédition d'Égypte, 1798-1801. Directeur de l'imprimerie, 1804-15. Professeur au Collége de France, 1817-20. —

Oratio dominica, 1805, *Impr. imp.*, gr. in-4, 20 à 30 fr. Vocabulaire franç.-arabe, 1830. Nouv. éd. *Hingray*, 1837, in-8, 15 fr. Hist. de l'Expédition franç. en Égypte (avec M. L. Reybaud), 1830-36, 10 vol. in-8. Hist. de Tunis, *Didot*, in-8.

MARCELLO (Benoît), musicien compositeur italien, 1686, Venise ; 1739, Brescia. Élève de Gasparini. Avocat. Membre du conseil des quarante. Provéditeur à Pola, 1730-38. Camerlingue à Brescia.— MUSIQUE DES 50 PSAUMES DE DAVID, 1724-27, *Venise*, 8 vol. in-fol. Nouv. éd. 1803-8. Poëmes, cantates, sonnets.

MARCELLUS (André-Ch. DEMARTIN DU TIRAC, Cte de), littérateur et politique, 1795, Marcellus (Guyenne) ; 1861, Paris. Secrétaire d'ambassade à Constantinople, 1815, puis à Londres, 1821. Sous-secrétaire d'État, 1829. On lui doit la découv. de la Vénus de Milo· — Souvenirs d'Orient, 1839, *Debécourt*, 2 vol. in-8. 2e éd. 1853, in-18. Chants populaires en Grèce, avec texte grec, 1851, *Lecoffre*, 2 v. in-8. Polit. de la Restauration, 1853, *Lecoffre*, in-8. Chateaubriand et sa correspondance, 1858-59, 2 vol. in-8. Œuvres de Nonnos, 1855, Bibl. gr. Didot.

MARCHAND (Prosper), bibliographe, vers 1675, Guise (Picardie); 1756, Amsterdam. Libraire à Paris, puis à Amsterdam, 1711. Abandonna cette profession pour celle des lettres et des études bibliographiques. — Hist. de l'Imprimerie, 1740, *La Haye*, in-4, 4 à 6 fr., avec le supplément par Mercier, 1775, in-4, 10 à 15 fr. Dict. historique, 1758, *La Haye*, in-fol. 10 à 12 fr.

MARCHESI (Pompée), sculpteur italien, 1790.....; 1858, Milan. Élève de Canova. Professeur à l'Acad. des beaux-arts de Milan. —Terpsichore. Vénus Uranie. St Ambroise. Charles-Emmanuel, à Novare. Volta, à Côme. Beccaria. Bellini. GOETHE, à Francfort. François Ier d'Autriche. Philibert-Emmanuel de Savoie. MATER DOLOROSA, 1852, à Milan.

MARÉCHAL (Laurent-Ch.), peintre, vers 1800, Metz. Élève de Regnault. Correspondant de l'Institut. S'est fait remarquer par son talent sur le pastel et a fondé à Metz un atelier de verrières renommé. — Peintures : la Prière, 1831 ; les Lessiveuses; le Ravin; la Moisson. Pastels : les Sœurs de misère, le Bûcheron, 1840. Gitano, Petit Étudiant, 1841 ; les Adeptes, Détresse, Loisir, 1842 ; la Grappe, 1845 ; le Légiste, 1855 ; Galilée, le Pâtre. 1855 ; Colomb ramené du Nouveau Monde, 1857. Verrières :

Masaccio enfant, le Vieux Hoffe de Pseifer, 1841 ; Apothéose de Ste Catherine, 1842. Hérodiade, 1845. St Valère et Ste Clotilde, 1853. Vitraux du PALAIS DE L'INDUSTRIE, de St-Vincent de Paul, de Ste-Clotilde ; à Troyes, à Metz, à Cambrai, à Limoges.

MARGGRAF (André-Sigismond), chimiste allemand, 1709, Berlin ; 1780, ibid. Élève de Neumann. Membre de l'Acad. roy. et directeur de la classe de physique, 1762, à Berlin. Associé de l'Acad. des sciences de Paris. — Découvrit le sucre dans la betterave, 1745 ; la potasse dans le tartre et le sel d'oseille ; l'acide formique. — Mémoires, par Lehman, *Berlin*, 1762, 2 vol. in-8.

MARIANA (J.), historien et théologien espagnol, 1536, Talavera ; 1623, Tolède. Jésuite, 1554. Professeur de théologie à Rome, 1560 ; en Sicile, 1565 ; à Paris, 1569-74. Se retira ensuite à Tolède, dans une maison de son ordre, qu'il ne quitta plus. — HIST. GÉN. D'ESPAGNE, 1592, *Tolède*, in-fol. Nouv. éd. lat. *La Haye*, 1733, 2 vol. in-fol. 18 à 24 fr. Éd. esp. *Madrid,* 1780, 2 vol. in-fol. 30 à 40 fr. *Valence*, 1783-96, 9 vol. pet. in-fol. 120 à 150 fr. *Madrid*, 1794, 10 vol. in-8, 50 à 60 fr., et *Barcelone*, 1823-40, 10 vol. pet. in-8, 70 fr. Trad. franç. par Charenton, 1725, 6 vol. in-4, 15 à 20 fr. De Rege, 1599, in-4. — OEuv. éd. esp. *Madrid, Rivadeneyra*, 1854, 2 vol. gr. in-8, 30 fr.

MARIETTE (P.-J.), archéologue et graveur, 1694, Paris ; 1774..... Membre des acad. de peinture de Florence, 1733, et de Paris, 1750. Toute sa vie se passa au milieu d'études, de recherches et de collections artistiques. — Traité des pierres gravées, 1750, 2 vol. pet. in-fol. 50 à 60 fr. Travaux pour la fonte de la statue de Louis XV, 1768, *Le Mercier*, in-fol. 15 à 20 fr.

MARIETTE (Aug.-Ed.), archéologue et voyageur, 1821, Boulogne-s.-mer. Professeur au collége de cette ville. Chargé d'une mission en Égypte, 1850, il y exécuta des fouilles remarquables sur l'emplacement de l'anc. Memphis. Conservateur au Musée égyptien, 1854. — Lettre à M. Bouillet sur l'art. Boulogne, 1847, *Leleux*, in-8. Choix de Monuments de Memphis, 1856, in-4. Mémoire sur le Dieu Sérapis, 1856, in-4.

MARINI (J.-Bapt.), poëte italien, 1569, Naples ; 1625, ibid. A la suite d'une existence agitée, se rendit à Paris, 1615, où il publia son principal ouvrage avant de regagner son pays, 1623. — Adonis, 1623, in-fol. Nouv. éd. *Londres* (*Livourne*), 1789, 4 vol.

in-12, et *Baudry*, 1849, in-8, 12 fr. Trad. franç. *Musier*, 1775, in-8.

MARINI (J.-L.), archéologue italien, 1742, Santo-Arcangelo (États romains); 1815, Paris. Prêtre, 1764. Préfet des Archives du St-Siége, 1772. Correspondant de l'Institut, 1808. — Degli archiatri pontifici (des Premiers Médecins du Pape), 1784, *Rome*, 2 vol. in-4. 20 à 24 fr. GLI ATTI E MONUMENTI DE' FRATELLI ARVALI (Recueil des monuments des Frères ruraux), 1795, *Rome*, 2 vol. in-4. Papiri diplomatici (Actes diplomatiques), 1805, *Rome*, gr. in-fol.

MARIOTTE (Edme), physicien, vers 1620..... (Bourgogne); 1684..... Prêtre. Prieur de St-Martin-sous-Beaune. Membre de l'Acad. des sciences. Perfectionna l'hydrostatique et découvrit qu'une masse de gaz à température constante varie en raison inverse de la pression exercée sur elle. — OEuv. *Leyde*, 1717, et *La Haye*, 1740, 2 vol. in-4.

MARIVAUX (P. CARLET DE CHAMBLAIN de), littérateur et auteur dramatique, 1688, Paris; 1763, ibid. Quoique son éducation eût été négligée, il préféra les lettres à toute autre profession. Membre de l'Acad. franç. 1743. Ses comédies eurent beaucoup de succès. — La Surprise de l'amour, 1722-27. Les Jeux de l'amour, 1730. Le Legs; les Fausses Confidences, 1736. L'Épreuve, 1740. Romans : Don Quichotte moderne; Marianne, 1731-41; nouv. éd. *Charpentier*, 1843, in-12, 3 fr. 50; le Paysan parvenu, 1735. — OEuv. *Duchesne*, 1781, 12 vol. in-8, 30 à 40 fr. et par Duviquet, 1830, 10 vol. in-8, 30 à 35 fr. Théâtre, 1758, 5 vol. in-12.

MARMIER (Xavier), littérateur, 1809, Pontarlier (Doubs). Vint habiter Paris, après avoir visité la Suisse et la Hollande, 1830. Directeur de la Revue germanique, 1830-32. Parcourut ensuite l'Allemagne, 1832; le nord de l'Europe, 1836-38; la Russie, 1842; l'Orient, 1845; l'Algérie, 1846; l'Amérique, 1849. Professeur de litt. à Rennes, 1839. Bibliothécaire au ministère de l'instruction publique, 1841. Conservateur à la Bibliothèque Ste-Geneviève, 1846. — Études sur Gœthe, 1835, in-8. Hist. de l'Islande, 1838, in-8. Lettres sur le Nord, 1840, 2 vol. in-18. Souvenirs de voy., 1841, in-18. Chants popul. du Nord, 1842, in-12. Voy. de la commission scientifique, 1844, 2 vol. in-8. Voy. en Franche-Comté, 1845. Du Rhin au Nil, 1847. Lettres sur l'Algérie, la Russie, l'Amérique, l'Adriatique, 1848-54. LES FIANCÉS DU SPITZBERG, 1858, in-12. Voy. en Allemagne, 1858-59, 2 vol. in-8. En Amérique et en Europe, 1859, in-12. Gazida, 1860, in-12.

MARMONTEL (J.-F.), littérateur et poëte, 1723, Bord (Corrèze); 1799, Abloville (Eure). Secrétaire des bâtiments, 1753. Directeur du Mercure, 1758-59. Historiographe de France, 1771. Membre, 1763, et secrétaire perpétuel de l'Acad. franç. après d'Alembert, 1783. Membre du conseil des Cinq-Cents, 1797. Marmontel a écrit dans tous les genres; son style, sans avoir une grande élévation, sait se maintenir et a été fort goûté par ses contemporains. — CONTES MORAUX, 1756. Nouv. éd. 1785, 3 vol. in-8 ou in-12. Poétique franç., 1763. BÉLISAIRE, 1767. Les Incas, 1773. ÉLÉMENTS DE LITT., 1787. Nouv. éd. *Didot*, 1847, 3 vol. in-18, 9 fr. Hist. de la régence, 1788. Mémoires. Théâtre : le Huron, 1768 ; Silvain, 1770 ; l'Ami de la maison ; Zémire et Azor, 1771 ; la Fausse Magie, 1775 ; Didon, 1783 ; Pénélope, 1785. — OEuv. compl. *Verdière*, 1818-19, 18 vol. in-8, 30 à 40 fr. *Belin*, 1819-20, 7 vol. in-8. OEuv. choisies, *Verdière*, 1824-27, 12 vol. in-8.

MAROCHETTI (Ch. baron), sculpteur, 1805, Turin. Élève de Bosio. Alla se perfectionner à Rome. Se fixa en Angleterre en 1848.— Jeune fille jouant, 1827. Ange déchu, 1831. EMMANUEL-PHILIBERT. Mgr Mossi. Bataille de Jemmapes, à l'Arc de l'Étoile. MAITRE AUTEL DE LA MADELEINE. Tombeau de Bellini. La Tour-d'Auvergne. St Michel. Napoléon. Le Duc d'Orléans. Sapho, 1850. Richard Cœur de Lion, 1851. L'Amour jouant, 1854. La reine Victoria. Obélisque, à Scutari. Monument à la mémoire des officiers anglais de Crimée, 1856. Mausolée de la princesse Élisabeth, 1857.

MAROT (Clément), poëte, 1495, Cahors ; 1544, Turin. Valet de chambre de Marguerite de Valois, puis de François Ier. Prisonnier à la bataille de Pavie, 1525. Soupçonné d'hérésie, il fut emprisonné à diverses reprises et se retira dans le Béarn, 1535; à Venise, 1536 ; à Genève, 1543, et enfin à Turin. Ses poésies sont naïves et délicates ; il a surtout réussi dans le genre familier. — ÉPIGRAMMES. ÉPITRES. Rondeaux. Ballades. — OEuv. compl. par M. Lacroix, *Rapilly*, 1824, 3 vol. in-8, 18 fr. OEuv.

chois. par MM. Desprès et Campenon, *Janet* et *Cotelle*, 1826, in-8, et *Didot*, 1801, in-18.

MAROT (J.), architecte et graveur, vers 1630, Paris; 1679, ibid. Architecte du roi. Concourut pour la continuation du Louvre. — Le magnifique château de Richelieu, in-fol. Château de Madrid, in-fol. Château du Louvre, 1676-78, in-fol. L'architecture française, 1727-51, *Mariette*, in-fol. Le Petit Marot, 1764, gr. in-4, 4 à 5 fr.

MARSCHNER (H.), musicien compositeur allemand, 1795, Zittau (Hte-Luzace). Professeur à Pesth, 1817. Directeur de l'opéra de Dresde, avec Weber et Morlacchi, 1825. Maître de chapelle, 1830, et directeur gén. de musique du roi de Hanovre. — Henri IV et d'Aubigné, 1817. Saïdar, 1818. Lucrèce, 1822. Ali Baba, 1823. LE VAMPIRE, 1828, à Leipsick. Le Templier et la Juive, 1829. La Fiancée du fauconnier, 1832. Hans Heiling, 1833. Le Château au pied de l'Etna, 1836.

MARSHALL (William-Calder), sculpteur anglais, 1813, Édimbourg. Lauréat, 1835, et membre de l'Acad. roy., 1852. — La Cruche cassée, 1842. Rébecca, 1843. Premier chuchotement de l'amour, 1845. DANSEUSE AU REPOS, 1846. SABRINA, 1847. Clarendon. Lord Somers. L'Amour captif, 1848. Zéphyre et l'Aurore, 1849. La Jeune Indienne, 1852. Pandore, 1853. La Concorde, 1855. Imogène endormie, 1856.

MARSY (Balthasar), sculpteur, 1625, Cambrai; 1674, Paris. Frère du suivant. Élève comme lui de Sarrasin et de Michel Anguier. Membre et professeur à l'Acad., 1673. — Tombeau de Casimir, roi de Pologne (avec son frère), à St-Germain-des-Prés. Captifs (avec le même), au Louvre.

MARSY (Gaspard), sculpteur, 1628, Cambrai; 1681, Paris. Élève de Sarrasin et de Michel Anguier. Membre, 1657, et professeur à l'Acad., 1659. — La Diligence, la Célérité; Borée enlevant Orithye (avec son frère Balthasar), aux Tuileries. Mars, l'Abondance, la Richesse, les Mois, Encelade, l'Aurore, Vénus et l'Amour, LATONE ET SES ENFANTS, DEUX TRITONS (avec son frère), à Versailles. Bas-reliefs à la Porte St-Martin.

MARTÈNE (Edmond), littérateur, érudit, 1654, St-J.-de-Losne (Bourgogne); 1739, Paris. Bénédictin. Sa vie tout entière se passa en travaux d'érudition. — De Antiquis ecclesiæ ritibus, 1700-2.

2ᵉ éd. *Anvers (Milan)*, 1736-38, 4 vol. in-fol. 50 à 60 fr. Thesaurus novus anecdotorum, 1717, 5 vol. in-fol. Veterum scriptorum collectio, 1724-33, 9 vol. in-fol.

MARTENS (Georges-Fréd. de), jurisconsulte allemand, 1756, Hambourg ; 1821, Francfort. Professeur à Gœttingue, 1784. Conseiller d'État du roy. de Westphalie, 1808. Ministre du roi de Hanovre, 1814. — Précis du droit des gens, 1789. 4ᵉ éd. *Aillaud*, 1831, 2 vol. in-8. Recueil des principaux traités d'alliance, 1791-1800. Nouv. éd. 1791-1820, *Gœttingue*, 15 vol. in-8, avec suppl. 52 vol. in-8, 350 fr.

MARTIAL (M.-Valerius Martialis), poëte latin, 43 de J.-C., Bilbilis (Espagne) ; vers 104, ibid. Vint à Rome en 65 et y demeura 35 ans. Ami de Pline le Jeune, de Juvénal et de Quintilien. — Épigrammes. — Éd. lat. *Lemaire*, 1825-26, 3 vol. in-8. *Grimma*, 1842, 2 vol. in-8, et *Leipsick*, 1853, in-12. Éd. lat.-franç. par divers, *Panckoucke*, 1834-35, 4 vol. in-8, 28 fr., par M. Nisard, *Dubochet*, 1842, gr. in-8. Éd. franç. par M. Dubos (en vers), *Chapelle*, 1841, in-8, 7 fr. 50 ; et par M. Mollevaut, *Bouchard-Huzard* (en vers), 1839, in-12. Éd. angl. *Londres*, 1860, pet. in-8. Éd. allem. *Leipsick*, 1787-91, 5 vol. pet. in-8. Éd. ital. *Londres*, 1783-91, 2 vol. gr. in-8.

MARTIN (Chrétien-Reinhald-Dietrich), jurisconsulte allemand, 1772, Bovenden, près Gœttingue ; 1857..... Professeur à Gœttingue, Heidelberg et Iéna. Directeur de la Faculté à Heidelberg. Conseiller à la cour d'appel de Iéna. Député, 1846. — Lehrbuch des deutschen gemeinen bürgerlichen Processes (Manuel de procédure civile en Allemagne), 1800. 12ᵉ éd. *Heidelberg*, 1838, in-8. Lehrbuch des gemeinen deutschen criminal Processes (Manuel de la procédure criminelle), 1212. 4ᵉ édition *Heidelberg*, 1836, in-8.

MARTIN (L.-Aimé), littérateur, 1781, Lyon ; 1847, Paris. Secrétaire rédacteur à la chambre des députés, 1815. Professeur de littér. à l'École polytechnique. Conservateur à la bibliothèque Ste-Geneviève, 1831. Élève et ami de Bernardin de St-Pierre. — Lettres a Sophie, 1810. Nouv. éd. *Lefèvre*, 1822, 2 vol. in-8, 12 fr. ou 4 vol. gr. in-18. 12ᵉ éd. *Charpentier*, 1842, 2 vol. gr. in-18, 7 fr. Éd. des œuvres de B. de St-Pierre, 1817-19, 12 vol. in-8 ; de Racine, 1820-21, 6 vol. in-8 ; de La Rochefoucauld,

1822, in-8; de Molière, 1823, 8 vol. in-8; de La Fontaine, 1826, in-8. Essai sur la vie et les ouvrages de B. de St-Pierre, 1820-26, 2 vol. in-8. Plan d'une bibliothèque universelle, 1837, *Desrez*, in-8, 4 fr. Éducation des mères de famille, 1834. Nouv. éd. *Gosselin*, 1838, in-8, et *Charpentier*, 1847, 2 vol. gr. in-18. 7 fr.

MARTIN (J.), peintre anglais, 1789. Haydon-Bridge (Northumberland); 1854, Douglas (île de Man). De pauvre ouvrier s'éleva en peu de temps au rang de peintre fort estimé, puis abandonna la peinture, 1828, à laquelle il ne revint qu'en 1838, après s'être occupé de projets d'embellissements et d'assainissements de Londres—Sadak à la rech. du fleuve de l'Oubli, 1812. Expulsion du Paradis, 1813. Clytie, 1814. Josué arrêtant le soleil, 1815. Chute de Babylone, 1819. Macbeth, 1820. Festin de Balthasar, 1821. Destruction d'Herculanum, 1822. 7e Plaie d'Égypte; Boudoir de Paphos, 1823. La Création, 1824. Le Déluge, 1826. Chute de Ninive, 1828. Mort de Moïse, 1838; de Jacob, 1840. Déluge, 1840. La Cité céleste, 1841. Fuite en Égypte, 1842. Christ; Canut le Gr., 1843. Le Matin; le Soir, 1844. Adam et Ève; Chute d'Adam, 1845. Effet d'orage, 1846. Athur et Æglé, 1849. Le Dernier Homme, 1850. Vallée de la Tamise, 1851. Scène dans les bois, 1852. Jugement dernier.

MARTIN (Bon-L.-H.), historien, 1810, St-Quentin. Préféra la carrière des lettres à celle du notariat auquel le destinait sa famille. Professeur d'hist. à la Sorbonne, 1848. Son célèbre ouvrage a été récompensé par les Acad. des inscriptions, 1844, et franç., 1851-56; il a obtenu le suffrage général. — Hist. de France, 1833. 4e éd. *Furne*, 1855-60, 17 vol. gr. in-8, 85 fr. Hist. d'Allemagne (avec M. Lister), 1833-34, in-18. Hist. de Soissons (avec M. P. Lacroix), 1837-38, 2 vol. in-8. De la France, de son génie et de ses destinées, 1847, *Furne*, in-18. La Monarchie au xviie siècle, 1848, *Plon*, in-8. Daniel Manin, 1859, in-8.

MARTINEAU (Harriet), femme de lettres anglaise, 1802, Norwich (**Norfolk**). Les nécessités de l'existence l'obligèrent à chercher des ressources dans sa plume. Elle réussit à vulgariser et à rendre attrayante l'étude des sciences économiques. Exécuta un voy. en Amérique et crut devoir refuser des offres de pension que lui fit le gouvernement anglais. — Traditions de Palestine, 1830. Trad. franç. par Mad^e Tastu, *Curmer*, 1838, in-12. La Foi de l'Église universelle, 1831. Trad. franç. *Cherbuliez*, 1834, in-8. CONTES SUR L'ÉCONOMIE POLIT., 1832. Trad. franç. par M. Maurice, *Gosselin*, 1833-41, 8 vol. in-8. De la Société américaine, 1837. Trad. franç. *Charpentier*, 1838, 2 vol. in-8. Voy. aux États-Unis, 1838. Trad. franç. 1839, 2 vol. in-8. History of England (Hist. de l'Angleterre), 1850.

MARTINET (L.-Achille), graveur, 1806, Paris. Élève de MM. Heim et Forster. 2e, 1826, et 1er gr. prix de gravure, 1830. Se perfectionna à Rome. Membre de l'Acad. des beaux-arts, 1857. — Rembrandt, 1836. Vierges, d'après Raphaël, 1838-53. Charles Ier, 1843; Marie au désert, 1850, de Paul Delaroche. Mort du Cte d'Egmont, de M. Gallait, 1852. La Femme adultère, de M. Signol; le Tintoret au lit de sa fille, de M. Cogniet, 1855. Les C^{tes} de Horn et d'Egmont, de M. Gallait, 1857.

MARTINEZ (Sébastien), peintre, 1602, Jaen; 1667, Madrid. Élève de J.-Luiz Zambrano. 1er peintre de Philippe IV, à la mort de Vélasquez, 1660. — MARTYRE DE ST SÉBASTIEN, Conception, à Jaen. Nativité, St Jérôme, St François, Conception, Christ, à Cordoue.

MARTINEZ DE LA ROSA (F.), poëte et politique espagnol, 1789, Grenade; 1862, Madrid. Professeur de philos. à Grenade, 1808. Député aux cortès, 1812. Son attitude libérale le fit emprisonner, 1814, et exiler, 1813-20. Ministre et président du conseil, 1822. Renversé du pouvoir, il se retira à Paris, 1823-30. Rappelé, 1833, ministre, 1834, puis obligé de fuir, il rentra de nouveau en Espagne, en qualité de ministre, 1843. Ambassadeur à Paris, à Rome, puis enfin président des cortès. — Saragoza (Saragosse), 1811. Lo que puede un empleo (le Pouvoir d'un emploi). La Viuda de Padilla (la Veuve de Padilla), 1812. Aben Humeya, 1830. Edipo (OEdipe), Morayma. LA NIÑA EN CASA (la Fille à la maison). LA CONJURACION DE VENECIA (la Conspiration de Venise). El Arte poética (Art poétique). El Espíritu del siglo (l'Esprit du siècle), 1835-51, *Madrid*, 10 vol. — Éd. esp. OEuv. *Baudry*, 1853-54, 5 vol. in-8, 45 fr. OEuv. poétiques, *Didot*, 1828-39, 5 vol. in-12. OEuv. litt. *Salva*, 1839, 5 vol. in-12.

MARTINI (J.-Bapt.), musicien compositeur italien, 1706, Bologne; 1784, ibid. Embrassa l'état monastique, 1721. Ouvrit une école de musique à Bologne. — Storia della musica (Hist. de la musique), 1757-81, *Bologne,* 3 vol. in-4, fig. 30 à 40 fr.

MARTINI (Fréd.-H.-Guill.), naturaliste allemand, 1729, Ohrdruf (Gotha); 1778, Berlin. Exerça la médecine à Artern, près de Mansfeld, puis se retira à Berlin, 1762, pour s'occuper de sciences nat. — Historia conchyliorum, 1769-95, *Nuremberg,* 12 vol. in-4, fig.

MARTINI (J.-Paul-Égide), musicien compositeur, 1741, Freystadt (Palatinat) ; 1816, Paris. Directeur de la musique du prince de Condé, puis du duc d'Artois. Surintendant de la musique de Louis XVI, 1788, et de Louis XVIII, 1814. Professeur au Conservatoire, 1798. — L'Amoureux de 15 ans, 1771. La Bataille d'Ivry, 1774. Le Droit du Seigneur, 1783. Annette et Lubin, 1800. Sapho, 1794.

MARTIUS (Ch.-Fréd.-Phil. de), naturaliste et voyageur allemand, 1794, Erlangen. Professeur de botanique et directeur du Jardin des plantes, à Munich. Secrétaire perpétuel de l'Acad. des sciences, 1842. Conseiller à la cour. — Reise nach Brasilien (Voy. dans le Brésil), 1824-32, *Munich*, 3 vol. GENERA ET SPECIES PALMARUM, 1823-45, *Munich,* 3 vol. gr. in-fol. FLORA BRASILIENSIS, 1840-57, *Stuttgard,* 10 vol. in-fol.

MARY-LAFON (J.-Bernard), littérateur, 1811, La Française (Tarn-et-Garonne). Membre de la Société des antiquaires. — Silvio, 1835, in-8. Hist. d'Angleterre (avec M. V. Boreau), 1837, in-12. Tableau de la langue du midi de la France, 1841, in-8 et 1842, in-18. Hist. du midi de la France, 1841-44, 4 vol. in-8. Le Maréchal de Montluc, 1842. Le Chevalier de Pomponne, 1845. L'Oncle de Normandie, 1846. Hist. d'un livre, 1857, in-8. Mille Ans de guerre entre Rome et les Papes, 1860, in-8.

MASCAGNI (Paul), anatomiste italien, 1752, Castelleto, près de Sienne; 1815, Florence. Professeur à Sienne, 1774 ; à Pise, 1800 ; à Florence, 1801. Associé de l'Institut. — VASORUM LYMPHATICORUM HISTORIA, 1787, *Sienne,* in-fol. Éd. ital. *Florence,* 1820, 2 vol. in-8. Prodromo della grande anatomia (Prodrome de la grande anatomie), 1819, *Florence,* in-fol. 2ᵉ éd. *Milan,* 1821-24, 4 vol. gr. in-8. ANATOMIA UNIVERSA, 1823-31, *Pise,* in-fol. Éd. ital. *Milan,* 1833, in-fol.

MASCARON (Jules), prédicateur, 1634, Aix ; 1703, Agen

Professa la rhétorique au Mans, 1656. Prêcha à Saumur, à Marseille, à Aix, à Nantes, à Paris, 1666, et enfin devant Louis XIV, dont il devint le prédicateur ordinaire. Évêque de Tulle, 1671, puis à Agen, 1678. — ORAISONS FUNÈBRES de la reine Anne d'Autriche, de Henriette d'Angleterre, du duc de Beaufort, DE TURENNE, 1675. — Édition *Grégoire Du Puis*, 1704, ou *Desaint*, 1745, in-12, et avec les œuvres de Bossuet et de Fléchier.

MAS-LATRIE (Jacq.-Marie-Jos.-L.), historien et archéologue, 1815, Castelnaudary. Chargé d'une mission par le ministre de la guerre, 1841, il explora les principales bibliothèques de l'Europe et de l'Orient. Secrétaire trésorier, 1847, répétiteur gén. 1849, sous-directeur et chef de section à l'École des chartes. — Chronologie des Papes et des conciles, 1837. 2ᵉ éd. *Lecoffre*, 1841, in-8. Notice histor. sur les fonctions des principaux ministres, 1837, in-8. Archevêchés, évêchés et monastères de France, 1837, *Crapelet*, in-18. Hist. de France, 1845, *Hiard*, 6 vol in-8. HIST. DE L'ÎLE DE CHYPRE, 1852-61, *Impr. nat.* 3 vol. gr. in-8.

MASSÉ (Félix-Marie-Victor), musicien compositeur, 1822, Lorient. Élève de Dourlens, de Zimmerman et d'Halévy. 1ᵉʳ gr. prix de composition, 1844. Séjourna à Rome. Chef du chant à l'Opéra, 1860. — Galatée, 1852. Les Noces de Jeannette, 1853. La Fiancée du Diable, 1854. Miss Fauvette, 1855. Les Saisons; LA REINE TOPAZE, 1856. Les Causeries de Marivaux, 1857. Les Chaises à porteurs, 1858. La Fée Carabosse, 1859. Recueil de chants. Sonate.

MASSILLON (J.-Bapt.), célèbre orateur et prélat, 1663, Hyères; 1742, Clermont. Professa la rhétorique à Pézenas, à Montbrison, à Vienne. Prêcha à Montpellier, 1698, à l'Oratoire, puis à la cour, 1699 et 1718. Évêque de Clermont, 1717. Membre de l'Acad. franç. 1719. — SERMONS : PETIT CARÊME, *Didot*, 1789, gr. in-4, 12 à 15 fr. *Lefèvre*, 1824 et *Gavard*, 1842, gr. in-8; *Didot*, 1812, in-8. 3 fr. et *Renouard*, 1802, in-12; l'Aumône, Petit nombre des Élus. Mystères. Panégyriques. ORAISONS FUNÈBRES. Conférences. Mandements. Discours. — OEuv. compl. *Renouard*, 1810-11, 13 vol. in-8. 48 à 60 fr. *Dalibon*, 1821, 13 vol. in-8. 36 à 45 fr. et 1822-25, 15 vol. in-12. OEuv.

Lefèvre, 1833, 2 vol. gr. in-8. 18 fr. OEuv. chois. 1823-24, 6 vol. in-8.

MASSON (Aug.-Michel-Benoît Gaudichot), romancier et auteur dramatique, 1800, Paris. Fut successivement figurant dans un petit théâtre, commis libraire, ouvrier lapidaire et rédacteur au Figaro, 1826-30. Depuis cette époque il a produit un gr. nombre de romans et de pièces de théâtre estimés. — Romans : le Maçon (avec M. Brucker), 1828, 2 vol. in-8, et 1840, 2 vol. in-18; Contes de l'atelier, 1832-33, 4 vol. in-8 et 1840, 2 vol. in-18; Thadéus le ressuscité (avec Aug. Luchet), 1833-35, 2 vol. in-8; Un Cœur de jeune fille, 1834, in-8; la Lampe de fer, 1835, 2 vol. in-8; Vierge et martyre, 1835, in-8, et 1838, 2 vol. in-18; Une Couronne d'épines, 1836, 2 vol. in-8; Ne Touchez pas à la reine, 1837, in-8; les Romans de famille, 1838, 4 vol. in-8; Souvenirs d'un enfant du peuple, 1838-41, 8 vol. in-8, etc. Théâtre, en collaboration. Vaudeville : Frétillon, 1829; Mon Oncle Thomas, 1832; l'Aiguillette bleue, 1834; le Diable amoureux, 1836; Madame Favart, 1837; le Secret du soldat, 1840; Un Cœur d'or, 1846; Héloïse et Abélard, 1850; le Pendu, 1854. Drames : les Mystères du carnaval, 1847; Marceau, 1848; Piquillo Alliaga, les Orphelins, 1849; Marianne, 1850; Marthe et Marie, 1851; la Dame de la Halle, la Mendiante, 1852; Marie-Rose, 1853.

MATTER (Jacq.), philosophe et historien, 1791, Alt-Eckendorf (Bas-Rhin); 1864, Strasbourg. Professeur d'hist. 1818. Directeur du gymnase, 1820, et inspecteur de l'Acad., à Strasbourg, 1828. Correspondant de l'Acad. des inscriptions, 1831. Inspecteur gén. 1832, et conseiller de l'université. Inspecteur gén. des bibliothèques de France. — Hist. de l'École d'Alexandrie, 1820. 2e éd. *Didot*, 1840-48, 3 vol. in-8, 22 fr. 50. Hist. du Gnosticisme, 1828. 2e éd. 1843-44, 3 vol. in-8, 22 fr. 50. Hist. gén. du Christianisme, 1828-35. 2e éd. 1843, 4 vol. in-8. De l'influence des moeurs et des lois, 1832. 2e éd. *Didot*, 1843, in-8, 7 fr. 50. Hist. des doctrines morales et polit., 1836-37, 3 vol. in-8. Philos. de la religion, 1857, 2 vol. in-18.

MATTIOLI (P.-André), botaniste italien, 1500, Sienne; 1577, Trente. Après avoir exercé la médecine et avoir produit d'excellents ouvrages, fut choisi comme 1er médecin de Maximilien II,

1552.—Commentaires sur Dioscoride,1544. Nouv. éd. lat. *Venise*, 1565, in-fol. fig. 10 à 12 fr. Trad. franç. par Desmoulins, *Lyon*, 1572-79, in-fol. fig. 8 à 12 fr. Compendium de plantis omnibus, 1571, *Venise*, in-4, fig. 5 à 8 fr., et *Francfort*, 1586, in-4, fig.

MAUPERTUIS (P.-L. Moreau de), géomètre et philosophe, 1698, St-Malo; 1759, Bâle. Soldat. Membre de l'Acad. des sciences, 1723. Dirigea un voy. scientifique au pôle nord pour la mesure d'un degré, 1736. Président de l'Acad. de Berlin, 1740. Membre de l'Acad. franç., 1743. Alla se fixer à Berlin, 1745, et y jouissait de l'estime de Frédéric; des démêlés avec Kœnig et Voltaire l'obligèrent à se retirer à Bâle.—Statistique arithmétique, 1731. Comment. sur Newton; Discours sur la Figure des astres, 1732. Voy. au cercle polaire, 1738. Mém. sur la moindre action, 1744. Cosmologie, 1748. Philos. morale, 1749. Syst. de la nature, 1751. Lettres philosophiques. — OEuvres, *Lyon*, 1754-68, 4 volumes in-8.

MAURY (L.-Ferd.-Alf.), archéologue et érudit, 1817, Meaux. Conservateur des bibliothèques roy., 1840; de l'Institut, 1844; des Tuileries, 1860. Membre de l'Acad. des inscriptions, 1857. — Essai sur les Légendes pieuses, 1843, *Ladrange*, in-8. Les Fées du moyen âge, 1843, *Ladrange*, in-12. Hist. des Forêts de la Gaule, 1850, in-8. La Terre et l'Homme, 1856, in-12. HIST. DES RELIGIONS DE LA GRÈCE, 1857-59, *Ladrange*, 3 vol. in-8. La Magie et l'Astrologie. 3e éd. *Didier*, 1860, in-8 ou gr. in-18.

MAXIME DE TYR, philosophe grec, 2e siècle, Tyr. Vivait sous les Antonins. Habita Rome sous le règne de Commode. — Dissertations. — Éd. grecq. *Estienne*, 1557, in-8, 4 à 6 fr. Éd. gr.-lat. par Markland, *Londres*, 1740, in-4; par Reiske, *Leipsick*, 1774, 2 vol. in-8, 10 à 12 fr. Éd. franç. par Formey, *Leyde*, 1764, in-12, 2 à 3 fr., par Combes-Dounous, 1802, 2 vol. in-8, 6 fr. Éd. angl. par Taylor, *Londres*, 1804, 2 vol. pet. in-8, 12 sh. Éd. allem. par Damm, *Berlin*, 1768, in-8.

MAYHEW (H.), littérateur anglais, 1812, Londres. Directeur du théâtre de la reine. Fondateur des journaux le Figaro à Londres et le Punch, 1841. Auteur d'un gr. nombre d'ouvrages. — The greatest Plague of life (la Plus gr. des misères), *Londres*, in-8. Whom to marry (Lequel épouser). The image of the father (C'est le portrait de son père). Model men and women (les Modèles).

The Peasant-boy Philosopher (le Paysan philosophe). The Wonders of science (les Merveilles de la science). Magic of industry (la Magie de l'industrie). THE LONDON LABOUR AND THE LONDON POOR (Londres travailleur et Londres mendiant).

MAZAS (Alex.), littérateur, 1797, Castres ; 1856, Paris. Officier d'état-major sous l'empire. Conservateur à la bibliothèque de l'Arsenal, 1821-30. Secrétaire du prince de Polignac, 1829. — Vies des gr. capitaines français, 1828-29. 3ᵉ éd. *Lecoffre*, 1845, 5 vol. in-8. St-Cloud, Paris et Cherbourg, 1832, in-8. Cours d'hist. de France, 1834-36. 5ᵉ éd. 1846, 5 vol. in-8. Les Hommes illustres de l'Orient, 1847, *Lecoffre*, 2 vol. in-8.

MAZOIS (Ch.-F.), archéologue et architecte, 1783, Lorient ; 1826, Paris. Élève de Percier. Inspecteur gén. des bâtiments civils. — LES RUINES DE POMPÉI (avec M. Gau), 1810-38, *Didot*, 4 vol. grand in-fol. LE PALAIS DE SCAURUS, 1819, *Treuttel* et *Würtz*, in-4. Nouv. éd. *Didot*, 1861, in-8, 7 fr.

MAZZOLA LE PARMESAN (Jérôme-F.-Marie), célèbre peintre et graveur italien, 1503, Parme ; 1540, Casal-Maggiore. S'inspira du Corrége, de Jules Romain, de Michel-Ange, de Raphaël. Quoique mort à 37 ans, laissa un gr. nombre d'ouvrages estimés. — MADONES ET SAINTS, à Londres, Bologne, Milan, Florence, Forli, Parme. PRÉDICATION DE J.-C., à Colorno. Madone, Résurrection de Lazare, Ste Catherine, S. J.-Bapt., Ste Famille, à Rome. Annonciation, Ste Claire, LUCRÈCE, Portraits, à Naples. Ste Famille, Portrait, à Madrid. L'Amour taillant son arc, Portraits, à Vienne. Baptême de J.-C. à Berlin. L'Aigle enlevant Ganymède, Vierges et Saints, à Dresde. Vierge et Jésus, à Munich. Mariage de Ste Catherine, Christ au tombeau, à St-Pétersbourg. Ste Famille, la Vierge, l'Enfant Jésus et Ste Marguerite, au Louvre. Gravure : le Buisson ardent, Judith, Chasteté de Joseph, Conception, Christ, Adoration, Mariage de Ste Catherine, Stes Familles, Berger, Pénélope, Diogène.

MAZZOLA (Jérôme), peintre italien, 1503, San Lazzaro, près de Parme ; vers 1580....., cousin et élève du précédent. — Descente du St-Esprit, Nativité, Prophètes, Christ, St Jacques, Transfiguration, la Vierge et Ste Catherine, CÈNE, la Vierge et St Jean, VIERGE AVEC STE JUSTINE ET SAINTS, Immaculée Conception, Ste Famille, à Parme. MULTIPLICATION DES PAINS,

St Jean, Ste Thérèse, à Mantoue. Adoration des Bergers, au Louvre. Madones et Saints, à Dresde, à Berlin.

MEEL (J.), peintre et graveur flamand, 1599..... près d'Anvers; 1664, Turin. Élève de Guérard Seghers et d'Andrea Sacchi. Membre de l'Acad. de peinture de Rome, 1648. 1er peintre de Charles-Emmanuel II, de Savoie, 1659. — Rendez-vous de chasse, Départ des Chasseurs, la Curée, l'Aller au bois, le Laisser-courre, à Turin. Le Mendiant, le Barbier napolitain, Divertissement de paysans, Vendange, Halte militaire, Dînée des Voyageurs, au Louvre. Paysage. Bergers. Distribution d'aumônes. Gens à table. Bohémienne. Dispute. L'Étranger et le Commissionnaire. Gravure : Chevrier, Vieille Femme, Paysan, Assomption, Soldat romain, Ganymède. SIÉGE ET PRISE DE MAESTRICHT, PRISE DE BONN.

MÉHUL (Ét.-H.), célèbre musicien compositeur, 1763, Givet (Ardennes); 1817, Paris. Élève de Guill. Hauser, et de Glück. Inspecteur au Conservatoire et membre de l'Institut, 1795. — EUPHROSINE ET CORADIN, 1790. Cora, 1791. STRATONICE, 1792. Horatius Coclès; Phrosine et Mélidor, 1794. LE JEUNE HENRI, 1797. Adrien; Ariodant, 1799. Les Deux Aveugles de Tolède; Uthal, 1806. JOSEPH, 1807. La Journée aux aventures, 1816. Hymnes. Cantates. Sonates. Symphonies. Chants du départ, de victoire, de retour.

MEINERS (Christ.), historien et littérateur allemand, 1747, Wartstade (Hanovre); 1810, Gœttingue. Professeur de philos. 1772, et membre de l'Acad. des sciences de cette dernière ville, 1776. — HIST. DES SCIENCES DANS LA GRÈCE, 1781-82, *Lemgo,* 2 vol. in-8. Trad. franç. par Laveaux, 1799, 5 vol. in-8. Hist. du luxe chez les Athéniens, 1781, *Cassel,* in-8. Trad. franç. *Égron,* 1823, in-8. Hist. de la décadence des mœurs des Romains, 1782, *Leipsick,* 2 vol. in-8. Trad. franç. par Binet, *Jansen,* 1795, in-12. Geschichte des weiblichen Geschlechts (Hist. du beau sexe), 1788-90, *Hanovre,* 4 vol. in-8. HIST. DE LA DÉCADENCE DES MŒURS, DES SCIENCES ET DE LA LANGUE DES ROMAINS, 1791, *Leipsick,* in-8. Trad. franç. par Breton, *Schœll,* 1812, 2 vol. in-8.

MEISSONIER (J.-L.-Ernest), peintre, 1811, Lyon. Élève de M. Léon Cogniet. Adopta avec succès le genre microscopique des van Ostade, Metsu, Mieris, Terburg. Gr. médaille d'honneur, 1855. Membre de l'Acad. des beaux-arts, 1861.— Le Hallebardier. Joueur d'échecs, Petit Messager, 1836. Religieux consolant un malade, 1839. Le Docteur anglais, 1840. Le Liseur, 1841. Musicien; Fumeur, 1843. Atelier, 1845. Corps de garde, 1848. Partie de boules, Soldats, 1849. Le Dimanche, 1852. Bravi, 1853. Un Rêve, 1855. Confidence, l'Attente, l'Amateur de Tableaux, 1857. Solferino, Maréchal ferrant, 1861. Campagne de 1814, 1864. Suite d'une querelle de jeu, 1865.

MELA (Pomponius), géographe latin, 1er siècle, Tingentera (Bétique, Espagne). On manque de renseignements sur lui. Vivait probablement sous le règne de Claude; était peut-être de la famille des Sénèque. — Tableau de l'univers. Éd. lat. par Gronovius, *Leyde*, 1748, 2 vol. in-8, 9 à 12 fr. et 1782, in-8, 9 à 10 fr. Éd. lat.-franç. par Fradin, 1827, 3 vol. in-8. 12 fr. et par Baudet, *Panckoucke,* 1843, in-8.

MELENDEZ VALDES (J.), poëte espagnol, 1754. La Ribera-del-Fresno (Estramadure); 1817, Montpellier. Professeur de litt. à Salamanque. Juge à Saragosse, 1789. Procureur fiscal à Madrid, 1798. Conseiller d'État et ministre de l'instruction publique, sous le roi Joseph. Mourut dans la misère. — Poesias (Poésies). Éd. esp. *Madrid,* 1820, 4 vol. pet. in-8. 24 fr. Nouv. éd. *Smith,* 1832, 4 vol. gr. in-8. 15 fr.

MÉLESVILLE (Anne-Honoré-Jos. Duveyrier), auteur dramatique, 1787, Paris. Avocat. Substitut du procureur impérial. Aborda la carrière théâtrale vers 1815, et fit depuis plus de 300 pièces de théâtre. — En collaboration avec Scribe : Frontin, 1821. Valérie, 1823. L'Ambassadeur; la Demoiselle à marier, 1826. La Chatte métamorphosée en femme, 1827. Zoé, 1830. Le Chalet, 1834. Le Lac des fées, 1839.— Avec divers : Théâtre-Français et Odéon : Les Deux Secrets, 1819. La Petite Maison, 1826. La Séparation, 1830. La Marquise de Senneterre; le Portrait vivant, 1837. Un Vers de Virgile, 1857. Opéra-Comique : la Jeune Tante, 1820. Zampa, 1831. Journée de la Fronde, 1833. Sarah, 1836. Jeunesse de Charles-Quint, 1841. Trompette de M. Le Prince, 1846. Les Dames capitaines, 1857. Vaudevilles : a Veille des noces, 1817. L'Ermite, 1820. La Famille normande, 1822. La Neige, 1824. Les Paysans, 1826. Jérôme, 1828. Jacqueline, 1831. Les Vieux Péchés, 1833. Suzanne, 1837. Le Chevalier de St-Georges, 1840. La Maîtresse de maison, 1845. Le Fruit défendu, 1848. Les Bijoux indiscrets, 1850. Mathéus, 1852. Cerveau fêlé, 1854. Voy. d'Anacharsis, 1856.

MELI (J.), poëte italien, 1740, Palerme; 1815, ibid. Exerça et professa la médecine dans cette ville. Ses compatriotes et admirateurs en font un élève et un émule de Théocrite. — Poesie (Poésies). Éd. ital. *Palerme,* 1814-26, 8 vol. in-8, 29 fr. et 1857, gr. in-8. 15 fr.

MELLAN (Cl.), dessinateur et graveur, 1598, Abbeville; 1688, Paris. Passa plusieurs années à Rome, 1624-36, et s'y lia avec Vouet. Fixé à Paris, 1837, il y obtint une vogue extraordinaire. On cite comme un chef-d'œuvre la Ste Face ou figure de J.-C., gravée d'un seul trait de burin. — Filles de Loth. St Pierre. Urbain VIII. St François. St Bruno. Gassendi. Peiresc. Cardinal Bentiviglio. Maréchal de Créqui. STE FACE.

MELLONI (Macédoine), physicien italien, 1801, Parme; 1853, Naples. Professeur à Parme. Obligé de quitter l'Italie pour causes polit., il se retira à Paris, 1832. Correspondant de l'Institut, 1835. Rentré à Naples, il y reprit son enseignement et fut directeur du Conservatoire des arts et métiers. — Travaux sur les rapports de la chaleur rayonnante avec la lumière, dans les Annales de phys. et de chimie.

MEMMI (Simon MARTINI), peintre italien, 1284, Sienne; 1344, Avignon. Ami de Pétrarque. Habita successivement Avignon, Sienne, Assise, Florence, Pise, Rome, et retourna à Avignon, auprès de Clément VI. — Portrait de Laure. Madone, à Rome. Siége de Monte-Massi, Couronnement de la Vierge, à Sienne. L'Église militante, l'Église triomphante, Crucifiement, Descente aux limbes, Portement de croix, Annonciation, à Florence. ASSOMPTION, VIE DE ST RENIER, à Pise. Annonciation, les Quatre Évangélistes, le Paradis, à Avignon. Moine, à Naples. Le Sauveur, à Munich. Madones, Vierge, à Berlin.

MÉNAGE (Gilles), littérateur et critique, 1613, Angers; 1692, Paris. Avocat. Exerça une certaine influence sur les lettres, à son époque. Son attitude prétentieuse et ses écrits mordants lui attirèrent de nombreux ennemis. Boileau et Molière ne l'épargnèrent pas. Il fut l'ami de Benserade, de Balzac, de Chapelain. — Dict. de la langue franç. 1650, in-4. 3ᵉ éd., *Briasson*, 1750, 2 vol. in-fol. 30 à 40 fr. Origini della lingua italiana (Origines de la langue italienne), 1669. Éd. *Genève*, 1685, in-fol. 9 à 12 fr. Observat. sur la langue franç. 1673-76, 2 vol. in-12. Diogène Laerce (grec-lat.), 1663. In-fol. et *Amsterdam*, 1691, 2 vol. in-4. Mulierum philosopharum Historia, 1690, *Lyon*, in-12. Poésies. Ménagiana, 1693. 3ᵉ édition 1729, 4 volumes in-12, 12 à 15 fr.

MÉNANDRE, célèbre poëte comique grec, 342 av. J.-C., Athènes; 290, ibid. Contemporain de Théophraste, d'Épicure. Composa plus de cent pièces, flétrissant les vices et les ridicules. Plaute et Térence les prirent pour modèles; il ne nous en reste que des parcelles détachées. — Fragments. Éd. grecq. par Meineke, *Berlin*, 1823, in-8, 12 à 15 fr. Éd. grec-lat. (avec Aristophane), par M. Dübner, *Didot*, 1840, gr. in-8. Trad. franç. par M. Raoul-Rochette, *Cussac*, 1825, in-8. — Consulter : Étude sur Ménandre, par M. Guill. Guizot, *Didier*, 1855, in-8, 7 fr.

MÉNARD (Léon), historien et archéologue, 1706, Tarascon; 1767, Paris. Conseiller au présidial de Nîmes. Membre de l'Acad. des inscriptions, 1749. — Mœurs des Grecs, 1743, *Lyon*, in-12. Hist. civile, ecclés. et litt. de Nîmes, 1750-58, 7 vol. in-4. 60 à 70 fr. Abrégé de cette hist. par Baragnon, *Nîmes*, 1831-40, 4 vol. in-8. Hist. des antiquités de Nîmes, 1814. Nouv. éd. *Nîmes*, 1829, in-8.

MENDELSSOHN (Moïse), littérateur et érudit allemand, 1729, Dessau; 1786, Berlin. Dès l'âge de dix ans, se livrait à l'étude avec ardeur. L'amitié de Lessing lui vint en aide. Ses efforts furent consacrés à la réunion des chrétiens et des juifs. — Rech. sur les sentiments moraux, 1764, *Berlin*, in-8, avec trad. franç. de la même année. Phédon, 1767, *Berlin*, in-8. Trad. franç. 1830, in-8. Jérusalem, 1783, *Berlin*, in-8. Lettres.

MENESTRIER (Cl.-F.), archéologue, 1631, Lyon; 1705, Paris. Jésuite. Professa la rhétorique dans des maisons de son ordre. Visita l'Italie, l'Allemagne, l'Angleterre et se fixa à Paris, 1670. — Les Représentations en musique, 1681, *Guignard*, in-12. Des Ballets anc. et mod. 1682-85, *Guignard*, in-12. Origine des Armoiries, 1680, *Lyon*, pet. in-12. De la Chevalerie anc. et mod. 1683, *La Caille*, in-12. Hist. de Louis le Gr. 1689. 3ᵉ éd.

1693, in-fol. Méthode du blason, 1689. Nouv. éd. 1754-70, in-8. ou in-12. Hist. de Lyon, 1696, *Lyon*, in-fol., 30 à 40 fr.

MENGS (Ant.-Raphaël), célèbre peintre allemand, 1728, Aussig (Bohême); 1779, Rome. Fils et élève d'Ismael Mengs. Peintre du roi Auguste de Bohême, 1746, de l'électeur de Saxe, 1749, et de Charles III, roi d'Espagne, 1761. Directeur de l'École du Vatican, 1754. Séjourna longtemps à Rome, où son talent prit un essor considérable. — ASCENSION, Cupidon, à Dresde. Apothéose d'Hercule, Passion, Nativité, Christ, Madeleine, St Pierre, Charles III et IV, Marie-Louise, Portrait, TRIOMPHE DE TRAJAN, TEMPLE DE LA GLOIRE, à Madrid. Stes Familles, à Paris, à Berlin. St Eusèbe, APOLLON ET LES MUSES, l'Histoire et le Temps, à Rome. Songe de St Joseph, Vierge et Jésus, Annonciation, à Vienne. Andromède, à St-Pétersbourg.

MENZEL (Ch.-Ad.), historien allemand, 1784, Grunberg (Silésie); 1855..... Professeur, 1809, recteur et membre du conseil de l'instruction publique à Breslau. — Geschichte der Deutschen bis zur Reformation (Hist. des Allemands, jusqu'à la Réforme), 1815-23, *Breslau*, 8 vol. in-8. Neuere Geschichte der Deutschen von der Reformation (Hist. mod. des Allemands depuis la Réforme), 1826-48, 14 vol. in-8.

MERCADANTE (Saverio), musicien compositeur italien, 1798, Altamura (Pouille). Maître de chapelle à Novare, 1833. Directeur du Conservatoire de Naples, 1839. Associé de l'Institut, 1856. Ses productions, qui sont nombreuses, n'ont pas toutes eu le même succès. — Apothéose d'Hercule; Violence et Constance, 1819. ANACRÉON A SAMOS, 1820, à Naples. Scipion à Carthage, 1820, à Rome. ÉLISE ET CLAUDIUS, 1821, à Milan. Didon, 1823, à Turin. La Donna Caritia, 1825, à Venise. Les Brigands, 1836; LES DEUX RIVAUX, 1839; la Vestale, 1842, à Paris.

MERCIER (L.-Sébastien), littérateur, 1740, Paris; 1814, ibid. Attaqua les classiques dans ses premiers écrits. Réfugié en Suisse, il rentra à la révolution. Membre de la Convention, 1789, du conseil des Cinq-Cents, 1795, de l'Acad. des inscriptions, 1803. Professeur d'hist. à l'École centrale.—L'An 2440; éd., 1770. Nouv. éd. 1793, 3 vol. in-12 ou 1799, 3 vol. in-8. TABLEAU DE PARIS, 1781-88. Dern. éd. *Amsterdam*, 1783-90, 10 vol. in-8. Abrégé de cet ouvrage par M. Desnoiresterres, 1853, in-12. Le Nouveau

Paris, 1797, 6 vol. in-8, ou 1800, 6 vol. in-8. Théâtre : l'Habitant de la Guadeloupe, le Déserteur, la Brouette du vinaigrier, *Amsterdam*, 1778-84, 4 vol. in-8.

MÉRIMÉE (Prosper), littérateur et historien, 1803, Paris. Chef de cabinet du comte d'Argout, 1830. Inspecteur gén. des monuments histor., 1834. Membre des Acad. franç., 1844, et des inscriptions. Sénateur, 1853. Président de la commission de réorganisation de la Bibliothèque impériale, 1858. — THÉATRE DE CLARA GAZUL, 1825. Nouv. éd. *Charpentier*, 1842, in-12, 3 fr. 50. La Guzla, 1827, in-18. La Jacquerie, 1828, in-8. CHRONIQUE DE CHARLES IX, 1829, in-8. Nouv. éd. *Charpentier*, 1853, gr. in-18, 3 fr. 50. La Double Méprise, 1833, in-8. Mosaïque, 1833, in-8. La Vénus d'Ille, 1837. COLOMBA, 1841. Nouv. éd. *Charpentier*, 1859, gr. in-18, 3 fr. 50. Monuments histor., 1843, *Didot*, in-4. ÉTUDES SUR L'HIST. ROMAINE, 1844, *Magen*, 2 vol. in-8, et *Lévy*, in-12, 3 fr. Peintures de l'église de St-Savin, 1845, *Impr. roy.*, gr. in-fol. Carmen, 1847, in-12. Hist. de don Pèdre, 1848, in-8, et 1865, in-12. Les Faux Démétrius, 1853, in-12. Mélanges histor. et litt., 1855, in-12.

MERLE D'AUBIGNÉ (J.-H.), historien suisse, 1794, Eaux-vives, près de Genève. Pasteur, 1817. Chapelain du roi Guillaume et président du consistoire de l'Église évangélique à Bruxelles, 1823-31. Professeur de théologie histor. à Genève. — Hist. de la réformation au XVIe siècle, 1838-39. 3e éd. *Didot*, 1835-53, 5 vol. in-8.

MERLIN DE DOUAI (Phil.-Ant., Cte), jurisconsulte et politique, 1754, Arleux (Cambrésis) ; 1838, Paris. Membre de la Constituante, de la Convention et du Directoire, 1795-99. Procureur gén. à la Cour de cassation, 1801-15. Destitué et exilé par la Restauration. Membre de l'Acad. des sciences morales depuis sa fondation. — Répertoire de jurisprudence, 1775. 5e éd. *Garnery*, 1827-28, 18 vol. in-4, 120 à 150 fr. Recueil des questions de droit, 1804-10. 4e éd. *Garnery*, 1827-30, 8 vol. in-4, 48 à 60 fr.

MÉRY (Jos.), poëte, 1798, Aygalades, près Marseille. Commença par diriger plusieurs journaux dans cette dernière ville. Après un voy. à Constantinople, 1822, se fixa à Paris, 1824, où il se lia avec Armand Carrel, V. Hugo et Barthélemy. Sa facilité d'improvisation et la richesse de ses pensées le placèrent bientôt parmi les littérateurs les plus courus de l'époque. — La Villéliade, Rome à Paris, 1826 ; la Corbiéréide, la Peyronnéide, 1827; Napoléon en Égypte, 1828 ; Waterloo, 1829 ; l'Insurrection, 1830 ; la Dupinade, 1831, avec Barthélemy. Scènes de la vie italienne, 1837, 2 vol. in-8. Un Château en Espagne, 1838, in-8. Les Nuits de Londres, 1840, in-8. Héva, 1843, in-8. L'Univers et la Maison, 1846, in-8. Une Veuve inconsolable, 1847, 2 vol. in-8. Un Mariage à Paris, 1849, 2 vol. in-8. Mélodies poétiques, 1853, in-18. Guzman le Brave, 1856. Les Lesbiennes, 1858. M. Auguste, 1860, in-18.

MESMER (Ant.), médecin allemand, 1733, Mersbourg; 1815, ibid. Crut avoir découvert l'existence d'un fluide, le magnétisme animal, servant à l'action des corps célestes sur les corps animés. Vint à Paris, 1778, et ne réussit qu'un moment, avec succès il est vrai, à propager sa doctrine qui reste encore à éclaircir et à fixer. — Mémoire sur la découverte du Magnétisme animal, 1779, in-12. Précis des faits relatifs au magnétisme, 1781, in-8. Aphorismes, 1783, in-8.

MESSIS (Quentin), peintre flamand, 1450, Anvers, 1529..... Exerçait l'état de serrurier, lorsque les loisirs d'une convalescence, ou le désir d'épouser une jeune fille d'Anvers, lui firent embrasser la peinture. — Descente de croix, à Anvers. Les Usuriers, à Windsor. Madone, Portrait, à Berlin. Jeune Fille avec un Vieillard, à Hesse-Cassel. Hommes débattant un compte, à Dresde. Jeune Fille faisant de la dentelle, à Liége. Joaillier, à Vienne et au Louvre.

MÉTASTASE (P.-Bonaventure), célèbre poëte italien, 1698, Rome; 1782, Vienne. Protégé par le jurisconsulte Gravina et par la cantatrice Bulgarini, il s'acquit bientôt une grande renommée. Charles VI, de Vienne, le nomma poëte impérial. Cependant le XIXe siècle ne semble pas avoir partagé le même enthousiasme pour ses œuv. aujourd'hui un peu oubliées. — Tragédies : Didon abandonnée, 1724 ; Joseph reconnu ; Clémence de Titus; Sémiramis; Artaxercès; Alexandre; Démétrius. Oratorios. Cantates. Élégies. Idylles. Sonnets. — OEuv. Éd. ital. *Hérissant*, 1780-82, 12 vol. gr. in-8, 30 à 40 fr. *Florence*, 1819-23, 16 vol. gr. in-8, 80 fr. ou 1832, in-8, 20 fr. et 1826, 4 vol. in-24, 20 fr. *Milan*,

1820, 5 vol. in-8, 30 fr. ou 1817, 12 vol. in-12, 30 fr. Trad. franç. par Richelet, *Vienne*, 1751-61, 12 vol. pet. in-12, 15 à 24 fr.

METZU (Gabriel), célèbre peintre hollandais, 1615, Leyde; 1658, Amsterdam. Contemporain et émule de Gérard Dow et de Terburg. Ses œuvres, qui brillent par le coloris, la science et le fini du dessin, sont fort recherchées. — La Femme adultère, LE MARCHÉ AUX HERBES, UN MILITAIRE ET UNE DAME, Femme hollandaise, LA LEÇON DE MUSIQUE, le Chimiste, Cuisinière hollandaise, l'Amiral Tromp, au Louvre. JEUNE FILLE A LA CROISÉE. Le Médecin des urines. Le Roi boit. L'Enfant prodigue. Femme recevant des visites. Marchande de bijoux. FEMME RÉCURANT UN CHAUDRON. Apothicaire.

MEULEN (Ant. F. VAN DER), peintre flamand, 1634, Bruxelles; 1690, Paris. Élève de P. Snayers. Colbert l'appela à Paris, 1666. Louis XIV en fit son peintre de batailles, et le combla de faveurs. Membre, 1673, et conseiller à l'Acad. de peinture, 1681. — ENTRÉE DE LOUIS XIV A ARRAS, à Douai; siéges de Douai, de Tournay, d'Oudenarde, de Lille, de Dinan, de Maëstricht, de Namur; Prise de Valenciennes, de Dôle, de Luxembourg; Passage du Rhin; Châteaux de Fontainebleau, de Vincennes; Batailles, Halte, au Louvre. Paysages, à Londres. Batailles, à Madrid. Siége de Tournai, à Bruxelles.

MEUN (J. de), poëte, 1279-80, Meun (Loiret); vers 1318, Paris. Continuateur du roman de Guillaume de Lorris, qui ne renfermait que 4000 vers et auquel il en ajouta 18000. — Le Roman de la Rose. — Nouv. éd. par M. Méon, *Didot*, 1814, 4 vol. in-8, fig. 40 fr.

MEYERBEER (Jacq.), célèbre musicien compositeur allemand, 1794, Berlin; 1864, Paris. Sa précocité remarquable attira l'attention de l'abbé Vogler, qui voulut l'instruire, 1809. Compositeur à la cour de Hesse-Darmstadt, 1811. L'Italie mûrit son talent et devenait le théâtre de son triomphe. Paris recevait de lui un chef-d'œuvre musical, Robert-le-Diable, 1831, qui, avec les Huguenots, 1836, et le Prophète, 1849, plaçaient Meyerbeer au premier rang des musiciens de notre époque, avec Rossini. — La Fille de Jephté, 1812, Berlin. Abimélek, 1814, Vienne. Romilda, 1818, Padoue. Sémiramis, 1819, Turin. Marguerite d'Anjou, Milan; EMMA DE RESBURGO, Venise, 1820. IL CROCIATO,

1824, Venise. Robert-le-Diable, 1831; les Huguenots, 1836; le Prophète, 1849; l'Étoile du Nord, 1854; le Pardon de Ploermel, 1859; l'Africaine, 1865, à Paris. Mélodies. Cantates. Hymnes. Marches.

MEYNIER (Cl.), peintre, 1759, Paris; 1832. ibid. Élève de Vincent. 1er prix de Rome, 1789. Membre de l'Acad. des beaux-arts, 1816. — Télémaque et Eucharis; Le 76e régiment de ligne retrouvant son drapeau; Érato et l'Amour, 1808. Entrée des Français à Berlin, 1810. La Sagesse préservant l'Adolescence; Dédicace de l'église de Saint-Denis ; Phorbas, OEdipe et Péribée, 1814. Saint Louis recevant le Viatique, 1817. Femme de Mégare ensevelissant Phocion, 1819. Saint Vincent de Paul, 1824.

MÉZERAY (F.-Eudes de), historien, 1610, Ri, près d'Argentan; 1683, Paris. Commissaire des guerres, 1635-36. Historiographe du roi. Membre, 1649, et secrétaire de l'Acad. franç. 1675. Son caractère indépendant lui enleva la protection de Colbert et les 4000 liv. qu'il recevait de lui, sans ralentir l'ardeur de sa plume. — Hist. de France, 1643-51, 3 vol. in-fol. Nouv. éd. 1830, 18 vol. in-8. Abrégé chronol. de l'Hist. de France, 1668. Nouv. éd. *Amsterdam*, 1673-74, 6 vol. pet. in-8.

MICALI (Jos.), historien italien, 1780, Livourne; 1844..... Après avoir parcouru l'Europe, revint à Livourne se livrer à des travaux d'érudition. — L'Italie avant les Romains, 1810. 2e éd. ital. *Florence*, 1821, 4 vol. in-8; 4e éd. *Gênes*, 1831, 8 vol. in-12. Trad. franç. par divers, *Treuttel et Würtz*, 1824, 4 vol. in-8 avec atlas. Storia degli antichi popoli italiani (Hist. des anc. peuples de l'Italie), refonte de l'ouvrage précédent, 1832, *Florence*, 3 vol. in-8, avec atlas, 90 fr. 3e éd. 1843, 4 vol. gr. in-8. Monumenti inediti (Monuments inédits), 1844, *Florence*, in-8, avec atlas, 36 fr.

MICHAELIS (J.-Davis), célèbre orientaliste et théologien allemand, 1717, Halle; 1791, Gœttingue. Professeur de philos., 1746; secrétaire, 1751-56, et directeur de la Société des sciences, 1761-70; bibliothécaire, 1761-63, et directeur du séminaire philologique, à Gœttingue. S'est principalement occupé d'interpréter les livres saints au moyen des langues chaldaïque, syriaque et arabe. — Introd. au Nouv. Testament, 1750. Dern. éd. allem. *Hambourg*, 1787, pet. in-4. Trad. franç. 1822, 4 vol. in-8.

BEURTHEILUNG VON HEBR. SPRACHE (Appréciation de la langue hébraïque), 1756, *Gœttingue,* in-8. Compendium theologiæ dogmaticæ, 1760, *Gœttingue,* in-8. De l'influence des langues, 1762, *Brême,* in-8. Trad. franç. *Brême,* 1762, in-8. MOSAISCHES RECHT (Droit mosaïque), 1770-1803, *Francfort,* 6 vol. pet. in-8. Grammatica chaldaica, 1771, *Gœttingue,* in-8; syriaca, 1784, *Halle,* in-4. Arabische Grammatik (Gramm. arabe), 1771. 3e éd. *Gœttingue,* in-8. Trad. allem. de la Bible, 1769-92, *Gotha,* 15 vol. in-4.

MICHAUD (Jos.), historien et littérateur, 1767, Albens (Savoie); 1839, Passy. Publiciste. Échappa à la mort en 1789. Fondateur-directeur du journal la Quotidienne, 1794, et de la Biogr. universelle (avec son frère L.-Gabriel), 1811. Membre de l'Acad. franç., 1814. Député, 1815. — Hist. de Mysore, 1801, 2 vol. in-8, fig. 10 à 12 fr. Hist. des Croisades, 1811. 6e éd., 1840-48, 6 vol. in-8. Bibliothèque des Croisades, 1829, 3 vol. in-8. Chroniques arabes, 1829, in-8. Poésies. 8e éd. *Dupont,* 1827, in-8.

MICHEL (Francisque-Xavier), archéologue, 1809, Lyon. Exécuta deux voy. archéol. en Angleterre, 1833-37. Professeur de littér. à Bordeaux, 1846. Membre du comité des monuments histor. et de la Société des antiquaires. Correspondant de l'Institut. — Chronique anglo-normande, 1836-40, *Rouen,* 3 vol. in-8. Lais inédits, 1836, in-8. Chronique des ducs de Normandie, 1837-44, 3 vol. in-4. Théâtre français au moyen âge, 1839, in-8. Hist. des ducs de Normandie, 1840, in-8. Hist. des races maudites, 1847, 2 vol. in-8. Livre d'or des métiers, 1851-54, 2 vol. in-8. Rech. sur les étoffes de soie, 1852-54, *Crapelet,* 2 vol. in-4, 50 fr. Études sur l'argot, 1856, *Didot,* in-8.

MICHEL-ANGE (BUONARROTI), célèbre peintre, sculpteur et architecte italien, 1475, Caprese (Toscane); 1564, Rome. Élève des frères Ghirlandajo, 1489, qu'il eut bientôt dépassés. La protection de Laurent de Médicis, puis celle des Papes Jules II, Léon X, Paul III et Jules III, ne firent point défaut à ce gr. artiste, dont les œuv. étonnent par leur nombre, leur diversité et leur caractère grandiose et sublime. — Peinture : Ste Famille aux baigneurs, GUERRE DE PISE (détruite), les Trois Parques, à Florence; Fresque de la chapelle Pauline; DE LA CHAPELLE SIXTINE, 1508-12 (JUGEMENT DERNIER, 1533-41). Sculpture :

Mausolées de Julien et de Laurent de Médicis (LA PENSÉE), Crucifix en bois, St-Jean, Cupidon, BACCHUS, David, CAPTIFS, la Victoire, le Christ, la Vierge, Nicodème et Marie, à Florence; STE PÉTRONE, ANGE AGENOUILLÉ, à Bologne; PIÉTÉ, Jules II (détruit), CHRIST DEBOUT, Tombeau de Jules II (MOÏSE), à Rome; les Prisonniers, au Louvre. Architecture : Bibliothèque Laurentienne, Chapelle des tombeaux, Fortifications, à Florence; Église Ste-Marie des Anges, CLOÎTRE du couvent des Chartreux, PALAIS FARNÈSE, LE CAPITOLE, COUPOLE DE ST-PIERRE, 1546-64, à Rome. Poésies. Éd. ital. *Rome,* 1817, pet. in-4 et *Milan,* 1822, gr. in-16. Trad. franç. *Hesse,* 1826, in-8, 5 fr. et *Didier,* 1860, in-12, 3 fr. 50.

MICHELET (Jules), historien, 1798, Paris. Professeur au collége Charlemagne, 1821. Maître de conférences à l'École normale, 1826. Chef de la section histor. aux Archives, 1830. Professeur suppléant M. Guizot à la Faculté, 1834-35. Professeur au Collége de France, et membre de l'Acad. des sciences morales, 1837. — Tableau chronolog. de l'hist. mod. 1825, in-8. TRAD. DE LA SCIENCE NOUV. DE VICO, 1827, in-8. PRÉCIS DE L'HIST. MOD. 1827, in-8, plus. éd. INTROD. A L'HIST. UNIVERSELLE, 1831, in-8, plus. éd. HIST. DE LA RÉPUBLIQUE ROMAINE, 1831. 3ᵉ éd. 1843, 2 vol. in-8. PRÉCIS DE L'HIST. DE FRANCE, 1833, in-8, plus. éd. HIST. DE FRANCE, 1833-46. Nouv. éd. 1845-62, 14 vol. in-8, 77 fr. Mémoires de Luther, 1835, 2 vol. in-8. Orig. du droit français, 1837, in-8. Des Jésuites (avec M. Quinet), 1843, in-8 et in-12. Du Prêtre, 1844, in-8 et in-12. Le Peuple, 1846, in-12. Hist. de la Révolution franç. 1847-53, 7 vol. in-8. L'Oiseau, 1856, in-12. L'Insecte, 1857, in-12. L'Amour, 1858, in-12. La Femme, 1858, in-12.

MICHELET (Ch.-L.), philosophe allemand, 1801, Berlin. Professeur de philologie au Collége français, 1825-50, et de philos. à la Faculté, 1829, à Berlin.— Die Ethik des Aristoteles (l'Éthique d'Aristote), 1827, *Berlin.* System der philosophischen Moral (Syst. de morale philos.), 1828, *Berlin.* Examen de la métaph. d'Arist. 1836, in-8. Geschichte der letzten Systeme der Philos. (Hist. des derniers syst. de philos.) 1838, *Berlin,* 2 vol. Die Geschichte der Menschheit (Hist. de l'humanité), 1859, *Berlin,* in-8.

MICKIEWICZ (Adam), célèbre poëte polonais, 1798, Nowogrodek (Lithuanie) ; 1855, Constantinople. Professeur de litt. à Knowno, 1821. Des causes polit. le firent emprisonner, puis exiler, 1824. Ayant obtenu de quitter la Russie, il visita la France, l'Allemagne, l'Italie, 1828-34. Professeur de litt. à Lausanne, 1839, et au Collége de France, 1840-44. Sous-bibliothécaire à l'Arsenal, 1851. — GRAJINA; DZIADY, 1821-22, *Wilna*, 2 vol. in-18. Ode à la jeunesse, 1830, *St-Pétersbourg*. Pèlerins polonais. Trad. franç. par M. de Montalembert, 1833, in-18. M. Thadeus, 1832, 2 vol. in-12. Les Slaves, 1840-49, 5 vol. in-8. — OEuv. poét. Éd. polon. 1828-29, 3 vol. in-18. Trad. franç. par Ostrowski, 4ᵉ éd. *Didot*, 1859, 2 vol. in-12.

MIERIS LE VIEUX (F.), célèbre peintre hollandais, 1635, Leyde; 1681, ibid. A peine sorti de l'atelier de Gérard Dow, vit ses productions fort recherchées et enlevées au poids de l'or. Ami du vin et du plaisir, il ne sut se retenir dans cette voie qui hâta sa mort. — Femme à sa toilette, les Bulles de savon, LE THÉ, un Ménage, Portrait, au Louvre. L'Enfileuse de perles, à Montpellier. Femme malade, LE MAGASIN DE SOIERIES, à Vienne. Portrait, Dames jouant, Déjeûner, FEMME MALADE, à Munich. DISEUSE DE BONNE AVENTURE, DROUINEUR AMBULANT, à Dresde. Dames jouant et écrivant, à Amsterdam. Mieris et sa femme, Horace Schuil, l'Observateur, à La Haye. Le Lever, Mieris et sa femme, à St-Pétersbourg. LA DORMEUSE, Jeune homme, Vieillard, Mieris, à Florence. Enfant, Femme au perroquet, MIERIS ET SA FEMME, Femme à sa toilette, un Intérieur, UN GENTILHOMME, Lettre surprise, à Londres.

MIERIS LE JEUNE (Guill.), peintre hollandais, 1662, Leyde; 1747, ibid. Digne fils et élève du précédent, qu'il n'égala cependant pas. — Marchand de gibier, Cuisinière, au Louvre. La Musique, à Rouen. Vieillard, Cuisine hollandaise, Jeune homme, Suzanne, à La Haye. Berger et Bergère, Suzanne, à Amsterdam. Jeune fille, Nymphe, Soldat, à Middelbourg. Marchande, à Cassel. Armide et Renaud. Ste Famille, Bacchus, Jugement de Paris.

MIGNARD (P.), célèbre peintre, 1610, Troyes; 1695, Paris. Élève de Vouet, qu'il quitta pour aller à Rome, où il demeura

22 ans, 1635-57. Appelé à Paris, il y devint, après la mort de Le Brun, 1er peintre du roi, membre, chancelier et directeur de l'Acad. 1690.— Peinture de la coupole du Val-de-Grace, 1659-64, et du palais de St-Cloud. Vierge a la grappe Jésus au Calvaire, Ecce Homo, St Luc, Ste Cécile, la Foi, l'Espérance, Neptune, Portraits, au Louvre. Mesd^mes de La Vallière, Montespan, Maintenon, Sévigné, La Fayette. Bossuet, Turenne, Colbert, Louis XIV.

MIGNET (F.-Aug.-Marie), historien, 1796, Aix. Se rendit à Paris, 1821; ouvrit un cours d'hist. à l'Athénée. Après avoir collaboré au Courrier français de Manuel, fonda le National, 1830, avec A. Carrel et M. Thiers, son compatriote et ami. Conseiller d'État et directeur des archives aux affaires étrangères, 1830. Membre, 1832, et secrétaire perpétuel de l'Acad. des sciences morales, 1837. Membre de l'Acad. franç. 1836.— Hist. de la Révolution franç. 1824. 9e édit. *Didot*, 1864, 2 vol. in-8, 12 fr. ou in-18, 7 fr. Négociations de la succession d'Espagne, 1836-42, 4 vol. in-4. Notices et mémoires histor., 1843, *Paulin*, 2 vol. in-8. Antonio Perez et Philippe II, 1845. 2e édit. *Paulin*, 1846, in-8. Hist. de Marie Stuart, 1851. 2e éd. *Paulin*, 1852, 2 vol. in-8. Éloges dans le recueil de l'Acad.

MILIZIA (F.), archéologue et historien italien, 1725, Oria (Otrante); 1798, Rome. Élève de Genovesi et d'Orlandi, à Naples. Se fixa à Rome, 1761. Ami de Raphaël Mengs. — Vie des architectes, 1768. 3e éd. ital. *Parme*, 1781, 2 vol. gr. in-8, 10 à 15 fr. Trad. franç. par Pingeron, 1772, 2 vol. in-12. Principes d'architecture, 1781. 3e éd. *Bassano*, 1825, 3 vol. in-8, 15 à 18 fr. Trad. franç. par Pommereul, *La Haye*, 1819, in-8. — OEuv. compl. Éd. ital. *Bologne*, 1826-27, 9 vol. in-8, 36 à 45 fr.

MILL (James), historien et économiste anglais, 1773, Montrose; 1836, Kensington. Ami de Bentham. Renonça au ministère évangélique et se fixa à Londres, 1800. — History of British India (Hist. des Indes angl.), 1818. Nouv. éd. continuée par Wilson, *Londres*, 1848, 9 vol. gr. in-8, 5 liv. et 1858, 10 vol. pet. in-8, 3 liv. Phenomena of the human mind (Phénomènes de l'Esprit humain). 1829, *Londres*. Essais. Trad. franç. par Parisot, *Bossange*, 1823, in-8.

MILL (J.-Stuart), économiste anglais, 1806, Londres. Fils du précédent et fonctionnaire comme lui de la Cie des Indes. Se forma à l'école de Bentham, écrivit dans les journaux et publia des ouvrages remarqués. Correspondant de l'Institut, 1860. — System of Logic (Syst. de Logique), 1843. 3e éd. *Londres*, 1851, 2 vol. in-8. Essays (Essais), 1844, *Londres*, in-8. PRINCIPES D'ÉCONOMIE POLIT. 1848. 4e éd. *Londres*, 1854, 2 vol. in-8. Trad. franç. *Guillaumin*, 1845, 2 vol. in-8, 15 fr. On the Liberty (Sur la Liberté), 1859, *Londres*, in-8. Du Gouvernement représentatif. Trad. franç. *Guillaumin*. 1862, in-18, 3 fr. 50.

MILLAIS (J.-Everett), peintre anglais, 1829, Southampton. Se fit déjà remarquer dans les concours avant l'âge de 20 ans. Membre de l'Acad. roy. 1853. — Pizarre s'emparant de l'inca, la reine Elgiva, 1846. Le Denier de la Veuve, Benjamites enlevant leurs femmes, 1847. Isabella, 1849. Jésus chez un charpentier, 1850. La Fille du Bûcheron, RETOUR DE LA COLOMBE, 1851. Huguenot, OPHELIA, 1852. Proscrit royaliste, L'ORDRE D'ÉLARGISSEMENT, 1853. Les Feuilles d'automne, l'Enfant du régiment, la Jeune Aveugle, 1856.

MILLER (Hugues), géologue anglais, 1802, Cromarty (Écosse); 1856, ibid. Maçon pendant 15 ans. Employé dans une maison de banque. Journaliste. — Scenes and Legends (Scènes et Légendes), 1835. The old red Sandstone (Le Vieux Grès rouge), 1841, *Edimbourg*, in-8. First Impressions of England (Premières impressions de l'Anglet.). 3e éd. *Edimbourg*, 1853. in-8. Footprints of the Creator (Empreintes des pieds du Créateur).

MILLET-ROBINET (Cora-Élisabeth Mme), femme de lettres, 1798, Paris. S'est adonnée à l'agricult. et à l'économie domestique. Membre de la Société centrale d'agricult. — Conseils aux jeunes femmes pendant l'allaitement, 1841, in-17. MAISON RUSTIQUE DES DAMES, 1844-45. 5e éd. *Libr. agr.* 1863, 2 vol. in-8, fig. 7 francs 75.

MILLEVOYE (Ch.-Hubert), poëte, 1782, Abbeville; 1816, Paris. Clerc de procureur. Libraire pendant 3 ans. Lauréat à diverses reprises de l'Acad. franç. Son existence fut tour à tour pénible et heureuse; elle se termina par une chute de cheval. — Indépendance de l'homme de lettres, 1806. Le Voyageur, 1807. La Mort de Rotrou, 1811; de Goffin, 1812. La Chute des feuilles. Emma et Éginard. L'Amour maternel; etc. ÉLÉGIES.

— OEuv. compl. *Ladvocat*, 1822, 4 vol. in-8, 16 fr. OEuv. par M. de Pongerville, *Furne*, 1837, 2 vol. in-8, ou 1835, 2 vol. in-18. Poésies, *Charpentier*, 1843, in-12, 3 fr. 50.

MILLIN (Aubin-L.), archéologue et naturaliste, 1759, Paris; 1818, ibid. L'un des fondateurs et secrétaire perpétuel de la Société linnéenne. Chef de division à l'instruction publique. Professeur d'hist. aux écoles centrales. Conservateur du cabinet des antiques, après Barthélemy, 1795. Membre de l'Institut. —Antiquités nation., 1790-98, 5 vol. in-4, fig. 60 à 75 fr. Élém. d'hist. nat., 1794. 3e éd. 1802, in-8. Voy. dans les dép. du Midi, 1807-11, *Impr. imp.* 5 vol. in-8, 36 à 48 fr. Galerie mytholog. 1811, 2 vol. in-8.

MILLINGEN (James), archéologue anglais, 1774, Londres; 1845, Florence. Sa santé l'obligeant à vivre en Italie, il en profita pour se livrer à de profondes études de numismatique. — Peintures de vases grecs, 1813-17, *Rome*, 2 vol. gr. in-fol. Ancient unedited Monuments (Anciens Monuments inédits), 1822-26, *Londres*, 2 vol. gr. in-4, fig. 75 fr.

MILLOT (Cl.-Fr.-Xavier), historien, 1726, Ornans (Doubs); 1785, Paris. Entra chez les Jésuites qu'il quitta en 1757. Gr. vicaire à Lyon. Professeur d'hist. à Parme, 1768. Membre de l'Acad. franç., 1777. Précepteur du duc d'Enghien, 1778. — Élém. d'hist. de France, 1767-69, 3 vol. in-12 ; d'hist. d'Angleterre, 1769, 3 vol. in-12 ; d'hist. générale, 1772-1809, 9 vol. in-12. Nouv. éd. 1800, 15 vol. in-8, et 1819, 12 vol. in-8.

MILNE-EDWARDS (H.), naturaliste, 1800, Bruges. Professeur d'hist. au collége Henri IV. Membre de l'Acad. des sciences après Cuvier, 1838. Professeur au Jardin des Plantes, 1841, et à la Faculté des sciences, 1844, dont il est le doyen. Membre du conseil de l'Université, 1850, et de l'Acad. de médecine, 1854. — Manuel de matière médicale (avec P. Vavasseur), 1825. 4e éd. 1836, in-18 ; d'anat. chirurgicale (avec le même), 1826, in-18. Formulaire des hôpitaux, 1832. Nouv. éd. 1841, in-32. Hist. nat. du littoral, 1832-34, 2 vol. gr. in-8. Hist. nat. des crustacés, 1834-41, 3 vol. in-8. Élém. de zoologie, 1834-37. 2e éd. 1840-43, 4 vol. in-8. Cours élém. de zoologie, 1841, 9e éd., *Masson*, 1863. in-12. Fig. 6 fr. Rech. sur les polypes, 1842, gr. in-8. Physiol. et Anat. comparée, 1855-63, *Masson*, I-VIII vol. gr. in-8.

MILTON (J.), célèbre poëte anglais, 1608, Londres; 1674, ibid. Après quelques écrits peu importants, parcourut la France et surtout l'Italie, où il puisa la première idée de son chef-d'œuvre. Secrétaire interprète du conseil d'État, puis secrétaire particulier de Cromwell. A la mort de ce dernier, il se retira dans la solitude. C'est là que, pauvre, oublié et aveugle, il dicta son poëme, dont le mérite ne fut dévoilé que 20 ans après, par Addison. — Comus, 1634. Allegro, Penseroso, 1645, etc. LE PARADIS PERDU, 1e éd. 1667. Nouv. éd. angl. *Londres*, 1794, in-4; 1799, très-gr. in-8, 15 à 20 fr. 1802, gr. in-8, 25 fr. ou 2 vol. pet. in-8, 12 à 15 fr. Éd. angl. avec fig. par Martin, *Londres*, 1826, 2 vol. in-8, 30 à 40 fr. Éd. angl.-franç. par Saint-Maur, 1792, 2 vol. gr. in-4, 15 à 20 fr.; par Delille (en vers), *Giguet*, 1804, 3 vol. gr. in-4. ou 3 vol. gr. in-8, et par de Pongerville, *Delloye*, 1838, in-8. Éd. franç. par Chateaubriand, *Furne*, 1855, gr. in-fol. fig. 50 fr.; par d'Autroche, 1808, in-8; par de Pongerville, *Charpentier*, 1850, gr. in-18. 3 fr. 50. Éd. allem. par Kottenkamp, *Pforzheim*, 1842, in-8. Éd. ital. par Rolli, *Londres*, 1736, in-fol. 8 à 10 fr. ou 1740, 2 vol. in-12. Éd. esp. par Hermida, *Madrid*, 1814, 2 vol. pet. in-8. — OEuv. compl. éd. angl. par Todd, *Londres*, 1809, 6 vol. in-8, 36 à 42 fr.; par Mitford, *Londres, Pickering*, 1832, 3 vol. in-12, 18 sh.

MINO DA FIESOLE, sculpteur italien, vers 1430, Fiésole; 1486..... Passa plusieurs années à Rome, à Florence, à Pérouse, et y exécuta des œuv. remarquables. — RETABLE, Tombeau de Leonardo Salutari, à Fiésole. Tombeau de Paul II et de F. Tornabuoni; Tabernacle, à Rome. Tabernacles, Madones, MAUSOLÉE DE HUGUES DE MAGDEBOURG, à Florence. Tabernacle, bas-relief, à Pérouse.

MIONNET (Théod.-Edme), numismate, 1770, Paris; 1842, ibid. Conservateur au cabinet des médailles. Membre de l'Acad. des inscriptions, 1830. — DESCRIPTION DES MÉDAILLES ANTIQUES, 1806-13, *de Bure,* 6 vol. in-8, avec pl. et supplément, 1819-37, 9 vol. in-8. De la rareté et du prix des méd. romaines, 1815. 2e éd. *de Bure*, 1827, 2 vol. in-8. Poids des méd. grecques, 1839, *Crozet*, in-8, 14 fr.

MIRABEAU (Honoré-Gabriel RIQUETTI Cte de), célèbre orateur, 1749, Bignon, près de Nemours; 1791, Paris. Sa jeunesse fut fort orageuse. Calonne l'envoya en mission en Prusse, 1787.

Député aux états généraux, 1789, où par sa parole éloquente il devint l'âme du tiers et le promoteur des gr. réformes de la Révolution ; mais la soif du plaisir, comme l'étendue de sa popularité, commençaient à rendre suspectes ses relations avec la cour, lorsqu'il mourut des suites de fatigues et d'excès de tous genres.— Lettres à Sophie, 1777-80. Nouv. éd. 1820, 3 vol. in-8; 1824, 4 vol. in-18 et 1828, 6 vol. in-32. Des Lettres de cachet, 1782. La Monarchie prussienne, 1788. Discours. — OEuv. *Brissot-Thivars*, 1825, 9 vol. in-8, 30 à 36 fr. Mémoires, 1834-35, 8 vol. in-8, 24 fr.

MIRBEL (Ch.-F. Brisseau), botaniste, 1776, Paris; 1854, Champerret, près Paris. Intendant des jardins de la Malmaison, 1803. Professeur à la Faculté des sciences et membre de l'Institut, 1808. Secrétaire gén. à l'intérieur, 1818-20. Professeur au Jardin des Plantes, 1826-46. — Hist. nat. des végétaux, 1802-26, 15 vol. in-8, fig. Théorie de l'organisation végétale, 1808. 2ᵉ éd. 1809, in-8. Élém. de Botanique et de Physiol. 1815, 2 vol. in-8.

MIRECOURT (Eugène Jacquot de), littérateur, 1812, Mirecourt (Vosges). Au sortir du séminaire, dirigea une pension à Chartres, puis se fit homme de lettres. Ses œuvres lui attirèrent un gr. nombre de procès suivis de condamnations. — La Lorraine (avec M. Leupol), 1839-40, *Nancy*, 3 vol. in-8. Maison Alex. Dumas et Cⁱᵉ, fabrique de romans, 1845. Confessions de Marion Delorme, 1848, 4 vol. Mémoires de Ninon de Lenclos, 1852. Contemporains, 1854-59, 100 vol. in-32. La Bourse, 1858, gr. in-8. Blanche Rienzi, 1859, 3 vol. in-8.

MIRKHOND (Mohammed), historien persan, 1433..... près de Nichapour; 1498, Hérat. Se retira dans un monastère, afin de mieux se livrer à ses travaux littéraires.—Rouzat al Safa (Jardin de la Pureté). Nouv. éd. *Téhéran*, 1852 54, 7 vol. in-8. Trad. partielles : la Préface, par M. de Sacy, 1812, in-4 ; l'Hist. des Sassanides, par le même, 1793, in-4 ; l'Hist. des Samanides, avec le texte, par Defrémery, 1848. in-8 ; l'Hist. des Ismaéliens, avec le texte, par A. Jourdain, 1812, in-4.

MITSCHERLICH (Eilhard), chimiste allemand, 1794, Neuende, près Jever (Oldenbourg). Passa deux ans auprès de Berzélius, à Stockholm, 1819-20. Membre de l'Acad. des sciences et professeur de chimie à l'université de Berlin, 1821. Associé de l'Institut. — Éléments de chimie, 1829-40, 4ᵉ éd. allem. *Berlin*,

2 vol. in-8, ou 5ᵉ, 1856, in-18. Trad. franç. par Valerius, *Bruxelles*, 1835-37, 3 vol. in-8.

MITTERMAIER (Ch.-Jos.-Ant.), jurisconsulte et politique allemand, 1787..... Professeur à Landshut, 1811 ; à Bonn, 1819 ; à Heidelberg, 1821. Député, 1831. Membre de la Diète, 1833-41. Président du parlement à Francfort, 1848.—Handbuch des peinlichen Processes (Manuel de proc. criminelle), 1810-12, *Heidelberg*, 2 vol. in-8. Der gemeine Deutsche bürgerlich Processes (la Procédure civile de l'Allemagne), 1820-26, *Bonn*, 4 vol. in-8. GRUNDSÆTZE DES GEMEINEN DEUTSCHEN PRIVATRECHTS (Principes du droit privé de l'Allemagne), 1821. Nouv. éd. *Ratisbonne*, 1847, 2 vol. in-8. Lehre des criminal Processes (Leçons de Procédure criminelle). 13ᵉ éd. *Giessen*, 1840. Italianische Zustände (Situation de l'Italie), 1844, *Heidelberg*, in-8.

MOIGNO (F.-Napoléon-Marie), physicien, 1804, Guémené (Morbihan). Entra dans l'ordre des Jésuites, qu'il quitta en 1844. Écrivit de nombreux articles scientifiques dans l'Univers, 1840 ; l'Époque, 1845 ; la Presse, 1850 et le Pays. Aumônier au lycée Louis le Grand, 1848-51. Fondateur du Cosmos, 1852. — Leçons de calcul différentiel et intégral, 1840 et suiv. *Bachelier*, 3 vol. in-8. Traité de Télégraphie, 1849, in-8. Répertoire d'optique moderne, 1850, 4 vol. in-8.

MOITTE (J.-Guill.), sculpteur, 1747, Paris ; 1810, ibid. Élève de Pigalle et de Lemoine. Gr. prix de Rome, 1768. Membre de l'Acad., 1783. — David portant la tête de Goliath, 1768. Sacrificateur, 1783. Vestale. Ariane. Villes de Bretagne et de Normandie. CASSINI. Ancien fronton du Panthéon. J.-J. Rousseau. Bonaparte. Bas-reliefs de la colonne de Boulogne.

MOLBECH (Christian), philologue et historien danois, 1783, Soroë ; 1857, Copenhague. Conservateur de la Bibliothèque, 1723. Professeur d'hist., 1829, et membre de l'Acad. à Copenhague. — Dansk-Hand-Ordbog (Dict. danois portatif), 1813, *Copenhague*. Dansk-Ordbog (Dict. danois), 1833, *Copenhague*, 2 vol. gr. in-8 et 1854, gr. in-4. Fortællinger og skildringer af den danske Historie (Récits et tableaux de l'hist. danoise), 1837-40, *Copenhague*, 2 vol. in-8. Det Koninglik Danske videnskabernes selskales Historie (Hist. de l'Acad. des sciences de Danemark), 1843, *Copenhague*.

MOLIÈRE (J.-Bapt. POQUELIN), célèbre poëte comique, 1622, Paris; 1673, ibid. Après de bonnes études, laissa la profession de son père, qui était tapissier du roi; fut reçu avocat, 1645, et entra au théâtre. Parcourut la France pendant 12 ans, 1646-58, composant et jouant ses pièces, et obtint de se fixer au Petit-Bourbon, 1658, et enfin au Palais-Royal, 1661, qu'il devait illustrer jusqu'à sa mort. Molière est le plus grand des comiques. Compris de Louis XIV, ami de Boileau, de La Fontaine, il est une des gloires de la France. Personne n'a mieux connu le côté faible de la nature humaine et ne l'a combattu avec plus d'énergie, de talent et de succès. — L'Étourdi, 1653. Le Dépit amoureux, 1654. LES PRÉCIEUSES RIDICULES, 1659. Le Cocu imaginaire, 1660. L'École des Maris, 1661. L'École des Femmes, 1662. Le Mariage forcé, 1664. Le Festin de Pierre; l'Amour médecin, 1665. LE MISANTHROPE; le Médecin malgré lui, 1666. TARTUFE, 1667. Amphitryon; L'AVARE; George Dandin, 1668. Pourceaugnac, 1669. LE BOURGEOIS GENTILHOMME, 1670. Les Fourberies de Scapin, 1671. LES FEMMES SAVANTES, 1672. LE MALADE IMAGINAIRE, 1673. — OEuv. par M. Auger, *Didot*, 1819-25, 9 vol. in-8, 50 à 60 fr.; par M. Aimé Martin, *Lefèvre*, 1824-26, 8 vol. in-8, 60 à 72 fr. et *Furne*, 1845, 6 vol. gr. in-8, 60 fr. *Paulin*, 1835, 2 vol. gr. in-8, fig. 25 fr. *Garnier*, 1861, gr. in-8, fig. 12 fr. 50. *De Bure*, 1833, in-8. *Charpentier*, 1858, 3 vol. gr. in-18, 10 fr. 50. *Boulland*, 1831, 2 vol. in-18, 10 fr. *Plon*, 1862, 8 vol. in-16, 32 fr. *De Bure*, 1825, 8 vol. gr. in-32, 20 fr. *Baudouin*, 1826, 4 vol. in-32, 8 fr. et *Didot*, 1826, 8 vol. in-48. Éd. angl. *Londres*, 1739, 10 vol. in-12. Ed. allem. *Zurich*, 1805-6, 6 vol. in-8, ou *Leipsick*, 1837, 5 vol. in-18. Ed. ital. *Venise*, 1756, 4 vol. in-8 ou *Leipsick*, 1740, 4 vol. pet. in-12.

MOLINA (Louis), théologien espagnol, 1535, Cuença; 1601, Madrid. Jésuite, 1553. Professa la théologie pendant 20 ans à Evora (Portugal). Son Traité sur le libre arbitre et la grâce, combattu par Jansénius, amena la fameuse querelle des molinistes et des jansénistes qui occupa les théologiens pendant environ un siècle, 1650-1750. — CONCORDIA LIBERI ARBITRII CUM GRATIÆ DONIS, 1588, *Lisbonne*, in-4. De Justitia et jure, 1592, *Cuença*, 6 vol. in-fol.

MOLINARI (Gust.), économiste belge, 1819, Liége. Habita

longtemps Paris qu'il quitta au 2 décembre. Professeur d'économie politique au musée de l'industrie belge. — Études économiques, 1846, *Capelle*, in-18. Hist. du Tarif, 1847, *Guillaumin*, 2 vol. in-8. Les Soirées de la rue St-Lazare, 1849, *Guillaumin*, gr. in-8. Cours d'économie polit., 1855. Conversations sur le commerce des grains, 1856. De l'Enseignement obligatoire, 1859.

MONGE (Gaspard), célèbre géomètre, 1746, Beaune ; 1818, Paris. Professeur à l'École milit. de Mézières, 1772. Membre de l'Acad. des sciences, 1780. Ministre de la marine, 1792-93. Un des fondateurs et directeur de l'École polytechnique. Président de l'Institut d'Égypte, 1798. Sénateur. Ami de Berthollet et de Napoléon qui l'appréciait beaucoup. Créateur de la géométrie descriptive. — TRAITÉ ÉLÉM. DE STATIQUE, 1788. 8e éd. 1845, in-8. Art de fabriquer les canons, 1794, in-4. GÉOMÉTRIE DESCRIPTIVE, 1795. 7e éd. 1846, in-4. APPLICATION DE L'ANALYSE A LA GÉOMÉTRIE, 1795. 5e éd. 1849, in-4. Application de l'algèbre à la géométrie (avec Hachette), 1805, in-4, et 1813, in-8. Mémoires nombreux.

MONMERQUÉ (L.-J.-Nic.), littérateur, 1780, Paris; 1860, ibid. Juge auditeur à la cour d'appel, 1809, et conseiller à la cour impériale de Paris, 1813. Président à diverses reprises de la Cour d'assises. Membre de l'Acad. des inscriptions, 1833. — Édit. des Mémoires sur l'hist. de France (avec Petitot), 1819-29, 131 vol. in-8 ; des Lettres de Mad^e de Sévigné, 1818-19, 10 vol. in-8 ou 12 vol. in-12. Historiettes de Tallemant des Réaux, 1833-35. 2e éd. 1840, 10 vol. in-12, et 3e éd. 1854-60, 9 vol. gr. in-8. Théâtre franç. du moyen âge (avec Fr. Michel), 1839, in-8. Li Jus saint Nicolaï, avec l'appendice, 1834 et suiv.

MONNIER (H.-Bonav.), romancier et auteur dramatique, 1799, Paris. Clerc de notaire. Employé au ministère de la justice. Peintre.— Romans : Scènes populaires, 1830 ; Nouv. Scènes populaires, 1835-39, 4 vol. in-8, et 1841-46, 4 vol. in-8 ; les Bourgeois de Paris, 1854 ; Mémoires de Jos. Prudhomme, 1857, 2 vol. in-12 ; Théâtre : les Compatriotes, 1849 ; Grandeur et Décadence de Jos. Prudhomme, 1852 ; le Roman chez la Portière, 1853 ; le Bonheur de vivre aux champs, Peintres et Bourgeois, 1855 ; Joseph Prudhomme chef de brigands, 1860.

MONSELET (Ch.), littérateur, 1825, Nantes. Collaborateur de divers journaux depuis 1846. — Marie et Ferdinand, 1842, *Bordeaux*, in-8. Histoire du Tribunal révolut., 1850, in-18. Statues et statuettes, 1851, in-18. Rétif de la Bretonne, 1853, in-12. Figurines parisiennes, 1854, in-16. Les Oubliés et les Délaissés, 1857, 2 vol. in-12.

MONSIGNY (P.-Alex. de), musicien compositeur, 1729, Fauquemberg (Artois); 1817, Paris. Employé au bureau des comptes du clergé, 1747-68, qu'il quitta pour le théâtre, où il obtint de gr. succès. Inspecteur des études au Conservatoire, 1800. Membre de l'Institut, après Grétry, 1813. Ami et collaborateur de Favart, de Marmontel et surtout de Sedaine. — Les Aveux indiscrets, 1759. Le Maître en droit, 1760. Le Cadi dupé; On ne s'avise jamais de tout, 1761. LE ROI ET LE FERMIER, 1762. ROSE ET COLAS, 1764. Aline, 1766. LE DÉSERTEUR, 1768. Le Faucon, 1771. La belle Arsène, 1773. Le Rendez-vous, 1776. FÉLIX, 1777.

MONTAGNE (J.-F. Camille), botaniste, 1784, Vaudoy (Seine-et-Marne). Soldat. Chirurgien dans la marine, 1804; à l'armée de Murat, 1815, et à celle d'Espagne, 1819. Chef de service à l'hôpital milit. de Sedan, 1830. Membre de l'Acad. des sciences, 1852. — Sylloge generum specierumque cryptogamarum, 1853, in-4. Mémoires nombreux.

MONTAIGNE (Michel EYQUEM de), célèbre philosophe et moraliste, 1533, Montaigne (Périgord); 1592, ibid. Membre de la Cour des aides, à Périgueux, 1556, et du Parlement de Bordeaux, 1561-70. Gentilhomme du roi, 1776. Parcourut l'Allemagne, la Suisse, l'Italie, 1580-81. Maire de Bordeaux, 1581-85. Lié avec La Boétie, Charron et Mlle de Gournay. Penseur profond, original et indépendant, Montaigne, un des premiers, du seuil du doute, semble indiquer la voie nouvelle dans laquelle allait s'engager l'esprit humain. — ESSAIS, 1580. Nouv. éd. *Lefèvre*, 1818-23 ou 1826-28, 5 vol. in-8, 20 à 25 fr. *Didot*, 1839, gr. in-8, 10 fr. *Lefèvre*, 1818, 6 vol. in-18, 10 à 12 fr. et *Charpentier*, 1854, 4 vol. gr. in-18, 14 fr. Éd. angl. *Londres*, 1845, gr. in-8, 15 sh.

MONTALEMBERT (Ch. FORBES, c[te] de), littérateur et politique, 1810, Londres. Fonda en 1830, avec La Mennais et Lacordaire, le journal l'Avenir, qui disparut devant l'encyclique de 1832. Pair de France, 1831. Député à la Constituante et à la Législative, 1848-49. Membre du Corps législatif et de l'Acad. franç., 1852. Sa plume lui attira, en 1858, une condamnation dont le gouvernement lui fit remise. — Hist. de Ste Élisabeth, 1836, 7e éd. 1855, 2 vol. in-8. Monuments de l'hist. de Ste Élisabeth, 1838-40, in-fol. Du Vandalisme et du Catholicisme dans l'art, 1839, *Debécourt*, in-8. Des Intérêts catholiques au XIXe siècle, 1852, in-8. Avenir polit. de l'Angleterre, 1855, in-8. Pie IX et lord Palmerston, 1856, in-8. Les Moines d'Occident, 1860, 2 vol. in-8. — OEuv. *Lecoffre*, 1860-64, 8 vol. in-8.

MONTEIL (Amans-Alexis), historien, 1769, Rodez; 1850, Cely. Secrétaire du district et professeur d'hist. à Rodez et aux écoles milit. de Fontainebleau, St-Cyr et St-Germain. — Description de l'Aveyron, 1804, *Rodez*, 5 vol. in-8. Hist. des Français, 1827 et suiv. Nouv. éd. *Lecou*, 1848, 5 vol. gr. in-8 et 5 vol. in-12.

MONTÉMONT (Albert), littérateur, 1788, Remiremont (Vosges); 1862, Paris. Employé aux finances, 1805. Parcourut une partie de l'Europe avec une famille anglaise où il était précepteur. — Voy. aux Alpes et en Italie, 1821. 3e éd. 1827, 3 vol. in-8. Lettres sur l'astronomie, 1823. 3e éd. 1838, 3 vol. in-8. Voy. dans les cinq parties du monde, 1827, 6 vol. in-18. Biblioth. univ. des voyages, 1833-37, 46 vol. in-8. Voy. nouveaux, 1846-47, 5 vol. in-8. Poésies.

MONTESQUIEU (Ch. de SECONDAT, baron de), célèbre philosophe et publiciste, 1689, La Brède, près de Bordeaux; 1755, Paris. Conseiller, 1714, et président à mortier au Parlement de Bordeaux, 1716-26. Membre de l'Acad. franç., 1727. Parcourut l'Europe, surtout l'Italie et l'Angleterre, 1728-32, pour se préparer à son gr. ouvrage qu'il mit 20 ans à élever, et qui dut son succès à l'énergie du style, à la nouveauté du plan comme à l'ampleur des idées. — LETTRES PERSANES, 1721. Le Temple de Gnide, 1725. CONSID. SUR LA GRANDEUR ET LA DÉCADENCE DES ROMAINS, 1734. ESPRIT DES LOIS, 1748. Essai sur le goût. Lettres. — OEuv. par Auger, *Lefèvre*, 1817, 5 vol. in-8, 20 à 24 fr.; *Dalibon*, 1827, 8 vol. in-8, 20 à 24 fr.; *De Bure*, 1827, ou *Didot*, 1839, gr. in-8, 10 fr.; par M. Parelle, *Lefèvre*, 1826, 8 vol. in-8, 48 fr., et 1839, 2 vol. gr. in-12.

MONTFAUCON (Bernard de), littérateur, archéologue, érudit,

1655, Soulage, près de Limoux (Aude) ; 1741, Paris. Soldat, 1672. Bénédictin, 1676. Garde des médailles à l'abbaye de St-Germain des Prés, 1694, où, après un voy. en Italie, il rentra pour n'en plus sortir. Membre de l'Acad. des inscriptions, 1719.— Diarium italicum, 1702, in-4. Collectio nova patrum græcorum, 1706, 2 vol. in-fol. Palæographia græca, 1708, in-fol. 36 à 48 fr. L'ANTIQUITÉ EXPLIQUÉE, 1719-24, lat.-franc., 15 vol. in-fol. 200 fr. MONUMENTS DE LA MONARCHIE FRANÇ. 1729-33, 5 vol. in-fol. 250 fr. Bibliotheca manuscriptorum nova, 1739, 2 vol. in-fol. 30 à 36 fr.

MONTI (Vincent), poëte italien, 1754, Alfonsine, près Leoni ; 1828, Milan. Professeur d'éloquence à Pavie, 1803; historiographe et membre de l'institut du roy. d'Italie. — Caïus Gracchus. Aristodème. Manfredi. Prométhée. Basvigliana, 1793, éd. ital. franc. 1817, in-8. Le Barde de la Forêt noire, 1806. Trad. franc. *Didot*, 1807. L'Épée de Frédéric II, éd. ital. franc. *Milan*, 1807, in-12. Trad. ital. de l'Iliade, 1810. *Brescia*, 3 vol. in-8. — Éd. ital. œuv. *Milan*, 1839 et suiv. 6 vol. gr. in-8, 36 fr. Poésies, *Milan*, 1830, gr. in-8. 10 fr. œuv. chois. *Baudry*, 1840, in-32.

MONTUCLA (J.-Ét.), mathématicien, 1725, Lyon ; 1799, Versailles. Secrétaire de l'intendance à Grenoble, 1791. Fit le voy. de Cayenne, avec Turgot, 1764-66. 1er commis des bâtiments de la couronne. Censeur royal. — Hist. des mathématiques, 1758. 2e éd. *Agasse*, 1799-1802, 4 vol. in-4.

MOORE (Thomas), poëte anglais, 1779, Dublin; 1852, Sloperton. Greffier à l'île Bermude, 1803. Abandonna ses fonctions à un employé inférieur et voyagea en Amérique, en Italie, en France. Ami de Lord Byron.— LALLA ROOKH, 1817, *Londres*, in-4 ou 1839. in-8. Trad. franç. *Ponthieu*, 1820, 2 vol. in-12. LES AMOURS DES ANGES, 1823, *Londres*, in-8. Trad. franç. par Mad. Belloc, 1823, in-12. L'Épicurien, 1827. Trad. franç. *Renouard*, 1827, in-12. Voy. d'un jeune Irlandais à la rech. d'une religion, 1833, *Londres*, 2 vol. in-12. Trad. franç. *Gaume*, 1836, in-8. Hist. d'Irlande, 1839-46, *Londres*, 4 vol. in-12. Trad. franç. *Gosselin*, 1835, 3 vol. in-8. Poésies. — OEuvres poét. Éd. angl. *Londres*, *Longman*, 1840-41, 10 vol. in-12 ou 1847, in-8. Éd. franç. par mad. Belloc, *Gosselin*, 1841, in-8 ou in-18.

MOQUIN-TANDON (Horace-Benedict-Alf.), naturaliste, 1804, Montpellier; 1863, Paris. Professeur de physiol., à Marseille, 1829; de botanique, à Toulouse, 1833. Directeur du Jardin des plantes et secrétaire de la Faculté de cette dernière ville. Professeur d'hist. nat. à la Faculté de médecine de Paris, 1853. Membre de l'Acad. des sciences, 1854. — Dédoublements d'organes dans les végétaux, 1826, *Montpellier*, in-4. Monographie des Hirudinées, 1826, in-4 et 1846, in-8. Élém. de Tératologie végétale, 1840, in-8. Hist. nat. des mollusques terrestres, 1855, 4 vol. in-8, avec atlas. Élém. de zoologie et de botanique médicales, 1860, 2 vol. in-18. Le Monde de la Mer, 1865, gr. in-8, 30 fr.

MORALES LE DIVIN (L. de), peintre espagnol, 1509, Badajoz; 1586, ibid. Produisit un gr. nombre de tableaux qui ornent les églises de l'Espagne et qui lui rapportèrent gloire et fortune. Mais son luxe et sa vanité le conduisirent à la misère. — Jésus portant sa croix, au Louvre. Vierge, Christ, Saint, à Londres. Christ, VIERGES AUX DOULEURS, Circoncision, à Madrid.

MORATIN (Léandre-Ferrand), poëte dramatique espagnol, 1760, Madrid; 1828, Paris. Lauréat de l'acad. de Madrid, 1779. Secrétaire du Cte Cabarrus qu'il accompagna à Paris, 1787. Voyagea ensuite en Angleterre, en Allemagne, en Italie, 1792-96. Bibliothécaire du roi Joseph. Ayant accepté les idées franç., il fut obligé de quitter l'Espagne. S'inspirant de Molière, il continua la réforme du théâtre esp. commencée par son père. — LE VIEILLARD ET LA JEUNE FILLE; le Café, 1792. L'Imposteur, 1803. La jeune Hyacinthe, 1804. Le Oui des jeunes filles. L'École des maris. Le Médecin malgré lui, 1814. Origines del teatro español (Orig. du théâtre esp.), 1830-31. — OEuv. éd. esp. *Madrid*, 1830-31, 6 vol. gr. in-8, 50 fr. Théâtre : trad. franç. par Hollander, 1855, in-8.

MORCELLI (Ét.-Ant.), archéologue italien, 1737, Chiari; 1821, ibid. Jésuite, 1771. Professeur, conservateur de la Bibliothèque Albani, à Rome, 1772-90. Prévôt de la collégiale, à Chiari, 1791. — De stilo inscriptionum latinarum, 1780, *Rome*, in-4, et *Padoue*, 1819-22, 3 vol. in-4. Kalendarium Ecclesiæ Constantinopolitanæ, 1788, *Rome*, 2 vol. in-4, 10 à 15 fr. Africa christiana, 1816-17, *Brescia*, 3 vol. in-4. — OEuv. épigraphiques, éd. lat. *Padoue*, 1818-25, 5 vol. gr. in-4, 75 fr.

MOREAU (César), statisticien et économiste, 1791, Marseille. Fit les campagnes de 1809 à 1814. Attaché au consulat, 1816, puis vice-consul à Londres, 1825. L'un des fondateurs de la Société franç. de statistique et de l'acad. de l'industrie. — Angleterre : État du Commerce avec toutes les parties du monde, 1824; Commerce des soieries et des laines, 1828; État de la navigation marchande, 1828; Archives des Finances, 1829; Industrie britannique, 1830. France : Examen statist. du roy. 1830; Tableau du commerce. Annuaire statistique.

MOREAU (Hégésippe), poëte, 1810, Paris; 1838, ibid. Compositeur d'imprimerie. Instituteur, 1830. Plein d'imagination et de talent, l'inconstance de ses goûts et l'irrégularité de sa conduite le conduisirent à la Charité, où il mourut. — Diogène. Le Myosotis. L'Isolement. La Voulzie. Le Gui de Chêne.— OEuv. nouv. éd. *Garnier,* 1859, in-18.

MOREAU DE JONNÈS (Alex.), statisticien et économiste, 1778, Rennes. Soldat, 1792-1815. Directeur de la statistique gén. de la France, 1817-52. Membre de l'Acad. des sciences morales, 1849. — Hist. phys. des Antilles, 1822, in-8. Mémoire sur le déboisement des forêts, 1825, in-4. Le Commerce au XIXe siècle, 1827, 2 vol. in-8. Statistique de l'Espagne, 1834, in-8; de l'Angleterre, 1838, 2 vol. in-8; de l'agriculture de France, 1848, n-8; des peuples de l'antiquité, 1851, 2 vol in-8. Éléments de statistique, 1847, *Guillaumin,* gr. in-18.

MOREL-FATIO (Ant.-Léon), peintre, 1810, Rouen. Parcourut l'Angleterre, l'Algérie, l'Italie, la Crimée, la Baltique. Conservateur des collect. marit. au Louvre, 1852. — Combat d'Algesiras, 1836. Attaque d'Alger, 1837. Entrée du Havre, St-Malo, 1838. Combat du Vengeur, 1840. St-Jean d'Ulloa, 1841. Port d'Amsterdam, 1842. Bombardement de Tanger, 1845. Louis-Philippe quittant le Tréport; Incendie de la Gorgone, 1847. Naufrage, 1847. J.-Bart prenant un vaisseau, 1848. Le Prince-président à Cherbourg, 1852. Brest, 1855. Tempête à Alger, 1857. Napoléon III et la reine Victoria à Cherbourg, 1859. Vaisseaux, 1861. Chasseurs de phoques ; le Yacht, la reine Hortense, 1863. Hivernage à Kinburn, 1864. Le Speronare, la Poste aux choux, 1865.

MORELL (Thomas), philologue anglais, 1703, Eton (Buckingham), 1784..... Recteur de Buckland. Curé de Kew et de

Twickenham. — Thesaurus græcæ poeseos, 1762. Nouv. éd. par Maltby, Londres, 1824, in-4, 24 à 30 fr.

MORELLET (André, l'abbé), littérateur et économiste, 1727, Lyon; 1819, Paris. Étudia la théologie à la Sorbonne. Ami de Turgot, de Diderot, de d'Alembert. Membre de l'Acad. franç., 1785, et du corps législatif, 1807. — Mélanges de litt. et de philos., 1818, *Lepetit*, 4 vol. in-8. Mémoires, 1821. 2º éd. *Ladvocat*, 1823, 2 vol. in-8.

MORÉRI (L.), littérateur, érudit, 1643, Bargemont (Provence); 1680, Paris. Prêtre. Aumônier de Gaillard de Longjumeau, évêque d'Apt, 1673. Sa vie se passa à élever le précieux ouvrage qu'il nous a laissé. — Le gr. dict. historique, 1674. 20ᵉ éd. par Goujet et Drouet, 1759, 10 vol. in-fol. 75 à 100 fr.

MORGAGNI (J.-Bapt.), médecin italien, 1682, Forli (Romagne) ; 1771..... Élève et ami de Valsalva. Professeur d'anatomie à Padoue, 1772. Avait 80 ans lorsqu'il publia son principal ouvrage. — Adversaria anatomicæ, 1717-41. Rech. sur la cause des maladies, 1762, *Venise*, 2 vol. in-fol. Trad. franç. par Desormeaux et Destouet, 1821-24, 10 vol. in-8, 24 fr. Opuscula miscellanea, 1763. — OEuv. compl. Éd. lat. 1765, 5 vol. in-fol. 36 à 45 francs.

MORGAN (Sidney Owensen, lady), femme de lettres anglaise, 1783, Dublin ; 1859, Londres. Commença dès l'âge de 14 ans à prendre place dans la litt. Recherchée par la haute société, elle se maria, 1811, sans interrompre ses études. Devint aveugle en 1840. — La jeune Irlandaise, 1801. Trad. franç. *Gide*, 1813, 4 vol. in-12. Le Missionnaire, 1810. Trad. franç. 1817, 3 vol. in-12. La Femme, 1811. Trad. franç. *Nicolle*, 1812-17, 4 vol. in-12. Florence Macarthy, 1816. Trad. franç. *Treuttel* et *Wurtz*, 1819, 4 vol. in-12. La France, 1817. Trad. franç. par Mad. Sobry, *Fournier*, 1830, 2 vol. in-8. Salvator Rosa, 1824. Trad. franç., 1824, 2 vol. in-8 ou in-12. La Princesse, 1827. Trad. franç., 1834, 3 vol. in-8. La Femme et son maître, 1840. Le Livre sans nom, 1841.

MORGHEN (Raphaël), graveur italien, 1758, Naples; 1833, Florence. Élève de J. Volpato dont il épousa la fille, 1781. Ouvrit une école à Florence, 1793. Produisit plus de 250 ouvrages. —Vierge à la chaise ; Transfiguration, de Raphaël. Madeleine, de Murillo. La Charité, du Corrége. La Cène, de Léonard de Vinci. Vierges, du Titien et d'André del Sarte.

MORIN (Arthur-Jules), mathématicien et général, 1795, Paris. Élève des Écoles polytechnique, 1813, et d'application de Metz, 1817. Professeur de mécanique, 1839, et directeur du conservatoire des arts et métiers, 1852. Membre de l'Acad. des sciences, 1843, et Président de la commission à l'Exposition univ., 1855.— Expériences sur le frottement, 1833-35, 3 vol. in-4; sur les roues hydrauliques, 1837 et 1838, 2 vol. in-4; sur l'adhérence des pierres, 1838, in-4. Appareils dynamométriques, 1836. Nouv. éd. 1841, in-8. Aide-mémoire de mécanique pratique, 1838. 3ᵉ éd. 1843, in-8. Tirage des voitures, 1840. 2ᵉ éd. 1842, in-4. Leçons de mécanique pratique. 2ᵉ éd. 1861, in-8.

MORLACCHI (F.), musicien compositeur italien, 1784, Pérouse; 1841, Inspruck. Élève de Zingarelli et de Mattei. Maître de chapelle du roi et Directeur du théâtre italien, à Dresde, 1811. — Le Tableau. Le Poëte en campagne. Oreste. Rinalda d'Asti. Les Danaïdes. Raoul de Créqui. Donna Aurora. Laodicea. Francesca da Rimini. Oratorios. Sonates. Miserere. Requiem.

MORTON (Samuel-Georges), naturaliste américain, 1799, Philadelphie; 1851, ibid. Membre de l'Acad. des sciences et Professeur d'anat. à Philadelphie, 1820. Ses Études sur les différentes races humaines le conduisirent à former un Musée, unique au monde, renfermant plus de mille crânes d'hommes et d'animaux. — Crania americana (Cranes américains), 1839, *Philadelphie*, in-folio.

MORUS (Thomas), philosophe, littérateur et politique anglais, 1480, Londres; 1535, ibid. Membre du Parlement, 1503. Trésorier de l'Échiquier et gr. chancelier, 1529-31. Sur son refus d'approuver la réforme religieuse, Henri VIII le fit emprisonner, puis mettre à mort. — Utopie, 1518. Éd. lat. *Glascow*, 1750, in-8, 3 à 5 fr. Éd. angl. *Londres*, 1809, 2 vol. pet. in-8, 12 à 15 fr. Éd. franç. par Rousseau, 1780-89, in-8 ou in-12.

MOSER (J.-Jacq.), jurisconsulte et publiciste allemand, 1701, Stuttgard; 1785, ibid. Professeur à Tubingue, 1720, puis à Francfort, 1736. Conseiller du roi de Prusse, 1736. Abandonna les affaires polit. pour l'étude, qui lui procurait plus de charmes et moins de désagréments. — Grundriss der heutigen Staatsverfassung von Deutschland (Principes de la constit. actuelle de l'Allem.), 1831, *Tubingue*, in-8. Altes deutsches Staatsrecht (l'Anc. Droit public de l'Allem.). 1737-54, *Nuremberg*, 53 parties, in-4. Neues deutsches Staatsrecht (Nouv. Droit public de l'Allem.), 1766-72, *Stuttgart*, 20 vol. in-4. VERSUCH DES NEUESTEN VOELKERRECHTS (Essai sur le nouv. droit des gens), 1777-80, *Francfort*, 10 vol. in-8.

MOSER (Fréd.-Ch.), jurisconsulte et publiciste allemand, 1723, Stuttgart; 1798, Ludwigsbourg. Chef de l'administration de Hesse-Darmstadt, 1770-80. — Sammlung der neuesten und wichtigsten Deductionen (Recueil des plus importants mémoires), 1752-56, *Ebersdorf*, 9 vol. in-4. Le Maître et le Serviteur, 1759. Trad. franç. *Hambourg*, 1760, in-8. La Cour, 1761. Trad. franç. *Erlang*, 1773, in-8.

MOSHEIM (J.-Laurent de), théologien et historien allemand, 1694, Lubeck; 1755, Gœttingue. Professeur de théologie à Helmstædt, 1723-47, puis à Gœttingue, comme chancelier de l'université, 1747. — HIST. ECCLÉSIASTIQUE, 1726. Éd. lat. 1764, in-4, 10 à 15 fr. Éd. franç. *Maestricht*, 1776, 6 vol. in-8, 24 fr. Éd. angl. *Londres*, 1841, 4 vol. in-8. Éd. allem. *Heilbronn*, 1770 et suiv. 6 vol. in-8. Éd. ital. *Naples*, 1769, 10 vol. in-4. Versuch einer Ketzergeschichte (Essai d'une Hist. des Hérétiques), 1746-50, *Leipsick*, 2 vol. in-4. Elementa theologiæ dogmaticæ, 1758. 3e éd. *Nuremberg*, 1781, 2 vol. in-8. Moral der heiligen Schrift (Morale de l'Écriture sainte), 1759, *Gœttingue*, 9 vol. in-4. Allgemeines Kirchenrecht der Protestanten (Droit ecclésiast. gén. des protestants), 1760. Nouvelle édition, *Leipsick*, 1800, in-8.

MOVERS (F.-Ch.), orientaliste allemand, 1806, Kœsfeld (Westphalie). Prêtre, 1829. Professeur d'exégèse biblique, à Breslau, 1839. — Kritische Untersuchungen über die alt testamentliche Chronik (Rech. crit. sur la chronique de l'Anc. Testament), 1834, *Bonn*. DIE PHOENIZIER (les Phéniciens), 1841-50, *Berlin*, 3 volumes in-8.

MOZART (J.-Chrysost.-Wolfgang-Amédée), célèbre musicien compositeur allemand, 1756, Salzbourg; 1791, Vienne. Dès l'âge de 6 ans, étonnait l'Europe par son talent extraordinaire. Organiste du prince-archevêque de Salzbourg, 1779. Compositeur du roi Joseph II à Vienne. Ce gr. artiste, recherché et admiré de tous, avait cependant à peine de quoi vivre. Il mourut à 36 ans, succombant aux fatigues de ses nombreuses et sublimes productions. — Mithridate, 1770, à Vienne. Lucio Silla, 1772, à Milan. LA FAUSSE JARDINIÈRE, 1775 ; IDOMÉNÉE, 1781, à Munich. L'Enlèvement du sérail, 1782 ; LES NOCES DE FIGARO, 1786, à Vienne. DON JUAN, 1787, à Prague. LA FLUTE ENCHANTÉE, 1791, à Vienne. CLÉMENCE DE TITUS, 1791, à Prague. REQUIEM. SONATES. ORATORIOS. SYMPHONIES. QUATUORS, etc.

MULLER (Othon-Fréd.), naturaliste danois, 1730, Copenhague ; 1784..... Visita une partie de l'Europe. Conseiller de la chancellerie, 1769, et archiviste de la chambre des finances, 1771, à Copenhague. — Fauna insectorum, 1764, *Copenhague*, in-8. Flora danica, 1779-84, *Copenhague*, 2 vol. in-8 ou 1781-88, 4 vol. in-fol. Entomostraca, 1785, *Copenhague*, in-4. Animalcula infusoria, 1786, in-4.

MULLER (J. de), historien allemand, 1752, Schaffhouse ; 1809, Cassel. Professeur de grec à Schaffhouse, 1772 ; d'hist. à Cassel, à Genève et à Berne. Bibliothécaire et conseiller intime à Mayence, 1786-87, et à Berlin, 1804. Historiographe du roi de Prusse et membre de l'Acad. de cette dernière ville. Conseiller d'État et directeur de l'instruction publique en Westphalie, 1808.—HIST. DE LA CONFÉDÉRATION SUISSE, 1786-95. Nouv. éd. allem. *Leipsick*, 1826, 5 vol. in-8, 10 thl. Trad. franç. *Cherbuliez*, 1837 et suiv., 18 vol. in-8. HISTOIRE UNIVERSELLE, 1810. Nouv. édit. allem. *Tubingue, Cotta*, 1828, 3 vol. in-8, 25 fr. ou 1852, 4 vol. in-16, 8 fr. Trad. franç. *Cherbuliez*, 1835, 4 vol. in-8. — OEuv. Éd. allem. *Tubingue, Cotta*, 1810-20, 28 vol. in-8, 40 thl.

MULLER (Karl-Ottfried), archéologue et philologue allemand, 1797, Brieg (Silésie) ; 1840, Castriz (Grèce). Professeur de langues, à Breslau, 1818 ; d'archéologie. 1819 ; d'hist. et de philos., 1824, à Gœttingue. Parcourut l'Angleterre, la France et enfin la Grèce. — GESCHICHTEN HELLENISCHER STÆMME UND STÆDTE (Hist. des Tribus et des États helléniques), 1820. 2e éd. *Breslau*, 1844, 3 vol. in-8, 38 fr. Éd. angl. *Oxford*, 1839, 2 vol. in-8. Manuel d'archéologie, 1830. 3e éd. allem. *Breslau*, 1848, in-8. Trad. franç. par P. Nicard, 1841, 3 vol. in-18. Geschichte der griechischen Literatur (Hist. de la litt. grecque), 1841. 2ᵉ éd. *Breslau*, 1847, 2 vol. in-8.

MULLER (J.), physiologiste allemand, 1801, Coblentz ; 1858, Berlin. Professeur à Bonn, 1826-30, où il avait ouvert un cours en 1824, puis à Berlin, après Rudolphi, 1832. Recteur de l'université de cette ville, 1847. — Zur vergleichenden Physiologie der Gesichtssinnes (Sur la Physiol. comp. du sens de la vue), 1826, *Bonn*. DE GLANDULARUM SECERNENTIUM STRUCTURA PENITIORI, 1830, *Leipsick*, in-fol. MANUEL DE PHYSIOLOGIE, 1833. 4ᵉ éd. allem. *Coblentz*, 2 vol. in-8. Trad. franç. par Jourdan, *Baillière*, 1845, 2 vol. in-8.

MULLER (Ch.-L.), peintre, 1815, Paris. Élève de Gros et de Léon Cogniet. Chargé de la direction artistique des Gobelins, 1850-53. — Le Lendemain de Noël, 1837. Martyre de St Barthélemy, 1838. Assassinat d'Arthur de Bretagne, 1839. Jésus sur la montagne, Massacre des Innocents, 1840. Combat des Centaures et des Lapithes, 1843. Entrée de J.-C. à Jérusalem, 1844. Fanny, le Sylphe, 1845. Ronde de nuit, 1847. Lady Macbeth, 1849. APPEL DES VICTIMES DE LA TERREUR, 1850. VIVE L'EMPEREUR, 1855. Marie-Antoinette à la Conciergerie, la Reine Victoria au palais de St-Cloud, 1857. Proscription des jeunes Irlandaises, 1859. Madame Mère, Léda, 1861, Le Jeu, Messe sous la Terreur, 1863.

MUNCH (Erw.-Herman-Jos. de), historien allemand, 1798, Rheinfelden; 1841, ibid. Professeur à Fribourg, 1824, et à Liége, 1828. Bibliothécaire à la Haye, puis à Stuttgard, 1831. — Vermischte historiche Schriften (Mélanges histor.), 1828, *Ludwigsbourg*. Das Grossherzogthum Luxemburg (Du gr.-duché de Luxembourg), 1831, *La Haye*. Allgemeine Geschichte der neusten Zeit (Hist. gén. des temps mod.), 1833-35, *Leipsick*, 6 vol. Historisch-biographische Studien (Études histor. et biograph.), 1836, *Stuttgart*, 2 vol.

MUNDT (Théod.), littérateur allemand, 1808, Potsdam. Voyagea en Europe. Professeur à Breslau, 1848, puis à Berlin, où il devint conservateur de la bibliothèque, 1850. — Madelon, 1832, *Leipsick*. Madone, 1835. 2ᵉ éd. *Leipsick*, 1840. Kunst der deutschen Prosa (Art de la prose allemande), 1837. 2ᵉ éd. *Berlin*, 1843. Spaziergänge und Weltfahrten (Promenades et voyages),

1838-40, *Altona*, 3 vol. Geschichte der Literatur der Gegenwart (Hist. de la litt. contemporaine), 1842-53, *Berlin*. Carmola, 1844, *Hanovre*. Allgemeine Literaturgeschichte (Hist. gén. de la littérature), 1846, *Berlin*, 3 vol.

MURATORI (L.-Ant.), archéologue et historien italien, 1672, Vignola, près Modène; 1750, Modène. Bibliothécaire à Milan, 1695, puis à Modène, 1700. — Anecdota Ambrosianæ bibliothecæ, 1697-98, *Milan*, et *Padoue*, 1713, 2 vol. in-4. Anecdota græca, 1709-13, *Padoue*, 3 vol. in-4. Rerum italicarum scriptores, 1723-51, *Milan*, 28 vol. in-fol. Antiquitates italicæ medij ævi, 1738-42, *Milan*, 9 vol. in-fol. 75 à 90 fr. Novus Thesaurus veterum inscriptionum, 1739-42, *Milan*, 6 vol. in-fol. ANNALI D'ITALIA (Annales d'Italie), 1744-49, *Milan*, 12 vol. in-4, 60 à 72 fr. ou 1753-56, 17 vol. in-8. Nouv. éd. *Milan*, 1818-21, 18 vol. in-8, 80 à 120 fr., ou *Florence*, 1827-32, 40 vol. in-8.

MURCHISON (sir Roderick-Impey), géologue anglais, 1792, Taradale (Écosse). Soldat. Membre de la Société roy. de Londres, 1826. Exécuta de gr. voy. scientifiques en Angleterre, en France, en Allemagne et en Russie, 1827-44. Président des Sociétés géologique et géographique de Londres. Directeur du musée géolog. 1855. Correspondant de l'Institut. — THE SILURIAN SYSTEM (le Syst. silurien), 1839, *Londres*, 2 vol. in-4, 7 liv. GÉOLOGIE DE LA RUSSIE D'EUROPE ET DE L'OURAL (angl.-franç.), 1845, 2 vol. gr. in-4, fig. et pl. Éd. angl. *Londres*, 1853, 2 vol. in-4. Éd. allem. *Stuttgart*, 1847-48, 2 vol. in-8. SILURIA (Silurien), 1854, *Londres*, gr. in-8. Geological Atlas of Europe (Atlas géolog. de l'Europe), 1856, *Édimbourg*, in-4.

MURGER (H.), littérateur, 1822, Paris; 1861, ibid. Clerc de notaire. Secrétaire du Cte Tolstoy. Collaborateur de divers journaux, surtout de la Revue des Deux Mondes. Abrégea son existence par l'irrégularité de sa conduite. — SCÈNES DE LA VIE DE BOHÈME, 1848. Claude et Marianne, 1851. Le Dernier Rendez-vous; le Pays latin, 1852. Adeline Protat, 1852. Les Buveurs d'eau, 1854. Ballades et Fantaisies. Les Nuits d'hiver. Le Sabot rouge. Théâtre : LA VIE DE BOHÈME, 1851. Le Bonhomme Jadis, 1852. Le Serment d'Horace, 1860. — OEuv. *Lévy*, 11 vol. in-18 à 1 fr. le vol.

MURILLO (Bartolomé-Esteban), célèbre peintre espagnol,

1618, Séville ; 1682, ibid. Élève de Moya, et surtout de son compatriote Velasquez, 1643-46, mais mieux encore de lui-même. Fondateur de l'École de Séville. Arriva promptement à une gr. renommée, qui lui a valu l'admiration de ses compatriotes et de la postérité. — St Léandre, St Isidore, St Ant. de Padoue, Ste Élisabeth, Conceptions, l'Enfant prodigue, St Pierre, l'Enfant Jésus, Moïse frappant le rocher, Multiplication des pains, à Séville. Ste Famille, Ecce Homo, Fiançailles de Ste Catherine, à Cadix. St J.-Baptiste, le Bon Pasteur, Conceptions, Ste Famille, Adoration des Bergers, Saints, à Madrid. Ste Famille, St Jean, à Londres. Annonciation, à Amsterdam. St F. d'Assise, à Naples. Berger, à Venise. Conceptions, le Jeune Mendiant, Ste Famille, Vierge, le Père éternel, le St-Esprit et l'Enfant Jésus, le Christ à la colonne, Jésus aux Oliviers, Saint en extase, Guirlande de fleurs, au Louvre.

MUSSET (L.-Ch.-Alf. de), poëte, 1810, Paris ; 1857, ibid. Célèbre dès l'âge de 20 ans. Voyagea en Italie avec George Sand, 1833-34. Revint seul en France, plein d'imagination, plus poëte, mais aussi plus porté aux excès que jamais. Bibliothécaire à l'intérieur, puis à l'instruction publique. Membre de l'Acad. franç. 1852. — Contes d'Espagne et d'Italie, 1830. Spectacle dans un fauteuil, 1833. Rolla, 1835. Les Nuits, 1835-37. La Confession d'un enfant du siècle, 1836. Ode à Malibran. Lettre à Lamartine. L'Espoir en Dieu. André del Sarto. Lorenzaccio. Les Caprices de Marianne, 1833. Fantasia, 1834. On ne badine pas avec l'Amour, 1834. Il ne faut jurer de rien, 1836. Il faut qu'une porte soit ouverte ou fermée, 1845. — OEuv. *Charpentier*, 1857, 8 vol. gr. in-18, 28 fr.

MUSSET (Paul-Edme de), romancier, 1804, Paris. Fut chargé, en 1846, d'une mission à Venise. — Samuel, 1833. La Tête et le Cœur, 1834. Lauzun, 1835-36. Anne Boleyn, 1836. Mignard et Rigaud, 1839. Les Femmes de la régence, 1841. Originaux du xviie siècle, les Nuits italiennes, 1848. J. le Trouveur, 1849. La Bavolette, 1856. Lui et Elle, 1860. — OEuv. *Charpentier*, 8 vol. gr. in-18, 28 fr.

MYRON, célèbre sculpteur grec, ve siècle av. J.-C. Éleuthères (Béotie). Élève d'Agéladas et condisciple de Polyclète. Se fixa à Athènes. Ses œuvres ne nous sont point parvenues. — Vache.

Chien. LANCEUR DE DISQUE. Persée tuant Méduse. Monstres marins. Satyre. Minerve. Hercule. Jupiter. Junon. Apollon.

N

NADAUD (Gust.), chansonnier et musicien, 1820, Roubaix. Abandonna le commerce pour s'adonner à la chanson, dans laquelle il a excellé. — Le Docteur Grégoire. Les Deux Notaires. PANDORE. Bonhomme. Ivresse. Le Quartier latin. Le Message. L'Insomnie. Souvenirs de voyage. La Pluie. La Forêt. Le Télégraphe. Opérettes : Le Docteur Vieuxtemps, Porte et fenêtres, la Volière. — OEuv. *Dentu*, 1860, in-12.

NANTEUIL (Robert), graveur et peintre, 1623, Reims ; 1678, Paris. Commença par s'occuper de peinture, qu'il abandonna pour la gravure, 1648, où il se fit un grand renom. Dessinateur du cabinet du roi, 1658. — LOUIS XIV. ANNE D'AUTRICHE. COLBERT. LE TELLIER. Mazarin. Pomponne de Bellièvre. Maréchal de Castelnau. Loret. Lamotte Le Vayer. Duc d'Orléans.

NANTEUIL (Ch.-F. LEBOEUF), sculpteur, 1792, Paris. Élève de Cartellier. Gr. prix de Rome, 1817. Membre de l'Académie des beaux-arts, 1831.— Ajax mourant, 1817. EURYDICE PIQUÉE PAR UN SERPENT, 1822. Ste Marguerite. St Jean. St Leu. Naïade, Prud'hon. Quatremère de Quincy. Boucher-Desnoyers. Fronton de Notre-D^e de Lorette.

NAUDÉ (Gabriel), bibliographe, 1600, Paris; 1653, Abbeville. Médecin de Louis XIII, 1633. Bibliothécaire de Richelieu, 1642, puis de Mazarin. Fondateur de la 1re bibliothèque publique en France, 1643. Ami de Gui Patin. — Advis pour dresser une bibliothèque, 1627-44, in-8. Consid. polit. sur les coups d'État, 1639, *Rome*, in-4. Jugement de ce qui a été imprimé contre le card. Mazarin, 1649, in-4.

NAUDET (Jos.), historien, 1786, Paris. Professeur de rhétorique au lycée Napoléon, 1810. Maître de conférences à l'École normale, 1816. Membre des Acad. des inscriptions, 1817, et des sciences morales, 1832. Professeur au Collége de France, 1821. Inspecteur gén. des études, 1830-40. Directeur de la Bibliothèque roy. 1840-57. Secrétaire de l'Acad. des inscriptions, 1852-60. — Histoire de la monarchie des Goths, 1811, in-8. Changements dans l'administration de l'empire romain, 1837, *Treuttel* et *Würtz*, 2 vol. in-8. Éd. de Tacite, 1821 ; Catulle, 1825 ; Horace, 1831-32 ; Plaute, 1838. Mémoires nombreux.

navarrete (Martin-Fernandez de), historien et géographe espagnol, 1765, Abalos (Rioja, Espagne) ; 1844, Madrid. Marin. Membre de l'Acad. historique. Professeur de mathématiques. Directeur du Dépôt hydrographique. Membre du Conseil de l'Amirauté. Correspondant de l'Institut, 1842. — Relations des voy. de Christ. Colomb, 1825-29-37, *Madrid*, 5 vol. in-4 avec cartes, 90 fr. Trad. franç., 1828, 3 vol. in-8.

navez (F.-Jos.), peintre belge, 1727, Charleroi. Gr. prix de peinture, à Gand, 1812. Élève de David. Membre, 1845, directeur et professeur à l'Acad. roy. de Bruxelles. — Agar dans le désert, Résurrection de Lazare, Assomption, la Vierge, à Bruxelles. Isaac et Rebecca, à La Haye. Le Christ et St Thomas, Ste-Famille, Mariage de la Vierge, à Amsterdam. Le prophète Samuel, à Arlem. Athalie et Joas. Sommeil de Jésus. Les Oies du frère Philippe. Arrivée de Vert-Vert à Nantes. Jeune Fille faisant l'aumône. La Femme adultère.

néander (J.-Aug.-Guill.) théologien allemand, 1789, Gœttingue ; 1850, Berlin. Élève de Planck. Professeur à Heidelberg, 1811, et à Berlin, 1812-50. — Allgemeine Geschichte der Christlichen Religion und Kirche (Hist. gén. de la Religion et de l'Église chrétiennes), 1825-45. 2ᵉ éd. *Hambourg*, 1842-52, 11 vol. in-8, 86 fr. Histoire de la propagation de l'Église chrét., 1832. Trad. franç. par Fontanes, *Cherbuliez*, 1836-42, 2 vol. in-8. Hist. de Jésus, 1837, *Hambourg*, in-8. Trad. franç. par M. Goy, *Ducloux*, 1852, 2 vol. in-8.

neer (Églon-Hendrick van der), peintre hollandais, 1643, Amsterdam ; 1703, Dusseldorf. Élève de Jacq. Van Loo. Peignit un gr. nombre de toiles. — Homme et Femme à table, Femme lisant, Un petit Tambour, à Londres. Une Dame, à Munich. Le Goûter, à Bruxelles. Baigneurs, à Anvers. Marchande de poissons, Paysage, au Louvre. Tobie, à Amsterdam. Une Assemblée, Circé, Tentation de St Antoine, Une Bergère, Vénus, Femme sortant du lit, à La Haye. Esther et Assuérus, Baigneuses, à Florence.

nélaton (Aug.), chirurgien, 1807, Paris. Élève de Dupuytren. Agrégé à la Faculté, 1839, et Professeur de Clinique chirurgicale, 1851. Membre de l'Acad. de médecine, 1856. — Rech. sur l'affection tuberculeuse des os, 1837, *Méquignon*, in-8. Traité des Tumeurs de la mamelle, 1839, in-4. ÉLÉM. DE PATHOLOGIE CHIRURG., 1844-59, *Baillière*, 5 vol. in-8, 37 fr. Parallèle de divers modes opératoires pour la cataracte, 1850, in-8. Influence de la position dans les maladies, 1851, in-8.

NETSCHER (Gaspar), peintre allemand, vers 1639, Heidelberg; 1684, La Haye. Après avoir visité une partie de la France, alla se fixer en Hollande.— Vertumne et Pomone, portraits, UN SEIGNEUR ET DEUX DAMES, Nymphe et Satyre, les Bulles de savon, Une Mère habillant ses enfants, Deux Dames avec un chien, Jeune Couturière, Femme à la toilette, à La Haye. Dame et Perroquet, à Rotterdam. Berger et Bergère, à Dusseldorf. Portraits, LEÇON DE MUSIQUE, au Louvre. MORT DE CLÉOPATRE. Joueur de luth. Sarah et Agar. Les Grâces et Vénus. Une Mère montrant à lire.

NETTEMENT (Alf.-F.), littérateur, 1805, Paris. Fondateur et directeur de plusieurs journaux polit. Député, 1848. — Hist. de la Révolution de Juillet, 1834, *Dentu*, 2 vol. in-8. Ruines morales et intellectuelles, 1836, in-8. Hist. du Journal des Débats, 1838. 2e éd. *Dentu*, 1842, in-8. Vie de Marie-Thérèse, 1842, in-8. Henri de France, 1845. 4e éd. 1849, in-8. La Presse parisienne, 1846, in-16. Études sur les Girondins, 1848-52, in-8. Hist. de la Litt. franç. sous la Restauration, 1852, 2 vol. in-8 ; SOUS LA ROYAUTÉ DE JUILLET, 1854, 2 vol. in-8.

NEWTON (Isaac), célèbre mathématicien, physicien et savant anglais, 1642, Woolsthorpe (Lincoln); 1727, Londres. Professa les mathématiques à Cambridge, 1669-95. Membre de la Société roy. de Londres, 1672. Membre du Parlement, 1689-90. Directeur de la Monnaie, 1696. Correspondant de l'Institut, 1699. Président de la Société roy. 1703-27. Newton s'est illustré par des travaux considérables et des découvertes nombreuses : Méthode du binome; Calcul infinitésimal, 1665 (Leibniz, 1676); Décomposition de la lumière, 1666 ; Gravitation universelle, 1682 ; Instruments à réflexion, 1700. Ses rapports avec Huyghens, Hooke et Leibniz donnèrent quelquefois lieu à de longues discussions, surtout avec ce dernier, qui avait de son côté aussi découvert le calcul infinitésimal. — PRINCIPES MATHÉMATIQUES DE LA PHILOS. NATURELLE, 1687. Nouv. éd. lat., par Pemberton, *Londres*, 1726, in-4. 12 à 18 fr. et 1822, 4 vol. gr. in-8, 48 à 60 fr. Éd. angl. *Londres*, 1819, 3 vol. in-8, 25 fr. Éd. franç. par Mme du Chastelet, 1759, 2 vol. in-4. 30 à 35 fr. TRAITÉ D'OPTIQUE, 1704. Nouv. éd. angl. *Londres*, 1704, in-4. Éd. lat. *Londres*, 1719, in-4, 8 à 10 fr. Éd. franç. par Coste, 1722, in-4, et par Marat, 1787, 2 vol. in-8, 6 à 8 fr. ARITHMÉTIQUE UNIVERSELLE, 1707. Nouv. éd. lat. *Amsterdam*, 1760, 2 vol. in-4, 12 à 18 fr. Éd. angl. *Londres*, 1769, 2 vol. in-8. Éd. franç. par Beaudeux, 1802, 2 vol. in-4. Analysis per quantitatum series, 1711, *Londres*, gr. in-4. Chronologie des anciens royaumes, 1728, *Londres*, in-4, 8 à 10 fr. Trad. franç. par Granet, 1728, in-4, 6 à 8 fr. Méthode des fluxions, 1736, *Londres*, in-4, 6 à 8 fr. Trad. franç. par Buffon, 1740, in-4. — OEuv. Éd. lat. par Horsley, *Londres*, 1779-85, 5 vol. gr. in-4.

NICÉPHORE CALLISTE, historien grec, fin du 13e siècle....; vers 1350..... Commença à 36 ans à écrire son hist. qui s'étend depuis J.-C., jusqu'en 610. — Hist. ecclésiastique. Éd. grecq. *Cramoisy*, 1630, 2 vol. in-fol. 10 à 15 fr. Éd. lat. *Migne*, 1860, gr. in-8, 11 fr. Trad. franç. 1586, in-fol.

NICERON (J.-P.), littérateur et historien, 1685, Paris; 1738, ibid. Entra dans l'ordre des Barnabites, 1702. Consacra 20 ans à son principal ouvrage. — Mémoires pour l'hist. des hommes illustres, 1727-45, 44 vol. in-12, 75 à 90 fr.

NICOLE (P.), théologien et moraliste, 1625, Chartres; 1695, Paris. Ami et compagnon de travail d'Arnaud. Enseigna les lettres et la philosophie à Port-Royal. Mêlé aux querelles des Jansénistes qu'il soutenait contre les Molinistes, il fut obligé de quitter la France à deux reprises différentes. — PERPÉTUITÉ DE LA FOI, 1664. Nouv. éd. *Savreux*, 1704, 4 vol. in-4, 15 à 24 fr. Les Imaginaires et les Visionnaires, 1667, *Amsterdam, Elsevier*, 2 vol. pet. in-12, 10 à 15 fr. ESSAIS DE MORALE, 1671 et suiv. Nouv. éd. 1741-55, 25 vol. pet. in-12. — OEuv. chois. *Hachette*, 1844, in-12, 3 fr. 50, et *Techener*, 1857, in-16, 6 fr.

NIEBELUNGEN, poëme épique de l'Allemagne, écrit vers le XIIIe siècle, et retraçant la lutte et la destruction des Burgundes et de la famille des Niebelungen par Attila. — Éd. allem. *Berlin,* 1810, in-8, *Leipsick,* 1840, in-4, ou 1856, in-16, 5 fr. Trad. franç. par Mad^e Moreau, *Charpentier,* 1837, 2 vol. in-8, 15 fr, et par J.-L. Bourdillon, *Cherbuliez,* 1852, pet. in-8.

NIEBUHR (Carstens), voyageur allemand, 1733, Ludwigswörth (Hanovre); 1815..... Agriculteur. Exécuta un voy. scientifique en Asie, 1761-67. Capitaine du génie, 1768. Conseiller de justice, 1778. Conseiller d'État, 1808. Correspondant de l'Institut.—Description de l'Arabie, 1772, in-4. Trad. franç. *Copenhague,* 1773, in-4, 6 à 8 fr. Voy. en Arabie, 1774-78, *Copenhague,* 2 vol. in-4. Trad. franç. *Amsterdam,* 1776-80, 2 vol. in-4, 15 à 20 fr.

NIEBUHR (Barthold-Georges), historien allemand, 1776, Copenhague; 1831, Bonn. Secrétaire des finances, 1796, puis de la Bibliothèque roy. de Copenhague, 1797-98. Directeur de la Banque, 1803. Membre de l'Acad. et professeur d'hist. à Berlin, 1810. Ambassadeur à Rome, 1815-22. Se retira à Bonn. — HIST. ROMAINE, 1811. Nouv. éd. allem. *Berlin, Reimer,* 1828-32, 3 vol. in-8, 45 fr. ou 1853, in-8, 25 fr. Trad. franç. par Golbéry, *Levrault,* 1830-40, 7 vol. in-8. Historische und philologische Vorträge (Leçons d'hist. et de philologie), 1846-58, *Berlin,* 8 vol. in-8.

NIEPCE (Jos.-Nicéphore), chimiste, 1765, Chalon-s.-Saône; 1833.... près de cette ville. Soldat. Chef du district de Nice, 1795-1801. Eut le premier l'idée du daguerréotype, 1813. S'associa avec Daguerre, 1829, qui perfectionna cette invention et lui donna son nom. NIEPCE DE ST-VICTOR (Cl.-Marie-F.), 1805, St-Cyr, près Chalon-s.-Saône, son neveu, continuateur de ses travaux, s'est principalement occupé de la photographie sur verre, 1847. — Rech. photographiques, 1855, in-8.

NIEUWERKERKE (Alf.-Émilien, Cte de), sculpteur, 1811, Paris. Son goût pour les arts se développa et se perfectionna par des voyages. Directeur gén. des musées, 1849. Membre de l'Institut, 1853. Surintendant des beaux-arts. — Guill. le Taciturne, 1843. Descartes, 1846. Isabelle la Catholique, 1847. La Rosée, 1849. Napoléon Ier, 1852. Catinat. Bustes : Marquis de Mortemart et de La Valette, Docteur Leroy d'Étioles, Napoléon III, Mesd^{mes}....., Princesse Murat, Maréchal Bosquet.

NILSON (Sven), naturaliste suédois, 1787, Schonen. Directeur du Musée zoölogique, 1819, et professeur à la Faculté de Lund, 1821. Réorganisa la collection zoolog. de Stockholm, 1848. — Ornithologia Suecica, 1817-21, *Copenhague*, 2 vol. in-8, fig. 30 fr. SKANDINAVISCHE FAUNA (Faune scandinave), 1820-53, *Stockholm*, 4 vol. in-4.

NISARD (J.-Marie-Napoléon-Désiré), littérateur, 1806, Châtillon-s.-Seine. Rédacteur aux Débats, 1828-30, puis au National. Maître de conférences à l'École normale, 1835. Chef du secrétariat à l'instruction publique, 1836. Maître des requêtes, 1837. Chef de la division des sciences et lettres, 1838. Député, 1842-48. Professeur au Collége de France, 1844. Membre de l'Acad. franç. 1850. Inspecteur gén. de l'enseignement, 1852. Professeur à la Faculté, 1853. Directeur de l'École normale, 1857. — POÈTES LATINS DE LA DÉCADENCE, 1834. 2e éd. *Hachette*, 1849, 2 vol. in-8, 7 fr. 50. Mélanges, 1838, 2 vol. in-8. Précis de l'hist. de la litt. franç. 1840, in-12. HIST. DE LA LITT. FRANÇAISE, 1844-61, *Didot*, 4 vol. in-8, 30 fr. 3e éd. 4 vol. in-18, 16 fr. Études sur la renaissance, 1855, in-18; de critique litt. 1858, in-18; d'histoire et de litt. 1859, in-18. Collection des auteurs latins de MM. Didot, 1839 et suiv. 27 vol. gr. in-8.

NISARD (Marie-Léonard-Ch.), littérateur, 1808, Châtillon-s.-Seine. Frère du précédent. Abandonna le commerce pour les lettres. Attaché à la maison de L.-Philippe, 1831-48, puis au ministère de l'intérieur, 1852. — Portraits contemporains, 1845, in-8. Le Triumvirat litt. 1852, *Amyot*, in-8. Les Ennemis de Voltaire, 1853, *Amyot*, in-8, 3 fr. 50. Hist. des livres populaires, 1854, *Amyot*, 2 vol. in-8, 40 fr. Nouv. éd. *Dentu*, 1862, 2 vol. in-18. Les Gladiateurs de la république des lettres, 1860, *Lévy*, 2 vol. in-8, 15 fr. Mémoires du P. Garasse, 1861, *Amyot*, in-18, 3 francs 50.

NODIER (Ch.), littérateur, 1783, Besançon; 1844, Paris. A peine arrivé à Paris, fut obligé de quitter cette ville pour une pièce de vers contre Napoléon, 1803. Ouvrit un cours de litt. à Dôle. Bibliothécaire à Laybach, 1811; à l'Arsenal, 1823. Membre de l'Acad. franç. 1833. Romans, histoire, poésie, critique, philologie, Nodier a écrit sur tout et parlé de tout avec esprit, mais aux dépens peut-être de la solidité de ses œuvres. — Lin-

guistique : Dict. des onomatopées franç. 1808. 2e éd. 1828, in-8;
Dict. de la langue franç. 1823-32 , 2 vol. in-8 ; Examen
crit. des dictionnaires, 1828-29, in-8 ; Notions élém. de linguis-
tique, 1834, in-8. Critique et bibliographie : Questions de litt.
légale, 1812. 2e éd. 1828, in-8; Mélanges de litt. et de critique,
1820, 2 vol. in-8; Bibliothèque sacrée, grecq.-lat. 1826, in-8;
Variétés litt. et philos. 1828, in-8. Hist. des Sociétés secrètes de l'armée, 1815, in-8. Voyages, 1820 et suiv. gr. in-fol.
Souvenirs, Épisodes et Portraits, 1831, 2 vol. in-8. Dernier banquet des Girondins, 1833, in 8. Poésie : Essais d'un jeune barde,
1804 ; la Napoléone, 1814. Romans : Stella, le Peintre de Saltz-
bourg, Adèle, Thérèse Aubert, Trilby, la Fée aux miettes, Mlle de
Marsan, le Nouv. Faust, J. Sbogar.— OEuv. *Renduel*, 1832-34,
12 vol. in-8, 60 fr. Contes choisis, *Hetzel*, 1846, in-8, fig. 10 fr.

NOEL (F.-Jos.-Michel), littérateur, 1755, St-Germain-en-Laye;
1841, Paris. Professeur à Louis-le-Gr., chef de bureau aux affaires
étrangères, 1792. Ministre à La Haye, 1793-97, et à Venise, 1794.
Directeur des prisons, 1798. Membre du Tribunat. Commissaire
de police à Lyon, 1800. Préfet du Haut-Rhin, 1801. Inspecteur
gén. de l'instruction publique, 1802, et de l'Université, 1808. —
Nouv. Siècle de Louis XIV, 1793, in-8. Éphémérides polit. 1796-
97. Nouv. éd. 1812. 12 vol. in-8. Dict. de la Fable, 1801. 4e éd.
1823, 2 vol. in-8. Leçons de litt. et de morale, 1804. 27e éd.
1847, 2 vol. in-8. Dict. franç.-lat. 1807 ; lat.-franç. 1808. Gra-
dus ad Parnassum, 1810. Leçons de litt. franç. 1804 ; lat. 1808;
angl. 1817 ; ital. 1824 ; grecq. 1825 ; allem. 1827. Avec Chapsal :
Nouv. Grammaire franç. 1823. 46e éd. 1854. Exercices franç.
1824. 45e éd. 1852. Abrégé de la Gramm. franç. 1826. 35e éd.
1854. Analyse grammaticale, 1827. 25e éd. 1852. Analyse logique, 1827. 22e éd. 1854, etc.

NOEL DES VERGERS (Jos.-Marin-Ad.), orientaliste, 1805,
Paris. Membre des Sociétés asiatique et de géographie. Voyagea
en Orient. Exécuta des fouilles importantes en Étrurie. Correspondant de l'Acad. des inscriptions. — Vie de Mahomet, d'A-
bulféda, texte et trad. 1837, in-8. Hist. de l'Afrique, de Khal-
doun, texte et trad. 1841, in-8. Hist. de l'Arabie, *Didot*, in-8,
6 fr. Étude sur Marc-Aurèle, *Didot*, in-8, 4 fr. L'Étrurie et
les Étrusques, *Didot*, 2 vol. in-8 avec atlas in-fol. 100 fr.

NOLLET (J.-Ant. l'abbé), physicien, 1700, Pimpré (Picardie) ; 1770, Paris. Ouvrit un cours de physique, 1735-60. Membre de l'Acad. des sciences, 1739. Après un voy. en Italie, 1749, fut nommé professeur de phys. expérimentale du collége de Navarre, 1753 ; des Enfants de France, 1757, et de l'École de Mézières, 1761. — LEÇONS DE PHYS. EXPÉRIMENTALE, 1743. 4e éd. *Guérin*, 1754, 6 vol. in-12. Rech. sur les Phénomènes électriques, 1749-54, in-12.

NONNOS, poëte grec, IVᵉ et Vᵉ siècle, Panopolis (Égypte). Étudia à Alexandrie, parcourut ensuite les côtes de la Méditerranée et séjourna à Athènes. On a de lui un poëme en 48 chants sur l'hist. de Bacchus. — Les Dionysiaques. — Éd. grecq. par Græfe, *Leipsick*, 1819-26, 2 vol. in-8. Éd. grecq.-lat. par Eilhard, *Leyde*, *Elsevier*, 1610, in-8. Éd. grecq.-franç. par le Cᵗᵉ de Marcellus, *Didot*, 1856-60, 2 vol. gr. in-8, 40 fr. Éd. franç. par le même, 1856, 6 vol. in-32. 12 fr.

NORBLIN (Sébastien-L.-Wilhelm), peintre, 1796, Varsovie. Élève de Regnault, de Vinant et de Blondel. 2ᵉ, 1823, et 1ᵉʳ gr. prix de peinture, 1825. — Cyparisse mourant, 1827. Mort de Thalaris, 1830. Bacchante endormie, Érigone, 1833. Baigneuse, 1834. Vision de St Luc, 1836. Jésus et le paralytique, 1839. Jésus aux Oliviers, 1841. St Paul à Athènes, 1844. Les trois Parques, 1846. L'Étoile du matin, 1847. Martyre de St Laurent, 1848. Rachel pleurant, 1849. Décollation de St Jean, 1850. Jésus et les petits enfants, 1857. Suzanne, 1859. St Paul, 1861. Xénocrate et Phryné, 1863.

NORVINS (Jacq. MARQUET baron de), historien, 1769, Paris ; 1854, Pau. Émigra en 1789. Secrétaire du préfet de la Seine Frochot, et du général Leclerc, à St-Domingue. Conseiller d'État en Westphalie. Directeur de la police des États romains, 1810-14. Préfet, 1830-31. — L'Immortalité de l'âme, 1822. HIST. DE NAPOLÉON. 1827 et suiv. IXᵉ éd. 1838, gr. in-8, fig. 20 fr. ou 1839, 4 vol. in-8. Essais sur la révolution française, 1832, 2 volumes in-8. Histoire de France, de 1789 à 1830. Édition 1859, *Furne*, in-8.

O

OCCAM (Guill. d'), philosophe anglais, 1270-80, Occam (Surrey); 1347, Munich. Entra dans l'ordre de St-François. Élève puis adversaire de Duns Scot. Professa à Paris. Ayant pris avec ardeur le parti des princes contre la papauté, il fut obligé de se réfugier en Allemagne. — Dialogus adversus hæreticos, 1476, in-fol. Opus nonaginta dierum. Disputatio inter clericum et militem. De Potestate Summi Pontificis. Super Sententiarum. Summa logicæ. Quodlibeta.

ODART (Alex.-P., Cte), viticulteur, 1778, Prézault (Indre-et-Loire). Élève de l'École polytechnique, 1796. Chargé d'une mission en Hongrie, 1839. Ses efforts ont été consacrés à l'acclimatation et à l'amélioration des meilleurs produits agricoles, notamment en ce qui concerne la vigne. — Essai de culture de la vigne, 1837, *Tours*, in-8. Ampélographie universelle, 1841. 5e édit., *Libr. agr.*, 1862, in-8, 7 fr. 50. Manuel du vigneron, 1845, in-12.

ŒHLENSCHLÆGER (Adam-Gottlob), poëte danois, 1779, Copenhague; 1850, ibid. Fut un moment acteur. Son amour pour la fille d'Heger le livra à la poésie. Visita la France, la Suisse, l'Italie, l'Allemagne. Professeur d'esthétique à Copenhague, 1809. — Poetiske Skrifter (OEuv. poétiques), 1807, *Copenhague*, 2 vol. Nordiske Digte (Poésies du nord), 1807. Le Corrége, 1811. Trad. par X. Marmier, 1834. Ærlighed varer længst (La loyauté triomphe de tout), 1813. Nordens Guder (les Dieux du nord), 1819. Drames. — Éd. dan. Théâtre, *Copenhague*, 1831-38, 10 vol. Poésies, 1835 et suiv. 10 vol. Éd. allem. OEuv. compl. *Breslau*, 1829-39, 18 vol.

ŒRSTED (J.-Chrétien), célèbre physicien danois, 1777, Rudkjœbing (île de Lengeland); 1851, Copenhague. Visita l'Allemagne, l'Italie, la France, l'Angleterre. Professeur de phys. et des sciences nat. à Copenhague, 1806-10. Secrétaire perpétuel de la Société roy. 1815. Conseiller d'État, 1828. Directeur de l'École polytechnique, 1829. Correspondant de l'Institut, 1842. S'est rendu célèbre par la découverte de l'électro-magnétisme, 1820. — Rech. sur l'identité des forces chimiques et électriques, 1812.

Trad. franç. par Marcel de Serres, *Dentu*, 1813, in-8. EXPÉ-
RIENCES SUR L'EFFET DU CONFLIT ÉLECTRIQUE SUR L'AIGUILLE
AIMANTÉE, 1820. Trad. franç. par Gay-Lussac et Arago dans les
Annales de chimie et de phys. XIV, 1820. ESPRIT DE LA NA-
TURE. Trad. franç. par M. Martin. Mémoires nombreux et im-
portants.

ŒRSTED (Anders-Sandœe), jurisconsulte et politique danois,
1778, Rudkjœbing. Frère du précédent. Assesseur au tribunal,
1801 ; à la haute cour, 1810, et procureur gén. 1825-48, à Copenhague. Ministre d'État, 1842. Député à la Constituante,
1848. Président du ministère, 1854. — Over Sammenhængen
Mellen Dyds-og Retslærens Princip (Sur les Rapports entre les
principes de morale et de droit), 1798, *Copenhague*, in-8. Sup-
plement til Nærregard Forelœsninger over den Danske og
Norske private ret (Supplément aux cours de Nærregard sur le
droit civil danois et norvégien), 1804-12, *Copenhague*, 3 vol.
in-8. Handbog over den Danske of Norske Lovkindighed (Manuel
de jurisprudence dan. et norvég.), 1822-25, *Copenhague*, 6 vol.
in-8.

OHMACHT (Landelin), sculpteur allemand, 1761, Rotweil
(Wurtemberg); 1834, Strasbourg. Perfectionna son talent en Ita-
lie, auprès de Canova. Ami de Lavater et de Klopstock. Se fixa
à Strasbourg en 1801. — Desaix, entre Kehl et Strasbourg. JU-
GEMENT DE PARIS, à Munich. Neptune, à Munster. Hébé. VÉNUS
SORTANT DE LA MER. MAUSOLÉE DE L'EMPEREUR RODOLPHE, à
Spa. Flore, à Reims. Muses, à Strasbourg. Le Christ, la Foi et la
Charité. La Vierge et l'Enfant Jésus.

OKEN (Laurent), naturaliste allemand, 1779, Bohlsbach
(Souabe) ; 1851, Zurich. Professeur de médecine à Iéna, 1807-16;
à Munich, 1828 ; à Zurich, 1832. — Grundriss der Naturphilo-
sophie (Esquisse de la philos. de la nature), 1804, *Francfort*,
Lehrbuch der Systems der Naturphilosophie (Manuel d'un Syst.
de la philos. nat.), 1809-31, *Iéna*, 3 vol. in-8. et *Zurich*, 1843.
Lehrbuch der Naturgeschichte (Manuel d'Hist. nat.), 1812-16,
Leipsick et *Iéna*, 5 vol. in-8. ALLGEMEINE NATURGESCHICHTE
(Hist. nat. générale), 1833-41, *Stuttgart*, 13 vol. in-8.

OLBERS (H.-Guill.-Matthias), astronome allemand, 1758, Ar-
bergen, près Brême ; 1840, Brême. Correspondant de l'Institut,

1829. Ses travaux astronom. sont considérables. Il simplifia le calcul des orbites des planètes, 1797, que le célèbre Gauss devait rendre plus précis encore. Découvrit les planètes Pallas, 1802, et Vesta, 1807, et la comète de 1815. — Méthode nouv. pour calculer l'orbite des comètes, 1797.

OLIVET (P.-Jos. THOULIER, abbé d'), grammairien et littérateur, 1682, Salins; 1768, Paris. Entra dans l'Ordre des Jésuites qu'il quitta en 1713. S'abandonna alors à l'étude des lettres qui devinrent l'occupation de toute sa vie. Membre de l'Acad. franç., 1723. — Hist. de l'Acad. franç. 1729, 2 vol. in-4, et 1743, 2 vol. in-12. Nouv. éd. 1858, 2 vol. in-8. Essais de Grammaire, 1732, in-12. PROSODIE FRANÇ.,1736. Nouv. éd. *Maugard*, 1812, in-8. Remarques sur Racine, 1738, in-8. OEuv. DE CICÉRON, 1740-42, 9 vol. in-4.

OLIVIER (Guill.-Ant.), naturaliste, 1756, Fréjus; 1814, Lyon. Préparait un ouvrage de statistique des environs de Paris, que 1789 anéantit. Envoyé en mission en Perse, il y resta 6 ans, 1692-98. Membre de l'Institut, 1800. Professeur de zoologie à l'École d'Alfort. — ENTOMOLOGIE, 1789-1808, 6 vol. gr. in-4. avec pl. Voy. dans l'empire ottoman, 1801-07, 3 vol. in-4 ou 6 vol. in-8, avec atlas, 24 à 30 fr.

OOST LE VIEUX (Jacq. VAN), peintre flamand, 1600, Bruges; 1671, ibid. Élève de Van Dyck. S'inspira, en Italie, des œuv. des Carrache. Rentré à Bruges, 1630, il peignit un gr. nombre de tableaux. — Résurrection du Christ, St Éloi, Baptême de Jésus, St Huber et Ste Anne, St Joseph et Jésus, Présentation au Temple, St Jean, St Pierre, Vierges, Christs, Saints, NATIVITÉ, Circoncision, St Martin partageant son manteau, FRESQUE DE L'ABBAYE, ASSEMBLÉE DES MAGISTRATS, à Bruges.

OOST LE JEUNE (Jacq. VAN), peintre flamand, 1637, Bruges; 1713, ibid. Fils et élève du précédent. Visita l'Italie et la France, et se fixa à Lille pendant 41 ans. — MARTYRE DE STE BARBE, Résurrection de Lazare, Vie de St J.-de-la-Croix et de Ste Thérèse, Ste Famille, l'Enfant Jésus, à Lille. Ste Marguerite, à Bruges.

OPPERT (Jules), orientaliste, 1825, Hambourg. Professeur à Laval, puis à Reims, 1848. Fit partie, avec Fresnel, du voy. scientif. en Mésopotamie, 1851-54. — Inscriptions des Achéménides, 1852, in-8. Inscriptions cunéiformes, 1859, in-8. Grammaire sanscrite, 1859, *Berlin,* in-8. Expédition scientif. en Mésopotamie, 1857 et suiv. *Impr. imp.* 2 vol. in-4, avec atlas.

OPPIEN, poëte grec, 2ᵉ siècle de J.-C., Anazarbe ou Coryce (Cilicie). Fit un voyage à Rome. Ses vers ayant plu à Caracalla, ce dernier lui accorda la grâce de son père qui avait été exilé de son pays par Sévère. — La Chasse. Trad. franç. par Belin de Ballu, *Strasbourg*, 1787, in-8, 5 fr. La Pêche. Trad. franç. par Limes, 1817, in-8, 5 fr. — OEuv. Éd. grecq.-lat. par Schneider, *Strasbourg,* 1776, gr. in-8, 10 à 12 fr., et *Leipsick*, 1813, in-8, 8 francs.

ORBIGNY (Alcide Dessalines d'), naturaliste, 1802, Coueron (Loire-Inférieure); 1857, Pierrefitte, près St-Denis (Seine). Exécuta un voy. scientif. important dans l'Amérique du Sud, 1826-34. Professeur de paléontologie, au Muséum, 1853. Lauréat des Sociétés géograph. de Paris et de Londres. — Voy. dans l'Amérique méridionale, 1834-47, *Levrault,* 7 vol. gr. in-4, fig. et 2 vol. in-fol. Paléontologie franç., 1840-54, *Masson*, in-8, vol. i-xiv. Cours élém. de paléontologie et de géologie, 1849-52, 3 vol. in-12, 15 fr. Prodrome de paléontol. statigraphique, 1850-52, 3 vol. in-12, 24 fr. Voy. dans les deux Amériques, nouv. éd. *Furne,* 1852, gr. in-8, fig. 15 fr.

ORBIGNY (Ch. Dessalines d'), naturaliste, 1806, Coueron. Frère du précédent. Secrétaire de Brochant de Villiers, 1827. Aide au Muséum, 1835. — Tableau du règne végétal, 1834. Description géolog. des environs de Paris, 1838, in-8. Dict. univ. d'hist. naturelle (avec divers), 1839-49, 13 vol. gr. in-8, avec 3 vol. de pl. Dict. abrégé d'hist. nat. (avec M. Wegmann), 1844, 2 vol. in-8. Géologie appliquée aux arts (avec M. Gente), 1851, in-8. Manuel de géologie, 1852, in-18.

ORELLI (J.-Gaspard d'), philologue suisse, 1787, Zurich; 1849, ibid. Pasteur à Bergame, 1806. Professeur à Coire, 1814, et à Zurich, 1819. Bibliothécaire et l'un des fondateurs de l'université de cette dernière ville, 1833. — Inscriptionum latinarum collectio, 1828, *Zurich,* 2 vol. in-8, et supplém. 1844, in-8. OEuv. de Cicéron, 1826-38; de Phèdre, 1832; de Velleius Paterculus, 1835; de Platon, 1839; de Salluste, 1840; d'Horace, 1843; de Tacite, 1846-48.

ORFILA (Matthieu-Jos.-Bonav.), célèbre chimiste, 1787, Mahon (Minorque); 1853, Paris. Se fixa dans cette ville, 1807. Docteur, 1811. Ouvrit des cours de chimie, de phys., de botanique et de médecine, 1812. Professeur, 1819-53; membre et doyen de la Faculté, 1830-48. Membre du conseil de l'instruction publique, 1832. Ses travaux sur la toxicologie ont fait de lui le véritable créateur de cette science. — Traité des Poisons, 1813-15. 4ᵉ éd. *Masson*, 1843, 2 vol. in-8. Élém. de chimie, 1817. 7ᵉ éd. *Masson*, 1843, 2 vol. in-8. Traité de médecine légale, 1821-23. 4ᵉ éd. (avec le Traité des exhumations de 1830), *Labé*, 1847, 4 vol. in-8. Nouv. Dict. des termes de médecine (avec MM. Béclard, Chomel et Cloquet), 1833, 2 vol. in-8 et supplém. Rech. sur l'empoisonnement par l'acide arsénieux, 1841, in-8.

ORIBASE, médecin grec, vers 325, Pergame; vers 400..... Ami et conseiller de l'empereur Julien. Questeur de son palais. Exilé par les successeurs de ce prince. — Collections médicales. Les remèdes faciles. — OEuv. Éd. grecq.-franç., par MM. Bussemacker et Daremberg, *Baillière*, 1851-62, 4 vol. gr. in-8, 48 fr.

ORIGÈNE, célèbre théologien grec, vers 186, Alexandrie; 253, Tyr. Élève de Clément d'Alexandrie, auquel il succéda comme prédicateur. Entra dans les ordres, 230. Persécuté par Démétrius, évêque d'Alexandrie, pour sa doctrine qui ne parut pas conforme à celle de l'Église, il alla enseigner à Athènes, à Césarée et à Tyr. — Hexapla. Éd. hebr.-grecq.-lat. par Montfaucon, 1713, 2 vol. in-fol. 60 à 70 fr. et par Bahrst, *Leipsick*, 1769-70, 2 vol. in-8, 12 à 15 fr. In S. Scripturam commentaria, par Huet, *Rouen*, 2 vol. in-fol. Traité contre Celse, éd. grecq.-lat. par Spencer, *Cambridge*, 1658, in-4, 8 à 12 fr. Trad. franç. *Amsterdam*, 1700, in-4. — OEuv. Éd. grecq.-lat. par Delarue, 1733-59, 4 vol. in-fol., 150 à 200 fr. et *Wurtzbourg*, 1780-94, 15 vol. in-8, 50 à 60 fr. Nouv. éd. *Berlin*, 1836-42, in-8. I-XIII. Éd. *Migne*, 1857, 7 vol. gr. in-8. 75 fr.

ORTOLAN (Jos.-L.-Elzéar), jurisconsulte, 1802, Toulon (Var). Avocat, 1826. Bibliothécaire à la cour de cassation, 1827, et secrétaire gén. au parquet, 1830. Délégué du Var auprès du conseil gén. de l'agricult., 1836-49. Professeur de législation pénale, 1849. Membre du conseil de l'instruction publique, 1849-51. —

Explication des Institutes, 1827. Nouv. éd. *Plon,* 3 vol. in-8, 22 fr. 50. Hist. de la législation romaine, 1828. 4e éd. *Joubert,* 1846, in-8, 5 fr. 50. Cours de législation pénale, 1839-41, *Joubert,* 2 vol. in-8. Élém. de droit pénal, 1856. Nouv. éd. *Plon,* 1863-64, 2 vol. in-8.

OSTADE (Adrien van), peintre hollandais, 1610, Lubeck ; 1685, Amsterdam. Élève de F. Hals. Étudia la nature qu'il rendit dans toute sa réalité, mais avec talent et succès. — Poissonnerie, Pêcheurs, Musiciens, Joueurs de quilles, Fumeurs, Buveurs, Tabagie, Intérieurs, à Amsterdam. Tabagies, à Gand et à Dort. Jeune mère, Paysans, Femme lisant, Dévideuse, Avocat, Intérieurs, Danses, Retours de chasse, à La Haye. Extérieur de cabaret, à Middelbourg. Paysans, à Cassel. Extérieur de ferme, un Savant, Cuisinière, Fileuse, Paysans, à Rotterdam. Ostade peignant, Grivois flamand, Ostade et sa famille, Matelot, Maître d'école, Joueurs, Fumeurs, Paysages, au Louvre.

OSTADE (Isaac van), peintre hollandais, 1617, Lubeck ; vers 1654, Amsterdam. Frère et élève du précédent, qu'il commença par imiter pour se rapprocher ensuite de Claude Lorrain, de Van der Neer, de Ruysdael. — Halte de voyageurs, Famille de paysans, Villages, un Canal en Hollande, Scènes d'hiver, à Londres. L'Arracheur de dents, à Vienne. Patineurs, Canal glacé, à Munich. Haltes, Canaux glacés, au Louvre. Buveur de bière, Voyageurs, à Amsterdam. Paysans, Fumeurs, l'Été et l'Hiver, à St-Pétersbourg. Villages, Fileuse, Auberge, Savonneuse, Voyageur, Intérieurs de ferme, Charretier, Paysages, chez divers.

OTTIN (Aug.-L.-Marie), sculpteur, 1811, Paris. Élève de David. Gr. prix de sculpture, 1836. — Hercule, l'Amour et Psyché, Leuchosis, M. Ingres, Chasseur indien, Lutteurs, Ecce Homo, Vierge. Polyphème surprenant Acis et Galatée, au Luxembourg. Napoléon III, Jeune Fille, Amour et Psyché, 1861. Bethsabée, 1864.

OTWAY (Thomas), poëte dramatique anglais, 1651, Trotten (Sussex); 1685..... Fut un moment acteur, avant d'être homme de lettres. L'irrégularité de sa conduite le maintint et le fit mourir dans la misère. — Don Carlos, 1676. L'Orphelin, Caius Marius, 1680. Venise sauvée, 1682 ; trad. franç. *Barrois,* 1782, in-8, ou 1827, in-18. — OEuv. Éd. angl. *Londres,* 1813, 3 vol. pet. in-8, 18 à 24 fr.

OUDINÉ (Eug.-André), sculpteur et graveur, 1810, Paris. Élève de Galle. Gr. prix de Rome, 1831. Attaché au Timbre, 1844, puis à la Monnaie. — Sculpture : Le Gladiateur, 1837 ; Bethzabée, le général Espagne, 1842 ; Louis XVIII, la Charité, 1843 ; la Vierge à l'Enfant, les quatre Évangélistes, 1845 ; la reine Berthe, Psyché endormie, 1848 ; la Loi, la Sécurité, la Justice, Martyre de Ste-Valère, Baptême de Clovis, 1853 ; Buffon, 1855 ; Bustes nombreux. Médailles : l'Amnistie, la Colonne de Boulogne, 1843 ; la cathédrale d'Alger, le Gouvernement provisoire, 1848 ; le Deux Décembre, 1852 ; Chemin de fer de Paris en Espagne, Tombeau de Napoléon Ier, 1853 ; l'Exposition universelle, Bataille d'Inkermann, 1855.

OUDRY (J.-Bapt.), peintre et graveur, 1686, Paris ; 1755, Beauvais. Élève de Largillière. Membre de l'Acad., 1719. Directeur à la manufacture de Beauvais, 1734-55. Inspecteur aux Gobelins, 1736.—Chiens de la meute de Louis XV, Chasse au Loup, Chien gardant du gibier, Combat de deux coqs, la Ferme, Chien avec une jatte de lait. Dessins pour les Fables de La Fontaine.

OVERBECK (Fréd.), célèbre peintre allemand, 1789, Lubeck. Ayant adopté le style des peintres du moyen âge, il quitta l'Allemagne et se fixa à Rome, 1810, où son talent acquit un gr. développement. Directeur de l'Acad. de St-Luc. — Fiançailles de la Vierge. Le Christ aux Oliviers, à Hambourg. Ste Famille. Élie montant au ciel, Entrée du Christ à Jérusalem, Mort de St Joseph, Mise au tombeau, à Lubeck. Influence de la religion sur les arts, à Francfort. L'Italie et la Germanie. Conversion de St Thomas. Sacrement de l'Ordination. Résurrection de Lazare. Ruth et Booz. Fresques : Joseph vendu par ses frères ; les Sept années de disette, à la villa Bartholdy ; la Jérusalem délivrée, à la villa Massini ; LE MIRACLE DES ROSES, à Assise.

OVIDE (P.-Naso Ovidius), célèbre poëte latin, 43 av. J.-C., Sulmone (Samnium) ; 17 de J.-C., Tomes (Mésie). A peine à Rome, cultiva la poésie et devint l'ami d'Auguste, de Virgile, d'Horace, de Tibulle, de Properce. Recherché par tout ce que Rome renfermait de distingué il était devenu l'arbitre du bon goût, lorsqu'il fut relégué, on ne sait pourquoi, près du Pont-

Euxin, 9 de J.-C. Ses poésies, sans avoir beaucoup d'originalité, se font remarquer par un style léger et gracieux. — MÉTAMORPHOSES. Fastes. Amours. Art d'aimer. Remèdes d'amour. Héroïdes. Tristes. Pontiques. Médée (tragédie perdue).—OEuv. compl. Éd. lat. par Burmann, *Amsterdam*, 1727, 4 vol. in-4, 50 à 60 fr. par Amar, *Lemaire,* 1820-24, 10 vol. in-8, par Jahn, *Leipsick*, 1828, 2 vol. in-8. *Londres*, 1815, 3 vol. in-18, 10 à 12 fr., et *Lefèvre,* 1822, 5 vol. in-32, 10 fr. Éd. lat.-franç. *Panckoucke,* 1831-36, 10 vol. in-8, 60 fr., par M. Nisard, *Dubochet,* 1838, gr. in-8, 15 fr., et *Garnier* (œuv. chois.), 3 vol. gr. in-18, 11 fr. 50. Éd. angl. par Riley, *Londres*, 1852-59, 3 vol. pet. in-8, 15 sh. Éd. allem. par Lindemann, *Leipsick*, 1856-61, pet. in-8, I-V, 5 thl. Éd. ital. *Milan*, 1789-94, 9 vol. in-8. Éd. esp. *Madrid*, 1727-38, 12 vol. pet. in-4.

OWEN (Richard), naturaliste anglais, 1804, Lancastre. Membre, 1826, et professeur au collége des chirurgiens, 1836. Directeur de l'hist. nat. du Musée de Londres.—Odontography (Structure microscopique des dents), 1840, *Londres*, 2 vol. in-8. Lectures on the comparative anatomy (Leçons sur l'anat. comp.), 1843-46, *Londres*, 2 vol. in-8. On the Archetype (de l'Archétype), 1848, *Londres*, in-8. On Parthenogenesis (de la Parthénogénésie), 1849.

OZANAM (Ant.-Fréd.), littérateur, 1813, Milan ; 1853, Marseille. Un des fondateurs de la Société de St-Vincent de Paul, 1833. Professeur à la Sorbonne, 1840. — Bacon et St Thomas de Cantorbéry, 1836, in-8 ou in-12. Dante et la Philos. catholique, 1839. 2e éd. 1845, in-8. ÉTUDES GERMANIQUES, 1847-49, 2 vol. in-8. Documents pour l'hist. d'Italie, 1850, in-8. Les Poëtes franciscains, 1852, in-8.

P

PACIANDI (Paul-Marie), archéologue italien, 1710, Turin ; 1785, Parme. Entra dans l'ordre des Théatins, 1728. Abandonna le professorat pour mieux se livrer à l'étude. Bibliothécaire du duc de Parme, 1761. Correspondant de l'Acad. des inscriptions, 1759. — De sacris christianorum balneis, 1750. 2e édit. *Rome,* 1758, in-4. De cultu S. Joannis Baptistæ, 1755, *Rome,* in-4. De

Athletarum cubistesi, 1756, *Rome*, in-4. Monumenta Peloponnesiaca, 1761, *Rome*, 2 vol. gr. in-4, fig. 18 à 24 fr.

PAËR (Ferd.), musicien compositeur italien, 1771, Parme; 1839, Paris. Était déjà célèbre avant l'âge de 20 ans. Directeur de la musique de l'électeur de Saxe, 1801. Compositeur de la chambre de Napoléon Ier, 1807. Directeur du théâtre italien, 1812. Membre de l'Acad. des beaux-arts, 1831. — Circé, 1791, à Venise. Laodicea, 1793, à Padoue. Idomeneo, 1794, à Florence. Ero e Leandro, 1795, à Naples. Tamerlano, 1796, à Milan. Sofonisba, 1796, à Bologne. GRISELDA, 1796, à Parme. Camille, 1801, à Venise. ACHILLE, 1806, à Dresde. Agnese, 1811, à Parme. Cantates. Oratorios.

PAILLIET (J.-Bapt.-Jos.), jurisconsulte, 1789, Orléans; 1861, Paris. Juge au tribunal civil, 1830, et conseiller à la cour d'appel de cette ville, 1848-51. —Manuel du droit franç., 1812, 2 vol. in-8 ou in-12. IXe éd. *Lenormand*, 1836, 2 vol. in-8. Législation des successions, 1816, 3 vol. in-8 et suppl ém., 1823, 3 vol. in-8. Droit public franç., 1822, in-8. Manuel complém. des codes franç., 1846, 2 vol. in-8. Constitutions américaines et franç.,1848, *Delhomme*, in-32.

PAISIELLO (J.), musicien compositeur italien, 1741, Tarente; 1816, Naples. Élève de Durante. Directeur de la musique de Catherine II, 1777-85, et du roi Joseph, 1806. Résida successivement à Varsovie, à Vienne, à Rome, à Naples, à Paris. Associé de l'Institut, 1809. — La Pupilla, 1763, à Bologne. Demetrio, Artaserce, à Modène. IL MARCHESE DI TULIPANO, à Rome. La Serva padrona, Il Barbiere di Siviglia, I Filosofi imaginari, Il Mondo della Luna, à St-Pétersbourg. IL RE TEODORO, à Vienne. La Molinara, Nina, à Naples.

PAJOU (Augustin), sculpteur, 1730, Paris; 1809, ibid. Élève de Lemoyne. Gr. prix de sculpture, 1748. Séjourna 12 ans à Rome. Membre, 1760; professeur, 1742, et recteur de l'Acad., 1792. Garde des antiques, 1781. Membre de l'Institut. — Cerbère enchaîné par Pluton, 1760. Élisabeth décorant la princesse de Hesse-Hombourg. Psyché. Pascal, Descartes, Turenne, Fénelon, Bossuet. Bustes de Mad^e Du Barry et de Buffon.

PALACKY (F.), historien bohémien, 1798, Hodslawitz (Moravie). Archiviste des comtes de Sternberg, 1823. Historiographe de Bohême, 1829. Ministre de l'instruction publique, 1848. — Allgemeine Geschichte der Æsthetik (Hist. gén. de l'esthétique), 1823, *Prague.* Würdigung der alten böhmischen Geschichtschreiber (Crit. des anciens historiens bohémiens), 1830, *Prague.* GESCHICHTE VON BÖHMEN (Hist. de la Bohême), 1836-60, *Prague,* 8 vol. in-8.

PALEY (William), philosophe anglais, 1743, Peterborough; 1805..... Entra dans les ordres. Professeur à Cambridge, 1766. Archidiacre de Carlisle, 1782. —PRINCIPES DE PHILOS. MORALE ET POLIT., 1785, *Londres,* in-4. Trad. franç. par Vincent, *Treuttel* et *Würtz,* 1817, 2 vol. in-8. La Vérité de l'hist. de St Paul, 1787, *Londres,* in-4. Trad. franç. *Fantin,* 1821, in-8. Preuves évidentes du christianisme, 1794, *Londres,* 3 vol. in-12. Trad. franç. *Lausanne,* 1806, 2 vol. in-8. Théologie naturelle, 1802, *Londres,* in-8. Trad. franç. *Paschoud,* 1817, in-8.

PALISSY (Bernard), célèbre potier, vers 1510, Capelle-Biron (Lot-et-Garonne); 1590, Paris. Sculpteur, émailleur, peintre, physicien, chimiste. Après seize ans de rech. découvrit le secret de l'émail, 1655. Ouvrit un cours d'hist. nat. et de phys., 1675. Sa vie fut traversée par mille incidents pénibles, et se termina à la Bastille où ses opinions relig. l'avaient fait enfermer. — OEuv. 1777, in-4, 15 à 18 fr. Nouv. éd. *Dubochet,* 1844, in-12.

PALLADIO (André), architecte italien, 1518, Vicence; 1580..... Une étude profonde des chefs-d'œuvre de l'antiquité fit de lui un des meilleurs artistes de l'Italie. — Salle de la Raison, Théâtre olympique, Palais, à Vicence. Salle des quatre portes, Églises St-Georges le Majeur, et du RÉDEMPTEUR, Palais, à Venise. — Antiquités de Rome, 1564. Trad. franç. 1612, in-8. Traité d'architecture, 1570, *Venise,* in-fol. Éd. ital.-franç. *Vicence,* 1776-83, 4 vol. gr. in-fol. fig. 90 à 120 fr. — OEuv. compl. *Mathias,* 1825-42, pet. in-fol. 60 fr.

PALLAS (P.-Simon), naturaliste allemand, 1741, Berlin; 1811, ibid. Fit partie de l'expédition russe allant observer, en Sibérie, le passage de Vénus sur le Soleil, 1768. Parcourut une partie de l'Asie, 1768-74. Membre de l'Acad. de St-Pétersbourg, 1785. Historiographe de l'amirauté, 1787. — Spicilegia zoologica, 1767-80, *Berlin,* 2 vol. in-4. Voy. dans l'empire russe, 1771-76, et 1805. Trad. franç. 1788-1805, 5 vol. in-4 avec atlas. Flora rossica,

1784-88, *St-Pétersbourg*, gr. in-fol. Linguarum vocabularia, 1787-89. 2e éd. 1790-91, *St-Pétersbourg*, 4 vol. in-4.

PALLAVICINI (P.-Sforza), historien italien, 1607, Rome; 1667, ibid. Prêtre. Entra dans l'ordre des Jésuites, 1637, et enseigna la philos. et la théologie. Cardinal, 1657.—Hist. du concile de Trente, 1656-57, *Rome*, 2 vol. in-fol. 15 à 18 fr. ou 1833, 4 vol. in-4. Éd. lat. *Anvers*, 1670, 3 vol. in-4, 15 à 18 fr. Éd. franç. *Migne*, 1844, 3 vol. gr. in-8, 18 fr.

PALMA LE VIEUX (Jacq.), peintre italien, vers 1480, Serinalta, près de Bergame; 1548, Venise. Son style se rapproche de celui de Carlo Latto, du Giorgione et même du Titien, auxquels ses œuv. ont été quelquefois attribuées. — Ste Barbe, LA CÈNE, Descente de croix, Assomption, le Christ et la Veuve de Naïm, Saints et Saintes, à Venise. Mort de la Vierge, Repas à Emmaüs, à Florence. Saints, à Rome. Le Denier de César, à Ferrare. Adoration des mages, à Milan. Visitation, à Modène. Annonciation aux bergers, au Louvre. St Jérôme, Ste Famille, Flagellation, à Munich. St Jean, la Vierge et St Joseph, à Vienne. Ste Famille, Ste Catherine, les Filles de Palma, à Dresde. Madones, à Berlin.

PALMA LE JEUNE (Jacq.), peintre italien, 1544....; 1628, Venise. Neveu du précédent. Produisit un gr. nombre d'œuv. inférieures à celles de son oncle. — Victoire navale, St Benoît, Doges adorant le Sauveur, le Pape Alex. III délivrant Othon, Prise de Constantinople, Venise victorieuse, Jugement dernier, Vierges, Christs et Saints, à Venise. St Jérôme, à Rome. Ste Marguerite et St Jean, à Florence. St Benoît, à Milan. Bacchus et Ariane, à Forli. Adoration des Mages, Christs et Saints, à Modène. St Sébastien mourant, St Jean et le Christ, Madeleine, à Munich.

PALOMINO DE VELASCO (Ant.), peintre espagnol, 1653, Bujalance, près de Cordoue; 1726, Madrid. Un des meilleurs artistes de l'Espagne. Peintre de Philippe V. Exécuta un gr. nombre d'ouvrages. Se fit prêtre un an avant sa mort.—Fresques, à Valence, à Salamanque, à Grenade, à Cordoue, à Madrid. — Hist. des plus fameux peintres espagnols, 1715-24. Éd. esp. *Madrid*, 1795-97, in-fol. 24 à 30 fr. ou *Londres*, 1742, in-8, 6 à fr. Trad. franç. 1749, in-12.

PANCKOUCKE. Famille d'imprimeurs. PANCKOUCKE (André-Jos.), 1700-53, Lille. Ne quitta pas cette ville où il s'occupait aussi de litt. PANCKOUCKE (Ch.-Jos.), 1736, Lille ; 1798, Paris. Fils du précédent. S'établit à Paris en 1764 ; achète le Mercure, édite les œuv. de Voltaire et l'Encyclopédie méthodique, 1781 ; FONDE LE MONITEUR, 1789. PANCKOUCKE (Ch.-L.-Fleury), 1780, Paris ; 1844, Fleury-s.-Meudon. Fils de Ch.-Jos. Dict. des sciences médicales, 1812. Victoires des Français, 1814. Barreaux franç.-angl. 1821. BIBLIOTH. LAT.-FRANÇ. 1828. PANCKOUCKE (Ernest), 1806, Paris. Dirige le Moniteur fondé par son gr.-père.

PANOFKA (Théod.), archéologue allemand, 1801, Breslau ; 1858, Berlin. Parcourut la France, l'Italie. Secrétaire de l'Institut archéol. de Rome ; 1829. Membre de l'Acad. 1836, et Professeur à l'Université de Berlin, 1844. Correspondant de l'Institut. — Sculptures antiques de Naples, 1828, *Stuttgard*, in-8. Rech. sur les noms des vases grecs, 1830, *de Bure*, in-fol. Musée Blacas, 1830-33, *de Bure*, gr. in-fol. Cabinet du Cte de Pourtalès, 1834, *Didot*, in-fol. Terracotten des Museums zu Berlin (Terres cuites du Musée de Berlin), 1841-42, *Berlin*, gr. in-4.

PAPIN (Denis), célèbre physicien, 1647, Blois ; vers 1714, Marseille. Médecin, à Paris. Membre de la Société roy. de Londres, 1681. Professeur de mathématiques, à Marbourg, où il s'était retiré pour cause de religion, 1687. Correspondant de l'Acad. des sciences de Paris, 1699. S'est immortalisé par la découverte des principes qui régissent la MACHINE A VAPEUR, et par l'invention du DIGESTEUR ou marmite qui porte son nom. — La manière d'amollir les os, 1682, pet. in-12. Recueil de diverses pièces, 1695, *Cassel*, in-12. Manière pour lever l'eau par la force du feu, 1707, *Cassel*, pet. in-8, fig.

PARDESSUS (J.-Marie), jurisconsulte, 1772, Blois ; 1853, Pimpeneau, près Blois. Juge suppléant à Blois, 1802. Député, 1807. Professeur de droit commercial à Paris, 1810. Conseiller à la Cour de cassation, 1821. Membre de l'Acad. des inscriptions, 1828. — TRAITÉ DES SERVITUDES, 1806. 9e éd. 1839, 2 v. in-8. COURS DE DROIT COMMERCIAL, 1829. Nouv. éd. *Plon*, 1857, 4 vol. in-8. COLLECT. DES LOIS MARITIMES, 1828-45, *Treuttel* et *Würtz*, 6 vol. in-4, 120 fr. Droit coutumier, 1839, in-4. Loi salique, 1843, *Impr. roy.*, in-4, 15 fr.

PARÉ (Ambroise), célèbre chirurgien, 1517, Laval; 1590, Paris. Maître barbier-chirurgien, 1536. Fit la campagne d'Italie avec le maréchal René de Montejean. Chirurgien de Henri II, 1552, de François II, Charles IX et Henri III. Il est regardé comme le restaurateur de la chirurgie en France.—LA MÉTHODE DE TRAICTER LES PLAYES PAR HACQUEBUTES, 1545. La Méthode curative des playes de la teste, 1561. Anat. univ. du corps humain, 1561. Livres de chirurgie, 1564-71. De la Génération de l'homme, 1573. — OEuv. compl. 7ᵉ éd. 1614, in-fol. fig. 15 à 20 fr. Nouv. éd. par F. Malgaigne, *Baillière*, 1840, 3 vol. gr. in-8, fig. 36 francs.

PARIEU (Marie-L.-P.-Félix ESQUIROU de), jurisconsulte et politique, 1815, Aurillac. Docteur en droit, 1841. Député à la Constituante, 1848, et à la Législative. Ministre de l'instruction publique, 1849-51. Président de la section des finances, 1851, et vice-président du conseil d'État, 1855. Membre de l'Acad. des sciences morales, 1856. — Études sur les actions possessoires, 1850, *Cotillon*, in-8, 4 fr. Hist. des impôts, 1856, *Guillaumin*, in-8, 5 fr. TRAITÉ DES IMPÔTS, 1862-64, *Guillaumin*, 4 vol. in-8, 26 fr.

PARIS (Alex.-Paulin), historien et érudit, 1800, Avenay (Marne). Employé, 1828, puis conservateur des manuscrits à la Bibliothèque roy., 1839. Membre de l'Acad. des inscriptions, 1837, et du conseil de l'École des chartes. Professeur au Collége de France, 1853. — Apologie de l'École romantique, 1824, *Dentu*, in-8. Garin le Loherain, 1833-35, 2 vol. gr. in-12. Berte aux gr. piés, 1836, in-12. Éd. des Grandes Chroniques de France, 1836-40, 6 vol. in-8. LES MANUSCRITS FRANÇAIS, 1836-48, *Techener*, 7 vol. in-8. Mémoires sur le cœur de St Louis, 1844, *Techener*, in-8.

PARISET (Ét.), médecin, 1770, Grand (Vosges); 1847, Paris. Soldat. Membre du conseil de salubrité, et de celui des prisons, 1818. Médecin de Bicêtre, 1814. Envoyé en mission à Cadix, 1819; à Barcelone, 1821; en Égypte, 1828. Médecin en chef de la Salpêtrière, 1830. Membre de l'Académie des sciences morales, 1832. Membre et secrétaire perpétuel de l'Académie de médecine, 1842. — Observations sur la fièvre jaune à Cadix, 1819, *Audot*, gr. in-4. Histoire de la fièvre jaune observée en Espagne, 1823, in-8. Mémoires sur les causes de la peste, 1836, *Bail-*

lière, in-18, 3 fr. Hist. des membres de l'Acad. de médecine. 1845-50, *Baillière*, 2 vol. gr. in-18, 7 fr.

Park (Mungo), voyageur anglais, 1771, Fowlshiels (Écosse); 1805, près de Sansanding (Afrique). Médecin du vaisseau le Worcester, 1792. Exécuta deux voyages dans l'intérieur de l'Afrique, 1795, et se noya dans le Niger. — Voy. dans l'intérieur de l'Afrique, 1797. Nouv. éd. angl. *Londres*, 1816, 2 vol. in-4. fig. 24 à 30 fr. ou 1817, 2 vol. in-8, 15 à 18 fr. Trad. franç. par Castéra, *Dentu*, 1799, 2 vol. in-8, fig. 12 à 15 fr. avec supplém. ou 2ᵉ voy., 1820, in-8, 6 fr.

Parlatore (Phil.), naturaliste italien, 1816, Palerme. Docteur en médecine, 1834, Parcourut l'Italie, la Suisse, la France, 1840-41, et, plus tard, la Laponie. Professeur de botanique à Florence, 1842. — Plantæ novæ, 1842, *Gide*, in-8. Flora Palermitana, 1845-47, *Florence*, in-8. Flora italiana, 1850-60, *Florence*, in-8, vol. i-iii.

Parny (Évariste-Désiré de Forges, Vᵗᵉ de), poëte, 1753, St-Paul (île Bourbon); 1714, Paris. Soldat. Aide de camp du gouverneur de Pondichéry, 1785. Employé à l'intérieur, 1795, puis aux droits réunis. Membre de l'Acad. franç. 1803. Ses vers sont naturels, élégants, mais licencieux. — Poésies, 1777-80-87. La Guerre des Dieux, 1799. Le Paradis perdu. Les Déguisements de Vénus, etc. — OEuv. *Debray*, 1808, 5 vol. gr. in 18, 25 fr. OEuv. chois. *Lefèvre*, 1827, gr. in-8, 6 fr. *Dupont*, 1827, 2 vol. gr. in-18, 6 fr. et *Garnier*, 1862, gr. in-18, 3 fr. 50.

Parrhasius, célèbre peintre grec, vers 420 av. J.-C., Éphèse;..... Athènes. Fils et élève d'Événor. Arriva après Phidias et Zeuxis. Réunissait, dit-on, dans ses œuv., qui ne nous sont point parvenues, les qualités diverses de ses prédécesseurs. — Le Peuple d'Athènes. Méléagre et Atalante. Thésée. Hercule. Persée. Ulysse. Castor et Pollux. Bacchus. Guerriers. Achille. Agamemnon. Énée.

Pascal, célèbre mathématicien et philosophe, 1623, Clermont-Ferrand; 1662, Paris. Découvrit seul, à 12 ans, les propositions d'Euclide. Inventa, à 18, une machine à calculer. Trouva les lois de la pesanteur de l'air, 1647; celles de l'équilibre des liqueurs, 1653; le triangle arithmétique, 1654, et la théorie de la roulette, 1658. Mais, ne voyant pas dans les sciences un aliment suffisant pour son vaste esprit, il se retira à Port-Royal qu'il devait illustrer par sa présence et ses écrits.— Traités des Coniques, 1639; de l'équilibre des liqueurs, 1663, in-12; du triangle arithmétique, 1665, in-4. La Vérité du vide, 1664, in-8. LETTRES PROVINCIALES, 1656-57. Nouv. éd. *Didot,* 1851, 2 vol. in-8, 12 fr. *Renouard,* 1815, 2 vol. in-18, et *Charpentier,* 1850, gr. in-18, 3 fr. 50. PENSÉES, 1670. Nouv. éd. *Didot,* 1817, 2 vol. in-8, 12 fr., par M. Cousin, *Ladrange,* 1844, in-8, par M. Faugère, 1844, 2 vol. in-8, par M. Havet, 1852, in-8. *Renouard,* 1812, 2 vol. in-18, et *Charpentier,* 1861, gr. in-18, 3 fr. 50. — Œuv. compl. *Lefèvre,* 1819, 5 vol. in-8, 30 à 35 fr. Lettres et Pensées, *Lefèvre,* 1826, 2 vol. in-8, 10 à 15 fr., par M. Lemercier, 1829, 2 vol. in-8, 6 fr. *Charpentier,* 1850-61, 2 vol. gr. in-18, 7 fr., et *De Bure,* 1824, 4 vol. in-32, 10 fr.

PASSY (F.-Ant.), économiste, 1792, Paris. Référendaire à la cour des comptes. Préfet de l'Eure, 1830-36. Député, 1837. Directeur de l'administration départem. 1839. Sous-secrétaire d'État, 1840-48. Membre de l'Acad. des sciences morales, 1857. Professeur d'économie polit. à Montpellier, 1860. — Descript. géolog. de la Seine-Inférieure, 1832, in-4. Mélanges économiques, 1858, in-18, 3 fr. 50. De la Propriété intellectuelle, in-18, 3 fr.; de l'Enseignement obligatoire, 1859, in-18, 3 fr. De la Souveraineté temporelle des Papes, 1860, in-8. Leçons d'Économie polit. 2 vol. in-8, 10 fr.

PASSY (Hipp.-Philibert), économiste et politique, 1793, Garches-Villeneuve (Seine-et-Oise). Soldat, 1809-14. Député, 1830. Ministre des finances, 1834-39-48, et du commerce, 1836. Vice-Président de la Chambre, 1834-39. Membre de l'Acad. des sciences morales, 1838. Pair de France, 1843.—De l'Aristocratie, 1826, in-8. Des Syst. de culture, 1846, *Guillaumin,* in-8, 2 fr. 50. Des causes de l'inégalité des richesses, 1848, in-18.

PASTEUR (L.), chimiste, 1822, Dôle. Professeur à Besançon, 1840; à Dijon, 1848; à Strasbourg, 1849; à Lille, 1854. Élève, 1843; préparateur de chimie, 1846, et administrateur à l'École normale, 1857. Agrégé des sciences phys. 1846. Docteur, 1847. Lauréat de la Société de pharmacie, 1851; de la Société roy. de Londres, 1856, et de l'Acad. des sciences, 1859, dont il est membre depuis 1862. Par des études et des travaux consid.

M. Pasteur s'est placé à la tête des adversaires de la génération spontanée. — Mémoires dans les Annales de chimie et de phys. 1848-59, et dans les Comptes rendus de l'Acad. des sciences, 1853-64.

PASTORET (Cl.-Emm.-Jos. Marquis de), jurisconsulte et politique, 1756, Marseille; 1840, Paris. Conseiller à la cour des aides, 1781. Maître des requêtes, 1788. Député et président à la Législative, 1791. Membre du conseil des Cinq-Cents, 1795. Professeur au Collége de France, 1804, et à la Faculté, 1809. Sénateur, 1809. Pair de France, 1814. Ministre d'État et membre du conseil privé, 1826. Chancelier de France, 1829. Membre des Acad. des inscriptions, 1785-1803; française, 1820, et des sciences morales. — Zoroastre, Confucius et Mahomet, 1787, in-8. Moïse législateur, 1788, in-8. Des Lois pénales, 1790, 2 vol. in-8. Hist. de la législation, 1817-37, *Treuttel et Würtz*, 11 vol. in-8, 74 fr.

PATERCULUS (C.-Velleius), historien latin, vers 19 av. J.-C..... vers 31 de J.-C..... Soldat. Accompagna C. César en Orient, 2 de J.-C. Préfet des cavaliers sous Tibère. Questeur, l'an 6. Préteur, l'an 14. Périt probablement lors de la proscription de Séjan. — Hist. romaine. — Éd. lat. par Ruhnken, *Leyde*, 1779, 2 vol. gr. in-8, 10 à 12 fr. *Lemaire*, 1822, in-8, et par Kritz, *Leipsick*, 1840-48, in-8, 9 à 10 fr. Éd. lat.-franç. *Panckoucke*, 1828, in-8; *Dubochet*, 1839, gr. in-8, et *Delalain*, 1820, in-12, 3 fr.

PATIN (Gui), médecin et littérateur, 1602, Hodenc, près de Beauvais; 1672, Paris. Docteur, 1624. Professeur au Collége de France, 1654. Ami de Naudé. Célèbre par l'originalité de son caractère et de son esprit. — Traité sur la conservation de la santé, 1632, in-12. Lettres. Nouv. éd. *Baillière*, 1846, 3 vol. in-8, 21 fr. et *Rotterdam*, 1725, 5 vol. in-12.

PATIN (Ch.), numismate et médecin, 1633, Paris; 1693, Padoue. Professeur de pathol. et d'anat. Obligé de quitter la France pour avoir, dit-on, distribué un libelle injurieux, se retira à Padoue où il professa la chirurgie, 1681. — Familiæ romanæ, 1663, in-fol. 6 à 9 fr. Hist. des médailles, 1665. Nouv. éd. *Amsterdam*, 1695, in-12, 3 à 4 fr. Imperatorum romanorum numismata, 1671, in-fol. 8 à 10 fr. Thesaurus Numismatum,

1672, *Amsterdam*, in-4, 5 à 6 fr. et 1683, *Venise*, in-4, 3 à 5 fr.

PATIN (H.-Jos.-Guill.), littérateur, 1793, Paris. Élève et maître de conférences à l'École normale, 1815. Professeur au collége Henri IV, 1818; à la Sorbonne, 1830, et de poésie latine, après Lemaire, 1832. Bibliothécaire à Meudon, 1840, et à Versailles, 1847. Membre de l'Acad. franç., 1842. — De l'usage des harangues, 1814, in-4. Mélanges de litt. 1840, *Hachette*, in-8. ÉTUDES SUR LES TRAGIQUES GRECS, 1841-43. 2e édition, *Hachette*, 1858, 4 volumes in-8, 14 francs. Traduction d'Horace, 1859, 2 volumes in-18.

PATON (Jos.-Noël), peintre écossais, 1823, Dumferline (Fife). Lauréat à Westminster-Hall, 1845. Un des chefs de l'École écossaise. — Esprit de la religion, 1845. Portement de croix, RÉCONCILIATION D'OBÉRON ET DE TITANIA, 1847. QUERELLE D'OBÉRON ET DE TITANIA. Dante méditant, 1852. Femme morte, 1854. Rech. du plaisir, 1855. Le Passage gardé, 1856.

PAULDING (James-Kirke), littérateur américain, 1779..... Cté de Dutchess (New-York); 1860..... Fonda, avec son ami Washington Irving, un journal (Salmigundis), qui eut du succès. Secrétaire du conseil de marine, 1815. Agent naval à New-York pendant 12 ans. Ministre de la marine, 1837-41. — History of John Bull and brother Jonathan (Hist. de John Bull et de frère Jonathan), 1812, *New-York*, in-12. The Lay of scottish fiddle (le Lai du ménétrier écossais), 1813, in-32. The Back woodsman (le Colon du fond des bois), 1818. Old Times in the New World (l'Ancien Temps dans le nouv. monde), 1825. LE COIN DU FEU D'UN HOLLANDAIS, 1831, *New-York*, 2 vol. in-12. Trad. franç. par Mlle Sobry, *Fournier*, 1832, in-8. A l'Ouest, *New-York*, 2 vol. in-12. Trad. franç. 1833, 2 vol. in-8.

PAULUS (H.-Eberhard-Gottlob), théologien allemand, 1761, Léonberg, près de Stuttgart; 1850, Heidelberg. Professeur à Iéna, 1789; à Wurtzbourg, 1803; à Heidelberg, 1811. Conseiller ecclésiastique à Bamberg, à Nuremberg, à Auspach. — Clavis ueber die Psalmen (Clef des Psaumes), 1791-1815, *Iéna*, in-8. Commentar ueber das neue Testament (Comment. sur le Nouv. Testament), 1800-04, *Leipsick*, 4 vol. in-8. Leben Jesu (Vie de Jésus), 1828, *Heidelberg*, 2 vol. in-8. Handbuch ueber die drei ersten Evangelien (Manuel exégétique sur les trois premiers Évangiles), 1830-33, *Heidelberg*, 3 vol.

PAUSANIAS, géographe et archéologue grec, 2ᵉ siècle de J.-C. Vivait sous le règne de Marc-Aurèle. Il donne dans son ouvrage la description des pays qu'il a parcourus.—ITINÉRAIRE DE LA GRÈCE. — Éd. grecq. par Bekker, *Berlin*, 1826, 2 vol. in-8. Éd. grecq.-lat. par Siebelis, *Leipsick*, 1822-28, 5 vol. in-8, 50 fr. par Schubart et Walz, *Leipsick*, 1838-39, 3 vol. in 8, 10 thl. et par Dindorf, *Didot,* 1846, gr. in-8, 15 fr. Éd. grecq.-franç. par Clavier, *Éberhart*, 1814-23, 6 vol. in-8, 36 à 45 fr. Éd. angl. par Taylor, *Londres*, 1793, 3 vol. gr. in-8, 27 fr. Éd. allem. par Wiedasch, *Munich*, 1826-33, 5 vol. gr. in-4. Éd. ital. par Nibly, *Rome*, 1817-18, 5 vol. in-8, 24 fr.

PAXTON (Sir Jos.), architecte et horticulteur anglais, 1803, Milton-Bryant (Bedford); 1865, Londres. Jardinier et administrateur du duc de Devonshire, 1840. Membre du parlement, 1854. — Serre et jardins de Chatsword. PALAIS DE CRISTAL, de Londres, 1851, conçu en dix jours, exécuté en cinq mois; transporté à Sydenham, 1852. Château de Ferrières, à M. de Rothschild.

PAYEN (Anselme), chimiste, 1795, Paris. Élève de Vauquelin, de Chevreul et de Thénard. Placé à la tête de la fabrique de sucre de son père, à Vaugirard, 1825, il réussit, par ses travaux, à abaisser les prix de plusieurs denrées. Professeur à l'École des arts et manufactures, puis au Conservatoire des arts et métiers. Membre de l'Acad. des sciences, 1842. — Traité élém. des réactifs, 1822. 3ᵉ éd. 1841, 3 vol. in-8. Traité de la fabrication des bières, 1829, in-12. Cours de Chimie élém. 1832, 2 vol. in-8. Cours de chimie appliquée, 1847, in-8. Précis de chimie industrielle, 1849. 4ᵉ éd. *Hachette,* 2 vol. in-8, 25 fr. Traité de la distillation, 2ᵉ éd. 1861, in-8.

PÉCLET (J.-Cl.-Eug.), physicien, 1793, Besançon; 1857, Paris. Professeur à Marseille, 1815, à l'École normale et à celle des arts et manufactures qu'il fonda avec MM. Dumas et Olivier, 1828. Inspecteur gén. des études, 1840. — Traité élém. de physique, 1823-26. 3ᵉ éd. *Hachette,* 1837, 2 vol. in-8. Traité de l'éclairage, 1827, in-8. TRAITÉ DE LA CHALEUR, 1829. 3ᵉ éd. *Masson,* 1860-61, 3 vol. in-8, 42 fr.

PEIGNOT (Ét.-Gabriel), bibliographe, 1767, Arc-en-Barrois;

1849, Dijon. Avocat à Besançon, 1790. Bibliothécaire et principal à Vesoul. Inspecteur de la librairie, puis ensuite de l'Acad. à Dijon. — Dict. de bibliologie, 1802-4, 3 vol. in-8. Essai de curiosité bibliograph. 1804, in-8. Dict. des livres condamnés au feu, 1806, 2 vol. in-8. Répertoire de bibliogr. spéciales, 1810, in-8, 6 à 8 fr. Répert. bibliograph. univ. 1812, *Renouard*, in-8, 7 fr. 50. Manuel du bibliophile, 1823, *Dijon*, 2 vol. in-8. Rech. sur les danses des morts et les cartes à jouer, 1826, *Dijon*, in-8, 18 à 20 fr. Amusements philolog. 1824. 3ᵉ éd. 1842, in-8, 6 fr. Le Livre des singularités, 1841, *Dijon*, in-8, 6 fr.

PELLETAN (Eugène), littérateur, 1813, Maine-Bertrand (Charente-Inf.ʳᵉ). Parcourut la Belgique, l'Allemagne, l'Italie, et devint le rédacteur de divers journaux, notamment de *la Presse* et du *Siècle*.—La Lampe éteinte, 1840, 2 vol. in-8. Hist. des journées de Février, 1848, in-8. Les Dogmes, le Clergé et l'État, 1848, in-8. Profession de foi du xixᵉ siècle, 1853. 4ᵉ éd. 1858, in-8. Heures de travail, 1854, 2 vol. in-8. Le Pasteur du désert, 4ᵉ éd. 1857. Les Rois philosophes, 1857. Le Monde marche, 2ᵉ éd. 1858. La Naissance d'une ville, 1860. La Mère, 1865, in-8.

PELLETIER (P.-Jos.), chimiste, 1788, Paris; 1842, ibid. Membre des Acad. de médecine, 1821, et des sciences, 1840. Directeur-adjoint de l'École de pharmacie, 1832. Découvrit le sulfate de quinine. — Rech. sur l'ipécacuanha (avec Magendie), 1817, in-8; sur l'acide nitrique (avec Caventou), 1817, in-8. Examen de la cochenille (avec Caventou), 1818, in-8. Analyse du quinquina (avec le même), 1821, in-8.

PELLICO (Silvio), poëte italien, 1789, Saluces; 1854, Turin. Passa 4 ans à Lyon. Professeur à Milan, 1810, où la fondation, avec ses amis, du journal le Conciliateur, lui attira 9 ans de prison, 1821-30. Sa popularité devint alors considérable, et ses œuvres furent accueillies avec enthousiasme. — Françoise de Rimini, 1819. Éd. ital.-franç. par Vannoni, 1846, *Poitiers*, in-8. Mes Prisons, 1833. Éd. ital. *Baudry*, 1842, in-18. Éd. ital.-franç.-angl. *Baudry*, 1836, in-8. Ed. franç. *Charpentier*, 1843, gr. in-8, fig., ou 1845, in-12, 3 fr. 50. — OEuv. compl. éd. ital. *Baudry*, 1837, 3 vol. in-12.

PELLISSON (Paul), littérateur, 1624, Béziers; 1693, Paris. Secrétaire, 1652, et conseiller du roi, 1660. 1ᵉʳ commis de Fouquet, 1657. Maître des comptes à Montpellier, 1659. Passa 4 ans à la Bastille pour être resté fidèle à Fouquet, 1661-66. Historiographe de Louis XIV, 1670, et membre de l'Acad. franç.—Hist. DE L'ACAD. FRANÇ. 1653. Nouv. éd. par M. Livet, *Didier*, 1858, 2 vol. in-8, 14 fr. éd. 1743, 2 vol. in-12. Défense de Fouquet, 1665, in-12. Hist. de Louis XIV, 1749, 3 vol. in-12.

PELOUZE (Théoph.-Jules), chimiste, 1807, Valogne (Manche). Élève et ami de Gay-Lussac, 1827-30. Professeur à Lille, puis à l'École polytechnique, 1830. Membre de l'Acad. des sciences, 1837. Professeur au Collége de France. Président de la commission de la Monnaie, 1848. — TRAITÉ DE CHIMIE GÉNÉRALE (avec M. Frémy), 1847-49. 3ᵉ éd. *Masson*, 1860 et suiv., 6 vol. gr. in-8, fig. 100 fr. Abrégé du même ouvrage, 1848. 4ᵉ éd. *Masson*, 1859, 3 vol. gr. in-18, fig. 5 fr. Notions gén. de chimie, 1853, *Masson*, in-8, 10 fr., ou in-18, 5 fr.

PENNANT (Thomas), naturaliste anglais, 1726, Downing (Flint), 1798..... Membre de la Société roy. 1767. Docteur en droit, 1771. — British Zoology (Zoologie angl.), 1766, *Londres*, gr. in-fol. 4ᵉ éd. angl. *Londres*, 1776-77, 4 vol. in-4. Éd. lat.-allem. *Augsbourg*, 1771-76, gr. in-fol. Synopsis of quadrupeds (Abrégé des quadrupèdes), 1771, *Londres*, in-8. History of quadrupeds (Hist. des quadrupèdes), 1781. 3ᵉ éd. *Londres*, 1793, 2 vol. in-4. Le Nord du Globe, 1784-87. 2ᵉ éd. *Londres*, 1792, 3 vol. in-4. Trad. franç. abrégée, 1789, 2 vol. in-8.

PERCIER (Ch.), architecte, 1764, Paris; 1838, ibid. Gr. prix de Rome, 1786. Collaborateur et ami de Fontaine, avec lequel il exécuta tous ses travaux. Membre de l'Institut, 1811. — Reconstruction de la Malmaison. Arc de Triomphe du Carrousel, 1807. Travaux des Tuileries et du Louvre. — PALAIS, MAISONS ET ÉDIFICES MOD., 1798. Nouv. éd. 1830, gr. in-fol. avec pl., 48 fr. Choix de maisons célèbres de Rome, 1809-13, *Didot*, gr. in-fol. avec pl. 100 fr. Recueil de décorations intérieures, 1812-27, in-fol. avec atlas, 48 fr. Résidences de souverains, 1833, in-4, avec atlas, 30 fr.

PERGOLÈSE (J.-Bapt.), musicien compositeur italien, 1710, Jesi (États romains); 1736, Pouzzoles, près Naples. Maître de chapelle de l'église de Notre-Dᵉ-de-Lorette, 1734. Ses œuv., à peine goûtées de son vivant, excitèrent après sa mort un gr. et légitime enthousiasme. — LA SERVANTE MAITRESSE, 1730, à Naples. Le Maître de musique. Le Jaloux berné. L'OLYMPIADE, 1735, à Rome. STABAT MATER. Miserere. Salve regina. Cantates.

PERINO DEL VAGA (F. BUONACCORSI), peintre italien, 1500.... (Toscane); 1547, Rome. Élève de Ghirlandajo et de Raphaël. Ouvrit une école à Gênes. Son avidité nuisit à l'étendue de son talent et à la perfection de ses œuv. — Ste Famille, Académie, Madone, Isaïe et Daniel, à Rome. Madone, à Dresde. St J.-Bapt., Prédication de St Paul, à Berlin. Le Parnasse, à Munich. FRESQUES, à Gênes et à Rome.

PERRAUD (J.-Jos.), sculpteur, 1821, Monay (Jura). Élève de Ramey et de Dumont. Gr. prix de Rome, 1847. — Télémaque rapportant à Phalante les cendres d'Hippias, 1847. Adam, les Adieux, 1855. Enfance de Bacchus, 1857 et 1863. Bustes, 1859. L'Isolement, Béranger, 1861. M. A. F. Didot, 1864.

PERRAULT (Cl.), architecte et naturaliste, 1613, Paris; 1688, ibid. Abandonna la médecine pour l'architecture et les lettres. Se rendit célèbre par la construction de la colonnade du Louvre. Membre de l'Acad. des sciences. — Trad. de Vitruve. Ordonnance des cinq espèces de colonnes, in-fol. Mémoires. — COLONNADE DU LOUVRE, 1666-70. Observatoire, 1667-72. Projet d'Arc de triomphe du faub. St-Antoine, 1670.

PERRAULT (Ch.), littérateur, 1628, Paris; 1703, ibid. Frère du précédent. Avocat, 1651. Commis aux finances, 1654-64, puis à la surintendance des bâtiments du roi. Membre de l'Acad. franç. 1671. Contribua à la fondation des Acad. des inscriptions, des sciences et des beaux-arts. Ouvrit la querelle des anciens et des modernes, 1687. — Siècle de Louis le Gr. 1687. Parallèle des anc. et des mod. 1688-93, 4 vol. in-12. Les Hommes illustres du XVIIe siècle, 1696-1700, gr. in-fol. CONTES, 1697. Nouv. éd. *Didot*, 1862, in-fol. fig. 70 fr. *Curmer*, 1840, gr. in-8, fig. *Garnier*, 1860, gr. in-8, 10 fr. *Dondey-Dupré*, 1826, in 8, et *Gosselin*, 1842, gr. in-18.

PERRONET (J.-Rodolphe), ingénieur, 1708, Suresnes; 1794, Paris. Organisateur et directeur de l'École des ponts et chaussées, fondée par Trudaine, 1747. Inspecteur gén. des salines, 1757-86. Membre des Acad. des sciences, 1765 et d'architecture, 1767. — Ponts de Nogent-S.-Seine, 1766-69; de Neuilly, 1768-74; de

Ste-Maxence, 1775, Louis XVI, 1787-92. — Description des ponts de Neuilly, Mantes, etc., 1782-89, *Impr. roy.*, 2 vol. in-fol. et 1788, in-4, avec atlas.

PERSE (Aulus Persius Flaccus), poëte satirique latin, 34, Volaterra (Toscane); 62..... près de Rome. Élève de Remmius Palæmon et de Cornutus. Ami de Lucain. Ses œuv. respirent une morale élevée et une vertu antique. — Satires. — Éd. lat. par Achaintre, *Didot,* 1812, in-8, 4 fr. Par M. Dübner, *Leipsick,* 1833, in-18, 2 thl. Éd. lat.-franç. (avec divers), *Didot,* gr. in-8, par A. Perreau, *Panckoucke,* 1832, in-8, 7 fr. Éd. franç. par Sélis, 1776, pet. in-8, 3 à 4 fr. Éd. angl. par Gifford, *Londres,* 1821, in-8, 10 sh. Éd. allem. par Passow, *Leipsick,* 1809, in-8, 9 fr. Éd. ital. par Salvini, *Florence,* 1726, in-8, 3 à 5 fr.

PERTZ (Georges-H.), historien allemand, 1795, Hanovre. Secrétaire des archives. Président de la société historique. Bibliothécaire du roi de Hanovre et historiographe de la maison de Brunswick-Lunebourg. Député, 1832. Bibliothécaire, 1842, et membre de l'Acad. des sciences à Berlin. Correspondant de l'Institut. — Geschichte der Merovingischen Hausmeier (Hist. des maires du palais sous les Mérovingiens), 1819, *Hanovre,* in-8. MONUMENTA GERMANIÆ HISTORICA, 1826-61, *Hanovre,* 17 vol. in-fol.

PÉRUGIN (P. VANUCCI le), célèbre peintre italien, 1446, Città della Pieve, près de Pérouse; 1524, Castello della Pieve. Élève de Nic. Alunno, de P. della Francesca et d'André del Verrocchio. Maître de Raphaël et chef de l'École romaine. Jouissait déjà de son vivant d'une gr. renommée. — Nativité de J.-C., LA VIERGE TENANT L'ENFANT JÉSUS, la Vierge, Jésus, St Joseph et Ste Catherine, St Paul, Combat de l'amour et de la chasteté, au Louvre. MARIAGE DE LA VIERGE, à Caen. Vierges, à Bologne, à Florence, à Naples, à Londres. Assomption, Christ, à Florence. St Pierre, Résurrection, à Rome. MARIAGE DE LA VIERGE, Ste Famille, à Pérouse.

PERUZZI (Baldassare), peintre et architecte italien, 1480, Ancajano, près Sienne; 1536..... Contemporain de Raphaël. Créateur de l'architecture feinte. La Prise de Rome, 1527, lui enleva tout ce qu'il possédait. Léon X le choisit pour architecte de Saint-Pierre. — Peinture : FRESQUES de la Farnésine, de

Santa Maria della Pace, dell' Anima, à Rome; Fresques, à Sienne; Adoration des Mages, à Londres; Charité, à Berlin. Architecture : Continuation de Saint-Pierre; la Farnésine; Palais Massimi et Savelli, Casino du Pape Jules III, à Rome.

PÉTAU (Denis), chronologiste et érudit, 1583, Orléans ; 1652, Paris. Jésuite, 1605. Professeur à Bourges, 1602 ; à Reims, 1609 ; à La Flèche, 1613; à Paris, 1618-44. Bibliothécaire du collége de Clermont, 1623-52. —De doctrina temporum, 1627. Nouv. éd. *Anvers*, 1705, 3 vol. in-fol. Rationarium temporum, 1633-34. Nouv. éd. *Leyde*, 1745, in-8, 6 à 9 fr. Trad. sous ce titre : Abrégé chronol. de l'hist. univ., par Maucroix, 1730, 3 vol. in-12. Theologia dogmatica, 1644-50. Nouv. éd. *Amsterdam*, 1700, 3 vol. in-fol. 40 à 45 fr.

PETERSEN (Niels-Matthieu), philologue et historien danois, 1791, Sanderum (Fionie). Élève de Rask. Membre de l'Acad. et professeur à l'université de Copenhague. — Danske Sprogler (Gramm. danoise), 1826, *Copenhague*. Det danske, norske og svenske sprogs Historie (Histoire des langues danoise, norvég. et suéd.), 1829-30, *Copenhague*, 2 vol. in-8.

PETIT (J.-L.), chirurgien, 1674, Paris; 1750, ibid. Membre de l'Acad. des sciences, 1715. Démonstrateur aux écoles de chirurgie. L'un des fondateurs de l'Acad. de chirurgie, 1731. — Traité des maladies des os, 1723. Nouv. éd. 1772, 2 vol. in-12. Traité des maladies chirurgicales, 1774. Nouv. éd. 1790, 3 vol. in-8.

PETITOT (J.), peintre en émail, 1607, Genève; 1691, Vevay. Passa en Angleterre où Charles Ier favorisa son talent. Se fixa à Paris en 1649. Peintre du roi. Membre de l'Acad. de peinture. La révocation de l'édit de Nantes, 1685, amena son emprisonnement et son exil. — Collection d'émaux au Louvre, gravés par M. Ceroni, *Blaisot*, 1861, 2 vol. in-4.

PETITOT (L.-Messidor-Lebon), sculpteur, 1794, Paris. Élève et gendre de Cartellier. 2e, 1813, et 1er gr. prix de sculpture, 1814. Membre de l'Acad. 1835, et professeur à l'École des beaux-arts, 1845.—Jeune chasseur blessé,1814. La Musique et la Poésie, 1816. St Maurice expirant, 1827. Louis XIV, à Caen et à Versailles. Pèlerin calabrais, 1829. L.-Philippe distribuant des drapeaux, 1831. Naïade de la Seine, la Ville de Paris, l'Abondance et l'Industrie, 1840. Louis Bonaparte, roi de Hollande.

PÉTRARQUE (F.), célèbre poëte et érudit italien, 1304, Arezzo; 1374, Arquà. Sa famille le destinait au barreau, auquel il préféra la poésie et les lettres. Son amour pour Laure lui inspira des vers magnifiques. En 1341 il reçut la couronne de laurier décernée par la ville de Rome. Recherché et comblé d'honneurs par tout ce qu'il y avait de grand, il se voyait sans cesse éloigné de sa chère retraite de Vaucluse. De 1342 à 1348, il fut chargé de nombreuses missions, par la ville de Rome, par Clément VI, par Louis de Gonzague, par les Visconti. Sur la fin de sa vie il se fixa à Venise. — ÉPÎTRES. ÉGLOGUES. SONNETS. ODES. Poésies latines. L'Africa, poëme épique. — OEuv. Éd. ital. par Ant. Marsaud, *Padoue*, 1819-20, 2 vol. gr. in-4. *Florence*, 1821-32, 2 vol. in-8, 18 fr. *Milan*, 1824, 2 vol. in-8, 12 fr. ou 1826, in-18, 6 fr. Éd. franç. par St-Geniès, *Delaunay*, 1816, 2 vol. in-12, 6 fr., par le Cte de Montesquiou, *Leroy*, 1842-43, 3 vol. in-8, par Du Mazet, 1848, in-8, ou 1830, in-12. Éd. angl. *Londres*, 1836, gr. in-8. et 1859, pet. in-8.

PÉTRONE (C. Petronius), littérateur et poëte latin,..... Marseille; 66 av. J.-C., Cumes. Proconsul et consul en Bithynie, sous le règne de Claude. Favori de Néron et intendant de ses plaisirs. Soupçonné d'avoir pris part au complot de Pison, il fut obligé de s'ouvrir les veines. — Satyricon. — Éd. lat. par Burmann, *Amsterdam*, 1743, 2 vol. in-4. 24 à 36 fr., *Leipsick*, 1781, in-8. et *Renouard*, 1797, 2 vol. in-18, 4 fr. Éd. lat. franç. *Panckoucke*, 1835, 2 vol. in-8, et *Didot* (avec Apulée et Aulu-Gelle), gr. in-8, 12 fr.

PEUTINGER (Conrad), archéologue allemand, 1465, Augsbourg; 1547, ibid. Secrétaire et chancelier de cette ville, 1493, qu'il représenta auprès de Maximilien Ier et Charles-Quint. Possédait une belle collection de manuscrits et de médailles. — Inscriptiones vetustæ romanæ, 1505. Nouv. éd. *Venise*, 1590, in-fol. Sermones convivales, 1506. Nouv. éd. *Augsbourg*, 1781, in-8. TABULA PEUTINGERIANA, 1591. Nouv. éd. par Manert, *Leipsick*, 1824, in-fol.

PEYRON (J.-F.-P.), peintre, 1744, Aix; 1814, Paris. Élève de Lagrenée, 1767. Gr. prix de peinture, 1773. Membre de l'Acad. de peinture, 1787. Inspecteur des Gobelins. — Mort de Sénèque, 1773. Curius Dentatus, Mort de Socrate, 1787. Paul-

Émile. OEdipe soutenu par Antigone. L'École de Pythagore. Entretiens de Démocrite et d'Hippocrate.

PHÈDRE (J.-Phædrus), fabuliste latin, vers 30 av. J.-C,..... (Macédoine); 44, de J.-C..... On croit qu'il était esclave et qu'il fut affranchi par Auguste. Ses œuv. demeurèrent ignorées pendant 1500 ans et ne furent découvertes qu'au xvie siècle. — Fables. — Éd. lat. par Schwabe, *Brunswick,* 1806, 2 vol. in-8, 12 fr. *Lemaire,* 1826, 2 vol. in-8, 10 fr. et par Orelli, *Zurich,* in-8, 6 fr. Éd. lat.-franç. *Panckoucke,* 1834, in-8; *Dubochet,* 1839, gr. in-8, et *Didot,* 1806, 2 vol. in-18, 6 à 8 fr.

PHIDIAS, célèbre sculpteur grec, vers 498 av. J.-C.,..... (Attique); 431..... Élève d'Hippias et d'Agéladas. Périclès le chargea de diriger les travaux entrepris sous son administration. Il s'était illustré par des œuv. magnifiques et mourut cependant en prison, accusé d'avoir soustrait de l'or à lui confié et d'avoir placé son portrait et celui de Périclès sur le bouclier de Minerve. — JUPITER OLYMPIEN, MINERVE, statue reproduite bien des fois par lui. FRONTON ET BAS-RELIEFS DU PARTHÉNON. Apollon. Vénus. Mercure. Esculape.

PHILON LE JUIF, philosophe grec, vers 30 av. J.-C. Alexandrie,..... Ses compatriotes l'envoyèrent en ambassade, à Rome, auprès de Caligula, l'an 40 de J.-C., afin d'obtenir la révocation d'un décret. Ses écrits sont fort utiles pour la philos. néo-platonicienne et les écrivains du Nouv. Testament. — De la création du Monde selon Moïse. De la Vie de Moïse. De la Vie contemplative. Trad. par Montfaucon, *Guérin,* 1709, in-12, 3 fr. Du Monde. — Éd. grecq.-lat. par Mangey, *Londres,* 1742, 2 vol. in-fol. *Erlangen,* 1785-92, 5 vol. in-8, 20 fr. et *Leipsick,* 1828-30, 8 vol. pet. in-8, ou 1852, 5 vol. in-16. Trad. franç. par Bellier, 1612, in-8, 6 à 9 fr. ou 1619, pet. in-8.

PHILOSTRATE (Flavius), littérateur et sophiste grec, 2e siècle, Lemnos. Enseigna la rhétorique à Athènes et à Rome, où il jouissait de l'estime de Septime Sévère. — VIE D'APOLLONIUS, et Héroïques, trad. franç. par A. Chassang, *Didier,* 1862, in-8. 7 fr. Tableaux, trad. franç. 1614, in-fol. Gymnastique, trad. franç. par Ch. Daremberg, 1858, in-8. Vie des Sophistes. Lettres. — OEuv. Éd. grecq. par Kayser, *Zurich,* 1844-46, in-4, 36 fr. Éd. grecq.-lat. par Westermann, *Didot,* 1849, gr. in-8, 15 fr.

PHOTIUS, théologien, vers 815, Constantinople ; 891, Bordi (Arménie). Patriarche de Constantinople, 857. Ses difficultés avec le pape Nicolas I*er* donnèrent lieu au gr. schisme grec, 858. Après avoir, par ses intrigues, remué l'Église pendant plus de 30 ans, il fut déposé, 886, puis exilé dans un monastère. — BIBLIOTHECA LIBRORUM. Éd. grecq. par Bekker, *Berlin*, 1824-25, in-4, 15 fr. Éd. grecq.-lat. *Rouen*, 1653, in-fol. Lexicon, éd. grecq. *Londres*, 1822, in-8, 12 à 15 fr. Epistolæ, éd. grecq.-lat. *Londres*, 1651, in-fol. 10 à 15 fr. — OEuv. Éd. *Migne*, 1860-61, 4 vol. gr. in-8, 42 fr.

PICCINI (Nic.), musicien compositeur italien, 1728, Bari (Naples); 1800, Passy. Élève de Léo et de Durante. Après avoir eu beaucoup de succès à Naples et à Rome, il vint à Paris, 1776, où il devait rencontrer Gluck et engager avec lui une lutte célèbre. Maître de chant à l'École de musique, 1784. Inspecteur au Conservatoire, 1800. — Zenobia, 1756, à Naples. La Cecchina, 1760; Olimpiade, 1761, à Rome. Roland, 1778; ATYS, 1780; Iphigénie en Tauride, 1781; DIDON, 1783; Diane et Endymion, 1784; Pénélope, 1785, à Paris.

PICOT (F.-Ed.), peintre, 1786, Paris. Élève de Vincent. 2e, 1811, et 1er gr. prix de peinture, 1813. Membre de l'Acad. des beaux-arts, après Carle Vernet, 1836. — L'Amour et Psyché, 1819. Oreste, Raphaël et la Fornarina, le Duc d'Orléans et sa famille, 1822. Délivrance de St Pierre, Céphale et Procris, 1824. Annonciation, 1827. Prise de Calais, 1838. Talma. PEINTURES au Louvre, à Fontainebleau, à Notre-Dame de Lorette, à St-Vincent de Paul, à Ste-Clotilde.

PIGALLE (J.-Bapt.), sculpteur, 1714, Paris; 1785, ibid. Élève de Lemoyne. Lutta avec succès contre les premières difficultés de son art. Membre, 1744, professeur, 1752, et chancelier de l'Acad. 1785. Sculpteur du roi. — Copie de la Joueuse d'osselets. Mercure, 1745, Vénus, 1748. L'enfant à la cage, 1750. L'Amour et l'Amitié. Made de Pompadour. Vierge. Voltaire. Mausolées du Cte d'Harcourt et du MARÉCHAL DE SAXE, à Strasbourg.

PILON (Germain), célèbre sculpteur, vers 1515, Loué (Sarthe); 1590, Paris. Contemporain ou ami du Primatice, de J. Cousin, de P. Lescot et de J. Goujon, avec lesquels il travailla. Sculpteur de Charles IX, 1571, et contrôleur des monnaies, 1572. — Mausolées de François Ier, de Henri II, du chancelier de Birague, de Guill. du Bellay. Les trois Graces. Groupe de quatre Femmes, sculptées en bois; Bustes de Henri II, Charles IX, Henri III; Tête d'enfant, au Louvre. Sculptures à la Porte St-Denis, et au Louvre.

PINDARE, célèbre poëte lyrique grec, vers 520 av. J.-C. Thèbes (Béotie); vers 450..... Contemporain d'Eschyle. Son éducation se fit à Athènes. Passa 4 ans à la cour de Hiéron, à Syracuse. Recherché par les grands et les princes ; applaudi par le peuple, sa vie ne fut qu'une suite d'ovations. Ses poésies brillent par l'harmonie du style et la richesse de la forme. — Olympiques. Pythiques. Isthmiques. Néméennes. — Éd. grecq. par Dissen, *Gotha*, 1830, 2 vol. in-8, 12 fr. Éd. grecq.-lat. par Bœckh, *Leipsick*, 1811-21, 3 vol. in-4; par Heyne et Hermann, *Leipsick*, 1817-18, 3 vol. in-8, 30 fr. Éd. grecq.-franç. par M. Villemain, *Didot*, 1859 et suiv. in-8, 6 fr.; par M. Fix, *Hachette*, 1846-47, 4 vol. in-12, 10 fr. 50. Éd. franç. par Colin, *Strasbourg*, 1841, in-8; par C. Poyard, *Impr. imp.*, 1853, in-8; par Fresse-Montval, 1854, in-8, 8 fr.; par Vincent, *Didot*, in-18, 3 fr. Éd. angl. par Moore, *Londres*, 1822-31, 2 vol. gr. in-8, 2 liv. et 1852, pet. in-8, 5 sh. Éd. allem. par Tiersh, *Leipsick*, 1820, 2 vol. in-8, 5 thl. Éd. ital. par Borghi, *Florence*, 1824, gr. in-8, ou *Milan*, 1825, 2 vol. in-24. Éd. esp. par Arguelles, *Madrid*, 1798, pet. in-4, 5 à 6 fr.

PINEL (Phil.), médecin, 1745, Rascas, près St-André (Tarn); 1826, Paris. Fit ses études à Toulouse et à Montpellier. Vint à Paris en 1778. Médecin en chef de Bicêtre, 1793, et de la Salpêtrière, 1795. Membre de l'Institut, 1803. Professeur de pathologie. Appliqua le premier aux aliénés un traitement calme et plein d'humanité. — Traité de l'aliénation mentale, 1791. Nouv. éd. 1809, in-8, 7 fr. Nosographie philos., 1798. 6e éd. 1818, 3 vol. in-8. Médecine clinique, 1802. 3e éd. 1815, in-8.

PINTURICCHIO (Bern. Betti, il), peintre italien, 1454, Pérouse; 1513, Sienne. Travailla souvent avec le Pérugin et Raphaël, auxquels il est inférieur. Une partie de ses œuv. furent exécutées à Rome, sous les papes Innocent VIII et Alexandre VI. — Fresques au Vatican, à l'église d'Ara-Cœli, à Ste-Croix de Jérusalem, au Capitole, a Sienne, à Spello. Tableaux :

Couronnement de la Vierge, au Vatican; Hist. de Joseph, à Florence; Annonciation, Ste Famille, Saints, à Pérouse; Vierges, à Naples. Adoration des Mages, Annonciation, Madone, Hist. de Tobie, à Berlin. Vierge, au Louvre.

PIOBERT (Guill.), mathématicien et général, 1793, La Guillotière (Lyon). Élève de l'École polytechnique, 1813. Professeur à l'École d'application de Metz. Membre de l'Acad. des sciences, 1840. — Mémoire sur les effets des poudres, 1830. 2ᵉ éd. 1844, in-8. Cours d'artillerie, 1841, *Metz*, in-4. Traité d'artillerie, 1838. 2ᵉ éd. 1845-47, *Bachelier*, 2 vol. in-8. Mémoire sur le tirage des voitures, 1842, in-4. Expériences sur les roues hydrauliques, 1845, in-4.

PIRANESI (J.-Bapt.), graveur italien, 1720, Venise; 1778, Rome. Élève de Vasi. Se fixa à Rome, après une vie de pérégrinations et d'aventures fort singulières. PIRANESI (F.), 1748, Rome; 1810, Paris, son fils, l'aida dans ses travaux et se fixa à Paris, 1798. — ANTIQUITÉS ROMAINES, 1804-07. Nouv. éd. *Didot*, 1836 et suiv. 29 vol. in-fol. texte et pl.

PIRON (Alexis), poëte, 1689, Dijon; 1773, Paris. Quitta sa ville natale, à la suite d'une ode licencieuse, et vint à Paris, 1719. Obligé de copier des manuscrits, il écrivit ensuite des pièces de théâtre qui eurent du succès. Nommé de l'Acad. franç. 1753, le roi ne sanctionna pas son élection. — L'École des pères, 1728. Callisthène, 1730. Gust. Wasa, 1733. LA MÉTROMANIE, 1738. Fern. Cortez, 1744. Poëmes. Odes. Épitres. Satires. Contes. ÉPIGRAMMES. — OEuv. compl. par Rigoley de Juvigny, *Lambert*, 1776, 7 vol. in-8, 20 à 30 fr. OEuv. choisies. *Haut-Cœur*, 1823, 2 vol. in-8, 6 à 8 fr. OEuv. inéd. 1859, in-8.

PISANO (Nic.), architecte et sculpteur italien, vers 1200, Pise; vers 1270, Sienne. Puisa ses inspirations dans les chefs-d'œuvre antiques. Ses travaux ont servi de modèles aux artistes qui l'ont suivi. — Plan de St Ant. à Padoue, et de St Laurent à Naples. Églises à Venise; de la Ste Trinité, à Florence. CLOCHER DE ST NICOLAS, à Pise. URNE à Bologne. CHAIRES, à Pise et à Sienne.

PLANCHE (Jos.), helléniste, 1762, Ladinhac (Cantal); 1853, Paris. Élève, professeur, puis directeur de Ste-Barbe, 1784-94. Professeur au lycée Bonaparte, 1808. Sous-bibliothécaire, 1831, et conservateur de la bibliothèque de la Sorbonne, 1844. —

Dict. grec.-franç., 1809. Nouv. éd. 1843, gr. in-8. Dict. de la langue oratoire, 1819-20, 3 vol. in-8. Dict. franç.-grec, 1824. Nouv. éd. *Hachette*, 1859, in-8. Cours de litt. grecq. 1827-29. 7 vol. in-8.

PLANCHE (J.-Bapt.-Gust.), littérateur et critique, 1808, Paris; 1857, ibid. Abandonna la pharmacie de son père pour les lettres. Rédigea dans la Revue des Deux-Mondes des articles fort remarqués. Passa sept ans en Italie à étudier les chefs-d'œuvre que ce pays renferme. — Salon de 1831, in-8. Portraits litt. 1836-49, 4 vol. in-18. Portraits d'artistes, 2 vol. in-18. Nouv. Portraits litt. 1854, in-18. Études sur l'école franc. 1855, 2 vol. in-18. Études sur les arts, 1855-56, 2 vol. in-18.

PLATNER (Ern.), philosophe et médecin allemand, 1744, Leipsick; 1818..... Professeur dans sa ville natale, 1770. Doyen de la Faculté de médecine, 1796. — Anthropologie, 1772-74. 2e éd. *Leipsick*, 1790, 2 vol. in-8. Philosophische Aphorismen (Aphorismes philos.), 1776-82. Nouv. éd. *Leipsick*, 1800, 2 vol. in-8.

PLATON, célèbre philosophe grec, 429 av. J.-C., Athènes; 347, ibid. Disciple de Socrate et maître d'Aristote. Contemporain de Sophocle, d'Euripide, d'Aristophane, de Thucydide, de Xénophon, de Phidias. Augmenta ses connaissances par des voy. en Italie, en Afrique, en Égypte, en Sicile, 400-390. Fonda l'Académie, 388, qu'il dirigea pendant plus de vingt ans. Se rendit à plusieurs reprises à la cour de Denys, souverain de Syracuse, dont il essaya vainement de corriger les vices. La philosophie de Platon est la plus haute expression de l'idéal et de la vertu. Lui et Aristote sont les deux piliers autour desquels la pensée humaine tourne depuis plus de vingt siècles sans pouvoir s'en éloigner. Mais s'ils ont personnifié leur doctrine, ils ne l'ont pas créée, car c'est ici la lutte de l'âme avec le corps, lutte aussi vieille que le monde et qui ne finira qu'avec lui. — RÉPUBLIQUE. PHÈDRE. PHÉDON. GORGIAS. APOLOGIE DE SOCRATE. 1 et 2ᵉ ALCIBIADE. LE BANQUET. POLITIQUE. TIMÉE. LOIS. SOPHISTE. CRITIAS. CRITON. Parménide. Lysis. Protagoras. Euthyphron. Philèbe. 1 et 2e Hippias. Théagès. Hipparque. Théétète. Cratyle. Euthydème. Charmidès. — OEuv. compl. Éd. grecq. par Baiter, Orelli et Winckelmann, *Zurich*, 1839, in-4, 20 à 24 fr. et 1839-41, 4 vol. pet. in-8, 18 fr. Éd. grecq.-lat. par d'Ast, *Leipsick,*

1819-32, 11 vol. in-8, 50 fr., par Bekker, *Berlin,* 1816-23, 10 vol. in-8, 30 fr., par divers, *Londres,* 1826, 11 vol. in-8, 80 à 90 fr. et par Schneider, *Didot,* 1846, 2 vol. gr. in-8, 30 fr. Éd. franç. par M. Cousin, *Bossange,* 1822-40, 13 vol. in-8, 65 fr. ; par M. Aimé Martin, 1845, 2 vol. gr. in-8, 15 fr. par MM. Saisset et Chauvet, *Charpentier,* 1861 et suiv., 10 vol. gr. in-18, 35 fr. Éd. angl. par Taylor, *Londres,* 1804, 5 vol. gr. in-4, 80 à 100 fr. Éd. allem. par Schleiermacher, *Berlin,* 1817-28, 6 vol. in-8, 30 fr. Éd. ital. par Bonghi, *Milan,* 1858, in-8.

PLAUTE (M.-Accius Plautus), poëte comique latin, vers 227 av. J.-C., Sarsine (Ombrie) ; 184..... Il avait acquis quelque aisance comme acteur et auteur, lorsque de fausses spéculations l'obligèrent à aller tourner la meule chez un boulanger. Mais cette humble position raviva son talent ; il retourna au théâtre, où il fit les délices de ses compatriotes. — L'AMPHITRYON. L'AULULAIRE. Le Sort. La Mostellaire. Les Ménechmes. Trinummus. Pœnulus. Le Soldat fanfaron.—OEuv. compl. Éd. lat. par Bothe, *Berlin,* 1809-11, 4 vol. in-8, 20 à 24 fr. ; par M. Naudet, *Lemaire,* 1830-32, 4 volumes in-8, 4 fr., et *Londres,* 1823, 3 vol. gr. in-18, 10 à 12 fr. Éd. lat.-franç. par M. Naudet, *Panckoucke,* 1831-37, 9 vol. in-8, 63 fr. 2e éd. *Lefèvre,* 1845, 4 vol. in-18, 12 fr.; par M. François, *Dubochet,* 1844, gr. in-8, 12 fr. Éd. angl. par Thornton, *Londres,* 1769-74, 5 vol. in-8, 20 à 30 fr. ou par Riley, *Londres,* 1825, 2 vol. pet. in-8, 12 fr. 50. Éd. allem. par Rapp, *Stuttgart,* 1838-53, 17 vol. in-16, 21 fr. Éd. ital. par Argelio, *Naples,* 1783, 10 vol. in-8, 40 fr.

PLINE L'ANCIEN (C. Plinus Secundus), célèbre naturaliste latin, 23 de J.-C., Côme ; 79, Stabie. Soldat. Avocat. Gouverneur en Espagne, 68. Préfet de la flotte, 74. Ami de Vespasien et de Titus. Il périt, victime de son amour pour l'étude et la science, s'étant trop approché du Vésuve en éruption. Son ouvrage est très-précieux pour tout ce qui concerne les sciences et les arts de l'antiquité. — HIST. NATURELLE. — Éd. lat. par Hardouin, *Muguet,* 1685, 5 vol. in-4, 40 à 50 fr., par Weiss, *Leipsick,* 1841, in-4, 18 fr. *Lemaire,* 1827-31, 10 vol. in-8, par Sillig, *Hambourg* et *Gotha,* 1851-57, 8 vol. in-8, 90 à 100 fr. par Brotier, *Barbou,* 1779, 6 vol. in-12, 30 à 36 fr. et *Leyde, Elzevier,* 1635, 3 vol. pet. in-12, 24 à 30 fr. Éd. lat.-franç. par Poinsinet de Sivry, 1771-82, 12 vol. in-4, 30 à 40 fr. *Panckoucke*, 1829-33, 20 vol. in-8, 60 fr., par M. Littré, *Didot*, 1855, 2 vol. gr. in-8, 24 fr., par Guéroult (Hist. des Animaux), 1802, 3 vol. in-8 et *Garnier*, 1845, in-18, 3 fr. 50. Éd. angl. par Bostock, *Londres*, 1855-57, 6 vol. pet. in-8, 1 liv. 10 sh. Éd. allem. par Denso, *Rostock*, 1764-65, 2 vol. in-4. Éd. ital. par Domenichi, *Venise*, 1562, in-4, 10 à 12 fr. Éd. esp. par Huerta, *Madrid*, 1629, 2 vol. in-fol.

PLINE LE JEUNE (C. Cæcilius Plinius Secundus), historien et politique latin, 61 ou 62, Côme; vers 115....., neveu du précédent. Élève de Quintillien. Questeur. Préteur, 93. Consul, 100. Proconsul du Pont et de la Bithynie, 103-5. — Panégyrique de Trajan. Lettres. — Éd. lat. par Gierig, *Leipsick*, 1806, 2 vol. in-8, 12 fr. *Lemaire*, 1822-23, 2 vol. in-8, 2 fr. *Londres*, 1821, gr. in-18, 3 à 4 fr., et *Lefèvre*, 1822, 2 vol. gr. in-32, 3 fr. Éd. lat.-franç. par de Sacy et Pierrot, *Panckoucke*, 1833, 3 vol. in-8, 21 fr. *Dubochet* (avec Quintillien), 1842, gr. in-8, 12 fr. *Barbou*, 1808, 3 vol. in-12, 9 fr. Lettres. Éd. franç. par de Sacy, *Limoges*, 1844, in-8. Éd. angl. par Melmoth, *Londres*, 1747, 2 vol. in-8 et 1810, 2 vol. in-12. Éd. allem. par Schott, *Stuttgart*, 1827-38, 5 vol. in-12.

PLOTIN, philosophe grec, 205, Lycopolis (Égypte); 270..... (Campanie). Disciple d'Ammonius Saccas, maître de Porphyre et de Longin. Après avoir suivi l'empereur Gordien dans son expédition contre les Perses, il se fixa à Rome, 245, où il ouvrit une école de philosophie. — ENNÉADES.—Éd. grecq. par Kirchhoff, *Leipsick*, 1856, 2 vol. in-18. Éd. grecq.-lat. par Creuzer; *Oxford*, 1835, 3 vol. in-4, 3 liv. par M. Dübner, *Didot*, 1855, gr. in-8, 15 fr. Éd. franç. par Bouillet, *Hachette*, 1857-61, 3 vol. in-8, 22 fr. 50.

PLUCHE (Noël-Ant.), naturaliste et littérateur, 1688, Reims; 1761, la Varenne-St-Maur, près Paris. Professeur d'humanités, 1710, et de rhétorique, 1713, à Reims. Prêtre. Directeur du collége de Laon, qu'il quitta pour venir habiter Paris. — Spectacle de la nature, 1732, 9 vol. in-12. Éd. abrégée, par Jauffret, 1803, 8 vol. in-18. Hist. du ciel, 1739, 2 vol. in-12. Mécanique des langues, 1751, in-12. Concorde de la géographie, 1765, in-12. Harmonie des Psaumes et de l'Évangile, 1764, in-12.

PLUQUET (F.-André-Adrien), littérateur, érudit, 1716, Bayeux;

1790, Paris. Ami de Fontenelle, de Montesquieu, d'Helvétius. Chanoine de Cambrai, 1768. Professeur de philos. 1776, et d'hist. 1777, au Collége de France. — Examen du fatalisme, 1757, 3 volumes in-12. DICTIONNAIRE DES HÉRÉSIES, 1762. Nouvelle édition, *Besançon*, 1817, 2 volumes in-8, et *Royer*, 1844, 2 vol. in-18. Traité de la Sociabilité, 1767, 2 vol. in-12. Livres classiques de la Chine, 1784-86, 7 vol. in-8. Traité sur le luxe, 1786, 2 vol. in-12.

PLUTARQUE, célèbre moraliste et historien grec, vers 50, Chéronée (Béotie); vers 120..... Disciple d'Ammonius, à Delphes, 66. Voyagea en Asie, en Égypte. Se rendit à Rome sous Domitien, et y enseigna la philosophie. Gouverna l'Illyrie sous Trajan. Rentré dans sa patrie, il fut comblé d'honneurs, et remplit les fonctions de prêtre d'Apollon. Ses œuv., écrites avec simplicité, respirent une morale saine et élevée. Sa philos. est celle de Platon. — OEuv. MORALES. Éd. grecq. par Wyttenbach, *Leipsick*, 1820, 6 vol. in-16, 12 fr. Éd. grecq.-lat. par le même, *Oxford*, 1795-1830, 15 vol. in-8, 2 liv. 18 sh. Éd. franç. par Ricard, *Didier*, 1844, 5 vol. in-12, 17 fr. 50. — VIES DES HOMMES ILLUSTRES. Éd. grecq. par Coray, *Éberhart*, 1809-15, 6 vol. in 8, fig. 60 à 72 fr., par Saintenis, *Leipsick*, 1839-46, 4 vol. in-8, 40 fr., par Schœfer, *Leipsick*, 1825-30, 6 vol. in-12, 15 fr. Éd. grecq.-lat. par Brian, *Londres*, 1729-41, 6 vol. gr. in-4. 60 à 72 fr., et *Dublin*, 1761, 3 vol. in-8. Éd. franç. par Ricard, *Didot*, 1839, 2 vol. gr. in-8, 20 fr. *Furne*, 1838, 3 vol. in-8, et par Pierron, *Charpentier*, 1843-45, 4 vol in-12, 14 fr. — OEuv. compl. Éd. grecq. par Hutten, *Tubingue*, 1791-1805, 14 vol. in-8, 50 à 70 fr. Éd. grecq.-lat. par Reiske, *Leipsick*, 1774-82, 12 vol. in-8, par MM. Dübner et Döhner, *Didot*, 1847 48, 4 vol. gr. in-8, 60 fr. Éd. franç. par Amyot, 1559-65, 2 vol. in-fol. 24 à 30 fr. Nouv. éd. 1567-74, 13 vol. pet. in-8 ou 1783-87, 22 vol. in-8 et 1818 et suiv. 25 vol. in-8, par Ricard, 1783-1803, 30 vol. in-12, 58 fr. Éd. angl. *Londres*, 1718 et 1826, 11 vol. in-8. Éd. allem. *Stuttgart*, 1827-57, 36 vol. in-16. Éd. ital. *Florence*, 1819-22, 13 vol. in-8.

POE (Edgard-Allan), poëte et romancier américain, 1811, Baltimore; 1849, ibid. Trouva dans un riche négociant, M. John Allan, un protecteur généreux, qu'il lassa bien vite par ses procédés peu reconnaissants. Son existence aventureuse et irrégulière se termina à l'hôpital. — Nouvelles. Contes fantastiques. Éd. angl. *New-York*, 1857, 4 vol. in-8 et *Londres*, 1858, in-8. Trad. franç. par Ch. Baudelaire, 1856, in-18.

POÉLENBURG (Kornelis), peintre hollandais, 1586, Utrecht; 1660, ibid. Élève de Blomaërt. Passa 20 ans en Italie, 1600-20, et quelque temps à Londres, auprès de Charles Ier. Ami de Rubens. — Naissance de Jésus, à Dusseldorf. Adam et Ève, Paysage, à Amsterdam. Baigneuses, Abraham, Sara et Agar. Ange annonçant aux bergers la naissance du Messie. Pâturage, Ruines, Femmes sortant du bain, Nymphes et Satyre, au Louvre.

POINSOT (L.), mathématicien, 1777, Paris; 1859, ibid. Professeur au lycée Bonaparte, 1804. Examinateur de l'École polytechnique, inspecteur gén. de l'université, 1806. Membre de l'Acad. des sciences, 1813; du conseil de l'instruction publique, 1840; du bureau des longitudes, 1843. Pair de France, 1846. Sénateur, 1852. — Élém. de statique, 1804. 9e éd. *Bachelier*, in-8, 6 fr. 50. Théorie gén. de l'équilibre, 1806. Application de l'algèbre à la théorie des nombres. Analyse des sections angulaires, 1825, in-4. Théorie nouv. de la rotation des corps, 1834, in-8. Théorie des cônes circulaires, 1853, in-4.

POIRSON (Aug.-Simon-J.-Chrysost.), historien, 1795, Paris. Professeur au collège Henri IV, 1818. Proviseur des collèges St-Louis, 1833, et Charlemagne, 1837. Membre du conseil de l'Université, 1845. — Tableaux chron. pour l'histoire ancienne, 1819. 5e éd. 1824, in-8. Hist. romaine, 1824-26, 2 vol. in-8. Précis des hist. anc., 1827-31, in-8; de France, 1834-41, in-8; des successeurs d'Alexandre, 1828, in-8. Hist. de Henri IV, 1857. 2e éd. *Didier*, 1863-65, 4 vol. in-8, 28 fr.

POISSON (Siméon-Denis), mathématicien, 1781, Pithiviers (Loiret); 1840, Paris. Professeur à l'École polytechnique, 1802, et à la Faculté des sciences, 1809. Membre du bureau des longitudes, 1808 et de l'Institut, 1812. Conseiller de l'Université, 1820. Pair de France, 1837.—Traité de mécanique, 1811. 2e éd. *Bachelier*, 1833, 2 vol. in-8, 18 fr. Théorie mathém. de la chaleur, 1835, 2 vol. in-4, 26 fr. Mouvement des projectiles dans l'air, 1839, in-4. Déviations de la boussole, in-8.

POLYBE, célèbre historien grec, vers 210 av. J.-C., Mégalopolis ; vers 128, ibid. Mêlé aux événements polit. dont son pays était alors le théâtre, il fut envoyé à Rome comme otage, et y passa 17 ans, 166-49, à étudier les institutions romaines. Il s'y lia avec Scipion Émilien, parcourut la Gaule, l'Espagne, l'Afrique, l'Égypte, et rentra dans sa patrie pour écrire ses œuv. — HIST. GÉNÉRALE. — Éd. grecq. par Schweighæuser, *Oxford*, 1823, 5 vol. in-8, 40 à 45 fr., et par Bekker, *Berlin*, 1844, 2 vol. in-8, 21 fr. Éd. grecq.-lat. par Schweighæuser, *Leipsick*, 1789-95, 9 vol. in-8, 120 fr., et par M. Dübner, *Didot*, 1865, gr. in-8, 20 fr. Éd. franç. par Thuillier, 1727-30, 6 vol. in-4, fig. 30 à 36 fr., par Buchon, *Desrez*, 1842, gr. in-8, 10 fr., par Bouchot, *Charpentier*, 1847, 3 vol. in-12, 10 fr. 50. Éd. angl. par Hampton, *Londres*, 1823, 2 vol. in-8, 1 liv. Éd. ital. par Kohen, *Milan*, 1824-28, in-8, I-IV, 30 fr. Éd. esp. par Bamba, *Madrid*, 1789, 3 vol. pet. in-4, 24 fr.

POLYCLÈTE, célèbre sculpteur grec, vers 480 av. J.-C., Sicyone ; vers 405..... Élève d'Argélades. Rival de Phidias. Jouissait d'une gr. renommée. Ses œuv. ne nous sont point parvenues. — JUNON. DEUX JEUNES HOMMES (Diadymène et Doryphore). Joueurs d'osselets. Amazone. Athlètes. Canéphores.

POLYGNOTE, célèbre peintre grec, vers 490 av. J.-C., île de Thasos ; vers 426..... Contemporain de Phidias, orna de ses œuv. aujourd'hui perdues les principales villes de la Grèce, surtout Athènes. — Les Grecs jugeant Ajax, Mariage des filles de Leucippe, à Athènes. Ulysse vainqueur des prétendants, à Platée. DESTRUCTION DE TROIE, à Delphes.

POMPIGNAN (J.-Jacq. LE FRANC, marquis de), poëte, 1709, Montauban ; 1784, Pompignan (Tarn-et-Garonne). Avocat gén. et 1er président à la Cour des aides de Montauban, 1745. Membre de l'Acad. franç. 1760. S'était fixé à Paris, mais fut obligé de le quitter, en butte aux railleries de ses confrères qu'il avait voulu critiquer. — Didon. Voy. de Languedoc. Poésies sacrées. Odes. Épîtres. — OEuv. compl. *Nyon*, 1784, 4 vol. in-8. OEuv. chois. *Didot*, 1813, 2 vol. in-18.

PONCELET (J.-Victor), mathématicien et général, 1788, Metz. Élève des Écoles polytechnique, 1807, et d'application de Metz, 1810. Professeur de mécanique à cette dernière école pendant 15 ans, puis à la Sorbonne, et au Collége de France. Membre de l'Acad. des sciences, 1834. Commandant de l'École polytechnique et député, 1848. — Propriétés projectives des figures, 1822, in-4. Nouv. éd. 1865, 2 vol. in-8. Mémoire sur les roues hydrauliques, 1826-27, *Bachelier*, in-4, 7 fr. Traité de mécanique, 1826. Nouv. éd. *Bachelier*, 2 vol. in-8, 25 fr. Théorie de l'équilibre des voûtes, 1852, in-4, 2 fr. Rapport sur les machines des manufactures, 1857, *Bachelier*, 2 vol. in-8, 30 fr.

PONGERVILLE (J.-Bapt.-Aimé SANSON de), poëte, 1792, Abbeville. Une étude approfondie de Lucrèce développa son goût pour la poésie. Membre de l'Acad. franç. 1830. Conservateur aux bibliothèques Ste-Geneviève, 1846; impériale, 1851. — Éd. de Lucrèce, en vers, 1823 ; en prose, 1829, 4 vol. in-8. Amours mythologiques, d'Ovide, 1826, in-18. Paradis perdu de Milton, 1838, in-8. L'Énéide, de Virgile, 1846, in-8. Épîtres. Poésies diverses.

PONSARD (Francis), poëte dramatique, 1814, Vienne (Isère). Abandonna le barreau pour la poésie où il devait prendre un rang distingué. Bibliothécaire du Sénat, 1852. Membre de l'Acad. franç. 1855. Ses œuv. ont eu un succès légitime, dû surtout aux abus et aux vices qu'elles signalent. — Lucrèce, 1843. Agnès de Méranie, 1846. CHARLOTTE CORDAY, 1850. Horace et Lydie, 1851. Ulysse, 1852. L'HONNEUR ET L'ARGENT, 1853. LA BOURSE, 1856. Ce.qui plaît aux Femmes, 1860. — Théâtre, *Lévy*, 8 vol. in-18, 13 fr. 50.

PONTMARTIN (Armand-Augustin-Jos.-Marie de), littérateur, 1811, Avignon. Ses écrits, qui parurent dans diverses publications périodiques, renferment des idées contraires au libéralisme moderne. — Contes et rêveries, 1845, in-8. Napoléon Potard, 1845, in-8. Mémoires d'un notaire, 1848-49, 3 vol. in-8. Contes et nouvelles, 1853, in-18. Causeries litt. 1854-56, 3 vol. in-18. Le Fond de la coupe, 1854, in-18. Causeries du samedi, 1857, 3 vol. in-18. Or et Clinquant, 1859, in-18.

POPE (Alex.), célèbre poëte anglais, 1688, Londres; 1744, Twickenham. Se fit remarquer dès l'âge de 12 ans par son goût pour la poésie. Ses œuv. fort goûtées de ses compatriotes lui valurent fortune et renommée, mais sa constitution délicate et son caractère difficile assombrirent son existence.— Essai sur la critique, 1709. La Boucle de cheveux enlevée. La Forêt de

Windsor, 1713. Épître d'Héloïse. Trad. de l'Iliade et de l'Odyssée. Guerre des sots. Essai sur l'homme, 1733. Éd. angl. *Londres*, 1819, in-4. Éd. angl.-lat.-ital.-franç.-allem. *Parme*, 1801, gr. in-4, 10 à 12 fr. ou *Strasbourg*, 1772, in-8, 4 à 5 fr. Éd. franç.-angl. (en vers), par Delille, *Michaud*, 1821, in-8 ou gr. in-18, et par Fontanes, *Lenormant*, 1822, in-8, 5 fr. Épîtres morales. Lettres. — Éd. angl. OEuv. par Roscoe, *Londres*, 1824, 10 vol. gr. in-8, 5 liv. ou 1846, 8 vol. in-8, 4 liv. OEuv. poét. *Londres*, 1859, gr. in-8, 9 sh. ou 1851, 3 vol. in-12, 15 sh. Éd. franç.-angl. par La Porte, *Duchesne*, 1779, 8 vol. in-8, fig. 16 à 20 fr. Éd. franç. OEuv. chois. *Louis*, 1800, 3 vol. in-18.

PORDENONE (Giovanni-Antonio Licinio, le), peintre italien, 1484, Pordenone (Frioul); 1540, Ferrare. Rival du Titien. S'appliqua à imiter Giorgione. — Ste Catherine, St Sébastien et St Roch; Adam et Ève; Lapidation de St Étienne; Saints; St Martin; St Christophe, à Venise. Mariage de Ste Catherine, à Plaisance. Annonciation, à Udine. St Roch, à Pordenone. Fresques, à Crémone. Portrait; Conversion de St Paul; Judith, à Florence. Résurrection de Lazare, à Brescia. St Matthieu, à Dresde. Musiciens, à Munich. La Vierge; la Femme adultère, à Berlin. Mort d'Abel; Vierge; Saints, à Madrid. Vierge et St Jérôme, à Lyon. Présentation au temple, au Louvre.

PORPHYRE, philosophe grec, 233, Batanea (Syrie); 304, Rome. Élève d'Origène, de Longin et de Plotin. Vint à Rome, 263, et y enseigna la philos. Il y recueillit et publia les œuv. de Plotin. Ses ouvrages sont en partie perdus. Sa doctrine était toute mystique. — Vie de Plotin. Abstinence des viandes. Éd. grecq.-lat. par Reiske, *Leyde*, 1792, in-4. Éd. franç. par Burigny, 1747, in-12, 3 fr. De vita Pithagoræ; De antro nympharum, éd. par Holstenius, *Rome*, 1630, in-8, 5 à 6 fr. OEuv. div. Éd. grecq. par Nauck, *Leipsick*, 1860, in-16, 2 fr.

PORTA (J.-Jacq. della), architecte italien, vers 1530, Milan; vers 1595, Rome. Élève de Vignole. Eut la gloire d'achever la basilique de St-Pierre. Mourut d'indigestion. — Églises de Ste-Catherine de Funari, 1564; de Jésus, 1573. Porte St-Jean de Latran, Fontaine Colonna, 1574. Achèvement du palais de l'université, 1587, et de la coupole de St-Pierre, 1588-90.

Façades de St-Pierre-aux-Liens et de St-Louis des Français. Villa Aldobrandini.

PORTA (J.-Bapt. della), physicien italien, 1540, Naples; 1615, ibid. S'adonna de bonne heure à l'étude et parcourut la France, l'Espagne et l'Italie. Recherché par les savants, il fonda une Académie que le Pape Paul V supprima. Découvrit la chambre obscure. Il était porté au merveilleux. — La Physionomie humaine, 1586, *Sorrente*, in-fol. Trad. franç. *Chaumerot*, 1808, in-8. La Magie naturelle, 1589, *Naples*, in-fol. Trad. franç. *Lyon*, 1688, in-12. Villæ libri, 1592, *Francfort*, in-4. De Aeris transmutationibus, 1609, *Naples*, in-4.

PORTAL (Ant.), médecin, 1742, Gaillac (Tarn); 1832, Paris. Étudia à Montpellier. Vint à Paris en 1764. Membre de l'Acad. des sciences, 1769. Professeur au Collége de France, 1770, et au Jardin des Plantes, 1775. Médecin de Louis XVIII et de Charles X. Président de l'Acad. de médecine, 1820. — Précis de chirurg. prat. 1768, 2 vol. in-8. Hist. de l'anat. et de la chirurgie, 1770-73, *Barrois*, 7 vol. pet. in-8. Anat. médicale, 1803, 5 vol. in-4 ou in-8. Maladies de familles et héréditaires, 1808. 3e édit. 1814, in-8.

PORTALIS (J.-Ét.-Marie), jurisconsulte et politique, 1745, Beausset (Var); 1807, Paris. Avocat au parlement d'Aix. Membre du conseil des Cinq-Cents, 1795. Conseiller d'État, 1800. Membre de l'Acad. franç. 1803. Ministre des cultes, 1804. — Usage et abus de l'esprit philos. au XVIIIe siècle, 1820. 3e éd. *Moutardier*, 1833, 2 vol. in-8.

POTHIER (Robert-Jos.), célèbre jurisconsulte, 1699, Orléans; 1772, ibid. Conseiller au présidial, 1720, et professeur de droit français à Orléans, 1749. Avocat habile, magistrat intègre, jurisconsulte consommé, il donna l'exemple de toutes les vertus. — COUTUME D'ORLÉANS, 1740. Nouv. éd. 1772, in-4, ou 1776, 2 vol. in-12. PANDECTES DE JUSTINIEN, 1748. Nouv. éd. *Lyon*, 1782, 3 vol. in-fol. Éd. franç. 1818-20, 5 vol. in-4. TRAITÉ DES OBLIGATIONS, 1761. Nouv. éd. 1774, 2 vol. in-12. Traités sur diff. matières du droit civil, 1773-74, ou 1781, 4 vol. in-4. — OEuv. compl. par M. Bugnet, *Cosse*, 1845-48, 10 vol. in-8, 80 fr.

POTTER (Paul), peintre hollandais, 1625, Enkhuizen; 1654,

Amsterdam. Se voua à l'étude du paysage et des animaux ; un travail opiniâtre lui permit d'y réussir admirablement. — Troupeau, 1644, à Vienne. TAUREAU, 1647 ; Vache à l'abreuvoir, à La Haye. Orphée charmant les animaux, 1650 ; Bergers et troupeaux, 1651, à Amsterdam. Bestiaux au pâturage, à Dresde. Chasseur à cheval, 1650, à St-Pétersbourg. Chevaux à la porte d'une chaumière, 1647 ; LA PRAIRIE, 1652, au Louvre.

POTTER (L.-Jos.-Ant. de), historien belge, 1786, Bruges ; 1859, ibid. Visita la France, l'Allemagne, l'Italie. Secrétaire de légation à Rome, 1815. Ses opinions libérales lui attirèrent des poursuites suivies de condamnation, 1828. Membre du gouvernement provisoire de Bruxelles, 1830. S'adonna ensuite aux travaux d'érudition. — Consid. sur les principaux conciles, 1816-25, *Bruxelles*, 2 vol. in-8. Esprit de l'Église, 1821, *Parmentier*, 6 vol. in-8. Nouv. éd. de ces deux ouvrages : HIST. PHILOS., POLIT. ET CRIT. DU CHRISTIANISME, 1836-37, *Leclaire*, 8 vol. in-8. Vie de Scipion Ricci, 1825-26, *Bruxelles*, 3 vol. in-8 ou in-18. Études sociales, 1843, *Bruxelles*, 2 vol. in-18.

POUCHET (Félix-Archimède), naturaliste, 1800, Rouen. Directeur du Muséum, 1828. Professeur de zoologie, 1828 et d'hist. nat., 1838, dans cette ville. Le premier qui ait formulé avec précision les lois de la fécondation. Il a soutenu, contre M. Pasteur, la théorie de la génération spontanée. — Hist. nat. des solanées, 1829, *Rouen*, in-8. Hist. nat. du règne animal, 1832. 2ᵉ éd. *Roret*, 1841, 2 vol. in-8, atlas et pl. Traité élém. de botanique, 1835, *Rouen*, 2 vol. in-8. Rech. sur les mollusques, 1842, in-4. THÉORIE POSIT. DE L'OVULATION SPONTANÉE, 1847, *Baillière*, in-8, atlas et pl. 36 fr. HIST. DES SCIENCES NAT. AU MOYEN AGE, 1853, *Baillère*, in-8, 9 fr. TRAITÉ DE LA GÉNÉRATION SPONTANÉE, 1859, *Baillière*, in-8, 9 fr.

POUCHKIN (Alex, Cᵗᵉ), poëte russe, 1799, Pskof ; 1837, St-Pétersbourg. Employé de la chancellerie en Bessarabie. Historiographe de Nicolas, 1835, qui avait su ramener à lui cette nature fière et indépendante. Périt malheureusement dans un duel avec son beau-frère. — Rouslan et Ludmila, 1820. Le prisonnier du Caucase, 1822. La Fontaine des pleurs, 1826. Les Bohémiens, 1827. Onéghine ; POLTAVA, 1829. BORIS GODUNOW, 1831. Révolte de Pougatchef, 1835. — OEuv. Éd. russe par Annenkoff, *St-Pétersbourg,* 1855-57, 7 vol. in-8. OEuv. chois. Éd. franç. par Dupont, *Comon,* 1846, 2 vol. in-8. OEuv. dramat., *Hachette,* 1862, in-18, 3 fr. 50.

POUILLET (Cl.-Servais-Mathias), physicien, 1791, Cuzance, (Doubs). Élève, 1811, et maître de conférences à l'École normale. Enseigna la phys. aux enfants d'Orléans. Professeur à la Faculté des sciences, 1826, à l'École polytechnique, 1831, à la Sorbonne, 1838, et au Conservatoire, 1829, dont il fut directeur, 1832-48. Membre de l'Acad. des sciences, 1837. Député, 1837-48. Membre du conseil de l'Université, 1845. — Instructions sur les paratonnerres (avec Gay-Lussac), 1823. Nouv. éd. 1855. ELÉM. DE PHYS. ET DE MÉTÉOROLOGIE, 1827. 7e éd. *Hachette,* 1856, 2 vol. in-8, avec atlas, 18 fr. Portefeuille industriel du Conservatoire (avec M. Leblanc), 1834, in-8, avec pl. Mémoire sur la chaleur solaire, 1838, in-4. Notions gén. de phys. et de météorologie. 3e éd. 1859, in-12, 6 fr. Mémoires dans le recueil de l'Acad. des sciences.

POUJOULAT (J.-Jos.-F.), littérateur, 1808, La Fare (Bouches-du-Rhône). Parcourut la Grèce, la Turquie, l'Asie Mineure. Député, 1848. Ses deux principales œuv. ont été couronnées par l'Acad. franç. — La Bédouine, 1835-40, 2 vol. in-12. Nouv. collect. de mémoires pour servir à l'hist. de France (avec Michaud), 1836-38, 32 vol. gr. in-8. Toscane et Rome, 1839, in-8. HIST. DE JÉRUSALEM, 1841-42. 4e éd. 1856, 2 vol. in-8. HIST. DE ST-AUGUSTIN, 1844, 3 vol. in-8. Nouv. éd. 1850, 2 vol. in-18. Études africaines, 1846, 2 vol. in-8. Hist. de la révol. franç., 1847, *Tours,* 2 vol. in-8. Lettres sur Bossuet, 1854, in-8 ou in-18. Le cardinal Maury, 1855, in-8.

POUQUEVILLE (F.-Ch.-Hugues-Laurent), historien, Merlerault (Orne); 1838, Paris. Passa plusieurs années en Égypte, en Grèce et en Turquie, où il fut retenu captif, 1798-1801. Consul à Janina, 1805-15, et à Patras, 1816-17. Membre de l'Acad. des Inscriptions, 1827. — Voy. en Morée, 1805, 3 vol. in-8. VOY. EN GRÈCE, 1820-22, *Didot,* 5 vol. in-8 et 1826-27, 6 vol. in-8. Hist. de la régénération de la Grèce, 1824, *Didot,* 4 vol. in-8.

POUSSIN (Nic.), célèbre peintre, 1593-94, Villers, près le Gr.-Andely; 1665, Rome. Reçut de Quentin-Varin les premières notions de l'art. Quitta la France, où il ne trouvait que misère et déceptions, et se fixa à Rome, 1624, qu'il ne devait quitter qu'un moment, en 1641, pour venir à la cour de Louis XIII. Poussin est peut-être le plus gr. peintre de l'école franç. Un séjour prolongé en Italie, des goûts simples et un caractère noble et indépendant donnèrent à son pinceau une touche savante, énergique, grandiose, sans rien lui ôter des qualités qui distinguent les meilleurs peintres français. — ÉLIÉZER ET RÉBECCA, Moïse sauvé des eaux, LES ISRAÉLITES RECUEILLANT LA MANNE, LES PHILISTINS FRAPPÉS DE LA PESTE, JUGEMENT DE SALOMON, Adoration des Mages, Ste-Famille, Aveugles de Jéricho, la Femme adultère, J.-C. instituant l'Eucharistie, Assomption de la Vierge, Mort de Saphire, St J.-Bapt. baptisant, RAVISSEMENT DE ST PAUL, St-F.-Xavier ressuscitant une Japonaise, Enlèvement des Sabines, Pyrrhus sauvé, MARS ET VÉNUS, MARS ET RHÉA SYLVIA, BACCHANALES, ÉCHO ET NARCISSE, TRIOMPHE DE FLORE, CONCERT, LES BERGERS D'ARCADIE, LE TEMPS SAUVANT LA VÉRITÉ, PORTRAIT DU POUSSIN, LE PARADIS TERRESTRE, RUTH ET BOOZ, LA GRAPPE DE LA TERRE PROMISE, LE DÉLUGE, ORPHÉE ET EURYDICE, DIOGÈNE JETANT SON ÉCUELLE, au Louvre. Thésée à Trézène, Vénus et Adonis, à Florence. Martyre de St Érasme, Triomphe de Flore, à Rome. Repos en Égypte, à Venise. Jupiter et Antiope, Céphale et l'Aurore. Éducation de Bacchus, Bacchanale, à Londres. Départ pour la chasse, David vainqueur de Goliath, Paysages, Bacchanale, le Parnasse, Polyphème, à Madrid. — Lettres, *Didot*, 1824, in-8. OEuv. par Massard, 1804, in-8, et par Landon, 1811, 2 vol. gr. in-4. Consulter : Poussin, sa vie et son œuv., par Bouchitté, *Didier*, 1858, in-8, 7 fr., et in-12, 3 fr. 50.

PRADIER (James), célèbre sculpteur, 1792, Genève ; 1852, Bougival. Élève de Lemot. Gr. prix de Rome, 1813. Membre, 1827, et professeur à l'École des beaux-arts. Ses œuvres manquent un peu de force et d'élévation, mais se font remarquer par une grâce et un fini d'exécution qui les ont rendues populaires. — Nymphe, CENTAURE ET BACCHANTE, 1819. FILS DE NIOBÉ, 1822. PSYCHÉ, 1824. VÉNUS, Prométhée, Phidias, 1827. LES TROIS GRACES, 1831. Chasseresse, Cyparisse, 1833. SATYRE ET BACCHANTE, 1834, VÉNUS ET L'AMOUR, 1836. Vierge, 1838.

Odalisque, 1841. Cassandre, 1843. Phryné, 1845. Le Duc d'Orléans, la Poésie légère, ANACRÉON ET L'AMOUR, LA SAGESSE ET L'AMOUR, 1846. PIÉTÉ, 1847. NYSSIA, Sapho (en bronze), 1848, LE PRINTEMPS, 1849. TOILETTE D'ATALANTE, Médée, Pandore, 1850. SAPHO (en marbre), 1852. Renommées de l'Arc de l'Étoile. Lille et Strasbourg, à la place de la Concorde. St André et St Augustin, à St-Roch. Mort du duc de Berry. L'Industrie, au palais de la Bourse. Victoires, du tombeau de Napoléon. Les Muses, à la fontaine Molière. NYMPHE BLESSÉE, au Palais-Royal. Vénus, au Luxembourg. MARIAGE DE LA VIERGE, à la Madeleine. FONTAINE, à Nîmes. Bustes: Louis XVIII, Charles X, L.-Philippe, Cuvier, Gérard, Jouffroy, Auber, Le Verrier, Granet, Percier, De Candolle, J.-Jacq. Rousseau.

PRATI (Giovanni), poëte italien, 1815, Dascindo (Trente). Avocat. Fut un moment emprisonné à Padoue, 1848. Charles-Albert le nomma poëte-césar de la maison de Savoie. — Edmenegarda, 1841, *Milan*. Canti lirici (Chants lyriques). Canti per il popolo (Chants pour le peuple). Ballate (Ballades). Memorie e Lacrime (Souvenirs et Larmes). Lettere à Maria (Lettres à Marie), *Turin*. Passeggiatte solitarie (Promenades solitaires). Storia e Fantasia (Hist. et fantaisie). Canti politici (Chants polit.).

PRAXITÈLE, célèbre sculpteur grec, vers 360 av. J.-C., Athènes; vers 280..... Contemporain d'Apelles, de Lysippe. Produisit un gr. nombre d'ouvrages pleins de grâce et d'expression dont aucun n'est parvenu jusqu'à nous. — Junon. Hébé. Minerve. ENLÈVEMENT DE PROSERPINE. Cérès. Flore. APOLLON SAUROCTONE. Latone. Neptune. Diane. La Fortune. BACCHUS. SATYRE. L'AMOUR. FAUNES. Nymphes. VÉNUS. Phryné.

PRESCOTT (Will.-Hickling), historien américain, 1796, Salem (Massachusetts); 1859, Boston. La faiblesse de sa vue l'éloigna du barreau. Il parcourut l'Europe puis s'adonna aux lettres. Correspondant de l'Institut. — Histoire du règne de Ferdinand et d'Isabelle, 1839, *New-York*, 3 vol. in-8 ou pet. in-8. HIST. DE LA CONQUÊTE DU MEXIQUE, 1843. Nouv. éd. *New-York*, 1850, 2 vol. in-8, 17 sh. ou 3 vol. pet. in-8, 10 sh. Trad. franç. par M. Pichot, *Didot*, 1846, 3 vol, in-8, 15 fr. Mélanges, 1845-55, *New-York*, in-8, 12 sh. Hist. de la conquête du Pérou, 1847, *New-York*, 2 vol. in-8. Trad. franç. par

H. Poret, *Didot*, 3 vol. in-8, 15 fr. Hist. du règne de Philippe II, 1855-58, *New-York*, 3 vol. in-8, 18 sh. Trad. franç. *Didot*, 5 vol. in-8, 25 fr. — OEuv. compl. Éd. franç. *Bruxelles*, 1860 et suiv. tom, I-IV, gr. in-8.

PRÉVOST D'EXILES (Ant.-F.), littérateur, 1697, Hesdin (Artois); 1763, St-Firmin, près de Chantilly. Tour à tour homme du monde, soldat, bénédictin, 1720, prêtre, il retourna dans le monde, s'enfuit en Hollande, 1727, puis en Angleterre, 1733. Rentré en France, il devint aumônier du prince de Conti, 1734. — Mémoires d'un homme de qualité, 1728-1801, 8 vol. in-12. Cléveland, 1732-39, 8 vol. in-12. MANON LESCAUT, 1733. Nouv. éd. *Bourdin*, 1842, gr. in-8, fig. 10 fr. *Werdet*, 1827, in-8, 4 fr. ou 1825, 2 vol. gr. in-32, 4 fr. *Charpentier*, 1846, gr. in-18, 3 fr. 50. Le doyen de Killerine, 1735-1821, 6 vol. in-12. Hist. gén. des voyages, 1746-89, 20 vol. in-4, 50 à 60 fr. — OEuv. chois. 1783-85, 39 vol. in-8, 40 à 50 fr.

PRÉVOST (L.-Constant), géologue, 1787, Paris; 1856, ibid. Professeur à l'Athénée, à l'École des arts et manufactures, à la Sorbonne, 1831. Membre de l'Acad. des sciences après Brongniart, 1848. — Constitution géolog. du bassin de Vienne, 1820. Composition géolog. des falaises de Normandie, 1821. Terrains du bassin de Paris, 1825. Classification chronol. des terrains, 1845. Anc. extension des glaciers, 1847. Rech. sur les dépôts sédimentaires, 1847.

PRÉVOST-PARADOL (Lucien-Anatole), littérateur, 1829, Paris. Lauréat du concours général, 1849, et de l'Acad. franç. 1851. Élève de l'École normale. Docteur ès-lettres, 1855. Professeur de litt. à Aix, 1856, puis rédacteur du Journal des Débats. Membre de l'Acad. franç. 1865. — Éloge de B. de St-Pierre, 1851. Revue de l'Hist. univ., 1854, gr. in-8. Du Rôle de la famille dans l'éducation, 1857, in-8. De la Liberté des cultes, 1858. Essais de polit. et de litt. 1859-62, 2 vol. in-8. Les Moralistes français, 1865, in-18.

PRICHARD (James-Cowles), ethnologiste anglais, 1785, Ross (Hereford); 1848, Londres. Médecin à Bristol, 1810. Membre de la Société roy. Président de la Société ethnologique.—HIST. NAT. DE L'HOMME, 1813. 5ᵉ éd. angl. *Londres*, 1855, 2 vol. gr. in-8. 1 liv. 18 sh. Trad. franç. par M. Roulin, *Baillière*, 1843, 2 vol.

in-8, 20 fr. The eastern origin of the celtic nations (Orig. orientale des nations celtiques), 1857, *Oxford,* in-8, 5 fr.

PRIDEAUX (Humphrey), historien et archéologue anglais, 1648, Padstow (Cornouailles); 1724, Norwich. Professeur d'hébreu au collège de Christ-Church, 1679. — HIST. DES JUIFS ET DES PEUPLES VOISINS, 1716-18. 10ᵉ éd. angl. *Londres,* 1749, 4 vol. in-8, 2 liv. Trad. franç. *Amsterdam,* 1728, 6 vol. in-12, fig., 12 à 18 fr.

PRIESTLEY (Jos.), célèbre chimiste et philosophe anglais, 1733, Fieldhead, près Leeds; 1804, Northumberland (Pensylvanie). Ouvrit une école à Nantwich (Chester), et professa la litt. à l'Acad. de Warrington. Membre de la Société roy. 1766. Bibliothécaire du marquis de Lansdown, 1773. Avait fait de nombreuses découvertes et exécuté des travaux considérables, lorsque son caractère indépendant et ses opinions relig. l'obligèrent à se retirer en Amérique. — Hist. de l'électricité, 1767-75, *Londres,* in-4. Trad. franç. *Hérissant,* 1771, 3 vol. in-12. OBSERV. SUR DIFF. ESPÈCES D'AIR, 1774, *Londres,* 3 vol. in-8. Trad. franç. *Saillant,* 1775-80, 5 vol. in-12. Observ. sur diff. branches de la phys. 1779-86, 3 vol. in-8. Trad. franç. *Nyon,* 1782-87, 4 vol. in-12. Évidence de la relig. révélée, 1787. Trad. franç. *Niogret,* 1822, in-8. Doctrine du phlogistique, 1796-97. Trad. franç. *Guillaume,* 1798, in-8. Grammaire angl. Trad. franç. *Batillot,* 1799, in-12. — ŒUv. théolog. et mél. Éd. angl. *Londres,* 1824, 26 vol. in-8.

PRIMATICE (F. le), peintre, sculpteur et architecte italien, 1490, Bologne; vers 1570..... (France). Élève de Jules Romain. Vint à Paris sur la demande de François Iᵉʳ, 1531. Retourna en Italie et réunit des œuv. d'art qu'il rapporta en France en 1541, où il conserva jusqu'à sa mort la faveur de Henri II, de François II et de Charles IX. Surintendant des bâtiments, 1559. — FRESQUES de la salle de Henri II, et de la porte dorée; Danaé, à Fontainebleau. Continence de Scipion, au Louvre. Moïse, à Vienne. Un Ange, à Darmstadt.

PROCLUS, philosophe grec, 412, Constantinople; 485..... Fit ses études à Alexandrie et à Athènes où il professa la philos. après Syrianus, 450. Sa doctrine, qui était celle du néoplatonisme, trouva en Grèce de nombreux partisans. — De providentia et fato. De decem dubitationibus circa providentiam. De subsistentia malorum. Commentarii. — Éd. par M. Cousin, *Levrault*, 1820-27, 6 vol. in-8, 48 fr. Nouv. éd. 1864; in-4, par Fréd. Creuzer, *Francfort*, 1820-25, 4 vol. in-8, 30 fr.

PROCOPE, historien grec, vers 500, Césarée (Palestine) ; vers 565..... Secrétaire de Bélisaire. Commissaire des vivres. Sénateur. Préfet de Constantinople, 562. Ses ouvrages sont précieux pour la connaissance des faits de son époque. — HISTOIRE. Édifices. Trad. franç. par Fumée, 1587, in-fol. Hist. secrète. Éd. grecq. par Orelli, *Leipsick*, 1827-in-8, 12 fr. Éd. grecq.-franç. par M. Isambert, *Didot*, 1856, 2 vol. in-8, 20 fr. — OEuv. Éd. grecq.-lat. par Maltret, 1661-63, 2 vol. in-fol. et par M. Dindorf, *Bonn*, 1833-38, 2 vol. in-8.

PRONY (Gaspard Clair F.-Marie RICHE de), ingénieur et mathématicien, 1755, Chamelet (Rhône); 1839, Paris. Ingénieur en chef et directeur du cadastre, 1791. Directeur de l'École des ponts et chaussées, 1798. Professeur à l'École polytechnique. Membre du Bureau des longitudes et de l'Institut. — Architecture hydraulique, 1790-96, 2 vol. in-4. Mécanique philos. 1800, in-4, 10 fr. Cours de mécanique, 1815, 2 vol. in-4. Description des marais Pontins, 1823, *Didot*, in-4, avec atlas, 40 fr. Conversion des mouvements circulaires en mouvements rectilignes. 3e éd. *Bachelier*, 1839, in-4, 3 fr.

PROPERCE (S. Aurelius Propertius), poëte latin, vers 51 av. J.-C , Mévanie (Ombrie) ; vers 15 av. J.-C..... Sa famille le destinait au barreau; il lui préféra la poésie. Ses œuv. furent écrites sous l'inspiration de Mécène qui le protégeait. — Élégies. Éd. lat. par Volpi, *Padoue*, 1755, 2 vol. gr. in-4, 40 à 60 fr.; par Kuinoël, *Leipsick*, 1805, 2 vol. in-8, 18 fr. *Lemaire*, 1833, in-8, 1 fr., et *Lefèvre*, 1821, gr. in-32, 2 fr. Éd. lat.-franç., par Genouille, *Panckoucke*, 1834, in-8, par Denne-Baron, 1839 (collect. Nisard), gr. in-8. et par Mollevaut, *Bertrand*, 1821, gr. in-18. Éd. franç. par Delongchamps, 1802, 2 vol. in-8, 10 fr. ; par Denne-Baron (en vers), *Ladvocat*, 1825. gr. in-18, 3 fr. Éd. angl. par Kelly, *Londres*, 1854, pet. in-8. Éd. allem. par Hetzberg, *Suttgart*, 1838, in-8. Éd. ital. par Becello, *Vérone*, 1742.

PROTOGÈNE, célèbre peintre grec, vers 360 av. J.-C , Caunes (Carie); vers 300..... Vivait à Rhodes obscur et ignoré lorsque Apelles découvrit son talent. Démétrius Poliorcète assiégeant Rho-

des, 303, ordonna de protéger sa maison. — LE CHASSEUR JA-
LYSE. Satyre au repos. Cydippe. Tlépolème. Athlète. Alexandre.
Antigone.

PROUDHON (J.-Bapt.-Victor), jurisconsulte, 1758, Chanans
(Doubs); 1838, Dijon. Juge de paix dans son pays natal, 1792.
Juge au tribunal et professeur à l'École centrale de Besançon,
1795-96. Professeur et doyen de l'École de droit de Dijon, 1806.
Correspondant de l'Institut. 1833 — Traité sur l'état des personnes et le titre du code civil, 1809. 3e éd. par M. Valette, *Joubert*,
1842-43, 2 vol. in-8, 16 fr. TRAITÉ DES DROITS D'USUFRUIT,
1823-25. 2e éd. *Dijon*, 8 vol. in-8. Traité du domaine public,
1833-34. 2e éd. *Dijon*, 1843-46, 4 vol. in-8. Traité du domaine
de propriété, 1839, *Dijon*, 3 vol. in-8.

PROUDHON (F.-Jos.), publiciste, 1809, Besançon; 1865, Paris.
Ses premières années se passèrent aux champs, puis dans un atelier
de typographie. Ses écrits l'eurent bientôt fait connaître. Député,
1848. La violence de ses doctrines exposées dans divers journaux
qu'il avait fondés rendit son nom populaire, et lui attira plusieurs
condamnations suivies d'emprisonnement.—De la célébration du
dimanche, 1840. 3e éd. 1848, in-12. Qu'est-ce que la propriété?
1840. Nouv. éd. 1849, in-12. Avertissement aux propriétaires,
1842. 2e éd. 1848, in-12. De la création de l'ordre, 1843. 2e éd.
1848, in-12. CONTRADICTIONS ÉCONOM. 1846. 2e éd. 1849, 2 vol.
in-12. Confession d'un révolutionnaire, 1849, in-12. DE LA RÉ-
VOLUTION SOCIALE, 1852, 6e éd. in-12. Manuel du spéculateur à
la Bourse, 1856, 4e éd. in-12. De la justice dans la révolution et
l'Église, 1858, 3 vol. in-18. La Guerre et la Paix, 1860, 2 vol.
in-12. Théorie de l'impôt, 1861, in-12. Majorats litt., 1862, in-12.
De la capacité polit. des classes ouvrières, 1865, in-12. Du principe de l'art, 1865, in-12.

PRUDENCE (Aurelius-Prudentius-Clemens), poëte latin, 348,
Calahorra (Espagne); vers 405..... Avocat. Juge. Soldat. Employé à la cour d'Honorius. Gouverneur de Saragosse. Après un
voy. à Rome se livra à l'étude et à la prière. — Psychomachia
cathemerinon. Apotheosis. Hamartigenia. Peristephanon. — Éd.
lat. par Arevalo, *Rome*, 1789, 2 vol. in-4, 24 à 30 fr., par Ab-
barius, *Tubingue*, 1845, in-8, 5 francs, par Dressel, *Leipsick*,
1860, in-8.

PRUD'HON (P.-Paul), peintre, 1758, Cluny (Saône et Loire); 1823, Paris. Prix de peinture à Dijon, 1776. Passa six ans à Rome, 1783-89. Ami de Canova. Fixé à Paris, 1789, il n'y rencontra d'abord que misère et déceptions. Maître de dessin de Marie-Louise, 1808. Membre de l'Institut, 1816.— La Sagesse et la Vertu. Diane implorant Jupiter. Vénus et Adonis. L'Innocence et l'Amour. Enlèvement de Psyché. Zéphyr. La Justice et la Vengeance poursuivant le crime. La Famille malheureuse. Christ mourant.

PTOLÉMÉE (Claude), célèbre astronome et géographe grec, commencement du 2ᵉ siècle, Ptolémaïs (Thébaïde); 170..... Commença ses observations astronom. à Alexandrie, vers 139. Son grand mérite fut de réunir en un corps d'ouvrages les travaux de ses devanciers, principalement ceux d'Hipparque, dont il fut l'exécuteur testamentaire. Son nom a été donné à l'ancien système qui faisait mouvoir le soleil et les astres autour de la terre immobile. — Composition mathématique. Éd. grecq.-franç. par Halma, *Eberhart,* 1813-16, 2 vol. in-4, fig. Tables chronolog. Hypothèses et époques des planètes. Comment. de Théon. Tables manuelles. Géographie. — OEuv. Éd. grecq.-lat. par Bertius, *Amsterdam,* 1618, gr. in-fol., 80 à 90 fr., par Wilberg et Grashof, *Essen,* 1832-43, gr. in-4, par Nobbe, *Leipsick,* 1843-45, 3 vol. in-18,7 fr.Éd.grecq.-franç.par Halma, 1813-25, 10 vol. in-4.

PUFENDORF (Samuel), célèbre jurisconsulte et historien allemand, 1632, Chemnitz (Saxe); 1694, Berlin. Professeur de droit à Heidelberg, 1661, puis à Lund, 1770. Historiographe et conseiller d'État de Charles XI à Stokholm, 1675, puis de l'électeur Fréd.-Guillaume de Brandebourg, à Berlin, 1686. Ses ouvrages produisirent une grande sensation et lui assignèrent une des premières places comme publiciste. — Elementa jurisprudentiæ universalis, 1660. 2ᵉ éd. *Iéna,* 1669, in-8. État de l'Allemagne, 1667. Nouv. éd. lat., *Berlin,* 1706, in-8. Trad. franç., *Amsterdam,* 1699, in-12. Le Droit de la nature et des gens, 1672. Nouvelle éd. lat., *Francfort,* 1759, 2 vol. in-4, 12 à 15 fr. Trad. franç. par Barbeyrac,*Amsterdam,* 1734, 2 vol. in-4, 12 à 18 fr.Les Devoirs de l'homme et du citoyen, 1673. Nouv. éd. lat., *Francfort,* 1753, pet. in-8, 4 à 6 fr., et *Leyde,* 1769, 2 vol. in-8, 10 à 12 fr. Trad. franç. par Barbeyrac, *Delestre-Boulage,* 1822,

2 vol. in-12. Introd. à l'hist. mod., 1682. 4ᵉ éd. allem., *Francfort,* 1699, in-8. Éd. lat., *Utrecht,* 1703, in-8. Éd. franç. par La Martinière et de Grace, 1753-59, 8 vol. in-4.

PUGET (P.), célèbre sculpteur, peintre et architecte, 1622, Marseille; 1694..... Étudia la peinture à Florence, avec P. de Cortone, 1640-43. Résida alternativement en Italie, à Marseille, à Toulon, à Gênes, à Paris, où il exécuta les œuvres remarquables qui l'ont immortalisé. — Sculpture : CARIATIDES, à Toulon; Halle et Maison, Hospice, Peste de Milan, à Marseille; Hercule; Janus et la Terre; Alexandre Sauli, St SÉBASTIEN, Vierge, St Philippe de Néri, Assomption, Enlèvement d'Hélène, à Gênes; PERSÉE DÉLIVRANT ANDROMÈDE, MILON DE CROTONE, Hercule, ALEXANDRE ET DIOGÈNE, Alexandre vainqueur, au Louvre. Peinture : le Sauveur du monde, la Visitation, Baptême de Clovis et de Constantin.

PUGIN (Augustin-Welby-Northmore), architecte anglais, 1811, Londres; 1852, Ramsgate. Sa courte existence lui a suffi pour produire un nombre consid. d'ouvrages. — Églises de Ste-Marie, à Derby; de St-Chad, à Birmingham; de St-Wilfrid, à Manchester; de Liverpool, d'Oxford, de Cambridge, de Reading, de Northampton, de Woolwich, de Nottingham, de Cheadle. Travaux au palais de Westminster. — Types d'architecture gothique, 1821-23, *Londres,* 2 vol. in-4, avec pl. Trad. franç. par Delobel, *Liége,* 1853, 3 vol. gr. in-4. Gothic ornaments (Ornements gothiques), 1831. Nouv. éd. *Londres,* 1854, gr. in-4, avec pl. Les vrais principes de l'architecture ogivale, 1842. 2ᵉ éd., *Londres,* 1853, in-4, avec pl. Trad. franç. *Bruxelles,* 1850, gr. in-4, avec planches.

PUISSANT (L.), mathématicien, 1769, La Gastellerie, près du Châtelet (Seine-et-Marne); 1843, Paris. Ingénieur géographe à l'armée des Pyrénées. Professeur à l'École centrale de Lot-et-Garonne, 1795; à l'École milit. de Fontainebleau, 1804; à l'École d'état-major. Membre de l'Acad. des sciences, après La Place, 1828. — Propositions de géométrie, 1801-24, in-8. TRAITÉ DE GÉODÉSIE, 1805. 3ᵉ éd., *Bachelier,* 1842, 2 vol. in-4. fig., 40 fr. TRAITÉ DE TOPOGRAPHIE, 1807. 2ᵉ éd., *Courcier,* 1820, in-4, fig., 20 fr. Trigonométrie, 1809, in-8. Cours de mathématiques, 1813, nouv. éd., *Anselin,* 1847, in-8.

PUTTER (J.-Ét.), publiciste allemand, 1725, Iserlohn ; 1807, Gœttingue. Professeur de droit, 1746 ; de droit public, 1757 ; conseiller de justice, 1770, et président de la Faculté, 1797, à Gœttingue. Membre de l'Acad. de Berlin, 1787. — GRUNDRISS DER STAATSVERANDERUNGEN DES TEUTSCHEN REICHS (Exposé des variations polit. de l'Allem.), 1753. 7e éd., *Gœttingue*, 1795, in-8. Elementa juris publici germanici, 1754-66, *Gœttingue*, in-8. Vollständiges Handbuch der teutschen Reichshistorie (Manuel complet de l'hist. d'Allem.), 1762-72, *Gœttingue*, 2 vol. in-8. INSTITUTIONES JURIS PUBLICI GERMANICI, 1770. 6e éd., 1802, *Gœttingue*, in-8.

PUVIS (Marc-Ant.), agronome, 1776, Cuiseaux (Saône-et-Loire); 1851, Paris. Élève de l'École polytechnique, 1797. Soldat. Agriculteur, 1807. Député, 1830-32. Correspondant de l'Institut, 1840. Membre du conseil gén. d'agricult., 1842. — Essai sur la marne, 1826, *Bourg*, in-8. De l'Emploi de la chaux, 1836, in-8. Différents moyens d'amender le sol, 1837, in-8. Éducation des vers à soie, 1838, in-8. Des Étangs, 1844, in-8. Traité des amendements, 1851, in-8. 2e éd., *Libr. agr.*, in-12, 3 fr. 50.

PYAT (Félix), littérateur, 1810, Vierzon (Cher). Avocat, 1831. Embrassa avec ardeur la carrière du journalisme. Député du Cher, 1848-49. Après les troubles polit. de juin 1849, il se retira en Suisse, puis en Belgique. — Théâtre : Une révolution d'autrefois, 1832; Arabella, 1833; le Brigand et le Philosophe (avec A. Luchet), 1834; Ango, 1835; les Deux Serruriers, 1841; Mathilde, 1842; Diogène, 1846; le Chiffonnier, 1847. — Loisirs d'un proscrit, 1851, in-18.

PYTHAGORE, célèbre philosophe grec, 569 av. J.-C., Samos ; 470, Tarente. Parcourut la Grèce, l'Égypte, où il demeura 22 ans, 547-25 ; habita 12 ans Babylone, puis se fixa à Crotone, en Italie, 510, où il ouvrit une école fameuse. Le nombre de ses élèves devint considérable ; il exerçait sur eux un empire absolu. Sa doctrine embrassait toutes les sciences, qu'il faisait reposer sur les nombres, principes, selon lui, de toute chose. Ses écrits ne nous sont pas parvenus. Celui que l'on a sous son nom paraît être de Lysis. — Vers dorés. — Éd. grecq. *Morelius*, 1555, in-8, 3 à 4 fr. Éd. grecq.-lat. par Seberi, *Leipsick*, 1622, in-8, par Knauthius, *Dresde*, 1720, in-8, 3 fr., ou *Leipsick*, 1750, in-8.

Éd. franç. par Fabre d'Olivet, 1813, in-8. Éd. angl. par Taylor, *Chiswick*, 1822, in-8, 6 sh.

Q

QUATREFAGES DE BRÉAU (J.-L.-Armand de), naturaliste, 1810, Valleraugue (Gard). Préparateur de chimie à Strasbourg. Professeur à Toulouse, 1833, et au lycée Henri IV, 1852. Membre de l'Acad. des sciences, 1852, et professeur au Muséum, 1855. — Caractères zoolog. des rongeurs, 1840, in-4. Organisation des animaux sans vertèbres, 1844. Rech. sur les annélides, 1844-50. Études sur les annelés. Souvenirs d'un naturaliste, 1854, *Masson*, 2 vol. in-18, 4 fr. Métamorphoses de l'homme et des animaux, 1855-56. Maladies des vers à soie, 1859, *Masson*, in-4, 16 fr. Unité de l'espèce humaine, 1860-61, in-18.

QUATREMÈRE (Ét.-Marc), orientaliste, 1782, Paris; 1857, ibid. Employé à la Biblioth. imp. 1807. Professeur à Rouen, 1809; au Collége de France, 1819, et à l'École des langues orientales, 1827. Membre de l'Acad. des inscriptions, 1815. Célèbre par ses travaux sur les langues orientales. — RECH. SUR LA LANGUE ET LA LITT. DE L'ÉGYPTE, 1808, *Impr. imp.*, gr. in-8, 12 fr. Mémoires sur l'Égypte, 1810, 2 vol. in-8. Hist. des Mongols, 1836, *Impr. imp.* in-fol. Hist. des sultans mameloucks, 1837 et suiv. *Duprat*, 2 vol. in-4. Chrestomathie en turk oriental, 1842, *Didot*, in-8.

QUATREMÈRE DE QUINCY (Ant.-Chrysost.), archéologue, 1755, Paris; 1849, ibid. Séjourna longtemps en Italie, où il se lia avec Canova. Député à la Législative, 1791. Membre du conseil des Cinq-Cents, 1797. Membre de l'Acad. des inscriptions, 1804. Censeur roy., 1814. Intendant des arts et monuments, 1815. Secrétaire perpétuel de l'Acad. des beaux-arts, et professeur d'archéologie, 1816. Député, 1820-21. — De l'Architecture égyptienne, 1785-1803, in-4. Consid. sur les arts du dessin, 1790, in-8. Dict. de l'architecture, 1795-1825. Nouv. éd. 1833, 2 vol. in-4. LE JUPITER OLYMPIEN, 1815, *Didot*, gr. in-fol. Lettres sur les marbres d'Elgin, 1815, in-8. De l'Imitation dans les beaux-arts, 1823, in-8. Hist. de Michel-Ange, de Raphaël, de Canova, 1824-35, 3 vol. in-8. Hist. des plus célèbres architectes, 1830, 2 vol. in-4, avec pl. 30 fr.

QUÉRARD (Jos.-Marie), bibliographe, 1797, Rennes. Passa quelques années chez un libraire de sa ville natale et vint à Paris, 1812. Se rendit à Vienne (Autriche), 1819-20, et s'y livra à l'étude de la science bibliograph. qui lui doit des œuv. précieuses pour l'ami des livres, comme pour celui des lettres.—LA FRANCE LITTÉRAIRE, 1826-64, 12 vol. in-8. Littérature franç. 1839-44, in-8, vol. I-II. LES SUPERCHERIES LITT. DÉVOILÉES, 1845-56, 5 vol. in 8. La 2e éd. formera 8 vol. Les Auteurs déguisés de la litt. franç. 1845, in-8. Dict. des ouvrages polyonymes et anonymes, 1846-47, in-8, livr. I-III. Omissions et bévues de la Litt. franç. 1848, in-8. Le Quérard, 1855-56, 2 vol. in-8.

QUESNAY (F.), économiste et médecin, 1694, Mérey, près Montfort l'Amaury; 1774, Versailles. Agriculteur. Exerça la chirurgie à Mantes. Chirurgien du roi et secrétaire perpétuel de l'Acad. de chirurgie, 1737. Ayant quitté la chirurgie pour la médecine, il devint 1er médecin de Louis XV, 1744. Il est considéré comme le fondateur de la science économique. — Art. Fermiers et Grains de l'Encyclopédie. TABLEAU ÉCONOMIQUE, 1758, *Versailles*, in-4. OEuv. économiques, par Dupont de Nemours, sous le titre de Physiocratie, 1768, 2 vol. in-8, réimprimés dans la collection des économistes, *Guillaumin*, 1843 et suiv. gr. in-8.

QUESNEL (Pasquier), théologien, 1634, Paris; 1719, Amsterdam. Oratorien, 1657. Prêtre, 1659. Ses opinions jansénistes l'obligèrent à se retirer à Bruxelles, 1685, puis en Hollande. Il y écrivit un gr. nombre d'ouvrages et entretint une correspondance considérable dans le but de propager sa doctrine.—OEuv. du pape St Léon, 1675, 2 vol. in-4. RÉFLEXIONS MORALES SUR LE NOUV. TESTAMENT, 1693-94, Nouv. éd. *Amsterdam*, 1736, 8 vol. in-12. Tradition de l'Église sur la prédestination des saints, 1687, *Cologne*, 4 vol. in-12. Discipline de l'Église, 1689, *Lyon*, 2 vol. in-4.

QUETELET (Lambert-Ad.-Jacq.), astronome et statisticien belge, 1796, Gand. Professeur dans cette ville, 1814, puis à Bruxelles, 1819, où il dirigea la construction de l'observatoire dont il devint directeur, 1826-28. Membre, 1820, et secrétaire perpétuel de l'Acad. roy. 1834. Correspondant de l'Institut. — Correspondance mathémat. et phys. 1825-39, *Bruxelles*, 11 vol.

in-8. Élém. d'astronomie, 1826. 4ᵉ éd. *Bruxelles*, 1848, 2 vol. in-18. Essai de phys. sociale, 1835, 2 vol. in-8. Annales de l'Observ. roy. de Bruxelles, 1843-59, 14 vol. in-4. Du syst. social, 1848, in-8. Théorie des probabilités, 1853, *Bruxelles*, pet. in-8.

QUEVEDO (F.-Gomez de), littérateur espagnol, 1580, Madrid, 1645, Villanueva de los Infantes. Reçut une excellente éducation. Les suites d'un duel l'obligèrent à se retirer à Naples. Secrétaire de Philippe IV, 1621. Son caractère hautain et ses écrits mordants le firent emprisonner pendant plusieurs années. — Les Visions, 1627. Trad. franç. *Blanchard*, 1812, in-12. Satires. Trad. franç. *Bruxelles*, 1698. Hist. de Don Pablo de Ségovie, Trad. franç. par Lavigne, *Warée*, 1842, in-8.--OEuv. éd. esp. *Madrid, Rivadeneyra*, 1852, 3 vol. gr. in-8, 45 fr. *Baudry*, 1860, in-8, 10 fr. et *Lyon*, 1821, 4 vol. in-18. Éd. franç. *Bruxelles*, 1718, 2 vol. in-12, fig. 6 à 8 fr.

QUICHERAT (L.-Marie), philologue, 1799, Paris. Professeur de rhétorique, puis conservateur à la Bibliothèque Ste-Geneviève, 1843. Membre de l'Acad. des inscr., 1864. — Versification latine, 1826. Nouv. éd. *Hachette*, 1858, in-12, 3 fr. Thesaurus poeticus linguæ latinæ, 1836. Nouv. éd. *Hachette*, 1857, in-8, 8 fr. Versification franç. 1838, in-12. Nouv. éd. *Hachette*, 1849-50, in-8, 7 fr. 50. Dict. latin-franç. 1844. 9ᵉ éd. *Hachette*, 1857, gr. in-8, 8 fr. Dict. franç.-latin, 1858, in-8, 9 fr.

QUICHERAT (Jules-Ét.-Jos.), archéologue, 1815, Paris. Élève, répétiteur, et professeur à l'École des Chartes, 1848. Attaché aux travaux hist. de la Bibliothèque roy. Membre de la Société des Antiquaires, 1845. — Procès de Jeanne d'Arc, 1841-49, *Renouard*, 5 vol. gr. in-8, 45 fr. Thomas Basin, 1842, *Didot*. in-8. Aperçus nouv. sur l'hist. de Jeanne d'Arc, 1850, in-8. L'Alesia de César, 1857. Conclusions pour Alaise, 1858. Hist. du collége Ste-Barbe, 1861, 2 vol. in-8.

QUINAULT (Phil.), poëte dramatique, 1635, Paris; 1688, ibid. Avocat au parlement. Auditeur à la chambre des comptes. Valet de chambre de Louis XIV. Membre des Acad. franç., 1670, et des inscriptions, 1674. Malgré les attaques de Boileau, qui ne furent d'ailleurs que momentanées, Quinault est considéré comme un de nos bons poëtes lyriques. — Les Rivales, 1653. L'Amant indiscret, 1654. La Mort de Cyrus, 1656. Agrippa, 1661. Astrate,

1663. La Mère coquette, 1664. Cadmus; Alceste, 1674. Thésée, 1675. Atys, 1676. Isis, 1677. Proserpine, 1680. Persée, 1682. Phaéton, 1683. Amadis, 1684. Roland, 1685. Armide, 1684. — OEuv. 1778, 5 vol. in-12. OEuv. choisies, *Crapelet*, 1824, 2 vol. in-8, et *Didot*, 1811, 2 vol. in-18.

quinet (Edgar), littérateur, 1803, Bourg. Voyagea en Allemagne et en Italie. Professeur à Lyon, 1838-42, et au Collége de France, 1841. Député, 1847. Représentant à la Constituante, 1848, et à la Législative, 1849. Un décret de 1852 l'obligea à quitter la France. — Trad. de la philos. de l'hist. de l'humanité, de Herder, 1826-27, 3 vol. in-8. De la Grèce mod., 1830, in-8. Ahasvérus, 1333, in-8, et 1843, in-12. Allemagne et Italie, 1839-46, 2 vol. in-8. Le Génie des religions, 1843, in-8. Mes Vacances en Espagne, 1845-46, in-8. Les Révolutions d'Italie, 1852, 3 vol. in-8. La Campagne de 1815, 1862, 2 vol. in-8. Articles nombreux dans la Revue des deux mondes. — OEuv. compl. *Pagnerre*, 1858, 11 vol. in-8, 66 fr. ou in-18, 38 fr. 50.

quintana (Manuel-Jos.), poëte espagnol, 1772, Madrid; 1857, ibid. Avocat du conseil de commerce. Secrétaire interprète des langues étrangères. Censeur dramatique. Membre de l'Acad. roy. Ses opinions politiques lui valurent 6 ans de prison, 1814-20. Président de l'instruction publique, 1836-51. Sénateur. Couronné d'un laurier d'or par la reine Isabelle II, 1855. — Vidas de los Españoles celebres (Vie des Espagnols célèbres), 1807-34, *Madrid*, 3 vol. in-8, 18 fr. Trad de la vie du Cid, *Baudry*, 1843, gr. in-8. Poesias selectas castellanas (Choix de poésies castillanes), 1807, *Madrid*, 3 vol. in-8, 12 à 15 fr., et 1830, 4 vol. pet. in-8, 24 fr., ou *Baudry*, 1838, in-8, 10 fr. — OEuvres complètes, édition espagnole, *Madrid, Rivadeneyra*, 1852, gr. in-8, 15 francs.

quinte-curce (Q. Curtius Rufus), historien latin, 1er ou 2e siècle. On ne possède aucuns renseignements sur lui. Vivait peut-être sous Constantin ou Théodose. Son œuvre, d'un style brillant, laisse à désirer pour l'exactitude des faits. — Hist. d'Alexandre. Éd. lat. par Snakenburg, *Leyde*, 1724, in-4, 15 à 18 fr. *Lemaire*, 1822-24, 3 vol. in-8, 5 fr. et *Brunswick*, 1846, in-8. Éd. lat.-franç. *Panckoucke*, 1828, 3 vol. in-8, 15 fr. *Dubochet*, 1841, gr. in-8, 12 fr. et *Delalain*, 1841, 2 vol. in-12, 6 fr. Éd. angl. *Lon-*

dres, 1809, 2 vol. in-8, 15 fr. Éd. allem. *Halle,* 1720, in-8. Éd. ital. *Florence,* 1530, in-8. Éd. esp. *Madrid,* 1794, in-4.

QUINTILIEN (M. Fabius Quintilianus), célèbre rhéteur latin, 42, Calaguris (Espagne); vers 120..... Exerça la profession d'avocat. Ouvrit une école qu'il dirigea avec beaucoup de succès pendant plus de vingt ans. Enseigna la rhétorique aux petits-neveux de Domitien. Son traité est considéré comme l'ouvrage le plus précieux dans ce genre, que l'antiquité nous ait laissé. — INSTITUTIONS DE L'ORATEUR. Déclamations. — OEuv. compl. Éd. lat. par Burman, *Leyde,* 1720, 3 vol. in-4, et *Lemaire,* 1821-25, 7 vol. in-8. — Les Institutions seules. Éd. lat. par Gesner, *Gœttingue,* 1738. pet. in-4, 12 à 18 fr. par Spalding, *Leipsick,* 1798-1834, 6 vol. in-8, 52 fr. et *Londres,* 1822, 2 vol. in-18, 8 à 10 fr. Éd. lat.-franç. par Ouizille, *Panckoucke,* 1829-35, 6 vol. in-8, 42 fr.; par L. Baudet, *Dubochet,* 1842, gr. in-8, 12 fr., et par Gedoyn, *Barbou,* 1770, 4 vol. in-12, 8 à 10 fr. Éd. angl. par Watson, *Londres,* 1856, 2 vol. pet. in-8. Éd. allem. par Henke, *Helmstædt,* 1825, 3 vol. in-8. Éd. ital. par Toscamella, *Venise,* 1584, in-4. Éd. esp. *Madrid,* 1799, 2 vol. pet. in-4.

R

RABELAIS (F.), littérateur, vers 1495, Chinon; 1553, Paris. Prêtre, 1519. Était entré dans l'ordre des cordeliers qu'il quitta en 1523. Exerça la médecine à Montpellier, 1531, et à Lyon, 1532. Accompagna le cardinal du Bellay, à Rome, 1734-37. Curé de Meudon, 1551. L'ouvrage auquel il doit sa célébrité est plein de passages satiriques, bizarres et licencieux. — Gargantua et Pantagruel. — OEuv. par Le Duchat, *Amsterdam,* 1741, 3 vol. pet. in-4. fig. 60 à 72 fr. *Dalibon,* 1823-26, 9 vol. in-8, fig. *Janet,* 1823, 3 vol. in-8. 21 fr. *Bry,* 1854, gr. in-8. *Didot,* 1857-58, 2 vol. gr. in-18, 8 fr. *Charpentier,* 1842 et suiv. gr. in-18, 3 fr. 50. *Jannet,* 1858, in-16 et *Pinard,* 1825-27, 5 vol. in-32. Éd. angl. *Londres,* 1807, 4 vol. pet. in-8, 30 fr. Éd. allem. *Leipsick,* 1832-41, 3 vol. in-8, 13 thl.

RACAN (Honorat de BUEIL, marquis de), poëte, 1589, La Roche-Racan (Touraine); 1670..... Soldat, puis adonné aux lettres. Ami de Malherbe. Membre de l'Acad. franç. 1635. — Bergeries.

Odes. Poésies diverses. — OEuv. compl. par M. de Latour, *Jannet,* 1857, 2 vol. in-16, 10 fr. OEuv. chois. *Coustelier,* 1724, 2 vol. in-12. 12 à 18 fr.

RACINE (J.), célèbre poëte tragique, 1639, La Ferté-Milon; 1699, Paris. Élevé à Port-Royal, il reçut ensuite les conseils de Molière et de Boileau. Membre de l'Acad. franç. 1673. Historiographe du roi, 1677. L'échec que subit sa belle tragédie de Phèdre, 1677, lui fit abandonner le théâtre. Plus de dix ans après, à la sollicitation de made de Maintenon, il écrivit Esther et Athalie qui sont demeurés les chefs-d'œuvre du gr. poëte classique. Racine manque, dit-on, de vigueur et d'énergie, mais l'élégance et la beauté de ses vers n'ont point encore été dépassées. — La Thébaïde, 1664. Alexandre, 1665. ANDROMAQUE, 1667. LES PLAIDEURS, 1668. BRITANNICUS, 1669. BÉRÉNICE, 1670. BAJAZET, 1672. MITHRIDATE, 1673. IPHIGÉNIE, 1674. PHÈDRE, 1677. ESTHER, 1689. ATHALIE, 1691. Épigrammes. Odes. Cantiques. Hist. du règne de Louis XIV. Hist. de Port-Royal, 1693. — OEuv. *Didot,* 1801-05, 3 vol. gr. in-fol. fig. *Parme,* 1813, 3 vol. gr. in-fol. par Aimé Martin, *Lefèvre,* 1820-22, 6 vol. in-8. fig. 24 à 30 fr. 4ᵉ éd. *Lefèvre,* 1825, 7 vol. gr. in-8, 48 à 60 fr. 5ᵉ éd. *Lefèvre* et *Furne,* 1844, 6 vol. in-8, 60 fr. 6ᵉ éd. 2 vol. in-18, 5 fr., par Auguis, *Fortic,* 1825-26, ou *Furne,* 1829, gr. in-8, 8 fr. *Charpentier,* 1840, gr. in-18, 3 fr. 50. *Lefèvre* ou *de Bure,* 1824, 4 vol. gr. in-32, 6 à 8 fr.

RACINE (L.), poëte, 1692, Paris; 1763, ibid. Fils du précédent. Abandonna le barreau pour la poésie. Membre de l'Acad. des inscriptions, 1719. Des revers de fortune l'engagèrent à entrer dans l'administration des fermes. La perte d'un fils unique, 1755, augmenta encore la mélancolie et la tristesse de son caractère. — La Grâce. 1720. ODE A L'HARMONIE, 1736. LA RELIGION, 1742, gr. in-8, 4 à 5 fr. *de Bure,* 1824, gr. in-32. Trad. du Paradis perdu. Poésies diverses. — OEuv, éd. par *Lenormant,* 1808, 6 vol. in-8, 18 fr. *Masson,* 1823, in-8, 5 fr. *Amsterdam,* 1752, 6 vol. pet. in-12.

RADCLIFFE (Anne WARD, madᵉ), romancière anglaise, 1764, Londres; 1823, ibid. Inaugura un genre nouveau qui doit son succès au merveilleux, à la terreur, et aux incidents dramatiques dont ses œuv. sont remplies. — Les châteaux d'Athlin et de

Dunbayne, 1789. Trad. franç. 1819, 2 vol. in-12. La Forêt, 1791. Trad. franç. 1831, 3 vol. in-12. Les Mystères d'Udolphe, 1794, Trad. franç. *Havard*, 1849, in-4, et *Pougin*, 1840, 6 vol. in-12. L'Italien, 1797. Trad. franç. *Maradan*, 1819, 3 volumes in-12.

RAFFET (Denis-Aug.-Marie), dessinateur et peintre, 1804, Paris; 1860, Gênes. Élève de Charlet, 1822, et de Gros, 1827. N'ayant pu réussir au concours pour le prix de Rome, 1829-30, se tourna vers le dessin ou il rencontra la célébrité et la fortune. — Revue des morts. Bataillon sacré de Waterloo. Carré enfoncé. Charges de Chasseurs. Sièges de Constantine et de Rome. Illustrations des OEuvres de Thiers, L. Blanc, Barthélemy, Béranger, Walter Scott, Chateaubriand.

RAFFLES (sir Thomas Stamfort), voyageur anglais, 1781, la Jamaïque; 1826, Highwood-Hill. Secrétaire de la Compagnie des Indes, 1805; Gouverneur de Java, 1811-16. Fondateur et président de la Société zoologique, 1824. — Description de Java, 1817, *Londres*, 2 vol. gr. in-4. 2e éd. 1830, 2 vol. in-8. Trad. franç. par Marchal, *Bruxelles*, 1824-25, in-4. Memoirs (Mémoires), *Londres*, 1830, in-4. et 1835, in-8.

RAIMONDI (Marc-Ant.), graveur italien, vers 1475, Bologne; 1534, ibid. Se rendit à Venise en 1509, où il se perfectionna en gravant les OEuv. d'Albert Dürer, puis à Rome, 1510, ou il reçut les conseils et devint l'ami de Raphaël. La reproduction de peintures licencieuses de Jules Romain le fit emprisonner par Clément VII. — Les Grimpeurs, 1510. Lucrèce se poignardant, Triomphe de Galatée, Jugement de Pâris, Massacre des Innocents, St Paul, la Cène, Le Parnasse, La Poésie, de Raphaël. Martyre de St Laurent, De Baccio Bandinelli. Les Postures de Jules Romain.

RALEIGH (sir Walter), navigateur et littérateur anglais, 1552, Hayes (Devonshire); 1618, Londres. Après avoir pris part à de nombreuses expéditions maritimes, il devint membre du parlement, 1584. La faveur dont il jouissait à la cour disparut avec Élisabeth, 1603. Il fut emprisonné pendant 13 ans, 1603-16. Après une nouv. expédition, il fut enfermé dans la tour de Londres et eut la tête tranchée. — History of the World (Hist. du Monde), 1614. Nouv. éd. *Oxford*, 1829, 8 vol. in-8, 2 liv.

RAMAZZINI (Bern.), médecin italien, 1633, Carpi ; 1714, Padoue. Professeur à Modène, 1682, et à Padoue, 1700, où il exerçait la médecine. — Des Maladies des artisans, 1701, *Venise*, in-8. Trad. franç. par Fourcroy, 1777, in-12, et par Patissier, *Baillière*, 1822, in-8. De Abusu chinæ, 1714, *Padoue*, in-4. — OEuv. Éd. lat. *Londres*, 1742, 2 vol. in-4, 8 à 10 fr. et *Leipsick*, 1828, 2 vol. in-8.

RAMEAU (J.-Phil.), célèbre musicien compositeur, 1683, Dijon ; 1764, Paris. Après un voy. à Milan, 1701, parcourut la France et vint à Paris, 1717, où il se fixa définitivement en 1721. Passa plus de dix ans à lutter contre des difficultés et des obstacles de toute sorte. Son 1er opéra fut le commencement d'une popularité qui ne devait plus lui échapper. Compositeur du cabinet de Louis XV, 1760. — Samson, 1732. Hippolyte et Aricie, 1733. Les Indes galantes, 1735. CASTOR ET POLLUX, 1737. Dardanus, 1739. La Princesse de Navarre, 1745. Pygmalion, 1748. Anacréon, 1754. Cantates. — TRAITÉ DE L'HARMONIE, 1722, in-4. Génération harmonique, 1737, in-8. Principe de l'Harmonie, 1750, in-8. Code de Musique, 1760, in-4.

RAMEY (Cl.), sculpteur, 1754, Dijon ; 1838, Paris. Élève de Gois. Gr. prix de sculpture, 1782. Membre de l'Acad. des beaux-arts, 1817. — Bas-reliefs de l'Arc du Carrousel. Napoléon. Eug. de Beauharnais. Le cardinal de Richelieu. Scipion l'Africain. Blaise Pascal. — RAMEY (Ét.-Jules), son fils, 1796-1852, Paris. Gr. prix de sculpture, 1815. Membre de l'Institut, 1829. — L'Innocence pleurant la mort d'un serpent, 1822. Christ à la Colonne. Thésée combattant le Minotaure. Bas-reliefs au Louvre.

RAMSAY (André-Michel, chevalier de), littérateur, 1686, Ayr (Écosse) ; 1743, St-Germain-en-Laye. Se fixa en France, 1709, où il devint l'ami de Fénelon qui calma ses incertitudes religieuses. Docteur de l'Université d'Oxford, 1730. Précepteur, puis intendant du prince de Turenne. — Essai philos. 1719. 2e éd. *Londres*, 1721, in-12. Hist. de Fénelon, 1723. Nouv. éd. *Amsterdam*, 1740, in-12. Les voy. de Cyrus, 1727, 2 vol. pet. in-8, 5 à 6 fr., *Londres*, 1730, gr. in-4, 5 à 6 fr. Nouv. éd. 1810, 3 vol. in-18. Éd. angl. *Baudry*, 1829, in-18. Hist. de Turenne, 1735, 2 vol. gr. in-4, fig. 10 à 15 fr. ou 1774, 4 vol. in-12.

RAMSDEN (Jessé), mécanicien et opticien anglais, 1735, Salterhebble, près Halifax ; 1800, Brighton. Élève et ami de Dallond, dont il épousa la fille. Inventa ou perfectionna un grand nombre d'instruments. Membre de la Société roy, 1786. — Sextants. Machine à graduer les instruments d'astronomie et de mathématiques. Télescopes. Micromètres. Dynamomètre.

RAMUS (P.), philosophe, 1515, Cuth (Vermandois) ; 1572, Paris. S'éleva un des premiers contre la philos. d'Aristote. Principal du collége de Presles, 1545. Professeur au collége roy. 1551. La nouveauté de sa doctrine, le talent et l'énergie avec lesquels il la défendait, sa conversion au calvinisme, lui créèrent de nombreux ennemis. Il quitta la France. Ayant voulu y rentrer, il fut enveloppé dans le massacre de la St-Barthélemy. — DIALECTIQUE, 1543-47, in-8. Éd. franç. 1576, pet. in-8. Animadversiones aristotelicæ, 1543-56, in-8. Rhetoricæ distinctiones, 1549, in-8. Pro philosophica disciplina, 1551-55, in-8. Façons et coutumes des anc. Gaulois (lat. et franç.), 1559, pet. in-8. Grammaires lat. grecq. franç., 1558-62.

RAMUS (Jos.-Marius), sculpteur, 1805, Aix. Élève de Cortot. 2e gr. prix de sculpture, 1830. Une mission du gouvernement en Italie développa son talent. — Daphnis et Chloé, 1834. Ste Geneviève, 1838. Céphale et Procris, 1839. St J.-Bapt, 1842. Portalis, 1844. Une première pensée, 1845. Gassendi, 1846. Le Cte Siméon, Anne d'Autriche, 1847. Philippe de Champagne, 1850. Puget, 1855. Les Marguerites, 1857. Pâtre avec un chevreau, 1859. Didon, 1861.

RANKE (Léopold), historien allemand, 1795, Wiehe (Thuringe). Professeur à Francfort, 1818 ; à Berlin, 1825. Historiographe du roi de Prusse, 1841. Membre du parlement de Francfort, 1848, il avait ouvert des cours, voyagé en Italie et fondé un journal histor. qui eut un grand succès.—Zur Kritik neuerer Geschichtschreiber (Documents crit. sur les historiens mod.), 1824, *Berlin,* in-8. Geschichte der romanischen und germanischen Völkerschaften (Hist. des nations romanes et germaniques), 1824, *Berlin,* in-8. FURSTEN UND VÖLKER VON SUD-EUROPA (Princes et peuples de l'Europe mérid.), 1827-36, *Berlin,* 4 vol. in-8, 1er vol. trad. sous ce titre : l'Espagne sous Charles V, 1845, in-8. 3 derniers vol. trad. sous le titre : Hist. de la Papauté, 1848, 3 vol. in-8. DEUTSCHE GESCHICHTE IM ZEITALTER DER REFOR-

MATION (Hist. de l'Allemagne au temps de la réforme), 1839-47. 3ᵉ éd. *Berlin*, 1851-52, 5 vol. in-8. HIST. DE FRANCE, 1852-57, *Stuttgart*, 4 vol. in-8. Trad. franç., 1853-55, 3 vol. in-8. Englische Geschichte (Hist. de l'Anglet.), 1859-62, *Berlin*, 3 vol. in-8.

RAPETTI (L.-Nic.), littérateur et juriste, 1812, Bergame. Docteur, 1840. Professeur de législation comp., suppléant M. Lerminier au collége de France, 1841-48. Membre de la commission de colportage. Chef du bureau de la commission de la correspondance de Napoléon Iᵉʳ, 1855. — Condition des étrangers en France, 1840. Les Frères du Temple, 1854. Réfutation des mémoires de Raguse, 1857. Art. dans la Biographie gén., notamment celui de Napoléon Iᵉʳ.

RAPHAEL (Raffaello SANZIO), célèbre peintre, sculpteur et architecte italien, 1483, Urbin ; 1520, Rome. Élève du Pérugin, 1495-1504. Après avoir résidé à Pérouse et à Florence, il arriva à Rome, 1508, où l'attendaient Bramante et Jules II. Il couvrit les murs du Vatican et de la Farnésine de peintures magnifiques, éleva les Loges et peignit, en outre, un nombre considérable de tableaux. A la mort de Bramante, 1514, Léon X le plaça à la tête de tous les travaux qui s'exécutaient à Rome. Mais un travail excessif hâta sa mort, qui eut lieu à 37 ans. Raphaël est considéré comme le fondateur de l'école romaine et comme le plus gr. peintre des temps modernes. Il forma un gr. nombre d'élèves, entre autres, Jules Romain, Pierino del Vaga, Luca Penni, Jean d'Udine, etc. — MISE AU TOMBEAU, VERTUS THÉOLOGALES, DISPUTE DU Sᵀ SACREMENT, ÉCOLE D'ATHÈNES, LE PARNASSE, ISAIE, MADONE DE FOLIGNO, SIBYLLES, CHATIMENT D'HÉLIODORE, DÉLIVRANCE DE Sᵀ PIERRE, MIRACLE DE BOLSENO, GALATÉE, LES STANZE, LES LOGES, LES ARAZZI, FABLE DE PSYCHÉ, TRANSFIGURATION, à Rome. LA BELLE JARDINIÈRE, la Vierge, l'enfant Jésus et Sᵗ Jean, Sᵗᵉ FAMILLE, La Vierge, Sᵗᵉ Élisabeth, l'enfant Jésus et Sᵗ Jean, Sᵗᵉ Marguerite, Sᵗ Georges, Sᵗ Michel, JEANNE D'ARAGON, BALTHAZAR CASTIGLIONE, JEUNE HOMME, Sᵀ MICHEL TERRASSANT LE DÉMON, au Louvre. Fresque de San Onofrio, MADONE, DON BLAISE, DON BALTHAZAR, JULES II, LA FORNARINA, Tomasso Inghirami, VISION D'ÉZÉCHIEL, VIERGE A LA CHAISE, LÉON X, à Florence. Cardinal Bibiena, Visitation, VIERGE AU POISSON, CHRIST POR-

TANT SA CROIX, S^TE FAMILLE, LA PERLE, à Madrid. Vierge au Palmier, les Trois Grâces, Ste Catherine, Madone, Cartons des Arazzi, Vierge, à Londres. Mariage de la Vierge, à Milan. MADONE, à Berlin. Vierge avec Saints, S^TE FAMILLE, à Naples. MADONE DE St SIXTE, à Dresde. Fresques de San-Severo, à Pérouse. Madone, Ste Famille, VIERGE AU RIDEAU, à Munich. St Georges, à St-Pétersbourg. Madone, à Vienne. S^TE CÉCILE, à Bologne.

RAPIN (René), poëte latin moderne, 1621, Tours; 1687, Paris. Jésuite, 1639. Enseigna les humanités pendant neuf ans. Son poëme est écrit dans un style très-pur et fort élégant. — LES JARDINS, 1665, in-4, 5 à 8 fr. *Leyde*, 1668-72, pet. in-12, 3 à 4 fr. et *Barbou*, 1780, in-12, 4 à 5 fr. Éd. lat.-franç. 1803, in-8. Éd. franç. 1773, in-12. Odes. Églogues. — Œuv. div. *La Haye*, 1725, 3 vol. in-12.

RAPIN DE THOYRAS (Paul de), historien, 1661, Castres; 1725, Wesel (Hollande). Avocat, 1679. Quitta la France après l'édit de Nantes, 1685. Parcourut l'Angleterre, l'Allemagne, l'Italie, et se retira à La Haye, puis à Wesel. — Hist. d'Angleterre, 1724. Nouv. éd. *La Haye*, 1749, 16 vol. in-4, 30 à 36 fr. Abrégé de cette hist. par Falaiseau, *La Haye*, 1730, 3 vol. in-4, ou 10 vol. in-12. Éd. angl. *Londres*, 1757-59, 21 vol. in-8.

RASK (Ramus-Christian), philologue danois, 1787, Brendekilde (Fionie); 1832, Copenhague. Voyagea en Suède et en Norwége, 1812, en Russie, 1818, en Perse et dans les Indes, 1820-23. Conservateur à la bibliothèque, 1823, professeur d'hist. 1825, et de langues orientales, à Copenhague, 1828. Membre de l'Acad. de cette ville. — Vezledning til det Islandske eller gamle nordiske Sprog (Règles de la langue islandaise ou anc. langue du Nord), 1808, *Copenhague*, in-12. Undersœgelse om det gamle nordiske eller Islandske Sprogs Oprindelse (Rech. sur les orig. de la langue islandaise ou anc. langue du Nord), 1818, *Copenhague*, in-8. A Grammar of the anglo-saxon tongue (Gramm. de la langue anglo-saxonne), 1830, *Copenhague*, in-8, 9 fr.

RASORI (J.), médecin italien, 1766, Parme; 1837, Milan. Docteur, 1785. Voyagea en Italie, en Allemagne, en Angleterre. Recteur de l'Université et professeur de pathologie à Pavie, 1796. Inspecteur gén. de la salubrité, fondateur et chef des grandes cliniques, à Milan, 1802. Après un emprisonnement de 4 ans pour causes polit. 1814-18, il n'exerça plus que la médecine. — Compendio della dottrina di Giov. Brown (Résumé de la doctrine de J. Brown), 1792. Nouv. éd. *Venise,* 1803, 2 vol. in-8. Hist. de la fièvre pétéchiale de Gênes, éd. ital. et franç., 1822, in-8. Théorie de la phlogose, 1837, *Milan,* 2 vol. gr. in-8. Trad. franç. *Baillière,* 1839, 2 vol. in-8.

RASPAIL (F.-Vincent), chimiste, médecin et politique, 1794, Carpentras (Vaucluse). Fit ses études et professa la philos., 1811, et la théologie, 1812, dans sa ville natale. Vint à Paris, 1816, où il donna des leçons et s'occupa de sciences nat. Mêlé aux événements polit. de 1830, il fut à diverses reprises poursuivi et emprisonné. Sa popularité s'était encore augmentée par son syst. médical établi sur le camphre lorsque 1848 le ramena sur le terrain polit. et lui procura un nouv. emprisonnement de 6 ans, 1849-55, après lequel il se retira en Belgique.— Essai de chimie microscopique, 1831, in-8. Cours élém. d'agricult. 1831-41, in-18. Nouv. syst. de chimie organique, 1833. 2e éd. *Baillière,* 1838, 3 vol. in-8, avec atlas, 30 fr. Nouv. syst. de physiologie végétale, 1837, *Baillière,* 2 vol. in-8, avec atlas, 30 fr. Hist. nat. des ammonites, 1842, in-8. HIST. NAT. DE LA SANTÉ, 1843. 3e éd. 1857, 3 vol. in-8. Médecin des familles, 1843. 6e éd. 1845, in-18. MANUEL DE LA SANTÉ, 1846. 17e éd. 1863, in-18. Le Fermier vétérinaire, 1854 et suiv. in-18.

RATHERY (Edme-Jacq.-Benoît), littérateur, 1807, Paris. Avocat à la cour impériale, 1830. Attaché, 1844, puis conserteur à la bibliothèque du Louvre, 1849. Conservateur directeur à la Bibliothèque impériale, 1859. Membre du comité des travaux historiques. — Rech. sur l'hist. du droit de succession des femmes, 1844, in-8. Hist. des états généraux, 1844-45, in-8. De l'influence de la litt. de l'Italie sur les lettres franç. 1853, in-8. Des relations sociales entre la France et l'Anglet. 1856, in-8. OEuvr. de Rabelais, 1857-58, 2 vol. in-18. Journal et Mémoires du marquis d'Argenson, 1859-64, I-VII, in-8.

RAU (Ch.-David-H.), économiste allemand, 1792, Erlangen. Professeur dans sa ville natale, 1818, puis à Heidelberg, 1822. Membre de la chambre du gr.-duché de Bade, 1837-40, et de la commission du Zollverein, 1851. Conseiller intime. Correspondant de l'Institut. — Ueber den Luxus (Sur le luxe), 1817, *Erlangen,* in-8. Ueber die Aufhebung der Zünfte (De la suppression des maîtrises et jurandes), 1816-20, *Leipsick*, in-8. Malthus und Say (Malthus et Say), 1821, *Hambourg*, in-8. Grundriss der kameral Wissenschaft (Précis de la science camérale et de l'économie polit.), 1823, *Heidelberg*, in-8. LEHRBUCH DER POLITISCHEN OEKONOMIE (Manuel d'économie polit.), 1826. Nouv. éd. *Heidelberg*, 1855-57, 3 vol. in-8.

RAUCH (Chrétien-Daniel), célèbre sculpteur allemand, 1777, Arolsen (Waldeck); 1857, Dresde. Étudia à Cassel, à Berlin, puis à Rome, où il passa 6 ans dans l'intimité de Thorwaldsen, de Canova et de Humboldt. Rentré à Berlin, 1811, il y ouvrit une école. Membre de l'acad. de Berlin. Associé de l'acad. des beaux-arts de Paris, 1832. — Hippolyte et Phèdre. Mars et Vénus blessés. Jeune Fille. Frédéric Guill. III. Raphaël Mengs. MONUMENTS DE LA REINE LOUISE, à Sans-Souci, DE FRÉDÉRIC LE GR., à Berlin, et de Blücher, à Breslau. Alexandre Ier. Maximilien Ier. Franke. Luther. Albert Dürer. Fréd. Guill. Ier. VICTOIRES, dans la Walhalla. Kant. Goethe et Schiller. Danaïde. Thorwaldsen. Alex. de Humboldt. Eurydice. Panthère buvant. Moïse en prière.

RAUMER (Fréd.-L.-Georges de), historien allemand, 1781, Wœrlitz, près de Dessau. Conseiller de régence à Potsdam, 1809. Professeur à Breslau, 1811, puis à Berlin, 1819. Membre du Comité de censure et de l'Acad., dont il fut secrétaire. Membre du parlement de Francfort et de la chambre des seigneurs de Berlin. — Handbuch merkwürdiger Stellen aus den lateinischen Geschichtschreibern des Mittelalters. (Manuel des passages remarq. des historiens lat. du moy.-âge), 1813, *Breslau*. Herbstreise nach Venedig (Voy. d'Automne à Venise), 1816, *Leipsick*, 2 vol. GESCHICHTE DER HOHENSTAUFEN UND IHRER ZEIT (Hist. des Hohenstaufen et de leur époque), 1823-25. Nouv. éd. *Leipsick*, 1857, 6 vol. in-8. Briefe aus Paris und Frankreich (Lettres de Paris et de France), 1831, *Leipsick*, 2 vol. in-18. GESCHICHTE EUROPAS (Hist. d'Europe), 1832-50, *Leipsick*, 8 vol. in-8.

RAUMER (Ch.-Georges de), géologue et géographe allemand, 1783, Wörlitz. Frère du précédent. Visita l'Allemagne et la France. Professeur à Breslau, 1811, à Halle, 1819, puis à Erlangen, 1827. — Vermischte Schriften (Mélanges), 1819-22, *Berlin*, 2 vol. Palæstina (Palestine), 1835. 3e éd. *Leipsick*, 1850, in-8. Beiträge zur biblischen Geographie (Documents pour la géographie biblique), 1843, *Leipsick.* GESCHICHTE DER PÆDAGOGIK (Hist. de la pédagogie), 1846. 2e éd. *Stuttgart,* 1857, 4 vol. in-8. LEHRBUCH DER ALLGEMEINEN GEOGRAPHIE (Manuel de géographie gén.), 3e éd. *Leipsick,* 1848, in-8.

RAVAISSON (J.-Gaspard-Félix), philosophe, 1813, Namur. Chef du secrétariat à l'instruction publ. 1837. Professeur à Rennes, 1838. Inspecteur gén. des bibliothèques, 1839, puis de l'enseignement supérieur. Membre du conseil de l'instruction publ. et de l'Acad. des inscriptions, 1849.—Essai sur la métaphysique d'Aristote, 1837-46, 2 vol. in-8. De l'Habitude, 1838, in-8. Catalogue des biblioth., 1849, in-4.

RAVIGNAN (Gust.-F.-Xavier DELACROIX de), célèbre prédicateur, 1795, Bayonne; 1858, Paris. Conseiller auditeur à la cour roy., 1816, et substitut près le tribunal civil, 1821, à Paris. Entra au séminaire de St-Sulpice, 1822, puis dans l'ordre des jésuites. Succéda au père Lacordaire dans la chaire de Notre-Dame, 1837-48, où il acquit une gr. réputation comme orateur sacré. — Oraison funèbre de Msr de Quélen, 1840, in-8. De l'Existence de l'institut des jésuites, 1844, in-8, ou 1845, in-12. Conférences de Toulouse, 1845, in-8, de Notre-Dame, 1859, 4 vol. in-8. Clément XIII et Clément XIV, 1854, 2 volumes in-8.

RAY (J.), botaniste anglais, 1628, Black-Notley (Essex); 1704, ibid. Professa le grec et les mathémat. à Cambridge, 1651-55, et entra dans les ordres, 1660. Parcourut ensuite une gr. partie de l'Europe et ne s'occupa plus que de la composition de ses œuv. —Catalogus plantarum Angliæ, 1670, *Londres,* in-8. A Collection of english proverbs (Collect. de proverbes anglais), 1672. Nouv. éd. *Londres,* 1813, in-8, ou 1817, in-12. Methodus plantarum, 1682. Nouv. éd., *Londres,* 1703, in-8. HISTORIA PLANTARUM GENERALIS, 1686-1704, *Londres,* 3 vol. in-fol. 18 à 30 fr. Synopsis methodica stirpium britannicarum, 1690-96, *Londres,* in-8. La sagesse de Dieu manifestée dans ses œuv., 1691. 12e éd., *Londres,* 1758, in-8. Trad. franç., *Utrecht,* 1729, in-12.

RAYER (P.-F.-Olive), médecin, 1793, St-Sylvain (Calvados). Docteur, 1818. Membre des Acad. de médecine, 1823, et des sciences, 1843. Médecin des hôpitaux St-Antoine, 1825, et de la

Charité, 1832. Président du Comité d'hygiène publ. et de l'Association des médecins de France. — Hist. de la Suette miliaire, 1822, in-8. Traité des Maladies de la peau, 1826-27. 2ᵉ éd. *Baillière*, 1835, 3 vol. in-8, 23 fr., atlas, 70 fr. Traité des Maladies des reins, 1839-41, *Baillière*, 3 vol. in-8, 24 fr., atlas, 192 francs. De la Morve et du Farcin chez l'homme, 1837, *Baillière*, in-4.

RAYNAL (Guill.-Thomas-Fr.), historien, 1713, St-Geniez, (Rouergue); 1796, Paris. Prêtre. Se décida à rentrer dans le monde. Lié avec Diderot, Helvétius, d'Holbach, il avait hâte d'arriver à la renommée. Son principal ouvrage, peu lu aujourd'hui, remplit ses désirs, mais le fit exiler pendant 7 ans, 1781-87. — Hist. du Stathoudérat, 1748, *La Haye*, in-12. Hist. du parlement d'Anglet. 1748-51, *Londres*, in-8 ou in-12. Mémoires polit. de l'Europe, 1754-74, 3 vol. in-8. Divorce de Henri VIII, 1763, in-12. Hist. philos. et polit. des deux Indes, 1770. Nouv. éd. *Genève*, 1780, 5 vol. in-4, et par M. Jay, *Coste*, 1820-21, 12 vol. in-8, avec atlas. Hist. du Commerce des Européens dans l'Afrique septentr., 1826, *Coste*, 2 vol. in-8.

RAYNEVAL (Jos.-Matthias Gérard de), publiciste et diplomate, 1746, Massevaux (Ht-Rhin); 1812, Paris. Secrétaire de légation à Dresde, 1766. Chargé d'affaires à Ratisbonne. Consul à Dantzick. Premier commis aux aff. étrangères pendant près de 20 ans, 1774-92. Correspondant de l'Institut, 1804. — Institution au droit public d'Allemagne, 1766, *Leipsick*, in-8. Institutions du droit de la nature et des gens, 1803. 3ᵉ éd. 1832, 2 vol. in-8. De la Liberté des mers, 1811, 2 vol. in-8.

RAYNOUARD (F.-Juste-Marie), littérateur, 1761, Brignoles (Var); 1836, Passy. Avocat à Aix. Membre suppléant à l'Assemblée législative, 1791. Incarcéré à l'Abbaye, il échappa à la mort, revint à Aix, puis se fixa définitivement à Paris. Député du Var, 1806. Membre, 1807, et Secrétaire perpétuel de l'Acad. franç., 1826. Membre de l'Acad. des inscriptions, 1815. — Les Templiers, 1805. Élém. de Gramm. romane, 1816, in-8. Choix de poésies des troubadours, 1816-21, *Didot*, 6 vol. gr. in-8. Des Troubadours, 1817, in-8. Gramm. comparée, 1821, in-8. Influence de la langue romane, 1835, in-8. Lexique roman, 1836-44, *Silvestre*, 6 vol. gr. in-8, 48 fr.

RÉAUMUR (René-Ant. FERCHAULT de), célèbre physicien et naturaliste, 1683, La Rochelle ; 1757, La Bermondière (Maine). Ses travaux avaient déjà attiré l'attention lorsqu'il vint à Paris, 1703. Membre de l'Acad. des sciences, 1708. Perfectionna la fabrication du fer et celle du fer-blanc. Produisit le verre opaque, 1739. Fit des essais sur l'incubation artificielle. Inventa le thermomètre qui porte son nom et fixa la méthode botanique. — L'Art de convertir le fer en acier, 1722, *Brunet*, in-4. MÉMOIRES POUR SERVIR A L'HIST. DES INSECTES, 1734-42, *Imp. roy.*, 6 vol. in-4, fig., 48 à 60 fr. et *Amsterdam*, 1737-48, 12 vol. in-12, 20 à 30 fr. Mémoires nombreux dans le Recueil de l'Acad. des sciences.

REBER (Napoléon-H.), musicien compositeur, 1807, Mulhouse. Membre de l'Acad. des beaux-arts, 1853. Professeur au Conservatoire, après Halévy, 1862. — La Nuit de Noël, 1848. Le Père Gaillard, 1852. Les Papillottes de M. Benoist, 1854. Les Dames capitaines, 1857. OEuv. diverses.

REBOUL (J.), poëte, 1796, Nîmes ; 1864, ibid. Exerça pendant quelque temps l'état de boulanger. Ses premières poésies le firent connaître. Bien accueilli à Paris, il y représenta son département à l'Assemblée constituante, 1848. — L'ANGE ET L'ENFANT. Poésies, 1836, in-8, et 1842, in-18. Poésies nouv. 1846, in-12. Le Dernier Jour, 1839, in-8, et 1842, in-18. Les Traditionnelles, 1856, gr. in-18.

RECORDE (Robert), mathématicien anglais, vers 1500, Tenby (Pembroke) ; 1558, Londres. Docteur, 1545. Professa les mathématiques à Oxford. Médecin d'Édouard VI. Termina ses jours dans la prison pour dettes de Londres. — The Ground of arts (Principes de sciences), 1543. Nouvelle édition. *Londres*, 1646, pet. in-8.

REDEN (Fréd.-Guill.-Othon-L., baron de), statisticien allemand, 1804..... (Lippe-Detmold) ; 1857, Vienne. Député à la 1re chambre de Hanovre, 1832. Secrétaire gén. aux finances, 1834. Directeur du chemin de fer de Stettin, 1841. Membre du parlement de Francfort, 1848. — Das Königreich Hanover statistisch beschrieben (Statistique du roy. de Hanovre), 1839. *Hanovre*, ALLGEMEINE VERGLEICHENDE HANDELS UND GEWERBSGEOGRAPHIE (Géographie comp. du commerce et de l'industrie), 1844,

Berlin, in-8. Vergleichende Kulturstatistik der grossen Mæchte Europas (Statistique comp. des gr. puissances de l'Europe), 1846-48, *Berlin*, 2 vol. ALLGEMEINE VERGLEICHENDE FINANZSTATISTIK (Statistique financière gén. et comp.), 1851-56, *Darmstadt*, 2 volumes.

REDGRAVE (Richard), peintre anglais, 1804, Londres. Membre de l'Acad. Inspecteur des beaux-arts. — Retour d'Olivia, 1839. La Fille du Seigneur, 1840. Le Maître d'école, 1843. Le Départ de la noce, 1844. La Gouvernante, 1845. Le Dimanche matin, 1846. Les Esclaves de la mode, 1847. Les Cousins de province, 1848. La Mare déserte, 1849. Le Bois d'Évelyn, 1850. Le Ravin des poëtes, 1851. L'Entrée de la forêt, 1853. Vieux château anglais, 1854. Les Ruines du manoir, 1855.

REDI (F.), naturaliste italien, 1626, Arezzo; 1698, Pise. Docteur en médecine et en philos. 1er médecin de Ferdinand II et de Cosme III, de Florence. — Osservazioni intorno alle vipere (Observations sur la vipère), 1664. Nouv. éd. *Florence*, 1686, in-4. Esperienze intorno alla generazione degl' insetti (Exp. sur la génération des insectes), 1668, *Florence*, in-4, et 1688, in-12. Bacco in Toscana (Bacchus en Toscane), 1685, *Florence*, in-4. — OEuv. compl. Éd. ital. *Naples*, 1741-42, 6 vol. in-4, fig. 15 à 24 fr., et *Venise*, 1742-45, 7 vol. pet. in-4, fig.

REDOUTÉ (P.-Jos.), peintre, 1759, St-Hubert (Liége); 1840, Paris. S'établit à Paris, 1784. Professeur d'iconographie au Jardin des plantes, 1832. Peintre du cabinet de Marie-Antoinette, de Joséphine et de Marie-Amélie. Peignit le premier les fleurs à l'aquarelle, d'une manière très-remarquable. — LES LILIACÉES, 1802-16, 8 vol. gr. in-fol. fig. LES ROSES, 1817-24, 3 vol. grand in-4. 1824-26, 3 vol. gr. in-8, 42 fr., et 1828-30, 3 vol. gr. in-8, 60 fr. Monographie des roses, 1820, in-12, 6 fr. Choix des 40 plus belles fleurs, 1824, gr. in-fol. CHOIX DES PLUS BELLES FLEURS, 1827-32, gr. in-4. CHOIX DE 60 ROSES, 1836, in-4.

REGNARD (J.-F.), poëte comique, 1655, Paris; 1709, Grillon, près de Dourdan. A son retour d'un voy. en Italie il fut pris par des corsaires et vendu comme esclave, 1678. Il rentra en France, 1680, entreprit de nouv. voy. dans le nord de l'Europe, et se fixa à Paris, 1682. Trésorier de France pendant 20 ans. Ne s'occupa plus que de poésies qui le rendirent célèbre et placent son nom après celui de Molière.— La Foire St-Germain, 1695. Le Joueur, 1696. Le Distrait, 1697. Démocrite, 1800. Les Folies amoureuses, 1704. Les Ménechmes, 1705. Le Légataire universel, 1708. La Provençale. — OEuv. Éd. par Garnier, 1789-90, ou 1820, 6 vol. in-8, fig. 24 à 30 fr., *Brière*, 1822-26, 6 vol. in-8, *Didot*, 1820, 4 vol. in-8. 15 à 20 fr. ou 1843, in-18, 3 fr., par Michiels, *Delahays*, 1854, 2 vol. in-8, 6 fr. *De Bure*, 1825, 4 vol. gr. in-32, 8 fr.

REGNAULT (J.-Bapt., baron), peintre, 1754, Paris; 1829, ibid. Marin en Amérique, pendant 5 ans. Élève de Bardin. 2e, 1775, et 1er gr. prix de peinture, 1776. Membre de l'Acad., 1782. Professeur aux Écoles des beaux-arts, 1795, et polytechnique, 1816. — Alexandre et Diogène, 1776. Andromède et Persée, 1782. Éducation d'Achille, 1783. Le Déluge. Mars désarmé par Vénus. Socrate et Alcibiade chez Aspasie. Mort d'Adonis. Les Trois Grâces. L'Amour endormi. Jupiter enlevant Io. Triomphe de la Paix.

REGNAULT (H.-Victor), physicien et chimiste, 1810, Aix-la-Chapelle. Élève, 1830, et professeur à l'École polytechnique, 1840, et au Collége de France, 1841. Membre de l'Académie des sciences, 1840. Ingénieur en chef des mines, 1847. Directeur de la Manufacture de Sèvres, 1854. — Traité de Géométrie pratique, 1842, *Bachelier*, in-8. Études sur l'Hygrométrie, 1845, *Bachelier*, in-8. Expériences sur les machines à vapeur, 1847, in-4. Cours élém. de Chimie, 1847-49. 5e éd. *Masson*, 1859-60, 4 vol. gr. in-18, fig. 20 fr. Rech. sur la respiration des animaux (avec M. Reiset), 1849, *Bachelier*, in-4. Premiers éléments de chimie, 4e édition, *Masson*, 1861, gr. in-18, figures, 5 francs.

RÉGNIER (Mathurin), poëte satirique, 1573, Chartres; 1613, Rouen. Accompagna le cardinal de Joyeuse à Rome, où il demeura huit ans, 1593-1601. Après un second voy. dans la même ville avec le duc de Béthune, il fut pourvu d'une pension de 2,000 liv. et d'un canonicat, 1609, qui lui permirent de se livrer aux lettres et au plaisir. — Satires. Épîtres. Élégies. — OEuv. Éd. par Brossette, *Londres*, 1733, gr. in-4, 6 à 10 fr. ou 1729, in-4. *Lequien*, 1822, in-8, 4 fr., par M. Viollet-le-Duc, *Desoer*, 1822, in-18, 2 fr. ou *Jannet*, 1853, in-16, par M. Poitevin, *De-*

lahays, 1860, in-16, 4 fr. et par M. de Barthélemy, *Poulet-Malassis,* 1862, in-12, 3 fr. 50.

REGNIER (Jacq.-Aug.-Ad.), philologue, 1804, Mayence. Professeur de rhétorique au collége Charlemagne. Maître de conférences à l'École normale. Professeur suppléant M. Burnouf au Collége de France, 1838. Précepteur du comte de Paris, 1843-53. Membre de l'Acad. des inscriptions, 1855. — Cours complet de langue allemande (avec M. Lebas), 1830-33, 7 vol. in-12. Formation des mots dans la langue grecque, 1840, *Hachette,* in-8, ou in-12. Nouv. éd. 1855, in-8, 7 fr. 50. Dict. allemand (avec Schuster), 1841, 2 vol. gr. in-8. Dict. des mots franç. tirés du grec, 1843, in-12. Études sur l'idiome des Védas, 1855, in-4.

REICHA (Ant.), musicien compositeur, 1770, Prague; 1836, Paris. Quitta Vienne pour se rendre à Paris, 1809. Professeur au Conservatoire, après Méhul, 1817. Membre de l'Académie des beaux-arts, après Boïeldieu, 1835. — Traité de mélodie, 1814. Nouv. éd. 1832, in-4. Traité d'harmonie, 1818, in-4. TRAITÉ DE HAUTE COMPOSITION, 1824-25, 2 vol. in-4. Art du compositeur dramatique, 1833, in-4. QUINTETTES.

REICHENBACH (H.-Gottlieb-L.), naturaliste allemand, 1793, Leipsick. Docteur en philos. 1815, et en médecine, 1817. Professeur, 1820; conseiller à la cour, et directeur du muséum, à Dresde. — Iconographia botanica, 1823-32, *Leipsick,* in-4. Flora exotica, 1830-36, *Leipsick,* 5 vol. in-fol. avec pl. ICONES FLORÆ GERMANICÆ, 1834-58, *Leipsick,* 18 vol. in-4. Éd. allem. 1837-58, 18 vol. gr. in-8. Handbuch des Natürlichen Pflanzensystems (Manuel du Syst. nat. des plantes), 1837, *Leipsick,* in-4. Die vollständigtse Naturgeschichte des In-und Auslands (l'Hist. nat. la plus compl. de tous les pays), 1841-51, *Leipsick,* 2 vol. in-8, avec pl.

REID (Thomas), philosophe écossais, 1710, Strachan (Kincardine); 1796, Glasgow. Ministre presbytérien à New-Machar, près d'Aberdeen, 1737. Professeur de philos. à Aberdeen, 1752, puis à Glasgow, après Adam Smith, 1764-80. Il est considéré comme le chef de l'École écossaise. Sa philos. repose sur l'expérience psycholog. et le sens commun, et réfute avec succès l'idéalisme de Berkeley et le scepticisme de Hume. — RECH. SUR L'ENTENDEMENT HUMAIN, 1764. Nouv. éd. angl. *Édim-*

bourg, 1819, in-8, 8 sh. ESSAIS SUR LES FACULTÉS INTELLEC-
TUELLES, 1785, ET ACTIVES, 1788. Nouv. éd. angl. *Édimbourg*,
1819, 3 vol. in-8, 1 liv. Anal. de la Logique d'Aristote. — OEuv.
Éd. angl. *Londres*, 1852, gr. in-8, 18 sh. Trad. franç. par Th.
Jouffroy, *Sautelet*, 1828-34, 6 vol. in-8, 45 fr.

REINAUD (Jos.-Toussaint), orientaliste, 1795, Lambesc (Bouches-du-Rhône). Attaché au Cte Portalis, ambassadeur à Rome, 1818-19, et aux Manuscrits de la Bibliothèque roy. 1824, dont il a été nommé conservateur en 1832. Membre de l'Académie des inscriptions, 1832. Professeur à l'École des langues orientales, 1838. Président de la Société asiatique, depuis 1847. — Monuments arabes du cabinet du duc de Blacas, 1828, *Dondey-Dupré*, 2 vol. in-8, fig. 18 fr. Invasion des Sarrasins en France, 1836, in-8. Hist. de l'Artillerie (avec M. Favé), 1845, in-8, avec atlas. Voy. faits par les Arabes, 1845, 2 vol. in-18. Fragments arabes et persans, 1845, in-8. Géographie d'Aboulféda, 1848, 2 vol. in-4. Mémoires sur l'Inde, 1849, in-4. Notice sur Mahomet, 1860, in-8.

REINHARD (F.-Volkmar), prédicateur allemand, 1753, Vohenstrauss (Sulzbach); 1812, Dresde. Professeur de philos. 1777, et de théologie, 1782, à Vittemberg. 1er prédicateur de la cour, 1792, et membre du consistoire suprême, à Dresde. — Plan du fondateur de la religion chrétienne, 1781. Nouv. éd. *Vittemberg*, 1830, in-8. Trad. franç. par Dumas, *Dresde*, 1799, in-8, ou *Valence*, 1842, in-12. SYSTEM DER CHRISTLICHEN MORAL (Syst. de la Morale chrétienne), 1788-1815, *Vittemberg*, 5 vol. in-8. PREDIGTEN (sermons), 1796-1813, *Sulzbach*, 37 vol. in-8.

REINHOLD (Ch.-Léonard), philosophe allemand, 1758, Vienne; 1823, Kiel. Il était entré chez les Jésuites, 1772, et chez les Barnabites, qu'il quitta en 1783. Professeur de philos. à Iéna, 1787, puis à Kiel, 1794-1823. — Versuch einer neuen Theorie des menschlichen Vorstellungsvermögens (Essai d'une nouv. théorie de l'entendement humain), 1789-96, *Iéna*, in-8. Briefe ueber die Kantische Philosophie (Lettres sur la philos. de Kant), 1790-92, *Leipsick*, 2 vol. in-8. Beiträge zur Berichtigung der bisherigen Missverständnisse der Philosophen (Rectification des malentendus qui ont régné jusqu'ici entre les philosophes), 1790-94, *Iéna*, 2 vol. in-8.

REINSBERG (Ida de Düringsfeld, baronne de), femme de lettres allemande, 1815, Militsch (Silésie). Reçut une excellente éducation, développée encore par des voy. Ses œuv. ont été fort bien accueillies. — Gedichte (Poésies), 1833, *Leipsick*. Der Stern von Andalusien (l'Étoile d'Andalousie), 1834, *Leipsick*. Schloss Gorzyn (le Château de Gorzyn), 1841-46, *Breslau*. Skizzen aus der vornehmen Welt (Esquisses du grand monde), 1841-45, *Breslau*. Byrons Frauen (les Femmes de Byron), 1845, *Breslau*. Margarethe von Valois und ihre Zeit (Marguerite de Valois et son temps), 1847; *Leipsick*, 3 vol. in-12. Reiseskizzen (Esquiss. de voy.), 1850-57, *Brême*, 6 vol. in-8.

REISKE (J.-Jacq.), philologue allemand, 1716, Zœrbig, près Leipsick; 1774, Leipsick. Docteur en médecine, 1746. Professeur de philos., 1747; d'arabe, 1748, et recteur du collége St-Nicolas, à Leipsick. — Animadversiones ad græcos auctores, 1757-67, *Leipsick*, 5 vol. in-8. Éd. de Théocrite, de Plutarque, des Orateurs grecs, de Denys d'Halicarnasse, de Maxime de Tyr.

REISSIGER (Ch.-Gottlieb), musicien compositeur allemand, 1798, Betzig, près Vittemberg; 1859, Dresde. Renonça à l'état ecclésiastique pour lequel il ne se sentait point de dispositions. Professeur à l'institution musicale de Berlin, 1826. Directeur de la musique de l'Opéra et maître de chapelle du roi, à Dresde, 1827. — Das Rockenweibchen (la Petite Fileuse), 1821. Didone, 1823. Der Ahnenschatz (le Trésor des aïeux), 1826. Die Felsenmühle (le Moulin du rocher). Romances. Mélodies.

RELAND (Adrien), orientaliste hollandais, 1676, Ryp (Hollande sept.); 1718, Utrecht. Professeur à Harderwyck, 1699, puis à Utrecht, 1701-18. — La Religion des Mahométans, 1705. 2ᵉ éd. lat. *Utrecht*, 1717, in-8, 3 à 5 fr. Trad. franç. par Durand, *La Haye*, 1721, in-12, 4 à 6 fr. Dissertationes miscellaneæ, 1706-8, *Utrecht*, in-8. Antiquitates sacræ veterum Hebræorum, 1708, *Utrecht*, in-8. Nouv. éd. par Vogel, *Halle*, 1769, in-8. PALÆSTINA EX MONUMENTIS VETERIBUS ILLUSTRATA, 1714, *Utrecht*, 2 vol. pet. in-4. 12 à 18 fr.

REMBRANDT (VAN RHIJN), célèbre peintre et graveur hollandais, 1608, Leyde; 1669, Amsterdam. Sa famille le destinait au barreau, auquel il préféra les arts. Après avoir fréquenté les meilleurs ateliers de la Hollande, il ne consulta plus que la nature, qu'il rendit avec une vérité désespérante et un coloris prodigieux. Ses œuv. atteignent aujourd'hui des prix fort élevés. — LES PÈLERINS D'EMMAÜS, LE MÉNAGE DU MENUISIER, LES PHILOSOPHES, l'Ange Raphaël quittant Tobie, le Samaritain, St Matthieu, Vénus et l'Amour, REMBRANDT, UN JEUNE HOMME, PORTRAITS, au Louvre, Siméon au temple, LEÇON D'ANATOMIE, Suzanne au bain, Portraits, à La Haye, RONDE DE NUIT, Décollation de St J.-Bapt. Portraits, à Amsterdam. Berger, à Naples. Descente de croix, Adoration des bergers, Portraits, à Londres. — OEuv. de Rembrandt par Ch. Blanc, *Gide et Baudry*, 1855-58, in-fol.

RÉMUSAT (J.-P.-Abel), célèbre orientaliste, 1788, Paris; 1832, ibid. Professeur de chinois au Collége de France, 1814. Membre de l'Acad. des inscriptions, 1815. Fondateur et secrétaire de la Société asiatique, 1822. Administrateur des manuscrits orientaux à la Bibliothèque roy., 1824. Ses travaux ont rendu accessible l'étude des langues orientales. — Essai sur la langue et la litt. chinoises, 1811, *Treuttel* et *Würtz*, in-8, 6 fr. RECH. SUR LES LANGUES TARTARES, 1820, *Impr. roy.*, in-4, 25 fr. ÉLÉM. DE LA GRAMM. CHINOISE, 1822, *Treuttel* et *Würtz*, gr. in-8, 20 fr. Nouv. éd. *Maisonneuve*, 1858, in-8, 10 fr. Mémoires sur les relations polit. des princes chrétiens avec les empereurs mongols, 1822-24, *Imprim. roy.*, in-4. 24 fr. Mélanges asiatiques, 1825-29, *Dondey-Dupré*, 4 vol. in-8, 28 fr. Trad. de l'Invariable Milieu, de Confucius.

RÉMUSAT (Ch. Cte de), philosophe et politique, 1797, Paris. Député, 1830. Sous-secrétaire d'État, 1836, et ministre à l'intérieur, 1840. Membre des Acad. des sciences morales, 1842, et française, 1846. Représentant à la Constituante, 1848, et à la Législative, 1849.— Essais de philos. 1842, *Ladrange*, 2 vol. in-8, 12 fr. Abélard, 1845, 2 vol. in-8, 14 fr. De la philos. allemande, 1846, in-8, 6 fr. Passé et Présent, 1847, 2 vol. in-12, 5 fr. St Anselme de Cantorbéry, 1856, in-8, 7 fr. Bacon, 1857, in-8, 7 fr. Politique libérale, 1860, in-8.

RENAN (Jos.-Ernest), philologue, 1823, Tréguier (Côtes-du-Nord). Son esprit ne put se plier à l'état ecclésiastique auquel il était destiné. Agrégé de philos. 1847. Attaché aux manuscrits de la Bibliothèque nat. 1850. Membre de l'Acad. des inscriptions, après Augustin Thierry, 1856. Professeur d'hébreu au

Collége de France, 1862. — Averroès, 1852. 2ᵉ éd. *Lévy*, 1860, in-8, 7 fr. 50. Hist. des langues sémitiques, 1854. 3ᵉ éd. 1860, in-8, 12 fr. Études d'hist. religieuse, 1856, 5ᵉ éd. 1861, in-8, 7 fr. 50. De l'orig. du langage, 1857. 4ᵉ éd. 1864, in-8, 6 fr. Le Livre de Job, 1859. 2ᵉ éd. 1861, in-8, 7 fr. 50. Essais de morale, 1859. 2ᵉ éd. 1862, in-8, 7 fr. 50. Le Cantique des cantiques, 1860. 2ᵉ éd. 1861, in-8, 6 fr. Vie de Jésus, 1864, in-8, 7 fr. 50, et pet. in-18, 1 fr. 25.

RENAUDOT (Eusèbe), orientaliste, 1646, Paris; 1720, ibid. Oratorien. Membre des Acad. franç. 1689, et des inscriptions, 1694. Sa gr. érudition et ses manières distinguées le firent bien accueillir à la cour et chez les grands. — Historia patriarcharum Alexandrinorum Jacobitarum, 1713, *Fournier*, in-4. Liturgiarum orientalium collectio, 1715-16, *Coignard*, 2 vol. in-4. Anc. relations des Indes et de la Chine, 1718, in-8, 6 à 9 francs.

RENDU (Ambroise-Marie-Mod.), littérateur, 1778, Paris; 1860, ibid. Inspecteur gén. des études, 1808. Membre du conseil de l'Université, 1809. Un des organisateurs de l'instruction universitaire et primaire. — Essai sur l'instruction publique, 1819, 3 vol. in-8. Code universitaire, 1827. 3ᵉ éd. 1846, in-8. Traité de morale, 1834. 3ᵉ éd. 1842, in-12. Consid. sur les écoles normales primaires, 1838. 2ᵉ éd. 1849, in-8. De l'instruction secondaire, 1842, 2 vol. in-8.

RENDU (Victor), agronome, 1809, Paris. Neveu du précédent. Avocat. Inspecteur gén. de l'agriculture, 1842. — Maître Pierre, 1835-46, 2 vol. in-18. Botanique, 1838, in-12. Zoologie descriptive, 1838, 2 vol. in-12. Mœurs des insectes, 1838, in-12. Traité des abeilles, 1838, in-12. Manuel d'agricult. 1838. Nouv. éd. 1844, in-12. Nouv. spectacle de la nature (avec M. Ambroise Rendu), 1839. Nouv. éd. 1854, 10 vol. gr. in-18. Ampélographie franç. 1857, *Masson*, in-fol. avec atlas, 150 fr. ou gr. in-8 avec cartes, 6 fr.

RENDU (Eug.), littérateur, 1824, Paris. Fils d'Ambroise. Inspecteur, 1850, chef du personnel, 1854, puis inspecteur gén. de l'enseignement primaire, 1860. — Manuel de l'instruction primaire. 8ᵉ éd. 1861, in-12. De la loi de l'enseignement, 1850, in-8. De l'enseignement obligatoire, 1853, in-8. De l'instruction primaire à Londres, 1853, in-8. De l'éducation populaire dans l'Allemagne, 1855, in-8.

RENÉE (Lambert-Amédée), littérateur, 1808, Caen; 1859, Marseille. Bibliothécaire au château de Meudon, 1847, puis à la Sorbonne, 1849. Directeur du Constitutionnel et du Pays, et député du Calvados, 1857.— Heures de poésie, 1841, in-18. Trad. des lettres de Chesterfield, 1842, 2 vol. in-18, et de l'Hist. de cent ans, de Cantu, 1852-53, 4 vol. in-12. Services de guerre des princes issus de Robert le Fort, 1843-48, in-8. Les Nièces de Mazarin, 1856. 5ᵉ éd. *Didot*, 1857, in-8, 6 fr. Madame de Montmorency, 1858. 3ᵉ éd. 1860, in-8, 6 fr. Louis XVI et sa cour. 2ᵉ éd. 1858, in-8, 6 fr. La Grande Italienne, 1859, in-8, 6 fr.

RENIER (Ch.-Alph.-Léon), archéologue, 1809, Charleville (Ardennes). Membre, 1845, et président de la Société des antiquaires, 1855. Bibliothécaire, 1847, puis administrateur de la bibliothèque de l'Université, 1860. Membre du comité des travaux histor., 1854 et de l'Acad. des inscriptions, 1856. Professeur d'épigraphie, 1861. — Éd. de la géographie de Ptolémée, 1848; des Itinéraires romains, 1850, in-12. Mélanges d'épigraphie, 1854, *Didot*, gr. in-8, 10 fr. INSCRIPT. ROMAINES DE L'ALGÉRIE, 1855 et suiv. *Gide* et *Baudry*, 2 vol. in-fol.

RENNELL (James), géographe anglais, 1742, Chudleigh (Devonshire); 1830, Londres. Marin. Employé de la Comp. des Indes, 1766-77. Membre de la Société royale. Associé de l'Institut, 1801.—A Bengal atlas (Atlas du Bengale), 1781, *Londres*, in-fol. DESCRIPTION DE L'INDOSTAN, 1783. 3ᵉ éd. angl. *Londres*, 1793, in-4, 20 à 24 fr. Trad. franç. par Boucheseiche, *Buisson*, 1800, 3 vol. in-8, avec atlas, 12 à 15 fr. THE GEOGRAPHICAL SYSTEM OF HERODOTUS (Syst. géograph. d'Hérodote), 1800, *Londres*, gr. in-4, avec cartes, 20 à 30 fr., ou 1830, 2 vol. in-8, 18 à 21 fr. Topography of the plain of Troy (Topographie de la plaine de Troie), 1814, *Londres*, in-4. Expedition of younger Cyrus (Expédition du jeune Cyrus), 1816, *Londres*, in-4, avec atlas.

RENNIE (John), ingénieur anglais, 1761, Phantassie (Haddington); 1821, Londres. Étudia d'abord à Édimbourg, puis se rendit à Londres, 1780, où il devint un des meilleurs constructeurs de l'Angleterre. — Canal de Lancastre. Docks de Londres, de Dublin. Arsenaux de Portsmouth, de Plymouth, de Pembroke, de Chatham, de Sheerness. Jetée de Plymouth. Ponts de Southwark et de Waterloo, à Londres.

RENOUARD (Ant.-Augustin), bibliographe, 1765, Paris; 1853, St-Valery-s.-Somme. Fabricant de gazes, 1781. Libraire, 1797-1824. Maire du 11e arrond., 1830.— Annales de l'imprimerie des Alde, 1803. 2e édit. 1825, 3 vol. in-8. 3e édit. 1834, in-8 à 2 col. 15 fr. Catalogue de la bibliothèque d'un amateur, 1819, 4 vol. in-8, 24 à 30 fr. Annales de l'imprimerie des Estienne, 1837-38. 2e éd. 1843, in-8 à 2 col. 12 fr.

RENOUARD (Augustin-Ch.), jurisconsulte et économiste, 1794, Paris. Fils du précédent. Avocat à la cour roy., 1816. Conseiller d'État et secrétaire gén. de la justice, 1830. Député, 1831. Conseiller à la Cour de cassation, 1837. Pair de France, 1846. Membre de l'Acad. des sciences morales, 1861.—Mélanges de morale, 1824. 3e éd. 1853, in-18. Traité des brevets d'invention, 1825. 2e éd. *Guillaumin*, 1844, in-8, 7 fr. 50. Traité des droits des auteurs, 1838-39, 2 vol. in-8. Traité des faillites, 1842. 3e édit. *Guillaumin*, 1857, 2 vol. in-8, 15 fr. Du droit industriel, 1860, *Guillaumin*, in-8, 6 fr. 50.

RENOUVIER (Jules-Maurice-Barth.), archéologue, 1804, Montpellier; 1860, ibid. Inspecteur des monuments histor. Membre de la Société des antiquaires. Commissaire gén. de l'Hérault et représentant à la Constituante, 1848.—Des Types et des Manières des maîtres graveurs, 1853-56, *Montpellier*, in-4. Orig. et progrès de la gravure, 1860, *Bruxelles*, in-8.

RETHEL (Alfred), peintre allemand, 1816, Aix-la-Chapelle; 1859, Dusseldorf. Célèbre dès l'âge de 15 ans. Il habita successivement Dusseldorf, Francfort, Aix-la-Chapelle et Rome où il exécuta des œuv. remarquables.—Établissement du christianisme dans les Gaules. Daniel dans la fosse aux lions, à Francfort. St Martin partageant son manteau. Némésis poursuivant un meurtrier. Gust.-Adolphe retrouvé à Lutzen. Vie de Charlemagne, à Aix-la-Chapelle. Réconciliation d'Othon Ier et de son frère Henri.

RÉTIF DE LA BRETONNE (Nicolas-Edme), littérateur, 1734, Sacy, près d'Auxerre; 1806, Paris. Fut tour à tour imprimeur et homme de lettres. Sa vie irrégulière lui inspira des œuv. licencieuses que ne peuvent racheter quelques pages pleines d'esprit et de sentiment qui s'y rencontrent.—Le Pornographe, 1769-76, in-8. Le Mimographe, 1770, in-8. Le Ménage parisien, 1773, 2 vol. in-12. Le Paysan perverti, 1775-76, 4 vol. in-12. Les Gynographes, 1777, gr. in-8. LA VIE DE MON PÈRE, 1779, 2 vol. in-12. 4e éd. 1853, in-4. Les Contemporaines, 1780-85, 42 vol. in-12. L'Andrographe, 1782, gr. in-8. La Paysanne pervertie, 1784, 4 vol. in-12. Les Françaises, 1786, 4 vol. in-12. Les Parisiennes, 1787, 4 vol. in-12. Les Nuits de Paris, 1788-94, 8 vol. in-12. L'Année des dames nationale, 1791-94, 12 vol. in-12. Monsieur Nicolas, 1794-97, 16 vol. in-12.

RETSCH (Fréd.-Aug.-Maurice), peintre et graveur allemand, 1779, Dresde; 1857...., près de Dresde. Élève de Grassi. Professeur à l'Acad. de Dresde, 1824.—Peinture : Invention de la lyre, Ste Anne et la Vierge, Diane, Bacchus enfant, Amour et Psyché, Geneviève et Undine, le Roi des Aulnes, Satyre et Nymphe, Mignon jouant de la guitare, les Quatre époques de la vie. Gravure : Illustr. de Faust, Galerie pour les œuv. de Shakespeare, Fantaisies, Joueurs d'échecs, Faust et Marguerite, Lutte entre la lumière et les ténèbres.

REUMONT (Alfred de), littérateur allemand, 1808, Aix-la-Chapelle. La carrière diplomatique qu'il avait adoptée lui permit de parcourir toute l'Europe et d'utiliser ses voy. dans l'intérêt de ses études.—Rœmische Briefe von einem Florentiner (Lettres romaines écrites par un Florentin), 1840-44, *Leipsick*, 4 vol. Beitraege zur italienischen Geschichte (Documents pour l'étude de l'hist. italienne, 1853-55, *Berlin*, 4 vol.

RÉVEILLÉ-PARISE (Jos.-H.), médecin, 1782, Nevers; 1852, Paris. Soldat, 1802-15. Médecin de l'hôpital militaire du Gros-Caillou. Chirurgien major de la gendarmerie. Membre de l'Acad. de médecine, 1823.—Hygiène oculaire, 1816. 3e éd. 1845, in-18. Physiol. et hygiène des hommes d'étude, 1834. 3e éd. *Dentu*, 1839, 2 vol. in-8, 15 fr. Guide des goutteux, 1837. 3e éd. 1847, in-8, 5 fr. Étude de l'homme, 1844. 2e éd. 1845, 2 vol. in-8, 15 fr. Traité de la vieillesse, 1853, in-8, 7 fr.

REYBAUD (Marie-Roch-L.), littérateur et économiste, 1799, Marseille. S'occupa d'abord de commerce, exécuta plusieurs voy. et vint à Paris, 1828. Ses travaux litt. furent accueillis avec succès. Lauréat de l'Acad. franç., 1841. Député, 1846. Représentant à la Constituante, 1848, et à la Législative, 1849. Membre de l'Acad. des sciences morales, 1850. — Hist. de l'expédition franç. en Égypte (avec divers), 1830-36, 10 vol. in-8 et 2 atlas. La Syrie, l'Égypte, la Palestine et la Judée (avec le baron Taylor), 1835 et suiv., in-4. Études sur les réformateurs, 1840-43, 2 vol. in-8. 7ᵉ éd. *Guillaumin*, 1865, 2 vol. in-18, 7 fr. La Polynésie et les îles Marquises, 1843, in-8. Jérôme Paturot a la rech. d'une position sociale, 1843, 3 vol. in-8. Nouv. éd. *Dubochet*, 1845-46, gr. in-8, fig. et *Paulin*, 1845, in-12 ou 1846, 2 vol. in-16. Jérôme Paturot à la rech. de la meilleure des républiques, 1848, *Lévy*, 4 vol. in-18 ou gr. in-8, fig. L'Industrie en Europe, 1856, in-8.

REYNAUD (Ant.-André-L. baron), mathématicien, 1771, Paris ; 1844, ibid. Employé à la comptabilité nat., 1792. Élève, 1796, puis examinateur aux écoles polytechnique, 1807 ; St-Cyr, 1817 ; navale et forestière, 1824. — Traité d'algèbre, 1800. 10ᵉ éd. 1839, in-8. Traité d'arithmétique, 1854. 26ᵉ éd. 1855, in-8. Traité de mathém. et de phys., 1824. 4ᵉ éd. 1844, 2 vol. in-8, 12 fr. Cours de mathém. (avec Nicollet), 1830-38, 3 vol. in-8. Traité de statique (avec Gerono), 1838, in-8.

REYNAUD (J.-Ernest), littérateur et philosophe, 1806, Lyon ; 1863, Paris. Élève de l'École polytechnique, 1824. Ingénieur des mines, 1830. Représentant à la Constituante et président de la commission des hautes études, 1848. Conseiller d'État, 1849. — Minéralogie des gens du monde, 1836, in-18. Consid. sur l'esprit de la Gaule, 1847, in-8. Terre et Ciel, 1854, *Furne*, in-8, 7 fr. 4ᵉ éd. 1863, in-18, 4 fr.

REYNOLDS (Josué), célèbre peintre anglais, 1723, Plympton (Devonshire) ; 1792, Londres. Passa 3 ans en Italie, 1749-51, et se fixa à Londres, 1752. Un des fondateurs et président de l'Acad. de peinture, 1768. 1ᵉʳ peintre du roi, 1784. Il a excellé dans le portrait. — Mort du cardinal de Beaufort. Ste Famille. Les trois Grâces. Portraits. — OEuv. litt. Discours. Éd. angl. *Londres*, 1797, 2 vol. in-4, 1 liv. 1805, 3 vol. in-8, et 1824, 3 vol. in-12, 20 à 24 fr. Trad. franç. par Jansen, 1806, 2 vol. in-8. OEuv. artist. Éd. angl. *Londres*, 1820-36, 4 vol. in-fol.

RHANGABÉ (Alex.-Rizo), archéologue et politique grec, 1810, Constantinople. Soldat. Conseiller à l'instruction publique, 1832-

41, et à l'intérieur, 1842. Directeur de l'imprimerie, 1841. Professeur d'archéologie, 1845. Ministre des aff. étrangères, 1856-59. Correspondant de l'Institut. — Τοῦ Κουτρούλη ὁ γάμος (le Mariage de Coutrouli), 1840, *Athènes*. ANTIQUITÉS HELLÉNIQUES, 1842-55, *Athènes*, 2 vol. in-4.

RIANCEY (H.-Léon CAMUSAT de), littérateur et publiciste, 1816, Paris. Avocat, 1844. Secrétaire du comité de la liberté relig. Député à la Législative, 1849. Rédacteur en chef de l'Union, 1852. — Hist. du monde (avec Ch. de Riancey), 1838-41, 4 vol. in-8. Nouvelle édition, en cours de publication, 10 volumes in-8. Hist. de l'instruction publ., 1844, 2 vol. in-8: La Loi et les Jésuites, 1845, in-8. Msgr Affre, 1848, in-18. Recueil des actes de Pie IX, 1852-54, 3 vol. in-8.

RIBERA L'ESPAGNOLET (Jos.), célèbre peintre espagnol, 1588, San-Felipe; 1656, Naples. Élève de Ribalta et de Michel-Ange de Caravage. Se fixa en Italie où il devint membre de l'Acad. de St-Luc, 1630, et peintre du vice-roi de Naples. Son séjour dans la patrie des beaux-arts n'enleva point à son pinceau cette touche âpre et rude qui le caractérise. — ADORATION DES BERGERS, Ste Marie l'Égyptienne, Madeleine, Combat d'Hercule, Caton se suicidant, le Philosophe, Saints, au Louvre. Martyre de St Barthélemy, à Florence. St Bruno, St Sébastien, St JÉRÔME, SILÈNE, St JANVIER, Communion des apôtres, les Prophètes, DESCENTE DE CROIX, à Naples. Prométhée, Ste Trinité. St Barthélemy, Madeleine, St Pierre, St Paul, ÉCHELLE DE JACOB, Ste Marie l'Égyptienne, les Apôtres, à Madrid. St Jean, Duns Scot, à Londres.

RICARDO (David), économiste anglais, 1772, Londres; 1823, Gatcomb-Park (Gloucester). Fit une fortune considérable dans le commerce. Il en profita pour s'adonner aux sciences. La Richesse des nations, de Smith, lui inspira le goût de l'économie polit. Membre de la chambre des communes, 1819. — Le haut prix du lingot, 1809, *Londres*. PRINCIPES DE L'ÉCONOMIE POLIT. ET DE L'IMPÔT, 1817. 3e éd. angl. *Londres*. 1821, in-8. Trad. franç. par Constancio, 1818-35, *Aillaud*, 2 vol. in-8. Influence du bas prix du blé sur les fonds publics, 1815, *Londres*. Projet d'un papier-monnaie, 1816, *Londres*. Prohibitions agricoles, 1822, *Londres*. — OEuv. compl. Trad. franç. par Constancio et Fonteyraud, *Guillaumin*, 1847, gr. in-8.

RICCOBONI (Marie-Jeanne LABORAS DE MÉZIÈRES, Mme), femme de lettres, 1714, Paris; 1792, ibid. Quitta le théâtre pour la litt., où elle obtint du succès. — Lettres de Fanny Butler, 1757, in-12. Hist. du marquis de Cressy, 1758, in-12. Lettres de Julie Catesby, 1759, in-12, et 1813, in-16. Ernestine, 1760, in-12. Amélie, 1762, 2 vol. in-12. Lettres de Sophie de Vallière, 1772, 2 vol. in-12. — OEuv. compl. *Foucault*, 1818, 6 vol. in-8, 24 fr., ou 1826, 9 vol. in-18.

RICHARD (L.-Cl.-Marie), botaniste, 1754, Versailles; 1821, Paris. Explora les Antilles pendant 8 ans, 1781-89. Professeur à la Faculté de médecine. Membre de l'Institut. Son zèle pour la science ne lui laissa point de repos. — Démonstration de botanique, 1808, in-8. Des embryons monocotylédones, 1811; Nouv. famille de plantes, 1815; de Orchideis europæis annotationes, 1818, dans les Mémoires du Muséum et de l'Institut.

RICHARD (Achille), botaniste, 1794, Paris; 1852, ibid. Fils du précédent, et comme lui professeur à la Faculté de médecine et membre de l'Institut, 1834. — Élém. de botanique et de physiol. végétale, 1819. 7e éd. *Béchet*, 1845-46, in-8. Élém. d'hist. nat. médicale, 1831. 4e éd. 1849, 3 vol. in-8. Précis de botanique et de physiol. végétale, 1852, in-12.

RICHARD-LENOIR (F.), industriel, 1765, Trélet (Calvados); 1839, Paris. Réussit, à force d'économie et de travail, à se procurer quelque argent. S'associa avec Lenoir, dont il prit le nom, 1797, et découvrit le mode de fabrication des basins anglais. Ses ateliers occupèrent un moment jusqu'à 20 mille ouvriers; mais les désastres de l'empire et la suppression des droits sur les cotons le ruinèrent entièrement.

RICHARDSON (Samuel), romancier anglais, 1689..... (Derby); 1761, Londres. Imprimeur dès l'âge de 17 ans. Commença à écrire à 50 et obtint un gr. succès.—Paméla, 1740. Nouv. éd. angl. *Londres*, 1771, 4 vol. in-8, 15 à 20 fr. ou in-12, 10 à 12 fr. Trad. franç. par l'abbé Prévost, 1742, 4 vol, in-12. CLARISSE HARLOWE, 1748. Nouv. éd. angl. *Londres*, 1774, 8 vol. in-8, 30 à 40 fr. ou in-12, 24 à 30 fr. Trad. franç. par Barré, 1845, 4 vol. in-8, 12 fr. et par Jules Janin, 1846, 2 vol. in-12, 7 fr. Ch. Grandisson, 1753. Nouv. éd. angl. *Londres*, 1770, 7 vol. in-8, 24 à 30 fr. ou in-12, 18 à 24 fr. Trad. franç. par Monod, *Leyde*,

1756, 7 vol. in-12. — OEuv. Éd. angl. *Londres*, 1811, 19 vol. pet. in-8, 75 à 90 fr.

RICHARDSON (John), naturaliste anglais, 1787, Dumfries (Écosse). Chirurgien dans la marine, 1808. Accompagna Franklin au pôle Nord, 1819-25. Médecin de la flotte, 1838. Inspecteur des hôpitaux, 1840. Membre de la Société roy. — Fauna borcali-americana, 1829-37, *Londres*, 4 vol. in-4. Zoology of captain Beechey's voyage (Zoologie de l'expédition du capitaine Beechey), 1839, *Londres*, in-4.

RICHELET (César-P.), grammairien, 1631, Cheminon (Marne); 1698, Paris. Régent au collége de Vitry-le-François. Précepteur à Dijon. Vint à Paris, 1660, et se fit recevoir au barreau, 1665, qu'il quitta bientôt pour les lettres. — Nouv. Dict. de rimes, 1667. Nouv. éd. par de Wailly et Drevet, 1812, 2 vol. in-8. La Versification françoise, 1671. Nouv. éd. 1677, in-12. DICT. DE LA LANGUE FRANÇOISE, 1680. Nouv. éd. par Goujet, *Lyon*, 1763, 3 vol. in-fol. Nouv. éd. abrégée par Gattel, 1840, 2 vol. in-8.

RICHERAND (Balthasar-Anthelme, baron), chirurgien, 1779, Belley; 1840, Paris. Docteur, 1799. Chirurgien à l'hôpital St-Louis, 1802. Professeur à l'École, 1807, et membre de l'Acad. de médecine.— NOUV. ÉLÉM. DE PHYSIOLOGIE, 1801. 10e éd. *Béchet*, 1832, 3 vol. in-8. NOSOGRAPHIE CHIRURGICALE, 1805. 5e éd. 1821, 4 vol. in-8. Des Erreurs populaires sur la médecine, 1810. 2e éd. 1812, in-8. Hist. des progrès de la chirurgie, 1825, in-8.

RICHIER (Ligier), sculpteur, vers 1500, St-Mihiel (Meuse); vers 1572..... Il était berger lorsque Michel-Ange, qui passait en Lorraine, l'engagea à aller en Italie où il demeura 6 ans. — Calvaire, à Hattonchâtel. SÉPULCRE, crucifix, à St-Mihiel. Enfant couché, Jugement de Suzanne, au Louvre.

RICHOMME (Jules), peintre, 1812, Paris. Élève de Drolling. — Abraham et Agar, 1842. St Pierre, 1843. St Sébastien, 1844. Apparition du Christ, Léda, 1848. La Fiancée du roi de Garbe, Érigone, vues d'Italie, 1850-52. Mendiante italienne, Jésus guérissant le paralytique, 1853. Jésus guérissant un malade, 1855. St Nicolas sauvant des matelots, 1857. Laissez venir à moi les petits enfants, l'Étude interrompue, Jeune mère, 1861. Consolatrix afflictorum, 1863. St Pierre d'Alcantara guérissant un enfant, Leçon de lecture, 1864. BAPTÊME DE J.-C., 1865.

RICHTER (J.-Paul-Fréd.), littérateur allemand, 1763, Wunsiedel, près Baireuth (Franconie); 1825, Baireuth. Instituteur. Conseiller de légation du duc de Saxe-Hildburghausen. Membre de l'Acad. de Munich, 1820. Puisa dans le calme de la solitude et d'une humble position les idées originales qui ont fait le succès de ses œuv. — Groenländische Processe (Procès groenlandais), 1783-85, *Berlin*, 2 vol. Auswahl aus des Teufels Papieren (Choix de papiers du diable), 1788, *Berlin*. Unsichtbare Loge (Loge invisible), 1793. 2ᵉ éd. *Berlin*, 1822, 2 vol. Hesperus, 1794. 3ᵉ éd. *Berlin*, 1819, 4 vol. Quintus Fixlein, 1796. 2ᵉ éd. *Baireuth*, 1800. Biographische Belustigungen (Amusements biograph.), 1796, *Berlin*, Titan, 1800-03. 2ᵉ éd. *Berlin*, 1846, 4 vol. Trad. franç. 1834, 4 vol. in-8. — OEuv. compl. Éd. allem. *Berlin*, 1840-42, 33 vol. in-4 ou pet. in-8, 120 fr. et *Tétot*, 1837-42, 4 vol. gr. in-8. Pensées de J.-Paul, extraites de ses œuv. par Lagrange, *Didot*, 1829-30, in-8 ou in-18.

RICHTER (Adrien-L.), peintre et dessinateur allemand, 1803, Dresde. Se rendit à Paris, 1820, puis à Rome où il demeura trois ans, 1823-26. Professeur à la fabrique de porcelaine de Meissen, 1828-36. Professeur, président de l'atelier des paysagistes, 1841, et membre du Conseil académ. à Dresde, 1852. — Le Watzmann, La Rocca di Mezzo, Le Val d'Amalfi, 1821. Vue de l'Ariccia, Civitella, Vallée de Lauterbrunn, 1826. Vues de Baies, 1830. Ave Maria, Puits près la grotte Ferrata, 1834. Campagne de Rome, 1835. Musiciens ambulants, 1839. Prière du soir, 1840. Clair de lune, 1845. Jeune Fille au puits, 1846. Fête nuptiale, 1847. Publications illustrées.

RICHTER (Herman-Evrard), médecin et naturaliste allemand, 1808, Leipsick. Professeur à l'Acad. de Dresde, 1838. Il subit deux années de prison pour affaires polit. et fut mis en disponibilité. — Der natur wissenschaftliche Unterricht auf Gymnasien (De l'enseignement public des Sciences nat.), 1847, *Dresde*. Organon der physiologischen Therapie (Organon de la Thérapeutique physiolog.), 1850, *Leipsick*. Dermensoliche Kœrper (Le corps humain), 1851. 2ᵉ éd. *Leipsick*, 1855. Grundriss der neuern Klinik (Élém. de la clinique mod.) 1852. 3ᵉ éd. *Leipsick*, 1855, 2 volumes.

RICORD (Phil.), médecin, 1800, Baltimore (États-Unis). Vint à Paris en 1820. Docteur, 1826. Ouvrit un cours à la Pitié, 1828, puis à l'hôpital du Midi, 1834, où il est demeuré chirurgien en chef pendant 30 ans, 1831-60. Membre de l'Acad. de médecine, 1850. — De l'emploi du speculum, 1833. Monographie du chancre, 1837. Traité des maladies vénériennes, 1838, in-8. CLINIQUE ICONOGRAPH., 1842-51, gr. in-4, avec pl. De la syphilisation, 1853, in-8. Lettres sur la syphilis, 1854. 3e éd. 1857, in-18.

RIEDINGER (J.-Élie), graveur et peintre allemand, 1698, Ulm; 1767, Augsbourg. Élève de Resch et de Falk. Directeur de l'Acad. des beaux-arts d'Augsbourg, 1759. Excellait dans l'art de rendre les animaux.— Le Paradis et la chute d'Adam. Le plaisir des princes, 1729. Fables d'animaux, 1734. Chasse au cerf. Animaux sauvages. Les plus beaux cerfs. Combats d'animaux. Chevaux de manége et de campagne. Principales races de chevaux. Hist. nat. des animaux.

RIETSCHEL (Ern.), sculpteur allemand, 1804, Pulsnitz (Saxe). Élève de Rauch, 1826. Membre et professeur à l'Acad. des beaux-arts de Dresde, 1832. Associé de l'Institut, 1858. — NEPTUNE, 1821. Fréd.-Auguste de Saxe, 1828. Frontons du musée, à Leipsick, et du théâtre de Dresde. Cérès, 1839. MARIE PLEURANT SUR LE CORPS DU CHRIST. Thaer. Lessing, 1850. Schiller. Gœthe. Weber. PIETA. L'Ange au Christ. L'AMOUR DOMPTANT UNE PANTHÈRE ET EMPORTÉ PAR ELLE. Les Quatre Heures du jour. Luther. Auguste II.

RIGAUD (Hyac.), célèbre peintre, 1659, Perpignan; 1743, Paris. Après avoir passé 4 ans à Lyon, se fixa à Paris, 1681. 1er prix de peinture, 1682. Membre, 1700, professeur, 1710, et recteur, 1733, de l'Acad. de peinture. Ami de Largillière et avec lui notre meilleur peintre de portraits. — Présentation au Temple, St André, LOUIS XIV, Louis XV, BOSSUET, Philippe V, Desjardins, Ch. Lebrun, Mansart, Mignard, Martin Bogaert, Rigaud, au Louvre.

RIGAULT (Ange-Hippolyte), littérateur, 1821, St-Germain-en-Laye; 1858, Évreux. Prix d'honneur au concours gén. 1840. Élève de l'École normale, 1841. Agrégé des lettres, 1844. Professeur aux colléges Charlemagne, 1846; de Versailles, 1850, et Louis-le-Grand, 1853. Précepteur du Cte d'Eu, 1847. Suppléa M. Havet au Collège de France, 1856, puis laissa l'enseignement supérieur pour demeurer rédacteur aux Débats. — Hist. de la querelle des anc. et des modernes, 1856, in-8. Conversations litt. et morales, 1859, in-12. — Œuv. compl. 1859, 4 vol. in-8.

RIQUET (P.-Paul), célèbre ingénieur, 1604, Béziers; 1680, Toulouse. Eut le premier l'idée de réunir l'Océan et la Méditerranée par un canal, et réussit à la faire partager par Colbert. Il consacra toute sa fortune à cette immense entreprise, et mourut six mois avant son achèvement. — CANAL DU LANGUEDOC, 1667-81.

RITTER (Ch.), célèbre géographe allemand, 1779, Quedlimbourg (Saxe); 1859, Berlin. Parcourut une partie de l'Europe. Professeur d'hist. à Francfort, 1819, et de géographie à Berlin, 1820, où il fut encore directeur des études à l'Acad. milit. et membre du conseil supérieur de l'instruction publique et de l'Acad. roy. Associé de l'Institut. — Die Europa (l'Europe), 1807, *Francfort,* 2 vol. in-8. GÉOGRAPHIE GÉN. COMPARÉE, 1817-19. 2e éd. allem. *Berlin,* 1830-58, 20 vol. in-8. Trad. partielle, par Buret et Desoer, 1836, 3 vol. in-8. Vorhalle europæischer Volkergeschichten vor Herodote (Portique de l'hist. des peuples européens avant Hérodote), 1820, *Berlin.*

RITTER (H.), philosophe allemand, 1791, Zerbst. Soldat. Professeur de philos. à Berlin, 1824; à Kiel, 1835; à Gœttingue, 1837. — HIST. DE LA PHILOS. 1837-53, *Hambourg,* 12 vol. in-8, 145 fr. Trad. franç. sous les titres suiv. Hist. de la philos. anc. par Tissot, *Ladrange,* 1848, 4 vol. in-8, 30 fr. Hist. de la philos. chrétienne, par Trullard, *Ladrange,* 1844, 2 vol. in-8, 15 fr. Hist. de la philos. mod. par Challemel-Lacour, *Ladrange,* 1861, 3 vol. in-8. 22 fr. 50.

ROBBIA (Luca della), sculpteur italien, 1388, Florence; 1463..... S'est rendu célèbre par l'emploi de la faïence émaillée dont il enveloppait ses bas-reliefs en terre cuite. — Résurrection du Christ, Ascension, Ste Lucie, Annonciation, la Vierge, St François, St Augustin, Ste Ursule, à Florence. Madone avec Anges, Visitation, à Pistoja. Vierge et Saints, à Prato. Madone environnée de fruits, à Messine. La Vierge adorant Jésus, au Louvre.

ROBERT (Hubert), peintre, 1733, Paris; 1808, ibid. Passa 12 ans en Italie, 1753-65. Membre de l'Acad. 1766. Garde des Tableaux du Roi. Conservateur au Musée du Louvre, 1801. Il subit dix mois de prison pendant la révolution. — Tombeau de Marius. Maison carrée de Nîmes. Incendie de l'Hôtel-Dieu. Pont du Gard. Catacombes de Rome. Porte de ville. Portique.

ROBERT (L.-Léopold), peintre, 1794, La Chaux-de-Fonds (Suisse); 1835, Venise. S'occupa un moment de gravure et obtint le 2ᵉ prix, 1814, puis devint élève de David et de Gros. Se fixa en Italie, 1818, où il exécuta les OEuv. qui l'ont rendu célèbre. Une violente passion le détermina à se donner la mort. — L'Improvisateur napolitain, 1824. Retour du pèlerinage, 1827. LES MOISSONNEURS, 1830. Départ des Pêcheurs de l'Adriatique, 1835. — Consulter : Léopold Robert, par M. Feuillet de Conches, 1862, in-18.

ROBERT (César-Alph.), chirurgien, 1801, Marseille. Docteur, 1831. Chirurgien de l'hôpital Beaujon, de l'Hôtel-Dieu et des salles d'Asile. Membre de l'Acad. de médecine, 1849. Professeur d'anat. à l'École des beaux-arts, 1856. — Traité du rhumatisme, 1840, *Baillière*, in-8, 5 fr. 50. Des Affections cancéreuses, 1841, in-8. Des Anévrismes, 1842, in-8, 3 fr. Des Affections granuleuses, 1848, in-8, avec pl. 3 fr. 50. Des Amputations partielles, 1850, in-8, 3 fr. 50. Clinique chirurgicale, 1858-59, in-8, avec pl. 7 francs.

ROBERT (Antoinette-Henriette-Clémence), femme de lettres, 1802, Mâcon. Vint à Paris en 1830, et s'adonna à la litt. où elle obtint du succès. — Une Famille s'il vous plaît, 1837, 2 vol. in-8. L'abbé Olivier, 1839, in-8. René l'ouvrier, 1841, in-8. Amour de Reine, 1842, in-8. Le Roi, 1844, 2 vol. in-8. William Shakespeare, 1845, 2 vol. in-8. Le Pauvre Diable, 1847, 2 vol. in-8. LES QUATRE SERGENTS DE LA ROCHELLE, 1849, in-4. Les Mendiants de Paris, 1851. Le Confesseur de la Reine, 1853. Les Deux Sœurs de Charité, 1856. Daniel le Laboureur, 1860.

ROBERT-FLEURY (Jos.-Nic.), peintre, 1797, Cologne. Élève de Girodet, Gros et H. Vernet. Passa plusieurs années en Italie. Membre de l'Institut, après Granet, 1850. Professeur, 1855, et Directeur de l'École des beaux-arts, 1863. — Le Tasse au couvent de St-Onuphre, 1827. SCÈNE DE LA ST-BARTHÉLEMY, 1833. Henri IV rapporté au Louvre, 1836. Derniers moments de Montaigne. Entrée de Clovis à Tours. Jane Shore. COLLOQUE DE

Poissy. Scène d'Inquisition. Auto-da-fé. Benvenuto Cellini. Pillage d'une maison. La Judecca de Venise. CH. QUINT AU MONASTÈRE DE ST-JUST.

ROBERTS (David), peintre anglais, 1796, Édimbourg. Membre de l'Acad. roy. 1841. Auteur d'un gr. nombre d'ouvrages estimés. — Cathédrale d'Amiens, 1827. Vues d'Espagne, 1835. Sortie d'Égypte. Inauguration de l'Exposition de Londres, 1854. Rome, Intérieurs d'Église, Gr. canal de Venise, Temple du Soleil à Balbek, 1855. Fête de Noël, Ruines du Temple de Koumonbos, 1856. — Picturesque Sketches in Spain (Vues pittor. en Espagne), 1837, *Londres*, gr. in-fol. La Terre sainte, 1842-47, *Londres*, 4 vol. gr. in-fol. ou 1856, 6 vol. gr. in-8. Éd. franç. *Bruxelles*, 1843, gr. in-fol.

ROBERTSON (William), historien anglais, 1721, Bosthwick (Écosse); 1793, Grange-House. Ministre presbytérien. Principal de l'Université d'Édimbourg. Chapelain ordinaire, puis historiographe du roi en Écosse. Ami de Hume et de Gibbon. — HIST. D'ÉCOSSE, 1759; de Charles-Quint, 1769; de l'Amérique, 1777. Rech. historiques sur l'Inde, 1791. — OEuv. Éd. angl. *Londres*, 1825, 8 vol. in-8, 60 à 80 fr. 1851, 6 vol. in-8, 1 liv. ou 1852, gr. in-8, 15 sh. Éd. franç. *Janet* et *Cotelle*, 1829, 12 vol. in-8, avec cartes, 48 à 60 fr. ou 1843, 2 vol. gr. in-8.

ROBIN (Ch.-Phil.), médecin, 1821, Jafferon (Ain). Docteur, 1846. Professeur à la Faculté, 1847. Membre de l'Acad. de médecine. Il a ouvert avec succès un Cours d'anat. générale. — Du Microscope, 1849, *Baillière*, in-8, avec fig. 7 fr. Tableaux d'Anat. 1851, in-4. 3 fr. 50. Traité de Chimie anat. et physiol. (avec F. Verdeil), 1853, 3 vol. in-8, avec atlas, 36 fr. Hist. nat. des végétaux qui croissent sur l'homme et les animaux, 1853, in-8, avec atlas, 16 fr.

ROBINSON (Éd.), orientaliste américain, 1794, Southington, (Connecticut). Entra dans les ordres en 1821. Professeur à Andover, puis à New-York. — Biblical Researches in Palestina (Rech. bibliques en Palestine), 1841-54, *New-York*, 3 vol. in-8.

ROBINSON (J.-H.), graveur anglais,..... Bolton (Lancaster). Élève de Heath. Membre de l'Acad. roy. 1856. — L'Empereur Théodose, Rubens, de Van Dyck. La Bouquetière, de Murillo. Entrevue de Napoléon et de Pie VII, de Wilkies. Le Loup et l'Agneau, de Mulready. La Mantille, la Marquise d'Abercorn, le Petit Chaperon rouge, de Landseer. W. Scott, de Lawrence. LA MÈRE ET L'ENFANT.

ROCHETTE (Désiré-Raoul), archéologue, 1790, St-Amand (Cher) ; 1854, Paris. Professeur au lycée L.-le-Grand et suppléant M. Guizot à la Faculté, 1815. Membre de l'Acad. des inscriptions, 1816. Conservateur des médailles à la Bibliothèque roy. 1818. Censeur roy. 1820. Professeur d'archéologie, 1826. Membre et secrétaire perpétuel de l'Acad. des beaux-arts, 1838. — Établissement des colonies grecq. 1815, 4 vol. in-8. Lettres sur la Suisse, 1820-22. 2ᵉ éd., 1823, 2 vol. in-8. Antiquités du Bosphore Cimmérien, 1822, in-8. Hist. de la Révolution helvétique, 1823, in-8. Monuments inédits d'antiquité figurée, 1828 et suiv. gr. in-fol. Choix de peintures de Pompéi, 1828 et suiv. gr. in-fol. Peintures antiques inédites, 1836, in-4.

ROGER (J.-F.), auteur dramatique, 1776, Langres; 1842, Paris. Abandonna le barreau pour les lettres. Député, 1807. Membre du Conseil de l'Université, 1809. Inspecteur gén. des études et secrétaire gén. des postes, 1815. Membre de l'Acad. franç. 1817. — La Dupe de soi-même, 1799. Le Valet de deux maîtres, Caroline, 1800. L'AVOCAT, 1806. La Revanche (avec Creuzé de Lesser), 1809. — OEuv. div. *Fournier*, 1834, 2 vol. in-8.

ROGERS (Samuel), poëte anglais, 1762, Stoke Newington (Londres) ; 1855, Londres. Banquier. Possesseur d'une gr. fortune, il en profita pour cultiver les lettres et les arts, et pour protéger les personnes qui s'y adonnaient. — Ode to superstition (Ode à la superstition), 1786. LES PLAISIRS DE LA MÉMOIRE, 1792, Londres, in-4, ou 1801, in-12. Éd. angl.-franç. par Montémont, *Peytieux*, 1825, in-18. Epistle to a friend (Épître à un ami), 1798. Columbus (Colomb), 1812. Human life (la Vie humaine), 1819. ITALY (l'Italie), 1823. Nouv. éd. *Londres*, 1834, 2 vol. in-8. — OEuv. Éd. angl. *Londres*, 1835, 2 vol. in-8.

ROHAULT DE FLEURY (Ch.), architecte, 1801, Paris. Élève de l'École polytechnique, 1820. Architecte du gouvernement. Vice-président de la Société d'architecture. — Construction du Muséum, 1837 et suiv. Plan d'Opéra, 1840. Délassements. Hippodrome. Réparation de l'Opéra, 1847-55. Chambre des notaires, 1855.

ROHRBACHER (René-F.), historien, 1789, Langatte (Meurthe) ; 1856, Paris. Prêtre, 1812. Professeur de théologie au séminaire de Nancy, 1835. — Tableau des principales conversions, 2e éd., 1841, 2 vol. in-12. Hist. univ. de l'Église catholique, 1842-49. 3e éd. 1856-61, 29 vol. in-8. Vie des Saints, 1852, 6 vol. in-8.

ROLAND (Phil.-Laurent), sculpteur, 1746, Marcq en Barœul (Nord) ; 1816, Paris. Élève de Pajou et maître de David d'Angers. Passa 5 ans en Italie. Agréé à l'Acad. roy. 1779. Membre de l'Institut et professeur à l'École des beaux-arts. — CATON D'UTIQUE MOURANT, 1782. Le Gr. Condé, 1783. Philibert de Lorme, 1784. Le Peuple terrassant le fédéralisme. La Loi. Cambacérès. Tronchet. Solon. Malesherbes. Lamoignon. HOMÈRE.

ROLAND (Marie-Jeanne PHLIPON, Mme), femme de lettres, 1754, Paris ; 1793, ibid. Son père était graveur. Elle développa son instruction par de nombreuses lectures, et exerça sur son mari, ministre de l'intérieur, un gr. ascendant. Elle périt sur l'échafaud. — Mémoires, 1794. Nouv. éd. par M. Dauban, *Plon*, 1864, in-8, et par M. Faugère, *Hachette*, 1864, 2 vol. in-18.

ROLLIN (Ch.), célèbre littérateur et historien, 1661, Paris ; 1741, ibid. Fut un moment coutelier, comme son père. Étudia la théologie. Professeur de rhétorique au Plessis, 1687, et d'éloquence au Collége de France, 1688. Recteur de l'Université, 1694-96. Coadjuteur du collége de Beauvais, 1699-1715. Membre de l'Acad. des inscriptions, 1701.—TRAITÉ DES ÉTUDES, 1726-31, *Estienne*, 4 vol. in-12, 10 fr., 1740, 2 vol. in-4, 10 à 12 fr. et *Didot*, 1846, 3 vol. in-18, 9 fr. Hist. ancienne, 1730-38. Nouv. éd. *Didot*, 1846-49, 10 vol. in-18, 30 fr. Hist. romaine, 1738. Nouv. éd. *Didot*, 1862, 10 vol. in-18, 30 fr. — OEuv. compl. par Letronne, *Didot*, 1821-25, 30 vol. in-8, avec atlas, 120 fr., et par M. Guizot, *Lequien*, 1821-27, 30 vol. in-8, 75 à 90 fr.

ROMAGNOSI (J.-Dominique-Grégoire-Jos.), jurisconsulte italien, 1761, Salso-Maggiore (Plaisance) ; 1835, Milan. Avocat et chef de la justice à Trente, 1791. Professeur de droit à Parme, 1802 ; à Pise, 1807, puis à Milan. Associé de l'Institut, 1833. — Genesi del diritto penale (Orig. du droit pénal), 1791. Nouv. éd. *Florence*, 1832, 3 vol. in-8. Introduzione allo studio del diritto (Introd. à l'étude du droit), 1805. Nouv. éd. *Milan*, 1836, 2 vol. in-16. Dello insegnamento delle matematiche (de l'Enseignement des mathém.), 1821-22, *Milan,* 2 vol. in-8. DELLA CONDOTTA DELLE ACQUE (de la Conduite des eaux), 1822-24. Nouv. éd. *Milan,* 1835-42, 2 vol. in-8 ou 4 vol. in-16. — OEuv. Éd. ital. *Florence,* 1832 et suiv., 19 vol. in-8.

ROMANELLI (J.-F.), peintre italien, 1617, Viterbe ; 1663, ibid. Élève du Dominiquin et de P. de Cortone. Vint deux fois à Paris, appelé par le roi et Mazarin. — Présentation de la Vierge au temple, la Vierge et St Charles, Adoration des Mages, Mort de St Joseph, Cène, le Printemps, DESCENTE DE CROIX, à Rome. St Laurent, à Viterbe. Vénus et Adonis, Vénus et Énée, la Manne, au Louvre. Hérodiade, à Munich. Zénobie et Aurélien, à Berlin. David et Goliath, Triomphe d'Alexandre, à Vienne.

ROMBOUTS (Théod.), peintre flamand, 1597, Anvers ; 1637, ibid. Élève d'Abraham Janssens. Passa plusieurs années à la cour du gr.-duc Cosme II, en Italie. — Joueur de guitare, à Munich. Ste Famille, la Vierge, Jésus et Ste Anne, à Anvers. Ecce homo, Mater dolorosa, à Bruges. St Joseph, Thémis, un Fumeur, à Gand. DESCENTE DE CROIX, à St Bavon. Jésus au tombeau, à Malines. Combat du Ponte Mezzo de Pise, à Copenhague. L'ARRACHEUR DE DENTS, à Madrid.

ROMNEY (Georges), peintre anglais, 1734, Dalton (Lancashire) ; 1802, Kendal. Étudia seul et se rendit à Londres, 1762. Un séjour de deux ans à Rome, 1773-74, perfectionna son talent. Il devint, avec Reynolds, un des peintres de portraits les plus estimés. — Mort de Wolfe. Mort du roi Edmond. LA NYMPHE BOCAGÈRE. La Tempête. Cassandre. Shakespeare. Milton et ses filles. Newton faisant des expériences. Lord Chatham. W. Pitt. Gibbon. Th. Paine. Flaxman.

RONDELET (Guill.), naturaliste et médecin, 1507, Montpellier ; 1566, Réalmont (Albigeois). Docteur, 1537. Professeur, 1545, et chancelier à la Faculté de Montpellier, 1556. — Hist. entière des poissons, 1558, *Lyon,* 2 vol. in-fol. De Materia medicinali, 1556, *Padoue,* in-8. Methodus curandorum morborum, 1583-85, *Lyon,* in-8.

RONDELET (J.), architecte, 1734, Lyon ; 1829, Paris. Élève de Souflot, et après lui architecte du Panthéon, 1781. Membre de la commission des travaux publics, 1794-95, et de l'Institut. Professeur à l'École des beaux-arts. — DÔME DU PANTHÉON. —

Mémoire sur le dôme du Panthéon, 1797, in-4. Traité de l'art de batir, 1802-17. 11ᵉ éd. *Didot*, 1861, 5 vol. in-4, avec atlas, 125 fr., et suppl. par M. Blouet, 2 vol. in-4, avec atlas, 60 fr.

RONSARD (P. de), célèbre poëte, 1524, la Poissonnière (Vendomois) ; 1585, St-Cosme en l'Isle, près de Tours. Page du duc d'Orléans, 1536, et de Jacques V, roi d'Écosse, 1538. Après diverses missions diplomatiques, une maladie suivie de surdité le livra aux lettres. Henri II, Charles IX et Henri III le comblèrent de richesses et d'honneurs. Ronsard fut un novateur en poésie, et comme tel exerça une gr. influence sur le xvıᵉ siècle. Il était oublié depuis bien longtemps, lorsqu'on a cherché de nos jours à le réhabiliter. — Odes. Sonnets. Élégies. Hymnes. La Franciade. Le Boccage. — OEuv. *Buon*, 1623, 2 vol. in-fol., 40 à 50 fr., 1629-30, 5 vol. pet. in-12. Nouv. éd. par M. Blanchemain, 1858-61, in-16, vol. i-iv. OEuv. inéd. par le même, *Aubry*, 1855, pet. in-8. OEuv. chois. par Paul-L. Jacob, *Delloye*, 1840, gr. in-18, et par A. Noël, *Didot*, 1862, 2 vol. gr. in-18, 8 fr.

ROOSE (Nic. Liemæcker), peintre flamand, 1575, Gand ; 1646, ibid. Élève de Gueraert et d'Otto Venius. Ami de Rubens. Doyen de l'Acad. de Gand, 1628-38. — Chute des anges, la Vierge et Jésus, le Samaritain blessé, St Nicolas évêque, Jugement dernier, Baptême de J.-C., la Samaritaine, la Pêche miraculeuse, Entrée de Jésus à Jérusalem, Apparition de la Vierge, Présentation au temple, Ste Vierge, Jésus et saints, St Benoît, à Gand.

ROQUEFORT (J.-Bapt.-Bonavent. de), philologue et antiquaire, 1777, Mons ; 1834, la Guadeloupe. Soldat. Membre de la Société des antiquaires. — Glossaire de la langue romane, 1808, 2 vol. in-8, 30 fr. et suppl. 1820, in-8. État de la poésie française dans les xıɪᵉ et xıɪɪᵉ siècles, 1814-21, in-8. Dict. étymolog. de la langue franç., 1829, 2 vol. in-8, 16 fr.

ROQUEPLAN (Jos.-Ét.-Camille), peintre, 1802, Malemort (Bouches-du-Rhône) ; 1855, Paris. Élève de Gros et d'Abel de Pujol. Un des chefs de l'école romantique. Après un séjour dans les Pyrénées, sa manière de peindre se modifia tout en se rapprochant de la nature. — Quentin Durward. Marée d'équinoxe. Mort de l'espion Morris. Passage du ruisseau. Les Cerises. Madeleine dans le désert. Van Dyck a Londres. Le Payeur de rentes. Une Lecture défendue. La Promenade. La Balançoire.

Confidence. Les Deux Sœurs. Le Lion amoureux. L'Heureuse Mère. Le Violon du diable. La Fidélité et l'innocence. Ferme. Le Visa des passe-ports. Le Ravin. Fontaine du figuier. Biarritz.

ROQUEPLAN (L.-Victor-Nestor), littérateur, 1804, Malemort. Frère du précédent. Rédacteur en chef du Figaro. Directeur des Variétés, 1840; de l'Opéra, 1847-54; de l'Opéra-Comique, 1857-60. — Hist. de l'empereur Napoléon, 1835, *Ledoyen*, in-18. Regain de la vie parisienne, 1853, *Lévy*, in-18. Les Coulisses de l'Opéra, 1855, in-18.

ROSA (Salvator), célèbre peintre et poëte italien, 1615, Arenella, près Naples; 1673, Rome. Puisa ses premières inspirations au milieu des montagnes. Se rendit à Rome, 1635, où il attira l'attention et l'envie par son originalité et son esprit. Combattit avec Masaniello, à Naples, 1647, et passa 4 ans à Florence auprès de Ferdinand II. Ses œuv. se font remarquer par une énergie peu commune et un coloris extraordinaire. — Bataille, Satyre et Philosophe, Mort d'Abel, St Jean, le Géant Titius, Paysages, à Rome. Marine, Paysages, Portraits, Empédocle, à Florence. Les Ames du purgatoire, St Paul, à Milan. Paysages, St Guillaume, Batailles, à Vienne. Marine, Cascade, Portrait, à Berlin. Paysages, Bandits, les Soldats de Gédéon, à Munich. Paysages, à Dresde, à Darmstadt, à Londres, à Madrid. Raphaël et Tobie, la Pythonisse d'Endor, Bataille, Paysage, au Louvre. Marine, Halte de soldats, Jason, Vieillards, à Nantes. — Satires. Éd. ital. *Amsterdam*, 1719, pet. in-8, 3 à 4 fr. et *Florence*, 1831, in-8.

ROSCOE (William), historien anglais, 1753..... près de Liverpool; 1831, Liverpool. Procureur, 1774. Avocat, 1796, Banquier. Membre de la Chambre des communes, 1805. — Vie de Laurent de Médicis, 1796, *Londres*, 2 vol. gr. in-4, 20 à 24 fr. ou 1846, in-8. Trad. franç. par Thurot, 1798, 2 vol. in-8. Vie de Léon X, 1805, *Liverpool*, 4 vol. gr. in-4, 30 à 40 fr. 3e éd. *Londres*, 1827, 4 vol. in-8, 24 à 30 fr. Trad. franç. par Henry, 1813, 4 vol. in-8, 16 à 18 fr.

ROSENMULLER (J.-Georges), théologien, 1736, Ummerstædt (Hildburghausen); 1815, Leipsick. Pasteur à Hessberg, 1768; à Kœnigsberg, 1772; à Leipsick, 1785. Professeur à Erlangen, 1773; à Giessen, 1783, puis à Leipsick, 1785. — Scholia in

Novum Testamentum, 1777-1807. 6ᵉ éd. *Leipsick,* 1815-31, 5 vol. in-8.

ROSENMULLER (Ern.-Fréd.-Ch.), théologien et orientaliste, 1768, Hessberg (Hildburghausen); 1835, Leipsick. Fils du précédent. Professeur de langues orientales dans cette dernière ville, 1795-1813. — SCHOLIA IN VETUS TESTAMENTUM, 1788-1835, *Leipsick*, 23 vol. in-8. Abrégé de cet ouvrage, *Leipsick,* 1827-36, 6 vol. in-8, 12 thl. Fundamenta linguæ arabicæ, 1818, *Leipsick,* gr. in-8, 18 fr.

ROSINI (J.), littérateur et poëte italien, 1776, Lucignano (Toscane); 1855, Pise. Professeur de litt. dans cette dernière ville, 1803-55. — La Religieuse de Monza, 1829. 8ᵉ éd. ital. *Baudry,* 1830, 2 vol. in-12, 9 fr. Trad. franç. *Fournier,* 1830, 5 vol. in-12. Luisa Strozzi, 1833, *Pise,* 4 vol. in-8, 30 fr. Il conte Ugolino, 1843, *Milan,* 3 vol. in-8, 10 fr. STORIA DELLA PITTURA ITALIANA (Hist. de la peinture ital.), 1839-54, *Pise,* 7 vol. in-8, avec 5 vol. in-fol. de pl. — OEuv. Éd. ital. *Pise,* 1835-53, 11 vol. in-8, 45 fr.

ROSSHIRT (Conrad.-F.), jurisconsulte allemand, 1793, Bamberg. Docteur, 1812. Professeur de droit à Heidelberg, 1818. — Lehrbuch des Criminalrechts (Traité du droit criminel), 1822, *Heidelberg.* Geschichte des deutschen Strafrechts (Hist. du droit pénal allem.), 1838-39, *Stuttgart,* 3 vol. Geschichte des Rechts im Mittelalter (Hist. du droit au moyen âge), 1846, *Mayence.* Das gemeine deutsche Civilrecht (le Droit civil gén. de l'Allem.), 1840-41, *Heidelberg,* 5 vol.

ROSSI (J.-Bernard de), orientaliste italien, 1742, Castelnuovo (Piémont); 1831, Parme. Prêtre et docteur en théologie, 1766. Professeur de langues orient. à Parme, 1769-1821. — VARIÆ LECTIONES VETERIS TESTAMENTI, 1784-98, *Parme,* 5 vol. in-4. Annales hebræo-typographici, 1795-99, *Parme,* 2 vol. in-4, 15 fr. Manuscripti codices hebraici, 1803-05, *Parme,* 3 vol. in-8, 15 fr.

ROSSI (Pellegrin-L.-Éd. Cᵗᵉ), célèbre économiste et politique, 1787, Carrare; 1848, Rome. Avocat à Bologne, 1810. Professeur de droit romain à Genève, 1819. Membre du conseil de cette ville, 1820, qu'il représenta à la diète fédérale de Lucerne, 1832. Professeur d'économie polit. au Collége de France, après

J.-Bapt. Say, 1832, et de droit constitut. à la Faculté, 1834. Membre de l'Acad. des sciences morales, après Sieyès, 1836. Pair de France, 1839. Ambassadeur, 1845, et chef du ministère à Rome, où il périt assassiné, victime de la passion populaire. — Traité du droit pénal, 1825. 2e éd. *Guillaumin*, 1863, 2 vol. in-8, 14 fr. Cours d'économie polit. 1839-41. 3ᵉ éd. *Guillaumin*, 4 vol. in-8, 30 fr. Traité du droit constitutionnel, 1839, 2 vol. in-8, 15 fr. Mélanges d'économie polit. 1857, *Guillaumin*, 2 vol. in-8, 15 fr.

rossini (Giacomo), célèbre musicien compositeur italien, 1792, Pesaro (États romains). Ses débuts dans l'art musical furent destinés au soutien de sa famille. Un travail soutenu et une fécondité merveilleuse rendirent bientôt son nom populaire, surtout en Italie, qu'il ne quitta qu'en 1823. Fixé à Paris, directeur du Théâtre italien, intendant de la musique du roi, inspecteur-gén. du chant et associé de l'Institut, il mit le comble à sa réputation par Guillaume Tell, 1829, sublime et dernière production de l'illustre maëstro. — Tancredi, l'Italiana in Algeri, 1813, Venise. Elisabetta, 1815, Naples. Il Barbiere di Siviglia, 1816, Rome. Otello, 1816, Naples. La Cenerentola, 1817, Rome. La Gazza ladra, 1817, Milan. Armide, 1817; Mosè in Egitto, 1818, Naples. Bianca e Faliero, 1819, Milan. Maometto II, 1820, Naples. Matilde di Sabran, 1821, Rome. Zelmira, 1822, Naples. Semiramide, 1823, Venise. Le Siége de Corinthe, 1826; Moïse, 1827; le Cte Ory, 1828; Guillaume Tell, 1829; Stabat Mater, 1842, Paris.

rosso (J.-Bapt. del), peintre italien, 1496, Florence; 1541, Paris. Étudia Michel-Ange et le Parmesan. Surintendant des travaux de Fontainebleau, 1530. S'empoisonna pour avoir accusé injustement un peintre de ses amis, Pellegrino, de l'avoir volé. — Assomption, Vierge et Saints, Moïse, Ange jouant, à Florence. Descente de croix, à Borgo-San-Sepolcro. Symbole de la Fortune, Figures sur une roue, à Pérouse. Les Quatre Saisons, à Berlin. Christ au tombeau, Défi des Piérides, au Louvre.

rotrou (J.), poëte dramatique, 1609, Dreux; 1650, ibid. Lieutenant civil au bailliage de cette ville. Passait une partie de son temps à Paris. Il mourut victime d'une épidémie qui régnait à Dreux. L'un des créateurs du théâtre français, que Corneille, son contemporain et ami, devait en même temps porter à sa perfection. — Antigone. Iphigénie. Les Captifs. Les Ménechmes. Les Sosies. S. Genest. Hercule. Bélisaire. Venceslas, 1647. Chosroès, 1649. — OEuv. Éd. par M. Viollet-Le-Duc, *Desoer*, 1820-22, 5 vol. in-8, 20 à 30 fr. OEuvres choisies (avec Scarron), *Ladrange*, 1823, in-18.

ROTTECK (Ch. de), historien allemand, 1775, Fribourg (Brisgau); 1840..... Professeur à Fribourg, 1798. Conseiller du grand-duc de Bade, 1806. Député de l'Université, 1819. — Histoire générale, 1813-24. 14e éd. *Fribourg*, 1839, 9 vol. in-8, 24 thl. 19e éd. *Brunswick*, 1855, 10 vol. gr. in-16. Trad. franç. par Gunzer, *Didot*, 1833-36, 3 vol. in-8.

ROUGÉ (Olivier-Ch.-Camille-Emm., vte de), archéologue, 1811, Paris. Conservateur du musée égyptien, 1849. Membre de l'Acad. des inscriptions, 1853. Conseiller d'État, 1854. Professeur au Collége de France, 1860. — Monuments égyptiens du musée du Louvre, 1855, in-12. Étude sur une stèle égyptienne, 1858, *Impr. imp.* gr. in-8. Rituel funéraire des anc. Égytiens, 1861 et suiv. *Duprat*, in-fol.

ROULIN (F.-Désiré), naturaliste, 1796, Rennes. Passa sept ans en Colombie, 1821-28, d'où il rapporta de précieuses observations. Sous-bibliothécaire à l'Arsenal, 1832. Directeur de la bibliothèque de l'Institut, 1835. Membre de l'Institut, 1865. — Hist. nat. de l'homme, de Prichard, 1843, 2 vol. in-8. Les Mammifères et les races humaines (avec MM. Laurillard et Milne-Edwards), 1849, in-8. Articles nombreux dans la Revue des Deux-Mondes.

ROUSSEAU (J.-Bapt.), poëte lyrique, 1670, Paris; 1741, Bruxelles. Écrivit d'abord pour le théâtre, où il obtint peu de succès, et se rejeta dans la poésie lyrique, qui le rendit bientôt célèbre. Membre de l'Acad. des inscriptions, 1701. Son caractère satirique et ses attaques continuelles contre les personnes qui l'entouraient le firent exiler, 1712. Il se retira en Suisse, puis à Bruxelles. — Odes. Épigrammes. Cantates. Épîtres. Allégories. Le Café. Le Flatteur. Le Capricieux. — OEuv. Éd. *Didot*, 1790, gr. in-4, 18 à 24 fr. *Lefèvre*, 1820, 5 vol. in-8, 25 à 30 fr., ou 1824, 2 vol. gr. in-8, 10 fr. *Didot*, 1818, 2 vol. in-8, 6 fr. (avec Boileau), 1838, gr. in-8, 10 fr. (avec Malherbe), 1843, in-12, 3 fr.

Janet et *Cotelle,* 1824, in-8, 3 fr. *Lefèvre* ou *de Burc,* 1823-24, 2 vol. gr. in-32, 4 à 5 fr.

ROUSSEAU (J.-Jacq.), célèbre philosophe, 1712, Genève; 1778, Ermenonville, près Paris. Fils d'un horloger, il fit lui-même son éducation. Sa jeunesse, comme toute son existence, fut extraordinaire. Apprenti graveur. Professeur de musique. Laquais. Secrétaire d'ambassade à Venise, 1743-45. Caissier de M. Dupin, 1749. Copiste de musique, et avant tout ami de Mad® de Warens, puis de Diderot, de Grimm, d'Holbach, de Mesd. d'Épinay et d'Houdetot, avec lesquels il devait avoir de vifs démêlés. Établi dans la vallée de Montmorency, 1756, la publication de l'Émile l'obligea de se retirer en Suisse, 1762, puis en Angleterre, 1766, auprès de Hume. Il habita successivement ensuite Gisors, 1767, Grenoble, Lyon et Paris, 1770-77. Peu d'existences ont été aussi accidentées que celle de Rousseau ; peu d'écrits ont fait plus de bruit que les siens. On peut en trouver la cause dans une éducation incomplète, une imagination ardente et un caractère aigri par la solitude et le malheur. — Le Progrès des sciences et des arts a-t-il corrompu ou épuré les mœurs? 1749. Le Devin de village, 1752. Lettre sur la musique, De l'inégalité parmi les hommes, 1753. LA NOUVELLE HÉLOÏSE, 1761. Nouv. éd. *Didot,* 1825, 3 vol. in-8. *Barbier,* 1844, 2 vol. in-8, fig. 20 fr. et *Charpentier,* 1865, gr. in-18, 3 fr. 50. DU CONTRAT SOCIAL, 1762. Nouv. éd. *Didot,* 1795, gr. in-4, 4 à 6 fr. ou in-12, 3 fr. ÉMILE, 1762. Nouv. éd. *Didot,* 1843, in-8, 3 fr., et *Charpentier,* 1865, gr. in-18, 3 fr. 50. Lettres de la Montagne, 1764. Dictionnaire de musique, 1767. CONFESSIONS, 1782. Nouv. éd. *Barbier,* 1845, gr. in-8, fig., et *Charpentier,* 1844, gr. in-18, 3 fr. 50.— OEuv. Éd. *Lefèvre,* 1819-20, 22 vol. in-8, 66 à 88 fr. *Lequien,* 1820-23, 21 vol. in-8, 36 à 48 fr. *Dupont,* 1823-26, 25 vol. in-8, 42 à 50 fr. *Dalibon,* 1824-28, 27 vol. in-8, 75 à 90 fr. *Furne,* 1835, 4 vol. gr. in-8, 49 fr. *Verdière,* 1826, gr. in-8, 15 à 20 fr. *Desoer,* 1822 et suiv. 21 vol. in-18, et *Didot,* 1843-46, 4 vol. in-18, 12 fr.

ROUSSEAU (Phil.), peintre, 1808, Paris. Élève de Gros et de Bertin.—Site d'Auvergne, 1831. Vue de Normandie, 1833. Chaise de poste, 1834. Le Rat de ville et le Rat des champs, 1845. Le Chat et le vieux Rat, 1846. Fleurs et Papillons, 1847. Fruits et Gibier, 1848. Le Chat et la Souris, Intérieur de ferme, un Importun, le Rat retiré du monde, la Mère de famille, 1849-53. Artistes de chez Guignol, Cigogne en sieste, Chevreau broutant, 1855. Chiens, la Récréation, le Déjeuner, 1857. Jour de gala, 1859. Musique de chambre, Cuisine, 1861. Recherche de l'absolu, le Lièvre et les Grenouilles, 1863. Marché, Nature morte, 1864. Chacun pour soi, Fruits, 1865.

ROUSSEAU (Théod.), peintre, 1810, Paris. S'est adonné au paysage.—Lisière de forêt, Avenue, Terrains en automne, 1849. Effet de soleil, Après la pluie, 1852. Marais dans les landes, 1853, Forêts, Côtes de Grandville, Coteaux, 1855. Bords de la Loire, Matinée orageuse, Crépuscule, Prairie boisée, 1857. Gorges d'Apremont, 1859. Chêne, 1861. Clairière, Mare, 1863. Village, Chaumière, 1864.

ROUSSEL (P.), médecin, 1742, Aqs, près de Foix; 1802, Châteaudun (Eure-et-Loir). Élève de Barthez. Ami de Bordeu et de Cabanis. Associé de l'Institut. — Syst. phys. et moral de la femme, 1775. 7e éd. par Alibert, 1820, in-8, 7 fr. Nouv. éd. par le docteur Cerise, Masson, 1860, gr. in-18, 3 fr. Médecine domestique, nouv. éd. 1805, 3 vol. in-18.

ROUX (Jos.-Philibert), chirurgien, 1780, Auxerre; 1854, Paris. Élève de Bichat. Docteur, 1803. Chirurgien à l'hôpital Beaujon, 1806; à la Charité, 1810; à l'Hôtel-Dieu, 1834. Professeur à l'École de médecine, 1820. Membre des Acad. de médecine, 1821, et des sciences, 1834. — Mélanges de chirurgie et de physiol., 1809, in-8. Élém. de médecine opératoire, 1813, 2 vol. in-8. Réunion immédiate des plaies, 1814, in-8. Maladies des yeux, 1820, in-8. Sur la staphyloraphie, 1825, in-8.

ROWE (Nic.), poëte anglais, 1673, Little-Beckford (Bedford); 1718, Londres. Abandonna le barreau pour les lettres. Poëte lauréat, 1714. Inspecteur de la douane. Secrétaire du conseil du prince de Galles. — La Marâtre ambitieuse, 1700. Tamerlan, 1702. La Belle Pénitente, 1703. Jane Shore, 1713. Trad. franç. 1824, in-8, et 1827, in-18. — OEuv. Éd. angl. *Londres*, 1764, 2 vol. in-12.

ROYER (L.), sculpteur hollandais, 1793, Malines. Élève de Debay. Gr. prix de sculpture à l'Acad. de Bruxelles, 1821. Directeur de l'Acad., sculpteur du roi et membre de l'Institut, à Amsterdam. — Claudius Civilis. Hébé. Diane au bain. L'Amitié. La

Concorde. Paul et Virginie. Rembrandt. Rubens. Ecce homo. Ste Cécile. Ruyter. Érasme. La Veuve du soldat.

ROYER (Alph.), littérateur, 1803, Paris. Parcourut l'Orient. Directeur de l'Odéon, 1853-56, et de l'Opéra. — Les Mauvais Garçons, 1830, 2 vol. in-8. Venezia la bella, 1834, 2 vol. in-8 Aventures de voy., 1837, 2 vol. in-8. Le Connétable de Bourbon. 1838, 2 vol. in-8. Avec M. Vaëz : Lucie de Lamermoor, 1839; la Favorite, 1840 ; Mon Parrain de Pontoise, le Bourgeois gr. seigneur, 1842 ; Don Pasquale, Mlle Rose, 1843 ; Othello, la Comtesse d'Altemberg, 1844.

ROZIER (F.), agronome, 1734, Lyon ; 1793, ibid. Prêtre. Fermier à Ste-Colombe (Rhône), 1757. Directeur de l'école vétérinaire de Lyon, 1763-65, et du journal de physique, 1771-80. Écrivit son ouvrage dans son domaine de Beauséjour, près Béziers, 1780-85. Dirigea l'école d'agricult. prat. de Lyon, 1786, où il périt écrasé par une bombe lors du siége de cette ville. — Démonstrations élém. de botanique, 1766. 4e éd. *Lyon*, 1796, 4 vol. in-8, avec 2 vol. de pl. Cours d'agricult., 1781-93. Nouv. éd. 1821-22, 16 vol. in-8, fig.

RUBENS (P.-Paul), célèbre peintre flamand, 1577, Siegen (Nassau) ; 1640, Anvers. Élève d'Otto Venius, 1595-99, et maître de Van Dyck, Jordaens, Téniers. Passa près de dix ans en Italie, 1600-09. Peintre de l'archiduc Albert, de Bruxelles, 1610. Appelé par Marie de Médicis à Paris, 1620, il exécuta pour elle de superbes tableaux. Depuis son retour d'Italie, il s'était fixé à Anvers, qu'il ne quitta plus que pour accomplir des missions diplomat. à Madrid et à Londres. Rubens a peint une quantité prodigieuse de toiles, remarquables par une gr. variété de composition et par un coloris qui n'a peut-être point été surpassé.—Fuite de Loth, Élie, Adoration des mages, Vierge et saints, Fuite en Égypte, Christ en croix, Thomyris et la tête de Cyrus, Couronnement de Marie de Médicis, Naissance, Éducation, Débarquement, Mariage, Voyages et Gouvernement de Marie de Médicis, Naissance de Louis XIII, Apothéose de Henri IV, Entrevue et réconciliation avec Louis XIII, Triomphe de la vérité, Conclusion de la paix, Kermesse, Portraits, au Louvre. Entrée d'Henri IV à Paris, Bataille d'Ivry, Ste Famille, Paysages, à Florence. Visitation, Rémus et Romulus, à Rome. Cérès et

Bacchus, à Venise. ADORATION, Mercure et Argus, Jugement de Pâris, les Grâces, Diane et Calisto, Apollon et Midas, Atalante, Bacchanale, KERMESSE, Ste Famille, CHRIST, Proserpine, Orphée, Saturne, à Madrid. LA PAIX ET LA GUERRE, ENLÈVEMENT DES SABINES, Ste Famille, Paysages, Diane, Vénus, à Londres. Calvaire, Adoration, Jacob et Ésaü, STE THÉRÈSE, Assomption, ÉRECTION DE CROIX, DESCENTE DE CROIX, Résurrection, Flagellation, à Anvers. Adoration, Christ au tombeau, ASSOMPTION, Couronnement, à Bruxelles. CRUCIFIEMENT DE ST PIERRE, à Cologne. Vénus et Adonis, Portraits, à la Haye. — OEuv. par MM. Fétis et Leba, *Bruxelles*, 1858-60, 2 vol. in-fol.

RUDE (F.), sculpteur, 1784, Dijon; 1855, Paris. Élève de Cartellier. 2e, 1809, et 1er gr. prix de sculpture, 1812. Après la chute de l'empire, il suivit Denon à Bruxelles, 1815-17. David, qui s'y trouvait, l'aida de ses conseils. — Vierge immaculée, MERCURE RATTACHANT SES TALONNIÈRES, 1827. PÊCHEUR NAPOLITAIN, 1834. LE DÉPART, à l'arc de l'Étoile, Dupin aîné, 1838. Monge, 1848. Jeanne d'Arc, Calvaire, 1852. Baptême du Christ. Louis XIII. Caton d'Utique. Napoléon à Ste-Hélène. Le maréchal Ney. Le général Bertrand. Godefroy Cavaignac. David. Houdon. De Luynes. Lapérouse, Christ en croix. Hébé, l'Amour dominateur.

RUDOLPHI (Ch.-Asmond), naturaliste suédois, 1771, Stockholm; 1832, Berlin. Docteur, 1795. Professeur à Greifswald, 1797, et à Berlin, 1810, où il devint membre de l'Acad. des sciences et directeur du Muséum. — Entozoorum historia naturalis, 1808-10, *Amsterdam*, 3 vol. in-8, 24 à 30 fr. Entozoorum synopsis, 1819, *Berlin*, in-8, 20 fr.

RUHNKEN (David), philologue allemand, 1723, Stolpe (Poméranie); 1798, Leyde. Élève d'Hemsterhuis. Professeur de grec, 1757; d'éloquence et d'hist. 1761, et bibliothécaire de l'Acad., à Leyde, 1774. — Epistolæ criticæ, 1749-51, *Leyde*, in-8. De Græcia artium, 1757, *Leyde*, in-4. De Doctore umbratico, 1763, *Leyde*, in-4. Elogium Hemsterhusii, 1768-1824, *Leyde*, in-8. De Vita et scriptis Longini, 1776, *Leyde*, in-4. — OEuv. Éd. lat. *Leyde*, 1823, 2 vol. in-8, 20 fr. et *Brunswick*, 1828, in-8, vol. 1-11, 5 thl.

RUINART (Thierri), historien et érudit, 1657, Reims; 1709, Hautvillers, près Aï. Bénédictin, 1675. Se retira auprès de Mabillon, à St-Germain des Prés, 1682, reçut ses conseils, et l'aida dans ses travaux. — Les véritables Actes des martyrs, 1689. Nouv. éd. lat. *Amsterdam,* 1713, in-fol. 24 à 30 fr. et *Augsbourg,* 1802-03, 3 vol. in-8. Trad. franç. 1708, 2 vol. in-8 et in-12. Historia persecutionis Vandalicæ, 1694, in-8. Éd. de Grégoire de Tours, 1699, in-fol.

RUISDAËL (Jacq.), célèbre peintre hollandais, vers 1630, Harlem; 1681, Amsterdam. Élève de Nic. Berghem, qui, avec Wouwermans, faisait les figures de ses paysages fort estimés. — La Forêt, Tempête, le Buisson, le Coup de Soleil, Paysages, au Louvre. Chute d'eau, Cascade, à Amsterdam. Chute d'eau, Côte de mer, Paysage, à la Haye. Chasse au Cerf, à Dresde.

RULHIÈRE (Cl.-Carloman de), historien, 1735, Bondy, près Paris ; 1791, Paris. Soldat. Aide-de-camp du maréchal de Richelieu. Secrétaire d'ambassade en Russie, sous le baron de Breteuil, 1760. Secrétaire des commandements de Monsieur (Louis XVIII), 1775. Membre de l'Acad. franç. 1787. — Éclaircissements sur la révocation de l'Édit de Nantes, 1788, 2 vol. in-8. Anecdotes de la Révolution de Russie, 1797, in-8. Hist. de l'Anarchie de Pologne, 1807, *Desenne,* 4 vol. in-8. 4ᵉ éd. *Didot,* 1862, 3 vol. gr. in-18, 9 fr. — OEuv. 1819, *Ménard,* 6 vol. in-8, 30 francs.

RUMFORD (Benj. Thompson, Cte de), chimiste et physicien américain, 1753, Woburn (Massachusetts); 1814, Auteuil. Soldat, 1774. Se retira à Londres, après la prise de Boston, 1776. Sous-secrétaire d'État, 1780. Colonel de dragons, 1782. Aide-de-camp, conseiller d'État, lieutenant-général, ministre de la guerre, à Munich, 1784-90. Se livra à des Rech. sur la chaleur et la lumière, puis se rendit à Paris, 1802, où il épousa la veuve de Lavoisier. — Essais polit., économ. et philos. 1799-1806, 4 vol. in-8. Mémoire sur la chaleur, 1804, in-8.

RUPPELL (Guill.-P.-Éd.-Simon), voyageur allemand, 1794, Francfort-s.-le-Mein. Laissa de côté le commerce pour voyager en Italie, en Égypte, en Nubie, en Abyssinie. — Reisen in Nubien (Voy. en Nubie), 1829, *Francfort,* gr. in-8, avec pl. 5 thl. Reisen in Abyssinien (Voy. en Abyssinie), 1838-40, 2 vol. gr. in-8, avec pl. 5 thl.

RUSKIN (J.), archéologue anglais, 1819, Londres. Étudia la peinture sous Copley-Fielding et Harding, et se livra de préférence aux travaux d'esthétique. — MODERN PAINTERS (les Peintres mod.), 1843. Nouv. éd. *Londres*, 1853-60, 5 vol. gr. in-8, avec pl. 8 liv. The seven lamps of architecture (les Sept flambeaux de l'archit.), 1849. Nouv. éd. *Londres*, 1855, gr. in-8 avec pl. The Stones of Venice (les Pierres de Venise), 1853-58, *Londres*, 3 vol. gr. in-8, avec pl.

RYLAND (William-Wynne), graveur anglais, 1732, Londres; 1783, ibid. Élève de Ravenet et de Le Bas. Graveur du roi. Accusé d'avoir fabriqué de faux billets de la Cie des Indes, il fut pendu. — Jupiter et Léda, de Boucher. Georges III, de Ramsay. Antiochus et Stratonice, de P. de Cortone. Taverne, de Brankenberg. La Mère, de Van Dick.

RYMER (Thomas), historien anglais, vers 1646..... (York); 1713, Londres. Historiographe roy. 1692. — Fœdera, Conventiones litteræ, 1704-35. Nouv. éd. *La Haye*, 1739-45, 10 volumes in-fol.

S

SAAVEDRA FAXARDO (Diego, Cte de), littérateur et politique espagnol, 1584, Algesarez (Murcie); 1648, Madrid. Docteur en droit. Secrétaire du vice-roi de Naples, 1606. Accomplit des missions polit. en Italie, en Suisse, en Allemagne. Membre du gr. conseil des Indes. — Le Prince chrétien et polit., 1640. Trad. franç. par Rou, *Amsterdam*, 1669, in-12. La République litt., 1670. Trad. franç., *Lausanne*, 1770, in-12. — OEuv. Éd. esp., *Madrid*, 1789-90, 11 vol. pet. in-8, 30 à 40 fr., et 1853, gr. in-8, 15 fr.

SAAVEDRA (Angel de), duc de Rivas, poëte et politique espagnol, 1791, Cordoue. Soldat, 1807. Député, 1813. Exilé pendant 11 ans, 1823-34. Pair et grand d'Espagne, 1835. Ministre de l'intérieur, 1836. Ambassadeur à Naples, 1843-48, et ensuite à Paris. — Ensayos poeticos (Essais poétiques), 1813, *Madrid*, 2 vol. in-8. Florenda, 1824-25, *Madrid*, 2 vol. in-8. El Moro exposito (le Maure exposé), 1834-44, 2 vol. in-8 ou in-12. Hist. du soulèvement de Naples, 1848, *Madrid*, 2 vol. in-8. Trad.

franç., 1849, 2 vol. in-8. — OEuv. Éd. esp., *Madrid*, 1820-21, 2 vol. in-8.

SABATIER (Raphaël-Bienvenu), chirurgien, 1732, Paris; 1811..... près Versailles. Démonstrateur roy. de chirurgie. Membre de l'Acad. des sciences, 1773. Professeur à l'École de santé. Chirurgien des Invalides et de l'Empereur. — Traité d'anat., 1764. 3e éd., *Barrois*, 1791, 3 vol. in-8. De la Médecine opératoire, 1796. Nouv. éd., *Béchet*, 1832, 4 vol. in-8.

SABATIER DE CASTRES (Ant.), littérateur, 1742, Castres; 1817, Paris. Sa plume était au plus offrant. Il émigra pour la révolution, sans rien changer à ses habitudes irrégulières et à son caractère peu honorable. — Les Trois Siècles de la litt. franç., 1772. 6e éd., 1801, 4 vol. in-12. Abrégé de cet ouvrage, 1832, in-12. Les Siècles païens, 1784, 9 vol. in-12.

SACCHINI (Ant.-Marie-Gaspard), musicien compositeur italien, 1735, Naples; 1786, Paris. Élève de Durante. Directeur du conservatoire de Venise, 1768. Parcourut l'Allemagne et l'Angleterre, et se fixa à Paris, 1782. Maître de musique de Marie-Antoinette, qui eut peine à le soutenir contre l'opposition qu'il rencontra. — Alessandro, 1768, à Venise. Scipione, 1770, à Padoue. Renaud, 1783; Chimène; Dardanus; ŒDIPE A COLONE, 1787, à Paris.

SACY (L.-Isaac LE MAISTRE de), théologien, érudit, 1612, Paris; 1684, ibid. Prêtre. S'établit à Port-Royal, dont il devint directeur. Ses opinions jansénistes lui attirèrent 3 années de détention à la Bastille, 1666-69. — Trad. de l'Imitation de J.-C., 1662; du Nouv. Testament, 1667, *Mons*, 2 vol. in-8; de l'ANC. TESTAMENT, 1672, 30 vol. in-8, souvent réimprimé.

SACY (Ant.-Isaac, baron SILVESTRE de), célèbre orientaliste, 1758, Paris; 1838, ibid. Conseiller, 1781, puis commissaire à la cour des monnaies, 1791. Membre, 1792, et secrétaire perpétuel de l'Acad. des inscriptions, 1833. Professeur à l'école des langues orient., 1795, et au Collége de France, 1806, dont il fut nommé administrateur, 1822. Député, 1808-15. Fondateur et président de la Société asiatique, 1822. Pair de France, 1832. Conservateur des manuscrits à la Bibliothèque roy., 1833. D'une infatigable activité, possédant plus de 20 langues, Sacy a été l'un des hommes les plus savants du siècle. — PRINCIPES DE GRAMM.

GÉNÉRALE, 1799. 7ᵉ éd., *Hachette,* 1840, in-12, 2 fr. 50. Chrestomathie arabe, 1806. Nouv. éd., 1826-27, 3 vol. gr. in-8, 60 fr. **GRAMMAIRE ARABE,** 1810. Nouv. éd. 1831, 2 vol. in-8. Mémoires, 1818, in-4. Séances de Hariri, 1822, in-fol. 2ᵉ éd. 1847, 4 vol. in-4, 80 fr. Discours, 1824, in-8. Exposé de la religion des Druses, 1838, 2 vol. in-8. Mémoires fort importants et nombreuses éd. d'ouvrages orientaux.

SACY (Samuel-Ustazade-Silvestre de), littérateur et journaliste, 1801, Paris. Fils du précédent. Sa collaboration aux Débats, depuis 1828, a été fort remarquée. Conservateur, 1836, puis administrateur de la bibliothèque Mazarine, 1848. Membre de l'Acad. franç., 1854. — Éd. de l'Imitation de J.-C., de Marillac, 1854; de l'Introduction à la vie dévote de St F. de Sales, 1855; des Lettres spirituelles de Fénelon, 1856, 3 vol. in-16, etc. **VARIÉTÉS LITT.,** 1858, *Didier,* 2 vol. in-8, 14 fr., ou 2 vol. in-12, 7 fr.

SADI, célèbre poëte persan, vers 1184, Chiraz; 1291, ibid. Exécuta 15 fois le pèlerinage de la Mecque. Parcourut une gr. partie de l'Asie et de l'Afrique. Se retira ensuite dans un ermitage, près de Chiraz, où il ne s'occupa plus que d'études et de méditations. — **GULISTAN.** Éd. pers., *Hertfort,* 1850, in-8, 15 fr. Trad. franç. par Semelet, *Dondey-Dupré,* 1834, in-4, 12 fr., et par Défremery, *Didot,* 1858, gr. in-18. Bostan. Éd. pers., *Vienne,* 1858, gr. in-4, 26 fr. Trad. franç. par M. Défremery. Pend-Nameh. Éd. pers.-angl., *Calcutta,* 1788, pet. in-8. 8 fr. Trad. franç. par M. Garcin de Tassy, 1822. **ODES.** Idylles, Élégies. — OEuv. Éd. pers., *Calcutta,* 1791-95, 2 vol. pet. in-fol.

SAGRA (Don RAMON de la), économiste espagnol, 1798, La Corogne. Directeur du jardin botanique de la Havane, 1820. Professeur de botanique agricole. Correspondant de l'Institut. Ouvrit un cours d'économie polit. à l'Athénée de Madrid, 1840. Député aux cortès, 1854-56. — **HIST. PHYS. ET POLIT. DE L'ILE DE CUBA,** 1837-42, 2 vol. in-fol., fig. Trad. franç. par Sabin-Berthelot, *Bertrand,* 1838 et suiv., gr. in-8, avec planches. Lecciones di economia social (Leçons d'économie sociale), 1840, *Madrid,* in-12.

SAINT-ALLAIS (Nic.-VITON de), littérateur et généalogiste, 1773, Langres; 1842, Paris. Soldat. Il avait formé un cabinet où il recueillit un grand nombre de documents généalogiques pour la publication de ses œuv. — Hist. gén. des ordres de chevalerie, 1810, gr. in-4. La France militaire, 1812, 2 vol. in-18. La France législative, 1813, 4 vol. in-18. NOBILIAIRE UNIV. DE FRANCE, 1814-43, 21 vol. in-8. Dict. de la noblesse de France, 1816, 2 vol. in-8. De l'anc. France, 1833-34, 2 vol. in-8.

SAINT-CYRAN (J. DUVERGIER DE HAURANNE, abbé de), théologien, 1581, Bayonne ; 1643, Paris. Ami de Jansénius et partisan de ses doctrines, ce qui lui attira 4 ans de prison, 1638-42. — Question roy., 1609, pet. in-12. Somme des fautes du Père Garasse, 1626, 3 vol. in-4. Petrus Aurelius, 1631. 3e édition, 1646, in-fol.

SAINT-GEORGES (Jules-H.-VERNOY de), auteur dramatique, 1801, Paris. Directeur de l'Opéra-Comique, 1829. Il a écrit un gr. nombre de pièces de théâtre. — Le Roi et le Batelier, l'Artisan, 1827. Pierre et Catherine, Jenny, 1829. Ludovic, 1833. La Sentinelle perdue, 1835. La Symphonie, le Planteur, 1839. L'Aïeule, 1841. L'Esclave de Camoëns, 1843. Le Lazzarone, 1844. Wallace, 1845. L'Ame en peine, les Mousquetaires de la reine, 1846. Le Val d'Andorre, le Fanal, 1848. Le Château de Barbe-Bleue, 1851. Le Carillonneur de Bruges, les Amours du Diable, 1852. Jaguarita, 1854. Le Corsaire, 1856. Margot, 1857. La Pagode, 1859.

SAINT-HILAIRE (Émile-Marco de), littérateur, 1790..... Page de l'empereur Napoléon Ier. — Mémoires d'un page de la cour, 1830-47, 2 vol. in-8. Les Petits Appartements, 1831, 2 vol. in-8. Vie privée de Napoléon, 1838-39, 2 vol. in-8 et in-18. Souvenirs du temps de l'Empire, 1838-40, 6 vol. in-8. Hist. populaire de Napoléon, 1842, gr. in-8. Napoléon en campagne, 1844, 2 vol. in-8. La Veuve de la Grande Armée, 1845-53, 2 vol. in-8. Hist. de la garde impériale, 1845-49, gr. in-8. Hist. de la campagne de Russie, 1846-48, 4 vol. in-8. Hist. des conspirations, 1849, 4 vol. gr. in-8. Les deux Empereurs, 1853, in-18. Hist. de Napoléon III, 1853, in-8.

SAINT-HILAIRE (Aug. de), botaniste, 1799, Orléans ; 1853, ibid. Passa six ans au Brésil. Membre de l'Institut, 1830. Professeur à la Faculté des sciences. — Plantes usuelles des Brésiliens, 1824-28, *Grimbert*, in-4, avec pl., 36 fr. Flora Brasiliæ meridionalis, 1825-34, *Belin*, 3 vol. gr. in-4, avec pl. Voy. de Rio de Janeiro, 1830-33, *Gide*, 4 vol. in-8, 30 fr.

SAINT-JEAN (Simon), peintre, 1812, Lyon; 1860, ibid. Élève de F. Lepage. Consacra son talent à la reproduction des fleurs et des fruits. — Bouquet sur une tombe, 1835. Perdrix rouges, Panier de fraises, 1841. Guirlande de fleurs autour d'une niche de la Vierge. Bouquet dans une grotte. Jeunes filles portant des fleurs. La Récolte. Les Raisins. Fleurs dans des ruines. Fleurs et Fruits. Panier de roses. Notre-D^e des Roses.

SAINT-JOHN (James-Aug.), littérateur anglais..... (Carmarthen, Galles). Visita la France, la Suisse, l'Égypte, l'Italie. Il a écrit un gr. nombre d'ouvrages. — Lives of the celebrated travellers (Vies des voyageurs célèbres), 1830. History, manners and customs of the Hindoos (Hist., mœurs et coutumes des Hindous), 1831, 2 vol. Egypt and Mohammed-Ali (l'Égypte et Méhémet-Ali), 1834, *Londres*. History of the manners and customs of ancient Greece (Hist. et coutumes de l'anc. Grèce), 1842, 3 vol. in-8. There and back again in search of beauty (A la recherche de la beauté), 1853, 2 vol.

SAINT-LAMBERT (J.-F., marquis de), poëte, 1716, Nancy; 1803, Paris. Exempt des gardes et gr.-maître de la garde-robe de Stanislas. Membre de l'Acad. franç., 1770. Se lia avec Mmes du Châtelet, d'Houdetot et les philosophes de l'époque. — Le Matin et le Soir, 1764. Les Saisons, 1769. Nouv. éd., *Didot*, 1796, gr. in-4, 12 à 15 fr., et *Janet* et *Cotelle*, 1822, in-8, 4 fr. Catéchisme universel, 1798. Poésies, contes. — OEuv. philos. *Agasse*, 1801, 5 vol. in-8, 20 fr. Poésies, *Didot*, 1795, 2 vol. in-18, 6 fr.

SAINT-MARC GIRARDIN (Marc GIRARDIN, dit) littérateur, 1801, Paris. Professeur au lycée L.-le-Grand, 1827; d'hist., après M. Guizot, et de poésie, après M. Laya, à la Sorbonne, 1833. Député, 1834. Membre du conseil de l'instruction publ. et conseiller d'État, 1837. Membre de l'Acad. franç., 1844. Ses cours à la Faculté ont toujours été très-suivis, et ses articles dans les Débats et la Revue des deux mondes, fort goûtés. — TABLEAU DE LA LITT. FRANÇ. AU XVIe SIÈCLE, 1839, in-8, 7 fr., ou in-12, 3 fr. 50. COURS DE LITT. DRAMATIQUE, 1843 et suiv., 4 vol. in-18. Essais de litt. et de morale, 1845, 2 vol. in-18. De l'instruction intermédiaire, 1835, 2 vol. in-8. Souvenirs et voy., 1853, 2 vol. in-18. Souvenirs et réflexions polit., 1859, in-8.

SAINT-MARTIN (Ant.-J.), orientaliste, 1791, Paris; 1832, ibid. Membre, 1810, et secrétaire de la Société des antiquaires, 1814. Membre de l'Acad. des inscriptions, 1820. Conservateur à l'Arsenal, 1824-30. Inspecteur de l'Imprimerie roy. — MÉMOIRES SUR L'ARMÉNIE, 1818-19, *Imp. roy.*, 2 vol. gr. in-8. Rech. sur la Mesène et la Characène, 1838, in-8, 5 fr. Hist. de l'Arménie, 1841, in-8, 7 fr. 50. Histoire des Arsacides, 1850, 2 vol. in-8, 18 fr.

SAINT-NON (J.-Cl. RICHARD de), archéologue, 1727, Paris; 1791, ibid. Conseiller-clerc au parlement, 1749. Parcourut l'Angleterre et l'Italie, où il se lia avec Fragonard et Hubert Robert. Associé de l'Acad. de peinture, 1777. — VOY. PITT. DE NAPLES ET DE SICILE, 1781-86, *Lafosse*, 5 vol. gr. in-fol., fig. 2ᵉ éd., *Dufour*, 1829, 4 vol. in-8, avec atlas.

SAINT-PIERRE (Ch.-Irénée CASTEL de), littérateur et publiciste, 1658, St-Pierre-Église (Manche); 1743, Paris. Prêtre. Membre de l'Acad. franç., 1695. Aumônier de la duchesse d'Orléans, 1702. Assista au congrès d'Utrecht, avec le cardinal de Polignac, 1712. — Projet de paix perpétuelle, 1713, *Utrecht*, 3 vol. in-12. Discours sur la polysynodie, 1718, *Amsterdam*, in-4, et 1719, in-12. Mémoires divers. — Œuvres, 1738-40, 18 volumes in-12.

SAINT-PIERRE (Jacq.-H. Bernardin de), célèbre littérateur, 1737, le Havre; 1814, Éragny-s.-Oise (Seine-et-Oise). Ingénieur milit., 1760. Professeur de mathémat. à Paris. Voyagea en Hollande, en Russie, en Pologne, à l'île de France. Rentré à Paris, 1771, il se lia avec J.-J. Rousseau. Intendant du Jardin des plantes, 1792-93. Professeur de morale à l'École normale, 1794. Membre de l'Institut, 1795. Un des plus gr. peintres de la nature, avec Buffon et J.-J. Rousseau. — Voy. à l'Ile de France, 1773, 2 vol. in-8, et 1835, 2 vol. in-18. L'Arcadie, 1781-96, 2 vol. in-12. ÉTUDES DE LA NATURE, 1784. Nouv. éd., 1825, 5 vol. in-8, 15 à 18 fr. PAUL ET VIRGINIE, 1787. Nouv. éd., *Didot*, 1806, gr. in-4, fig. *Curmer*, 1838, gr. in-8, fig., 40 à 50 fr. *Furne*, 1852, gr. in-8, fig., 15 fr. *Méquignon-Marvis*, 1823, in-8, 6 à 7 fr. *Janet*, 1823, in-18, 3 fr. *Werdet*, 1828, gr.

in-32. Vœux d'un solitaire, 1789, in-12. La Chaumière indienne, 1790-91, in-8 ou in-12. HARMONIES DE LA NATURE, 1815, 3 vol. in-8, ou in-12. — OEuv. compl. par Aimé Martin, *Méquignon-Marvis,* 1818, 12 vol. in-8, fig., 36 à 48 fr. *Lefèvre,* 1833, 2 vol. gr. in-8, 22 fr. *Hiard,* 1835, 9 vol. in-18.

SAINT-PRIEST (Alexis GUIGNARD, Cte de), historien, 1805, St-Pétersbourg; 1851, Moscou. Ministre au Brésil, 1833; en Portugal, 1835; en Danemark, 1838. Pair de France, 1841. Membre de l'Acad. franç., 1849. — Hist. de la royauté, 1842, *Garnier,* 2 vol. in-8. Hist. de la chute des Jésuites, 1844, *Amyot,* in-8, ou in-18. Histoire de la conquête de Naples, 1847-48, *Amyot,* 4 volumes in-8.

SAINT-RÉAL (César RICHARD de), historien, 1639, Chambéry; 1692, ibid. Vint à Paris, où il prit goût aux études histor., 1655. Suivit la duchesse de Mazarin à Londres. Historiographe de Savoie, 1675. Associé à l'Acad. de Turin. — Usage de l'hist., 1671, in-12. Nouv. historique de Don Carlos, 1673, in-12. CONJURATION DES ESPAGNOLS CONTRE VENISE, 1674. Nouv. éd., *Londres,* 1800, gr. in-8, et *Renouard,* 1803, in-12. — OEuv. *Nyon,* 1745, 3 vol. in-4, 10 à 12 fr., et *Amsterdam,* 1740, 6 vol. in-12, 12 à 20 fr. OEuv. chois. *Janet,* 1819, in-8, 3 fr.

SAINT-SIMON (L. de ROUVROI, duc de), historien et politique, 1675, Paris; 1755, ibid. Mestre de camp. Gouverneur de Blaye. Membre du conseil de régence, 1715. Chargé d'une mission à Madrid, 1721, pour négocier le mariage de Louis XV avec l'infante. A la mort du Régent, 1723, il perdit son crédit, et se retira dans ses terres, où il s'occupa de la rédaction de l'ouvrage qui l'a rendu célèbre. — MÉMOIRES, 1789-91. Nouv. éd., *Sautelet,* 1829-31, 21 vol. in-8, et par M. Chéruel, *Hachette,* 1856-58, 20 vol. in-8, 120 fr., ou 13 vol. in-18, 13 fr.

SAINT-SIMON (Cl.-H., Cte de), économiste, philosophe et chef de secte, 1760, Paris; 1825, ibid. Soldat en Amérique, 1777. Colonel, 1783. Parcourut la Hollande, 1785, et l'Espagne, 1787. Spécula sur les biens nationaux, 1790-97. Eut ensuite l'idée de réorganiser l'ordre social au moyen de la science et de l'industrie. Réussit à se ruiner, et essaya même de se suicider, 1823. Ses projets, qui firent beaucoup de bruit, eurent des adhérents distingués, mais tombèrent dans l'oubli quelques années après sa mort. — Introd. aux travaux scientif. du XIXe siècle, 1807, in-8. Réorganisation de la société européenne, 1814, in-8. L'Industrie, 1817, 4 vol. in-8. Catéchisme industriel, 1824, in-8. LE NOUV. CHRISTIANISME, 1825, in-8. — OEuv. *Naquet*, 1832, in-8, vol. I-II. OEuv. chois., *Bruxelles*, 1859, 3 vol. in-12.

SAINTE-AULAIRE (L.-Clair de BEAUPOIL, Cte de), littérateur et diplomate, 1778, St-Méard-de-Dromme (Périgord); 1854, Paris. Ingénieur géographe, 1796. Chambellan de l'Empereur, 1809. Préfet de la Meuse, 1813; de la Haute-Garonne, 1814. Député, 1815. Pair de France, 1829. Ambassadeur à Rome, 1831; à Vienne, 1833; à Londres, 1841-47. Membre de l'Acad. franç., 1841.—Hist. de la Fronde, 1827. Nouv. éd. 1859, 2 vol. in-8.

SAINTE-BEUVE (Ch.-Augustin), littérateur, critique et poëte, 1804, Boulogne-s.-Mer. Étudia la médecine, qu'il abandonna bientôt pour les lettres, 1823-27. Conservateur à la bibliothèque Mazarine, 1840. Membre de l'Acad. franç., 1845. Professeur de poésie latine au Collége de France, 1852. Maître de conférences à l'École normale, 1857. Accueillit avec faveur et réserve en même temps les idées nouvelles de l'école romantique, de Saint-Simon, de Lamennais. Ses articles dans le Globe, la Revue des deux mondes, le National, le Constitutionnel, le Moniteur, ont été fort remarqués. — TABLEAU DE LA POÉSIE FRANÇ., 1828, *Renduel*, 2 vol. in-8, et *Charpentier*, 1843, gr. in-18, 3 fr. 50. Poésies de Jos. Delorme, 1829. Nouv. éd., 1863, in-8, et 1860, in-18. LES CONSOLATIONS, 1830. Nouv. éd., 1863, in-8, et 1860, in-18. PORTRAITS LITT., 1832-39, 5 vol. in-8, et 1841-46, 7 vol. in-18. Volupté, 1834, *Renduel*, 2 vol. in-8, et *Charpentier*, 1845, gr. in-18, 3 fr. 50. HIST. DE PORT-ROYAL, 1840-62, *Hachette*, 5 vol. in-8, 40 fr. Causeries du lundi, 1851-65, *Garnier*, 19 vol. gr. in-18, à 3 fr. 50. Étude sur Virgile, 1857, *Garnier*, gr. in-18, 3 fr. 50. Chateaubriand et son groupe litt., 1860, *Garnier*, 2 vol. gr. in-18, 7 fr.

SAINTE-CLAIRE-DEVILLE (Ch.), géologue, 1814, St-Thomas (Antilles). Parcourut les îles Ténériffe, du cap Vert, la Guadeloupe, 1839-43, puis l'Italie, 1855. Professeur suppléant M. Élie de Beaumont, au Collége de France. Membre de l'Acad. des sciences, 1857. — Voy. géolog. aux Antilles, 1860, *Impr. imp.*, gr. in-4, avec carte. Lettres et Mémoires dans les Comptes rendus de l'Acad. des sciences et les Annales de chimie et de physique.

SAINTE-CLAIRE-DEVILLE (H.-Ét.), chimiste, 1818, St-Thomas. Frère du précédent. Doyen et professeur à la faculté des sciences de Besançon, 1844-45. Maître de conférences à l'École normale, 1851. Professeur suppléant M. Dumas, 1858. Membre de l'Acad. des sciences, 1861. — Travaux et Mémoires sur les essences, les résines, l'acide nitrique, l'aluminium, dans les Comptes rendus de l'Acad. des sciences et les Annales de chimie et de physique.

SAINTE-CROIX (Guill.-Emm. Jos. GUILHEM de CLERMONT-LODÈVE, baron de), archéologue, 1746, Mormoiron, près de Carpentras; 1809, Paris. Embrassa la carrière milit. 1761, qu'il quitta pour les travaux d'érudition, 1770. Membre de l'Acad. des inscriptions, 1803. — EXAMEN DES ANCIENS HISTORIENS D'ALEXANDRE LE GR., 1775. 2e éd. 1805-10, in-4, avec cartes, 12 à 15 fr. L'Ezour-Vedam, 1778, 2 vol. in-12, 5 à 6 fr. Colonies des anc. peuples, 1779, in-8, 3 à 4 fr. Puissance navale de l'Angleterre, 1783-86, 2 vol. in-12, Rech. sur les mystères du Paganisme, 1784. 2e éd. par M. de Sacy, *de Bure*, 1817, 2 vol. in-8, 8 à 10 fr.

SAINTE-MARTHE (Scévole et L. de), historiens, frères jumeaux, 1571, Loudun; 1650-56, Paris. Avocats au parlement, 1599. Historiographes de France et conseillers du roi, 1620. — Hist. généalog. de la maison de France, 1619. Nouv. éd. *Cramoisy*, 1628, 2 vol. in-fol. GALLIA CHRISTIANA, 1656. Nouv. éd. *typ. roy.* 1715-85, 13 vol. in-fol. 14e vol. par M. Hauréau, *Didot*, 1859, in-fol.

SAINTE-PALAYE (J.-Bapt. de LA CURNE de), littérateur, 1697, Auxerre; 1781, Paris. Membre des Acad. des inscriptions, 1724, et franç. 1758. — Mémoires sur l'anc. chevalerie, 1759-81, 3 vol. in-12, 9 à 12 fr. Nouv. éd. par Ch. Nodier, *Girard*, 1826, 2 vol. in 8, 15 fr.

SAINTINE (Jos.-Xavier BONIFACE), littérateur et auteur dramatique, 1798, Paris; 1865, ibid. Trois fois lauréat de l'Acad. franç. Il a écrit dans divers journaux et a produit près de 200 pièces de théâtre. — Avec divers : Julien, 1823 ; L'OURS ET LE PACHA, l'Homme du monde, 1827 ; le Bouffon du prince, 1831 ;

les Cabinets particuliers, 1832 ; les Deux Pigeons, 1838 ; un Monsieur et une Dame, 1841 ; le Duc d'Olonne, 1842 ; Babiole et Joblot, 1844 ; Riche d'amour, 1845 ; Henriette et Charlot, 1847 ; A la Bastille, 1850 : les Erreurs du bel age, 1854. — Jonathan le visionnaire, 1825, 2 vol. in-12. Hist. des guerres d'Italie, 1826-28, 2 vol. in-18. Le Mutilé, 1834, in-8. Une Maîtresse de Louis XIII, 1834-36, 2 vol. in-8. PICCIOLA, 1836. Nouv. éd. 1843, gr. in-8, fig., et 1845-46, in-8 ou in-18. Antoine, 1839, in-8. Récits dans la tourelle, 1844, 2 vol. in-8. Les Métamorphoses de la femme, 1846, 3 vol. in-8. Les Trois Reines, 1853, 2 vol. in-8. Seul, 1857, in-16. Chrisna, 1859, in-16. La Seconde Vie, 1863, in-8.

SAISSET (Émile-Edmond), philosophe, 1814, Montpellier ; 1863, Paris. Élève, 1833 ; professeur, 1842, et maître de conférences à l'École normale, 1846. Professeur de philos. à la Sorbonne, 1849-52, et au collége de France, 1853-57. Membre de l'Acad. des sciences morales, 1863. — Ænésidème, 1840, *Joubert*, in-8. OEuvres de Spinosa, 1843, *Charpentier*, 3 vol. gr. in-18, 10 fr. 50, et Cité de Dieu de St-Augustin, 4 vol. gr. in-18, 14 fr. Essais sur la philos. et la religion, 1845, gr. in-18, 3 fr. 50. Mélanges d'hist., de morale et de critique, 1859, in-8, et gr. in-18, 3 fr. 50. ESSAI DE PHILOS. RELIG. 1860, in-8, et gr. in-18, 3 fr. 50. Précurseurs et disciples de Descartes, 1862, *Didier*, in-8, 7 fr. et in-12, 3 fr. 50.

SALIERI (Ant.), musicien compositeur italien, 1750, Legnano (Lombardie) ; 1825, Vienne. Élève de Gassmann, 1766-70 et après lui directeur de la musique à la cour de Vienne, 1775. Associé de l'Institut, 1806. — Armida, 1774, à Vienne. Europa riconosciuta, 1778, à Milan. LES DANAÏDES, 1784 ; les Horaces, 1785 ; TARARE, 1787, à Paris. Assur, 1788 ; il Pastor fido, 1789, à Vienne. Oratorios. Cantates.

SALLUSTE (Caius Crispus Sallustius), célèbre historien latin, 86 av. J.-C., Amiterne (pays des Sabins) ; 34 av. J.-C., Rome. Questeur, 59-48. Préteur, 47. Proconsul de Numidie, 45-44, dont les dépouilles lui servirent à la construction d'une superbe villa. Il s'y retira pour écrire ses œuv. remarquables par la pureté du style et la science des faits. — Hist. générale (aujourd'hui perdue). GUERRES DE CATILINA ET DE JUGURTHA. Lettres à César. —OEuv. Éd. lat. par Haverkamp, *Amsterdam*, 1742, 2 vol. in-4,

20 à 30 fr., par Burnouf, *Lemaire*, 1821, in-8, 16 fr. par Gerlach, *Bâle*, 1823-31, 3 vol. in-4, 30 fr. *Gosselin*, 1825, 2 vol. in-12, 5 fr. et *Lefèvre*, 1822, gr. in-32, 2 fr. Éd. lat.-franç., par Ch. de Brosses, 1777, 3 vol. in-4, 18 à 30 fr., par Dureau de la Malle, 1823, in-8, 4 fr., ou 2 vol. in-12, 3 fr., par Mollevaut, 1813, in-8, 5 fr. ou in-12, 3 fr. 50, par Du Rozoir. *Panckoucke*, 1829-33, 2 vol. in-8, 14 fr. ou 1856, 2 vol. gr. in-18, et par P. Croiset, *Hachette*, 1861, in-12. Éd. angl. par Rose, *Londres*, 1813, in-8. Éd. allem. par Schlüter, *Munster*, 1818, 2 vol. in-8. Éd. ital. par Alfieri, *Florence*, 1823, in-8. Éd. esp. par D. Gabriel, *Madrid*, 1804, 2 vol. pet. in-8.

SALM-DYCK (Constance-Marie de Theis, princesse de), femme de lettres, 1767, Nantes; 1845, Paris. S'adonna à la poésie dès l'âge de dix-huit ans, et vit ses œuvr. bien accueillies, surtout sous l'empire. — Le Bouton de rose, 1788. Sapho, 1794. Poésies, 1811-35, 2 vol. in-18. 24 Heures d'une femme sensible, 1824-36, in-8. Pensées, 1829, in-12, et 1846, in-8. Mes soixante ans, 1833, in-8. — OEuv. compl. *Didot*, 1842, 4 vol. in-8.

SALVADOR (Jos.), historien, 1796, Montpellier. Docteur en médecine, 1816. Vint à Paris où il se livra aux travaux d'érudition. — Loi de Moïse, 1822, in-8. Hist. des institutions de Moïse, 1828, *Ponthieu*, 3 vol. in-8. Jésus-Christ et sa doctrine, 1838, 2 vol. in-8. Hist. de la domination romaine en Judée, 1846, 2 vol. in-8. Paris, Rome, Jérusalem, 1859, 2 vol. in-8.

SANCHEZ (F.), grammairien espagnol, 1523, Las Brozas (Estramadure); 1601, Salamanque. Professeur de grec et de rhétorique, 1554, et docteur dans cette dernière ville, 1574. — Grammaticæ latinæ institutiones, 1562-95, *Salamanque*, in-8. Grammatices græcæ compendium, 1581-92, *Salamanque*, in-8. Minerva, seu de causis linguæ latinæ, 1587. Nouv. éd. *Leipsick*, 1804, 2 vol. in-8, 10 à 12 fr., et *Amsterdam*, 1809, in-8, 5 à 6 fr.

SANCHEZ (Thomas), théologien espagnol, 1550, Cordoue; 1610, Grenade. Élève, 1566, et directeur du noviciat des jésuites de cette dernière ville. — Disputationes de S. matrimonii sacramento, 1592. Nouv. éd. *Anvers*, 1607, in-fol. 15 à 20 fr.

SAND (Armandine-Lucile-Aurore Dupin, baronne Dudevant, dite George), célèbre femme de lettres, 1804, Paris. Son enfance se passa à Nohant (Indre). Son goût pour la lecture et l'indépendance et sa vive imagination décidèrent de son avenir. Elle quitta son mari, et vint à Paris, 1831, où elle publia ses premiers ouvrages, en collaboration avec Jules Sandeau. Les œuvres qui suivirent, tout en se ressentant des influences d'Alfred de Musset, 1833-34 ; de Michel de Bourges, 1835 ; de Lamennais, 1837 ; de Frédéric Chopin, 1838 ; de P. Leroux, 1840, placèrent leur auteur au premier rang parmi les romanciers contemporains. — Rose et Blanche, 1831, 5 vol. in-12. INDIANA, 1832, 2 vol. in-8. VALENTINE, 1832, 2 vol. in-8. LÉLIA, 1833, 2 vol. in-8. Jacques, 1834, 2 vol. in-8. Le Secrétaire intime, 1834, 2 vol. in-8. André, 1835, in-8. Léone Léoni, 1835, in-8. Mauprat, 1836, 2 vol. in-8. Lettres d'un voyageur, 1837, 2 vol. in-8. Spiridion, 1839, in-8. Les Sept Cordes de la lyre, 1840, in-8. Pauline, 1841, in-8. Horace, 1842, 3 vol. in-8. CONSUELO, 1842-45, 8 vol. in-8, ou 4 vol. in-12. Jeanne, 1844, 8 vol. in-8. Le Meunier d'Angibault, 1845-46, 3 vol. in-8. LA MARE AU DIABLE, 1846, 2 vol. in-8. Le Péché de M. Antoine, 1847, 2 vol. in-8. Lucrezia Floriani, 1847, 2 vol. in-8. FRANÇOIS LE CHAMPI, 1848, 2 vol. in-8. LA PETITE FADETTE, 1848, 2 vol. in-8. Les Maîtres sonneurs, 1853. Hist. de ma vie, 1855, 10 vol. in-8. ELLE ET LUI, 1858. L'Homme de neige, 1859. Constance Verrier, 1860. Antonia, la Famille Germandre, 1861. Mlle de la Quintine, 1863. Laura, 1864. Théâtre : FRANÇOIS LE CHAMPI, 1849 ; CLAUDIE, le Mariage de Victorine, 1851 ; le Démon du foyer, 1852 ; Molière, le Pressoir, 1853 ; Flaminio, 1854 ; Lucie, Françoise, 1856 ; les Beaux Messieurs de Bois-Doré, 1862 ; LE MARQUIS DE VILLEMER, 1864.

SANDEAU (Léonard-Sylvain-Jules), littérateur, 1811, Aubusson. Après avoir étudié le droit, débuta dans les lettres, avec Mme George Sand, 1831. Bibliothécaire, 1853, puis conservateur aux bibliothèques Mazarine et de St-Cloud, 1859. Membre de l'Acad. franç., 1858. — Mme de Sommerville, 1834, in-8. Les Revenants, 1836, 2 vol. in-8. MARIANA, 1839, 2 vol. in-8. Mlle de Kérouare, 1840, in-8. Le Docteur Herbeau, 1841, 2 vol. in-8. Vaillance et Richard, 1843, in-8. Fernand, 1844, in-8. Catherine, 1845, in-8. Valcreuse, 1846, 2 vol. in-8. Mlle de la Seiglière, 1848, 2 vol. in-8. La Chasse au roman, 1849, 2 vol. in-8. Sacs et parchemins, 1851, 2 vol. in-8. Le Château de Monsabrey, 1853, 2 vol. in-8. Olivier, 1854, in-8. La Maison de Penarvan, 1858, in-18. Un Début dans la magistrature, 1862, in-18. Théâtre : Mlle de la Seiglière, 1851 ; avec Émile Augier : le Gendre de M. Poirier, la Pierre de touche, 1854 ; la Ceinture dorée, 1855.

SANSON (Nic.), géographe, 1600, Abbeville; 1667, Paris. Ingénieur de la Picardie. Géographe du roi, 1627. Conseiller d'État. — Galliæ antiquæ Descriptio geographica, 1627, in-fol., et 1708, in-12. Græciæ antiquæ Descriptio geographica, 1636, in-fol. L'Empire romain, 1637, in-fol. Britannia, 1638, in-8.

SANSOVINO (Jacq. TATTI, le), sculpteur et architecte, 1479, Monte-Sansovino ; 1570, Venise. Habita successivement Rome, Florence et Venise, qui renferme ses œuv. les plus remarquables. — Sculpture : Madone, à Rome ; Bacchus, à Florence ; PORTES DE LA SACRISTIE DE ST-MARC, Mars, Neptune, Pallas, Apollon, Tombeau de l'archevêque de Chypre, à Venise. Architecture : Églises St-Marcel et St-Jean-des-Florentins, à Rome ; LES PROCURATIE, la Monnaie, Bibliothèque St-Marc, Palais Cornaro et Delfino, Église S.-Francesco della Vigna, à Venise.

SANTAREM (Emm.-F. de BARROS Y SOUZA, Vte de), littérateur et politique portugais, 1790, Lisbonne; 1856, Paris. Ministre à Copenhague, 1817-20. Directeur des archives, 1823. Ministre d'État, 1827, et des aff. étrangères, 1828-32. Membre de l'Acad. de Lisbonne; de la Société des antiquaires, 1828. Correspondant de l'Institut, 1837. — Découverte des pays de la côte occident. d'Afrique, 1842, *Dondey-Dupré*, in-8, 10 fr. Cartes hydrogr. et hist., 1842 et suiv., gr. in-fol. Cosmographie et Cartographie au moyen âge, 1849-52, *Maulde* et *Renou*, 3 vol. in-8, 30 fr.

SANTERRE (J.-Bapt.), peintre, 1658, Magny (Seine-et-Oise) ; 1717, Paris. Élève de Boullongne. Membre de l'Acad. de peinture, 1704. Acquit une gr. réputation comme portraitiste. — SUZANNE AU BAIN, au Louvre. Ste Thérèse en méditation. Adam et Ève. Madeleine. La Cuisinière.

SANTEUL (J. de), poëte latin moderne, 1630, Paris ; 1697, Dijon. Chanoine de St-Victor, 1650. Aussi connu par l'originalité de son carac'ère que par ses œuv., qui eurent beaucoup de succès. — HYMNES. Éd. lat.-franç. par Saurin, 1842, in-8. Inscriptions. Épigraphes. — OEuv. Éd. lat.-franç., 1729, 3 vol. in-12, 8 à 12 fr. — Consulter : Santoliana, par Dinouart, 1764, in-12.

SARCEY (Francisque), littérateur, 1828, Dourdan (Seine-et-Oise). Élève de l'École normale, 1848. Professeur à Chaumont, à Lesneven, à Rhodez, à Grenoble, 1851-58. Écrivit ensuite dans le Figaro, la Revue européenne, l'Opinion nationale, etc. — Le Nouveau Seigneur, 1862, in-18. Le Mot et la Chose, 1862, in-18.

SARDOU (Victorien), auteur dramatique, 1831, Paris. Étudia la médecine et donna des leçons d'hist., de philos., de mathémat. Écrivit dans les journaux, puis s'adonna au théâtre. — La Taverne des Étudiants, 1854, à l'Odéon. Candide, les Premières armes de Figaro, M. Garat, les Prés-Saint-Gervais, 1862, à Déjazet. Les Gens nerveux, au Palais Royal. Les Pattes de Mouches, Piccolino, 1861 ; la Perle noire, les Ganaches, 1862 ; les Vieux garçons, 1864, au Gymnase. Les Femmes fortes, l'Écureuil, Nos Intimes, 1861, au Vaudeville. La Papillonne, 1862, aux Français.

SARGENT (Epes), littérateur américain, 1816, Gloucester (Massachusets). Fit ses études à Boston, et entra dans le journalisme, où il obtint beaucoup de succès. — Songs of the sea and other poems (Chants de la mer et autres poésies), 1845, Boston, in-12. Standard speaker (Discours choisis), 1852. Théâtre : The Bride of Genoa (la Fiancée de Gênes), 1836, Boston ; Velasco, 1837 ; The Priestess (la Prêtresse), 1855.

SARPI (P.-Paul), historien italien, 1552, Venise; 1623, ibid. Membre, 1565 ; provincial, 1579, et procureur gén. de l'ordre des servites, 1588. Professeur de théologie à Mantoue. Théologien canoniste de Venise, 1606. S'efforça de défendre sa patrie contre l'influence de la cour de Rome. — Hist. de l'interdit, 1606, *Venise*, in-4. Le Prince, 1615. Trad. franç., *Berlin*, 1751, in-12. Hist. du concile de Trente, 1619, *Londres*, in-fol., 12 à 15 fr. Trad. franç. par Le Courayer, *Londres*, 1736, 2 vol. in-fol., 15 à 20 fr. Traité des bénéfices, 1681, *Iéna*, in-12. Trad. franç., *Amsterdam*, 1685, in-12. — OEuv. compl., *Naples*, 1789-90, 24 vol. in-8.

SARRANS (Bernard), littérateur et publiciste, 1795..... près de Toulouse. Professeur à l'Athénée roy. de Londres, 1822-26. Représentant à la Constituante, 1848. Rédacteur en chef du Journal des communes et de la Semaine. — Upon the spanish war and tyranny of Bourbons (Sur la guerre d'Espagne et la tyrannie des Bourbons), 1821, *Londres*, in-8. The American

Monitor (Tableau de l'Amérique), 1824, *Londres,* 2 vol. in-8.
LA FAYETTE ET LA RÉVOLUTION DE 1830, 1832, 2 vol. in-8.
L.-Philippe et la Contre-révolution de 1830, 1834, 2 vol. in-8.
De la Décadence de l'Angleterre, 1839, in-8. Hist. de Bernadotte, 1845, 2 vol. in-8.

SARRAZIN (Jacq.), sculpteur, 1588, Noyon; 1660, Paris. Élève de Guillain. Passa 18 ans à Rome, 1610-28, à étudier les gr. maîtres. L'un des fondateurs, professeur, 1648, et recteur de l'Acad., 1654. Gendre de Vouet. — Atlas et Polyphème, à Rome. St Jean, St Bruno, à Lyon. Anges de St-Nicolas-des-Champs. CARIATIDES, St Pierre, Madeleine, la Douleur, au Louvre. Tombeaux du cardinal de Bérulle, à l'Oratoire, et de Henri de Bourbon-Condé.

SARTI (Jos.), musicien compositeur italien, 1729, Faenza; 1802, Berlin. Élève de Martini et maître de Cherubini. Maître de chapelle du roi de Danemark, 1756, puis à Milan, 1779, et à St-Pétersbourg, 1784. Directeur du conservatoire, à Venise, 1770-79. — Le Gelosie Villane, 1776, à Turin. Achille in Sciro, 1781, à Florence. GIULIO SABINO, 1781, à Venise. Le Nozze di Dorina, 1782, à Turin. ARMIDA E RINALDO, 1786, à St-Pétersbourg. Messes.

SAULCY (L.-Félicien-Jos. CAIGNART de), archéologue, 1807, Lille. Officier d'artillerie. Professeur de mécanique à Metz, 1838. Conservateur du musée d'artillerie de Paris, 1840. Membre de l'Acad. des inscriptions, 1842, et de la Société des antiquaires. Exécuta un voy. scientifique en Palestine, 1850. Sénateur, 1859. — Essai de classification des suites monétaires byzantines, 1836, *Metz,* gr. in-8, avec atlas. Voy. autour de la mer Morte, 1852-54, *Gide et Baudry,* 2 vol. gr. in-8, avec atlas. Hist. de l'art judaïque, 1858, in-8. Expéditions de César en Gaule, 1860, in-8. Voy. en Terre-Sainte, 1865, 2 vol. gr. in-8. Mémoires nombreux.

SAURIN (Jacq.), prédicateur et théologien, 1677, Nîmes; 1730, La Haye. Se retira à Genève après la révocation de l'édit de Nantes, 1685. Soldat. Pasteur à Londres, 1701. Ministre extraord. des nobles, à la Haye, 1705-30. Il est considéré comme un des premiers orateurs de l'Église protestante. — SERMONS, 1708-25. Nouv. éd., *Rotterdam,* 1749, 12 vol. in-8, 30 à 36 fr. Discours, 1720-28. Nouv. éd., *La Haye,* 1728-39, 6 vol. in-fol. — OEuv.

chois. par Chenevière, *Genève*, 1824, 4 vol. in-8, et par Ch. Weiss, 1854, in-12.

SAUSSURE (Horace-Bénédict de), célèbre géologue et physicien suisse, 1740, Conches, près Genève; 1799, Genève. Neveu de Ch. Bonnet. Professeur de philos. à Genève, 1762-86. Voyagea pendant 25 ans en Suisse, en France, en Angleterre, en Allemagne, en Italie. Parvint à la cime du mont Blanc, 1787. Perfectionna le thermomètre, l'hygromètre, l'eudiomètre, l'électromètre, l'anémomètre. Fit faire de gr. pas à la météorologie, et surtout à la géologie, dont il est un des créateurs. — Essai sur l'hygrométrie, 1783., *Neufchâtel*, in-4, ou in-8. VOY. DANS LES ALPES, 1779-96, *Neufchâtel*, 4 vol. in-4, fig., 36 à 42 fr., ou *Genève*, 1787-96, 8 vol. in-8, 30 à 40 fr. Mémoires nombreux et importants.

SAUSSURE (Nic.-Théod. de), naturaliste et chimiste suisse, 1767, Genève; 1845, ibid. Fils du précédent, qu'il accompagna dans plusieurs de ses voy. Correspondant de l'Institut, 1810. — RECH. CHIMIQUES SUR LA VÉGÉTATION, 1804, *Nyon*, in-8. Mémoires. — Sa sœur, Mme NECKER DE SAUSSURE, femme de lettres, 1765-1841. Lauréat de l'Acad. franç. — Éducation progressive, 1836-38, 3 vol. in-8, ou 2 vol. in-12.

SAUVAGE (Thomas-Marie-F.), auteur dramatique, 1794, Paris. Commença à écrire pour le théâtre en 1814. Directeur de l'Odéon, 1827-28. — Le Portefeuille, 1820. Le Petit Ramoneur, Marguerite d'Anjou, 1826. La Folle de Glaris, 1827. Le Cocher de Napoléon, 1831. Père et citoyen, Une Conspiration de province, 1832. Le Serf et le Boyard, 1834. Pauvre Albert, Miss Annette, 1836. Jaspin, Un Cordon bleu, 1839. Le 1er Début de Bazincourt, 1840. Le Début de Cartouche, 1842. Éloi l'innocent, 1843. L'Amazone, 1846. Gilles ravisseur, 1848. Le Caïd, le Toréador, 1849. Les Porcherons, 1850. Le Père Gaillard, 1852. Le Carnaval de Venise, 1858.

SAUVAL (H.), historien, vers 1620, Paris; 1669-70, ibid. Avocat au parlement. Mit 20 ans à préparer son ouvrage, qui ne fut publié qu'après sa mort. — Hist. et rech. des antiquités de Paris, 1724, ou 1733-50, 3 vol. in-fol., 60 fr.

SAVARY (Cl.), orientaliste, 1750, Vitré (Ille-et-Vil.); 1788, Paris. Passa 5 ans en Égypte, où il puisa d'amples matériaux pour ses œuv. — Trad. du Coran, 1783, 2 vol. in-8. Lettres sur l'Égypte, 1785. Nouv. éd., 1799-1801, 3 vol. in-8. Lettres sur la Grèce, 1788. Nouv. éd., 1798, in-8. La Morale de Mahomet, 1784, *Lamy*, in-18, 2 fr. — Œuv., 1798, 7 vol. in-8.

SAVIGNY (Fréd.-Ch. de), célèbre jurisconsulte allemand, 1779, Francfort; 1861, Berlin. Professeur à Marbourg, 1801; à Landshut, 1808; à Berlin, 1810. Membre de l'Acad. des sciences, 1811; conseiller intime, 1816; conseiller d'État, 1817, et ministre de la justice, 1842-48, à Berlin. Associé de l'Institut, 1837. — TRAITÉ DE LA POSSESSION, 1803. 6e éd., *Giessen*, 1837, in-8. Trad. franç., *Hingray*, 1841, in-8. HIST. DU DROIT ROMAIN AU MOYEN AGE, 1815-31. 2e éd., *Heidelberg*. 1850-51, 7 vol. in-8, 60 fr. Trad. franç. par Ch. Guenoux, *Hingray*, 1839, 3 vol. in-8, 21 fr. Traité du droit romain, 1840-49. *Berlin*, 8 vol. in-8, 60 fr. Trad. franç. par Ch. Guenoux, *Didot*, 1842-52, 8 vol. in-8, 60 francs.

SAVONAROLE (Jérôme), prédicateur et réformateur italien, 1452, Ferrare; 1498, Florence. Dominicain, 1476. Prieur, 1491, puis vicaire gén. de son ordre, 1494. Par son influence, les Médicis furent éloignés de Florence, et il fut placé à la tête du gouvernement. Mais ses réformes radicales lui aliénèrent tous les partis. Il périt bientôt après sur un bûcher. — Œuv. Éd. lat.-ital., *Leyde*, 1633, 6 vol. pet. in-12, et *Franck*, 1846, 4 vol. gr. in-8. — Consulter l'ouvrage de M. Perrens, 3e éd., *Hachette*, 1859, gr. in-18, 3 fr. 50, et le Manuel du libraire, de M. Brunet.

SAXO GRAMMATICUS, historien danois.....; vers 1203..... Après être entré dans les ordres, il se retira dans un monastère, où il écrivit son ouvrage. — Historia danica, 1514, in-fol. Nouv. éd. lat., *Copenhague*, 1839-58, 2 vol. gr. in-8, 25 fr. Éd. dan., *Copenhague*, 1818-19, 2 vol. in-4, ou 1845-51, gr. in-8, 15 fr.

SAY (J.-Bapt.), économiste, 1767, Lyon; 1832, Paris. Commerçant. Soldat, 1792. Secrétaire du ministre Clavière, 1793. Membre du tribunat, 1800-04. Dirigea une filature de coton, 1805-13. Professeur au Conservatoire, 1821, et au Collége de France, 1831. Ses écrits, malgré quelque critique, sont fort estimés. — Olbie, 1800, in-8. TRAITÉ D'ÉCONOMIE POLIT., 1803. 5e éd., *Rapilly*, 1826, 3 vol. in-8, 15 fr. 6e éd., *Guillaumin*, 1841, gr. in-8, et 7e éd. gr. in-18, 4 fr. Catéchisme d'économie polit., 1815. 4ᵉ éd., *Guillaumin*, 1863, in-12, 2 fr. Lettres à Malthus, 1820, in-8. Cours d'économie polit., 1828-30. 3ᵉ éd., *Guillaumin*, 1852, 2 vol. gr. in-8. — Mélanges et Correspondance, 1844, in-8. OEuv. div., 1848, gr. in-8, 10 fr.

SAY (Horace-Émile), économiste, 1794, Noisy, près Paris; 1860, Paris. Fils du précédent. Entra dans l'industrie et habita quelque temps le Brésil. Membre du tribunal et de la chambre de commerce, 1831-34; des conseils municipal et général de la Seine, 1837-46. Conseiller d'État, 1849-51. Membre de l'Acad. des sciences morales, 1857. — Hist. des relations commerc. entre la France et le Brésil, 1839, *Guillaumin*, in-8, 5 fr. Études sur l'administration de Paris, 1846, *Guillaumin*, in-8, 6 fr.

SAYOUS (P.-André), littérateur, 1808, Genève. Principal du collége, et professeur à la faculté de cette ville, 1846. Vint à Paris, 1852. Sous-directeur à l'instruction publique, 1859. — Voy. dans les Alpes, 1834, *Genève*, in-8. Études litt. sur les écrivains franç. de la réformation, 1841-51, 2 vol. in-8. Hist. de la litt. franç. à l'étranger, 1853-61, 2 vol. in-8.

SCALIGER (Jules-César), philologue italien, 1484, Padoue; 1558, Agen. Soldat. Médecin à Vérone. Vint à Agen avec Ant. de la Rovère, évêque de cette ville, 1525. Il avait étudié toutes les sciences, et se fit surtout connaître par ses écrits contre les savants de son époque. — De causis linguæ latinæ, 1540, *Lyon*, in-4. De subtilitate, ad Cardanum, 1557, in-4. POETICES, 1561, *Lyon*, in-fol. Poésies. Discours. Lettres. — OEuv. poét. Éd. lat., 1600-01, in-8, 3 à 4 fr.

SCALIGER (Jos.-Juste), célèbre philologue, 1540, Agen; 1609, Leyde. Fils du précédent. Compléta l'éducation qu'il reçut de lui par des voy. en France, en Allemagne, en Italie, en Angleterre. Résida 20 ans en Touraine, 1574-93. Professeur à Leyde, après Juste Lipse, 1593. Il eut, comme son père, des discussions avec les savants, qu'il surpassait en érudition. On le considère comme le créateur de la chronologie. — DE EMENDATIONE TEMPORUM, 1583. Nouv. éd., *Genève*, 1629, in-fol., 9 à 12 fr. THESAURUS TEMPORUM, 1606, in-fol. Commentaires. Poésies. Lettres. — OEuv. poét. Éd. lat., 1615, pet. in-12, 3 à 4 fr.

SCAMOZZI (Vincenzo), architecte italien, 1552, Vicence; 1616, Venise. Se fixa dans cette dernière ville, 1580, après avoir parcouru l'Italie et résidé à Rome et à Naples. — Mausolées des doges Niccolo da Ponte et Marino Grimani, Palais Cornaro, Procuratie nuove, achèvement de la bibliothèque de St-Marc, à Venise. Cathédrale, à Salzbourg. — OEuv. d'architecture, 1615, *Venise*, 2 vol. pet. in-fol., fig., et *Milan*, 1838, 2 vol. in-8, avec atlas, 25 fr. Trad. franç. par Daviler et Dury, *La Haye*, 1736, in-fol., 15 à 20 fr., et par Jombert, 1764, gr. in-8, 6 fr.

SCARLATI (Alex.), musicien compositeur italien, 1659, Naples; 1725, ibid. Maître de chapelle dans cette ville, et à Rome, 1703-09. — L'Onestà nell' amore, 1680; Theodora, 1693, à Rome. Il Figlio delle Selve, 1702, à Venise. Il Medo, 1708, à Rome. Il Tigrane, 1715, à Naples. Messes. Cantates.

SCARPA (Ant.), célèbre chirurgien italien, 1747, La Motta (Frioul); 1832, Pavie. Élève de Morgagni, 1763-71. Professeur, 1772, puis chirurgien de l'hôpital milit. à Modène. Voyagea en Angleterre, en France, en Allemagne, 1780-84. Professeur, 1784, et directeur de la faculté de Pavie, 1814. Associé de l'Institut, 1803.—Tabulæ nevrologicæ, 1794, *Pavie*, gr. in-fol., 50 fr. Mémoires de physiolog. et de chirurgie, 1799. Nouv. éd. ital., *Pavie*, 1827, in-4, 20 fr. Trad. franç. par Léveillé, *Buisson*, 1804, in-8. Traité des maladies des yeux, 1801. 5ᵉ éd., *Pavie*, 1816, 2 vol. in-8, 12 fr. Trad. franç. par Fournier et Bégin, *Méquignon*, 1821, 2 vol. in-8. Réflex. et observ. sur l'anévrisme, 1804, *Pavie*, in-fol., 80 fr. Trad. franç. par Delpech, *Méquignon*, 1813, in-8, 25 fr. Traité prat. des hernies, 1809. Nouv. éd., *Pavie*, 1819, gr. in-fol., avec pl., 40 fr. Trad. franç. par Cayol et Ollivier, *Gabon*, 1812-23, in-8, avec atlas, 25 fr. — OEuv. Éd. ital., *Florence*, 1836-39, gr. in-8, avec pl.

SCARRON (Paul), poëte et littérateur, 1610, Paris; 1660, ibid. A la suite de procès et de dissipation, perdit et sa fortune et sa santé. Se fit homme de lettres, et adopta le genre burlesque, où il obtint du succès. Sa maison devint alors un lieu de réunion, surtout après son mariage avec Mˡˡᵉ d'Aubigné, 1652, depuis Mᵐᵉ de Maintenon. — Jodelet, 1645. Le Virgile travesti, 1648-52, in-4. Nouv. éd. par Victor Fournel, *Delahays*, 1858, gr. in-18. Le Roman comique, 1651. Nouv. éd., *Didot*, 1796, 3 vol. in-8, fig., 12 à 18 fr., et par Victor Fournel, *Jannet*, 1857, 2 vol. in-16, 10 fr. Don Japhet, 1653. L'Écolier de Salamanque, 1654.

Poésies div. — OEuv., *Bastien,* 1786, 7 vol. in-8, 24 à 35 fr., et *Amsterdam*, 1752, 7 vol. pet. in-12, fig., 18 à 21 fr.

SCHADOW (J.-Godefroy), sculpteur allemand, 1764, Berlin; 1850, ibid. Élève de Tassaert, et, après lui, sculpteur du roi, 1788. Secrétaire, puis directeur de l'Acad. des beaux-arts de Berlin, 1816. — Monuments du Cte de La Mark, à Berlin; du Cte d'Arnim, à Boizenbourg ; de Fréd.-Alex. de Prusse, à Sinzenich; de Blucher, à Rostock. Luther, à Wittemberg. Frédéric II, à Stettin. La Reine Louise de Prusse et sa sœur. Nymphe au repos. Quadrige. Réveil d'une jeune fille. Bustes nombreux. — Des Proportions de l'homme, éd. allem.-franç., 1834-35, *Berlin*, in-fol., et in-4, fig.

SCHADOW (Zeno-Ridolfo), sculpteur allemand, 1786, Rome ; 1822, ibid. Fils du précédent. Se fixa à Rome, 1810, où il prit Canova et Thorwaldsen pour guides.—PARIS, Porteuse de lampe, Électre et Oreste, Julius Mansuetus, JEUNE FILLE ATTACHANT SES SANDALES, FILEUSE, Jeune Fille aux pigeons, à Berlin. L'Amour. Bacchus. Diane. Vierge et enfant Jésus. DISCOBOLE, à Londres. Danseuses. Hændel, Albanaise, à Munich. Enlèvement des filles de Leucippe. Combat des Dioscures. Achille protégeant le corps de Penthésilée.

SCHADOW (Fréd.-Guill. de), célèbre peintre allemand, 1789, Berlin ; 1861, ibid. Frère du précédent. Soldat, 1806-10. Habita Rome pendant 9 ans, 1810-19. Membre et professeur de l'Acad. des beaux-arts de Berlin, 1819. Directeur de celle de Dusseldorf, après Cornelius, 1827.— LA REINE DES CIEUX, STE FAMILLE, LA PEINTURE ET LA SCULPTURE, à Rome. LES QUATRE ÉVANGÉLISTES, à Berlin. VIERGES SAGES, VIERGES FOLLES, à Francfort. Carità. Christ aux Oliviers. Christ à Emmaüs. Ste Véronique. Pietà. SOURCE DE LA VIE. Ste Hedwige. Le Paradis. Le Purgatoire. L'Enfer. MIGNON.

SCHALLER (Jules), philosophe allemand, 1810, Magdebourg. Professeur de philos. à Halle, 1838. — Die Philosophie unserer Zeit (la Philosophie de notre époque), 1837, *Leipsick*. Der historische Christus und die Philosophie (le Christ histor. et la philos.), 1838, *Leipsick*. Geschichte der Naturphilosophie von Bacon (Hist. de la philos. nat. depuis Bacon), 1841-44, *Leipsick,* vol. I-II. Die Phrenologie in ihren Grundzügen (Essence et valeur de la phrénologie), 1851, *Leipsick*. Leib und Seele (le Corps et l'Ame), 1855-56, *Weimar*.

SCHEDONE (Barth.), peintre italien, vers 1570, Modène; vers 1615..... 1er peintre du duc de Parme. S'inspira des œuvres du Corrége et du Parmesan. — Christ porté au tombeau, Ste Famille, Christ enseveli, au Louvre. Ange aux trois Maries, à Parme. Le Cordonnier de Paul III, Repos de l'Amour, Christ, Ste Famille, Saints, à Naples. Coriolan, l'Harmonie, Fresques, à Modène. Madone, à Pérouse. Nativité, à Rome.

SCHEELE (Ch.-Guill.), chimiste suédois, 1742, Stralsund; 1786, Kœping. Pharmacien dans cette dernière ville. Associé de l'Acad. de Stockholm. Ami de Bergmann. Découvrit le chlore, le manganèse, le baryum. — Traité chimique de l'air et du feu, 1777, *Upsal*, in-8. Trad. franç. par le baron Dietrich. 1785, in-8. Mémoires de chimie, trad. franç., *Barrois*, 1785, 2 vol. in-12.

SCHEFER (Léopold), poëte allemand, 1784, Muskau (Prusse); 1862, ibid. Se retira dans sa ville natale, après avoir parcouru l'Allemagne, l'Angleterre, l'Italie, la Grèce et l'Asie mineure. — Novellen (Nouvelles), 1825-35, *Leipsick*, 9 vol. Kleine lyrische Werke (Mélanges lyriques), 1828, *Francfort*. LAIENBREVIER (Bréviaire du laïque), 1834, 9e éd., *Berlin*, 1852. Kleine Romane (Petits Romans), 1837-39, *Bunzlau*, 5 vol. Mahommeds türkische Himmelsbriefe (Lettres célestes de Mahomet), 1840, *Berlin*. Gedichte (Poésies), 1844-47, *Berlin*. Hausreden (Sermons domestiques), 1854, *Dessau*, 2 vol. Koran der Liebe (le Coran de l'Amour), 1854, *Hambourg*.

SCHEFFER (Ary), peintre, 1795, Dordrecht; 1858, Argenteuil. Élève de P. Guérin. Donna des leçons aux enfants d'Orléans, et puisa ses inspirations dans les œuv. de Dante, Gœthe, Byron. — Abel et Thirza, 1812. Mort de St Louis, 1817. DÉVOUEMENT DES BOURGEOIS DE CALAIS, Socrate défendant Alcibiade, 1819. La Veuve du soldat, le Retour du conscrit, la Sœur de charité, Scène d'invasion. MORT DE GASTON DE FOIX, 1824. LES FEMMES SOULIOTES, 1827. Marguerite au rouet. Faust dans le doute. Marguerite à l'église, au sabbat, à la fontaine. Sortie de l'église. Promenade au jardin. FRANÇOISE DE RIMINI, 1835. Les Mignons, 1836. Le Larmoyeur. CHRIST CONSOLATEUR. CHRIST RÉMUNÉRATEUR. Les Bergers conduits par l'ange, 1837. Les

Rois mages. CHRIST AUX OLIVIERS, 1845. ST AUGUSTIN ET STE MONIQUE, 1846. Les Douleurs de la terre. Ange annonçant la résurrection. — OEuv. par Bingham et Vitet, *Goupil*, 1860, in-fol., avec pl.

SCHEFFER (H.), peintre, 1798, La Haye. Frère du précédent, et comme lui élève de P. Guérin. — Don Juan endormi sur les genoux d'Haydée, 1825. Mère convalescente, 1827. CHARLOTTE CORDAY PROTÉGÉE CONTRE LA FUREUR DU PEUPLE, 1830. Lecture de la Bible, 1834. JEANNE D'ARC ALLANT AU SUPPLICE, 1837. PRÊCHE PROTESTANT, 1838. Conseil tenu à Champlatreux, 1839. Jésus chez Marthe et Marie, 1842. Mme Scheffer et ses enfants, 1847. Vision de Charles IX, 1855. Bataille de Cassel. Jeanne d'Arc entrant à Orléans.

SCHELLING (Fréd.-Guill.-Jos. de), célèbre philosophe allemand, 1775, Leonberg (Wurtemberg); 1854, Ragatz (Suisse). Professeur à Iéna, 1798; à Wurtzbourg, 1804; à Erlangen, 1820; à Munich, 1827; à Berlin, 1841. Secrétaire, 1808, et président de l'Acad. des sciences, 1828; conservateur des collections et conseiller intime, à Munich. Associé de l'Institut. Sa philosophie, qui n'est en réalité qu'un panthéisme, a fait de lui un des penseurs les plus profonds de l'Allemagne, avec Kant, Fichte et Hégel. — Syst. de l'idéalisme transcendental, 1800. Trad. franç. par P. Grimblot, *Ladrange*, 1842, in-8, 7 fr. 50. Bruno, 1801. Trad. franç. par Cl. Husson, *Ladrange*, 1845, in-8, 3 fr. 50. Jugement sur la philos. de M. Cousin, 1834. Trad. franç. par M. Wilm, *Levrault*, 1835, in-8. Écrits philos. Trad. franç. par Ch. Bénard, *Ladrange*, 1847, in-8, 8 fr. — OEuv. compl. Éd. allem., *Stuttgard*, 1856-61, 14 vol. in-8, 40 th.

SCHIAVONE (Andrea MEDULA, le), peintre et graveur italien, 1522, Sebenico (Dalmatie); 1582, Venise. Se forma d'après les tableaux du Giorgione et du Titien. — Le Père éternel, St Jean-Bapt., à Venise. Nativité, Assomption, à Rimini. Mercure, Adoration, Mort d'Abel, Tityr et le Vautour, à Florence. Nativité, à Pistoja. Christ mort, Madone, à Dresde. Adoration, Ste Famille, Apollon et Daphné, Présentation au Temple, Curius Dentatus, à Vienne. St J.-Bapt., au Louvre.

SCHILLER (J.-Christ.-Fréd.), célèbre poëte allemand, 1759, Marbach (Wurtemberg); 1805, Weimar. Étudia le droit et la médecine. Chirurgien milit. 1780-82. Conseiller du duc de Saxe-Weimar, 1785. Professeur d'hist. à Iéna, 1789. Se fixa à Weimar en 1797. Schiller est, avec Gœthe, son ami, le plus gr. écrivain de l'Allemagne. Comme poëte, historien, philosophe, il a exercé sur son pays une influence d'autant plus profonde, que sa popularité était gr. et méritée. — Théâtre : Les Brigands, 1782; Fiesque, Intrigue et amour, 1784. DON CARLOS, 1787 ; WALLENSTEIN, 1799; MARIE STUART, 1800; JEANNE D'ARC, 1801; LA FIANCÉE DE MESSINE, 1803; GUILLAUME TELL, 1804. Trad. franç. par M. de Barante, *Didier*, 1863, 3 vol. in-8, 15 fr. et par X. Marmier, *Charpentier*, 1855, 3 vol. gr. in-18, 10 fr. 50. HIST. DU SOULÈVEMENT DES PAYS-BAS, 1788. Trad. franç. par M. de Chateaugiron, *Sautelet*, 1827, 2 vol. in-8. HIST. DE LA GUERRE DE TRENTE ANS, 1790-93. Trad. franç. par Mailher de Chassat, 1820, 2 vol. in-8, et par madame de Carlowitz, *Charpentier*, 1844, gr. in-18, 3 fr. 50. Poésies div. trad. franç. par M. Muller, *Durand*, 1858, in-12, 3 fr. 50. Mélanges, trad. franç. par F. Wege, *Hachette*, 1840, in-8. — OEuv. compl. Éd. allem. *Stuttgart, Cotta*, 1840, gr. in-8, 20 fr. et 1862, 12 vol. in-8, 36 fr. Trad. franç. par Ad. Regnier, *Hachette*, 1859-61, 8 vol. in-8, 48 francs.

SCHLEGEL (Aug.-Guill. de), littérateur allemand, 1767, Hanovre; 1845, Bonn. Précepteur en Hollande, 1793-96. Fonda, à Iéna, le journal litt. l'Athenæum, 1798. Professeur à Berlin, 1802; à Vienne, 1808; à Bonn, 1818. Ami de Gœthe, de Schiller et de Madame de Staël, dont il éleva les enfants. Contribua de tout son pouvoir à l'indépendance intellectuelle et polit. de sa patrie.—COURS DE LITT. DRAMATIQUE, 1809. 2ᵉ éd. allem. *Heidelberg*, 1817, 3 vol. in-8. Trad. franç. par Mᵐᵉ Necker de Saussure, 1814, 3 vol. in-8. Nouv. éd. 1865, 2 vol. in-12, 7 fr. Observ. sur la langue et la litt. provençales, 1818, gr. in-8. HIST. ET THÉORIE DES BEAUX-ARTS, 1827. Trad. franç. par Couturier, 1830, in-8. Réflex. sur l'étude des langues asiat. 1831, *Bonn*, gr. in-8. — OEuv. compl. Éd. allem. *Leipsick*, 1846-47, 12 vol. in-8, 48 fr. OEuv. franç. *Leipsick*, 1846, 3 vol. in-12, 12 fr.

SCHLEGEL (Ch.-Guill.-Fréd. de), orientaliste allemand, 1772, Hanovre; 1829, Dresde. Frère du précédent, et comme lui défenseur habile de l'influence allem. Ouvrit des cours à Berlin,

1800; à Paris, 1803-05; à Vienne, 1811. Secrétaire aulique dans cette dernière ville, 1808. — Geschichte der Griechen und Rœmer (Hist. des Grecs et des Romains), 1798, *Berlin*. Essai sur la langue et la philos. des Indiens, 1808. Trad. franç. par A. Mazure, 1837, in-8. Tableau de l'Hist. mod. 1811. Trad. franç. par Cherbuliez, *Renduel*, 1830, 2 vol. in-8. HIST. DE LA LITT. ANC. ET MOD. 1815, *Vienne*, 2 vol. in-8. Trad. franç. par W. Duckett, 1829, 2 vol. in-8, 12 fr. Philos. de l'Hist. 1827. Trad. franç. par Lechat, 1836, 2 vol. in-8. Philos. de la vie, 1828. Trad. franç. par Guénot, 1838, 2 vol. in-8. — OEuv. compl. Éd. allem. *Vienne*, 1845-46, 15 vol, in-8, 60 fr.

SCHLOEZER (Aug.-L.), historien allemand, 1735, Iaxtstadt (Hohenlohe); 1809, Gœttingue. Instituteur en Suède. Professeur à St-Pétersbourg, où il aida Fréd. Muller dans ses travaux, 1762; à Gœttingue, 1767. — Tableau de l'Hist. de Russie, 1769, *Gœttingue*, in-12. Précis de l'Hist. univ. 1776. Trad. franç. par M. Hortus, 1835, in-8.

SCHLOSSER (Fréd.-Christ.), historien allemand, 1776, Jever (Oldenbourg); 1861, Heidelberg. Pasteur. Professeur à Heidelberg, 1817. Conseiller intime du grand-duc de Bade. — Weltgeschichte für das deutsche Volk (Histoire universelle du peuple allemand), 1815-41. 2ᵉ éd. *Francfort*, 1844-57, 19 vol. in-8. Hist. du XVIIIᵉ siècle, 1823. 4ᵉ éd. allem. *Heidelberg*, 1853-57, vol. I-VI, in-8, 60 fr. Trad. franç. par M. de Suckau, *Brière*, 1825, 2 vol. in-8. Hist. univ. de l'antiquité, 1826-37, *Francfort*, 9 vol. in-8. Trad. franç. par Golbéry, *Levrault*, 1828, in-8, vol. I-III, 21 fr.

SCHMID (Christ., dit le chanoine), 1768, Dinkelsbühl (Bavière); 1854, Augsbourg. Prêtre, 1791. Curé à Stadion. Chanoine à Augsbourg, 1827. — CONTES. Trad. franç. *Aubert*, 1842, 2 vol. in-8, fig. 18 fr. et *Leclère*, 1842-45, 42 vol. in-18.

SCHMIDT (Michel-Ignace), historien allemand, 1736, Arnstein (Bavière); 1794, Vienne. Bibliothécaire, 1771, et professeur à Wurtzbourg. Directeur des archives, conseiller aulique et professeur d'hist. de l'archiduc François, à Vienne, 1780. — HIST. DES ALLEMANDS, 1778 et suiv. Nouv. éd. allem. *Vienne*, 1783-93, 8 vol. in-8, avec suppl. *Ulm*, 1785-1808, 17 vol. in-8. Trad. franç. de la première partie, par Laveaux, *Liége*, 1784-89, 8 vol. in-8.

SCHNEIDER (J.-Gottlob), philologue et naturaliste allemand, 1750, Collmen (Saxe); 1822, Breslau. Professeur de philologie à Francfort-s.-l'Oder, 1776, puis à Breslau, 1811. Directeur de la bibliothèque de cette dernière ville, 1816. — KRITISCHES GRIECHISCH-DEUTSCHES HANDWÖRTERBUCH (Dict. critique grec-allemand), 1797. 3ᵉ éd. *Leipsick*, 1819, 2 vol. gr. in-4. Eclogæ physicæ, 1801, *Iéna*, 2 vol. in-8. Éd. des Scriptores rei rusticæ veteres latini, 1794-97, *Leipsick*, 4 vol. in-8; de l'Historia animalium, d'Aristote, 1811, *Leipsick*, 4 vol. in-8.

SCHNETZ (J.-Victor), peintre, 1787, Versailles. Élève de David, Regnault, Gros et Gérard. Membre de l'Acad. des beaux-arts, après ce dernier, 1837. Directeur de l'Acad. de France, à Rome, 1840. — Le Bon Samaritain, 1819. LA BOHÉMIENNE ET SIXTE-QUINT. Scène d'inondation. Pâtre. FEMME DE BRIGAND. Ermite confessant une jeune fille. FEMME ASSASSINÉE, 1824. Italiennes devant la Madone, 1827. Pèlerins endormis, Baigneuses du lac Némi, 1830. Paysans napolitains, MOISSONNEUSES, 1831. Bianca Capello, 1833. Jeanne d'Arc, 1834. Sac de Rome, 1835. Douleur maternelle, 1836. RELIGIEUX LISANT, 1840. Jeune Grec, 1841. Messe de campagne, 1845. Halte en Égypte, le Bûcheron et la Mort, 1849. Batailles. MAZARIN MOURANT. Boëtius prisonnier. Combat du 29 juillet. CHRIST, 1855.

SCHNITZLER (J.-H.), littérateur et statisticien, 1802, Strasbourg. Après avoir visité le nord de l'Europe, se fixa à Paris, 1828. Enseigna l'allemand aux princes d'Orléans, 1840-44. Inspecteur des écoles primaires, 1847, puis chef de l'instruction publ. à Strasbourg. — Essai d'une statist. gén. de la Russie, 1829, *Strasbourg*, gr. in-12. De l'Unité germanique, 1832, in-12. La Russie, la Pologne et la Finlande, 1835, in-8. STATISTIQUE GÉN. DE LA FRANCE, 1842-46, 4 vol. in-8, 30 fr. Hist. de la Russie, 1845, 2 vol. in-8. La Russie anc. et mod. 1854-55, gr. in-8°.

SCHŒLL (Maxim.-Samson-Fréd.), historien et publiciste allemand, 1766..... (Saarbrüch); 1833, Paris. Élève de Koch, à Strasbourg. Parcourut l'Allemagne, l'Italie et la France. Directeur d'imprimerie à Posen, à Bâle et à Paris, 1803. Secrétaire de légation, 1817, puis conseiller intime du roi de Prusse, 1819. — Hist. de la litt. grecque, 1813. 2ᵉ éd. *Gide*, 1823-25, 8 vol. in-8, 48 fr. Hist. de la litt. romaine, 1815, *Gide*, 4 vol. in-8, 20 fr. Hist. des

Traités de paix, 1817-18, 15 vol. in-8. COURS D'HIST. DES ÉTATS EUROPÉENS, 1830-34, 47 vol. in-8.

SCHOOLCRAFT (H.-Rowe), littérateur américain, 1793,..... (Albany). Séjourna de longues années au milieu des tribus indiennes de l'Amérique, dont il a tracé l'hist. avec talent. — Travels to the Mississipi (Voy. au Mississipi), 1821, *Albany*, in-8, et 1825-34, *New-York*, 2 vol. in-8. Notes on the Iroquois (Notes sur les Iroquois), 1846, *New-York*, in-8. HISTORY OF THE INDIAN TRIBES (Hist. des tribus Indiennes), 1851. Nouv. éd. *Philadelphie*, 1856-57, 6 vol. gr. in-4, fig. Scenes and adventures (Scènes et aventures), 1853, *Philadelphie*, in-8.

SCHOPIN (H.-Fréd.), peintre, 1804, Lubeck (Allemagne). Élève de Gros, 1821. Gr. prix de peinture, 1831. — Charles IX signant la St-Barthélemy, Fontaine à Albano, Jeune Fille avec chèvre, 1835. Martyrs de Cilicie, 1837. St F. d'Assise, le Rapt, la Délivrance, les Adieux, 1838. Faune et Hamadryade, Charlemagne et Hildegarde, 1839. La Petite Dormeuse, St J.-Baptiste, Jacob demandant Rachel, 1840. Ruth et Booz, 1842. Moïse, Jugement de Salomon, Paul et Virginie, 1843. Manon Lescaut, Don Quichotte, 1844. Chute des feuilles, 1846. Fondation des Invalides, Divorce de Napoléon, 1847. Laban, Jacob et Rachel, 1848. Le Paradis de Mahomet, Bûcher de Sardanapale, 1852. Saül et David, 1853. Toilette de Judith, 1re Sœur de charité, 1855. Maison juive, Fontaine à Bouffarick, la Reine de Saba, Harem, Portraits, 1857-59. P. le Grand, Suzanne, 1861. St Saturnin, 1863-64. Christ expirant, Soldat aveugle, 1865.

SCHRADER (Julius), peintre allemand, 1815, Berlin. Élève de l'Acad. de Dusseldorf. — Sultane. Égyptiens et Grecs. Odalisques. Une Mère et ses enfants près d'un incendie. Femme sur le bord de la mer. Jeune Fille cherchant son père. P. des Vignes essayant d'empoisonner Frédéric II. CENCI DEVANT GRÉGOIRE VII. Édouard III pardonnant aux Calaisiens. Mort de Léonard de Vinci. Milton dictant à sa fille le Paradis perdu. La Tentation.

SCHUBERT (Franz), musicien compositeur allemand, 1797, Vienne ; 1828, ibid. Le mérite de ses œuv. ne fut reconnu qu'après la mort de leur auteur, dont l'existence s'écoula humble et ignorée. — MÉLODIES : Ave Maria, les Astres, la Berceuse, le

Roi des Aulnes, la Sérénade, la Religieuse, le Départ, l'Attente, l'Adieu. Quintettes. Trios. Musique religieuse.

SCHULTENS (Albert), orientaliste hollandais, 1686, Groningue ; 1750, Leyde. Pasteur de Wassenaer, 1711. Professeur à Franeker, 1713, et à Leyde, 1729. Directeur du séminaire théolog. et conservateur à la bibliothèque de cette dernière ville. — ORIGINES HEBRÆÆ, 1724-38. Nouv. éd., *Leyde*, 1761, 2 vol. in-4, 10 à 12 fr. Institutiones ad fundamenta linguæ hebrææ, 1737-56, *Leyde*, in-4, 6 à 8 fr. Monumenta vetustiora Arabiæ, 1740, *Leyde*, in-4.

SCHULTZ (Ch.-H.), physiologiste allemand, 1798, Altruppin (Prusse). Docteur, 1821. Professeur à l'université de Berlin, 1825. — Ueber den Kreislauf des Saftes in den Pflanzen (de la Circulation du suc dans les plantes), 1824, *Berlin*. Natürliches System des Pflanzenreichs (Syst. nat. du règne végétal), 1832, *Berlin*. Das System der Circulation (le Syst. de la circulation), 1836, *Stuttgard*. Ueber die Verjüngung der menschlichen Lebens (du Rajeunissement de la vie humaine), 1842-50, *Berlin*.

SCHWEIGHÆUSER (J.), philologue, 1742, Strasbourg; 1830, ibid. Visita la France, l'Allemagne, l'Angleterre, 1767-70. Professeur, 1770-75-96, et bibliothécaire, 1806, à Strasbourg. Membre de l'Acad. des inscriptions, 1821. — Éd. de Polybe, 1789-95, *Leipsick*, 9 vol. in-8; d'Épictète, 1798, *Leipsick*, in-12 ; d'Athénée, 1801-07, *Strasbourg*, 14 vol. in-8 ; des Lettres de Sénèque, 1809, *Strasbourg*, 2 vol. in-8 ; D'HÉRODOTE, 1816, *Strasbourg*, 6 vol. in-8, avec lexique, 1824, 2 vol. in-8.

SCHWILGUÉ (J.-Bapt.), mécanicien, 1776, Strasbourg; 1856, ibid. Vérificateur des poids et mesures et professeur de mathém. à Schelestadt, 1808. Fonda un atelier d'horlogerie, à Strasbourg, 1842. Inventeur de plusieurs instruments de précision. — RESTAURATION DE L'HORLOGE DE STRASBOURG, 1838-42. — Description de cette horloge, 1844, *Strasbourg*, in-18.

SCOPAS, sculpteur et architecte grec, vers 460 av. J.-C., Paros. Il avait rempli la Grèce de ses œuvres, aujourd'hui disparues. — TEMPLE DE TÉGÉE (Arcadie). Vénus. Phaéton. Aphrodite Pandémos Bacchus. Apollon. Niobé et ses enfants. Vesta. Mars. Minerve. ACHILLE. Hercule. Hermès. Esculape.

SCOT (J. DUNS), philosophe anglais, vers 1275, Dunse (Écosse);

1308, Cologne. Entra dans l'ordre des cordeliers. Professeur à Paris et à Cologne. Il fut l'adversaire de St Thomas, et écrivit un gr. nombre d'ouvrages. — Quæstiones super primo sententiarum, 1472. — OEuv. Éd. lat., *Lyon*, 1639, 13 vol. in-fol.

SCOTT (Walter), célèbre romancier anglais, 1771, Edimbourg; 1832, Abbotsford. Avocat, 1792. Sheriff du comté de Selkirk, 1799-1819. Greffier des sessions, à Edimbourg, 1806-32. Ses nombreux romans, accueillis avec une gr. faveur, l'avaient enrichi. Une faillite l'ayant ruiné, il se remit à l'œuv. avec plus d'activité encore et succomba à la tâche. — Le Lai du dernier ménestrel, 1805. Marmion, 1808. LA DAME DU LAC, 1809. WAVERLEY, 1814. L'ANTIQUAIRE, 1816. LES PURITAINS, 1817. ROB ROY; LA PRISON D'ÉDIMBOURG, LA FIANCÉE DE LAMMERMOOR, 1818. IVANHOE, 1820. QUENTIN DURWARD, 1823. Hist. de Napoléon, 1827. Hist. d'Écosse, 1830. — OEuv. poét. Éd. angl., *Edimbourg*, 1861, 12 vol. pet. in-8. Romans. Éd. angl., *Edimbourg*, 1852, 12 vol. in-8, et 1849, 48 vol. gr. in-18. OEuv. Trad. franç. par Defauconpret, *Gosselin*, 1822-30, 60 vol. in-8, fig., 120 à 150 fr., et 1826, 84 vol. gr. in-18, fig.; *Furne*, 1858-59, 30 vol. gr. in-8, fig., 135 francs, et 25 vol. in-8, fig., 75 francs.

SCRIBE (Augustin-Eug.), célèbre auteur dramatique, 1791, Paris; 1861, ibid. Laissa le barreau pour le théâtre, qui devait lui procurer une gr. popularité, ainsi qu'une fortune considérable. Écrivit, seul ou en collaboration, plus de 400 ouvrages. Membre de l'Acad. franç., 1834. — Vaudevilles : les Deux Précepteurs, LE SOLLICITEUR, le Nouveau Pourceaugnac, 1817; Une Visite à Bedlam, 1818; Caroline, 1819; le Vampire, L'OURS ET LE PACHA, 1820; le Ménage de garçon, le Secrétaire et le Cuisinier, MICHEL ET CHRISTINE, 1821; l'Écarté, 1822; la Maîtresse du logis, 1823; la Mansarde des artistes, 1824; LE CHARLATANISME, 1825; LA DEMOISELLE A MARIER, le Mariage de raison, 1826; le Diplomate, 1827; Malvina, 1828; Louise, 1829; Une Faute, 1830. Comédies : Valérie, 1822; le Mariage d'argent, 1827; Bertrand et Raton, 1833; LA CAMARADERIE, 1837; Une Chaîne, 1841; le Verre d'eau, 1842; ADRIENNE LECOUVREUR, 1849; les Contes de la reine de Navarre, Bataille de dames, 1851; les Doigts de fée, 1858. Opéras-comiques : la Neige,

1828; le Maçon, LA DAME BLANCHE, 1825; la Fiancée, 1829; FRA DIAVOLO, 1830; LE CHALET, 1834; le Cheval de bronze, 1835; L'AMBASSADRICE, 1836; LE DOMINO NOIR, 1837; LES DIAMANTS DE LA COURONNE, 1841; la Part du diable, 1843; la Sirène, 1844; HAYDÉE, 1847; LA FÉE AUX ROSES, 1849; L'ÉTOILE DU NORD, 1854; Marco Spada, la Circassienne, 1861; la Fiancée du roi de Garbe, 1864. Opéras : le Cte Ory, LA MUETTE, 1828; le Dieu et la Bayadère, 1830; le Philtre, ROBERT LE DIABLE, 1831; le Serment, 1832; Gustave III, 1833; LA JUIVE, 1835; LES HUGUENOTS, 1836; LE PROPHÈTE, 1849. — OEuv. 1827, 10 vol. in 8; 1833-37, 24 vol. in-8; 1840-42, 5 vol. gr. in-8; 1855 et suiv., 20 vol. in-18. OEuv. chois. 1851-56, 5 vol. in-8, et 1845, 5 vol. in-18.

SCUDÉRY (Madeleine de), femme de lettres, 1607, Le Havre; 1701, Paris. Liée avec Pélisson et Conrart, elle fut un des ornements de l'hôtel de Rambouillet. On ne lit plus ses œuv. depuis longtemps. —Ibrahim, 1641, 4 vol. in-8. Artamène, ou le Gr. Cyrus, 1650. 3e éd., 1653, 10 vol. pet. in-8, 40 à 60 fr. Clélie, 1654-61, Nouv. éd., 1666, 10 vol. pet. in-8, 30 à 50 fr.

SECOND (Albéric), littérateur, 1816..... Sous-préfet de Castellane, 1849-50. Directeur ou rédacteur de divers journaux litt. — En collaboration : Un Dragon de vertu; Un Neveu, s'il vous plaît, 1839; le Droit d'aînesse, 1842; English spoken, 1855. — Lettres cochinchinoises, 1851, in-18. Les Mémoires d'un poisson rouge, 1842, in-18. Les Petits Mystères de l'Opéra, 1844, in-8. La Jeunesse dorée, 1851, in-18. A quoi tient l'amour, 1856, in-18. Contes sans prétention, 1857, in-18.

SEDAINE (Michel-J.), poëte dramatique, 1719, Paris; 1797, ibid. Quitta l'architecture pour les lettres. Membre de l'Acad. franç., 1786. — Le Diable à quatre, Anacréon, 1756. Blaise le savetier, l'Huître et les Plaideurs, 1759. Le Jardinier, 1761. Le Roi et le Fermier, 1762. Rose et Colas, 1764. LE PHILOSOPHE SANS LE SAVOIR, 1765. Aline, 1766. La Gageure imprévue, 1768. Le Déserteur, 1769. RICHARD CŒUR-DE-LION, 1784.— Poésies, 1780, in-12. OEuv. dramat. 1776, 4 vol. in-8. OEuv. chois., *Didot*, 1813, 3 vol. in-18, 9 fr.

SÉDILLOT (Ch.-Emm.), chirurgien, 1804, Paris. Agrégé de la Faculté, 1835. Chirurgien major, professeur au Val-de-Grâce,

1836, puis à la Faculté, 1841, et à l'hôpital milit. de Strasbourg. Correspondant de l'Institut et de l'Acad. de médecine. — Manuel de méd. légale, 1830-36, in-18. Traité de méd. opératoire, 1839, 2 vol. in-8. 2ᵉ éd., *Masson*, 1855, 2 vol. gr. in-18, 16 fr. De l'évidement des os, 1860, *Masson*, in-8, 5 fr.

SÉDILLOT (L.-P.-Eug.-Amélie), orientaliste, 1808, Paris. Frère du précédent. Professeur d'hist. aux colléges Bourbon, Henri IV et St-Louis. Secrétaire du Collége de France et de l'École des langues orientales, 1832. — Manuel de chronologie univ., 1834. 4ᵉ éd., 1850, 2 vol. in-18. Mémoire sur les instruments astronom. des Arabes, 1841, in-4, 25 fr. Matériaux pour l'hist. des sciences mathém. chez les Grecs et les Orientaux, 1845-49, 2 vol. in-8, 20 francs.

SÉGALAS (P.-Salomon), médecin, 1792, St-Palais (Basses-Pyr.). Docteur, 1817. Ouvrit des cours publics et inventa plus. instruments pour les maladies génito-urinaires. — Traité des rétentions d'urine, 1828, in-8, avec atlas. Essai sur la gravelle et la pierre, 1835-36. 2ᵉ éd., *Baillière*, 1838, in-8, avec pl.

SÉGALAS (Anaïs MÉNARD, Mᵐᵉ), femme de lettres, 1813, Paris. Débuta dans la litt. avec succès, dès l'âge de 17 ans. — Les Algériennes, 1831, in-18. Les Oiseaux de passage, 1836, in-8. Poésies, 1844, in-8. Enfantines, 1844, in-8. 5ᵉ éd., 1855, in-18. La Femme, 1847-48, in-18. Les Violettes et les Abeilles, 1853, in-18. — Le Trembleur, 1849. Deux Amoureux de la gr.-mère, 1850. Les absents ont raison, 1852.

SEGRAIS (J. REGNAULD de), poëte, 1624, Caen ; 1701, ibid. Gentilhomme ordinaire et secrétaire de Mˡˡᵉ de Montpensier, 1647-71. Membre de l'Acad. franç., 1662. — Nouvelles françaises, 1656-57, 2 vol. in-8, et 1720, 2 vol. in-12. Trad. en vers de l'Énéide et des Géorgiques. Poésies diverses. — OEuv. 1723, 2 vol. in-12, 5 à 6 fr. ; 1755, 2 vol. pet. in 12, et 1823, in-8.

SÉGUR (L.-Phil., Cᵗᵉ de), historien et politique, 1753, Paris ; 1830, ibid. Soldat. Accompagna La Fayette en Amérique, 1782. Ambassadeur en Russie, 1784. Vécut dans la retraite pendant la révolution. Député, 1801. Conseiller d'État, 1802. Membre de l'Acad. franç., 1803. Gr. maître des cérémonies, 1804. Sénateur, 1813. Pair de France, 1814. — Décade histor., 1786-96. 5ᵉ éd. *Eymery*, 1828, 3 vol. in-8. Politique des cabinets de l'Europe, 1801. 4ᵉ éd., *Eymery,* 1822, 3 vol. in-8. Galerie morale, 1817-23. 5ᵉ éd., *Didier,* 1843, in-12, 3 fr. Hist. universelle, 1817 et suiv. 5ᵉ éd., *Furne,* 1835, 12 vol. in-8, 60 fr. 8ᵉ éd., *Didier,* 1847-48, 6 vol. in-12, 18 fr. Mémoires, 1824, 3 vol. in-8. 5ᵉ éd., *Didier,* 1842, 2 vol. in-12, 7 fr. — OEuv. compl., *Eymery.*, 1824-30, 33 vol. in-8, 3 à 4 fr. le vol.

SÉGUR (Jos.-Alex.-P., Vte de), littérateur, 1756, Paris ; 1805, Bagnères. Frère du précédent. Quitta l'état milit. en 1789 et s'adonna aux lettres. — Correspondance secrète, 1789. Nouv. éd. 1805, in-12. Les Femmes, 1803. Nouv. éd. par Ch. Nodier, *Raymond*, 1820, 2 vol. in-8, fig. 8 à 10 fr. et *Renault*, 1835, 4 vol. in-18, 6 fr.

SÉGUR (Phil.-Paul, Cte de), historien et général, 1780, Paris. Neveu du précédent. Soldat, 1800. Aide-de-camp de Napoléon. Fit avec un brillant courage presque toutes les campagnes de l'Empire. Membre de l'Acad. franç. 1830. Pair de France, 1831. — Hist. de Napoléon et de la Gr. Armée, 1824. Nouv. éd. *Delaroque,* 1852, 2 vol. in-8, 10 fr. et *Gosselin,* 1843, in-12, 3 fr. 50. Hist. de Russie et de Pierre-le-Gr. 1829, in-8. Hist. de Charles VIII, 1834-42, 2 vol. in-8.

SÉJOUR (Victor), auteur dramatique, 1816, Paris. Débuta dans la litt. en 1841, et au théâtre, en 1844. — Le retour de Napoléon, 1841, in-8. Diégarias, 1844. La Chute de Séjan, 1849. Richard III, 1852. L'Argent du diable, 1854. Les Noces vénitiennes, 1855. Le Fils de la nuit, André Gérard, 1857. Le Martyre du cœur, 1858. Les Gr. vassaux, la Tireuse de cartes, le Paletot brun, 1859. Le compère Guillery, les Massacres de Syrie, 1860.

SÉNANCOUR (Ét. Pivert de), littérateur, 1770, Paris ; 1846, St-Cloud. Se retira en Suisse, en 1789. Son existence se passa dans la solitude et la méditation. — Rêveries sur la nat. primitive de l'homme, 1798-99. 3ᵉ éd. 1833, in-8. Obermann, 1804. Nouv. éd. *Charpentier,* 1847, gr. in-18, 3 fr. 50. De l'Amour, 1805. Nouv. éd. *Ledoux,* 1833-34, in-8 2 vol. et in-18. Méditations, 1819, in-8 2ᵉ éd. 1830, in-18. Isabelle, 1833, in-8.

SENEBIER (J.), naturaliste et littérateur suisse, 1742, Genève; 1809, ibid. Pasteur, 1765. Bibliothécaire à Genève, 1773. Correspondant de l'Institut. Ami de Bonnet et de Spallanzani. — Essai sur l'art d'observer, 1775. 2ᵉ éd. 1802, 3 vol. in-8. Hist. litt.

de Genève, 1786, *Genève*, 3 vol. in-8. Physiol. végétale, 1800, 5 vol. in-8.

SENEFELDER (Aloïs), lithographe allemand, 1771, Prague; 1834, Munich. Acteur, 1791, puis auteur dramatique, 1792-93. Eut le premier l'idée de l'art auquel il doit sa célébrité, 1793. Directeur de la lithographie roy. de Munich, 1810. — L'art de la lithographie, 1818, *Munich*, in-4. Trad. franç. *Treuttel*, 1819, in-4 avec pl. 15 fr.

SÉNÈQUE (Lucius Annæus Seneca), célèbre philosophe latin, 3 de J.-C., Cordoue; 65, Rome. Suivit avec succès le barreau. Questeur. Exilé pendant 8 ans, 41-49. Préteur et sénateur. Chargé par Agrippine de l'éducation de Néron, 50, dont il devint le conseiller, et qui l'obligea cependant à se donner la mort. Sénèque, quoique possédant de gr. richesses, prêcha la pauvreté, une morale austère et le mépris de la mort.—Traités des Bienfaits, de la Colère, de la Clémence, de la Tranquillité de l'ame, de la Brièveté de la vie, de la Constance du sage, de la Providence. Consolations a Helvie, à Marcia, à Polybe. Questions naturelles. Lettres morales. Tragédies : Médée, Hippolyte, Agamemnon, les Troyennes.—OEuv. Éd. lat. *Amsterdam*, 1672, 3 vol. in-8, 30 à 40 fr. *Leipsick*, 1797-1811, 5 vol. in-8, 20 fr.; par Bouillet, *Lemaire*, 1827-32, 6 vol. in-8, 10 fr. Éd. lat.-franç. *Dubochet*, 1838, gr. in-8, 12 fr.; *Panckoucke*, 1832-36, 8 vol. in-8, 66 fr. *Delalain*, 1819, 13 vol. in-12. Éd. franç. 1778, 6 vol. in-12. Éd. angl. Londres, 1632, in-fol. Éd. allem. *Stuttgart*, 1828-36, 15 vol. in-12, 10 fr. —Tragédies. Éd. lat. *Leipsick*, 1821, 2 vol. in-8, 5 thl. *Lemaire*, 1829-32, 2 vol. in-8 ; *Londres*, 1824, gr. in-18, 4 à 5 fr. Éd. lat.-franç. *Dubochet* (avec Plaute et Térence), 1844, gr. in-8, 12 fr. et *Panckoucke*, 1833-34, 3 vol. in-8.

SERRES (Olivier de), célèbre agronome, 1539, Pradel, près Villeneuve-de-Berg (Ardèche); 1619, ibid. A l'exception d'un voy. à Genève pour affaires de religion, et d'un séjour à Paris, où Henri IV se préoccupait de propager les vers à soie, son existence s'écoula dans ses terres. C'est là qu'il écrivit son livre, fruit de 40 ans d'expérience. — Le Théatre d'agriculture, 1600. Nouv. éd. *Huzard*, 1804-05, 2 vol. in-4, fig. 20 fr.

SERRES, Serranus (J. de), historien et théologien, 1540, Villeneuve-de-Berg; 1598, Genève. Frère du précédent. Pasteur.

Recteur de l'Acad. et principal du collége de Nîmes, 1578. Historiographe de France, 1597. — Mémoires de la troisième guerre civile, 1668-71, in-8. Commentarii de statu religionis et reipublicæ, 1571. Nouv. éd. *Leyde*, 1580, 5 vol. in-8. Hist. des cinq rois, 1595. Nouv. éd. 1603, in-8. INVENTAIRE GÉNÉRAL DE L'HIST. DE FRANCE, 1597. 19ᵉ éd. 1660, 2 vol. in-fol. De fide catholica, 1607, in-8.

SERRES (Ant.-Ét.-Renaud-Augustin), physiologiste, 1787, Clairac (Lot-et-Garonne). Docteur, 1810. Inspecteur de l'Hôtel-Dieu, 1812. Chef des travaux anat. de l'amphithéâtre central, 1814. Médecin en chef de la Pitié, 1822. Membre de l'Acad. de médecine, 1823, et de l'Institut, 1828. Professeur au Muséum, 1839. — Des lois de l'Ostéogénie, 1815, in-fol. Essai sur l'anat. et la physiol. des dents, 1817, in-8. ANAT. COMPARÉE DU CERVEAU, 1824-26, 2 vol. in-8, avec atlas. Rech. d'anat. transcendante, 1832, in-8. Principes d'organogénie, 1842, in-8. Principes d'embryogénie, 1860, in-4.

SERRET (Jos.-Alfr.), mathématicien, 1819, Paris. Élève, 1840, puis examinateur de l'École polytechnique, 1848. Professeur à la Sorbonne, suppléant MM. Francœur, 1849, et Le Verrier, 1856. Membre de l'Acad. des sciences, 1860. — Cours d'algèbre supérieure, 1849. 2ᵉ éd. *Bachelier*, 1854, in-8, 10 fr. Traité de trigonométrie, 1850. 2ᵉ éd. 1857, in-8, 4 fr. Éléments de trigonométrie rectiligne, 1853, in-8, 2 fr. Éléments d'arithmétique, 1837, in-8, 4 francs.

SERRET (Ern.), littérateur, 1821, Boulogne-s.-mer. Laissa le droit pour les lettres. — Les Touristes, 1846. En province, 1847. Les Fonds secrets, 1848. La Paix à tout prix, les Parents de ma femme, 1849. Les Familles, 1851. Que dira le monde, 1854. Les incertitudes de Rosette, 1852. Un mauvais riche, ou Bonheur passe richesse, 1855. L'Anneau de fer, 1856. Un Ange de charité, Francis et Léon, Élisa Méraut, 1859, in-18. Perdue et retrouvée, 1860, in-18.

SERVANDONI (J.-Jérôme), architecte et peintre, 1695, Florence; 1766, Paris. Se fixa en France, 1724. Membre de l'Acad. de peinture, 1731. Architecte du roi, 1732. Parcourut une partie de l'Europe, où il dirigea un gr. nombre de fêtes. — FAÇADE et chapelle de la Vierge, de St-Sulpice, 1733-45. Projet de décoration de la place Louis XV. — Peintures : Temple et ruines, au Louvre.

SERVET (Michel), médecin et philosophe espagnol, 1509, Villanueva (Aragon) ; 1553, Genève. Ses doctrines avancées l'obligèrent à habiter successivement Bâle, 1530 ; Strasbourg ; Paris, 1533, où il fut nommé docteur et professa la médecine ; Lyon, 1538 ; Avignon, Vienne et enfin Genève, où il fut condamné à être brûlé. — De Trinitatis erroribus, 1531, *Haguenau*, in-8. Dialogi de Trinitate, 1532, *Haguenau*, in-8. CHRISTIANISMI RESTITUTIO, 1553, *Vienne*, in-8.

SEURRE AINÉ (Gabriel-Bernard), sculpteur, 1795, Paris. Élève de Cartellier, 1815. Gr. prix de Rome, 1818. Membre de l'Institut après Ramey, 1852. — Exil de Cléombrote, 1818. Baigneuse, 1824. Ste Barbe, 1827. Sylvie pleurant la mort de son cerf, 1836. Victoire d'Aboukir. Projet de couronnement de l'Arc de l'Étoile. MOLIÈRE, 1842.

SEURRE JEUNE (Ch.-Marie-Émile), sculpteur, 1798, Paris ; 1858, ibid. Élève de Cartellier. 2e, 1822, et 1er gr. prix de sculpture, 1824. — Tunique de Joseph rapportée à Jacob, 1824. Léda, 1831. NAPOLÉON, 1833.

SÉVIGNÉ (Marie de RABUTIN-CHANTAL, marquise de), célèbre femme de lettres, 1626, Paris ; 1696, Grignan (Drôme). Perdit ses parents de bonne heure, mais reçut une excellente instruction. Veuve à 25 ans, elle se voua à l'éducation de ses enfants, surtout de mad. de Grignan, à qui elle écrivit ses lettres estimées, si précieuses pour l'histoire de son époque. — LETTRES. 1re éd. 1726. Nouv. éd. par M. de Monmerqué, *Blaise*, 1818-27, 11 vol. in-8, ou 13 vol. in-12, et *Hachette*, 1862-64, 12 vol. in-8, 90 fr. ; par Gault de St-Germain, *Dalibon*, 1823-24, 12 vol. in-8, 30 à 36 fr. ; par Campenon, *Janet* et *Cotelle*, 1822-23, 12 vol. in-8, 30 fr. ; par M. Silvestre de Sacy, *Techener*, 1861-65, 11 vol. in-18, 55 francs.

SEYFFARTH (Gust.), archéologue allemand, 1796, Uebigau (Saxe). Professeur à l'université de Leipsick, 1825. Parcourut pendant 3 ans l'Allemagne, l'Italie, la France, l'Angleterre et la Hollande, 1826-28. — De sonis literarum græcarum, 1824, *Leipsick*, in-8, 12 à 15 fr. Rudimenta hieroglyphices, 1826, *Leipsick*, in-4, 30 fr. Astronomia ægyptiaca, 1833, *Leipsick*, in-4. Grundsætze der Mythologie (Principes de mythologie), 1843, *Leipsick*, in-8. Grammatica ægyptiaca, 1855, *Gotha*, grand in-8.

SHAKESPEARE (William), célèbre poëte dramatique anglais, 1564, Stratford-s.-Avon (Warwick); 1616, ibid. Reçut une éducation assez imparfaite. Vint à Londres vers 1586. Commença par les plus humbles métiers, puis se fit acteur et enfin auteur, 1589. Dirigea les théâtres de Black-Friars et du Globe. Ses productions dramatiques, qui renferment des beautés de 1er ordre, furent accueillies avec une gr. faveur; elles procurèrent célébrité et fortune à leur auteur considéré comme le père de l'école romantique. — Henri VI, 1589-91. Le Songe d'une nuit d'été, 1592. Les Méprises, 1593. La Grondeuse, Peine d'amour perdue, 1594. Les deux Seigneurs, 1595. ROMÉO ET JULIETTE, 1595. HAMLET, le Roi Jean, 1596. Richard II et Richard III, 1597. HENRI IV, 1597-98. Le Marchand de Venise, Tout est bien qui finit bien, 1598. Henri V, 1599. Beaucoup de bruit pour rien, Comme vous voudrez, 1600. Les Commères de Windsor, Henri VIII, 1601. Troïlus et Cressida, 1602. Ruse contre ruse, 1603. Conte d'hiver, le ROI LEAR, 1604. Cymbeline, 1605. MACBETH, 1606. Jules César, 1607. Ant. et Cléopâtre, 1608. Timon d'Athènes, 1609. Coriolan, 1610. OTHELLO, 1611. La Tempête, 1612. Le Jour des rois, 1614. — OEuv. Éd. angl. par Stevens, *Londres*, 1802, 9 vol. gr. in-fol. fig. et 1803-05, 10 vol. in-8; par Malone, *Londres*, 1821, 21 vol. in-8; par Staunton, *Londres*, 1858-60, 3 vol. gr. in-8, fig.; par Singer, *Londres*, 1856, 10 vol. in-12, 1827, in-12, et 1822-28, 9 vol. in-48. Éd. franç. par MM. Letourneur et Guizot, *Ladvocat*, 1821, 13 vol. in-8, 50 fr., et *Didier*, 1860-62, 8 vol. in-8, 40 fr.; par M. F. Michel, *Didot*, 1855, 3 vol. gr. in-8, 30 fr.; par F.-V. Hugo, *Pagnerre*, 1860-62, 15 vol. in-8, 52 fr.; par Benj. Laroche, *Charpentier*, 1859, 6 vol. gr. in-18, 18 fr. Éd. allem. par Schlegel, *Berlin*, 1825-34, 9 vol. pet. in-8. Éd. ital. par Leoni, *Vérone*, 1819-22, 14 volumes in-8.

SHERIDAN (Richard-Brinsley-Butler), auteur dramatique et orateur anglais, 1751, Dublin; 1816, Londres. Débuta avec succès dans les lettres, 1775. Directeur du théâtre de Drury-Lane, 1776. Membre de la chambre des communes, 1780. Sous-secrétaire d'État, 1782. Secrétaire de la trésorerie, 1783. Trésorier de la marine, 1806. Mourut dans la misère, suite d'inconduite et de dépenses exagérées. —Les Rivaux, la Duègne, 1775. L'ÉCOLE DU SCANDALE, 1777. Le Critique, 1779. Éd. angl. par Th. Moore, *Londres*, 1821, 2 vol. gr. in-8; 1840, in-8, et *Baudry*, 1828, 4 vol. gr. in-32. Trad. franç. par Bonnet, *Fournier*, 1836, 2 vol. in-8, 10 fr., et par Benj. Laroche, *Gosselin*, 1841, gr. in-18, 3 fr. 50. Discours et mémoires. Éd. angl. *Londres*, 1816, 5 vol. in-8, ou 1842, 3 vol. in-8.

SIBBERN (Fréd.-Christian), philosophe et publiciste danois, 1785, Copenhague. Professeur à l'Université, 1813, et membre de l'Acad. des sciences de cette ville, 1816. — Menneskets aandelige Natur og Væsen (Nature et essence spirituelle de l'homme), 1819-28. 3e éd. *Copenhague*, 1857, 2 vol. in-8. Om Elskov (de l'Amour), 1829, in-8. Logikens Elementer (Élém. de la logique), 1822, in-8. De præexistentia, 1823, in-4. Om Poesie og Konst i almindelighed (Sur la Poésie et l'Art en général), 1834-55, in-8. Om Forholdet immellem Sjæl og Legeme (Rapports de l'Ame et du Corps, 1849, in-8. Om Humanitet og Alsind (De l'Humanité), 1857, in-8.

SICARD (F.), littérateur, 1787, Thionville (Meurthe). Soldat. Fit les campagnes d'Allemagne, d'Italie, de Saxe, de Belgique. Membre fondateur de la Société de statistique, 1829, et de l'Acad. de l'Industrie, 1830. — Hist. des institutions milit. des Français, 1830-31, *Anselin*, 4 vol. in-8, avec atlas.

SIDOINE APOLLINAIRE (C. Sollius Sidonius Apollinaris), poëte latin, vers 430, Lyon ; 488..... Gendre d'Avitus. Sénateur et préfet à Rome. Évêque de Clermont, 471. — Poésies. Lettres. — OEuv. Éd. lat. par Lablé, *Cramoisy*, 1652, in-4, 6 à 9 fr. Éd. lat.-franç. par Grégoire et Collombet, *Lyon*, 1836, 3 vol. in-8, 15 fr.

SIEBOLD (Phil.-F. de), naturaliste et voyageur allemand, 1796, Wurtzbourg. Docteur, 1820. Attaché à une mission au Japon, il y résida 8 ans, et réunit de précieux documents ethnographiques et d'hist. nat. sur ce pays. — Epitome linguæ japonicæ, 1826. 2e éd. *Leyde*, 1853, in-8. VOY. AU JAPON, 1832-51, *Amsterdam*, gr. in-4. fig. Trad. franç. par Montry et Frayssinet, *Bertrand*, 1838, gr. in-8, avec atlas. Bibliotheca japonica,

1833-41, *Leyde*, gr. in-4 et in-fol. Flora japonica, 1835 et suiv. *Leyde*, in-fol. Fauna japonica, 1840 et suiv. *Leyde*, in-fol.

SIGALON (Xavier), peintre, 1788, Uzès (Gard); 1837, Rome. Il vivait avec peine du produit de ses œuv. lorsqu'il fut chargé de copier le Jugement dernier de Michel-Ange, 1833. — Mort de St Louis. Descente du St-Esprit. La jeune courtisane, 1822. Locuste essayant des poisons, 1824. Athalie faisant massacrer ses enfants, 1827. Vision de St Jérôme, Christ, 1831. JUGEMENT DERNIER, de Michel-Ange, 1833-37.

SIGNOL (Émile), peintre, 1804, Paris. Élève de Blondel et de Gros. 2e, 1829, et 1er gr. prix de peinture, 1830. Membre de l'Acad. des beaux-arts, 1860. — Joseph racontant son rêve, 1824. Méléagre, 1830. Christ, Réveil du juste et du méchant, 1836. La Religion consolant les affligés, 1837. Vierge, 1839. LA FEMME ADULTÈRE, 1840. Ste Madeleine, 1842. Prise de Jérusalem, 1848. Folie de Lucie, Les Fantômes, La Fée et la Péri, Sarah la Baigneuse, 1850. Descente de Croix, Législateurs, 1853. Pietà, Béatrix, Passage du Bosphore, 1855. Ste Famille, 1859, Vierge folle et Vierge sage, Supplice d'une Vestale, Rhadamiste et Zénobie, 1863. Peintures à Versailles, à la Madeleine, à St-Roch et à St-Eustache.

SIGNORELLI (Luca de Cortone), peintre italien, vers 1440, Cortone; 1525..... Élève de P. della Francesca. Atteignit, dès son vivant, une gr. renommée. — Adoration des Mages, à Rome. Vierge, la Cène, Ste Famille, Annonciation, à Florence. Vierge et Saints, à Pérouse. Annonciation, Madone, à Volterre. Flagellation, Madone, à Brera. Ste Famille, à Vienne. Nativité, Annonciation, ADORATION DES MAGES, au Louvre. Fresques : Circoncision, à Volterre; Les Oreilles de Midas, Énée emportant son père, à Sienne; Voyage et mort de Moïse, à Rome; JUGEMENT DERNIER, Chute de l'Antechrist, Résurrection, à Orvieto; Communion des apôtres, à Cortone.

SILIUS ITALICUS, poëte latin, 25 de J.-C....; 100..... Consul, 68. Gouverneur de l'Asie Mineure. Gr. admirateur de Cicéron et de Virgile. Atteint d'une maladie incurable, il se laissa mourir de faim. — La Guerre punique. Éd. lat. par Drakenborch, *Utrecht*, 1717, in-4. fig. 18 à 24 fr. *Lemaire*, 1823, 2 vol. in-8, 10 fr. et *Londres*, 1824, gr. in-18, 4 à 5 fr. Éd. lat.-franç. par Corpet et

Dubois, *Panckoucke,* 1837, 2 vol. in-8, 14 fr. et par Le Febvre de Villebrune, 1781, 3 vol. in-12, 6 fr.

SILVESTRE (Israel), dessinateur et graveur, 1621, Nancy; 1691, Paris. Voyagea en Italie. Graveur du roi, 1662. Membre de l'Acad. 1670. Professeur du Dauphin, 1675. — Villes, palais, châteaux, maisons, 1750, *Cars,* 4 vol. in-fol.

SIMART (P.-Ch.), sculpteur, 1806, Troyes; 1857, Paris. Élève de Dupaty, Cortot et Pradier. 2e, 1831, et 1er gr. prix de sculpture, 1833. Membre de l'Acad. des beaux-arts, après Pradier, 1852. — Le Vieillard et ses trois Fils, 1833. Gladiateur mourant. Pallas. Discobole. Sara et Tobie. Oreste, 1840. La Philosophie, 1843. La Poésie, Vierge, 1845. MINERVE. SCULPTURES au tombeau de Napoléon Ier et au Louvre.

SIMMS (William-Gilmore), littérateur américain, 1807, Charleston (Caroline). Publia son 1er ouvrage à l'âge de 15 ans. Avocat. Directeur de la Gazette de Charleston. Écrivit un gr. nombre de poésies et de romans. — Lyrical and other poems (Poésies lyriques et autres), 1825, *Charleston.* Atlantis (L'Atlantide), 1832, *Hingham.* Martin Faber, 1833. Nouv. éd. *New-York,* 1854, in-12. Guy Rivers, 1834. Nouv. éd. *New-York,* 1855, in-12. THE WIGWAM (La Cabane), 1845, *New-York,* in-12. Poems (Poëmes), 1853, *New-York,* 2 vol. in-12.

SIMON (Richard), orientaliste, 1638, Dieppe ; 1712, ibid. Oratorien, 1662. Professeur de philos. à Juilly. Prêtre, 1670. Curé à Bolleville (Normandie), 1676-82. Les opinions émises dans ses œuv. lui attirèrent les critiques du clergé. — Hist. critique du Vieux Testament, 1678. Nouv. éd. *Amsterdam,* 1685, in-4. Hist. des revenus ecclésiastiques, 1684. Nouv. éd. *Francfort,* 1706, 2 vol. in-12. Hist. crit. du Nouv. Testament, 1689-92, *Rotterdam,* 3 vol. in-4.

SIMON SUISSE (Jules-F.), philosophe, 1814, Lorient. Professeur à Caen, 1835 ; à Versailles, 1836 ; à l'École normale. Suppléa M. Cousin à la Sorbonne, 1839-51. Membre de la Constituante, 1848. Conseiller d'État, 1849. Député et membre de l'Acad. des sciences morales, 1863. — Comment. de Proclus sur le Timée de Platon, 1839, in-8, 3 fr. 50. Étude sur la Théodicée de Platon et d'Aristote, 1840, in-8, 4 fr. 50. Hist. de l'école d'Alexandrie, 1844-45, 2 vol. in-8, 15 fr. Manuel de philos. (avec

MM. Jacques et Saisset), 1847. 2ᵉ éd. 1859, in-8, 8 fr. Le Devoir, 1854, in-8. 6ᵉ éd. 1859, in-18, 3 fr. 50. La Religion nat. 1856, in-8. 5ᵉ éd. 1859, in-18, 3 fr. 50. La Liberté de conscience, 1857. 3ᵉ éd. 1859, in-18, 3 fr. 50. La Liberté, 1859, 2 vol. in-8 et in-18, 7 fr. L'Ouvrière, 1861, in-18, 3 fr. 50. L'École, 1865, in-8, 3 fr. 50. OEuv. philos. de Descartes, Bossuet, Malebranche, Arnaud.

SIMPSON (James-Young), médecin anglais, 1811, Bathgate (Linlithgow). Docteur. Professeur suppléant M. Thompson, à l'université d'Édimbourg, 1836, où il succéda ensuite au docteur Hamilton, 1840, dans la chaire d'accouchement. Appliqua le premier l'éther, puis le chloroforme, pour produire l'insensibilité et rendre les opérations moins douloureuses, 1847.—Antiquarian notices of Leprosy (Notices archéolog. sur la lèpre). *Edimbourg.* On the contagiousness of cholera (Caractères contagieux du choléra).

SIMROCK (Ch.), littérateur allemand, 1802, Bonn. Auditeur, puis référendaire à Berlin, 1822-30. Professeur à Bonn, 1850. — Quellen des Shakspeare (Sources de Shakespeare), 1831, *Berlin,* 3 vol. Novellenschatz der Italianer (Trésor des nouvelles italiennes), 1832, *Berlin.* Gedichte Walther's (Poésies de Walther), 1833, *Berlin,* 2 vol. Wieland der Schmied (Wieland le Forgeron), 1835, *Bonn.* RHEINSAGEN (Traditions du Rhin), 1838. 4ᵉ éd. *Bonn,* 1850. Deutsche Volksbücher (Livres popul. de l'Allem.), 1839 et suiv. *Berlin.* Gedichte (Poésies), 1844, *Leipsick.*

SIRET (Adolphe), littérateur belge, 1817, Beaumont (Hainaut). Attaché aux bureaux du gouvernement, à Namur. Membre de l'Acad. belge, 1855. Visita une partie de l'Europe et recueillit des matériaux pour son ouvrage. — Dict. histor. des peintres, 1848, *Bruxelles,* gr. in-4. Nouv. éd. en cours de publication.

SIREY (J.-Bapt.), jurisconsulte, 1762, Sarlat ; 1845, Limoges. Quitta l'état ecclésiastique en 1789. Fut cependant emprisonné. Sous-chef de division à la justice. Avocat à la cour de cassation et au conseil d'État. — Recueil gén. des lois et arrêts, 1800-30, 32 vol. in-4. Continué par M. de Villeneuve. Du Conseil d'État, 1818, in-4. Les Codes annotés, 1817-19, in-8.

SISMONDI (J.-Ch.-Léonard SIMONDE de), économiste et historien, 1773, Genève; 1842, ibid. Accompagna sa famille en Angleterre, 1793-94. Agriculteur, 1795-99. Secrétaire de la chambre de commerce de Genève, où il ouvrit un cours de litt., 1811.

Associé de l'Institut, 1833. Sa vie fut principalement employée à la rédaction de ses œuv. — De la Richesse commerciale, 1803, *Genève*, 2 vol. in-8. HIST. DES RÉPUBLIQUES ITALIENNES, 1807-18. 5e éd., *Furne*, 1840-44, 10 vol. in-8, 50 fr. De la litt. du midi de l'Europe, 1813. 3e éd. *Treuttel* et *Wurtz*, 1829, 4 vol. in-8, 28 fr. Principes d'économie polit., 1819. Nouv. éd., 1826, 2 vol. in-8. HIST. DES FRANÇAIS, 1821-44, *Treuttel* et *Wurtz*, 31 vol. in-8, 80 à 100 fr. Études des sciences sociales, 1836-38, 3 vol. in-8. Précis sur l'hist. des Français, 1839, 2 vol. in-8.

SLEIDAN (J. PHILIPPSON), historien allemand, 1506, Sleiden, près de Bonn; 1556, Strasbourg. Assista, comme interprète de François Ier, aux diètes de Haguenau et de Ratisbonne. Professeur à Strasbourg, 1542. Représenta cette ville au concile de Trente, 1551-52.— Hist. de la réformation, 1555. Nouv. éd. lat., *Francfort*, 1785-86, 3 vol. in-8. Trad. franç. par Le Courrayer, *La Haye*, 1767-69, 3 vol. in-4. Abrégé de l'hist. des quatre monarchies du monde, 1556, *Strasbourg*, in-8. Trad. franç. par Teissier, *Berlin*, 1700, in-12. —OEuv. éd. lat., *Hanau*, 1608, in-8.

SMITH (Adam), célèbre économiste et philosophe anglais, 1723, Kirkaldy (Fife); 1790, Édimbourg. Élève de Hutcheson. Ouvrit des cours de litt. à Édimbourg, 1748-50. Professeur de philos. morale à Glascow, 1751-63. Voyagea en France, 1764-65. Commissaire des douanes à Édimbourg, 1778. Recteur de l'Université de Glascow, 1787. Il s'était retiré pendant dix ans dans son pays natal, 1766-76, où il écrivit son remarquable ouvrage. — Théorie des sentiments moraux, 1759. 6e éd., *Londres*, 1801, 2 vol. gr. in-8, 12 à 15 fr. Trad. franç., 1830, 2 vol. in-8, et *Guillaumin*, 1864, gr. in-18, 4 fr. RECH. SUR LA RICHESSE DES NATIONS, 1776, *Londres*, 2 vol. in-4. Nouv. éd., *Édimbourg*, 1817-28, 4 vol. in-8, 2 liv., et *Londres*, 1855, gr. in-8, 20 fr. Trad. franç. par Garnier, *Agasse*, 1822, 6 vol. in-8, 18 à 24 fr., ou *Guillaumin*, 1842-43, 2 vol. gr. in-8, 20 fr., et 1864, 3 vol. gr. in-18, 10 fr. 50. Essais philos., 1795, *Londres*, in-4. Trad. franç. par Prévost, 1797, 2 vol. in-8. De la formation des langues. Trad. franç., 1796, in-8, ou 1809, in-12. — OEuv. Éd. angl., *Édimbourg*, 1812, 5 vol. in-8.

SMOLLETT (Tobie-Georges), littérateur anglais, 1721, Dalquhurn (Dumbarton); 1771....., près de Livourne. Laissa la médecine pour les lettres. Écrivit dans les journaux et entreprit la rédaction d'œuv. hist. qui fondèrent sa réputation. — AVENTURES DE RODERIC RANDOM, 1748; trad. franç., 1761, 3 vol, in-12; de Peregrine Pickle, 1751; trad. franç., 1753, 4 vol. in-12; du Cte Fathom, 1754; trad. franç., 1798, 4 vol. in-12. HIST. D'ANGLETERRE, 1757, *Londres*, 6 vol. in-4, 30 à 36 fr., avec continuation, 1758-65, 16 vol. in-8. Trad. franç., 1819-22, 11 vol. in-8, et 1759-68, 24 vol. in-12. — OEuv. Éd. angl., *Londres*, 1797, 8 vol. gr. in-8, 50 à 60 fr. 6e éd., *Édimbourg*, 1820, 6 vol. in-8, 36 fr.

SNYDERS (F.), peintre flamand, 1579, Anvers; 1657..... Élève de Breughel, de Van Balen et surtout de Rubens. 1er peintre de l'archiduc Albert. S'adonna avec succès à la reproduction des animaux et des fruits. — Le Paradis terrestre, Entrée des animaux dans l'arche, Cerf poursuivi, Chasse au sanglier, Marchands de poissons, Chiens, Fruits et Animaux, au Louvre. Chasses et Nature morte, à Londres, Florence, Madrid, Amsterdam et La Haye.

SŒMMERRING (Samuel-Thomas de), anatomiste allemand, 1755, Thorn; 1830, Francfort. Docteur, 1778. Professeur à Cassel, 1779; à Mayence, 1784; à Francfort, 1797; à Heidelberg, 1803. Médecin du roi de Bavière, 1805. Correspondant de l'Institut. — DE LA STRUCTURE DU CORPS HUMAIN, 1791. Éd. lat. *Utrecht*, 1794-1801, 6 vol. in-8. Éd. allem., *Leipsick*, 1841-45, 8 vol. in-8, fig., 100 fr. Éd. franç. sous le titre d'Encyclopédie anat., par Jourdan, 1842 et suiv., 10 vol. in-8. Description de l'œil humain, 1804, *Francfort*, in-fol. Trad. franç., 1818, in-4. Iconologie de l'ouïe, 1806, *Francfort*, in-fol. Trad. franç., 1825, in-8.

SOHN (Ch.-Ferd.), peintre allemand, 1805, Berlin. Élève de Schadow. Professeur à Dusseldorf, où il a formé de nombreux élèves. — Enlèvement d'Hylas. Diane au bain. Jugement de Pâris. Renaud et Armide. Roméo et Juliette. Les Deux Léonore. Le Tasse. Joueur de Luth. Madone. PORTRAITS.

SOLIMENA (F.), peintre italien, 1657, Nocera de Pagani (Naples); 1747, La Barra (ibid). Émule et ami de Luca Giordano. Atteignit, dès son vivant, une gr. renommée, et fut comblé d'honneurs et de richesses. — Élie et Élisée, St François, CONVERSION DE ST PAUL, CHUTE DE SIMON, à Naples. Proserpine, les Quatre Parties du monde, Abraham, à Rome. La Cène, à Assises. Saint, à Turin. Diane et Calisto, à Florence. Ste Thérèse, à Ancône. Mort de Sophonisbe, Apparition de déesses, Madone, Combat des Centaures et des Lapithes, Madeleine, à Dresde. Céphale et l'Aurore, Résurrection, Descente de Croix, Borée enlevant Orythie, à Vienne. Le Serpent d'airain, Prométhée, à Madrid. Adam et Ève, Héliodore, au Louvre.

SOLIS (Ant. de), historien espagnol, 1610, Alcala (Vieille-Castille); 1686, Madrid. Ami de Caldéron. Secrétaire du Cte d'Oropesa, puis de Philippe IV. Historiographe des Indes, 1666. Prêtre, 1667. — Comedias (Comédies), 1681-87, *Madrid*, in-4. Hist. de la conquête du Mexique, 1684. Nouv. éd., *Madrid*, 1783-84, 2 vol. gr. in-4. fig., 40 à 50 fr., 1828, 4 vol. in-8, fig., 30 fr., et 1798, 5 vol. pet. in-12, 15 à 18 fr. *Baudry*, 1858, in-8, et *Didot*, 1826, 3 vol. in-32. Trad. franç., par La Guette, 1691, in-4, ou 2 vol. in-12. Poesias (Poésies), 1692, ou 1732, *Madrid*, pet. in-4, 6 à 7 francs.

SOPHOCLE, célèbre poëte tragique grec, vers 495 av. J.-C., Colone; vers 405..... Dès l'âge de 27 ans, concourut avec Eschyle et fut vainqueur, 468. Dirigea en qualité de stratége une expédition contre Samos, 440. Exerça sur l'art dramat. une influence considérable, et écrivit plus de cent pièces, dont sept seulement sont parvenues jusqu'à nous. — Antigone. Électre. Les Trachiniennes. OEdipe roi. Ajax. Philoctète. OEdipe a Colone. — OEuv. Éd. grecq. par Brunck, *Strasbourg*, 1786, 2 vol. gr. in-4, 24 à 36 fr.; par Erfurdt, *Leipsick*, 1802-25, 7 vol. in-8, 28 à 42 fr.; par Bothe, *Leipsick*, 1827-28, 2 vol. in-8, 12 fr., et 1825, in-8, 5 à 6 fr.; *Oxford*, 1833, pet. in-8, 5 sh.; *Lefèvre*, 1824, 2 vol. gr. in-32, 6 fr. Éd. grecq.-lat. par Brunck, *Strasbourg*, 1786-89, 4 vol. in-8, 20 à 24 fr.; par Bothe, *Leipsick*, 1806, 2 vol. in-8, 15 à 18 fr.; par divers, *Londres*, 1824, 4 vol. in-8, 36 à 40 fr.; par Dindorf, *Didot*, 1842, gr. in-8, 19 fr., et *Oxford*, 1849, 2 vol. in-8, 20 fr. Éd. franç. par Rochefort, 1788, 2 vol. in-8, et 1824, 2 vol. in-12; par Artaud, *Charpentier*, 1857, gr. in-18, 3 fr. 50; par Faguet (en vers), 1849, 2 vol. in-12. Éd. angl. par Dale, *Londres*, 1824, 2 vol. in-8. Éd. allem. par Jordan, *Berlin*, 1862, 2 vol. in-8. Éd. ital. par Belloti, *Milan*, 1813, 2 vol. in-8.

SOUFFLOT (Jacq.-Germain), architecte, 1713, Irancy, près d'Auxerre; 1780, Paris. Se perfectionna en Italie. Membre de l'Acad. d'architecture, 1749. Intendant gén. des bâtiments, 1776. — Hôtel-Dieu de Lyon, 1745. PANTHÉON, 1764 et suiv. École de droit. — OEuv. 1767, 2 vol. gr. in-fol. avec pl.

SOULANGE-TEISSIER (L.-Emm.), lithographe, 1814, Amiens. Demeura six ans dans l'imprimerie, 1828-34. Étudia le droit, la peinture, le dessin. Voyagea en Allemagne et en Espagne. — Lesueur chez les Chartreux, de Mlle Journet. L'Entrée au couvent, de M. Houzé. Le Dévouement, de M. Duval-Le-Camus. La Charité, de M. Gué. Le Collin-Maillard, de M. Schlesinger. La Retraite au désert, de M. de Lausac. La Forge, de M. Cicéri. La Basse-Cour, de M. Rousseau. Le Singe d'artiste, l'Intérieur d'atelier, les Chevaux de trait, de Decamps. Le Labourage nivernais, le Sombrage, Chèvres et Moutons, de Rosa Bonheur. St F. d'Assise, de M. Bénouville. La Mal' aria, de M. Hebert. Le Marchand de vins, le Dessinateur, de Chardin. Pâris et Hélène, de Prud'hon. La Prise de Malakoff, de M. Yvon.

SOULIÉ (Melchior-Fréd.), littérateur, 1800, Foix; 1847, Bièvre, près Paris. Quitta l'administration des finances pour les lettres et vint à Paris, 1824, où le besoin de vivre lui fit prendre en même temps la direction d'une scierie mécanique. — Amours françaises, 1824, in-18. Les Deux Cadavres, 1832, 2 vol. in-8. Le Magnétiseur, 1834, 2 vol. in-8. Le Cte de Toulouse, 1835, 2 vol. in-8. Un Été à Meudon, 1836, 2 vol. in-8. LES MÉMOIRES DU DIABLE, 1837-38, 8 vol. in-8. L'Homme de lettres, 1838, 2 vol. in-8. Confession gén. 1840-46, 6 vol. in-8. Si Jeunesse savait, 1841-45, 6 vol. in-8. Maison de campagne à vendre, 1843, in-8. Au Jour le jour, 1844, 4 vol. in-8. Les Drames inconnus, 1846, 2 vol. in-8. Huit Jours au château, 1847, in-8. Théâtre : Roméo et Juliette, 1828. Christine à Fontainebleau, 1829. Le Roi de Sicile, 1833. L'Ouvrier, 1840. Les Étudiants, 1845. LA CLOSERIE DES GENÊTS, 1846. — OEuv. *Lévy*, 43 vol. in-18 à 1 fr.

SOUMET (Alex.), poëte, 1788, Castelnaudary; 1845, Paris. Après des succès aux jeux floraux, se rendit dans cette dernière ville, 1808. Auditeur au conseil d'État, 1810. Bibliothécaire à St-Cloud, 1822; à Rambouillet, 1824; à Compiègne, 1830. Membre de l'Acàd. franç. 1824. — Le Fanatisme, 1808, in-8. L'Incrédulité, 1810, in-8 et in-18. Les Embellissements de Paris, 1812, in-8. La Découverte de la vaccine, 1815, in-8. Derniers Moments de Bayard, 1815, in-8. LA DIVINE ÉPOPÉE, 1840, 2 vol. in-8 et 1841, in-18. Jeanne d'Arc, 1845, in-8. Théâtre: Clytemnestre, Saül, 1822. Cléopâtre, 1824. JEANNE D'ARC, 1825. Les Macchabées, ÉMILIA, 1827. Élisabeth de France, 1828. Une Fête de Néron, 1829. Norma, 1831.

SOUTHEY (Robert), poëte et littérateur anglais, 1774, Bristol; 1843, Keswick. Secrétaire du chancelier de l'échiquier d'Irlande, 1801. Poëte lauréat, 1813. Écrivit un gr. nombre d'ouvrages. — Joan of Arc (Jeanne d'Arc), 1796, *Bristol*, in-4. 4ᵉ éd. 1812, 2 vol. in-12. Thalaba the Destroyer (Thalaba le Destructeur), 1801-09, *Londres*, 2 vol. in-18. The Curse of Kelama (la Malédiction de Kelama), 1810, *Londres*, in-4. Madoc, 1805-09, *Édimbourg*, in-4. RODERICK, 1814-15, *Londres*, in-4, ou 2 vol. in-12. Trad. franç. 1821, in-8, ou 3 vol. in-12. Contes. BALLADES. OEuv. poét. Éd. angl. *Londres*, 1853, gr. in-8, ou 1850, 10 vol. in-8. Littérature : History of Brazil (Hist. du Brésil), 1810-19, *Londres*, 3 vol. in-4. Hist. de la guerre de la Péninsule, 1823-32, *Londres*, 3 vol. in-4. Trad. franç. par M. Lardier, 1828, in-8, vol. I-II.

SOUVESTRE (Émile), littérateur, 1806, Morlaix; 1854, Paris. Commis libraire, 1828. Professeur à Nantes, à Brest, à Mulhouse. Se fixa à Paris, 1836, et s'y consacra aux lettres. — LES DERNIERS BRETONS, 1835-37, 4 vol. in-8, et 1843, in-18. Le Finistère, 1836, in-4. RICHE ET PAUVRE, 1836. L'Homme et l'Argent, 1839, 2 vol. in-8. Le Journalisme, 1839, 2 vol. in-8. Pierre et Jean, 1842, 2 vol. in-8. Le Foyer breton, 1844, in-8. Le Monde tel qu'il sera, 1845-46, gr. in-8. Le Roi du monde, 1852, 2 vol. in-8. Causeries histor. et litt. 1854, 2 vol. in-12.

SPADA (Leonello), peintre italien, 1576, Bologne; 1622, Parme. Élève des Carrache et de César Baglioni. Ouvrit une école. Peintre du duc de Parme Ranuccio Farnèse. — RETOUR DE L'ENFANT PRODIGUE, MARTYRE DE Sᵗ CHRISTOPHE, ÉNÉE ET ANCHISE, CONCERT, au Louvre. Abigaïl et David, Esther et Assuérus, Madone, l'Aurore, à Reggio. Vierge, Sᵗᵉ Catherine et Saints, Miracle de Sᵗ Félix, Christ à la colonne, Piété, Christ, St Pierre, Mort de St J.-Baptiste, Judith, à Parme. Vierge, à Modène. Concert, à Rome. Christ à la colonne, à Naples.

Chasteté de Joseph, à Gênes. Ste Cécile, à Madrid. Jésus, David, Cupidon, à Dresde.

SPALLANZANI (Lazare), célèbre anatomiste italien, 1729, Scandiano (Modène); 1799, Pavie. Professeur à Reggio, 1754; à Modène, 1760; à Pavie, 1768. Exécuta de gr. voyages scientif. à travers l'Europe, 1769-87, et des travaux remarquables sur la circulation du sang, la digestion, la génération, les animaux microscopiques. — Observ. microsp. sur la génération, 1767. Trad. franç. 1769, in-8. De lapidibus ab aqua resilientibus, 1765, *Modène*, in-4. Reproductions animales, 1768. Trad. franç. *Genève*, 1769, in-8. Expér. sur la circulation, 1773. Trad. franç. 1800, in-8. Phys. animale et végétale, 1776. Trad. franç. 1777, 2 vol. in-8. Expér. sur la digestion, 1780. Trad. franç. *Genève*, 1783, in-8. Voy. dans les Deux-Siciles, 1792, *Pavie*, 6 vol. in-8, 18 à 24 fr. Trad. franç. 1800, 6 vol. in-8, 18 à 20 fr. — OEuv. chois. Éd. ital. *Milan*, 1825-26, 6 vol. in-8, 24 à 30 fr.

SPARKS (Jared), littérateur américain, 1794, Willington (Connecticut). Fermier. Charpentier. Maître d'école. Pasteur, 1819. Professeur d'hist. 1839, et président de l'université, à Harvard, 1849-52. — Doctrines of the protestant episcopal church (Doctrines des protestants épiscopaux), 1820, *Baltimore*, in-8. Diplomatic correspondence of the american revolution (Correspond. diplomat. de la révolution américaine), 1829-31, *Boston*, 12 vol. in-8. Vie du gouverneur Morris, 1832, *Boston*, 3 vol. in-8. Trad. franç. 1842, 2 vol. in-8. The Life of Washington (Vie de Washington), 1830-40, *Boston*, 12 vol. in-8. Library of american biography (Biblioth. de biographie améric.), 1834-48, *Boston*, 25 vol. in-12.

SPENSER (Edmond), poëte anglais, 1552, Londres; 1599, ibid. Secrétaire de lord Grey de Wilton, lieutenant d'Irlande, 1580, et du conseil de Munster, 1588. Shériff du comté de Cork, 1598. — Shephard's Calendar (le Calendrier du berger), 1579, in-4. FAIRIE QUEEN (la Reine des Fées), 1590. Nouv. éd. *Londres*, 1751, 3 vol. gr. in-4, avec pl. 60 à 80 fr. Poésies diverses. — OEuv. Éd. angl. *Londres*, 1805, 8 vol. in-8, 100 à 125 francs; 1852, gr. in-8, et 5 vol. pet. in-8.

SPIEKER (Chrétien-Guill.), théologien allemand, 1780, Brandenbourg (Prusse); 1858..... Professeur à Halle, 1804; à Francfort, 1809. Pasteur et intendant ecclésiastique supérieur dans cette dernière ville, 1818. Aumônier de l'armée, 1813. — Geschichte Luthers (Hist. de Luther), 1818, *Berlin*, in-8. Kirchen- und Reformations Geschichte der Mark Brandenbourg (Hist. de l'Église et de la réforme dans le Brandenbourg), 1839, *Berlin*, 3 vol. in-8. Geschichte der Reformation in Deutschland (Hist. de la réformation en Allem.), 1847, *Leipsick*, in-8. Geschichte der Augsburger Religionsfriedens (Hist.de la paix relig. d'Augsbourg), 1853, *Schleiz*, in-8.

SPINOZA (Benoît de), célèbre philosophe hollandais, 1632, Amsterdam ; 1677, La Haye. Se sépara de la religion juive, qui était celle de sa famille, et se fit tailleur de verre afin de subvenir à ses besoins. Vécut 4 ans à Voorburg, près La Haye, 1664-68, puis se retira dans cette dernière ville. Sa vie fut toute de travail, de pauvreté et de méditations. Sa philosophie, qui n'est à vrai dire qu'un panthéisme, vivement critiquée au dix-septième siècle, a été réhabilitée de nos jours pas Schelling. — Exposition du syst. de Descartes, 1663. Traité des cérémonies des Juifs, 1670. ÉTHIQUE, 1677. Traité polit. Lettres. — OEuv. Édit. lat. par Paulus, *Iéna*, 1802-03, 2 vol. gr. in-8, 24 fr.; par Gfrœrer, *Stuttgart*, 1830, in-8, 12 fr.; par Bruder, *Leipsick*, 1843-46, 3 vol. in-16, 10 fr. Éd. franç. par Émile Saisset, *Charpentier*, 1861, 3 vol. gr. in-18, 10 fr. 50. Éd. allem. par Auerbach, *Stuttgart*, 1841, 5 vol. in-16.

SPOHR (L.), musicien compositeur allemand, 1784, Brunswick ; 1859, Cassel. Élève de Mancourt et d'Eck. Visita la Russie, 1802 ; l'Allemagne, 1804-13 ; l'Italie, 1816 ; la France, 1819; l'Angleterre. Directeur de la musique du duc de Gotha, 1804 ; de l'Opéra de Francfort, 1818 ; de la chapelle de l'électeur de Hesse, à Cassel, 1822. — FAUST, Zémire et Azor, 1818; le Duel des Amants, 1819, à Francfort. JESSONDA, 1823 ; l'Esprit de la Montagne, 1825 ; l'Alchimiste, 1832 ; P. d'Albano, 1834; les Croisés, 1838, à Cassel. Oratorios. Messes. Cantates. Quatuors.

SPON (Jacq.), archéologue, 1647, Lyon ; 1685, Vevay. Docteur, 1667. Agrégé au collége des médecins de Lyon, 1669. Parcourut l'Italie, la Grèce, l'Asie Mineure. Sortit de France avant la révocation de l'Édit de Nantes. — Rech. des antiquités et des curiosités de Lyon, 1673. Nouv. éd. *Lyon*, 1858, in-8, 22 fr. De l'origine des étrennes, 1674-81, in-18, 2 à 3 fr., et 1828, in-8. Relation de la ville d'Athènes, 1674, *Lyon*, in-12. Voy. D'ITALIE, DE DALMATIE, DE GRÈCE ET DU LEVANT, 1678. Nouv. éd. *Amsterdam*, 1679, 2 vol. pet. in-12, fig., 6 à 10 fr. Hist. de Genève, 1680, *Lyon*, 2 vol. in-12, et *Genève*, 1730, 2 vol. in-4. Rech. curieuses d'antiquités, 1683, *Lyon*, in-4, 6 à 9 fr. Miscellanea cruditæ antiquitatis, 1685, *Lyon*, in-fol. 10 à 12 fr.

SPONTINI (Gaspard-L.-Pacifique), musicien compositeur italien, 1779, Majolati (Ancône); 1851, Jési. Après des succès en Italie, vint à Paris, 1803. Directeur de la musique de Joséphine, 1805, et de l'Opéra italien, 1810-12. Surintendant de la musique, maître de chapelle et directeur de l'Opéra de Fréd.-Guillaume III, à Berlin, 1820. Membre de l'Institut, 1839. — La finta Filosofa, Milton, 1804; LA VESTALE, 1807; FERNAND CORTÈS, 1809; Olympie, à Paris. Lalla-Roukh, 1821; Nurmahal, 1824; Alcidor, 1825; AGNÈS DE HOHENSTAUFEN, 1825, à Berlin.

SPRENGEL (Kurt-Polycarpe-Joachim), médecin et naturaliste allemand, 1766, Boldekow (Poméranie); 1833, Halle. Docteur, 1787. Professeur de médecine, 1789; de botanique, 1797, et directeur du jardin botanique, à Halle. Associé de l'Institut, 1825. — HIST. DE LA MÉDECINE, 1792-99. Nouv. éd. *Halle*, 1821-28, 5 vol. in-8, 30 fr. Hist. de la chirurgie, 1815-19, *Halle*, 2 vol. in-8. Éd. franç. de ces deux ouvrages, par Jourdan, 1815-20, 9 vol. in-8, 36 fr. Éd. ital. *Florence*, 1839-42, 6 vol. in-8. Hist. de la botanique, 1817-18, *Leipsick*, 2 vol. in-8. Trad. franç. par Jourdan, 1832, 2 vol. in-8.

SPRUNER (Ch. de), géographe et historien allemand, 1803, Stuttgart. Docteur en philos. 1843. Membre de l'Acad. des sciences de Munich, 1853. Colonel d'état-major, 1855. Aide de camp du roi Maximilien, 1856. Professeur à l'École milit.— HISTORISCH-GEOGRAPHISCHER HANDATLAS (Atlas d'hist. et de géographie), 1837-52. 2e éd. *Gotha*, 1853-55, in-fol. Historischer Atlas von Baiern (Atlas histor. de la Bavière), 1838, *Gotha*, in-fol.

SPURZHEIM (J.-Gaspard), physiologiste allemand, 1776, Longwich, près Trèves; 1832, Boston. Élève, puis collaborateur de Gall, avec lequel il ouvrit des cours à Paris, 1807-13. Se rendit ensuite en Angleterre, 1813, puis en Amérique, 1832, pour propager ses doctrines. — ANAT. ET PHYSIOL. DU SYST. NERVEUX (avec Gall), 1809-19, *Schœll*, 4 vol. in-fol. avec atlas, 150 fr., ou 4 vol. in-4 avec atlas in-fol. 120 fr. Nouv. éd. sous ce titre : Sur les fonctions du cerveau, *Baillière*, 1822-25, 6 vol. in-8, 42 fr. Observ. sur la phrénologie, 1810-18, in-8. Nature morale et intellectuelle de l'homme, 1820 in-8. Essai sur l'éducation, 1822, in-8. Précis de phrénologie, 1825, in-12. Manuel de phrénologie, 1832, in-12.

SQUIER (Éphraïm-Georges), archéologue et voyageur américain, 1823, Albany (New-York). Fit partie de l'expédition de Davis. Chargé d'affaires au Nicaragua. Exécuta un voy. scientif. en Europe. — The ancient Monuments of the Mississipi valley (Anc. Monuments de la vallée du Mississipi), avec Davis, 1848, *New-York*, in-4. Antiquities of the State of New-York (Antiquités de l'État de New-York), 1851, *Washington*, in-8. THE NICARAGUA (le Nicaragua), 1852, *New-York*, 2 vol. in 8. WAIKNA, 1854, *New-York*, in-8. Documents concerning the discovery of America (Documents sur la découverte de l'Amérique), 1860, *New-York*, pet. in-4.

STACE (Publius Papinius Statius), poëte latin, 61, Naples; 96, ibid. Il lisait ses œuv. en public et obtint de son vivant une gr. réputation. On lui reproche d'avoir trop loué Domitien. — La Thébaïde. L'Achilléïde. Mélanges. — OEuv. Éd. lat. *Lemaire*, 1825-30, 4 vol. in-8; par M. Dübner, 1827, 2 vol. in-8 ; *Londres*, 1822, gr. in-18. Éd. lat.-franç. *Panckoucke*, 1829-32, 4 vol. in-8, 28 fr.; *Delalain*, 1820, 5 vol. in-12, 15 fr.

STAEL-HOLSTEIN (Anne-Louise-Germaine NECKER, baronne de), célèbre femme de lettres, 1766, Paris; 1817, ibid. Fille de Necker. Exerça une gr. influence par ses connaissances variées, sa parole et ses écrits, surtout sous le Directoire. Obligée de quitter la France sous l'empire, elle parcourut successivement l'Allemagne, 1802; la Suisse, 1805; l'Autriche, 1812; la Russie, la Suède, l'Angleterre, 1813. Sans avoir toute la profondeur que l'on voudrait, elle brille par la finesse, le coloris et une rare imagination. — De l'Influence des passions, 1796. Nouv. éd. 1818, in-8 ou in-12. De la Littérature, 1800. Nouv. éd. 1818, 3 vol. in-8 ou in-12. Delphine, 1802, 3 vol. in-12. CORINNE, 1807, 2 vol. in-12. DE L'ALLEMAGNE, 1813, 3 vol. in-8 ou in-12. CONSIDÉR. SUR LA RÉVOLUTION FRANÇ., 1818, 3 vol. in-8 ou 2 vol.

in-12. Mémoires, 1818, in-8 ou in-12. — OEuv. compl. *Treuttel* 1820, 17 vol. in-8, 40 à 50 fr.; *Didot*, 1836, 3 vol. gr. in-8, 27 fr.; *Charpentier*, 1839-44, 7 vol. gr. in-18, 25 fr. 50.

STAHL (Georges-Ern.), médecin allemand, 1660, Anspach; 1734, Berlin. Docteur, 1684. Médecin du duc de Saxe-Weimar, 1687. Professeur, 1694, et doyen de la Faculté de Halle. Conseiller aulique, médecin du roi, 1716, et membre de l'Acad. à Berlin. Il expliquait les phénomènes de l'économie animale par un principe immatériel, et eut le premier l'idée de la combustion. — De Motu tonico vitali, 1692, *Iéna*, in-4. De Autocratia naturæ, 1696, *Halle*, in-4. De Venæ portæ porta malorum, 1698. Nouv. éd. *Halle*, 1751, in-4. De Morborum ætatum fundamentis, 1698-1702, *Halle*, in-4. THEORIA MEDICA VERA, 1707. Nouv. éd. *Halle*, 1737, in-4, ou *Leipsick*, 1831, 3 vol. in-12. FONDEMENTS DE LA CHIMIE, 1723-47, *Nuremberg*, 3 vol. in-4. Trad. franç. par Demachy, 1757, 6 vol. in-12. — OEuv. trad. franç. par Blondin et Boyer, *Baillière*, 1859 et suiv., in-8, vol. II-IV.

STAHR (Ad.-Guill.-Théod.), littérateur allemand, 1805, Prenzlau (Prusse). Professeur à Halle, puis au collége d'Oldenbourg, 1836. Se fixa à Berlin en 1854. — Aristotelia, 1830-32, *Halle*, 2 vol. in-8. Ein Jahr in Italien (Une Année en Italie), 1847-50. 2e éd. *Oldenbourg*, 1853, 3 vol. in-8. Die Republikaner in Neapel (les Républicains de Naples), 1849, *Berlin*, 3 vol. in-8. Zwei Monate in Paris (Deux Mois à Paris), 1851, *Oldenbourg*, 2 vol. in-8. KUNST, KUNSTLER UND KUNSTWERKE DER ALTEN (l'Art, les Artistes et les Monuments d'art des anciens), 1854-55, *Brunswick*, 2 vol. in-8.

STALLBAUM (Godefroi), philologue allemand, 1793, Zaach, près de Delitsch. Élève de Beek, Hermann et Spohn. Professeur à Halle, 1817, puis à Leipsick, où il fut nommé directeur d'une école du gouvernement, 1835. — Éd. des œuv. de Platon, 1821-25, 12 vol. Ueber den innern Zusammenhang musikalischer Bildung (de l'Alliance de l'instruction musicale), 1842, *Leipsick*. Das Griechische und Lateinische in unsern Gymnasien (le Latin et le Grec dans nos gymnases), 1846, *Leipsick*.

STANFIELD (Clarkson), peintre anglais, 1798, Sunderland (Durham). Marin. Visita une partie de l'Europe. Membre de l'Acad. roy. 1835. — Naufrage, CALME EN MER, 1827. Environs de Châlon-sur-Saône, 1829. Le Mont-St-Michel, 1830. Vues de Venise, 1830-34. Bataille de Trafalgar, 1836. Château d'Ischia, 1841. Le Lendemain d'un naufrage, 1844. Vue du Texel, Passage de la Macta, Vent contre marée, 1847. Siége de St-Sébastien, Bataille de Roveredo, Fort de Tilbury, Dogre hollandais, 1855. L'Abandonné, les Bruyères, 1856.

STANHOPE (Phil.-H.), historien et politique anglais, 1805, Walmer-Castle. Docteur en droit, 1834. Membre de la chambre des communes, 1830, et de celle des lords, 1855. Sous-secrétaire d'État, 1834-35. Secrétaire du bureau des Indes, 1845-46. Président de la Société des antiquaires, 1846. — History of the war of the succession in Spain (Hist. de la guerre de succession en Espagne), 1834, *Londres*, in-8. HISTORY OF ENGLAND (Hist. d'Angleterre), 1836. 3ᵉ éd. *Londres*, 7 vol. in-8. Vie du Grand Condé, 1840, *Londres*, in-8.

STASSART (Goswin-Jos.-Augustin, baron de), littérateur et politique belge, 1780, Malines; 1854, Bruxelles. Auditeur au conseil d'État, 1804. Préfet. Député à la chambre des Pays-Bas, 1821-30. Gouverneur des provinces de Namur, 1830, et de Brabant, 1834-39. Membre, 1831-47, et président du sénat. Ministre plénipotentiaire, 1840. Correspondant de l'Institut. — Bagatelles sentimentales, 1800. 2ᵉ éd. *Bruxelles*, 1802, in-18. Géographie élément., 1804. 2ᵉ éd. 1806, 3 vol. in-8. Pensées, 1814. 3ᵉ éd. *Bruxelles*, 1815, in-18. FABLES, 1818. 8ᵉ éd. 1852, in-18. — OEuv. *Didot*, 1855, gr. in-8.

STAUNTON (Georges-Thomas), sinologue anglais, 1781, Salisbury; 1859, Londres. Secrétaire et président de factorerie de la comp. des Indes, à Canton, 1799-1817. Attaché à l'ambassade de lord Amherst, 1816. Membre de la chambre des communes, 1818-52. — Voy. en Chine, 1797, *Londres*, 2 vol. gr. in-4, avec atlas, 30 à 40 fr., ou 3 vol. in-8, fig., 15 à 18 fr. Trad. franç. 1804, 3 vol. in-8 avec atlas, 20 à 30 fr. Code pénal de la Chine, 1810, *Londres*, in-4 20 à 24 fr. Trad. franç. par Renouard de Ste-Croix, 1811, 2 vol. in-8. Narrative of the chinese embassy (Relation de l'ambassade chinoise), 1821, *Londres*, in-8, 12 à 15 fr. Miscellaneous Notices (Notices diverses), 1822-28, *Londres*, 2 vol. in-8.

STEELE (Richard), littérateur anglais, 1671, Dublin; 1729,

Llangunnor (Galles). Soldat. Journaliste. Commissaire du timbre, 1710-13. Membre de la chambre des communes, 1713. — Avec Addison : le Babillard, 1709. Éd. angl. *Londres*, 1797, 4 vol. gr. in-8, 20 à 24 fr. Trad. franç. *Amsterdam*, 1735, 2 vol. in-12. Le Spectateur, 1711. Éd. angl. *Londres*, 1797-1801, 8 vol. gr. in-8, 48 à 60 fr ; 1857, gr. in-8, 10 à 12 fr., et 1803, 8 vol. pet. in-8. Trad. franç. 1754-55, 3 vol. in-4 ou 9 vol. in-12. Le Mentor, 1713. Éd. angl. *Londres*, 1797, 2 vol. gr. in-8, 10 à 12 fr. Trad. franç. *La Haye*, 1723, 3 vol. in-12.

STEIN (L.), économiste et jurisconsulte allemand, 1813, Eckernfœrde (Schleswig). Professeur à Kiel, 1846, puis à Vienne, 1852. — Geschichte des dænischen civil Processes und das heutige Verfahren (Hist. de la procédure civile en Danemark), 1841, *Kiel*, in-8. Der Socialisme und der Communisme des heutigen Frankreichs (le Socialisme et le Communisme de la France actuelle), 1844. 2ᵉ éd. 1849-51, *Leipsick*, 3 vol. in-8. Franzœs. Staats-und Rechts-Geschichte (Hist. de France et hist. du droit français), 1846-48, *Bâle*, in-8. System der Staatswissenschaften (Syst. d'économie polit.), 1854, *Leipsick*.

STELLA (Jacq.), peintre, 1596, Lyon ; 1657, Paris. Passa 7 ans à Florence, et 11 ans à Rome, 1623-34. Peintre de Louis XIII, 1635. — Minerve au milieu des Muses. Jésus discutant avec les docteurs de la loi. Baptême de J.-C. Miracle des cinq pains. La Samaritaine.

STEPHENSON (Georges), célèbre ingénieur anglais, 1781, Wylam (Northumberland) ; 1848, Tapton (Derby). De simple ouvrier mineur devint l'ingénieur le plus habile de l'Angleterre. — Invention de la locomotive, 1814. Lampe de sûreté, 1815. 1ᵉʳ chemin de fer, de Stockton à Darlington, 1825.

STEPHENSON (Robert), ingénieur anglais, 1803, Willington ; 1859, Londres. Fils du précédent. Passa 3 ans en Amérique, 1824-27. Se fixa à Londres, 1837. Membre du Parlement. 1847. Dirigea l'établissement des principales lignes ferrées de l'Angleterre. — Ponts de Berwick ; de Newcastle ; de Menai, 1847-50, et de Victoria, à Montréal (Canada).

STERNE (Laurence), littérateur anglais, 1713, Clonmel (Irlande) ; 1768, Londres. Entra dans les ordres, 1738. Obtint la cure de Sutton, puis celle de Coxwold. Ses écrits eurent du succès; ils décèlent le caractère original, mais aussi les goûts licencieux de leur auteur. — Tristram Shandy, 1759-61. Nouv. éd. *Baudry*, 1832, in-8, 5 fr., et *Londres*, 1817, in-24. Trad. franç. *Charpentier*, 1842, 2 vol. in-18, 7 fr. VOY. SENTIMENTAL, 1767-68. Nouv. éd. angl. *Londres*, 1792, in-8, et *Didot*, 1800, in-18. Éd. angl.-franç. *Dufour*, 1799, 2 vol. gr. in-4, 15 à 20 fr. Éd. franç. *Dentu*, 1828, gr. in-8, 4 fr.; *Bourdin*, 1854, gr. in-8, fig. 10 fr.; *Charpentier*, 1848, gr. in-18, 3 fr. 50.—OEuv. Éd. angl. *Londres*, 1780, 10 vol. pet. in-8, 30 à 40 fr. Éd. franç. *Bastien*, 1803, 6 vol. in-8.

STEUBEN (Ch.-Guill.-Aug.-H.-F.-L. baron de), peintre, 1788, Bauerbach, près Manheim ; 1856, Paris. Élève de Robert-Lefèvre et de Gérard. Professeur à l'École polytechnique, 1834. Habita quelque temps la Russie. — P. le Grand sur le lac Ladoga, 1812. St-Germain, 1819. Mercure endormant Argus, 1822. Serment des trois Suisses, 1824 (détruit en 1848). Révolte des Strélitz, 1827. Retour de l'île d'Elbe, 1831. Waterloo, 1835. Bataille de Poitiers, LA ESMERALDA ET QUASIMODO, 1836. NAPOLÉON ET LE ROI DE ROME, 1841. Joseph et Putiphar, 1843. JUDITH SORTANT DE BÉTHULIE. PORTRAITS.

STEVENS (Jos.), peintre belge, 1819, Bruxelles. S'est principalement attaché à la reproduction des animaux. — La Lice et sa compagne, les Mendiants, 1844. Plus fidèle qu'heureux, Un Temps de chien, 1845. Le Protecteur, 1846. Chien portant le dîner de son maître, 1847. Supplice de Tantale, 1849. Un Métier de chien, souvenir de Bruxelles, 1852. Surprise, Taureau et chien, 1853. Épisode du marché aux chiens, l'Intrus, la Bonne Mère, le Philosophe sans le savoir, 1855. Intérieur du Saltimbanque, le Chien et la Mouche, le Chien de la douairière, Distrait de son travail, le Repos, 1857. Les Bœufs, Une pauvre bête, Un heureux moment, 1859. La Cuisine, le Coin du feu, Chien criant au perdu, 1861. La Protection, les Solliciteurs, Étal de boucher flamand, 1863.

STEWART (Dugald), philosophe écossais, 1753, Édimbourg; 1828, ibid. Élève de Reid, 1771. Professeur de mathémat., 1775, et de philosophie morale, 1778-1810, à Édimbourg, où il ouvrit encore un cours d'économie polit., 1800. Appliqua aux sciences métaphys. les méthodes d'observation et d'induction des sciences naturelles. — ELÉM. DE LA PHILOS. DE L'ESPRIT HUMAIN, 1792-1827, *Londres*, 3 vol. in-4, ou in-8. Trad. franç. par Prévost et Farcy, *Genève*, 1808-26, 3 vol. in-8, et par Peisse, *Ladrange*, 1843, 3 vol. in-12, 10 fr. 50. ESQUISSES DE PHILOS. MORALE, 1793. 4e éd. *Édimbourg*, 1829, gr. in-8, 8 sh. Trad. franç. par Jouffroy, 1826. 3e éd. *Johanneau*, 1840, in-8, 7 fr. Essais philos., 1810. 3e éd. *Édimbourg*, 1818, gr. in-8, 6 sh. Trad. franç. par Huret, *Johanneau*, 1828, in-8, 6 fr. Hist. des sciences métaphys. 1815-22, *Édimbourg*, 2 vol. in-4, 2 liv. Trad. franç. par Buchon, *Levrault*, 1820-23, 3 vol. in-8, 15 fr. Philos. des facultés, 1828, *Édimbourg*, 2 vol. gr. in-8, 1 liv. Trad. franç. par Léon Simon, *Johanneau*, 1834, 2 vol. in-8, 15 fr. — OEuv. Éd. angl. *Édimbourg*, 1854-58, 10 vol. in-8.

STOBÉE (J.), littérateur et compilateur grec, 4e siècle de J.-C., Stobi (Macédoine). Il avait réuni un gr. nombre de passages relatifs à la philos. et à l'hist. nat. pour l'instruction de son fils Septimius. — Eclogæ. Éd. grecq.-lat. par Heeren, *Gœttingue*, 1792-1801, 4 vol. in-8, 25 fr., et par Gaisford, *Oxford*, 1850, 2 vol. in-8, 1 liv. Florilegium. Éd. grecq. par Gaisford, *Leipsick*, 1823-24, 4 vol. in-8, 30 fr., et par Meineke, *Leipsick*, 1856-57, 4 vol. pet. in-8, 12 fr.

STRABON, célèbre géographe grec, vers 60 av. J.-C., Amasia (Cappadoce);..... Reçut les leçons d'Aristodemus et de Xénarque. Visita l'Asie Mineure, la Grèce, l'Italie, l'Égypte. Décrivit ses observations dans deux savants ouvrages, dont l'un, intitulé Mémoires historiques, ne nous est pas parvenu. — GÉOGRAPHIE. Éd. grecq. par Siebenkees, *Leipsick*, 1796-1818, 7 vol. in-8, 50 à 60 fr.; par Coray, *Eberhart*, 1815-19, 4 vol. in-8, 50 fr., et *Leipsick*, 1819, 3 vol. in-16, 10 fr. Éd. grecq.-lat. par Almeloveen, *Amsterdam*, 1707, 2 vol. pet. in-fol., 30 à 40 fr.; par MM. Müller et Dübner, *Didot*, 1853-57, 2 vol. gr. in-8, 35 fr. Éd. franç. par divers, *Impr. imp.*, 1805-19, 5 vol. gr. in-4, fig. 140 à 160 fr.; par M. Tardieu, 1861, in-8. Éd. angl. par Hamilton, *Londres*, 1825, 3 vol. in-8. Éd. allem. par Groskurd, *Berlin*, 1831-34, 4 vol. in-8. Éd. ital. par Ambrosoli, *Milan*, 1834-35, 5 vol. in-8.

STRANGE (Robert), graveur anglais, 1721, Pomona (Orcades); 1792, Londres. Avocat, puis soldat. Élève de Le Bas, à Paris,

1748, et membre de l'Académie de cette ville, 1764. Séjourna 5 ans en Italie, 1760-65. — Ste Cécile, de Raphaël. St Jérôme, du Corrége. Mort de Cléopâtre, la Fortune, Vénus et les Grâces, Joseph, Marie-Madeleine, du Guide. Résurrection du Christ, Abraham chassant Agar, Esther et Assuérus, Mort de Didon, du Guerchin. Vénus et Adonis, Danaé, du Titien. Romulus et Rémus, César répudiant Pompéia, de P. de Cortone. Martyre de Ste Agnès, du Dominiquin. Bélisaire, de Salvator Rosa. Vierge, de Maratti. Le choix d'Hercule, du Poussin. Retour du Marché, de Wouvermans. Portraits.

STRAUSS (David-Fréd.), théologien allemand, 1808, Ludwigsbourg (Wurtemberg). Entra dans les ordres, 1830. Professeur à Tubingue, 1832 : à Zurich, 1839. Député à la diète de Wurtemberg, 1848. Ses œuv. ont eu un gr. retentissement et l'ont obligé à se renfermer dans les travaux d'érudition. — VIE DE JÉSUS, 1835. Nouv. éd., *Tubingue*, 1864, 2 vol. in-8, Trad. franç, par M. Littré, *Ladrange*, nouv. éd. 1864, 2 vol. in-8, 15 fr. Streitschriften (Écrits polémiques), 1837, *Tubingue*, in-8. Zwei freidliche Blætter (Deux feuilles pacifiques), 1838, *Tubingue*, in-12. DIE CHRISTLICHE GLAUBENSLEHRE (la Dogmatique chrétienne), 1840-41, *Tubingue*, 2 vol. in-8. Sechs theologisch-politische Volksreden. (Six discours popul. théolog. et polit.), 1848, *Tubingue*, in-8.

STROZZI (Bern.), peintre italien, 1581, Gênes ; 1644, Venise. Quitta l'ordre des capucins pour la peinture, et se retira à Venise. — Vierge, ST THOMAS, Charité, Cuisinière, Berger, Ste Famille, Jésus et la Samaritaine, la Femme adultère, Assomption, Cincinnatus, Ste Catherine, Christ, Saints, à Gênes. Ange gardien, St Laurent, St Roch, à Venise. Mariage de la Vierge, St François, à Modène. Descente de Croix, Denier de César, à Florence. Ste Thérèse, à Brescia. Éliézer et Rebecca, Esther et Assuérus, David, à Dresde. Le Temps et la Vérité, à Darmstadt. St Jean, Élie, à Vienne. Madone, St Antoine de Padoue, au Louvre.

STRUVE (Burchard-Gotthelf), bibliographe allemand, 1671, Weimar ; 1738, Iéna. Élève de Cellarius. Visita l'Allemagne et la Hollande. Bibliothécaire, 1697, et professeur, 1704, à Iéna. — Bibliotheca juris selecta, 1703. 8° éd. *Iéna*, 1756, 2 vol. in-8,

6 à 7 fr. Introductio in notitiam rei litterariæ, 1704. Nouv. éd. *Francfort*, 1754, 2 vol. in-8, 5 à 6 fr. SELECTA BIBLIOTHECA HISTORICA, 1705. Nouv. éd. par Meusel, *Leipsick*, 1782-1804, 22 vol. in-8, 40 à 50 fr.

STRUVE (Fréd.-Georges-Guill. de), astronome russe, 1793, Altona; 1864, St-Pétersbourg. Attaché à l'Observatoire de Dorpat, 1813, qu'il dirigea depuis 1817. Exécuta de gr. travaux de triangulation, 1817 et suiv. Directeur de l'Observatoire de Poulkova, 1839. Correspondant de l'Institut. — Observationes astronomicæ, 1820-40, *Dorpat*, 8 vol. in-4. STELLARUM DUPLICIUM MENSURÆ MICROMETRICÆ, 1837, *St-Pétersbourg*, gr. in-fol. Expédition chronométrique, 1844-46, *St-Pétersbourg*, 2 vol. in-fol. Description de l'Observatoire de Poulkova, 1845, *St-Pétersbourg*, 2 vol. in-fol.

STUART (James), archéologue anglais, 1713, Londres; 1788, ibid. Passa plusieurs années en Italie et en Grèce, 1744-55. Intendant de l'hôpital de Greenwich. — ANTIQUITÉS D'ATHÈNES (avec Revett), 1761-1816, *Londres*, 4 vol. gr. in-fol. fig. Nouv. éd. *Londres*, 1825-27, 3 vol. gr. in-fol. fig. Trad. franç. par Feuillet, 1808-24, 4 vol. in-fol. fig.

STÜLER (Aug.), architecte allemand, 1800, Berlin. Élève de Schinkel. Architecte du roi de Prusse. — Palais d'hiver de St-Pétersbourg. MUSÉE, Bourse, Églises, à Berlin. Bourse de Francfort. Travaux aux châteaux de Potsdam et de Sans-Souci.

SUARD (J.-Bapt.-Ant.), littérateur, 1733, Besançon; 1817, Paris. Vint dans cette ville, 1750, où il s'attira l'estime des savants et des lettrés. Membre de l'Acad. franç. 1774. Censeur, 1774-90. Pendant la terreur, il vécut dans la retraite, et quitta même la France, 1797-99. Secrétaire perpétuel de la 2ᵉ classe de l'Institut, 1803 (Acad. franç. 1816). — Variétés litt. (avec Arnaud), 1768-1804, 4 vol. in-8 ou in-12. Mélanges de litt. 1803-05. 2ᵉ éd. 1806, 5 vol. in-8. Trad. et éd. de divers ouvrages. Nombreux articles de journaux. Mémoires. Lettres.

SUBLEYRAS (P.), peintre, 1699, Uzès; 1749, Rome. Vint à Paris, 1724. 1ᵉʳ prix de peinture, 1726. Se fixa à Rome, 1728. — MESSE DE ST-BASILE, à Rome. Le Serpent d'airain, Jésus chez Simon, Martyres de St Hippolyte et de St Pierre, les Oies du frère Philippe, le Faucon, l'Ermite, au Louvre.

SUDRE (J.-P.), lithographe, 1783, Alby. Vint à Paris, 1802. Mis en relation avec M. Ingres, il a reproduit une partie de ses œuv. — Lanjuinais, Chauveau-Lagarde, Michel-Ange, Raphaël, Poussin, Odalisques, 1827. Alain Chartier, de M. Beaume; les Baigneuses, de Rioult, 1831. La chapelle Sixtine, Roger et Angélique, 1839; Christ, Vierge, 1842; Cherubini, 1844; OEdipe, 1850, de M. Ingres. Vierge à la chaise, de Raphaël, 1850. Vierge au silence, de Carrache, 1855.

SUE (Marie-Jos.-Eug.), romancier, 1804, Paris; 1857, Annecy (Savoie). Chirurgien milit. 1823-40. La mort de son père l'ayant mis en possession d'une belle fortune, il en profita pour s'adonner aux lettres. Député à la législative, 1850. Ses œuv. eurent une vogue considérable. — Kernock le Pirate, 1830, in-8. Plick et Plock, Atar Gull, 1831, 2 vol. in-8. La Salamandre, 1832, 2 vol. in-8. La Coucaratcha, 1832-34, 4 vol in-8. La Vigie de Koat-ven, 1833, 4 vol. in-8. Hist. de la marine franç. 1835-37, 5 vol. in-8. Cécile, 1835, in-12. Latréaumont, 1837, 2 vol. in-8. Arthur, 1838, 2 vol. in-8. Le marquis de Létorières, 1839, in-8. Jean Cavalier, 1840, 4 vol. in-8. Mathilde, 1841, 6 vol. in-8. Thérèse Dunoyer, 1842, 2 vol. in-8. Les Mystères de Paris, 1842, 10 vol. in-8. Le Morne au Diable, 1842, 2 vol. in-8. Le Juif errant, 1844-45, 10 vol. in-8. Martin l'enfant trouvé, 1847, 12 vol. in-8. Les Sept péchés capitaux, 1847-49, 16 vol. in-8. Les Mystères du peuple, 1849-56, in-8. Les Enfants de l'amour, 1850, 4 vol. in-8. La Bonne Aventure, 1851, 6 vol. in-8. Fernand Duplessis, Mémoires d'un Mari, 1852, 6 vol. in-8. — OEuv. *Paulin*, 1846, 61 vol. in-16.

SUÉTONE (C. Suetonius Tranquillus), historien latin, vers 65 de J.-C..... Avocat. Tribun. Secrétaire d'Adrien, vers 119-21. Ami de Pline le jeune. Son principal ouvrage contient de précieux renseignements, mais blesse souvent la décence. — Vies des Douze Césars. Notices historiques. Éd. lat. par Pitiscus, *Louvain*, 1714-15, 2 vol. in-4, fig. 15 à 18 fr.; par Duker, *Leyde*, 1751, 2 vol. in-8, fig. 12 à 15 fr.; par Wolf, *Leipsick*, 1802, 4 vol. in-8, 24 à 30 fr.; par Hase, *Lemaire*, 1828, 2 vol. in-8 et *Leipsick*, 1860, in-8, 4 thl. Éd. lat.-franç. par Golbéry, *Panckoucke*, 1832-33, 3 vol. in-8, 18 fr.; par Baudement, *Dubochet*, 1845-46, gr. in-8, ou in-12; par M. Pessonneaux, *Charpentier*,

1856, gr. in-18, 3 fr. 50. Éd. angl. par Thomson, *Londres*, 1796, in-8. Éd. allem. par Eichhoff, *Francfort*, 1821, 2 vol. in-8. Éd. ital. par Rosso, *Plaisance*, 1807, 3 vol. in-8. Éd. esp. par Bartolome, *Madrid*, 1679, in-8.

SUHM (P.-Fréd. de), historien danois, 1728, Copenhague; 1798, ibid. Assesseur au tribunal de Blessen, 1748. Conseiller d'État à Drontheim, 1751-65. Gentilhomme de la chambre, chambellan et historiographe, à Copenhague. — Udkast af en Historie over Folkenes Oprindelse (Essai sur l'orig. des peuples du Nord), 1769-70, *Drontheim*, 2 vol. in-4. Kritisk Historie af Danemark (Hist. crit. du Danemark), 1774-81, *Copenhague*, 4 vol. in-4. HISTORIE AF DANMARK (Hist. du Danemark), 1782-1828, *Copenhague*, 14 vol. pet. in-4.— OEuv. div. *Copenhague*, 1788-99, 16 vol. in-8.

SULPICE SÉVÈRE, historien, vers 363..... (Aquitaine); vers 410, Marseille. Quitta le barreau pour entrer dans les ordres, vers 392, et vécut dans la retraite où il écrivit son ouvrage remarquable par son élégance et sa concision.—HIST. SACRÉE. Vie de St Martin. Lettres. Éd. lat. *Vérone*, 1741-54, 2 vol. gr. in-4, 30 à 36 fr.; *Leipsick*, 1709, in-8, 4 à 5 fr.; *Leyde*, 1635-43, pet. in-12, 6 à 10 fr. Éd. lat.-franç. *Panckoucke*, 1848-49, 2 vol. in-8, 14 francs.

SWAMMERDAM (J.), naturaliste hollandais, 1637, Amsterdam; 1680, ibid. Docteur, 1667. Porta toute son attention sur l'anat. des insectes. Ses travaux en ce genre sont fort estimés. — Hist. gén. des insectes, 1669, *Utrecht*, in-4. Trad. franc. *Utrecht*, 1685, in-4. Afbeelding van's Menschen leven vortoont in de haft (Description anat. des insectes éphémères), 1675, *Amsterdam*, in-8. BIBLE DE LA NATURE, 1737-38, *Leyde*, 3 vol. in-fol. 20 à 25 fr. Éd. allem. *Leipsick*, 1752, in-fol. Éd. franç. *Dijon*, 1758, in-4. Éd. angl. *Londres*, 1758, in-fol.

SWIFT (Jonathan), littérateur anglais, 1667, Dublin; 1745, ibid. Secrétaire de William Temple, 1688. Entra dans les ordres, 1695. Chapelain de lord Berkeley, 1699. Doyen de Saint-Patrick, 1713. Il a exercé une gr. influence polit. et litt. par ses écrits satiriques et maniait le pamphlet avec une dextérité sans exemple. — LE CONTE DU TONNEAU, 1704, *Londres*, in-8. Trad. franç. par Van Effen, *La Haye*, 1721, 3 vol. in-12. VOYAGE DE

Gulliver, 1726-27, *Londres,* 2 vol. in-8. Trad. franç. *Furne,* 1838, 2 vol. in-8, fig. 18 fr.; *Didot,* 1797, 4 vol. in-18, fig. 8 à 10 fr. et *Garnier,* 1841, in-12, 3 fr. 50. — OEuv. Éd. angl. *Londres,* 1808, 19 vol. gr. in-8, 60 à 80 fr. ou 1859, 2 vol. gr. in-8, 1 liv. 6 sh.; *Édimbourg,* 1824, 19 vol. in-8, 12 liv., et *Londres,* 1803, 24 vol. gr. in-18, 40 à 50 fr.

SYDENHAM (Thomas), médecin anglais, 1624, Winfort-Eagle (Dorset); 1689, Londres. Docteur, 1648. Refusa d'enseigner pour se livrer entièrement à la pratique de son art. Ses travaux sur les épidémies, le quinquina, l'opium, l'ont rendu célèbre. — Méthode de guérison des fièvres, 1666. Des fièvres et du rhumatisme, 1680. Médecine pratique, 1693. — OEuv. Éd. lat. *Genève,* 1757, 2 vol. in-4, 8 à 10 fr. Éd. angl. *Londres,* 1788, 2 vol. in-8, 10 à 12 fr. Éd. franç. 1774, in-8, et *Montpellier,* 1816, 2 vol. in-8.

SYME (Jacq.), chirurgien anglais, 1799..... (Fife). Élève de Liston. Ouvrit des cours publics à Édimbourg, 1825-32. Professeur de clinique et chirurgien de l'hospice roy. de cette ville, 1833. — Treatise on the excision of diseased joints (Traité de l'excision des articulations malades), 1831, *Édimbourg.* Principles of surgery (Principes de chirurgie), 1832. Treatise on the diseases of the rectum (Traité sur les maladies du rectum), 1838-46. Contributions to the pathology (Études de la pathologie), 1847. Treatise on the structure of the uretra (Traité sur le rétrécissement de l'urètre), 1849.

T

TABARAUD (Matthieu-Mathurin), théologien et littérateur, 1744, Limoges; 1832, ibid. Oratorien, 1764. Professeur à Nantes, à Arles, à Lyon, 1773. Supérieur des colléges de Pézenas, 1783, et de La Rochelle, 1787. Émigra en Angleterre. Censeur de la librairie, 1811. — Traité de l'élection des évêques, 1792. Nouv. éd. 1811, in-8. Principes sur la distinction du contrat et du sacrement de mariage, 1803. 3ᵉ éd. 1825, in-8. Hist. du philosophisme anglais, 1806, 2 vol. in-8. De la réunion des communions chrétiennes, 1808. Nouv. éd. 1824, in-8. Hist. de P. de Bérulle, 1816, 2 vol. in-8.

TACITE (C. Cornelius Tacitus), célèbre historien latin, vers

50 de J.-C., Intéramne (Ombrie); vers 120..... Avocat. Questeur. Préteur. Gouverneur en province, 89-93. Consul, 97. Il avait épousé, en 79, la fille d'Agricola, et fut l'ami de Pline le Jeune. La gravité, l'énergie, la concision de Tacite, le font considérer à juste titre comme l'un des plus grands historiens. — Vie d'Agricola. Mœurs des Germains. HISTOIRES. ANNALES. Dialogue des orateurs.—OEuv. Éd. lat. par Brotier, 1771, 4 vol. gr. in-4, 40 à 50 fr., et *Londres*, 1812, 5 vol. in-8, 30 à 35 fr.; par Naudet, *Lemaire*, 1819-20, 5 vol. in-8, 30 fr.; par Ruperti, *Hanovre*, 1832-39, 4 vol. in-8, 30 à 36 fr.; par Bekker, *Leipsick*, 1831, 2 vol. in-8, 22 fr.; *Londres*, 1817, 3 vol. in-18, 10 à 12 fr. et *Lefèvre*, 1822, 5 vol. gr. in-32, 10 fr. Éd. lat.-franç. par Dureau de Lamalle, *Michaud*, 1827, 6 vol. in-8, 20 à 25 fr.; par Burnouf, *Hachette*, 1829-33, 6 vol. in-8, 30 fr.; *Panckoucke*, 1843, 7 vol. in-8, 42 fr.; *Dubochet*, 1839, gr. in-8, 12 fr., et par Ch. Louandre, *Charpentier*, 1858, 2 vol. gr. in-18, 7 fr. Éd. angl. par Gordon, *Londres*, 1737, 4 vol. in-8, 20 à 24 fr. Éd. allem. par Bahrdt, *Leipsick*, 1807, 2 vol. in-8, 4 th. Éd. ital. par Valeriani, *Florence*, 1818-19, 5 vol. pet. in-4, 25 fr., et par Davanzati, *Milan*, 1822, 2 vol. in-8.

TADOLINI (Adam), sculpteur italien, 1789, Bologne. Lauréat de l'Acad. de cette ville. Élève de Canova. Remporta le gr. prix institué par cet artiste célèbre, 1812. Professeur à Bologne. — Ajax mourant, 1812. Vénus et Mars, la Religion, Charles III, Washington, Pie VI, Tombeau des Stuarts, 1813-20. Vénus et l'Amour. Enlèvement de Ganymède, ST F. DE SALES, 1841. Hébé, 1849. Pêcheur, 1853. Enfants romains, 1856.

TAILLANDIER (Alph.-Honoré), jurisconsulte, 1797, Paris. Avocat, 1820. Conseiller à la cour roy. 1830. Député, 1831. Président du comité des bibliothèques, secrétaire gén. à la Justice et conseiller à la Cour de cassation, 1848. Membre de la Société des antiquaires. — Réflexions sur les lois pénales, 1824, *Warée*, in-8. Recueil des lois et arrêts concernant les émigrés (avec Mongalovy), 1825, *Pichard*, 2 vol. in-8. Législation des manufactures, 1825, *Huzard*, in-8. Documents biogr. sur Daunou, 1841-47, *Didot*, in-8. HIST. DE BLANDY, 1854, *Dumoulin*, gr. in-8.

TAILLANDIER (René-Gaspard-Ern.), littérateur, 1817, Paris.

Cousin du précédent. Se rendit en Allemagne, 1840. Professeur à Strasbourg, 1841 ; à Montpellier, 1843, puis à la Faculté de Paris, comme suppléant M. Saint-Marc Girardin, 1863. Collaborateur de la Revue des Deux-Mondes. — Béatrice, 1840, *Gosselin,* in 8. Scott Érigène et la philos. scolastique, 1843, *Bertrand,* in-8. Hist. de la jeune Allemagne, 1849, *Franck,* in-8. Études sur la révolution allem. 1853, 2 vol. in-8. Allemagne et Russie, 1856, in-18. Hist. et philos. religieuse, 1860, in-18. Écrivains et poëtes mod. 1861, in-8. Maurice de Saxe, 1865, in-8.

TAINE (Hipp.-Ad.), littérateur, 1828, Vouziers (Ardennes). Élève de l'École normale, 1848. Professeur à Nevers, 1852, et à Poitiers, 1853. Vint à Paris et s'adonna aux travaux d'érudition. Examinateur à l'École St-Cyr, 1863. Professeur d'esthétique à l'École des beaux-arts, 1864. — Essai sur les Fables de la Fontaine, 1853-57, in-8, et 1860, in-18, 3 fr. 50. Essai sur Tite-Live, 1854, in-18, 3 fr. 50. Voy. aux Pyrénées, 1855-58, gr. in-8, fig. 20 fr. ou in-18, 3 fr. 50. Les Philosophes français au xixe siècle, 1856, in-18, 3 fr. 50. Essais de critique et d'hist. 1857, in-18, 3 fr. 50. HIST. DE LA LITT. ANGLAISE, 1864, *Hachette,* 4 vol. in-8, 30 fr. Nouveaux Essais de critique et d'histoire, 1865, in-18, 3 fr. 50.

TALLEMANT DES RÉAUX (Gédéon), littérateur, 1619, la Rochelle ; 1692, Paris. Voyagea en Italie, 1639. Une belle fortune lui permit de cultiver les lettres et de donner carrière à son goût pour l'indépendance. — Historiettes. 1re éd. par MM. de Châteaugiron, Monmerqué et Taschereau, 1833-35, *Levavasseur,* 6 vol. in-8. Nouv. éd. *Techener,* 1853-60, 9 vol. in-8, 67 fr. 50, et 1862, 6 vol. in-18, 24 fr.

TAPIA (Eug. de), littérateur et jurisconsulte espagnol, 1785, Avila. Avocat. Directeur de l'Imprimerie roy., député, 1820. Membre de la commission de constitution, de l'Acad. roy., et directeur gén. des études. — Historia de la civilisacion española (Hist. de la civilisation esp.), 1840, *Madrid,* 4 vol. in-8. Elementos de jurisprudéncia mercantil (Éléments de jurisprudence commerc.), *Madrid,* 15 vol. in-8.

TARDIEU (Aug.-Ambroise), médecin, 1818, Paris. Docteur, 1843. Agrégé de la Faculté. Médecin en chef de l'hospice Lariboisière, 1850. Membre du comité d'hygiène et de l'Acad. de médecine, 1858. — De la Morve et du Farcin, 1843, *Baillière*, in-4, 5 fr. Manuel de pathologie, 1848. 2ᵉ éd. 1857, gr. in-18, 7 fr. Supplém. au Dict. des dict. de médecine, 1851, in-8, 9 fr. Dict. d'hygiène publique, 1852-54. 2ᵉ éd. 1862, 4 vol. gr. in-8, 32 fr. Étude sur l'attentat aux mœurs, 1858. 4ᵉ éd. 1862, in-8, 3 fr. 50. Étude sur l'avortement, 1863, in-8.

TASCHEREAU (Jules-Ant.), littérateur, 1801, Tours. Vint à Paris en 1818, et entra dans le journalisme. Secrétaire gén. de la préfecture de la Seine, 1830. Député, 1837. Membre de la Constituante et de la Législative, 1848-49. Administrateur adjoint, 1852, puis administrateur-directeur de la Bibliothèque impériale, 1858.—Vie et ouvrages de Molière, 1825, in-8. 3ᵉ éd. 1844, in-18, 3 fr. 50; de Corneille, 1829, in-8. 2ᵉ éd. 1855, in-18, 3 fr. 50. Revue rétrospective, 1833-37, 20 vol. in-8, et 1848, in-4. — OEuv. de Molière, 1823-24, 8 vol. in-8. Correspond. de Grimm et de Diderot, 1829-30, 16 vol. in-8. Mémoires, Correspond. et œuv. inéd. de Diderot, 1830, 4 vol. in-8. Historiettes de Tallemant des Réaux (avec M. Monmerqué), 1833-34; 6 vol. in-8.

TASSE (Torquato Tasso, le), célèbre poëte italien, 1544, Sorrente; 1595, Rome. Abandonna le droit pour la poésie. Gentilhomme du cardinal L. d'Este, à Ferrare, 1565, qu'il accompagna à la cour de Charles IX, 1571. De retour à Ferrare, il fut attaché au duc Alphonse II, 1572-77. En proie à des idées noires, il parcourut l'Italie, puis fut enfermé pendant sept ans dans un hôpital, 1579-86. Mis en liberté, il recommença ses pérégrinations et vint mourir à Rome, où il devait être couronné. Son poëme immortel, méconnu de son vivant, le place à côté d'Homère, de Virgile, de Milton. — Renaud, 1562, in-4, 10 à 15 fr. Trad. franç. *Michaud*, 1813, in-12. AMINTE, 1581. Nouv. éd. ital. *Florence*, 1820, gr. in-fol., 50 fr., et 1824, in-8, 5 fr.; *Padoue*, 1822, in-4; *Renouard*, 1800, in-12, 5 à 6 fr., et *Nepveu*, 1811, in-24, 3 fr. Éd. ital.-franç. par de Torche, 1666, in-12. Éd. franç. (en vers), par Baour Lormian, 1813, gr. in-18, 4 fr. JÉRUSALEM DÉLIVRÉE, 1581. Nouv. éd. ital. *Didot*, 1784, 2 vol. gr. in-4, fig., 60 à 80 fr.; *Florence*, 1820, 2 vol. in-fol., fig.; 1824, 2 vol. in-8, 9 fr., et 1823, 2 vol. in-24; *Lodi*, 1825-26, 3 vol. in-16, 8 fr.; *Padoue*, 1827-28, 3 vol. gr. in-24, 9 fr.; *Lefèvre*, 1822, 4 vol. gr. in-32, 6 fr.; *Londres*, 1822, 2 vol. in-48, 12 sh.

Éd. franç. par Le Brun, 1774, 2 vol. gr. in-8, 8 à 12 fr. ; 1803, 2 vol. in-8, 10 à 15 fr., et 1811, 2 vol. in-12 ; par Baour-Lormian (en vers), 1822, 2 vol. in-8, 12 fr., ou 3 vol. in-18 ; par Panckoucke et Framery, 1785, 5 vol. gr. in-18, 10 à 15 fr. ; par M. Lechat (en vers), *Didot*, 1863, 3 vol. gr. in-8 ; par H. Taunay (en vers), *Hachette*, 1845, 2 vol. in-8, 16 fr. ; par de L'Horme (en vers), *Lenormand*, 1832, 4 vol. in-18 ; par Aug. Desplaces, *Charpentier*, 1858, gr. in-18, 3 fr. 50. Éd. angl. par Fairfax, *Londres*, 1817, in-8. Éd. allem. par Gries, *Leipsick*, 1855, 2 vol. in-8. Éd. esp. par de Sas, *Barcelone*, 1817, 2 vol. in-8.— OEuv. compl. Éd. ital. par Rosini, *Pise*, 1821-32, 33 vol. in-8, 100 à 120 fr. OEuv. chois. *Milan*, 1823-25, 5 vol. in-8, 36 fr.

TASSONI (Alex.), poëte italien, 1565, Modène ; 1635, ibid. Secrétaire du cardinal Ascanio Colonna, 1599. Gentilhomme du duc de Savoie, 1618. Conseiller du duc de Modène, 1632. Son caractère satirique lui attira bien des mécomptes. — Pensieri (Pensées), 1605. Nouv. éd. *Modène*, 1636, in-4. Considerazioni sopra le rime del Petrarca (Consid. sur la poésie de Pétrarque), 1609, *Modène*, in-8. Le Seau enlevé, 1622. Nouv. éd. *Modène*, 1744, in-4, fig., 12 à 15 fr. ; *Pise*, 1811, in-fol. ; *Florence*, 1824, gr. in-8, 5 fr. ; *Oxford*, 1737, in-8, 5 à 6 fr. ; *Venise*, 1788, in-12, et *Milan*, 1827, gr. in-32, 3 fr. Trad. franç. par Perrault, 1678, 2 vol. pet. in-12 ; par Cédors, 1759, 3 vol. pet. in-12, et par Creuzé, *Didot*, 1800, in-18, 3 fr.

TASTU (Sabine-Casimire-Amable Voïart, Mme), femme de lettres, 1798, Metz. Lauréat des jeux floraux, 1820-23, et de l'Acad. franç., 1840. Ses ouvrages, destinés à l'éducation, sont empreints d'une haute moralité. — Poésies, 1826-34, 2 vol. in-18, et 1837, 3 vol. in-32. Chroniques de France, 1829, in-18. Éducation maternelle, 1835. Nouv. éd. *Didier*, 1848, gr. in-8, fig., 15 fr. Prose : 1836, 2 vol. in-8. Cours d'hist. de France, 1836-37, 2 vol. in-8. Lectures pour les jeunes filles, 1840-41, 2 vol. in-12. Tableau de la litt. italienne, 1843, *Tours*, in-8. Tableau de la litt. allemande, 1844, *Tours*, in-8. Voy. en France, 1845, *Tours*, in-8.

TAVERNIER (J.-Bapt.), voyageur, 1605, Paris ; 1689, Copenhague. Page du vice-roi de Hongrie. Soldat. Parcourut à diverses reprises l'Europe et l'Asie, 1630-63. Fit une gr. fortune dans le commerce des pierres précieuses, et acquit des connaissances étendues. — Relation du sérail, 1675. Nouv. éd. 1681, in-12. Voy. en Turquie, en Perse et aux Indes, 1676-77. Nouv. éd. 1679, 3 vol. in-12, 18 à 24 fr.

TAYLOR (Isid.-Justin-Séverin, baron), littérateur et voyageur, 1789, Bruxelles. Soldat. Commissaire roy. près le Théâtre-Français, 1825. Il a visité l'Allemagne, l'Italie, l'Espagne, l'Égypte, d'où il réussit à tirer l'obélisque de Louqsor, 1829-33 ; l'Angleterre, l'Orient. Inspecteur gén. des beaux-arts, 1838. Membre de l'Institut, 1847. Fondateur et président des sociétés de secours mutuels des artistes dramatiques, des musiciens, des peintres, des inventeurs industriels.—Voy. DANS L'ANC. FRANCE (avec divers), 1820-65, *Gide*, 24 vol. gr. in-fol. Voy. pittor. en Espagne, 1826-32, *Gide*, 3 vol. gr. in-8, 50 fr. La Syrie, l'Égypte, la Palestine et la Judée (avec L. Reybaud), 1835-39, *Mame*, 3 vol. gr. in-4. Les Pyrénées, 1843, *Gide*, in-8.

TCHIHATCHEF (P. de), géologue russe, 1812, Gatchina, près de St-Pétersbourg. Attaché d'ambassade à Constantinople, 1841-44. Gentilhomme de la chambre du czar. Renonça à toute fonction officielle pour exécuter un gr. voy. scientif. en Asie Mineure. — Voy. dans l'Altaï, 1845, *Gide*, gr. in-4, avec atlas. L'ASIE MINEURE, 1563-60, *Gide* et *Baudry*, 4 vol. gr. in-8, avec atlas.

TEGNER (Isaïe), poëte suédois, 1782, Kyrkerud ; 1846, Wexiœ. Précepteur, 1797. Bibliothécaire, 1805 ; professeur d'esthétique, 1806, et de grec, 1812, à Lund. Entra dans les ordres, 1812. Évêque de Vexiœ, 1824.—POÈME DE FRITHIOF, 1825-27, *Upsal*, in-8. Trad. franç. par Desprez, 1843, in-8, et par Léouzon-Leduc, 1850, in-8. Poésies diverses. — OEuv. Éd. suéd. *Stockholm*, 1847-48, 6 vol. in-8.

TENIERS LE VIEUX (David), peintre flamand, 1582, Anvers ; 1649, ibid. Élève de Rubens, puis d'Elzheimer. Passa dix ans à Rome, et s'adonna à la reproduction des scènes villageoises. — OEuv. de Miséricorde, à Anvers. Tentation de St Antoine, à Berlin. Pan dansant avec une nymphe, Vertumne et Pomone, à Vienne.

TENIERS LE JEUNE (David), peintre flamand, 1610, Anvers ; 1685, Bruxelles. Fils du précédent. Gentilhomme de l'archiduc

Léopold. Directeur de l'Acad. d'Anvers. Donna des leçons de peinture à don Juan d'Autriche. Une prodigieuse facilité lui permit de peindre un nombre considérable de tableaux. — Reniement de St Pierre, l'Enfant prodigue et les courtisanes, les Sept œuv. de Miséricorde, Tentation de St-Antoine, Kermesse, Extérieurs de cabaret, Danse de paysans, Chasse au héron, Fumeur, Remouleur, Joueur de Cornemuse, Bulles de savon, au Louvre. Corps-de-garde, Musicien, à Londres. Cabaret, Corps-de-Garde, Paysans, Tentation de St Antoine, à Amsterdam. Cuisine, l'Alchimiste, à La Haye. Kermesse, à Rome. Armide et Renaud, le Roi boit, Jeu de quilles, Animaux, Arsenal, Kermesses, Tentation de St Antoine, à Madrid. — Ses œuv. *Bruxelles*, 1660, in-fol. ou *Amsterdam*, 1755, in-fol.

TENNEMANN (Guill.-Gottlieb), philosophe allemand, 1761, Brenbach, près d'Erfurt; 1819, Marbourg. Ouvrit des cours à Iéna, 1788. Professeur dans cette ville, 1798, puis à Marbourg, 1804. — Lehren und Meinungen der Sokratiker (Doctrines et opinions des disciples de Socrate), 1791, *Iéna*, in-8. System der Platonischen Philosophie (Syst. de la philos. de Platon), 1792-94, *Leipsick*, 4 vol. in-8. Geschichte der Philosophie (Hist. de la philos.), 1798-1819, *Leipsick*, 11 vol. in-8. 20 thl. Manuel de l'hist. de la philos., 1812. 5e éd. *Leipsick*, 1828, in-8. Trad. franç. par M. Cousin, 2e éd. *Ladrange*, 1839, 2 vol. in-8, 12 francs.

TENORE (Michel), botaniste italien, 1781, Naples; 1861, ibid. Docteur ès sciences. Ouvrit des cours à Naples. Professeur à l'université, fondateur et directeur du Jardin des Plantes et membre de l'Acad. de cette ville. — Trattato di fitognosia (Traité de phytognosie), 1803-08. 3e éd. *Naples*, 1833, in-8. Flora napolitana (Flore napolitaine), 1811-38, *Naples*, 5 vol. gr. in-fol. fig. Essai sur la géographie de Naples, 1827, *Naples*, in-8. Sylloge plantarum vascularium Floræ neapolitanæ, 1831, *Naples*, in 8, 15 fr.

TERBURG (Gérard), peintre hollandais, 1608, Zwoll; 1681, Deventer. Visita l'Allemagne, l'Italie, l'Espagne, l'Angleterre, la France, et se retira à Deventer dont il fut bourgmestre. — Militaire offrant de l'argent a une jeune femme, la Leçon de musique, le Concert, Assemblée d'ecclésiastiques, au Louvre. Scène d'intérieur, à La Haye. Portrait, à Amsterdam. PAIX DE MUNSTER, à San-Donato, près Florence.

TÉRENCE (P. Terentius Afer), poëte comique latin, vers 194 av. J.-C., Carthage; vers 158..... Affranchi par le sénateur Terentius Lucanus dont il prit le nom, il choisit la carrière des lettres qui lui donna la célébrité et probablement aussi la fortune. Mourut du chagrin d'avoir perdu plusieurs de ses œuv. dans un naufrage. Térence brille surtout par l'élégance de son style et la noblesse de ses idées. — L'ANDRIENNE. LA BELLE-MÈRE. LE BOURREAU DE SOI-MÊME. L'EUNUQUE. LE PHORMION. LES ADELPHES. — OEuv. Éd. lat. par Westerhovius, *La Haye*, 1726, 2 vol. in-4. 30 à 36 fr.; par Bentley, *Amsterdam*, 1727, in-4, 8 à 10 fr.; *Londres*, 1820, 2 vol. in-8, et 1837, in-8, 12 sh.; *Lemaire*, 1827-28, 2 vol. in-8, 12 fr.; *Édimbourg*, 1758, pet. in-8, 5 à 6 fr. et *Lefèvre*, 1823, 2 vol. gr. in-32, 4 fr. Éd. lat.-franç. par Bergeron (en vers), *Gand*, 1821, 3 vol. gr. in-8, 15 fr.; par Magin, *Dubochet*, 1844, gr. in-8, 12 fr.; par Amar, *Panckoucke*, 1830-31, 3 vol. in-8, 21 fr.; par Le Monnier, 1771, 3 vol. in-8, 9 à 12 fr.; par mad. Dacier, *Rotterdam*, 1717, 3 vol. pet. in-8, 8 à 10 fr.; par Eug. Talbot, *Charpentier*, 1860, 2 vol. gr. in-18, 7 fr.; par de Belloy (en vers), *Lévy*, 1862, gr. in-18, 3 fr. Éd. angl. par Colman, *Londres*, 1802, 2 vol. in-8. Éd. allem. par Jacob, *Berlin*, 1845, in-8. Éd. ital. par César, *Vérone*, 1816, 2 vol. in-8. Éd. esp. par Abril, *Valence*, 1762, 2 vol. in-8.

TERNAUX (Guill.-L., baron), industriel, 1763, Sédan; 1833, St-Ouen. Émigra en 1790. Membre de la chambre de commerce sous le Directoire, et du conseil général de la Seine, 1816-22. Député, 1818. S'éleva par son travail aux honneurs et à la fortune. — Introduction des chèvres du Thibet. Amélioration dans la fabrication des châles. Silos pour la conservation des grains.

TERTULLIEN (Q. Septimius-Florens Tertullianus), célèbre théologien et docteur latin, vers 160, Carthage; vers 240..... Quitta le paganisme à l'âge de 35 ans, vers 195. Se rendit à Rome, 204, où son rigorisme excessif déplut au clergé; il rompit alors avec l'Église. De retour dans sa patrie, il embrassa le montanisme et fonda une secte nouvelle. — APOLOGÉTIQUE. Éd. lat. par Havercamp, *Leyde*, 1718, in-8, 6 à 9 fr. Éd. lat.-franç. *Lyon*, 1823, in-8, et

Dondey-Dupré, 1827, in-8. Éd. lat.-angl. *Cambridge,* 1843, in-8. TRAITÉ CONTRE LES SPECTACLES. De l'idolâtrie. Contre les hérétiques. De l'âme. Contre les Juifs. Contre Marcion. Du Pallium. —OEuv. Éd. lat. par Rigault et Le Prieur, 1695, in-fol. 25 à 30 fr. par Havercamp, *Venise,* 1746, in-fol. 18 à 20 fr. ; *Migne,* 1844, 2 vol. gr. in-8 ; par OEhler, *Leipsick,* 1851-53, 3 vol. in-8, 50 fr. et 1854, in-8, 30 fr. Éd. franç. par Genoude, 1852, 3 vol. in-8, 15 fr., et *Charpentier,* 1845, gr. in-18, 3 fr. 50.

TESSIER (Alex.-H.), agronome, 1741, Angerville, près d'Étampes; 1837, Paris. Membre de la Société de médecine, 1776, et de l'Acad. des sciences, 1783. Directeur de la ferme de Rambouillet. Inspecteur gén. des bergeries nationales. — Maladies des bestiaux, 1782, in-8. Maladies des grains, 1783, in-8. Dict. d'agriculture (avec divers), 1787-1816, 6 vol. in-4. Instruction sur les bêtes à laine, 1810-11, in-8. Exportation des mérinos, 1814, in-8.

TEXIER (Ch.-Félix-Marie), archéologue, 1802, Versailles. Inspecteur des travaux publics, 1827. Exécuta quatre voy. scientifiques en Asie Mineure, 1834-35-36-39. Professeur au Collége de France, 1840. Commissaire roy. des beaux-arts, 1843. Membre de l'Acad. des inscriptions, 1855. — Description de l'Asie Mineure, 1839-49, *Didot,* 3 vol. in-fol. L'Arménie, la Perse et la Mésopotamie, 1840-52, 2 vol. in-fol. Asie Mineure, 1862, in-8. L'Architecture byzantine, 1865, *Londres,* in-fol.

TEXIER (Edm.), littérateur, 1816, Rambouillet. Il a écrit avec succès dans divers journaux. Directeur de l'Illustration, 1860. — Biographie des journalistes, 1850, in-18. Lettres sur l'Angleterre, 1851, in-18. Critiques litt., 1852, in-18. Contes et Voy., 1853, in-18. Tableau de Paris, 1853, 2 vol. in-4. La Grèce, 1854, in-18. Les Hommes de la guerre d'Orient, 1854, 3 vol. in-18. Les Argonautes, 1856, in-18. Guide sur les bords du Rhin, 1856, in-18. Amour et finance, 1857, in-18. Voy. en Hollande et en Belgique, 1857, gr. in-8. Chronique de la guerre d'Italie, 1859, in-18.

THACKERAY (William-Makepeace), romancier anglais, 1811, Calcutta ; 1863, Londres. Étudia le droit, la peinture, et développa son instruction par des voy. Des revers de fortune le jetèrent dans les lettres où il obtint beaucoup de succès. — Contes, 1840, *Londres,* 2 vol. in-8. Les Secondes Funérailles de Napoléon, 1840, pet. in-4. LA FOIRE AUX VANITÉS, 1846-48, 3 vol. in-8.

Trad. franç. 1854, in-18. Le Livre des Snobs, 1848, in-12. Trad. franç. 1856, in-18. Hist. de Pendennis, 1849-50, 2 vol. in-8. Henri Esmond, 1852, in-8. Humoristes anglais, 1853, in-8. Les Newcomes, 1855, in-8. Les Quatre Georges, 1860, in-8. Les Aventures de Philippe, 1861, 3 vol. in-12.—OEuv. div. Éd. angl. 1855-56, 2 vol. in-8. OEuv. Trad. franç. dans la Biblioth. des romans étrangers.

THAER (Albert), agronome allemand, 1752, Zell (Hanovre); 1828, Mœglin. Créa des fermes écoles dans ces deux localités. Docteur, 1774. Médecin du roi de Prusse, 1777. Membre de l'Acad. des sciences de Berlin. Conseiller d'État, 1807. Professeur d'agriculture. 1810. Intendant des bergeries roy., 1815. — Principes d'agricult., 1809-10. Trad. franç. par le baron Crud, 1828 et suiv., 4 vol. in-8 avec atlas. Description des nouv. instruments d'agricult. Trad. franç. par Dombasle, 1821, in-4. Guide pour l'agricult. Trad. franç. par Sarrazin, 1842, in-12.

THENARD (L.-Jacq., baron), célèbre chimiste, 1777, La Louptière (Aube); 1857, Paris. Élève de Vauquelin et de Fourcroy. Professeur au Collége de France, 1804; à la Sorbonne, 1809; à l'École polytechnique, 1810. Membre de l'Institut, 1810. Doyen de la Faculté des sciences, 1821. Député, 1827. Pair, 1832. Administrateur du Collége de France, 1838. Ses travaux ont principalement porté sur l'acide acétique, le protoxyde de fer, le sulfure d'arsenic, les éthers, le potassium, le sodium, le bore, l'eau oxygénée, le phosphore.—Rech. phys. et chimiques, 1809, 2 vol. in-8. Rech. physico-chimiques sur la pile (avec Gay-Lussac), 1811, 2 vol. in-8. Traité de chimie, 1813-16. 6e éd. *Crochard*, 1833-36, 5 vol. in-8, avec atlas. Mémoires nombreux.

THÉOCRITE, célèbre poëte grec, vers 290 av. J.-C., Syracuse; ....Passa six ans dans l'île de Cos, auprès du grammairien Philétas, et une grande partie de sa vie à la cour des Ptolémées, en Égypte, puis à celle de Hiéron. Ses œuvres sont admirables de naïveté et de grâce. — Épigrammes. Idylles (la Magicienne, les Syracusaines, les Pêcheurs, le Bouvier, Amaryllis, le Cyclope, etc.). — OEuv. Éd. grecq. par Warton, *Oxford*, 1770, 2 vol. gr. in-4; par Valckenaer, *Leyde*, 1810, in-8, 9 fr.; par Wüstemann, *Gotha*, 1830, in-8, 6 fr.; par Meineke, *Berlin*, 1856, in-8, 12 fr., et 1825, in-12; *Lefèvre*, 1823, gr. in-32, 3 fr. Éd.

grecq.-lat. par Kiessling, *Leipsick,* 1819, in-8, 12 fr., et *Londres,* 1829, 2 vol. in-8, 14 à 16 fr.; *Didot,* 1846, gr. in-8. 15 fr. Éd. grecq.-franç. par Gail, 1792-96, 2 vol. in-4, gr. in-8 ou in-12 ; par Firmin Didot (en vers), 1833, in-8, 6 fr.; par Geoffroy et Planche, 1822, in-12, 4 fr. Éd. angl. par Fawkes, *Londres,* 1767, in-8, 7 sh. Éd. allem. par Voss, *Tubingue,* 1815, in-8. Éd. ital. par Salvini, *Venise,* 1744, in-8.

THÉOPHILE DE VIAU, poëte, 1590, Boussères, près d'Agen; 1626, Paris. Vint dans cette ville, 1610. Sa conduite irrégulière et ses vers licencieux le firent exiler, 1619, puis condamner à mort, 1623, peine commuée en bannissement. — De l'Immortalité de l'âme. Tragédies. Poésies diverses. — OEuv. 1626, pet. in-8, et par M. Alleaume, *Jannet,* 1855-56, 2 vol. in-16, 10 fr.

THÉOPHRASTE, philosophe et naturaliste grec, vers 374 av. J.-C., Érésos (Lesbos); vers 287, Athènes. Élève de Platon et d'Aristote, après lequel il enseigna au Lycée, 322. Il fut un moment éloigné d'Athènes, 316, mais ses talents et le charme de sa parole l'y eurent bientôt ramené. — CARACTÈRES. Éd. grecq. par Wilkes, *Londres,* 1790, in-4 ; par Schneider, *Iéna,* 1799, in-8, 6 à 7 fr., et par F. Ast, *Leipsick,* 1816, in-8, 4 fr. Éd. grecq.-lat., par Bodoni, *Parme,* 1786, in-4; par M. Dübner, *Didot,* 1841, gr. in-8, 15 fr., et par Casaubon, *Cambridge,* 1712, in-8, 6 à 9 fr. Éd. grecq.-franç., par Coray, 1799, in-8, 6 fr., et par Stiévenart, *Perisse,* 1842, in-8. Éd. angl. par Howell, *Londres,* 1824, in-8, 12 à 15 fr. Éd. ital. par Riccio, *Florence,* 1761-63, 4 vol. in-12, 10 à 12 fr. — Historia plantarum. Éd. grecq. par Wimmer, *Breslau,* 1842, in-8, 2 th., et par Stackhouse, *Oxford,* 1813, 2 vol. pet. in-8, 15 à 20 fr. Éd. grecq.-lat. par Bodæus, *Amsterdam,* 1644, in-fol., 12 à 15 fr. Éd. angl. par Hill, *Londres,* 1774, in-8, 4 à 6 fr. Éd. allem. par Sprengel, *Altona,* 1822, 2 vol. in-8, 3 thl. — OEuv. Éd. grecq.-lat. par Schneider, *Leipsick,* 1818-21, 5 vol. in-8.

THÉRÈSE (Ste), réformatrice des carmélites, 1515, Avila (Vieille-Castille); 1582, Alba de Tormès (Léon). Passa sa jeunesse dans le monde. Placée chez les augustines, 1531, puis les carmélites, 1533, elle fonda une maison célèbre de ce dernier ordre, à Avila, 1560, et en établit ou réforma un gr. nombre d'autres. — Le Chemin de la perfection. Le Château de l'âme. Hist. de sa vie. Éd. lat. *Bruxelles*, 1845, in-fol. Trad. franç. par Bouix, 1857, in-8. Hist. de son ordre. Poésies. Pensées. Lettres, trad. franç. par Bouix. 1861, 3 vol. in-8. — OEuv. Éd. esp. *Anvers*, 1649-61, 4 vol. in-4, 15 à 18 fr.; *Madrid*, 1793, 6 vol. in-4, et 1861-62, 2 vol. gr. in-8, 30 fr. Éd. franç. par Arnauld d'Andilly, 1670, in-fol. 1696, in-4, ou 1674, 2 vol. in-8; *Migne,* 1840-46, 4 vol. gr. in-8, et par Bouix, *Lecoffre*, 1859, 3 vol. in-8.

THIENEMANN (Fréd.-Aug.-L.), naturaliste allemand, 1793, Gleina (Prusse); 1858, Trachenberg. Docteur, 1819. Visita le nord de l'Europe. Ouvrit des cours à Leipsick, 1822. Inspecteur du cabinet d'hist. nat., 1825, et bibliothécaire, 1839, à Dresde. — Reise im Norden Europas (Voy. au nord de l'Europe), 1821-27, *Leipsick*, 2 vol. in-8. Lehrbuch der Zoologie (Manuel de zoologie), 1825, *Berlin*, in-8. FORTPFLANZUNGSGESCHICHTE DER GESAMMTEN VŒGEL (Traité gén. de la reproduction des oiseaux), 1845-56, *Leipsick*, gr. in-4 avec pl.

THIERRY (Jacq.-Nic.-Augustin), célèbre historien, 1795, Blois; 1856, Paris. Élève de l'École normale, 1811. Professeur à Compiègne, 1813. Disciple et secrétaire de Saint-Simon, dont il ne partagea pas longtemps les doctrines, 1814-17. S'adonna aux rech. d'érudition. Devint aveugle, 1826, et n'en continua pas moins ses travaux. Membre de l'Acad. des inscriptions. 1830. — HIST. DE LA CONQUÊTE D'ANGLETERRE, 1825. Nouv. éd. *Tessier*, 1843, 4 vol. in-8, 24 fr.; *Furne*, 1846, 2 vol. in-8, ou 4 vol. in-18, 14 fr. LETTRES SUR L'HIST. DE FRANCE, 1827. Nouv. éd. *Tessier*, 1842, in-8, et *Furne*, 1846, in-18, 3 fr. 50. DIX ANS D'ÉTUDES HISTOR., 1834. Nouv. éd. *Tessier*, 1842, in-8, et *Furne*, 1846, in-18, 3 fr. 50 RÉCITS DES TEMPS MÉROVINGIENS, 1840. Nouv. éd. *Tessier*, 1842, 2 vol. in-8, et *Furne*, 1847, 2 vol. in-18, 7 fr. ESSAI SUR L'HIST. DU TIERS ÉTAT, 1853, in-8, ou 2 vol. in-18, 7 fr. —OEuv. *Furne*. 1846 et suiv. 5 vol. in-8, ou 10 vol. in-18, 35 fr.

THIERRY (Amédée-Simon-Dominique), historien, 1797, Blois. Frère du précédent. Rédacteur à la marine, 1820. Professeur d'hist. à Besançon, 1828. Préfet de la Haute-Saône, 1830. Maître des requêtes, 1838. Membre de l'Acad. des sciences morales, 1841. Conseiller d'État, 1853. Sénateur, 1860. — Résumé de l'hist. de Guyenne, 1826, in-18. HIST. DES GAULOIS, 1828. Nouv. éd. *Didier*, 1857, 2 vol. in-8, 14 fr., ou 2 vol. in-12, 7 fr. HIST. DE

LA GAULE, 1840-47, *Tessier*, 3 vol. in-8. Hist. d'Attila, 1856, *Didier*, 2 vol. in-8, 14 fr. Tableau de l'empire romain, 1862, *Didier*, in-8, 7 fr., ou in-12, 3 fr. 50. Récits de l'hist. romaine, 1860, *Didier*, in-8, 7 fr. ou in-12, 3 fr. 50. Nouv. récits, 1865, in-8, 7 fr.

THIERS (J.-Bapt.), théologien, 1636, Chartres; 1703, Vibraye (Sarthe). Curé de Champrond, près Chartres, 1666, et de Vibraye, 1692. S'attira les critiques du clergé par sa persistance à prendre l'Évangile à la lettre. — De l'exposition du St-Sacrement, 1673. Nouv. éd. 1679, 2 vol. in-12, 8 à 10 fr. L'Avocat des pauvres, 1676, in-12. Traité des superstitions, 1679-1703. Nouv. éd. 1741, 4 vol. in-12, 15 à 18 fr. Traité des jeux, 1686, in-12. Hist. des perruques, 1690, in-12, 5 à 8 fr.

THIERS (L.-Ad.), célèbre historien et politique, 1796, Marseille. Avocat, 1820. Arrivé à Paris, 1821, il entra au Constitutionnel. Fonda le National, 1830, avec son ami M. Mignet et Armand Carrel. Conseiller d'État, secrétaire gén., sous-secrétaire d'État et député, 1830. Ministre de l'intérieur et du commerce, 1832. Membre des Acad. franç. 1833, et des sciences morales. Président du conseil et ministre des affaires étrangères, 1836 et 1840. Membre de la Constituante et de la Législative, 1848-49. Député, 1864. Au milieu d'une vie aussi remplie, M. Thiers a écrit l'hist. de son pays avec une érudition et un talent qui lui ont valu l'assentiment général. — Salon, 1822, in-8. Les Pyrénées, 1823, in-8. HIST. DE LA RÉVOLUTION FRANÇ., 1823-27. Nouv. éd. *Furne*, 1846 et suiv., 4 vol. gr. in-8, 40 fr., 10 vol. in-8, 50 fr., et 8 vol. in-18, 28 fr. Atlas, 16 fr. Law et son système, 1826, in-8. La Monarchie de 1830, 1831, in-8. HIST. DU CONSULAT ET DE L'EMPIRE, 1846-62, *Lheureux*, 20 vol. in-8, 100 fr. Atlas, 30 fr. De la Propriété, 1848, *Lheureux*, in-8, ou in-18.

THIERSCH (Fréd.-Guill.), philologue allemand, 1784, Kirchscheidungen, près Fribourg; 1860, Munich. Professeur à Gœttingue, 1808; à Munich, 1809. Fondateur de l'Institut philolog. et membre de l'Acad. de cette dernière ville. Conseiller intime. Correspondant de l'Institut. — Ueber die Epochen der bildenden Kunst unter den Griechen (des Périodes de la sculpture chez les Grecs), 1820, *Leipsick*, 2 vol. in-8. Reisen in Italien (Voy. en Italie), 1826, *Leipsick*, in-8. Ueber gelehrte Schulen (Sur les écoles savantes), 1826-37, *Tubingue*, 3 vol. in-8. De l'état actuel de la Grèce, 1833, *Leipsick*, 2 vol. in-8. Ueber den gegenwaertigen Zustand des œffentlich Unterrichts (État actuel de l'instruction publ.). 1838, *Gœttingue*, 3 vol. in-8.

THOMAS D'AQUIN (St), célèbre théologien, 1227, Rocca-Secca (Naples); 1274, Fossa-Nuova, près Terracine. Entra chez les Dominicains, 1243. Élève d'Albert le Gr. à Cologne, qu'il suivit à Paris. Prêtre, 1248. Docteur, 1255. Résida une gr. partie de sa vie à Paris, et mourut à son retour de Naples où il était allé professer la théologie en 1272. Il est considéré comme un des hommes les plus savants de son siècle, et l'un des plus illustres soutiens de l'Église. — SOMME DE THÉOLOGIE. Éd. lat. par Nicolai, 1663, in-fol. 18 à 24 fr.; *Amsterdam*, 1639, 10 vol. pet. in-12; *Parme*, 1854-56, 4 vol. gr. in-4, ou 14 vol. pet. in-8, 50 fr. et par M. Drioux, *Belin*, 1855-57, 8 vol. in-8, 40 fr. Éd. lat.-franç. par M. Drioux, *Belin*, 1855-57, 15 vol. in-8, 82 fr. 50; par M. Lachat, *Vivès*, 1856-59, 14 vol. in-8, 84 fr. Somme de la foi catholique. Commentaires. Sermons. Hymnes. — OEuv. Éd. lat. *Rome*, 1570-71, 18 vol. in-fol.; *Parme*, 1857 et suiv. 24 vol. in-4, et *Migne*, 4 vol. gr. in-8. Opuscules, éd. lat.-franç. *Vivès*, 1855, 8 vol. in-8.

THOMAS (Ant.-Léonard), littérateur, 1732, Clermont; 1785, Oullins (Rhône). Professeur au collége de Beauvais. Cinq fois lauréat, 1759-65, et membre, 1767, de l'Acad. franç. Secrétaire du duc de Praslin, et secrétaire-interprète des Cantons suisses, 1763. — Éloges du maréchal de Saxe, 1759; de d'Aguesseau, 1760; de Dugay-Trouin, 1761; de Sully, 1763; de Descartes, 1765; DE MARC-AURÈLE, 1770. Essai sur les femmes, 1772, in-8. ESSAI SUR LES ÉLOGES, 1773. Nouv. éd. 1829, in-12. Poëme de Pierre le Gr. — OEuv. *Moutard*, 1773, 4 vol. in-8, ou in-12; *Desessarts*, 1802, 7 vol. in-8; *Belin*, 1819, 2 vol. in-8, 8 fr. et *Verdière*, 1822, 6 vol. in-8, 24 fr.

THOMAS (Ch.-L.-Ambroise), musicien compositeur, 1811, Metz. Élève du Conservatoire, 1828. 1er gr. prix de composition musicale, 1832. Membre de l'Acad. des beaux-arts, après Spontini, 1851. — La Double Échelle, 1837. Le Perruquier de la régence, 1838. Le Panier fleuri, 1839. Carline, 1840. Le Cte de Carmagnola, 1841. Le Guerrillero, 1842. Angélique et Médor, 1843. LE CAÏD, 1849. Le Songe d'une nuit d'été, 1850. Raymond, 1851. La Tonelli, 1853. La Cour de Célimène, 1855. Psyché, 1856. Le Carnaval de Venise, 1857. Le Roman d'Elvire, 1860. Requiem. OEuv. div.

THOMSON (James), poëte anglais, 1700, Ednam (Écosse); 1748, Kew. Vint à Londres, où il demeura ignoré jusqu'à la publication de son poëme des Saisons, 1726, auquel il doit sa célébrité. Précepteur du fils du chancelier Talbot, avec lequel il parcourut une partie de l'Europe, 1731-34. Intendant des Iles sous le vent, 1738. — LES SAISONS, 1726-30. Nouv. éd. *Londres*, 1797, in-fol. fig.; 1793, in-4, 10 à 12 fr.; 1805, gr. in-8; 1852, in-8, fig. et 1802, pet. in-8, fig. 10 fr. Trad. franç. par Mme Bontemps, *Didot*, 1796, gr. in-8, fig. 5 à 6 fr. et 1759, pet. in-8, 3 fr.; par Deleuze, 1801, in-8, 5 fr. et 1806, in-18. The Liberty (la Liberté), 1733, *Londres*. Agamemnon, 1738. Le Château de l'indolence, Tancrède et Sigismonde, 1745. Poésies diverses. — OEuv. Éd. angl. *Londres*, 1762, 2 vol. gr. in-4, fig. 15 à 20 fr.; 1788, 3 vol. gr. in-8, 18 à 24 fr.; 1802, 3 vol. in-8, 15 à 20 fr. et 1830, 2 vol. pet. in-8, 12 sh.

THOMSON (Thomas), chimiste anglais, 1773, Crieff (Écosse); 1852..... Professeur à Édimbourg et à Glasgow, 1817. Membre des Sociétés roy. de Londres et d'Édimbourg. — SYST. DE CHIMIE, 1802. 6e éd. *Édimbourg*, 1821, 4 vol. in-8. Trad. franç. par Riffault, *Méquignon*, 1818-22, 5 vol. in-8. Essai de chimie, 1825, *Londres*, 2 vol. in-8. Trad. franç. *Crévot*, 1825, 2 vol. in-8.

THORWALDSEN (Barthélemy-Albert), célèbre sculpteur danois, 1770, Copenhague; 1844, ibid. Gr. prix de Rome, 1793. Se fixa dans cette dernière ville, 1796, où il passa une gr. partie de son existence. Directeur de l'Acad. des beaux-arts de Copenhague et fondateur du musée de cette ville, à laquelle il légua toute sa fortune. Correspondant de l'Institut. — JASON, Psyché, le Génie de l'art, à Londres. ADONIS, Maximilien, à Munich. St J.-Baptiste, la Sibylle Érythée, Isaïe, Zacharie, la Sibylle de Cumes, LES DOUZE APÔTRES, à Copenhague. Tombeau de Pie VII, TRIOMPHE D'ALEXANDRE, à Rome. TOBIE RECOUVRANT LA VUE, à Pise. Poniatowski, à Varsovie. SCHILLER, à Stuttgart. GUTTEMBERG, à Mayence. Lion colossal, à Lucerne. Mars. Les Trois Grâces. Les Muses. Apollon. Mercure. L'Amour éveillant

Psyché. Achille perdant Briséis. Bacchus donnant à boire à l'Amour. — Ses œuv., *Copenhague*, 1851, gr. in-fol. 13 thl.

THOU (Jacq.-Aug. de), historien, magistrat et poëte, 1553, Paris; 1617, ibid. Élève de Cujas et de Hotman, 1571. Parcourut l'Italie, 1573, et l'Allemagne, 1589. Conseiller-clerc au parlement, 1576, dont il fut membre et président. Conseiller d'État, 1688. Gr.-maître de la Bibliothèque roy. 1593. Directeur des finances, 1611. — De re accipitraria, 1584, in-4, 8 à 12 fr. HIST. UNIVERSELLE, 1604-09. Nouv. éd. lat. *Londres*, 1733, 7 vol. in-fol. 50 à 60 fr. et 1619, *Drouart*, 10 vol. in-12. Trad. franç. *Londres*, 1734, 16 vol. in-4, 36 à 48 fr. Poésies diverses. Mémoires.

THOUIN (André), agronome, 1747, Paris; 1823, ibid. Jardinier en chef du Jardin du roi, 1764. Professeur à l'École normale, 1794, puis au Jardin des Plantes, 1806. Membre de l'Acad. des sciences et de la Société d'agriculture. — Essai sur l'économie rurale, 1805, in-4. Monographie des greffes, 1821, in-4. Cours de culture, 1829, 3 vol. in-8, avec atlas. Voy. en Belgique, *Desrez*, 1841, 2 vol. in-8.

THUCYDIDE, célèbre historien grec, 471 av. J.-C., Athènes; 402...... La lecture d'Hérodote lui inspira l'idée d'écrire. Il fut banni pendant 20 ans de sa patrie pour n'avoir pas secouru la ville d'Amphipolis, et se retira en Thrace où il possédait des mines d'or. Son histoire est un des beaux monuments de l'antiquité. — HIST. DE LA GUERRE DU PÉLOPONNÈSE. — Éd. grecq. par Poppo, *Leipsick*, 1821-40, 18 vol. in-8; par Bekker, *Oxford*, 1824, in-8, 8 à 10 fr. et *Leipsick*, 1826, 2 vol. in-16, 5 fr. Éd. grecq.-lat. par Duker, *Amsterdam*, 1731, in-fol. 20 à 25 fr.; par Bauer, *Leipsick*, 1790-1804, 2 vol. in-4, 30 à 36 fr.; par Haase, *Didot*, 1841, gr. in-8, 15 fr.; par Poppo, *Londres*, 1819, 4 vol. in-8, 30 à 40 fr.; par Bekker, *Oxford*, 1821, 4 vol. in-8, 36 à 45 fr. Éd. grecq.-lat.-franç. par Gail, 1807, 12 vol. in-8, 30 fr. Éd. grecq.-franç. par M. F. Didot, 1833, 4 vol. in-8, 20 fr. Éd. franç. par Buchon, *Desrez*, 1836-37, gr. in-8, 10 fr.; par Gail, 1828-29, 3 vol. in-8, 15 fr., par Zevort, *Charpentier*, 1853, 2 vol. gr. in-18, 7 fr., et par Bétant, *Hachette*, 1863, in-18, 3 fr. 50. Éd. angl. par Bloomfield, *Londres*, 1842, 2 vol. in-8, 15 sh. Éd. allem. par Bredow, *Lemgo*, 1824, 2 vol. in-8, 4 thl.

Éd. ital. par Manzi, *Milan*, 1830-32, 3 vol. in-8. Éd. esp. par Gracian, *Salamanque*, 1564, in-fol.

THUILLIER (P.), peintre, 1799, Amiens; 1858, ibid. Élève de Watelet, puis de Gudin. Il a visité à diverses reprises la France, l'Italie et l'Espagne. — Moulin, 1831. Vue de Garches, Lac des Quatre-Cantons, Vallée de Bade, 1835. Château de Waltzin, 1837. Vues d'Amalfi, de Vietri, de la Voie Tibertine, 1839-43. RETOUR DU MARCHÉ. Ravin de Thiers. Route de la Kasbah. CONSTANTINE. LA BRUYÈRE. La Rosée. Bords de l'Orne. Harlem. Amsterdam. LAC D'ANNECY, COUP DE VENT, 1855. Le Mont Blanc, Pâturage, 1857.

TIBULLE (Albius Tibullus), poëte latin, vers 44 av. J.-C., Rome; vers 15 av. J.-C...... Fit la guerre contre les Gaulois avec Valerius Messala, puis s'établit à la campagne, où l'attiraient ses goûts paisibles. Ami d'Horace et de Virgile. Ses œuv. sont pleines de charme et de sensibilité. — ÉLÉGIES. — Éd. lat. par Volpi, *Padoue,* 1749, gr. in-4, 15 à 20 fr.; par Heyne, *Leipsick*, 1798, in-8, 7 à 9 fr., et *Lemaire*, 1826, in-8. Éd. lat.-franç. par Baudement, *Dubochet*, 1839, gr. in-8; par Chenu, *Panckoucke*, 1839, in-8. Éd. franç. par Mollevaut (en vers), 6ᵉ éd., 1821, in-18. Éd. angl. par Grainger, *Londres,* 1759, 2 vol. in-12. Éd. allem. par Richter, *Magdebourg*, 1831, in-8. Éd. ital. par Riviera, *Venise,* 1760, in-8.

TICKNOR (George), historien américain, 1791, Boston. Avocat, 1813. Visita l'Allemagne, la France, l'Angleterre, l'Espagne. Professeur à Harvard, 1820-35. Se rendit en Espagne, où il écrivit son principal ouvrage.—HIST. DE LA LITT. ESPAGNOLE, 1849. 2ᵉ éd. angl, *New-York*, 1854, 3 vol. in-8, 1 liv. 10 sh. Éd. franç. par Magnabal. *Durand,* 1864, gr. in-8, 9 fr. Éd. esp. *Madrid*, 1851-57, 4 vol. pet. in-4, 36 fr. Éd. allem. *Leipsick*, 1852, 2 vol. in-8.

TIECK (L.), littérateur allemand, 1773, Berlin; 1853, ibid. Un des chefs de l'école romantique. Parcourut une partie de l'Europe et se fixa à Dresde, 1819. Conseiller du roi de Prusse, 1842. —Sternbald, 1798. Trad. franç. 1822, 2 vol. in-12. L'Abbaye de Netley. Trad. franç. 1801, 2 vol. in-12. Contes. Trad. franç. 1832-34, 6 vol. in-12. Nouvelles. Trad. franç. 1829, 2 vol. in-12. Le Sabbat des sorcières. Trad. franç. 1833, in-8. Victoria Accorombona, 1840, *Breslau*, 2 vol. — OEuv. Éd. allem. *Berlin*,

1828-46, 20 vol. in-8, et 1852-54, 12 vol. in-8 ; *Baudry*, 1840-41, 2 vol. gr. in-8.

TIEDEMANN (Dietrich), philosophe allemand, 1745, Bremer-Vœrde (Brême) ; 1803, Marbourg. Professeur à Cassel, 1776, puis à Marbourg, 1786. Partisan des doctrines de Locke ; adversaire de celles de Kant. — Stoïsch Philosophie (Philosophie stoïcienne), 1776, *Leipsick*, 3 vol. in-8. Das Suchen über der Mensch (Rech. sur l'homme), 1778. *Leipsick,* 3 vol. in-8. SPECULATIVE PHI-LOSOPHIE (Philosophie spéculative), 1787-97, *Marbourg,* 6 volumes in-8.

TIEDEMANN (Fréd.), anatomiste et physiologiste allemand, 1781, Cassel ; 1861, Francfort. Fils du précédent. Docteur, 1804. Professeur à Landshut, 1805, et à Heidelberg, 1816-49. Associé de l'Institut. — Zoologie, 1808-10, *Landshut*, 3 vol. in-8. Anatomie du cerveau, 1816, *Nuremberg*. Trad. franç. par Jourdan, *Baillière,* 1823, in-8. ANATOMIE DER ZÖHRENHOLOTHURIE (Anat. de la holothurie tubiforme), 1816. Nouv. éd. *Heidelberg*, 1820, in-fol. Tabulæ nervorum uteri, 1823, *Heidelberg*, gr. in-fol., 15 fr. TABULÆ ARTERIARUM CORPORIS HUMANI, 1822-24, *Carlsruhe*, in-fol. Avec suppl. *Heidelberg,* 1846, gr. in-fol. Expériences sur la digestion, 1826-27, *Heidelberg,* 2 vol. in-8. Trad. franç. par Jourdan, *Baillière*, 1826-27, 2 vol. in-8, 4 fr. Physiologie de l'homme, 1830-36, *Darmstadt,* 3 vol. in-8. Trad. franç. par Jourdan, *Baillière*, 1830, 2 vol. in-8, 3 fr.

TILLEMONT (Sébastien LE NAIN de), historien, 1637, Paris ; 1698, ibid. Reçut les leçons de Nicole. Prêtre, 1676. Se retira à Port-Royal qu'il fut obligé de quitter, 1679, et s'établit à la campagne. — Hist. des empereurs des six premiers siècles de l'Église, 1690-1738, 6 vol. in-4, 30 à 36 fr., et *Bruxelles*, 1707 et suiv., 16 vol. in-12. MÉMOIRES POUR L'HIST. ECCLÉSIAST. DES SIX PREMIERS SIÈCLES, 1693-1712, 16 vol. in-4, et *Bruxelles,* 1694 et suiv., 27 vol. in-12. Vie de St Louis, 1847-51, *Renouard,* 6 vol. gr. in-8, 54 fr.

TINTORET (Jacq. ROBUSTI, le), célèbre peintre italien, 1512, Venise ; 1594, ibid. Fils d'un teinturier. Élève du Titien dont il devint l'émule. Il a produit un gr. nombre d'ouvrages où le coloris s'allie à la science du dessin. — Le Paradis, SUZANNE AU BAIN, Christ, PORTRAITS, au Louvre. Descente de croix, Résurrection, Madone, l'Amour, à Florence. Christ, Madeleine, à Rome. Vierge, Christ, à Naples. Judith, Bataille, la Sagesse, Portraits, à Madrid. St-Georges, Muses, Esther, Portraits, Expulsion de l'hérésie, à Londres. Circoncision, Assomption, CÈNE, MISE EN CROIX, Vierges, Résurrection, Martyre de St Étienne, ST ROCH, Ascension, Flagellation, Noces de Cana, Annonciation, Adoration des Mages, LE PARADIS, Mars, Ariane, Vulcain, Mercure et les Grâces, MIRACLE DE ST MARC, MEURTRE D'ABEL, Charles-Quint à Pavie, Batailles, Saints et Saintes, ADAM ET ÈVE, à Venise.

TIRABOSCHI (Jérôme), littérateur italien, 1731, Bergame; 1794, Modène. Entra dans l'ordre des jésuites. Directeur de la bibliothèque et conseiller du duc de Modène. — HIST. DE LA LITT. D'ITALIE, 1771-82. Nouv. éd. *Modène*, 1787-94, 16 vol. gr. in-4, 60 à 90 fr., et *Milan*, 1822-26, 16 vol. in-8, 100 fr. Trad. franç. abrégée, par Landi, *Berne*, 1784, 5 vol. in-8. Biblioteca modenese (Bibliothèque modénaise), 1781, *Modène*, 6 vol. in-4, 30 à 36 fr.

TISCHENDORF (Lobegott-Fréd.-Constantin), théologien allemand), 1815, Lengenfeld (Voigtland). Voyagea en Europe, en Égypte et en Asie Mineure. Docteur, 1843. Professeur à Leipsick, 1845. — Reise in den Orient (Voy. en Orient), 1845-48, *Leipsick*, 2 vol. in-8. Monumenta sacra inedita, 1846, in-8. De Evangeliorum apocryphorum origine, 1851, 2 vol. in-8. Acta apocrypha, 1851, in-8. NOVUM TESTAMENTUM TRIGLOTTUM, 1854, gr. in-8. Bibliorum codex Sinaiticus Petropolitanus, 1862, 4 volumes in-fol.

TISSOT (Simon-André), médecin suisse, 1728, Grancy (Vaud); 1797, Lausanne. Docteur, 1749. Professeur à Lausanne, 1766, et à Pavie, 1780-83. — DISSERTATION SUR LES FIÈVRES BILIEUSES, 1758, *Lausanne*, in-8. Éd. franç. par Mahot, *Gabon*, 1799, in-12. De l'Onanisme, 1760. Nouv. éd. *Terry*, 1846, in-18. Avis au peuple sur sa santé, 1761. Nouv. éd. *Méquignon*, 1803, 2 vol. in-12. De la santé des gens de lettres, 1766. Nouv. éd. *Baillière*, 1825, in-18. Maladies des gens du monde, 1770. 4ᵉ éd. *Lausanne*, 1773, in-8. — OEuv. par Hallé, 1809-13, 11 vol. in-8, et *Lausanne*, 1783-95, 15 vol. in-12.

TISSOT (P.-F.), littérateur, 1768, Versailles; 1854, Paris.

Professeur de poésie lat. au Collége de France, 1806. Ses opinions libérales lui attirèrent les rigueurs de la Restauration. — *Études sur Virgile*, 1825-30. 2e éd. *Delalain*, 1841, 2 vol. in-8, 12 fr. Hist. de la révolution franç., 1833-36, *Baudouin*, 6 vol. in-8. Leçons de litt. franç., 1835 et suiv. *L'Henry*, 2 vol. gr. in-8.

TITE-LIVE (T. Livius), célèbre historien latin, 59 av. J.-C., Padoue; 19 de J.-C. ibid. Son existence s'écoula à Naples et à Rome. Il jouissait de l'estime d'Auguste qui lui confia l'éducation de Claude. Son hist., dont il ne reste que 35 livres sur 140, mérite, par la pureté et l'élégance de son style, d'être considérée comme un chef-d'œuvre. — HIST. ROMAINE. — Éd. lat. par Drakenborch, *Amsterdam*, 1738-46, 7 vol. in-4, 80 fr.; par Doujat, 1680, 6 vol. in-4, 30 fr.; par Crévier, 1735, 6 vol. in-4, 36 fr.; par divers, *Deux-Ponts*, 1784, 13 vol. in-8; par Ernesti, *Leipsick*, 1801-04, 5 vol. in-8, 25 fr.; par Ruperti, *Gœttingue*, 1807-09, 6 vol. in-8, 24 fr.; Lemaire, 1822-26, 12 vol. in-8, et par Carey, *Londres*, 1819, 5 vol. in-18, 15 fr. Éd. lat.-franç. par Dureau de la Malle, 1824, 17 vol. in-8, 40 fr.; par divers, *Panckoucke*, 1830-35, 17 vol. in-8 a 5 fr., et *Dubochet*, 1839, 2 vol. gr. in-8, 24 fr. Éd. angl. par Spillan, *Londres*, 1849-53, 4 vol. in-8. Éd. allem. par Oertel, *Munich*, 1821-31, 10 vol. in-12. Éd. ital. par Nardi, *Milan*, 1826, 7 vol. in-8.

TITIEN (Tiziano Vecelli, le), célèbre peintre italien, 1477, Pieve de Cadore; 1576, ibid. Élève de Zuccato, de Bellini et de Giorgione, et maître du Véronèse et du Tintoret. Chef de l'école vénitienne. Séjourna dans les principales villes d'Italie et refusa les offres les plus brillantes pour s'attacher à Charles-Quint qui le combla d'honneurs. Il était plein de gloire et de vie lorsqu'il mourut de la peste à cent ans. On le regarde comme le premier des coloristes. — Vierge et Saints, Ste Famille, PÉLERINS D'EMMAÜS, Christ, COURONNEMENT D'ÉPINES, CHRIST AU TOMBEAU, St Jérôme, CONCILE DE TRENTE, JUPITER ET ANTIOPE, François Ier, TITIEN ET SA MAITRESSE, PORTRAITS, au Louvre. Adoration des Mages, à Milan. Christ, à Parme. Ste Famille, Flore, Portraits, Vénus, Madeleine, Christ, Ste Catherine, Bacchanale, à Florence. Vierge, Ste Famille, les Grâces, l'Amour, MADELEINE, Léda, Sacrifice d'Abraham, la Femme adultère, PORTRAITS, à Rome. Madeleine, DANAÉ, PORTRAITS, à Naples.

Martyres de St Pierre et de St Laurent, Annonciation, Tobie, Descente du St-Esprit, Mort d'Abel, Sacrifice d'Abraham, David et Goliath, Évangélistes, Flagellation, Docteurs, Passage de la mer Rouge, Ste Élisabeth, Déposition de croix, Présentation au Temple, Assomption, Triomphe de Judith, Saints, à Venise. Charles Quint, Ecce homo, Vierge, Sisyphe, Prométhée, Salomé, Portement de croix, Abraham, Mise au tombeau, Assomption, Apothéose de la Famille roy., Danaé, Lucrèce, Vénus et Adonis, Bacchus, Diane, Actéon, Calisto, Portraits, à Madrid. Vénus et Adonis, Bacchus et Ariane, Enlèvement de Ganymède, Ste Famille, Lucrèce, David, Madeleine, Portraits, à Londres. Triomphe de l'amour, Bacchanales, à Ferrare.

TITTMANN (Fréd.-Guill.), historien allemand, 1784, Wittemberg. Lauréat de l'Acad. de Berlin, 1811. Conseiller du Consistoire, 1823, et des Archives, 1832, à Dresde. — Ideen zur Politik und Geschichte (Idées sur la polit. et l'hist.), 1816, *Dresde*, in-8. Darstellung der Verfassung des deutschen Bundes (Constitution de la confédération allem.), 1818, *Leipsick*, in-8. Darstellungen der griechischen Staasverfassungen (Constitut. polit. de la Grèce), 1822, *Leipsick*, in-8. Ueber die Schœnheit und die Kunst (Sur la beauté et sur l'art), 1841, *Berlin*, in-8.

TOCQUEVILLE (Alex.-Ch.-H. Clérel de), littérateur et politique, 1805, Verneuil (Seine-et-Oise) ; 1859, Cannes. Juge d'instruction, 1826, et juge suppléant, 1830, à Versailles. Alla, avec Gust. de Beaumont, étudier le syst. pénitentiaire en Amérique, 1831. Membre des Acad. des sciences morales, 1838, et franç., 1841. Député, 1839. Membre de la constituante, 1848, et de la législative, 1849. Ministre des aff. étrangères, 1849. — Syst. pénitentiaire aux États-Unis (avec Gust. de Beaumont), 1832. 3º éd. *Gosselin*, 1845, in-12, 3 fr. 50. La Démocratie en Amérique, 1835. Nouv. éd. *Gosselin*, 1838-40, 4 vol. in-8, et 1850, 2 vol. in-18. 7 fr. *Lévy*, 1865, 3 vol. in-8, 18 fr. Hist. du Règne de Louis XV, 1846. 2º éd. *Amyot*, 1847, 2 vol. in-8. L'Anc. régime et la Révolution, 1856, in-8, 7 fr. 50. — OEuv. et correspond. *Lévy*, 1861, 2 vol. in-8. 15 fr. OEuv. compl. 8 vol. in-8, 48 fr.

TOEPPFER (Rodolphe), littérateur suisse, 1799, Genève ; 1846, ibid. Étudia la peinture. Vint à Paris, 1819, ou il s'adonna aux lettres. Directeur de pensionnat et professeur de litt. à Genève, 1833. — Réflex. d'un peintre genevois, 1839, in-8 et 1847, 2 vol. in-18, 7 fr. Le Presbytère, 1839, in-8 et 1846, in-18. Nouvelles genevoises, 1841-48, *Charpentier*, gr. in-18, 3 fr. 50, et *Dubochet*, 1844, ou *Garnier*, 1855, gr. in-8, 12 fr. Voy. en zigzag, 1843, *Dubochet*, ou *Garnier*, 1858, gr. in-8, 12 fr. Rosa et Gertrude, 1846, in-18.

TOLDY (Franz Schedel), littérateur hongrois, 1805, Ofen. Docteur, 1829. Ouvrit à la même époque des cours de litt. à Berlin. Visita une partie de l'Europe, 1830. Membre et secrétaire de l'Acad. hongroise, 1831. Professeur d'hygiène, 1838-44, et directeur de la bibliothèque, 1845, à Pesth. — Geschichte der ungarischen Poesie (Histoire de la poésie hongroise), 1828. 2ᵉ éd. *Pesth*, 1855, in-8, vol. i-ii. Die Elemente der Diætetik (Élém. de l'hygiène), 1839, *Pesth*, in-8. Handbuch der ungarischen Sprache und Literatur (Manuel de la langue et de la litt. hongroises), 1851-55. *Pesth*, in-8. vol. i-iii.

TORRICELLI (Evangelista), célèbre physicien italien, 1608, Faenza ; 1647, Florence. Envoyé à Rome pour étudier les mathématiques, il s'y lia avec Castelli, disciple de Galilée. Professeur à Florence, après la mort de ce gr. astronome, 1642. — Invention du baromètre, 1643. — OEuv. Éd. lat. *Florence*, 1644, pet. in-4. De Sphæra, *Florence*, 1644, in-4.

TOULLIER (Ch.-Bonav.-Marie), célèbre jurisconsulte, 1752, Dol, près St Malo ; 1835, Rennes. Docteur, 1776. Agrégé à la Faculté, 1779, juge au tribunal, et professeur de droit civil, 1803, à Rennes. Ses commentaires sur le code sont très-estimés. — Le Droit civil, suivant l'ordre du code, 1811-19. 6ᵉ éd. complétée par Duvergier, *Renouard*, 1846 et suiv. 13 vol. in-8.

TOURNEFORT (Jos. Pitton de), célèbre botaniste, 1656, Aix ; 1708, Paris. Professeur au jardin du roi, après Fagon, 1683, et au Collége de France, 1703. Exécuta de gr. voy. en France, en Espagne, en Angleterre, en Hollande, 1681-91, et dans l'Asie Mineure, 1700-02. Membre de l'Acad. des sciences, 1691. Auteur d'une classification des plantes basée sur la fleur et le fruit. — Élém. de botanique, 1694, *Impr. roy.*, 4 vol. in-8, avec pl. Éd. lat. 1700, 3 vol. in-4, avec pl. Hist. des plantes des environs de Paris, 1698. Nouv. éd. 1741, 2 vol. in-12. Relation d'un voy. au Levant, 1717, *Impr. roy.*, 2 vol. in-4, 24 à 30 fr. et *Lyon*, 1717, 3 vol. in-8, 12 à 15 fr.

TRACY (Ant.-L.-Cl. Destutt de), philosophe, 1754, Paris; 1836, ibid. Colonel, 1778. Député aux États gén., 1789. Membre des Acad. des sciences morales, 1795; franç., 1808, et du comité de l'instruction publ., 1799. Sénateur, 1799. Pair de France, 1814. Sa philos., comme celle de Condillac, repose sur la sensation. — Élém. d'idéologie, 1801-15. Nouv. éd. 1817-18, 4 vol. in-8, et 1824-26, 5 vol. in-18. Orig. de tous les cultes, 1804, in-8. Essai sur Montesquieu, 1808, in-8. Comment. sur l'esprit des lois, 1819, in-8.

TREDGOLD (Thomas), ingénieur anglais, 1788, Brandon (Durham); 1829, Londres. Commença par être menuisier. S'instruisit seul et par un travail assidu devint ingénieur civil et auteur d'excellents ouvrages. — Essai sur la force du fer, 1821. 3e éd. *Londres*, 1856, in-4. Trad. franç. par Duverne, *Bachelier*, 1825, in-8. Principes de l'art de chauffer les édifices, 1824, *Londres*, in-8. Trad. franç. 1825, in-8. Traité des chemins de fer, 1825, *Londres*, in-8. Trad. franç. 1826, in-8. Traité des machines a vapeur, 1827. Nouv. éd. *Londres*, 1838, 2 vol. gr. in-4 avec pl. 2 liv. et 1848, 3 vol. gr. in-4. Trad. franç. par Mellet, 2e éd. *Bachelier*, 1837, in-4, 38 fr.

TREMBLEY (Abraham), naturaliste suisse, 1700, Genève; 1784, ibid. Précepteur des enfants du comte de Bentinck, à La Haye, 1740, et du comte de Richemont. Parcourut l'Allemagne, l'Angleterre, la France. Membre du Gr. conseil de Genève, 1757. Correspondant de l'Institut. — Mémoires pour l'hist. d'un polype, 1744, *Leyde*, in-4 ou 2 vol. pet. in-8. Instructions d'un père à ses enfants, 1775-82, *Genève*, 6 vol. in-8.

TROLLOPE (Françoise Milton, mistress), femme de lettres anglaise, 1791, Heckfield (Hampshire); 1863, Londres. Exécuta un voyage en Amérique, 1829, où elle puisa l'idée de son principal ouvrage. Elle écrivit ensuite un grand nombre de romans. — Moeurs des Américains, 1831, *Londres*, 3 vol. in-8. Trad. franç. par Defauconpret, *Gosselin*, 1832, 2 vol. in-8, et 1841, in-18, 3 fr. 50. La Belgique, 1834. Trad. franç. 1834, 2 vol. in-8. Paris et les Parisiens, 1836. Trad. franç. 1836, 3 vol. in-8. The Vicar of Wrexhill (le Vicaire de Wrexhill), 1837, *Londres*, 3 vol.

in-8. Vienne et les Autrichiens, 1838. Trad. franç. 1838, 3 vol. in-8. The Widow Barnaby (la Veuve Barnabé), 1839, *Londres*, 3 vol. in-8.

TROPLONG (Raymond-Théod.), célèbre jurisconsulte, 1795, St-Gaudens (Hte-Garonne). Entra dans la magistrature en 1819. Avocat gén. à Bastia, puis à Nancy, 1829, où il devint président à la cour, 1833. Conseiller à la Cour de cassation, 1835. Membre de l'Acad. des sciences morales, 1840. Pair de France, 1846. 1er président de la Cour roy.,1848, et de la Cour de cassation, 1852. Sénateur, 1852, et président du Sénat, 1854. Membre du conseil privé, 1858. — LE DROIT CIVIL EXPLIQUÉ, 1833-58, *Hingray*, 28 vol. in-8. (Vente, 1834, 2 vol. Prescription, 1835, 2 vol. Prêt, 1845, 2 vol. Contrat de mariage, 1850, 4 vol. Échange, 1852, 2 vol. Priviléges et hypoth., 1853, 4 vol. Donations, 1855, 4 vol., etc.). De l'influence du christian. sur le droit romain, 1843. 2e éd. 1855, in-8. Du Pouvoir de l'État sur l'enseignement, 1844, in-8. De la Propriété, 1848, in-8.

TROUSSEAU (Armand), médecin, 1801, Tours. Docteur, 1825. Agrégé, 1826. Médecin des hôpitaux, 1831. Professeur de thérapeutique, 1839, et de clinique médicale, 1850. Membre de la Constituante, 1848, et de l'Acad. de médecine, 1856. — Traité de thérapeutique (avec M. Pidoux), 1836. 6e éd. *Béchet*, 1858, 2 vol. in-8, 19 fr. Traité de la phthisie laryngée (avec M. Belia), 1837, *Baillière*, in-8, 7 fr. Clinique médicale de l'Hôtel-Dieu, 1861-62. 2e éd. *Baillière*, 1864, 3 vol. in-8, 20 fr.

TROYON (Constant), peintre, 1813, Sèvres ; 1865, Paris. Élève de Riocreux. Voyagea en Hollande et surtout en France. Il a excellé dans la reproduction des animaux. — Fête de Sèvres, Parc de St-Cloud, 1833. Vallée de Chevreuse, Fontaine à Caudebec, Argenton, La Ferté St-Aubin, 1835. FOIRE LIMOUSINE, 1838. ABREUVOIR, 1839. BAIGNEUSES, 1842. Environs de Vannes, 1846; de La Haye et d'Amsterdam, 1848. MARCHÉ, 1850. BOEUFS AU LABOUR, VALLÉE DE LA TOUQUE, CHIENS, VACHES, 1855. RETOUR DE LA FERME, DÉPART POUR LE MARCHÉ, 1859.

TURGOT (Anne-Robert-Jacq.), économiste et politique, 1727, Paris ; 1781, ibid. Maître des requêtes, 1753. Intendant de la généralité de Limoges, 1761. Ministre de la marine et des finances, 1774-76. Pénétré de l'utilité des réformes, il échoua dans leur application, par manque de souplesse, trop de droiture et de bonne foi, ou plutôt parce qu'il n'était pas encore l'heure. — Lettres sur la tolérance, 1754. 3ᵉ éd. 1791, in-8. Réflex. sur la formation et la distribution des richesses, 1766-88, in-8 ou in-12. Lettres sur les grains, 1788, in-8.—OEuv. par Dupont de Nemours, *Belin,* 1808-11, 9 vol. in-8, 45 fr., et par Eug. Daire, *Guillaumin,* 1844, 2 vol. gr. in-8.

TURNER (Sharon), historien anglais, 1768, Londres ; 1847, ibid. Avoué. Son 1ᵉʳ ouvrage ayant été accueilli avec succès, il quitta les affaires pour ne plus s'occuper que de lettres. — THE HISTORY OF THE ANGLO-SAXONS (Hist. des Anglo-Saxons), 1799-1805. Nouv. éd. *Londres,* 1852, 3 vol. in-8, 1 liv. 10 sh. History of England (Hist. d'Angleterre), 1814-29, *Londres,* 5 vol. in-4, ou 7 vol. in-8. Sacred history of the world (Hist. sacrée du monde), 1832-37. Nouv. éd. *Londres,* 1852, 3 vol. in-8.

TURNER (Jos.-Mallord-William), peintre anglais, 1775, Londres ; 1851, Chelsea. Membre, 1802, et professeur, 1807, de l'Acad. roy. Auteur de plus de 250 tableaux qui lui valurent une gr. popularité.—Château de Dalbadern. Chutes de la Clyde. ÉDIMBOURG. Un Voyageur. Ste Famille. LA FORGE. Le Compte non acquitté. CHUTE DU RHIN. Naufrages. Coup de vent. LEVER DE SOLEIL. Apollon. Mercure. Narcisse et Écho. Didon et Énée. CHUTE D'UNE AVALANCHE. Annibal traversant les Alpes. Incendie du parlement. PÈLERINAGE DE CHILDE-HAROLD. LE RAMEAU D'OR. PERTE DU VAISSEAU LE TÉMÉRAIRE.

TYCHO-BRAHÉ, célèbre astronome danois, 1546..... (Scanie); 1601, Prague. Maître de Kepler. Parcourut l'Europe pour étendre son instruction. Professeur à Copenhague. Construisit l'observatoire d'Uranienbourg qu'il dirigea pendant 17 ans, 1580-97. Il quitta sa patrie après la mort de Frédéric II qui le protégeait. Auteur de travaux remarquables sur la théorie de la lune et le cours des comètes. — Progymnasmata, 1587-89, *Uranienbourg.* Astronomiæ instauratæ mechanica, 1598. Historia cœlestis, libri XX, 1666.

U

UHLAND (J.-L.), poëte allemand, 1787, Tubingue ; 1862, ibid. Avocat et employé à la justice, à Stuttgart, 1810. Député aux

États de Wurtemberg, 1819 ; à la Diète allemande, 1833 ; à l'assemblée nat. de Francfort, 1849. Professeur à Tubingue, 1830-33. Ses œuv. furent accueillies avec enthousiasme dans sa patrie.
— GEDICHTE (poésies), 1815. Nouv. éd. *Stuttgart*, 1840, in-8. Alter hoch-und niederdeutscher Volkslieder (Recueil des vieux chants popul., en haut et bas allem.); 1844-45, *Stuttgart*, in-8.

ULBACH (L.), littérateur, 1822, Troyes. Il a collaboré à un gr. nombre de journaux et en a dirigé plusieurs, notamment la Revue de Paris, 1853-58. — Gloriana, 1844, in-8. Lettres à Jacq. Souffrant, 1851. Argine Piquet, 1852. Philos. maçonnique, 1853. L'Homme aux louis d'or, 1854, in-18. Suzanne Duchemin, 1855, in-18. Les Roués sans le savoir, 1856, in-16. Écrivains et Hommes de lettres, 1857, in-18. La Voix du sang, les Secrets du diable, 1858. L'Ile des rêves, Pauline Foucaut, 1859. Mme Fernel, 1860, in-8.

ULLIAC-TRÉMADEURE (Sophie), femme de lettres, 1794, Lorient ; 1862, Paris. Directrice du Journal des jeunes personnes. Ses œuv., destinées à l'éducation, respirent une saine morale.— CONTES AUX JEUNES AGRONOMES, 1818-39, in-12. Hist. du petit Jacques, 1827-35, 3 vol. in-18. Laideur et Beauté, 1833-45, in-12. Hist. de Jean-Marie, 1833-40, in-12. LE PETIT BOSSU, 1833-45, in-12. LA PIERRE DE TOUCHE, 1835, in-8. Émilie, 1836-52, in-12. Contes aux jeunes artistes, 1836-38, in-12. Étienne et Valentin, 1838, in-12. CLAUDE BERNARD, 1840, in-12. Contes de la mère l'Oie, 1842, in-8.

UMBREIT (Fréd.-Guill.-Ch.), théologien allemand, 1795, Sonneborne (Saxe-Gotha); 1860, Heidelberg. Agrégé, 1818. Professeur de philos., 1823, et de théologie, 1829, à Heidelberg. — Lied der Liebe (le Cantique de l'amour), 1820, *Gœttingue*. Buches Job (le Livre de Job), 1824, *Heidelberg*. Commentar ueber die Spruche Salomons (Comment. des proverbes de Salomon), 1826, *Heidelberg*. PRAKTISCHER COMMENTAR UEBER DIE PROPHETEN (Comment. prat. des Prophètes), 1841-46, *Hambourg*, 4 volumes.

URE (André), chimiste anglais, 1778, Glasgow; 1857, Londres. Docteur, 1801. Professeur à Glasgow, 1802. Fondateur et directeur de l'Observatoire de cette ville, 1809. Membre de la Société roy. et chimiste des douanes, à Londres, 1834. — Dict.

de chimie, 1820. 3ᵉ éd. *Londres*, 1827, in-8. Trad. franç. par Riffault, *Leblanc*, 1822-24, 4 vol. in-8. Philos. des manufactures, 1835, *Londres*, in-8. Trad. franç. *Mathias*, 1836, 2 vol. in-12. Dictionary of arts (Dict. des arts), 1839. Nouv. éd. *Londres*, 1853, 2 vol. in-8, fig.

urfé (Honoré d'), romancier, 1567, Marseille; 1625, Villefranche. Soldat. Après avoir fait les guerres de la Ligue et accompli quelques missions diplomat., il se retira à la campagne, où il écrivit son roman. — L'Astrée, 1610. Nouv. éd. 1647, 5 vol. pet. in-8, fig., et 1733, 10 vol. in-12.

usher (Jacq.), théologien anglais, 1580, Dublin; 1656, Ryegate (Surrey). Professeur à Dublin, 1607. Chancelier de l'église de Saint-Patrick. Évêque de Meath, 1620. Membre du conseil privé, 1623. Archevêque d'Armagh, 1624. La révolution d'Irlande, 1648, l'obligea à se retirer à Londres. — Britannicarum ecclesiarum antiquitates, 1639. Nouv. éd. *Londres*, 1687, in-fol. Annales Veteris et Novi Testamenti, 1650-54, Nouv. éd. *Genève*, 1722, in-fol., 12 à 18 fr. — OEuv. Éd. angl. *Dublin*, 1847, 15 vol. in-8, 6 liv.

ussing (Tage-Algreen), jurisconsulte et politique danois, 1797, Frédériksberg (Seelande). Assesseur, 1836-41. Procureur gén. de Danemark, 1841. Conseiller d'État; député à la chancellerie, 1846, et à la diète, 1848. Membre du conseil privé, 1854. — Haandbog il den danske criminaret (Manuel de droit pénal danois), 1841, *Copenhague*, 2 vol. in-8. Lœren om servituter (Traité des servitudes), 1846, in-8.

uwins (Thomas), peintre anglais, 1788, Londres; 1857, ibid. Se perfectionna en Italie. Membre, 1836, et bibliothécaire, 1844-55, de l'Acad. roy. Conservateur des tableaux de la reine, 1842, et de la galerie nationale, 1847. — L'Enfant et les Brigands. La Mandoline. Enfants endormis. Préparatifs de fête. Fabrique d'images. Paysanne endormie. Pêcheur napolitain. Enfants en prière. Fête de la madone. Vendanges au Médoc. Sculpteur d'images. Veuve napolitaine. Leçons de tarentelle. Le Soupçon. Le Berger favori.

V

VACHEROT (Ét.), philosophe, 1809. Langres. Élève, 1827, maître de conférences de philos. et directeur des études, 1837-51, à l'École normale. Professeur suppléant M. Cousin à la Sorbonne, 1836. — Théorie des premiers principes selon Aristote, 1836, in-8. De rationis auctoritate, 1836, in-8. Cours d'hist. de la philos. de M. Cousin au xviiie siècle, 1839-40, 2 vol. in-8 ; au xixe siècle, 1841, in-8. HIST. CRIT. DE L'ÉCOLE D'ALEXANDRIE, 1846-51, *Ladrange*, 3 vol. in-8, 21 fr. La Métaphysique et la science, 1858, *Chamerot*, 2 vol. gr. in-8, 17 fr., ou 3 vol. in-12, 10 fr. 50. La Démocratie, 1859, in-18.

VACQUERIE (Aug.), littérateur, 1818, Paris. Accepta dès le début les principes de l'école romantique. Il a collaboré depuis 1840 aux journaux le Globe, l'Époque, l'Événement. — L'Enfer de l'esprit, 1840, in-8. Demi-teintes, 1845, in-12. Drames de la Grèce, 1855. Profils et grimaces, 1856, in-18, 3 fr. et 1864, in-8, 6 fr. Souvent homme varie, 1859. Les Miettes de l'Histoire, 1863, in-8, 6 fr. ou in-12, 3 fr. 50.

VAILLANT (J.-Foi), numismate, 1632, Beauvais; 1706, Paris. Avocat. Médecin. Exécuta de gr. voy. en Angleterre, en Allemagne, en Italie, en Grèce, en Égypte, en Perse. Membre de l'Acad. des inscriptions, 1701. — NUMISMATA IMPERATORUM ROMANORUM PRÆSTANTIORA, 1674. Nouv. éd. *Rome*, 1743, 3 vol. gr. in-4, fig., 30 à 40 fr. Seleucidarum imperium, 1681. Nouv. éd. *La Haye*, 1732, in-fol., 12 à 15 fr. Numismata æra imperatorum, 1688-97, in-fol., 15 à 18 fr. Numismata imperatorum, 1695. Nouv. éd. 1700, in-fol., 12 à 15 fr. Historia Ptolemæorum, 1701, *Amsterdam*, in-fol., 8 à 10 fr. Arsacidarum imperium, 1725, 2 vol. in-4, 15 à 18 fr.

VAILLANT (Sébastien), botaniste, 1669, Vigny, près Pontoise; 1722, Paris. Chirurgien milit., 1688. Secrétaire de Fagon, 1er médecin de Louis XIV. Professeur et directeur au Jardin des Plantes. Membre de l'Acad. des sciences, 1716. — BOTANICON PARISIENSE, 1727, *Leyde*, in-fol., 15 à 20 fr.

VALENCIENNES (P.-H.), peintre, 1750, Toulouse; 1819, Paris. Élève de Doyen. Choisit le paysage et alla se perfectionner en

Italie. Membre de l'Acad. de peinture, 1787. — Cicéron découvrant le tombeau d'Archimède. Philoctète dans l'île de Lemnos. OEdipe trouvé sur le mont Cithéron. OEdipe devant le temple des Euménides.—Élém. de perspective prat., 1800. 2e éd. *Payen*, 1820, in-4.

VALENCIENNES (Achille), naturaliste, 1794, Paris ; 1865, ibid. Prof. d'anat. à l'Ecole normale, 1830, et de zoologie au Muséum. Membre de l'Acad. des sciences, après Ét. Geoffroy-Saint-Hilaire, 1844. — Hist. nat. des mollusques, 1833, in-8. Hist. nat. des poissons (avec Cuvier), 1836-49, *Bertrand*, 24 vol. gr. in-8, avec atlas. Le Cte de Lacépède, 1859, in-4. Mémoires et articles divers.

VALENTIN (Moïse le), peintre, 1591, Coulommiers (Seine-et-Marne); 1634, Rome. Élève de Vouet. Se fixa à Rome, où il se lia avec Poussin. — Innocence de Suzanne reconnue. Jugement de Salomon, Denier de César, Concert, Diseuse de bonne aventure, Cabaret, au Louvre. MARTYRES DES STS PROCESSE ET MARTINIEN, Décollation de St Jean, Rome triomphante, le Christ et les docteurs, à Rome. Martyre de St Laurent, à Madrid. Reniement de St Pierre.

VALÈRE MAXIME (Valerius Maximus), historien latin, 1er siècle..... Soldat, sous le consul Sextus Pompée, 14 de J.-C. Vécut à la cour de Tibère. — Faits et paroles mémorables. — Éd. lat. par Torrenius, *Leyde*, 1726, in-4, 12 à 15 fr.; par Kapp, *Leipsick*, 1782, in-8, 3 à 5 fr. et *Londres*, 1819, gr. in-18, 3 à 4 fr.; *Lemaire*, 1822-23, 2 vol. in-8, et par Kempf, *Berlin*, 1854, in-8, 12 fr. Éd. lat.-franç. par Baudement, *Dubochet*, 1841, gr. in-8, 12 fr.; par Frémion, *Panckoucke*, 1827-28, 3 vol. in-8, 21 fr.; par Peuchot et Allais, *Delalain*, 1822, 2 vol. in-12.

VALERIUS FLACCUS (Caius), poëte latin, milieu du 1er siècle, Padoue ; 111..... Gouverneur de l'île de Chypre, 89. Mérita la protection de Vespasien et de Titus, et fut l'ami des principaux écrivains de son époque. — Argonautiques.—Éd. lat. par Burmann, *Leyde*, 1724, in-4, 16 à 24 fr.; par Harles, *Altenbourg*, 1781, in-8, 10 à 12 fr.; *Lemaire*, 1825, 2 vol. in-8, 8 à 10 fr. Éd. lat.-franç. par Dureau de Lamalle, *Michaud*, 1811, 3 vol. in-8, 12 fr.; *Dubochet*, 1843, gr. in-8, et par Caussin de Perceval, *Panckoucke*, 1828, in-8, 7 fr.

VANDERBURCH (L.-Émile), littérateur, 1794, Paris; 1862, ibid. Abandonna le professorat pour la litt. et le théâtre. — Le Procès, 1822. La Chaumière béarnaise, 1823. L'Arc de triomphe, 1824. Jean de Calais, 1827. Henri IV en famille, 1828. Louis XV chez Mme Dubarry, 1831. La Pendule, la Reine de dix ans, 1832. La Chasse aux pierrots, 1834. Jacques II, 1835. Amaglia, 1836. Quatre-vingt-dix-neuf moutons et un Champenois, le Rossignol, 1838. L'Élève de Saumur, les Camarades du ministre, 1839. Une Nuit au Louvre, 1846. Le Sanglier des Ardennes, 1854. Le Sergent Frédéric, 1855, etc.

VANIÈRE (Jacq.), poëte latin moderne, 1664, Causses, près Béziers; 1739, Toulouse. Jésuite. Professa la rhétorique. Un voy. qu'il fit à Paris fut pour lui une suite d'ovations. — OEconomie rurale, 1710. Nouv. éd. lat. *Barbou*, 1774, pet. in-8, 3 à 4 fr. ou 1786, in-12, 4 à 5 fr. et *Delalain*, 1817, in-12. Trad. franç. par Berland d'Halouvry, 1756, 2 vol. in-12, 6 à 8 fr. Dictionarium poeticum, 1710. Nouv. éd. *Lyon*, 1722, in-4, 6 à 9 fr.

VANLOO (J.-Bapt.), peintre, 1684, Aix; 1745, ibid. Il était déjà fort habile lorsque le prince de Carignan le prit sous sa protection. Après un séjour de quelques années en Italie, se fixa à Paris. Membre, 1731, et professeur, 1733, de l'Acad. de peinture. Habita quatre ans l'Angleterre avant de rentrer à Aix. — Institution de l'ordre du St-Esprit par Henri III, Diane et Endymion, au Louvre. Agonie de St Joseph, Annonciation, Résurrection de Lazare, Assemblée des Dieux, à Aix. Triomphe de Galatée, à St-Pétersbourg. Louis XV. Marie Leckzinska. La Marquise de Prie.

VANLOO (Carle), peintre, 1705, Nice; 1765, Paris. Frère du précédent. Résida comme lui en Italie et vint se fixer à Paris. Membre de l'Acad. 1735. 1er Peintre du roi et directeur de l'École de peinture. — Mariage de la Vierge, Apollon faisant écorcher Marsyas, Énée portant son père Anchise, Halte de Chasse, Marie Leckzinska, au Louvre. Louis XV, au Gr. Trianon. Apothéose de St Isidore, à Rome. Femme orientale, à Londres. Concert, Conversation espagnole, à St-Pétersbourg. Résurrection, à Besançon. St Ch. Borromée communiant les pestiférés. Prédication de St Augustin. Allégorie des Parques.

VAPEREAU (L.-Gust.), littérateur, 1819, Orléans. Prix d'honneur de philos. au concours gén. 1838. Élève de l'École normale, 1839. Secrétaire de M. Cousin, 1842. Agrégé, 1843, et professeur de philos. à Tours, 1843-52. Vint à Paris, 1852. Se fit recevoir avocat, 1854, mais se tourna tout entier vers les travaux litt. — Du Caractère libéral, moral et religieux de la philos. mod. 1844, *Tours*, in-8. DICT. UNIV. DES CONTEMPORAINS, 1858. 3e éd. *Hachette*, 1865, gr. in-8, 25 fr. Année litt. et dramatique, 1858-65, *Hachette*, 8 vol. in-18, à 3 fr. 50. Articles dans le Dict. des sciences philos. Études diverses.

VARCHI (Benoît), historien et poëte italien, 1502, Florence; 1565, ibid. Mêlé aux événements polit. qui obligèrent les Médicis à quitter Florence, 1527, il fut exilé à leur retour. Côme Ier le rappela pour lui faire écrire l'hist. de sa patrie. — Sonetti (Sonnets), 1555-57, *Florence*, 2 vol. in-8, 18 à 24 fr. L'Ercolano, 1570. Nouv. éd. *Milan*, 1804, 2 vol. in-8. Lezioni (Lectures), 1590, *Florence*, in-4, 10 à 12 fr. et 1841, 6 vol. in-8. HIST. DE FLORENCE, 1721, *Cologne*, in-fol. 15 à 20 fr., et *Florence*, 1843-51, 3 vol. in-8. Trad. franç. par Requier, 1754-65, 3 vol. in-8 ou in-12.

VARNHAGEN D'ENSE (Ch.-Aug.), littérateur allemand, 1785, Dusseldorf; 1858, Berlin. Soldat, 1809-15. Conseiller de légation, 1819. Auteur de nombreux écrits. — Biographische Denkmale (Monuments biogr.), 1824-30. 2e éd. *Berlin*, 1845-46, 5 vol. in-8. Zur Geschichtschreibung und Literatur (Études histor. et litt.), 1833, *Hambourg*, in-8. Denkwürdigkeiten und vermischte Schriften (Souvenirs et mélanges), 1842-59, *Leipsick*, 9 volumes in-8.

VARRON (M. Terentius Varro), littérateur, grammairien, agronome et politique latin, 116 av. J.-C., Rome; 27 av. J.-C..... Avocat. Tribun. Chef de la flotte, 65. Gouverneur de l'Espagne ultérieure, 49. Partisan de Pompée, puis de César, il échappa aux proscriptions d'Antoine, 41. Possédait de gr. propriétés, et avait écrit, dit-on, plus de 500 volumes. — De la langue latine. Éd. lat. *Deux-Ponts*, 1788, 2 vol. in-8; par Spengel, *Berlin*, 1826, in-8, 12 fr.; par Muller, *Leipsick*, 1833, in-8. Éd. lat.-franç. *Dubochet*, 1844, gr. in-8. Économie rurale. Éd. lat. *Deux-Ponts*, 1787, in-8, et *Leipsick*, 1794-97, in-8. Éd. lat.-

franç. *Dubochet*, 1844, gr. in-8, et par Rousselot, *Panckoucke*, 1844, in-8, 7 fr. — OEuv. compl. Éd. lat. *Dordrecht*, 1619, in-8, 10 à 15 fr.

VASARI (Georges), peintre, architecte et historien italien, 1512, Arezzo; 1574, Florence. Se forma à Rome. Directeur des travaux de Côme Ier, à Florence, 1553, et fondateur de l'Acad. de cette ville, 1561. Auteur d'un ouvrage précieux pour ce qui concerne les arts depuis la renaissance. — Passion, Annonciation, la Cène, St Pierre marchant sur les eaux, au Louvre. Conception, à Florence. Décollation de St Jean, à Rome. Festin d'Assuérus, à Arezzo. — Palais vieux, Palais des offices, à Florence. — VIES DES PEINTRES, SCULPTEURS ET ARCHITECTES, 1550. Nouv. éd. *Rome*, 1759-60, 3 vol. gr. in-4, fig. 36 à 48 fr.; *Livourne*, 1767-72, 7 vol. in-4, fig.; *Milan*, 1807, 16 vol. in-8, fig. 80 fr.; *Florence*, 1838, 2 vol. in-8, à 2 col. 40 fr. et 1846-57, 13 vol. in-12. Trad. franç. par Leclanché et Jeanron, *Tessier*, 1839-42, 10 vol. in-8, 60 fr.

VATER (J.-Séverin), linguiste allemand, 1771, Altenbourg (Saxe); 1826, Halle. Professeur à Iéna, 1798; à Halle, 1799 et 1820; à Kœnigsberg, 1810. — Animadversiones ad Aristotelem, 1794, *Leipsick*, in-8. Tables synchronistiques, 1803, *Halle*, in-fol. Trad. franç. abrégée, *Strasbourg*, 1835, in-4. Literatur der Grammatiken (Litt. des grammaires), 1815. 2e éd. *Berlin*, 1847, in-8. Sprache der alten Preussen (Langue des anc. Prussiens), 1821, *Brunswick*, in-8.

VATOUT (J.), littérateur, 1792, Villefranche; 1848, Claremont (Angleterre). Secrétaire de Boissy d'Anglas. Sous-préfet de Blaye et de Libourne, 1815; de Semur, 1816-20. Bibliothécaire et secrétaire particulier de L.-Philippe, 1822. Député, 1830-48. Membre de l'Acad. franç., 1848.— Aventures de la fille d'un roi, 1820, in-8. De l'Assemblée constituante, 1822, in-8. Galerie des tableaux du duc d'Orléans, 1825-29, 2 vol. gr. in-fol. et 1823-30, 8 vol. in-8. Conspiration de Cellamare, 1832, 2 vol. in-8. Hist. du Palais-Roy. 1833-34. in-fol. Résidences roy. de France, 1837-46, 7 vol. in-8. Le Château d'Eu, 1843-44, in-fol.

VATTEL (Emmerich de), littérateur et publiciste allemand, 1714, Couret (Neufchâtel); 1767, Neufchâtel. Conseiller d'ambassade, 1746; ministre à Berne, et conseiller privé du roi de Saxe, 1758. — LE DROIT DES GENS, 1758. Nouv. éd. *Aillaud*, 1835, 2 vol. in-8, et *Guillaumin*, 1864, 3 vol. in-8, 25 fr., ou in-18, 15 fr.

VAUBAN (Sébast. LE PRESTRE de), célèbre ingénieur, économiste et maréchal, 1633, St-Léger de Foucheret (Yonne); 1707, Paris. Soldat, 1650. Ingénieur, 1655. Dirigea les siéges de Gravelines, Ypres, Oudenarde, 1658; Douai, 1667; Maëstricht, 1673; Valenciennes, Cambrai, 1677; Mons, 1691; Namur, Steinkerque, 1692; Brisach, 1703. Brigadier gén. 1674. Directeur des forteresses, 1677, dont il augmenta considérablement le nombre. Maréchal, 1703. Vécut depuis dans la retraite où il s'occupa de recueillir ses nombreux écrits. Créateur de l'art des siéges, Vauban est sous tous les rapports un des plus nobles caractères de la France. — Projet d'une dîme roy. 1707, in-4 ou in-12, et 1843, in-8. Traité de l'attaque et de la défense des places, 1737, 2 vol. in-4, et 1796, 3 vol. in-8. Mémoires divers, 1841, in-8; 1843-46, 4 vol. in-8, et 1847, in-8.

VAUCANSON (Jacq. de), célèbre mécanicien, 1709, Grenoble; 1782, Paris. Aussitôt arrivé dans cette ville, ne songea qu'à développer son instruction. Inspecteur des manufactures de soie, 1740. Membre de l'Acad. des sciences. — Joueurs de flûte, de tambourin et de galoubet. Un Ane fabriquant de la soie. Métiers à organsiner et à tisser. Chaîne de Vaucanson.

VAUGELAS (Cl. FAVRE de), grammairien, 1585, Chambéry; 1650, Paris. Chambellan de Gaston, duc d'Orléans. Membre de l'Acad. franç. lors de sa fondation, 1635. Il fut chargé de la direction du Dict. 1638. — Remarques sur la langue franç. 1647. Nouv. éd. 1738, 3 vol. in-12, 10 à 12 fr. Trad. de Quinte-Curce, 1653-59, in-4.

VAULABELLE (Achille TENAILLE de), historien, 1799, Châtel-Censoir (Yonne). Vint à Paris, et entra dans le journalisme, 1824, auquel il fit succéder les travaux d'érudition. Membre de la Constituante et ministre de l'Instruction publique, 1848. — Hist. de l'Égypte moderne, 1835-36, *Denain*, 2 vol. in-8. HIST. DES DEUX RESTAURATIONS, 1844 et suiv. 4e éd. *Perrotin*, 1857, 8 vol. in-8, 40 fr.

VAUQUELIN (Nic.-L.), chimiste, 1763, St-André-d'Hébertot Calvados); 1829, ibid. Aussitôt à Paris, il devint l'élève puis l'ami de Fourcroy, 1783. Pharmacien, 1792. Professeur aux Écoles polytechnique, 1794, et des mines, 1795; au Collège de France, 1801; au Jardin des Plantes, puis à l'École de médecine, 1811. Membre de l'Institut, 1795, et de l'Acad. de médecine, 1820. Directeur de l'École de pharmacie, 1804. Député, 1828. — Manuel de l'essayeur, 1812, in-8, et 1835, in-18. Mémoires nombreux et importants dans les Annales de chimie et du Muséum.

VAUVENARGUES (Luc de CLAPIERS, marquis de), moraliste, 1715, Aix; 1747, Paris. Soldat, 1734-41. Sa santé chancelante lui fit abandonner l'état milit. pour les lettres. — Introduction à la connaissance de l'esprit humain, 1746, *Briasson*, in-12, 9 à 12 fr. Réflexions. Maximes. — OEuv. compl. par divers, *Brière*, 1821-23, 3 vol. in-8, 15 fr. ou 3 vol. in-18, et par D.-L. Gilbert, *Furne*, 1857, 2 vol. gr. in-8, 12 fr.

VEIT (Phil.), peintre allemand, 1793, Berlin. Soldat, 1813-16. Alla étudier la peinture à Rome. Directeur de l'École des beaux-arts de Stædel, à Francfort, 1826-43, où il ouvrit depuis un atelier particulier. — Les Sept Années d'abondance. Triomphe de la religion. St Georges. Les Deux Marie au tombeau. Le Christianisme, l'art et la civilisation. L'Allemagne. L'Italie. Le Bouclier d'Achille. Assomption. Parabole du bon Samaritain. Les Ténèbres d'Égypte. Glorification de la foi chrétienne.

VELA (Vincent), sculpteur italien, 1822, Ligurnetto (Tessin). 1er prix de sculpture au concours de Venise, 1848. Quitta le ciseau pour l'épée au moment de la guerre de l'indépendance italienne, 1847-48. — Le Christ ressuscitant la fille de Jaïre. La Prière. Spartacus. L'Espérance. La Résignation. L'Harmonie en pleurs.

VELASQUEZ (Jacq. Rodriguez de Silva y), célèbre peintre espagnol, 1599, Séville; 1660, Madrid. Élève d'Herrera le Vieux, de F. Pacheco et de L. Tristan. Se rendit deux fois en Italie pour y étudier les gr. maîtres, 1629-48. 1er Maréchal des logis de Philippe IV, dont il fut le peintre favori. Coloriste savant, dessinateur consommé et portraitiste fameux, il est le chef de l'École gallo-espagnole. — L'Infante Marguerite, réunion de portraits, le cardinal d'Altamira, l'Escurial, au Louvre.

Chasse au sanglier, Apparition des anges, Intérieur de cuisine, Enfant, Portrait, à Londres. Adoration des bergers, Tunique de Joseph, Jésus et les disciples d'Emmaüs, Repentir de St Pierre, Paysages, le duc d'Olivarès, Philippe IV, Velasquez, Portraits, l'Infante Marguerite, Vue du Prado, Martyre de St Étienne, Christ en croix, les Fileuses, Forges de Vulcain, les Buveurs, Reddition de Bréda, à Madrid. Portraits, à Rome, à Amsterdam, à La Haye.

VELDE (Guill. van den), peintre hollandais, 1633, Amsterdam; 1707, Londres. Élève de son père Guill. et de Simon Vlieger. Se rendit en Angleterre, 1675, où il devint le peintre de Charles II. Ses tableaux sont fort recherchés. — Marine, Escadre au mouillage, au Louvre. Prise du vaisseau le Royal-Prince, Prise de quatre vaisseaux, Vue d'Amsterdam, Marines, à Amsterdam. Marines, à La Haye, à Madrid, à Munich et à Londres.

VELDE (Adrien van den), peintre hollandais, 1639, Amsterdam; 1672, ibid. Frère du précédent. Élève de Wynants. L'un des plus gr. peintres de paysages qui aient existé. — Paysages avec animaux, la Plage de Schvelingen, Canal glacé, Famille du pâtre, au Louvre. La Côte de Scheveningue, Paysages, à La Haye. Paysages, Descente de croix, à Amsterdam.

VELLY (Paul-F.), historien, 1709, Crugny, près Reims; 1759, Paris. Jésuite, 1726-40. Professeur au collége Louis-le-Gr. 1741. Son ouvrage a été vivement critiqué. — Hist. de France, 1755 et suiv. Nouv. éd. 1770-89, 15 vol. in-4, ou 1819-21, 43 vol. in-12.

VELPEAU (Alfred-Arm.-L.-Marie), chirurgien, 1795, la Brêche (Indre-et-Loire). Fit ses premières études à Tours, 1816, et vint à Paris, 1818. Docteur, 1823. Chirurgien, 1830, et professeur de clinique à la Pitié, 1835. Membre des Acad. de médecine, 1832, et des sciences, après Larrey, 1842. — Traité d'anat. chirurg. 1825. 3e éd. *Baillière*, 1837, 2 vol. in 8, avec atlas, 20 fr. Traité de l'art des accouchements, 1829. 2e éd. *Baillière*, 1834, 2 vol. in-8, 16 fr. Nouv. élém. de médecine opératoire, 1832. 2e éd. *Baillière*, 1839, 4 vol. in-8, avec atlas, 40 fr. Ovologie humaine, 1833, *Baillière*, in-fol. 6 fr. Traité de l'opération du trépan, 1834, in-8, 2 fr. Manuel d'anat. chirurg. (avec M. Béraud), 1836. 2e éd. 1862, in-18, 7 fr. Manuel prat. des maladies des yeux, 1840, in-18, 2 fr. 50. Rech. sur les cavités closes, 1843, in-8, 3 fr. 50. Traité des maladies du sein, 1853. 2e éd. *Masson*, 1858, in-8, 12 fr.

VENTURA (Joachim), célèbre théologien et prédicateur italien, 1792, Palerme ; 1861, Versailles. Entra dans l'ordre des Jésuites, puis dans celui des Théatins, dont il devint général, 1830. Professeur de droit ecclésiast. et aumônier de l'Université, à Rome, où il jouissait de la confiance du Pape. Commissaire de la Sicile à la cour papale, 1848. Quitta l'Italie, après les événements dont elle fut alors le théâtre, et retourna à la prédication, où, depuis 1836, il s'était rendu célèbre. — De Methodo philosophandi, 1828, *Rome*, in-8. Beautés de la foi, 1839, *Rome*, 3 vol. in-8. Trad. franç. *Debécourt*, 1841, 2 vol. in-18. La Religion et la liberté, 1847. Trad. franç. *Lecoffre*, 1848, in-12. La Religion et la démocratie, 1848. Trad. franç. *Vaton*, 1849, in-12. La Raison philos. et la raison catholique, 1852, in-8. Les Femmes de l'Evangile, 1853, in-12. La Femme catholique, 1854, 3 vol. in-8. École des miracles, 1854-58, 3 vol. in-8. Lois naturelles de l'ordre social, 1859, in-8. Philos. chrétienne, 1861, 3 vol. in-8.

VERDI (Giuseppe), célèbre musicien compositeur italien, 1814, Roncole (Parme). Élève de Lavigna, à Milan, 1833-36. Ses opéras furent reçus en Italie, puis en France, avec enthousiasme. Député à Parme, 1859, et, depuis cette époque, correspondant de l'Institut. — NABUCCO, 1842; i Lombardi, 1843; Ernani, 1844; i Due Foscari, Giovanna d'Arco, 1845; ATTILA, 1846 ; Luisa Miller, 1849, à Naples. MACBETH, 1847, à Florence. I Masnadieri, 1847, à Londres. Stiffelio, 1850, à Trieste. RIGOLETTO, 1851, à Venise. IL TROVATORE, 1853, à Rome. LA TRAVIATA, 1853, à Venise. Les Vêpres siciliennes. 1855, à Paris.

VERNET (Cl.-Jos.), célèbre peintre, 1714, Avignon ; 1789, Paris. Se fixa à Rome, 1734-53. Louis XV le chargea de peindre les principaux ports de France, 1754-62. Établi enfin à Paris, il y acquit une gr. renommée. Membre de l'Acad. de peinture, 1753. — 15 VUES DES PORTS DE FRANCE, 10 MARINES, Paysages, le Matin, le Midi, LE SOIR, LA NUIT, le Torrent, les Baigneuses, Environs de Rome et de Marseille, Pont et château St-Ange, au Louvre. Marines, à Rome. Paysages, à Madrid. Tempête, Paysage, à La Haye.

VERNET (Carle), peintre, 1758, Bordeaux; 1836, Paris. Fils du précédent. 2ᵉ, 1779, et 1ᵉʳ gr. prix de peinture, 1782. Membre des Acad. de peinture, 1789, et des beaux-arts, 1814. Excellait à représenter des batailles et des chasses. — Triomphe de Paul-Émile. BATAILLES de Rivoli, de Marengo, d'Austerlitz, de Wagram. Passage du mont St-Bernard. Bombardement de Madrid. Prise de Pampelune. CHASSE AU DAIM. Le Corso. Chasse de l'Empereur. Le duc de Berry.

VERNET (Émile-J.-Horace), célèbre peintre, 1789, Paris; 1863, ibid. Fils et élève du précédent. Soldat, 1807-10. Membre de l'Acad. des beaux-arts, 1826. Directeur de l'École de Rome, 1828-33, après Guérin. Séjourna plusieurs années en Russie. Il a peint avec un talent remarquable un gr. nombre de tableaux. — Prise d'une redoute. LE CHIEN DU RÉGIMENT. LE CHEVAL DU TROMPETTE. BATAILLES de Tolosa, de Jemmapes, de Valmy, de Hanau, de Montmirail. Massacre des Mameloucks. LA BARRIÈRE DE CLICHY. Le Soldat laboureur. Le Soldat de Waterloo. La Dernière Cartouche. Mort de Poniatowski. Défense de Saragosse. MAZEPPA. Revue de Charles X. PONT D'ARCOLE. Évasion de Lavalette. Chasse de Louis XVI. Le général Foy. Édith cherchant le corps d'Harold. Combat de brigands. Départ pour la chasse. Judith et Holopherne. Pie VIII. Raphaël et Michel-Ange. Le duc d'Orléans se rendant à l'hôtel de ville. SIÉGE DE CONSTANTINE. ATTAQUE DE LA CITADELLE D'ANVERS. BOMBARDEMENT DE ST-JEAN D'ULLOA. Prise de Bougie. Occupation d'Ancône. Abraham renvoyant Agar. Rébecca donnant à boire à Éliézer. Chasse aux lions. PRISE DE LA SMALA. BATAILLE D'ISLY. Napoléon Iᵉʳ. Louis-Philippe. Napoléon III. Gouvion St-Cyr. LE FRÈRE PHILIPPE.

VÉRON (L.-Désiré), littérateur et publiciste, 1798, Paris. Docteur, 1823. Médecin des musées roy. 1824. Journaliste, 1828. Fonda la Revue de Paris, 1829. Directeur de l'Opéra, 1831-35. Entra au Constitutionnel, dont il acquit la propriété en 1844. Député, 1852. — Mémoires d'un bourgeois de Paris, 1854, 6 vol. in-8, et 1856, 5 vol. in-18. Cinq cent mille francs de rente, 1855, 2 vol. in-8. Quatre ans de règne, 1857, in-8. Les Théâtres de Paris, 1860, in-18.

VÉRONÈSE (Paul CALIARI), célèbre peintre italien, 1528,

Vérone ; 1588, Venise. Élève de Caliari et de Badilla, qui lui donnèrent les premières notions de l'art. Prit ensuite le Titien et le Tintoret pour modèles. Se fixa à Venise, qu'il remplit de chefs-d'œuvre. — Noces de Cana, Loth et ses filles, Suzanne, Esther et Assuérus, Stes Familles, Pèlerins d'Emmaüs, Jésus chez St Pierre, Portement de croix, Christ avec les larrons, Femme et enfant, au Louvre. Noces de Cana, Jésus, Marthe et Marie, Adoration des Rois, à Milan. La Vierge et Jésus, Présentation au temple, à Florence. Ste Hélène, Déposition de croix, Saints, à Rome. Moïse sauvé des eaux, à Naples. Nativité, Baptême de J.-C., Hist. d'Esther, Mariage de Ste Catherine, Apothéose de Venise, Prise de Smyrne, Enlèvement d'Europe, Christ aux oliviers, Adam et Ève, Jésus chez Lévi, Annonciation, Évangélistes, Saints et Saintes, à Venise. Madeleine, Baptême de J.-C., Moïse sauvé des eaux, Naissance de l'Amour, Suzanne, Vénus et Adonis, Jésus et les docteurs, Saint et Sainte, à Madrid.

VERROCHIO (André), sculpteur et peintre italien, vers 1422, Florence; 1488, Venise. Étudia les sciences et l'orfèvrerie, puis la peinture et la sculpture avec Donatello. Maître de Lorenzo di Credi, du Pérugin, et de Léonard de Vinci. — Peinture : Baptême de J.-C. à Palerme.—Sculpture : David, Vierge, Mausolée de J. et P. de Médicis, J.-C. et St Thomas, à Florence.

VERTOT (René Aubert de), historien, 1665, Benetot (Caux); 1735, Paris. Capucin. Prémontré, 1687. Prieur de Joyenval. Curé à Croissy-la-Garenne, près Marly, 1689, puis ensuite aux environs de Rouen. Membre de l'Acad. des inscriptions, 1705. Secrétaire des commandements de la duchesse d'Orléans, 1725. — Hist. de la conjuration de Portugal, 1689, in-12. Hist. des révolutions de Suède, 1696, 2 vol. in-12. Hist. des révolut. de la républ. rom. 1719, 8 vol. in-12. Nouv. éd. de ces trois ouvrages, *Janet*, 1819, 5 vol. in-8, 15 à 20 fr. et *Dijon*, 1795-96, 7 vol. pet. in-8. Hist. de l'établissement des Bretons dans les Gaules, 1720, 2 vol. in-12. Hist. des chevaliers de Malte, 1726, *Rollin*, 4 vol. in-4, 24 à 36 fr.; *Janet*, 1819, 7 vol. in-8, et *Lyon*, 1839, 5 vol. in-12.

VESALE (André), médecin belge, 1514, Bruxelles; 1564, île de Zante. Termina ses études à Paris. Professeur à Pavie, à

Bologne et à Pise, 1540-44. 1er médecin de Charles-Quint, 1545, et de Philippe II. Accusé d'avoir ouvert un homme encore vivant, il fut condamné à se rendre en Terre-Sainte, et périt dans un naufrage. Il est regardé comme le créateur de l'anatomie. — DE HUMANI CORPORIS FABRICA, 1543, *Bâle*, in-fol. — OEuv. compl. éd. lat. par Boerhaave, *Leyde*, 1725, 2 volumes in-fol.

VEUILLOT (L.), littérateur et publiciste, 1813, Boynes (Loiret). Entra dans le journalisme, 1832. Voyagea en Italie, 1828. Secrétaire du général Bugeaud, 1842. Chef de bureau à l'intérieur, 1842, et rédacteur du journal l'Univers, 1843, qu'il dirigea depuis 1848, avec tant de zèle qu'il en amena la suppression, 1860. — Pèlerinages en Suisse, 1838. 8e éd. 1856, in-12. P. Saintive, 1840, in-12. Rome et Lorette, 1841. 6e éd. 1855, in-12. Agnès de Lauvens, 1842, 2 vol. in-12. L'Honnête Femme, 1844, 2 vol. in-18. Les Français en Algérie, 1846, in-8. Les Libres penseurs, 1848, in-12. Le Lendemain de la victoire, 1849, in-12. Le Droit du seigneur, 1854, in-18. Hist. de Germaine Cousin, 1854, in-18. Mélanges, 1856-58, 6 vol. in-8; 2e série, 1859-61, 6 vol. in-8.

VIARDOT (L.), littérateur, 1800, Dijon. Abandonna le barreau pour la litt. après un voy. en Espagne, 1823. Collabora à divers journaux, et fut l'un des fondateurs de la Revue indépendante, 1841. Directeur du Théâtre-Italien, 1838-40. Il a depuis, et à diverses reprises, parcouru toute l'Europe. — Essai sur l'hist. des Arabes et des Maures d'Espagne, 1832, 2 vol. in-8. Scènes de mœurs arabes, 1833, in-8. Hist. des institutions et de la litt. en Espagne, 1835, in-8. Principaux peintres d'Espagne, 1839, in-8. Orig. de la peinture mod. en Italie, 1840, in-8. Les Musées d'Italie, 1842, in-12; d'Espagne, d'Angleterre, de Belgique, 1843, in-12; d'Allemagne et de Russie, 1844, in-12. Souvenirs de chasse, 1849; 6e éd. 1854, in-12. Hist. des Arabes et des Maures d'Espagne, 1851, 2 vol. in-8. Musées de France, 1855, in-12. Les Jésuites jugés par les rois, 1857, in-18.

VICAT (L.-Jos.), ingénieur, 1786, Nevers; 1861, Grenoble. Élève des Écoles polytechnique, 1804, et des ponts et chaussées, 1806. Ingénieur, 1809. Ingénieur en chef, 1824. Correspondant de l'Acad. des sciences, 1833. Auteur de travaux importants sur la chaux hydraulique. — Rech. sur les chaux de construction, 1818, in-8. Résumé des connaissances actuelles sur les mortiers, 1828, in-4. Nouv. Études sur les pouzzolanes, 1846, in-4. Rapports et mémoires.

VICO (J.-Bapt.), célèbre philosophe, jurisconsulte et historien italien, 1668, Naples; 1744, ibid. Fils d'un libraire. Précepteur des neveux de l'évêque d'Ischia pendant 9 ans. Professeur de rhétorique à Naples pendant 40 ans. Historiographe du roi. Vico a essayé l'hist. de l'humanité. Il a voulu tracer les phases diverses parcourues par les peuples. Créateur de la philos. de l'hist., il passa presque inaperçu, mais a été hautement réhabilité de nos jours. — Principes de la philos. de l'histoire, 1725. Nouv. éd. *Naples*, 1817, in-8. Trad. franç. par M. Michelet, *Renouard*, 1827, in-8, 7 fr.; éd. in-12, 1844, 3 fr. 50.— OEuv. Éd. ital. *Milan*, 1835-37, 6 vol. in-8, 42 fr. Éd. franç. par M. Michelet, *Hachette*, 1835, 2 vol. in-8, 15 fr.

VICQ-D'AZYR (Félix), médecin, 1748, Valogne; 1794, Paris. Vint dans cette dernière ville, 1765, où il ouvrit des cours, 1773. Membre des Acad. des sciences, 1774, et franç. après Buffon, 1788. Secrétaire perpétuel de la Société de médecine, 1776. Professeur à l'École d'Alfort et 1er médecin de Marie-Antoinette, 1789. — Traité d'anat. et de physiol. 1786, *Didot*, gr. in-fol. fig. Syst. anat. 1792, in-4. Éloges. Mémoires. — OEuv. par Moreau, 1805, 6 vol. in-8, avec atlas, 20 à 24 fr.

VIDA (Marc-Jérôme), poëte latin moderne, 1490, Crémone; 1566, Albe. Chanoine de St-Jean de Latran, à Rome. Prieur de St-Sylvestre, près Tivoli, pendant 14 ans. Évêque d'Albe, 1532-66. — Le Jeu des échecs, 1527, *Rome*, in-4. Trad. franç. *Gay*, 1862, pet. in-12, 2 fr. 50. Art poétique, 1527, *Rome*, in-4. Éd. lat.-franç. par Gaussoin, *Bruxelles*, 1821, in-8, 4 fr. et par Bernay, *Challamel*, 1845, in-8. Les Vers a soie, 1527, *Rome*, in-4. Éd. lat.-franç. par Levée, 1809, in-8, et par Bonnafous, 1840, in-8. La Christiade, 1535, *Crémone*, in-4. Éd. lat.-franç. par Latour, 1826, in-8, 5 fr. Odes. Églogues. Hymnes. — OEuv. Éd. lat. *Padoue*, 1731, 2 vol. in-4, 15 à 24 fr. et *Londres*, 1732, 2 vol. in-12, 8 à 10 fr.

VIDAL de Cassis (Aug.-Théod.), médecin, 1803, Cassis (Bouches-du-Rhône); 1856, Paris. Docteur, 1828. Chirurgien de l'hôpital du Midi, 1829. Professeur à la Faculté, 1830. Membre de la Société de chirurgie, 1832. — TRAITÉ DE PATHOLOGIE EXTERNE, 1838-41. 5ᵉ éd. *Baillière*, 1861, 5 vol. in-8, fig. 40 fr. Traité des maladies vénériennes, 1855. 3ᵉ éd. *Masson*, 1859, in-8, fig. 10 fr.

VIEL-CASTEL (Horace, Cte de), littérateur, 1802....; 1864, Paris. Conservateur du Musée des souverains, 1853-62. Il a collaboré à diverses publications. — Collection de costumes, 1828-33, 3 vol. gr. in-4. Le Faubourg St-Germain, 1836-38, 6 vol. in-8. Le Faubourg St-Honoré, 1839, 2 vol. in-8. La Noblesse de province, 1839, 2 vol. in-8. Les Rois de France, 1843, gr. in-8. Archambaud de Comborn, 1845, in-8. Statuts du St-Esprit, 1853, in-fol. Poésies, 1854, in-12. Marie-Antoinette et la Révolution franç. 1859, in-18.

VIEL-CASTEL (L. baron de), historien,..... Frère du précédent. Sous-directeur sous L.-Philippe, puis directeur, 1849-51, aux affaires étrangères. — Essai histor. sur les deux Pitt, 1846, *Labitte*, 2 vol. in-8. Hist. de la Restauration, 1860-65, *Lévy*, in-8, vol. I-VIII, 48 fr.

VIEN (Jos.-Marie), peintre, 1716, Montpellier; 1809, Paris. Maître de David et de Vincent. Vint à Paris, 1741. 1ᵉʳ prix de peinture, 1743. Membre, 1754; professeur, 1759; recteur, 1781, et chancelier de l'Acad. 1785. Directeur de l'École franç. à Rome, 1777-81. 1ᵉʳ peintre du roi, 1788. Sénateur. — St Germain et St Vincent, Dédale et Icare, L'ERMITE ENDORMI, Amours jouant, au Louvre. ST DENIS PRÊCHANT DANS LES GAULES, à St Roch. St Grégoire. St Louis. Mars et Vénus. Vénus blessée par Diomède. Hector et Pâris. Jeune Grecque. Adieux d'Hector et d'Andromaque. Vieillard endormi. St J.-Baptiste. St Grégoire le Grand.

VIENNET (J.-Pons-Guill.), littérateur et poëte, 1777, Béziers (Hérault). Soldat, 1796-1813. Attaché au corps roy. d'état-major, 1815-26. Député, 1827. Membre de l'Acad. franç., 1830. Pair de France, 1840. — Essais de poésie, 1803-05, in-8. Parga, 1820. Épîtres aux empereurs Alexandre, 1815, et Nicolas, 1826; à Gouvion St-Cyr, 1818; aux Grecs, 1824; aux Muses romantiques, 1824; aux Chiffonniers, 1827; aux Mules de don Miguel, 1829, etc. PROMENADE PHILOS. AU PÈRE LACHAISE, 1824, in-8.

Nouv. éd. 1855, in-18. Le Siége de Damas, 1825, in-8. Sédim, 1825, in-8. La Philippide, 1828, 2 vol. in-18. La Tour de Montlhéry, 1833, 2 vol. in-8. Le Château St-Ange, 1834, 2 vol. in-8. — Théâtre : Arbogaste ; Clovis, Aspasie et Périclès, 1820 ; Sigismond, 1825 ; les Serments, 1839 ; Michel Brémond, 1846; la Course à l'héritage, 1847. — FABLES, 1842. 2ᵉ éd. 1855, in-18, 3 fr. 50. ÉPÎTRES ET SATIRES. Nouv. éd. 1860, in-18, 3 fr. 50. La Franciade, 1863, in-18, 3 fr. 50.

VIÈTE (F.), célèbre mathématicien, 1540, Fontenay-le-Cte ; 1603..... Maître des requêtes et ami du président de Thou, auquel il succéda. Membre du conseil, sous Henri IV. Il appliqua le premier l'algèbre à la géométrie, et fit faire de gr. progrès aux sciences mathématiques. — Canon mathematicus, 1579, gr. in-fol. Algèbre, trad. franç. par Vasset, 1630, in-4, et par Durret, 1644, in-16. — OEuv. Éd. lat. *Leyde*, 1646, in-fol.

VIGNOLE (Jacq. BAROZZIO), célèbre architecte, 1507, Vignola; 1573, Rome. Se rendit dans cette dernière ville pour y étudier les principes de son art, et y devint l'architecte de Jules III. Passa deux ans en France avec Le Primatice. Ses deux traités sont demeurés classiques.—Palais; Canal du Naviglio, à Bologne. Églises St-André et St-Pierre de Jésus, à Rome. CHATEAU CAPRAROLA. Plan de l'Escurial. — RÈGLES DES CINQ ORDRES D'ARCHITECTURE, 1563. Nouv. éd. *Venise*, 1648, in-fol. Trad. franç. par Jombert, 1764, gr. in-8, 6 fr. TRAITÉ DE LA PERSPECTIVE, 1583, *Rome*, pet. in-fol. — OEuv. par Lebas et Debret, *Didot*, 1815, gr. in-fol. fig.

VIGNY (Alfred-Victor, Cte de), poëte, 1799, Loches ; 1863, Paris. Soldat, 1814-28. Retiré de la vie militaire, il s'adonna tout entier aux lettres et n'accepta que les fonctions de membre de l'Acad. franç. 1845.—Poëmes, 1822, in-8; Poëmes antiques et modernes, 1829, in-8 ; 6ᵉ éd. 1852, gr. in-18, 3 fr. 50. Les Destinées, 1864, in-8. Théâtre : ÉLOA, 1824 ; Othello, 1830 ; la Maréchale d'Ancre, 1831; CHATTERTON, 1835 ; éd. compl. *Charpentier*, 1848, gr. in-18, 3 fr. 50. Romans : CINQ-MARS, 1826, nouv. éd. *Charpentier*, 1846, gr. in-18, 3 fr. 50; Stello, 1832, 5ᵉ éd. 1842, gr. in-18, 3 fr. 50. Servitude et grandeur militaires, 1835, 4ᵉ éd. 1842, gr. in-18, 3 fr. 50. — OEuv. compl. *Delloye*, 1837-39, 7 vol. in-8, ou *Lévy*, 1864, 5 vol. in-12, 15 fr.

VILLANI (J.), historien italien, vers 1275, Florence; 1348, ibid. S'occupa d'abord de commerce. Voyagea en France et en Flandre, 1302-04. Prieur, 1316-21, et directeur de la Monnaie, à Florence, où il mourut de la peste. — Storie Fiorentine (Hist. de Florence), 1537. Nouv. éd. *Florence*, 1587, in-4, 15 à 20 fr. et 1823, 8 vol. in-8, 24 fr. *Milan*, 1729, 2 vol. in-fol. 12 à 18 fr. et 1848, 7 vol. in-8, 60 fr.

VILLEHARDOUIN (Geoffroy de), historien, vers 1167..... près Bar-s.-Aube; vers 1213..... (Thessalie). Maréchal de Champagne, 1199. Fit partie de la 4e croisade et fut nommé maréchal de Romanie après la prise de Constantinople, 1204. — Hist. de la conquête de Constantinople, 1585. Nouv. éd. par Du Cange, *Impr. roy.* 1656, in-fol. 24 à 30 fr.; par Buchon, *Verdière*, 1828, in-8, 6 fr. et par Paulin Paris, *Renouard*, 1838, in-8, 9 fr. ou *Didot*, 1865, in-18, 3 fr.

VILLEMAIN (Abel-F.), célèbre littérateur, 1790, Paris. Professeur au lycée Charlemagne, 1810, et à la Sorbonne, 1816-26. Maître de conférences à l'École normale, 1811. Chef de division de l'imprimerie, 1819. Maître des requêtes. Membre, 1821, et secrétaire perpétuel de l'Acad. franç. 1832. Député, 1830. Membre, 1831, et vice-président, 1832, du conseil de l'instruction publique. Pair de France, 1832. Ministre de l'instruction publique, 1839-44. — HIST. DE CROMWELL, 1819, *Maradan*, 2 vol. in-8, 12 fr. République de Cicéron, 1823. Nouv. éd. *Didier*, 1840, in-8, 7 fr. ou in-12, 3 fr. 50. DISCOURS ET MÉLANGES LITT. 1823-27. Nouv. éd. *Didier*, 1846, in-8, 6 fr. ou in-12, 3 fr. 50. Tableau de l'Éloquence chrétienne, 1827. Nouv. éd. *Didier*, 1849, in-8, 6 fr. ou in-12, 3 fr. 50. COURS DE LITT. FRANÇ. 1828-29. Nouv. éd. *Didier*, 1855, 6 vol. in-8, 36 fr. ou 6 vol. in-12, 21 fr. ÉTUDES DE LITT. 1846. Nouv. éd. *Didier*, 1854, in-8, 6 fr. ou in-12, 3 fr. 50. ÉTUDES D'HIST. MOD. 1846. Nouv. éd. *Didier*, 1856, in-8, 6 fr. ou in-12, 3 fr. 50. Souvenirs contemporains, 1856, *Didier*, 2 vol. in-8, 14 fr. ou 2 vol. in-12, 7 fr. Choix d'Études, 1857, *Didier*, in-8, 6 fr. ou in-12, 3 fr. 50. La Tribune contemporaine, 1857, in-8. Essais sur le génie de Pindare, 1859, *Didot*, in-8, 6 fr.

VILLEMESSANT (J.-Hipp. CARTIER de), littérateur, 1812, Blois. Après avoir passé quelques années à Rouen, à Tours et à

Nantes, vint à Paris, 1839. Il y fonda divers journaux, la Sylphide, 1840; la Chronique de Paris, 1850, et surtout le Figaro, 1854. — Les Cancans, 1850, in-8. Le Cte de Chambord et la France à Wiesbaden, 1852, in-8.

VILLERMÉ (L.-René), statisticien et médecin, 1782, Paris; 1863, ibid. Chirurgien milit. pendant l'empire. Docteur, 1814. Membre des Acad. de médecine et des sciences morales, 1832. Visita les principales villes de France, 1835-37, afin d'étudier la condition des classes ouvrières. — Des Prisons, 1820, in-8. ÉTAT PHYS. ET MORAL DES OUVRIERS DANS LES MANUFACTURES, 1840, Renouard, 2 vol. in-8, 15 fr. Rapports et Mémoires.

VILLERS (Ch.-F.-Dominique de), littérateur, 1767, Boullay (Lorraine); 1815, Gœttingue. Soldat. Émigra en 1791, et se fixa en Allemagne. Professeur à Gœttingue, 1811. — Philos. de Kant, 1801, Metz, 2 vol. in-8. Essai sur la réformation, 1804. Nouv. éd. 1808, in-8, et 1821, in-12.

VILLON (F.), poëte, 1431, Paris; vers 1484..... Il menait une vie fort aventureuse lorsqu'il fut condamné à être pendu. Sa peine ayant été commuée en simple bannissement, il fut de nouveau emprisonné, et ne dut son salut qu'à la protection de Louis XI. Ses vers se ressentent de ses mœurs déréglées. — Sonnets. Rondeaux. Ballades. — OEuv. par Prompsault, Techener, 1832, in-8, 7 fr.; par Le Duchat, La Haye, 1742, pet. in-8, 6 à 8 fr. et par P. L. Jacob, Jannet, 1854, in-16, 5 fr.

VINCENT (Alex.-Jos.-Hidulphe), mathématicien et archéologue, 1797, Hesdin (Pas-de-Calais). Élève de l'École normale, 1816. Professeur à Reims, 1820; aux Colléges Rollin, 1826; Bourbon, 1830; St-Louis, 1831. Membre de l'Acad. des inscriptions, 1850. — Cours de géométrie élémentaire, 1826. 5e éd. Bachelier, 1844, in-8, 7 fr. Éd. abrégée, 1844, in-8, 4 fr. 50, et 1855, in-12, 2 fr. 50. Notice sur divers manuscrits grecs relatifs à la musique, 1847, Impr. roy. in-4. Notices. Mémoires nombreux.

VINCHON (Aug.-J.-Bapt.), peintre, 1789, Paris; 1855, Ems. 2e, 1813, et 1er gr. prix de peinture, 1814. — Mort de Diagoras, 1814. Cyparisse, Ajax défiant les dieux, Berger endormi, 1816-18. Dévoûment du docteur Mazet, 1822. Mort de Coriolan, Jeanne d'Arc, 1824. Vieillard grec, Properce et Cynthie, 1827. Boissy d'Anglas, 1835. Présentation au temple, 1836. Sacre de Charles VII, 1838. Entrée des Français à Bordeaux, 1839. Mort d'Henriette d'Angleterre, 1840. Épisode de l'hist. de Venise, 1847. Enrôlements volontaires, 1850. Les Martyrs sous Dioclétien. Achille de Harlay et le duc de Guise, 1855. Fresques, à Rome, à St-Sulpice, au Tribunal de commerce, au Louvre.

VINCI (Léonard de), célèbre peintre, sculpteur et architecte italien, 1452, Vinci, près Florence; 1519, Amboise. Élève d'André Verrochio. Directeur de l'Acad. de peinture et d'architecture de Milan, 1489. Après avoir successivement habité Florence et Rome, il vint en France, sur la demande de François Ier, 1515, qui le traita avec beaucoup de distinction. — St J.-Baptiste, la Vierge, Jésus et Ste Anne, la Vierge, Jésus, et St Jean, la Joconde, Portrait, au Louvre. Ste Famille, Cène, à Milan. La Religieuse, portrait, à Florence. Jeanne de Naples, la Modestie et la Vanité, à Rome. Madone, Flore, à Naples. Portrait, Stes Familles, à Madrid. Le Christ et les docteurs, Hérodiade, à Londres. — Traité de la peinture, 1651. Nouv. éd. *Rome*, 1817, 2 vol. in-4, 21 fr. et *Milan*, 1804, in-8, 10 à 12 fr. Trad. franç. par Gault de St-Germain, *Déterville*, 1803, in-8, 7 fr.

VIOLLET-LE-DUC (Eug.-Emm.), architecte, 1814, Paris. Élève d'Achille Leclère. Développa son instruction par des voy. 1836-39. Inspecteur des travaux de la Ste-Chapelle, 1840, et de Notre-Dame, 1845. Architecte de l'abbaye de St-Denis, 1846. Inspecteur gén. des édifices diocésains, 1853. — Restauration des églises de Vézelay, 1840; de St-Père, de Montréale, de Poissy, de Carcassonne, de Semur, 1840-48; d'Amiens, de Châlons-s.-Marne, de Laon. — Dictionn. raisonné de l'architecture franç. 1854-65, *Bance*, gr. in-8, vol. I-VII. Essai sur l'architecture militaire au moyen âge, 1854, in-8. Dict. du mobilier franç. 1856 et suiv. *Bance*, gr. in-8. Entretiens sur l'architecture, 1858 et suiv. *Bance*, 2 vol. gr. in-8, avec atlas.

VIREY (Jules-Jos.), médecin, 1775, Hortes (Hte-Marne); 1847, Paris. Pharmacien à Strasbourg, puis au Val-de-Grâce. Professeur à l'Athénée, 1814. Membre de l'Acad. de médecine,

1823. Député, 1825. — Hist. nat. du genre humain, 1801. 2ᵉ éd. *Crochard*, 1824, 3 vol. in-8. Traité de pharmacie, 1811. 4ᵉ éd. *Ferra*, 1833, 2 vol. in-8, avec pl. Hist. nat. des médicaments, 1820, *Ferra*, in-8. Mœurs et instincts des animaux, 1821, *Déterville*, 2 vol. in-8. De la puissance vitale, 1822, *Crochard*, in-8. De la Femme, 1823-24, *Crochard*, in-8, et in-18.

VIRGILE (P. Virgilius Maro), célèbre poëte latin, 70 av. J.-C. Andes, près Mantoue; 19 av. J.-C. Brindes (Calabre). Son éducation se fit à Crémone, à Milan et à Naples, et porta principalement sur les lettres grecques. Ses succès dans la poésie lui valurent la protection de Mécène et d'Auguste, et l'amitié de Varius et d'Horace. Il mourut en revenant d'Athènes où il avait passé 3 ans; il y en avait 12 qu'il travaillait à son Énéide, qu'il ne put achever. Virgile est un des plus gr. poëtes qui aient existé. S'il est au-dessous d'Homère pour la force et l'élévation, il le dépasse pour la sensibilité. Les 2ᵉ et 6ᵉ livres de l'Énéide, la 6ᵉ des Églogues et surtout les Géorgiques, n'ont point été égalés. — BUCOLIQUES. GÉORGIQUES. ÉNÉIDE.— OEuv. Éd. polyglotte (lat.-franç.-angl.-allem.-ital.-esp.), par Monfalcon, *Cormon* et *Blanc*, 1835-38, gr. in-8. Éd. lat. par Larue, 1682, in-4, 10 à 12 fr.; par Burman, *Amsterdam*, 1746, 4 vol. in-4, 40 à 50 fr.; *Birmingham*, 1757, gr. in-4, 40 à 50 fr.; *Didot*, 1799, gr. in-fol. fig. 360 fr.; par Heyne, *Leipsick*, 1800, 6 vol. gr. in-8, fig. revue par Wagner, *Leipsick*, 1830-41, 5 vol. gr. in-8, 60 fr. *Lemaire*, 1819-22, 8 vol. in-8; par Forbiger, *Leipsick*, 1845-46, 3 vol. in-8, 5 thl.; par M. Dübner, *Didot*, 1858, in-16, 12 fr.; *Londres*, 1822, gr. in-18, 5 à 6 fr.; par Amar, *Lefèvre*, 1826, 2 vol. gr. in-32, 4 fr. et *Londres*, 1821, in-48. Éd. lat.-franç. *Dubochet*, 1843, gr. in-8, 12 fr.; *Panckoucke*, 1832-35, 4 vol. in-8, 28 fr.; par L. Duchemin (en vers), 3ᵉ éd. *Hachette*, 1844, 3 vol. in-8, 15 fr.; par Pongerville et Collet, *Lefèvre*, 1843, in-12; par M. Pessonneaux, *Charpentier*, 1858, 2 vol. gr. in-18, 7 fr.; et par M. Cournol (en vers), *Didot*, 1860, 3 vol. gr. in-18. Éd. franç. séparées : Bucoliques, par Tissot (en vers), 4ᵉ éd. 1822, gr. in-18; Géorgiques, par Delille (en vers), 1807, gr. in-4; 1770, gr. in-8, et 1793, in-8; Énéide, par Delille (en vers), 1804, 4 vol. gr. in-4; 1814, 4 vol. gr. in-8, ou 4 vol. in-18; par Mollevaut (en vers), 1822, 4 vol. gr. in-18; par Guerle, 1825, 2 vol.

in-8, et par Delestre, 1830-32, 3 vol. in-12. Éd. angl. par Dryden, *Londres*, 1806, 3 vol. in-8. Éd. allem. par Voss, *Brunswick*, 1822, 3 vol. in-8. Éd. ital. par Bondi, *Parme*, 1790, 2 vol. in-8. Éd. esp. par Velasco, *Anvers*, 1557, in-12.

VISCONTI (Ennius Quirinus), archéologue italien, 1751, Rome; 1818, Paris. Docteur en droit et sous-bibliothécaire du Vatican, 1771. Conservateur du musée du Capitole, 1784. Ministre de l'intérieur, 1797, et consul, 1798, lors de la prise de Rome par les Français. Administrateur des antiques, et professeur d'archéologie, au Louvre, 1799. Membre de l'Institut, 1804. — MUSÉE PIO-CLÉMENTIN, 1782-1807, *Rome*, 7 vol. in-fol. avec pl. et *Milan*, 1818-22, 7 vol. gr. in-8 avec pl. 200 fr. MUSÉE CHIARAMONTI, 1806-43, *Rome*, 3 vol. in-fol. avec pl. et *Milan*, 1820, gr. in-8, avec pl. 25 fr. Trad. franç. de ces deux ouvrages, par Sergent Marceau, *Milan*, 1818-22, 8 vol. gr. in 8. Inscrizioni greche Triopee (Inscriptions grecq. de Triopæa), 1794, *Rome*, pet. in-fol. Monumenti Gabini (Monuments Gabiens), 1797, *Rome*, gr. in-8. ICONOGRAPHIE GRECQ. 1808, *Didot*, 3 vol. in-fol. fig. ou 1811, 3 vol. in-4, avec atlas. Éd. ital. *Milan*, 1824-25, 3 vol. gr. in-8. ICONOGRAPHIE ROM. 1817-33, *Didot*, 4 vol. gr. in-fol. fig. ou 4 vol. in-4, avec atlas. Éd. ital. *Milan*, 1818-22, in-8, vol. I. Sur les marbres du Cte Elgin, 1816, in-8. Sculptures du Parthénon, 1818, in-8. MONUMENTI SCELTI BORGHESIANI (Monuments choisis de la villa Borghèse), 1821, *Rome*, 2 vol. gr. in-fol. avec pl., et *Milan*, 1835, in-4, ou in-8. — OEuv. div. ital.-franç. *Milan*, 1827-31, 4 vol. in-8, fig. 60 francs.

VISCONTI (L.-Tullius-Joachim), architecte, 1791, Rome; 1853, Paris. Fils du précédent, avec qui il vint à Paris, 1798. Élève de Percier. 2e gr. prix d'architecture, 1814. Conducteur des travaux à l'entrepôt des vins, 1820. Inspecteur des travaux au ministère des finances, 1822. Architecte des 3e et 8e arrondissements ; de la Bibliothèque roy. 1825 ; de l'Empereur, 1852. Membre de l'Acad. des beaux-arts, 1853. — Fontaines Gaillon, 1824 ; Molière ; LOUVOIS, 1835 ; ST-SULPICE. Tombeaux des maréchaux Lauriston, Gouvion St-Cyr, Suchet, Soult, et de NAPOLÉON Ier. ACHÈVEMENT DU LOUVRE.

VITELLI (L. VAN), architecte italien, 1700, Naples; 1773,

Caserte. Résida à Ancône, à Pérouse, à Milan, à Urbin. Architecte de St-Pierre, 1726, et du roi de Naples, Charles III, 1751.
— Églises St-François et St-Dominique ; restauration du palais Albani, à Urbin. Couvent St-Augustin ; Pose des cercles de fer de la coupole de St-Pierre, à Rome. PALAIS et AQUEDUC de Caserte, 1752 et suiv.

VITET (L.), littérateur et politique, 1802, Paris. Élève de l'École normale, 1819. Inspecteur des monuments histor. 1831. Secrétaire gén. du commerce, 1834. Membre, 1836, et vice-président du Conseil d'État, 1846-48. Député. Membre des Acad. des inscriptions, 1839, et franç., 1845. Membre de la législative, 1849. — Les Barricades, 1826, in-8. Les États de Blois, 1827, in-8. La mort de Henri III, 1829, in-8. Nouv. éd. de ces trois ouvrages, sous le titre de la Ligue, 1844, *Gosselin*, 2 vol. in-12, 7 fr. Hist. de la ville de Dieppe, 1838, in-8. 2ᵉ éd. *Gosselin*, 1844, in-12. Eustache Lesueur, 1843, *Challamel*, in-4. Monographie de Notre-Dame de Noyon, 1845, in-4, avec atlas. Fragments et Mélanges, 1846, *Comon*, 2 vol. in-18. Les États d'Orléans, 1849, *Lévy*, in-18. Le Louvre, 1852, *Didot*, in-8. L'Acad. de peinture, 1861, *Lévy*, in-8.

VITRUVE (M. Vitruvius Pollio), architecte latin, 1ᵉʳ siècle av. J.-C., Formies. Possédait à peu près toutes les connaissances se rattachant à son art. Il fut employé à la construction des machines de guerre. — De l'Architecture. — Éd. lat. par Marini, *Rome*, 1836, 4 vol. gr. in-fol.; par Poleni et Stratico, *Udine*, 1825-30, 4 vol. in-4, et par Schneider, *Leipsick*, 1807-08, 3 vol. in-8, 36 fr. Éd. lat.-franç. par Baudement, *Dubochet*, 1846, gr. in-8 ; par Maufras, *Panckoucke*, 1847-48, 2 vol. in-8, fig. 14 fr. Éd. franç. par Perrault, 1684, gr. in-fol. fig. ou 1672, in-12. Éd. angl. par Gwilt, *Londres*, 1826, gr. in-8, 15 à 18 fr. Éd. allem. par Rode, *Leipsick*, 1796, 2 vol. in-4. Éd. ital. par Orsini, *Pérouse*, 1802, 2 vol. in-8. Ed. esp. par Ortiz, *Madrid*, 1787, gr. in-fol.

VIVIANI (Vincent), géomètre italien, 1622, Florence ; 1703, ibid. Élève de Galilée et de Torricelli. Géomètre et 1ᵉʳ ingénieur du gr.-duc Ferd. de Médicis, 1662. Professeur à l'Acad. de Florence. Associé de l'Institut, 1699, ses travaux ont beaucoup contribué au développement des sciences mathématiques. — DE

Maximis et minimis, 1659, *Florence*, pet. in-fol. 10 à 12 fr. De Locis solidis, 1701, *Florence*, in-fol.

vivien (Jos.), peintre, 1657, Lyon; 1734, Bonn. Élève de Lebrun. Membre de l'Acad. de peinture, 1701. 1er peintre des électeurs de Bavière et de Cologne. Laissa la peinture à l'huile pour le pastel. — Famille du gr. Dauphin. Famille de Bavière. Fénelon. Robert de Cotte. Girardon. Philippe V. Clément de Bavière. L'Abbé Bignon.

voigt (J.), historien allemand, 1786, Bettenham (Saxe); 1863, Kœnigsberg. Professeur à Halle, 1809; à Kœnigsberg, 1817. — Hist. du Pape Grégoire VII, 1815. 2e éd. *Weimar*, 1846, in-8. Trad. franç. par Jager, 4e éd. 1854, 2 vol. in-12. Geschichte des Lombardenbundes (Hist. de la ligue lombarde), 1818, *Kœnigsberg*, in-8. Die Geschichte von Marienburg (Hist. de Marienbourg), 1824, *Kœnigsberg*, in-8. Geschichte Preussens (Hist. de la Prusse), 1827-38, *Kœnigsberg*, 9 vol. in-8.

voisenon (Cl.-H. Fusée de), poëte, 1708, Voisenon, près Melun; 1775, ibid. Prêtre et gr. vicaire de Boulogne, 1739. Prieur de l'abbaye du Jard, 1741. Membre de l'Acad. franç. 1763. Ses œuv. se ressentent de sa vie légère et dissipée. — Les Mariages assortis, 1744. La Coquette fixée, 1746. Poésies diverses. — OEuv. compl. *Moutard*, 1781, 5 vol. in-8, 12 à 15 fr. Romans et Contes, *Bleuet*, 1798, 2 vol. in-18, 4 à 6 fr.

voiture (Vincent), poëte, 1598, Amiens; 1648, Paris. Maître des cérémonies de Gaston, frère du roi. Fut envoyé en mission en Espagne, 1632; en Angleterre, 1633; en Italie, 1638. Maître d'hôtel du roi. Interprète des ambassadeurs chez la reine. Membre de l'Acad. franç. 1634. Voiture était un des habitués de l'hôtel de Rambouillet. Ses œuv. eurent de son vivant beaucoup de succès. — Lettres, *Amsterdam*, 1657-59, pet. in-12, 10 à 12 fr. Poésies diverses. — OEuv. par Amédée Roux, *Didot*, 1858, in-8, 3 fr. et par Ubicini, *Charpentier*, 1855, 2 vol. gr. in-18, 7 fr.

volney (F.-Constantin Chassebœuf, Cte de), philosophe, orientaliste et historien, 1757, Craon (Mayenne); 1820, Paris. Vint dans cette ville, 1774. Exécuta un gr. voy. en Orient, 1782-87, et aux États-Unis, 1795. Député aux États généraux, 1789. Professeur d'histoire aux Écoles normales, 1794. Membre de l'Institut,

1795. Membre et vice-président du Sénat, 1800. Pair de France, 1814. — Voy. en Syrie et en Égypte, 1787. Nouv. éd. *Bossange*, 1822, 2 vol. in-8 ou 3 vol. in-18. Les Ruines, 1791. Nouv. éd. *Bossange*, 1822, in-8, ou in-18. La Loi naturelle, 1793, in-18, ou 1846, in-8. Chronologie d'Hérodote, 1808, in-8. Rech. sur l'hist. ancienne, 1808. Nouv. éd. *Bossange*, 1822, 2 vol. in-8. — OEuv. compl. *Bossange*, 1825-26, 8 vol. in-8, fig. 36 à 40 fr. OEuv. *Didot*, 1837, gr. in-8, 12 fr.; *Renault*, 1846, in-8, 5 fr., et *Baudouin*, 1826, 2 vol. in-18, 7 fr. ou 1827, 6 vol. in-32.

VOLTA (Alex.), célèbre physicien, 1745, Côme; 1827, ibid. Professeur dans cette ville, puis à Pavie pendant 30 ans, 1774-1804. Sénateur du roy. d'Italie. Associé de l'Institut, 1802. — Invention de l'Électrophore, 1775; du Condensateur, 1782; de l'Eudiomètre électrique; de l'Électroscope à pailles; du Pistolet et de la lampe inflammables; de la pile, 1794. — OEuv. Éd. ital. *Florence*, 1816, 5 vol. in-8.

VOLTAIRE (F.-Marie Arouet de), célèbre philosophe, littérateur, historien et poëte, 1694, Paris; 1778, ibid. Fit ses études au collége Louis-le-Gr. Préféra les lettres à la magistrature à laquelle le destinait sa famille. Introduit dans le monde par l'abbé de Châteauneuf, ses débuts le firent mettre à la Bastille, 1715. Une 2e détention de six mois, 1726, fut suivie d'un exil de 3 ans en Angleterre, 1727-30. Enrichi par des spéculations, et déjà célèbre, il fut obligé de se retirer à Cirey, chez Mme du Châtelet, 1735-40, puis auprès du roi de Prusse, 1740-43. Historiographe de France et gentilhomme du roi, 1745. Membre de l'Acad. franç., 1746. De nouveau éloigné de Paris, il parcourut l'Allemagne, vécut quelque temps à Berlin, 1750-53, à Weimar, à Strasbourg, à Colmar, à Lyon, aux Délices, et se fixa enfin à Ferney, 1758, où il devait demeurer pendant 20 ans, entretenir une immense correspondance et écrire un gr. nombre d'ouvrages. On ne peut contester l'influence considérable exercée par Voltaire. Écrivain universel, il a embrassé tous les genres avec un esprit et un talent sans égal, trop souvent mis à contribution contre la religion, ou les personnes et les choses qui lui étaient antipathiques. — Philosophie : Lettres philos. 1731 et 1818, in-12; Discours sur l'homme, 1738, in-8; la Religion nat. 1756, in-8; Dict. philos. 1764, *Genève*, in-8, 1795, 8 vol. in-8, et 1833, 14 vol. in-18 ; Examen de Bolingbrocke, 1767, *Genève*, in-8 ; la Bible expliquée, 1776, *Londres*, in-8. Sciences : Élém. de la philosophie de Newton, 1738, *Londres*, in-8. Histoire : DE CHARLES XII, 1731; nouv. éd. 1818, in-8, ou 1822, 2 vol. in-12; SIÈCLE DE LOUIS XIV, 1740 ; nouv. éd. 1846, in-8, ou in-12; ESSAI SUR LES MŒURS, 1754 ; nouv. éd. *Genève*, 1761-63, 8 vol. in-8, ou in-12; Hist. de Russie, 1759-63, 2 vol. in-8, ou in-12; Philos. de l'hist. 1765, *Genève*, in-8, ou in-12 ; Siècle de Louis XV, 1768, *Genève*, in-8, ou in-12; Hist. du parlement, 1769 ; nouv. éd. 1823-35, in-8, ou in-12. Poésies : LA HENRIADE, 1728; nouv. éd. 1819, gr. in-4, 1826, in-8, ou in-12, 1823, in-32; le Temple du goût, 1733-45, in-8, et in-12; Poëme de Fontenoy, 1745, in-4, et in-8; la Pucelle d'Orléans, 1755; nouv. éd. 1800, 2 vol. gr. in-8, 1816, in-8, 1831, in-18, et 1825, in-32; Poésies diverses. LETTRES. Contes et Romans : Zadig, 1747, in-12; Candide, 1759, in-12 ; l'Homme aux quarante écus, 1768, in-8; nouv. éd. *Bouillon*, 1778, 3 vol. gr. in-8, 20 à 30 fr., et *Didot*, 1798, 3 vol. in-18. Théâtre : ŒDIPE, 1718; Artémise, 1720; Mariamne, 1724; l'INDISCRET, 1725; BRUTUS, 1730; Eryphile, ZAIRE, 1732; Adélaïde du Guesclin, 1734; LA MORT DE CÉSAR, 1735; ALZIRE, 1736; MAHOMET, 1741 ; MÉROPE, 1743 ; la Princesse de Navarre, le Temple de la Gloire, 1745; Sémiramis, 1748; NANINE, 1749; Oreste, 1750 ; Rome sauvée, 1752; L'ORPHELIN DE LA CHINE, 1755; le Café, 1760; TANCRÈDE, 1761, Irène, 1778; nouv. éd. *Renouard,* 1809, 9 vol. in-8; *Ladrange*, 1822, 4 vol. in-18, et *Desoer*, 1823, 5 vol. in-32. — Œuv. par Beaumarchais, *Kehl*, 1784-89, 70 vol. in-8; *Desoer*, 1817-19, 13 vol. in-8 ; *Déterville* et *Lefèvre*, 1817-20, 42 vol. in-8; *Renouard*, 1819-25, 66 vol. in-8; *Lequien*, 1820 et suiv. 70 vol. in-8; *Dupont*, 1823-27, 72 vol. in-8; *Dalibon*, 1824 et suiv. 97 vol. in-8; *Didot*, 1827-29, 13 vol. gr. in-8, à 2 col. 100 fr.; par Beuchot, *Didot*, 1829-34, 70 vol. in-8; avec table, 1841, 2 vol. in-8; *Furne*, 1835-38, 13 vol. gr. in-8, à 2 col. 100 fr.; *Perronneau*, 1817-20, 56 vol. in-12, et *Didot*, 1841, 8 vol. in-18, 24 fr.

VOLTERRE (Daniel RICCIARELLI de), peintre et sculpteur italien, 1509, Volterra ; 1566, Rome. Se rendit dans cette dernière ville où le pape Paul III et les cardinaux Trivulzi et Alex. Farnèse le chargèrent de travaux importants. Il fut le collaborateur de Perino del Vaga. — David tuant Goliath, au Louvre. DESCENTE DE CROIX, St-F. de Paule, Satyres, à Rome. Massacre des Innocents, Vénus et l'Amour, l'Amour endormi, à Florence. Hauts faits de Charles-Quint, à Navone. — Cheval de bronze commandé par Catherine de Médicis et brisé en 1789.

VONDEL (Juste VAN DEN), poëte hollandais, 1587, Cologne; 1679, Amsterdam. Exerçait l'état de bonnetier. S'instruisit seul à l'âge de 26 ans et parvint à produire une réforme heureuse dans la langue hollandaise. Il mourut simple employé au mont-de-piété d'Amsterdam. — TRAGÉDIES. Satires. Poésies lyriques. Trad. de l'Énéide et des Métamorphoses d'Ovide. — OEuv. Éd. holland. *Amsterdam*, 1850-61, 7 vol. gr. in-8, et 1820 et suiv. 21 volumes in-12.

VOSS (J.-H.), poëte allemand, 1751, Sommersdorf (Mecklembourg); 1826, Heidelberg. Professeur au séminaire philolog. de Gœttingue, 1772 et rédacteur de l'Almanach des Muses de cette ville, 1775. Recteur du collége d'Otterndorf, 1778, puis à Eutin, 1780-1804. Attaché à l'université d'Heidelberg, 1805. — LOUISE, 1795. Nouv. éd. *Kœnigsberg*, 1826, in-8 ou in-12, 12 fr. et 6 fr. Trad. franç. par Labaume, *Maradan*, 1801, in-12. Idylles. Poésies diverses. Éd. allem. *Kœnigsberg*, 1825, et *Leipsick*, 1833, 4 vol. gr. in-12, 12 fr., ou 1850, 5 vol. in-16. Mythologische Briefe (Lettres mytholog.), 1794. Nouv. éd. *Stuttgart*, 1827, in-8. Trad. d'Homère, de Virgile, d'Horace, d'Hésiode, de Théocrite, de Tibulle, d'Aristophane, d'Eschyle, d'Ovide.

VOUET (Simon), peintre et graveur, 1590, Paris; 1649, ibid. Élève de son père Laurent, et maître de Lebrun, Lesueur, Mignard, Dufresnoy. Se rendit à Londres, à Constantinople, à Venise et à Rome, 1624, où il commença à être célèbre comme portraitiste. 1er peintre de Louis XIII, 1627. Sa gr. facilité nuisit à la qualité de ses œuv. — PRÉSENTATION AU TEMPLE, STE FAMILLE, Christ en croix, Christ au tombeau, Charité romaine, La Richesse, La Foi, Louis XIII, Réunion d'artistes, au Louvre. Peinture, à St-Eustache. Martyre de Ste Catherine, à Dusseldorf.

W

WAAGEN Gust.-Fréd.), archéologue allemand, 1794, Hambourg. Soldat, 1813-14. Étudia d'abord à Breslau. Parcourut les Pays-Bas, 1819; l'Angleterre et la France, 1835. Conservateur au Musée roy., 1823, et professeur d'esthétique, 1844, à Berlin. — Hubert und John Van Eyck, 1822, *Breslau*, in-8. KUNSTWERKE UND KUNSTLER IN ENGLAND UND PARIS (OEuv. et artistes en Angleterre et à Paris), 1839, *Berlin*, 3 vol. in-8. Treasures of art in Great-Britain (Trésors d'art dans l'Anglet.), 1854, *Londres*, 3 vol. in-8. Manuel de l'hist. de la peinture, trad. franç. *Bruxelles*, 1863, 3 vol. in-8, 21 fr.

WACE (Robert), poëte, vers 1120, Jersey; vers 1180..... Lecteur des rois d'Anglet. Henri Ier et Henri II. Après avoir habité Caen, devint chanoine à Bayeux, 1161-71. — Le Brut d'Angleterre, 1836-38, *Rouen*, 2 vol. in-8, 20 fr. Éd. angl. *Londres*, 1847, 3 vol. gr. in-8, 2 liv. 10 sh. Le Roman de Rou, 1827, *Rouen*, 2 vol. in-8, 20 fr.; Chronique des ducs de Normandie, éd. franç. dans les Mémoires de la Société des antiquaires, 1825, *Caen*, in-8; éd. angl. de ces deux ouvrages, *Londres*, 1837, in-8, 1 liv. 5 sh.

WACHSMUTH (Ern.-Guill.-Gottlieb), historien allemand, 1784, Hildesheim. Professeur à Magdebourg, à Zerbst, à Halle, 1818; à Kiel, 1820; à Leipsick, 1825. Correspondant de l'Institut, 1842. — Aeltere Geschichte des rœmischen Reichts (Hist. anc. de l'empire romain), 1818, *Halle*, in-8. ENTWURF EINER THEORIE DER GESCHICHTE (Essai d'une théorie de l'hist.), 1820, *Halle*, in-8. Hellenische Alterthumskunde (Antiquités helléniques), 1826-30. 2e éd. *Halle*, 1843-46, 2 vol. in-8. GRUNDRISS DER ALLGEMEINEN GESCHICHTE (Traits principaux de l'hist. gén.), 1826. 3e éd. *Leipsick*, 1848, in-8. Die europaïsche Sittengeschichte (Hist. des mœurs européennes), 1831-39, *Leipsick*, 5 vol. in-8. Allgemeine Culturgeschichte (Hist. gén. de la civilisation), 1850-52, *Leipsick*, 2 vol. in-8.

WAECHTER (Ch.-Georges de), jurisconsulte allemand, 1797, Marbach. Assesseur à la cour d'Esslingen, 1819. Professeur, 1820; recteur, 1825; vice-chancelier, 1830, et chancelier, 1836, à l'université de Tubingue. Député, et président de la chambre, à Stuttgart, 1819-51. Président à la cour de Lubeck, 1851. Conseiller intime à la cour de Saxe, et professeur à Leipsick, 1852. — LEHRBUCH DES RŒMISCH-DEUTSCHEN STRAFRECHTS (Manuel du droit pénal romain-german.), 1825-26, *Stuttgart,* 2 vol. in-8. GEMEINES RECHT DEUTSCHLANDS (le Droit commun de l'Allem.), 1844, *Leipsick,* in-8. Beitraege zur deutschen Geschichte (Mémoires sur l'hist. de l'Allem.), 1845, *Tubingue,* in-8. Erœrterungen aus dem rœmischen Privatrecht (Comment. pour le droit particulier romain), 1845-46, *Stuttgart,* in-8.

WAGNER (Rodolphe), physiologiste et anatomiste allemand, 1805, Bayreuth (Bavière); 1864, Gœttingue. Docteur, 1826. Voyagea en France et en Italie, 1826-28. Professeur à Erlangen, 1832, puis à Gœttingue, après Blumenbach, 1840. — Lehrbuch der Zootomie (Traité de zootomie), 1834-35. Nouv. éd. *Leipsick,* 1843-47, 2 vol. in-8. ICONES PHYSIOLOGICÆ, 1839-40. Nouv. éd. *Leipsick,* 1851, in-fol. avec pl. 42 fr. Lehrbuch der Physiologie (Traité de physiologie), 1839. 4e éd. *Leipsick,* 1854-55, in-8. Icones zootomicæ, 1841, *Leipsick,* in-fol. avec pl. 30 fr. HANDSWÖRTERBUCH DER PHYSIOLOGIE (Dict. de physiologie), 1843-53, *Brunswick,* 6 vol. in-8.

WAGNER (Richard), musicien compositeur allemand, 1813, Leipsick. Maître de chapelle à Magdebourg, 1836, et à Dresde, 1843. Directeur de l'orchestre du théâtre de Zurich, 1849. Chef de la réforme musicale allemande. — Rienzi, 1843; TANNHAEUSER, 1845, à Dresde. Lohengrin, 1852; Tristan et Yseult, les Niebelungen, à Zurich. — Oper und Drama (Opéras et drames), 1852, *Leipsick,* in-8. Consulter : Lohengrin et Tannhaeuser, par Liszt, 1851, Leipsick, in-8. Éd. allem. *Cologne,* 1852, in-8.

WAILLY (Noël-F. de), grammairien, 1724, Amiens; 1801, Paris. Instituteur dans cette dernière ville. Membre de l'Institut, 1795. — Principes de la langue franç., 1754. Nouv. éd. *Delalain,* 1819, in-12. Traité de versification franç. 1811. Nouv. éd. *Delalain,* 1846, in-12. Nouv. Vocabulaire franç. 1801, in-8.

WAILLY (Barth.-Alfred de), lexicographe, 1800, Paris. Petit-fils du précédent. Prix d'honneur au concours gén. 1817. Lauréat de l'Acad. franç. 1827. Professeur de rhétorique, 1828, et proviseur du lycée Napoléon. Inspecteur gén. de l'enseignement et membre du conseil de l'instruction publ. — Nouv. Dict. latin-franç., 1829. Nouv. éd. 1844, gr. in-8. Nouv. Dict. franç.-lat. 1832. Nouv. éd. 1838, gr. in-8. Nouv. Dict. de versification et de poésies lat. 1839. Nouv. éd. 1844, in-8.

WAILLY (Jos.-Noël-Natalis de), orientaliste, 1805, Mézières. Cousin du précédent. Chef de section aux Archives, 1830. Membre de l'Acad. des inscriptions, 1841. Conservateur des manuscrits à la Bibliothèque impériale, 1854. — ÉLÉM. DE PALÉOGRAPHIE, 1838, *Impr. imp.* 2 vol. gr. in-4. Variation de la livre tournois, 1857, *Impr. imp.* in-4. Notices et mémoires nombreux.

WAITZ (Georges), historien allemand, 1813, Flensborg (Schleswig). Développa son instruction par des voy. Professeur à Kiel, 1842, et à Gœttingue. Député à Berlin, 1848, et à Francfort. — Deutsche Verfassungsgeschichte (Hist. de la constitution allem.), 1843-61, *Kiel*, 4 vol. in-8. Schleswig-Holsteins Geschichte (Hist. du Schleswig et du Holstein), 1853-54, *Gœttingue*, 3 vol. in-8.

WALCKENAER (Ch.-Athanase, baron), littérateur, naturaliste et géographe, 1771, Paris; 1852, ibid. Soldat, 1793. Élève de l'École polytechnique, 1795. Membre de l'Institut, 1813. Maire du 5ᵉ arrond. et secrétaire gén. de la Seine, 1816-25. Préfet de la Nièvre, 1826, et de l'Aisne, 1828-30. Trésorier, puis conservateur des cartes géograph. à la Bibliothèque roy., 1839. Secrétaire perpétuel de l'Acad. des inscriptions, après Daunou, 1840. — Hist. nat. : Essai sur l'hist. de l'espèce humaine, 1798, *Dupont*, in-8; Faune parisienne, 1805, *Dentu*, 2 vol. in-8 : Tableau des Aranéides, 1805, *Dentu*, in-8; Hist. nat. des insectes, 1836-44, *Roret*, 3 vol. in-8. Géographie : Le monde maritime, 1818-19, *Neveu*, 4 vol. in-8, ou in-18; Rech. sur l'intérieur de l'Afrique septentr. 1821, *Didot*, in-8, 6 fr. ; HIST. GÉN. DES VOYAGES, 1826-31, *Lefèvre*, 21 vol. in-8; GÉOGRAPHIE DES GAULES, 1839, *Dufart*, 3 vol. in-8, avec atlas, 30 fr. Nouv. éd. *Didot*, 1862, 2 vol. in-18, 8 fr. Littérature : VIE ET OUVRAGES DE LA FONTAINE, 1820. 3ᵉ éd. *Neveu*, 1824, in-8. Nouv. éd. *Didot*, 1862, 2 vol. in-18, 8 fr.; Lettres sur les Contes de fées, 1826, *Baudouin*, in-12 ; Vie et poésies d'Horace, 1840, *Michaud*, 2 vol. in-8; Mémoires touchant Mᵐᵉ de Sévigné, 1842 et suiv. *Didot*, 6 vol. in-18, 24 fr. — Œuv. chois. *Didot*, 1862, 15 vol. in-18, 60 fr.

WALLER (Edmond), poëte anglais, 1605, Coleshill (Hertford);

1687, Londres. Membre du parlement, 1640. Compromis dans une affaire polit., il fut emprisonné, 1643, puis se retira en France. De retour en Angleterre, 1654, il fut bien accueilli de Cromwell, puis de Charles II, et rentra au parlement. — Poésies, éd. angl. *Londres,* 1729, grand in-4, figures, 12 à 15 francs; in-8, ou in-12.

WALLON (H.-Alex.), historien, 1812, Valenciennes. Élève, 1831-34, et maître de conférences à l'École normale, 1840. Professeur suppléant M. Guizot à la Sorbonne, 1840. Membre de la Législative, 1849, et de l'Acad. des inscriptions, 1850. — Géographie polit. des temps mod. 1838. 3ᵉ éd. *Chamerot,* 1845, in-12. De l'Esclavage dans les colonies, 1847, *Dezobry,* in-8. HIST. DE L'ESCLAVAGE DANS L'ANTIQUITÉ,1847-48, *Dezobry,* 3 vol. in-8. La Ste Bible résumée, 1854, *Didot,* 2 vol. in-8, 10 fr. De la Croyance due à l'Évangile, 1858, in-8. Du Mahométisme, 1859, in-8.

WALPOLE (Horace), littérateur, historien et poëte anglais, 1717, Houghton (Norfolk); 1797, Strawberry-Hill, près Londres. Voyagea en France et en Italie, 1739-40. Membre du parlement, 1741-68. Il s'était lié, en 1765, avec Mᵐᵉ du Deffand. Établi dans sa belle résidence de Strawberry-Hill, il s'y livrait à son goût pour les lettres et les arts. — Ædes Walpolianæ, 1752. 2ᵉ éd. *Londres,* 1767, in-4, avec pl., 8 à 10 fr. ANECDOTES OF PAINTING (Anecdotes de la peinture), 1762-71. Nouv. éd. *Londres,* 1826-28, 5 vol. gr. in-8, 5 liv. 5 sh., et 1862, 3 vol. pet. in-8. Le Château d'Otrante, 1764. Nouv. éd. *Londres,* 1795-96, gr. in-8, et in-8. Trad. franç. *Londres,* 1774, in-12. Doutes sur Richard III, 1768. *Londres,* in-4. Trad. franç. par Louis XVI, *Debray,* 1800, in-8. The mysterious Mother (la Mère mystérieuse), 1768, *Strawberry-Hill,* in-8. Essai sur l'art des jardins, 1771. Éd. angl.-franç. *Strawberry-Hill,* 1785, in-4. — OEuv. Éd. angl. *Londres,*1798, 5 vol. gr. in-4. Lettres. Éd. angl. *Londres,* 1860, in-8, vol. I-IX.

WALSH (Jos.-Alexis, Vᵗᵉ), littérateur, 1782, Sézant (Anjou); 1860, Paris. Émigra en 1789. Inspecteur de la librairie dans les provinces de l'Ouest, 1800. Commissaire roy. à la Monnaie et directeur des Postes, à Nantes, 1816. — Lettres vendéennes, 1825. Nouv. éd. 1843, 2 vol. in-12. Lettres sur l'Angleterre,

1830, in-8. Exploration de la Normandie, 1835, in-8. TABLEAU POÉT. DES FÊTES CHRÉTIENNES, 1836. Nouv. éd. 1857, in-8. Journées mémorables de la révolution franç., 1839-40, 5 vol. in-8. Vie de Mme de Sévigné, 1842, in-12. Souvenirs de 50 ans, 1845, in-8. Versailles et le Palais-Roy. 1847, in-4. Les Paysans catholiques, 1848, in-8. Souvenirs de voyage, 1856, in-8.

WALTER (Ferd.), jurisconsulte allemand, 1794, Wesslar (Bavière). Docteur en droit, 1818. Professeur à l'université de Bonn. Député, 1848. Correspondant de l'Institut. — MANUEL DU DROIT ECCLÉSIAST. 1822. Nouv. éd. *Bonn*, 1854. Trad. franç. par Roquemont, *Poussielgue*, 1841, in-8. Corpus juris germanici, 1824, *Berlin*, 3 vol. in-8. Hist. de la procédure civile chez les Romains, 1840. 2ᵉ éd. *Bonn*, 1845-46, 5 vol. in-8. Trad. franç. par Laboulaye, *Durand*, 1841, in-8. Deutsche Rechtsgeschichte (Hist. du droit allem.), 1853. 2ᵉ éd. *Bonn*, 1857, in-8. Hist. du droit criminel des Romains, 1854. Trad. franç. par Picquet-Damesme, *Durand*, 1863, in-8.

WAPPERS (Gust., baron), peintre belge, 1803, Anvers. Élève de Herreyns et de Mathieu Van Brée. Directeur de l'Acad. d'Anvers, 1846-53. 1ᵉʳ peintre du roi. — DÉVOUEMENT DES BOURGMESTRES DE LEYDE. Christ au tombeau. Scènes des journées de septembre. Adieu de Charles Iᵉʳ. Charles IX à la St Barthélemy. Tentation de St Antoine. PIERRE LE GR. Supplice d'Anne de Boleyn. Jeune fille faisant l'aumône. Boccace chez Jeanne de Naples. DÉFENSE DE RHODES. GR. PÊCHE D'ANVERS. Portraits.

WARBURTON (Guill.), théologien anglais, 1698, Newart-s.-Trent ; 1779, Glocester. Prêtre, 1727, et recteur de Brand-Brougton. Chapelain du prince de Galles, 1738, puis du roi, 1754. Doyen de Bristol, 1757. Évêque de Glocester, 1759. — Union de la religion, de la morale et de la polit. 1736. Trad. franç. par Silhouette, *Londres*, 1742, 2 vol. in-12. Divine legation of Moses (Divine légation de Moïse), 1737-38. Nouv. éd. *Londres*, 1766, 5 vol. in-8, 24 à 30 fr. Une partie de cet ouvrage a été trad. par Malpeines sous ce titre : Essai sur les hiéroglyphes, *Guérin*, 1744, 2 vol. in-12, 6 à 9 fr. — OEuv. Éd. angl. *Londres*, 1788, 7 vol. in-4, 8 à 10 liv., et 1811, 12 vol. in-8, 5 liv.

WARD (Mathieu-Ed.), peintre anglais, 1816, Pimlico. Élève de Wilkie. Parcourut l'Italie et l'Allemagne, 1836-39. Membre de l'Acad. 1855. — Cimabué et Giotto, 1839. Bonaparte en prison à Nice, 1840. LE DOCTEUR JOHNSON, 1845. La Chute de Clarendon, 1846. Charles II et Netty Gwynne, 1848. Daniel Foë écrivant Robinson Crusoé, 1849. Jacques II, 1850. La Famille roy. au Temple, 1851. Charlotte Corday, 1852. DÉCEPTIONS DES ACTIONNAIRES DU SUD, EXÉCUTION DE MONTROSE, DERNIER SOMMEIL D'ARGYLE, 1855.

WARREN (Samuel), littérateur et jurisconsulte anglais, 1807, Racre (Deubigh). Vint à Londres où il ouvrit un cabinet d'affaires, 1828. Avocat, 1837. Avocat de la reine, 1851. Archiviste à Hull, 1852. Docteur en droit, 1853.— Mémoires d'un médecin, 1830, *Londres,* in-8. Trad. franç. par M. Philarète Chasles. Dix mille guinées de rente, 1839-41, *Londres,* 3 vol. in-8. Trad. franç. par M. Guiffrey, 1855. Now and then (Jadis et aujourd'hui), 1847. 4ᵉ éd. *Londres,* 1853, in-8. The Lily and the Bee (le Lis et l'Abeille), 1851, *Londres,* in-8. Miscellanies (Mélanges), 1854, in-8. — OEuv. Édit. angl. *Londres,* 1853-55, 18 volumes in-8.

WARTON (Thomas), historien et poëte anglais, 1728, Basingstoke; 1790, Oxford. Professeur à l'université de cette ville, 1754. Membre de la Société des antiquaires de Londres, 1771. Recteur de Kiddington, et de Hill-Farrance. Poëte lauréat, 1785. — THE HISTORY OF ENGLISH POETRY (Hist. de la poésie angl.), 1774-81. Nouv. éd. *Londres,* 1824, 4 vol. gr. in-8, 2 liv. 2 sh. et 1840, 3 vol. in-8. 1 liv. 16 sh. — OEuv. poét. Éd. angl. *Londres,* 1804, 2 vol. in-8.

WATT (James), célèbre mécanicien anglais, 1736, Greenock (Écosse); 1819, Heathfield, près Birmingham. Fabricant d'instruments de mathémat. à Glasgow, 1757. Ingénieur, 1764. Membre de la Société roy. de Londres, 1785. Correspondant, 1808, puis associé de l'Institut. — Inventions du CONDENSEUR ISOLÉ, de la machine à double effet, 1764. Presse à copier les lettres.

WATTEAU (Ant.), peintre, 1684, Valenciennes; 1721, Nogent-sur-Marne. Vint à Paris, 1702, et fut employé aux décors de l'Opéra. 2ᵉ prix de peinture, 1709. Membre de l'Acad. 1717. — EMBARQUEMENT POUR CYTHÈRE, au Louvre. Les Plaisirs de la comédie franç. et de la comédie ital., à Berlin. MARCHE DE

TROUPES, DINER CHAMPÊTRE, Ste Famille, à St-Pétersbourg. SCÈNES CHAMPÊTRES, à Dresde. La Société au jardin, à Munich. Bal masqué, Noce de village, à Madrid. Gilles debout, ou de face. RENDEZ-VOUS DE CHASSE. Amusements champêtres. — OEuv. par Julienne, 2 vol. gr. in-fol. ou in-fol.

WEBER (Ch.-Marie de), célèbre musicien compositeur allemand, 1786, Eutin (Holstein); 1826, Londres. Élève de Henschel, 1796-97; de Haydn, 1798, et de Vogler, 1803-04. Directeur de la musique du théâtre de Breslau, 1804; de l'Opéra de Prague, 1813-15, et de celui de Dresde, 1816-20. Se rendit à Berlin, 1822, à Paris, puis à Londres. — Das Wald Mædchen (la Fille des bois), 1800, à Munich. Peter Schmoll, 1801, à Salzbourg. Rubezahl, 1804, à Breslau. Habou-Hassan, 1811, à Francfort. FREYSCHUTZ, 1822, à Berlin, ou Robin des Bois, 1824, à Paris. Euryanthe, 1823, à Vienne. OBÉRON, 1826, à Londres. Concertos, Cantates.

WEBER (Guill.-Éd.), physicien allemand, 1804, Wittemberg (Saxe). Professeur à Halle, 1827; à Gœttingue, 1828-37; à Leipsick, 1855-49, puis de nouveau à Gœttingue. Auteur de travaux scientif. fort estimés. — Traité de la mécanique des organes de la locomotion, 1836, *Gœttingue,* in-8. Trad. franç. par Jourdan, 1843, in-8, avec atlas. ELECTRO-DYNAMISCHE MASSBESTIMMUNGEN (Rech. sur la détermination des forces électro-dynamiques), 1846-52, *Leipsick,* in-8.

WEBSTER (Thomas), peintre anglais, 1800, Londres. Membre de l'Acad. de cette ville, 1846. — L'École enfantine, 1835. Entrée et sortie de l'école, 1836. JEU DU BALLON, 1839. Les Petits Amis, PUNCH, LE SOURIRE, LA MOUE, 1841. L'École buissonnière, 1842. Le Colporteur, 1844. L'École des dames, 1845. Bonsoir, 1846. UN CHŒUR D'ÉGLISE, 1847. La Glissade, 1849. Salle de récréation, 1852. La Course, LES VENTS CONTRAIRES, LA MARCHANDE DE CERISES, 1855.

WEISS (Ch.), littérateur, 1779, Besançon. Conservateur de la bibliothèque de cette ville, 1812. Correspondant de l'Acad. des inscriptions, 1832. — Décadence de l'industrie et du commerce en Espagne, 1839, in-8. Biographie univ. ou Dict. historique (sous sa direction), *Furne,* 6 vol. gr. in-8. Papiers d'État du cardinal de Granvelle 1841-51, *Impr. roy.,* in-4. vol. I-IX. Articles nombreux et importants dans la Biographie universelle (Michaud).

WEISSE (Chrétien-Hermann), philosophe allemand, 1801, Leipsick. Professeur dans cette ville, 1828. Docteur en théologie, 1840. — Ueber das Studium des Homer (de l'Étude d'Homère), 1826, *Leipsick*, in-8. De Platonis et Aristotelis differentia, 1828, *Leipsick*, in-8. System der Æsthetik (Syst. d'esthétique), 1830, *Leipsick*, 2 vol. in-8. Die Idee Gottes (l'Idée de Dieu), 1833, *Dresde*, in-8. Grundzüge der Metaphysik (Élém. de métaphys.), 1835, *Leipsick*, in-8. Die evangelische Geschichte (Hist. évangélique), 1838, *Leipsick*, 2 vol. in-8. Philosophische Dogmatik (Dogmatique philosoph.), 1855, *Leipsick*, 2 volumes in-8.

WELCKER (Fréd.-Gottlieb), archéologue allemand, 1794, Grünberg (Hesse). Professeur et bibliothécaire général à Bonn, 1819. Associé de l'Institut, 1858. — Zoega's Leben (Vie de Zoega), 1810, *Stuttgart*, 2 vol. in-8. Die Æschyleische Trilogie (la Trilogie d'Eschyle), 1824-26, *Stuttgart* et *Francfort*, 2 vol. in-8. Der epische Cyklus (le Cycle épique), 1835-49, *Bonn*, 2 vol. in-8. ALTE DENKMÆLER (Anc. monuments), 1849-61, *Gœttingue*, 6 vol. in-8, 72 fr.

WERF (Adrien VAN DER), peintre hollandais, 1659, Kralimgerambacht, près Rotterdam; 1722, Rotterdam. Élève de Van der Neer. Se fixa à Rotterdam en 1676. L'électeur palatin, de Dusseldorf, le combla de richesses et d'honneurs.— Adam et Ève, Moïse sauvé des eaux, Chasteté de Joseph, Madeleine au désert, Séleucus et Stratonice, Faune avec Nymphes, un Ange annonçant aux bergers la venue du Messie, au Louvre. STE FAMILLE, Psyché, Nymphes dansant, St Jérôme, Portrait, à Amsterdam. FUITE EN ÉGYPTE, Portrait, à La Haye. DIANE ET CALISTO, à Munich. Samson et Dalila. Bergers et Satyres. Vénus et l'Amour. La Charité romaine. Femme et enfants. Diane. Mort d'Abel.

WERNER (Abraham-Gottlieb), minéralogiste et géologue allemand, 1750, Wehlau (Hte Lusace); 1817, Dresde. Professeur et inspecteur du cabinet de Freyberg, 1775. Associé de l'Institut. Il a peu écrit et cependant s'est placé à la tête de la science par ses études et ses observations. — Traité des caractères des fossiles, 1774, *Leipsick*, in-8. Trad. franç. 1790, in-18. Nouvelle

Théorie des filons, 1791, *Freyberg*, in-8. Trad. franç. par Daubuisson, 1803, in-8.

WEST (Benj.), peintre anglais, 1738, Springfield (Pensylvanie); 1820, Londres. Après avoir parcouru l'Italie, 1760-62, se fixa à Londres, 1763. Peintre du roi George III, 1772. Membre, 1765, et président de l'Acad. après Reynolds, 1792. Associé de l'Institut. — Mort de Socrate. Procès de Suzanne. Cimon et Iphigénie. Angélique et Médor. Adieux d'Hector et d'Andromaque. Retour de l'enfant prodigue. AGRIPPINE. Régulus. MORT DU GÉNÉRAL WOLF. Mort d'Épaminondas. Cyrus. Ségeste et sa fille. Mort de Bayard. Édouard III embrassant le Prince Noir. Grâce des bourgeois de Calais. Édouard passant la Somme. Le Prince Noir recevant le roi Jean. JÉSUS GUÉRISSANT DES MALADES. Crucifiement. Ascension. Baptême de Jésus. Le Serpent d'airain. ST PAUL. BATAILLE DE LA HOGUE. CROMWELL RENVOYANT LE PARLEMENT. PENN TRAITANT AVEC LES INDIENS. Peintures à Windsor.

WEY (Francis-Alph.), littérateur, 1812, Besançon. Élève de l'École des chartes, 1834. Membre du comité des travaux histor. Inspecteur gén. des archives nation., et président de la Société des gens de lettres, 1852. — Les Enfants du marquis de Ganges, 1838, in-8. Scilla e Cariddi, 1843, 2 vol. in-8. Vie de Ch. Nodier, 1844, in-8. REMARQUES SUR LA LANGUE FRANÇ., 1844, *Didot*, 2 vol. in-8, 15 fr. Hist. des révolutions du langage en France, 1848, *Didot*, in-8, 7 fr. 50. Manuels du citoyen, et des droits et des devoirs, 1848, in-8, et in-12. Le Bouquet de cerises, 1852, in-8. Stella, 1852. Les Anglais chez eux, 1853, in-18. Londres il y a cent ans, 1857, in-18. Christian, 1859, in-18.

WHEATON (H.), jurisconsulte et politique américain, 1785, Providence (Rhode-Island); 1848, New-York. Compléta son éducation à Paris et à Londres. Juge de la cour maritime, 1815, rapporteur à la cour suprême, et membre de la commission de constitution, 1821, à New-York. Ministre à Copenhague, 1827, et à Berlin, 1834-46. — Hist. des peuples du Nord, 1831, *Londres*, in-8. Trad. franç. par Guillot, *Hachette*, 1844, in-8. ÉLÉM. DE DROIT INTERNATIONAL, 1836, *Londres*, 2 vol. in-8. 14ᵉ éd. franç. *Leipsick*, 1854, 2 vol. in-8. Hist. du progrès du droit des gens, 1841. 3ᵉ éd. franç. *Leipsick*, 1853, 2 vol. in-8.

WHEWELL (Guill.), philosophe et mathématicien anglais, 1794, Lancastre. Professeur de minéralogie, 1828; de philos. morale, 1838, et maître du Collège de la Trinité, 1841, à Cambridge. Un long séjour en Allemagne a beaucoup influé sur ses travaux. — ASTRONOMY AND PHYSICS (Astronomie et phys.), 1834. 7e éd. *Londres*, 1839, in-8. ARCHITECTURAL NOTES ON GERMAN CHURCHES (Notes architectur. sur les églises d'Allem.), 1835. Nouv. éd. *Londres*, 1842, in-8. Inductive Sciences (Sciences inductives), 1837. Nouv. éd. *Londres,* 1847, 5 vol. in-8. Éd. allem. *Stuttgart*, 1839-42, 3 vol. in-8. Elements of morality (Élém. de moralité), 1845, *Londres,* 2 vol. in-8.

WIELAND (Christ.-Martin), célèbre poëte et littérateur allemand, 1733, Holzheim (Souabe); 1813, Weimar. Habita successivement Tubingue, 1751; Zurich, 1752; Berne, 1758; Biberach, 1760, comme membre du conseil; Erfurth, 1769, comme professeur de philos. et de litt., et enfin Weimar où il fut chargé de l'éducation des enfants de la duchesse régente Amélie. Ami de Herder, de Schiller et surtout de Gœthe. Il est regardé comme le Voltaire de l'Allemagne, et a écrit avec assez de finesse et d'élégance un grand nombre d'ouvrages. — La Nature des choses, 1751. Contes comiques, 1762 et suiv. Trad. franç. 1771, in-8. Sylvio de Rosalva, 1765. Trad. franç. 1770, 2 vol. in-8. AGATHON, 1766. Trad. franç. 1802, 2 vol. in-12. MUSARION, 1768. Trad. franç. *Bâle,* 1780, in-8, et *Bruxelles,* 1862, in-18. Diogène de Sinope, 1769. Trad. franç. 1819, in-12. LES GRACES, 1770. Trad. franç. 1771, in-12. Le Miroir d'or, 1772. Trad. franç. *Berne,* 1774, in-8. Les Abdérites, 1773. Trad. franç. 1802, 2 vol. in-8. OÉRON, 1780. Trad. franç. 1843, in-12. — OEuv. Éd. allem. *Leipsick,* 1794-98, 42 vol. in-4; 1818-27, 53 vol. in-8, 120 fr., ou 53 vol. in-16, et 1839-40, 36 vol. in-16, 75 fr.

WIERTZ (Ant.), peintre belge, 1806, Dinant. Élève de Mathieu Van Brée. Gr. prix de peinture. Se perfectionna en Italie. Lauréat de l'Académie d'Anvers, 1840. — Patrocle. RÉVOLTE DES ANGES. LA ESMERALDA. QUASIMODO. ÉDUCATION DE LA VIERGE. TRIOMPHE DU CHRIST. Inhumation précipitée. Suicide. La Liseuse de romans. La Puissance humaine. Le Dernier Canon. Nymphes et Satyres. Femme à sa toilette. Jeune Fille.

La belle Rosine. Vénus et Vulcain. Fuite en Égypte. Lutte homérique.

WILKIE (David), peintre anglais, 1785, Cults (Fife) ; 1841, Gibraltar. Se fixa à Londres, où il devint bientôt célèbre. Membre de l'Acad. roy. 1811. Parcourut la France, 1814 ; la Belgique, 1816 ; l'Allemagne, l'Italie, l'Espagne, 1826-29. Peintre du roi Georges IV, 1834. Mourut au retour d'un voyage en Orient. — Diane et Calisto, 1803. La Foire de Pitlessie, 1804. POLITIQUES DE VILLAGE, 1806. LE MUSICIEN AVEUGLE. Alfred dans la cabane. Joueurs de cartes. Payement des baux. LECTURE DU TESTAMENT. FÊTE DE VILLAGE. Le Colin-Maillard, DUNCAN GRAY, LA LETTRE DE RECOMMANDATION, 1813. LA SAISIE, le Colporteur, 1814. LE DÉJEUNER, 1816. LES INVALIDES DE CHELSEA, 1822. Les Distillateurs. LE JEUNE COMMISSIONNAIRE. Les Raccommodeurs de faïence. Mort de Phil. Sydney. Siége de Saragosse, 1827. JOHN KNOX, 1832. CHRISTOPHE COLOMB, 1835. Napoléon et Pie VII, 1836. Évasion de Marie Stuart, 1837. Conseil des ministres, 1838. David Bair à Seringapatan, 1839. Benvenuto Cellini et Paul III, 1840. LA TOILETTE EN ÉCOSSE. L'Écrivain public. Le Joueur de cornemuse.

WILLEMIN (Nic.-Xavier), archéologue et graveur, 1763, Nancy ; 1833, Paris. Élève de Taillasson et de Lagrenée. Membre de la Société des antiquaires, 1821. — Choix de costumes des peuples de l'antiquité, 1798-1802, 2 vol. gr. in-fol. MONUMENTS FRANÇAIS INÉDITS, 1806-39, 3 vol. pet. in-fol. Monuments de l'antiquité et du moyen âge, 1825, in-fol. Collection des plus beaux ouvrages de l'antiquité, 2 vol. in-4.

WILLIS (Nathaniel-Parker), littérateur américain, 1807, Portland (Maine). Attaché à la légation des États-Unis, à Paris, 1830, et à Berlin, 1846. Parcourut la France, l'Italie, l'Orient, l'Angleterre. Il a fondé et dirigé diverses publications. — Inklings of adventure (Désirs d'aventures), 1836, *Londres*, in-8. Letters from under a bridge (Lettres écrites sous un pont), 1838, *New-York*, in-8. Loiterings of travel (Flâneries de voyage), 1839, *Londres*, 2 vol. in-8. Two ways of dying for a husband (Deux manières de mourir pour un mari), 1840, *Londres*, in-8. Dashes at life with a free pencil (Coups de plume sincères), 1844, *New-York*, 3 vol. in-8. Famous persons and famous places (Personnages et lieux célèbres), 1854, *New-York*, in-8. L'Amérique et le Canada pittor. Trad. franç. 4 vol. in-4.

WILSON (Richard), peintre anglais, 1713, Pinegar (Galles); 1782, ibid. Demeura 6 ans en Italie, 1749-55. Membre, 1768, et bibliothécaire de l'Acad. 1770. Ses œuv., peu recherchées de son vivant, sont aujourd'hui fort estimées. — MORT DE NIOBÉ, 1755. VUE DE ROME, 1765. VILLA TIVOLI. Bords du Pô. La Solitude. Côte de Baïes. Villa d'Adrien. TEMPLE DE BACCHUS. Pont de Rimini. Lac de Nemi. CICÉRON A SA VILLA. Ancône. Pont de Narni. Tombeau des Horaces et des Curiaces. Apollon et les Saisons. Céladon et Amélie. Douvres. Parc de St-James. PHAÉTON. Céyx et Alcyone.

WILSON (Alex.), ornithologiste américain, 1766, Paisley (Écosse); 1813, Philadelphie. Se rendit en Amérique, 1794, où il fut successivement graveur, tisserand, colporteur et maître d'école, 1802. L'idée de son ouvrage lui vint pendant ses pérégrinations. — AMERICAN ORNITHOLOGY (Ornithologie américaine), 1808-25, *Philadelphie*, 9 vol. gr. in-4. 2e éd. *New-York*, 1828, 3 vol. pet. in-4. Suppl. *Philadelphie*, 1825-33, 4 vol. gr. in-4, ou *Édimbourg*, 1831, 4 vol. in-12. Nouv. éd. *Londres*, 1832, 3 vol. in-8; *Boston*, 1840 et *New-York*, 1852, pet. in-8.

WILSON (Robert-Thomas), historien et général anglais, 1777, Londres; 1849, ibid. Soldat, 1793. Fit la guerre en Hollande, en Égypte, au Cap, 1801; en Russie, 1806-12; en Portugal, 1808. Membre du parlement, 1818-31. Gouverneur de Gibraltar, 1842-48. — Hist. de l'expédition angl. en Égypte, 1802-03, *Londres*, gr. in-4, ou 2 vol. in-8, 15 fr. Trad. franç. *Londres*, 1803, 2 vol. in-8, 15 fr. Puissance polit. et milit. de la Russie, 1807, *Londres*, in-8. Trad. franç. 1817, in-8.

WILSON (Horace-Hayman), orientaliste anglais, 1787..... (Écosse); 1860, Oxford. Chirurgien de la Cie des Indes, 1808, et secrétaire de la Société asiatique, 1812, à Calcutta. Professeur de sanscrit à l'université d'Oxford, 1832. Associé de l'Institut. — DICTIONARY IN SANSCRIT AND ENGLISH (Dict. sanscrit-angl.), 1810. 2e éd. *Londres*, gr. in-4, 10 liv. 10 sh. 3e éd. *Berlin*, 1856 et suiv. 2 vol. in-4. Chefs-d'œuvre du théâtre indien, 1827, *Calcutta*, 3 vol. gr. in-8, 30 fr. Trad. franç. par Langlois, *Dondey-Dupré*, 1828, 2 vol. in-8, 15 fr. History of british India (Hist. de l'Inde angl.), 1848, *Londres*, 3 vol. in-8.

WILSON (James), économiste anglais, 1805, Harwick; 1860, Calcutta. Entra dans le commerce, puis se rendit à Londres, où il fonda le journal l'Économiste, 1843. Membre de la Chambre des communes, 1847. Secrétaire du bureau des Indes, 1848-52. Secrétaire de la trésorerie, 1852. Administrateur de la Cie des Indes, à Calcutta, et correspondant de l'Institut. — Influence of the Cornlaws (Influence des lois sur les céréales), 1839, *Londres*, in-8. Fluctuation of currency (Variations de la circulation monétaire), 1840, *Londres*, in-8. The revenue (le Revenu), 1841, *Londres*, in-8. Capital, currency and banking (le Capital, la circulation monétaire et le syst. des banques), 1847, *Londres*, in-8.

WINCKELMANN (J.-Joachim), célèbre archéologue allemand, 1717, Steindal (Brandebourg); 1768, Trieste. Précepteur. Maître d'école à Seehausen. Bibliothécaire du Cte de Bunau, à Nœtheniz. Se rendit en Italie, 1756. Bibliothécaire et conservateur des antiques du cardinal Albani, 1756. Bibliothécaire du Vatican et président des Antiquités, à Rome, 1763. Périt assassiné au retour d'un voy. en Allemagne. Ses travaux ont exercé une gr. influence sur les arts. — Description des pierres gravées du baron de Stosch, 1760, *Florence*, in-4, 15 à 20 fr.; Remarques sur l'architecture des anciens, 1761, *Leipsick*, gr. in-4. Trad. franç. par Jansen, 1786, in-8. HIST. DE L'ART CHEZ LES ANCIENS, 1764. 2e éd. allem. *Vienne*, 1776, 2 vol. in-4, fig. Éd. ital. *Rome*, 1783, 3 vol. in-4. Trad. franç. par Huber et Jansen, 1802, 3 vol. in-4, fig. 60 à 72 fr. et par Krutoffer et Le Blond, 1789, 3 vol. in-8. De l'Allégorie, 1766, *Dresde*, in-4. Trad. franç. par Jansen, 1799, 2 vol. in-8. MONUMENTS INÉDITS DE L'ANTIQUITÉ, 1767, *Rome*, 2 vol. in-fol. avec pl. 40 à 50 fr. 2e éd. ital. *Rome*, 1821, 2 vol. in-fol. fig. 2e éd. allem. *Berlin*, 1804, 2 vol. in-fol. fig. Trad. fr. 1809, 3 vol. in-4, fig. 24 à 30 fr. Lettres. Trad. franç. par Jansen, 1781-84, 2 vol. in-8. — OEuv. Éd. allem. *Dresde*, 1808-20, 8 vol. in-8, fig. 23 thl. 1825-29, 12 vol. in-8, et 1845, 2 vol. gr. in-8, fig. 30 fr. Éd. ital. *Prato*, 1831-35. 12 vol. gr. in-8, et *Milan*, 1826, 12 vol. in-12.

WINTERHALTER (Fr.-Xavier), peintre, 1806, Bade. Après avoir parcouru l'Allemagne et l'Italie, se fixa à Paris, 1834.

— L'amour maternel, 1836. Le Décaméron, jeune fille de l'Arricia, 1838. L.-Philippe, 1839 et 1846. Marie-Amélie, 1842. Le prince de Wagram, C^{sse} Duchâtel, Napoléon III, 1855. L'Impératrice Eugénie, 1855-57-61-63-64. Le Prince impérial, 1857-64. Mme Ducos, 1857. Princesses Woronzoff et Gagarine, 1859.

WINTHER (Rasmus-Villads-Christian-Ferd.), poëte danois, 1796, Fensmark (Sélande). Voyagea en Allemagne et en Italie. Fut chargé d'enseigner la langue danoise à la princesse Caroline de Mecklembourg. Ses poésies lui ont acquis dans le Danemark une gr. popularité. — Digte (Poëmes), 1828. 4° éd. *Copenhague*, 1846, in-8. Nogle digte (Quelques poëmes), 1835, in-8. Sang og sayn (Chant et tradition), 1840, in-8. Haand tegninger (Esquisses), 1840, in-8. Digtninger (Poésies), 1843, in-8. Tre Fortællinger (Trois Récits), 1851, in-8. — Poésies. Éd. dan. *Copenhague*, 1835-53, 7 vol. in-8.

WISEMAN (Nic.-Patrice-Ét.), célèbre théologien et prélat anglais, 1802, Séville; 1865, Londres. Docteur en théologie, 1824. Prêtre, 1825. Professeur de litt. orientale, 1827, et recteur du collége anglais, 1829, à Rome. Évêque et président du collége Ste-Marie d'Oscott, 1840. Vicaire apostolique, 1849. Cardinal et archevêque de Westminster, 1850. — RAPPORTS ENTRE LES SCIENCES ET LA RELIGION RÉVÉLÉE, 1836. 3° éd. *Londres*, 1849, 3 vol. in-8. Trad. franç. par Genoude, *Sapia*, 1841, 2 vol. in-8. Conférences sur le protestantisme, 1839, *Londres*, 2 vol. in-8. Trad. franç. par Nettement, 1839, 2 vol. in-8. Doctrines et pratiques de l'Église catholique, 1850, *Londres*, 2 vol. in-8. Trad. franç. par Nettement, 1839-40, 2 vol. in-8. Essays on various subjects (Essais sur divers sujets), 1853, *Londres*, 3 vol. in-8.

WOEHLER (Fréd.), chimiste allemand, 1809, Eschersheim (Hesse-Électorale). Élève de Berzélius, 1824. Professeur à Berlin, à Cassel, 1832; à Gœttingue, 1836. Directeur de l'institut chimique de cette dernière ville. Inspecteur gén. des pharmacies de Hanovre. Correspondant de l'Institut. Il a perfectionné la fabrication du nickel et trouvé le moyen d'isoler l'aluminium, 1827. — Traité de chimie inorganique, 1831. 10° éd. *Berlin*, 1854, in-8. Traité de chimie organique, 1840. 5° éd. *Berlin*,

1854, in-8. Trad. franç. par L. Grandeau, 1858, in-8. Rapports et mémoires.

WOLF (J.-Chrétien), philosophe et mathématicien allemand, 1679, Breslau; 1754, Halle. Professeur dans cette dernière ville, 1707-23, puis à Marbourg. De retour à Halle, dont l'avaient éloigné ses doctrines, il fut nommé conseiller privé et vice-chancelier de l'Université. Il avait entrepris, d'après Descartes et Leibniz, une vaste Encyclopédie des connaissances humaines. — Pensées sur les forces de l'esprit humain, 1712, *Halle*, in-8. Trad. franç. par Deschamps, *Berlin*, 1736, in-8. Psychologie, 1734, *Leipsick*, in-4. Trad. franç. *Amsterdam*, 1745, in-12. DROIT DE LA NATURE ET DES GENS, 1740-48, *Leipsick* et *Francfort*, 8 vol. in-4, 24 à 36 fr. Extrait de cet ouvrage, par Formey, *Amsterdam*, 1758, in-8 et 3 vol. in-12. Cours de mathématiques, 1743-52, *Genève*, 5 vol. in-4. Trad. franç. 1757, 3 vol. in-4. Institutions du droit de la nature et des gens, 1754, *Halle*, in-8. Trad. franç. *Leyde*, 2 vol. in-4, ou 6 vol. in-12.

WOLF (Fréd.-Aug.), célèbre philologue allemand, 1759, Haynrode (Saxe prussienne); 1824, Marseille. Régent à Ilefeld, 1779. Recteur à Osterrode, 1781. Professeur à Halle, 1782-1806, puis à Berlin, où il fut en même temps conseiller d'État, 1807, et membre de l'Acad. Associé de l'Institut. Il allait rétablir sa santé dans le midi de la France, lorsqu'il mourut. — Geschichte der rœmischen Literatur (Hist. de la litt. romaine.), 1787, *Halle*, in-8. PROLEGOMENA AD HOMERUM, 1795, *Halle*, in-8. Éd. des œuv. d'Homère, de Platon, d'Aristophane, d'Hérodien.

WOLF (Ferd.), philologue allemand, 1796, Vienne. Avocat, 1819. Secrétaire, puis conservateur de la bibliothèque à Vienne. — Beitræge zur Geschichte der castilianischen Nationalliteratur (Rech. sur l'hist. litt. du castillan), 1832, *Vienne*, in-8. Floresta de rimas modernas castellanas (Recueil de poésies mod.), 1837, 2 vol. in-8. Ueber die Romanzenpoësie der Spanier (des Romances espagnoles), 1847, *Vienne*, in-8, Beitræge zur Bibliographie der Cancioneros (Rech. sur la bibliogr. des Cancioneros), 1853, *Vienne*, in-8.

WOLLASTON (Guill.), moraliste anglais, 1659, Coton-Clanford (Stafford); 1724, Londres. Maître d'école à Birmingham.

Une succession lui ayant donné l'aisance, il se retira à Londres, 1688, et s'y livra à des travaux d'érudition. — Tableau de la religion nat. 1722. Nouv. éd. *Londres*, 1750, in-8. Trad. franç. *La Haye*, 1726, in-4, ou 1756, 3 vol. in-12.

WOLLASTON Guill.-Hyde), physicien et chimiste anglais, 1776, Londres; 1828, ibid. Docteur, et membre de la Société roy. 1793, dont il fut secrétaire, 1806, et président, 1820. Renonça à l'exercice de la médecine pour s'adonner aux sciences. — Invention du microscope à lampe, du goniomètre à réflexion. Découverte du rhodium et du palladium. MALLÉABILITÉ DU PLATINE. — Mémoires nombreux et importants dans les Transactions philos.

WOLOWSKI (L.-F.-Michel-Raymond), économiste, 1810, Varsovie. Capitaine d'état-major et maître des requêtes à Varsovie, 1830. Secrétaire de légation à Paris, où il se fixa. Fondateur de la Revue de législation et de jurisprudence, 1833. Professeur, 1839, et membre du conseil, 1848, au Conservatoire. Membre de la Constituante et de la Législative, 1848-49. Membre de l'Acad. des sciences morales, 1855. — Des Sociétés par actions, 1838, in-8. Études d'économie polit. 1848, *Guillaumin*, in-8, 7 fr. 50. De l'Organisation du crédit foncier, 1849, *Guillaumin*, in-8. Articles dans l'Annuaire de l'économie polit. et dans le Journal des économistes.

WORDSWORTH (Guill.), poëte anglais, 1770, Cockermouth (Cumberland); 1850, Rydal-Mount. Parcourut la France, la Suisse, la Belgique, l'Allemagne. Vint habiter Alfoxton, 1798, puis Grassmere, 1813, où il fut distributeur du timbre. Poëte lauréat, après Southey, 1843. — Poésies. Éd. angl. *Londres*, 1854, gr. in-8, et 1857, 6 vol. pet. in-8, 1 liv. 10 sh. Poésies choisies. Éd. angl. *Londres*, 1859, pet. in-4.

WOUWERMANS (Phil.), peintre hollandais, 1620, Harlem; 1668, ibid. Élève de Wynants. Rival heureux de Bamboche. Il vécut longtemps dans la gêne et l'oubli. Ses tableaux sont aujourd'hui fort recherchés. — LE BŒUF GRAS, PONT DE BOIS, DÉPART POUR LA CHASSE, MARIAGE, CHASSE AU CERF, Manége, Écurie, Chocs de cavalerie, Halte près d'une hôtellerie, Halte de cavaliers, Halte de militaires, Paysans conduisant une charrette, au Louvre. Annonciation, St-J.-Baptiste, COMBAT SUR UN

PONT, CHASSE AU CERF, à St-Pétersbourg. CHARIOT DE FOIN, BATAILLE, à La Haye. CHASSE AU FAUCON, Forge de campagne, l'Abreuvoir, à Amsterdam. CHASSE, Cavalier descendu de cheval, BATAILLE, Village pillé par des soldats, à Munich. COUP DE PISTOLET, à Londres. — OEuv. par Moyreau, 1787, in-fol.

WRANGEL (Ferd., baron de), voyageur russe, 1795.... (Esthonie). Exécuta plusieurs voy. dans la mer de Behring, 1819-24. Gouverneur des colonies russes d'Amérique, 1829-34. Amiral et directeur des forêts de la marine. — Le Nord de la Sibérie, 1839, éd. allem, *Berlin*, 2 vol. in-8. Éd. russe, *St-Pétersbourg*, 1841, 2 vol. in-8. Éd. franç. par le prince Galitzin, *Amyot*, 1843, 2 vol. in-8.

WREN (Christ.), célèbre architecte anglais, 1632, East-Knoyle (Wilts); 1723, Londres. Professeur de mathématiques à Oxford, 1663. Membre, 1663, et président de la Société roy. 1680. Lors de l'incendie de Londres, 1666, il produisit un plan magnifique de reconstruction, qui ne fut pas exécuté, mais qui le fit connaître et nommer architecte du roi, 1668. — Le Théâtre, 1664-69, à Oxford. BASILIQUE DE ST-PAUL, 1675-1710. Le Monument. Église St-Étienne. Douane. Palais royal et épiscopal de Winchester. Hôpital de Chelsea.

WRIGHT (Thomas), archéologue anglais, 1810..... (Galles). Fit ses études à Ludlow, puis à Cambridge. Un des fondateurs de la Société de Camden et de l'institution archéolog. angl. Correspondant de l'Institut, 1842. — Progrès de la litt. anglosaxonne, 1836, in-8. Early english Poetry (Anc. Poésie angl.), 1836, *Londres*, 4 vol. pet. in-12. Early Mysteries (Anciens Mystères), 1838, *Londres*, in-8. Queen Elisabeth and her times (la Reine Élisabeth et ses contemporains), 1838, *Londres*, 2 vol. in-8. RELIQUIÆ ANTIQUÆ, 1839-43, et 1845, *Londres*, 2 vol. in-8. Political songs (Chants polit.), 1839, *Londres*, pet. in-4. Popular treatises of science (Anc. traités popul.), 1841, *Londres*, in-8.

WURZBACH (Constant), poëte allemand, 1818, Laybach. Soldat, 1836-44. Docteur en philos. Bibliothécaire à Lemberg, 1844, et à Vienne, 1848. — PARALLELEN (Parallèles), 1849. 3e éd. *Leipsick*, 1852, in-8. Sprichwœrter der Polen (Proverbes de Pologne), 1847. 2e éd. *Vienne*, 1852, in-8. Volkslieder der

Polen (Chants popul. de la Pologne), 1846, *Lemberg*, in-8. Der Page des Kaisers (le Page de l'empereur), 1854, *Dusseldorf*, in-8. Bibliographisch-Statistische Uebersicht der Literatur (Coup d'œil bibliogr. et statist. sur la litt.), 1854. 2ᵉ éd. *Vienne*, 1856, in-8. Gemmen (Perles), 1855, *Hambourg*, in-8. Cameen (Camées), 1856, *Dusseldorf*, in-8.

WYATT (Jacq.), architecte anglais, 1743, Burton (Stafford); 1813. Londres. Voyagea en Italie. Inspecteur gén. des bâtiments et président de l'Acad. après West. — Panthéon de Londres. Palais de Kew. Église d'Hamworth. Château de Windsor.

WYATT (Matthew DIGBY), architecte anglais, 1820, Rowde, près Devizes. Lauréat de la Société d'architecture. Parcourut la France, l'Allemagne et l'Italie. Membre des Commissions des expositions univ. de 1851, et de 1855. — The Industrial arts of the nineteenth century (les Arts industriels au XIXᵉ siècle), 1852, *Londres*, in-fol. The Geometrical mosaics of the middle ages (la Mosaïque géométr. du moyen âge), 1853, *Londres*, in-fol. Metal work and its artistic design (les Métaux et leurs dessins), 1853, *Londres*, in-fol. Palace of Sydenham (Palais de Sydenham), 1854, *Londres*, in-fol.

WYNANTS (J.), peintre hollandais, 1600, Harlem; vers 1767, ibid. Maître de Wouwermans et de Adrien van den Velde. Porté à la débauche, il vit user de bonne heure et son talent et sa santé. — LISIÈRE DE FORÊT, Paysages, au Louvre. Bœufs et Vaches. Berger et sa famille. Fauconnier. Sortie de la bergerie. Coteaux sablonneux.

WYTTENBACH (Daniel), philologue hollandais, 1746, Berne, 1820..... près Leyde. Élève de Ruhnkenius et de Valkenaër. Professeur à Amsterdam, 1785, puis à Leyde, 1799. — Bibliotheca critica, 1779-1809, *Leyde*, 3 vol. in-8, 24 fr. Selecta principum historicorum, 1794. Nouv. éd. *Amsterdam*, 1808, in-8. Œuv. morales de Plutarque, 1795-1821, *Oxford*, 8 vol. in-8. — Œuv. chois. éd. lat. *Leyde*, 1821, 2 vol. in-8, 24 fr. et *Brunswick*, 1825-28, 2 vol. in-8.

X

XÉNOPHON, célèbre historien, philosophe et général grec, vers 445 av. J.-C., Erchie (Attique) ; vers 355, Corinthe. Disciple de Socrate, 430, qui lui sauva la vie à la bataille de Délium, 424. Fit les guerres du Péloponnèse et opéra la retraite des dix mille, après la mort de Cléarque, 401-399. Banni par ses concitoyens pour avoir soutenu les Spartiates, il se fixa à Scillonte, 392, puis à Corinthe, 368. On possède tous les ouvrages de cet homme remarquable, aussi bon général qu'excellent écrivain. — Histoire : HELLÉNIQUES ; RETRAITE DES DIX MILLE ; Cyropédie ; Vie d'Agésilas. Politique : Républiques de Sparte et d'Athènes ; REVENUS DE L'ATTIQUE. OEuv. didactiques : le Maître de la cavalerie ; l'Équitation ; la Chasse. Philosophie : le Banquet ; l'ÉCONOMIQUE ; Devoirs d'un roi ; Entretiens mémorables et Apologie de Socrate. — OEuv. Éd. grecq. par Weiske, *Leipsick*, 1798-1804, 6 vol. in-8, 24 à 30 fr. ; par Schneider, *Leipsick*, 1815, 6 vol. in-8, 20 à 30 fr., et *Oxford*, 1810-17, 6 vol. in-8, 30 à 36 fr. ; par Schæffer, *Leipsick*, 1811-14, et 1839, 6 vol. in-18, 6 fr. Éd. grecq.-lat. par Thieme, *Leipsick*, 1763, 4 vol. in-8, 20 à 30 fr. ; par M. Dübner, *Didot*, 1838, gr. in-8, 15 fr., et par Schneider, *Édimbourg*, 1811, 10 vol. pet. in-8, 30 à 40 fr. Éd. grecq.-lat.-franç. par Gail, 1797-1815, 7 vol. gr. in-4, fig. Éd. franç. par H. Trianon, *Charpentier*, 1842, 2 vol. gr. in-18, 6 fr., et par E. Talbot, *Hachette*, 1859, 2 vol. gr. in-18, 7 fr. Éd. angl. par divers. *Londres*, 1811-13, 4 vol. in-8, 2 liv. 2 sh. Éd. allem. par Borheck, *Lemgo*, 1778-1808, 6 vol. pet. in-8, 5 thl. Éd. ital. par Gandini, *Vérone*, 1735-37, 2 vol. in-4, 12 à 15 fr. Éd. esp. par Garcian, *Réal*, 1781, 2 vol. gr. in-4.

Y

YOUNG (Ed.), poëte anglais, 1684, Upham, près Winchester ; 1765, Wellwyn. Docteur en droit, 1719. Entra dans les ordres, 1727. Chapelain de George II. Recteur dans le comté d'Hertford, 1730. La mort de sa femme, 1740, lui inspira des poésies sombres et mélancoliques qui ont fait sa célébrité. — Le Jugement dernier, 1713. Busiris, 1719. La Vengeance, 1721. Satires. Poésies diverses. LES NUITS, 1741; nouv. éd. *Londres*, 1797, gr. in-4, fig.; 1813, gr. in-8, et 1853, in-8. Trad. franç. par Letourneur, *Ledoux*, 1824-27, 2 vol. in-8, 8 fr., ou *Lavigne*, 1842, gr. in-18, 3 fr. 50. — OEuv. Éd. angl. *Londres*, 1802, 3 vol. gr. in-8, fig., 18 à 21 fr., et 1852, 2 vol. pet. in-8, 12 fr. Éd. franç. par Letourneur, 1770, 2 vol. in-8 ou in-12, et 1796, 5 vol. in-18.

YOUNG (Arthur), célèbre agronome anglais, 1741..... (Suffolk); 1820..... S'adonna de bonne heure à l'agriculture. Parcourut le midi de la France, 1787-89. Secrétaire du bureau d'agricult., 1790. Membre de la Société roy. Un des hommes qui ont le plus contribué au développement de l'économie rurale en Angleterre. — Lettres d'un fermier, 1767. 2ᵉ éd. *Londres*, 1771, 2 vol. in-8. Trad. franç. *Maradan*, 1801, in-8. Voy. dans les comtés méridion. de l'Anglet., 1768. 2ᵉ éd. *Londres*, 1772, in-8. Trad. franç. *Maradan*, 1801, in-8. Voy. dans le nord de l'Anglet., 1769. 2ᵉ éd. *Londres*, 1771, 4 vol. in-8. Trad. franç. *Maradan*, 1801, in-8. Éducation des porcs, 1769, *Londres*, in-8. Trad. franç. *Huzard*, 1835, in-8. LE GUIDE DU FERMIER, 1770. Nouv. éd. *Londres*, 1862, 2 vol. in-8. Trad. franç. par Frenais, 1770-82, 2 vol. in-12. COURS D'AGRICULT., 1770, *Londres*, 2 vol. in-4. Trad. franç. *Maradan*, 1801, in-8. Voy. dans l'est de l'Anglet., 1771, *Londres*, 4 vol. in-8. Trad. franç. *Maradan*, 1801, in-8. Économie rurale, 1772-73, *Londres*, in-8. Trad. franç. *Maradan*, 1801, in-8. Arithmétique polit., 1774, *Londres*, in-8. Trad. franç. par Fréville, *La Haye*, 1775, 2 vol. in-8. VOY. EN IRLANDE, 1782, *Londres*, 2 vol. in-8, 10 à 12 fr. Trad. franç. par Millon, 1800, 2 vol. in-8. ANNALS (Annales), 1784-1800, *Londres*, 32 vol. in-8. VOY. EN FRANCE, 1791, *Londres*, 2 vol. in-4. Trad. franç. par Lesage et Lavergne, *Guillaumin*, 1856, 2 vol. in-18, 7 fr.

YOUNG (Thomas), médecin anglais, 1773, Milverton (Somerset); 1829, Londres. Docteur, 1795. Parcourut l'Allemagne et se fixa à Londres, où il professa la philos. nat. et devint secrétaire de la Société roy., 1802, et du Bureau des longitudes, 1818. Médecin de l'hospice St-Georges, 1811, et correspondant de l'Institut, 1827. On lui doit la découverte des interférences.

— Course on natural philosophy (Cours sur la philos. nat.), 1807, Londres, 2 vol. in-4. Medical Literature (Littérature médicale), 1813, Londres, in-8. Hieroglyphics (Hiéroglyphes), 1823-28, Londres, in-fol. avec pl., 4 liv. 4 sh. — OEuv. div. Éd. angl. Londres, 1855, 4 vol. in-8. 2 liv. 10 sh.

YRIARTE (Thomas de), poëte espagnol, vers 1750, Ténériffe ; vers 1791, Port Ste-Marie. Vint de bonne heure à Madrid. Chef des archives et directeur du Mercure, 1771. L'inquisition mit en doute son orthodoxie, et exerça des poursuites contre lui, 1786. — El Señorito mimado (l'Enfant gâté), 1778. LA MUSIQUE, 1779, Madrid, gr. in-8, fig., 10 à 15 fr. Nouv. éd. 1784, gr. in-8, 6 à 9 fr., et 1789, petit in-4, 12 fr. Trad. franç. par Grainville, 1800, in-12. Fables littéraires, 1782, Madrid, pet. in-4, 9 à 12 fr. Trad. franç. 1805 et 1838, in-18. La Señorita mal criada (la Demoiselle mal élevée), 1788. — OEuv. Éd. esp. Madrid, 1787, 6 vol. pet. in-8, ou 1805, 8 vol. pet. in-8, 24 à 30 fr.

YSABEAU (Vict.-Fréd.-Alex.), médecin et agronome, 1793, Rouen. Docteur. Soldat. 1813. Médecin du quartier Popincourt lors de l'épidémie de 1832. — Traité des substances, 1827, in-18. Entretiens sur la minéralogie, 1837, in-18. Le Jardinage, 1854, in-18. Leçons élém. d'agricult., 1857, in-18. Le Médecin de la amille, 1859, in-18.

YVART (J.-Aug.-Vict.), agronome, 1764, Boulogne-sur-Mer ; 1831, St-Port, près Melun. Professeur à l'école d'Alfort. Membre de l'Acad. des sciences, après Parmentier, 1814. Voyagea en Angleterre, en Hollande et en Italie. L'un des fondateurs de la Société d'agricult.—Coup d'œil sur l'agricult. de la France, 1807, Huzard, in-8. Excursions agronom. en Auvergne, 1819, Impr. roy., in-8. Notice sur les assolements, 1821, Huzard, in-8. ASSOLEMENTS et JACHÈRES, 1842, Roret, in-4, ou 3 vol. in-18.

YVON (Ad.), peintre, 1817, Eschwiller (Moselle). Élève de Paul Delaroche. Visita la Russie en 1843, et fut envoyé en Crimée par le gouvernement lors de la guerre avec cette puissance. Gr. médaille d'honneur, 1857. — Mme Ancelot, 1842. Le général Neumayer, 1844. Le Remords de Judas, 1846. Bataille de Koulikowo, 1850. Un Ange déchu, 1852. Le 1er consul descendant les Alpes, 1853. LE MARÉCHAL NEY SOUTENANT L'ARRIÈRE-GARDE, les Sept Péchés capitaux, 1855. PRISE DE MALAKOFF,

1857. Gorge et courtine de Malakoff, 1859. BATAILLE DE SOL-
FERINO, le Prince impérial, 1861. Magenta, Évacuation des
blessés, 1863. Portrait, 1864.

Z

ZACCONE (P.), littérateur, 1817, Douai. Termina son instruc
tion à Brest. Employé de l'administration des postes, 1835. Vint
à Paris en 1843. — Époques histor. de la Bretagne, 1845, gr.
in-8. Hist. des sociétés secrètes, 1847, in-8. Les Ouvriers de
Paris et de Londres (avec Paul Féval), 1850, 2 vol. in-8. Les
Mémoires d'un roi (avec M. de Foudras), 1851, 4 vol. in-8. Marguerite et Béatrix (avec Paul Féval), 1851, 2 vol. in-8. Le Dernier rendez-vous, 1852, 2 vol. in-8. Éric le mendiant, 1853,
2 vol. in-8. Les Mystères du vieux Paris, 1854, in-8. Le Vieux
Paris, 1855, in-8. Le Nouveau Paris, 1856, in-8. Le Fils du ciel,
1857, in-8.

ZACH (F.-Xavier, baron de), astronome et mathématicien allemand, 1754, Presbourg; 1832, Paris. Soldat. Voyagea en
France et en Angleterre. Directeur de l'observatoire de Seeberg,
1787. Gr. maréchal du palais de la duchesse de Saxe-Gotha,
1804. — TABULÆ MOTUUM SOLIS, 1792-1804, *Gotha*, 2 vol. in-4.
Tabulæ speciales aberrationis et mutationis, 1806, *Gotha*, 2 vol.
in-4. Tables du soleil et de la lune, 1809-10, *Florence*, 2 vol.
in-8. Nouv. Tables d'aberration et de mutation, 1812-13, *Marseille*, 2 vol. in-8. Attraction des montagnes, 1814, *Avignon*,
2 vol. in-8. Correspondance astronom., 1818-26, *Marseille*,
15 volumes in-8.

ZAHN (J.-Ch.-Guill.), architecte allemand, 1800, Rodenburg
(Hesse). Parcourut la France et surtout l'Italie, où il a séjourné
dix ans, 1830-1840. Membre de l'Acad. de Berlin, 1850. —
Fresques nouvellement découvertes à Pompéi, 1828, *Stuttgart*,
gr. in-fol. ORNEMENTS ET TABLEAUX DE POMPÉI, 1828-30 et
1840-45, *Berlin*, in-fol. Ornamente aller classischer Zeiten (Ornements de tous les temps classiques), 1853, *Berlin*, in-fol.

ZARATE (Ant. GIL Y), poëte dramatique espagnol, 1795,
St-Laurent de l'Escurial; 1860, Madrid. Archiviste à Cadix,
1823. Professeur de litt., 1825, et chef de l'instruction publique

au ministère de l'intérieur, 1850, à Madrid. — Blanca de Bourbon, 1835. Don Carlos. Don Pedro. Mazaniello. Don Alonzo de Luna. Rosamundo. Guzman el bueno. Manual de literatura (Manuel de litt.), 1843, *Madrid*, in-8, et *Pillet*, 1846, in-18.

ZEUXIS, célèbre peintre grec, vers 478 av. J.-C. Héraclée; vers 400..... Élève d'Apollodore et rival de Parrhasius. Ses œuvres, aujourd'hui perdues, lui valurent une gr. réputation et des richesses considérables, au point qu'il ne vendait plus ses tableaux, mais les donnait. — JUPITER. HÉLÈNE. Hercule. Athlète. Pénélope. Ménélas. L'Amour couronné de roses. Marsyas. Alcmèue. Centaure.

ZIEBLAND (Georges-Fréd.), architecte allemand, 1800, Ratisbonne. Élève de Marie Ouaglio et de Fischer. Se perfectionna en Italie, 1824. Membre du comité d'architecture de Munich, 1829. — Hôtel des taxes, 1831; ÉGLISE ST-BONIFACE, 1835-48, à Munich. Monument du roi Othon, à Aibling. Château de Hohenschwangau.

ZIEGLER (Cl.-L.), peintre, 1804, Langres; 1856, Paris. Élève de M. Ingres. Visita l'Italie, l'Allemagne et la Belgique, 1830. Après l'exécution de sa gr. peinture de la coupole de la Madeleine, 1835-38, il fonda une fabrique de vases en porcelaine à Voisinlieu, puis fut directeur du musée de Dijon, 1852. — Venise, 1831. Giotto chez Cimabué, Mort de Foscari, 1833. Fin du combat, 1834. Kellermann, 1835. ÉPOPÉE DU CHRISTIANISME, 1835-38, à la Madeleine. DANIEL, 1838. Vision de St Luc, 1839. NOTRE-DAME DES NEIGES, la Rosée sur les fleurs, 1844. Songe de Jacob, Judith à Béthulie, 1847. Charles-Quint dirigeant ses funérailles, 1848. Pluie d'été, Frappement du rocher, les Pasteurs, 1850. Paix d'Amiens, 1853. Notre-Dame de Bourgogne, 1856. — Études céramiques, 1850, *Mathias*, in-8, avec atlas.

ZIMMERMANN (J.-Georges), médecin et philosophe suisse, 1728, Brugg (Argovie); 1795, Hanovre. Docteur, 1751. Médecin dans sa ville natale, 1753-68. 1er médecin du roi d'Angleterre à Hanovre, 1768, puis du roi de Prusse, Frédéric II. Il était sujet à de sombres idées, qui dégénérèrent en folie.—DE LA SOLITUDE, 1756. Nouv. éd. *Vienne*, 1803, in-fol. Trad. franç. par Mercier, 1798, in-8, et 1817, 2 vol. in-12; par Jourdan, *Baillière*, 1840, in-8, 7 fr., et par Marmier, *Charpentier*, 1845, gr. in-18, 3 fr. 50. De l'Orgueil national, 1758. Nouv. édit. *Zurich*, 1789, in-8. Trad. franç. 1769, in-12. DE L'EXPÉRIENCE EN MÉDECINE, 1763-74, *Zurich*, in-8. Trad. franç. 1774, 3 vol. in-12, et *Montpellier*, 1824, 3 vol. in-8, ou 1797, 3 vol. in-12. De la Dyssenterie, 1767, *Zurich*, in-8. Trad. franç. 1787 et 1810, in-12.

ZOÉGA (George), archéologue danois, 1755, Dahler (Jutland); 1809, *Rome*. Visita l'Allemagne et l'Italie. Précepteur à Kierteminde, 1778. Entreprit de nouv. voy. scientifiques et se fixa à Rome, 1784, où il reçut le titre de professeur de l'université de Kiel. — Numi Ægyptii imperatorii, 1787, *Rome*, gr. in-4. De Origine et usu obeliscorum, 1797, *Rome*, gr. in-fol. BASSI-RILIEVI ANTICHI DI ROMA (Bas-reliefs antiques de Rome), 1808, *Rome*, 2 vol. gr. in-4. Catalogus codicum copticorum manuscriptorum, 1810, *Rome*, pet. in-fol. Abhandlungen (Dissertations), 1817, *Gœttingue*, in-8.

ZOROASTRE, réformateur du magisme et philosophe persan..... Sa vie se passa à voyager, à méditer, puis à répandre une doctrine nouvelle, qui, malgré diverses persécutions, réussit à se fixer en Asie. On ne possède aucunes données sur son existence, qui d'ailleurs est mise en doute. — ZEND-AVESTA. — Éd. franç. par Anquetil du Perron, 1771, 3 vol. in-4, fig. 80 à 100 fr. Éd. angl. par Westergaard, *Copenhague*, 1852, in-4. Éd. allem. par Fechtner, *Leipsick*, 1848-51, 3 vol. in-8, 24 fr., ou par Spiegel, *Leipsick*, 1852-63, 3 vol. in-8. Vindidad Sadé (un des livres du Zend), éd. franç. par Eug. Burnouf, 1829-43, in-fol. Éd. allem. par Brockhaus, *Leipsick*, 1850, gr. in-8, 20 francs.

ZSCHOKKE (J.-H.-Daniel), historien et littérateur allemand, 1771, Magdebourg; 1848, Aarau. Acteur. Auteur dramatique. Maître de pension à Reichenau, 1797. Commissaire à Berne, 1800. Administrateur du canton de Bâle et directeur des forêts et des mines. — Histoire: Destruction de Schwitz, Uri et Unterwald, 1802. Trad. franç. 1802, in-8. GESCHICHTE DES BAIERISCHEN VOLKES (Hist. du peuple bavarois), 1813-18. 3ᵉ éd. *Aarau*, 1826, 8 vol. in-8. HIST. DE LA SUISSE, 1822. Trad. franç. par Monget, *Barbezat*, 1828, 2 vol. in-8. Littérature : Abelino, 1793. Trad. franç. 1802, in-8. Contes suisses. Trad. franç. 1818, 4 vol. in-18. Véronique. Trad. franç. 1828, 4 vol. in-12. Les Soirées d'Aarau. Trad. franç. 1829, 4 vol. in-12. Le Galérien. Trad. franç. 1829, 2 vol. in-12. Les Matinées suisses. Trad. franç. 1830-32, 12 vol. in-12. — OEuv. Éd. allem. *Aarau,* 1848, 17 vol. in-16.

ZURBARAN (F.), peintre espagnol, 1598, Fuente de Cantos (Estramadure); 1662, Madrid. Élève de J. de las Roelas, à Séville. Demeura longtemps dans cette dernière ville, qu'il remplit de ses œuv., puis vint à Madrid, où il fut peintre du roi Philippe III. — St Thomas d'Aquin, Job, Judith, l'Archange Gabriel, Annonciation, Conception, Adoration, Circoncision, Vierges, Christs, Madeleine, Saints, à Séville. Songe de St Pierre, Apparition de St Pierre, Ste Casilde, Jésus, Moine, à Madrid. St Dominique, St François, Moine, Ignace de Loyola, à Londres.

ZWINGLE (Ulrich), théologien réformateur suisse, 1484, Wildhaus (St-Gall); 1531, Cappel. Curé de Glaris, 1506; de Notre-Dame d'Einsiedeln, 1516, puis de Zurich, 1518, où il devint recteur du gymnase et donna toute extension à ses idées de réforme. Il avait gagné une partie de la Suisse à sa doctrine lorsqu'il perdit la vie à la bataille de Cappel. — OEuv. Éd. lat. *Zurich,* 1845, 4 vol. in-fol. et *Turin,* 1829-41, 10 vol. gr. in-8.

ZWIRNER (Ern.-Fréd.), architecte allemand, 1802, Jakobswald (Silésie); 1861, Cologne. Termina ses études à Breslau, 1821, puis à l'Acad. roy. de Berlin. Membre du comité d'architecture de cette ville, 1828. Architecte de la cathédrale de Cologne, 1833. Conseiller intime. — Hôtel de ville de Colberg. Église de St-Apollinaire, à Remagen. Plusieurs châteaux sur les bords du Rhin. Continuation de la cathédrale de Cologne, 1833-61.

FIN.

www.ingramcontent.com/pod-product-compliance
Lightning Source LLC
Chambersburg PA
CBHW050315240426
43673CB00042B/1413